KB252168

매튜 헨리주석 시편 I

저자 **매튜 헨리** Matthew Henry 1662-1714

성경 주석가. 영국 국교회의 복음주의 목사의 아들인 그는 통일령으로 아버지가 성직에서 쫓겨난 직후에 태어났다. 학문을 좋아하는 소년이었으며 1672년에 회심하였다. 옥스퍼드와 케임브리지의 학문성이 차츰 떨어지므로 1680년 런던 이슬링턴 대학에서 신학 교육을 받았다. 그 대학은 신앙을 저버린 시대에 높은 학문을 유지해왔다. 그 대학의 학장은 케임브리지에서 온 토머스 두리틀이었고, 부학장은 옥스퍼드에서 온 토머스 빈센트였다. 그 후에는 그레이 법학원에서 법률을 공부하였다. 그는 국교회 목사가 되려고 생각하였지만, 비국교도가 되기로 결심하였고, 개인적으로 장로교 목사 안수를 받았다. 첫 목회지는 체스터(1687-1712)였으며 그 뒤에 런던의 해크니(1712-1714)로 옮겼다. 청교도들에게서 크게 영향을 받은 그는 성경 해설을 목회의 중심으로 삼았다. 날마다 4시 또는 5시에 일을 시작하였던 그는 시간을 최대한 사용하는 것을 목적으로 삼았다. 1704년에 「성경 주석」을 집필하기 시작하였는데, 그는 사도행전까지 탈고하였으며, 그의 사후 목회 동역자들이 그의 노트와 저서들을 참고하여 신약성경 주석을 완성하였다. 그 주석은 성경에 대한 자세하고 종종 대단히 영적인 해설 양식을 취하였는데, 그 양식은 그 이후의 복음주의적 목회의 형태를 결정하였다. 스펄전은 자신이 매튜 헨리에게 큰 도움을 받았다는 사실을 인정하였다.

역자 **박문재**

역자는 서울대학교 법과대학, 장로회신학대학교 신대원 및 대학원(Th.M.)을 졸업하였다. 역서로 비슬리 머리의 「예수와 하나님 나라」, 존 브라이트의 「이스라엘 역사」, F.F. 브루스의 「바울」, B.S. 차일즈의 「구약신학」, 아이히로트의 「구약성서신학 I ,II」, 제임스 D.G. 던의 「바울 신학」 외에 다수 있다.

매튜
헨리
주석
전집
09

매튜 헨리주석
박문재 옮김

시편 I

Matthew Henry

크리스챤
다이제스트

서론

지금 우리 앞에는 구약성서 중에서 가장 빼어나고 탁월한 책들 중의 하나가 놓여 있다. 이 책 속에는 하나님과 그의 율법에 관한 것만이 아니라 그리스도와 그의 복음에 관한 많은 것들이 들어 있어서, 이 책은 신구약성서의 집약 또는 요약으로 불리어 왔다. 우리가 지금까지 길게 살펴본 이스라엘의 역사는 우리를 여러 진영(陣營)들과 회의 석상으로 데리고 가서, 우리에게 하나님을 아는 지식을 가르쳐 주었다. 욥기는 우리를 학교들로 데리고 가서, 우리에게 하나님과 그의 섭리에 관한 유익한 논쟁들을 보여주었다. 그러나 이 책은 우리를 사람들, 즉 정치가들, 철학자, 이 세상의 논객들과의 대화로부터 이끌어 내어서 성소로 데리고 간 후에, 우리로 하여금 우리의 영혼을 하나님께 의탁한 가운데 하나님이 주시는 안식과 위로 속에서 우리의 마음을 하나님께 쏟음으로써 하나님과 교통하게 해 준다. 말하자면, 우리는 하나님과 함께 산에 있는 것이다. 우리 중에 여기 있는 것이 좋사오니라고 말하지 않는 사람이 있다면, 그 사람은 이 산에서 하나님과 함께 있는 유익을 알지 못하는 사람이다. 이 책에 대해서 좀 더 살펴보자.

I. 이 책의 명칭

1. 이 책은 시편이라 불린다. 누가복음 24:44에서는 이 책을 이러한 명칭으로 부르고 있다. 히브리인들은 이 책을 찬송 시들을 의미하는 테힐림으로 불렀는데, 이것은 이 책 속에 찬송 시들이 많이 들어있기 때문이었다. 그러나 시편은 노래로 부르기에 적합한 모든 운율이 있는 글들을 의미하는 좀 더 일반적인 용어로서, 그 내용은 찬미만이 아니라 역사, 교훈, 간구에 관한 것일 수도 있다. 노래하는 것이 원래 기쁨을 표현하는 수단이기는 하지만, 노래의 목적은 그것보다 훨씬 더 광범위해서, 기억을 돕는다거나 기쁨 외에도 그 밖의 다른 모든 감정들을 표현하고 불러일으키기 위한 것일 수도 있다. 제사장들은 기쁨의 노래들만이 아니라 애곡하는 노래들도 불렀다. 이렇게 시편들을 노래하라고 하나님께서 정하신 것은 폭넓은 목적을 지니고 있다. 왜냐하면, 성경에서는 우리에게 하나님을 찬송할 뿐만 아니라 시와 찬송과 신령한 노래(골 3:16)로 서로를

가르치고 권면하라고 말씀하고 있기 때문이다.

2. 이 책은 시편들의 책으로 불린다. 사도행전 1:20에서 사도 베드로는 이 책을 이런 명칭으로 불렀다. 이 책은 하나님으로부터 영감을 받아서 지은 모든 시편들, 비록 여러 시기와 여러 경우에 걸쳐서 지어졌기는 하지만 서로에 대한 그 어떤 관련이나 의존성이 없이 여기에 함께 모아진 시편들의 모음집이다. 이렇게 해서, 이 시편들은 여기저기 흩어져서 사라져 버릴 위험성을 면하고 보존되어서, 교회의 예배를 위해서 아주 유용하게 사용될 수 있게 되었다. 하나님께서는 우리에게 우리의 일들에 대하여 찬송하도록 명령하시고 우리에게 찬송할 수 있는 충분한 원인을 제공해 주실 뿐만 아니라 우리의 입 속에 말씀들을 넣어 주시고 우리가 부를 찬송들을 미리 준비해 주시니, 우리는 얼마나 좋은 선생을 모시고 있고, 지혜의 길들 속에는 얼마나 큰 유쾌함이 있는 것인가.

II. 이 책의 저자

이 책은 의심할 여지 없이 원래 찬송받으실 성령으로부터 나온 것이다. 이 시편들은 성령께서 가르쳐 주신 신령한 노래들이고 말씀들이다. 이 시편들 중 대다수를 쓴 사람은 이새의 아들 다윗이었기 때문에, 그는 이스라엘의 노래 잘 하는 자(삼하 23:1)로 불리었다. 시편의 표제 중에 다윗이라는 이름을 가지고 있지 않은 몇몇 시편들은 비록 그 표제 속에는 이름이 나와 있지 않지만 성경의 다른 곳에서 분명하게 그의 시편으로 소개되고 있다: 시편 2편(행 4:25), 시편 96편과 105편(대상 16장). 하나의 시편은 명시적으로 모세의 기도라고 되어 있다(시 90편). 역대기하 29:30에는 시편들 중 일부가 아삽이 지었다는 것이 암시되어 있는데, 거기에서는 다윗과 아삽의 시로 여호와를 찬송하라고 말하면서, 아삽을 선견자 또는 선지자라고 부르고 있다. 또한 시편 137편과 같은 일부 시편들은 다윗 시대로부터 오랜 기간이 지나서 바벨론 포로 시기에 지어졌던 것으로 보인다. 그러나 대다수의 시편들은 분명히 시와 노래에 재능이 있었던 다윗 자신에 의해서 지어졌는데, 마치 모세와 아론이 희생 제사의 규례들을 정립할 사명을 지니고 있었던 것과 마찬가지로, 다윗은 하나님의 교회에서 시편들을 노래하는 규례를 정립하기 위하여 거기에 적절하게 양육을 받았고 자격을 갖추었으며 영감을 받았다. 모세와 아론의 규례는 폐하여졌지만, 다윗의 규례는 지금도 여전히 살아 있고, 그것이 영원의 노래들에 의해서 삼켜질 종말의 때까지 지속될 것이다. 이 점에서 다윗은 그리스도의 모형이었다. 그리스도는 희생 제사를 폐하고(모세의 족속은 곧 사라졌다) 기쁨과 찬송을 영원히 세우기 위해서 오셨기 때문에 모세가 아니라 다윗의 혈통으로부터 오셨다. 왜냐하면, 그리스도 안에서 다윗 가문이 영원하도록 되어 있었기 때문이다.

III. 이 책의 목적

이 책은 분명히 다음과 같은 것들을 위해서 의도된 것이다.

1. 자연 종교의 활동들을 돕고, 사람들의 영혼 속에 우리가 우리의 창조주, 소유주, 통치자, 은인이신 하나님 덕택에 지니고 있는 저 경건한 감성들을 점화시키기 위해서. 욥기는 하나님의 온전하심과 섭리에 관한 우리의 첫 번째 원칙들을 증명하는 데에 도움을 준다. 그러나 이 책은 기도와 찬송, 하나님을 향한 소원의 고백, 하나님을 의뢰한다는 고백, 하나님에 대한 전적인 헌신과 순종을 통해서 그 첫 번째 원칙들을 우리 속에서 생생하게 살아 움직일 수 있게 하는 데에 도움을 준다. 성경의 다른 책들은 하나님은 사람보다 무한히 높으시고 사람을 다스리시는 주라는 것을 보여준다. 그러나 이 책은 이 땅의 벌레 같은 죄악된 우리가 그럼에도 불구하고 하나님과 교제하며 대화할 수 있다는 것을 우리에게 보여준다. 우리가 잘못을 범하지 않는 한, 우리는 인간의 삶의 모든 다양한 상태들 속에서 끊임없이 하나님과 교통할 수 있는 길들이 존재한다.

2. 계시 종교의 탁월한 점들을 제시하고, 가장 기쁘고 강력한 방식으로 이 계시 종교를 세상에 권하기 위하여. 실제로 시편이라는 책 속에는 예식과 관련된 율법이 거의 없거나 전혀 없다. 시편들이 지어질 당시에 희생 제사는 여전히 오랜 세월 동안 지속될 것이었지만, 여기에서 희생 제사는 하나님께서 기뻐하지 않으시는 것(시 40:6; 51:16), 비교적 사소한 일, 때가 되면 사라질 것으로 묘사된다. 그러나 하나님의 말씀과 율법 중에서 도덕과 영속적인 의무에 관한 것들은 여기에서 성경의 어느 책에서보다도 더 크게 다루어지고 더 존귀하게 다루어진다. 계시 종교의 면류관이자 중심, 저 복된 집의 터이자 모퉁잇돌이신 그리스도는 여기에서 모형과 예언을 통해서 분명하게 언급되고, 그리스도의 고난과 그 후의 영광, 하나님께서 다윗의 나라와 관련해서 그와 맺은 계약을 이루기 위하여 그리스도께서 이 세상에 세우시게 될 나라도 언급된다. 이 책은 하나님의 말씀, 그의 규례들과 판단들, 그의 계약, 계약에 관한 크고 귀한 약속들을 지극히 귀하게 여긴다. 또한 이 책은 그런 것들을 우리의 지침이자 지주, 우리의 영원한 유업으로 삼을 것을 우리에게 권한다!

Ⅳ. 이 책의 용도

하나님의 감동으로 된 모든 성경은 우리의 마음에 하나님의 빛을 전해 주는 데에 유익하다. 그러나 이 책은 하나님의 생명과 능력, 거룩한 온기를 우리의 감성에 전해 주는 데에 특별히 유익하다. 성경 속에 이 책보다 성도들의 경건에 더 도움이 되는 책은 없다. 이 책이 쓰여져서, 그 중 일부가 교회의 예배를 위해서 성가대장에게 전달된 이래로, 이 책은 교회의 모든 세대 동안에 성도들의 경건에 지대한 기여를 해 왔다.

1. 이 책은 찬송을 하기에 유익한 책이다. 우리는 다윗의 시편들보다 한걸음 더 나아갈 수도 있겠지만, 찬송들과 신령한 노래들에 관한 한 그럴 필요가 없다. 히브리 운율의 규칙들이 무엇이었는지에 대해서는 학자들조차도 확실하게 알지 못한다. 그러나 이 시편들은 교회의 덕을 세우기 위하여 불러질 수 있도록 하기 위해서는 각 나라의 운율에 따라서 번역되어야 한다. 우리가 다윗의 시편들을 부르고 있을 때에 우리는 다윗과 유다의 경건한 왕들의 시대에 하나님께 드려졌던 것과 동일한 찬송들을 하나님께 드리고 있다는 것은 내가 보기에는 우리에게 큰 위로가 된다. 이 거룩한 시들은 너무도 풍성하고 너무도 잘 만들어졌기 때문에, 그것들은 결코 다함이 없을 것이고, 결코 닳아 없어지지 않을 것이다.

2. 이 책은 크고 탁월한 진리들, 선과 악에 관한 규칙들을 담고 있기 때문에 그리스도의 사역자들이 펴서 읽기에 유익한 책이다. 우리 주 예수께서는 이 시편들, 즉 복음 시편들을 그의 제자들에게 설명해 주시고, 그들의 총명을 여셔서(왜냐하면, 주님은 다윗의 열쇠를 가지고 계셨기 때문에) 그 시편들을 깨달을 수 있게 해주셨다(눅 24:44).

3. 이 책은 모든 선한 사람들이 읽고 묵상하기에 유익한 책이다. 이 책은 넘쳐 흐르는 샘물과 같아서, 우리는 거기로부터 기쁨으로 물을 길을 수 있다.

(1) 시편 기자의 체험들은 우리가 가르침을 받고 경계를 들으며 격려를 받는 데에 대단히 유익하다. 시편 기자는 하나님과 그의 영혼 사이에 일어난 일들을 우리에게 말해 줌으로써, 우리로 하여금 우리가 하나님으로부터 무엇을 기대할 수 있고, 하나님께서는 우리에게 무엇을 기대하시고 요구하시며 은혜로 받으시기를 원하시는지를 알게 해 준다. 다윗은 하나님의 마음에 합한 사람이었기 때문에, 다윗의 마음에 어느 정도 공감을 하는 자들은 그들이 하나님의 은

혜로 말미암아 하나님의 형상을 따라서 새롭게 될 것을 소망할 수 있는 근거를 가지게 되고, 다윗의 기도들과 찬송들에 대하여 진심으로 아멘이라고 말할 수 있는 사람들은 그들에 대한 그들 자신의 양심의 증언 속에서 많은 위로를 받게 된다.

(2) 시편 기자의 표현들도 대단히 유익하다. 우리는 기도할 때에 마땅히 무엇을 기도해야 할지를 모르기 때문에, 성령은 시편 기자의 표현들을 통해서 기도에 있어서의 우리의 연약함을 도우신다. 우리가 처음으로 하나님께 되돌아올 때 뿐만 아니라 매번 하나님께 나아갈 때마다 우리는 말씀을 가지고 나아가도록(호 14:2) 지시를 받는다. 여기서 말씀들이란 바로 성령께서 가르쳐 주시는 말씀들이다. 우리가 다윗의 시편들을 친숙하게 익혀 놓는다면, 우리는 은혜의 보좌 앞에 고백이든 간구이든 감사이든 어떤 볼 일이 있을 때마다 그것을 전달하는 데에 도움을 받을 수 있게 된다. 우리 속에 거룩한 소원이나 소망, 거룩한 슬픔 또는 기쁨 등과 같은 경건한 감정이 생겨날 때, 우리는 시편에서 그 감정을 표현하기에 적합한 말씀들, 추호라도 적합하지 않은 것이 있을 수 없는 선한 말씀들을 발견할 수 있다. 시편에 나오는 가장 적절하고 생생한 경건의 표현들을 모아서 몇 가지 기도 제목 하에 분류해 놓으면, 우리는 시편들을 훨씬 더 잘 활용할 수 있게 될 것이다. 또는, 우리는 어떤 사람으로 하여금 한 번에 하나의 시편을 선택하게 하여서 그 시편을 놓고 기도할 수 있게 하는 것도 좋은 방법이다. 즉, 어떤 사람으로 하여금 그 시편에 속한 각각의 절을 자신의 말로 확대해서 표현하고, 그 시편에 나오는 표현들로부터 생겨나는 우리의 묵상을 하나님께 드리게 하는 것이다.

박학다식한 하몬드 박사는 시편에 대한 자신의 묵상집의 서문에서 이렇게 말한다: "우리는 시편 전체가 무엇을 말하고 있는지에 대하여 말하기에 앞서서 먼저 적어도 몇몇 시편들을 그 시편들 속에 담겨 있는 원래의 생명과 생기에 의해서 움직여지고 밑받침되는 마음의 기도를 통해서 묵상하며 읽는 것이 선행되어야 한다. 왜냐하면, 신앙의 직무들 속에서 시편들을 마음도 없고 영도 없이 그저 단순히 낭송하는 것으로 변질시켜 버리는 것보다 더 피해야 할 일은 없기 때문이다." 성 아우구스티누스가 충고한 대로, 우리가 시편의 정서를 통해서 우리의 심령을 형성한다면, 우리는 시편의 언어를 사용함으로써 하나님께 열납될 것을 확신할 수 있다. 또한 시편은 우리의 기도와 우리 마음의 정서를 도와서, 우리에게 하나님을 영화롭게 하는 찬송을 어떻게 드릴 수 있는지를 가르칠 뿐만 아니라, 우리의 삶의 행위들에 대한 지침이 되어서, 우리에게 어떻게 하면 우리가 우리의 행실을 옳게 해서 하나님의 구원을 볼 수 있는지(시 1:23)를 가르쳐 준다. 이렇게 시편은 구약의 교회에게 유익이 되었을 뿐만 아니라, 그리스도께서 오시기 전에 살았던 자들에게보다도 우리 그리스도인들에게 더 유익하다. 왜냐하면, 모세의 희생 제사들과 마찬가지로 다윗의 찬송들도 그리스도의 복음에 의해서 그 휘장이 걷혀져서 우리에게 더 잘 알 수 있게 해석되고 있어서, 우리가 다윗의 기도와 찬송들에 더하여 서신들 속에 나오는 사도 바울의 기도들과 요한 계시록에 나오는 새 노래들을 갖게 됨으로써, 우리는 이 선한 일을 하는 데에 온전히 준비를 갖추게 되었기 때문이다. 또한 성경은 완전하기 때문에 하나님의 사람들을 완전하게 만든다.

이 책의 구분에 대해서 우리는 염려하거나 애를 쓸 필요가 없다. 각각의 시편 간에는 연결 관계가 전혀 없거나 거의 없고, 시편들을 어떤 기준에 따라서 순서있게 배열한 흔적도 없다. 그러나 시편들의 배열은 아주 오래된 것으로 보인다. 왜냐하면, 지금 두 번째로 나오는 시편은 사도 시대에도 역시 두 번째로 나오고 있기 때문이다(행 13:33). 불가타 라틴 역본에서는 시편 제9편과 제10편을 한데 결합해 놓았다. 가톨릭 계열의 모든 저술가들은 라틴어 역본을 사용했기 때문에, 그들의 책들 속에 인용된 시편의 편수는 우리가 현재 사용하는 것보다 한편이 부족하다. 따라서 우리의 시편 11편은 그들에게는 시편 10편이고, 우리의 시편 119편은 그들의 시편으로는 118편이다. 그러나 그들은 시편 147편을 둘로 나누어서, 전체적으로 150편의 숫자를 맞추고 있다.

어떤 이들은 시편들을 그것이 다루고 있는 내용에 따라서 몇 가지의 적절한 표제들에 따라서 분류하고자 시도하였지만, 하나의 동일한 시편 속에도 흔히 다양한 내용들이 들어 있기 때문에, 그러한 작업은 확실성있게 수행될 수 없었다. 그러나 많은 이들의 기도 문집에서는 일곱 개의 시편을 따로 선별해서 참회 시편으로 모아 놓았는데, 그 시편들은 시편 6편, 32편, 38편, 51편, 102편, 130편, 143편이다. 시편은 각각 **아멘 아멘** 또는 할렐루야로 끝나는 다섯 권의 책으로 구분되어 있다. 제1권은 시편 41편으로 끝나고, 제2권은 시편 72편, 제3권은 시편 89편, 제4권은 시편 106편, 제5권은 시편 150편으로 끝난다. 어떤 이들은 시편을 각각 50편으로 이루어진 3부로 나누고, 또 어떤 이들은 시편을

60부로 나누어서, 한 달에 걸쳐 매일 아침과 저녁으로 한 편씩 읽도록 하였다. 선한 그리스도인들은 그들이 시편을 가장 잘 익힐 수 있는 자신만의 방식으로 구분해서, 언제든지 시편들을 활용할 수 있고, 영으로 및 마음으로 시편들을 노래할 수 있게 하여야 한다.

제 1 편

개요

이 시편은 선과 악에 관한 교훈을 담고 있는 시편으로서 우리 앞에 생명과 죽음, 축복과 저주를 제시하고서, 우리로 하여금 복으로 이끄는 올바른 길을 택하고 파멸로 끝나게 될 길을 피하도록 가르친다. 하나님을 섬기는 경건한 자들과 하나님을 섬기지 않는 악한 자들의 서로 다른 특성과 상태가 여기에서 몇 마디 말씀으로 뚜렷하게 서술된다. 따라서 모든 사람은 그가 자기 자신에게 충실하기만 하다면 여기에서 자신의 얼굴을 볼 수 있고 자신의 운명을 읽을 수 있다. 사람들을 성도들과 죄인들, 의인들과 불의한 자들, 하나님의 자녀들과 악한 자의 자녀들로 구분하는 것은 죄와 은혜, 여자의 후손과 뱀의 후손 간의 싸움이 시작된 이래로 아주 오래된 것일 뿐만 아니라, 사람들을 높은 자와 낮은 자, 부한 자와 가난한 자, 종된 자와 자유인으로 나누는 그 밖의 다른 모든 구분보다 더 오래 지속될 것이다. 왜냐하면, 사람들의 영원한 상태는 이것에 의해서 결정되고, 이러한 구별은 천국이나 지옥처럼 오래도록 지속될 것이기 때문이다. 이 시편은 우리에게 다음과 같은 것들을 보여준다. I. 의인의 거룩함과 행복(1-3절). II. 악인의 죄악됨과 비참함(4-5절). III. 이 둘의 근거와 이유(6절). 다윗의 시편들을 편찬한 인물이 누구였든지 간에(그는 아마도 에스라였을 가능성이 높다), 그는 정당한 이유를 가지고 이 시편을 나머지 모든 시편에 대한 서문으로서 맨 앞에 두었다. 이 시편을 맨 앞에 둔 것이 옳은 것은 우리가 하나님 앞에서 의로운 것(왜냐하면, 하나님은 오직 의인들의 기도만을 기뻐하시기 때문에), 우리가 복에 대한 우리의 개념들과 그 복으로 이끄는 길에 대한 우리의 선택에 있어서 올바른 것이 우리의 기도가 하나님 앞에 열납되기 위해서는 절대적으로 필요한 것이었기 때문이다. 선한 길들로 행하지 않는 자들은 선한 기도들을 올려 드리는 데에 합당하지 않다.

¹복 있는 사람은 악인들의 꾀를 따르지 아니하며 죄인들의 길에 서지 아니하며 오만한 자들의 자리에 앉지 아니하고 ²오직 여호와의 율법을 즐거워하여 그의 율법을 주야로 묵상하는도다 ³그는 시냇가에 심은 나무가 철을 따라 열매를 맺으며 그 잎

사귀가 마르지 아니함 같으니 그가 하는 모든 일이 다 형통하리로다

시편 기자는 의인의 특성과 상태에 관한 묘사로 시작하는데, 이것은 의인들이 먼저 자신들의 모습에 관한 묘사를 통해서 위로를 받게 하기 위한 것이다. 여기에는 다음과 같은 내용들이 나온다.

I. 의인의 심령과 길에 관한 묘사. 우리는 이러한 묘사에 비추어서 우리 자신을 살펴보아야 한다. 여호와께서는 자기 사람들을 이름으로 알고 계시지만, 우리는 그들을 그들의 성품에 따라서 알아야 한다. 왜냐하면, 우리가 도리를 다해서 순종해야 할 율법의 명령임과 동시에 우리가 유익을 위해서 이루어야 할 약속의 상태인 그러한 성품에 도달하고자 애쓰는 것은 이 땅에서 훈련을 받고 있는 우리에게 합당한 것이기 때문이다. 여기에서 의인의 성품은 그가 어떤 원칙들을 따라서 행하고 어떤 원칙들을 자신의 잣대로 삼고자 하는가에 관한 묘사를 통해서 제시되고 있다. 우리가 처음에, 그리고 매번 우리의 행동을 위한 지침으로 이 세상의 풍속을 선택하느냐, 아니면 하나님의 말씀을 선택하느냐 하는 것은 중대한 결과를 낳는다. 우리의 잣대와 길잡이를 선택함에 있어서 범하는 잘못은 근원적이고 치명적인 잘못이다. 그러나 우리가 그 선택에 있어서 올바르다면, 우리는 모든 일이 잘 될 수 있는 평탄한 길에 들어선 것이다.

1. 의인은 악을 피하고자 하기 때문에 행악자들과 어울리는 것을 단호하게 거부하고, 그들에게 이끌려 다니지 않는다(1절): 복있는 사람은 악인들의 꾀를 따르지 아니한다. 의인의 성품 중에서 이 부분이 제일 먼저 제시된 것은 하나님의 계명들을 지키고자 하는 자들은 악에 대하여 우리에게서 떠날지어다(시 119:115)라고 말하여야 하기 때문이다. 악으로부터 떠날 때에 비로소 지혜가 시작된다.

(1) 의인은 자기 주변에서 행악자들을 본다. 세상은 그들로 가득 차 있다. 그들은 도처에서 활보하고 다닌다. 이러한 행악자들은 여기에서 악인들, 죄인들, 오만한 자들이라는 세 부류로 묘사된다. 사람들이 어떤 단계들을 거쳐서 불경건의 꼭대기까지 도달하게 되는지를 보라. 단번에 악덕의 최고봉에 도달하는 자는 아무도 없다. 그들은 맨 먼저 하나님을 두려워하는 것을 벗어 던지고 하나님에 대한 그들의 의무를 무시하며 살아가는 악인들이 된다. 그러나 그들은 거기에서 안식을 찾지 못한다. 신앙의 일들을 제쳐 놓게 될 때, 그들은 죄인들이 되

어서, 하나님에 대하여 공개적으로 반역하고 죄와 사탄을 섬기는 일에 뛰어들게 된다. 하나님을 섬기는 일들을 빼먹게 되면 그 자리에 죄와 사탄을 섬기는 일들이 들어서게 되고, 이러한 일들을 통해서 그들의 마음은 완악해져서, 마침내 오만한 자들이 된다. 즉, 그들은 모든 거룩한 것들을 공개적으로 경멸하며, 신앙을 비웃고, 장난삼아서 죄를 저지른다. 이것이 죄악으로 내달리는 길이다. 악한 자는 더 악해져서, 마침내 죄인들은 다른 사람들을 죄로 유혹하는 자들이 되고 바알을 변호하는 자들이 된다. 우리가 악인들이라고 번역한 단어는 정착이 되지 않아서 요동하며 확실한 목표도 없고 확실한 원칙을 따라서 행하는 것도 없이 매번 욕망이 시키는 대로, 그리고 유혹이 손짓하는 대로 행하는 자들을 가리킨다. 죄인들로 번역된 단어는 죄를 행하기로 결심하고서 죄짓는 것을 자신의 업으로 삼는 자들을 의미한다. 오만한 자들은 하늘에 대고 욕하는 자들이다. 이러한 자들을 의인은 서글픈 마음으로 바라본다. 의인의 의로운 영혼에 그들은 끊임없는 괴로움의 대상이다.

(2) 그러나 의인은 그들을 볼 때마다 그들을 피한다. 의인은 그들이 행하는 것과 같이 행하지 않는다. 그렇게 하기 위해서, 의인은 그들과 친하게 지내지 않는다.

[1] 의인은 악인들의 꾀를 따르지 않는다. 의인은 그들이 모의하는 자리에 있지도 않고, 그들과 상의하지도 않는다. 그들이 아무리 재치가 있고 영악하고 배운 것이 많다고 하더라도, 그들이 악인들이라면, 그들은 의인이 상의할 자들이 되어서는 안 된다. 의인은 그들에게 동의하지 않고, 또한 그들이 말하는 대로 말하지(눅 23:51) 않는다. 의인은 그들의 원칙들을 자신의 잣대로 삼지 않고, 또한 그들이 해주는 조언에 따라서 행하지 않는다. 악인들은 신앙을 거슬러서 조언을 하는 것을 서슴지 않고, 그 조언은 너무도 교묘하기 때문에, 우리가 그 조언에 의해서 물들지 않고 그 덫에 빠지지 않는다면, 우리는 그것을 복된 것이라고 생각하여야 한다.

[2] 의인은 죄인들의 길에 서지 않는다. 그는 그들이 행하는 대로 행하는 것을 피한다. 그들의 길은 그의 길이 될 수 없다. 의인은 그 길로 들어서지 않으며, 스스로 악한 길에 서는(시 36:4) 죄인들과는 달리 그 길에 머무르는 일은 더더욱 하지 않는다. 의인은 그들이 있는 곳에 있기를 피한다(할 수 있는 대로). 의인은 그들을 닮지 않기 위해서 그들과 어울리지 않으며 그들을 친구로 삼지도

않는다. 의인은 그들에게 이끌려서 그들의 길에 서지 않고(잠 7:8), 전염병에 걸린 장소나 사람을 감염이 두려워서 피하듯이 그들을 될 수 있는 한 멀리 피한다(잠 4:14-15). 해악을 피하고자 하는 자는 해악을 당할 수 있는 곳을 멀리하여야 한다.

[3] 의인은 오만한 자들의 자리에 앉지 아니한다. 의인은, 악을 행하면서도 편안하고 자신의 양심이 화인 맞은 것을 즐기는 자들에게 스스로를 의탁하지 않는다. 의인은, 은밀하게 앉아서 마귀의 나라를 잘 되게 하기 위하여 여러 가지 길들과 수단을 찾아내고자 하거나 공개적인 재판석에 앉아서 의인들의 세대를 고압적으로 단죄하는 자들과 어울리지 않는다. 술에 취한 자들의 자리는 오만한 자들의 자리(시 69:12)이다. 그러한 자리에 앉지 않는 자는 복되다(호 7:5).

2. 의인은 선한 일을 행하고 어떻게든 선한 일을 놓지 않기 위해서 하나님의 말씀의 인도하심에 순종하고 하나님의 말씀을 가까이 한다(2절). 이것은 의인을 악인들의 길로부터 지켜주고 그들의 유혹에 맞서서 의인을 요새처럼 견고하게 지켜주는 것이다. 나는 주의 입술의 말씀을 따라 스스로 삼가서 포악한 자의 길을 가지 아니하였나이다(시 17:4). 우리는 죄인들과 어울리는 데에서 즐거움을 구하거나 죄인들의 힘을 빌려서 출세하고자 할 필요가 없다. 우리에게는 하나님의 말씀과의 사귐이 있고, 말씀 안에서 및 말씀을 통해서 하나님 자신과의 사귐이 있기 때문이다. 네가 깰 때에 너와 더불어 말하리라(잠 6:22). 우리는 "하나님의 법이 우리에게 무엇인가? 우리는 하나님의 법을 얼마나 중요시 하는가? 하나님의 법은 우리 속에서 어떠한 위치를 차지하고 있는가?"라고 물음으로써 우리의 영적인 상태를 판단할 수 있다. 좀 더 살펴보자.

(1) 의인이 하나님의 법에 대하여 지니고 있는 전적인 사랑: 의인은 오직 여호와의 율법을 즐거워한다. 여호와의 율법은 율법, 즉 멍에이기는 하지만, 거룩하고 의롭고 선한 것이기 때문에, 의인은 속사람을 따라서(롬 7:16, 22) 기꺼이 거기에 동의하고 즐거워한다. 하나님이 계시는 것을 즐거워하는 모든 자들은 성경, 즉 하나님께서 자신의 뜻을 계시하시고 자기 안에 있는 유일한 복의 길을 계시하신 성경이 있다는 것을 즐거워하여야 한다.

(2) 의인은 항상 하나님의 말씀을 가까이 함: 의인은 그의 율법을 주야로 묵상한다. 이것을 통해서 의인이 여호와의 율법을 즐거워한다는 사실이 드러난다. 왜냐하면, 우리는 우리가 사랑하는 것을 생각하기를 좋아하기 때문이다(시

119:97). 하나님의 말씀을 묵상하는 것은 우리가 하나님의 말씀 속에 담겨진 큰 일들에 깊이 젖어 들어서 우리의 마음속에서 그 큰 일들의 향기와 능력을 체험할 때까지 마음을 모으고 생각을 착념하여 하나님의 말씀 속에 담겨진 큰 일들에 관하여 자기 자신과 대화하는 것이다. 우리는 이것을 **주야로** 행하여야 한다. 우리는 하나님의 말씀을 우리의 행위의 준칙이자 우리의 위로의 원천으로 삼아서 끊임없이 습관적으로 거기에 비춰 보아야 한다. 따라서 우리는 밤이든 낮이든 무슨 일이 있을 때마다 그 일을 하나님의 말씀에 비추어 보아야 한다. 하나님의 말씀을 묵상하기에 적합하지 않은 때란 존재하지 않고, 그 어떤 때도 우리가 하나님의 말씀을 찾아가는 데에 부적절하지 않다. 우리는 낮과 밤이 시작되는 아침과 저녁으로 하나님의 말씀을 묵상하는 일을 습관화하여야 할 뿐만 아니라, 그러한 묵상들이 낮 동안의 일과 교제, 밤 동안의 휴식과 잠에 스며들게 하여야 한다. 내가 깰 때에도 여전히 주와 함께 있나이다.

Ⅱ. 의인에게 복이 주어지리라는 약속. 우리는 이러한 약속을 믿고 우리 스스로 의인의 성품을 갖추도록 스스로를 격려하여야 한다.

1. 전체적으로 말해서, 의인은 복되다(시 5:1). 하나님은 그를 축복하시고, 그 축복은 의인을 복되게 할 것이다. 의인에게는 온갖 축복들, 윗 샘과 아랫 샘의 축복들이 주어져서, 이 모든 것들이 그를 완전히 복되게 만들어 줄 것이다. 복을 구성하는 것들 중에서 그 어느 것도 그에게 부족한 것이 없게 될 것이다. 시편 기자는 복있는 사람을 묘사할 때에 그를 선한 사람으로 묘사한다. 왜냐하면, 결국 거룩하고 진정으로 거룩한 자들만이 복되고 진정으로 복되기 때문이다. 우리는 복이 어디에 깃드는가를 알고자 하기보다는 복으로 이끄는 길을 알고자 하는 데에 더 관심을 갖는다. 하지만 선함과 거룩함은 복으로 이어지는 길일 뿐만 아니라(계 22:14), 복 그 자체이기도 하다. 현세 이후에 내세가 없다고 가정하더라도, 자신의 도리를 지켜 행하는 자는 복있는 사람이다.

2. 의인의 복된 상태는 여기에서 직유를 통해서 예시된다(3절): 의인은 잘 자라고 열매를 많이 맺는 나무와 같을 것이다.

(1) 이것은 그의 경건한 삶의 결과이다. 그는 하나님의 율법을 묵상하는데, 그것은 그에게 진액과 피가 되어서, 그것은 그를 나무와 같이 만든다. 우리가 하나님의 말씀과 대화를 하면 할수록, 우리는 모든 선한 말과 일에 더욱 적합한 자가 되어간다.

(2) 이것은 약속된 축복의 결과이다. 의인은 여호와로부터 축복을 받은 자이기 때문에, 그는 나무와 같이 될 것이다. 하나님의 축복은 실제적인 결과들을 낳는다. 의인의 복은 다음과 같은 것들이다.

[1] 그가 하나님의 은혜에 의해서 심겨졌다는 것. 이 나무들은 본질상 돌감람 나무였고, 그것들이 새롭게 접붙임을 받아서 위로부터의 능력에 의해서 심겨질 때까지는 계속해서 그럴 것이다. 저절로 선한 나무로 자라는 것은 하나도 없다. 선한 나무가 되는 것은 여호와께서 심으셨기 때문이다. 그러므로 그 나무를 통해서 여호와께서 영광을 받으셔야 한다(사 61:3). 여호와의 나무들은 수액이 풍부하다.

[2] 그가 은혜의 수단들을 통해서 여기에서 시냇가라 불리는 곳, 즉 우리 하나님의 도성을 기쁘게 하는(시 46:4) 그러한 강들에 놓여졌다는 것. 선한 자는 이러한 강물로부터 다른 사람들이 아무도 모르는 방식으로 힘과 활력을 공급받는다.

[3] 그의 일들이 풍성한 열매를 맺게 된다는 것(빌 4:17). 하나님께서는 그가 먼저 축복하신 자들에게 번성하라(창 1:22)고 말씀하셨다. 열매를 맺는 것의 위로와 영광은 여전히 열매를 맺기 위해서 수고한 것에 대한 보상이다. 자신의 마음의 기질과 삶의 행로 속에서 하나님의 은혜의 의도들을 잘 분별하고 따라서 열매를 맺는 것은 은혜의 긍휼하심들을 누리고 있는 자들의 특성이다. 그들은 열매가 가장 아름답고 가장 유익한 때에 철을 따라 열매를 맺음으로써(이 열매는 그들에게 마땅히 요구되는 것이다), 즉 선을 행할 기회가 있을 때마다 적절한 때에 선을 행함으로써 포도원 주인에게 찬양을 돌려 드린다.

[4] 그의 일이 오점을 남기거나 망하지 않게 된다는 것: 그 잎사귀가 마르지 아니할 것이다. 그 어떤 선한 열매도 없이 오직 자신의 일의 잎사귀들만을 내는 자들은 그 잎사귀조차도 말라 버려서, 그들이 예전에 자신의 일을 자랑했던 것만큼이나 그 일에 대해서 수치를 당하게 될 것이다. 그러나 하나님의 말씀이 우리의 마음속에서 우리를 다스린다면, 그것은 우리가 하는 일들을 항상 푸르게 지켜 주어서, 우리에게 위로와 명예가 되어 줄 것이다. 이렇게 해서 얻어진 월계수 잎들은 결코 시들지 않을 것이다.

[5] 그가 가는 곳마다 이러한 형통, 즉 영혼의 형통이 따라다닌다는 것. 율법에 따라서 그가 하는 모든 일이 다 형통할 것이고, 그의 생각대로 또는 그가 기대

한 것 이상으로 성공을 거두게 될 것이다.

죄가 해롭고 위험하다는 것, 하나님의 율법의 이루 말할 수 없는 탁월함, 우리로 하여금 열매를 맺게 하는 하나님의 은혜의 능력과 효력 등과 같은 내용으로 가득 차 있는 이러한 본문들을 노래하면서, 우리는 죄에 대하여 및 죄와 가까이 하는 모든 것들에 대하여 경계하고, 하나님의 말씀과 많이 대화하며, 의의 열매를 풍성하게 맺도록 우리 자신과 서로를 가르치고 권면하여야 한다. 또한 우리는 이러한 본문들을 놓고 기도할 때에 온갖 악한 말과 일로부터 우리를 요셉처럼 견고하게 지켜 주시고 모든 선한 말과 일에 적합한 자가 되게 해 달라고 하나님의 은혜를 구하여야 한다.

[4]악인들은 그렇지 아니함이여 오직 바람에 나는 겨와 같도다 [5]그러므로 악인들은 심판을 견디지 못하며 죄인들이 의인들의 모임에 들지 못하리로다 [6]무릇 의인들의 길은 여호와께서 인정하시나 악인들의 길은 망하리로다

이 단락에는 다음과 같은 내용들이 나온다.

I. 악인들에 관한 묘사(4절).

1. 전체적으로 악인들은 그 특성과 상태에 있어서 의인들의 반대이다: 악인들은 그렇지 아니함이여. 칠십인역에서는 이것을 반복해서 강조적으로 표현하고 있다: 악인들은 그렇지 아니함이여 그들은 그렇지 않다. 그들은 악인들의 꾀를 따르며, 죄인들의 길에 서고, 오만한 자들의 자리에 앉는다. 그들은 하나님의 율법을 기뻐하지도 않고, 그것을 생각하지도 않는다. 그들은 소돔의 포도 열매들만을 맺을 뿐 다른 선한 열매를 맺지 못한다. 그들은 땅을 못쓰게 할 뿐이다.

2. 특히, 의인들은 가치있고 유익하며 열매를 맺는 나무들 같은 반면에, 악인들은 오직 바람에 나는 겨와 같다. 그들은 겨 중에서도 가장 가벼운 것, 타작 마당의 주인이 날려 버리기를 원하는 티끌, 아무 짝에도 쓸모 없는 티끌과 같다. 당신은 그들을 소중히 여기고자 하는가? 당신은 그들을 비중있게 대우하고자 하는가? 그들은 스스로를 아무리 높게 여기고 소중히 생각한다고 할지라도 하나님 보시기에 아무런 가치도 없는 겨와 같다. 당신은 그들의 마음의 기질을 알고자 하는가? 그들은 가볍고 속이 텅 비어 있다. 그들 속에는 아무런 알갱이도 없고 아무런 견고함도 없다. 그들은 바람과 유혹이 불어 오는 대로 이리저리

쉽게 몰려 다니고, 아무런 견고함도 가지고 있지 않다. 당신은 그들의 종말을 알고자 하는가? 바람이 겨를 몰아가서 흩어버리고 우리가 더 이상 겨의 흔적조차 찾아볼 수 없는 것과 마찬가지로, 하나님의 진노는 그들을 쓸어가버리실 것이다. 겨는 잠시 동안은 알곡 가운데 있을 수도 있다. 그러나 그의 손에 키를 들고 자기의 타작 마당을 정하게 하실 분이 오실 것이다. 자신의 죄와 어리석음으로 인해서 그들 자신을 겨로 만들어 버리는 자들은 하나님의 진노의 회리 바람과 불 앞에서 겨처럼 되어서(시 35:5), 그 앞에 설 수도 없고 그것을 피할 수도 없는 처지가 될 것이다(사 17:13).

II. 악인들의 운명(5절).

1. 그들은 심판대에 변절자들로 유죄 판결을 받게 될 것이다: 악인들은 심판을 견디지 못하리로다. 즉, 그들은 유죄임이 드러나게 될 것이고, 수치와 당혹감 속에서 머리를 떨구게 될 것이다. 그들이 내놓는 온갖 탄원들과 변명들은 이유 없는 것으로 무시될 것이다. 장차 심판이 있을 것인데, 거기에서 각 사람의 현재의 성품과 일은 아무리 교묘하게 은폐하고 위장한다고 할지라도 온전히 제 모습으로 드러나게 될 것이고, 각 사람의 장래의 상태는 다시 번복될 수 없는 선고에 의해서 영원히 결정되게 될 것이다. 악인들은 그 심판의 때에 거기에 나와서, 그들이 몸으로 지은 일들에 따라서 심판을 받게 될 것이다. 그들은 그들이 대접을 받고 잘 되기를 소망하겠지만, 그들의 소망은 여지없이 그들을 실망시키고 말 것이다: 그들은 심판을 견디지 못할 것이다. 그들을 치는 증거들은 너무도 명백할 것이고, 거기에 대한 심판은 의롭고 공정할 것이다.

2. 그들은 복된 자들의 모임으로부터 영원히 격리될 것이다. 그들은 의인들의 모임에 들지 못할 것이다. 즉, 심판 때에(어떤 이들은 이렇게 해석한다) 성도들은 재판장이신 그리스도를 보좌하는 배석 판사들로서 세상을 심판할 것인데, 악인들은 뭇 사람에 대한 심판(유 1:14; 고전 6:2)을 집행하기 위하여 그리스도께서 오실 때에 저 거룩한 무리들 속에 들지 못하게 될 것이다. 또는, 하늘에서 장자들의 교회의 총회, 즉 모든 성도들, 오직 성도들, 완전하게 된 성도들로 이루어진 의인들의 모임, 이 세상에서는 한 번도 없었던 의인들의 모임이 있게 될 것인데(살후 2:1), 악인들은 거기에 들지 못할 것이다. 악인들은 그 모임 속에서 자리를 얻지 못하게 될 것이다. 부정한 자나 거룩하게 되지 못한 자는 그 누구라도 새 예루살렘으로 들어가지 못할 것이다. 그들은 의인들이 그 나라로 들

어가는 것을 보게 될 것이고, 그들 자신이 밖으로 내쳐져서 영원히 이를 갈며 괴로워하는 것을 보게 될 것이다(눅 13:27). 이 세상에서 악인들과 속된 자들은 의인들과 그들의 모임을 조롱하였고 그들을 멸시하였으며 그들의 무리를 보살피지 않았다. 그러므로 그들은 의인들로부터 영원히 격리되는 것이 마땅할 것이다. 이 세상에서 위선자들은 그럴듯한 신앙 고백으로 위장한 가운데 의인들의 회중 속에서 들어가서, 거기에서 아무런 방해도 받지 않고 발각되지도 않았다. 그러나 그리스도의 사역자들은 속을지라도, 그리스도께서는 속지 않으신다. 그리스도께서 양과 염소, 알곡과 가라지를 골라 내실 때가 다가오고 있다(마 13:41, 49을 보라). 저 큰 날(갈대아인들은 이 날을 이렇게 부른다)은 모든 것이 드러나는 날, 모든 것이 구별되는 날, 최종적으로 분리되는 날이 될 것이다. 그 때가 되면, 당신은 다시 돌아와서 의인들과 악인들을 분별하게 될 것이다 ― 지금 이 세상에서는 그렇게 하는 일이 종종 어렵지만(말 3:18).

III. 의인과 악인이 이렇게 서로 다른 상태로 되는 이유(6절).

1. 의인들이 형통하고 복된 것과 관련해서 하나님께 모든 영광을 돌려야 한다. 여호와께서 그들의 길을 아시기 때문에 그들은 복되다. 하나님은 그들을 선택하셔서 그 길로 걷게 하셨고, 그들로 하여금 그 길을 선택하도록 하셨으며, 그들을 그 길 가운데서 인도하시고, 그들의 모든 발걸음을 정하신다.

2. 죄인들은 그들 자신의 파멸에 대하여 모든 책임을 져야 한다. 그러므로 악인들이 망하는 것은 그들이 선택하였고 걷기로 결심한 바로 그 길이 곧바로 멸망으로 통하는 길이기 때문이다. 그 길은 파멸로 통하는 길이기 때문에, 반드시 멸망으로 끝날수 밖에 없다. 또는, 우리는 이것을 이렇게 볼 수도 있다. 여호와께서는 의인들의 길을 인정하시고 기뻐하시기 때문에, 그의 은혜로운 미소의 영향 아래에서 의인들은 형통하고 그 끝이 좋게 될 것이다. 그러나 하나님은 악인들의 길에 진노하시고, 그들이 행하는 모든 일은 그의 진노를 불러 일으키는 것이기 때문에, 그들의 일은 망하게 되고, 그들도 그 일과 더불어서 망하게 될 것이다. 각 사람에 대한 심판은 여호와께로부터 나오게 되고, 우리가 하나님께 열납되느냐 되지 못하느냐에 따라서 심판의 내용이 결정될 것인데, 그렇게 결정된 것은 영원토록 지속될 것이다. 의인들이 아무리 사람들의 능욕에 의해서 더럽혀지고 검게 되어 있다고 할지라도, 여호와께서는 그들의 길을 아시고 그들의 마음을 아시며(렘 12:3) 그들의 은밀한 기도를 아시며(마

6:6), 그들의 성품을 아신다는 것, 그리고 여호와께서는 그들과 그들의 길을 세상 앞에 명백하게 곧 드러내시고 그들을 영원한 기쁨과 존귀로 입히시리라는 것은 풀죽은 의인들의 사기를 크게 높여 줄 것이다. 죄인들의 길은 비록 지금 아무리 즐거운 것이라고 해도 결국 망하게 되리라는 것은 죄인들의 안전과 즐거움에 찬물을 끼얹는 것이 된다.

이 본문들을 노래하고 이 본문들을 놓고 기도하면서, 우리는 악한 자가 처해질 운명에 대하여 거룩한 두려움에 사로잡히게 되고, 장차 임할 심판에 대한 확고하고 생생한 기대 속에서 그러한 운명을 면하기를 빌며, 스스로 힘을 내어서 심판을 준비하며, 모든 일에서 하나님께 인정받고자 하고 전심으로 하나님의 은총을 간구하고자 하는 거룩한 염려에 사로잡혀야 한다.

제
— 2 —
편

개요

앞의 시편이 교훈적인 것으로서 우리에게 우리의 도리를 보여준 것과 같이 , 이 시편은 복음적인 것으로서 우리에게 우리의 구주를 보여준다. 다윗의 나라(이것은 하나님께서 정하신 것으로서 많은 반대에 부딪히더라도 결국에는 서게 되어 있었다)라는 모형을 통해서 다윗의 자손인 메시야의 나라가 예언되고 있는데, 이것이 이 시편의 일차적인 의도이자 목적이다. 나는 이 시편이 다른 그 어느 복음 시편보다도 모형이 아니라 원형에 대하여 더 많이 말하고 있다고 생각한다. 왜냐하면, 이 시편 속에는 그리스도에게 적용될 수 없는 것은 전혀 나오지 않지만 다윗에게 전혀 적용될 수 없는 것은 일부 나오기 때문이다(6-7절): 너는 내 아들이라(7절); 내가 이방 나라를 네 유업으로 주리니 네 소유가 땅 끝까지 이르리로다(12절); 그의 아들에게 입맞추라(12절). 이러한 말씀들은 그리스도를 가리키는 것으로 해석되고 있다(행 4:24; 13:33; 히 1:5). 성령께서는 여기에서 다음과 같은 것들을 미리 말씀해 주신다. I. 메시야의 나라가 반대에 부딪히게 되리라는 것(1-3절). II. 그러한 반대가 좌절되고 벌을 받게 되리라는 것(4-5절). III. 그러한 반대에도 불구하고 그리스도의 나라가 세워지리라는 것(6절). IV. 그 나라가 확고히 서리라는 것(7절). V. 그 나라가 확장되고 성공할 것에 대한 약속(8-9절). VI. 왕들과 방백들에게 스스로 굴복해서 자원하여 이 나라의 신민(臣民)들이 되라는 권면(10-12절). 따라서 이 시편에는 다음과 같은 내용들이 나온다. I. 그리스도의 나라에 대적하는 자들에 대한 위협들(1-6절). II. 이 나라의 머리되시는 그리스도 자신에 대하여 주어진 약속들(7-9절). III. 이 나라에 참여하라고 모든 사람에게 주어진 권면(10-12절). 이 시편이 앞의 시편과 마찬가지로 이 기도의 책의 첫머리에 나오는 것은 매우 적절하다. 왜냐하면, 우리가 하나님의 율법의 계명들에 순종하여야 하는 것이 우리가 하나님께 열납되는 데에 꼭 필요한 일인 것과 마찬가지로, 우리가 하나님의 복음의 은혜에 순종하여서 중보자의 이름으로 하나님께 나아가야 하는 것도 꼭 필요한 것이기 때문이다.

¹어찌하여 이방 나라들이 분노하며 민족들이 헛된 일을 꾸미는가 ²세상의 군왕들이

나서며 관원들이 서로 꾀하여 여호와와 그의 기름 부음 받은 자를 대적하며 [3]우리가 그들의 맨 것을 끊고 그의 결박을 벗어 버리자 하는도다 [4]하늘에 계신 이가 웃으심이여 주께서 그들을 비웃으시리로다 [5]그 때에 분을 발하며 진노하사 그들을 놀라게 하여 이르시기를 [6]내가 나의 왕을 내 거룩한 산 시온에 세웠다 하시리로다

우리는 이 시편에서 그리스도의 나라를 놓고 지옥과 천국이 아주 큰 싸움을 벌이며 다투는 모습을 보게 된다. 이 싸움이 벌어지고 있는 곳은 사탄이 오랫동안 찬탈하여 자신의 나라로 가지고 있었고, 그가 우리가 숨쉬고 있는 바로 이 공중의 권세잡은 자이자 우리가 살고 있는 이 세상의 신으로 불리어왔을 정도로 통치권을 행사하여 왔던 바로 이 땅이다. 사탄은 메시야의 나라가 일어나서 기반을 잡게 되면 그의 나라가 무너지고 기반을 잃게 된다는 것을 너무도 잘 알고 있다. 그러므로 메시야의 나라가 세워지리라는 것은 확실한 것이지만, 그 나라는 순순히 세워지지는 않을 것이다. 좀 더 살펴보자.

I. 메시야와 그의 나라, 그의 거룩한 종교와 그 모든 세력이 겪게 될 강력한 반대(1-3절). 우리는 이 세상에 대한 너무도 큰 축복인 메시야의 나라를 모든 사람들이 환영하고 영접하며, 모든 단이 즉시 메시야의 단에 절하며, 이 땅의 모든 왕관들과 홀들이 그의 발 아래에 놓여지게 되리라고 예상했을지 모른다. 그러나 사실은 정반대로 나타났다. 아무리 엉터리 같은 철학을 내세운 그 어떤 철학 학파나 아무리 독재적인 왕이나 국가의 권력도 그리스도의 가르침과 통치만큼 그렇게 격렬하게 반대를 받은 적이 없었다. 이것은 그리스도의 가르침과 통치가 하늘로부터 왔다는 것을 보여주는 징표였다. 왜냐하면, 이러한 반대의 진원지는 분명히 지옥이었기 때문이다.

1. 우리는 여기에서 누가 그리스도를 대적하는 자들로 등장하는지, 그리스도의 나라를 반대하는 일에 있어서 마귀의 도구들이 되고 있는지를 듣게 된다. 방백들과 백성들, 궁정과 시골은 종종 이해관계가 서로 다르지만, 여기에서 그들은 똘똘 뭉쳐서 그리스도를 대적한다. 권력을 잡은 자들만이 아니라 군중들, 이방 나라들, 민족들이 그리스도를 대적하며, 그들의 상당수와 여러 지역들이 그리스도를 대적한다. 그들은 통상적으로 자유를 좋아하였지만, 그리스도께서 주시는 자유를 싫어하며 거절하였다. 그리스도께서는 그들을 위하여 자유를 값주고 사서 선포하기 위하여 오셨다. 군중들만이 아니라 권세잡은 자들(좀 더

분별력과 식견이 있을 것으로 예상할 수 있는)도 그리스도를 대적하여 폭력을 행하는 자들로 등장한다. 그리스도의 나라는 이 세상에 속한 것이 아니고, 특히 이 세상 나라들을 약화시키기 위한 의도가 전혀 없었고, 오히려 그들이 기쁘게 받아들이기만 한다면 그들을 힘있게 해 줄 그런 나라였지만, 이 땅의 왕들과 관원들은 그리스도와 싸우기 위해서 즉각적으로 무장에 들어간다. 여자의 후손에 대한 뱀의 후손이 지닌 해묵은 적대감의 효과들과 인류의 부패가 얼마나 광범위하고 악독한지를 보라. 교회의 원수들이 얼마나 규모가 크고 방대한지를 보라. 그들은 수가 많고, 강력하다. 믿지 않는 유대인들은 여기에서 이교도들(개역에서는 이방 나라들)로 불리는데, 이것은 그들이 그들의 조상들의 신앙과 거룩함으로부터 얼마나 철저하게 타락했는지를 보여주는 것이다. 그들은 이교도들, 즉 이방인들을 부추기고 선동하여서 그리스도인들을 박해하게 하였다. 블레셋인들과 그들의 방백들, 사울과 그의 궁정의 신하들, 불만을 품은 세력들과 그들의 두령들이 다윗이 왕위에 오르는 것을 반대하였던 것과 마찬가지로, 헤롯과 빌라도, 이방인들과 유대인들은 그리스도를 대적하는 데에 최선을 다하였고, 그리스도께서 사람들 가운데서 세력을 얻는 것을 모든 힘을 다해서 저지하고자 하였다(행 4:27).

2. 그들이 그들의 모든 세력들을 규합해서 싸우고자 하는 자는 누구인가? 그들은 여호와와 그의 기름 부음 받은 자를 대적하고 있다. 즉, 그들은 모든 종교, 특히 기독교를 대적하고 있다. 그리스도에 대하여 원수들인 모든 자들은 그들이 그렇지 않은 체하더라도 하나님에 대하여서도 원수들이라는 것은 분명하다. 그들은 나와 내 아버지를 미워하였다(요 15:24). 우리의 거룩한 종교의 위대한 창시자는 여기에서 다윗이 기름 부음을 받고 왕이 된 것에 빗대어서 여호와의 기름 부음 받은 자 또는 메시야 또는 그리스도로 불린다. 그는 교회의 머리와 왕이 될 권한과 자격을 부여받았기 때문에, 그 직분에 취임하는 것이 합당하고, 또한 그 직분을 감당하기에 모든 점에서 자격을 갖춘 분이었다. 그럼에도 불구하고, 그를 대적하는 자들이 존재한다. 그러므로 그들이 그를 대적하는 것은 그들이 하나님의 권세를 참지 못하고, 그리스도께서 높아지시는 것을 시기하며, 거룩한 성령에 대하여 뿌리깊은 반감을 지니고 있기 때문이다.

3. 그들이 어떻게 그를 대적하였는지가 여기에서 묘사되고 있다.

(1) 그것은 가장 악의에 찬 악독한 반대이다. 그들은 **광분하며 미쳐 날뛴다.**

그들은 그리스도의 나라가 세워지는 것을 보고 분노에 가득 차서 이를 간다. 그들은 극도의 불안감에 시달리고, 분노가 머리 끝까지 차오르기 때문에, 그들에게는 스스로를 향유하고 누릴 여유가 없다. 누가복음 13:14; 요한복음 11:47; 사도행전 5:17, 33; 19:28을 보라. 우상 숭배자들은 그들의 어리석음이 탄로나면 격분하고, 고위 제사장들과 바리새인들은 그들의 영광이 기울고 그들이 찬탈한 지배권이 흔들리는 것을 보면 격분한다. 악을 행한 자들은 빛을 보면 격분하였다.

(2) 그것은 의도적이고 정치적인 반대이다. 그들은 그리스도의 나라의 세력이 커지는 것을 막기 위한 수단들을 생각해 내거나 궁리해 내고, 그들의 계책이 성공할 것을 확신한다. 그들은 거룩한 종교를 무너뜨리고 승리를 거두겠다고 스스로 다짐한다.

(3) 그것은 결연하고도 완고한 반대이다. 그들은 작정하고서 그들의 얼굴을 부싯돌 같이 하고 그들의 마음을 금강석처럼 하며, 이성과 양심, 여호와의 모든 두려우심을 아랑곳하지 않는다. 그들은 바벨탑을 쌓은 자들과 마찬가지로 오만하고 무모하여서, 무슨 일이 일어나더라도 그들의 결심을 완강하게 지킬 것이다.

(4) 그것은 서로 동맹을 맺은 결집된 반대이다. 그들은 이러한 반대에 있어서 서로를 돕고 북돋우기 위해서 서로 꾀한다. 그들은 모두 힘을 합쳐서 그들의 결심을 실행해서, 젖먹던 힘까지 다해서 메시야를 대적하는 더러운 싸움을 밀어붙이고자 한다: 그렇게 하기 위해서 그들은 회의들을 소집하고 음모들을 꾸미며, 그리스도의 나라가 세워지지 못하도록 하기 위한 방책들과 수단들을 찾아내기 위하여 그들의 모든 꾀를 짜낸다(시 83:5).

4. 우리는 여기에서 그들이 무엇에 대하여 격분하고 있고 그들이 이러한 반대를 통해서 무엇을 목표로 하고 있는지에 대하여 듣는다(3절): 우리가 그들의 맨 것을 끊어 버리자. 그들은 그 누구의 통치 아래에 있고자 하지 않는다. 그들은 벨리알의 자녀들이기 때문에, 멍에, 적어도 여호와와 그의 기름 부음 받은 자의 멍에를 견딜 수 없다. 만약 하나님 나라와 메시야에 관한 사상들이 그들 자신의 통치를 밑받침해 주고 그들의 논쟁에 도움이 되는 것이라면, 그들은 그러한 사상을 기쁘게 받아들이고자 할 것이다: 여호와와 그의 기름 부음 받은 자가 그들을 이 세상에서 부유하고 위대하게 만들어 준다면, 그들은 그들을 환영

할 것이다. 그러나 여호와와 그의 기름 부음 받은 자가 그들의 부패한 탐욕과 정욕들을 억제하고자 하고, 그들의 마음과 삶을 규제하고 개혁하고자 하며, 그들을 하늘의 순전한 종교의 통치 아래에 두고자 한다면, 진정으로 그들은 이 사람이 그들의 왕 됨을 원하지 아니할 것이다(눅 19:14). 그리스도는 우리를 위한 맨 것과 결박을 가지고 계신다. 그리스도에 의해서 구원받고자 하는 자들은 그리스도에 의해서 다스림을 받아야 한다. 그러나 그것들은 올바른 이성에 합당한 사람의 결박이고, 우리를 참으로 이롭게 하는 사랑의 맨 것이다: 그런데도 그러한 것들을 끊어 버리고자 하는 싸움이 존재한다. 사람들이 종교의 결박들과 의무들을 참지 못하는 것이 아니라면 왜 종교를 반대하겠는가? 사람들은 그들을 묶고 있는 양심의 맨 것을 끊어 버리고자 하고, 그들로 하여금 모든 죄를 짓지 못하도록 스스로를 억제하고, 또한 그들 자신을 모든 도리에 묶게 해주는 하나님의 계명들의 결박을 끊어 버리고자 한다. 그들은 그러한 것들을 받아들이고자 하는 것이 아니라, 될 수 있는 한 그들로부터 멀리 벗어 버리고자 한다.

5. 그들은 여기에서 결박을 벗어 버릴 궁리를 한다(1절). 그들은 왜 이렇게 하는 것인가?

(1) 그들은 하나님의 통치를 반대할 그 어떤 정당한 명분도 제시할 수 없다. 왜냐하면, 하나님의 통치는 세속적인 권세들에 대하여 전혀 간섭하지 않고 왕들이나 속주(屬州)들에 해로운 그 어떤 위험한 것들도 명하지 않는 너무도 의롭고 거룩하며 은혜로운 통치이기 때문이다. 오히려 정반대로, 그 나라의 통치는 모든 사람들이 그 통치를 받아들이기만 한다면 이 땅에 하늘 나라를 가져오게 될 것이다.

(2) 그들은 그들의 힘으로 결코 맞설 수 없는 아주 강력한 나라를 반대하는 것이기 때문에 결코 성공을 기대할 수 없다. 그것은 헛된 일이다. 그들이 최악의 일들을 행하였을 때, 그리스도는 이 세상에 교회를 가지게 될 것이고, 그 교회는 영광스럽고 승리하는 교회가 될 것이다. 반석 위에 교회를 세우리니 음부의 권세가 이기지 못하리라. 개들이 달을 보고 짖는다고 하여도, 달은 밝음 속에서 유유히 떠가는 법이다.

Ⅱ. 이 모든 위협적인 반대를 하나님께서 일거에 제압하심. 하늘과 땅이 싸움을 벌인다면, 어느 쪽이 승리자가 될 것인지를 예상하는 것은 너무도 쉬운 일이다. 이러한 엄청난 싸움을 거는 자들은 땅의 민족들, 이 땅에 속한 세상의

군왕들이다. 그러나 그들이 싸우고자 하는 분은 하늘에 계신(4절) 분이다. 그는 그들 모두를 굽어 보실 수 있고 그들이 꾀하는 모든 일들을 살피실 수 있는 그러한 곳인 하늘에 계신다. 그의 권능이 그러하기 때문에, 그는 그들 모두와 그들의 모든 기도들을 분쇄하고 이기실 수 있다. 그는 그들의 모든 무력한 위협들과 시도들이 닿지 않는 곳인 하늘에서 평안한 안식 중에 계신다. 하늘에서 그는 사람들의 모든 일들에 있어서 재판장으로 앉아 계시고, 그들의 모든 반대에도 불구하고 자신의 모든 목적들과 의도들을 온전히 완전하게 성취하신다(시 29:10). 영원한 마음이신 분이 온전히 안식하고 계신다는 것은 우리의 마음을 불안하게 하는 모든 것들 속에 있는 우리에게 큰 위로가 된다. 우리는 이 땅에서와 바다에서 요동하지만, 그는 하늘에 앉아 계시고, 거기에서 심판을 위한 그의 보좌를 마련해 두셨다.

1. 그러므로 그리스도의 원수들의 시도들은 너무도 우스꽝스러운 일들이다. 하나님은 어리석은 자들의 무리인 그들을 보고 비웃으신다. 하나님은 그들과 그들의 모든 시도들을 잘못되게 하셨기 때문에 처녀 딸 시온이 그들을 멸시하였다(사 37:22). 죄인들의 어리석은 짓거리들은 하나님의 무한한 지혜와 능력에게 단지 웃음거리밖에 되지 않는다. 우리 눈에 보기에 엄청나고 무시무시하게 보이는 사탄의 나라의 그러한 시도들이 하나님이 보시기에는 경멸할 비웃음거리밖에는 되지 않는다. 종종 하나님께서는 그의 원수들을 쓸어 버리시기 위하여 깨어서 떨쳐 일어나시는 것으로 말해진다. 여기에서는 하나님께서 가만히 앉으셔서 그들을 쓸어 버리시는 것으로 되어 있다. 왜냐하면, 하나님의 전능하심이 최고로 수행된다고 할지라도 거기에는 아무런 어려움도 없고, 또한 하나님의 영원한 안식에 조금도 방해가 되지 않기 때문이다.

2. 그들은 벌을 받는 것이 마땅하다(5절). 하나님은 그들을 무력한 자들로 경멸하시지만, 그렇다고 해서 그들을 귀엽게 봐 주시는 것이 아니라, 오만방자하고 불경건한 자들인 그들을 마땅히 기뻐하지 않으시고, 저 극악무도한 죄인들로 하여금 그가 그들을 기뻐하지 않으신다는 것을 알게 하고, 그 앞에서 두려워 떨게 만들고자 하신다.

(1) 그들의 죄는 하나님께 도발이 되어서 진노를 불러일으킨다. 하나님은 진노하시고, 몹시 마음이 상하신다. 우리는 하나님께서 기름 부음 받은 자를 통하지 않고는 우리와 화해하지 않으시고 또한 우리를 기뻐하지 않으신다는 것

을 명심하여야 한다. 그러므로 우리가 기름 부음 받은 자를 화나게 하고 거부한다면, 우리는 우리를 치유해 주시는 분을 거슬러 범죄한 것이고, 우리와 하나님 사이에서 그의 중보의 유익을 상실하게 된다.

(2) 하나님의 진노는 그들에게 괴로움이 될 것이다. 하나님께서 진노 가운데 그들에게 말씀하시기만 해도, 그의 입에서 나온 숨이 그들을 혼란스럽게 하고 그들을 도륙하며 그들을 태워 버리게 될 것이다(사 11:4; 살후 2:8). 하나님께서 말씀하시면, 그것으로 모든 일이 이루어진다. 하나님께서 진노 가운데 말씀하시면, 죄인들은 멸망을 받게 된다. 하나님은 우리를 말씀으로 지으셨던 것과 마찬가지로, 한 마디 말씀으로 우리를 다시 무로 돌려 보내실 수 있으시다. 누가 주의 노여움의 능력을 알리이까? 원수들은 분노하지만, 그것은 하나님을 괴롭게 만들 수 없다. 하나님은 가만히 앉아 계셔서, 그들을 괴롭게 하시고, 그들을 대경실색하게 하여서(원어의 뜻이 이렇다), 그들로 하여금 어찌할 줄 모르게 만들어 버리신다: 하나님께서 그들의 반대에도 불구하고 그의 아들의 나라를 세우시는 것은 그들에게 가장 큰 괴로움이 된다. 그들은 그리스도의 선한 백성들을 못살게 하였지만, 그들 자신이 괴롭힘을 당하게 될 날이 다가오고 있다.

3. 그들은 분명히 패배하게 되고, 그들의 모든 꾀들은 여지없이 실패하게 된다(6절): 내가 나의 왕을 내 거룩한 산 시온에 세웠다. 다윗은 그가 나라를 세우는 데에 불만을 품은 자들에 의한 방해와 특히 다윗의 군사들은 눈멀고 절뚝거리는 불구들이라고 그를 조롱하였던 시온의 수비대로부터 모욕을 당했음에도 불구하고 결국 보좌에 올라서 시온의 요새의 주인이 되었다(삼하 5:6). 주 예수께서는 그가 높아지는 것을 방해하기 위한 그의 원수들의 끊임없는 시도들에도 불구하고 결국 아버지의 오른편에 높이 올라서, 하늘과 땅의 모든 권세를 가지게 되셨고, 만물 위에 교회의 머리가 되셨다.

(1) 예수 그리스도는 왕이시고, 권능의 원천이신 하나님에 의해서 섭리와 은혜의 나라 속에서 왕의 위엄과 권세를 부여받으셨다.

(2) 예수 그리스도는 하나님에 의해서 임명되셨고, 하나님으로부터 통치와 심판의 모든 권세를 위임받으셨기 때문에, 하나님은 그리스도를 그의 왕이라고 부르기를 기뻐하신다. 예수 그리스도는 아버지께 사랑스러운 자이고, 아버지께서 기뻐하시는 자이셨기 때문에 그의 왕이다.

(3) 그리스도께서는 이러한 영광을 스스로 취하신 것이 아니고, 그러한 영광

으로 부르심을 받았고, 그를 부르신 분이 그에게 그러한 영광을 수여하셨다:
내가 그를 세웠노라. 그리스도께서는 그의 계명과 그의 위임을 아버지께로부터
받으셨다.

(4) 이러한 영광으로 부르심을 받은 그리스도께서는 그 안에서 견고하게 되
셨다. 높은 자리(우리는 그렇게 말한다)는 미끄러지기 쉬운 자리이지만, 그리
스도께서는 높이 들어 올려지셔서 오히려 더 견고하게 되셨다: "내가 그를 세웠
고, 내가 그를 견고하게 하였다."

(5) 그리스도는 시온, 즉 하나님의 거룩한 산에 세워지셨다. 시온은 복음 교
회의 모형인데, 그 위에 성전이 지어졌기 때문에, 그 산 전체가 거룩한 것으로
불리게 되었다. 그리스도의 보좌는 그의 교회, 즉 모든 신자들의 마음속에와
그들이 형성하고 있는 모임들 속에 세워져 있다. 그리스도의 복음의 법은 시온
에서 나올(사 2:3; 미 4:2) 것이라고 말해지기 때문에, 시온은 이 장군의 본영,
이 왕의 도읍지라고 말해지는데, 그 왕 아래에서 모든 사람들이 즐거워하게 될
것이다.

우리는 그리스도의 나라의 모든 원수들에 대하여 승리하고(이 모든 원수들
이 신속하게 그의 발등상이 되리라는 것을 우리는 의심하지 않는다) 큰 권능
을 맞게 되신 예수 그리스도 안에서 승리한 거룩한 기쁨으로 이 본문들을 노래
하여야 한다. 우리는 여기에 주어진 약속을 굳게 믿고서 "하늘에 계신 아버지,
나라가 임하옵시며, 아들의 나라가 임하게 하옵소서"라고 기도하여야 한다.

⁷내가 여호와의 명령을 전하노라 여호와께서 내게 이르시되 너는 내 아들이라 오늘
내가 너를 낳았도다 ⁸내게 구하라 내가 이방 나라를 네 유업으로 주리니 네 소유가
땅 끝까지 이르리로다 ⁹네가 철장으로 그들을 깨뜨림이여 질그릇 같이 부수리라 하
시도다

우리는 땅의 왕들이 그리스도의 나라를 쳐서 무엇이라고 말하였고,
하늘에 계신 분이 그들에게 무엇이라고 반박하셨는지를 들었다. 우리는 이제
메시야가 직접 그의 나라에 대하여 무엇이라고 말씀하시는지, 또한 그의 주장
을 어떻게 실현하실 것인지에 대하여 듣게 되는데, 그것은 이 땅의 모든 권세
들이 결코 반박할 수 없는 그런 말씀이다.

I. 메시야의 나라는 하나님 아버지의 명령, 영원한 명령 위에 세워져 있다. 하나님의 명령은 갑작스러운 결심도 아니었고 실험삼아서 해 본 것도 아니었으며, 창세 전에 이루어진 하나님의 지혜의 모략과 하나님의 뜻의 결단의 결과로서 그 어느 것도 변경될 수 없다. 그것은 명령 또는 규례(어떤 이들은 이렇게 해석한다), 계약 또는 맹약(어떤 이들은 이렇게 해석한다)으로서, 하나님께서 다윗과 그의 자손에게 주신 왕권과 관련된 약속에 의해서 나타내진 인간의 구속에 관한 아버지와 아들 간의 공동의 협약이다(시 89:3). 우리 주 예수께서는 그의 사역을 행하시는 동안에 내내 그가 이것에 의해서 지배되어 있다고 자주 언급하셨다. 내 아버지의 뜻은 이것이니라(요 6:40). 이 계명은 내 아버지에게서 받았노라(요 10:18; 14:31).

II. 이러한 명령이 내려진 것은 하나님의 부르심을 받아서 이 왕에게 순종하여 스스로 신민(臣民)이 되도록 명령을 받은 모든 자들을 만족하게 하는 데에 꼭 필요한 일이었고 그리스도로 하여금 자신들을 다스리지 못하게 하고자 하는 자들로 변명할 수 없게 만들기 위한 것이다. 이 명령은 은밀한 것이었다. 그것은 아버지께서 창세 전에 아들과 함께 계실 때에 아들에게 하신 말씀이었다. 그러나 이 비밀은 영원 전부터 아버지의 품 속에 있다가 아버지를 나타내기 위하여 교회의 선지자로서 이 세상에 오신 한 신실한 증인에 의해서 선포되었다(요 1:18). 모든 존재의 근원이신 분은 의심할 여지 없이 모든 권세의 근원이기도 하신다. 바로 이 모든 권세의 근원되시는 분에 의해서 및 그분으로부터, 그리고 그분 아래에서 메시야는 말씀하시는 것이다. 메시야는, 말씀으로 만물을 창조하시고 다스리시는 여호와께서 그에게 말씀하신 것을 토대로 다스리실 권리를 가지고 계신다. 그리스도는 여기에서 그의 나라에 대하여 이중적인 소유권을 가지고 계신 것으로 묘사된다.

1. 유업에 의한 소유권(7절): 너는 내 아들이라. 오늘 내가 너를 낳았도다. 사도는 그리스도께서 천사들보다 더 뛰어난 이름을 가지고 계신다는 것을 증명하기 위하여 이 성경 본문을 인용하는데(히 1:5), 그리스도께서는 그것을 기업으로 얻으셨다(히 1:4). 그리스도는 양자에 의한 하나님의 아들이 아니라, 하나님께서 낳으신 아들, 아버지의 유일한 독생자이시다(요 1:14). 하나님 아버지는 그리스도가 자신의 아들이라고 선언하시고, 이것은 하나님께서 그리스도를 거룩한 시온 산 위에 왕으로 세우시는 이유로 세상에 공표(公表)된다. 그러므로

그리스도는 의심할 여지 없이 하나님으로부터 저 큰 신뢰를 받을 자격을 온전히 갖추고 계신다. 그리스도는 하나님의 아들이시기 때문에, 아버지와 동일한 본성을 지니고 계시고, 자기 안에 신성의 모든 충만과 무한한 지혜, 능력, 거룩함을 가지고 계신다. 최고의 자리에 앉아서 교회의 머리로서 다스리는 일은 단순한 피조물이 감당하기에는 너무도 큰 영광이자 너무도 어려운 일이다. 아버지와 하나이신 분, 영원 전부터 아버지와 함께 계셔서 아버지의 모든 모략들을 남김없이 다 아시는 분(잠 8:30) 외에는 그 자리에 합당한 이가 있을 수 없다(내가 그 곁에 있어서 창조자가 되어 항상 그 앞에서 즐거워하였다). 그리스도는 하나님의 아들이기 때문에, 하나님에게 사랑스러운 분, 그의 사랑하는 아들로서, 하나님이 기뻐하시는 분이다. 이러한 이유 때문에 우리는 그리스도를 왕으로 영접하여야 한다. 왜냐하면, 아버지께서 아들을 사랑하사 만물을 다 그의 손에 주셨기(요 3:35; 5:20) 때문이다. 그리스도는 아들이시기 때문에 만물의 상속자이시고, 아버지께서는 그로 말미암아 세상을 만드셨기 때문에, 하나님께서는 또한 그로 말미암아 세상을 다스리고 계신다는 것을 추론하기는 쉬운 일이다. 왜냐하면, 그리스도는 영원한 지혜이시고 영원한 말씀이시기 때문이다. 하나님께서 그리스도께 "너는 내 아들이라"라고 말씀하셨다면, 우리도 각자 그리스도께 "당신은 나의 주님이시요 나의 왕이십니다"라고 말하는 것이 합당하다. 나아가, 그의 나라가 그의 아들됨에 토대를 두고 있다는 것을 우리에게 확신시키기 위해서 여기에서는 그의 아들됨이 무엇에 토대를 두고 있는지를 말해 준다: 오늘 내가 너를 낳았도다. 이것은 그리스도의 영원한 출생 자체를 가리키고— 왜냐하면, 이 본문은 그리스도께서 하나님의 영광의 광채시요 그 본체의 형상(3절)이시라는 것을 증명하기 위하여 인용되기 때문에(히 1:5) — 이와 동시에 그리스도께서 죽은 자 가운데서 부활하신 것은 바로 이 본문을 증명해 주는 것으로 인용된다. 왜냐하면, 사도는 이 본문을 명시적으로 그러한 취지로 인용하고 있기 때문이다(행 13:33). 하나님이 예수를 일으키셨으니 기록한 바와 같이 너는 내 아들이라 오늘 너를 낳았다. 그리스도께서는 죽은 자 가운데에서 부활하심을 통해서, 즉 모든 증거들 가운데서 가장 확실한 증거인 선지자 요나의 표적을 통해서 능력으로 하나님의 아들로 선포되셨다(롬 1:4). 그리스도는 맏아들이자 죽은 자들 가운데서 먼저 나신 이라고 말해진다(계 1:5; 골 1:18). 그리스도께서는 부활하신 직후에 그의 중보의 나라를 경영하시는 일을 시작하셨다. 그 때에 그는 모든 권세가 내게 주어졌다고 말씀하셨고, 그가 제자들에게 나라가 임하옵소서라고 기도하라고 가르치셨을 때에 그는 특히 이것을 염두에 두셨다.

2. 합의에 의한 소유권(8-9절). 합의된 내용은 요컨대 이런 것이었다: 아들은 중보 기도자의 직분을 수행해야 하고, 그러한 조건 하에서 그는 만유의 왕으로서의 영광과 능력을 갖게 될 것이다. 그러므로 내가 그에게 존귀한 자와 함께 몫을 받게 하리니 이는 그가 많은 사람의 죄를 담당하였음이라(사 53:12); 그가 그 자리에 앉아서 다스릴 것이요 또 제사장이 자기 자리에 있으리니 이 둘 사이에 평화의 의논이 있으리라(슥 6:13).

(1) 아들은 구하여야 한다. 이것은 그가 인성을 취함으로써 아버지에 대하여 자원하여 열등한 상태로 낮아지셔야 한다는 것을 전제한다. 왜냐하면, 하나님으로서 그는 아버지와 동등한 능력과 영광을 지니고 계시기 때문에 아무것도 구할 필요가 없으시기 때문이다. 이것은 그가 사람들을 대속해야 하는 일을 하게 됨으로써 중보 기도를 하지 않으면 안 되는 상황과 사람들을 대속하는 이 엄청난 일을 하기 위해서 대가를 치러야 한다는 것을 전제한다(요 17:4-5을 보라). 아들은 자신의 영광을 위해서만이 아니라 자기 안에서 그들의 행복을 위해서 이방인들을 그의 유업으로 달라고 하나님께 구하여야 한다. 따라서 그는 그들을 위하여 중보 기도하시고, 지금도 살아 계셔서 그렇게 하고 계시는데, 이 때문에 최후의 한 사람까지도 구원하실 수가 있으시다.

(2) 아버지께서는 그 나라의 절반 이상까지라도, 심지어 그 나라 전체를 그에게 주실 것이다. 여기에서 하나님이 아들에게 약속하신 것은 다음과 같은 것들이다.

[1] 그의 통치가 만유에 미치게 되리라는 것. 그는 이방 나라를 그의 유업으로 갖게 될 것이고, 따라서 오랫동안 교회가 유대인들만으로 국한되어 있었지만 이제는 이방인들도 거기에 참여하게 될 것이다. 그의 소유는 땅 끝까지 이르러서(여기에는 우리가 속한 나라도 포함된다), 그는 그들 가운데서 충성스러운 신민(臣民)들을 무수하게 얻게 될 것이다. 세례받은 그리스도인들은 주 예수의 소유이다. 그들은 그리스도 예수의 이름을 높이고 그를 찬양하기 위하여 존재한다. 하나님 아버지께서는 그의 성령과 은혜를 통해서 그들에게 역사하여 그들이 기꺼이 주 예수의 멍에를 메게 하심으로써 그들을 그에게 주신다. 이것은 부분적으로 성취되었다. 복음이 처음으로 전파되었을 때에 이방 세계의 상당

부분이 복음을 받아들여서, 오랫동안 사탄의 근거지였던 곳에 그리스도의 보좌가 세워졌다. 그러나 세상 나라가 여호와와 그의 그리스도의 나라가 될(계 11:15) 때까지 이 일은 계속적으로 수행되어야 한다. 하나님이 이 일을 행하시리니 그 때에 누가 살아 있겠는가?.

[2] 그의 나라가 승리하게 되리라는 것. 네가 철장으로 그들(내 나라에 반대하는 자들)을 깨뜨릴 것이다(9절). 이 일은 유대 민족, 즉 그리스도의 복음에 대하여 불신앙과 적대감으로 일관하였던 자들이 로마의 세력에 의해서 멸망당했을 때에 부분적으로 성취되었는데, 이것은 다니엘서에서는 쇠로 된 발로 묘사되었고(단 2:40), 여기에서는 철장으로 상징되었다. 또한 이 일은 기독교가 견고하게 되었을 때에 이교 세력들이 멸망당함을 통해서 추가적으로 성취되었다. 그러나 이 일은 그리스도의 복음을 반대하는 모든 세력들, 영적인 세력들인 통치자들과 권세들이 최종적으로 진압될 때까지는 온전히 성취되지 않을 것이다(고전 15:24; 시 110:5-6). 그리스도께서 얼마나 강력하시고, 그 앞에서 그의 나라의 원수들이 얼마나 힘없고 연약한지를 보라. 그리스도는 그의 황금 홀에 순종하고자 하지 않는 자들을 깨뜨리는 데에 사용할 철장을 가지고 계신다. 그들은 그리스도 앞에서 토기장이의 질그릇과 같아서 그에 의해서 너무도 쉽고 돌연하게 돌이킬 수 없을 정도로 부서지고 만다(계 2:27을 보라). "주께서는 그 일을 하실 것이고, 즉 그 일을 하기 위해서 허락을 받으실 것이다." 복음 교회가 세워지고 견고하게 되지 못하는 것이 아니라, 열방들이 망하게 될 것이다. 내가 너를 사랑하였은즉 내게 네 대신 사람들을 내어주리라(사 43:4). "주는 그 일을 하실 능력을 가지고 계신다. 아무도 그 앞에 설 수 없을 것이다. 주께서는 그 일을 효과적으로 행하실 것이다." 무릎을 꿇고자 하지 않는 자들은 부서지게 될 것이다.

이 본문을 노래하고 이 본문을 놓고 기도하면서, 우리는 영원한 하나님의 아들이자 우리의 정당한 주님이신 그리스도께 영광을 돌려야 하고, 이 약속으로부터 위로를 얻어야 하며, 그리스도의 나라가 확장되고 견고해지며 모든 반대를 뛰어넘어 승리하게 해 달라고 하나님께 간구하여야 한다.

[10]그런즉 군왕들아 너희는 지혜를 얻으며 세상의 재판관들아 너희는 교훈을 받을지어다 [11]여호와를 경외함으로 섬기고 떨며 즐거워할지어다 [12]그의 아들에게 입맞추

라 그렇지 아니하면 진노하심으로 너희가 길에서 망하리니 그의 진노가 급하심이라 여호와께 피하는 모든 사람은 다 복이 있도다

우리는 여기에서 세상의 군왕들과 재판관들을 향한 권면이라는 방식으로 메시야의 나라에 관한 이 복음의 가르침을 실제적으로 적용하고 있는 것을 본다. 그들은 그리스도의 통치에 반대해보아야 헛된 일이라는 말씀을 듣는다. 그러므로 그들은 스스로 지혜롭게 생각해서 그 통치에 순복하여야 한다. 그들을 멸할 권세를 지니고 계신 그리스도께서는 그가 그들을 멸망시키기를 기뻐하지 않으신다는 것을 보여주신다. 왜냐하면, 그리스도께서는 그들을 복된 길로 인도하기를 바라시기 때문이다(10절). 지혜롭고자 하는 자들은 교훈을 받아야 한다. 하나님의 말씀으로부터 가르침을 받는 자들은 진정으로 지혜롭게 된다. 군왕들과 재판관들은 하나님 앞에서 평범한 사람들과 동일한 수준에 서 있다. 그들은 다른 사람들과 마찬가지로 신앙을 지녀야 한다. 사람들에게 법과 판결을 제시하는 자들은 그리스도로부터 법을 받아야 하고, 그렇게 하는 것이 그들의 지혜가 될 것이다. 그들에게 말해지는 것들은 모든 사람에게 말해지는 것으로서, 우리 각자에게 들려주시는 말씀이기도 하다. 이 말씀이 군왕들과 재판관들을 향하여 말해지는 것은 단지 그들의 모범이 그들의 아랫 사람들에게 대하여 영향력을 지니고 있기 때문이고, 그들은 그리스도의 나라가 세워지는 것을 반대할 수 있는 지위와 권세를 지닌 자들이기 때문이다(2절). 우리는 여기에서 다음과 같은 권면을 듣는다.

I. 하나님을 두려워하며 경외하라는 것(11절). 이것은 자연 종교의 위대한 의무이다. 하나님은 크시고 우리보다 무한히 높으시며 의롭고 거룩하셔서서 우리에 대하여 진노하시기 때문에, 우리는 하나님을 두려워하고 그 앞에서 떨어야 한다. 그렇지만 하나님은 우리의 주님이자 주인이시기 때문에 우리는 그를 섬겨야 하고, 하나님은 우리의 친구이자 은인이기 때문에 우리는 그를 즐거워하여야 한다. 이러한 것들은 서로서로 너무도 잘 어울리는 것들이다.

1. 왜냐하면, 우리는 예배의 모든 규례들과 경건한 대화의 모든 경우들에서 하나님을 섬겨야 하지만, 거룩한 두려움과 우리 자신을 잘 살피는 것과 하나님에 대한 경외심 속에서 그렇게 하여야 한다. 사람들이 섬기고 두려워하는 군왕들조차도 하나님을 섬기고 두려워하지 않으면 안 된다. 군왕들과 하나님 사이

에는 군왕들의 가장 미천한 백성들과 하나님 사이에 존재하는 것과 동일한 무한한 간격이 존재한다.

2. 우리는 하나님을 즐거워하여야 하고, 하나님께 순복하는 가운데 다른 것들도 즐거워할 수 있지만, 하나님은 영광스럽고 질투하시는 분이시며 그의 눈이 항상 우리를 살피시는 분이라는 것을 아는 자들로서 거룩한 두려움을 지니고 그렇게 하여야 한다. 우리는 두렵고 떨림으로(빌 2:12) 우리의 구원을 이루어야 한다. 우리는 그리스도의 나라가 세워지는 것을 즐거워해야 하지만, 그리스도에 대한 거룩한 경외심과 우리가 혹시 미치지 못할 것에 대한 우리 자신에 대한 거룩한 두려움, 그리스도의 복음과 그의 나라를 사망에서 사망에 이르게 하는 향기로 받아들이는 수많은 영혼들을 불쌍히 여기는 사랑의 관심 속에서 떨며 즐거워해야 한다. 우리는 이 세상에서 무엇을 즐거워하든지 간에, 항상 떨며 즐거워하여야 하는데, 이것은 우리의 즐거움이 헛되지 않게 하고, 우리가 즐거워하는 것들로 인하여서 우리 자신이 교만하여지지 않도록 하기 위한 것이며, 그 즐거움들은 불확실하고, 수많은 사건들을 통해서 언제든지 곧 우리의 즐거움 위에 낙심이 찾아올지 모르기 때문이다. 떨며 즐거워하는 것은 기쁘지 않은 자 같이 기뻐하는 것이다(고전 7:30).

Ⅱ. 예수 그리스도를 영접하고 그에게 순복하라는 것(12절).   이것은 기독교의 위대한 의무이다. 그것은 모든 사람, 심지어 군왕들과 재판관들에게도 요구되는 것이고, 그렇게 하는 것은 우리의 지혜이자 유익이다. 좀 더 살펴보자.

1. 이러한 취지로 주어진 명령: 그의 아들에게 입맞추라. 그리스도께서 앞에서 너는 내 아들이라(7절)이라고 선포되었기 때문에 여기에서 아들이라 불린다. 그리스도는 영원한 출생을 통해서 하나님의 아들이시고, 바로 그러한 까닭에 우리는 그를 경배하여야 한다. 그리스도는 인자(즉, 중보자, 요 5:27)이시고, 그런 까닭에 우리는 그를 영접하고 그에게 순복하여야 한다. 하나님은 우리 주 예수 그리스도의 아버지이심과 동시에 그리스도 안에서 우리의 아버지이시기 때문에 흔히 강조적으로 아버지라고 불리는 것과 마찬가지로, 그리스도께서는 하나님의 아들이자 사람의 아들(인자)이라는 의미에서 아들이라 불리는데, 우리는 이러한 두 가지 차원에서 그리스도를 바라보아야 한다. 그리스도에 대한 우리의 의무는 여기에서 비유적으로 표현되어 있다: 그의 아들에게 입맞추라. 이것은 그리스도께 입맞춤했던 유다나 겉으로는 그리스도를 공경하는 체하지

만 실제로는 그리스도를 욕하는 모든 위선자들이 행하는 배신의 입맞춤이 아니라 믿음의 입맞춤이다.

(1) 동의와 화해의 입맞춤. 야곱과 에서는 이러한 입맞춤을 통해서 서로 화해하고 친구가 되었다. 이러한 입맞춤을 통해서 우리와 하나님 간의 싸움이 끝나게 된다. 이러한 입맞춤을 통해서 적대 행위들이 멈추고, 우리는 우리의 화평이신 그리스도 안에서 하나님과 평화를 누리게 된다.

(2) 경배와 예배의 입맞춤. 우상들을 숭배했던 자들은 우상들에게 입맞춤을 하였다(왕상 19:18; 호 13:2). 우리는 주 예수께 어떻게 하면 영광을 돌릴 수 있을지를 애써야 하고, 주 예수께 그의 이름에 합당한 영광을 돌려야 한다. 그는 네 주인이시니 너는 그를 경배할지어다(시 45:11). 우리는 보좌에 앉아 계신 분에게만이 아니라 어린 양에게도 경배하여야 한다(계 5:9-13).

(3) 애정과 진실한 사랑이 담긴 입맞춤: "그의 아들에게 입맞추라. 그와의 교제의 계약 속으로 들어가서, 그가 너에게 참으로 소중하고 사랑스러운 자가 되게 하라. 많이 죄 사함을 받은 여자가 그에게 사랑의 표시로서 그의 발에 입을 맞췄던 것과 같이, 그 무엇보다도 그를 사랑하고, 진실하게 사랑하며, 그를 많이 사랑하라(눅 7:38)."

(4) 충성의 입맞춤. 사무엘은 사울에게 이러한 입맞춤을 하였다(삼상 10:1). 그에게 충성을 맹세하고, 그의 통치에 순복하며, 그의 멍에를 짊어지고, 그의 법의 통치와 그의 섭리에 내 자신을 맡기며, 온전히 그의 유익에 헌신하라.

2. 이 명령을 시행해야 할 이유들. 여기에 제시된 이유들은 모두 우리 자신의 유익을 위한 것으로서, 하나님께서는 그의 복음 속에서 우리의 유익을 위한 관심을 보여주셨다. 좀 더 살펴보자.

(1) 만약 우리가 그리스도를 거부하고 거절한다면, 우리에게 멸망이 임하는 것은 너무도 확실하다: "그의 아들에게 입맞추라. 왜냐하면, 네가 그렇게 하지 않는다면, 너는 위태롭게 될 것이기 때문이다."

[1] "아들에게 입맞추지 않는 자에게는 하나님의 큰 진노가 임하게 될 것이다. 하나님께서 진노하시지 않게 하기 위해서 아들에게 입맞추라." 아버지는 이미 진노 중에 계신다. 아들은 화평하게 하는 일을 수행하는 중보자이시다. 만약 우리가 그를 무시한다면, 아버지의 진노가 우리 위에 임하고(요 3:36), 그 뿐만 아니라 아들의 진노도 거기에 더해질 것이다. 아들이 주는 은혜를 무시하고 그

의도를 좌절시키는 것보다 아들을 더 진노하게 만드는 것은 없다. 아들은 비록 어린 양이지만 진노하실 수 있다. 그는 유다 지파의 사자이기 때문에, 이 왕, 만왕의 왕이신 그의 진노는 사자가 포효하는 것과 같을 것이어서, 용사들과 대장들일지라도 혼비백산하여서 바위들과 산들 속에서 피난처를 구하고자 하여도 소용없게 될 것이다(계 6:16). 만약 아들이 진노하신다면, 누가 우리를 위해서 빌어 주겠는가? 아들 외에는 우리를 구원해 줄 수 있는 그 어떤 희생 제물이나 그 어떤 이름이 없다. 불신앙은 우리를 치유할 수 있는 모든 것을 막아 버리는 범죄이다.

[2] 아들에게 입맞추지 않는 것은 너희 자신에게 철저한 파멸이 될 것이다: 너희가 길에서, 너희의 죄악의 길에서, 또는 어떤 이들의 해석에 의하면 너희의 헛된 소망의 길로부터 망하게 될 것이다. 너희의 길이 망하게 될 것이고(시 1:6), 너희가 복된 길을 놓쳤음이 증명될 것이다. 그리스도는 길이시다. 너희는 하나님께로 가는 길인 그리스도로부터 끊어지지 않도록 주의하여야 한다. 본문은 그들이 하나님께로 가는 길에 있었거나 적어도 스스로 그렇게 생각하였다는 것을 암시해 준다. 그러나 그리스도를 무시함으로써 그들은 그 길로부터 끊어져서 망하게 되고, 이것은 그들의 파멸을 더욱 가중시켜서, 그들은 천국으로 가던 길을 벗어나서 지옥으로 가게 되고, 하나님의 나라가 멀지 않는 데도 결코 거기에 도달하지 못하게 된다.

(2) 만약 우리가 그리스도에게 순복한다면, 우리에게는 확실한 복이 주어진다. 그리스도의 진노가 점화될 때, 그것은 비록 잠시 동안(개역에서는 급하심이라)이긴 하지만, 그 불의 아주 작은 불꽃만으로도 그 불꽃이 죄인의 양심에 닿을 때에 가장 오만한 죄인조차도 비참하게 만들어 버리기에 충분하다. 왜냐하면, 그 불꽃은 그를 태워서 가장 낮은 지옥으로 데려가 줄 것이기 때문이다. 우리는 여기에서 "그의 진노가 점화될 때에 그를 멸시한 자들에게 화가 있으리로다." 같은 내용이 그 다음에 나올 것이라고 예상할 수 있지만, 시편 기자는 그러한 생각에 깜짝 놀라서, 그러한 무시무시한 운명에 처해지지 않기를 빌며, 그것을 피하는 자들이 복되다고 선언한다. 아들을 의지하는 자들, 아들에게 입맞추는 자들은 진정으로 복되다. 그러나 그리스도의 진노가 죄인들을 향하여 점화될 때에 그들은 그들이 참으로 복되다는 것을 알게 될 것이다. 진노의 날에 그리스도를 의지함으로써 그를 그들의 피난처이자 후원자로 삼은 자들은

복될 것이다. 다른 사람들이 두려움으로 그 심장이 녹을 때, 그들은 즐거움으로 그들의 머리를 들게 될 것이다. 그 때에 지금 그리스도와 그의 제자들을 멸시한 자들은 너무도 당혹스러워하면서 "그를 의지하는(개역에서는 여호와께 피하는) 모든 사람, 오직 그들만이 다 복이 있다는 것을 우리가 이제야 알게 되었다"고 말하지 않을 수 없게 될 것이다.

이 본문을 노래하고 이 본문을 놓고 기도하면서, 우리는 우리의 마음을 하나님에 대한 거룩한 경외심으로 가득 채움과 동시에 우리가 그리스도의 중보로 말미암아 우리 자신과 서로를 위로하고 격려할 수 있다는 것을 알고서 기쁨으로 그리스도를 의지해야 한다는 것을 명심하여야 한다. 우리는 그리스도 예수를 즐거워하는 할례당이다.

제 3 편

개요

앞의 시편이 높아진 다윗의 모형을 통해서 우리에게 구속주의 왕적인 위엄을 보여주었던 것과 마찬가지로, 이 시편은 고난 중에 있는 다윗의 예를 통해서 우리에게 구속받은 자들의 평안과 거룩한 안전을 보여주고, 그들이 하나님의 보호하심 아래에서 얼마나 안전한지, 또한 그들이 스스로 그렇다고 생각해야 한다는 것을 보여준다. 이제 다윗은 반란을 일으킨 그의 아들 압살롬에 의해서 그의 궁정, 왕도, 거룩한 도성으로부터 쫓겨나서, I. 그의 대적들에 관하여 하나님께 하소연한다(1-2절). II. 그럼에도 불구하고 다윗은 하나님을 신뢰하고, 그의 하나님 안에서 스스로 힘을 얻는다(3절). III. 다윗은 하나님께서 그의 기도들에 대하여 은혜로 응답해 주신 것들과 그를 향하신 하나님의 선하심에 관한 체험들을 통해서 그가 얻은 만족을 회상한다(4-5절). IV. 다윗은 두려움을 이기고 기뻐하며(6절), 그가 쳐서 기도하였던 그의 원수들을 극복하고 기뻐한다(7절). V. 다윗은 하나님께 영광을 돌리고, 하나님의 모든 백성들에게 분명하게 주어지는 하나님의 축복과 구원의 위로를 자신의 것으로 취한다(8절). 경험을 통해서 말하는 자들은 하나님의 진리들에 대하여 가장 잘 말하는 것이다. 여기서 다윗은 하나님의 권능과 선하심, 경건한 자들의 안전과 평안에 관하여 경험을 통해서 말하고 있다.

〔다윗이 그의 아들 압살롬을 피할 때에 지은 시〕

[1]여호와여 나의 대적이 어찌 그리 많은지요 일어나 나를 치는 자가 많으니이다 [2]많은 사람이 나를 대적하여 말하기를 그는 하나님께 구원을 받지 못한다 하나이다 (셀라) [3]여호와여 주는 나의 방패시요 나의 영광이시요 나의 머리를 드시는 자이시니이다

이 시편을 비롯해서 수많은 시편들에 붙어 있는 표제는 문 앞에 걸려 있는 열쇠로서, 우리는 그 열쇠로 문을 열고 들어가서, 그 안에 있는 것들을 누릴 수 있다. 어떤 시편이 어떠한 상황 속에서 쓰여졌는지를 안다면, 우리는 그

시편을 어떻게 해석해야 하는지를 좀 더 잘 알 수 있게 된다. 다윗은 그의 보좌만이 아니라 그의 생명까지 뺏으려고 음모를 꾸며서 반역을 일으켰던 그의 아들 압살롬을 피해서 도망갈 때 이 시편을 지었는데, 적어도 그런 상황 속에서 다윗이 지녔던 생각이 이 시편의 내용 속에 상당 부분 녹아 있다. 압살롬의 반란에 관한 이야기는 사무엘하 15장 이하에 나온다.

1. 다윗은 지금 큰 슬픔 속에 잠겨 있었다. 그는 도망 중에 머리를 숨기고 맨발로 걸으면서 감람산을 올라가며 몹시 울었다. 그렇지만 그 때에 그는 이와 같은 편안한 시편을 지었다. 그는 울면서 기도하였고, 울면서 노래하였으며, 울면서 믿었다. 이것은 눈물로 씨를 뿌리는 일이었다. 환난당한 자가 있는가? 그는 기도할 것이다. 그로 하여금 시편들을 노래하게 하고, 그로 하여금 이 시편을 노래하게 하라. 불순종하고 불효하는 자녀들로 인하여 고통을 겪는 자가 있는가? 다윗이 바로 그런 사람이었다. 그렇지만 그러한 것은 그로 하여금 하나님을 기뻐하고 거룩한 노래들을 부르는 일을 방해하지 못하였다.

2. 다윗은 지금 큰 위험 속에 있었다. 그를 죽이고자 하는 음모는 광범위하게 퍼져 있었고, 그를 파멸시키고자 하는 무리들은 엄청난 규모를 가지고 있었으며, 바로 그의 아들이 그런 무리들의 맨 앞에 앞장섰기 때문에, 다윗의 상황은 극도로 절망적인 것처럼 보였다. 그렇지만 그 때에도 그는 하나님 안에 있는 자신의 분깃을 굳게 붙잡고 그것을 활용하였다. 우리를 놀라게 하는 큰 일들과 위험들이 닥쳐왔을 때, 우리는 하나님으로부터 멀어지는 것이 아니라 하나님 앞으로 달려가야 한다.

3. 다윗은 그를 선대해 줄 것이라고 기대할 만한 이유가 있었던 자들, 그가 그토록 애지중지했던 그의 아들, 그로부터 아주 큰 축복을 누리고 있었던 그의 신하들에 의한 큰 도발에 직면해 있었다. 이 일로 인해서 다윗은 분노를 터뜨리며 분개할 수 있었다. 그렇지만 그는 격한 감정과 분노를 상스럽게 표출하기는커녕, 생각을 한 곳에 모으고 아무것에도 걸림이 없을 것이 요구되는 기도를 하기에 충분할 정도로 지극히 침착하였다. 그의 마음이 침착하였다는 것은 성령이 그에게 임하는 것을 통해서 확인되었다. 왜냐하면, 성령은 고요한 물 위에서 운행하시기 때문이다. 우리는 자녀나 친구가 우리에게 잘못한 일을 하나님과 우리의 교통을 방해받을 정도로 우리의 마음속에 담아 두어서는 안 된다.

4. 다윗은 지금 우리야의 문제와 관련된 자신의 죄 때문에 고난을 받고 있었

다. 이 죄로 인해서 하나님은 그의 집안이 그에게 대적하여 일어날(삼하 12:11) 것이라고 경고하셨고, 이제 다윗은 압살롬의 반란을 통해서 하나님의 경고가 실현되고 있다는 것을 알았기 때문에, 이 기회를 자신의 죄를 회개하는 기회로 삼았다. 그렇지만 그렇다고 해서 다윗은 하나님의 권능과 선하심에 대한 자신의 신뢰를 벗어던져 버리거나 하나님께서 그를 구원해주실 것을 의심하여 절망하지 않았다. 우리는 우리의 죄에 대하여 슬퍼할 때에도 하나님 안에서의 우리의 기쁨이나 하나님에 대한 우리의 소망을 버려서는 안 된다.

5. 다윗은 겉보기에는 반군과 한 번도 싸우지도 않은 채 자신의 왕도를 버리고 압살롬을 피해서 도망하는 겁쟁이 같은 모습을 보이는 것 같았지만, 이 시편에 의하면 그는 하나님에 대한 믿음으로부터 생겨난 참된 용기로 가득 차 있었다는 것이 드러난다. 칼을 손에 잡고 무모하게 덤벼드는 것이 아니라 하나님께서 주시는 은혜로 말미암아 평온하고 침착한 마음을 지니고 인내로써 참아내고 인내로써 기다리는 것이야말로 그리스도인들의 참된 용기이다.

이 세 절을 통해서 다윗은 하나님께 이렇게 호소한다: 우리에게 슬프고 기가 막힌 일이 일어날 때, 우리가 하나님 외에 누구에게 가겠나이까? 다윗은 지금 그가 늘 기도하곤 하였던 자신의 기도처, 하나님의 집의 뜰로부터 멀리 떨어져 있었다. 그렇지만 그는 하늘을 향해서 열려 있는 길을 발견할 수 있었다. 우리가 어디에 있든지 우리는 하나님께 나아갈 수 있고, 우리가 어디로 쫓겨가든지 우리는 하나님께 가까이 다가갈 수 있다. 다윗은 도망 중에 다음과 같은 것들을 통해서 그의 하나님의 마음을 끌고 있다.

I. 자신의 곤경에 관한 묘사를 통해서(1-2절). 다윗은 마치 적진을 살펴보거나 자기를 해치려는 적들의 음모에 관한 보고를 받는 듯이 주의를 살펴본 후에, 그것을 자신의 회의 석상으로 가져오는 것이 아니라 하나님께로 가져간다. 그는 자신의 원수들에 관하여 하나님께 두 가지를 하소연한다.

1. 그들의 수가 아주 많다는 것: 여호와여 나의 대적이 어찌 그리 많은지요! 원수들의 수는 처음에 생각했던 것보다 더 많았고, 다윗이 예상했던 것보다 더 많았다. 압살롬의 반군은 이상하게도 시간이 갈수록 눈덩이처럼 불어났다. 다윗은 자기에게 너무도 많은 빚을 진 사람들이 거의 한결같이 자기를 배신하고 자기에게 반기를 들고서, 압살롬 같은 어리석고 경솔한 젊은이를 그들의 우두머리로 선택한 것에 대하여 너무도 의아하고 이상한 일이라고 생각하여 말하

고 있다. 저 많은 사람들이 얼마나 영악하고 기만적인가! 사람들 가운데서 변함없는 충직함을 찾기가 얼마나 어려운가! 다윗은 그 어느 왕보다도 더 많이 그의 신민들의 마음을 얻고 있었지만, 지금 순식간에 그들을 잃어버렸다. 백성들이 왕들을 지나치게 신뢰하지 말아야 하는 것과 마찬가지로(시 146:3), 왕들도 백성들에게 너무 많은 기대를 걸어서는 안 된다. 다윗의 아들 그리스도는 많은 원수들을 가지고 있었다. 많은 무리가 그를 붙잡으러 왔을 때, 그리고 무리들이 십자가에 못 박으소서, 십자가에 못 박으소서라고 외쳤을 때, 그의 대적이 얼마나 많았던가! 선한 사람들조차도 많은 사람들이 그들을 대적하고 그들을 위협하는 권세들이 점점 더 큰 규모로 증가해 간다고 해도 그것을 이상한 일로 생각해서는 안 된다.

2. 원수들이 매우 악의적이었다는 것. 그들은 그를 대적하여 일어났고, 그를 괴롭히고자 하였다. 그러나 그것이 전부가 아니었다. 그들은 그에 대하여 그는 하나님께 구원을 받지 못한다라고 말하였다.

(1) 그들은 욥의 친구들이 욥에게 그랬던 것처럼 다윗의 환난을 악의적으로 해석해서, 그의 종들과 신민들이 이렇게 그를 버리고 그를 돕지 않는 것으로 보아서 하나님이 그를 버리셨고 그의 주장을 들으시지 않는 것이기 때문에, 그는 위선자이자 악인으로 간주되어야 한다고 결론을 내렸다.

(2) 그들은 하나님이 다윗을 구원할 수 없다고 생각하여 하나님을 모독하였다: "다윗이 처한 위험이 너무도 크기 때문에, 하나님도 그를 도울 수 없다." 전능자조차도 처리할 수 없는 아주 강한 한무리의 사람들이 있다고 생각할 정도로 그렇게 큰 불신앙이 이스라엘 속에서, 그것도 수많은 사람들 속에서 자리 잡고 있었다는 것은 정말 놀라운 일이다.

(3) 그들은 하나님에 대한 다윗의 신뢰를 흔들어서, 그로 하여금 하나님의 구원을 의심하고 절망하게 만들고자 하였다: "그들은 이 말을 나의 영혼에 대고 말하였다"(원문은 이렇게 해석될 수도 있다). 시편 11:1; 42:10과 비교해 보라. 사람들이 그를 그러한 토대로부터 벗어나게 할 수 있다고 생각할 정도로 그에 대하여 나쁘게 생각하고 있었다는 것이 그를 가장 슬프게 만들었다. 이러한 시험만으로도 그것은 다윗에게 난타를 가하는 것이었고, 그의 육체의 가시, 그의 **뼈**를 찌르는 칼이었다. 하나님의 자녀는 하나님으로부터 도움을 받을 수 없다는 것을 생각하는 것 자체로 인해서 기겁을 한다는 것을 명심하라. 그는 하

나님께 구원을 받지 못한다는 것을 사람들이 설득하고자 하는 것보다 하나님의 자녀를 괴롭히는 것은 없다. 히스기야가 랍사게의 신성모독적인 서신을 여호와 앞에 펼쳐 놓은 것과 마찬가지로, 다윗은 하나님께 나아가서, 그의 원수들이 자기에 대하여 말한 내용을 하나님께 고한다. "그는 하나님께 구원을 받지 못한다라고 그들은 말하고 있나이다. 그러나 여호와여, 만일 그것이 사실이라면, 나는 죽은 목숨이나 다름없나이다. 그들은 내 영혼에 대고 그는 하나님께 구원을 받지 못한다라고 말하니이다. 그러나 여호와여, 주께서 내 영혼에 대고 내가 네 구원이니라(시 35:3)고 말씀하옵소서. 그러면 내가 만족하겠고, 때가 되면 내 원수들이 침묵하겠나이다." 다윗은 이러한 하소연 끝에 셀라라는 말을 덧붙이는데, 이 표현은 시편 전체에 걸쳐서 70번 가량 나온다. 어떤 이들은 이 단어가 다윗 시대에 사용되었던 곡조를 가리키는데, 이 곡조에 시편들을 가사로 사용해서 사람들이 노래를 하였다고 한다. 또 어떤 이들은 이 단어는 휴지를 나타내는 표지였다고 말한다. 셀라 — "여기에서 멈춰서, 잠시 생각하라." 여기에 나와 있는 대로, 그들은 이렇게 말한다: 그는 하나님께 구원을 받지 못한다. 셀라. "잠시 멈춰서, 이와 같은 그들의 생각을 곰곰이 생각해보아라. 사탄아 내 뒤로 물러가라. 주께서 너를 꾸짖으신다! 그와 같은 망령된 말을 집어 치워라!"

II. 하나님을 의지한다는 고백을 통해서(3절).   적극적인 신자는 섭리의 책망들 또는 원수들의 모욕을 통해서 하나님으로부터 맞으면 맞을수록, 하나님을 더 굳게 붙잡고 하나님께 더 가까이 나아가고자 한다. 여기에서 다윗도 그렇게 하였다. 원수들이 그는 하나님께 구원을 받지 못한다라고 말하자, 그는 더욱 큰 확신을 가지고 이렇게 부르짖는다: "그러나 여호와여, 주는 나의 방패이시니이다. 내 원수들이 무슨 말을 할지라도, 나는 주께서 나를 결코 버리지 않으시리라는 것을 확신하고 있고, 나는 주를 결코 불신하지 않기로 결심하옵나이다." 하나님이 그의 백성에게 어떤 분이신지, 하나님이 그의 백성에게 어떤 분이실지, 사람들이 과거에 하나님께서 어떤 분이셨는지를 알았는지, 다윗이 하나님을 어떤 분으로 알았는지를 보라.

  1. 안전: "주는 나의 방패시요, 나의 원수들이 나를 둘러싸고 있기 때문에 나를 사방으로 보호하시기 위하여 나를 둘러싼 방패이시니이다(어떤 이들을 이렇게 해석한다)." 여호와는 나의 방패(창 15:1)이실 뿐만 아니라 — 이것은 내가 하나님의 보호하심을 받는다는 것을 의미한다 — 나를 위한 방패이기도 하

신다 — 이것은 그러한 보호하심의 현재적인 유익과 혜택이 나에게 미친다는 것을 의미한다.

2. 영광: 주는 나의 영광이시요. 하나님께서 자신의 소유로 인정하시는 자들은 안전하고 평안할 뿐만 아니라 진정으로 크게 보여지고, 참된 존귀함이 부여되어서, 이 세상의 큰 자들이 자랑하는 그 어떤 존귀함보다도 훨씬 더 큰 영광을 얻게 된다. 다윗은 지금 수치를 당하는 중에 있었다. 왕관은 그의 머리에서 떨어져 나갔다. 그러나 그는 그를 영화롭게 하실 하나님이 계시기 때문에 자신에 대하여 비관하지 않는다(사 60:19). "주는 나의 영광이시요. 나는 주의 영광을 내것으로 여기나이다(어떤 이들은 이렇게 해석한다). 나의 운명이 무엇이 되든지, 그리고 나의 존귀함이 어떻게 되든지, 내가 목표로 하고 내가 간절히 원하는 것은 내가 하나님의 이름과 찬송을 위해 존재하고자 하는 것이다."

3. 기쁨과 구원: "주는 나의 머리를 드시는 자이시니이다. 주께서는 나의 환난에서 내 머리를 들어 올리셔서, 때가 되면 나의 위엄을 다시 내게 회복시켜 주실 것이다. 또는, 적어도 주께서는 나의 환난 중에서 내 머리를 들어 올리셔서, 나로 하여금 풀이 죽거나 낙심하지 않게 하시고, 나의 사기가 떨어지지 않게 하실 것이다." 하나님의 백성은 최악의 때에 모든 것이 합력하여 그들에게 선을 이루리라는 것을 알고서 기쁨으로 그들의 머리를 들 수 있다면, 그들은 하나님이 그들의 머리를 드시는 자요 그들에게 즐거워해야 할 이유와 기뻐해야 할 마음을 주시는 분이라는 것을 고백하는 것이다.

이 절들을 노래하고 이 절들을 놓고 기도하면서, 우리는 우리를 하나님으로부터 멀어지게 함으로써 우리의 영혼을 파멸시키고자 하는 우리의 영적인 원수들이 많다는 것과 그들의 악의로 인해서 우리가 위험에 처해 있다는 것을 깊이 인식하여야 하고, 도처에 널려 있는 하나님의 교회의 환난들과 위험들에 관심을 가져야 한다. 그러나 이 두 가지와 관련해서 우리는 세상과 그의 백성의 마음속에서 자신의 세력을 소유하시고 보호하시며 때가 되면 온전하게 하실 우리 하나님을 인하여 힘을 얻어야 한다.

[4]내가 나의 목소리로 여호와께 부르짖으니 그의 성산에서 응답하시는도다 (셀라) [5]내가 누워 자고 깨었으니 여호와께서 나를 붙드심이로다 [6]천만인이 나를 에워싸 진 친다 하여도 나는 두려워하지 아니하리이다 [7]여호와여 일어나소서 나의 하나님이

여 나를 구원하소서 주께서 나의 모든 원수의 뺨을 치시며 악인의 이를 꺾으셨나이다 [8]구원은 여호와께 있사오니 주의 복을 주의 백성에게 내리소서 (셀라)

다윗은 그의 원수들의 도발에 의해서 더욱 분발하여 그의 하나님이신 하나님을 굳게 붙잡고서, 사방을 둘러보았을 때에 오직 낙심할 것뿐인 상황 속에서 위를 바라봄으로써 위로를 얻은 후에, 여기에서는 그가 예전에 하나님을 의지함으로써 얻었던 은택을 기쁜 마음으로 되돌아보면서, 그가 지금 겪고 있는 이 암울한 상황이 곧 끝나게 될 것을 기대하며 아주 밝고 복된 결과를 기쁜 마음으로 내다본다.

I. 다윗이 그가 예전에 겪었던 환난 속에서 하나님의 선하심으로 인해서 그 환난을 어떻게 헤쳐 나왔는지, 또는 지금까지 이 일에 있어서 하나님의 은총이 그에게 어떻게 베풀어졌는지를 회고하며 그가 이제까지 하나님과 함께 하였던 교통을 큰 기쁨으로 되돌아본다. 다윗은 수많은 역경을 겪었었고, 억눌리고 비천하게 낮아진 경우도 많았다. 그러나 그는 이제까지 하나님의 은혜가 그에게 충분하였다는 것을 고백한다. 그는 지금 기쁜 마음으로 다음과 같은 것들을 기억하였다.

1. 환난을 당할 때마다 다윗은 언제나 하나님 앞에 무릎을 꿇었고, 그의 모든 어려움들과 위험들 속에서 하나님을 의뢰하고, 마음과 목소리를 하나님께 드릴 수 있었다(우리가 환난 중에 있을 때, 이것은 우리의 마음을 편하게 해주는 회상이 될 것이다): 내가 나의 목소리로 여호와께 부르짖었다. 염려와 슬픔으로 인해서 우리가 하나님 앞에 기도하게 되고, 진심으로 하나님께 말씀드릴 뿐만 아니라 부르짖게 된다면, 염려와 슬픔은 우리에게 해가 되지 않고 오히려 약이 된다. 비록 하나님께서는 목소리가 들리지 않을(삼상 1:13) 때에 마음의 언어를 알아들으시고, 자신의 목소리를 상달하게 하려는(사 58:4) 자들의 위선적인 기도, 즉 단순한 소리에 불과한 기도를 들으시지 않으시지만, 마음의 간절함으로부터 진실한 목소리가 나올 때에 그 목소리를 경청해서 들으실 것이기 때문에, 우리는 우리의 목소리를 가지고 하나님께 부르짖는다.

2. 다윗은 하나님께서 그의 기도에 응답할 준비를 하고 계신다는 것을 언제나 알았다는 것: 여호와께서는 그의 성산에서 응답하시는도다. 여호와는 높고 거룩한 곳, 하늘로부터, 시온산에 있는 법궤로부터 그를 찾는 자들에게 응답하시

곤 하였다. 다윗은 하나님께서 법궤에 묶여 계시지 않는다는 것과 거리가 아무리 멀다고 하여도 그가 믿음으로 성산으로부터의 평안의 응답을 받을 수 있다는 것을 알고 있었기 때문에 그가 압살롬으로부터 도망하고 있었을 때에(삼하 15:25) 사독에게 법궤를 다시 도성으로 모셔 가라고 명령하였었다. 그러한 것들로는 하나님의 은혜가 우리에게 전달되는 것과 그의 은혜가 우리 속에서 역사하는 것 간의 간격, 하나님의 은총과 우리의 믿음 간의 간격을 메울 수 없다. 언약궤는 시온산에 있고, 우리의 기도에 대한 모든 응답은 그 언약의 약속으로부터 온다. 그리스도는 거룩한 시온산에 왕으로 세워지셨고(시 2:6), 하나님께서 우리의 기도를 들으시는 것은 그리스도로 말미암은 것인데, 아버지는 그리스도의 말씀을 항상 들으시기 때문이다.

3. 다윗은 하나님의 보호하심 아래에서 언제나 너무도 안전하고 너무도 평안하였다는 것(5절): "내가 누워 편안하고 기분 좋게 자고 상쾌한 기분으로 깨었으니 여호와께서 나를 붙드심이로다."

(1) 이 말씀은 우리가 매일 밤 받는 긍휼하심에 적용될 수 있는데, 이것에 대하여 우리는 우리 자신과 우리 가족에 대하여 매일 아침마다 감사를 드려야 한다. 많은 사람들이 그들의 머리를 누일 곳이 없어서 광야를 떠돌거나, 머리 둘 곳이 있다고 하여도 원수가 두려워서 편안히 눕지를 못한다. 그러나 우리는 평안 가운데에 누워 왔다. 많은 사람들은 자리에 눕기는 하지만 잠을 이루지 못하여, 육체의 고통이나 마음의 고뇌나 끊임없는 두려움 때문에 날이 밝을 때까지 밤새도록 뒤척이곤 한다. 그러나 우리는 우리를 보호하기 위해서 우리 자신이 할 수 있는 것은 아무것도 없지만 안전한 중에 자리에 누워 잠을 잔다. 많은 사람들은 자리에 누워 잠을 자지만 다시는 깨어나지 못하고; 애굽인들의 장자처럼 죽음의 잠을 잔다. 그러나 우리는 자리에 누워 잠을 잔 후에, 다시 깨어나서 또 다른 날의 빛과 기쁨을 맛본다. 여호와께서 음식으로와 마찬가지로 잠을 통해서 우리를 붙잡아 주지 않으셨다면, 그런 일이 어떻게 가능하겠는가? 우리는 하나님의 보호하심 아래에서 안전하게 살아 왔고, 하나님의 선한 섭리의 팔 안에서 편안하게 지내왔다.

(2) 그것은 여기에서 다윗이 위험의 와중에서 그의 영혼이 기이하게 침착하고 평온하였다는 것을 말하기 위한 것으로 보인다. 기도를 통해서 자기 자신과 자신의 앞날을 하나님께 의탁하였고 하나님의 보호하심을 확신하였기 때문에,

다윗의 마음은 확고하게 안정되었고, 그는 편안해졌다. 아들의 불효, 신하들의 배신, 그의 많은 친구들의 음모, 그의 신변상의 위협, 피난길의 피로, 앞으로 될 일의 불확실성— 이 모든 것들은 다윗에게서 결코 잠을 빼앗지도 못하였고 그의 평정을 흐트러 놓지도 못하였다. 왜냐하면, 여호와께서 그의 은혜와 성령의 위로를 통해서 다윗을 힘있게 붙드셨고 그를 평안하게 만드셨기 때문이다. 우리가 환난 중에 있을 때에 우리의 마음이 하나님께 머물게 되어서 놀람과 떨림으로 먹지도 못하고 자지도 못하는 일이 생기지 않는 것은 큰 은혜이다.

(3) 몇몇 옛 사람들은 이 말씀을 그리스도의 부활에 적용한다. 그리스도께서는 고난 중에 통곡으로 하나님께 기도를 올리셨고, 그의 기도는 응답되었다. 그러므로 비록 그가 자리에 누워서 죽음의 잠을 자게 되었지만, 그는 제3일에 깨어 나셨다. 왜냐하면, 여호와께서 그를 붙드셔서, 그로 하여금 썩어짐을 보지 않게 하셨기 때문이다.

4. 하나님께서는 흔히 그의 원수들의 힘을 꺾어 놓으시고 그들의 악의를 억제하시며, 모든 원수의 뺨을 치시며(7절), 그들을 침묵시키시고, 그들이 말한 것을 망쳐 놓으시며, 그들로 하여금 오명을 얻게 하시며, 그들을 부끄럽게 하시고, 그들의 뺨을 치셔서 욕되게 하시고, 그들로 하여금 그들이 의도한 악행을 할 수 없게 만드셨다는 것. 왜냐하면, 하나님께서는 그들의 일을 꺾어 놓으셨기 때문이다. 사울과 블레셋 사람들은 종종 다윗을 삼키고자 하였지만 그들의 뜻을 이룰 수가 없었다. 그들은 하나님의 백성을 향하여 이를 갈거나 이를 날카롭게 하지만, 하나님께서는 그들의 이를 꺾으실 것이다. 어느 때든지 교회의 원수들의 세력이 교회를 위협하고 있는 것처럼 보일 때, 하나님께서 그들의 세력을 얼마나 자주 꺾어 놓으셨는지를 기억하는 것은 좋은 일이다. 우리는 하나님의 팔이 짧아지지 않았다는 것을 확신한다. 하나님은 그들의 입을 막으시고 그들의 손을 묶으실 수 있다.

Ⅱ. 다윗이 장차 그에게 닥칠 위험들을 얼마나 큰 확신을 가지고 바라보고 있는지를 보라.

1. 다윗은 자신을 하나님의 보호하심 아래에 두었고 흔히 그것으로 인한 은택을 입었기 때문에, 그의 두려움은 모두 평정되고 잠잠해졌다(6절). 다윗은 거룩한 용기와 담대함으로 그의 원수들의 무력한 위협들과 시도들에 도전하였다. "외적의 침공이든지 내부의 반란이든지 천만인이 나를 에워싸 진 친다 하여도

나는 두려워하지 아니하리이다." 다윗만큼 안전하지 못한 자는 없어 보였지만 (그의 원수들은 천만인으로서 무수하였고, 그들은 사생결단을 하려고 독기를 품은 자들로서, "그들은 나에 맞서서 나를 압도하였기 때문에, 그들의 목적을 이룬 것처럼 보였는데, 이는 그들이 무수한 군사들로 사방에서 나를 에워쌌기 때문이다"), 다윗보다 더 안전한 사람은 없었다: "나는 이 모든 것으로 인하여 두려워하지 않을 것이다. 그들은 나를 해칠 수 없기 때문에, 나를 겁먹게 할 수도 없다. 그들이 나를 해치기 위하여 그 어떤 영악한 방법들을 쓴다고 해도, 나는 평안할 것이고, 나의 하나님을 불신하지 않을 것이며, 결국 선한 결과가 있을 것임을 의심하지 않을 것이다." 다윗은 압살롬을 피해서 도망하면서 사독에게 법궤를 예루살렘으로 다시 가져가라고 명하였을 때 그의 현재의 환난의 결과에 대하여 확신하지 못하고서, 겸손한 참회자가 되어서 종이 여기 있사오니 선히 여기시는 대로 내게 행하시옵소서(삼하 15:26)라고 말하였다. 그러나 지금 다윗은 굳센 믿음을 가진 자처럼 자신있게 말하고, 앞으로 될 일에 관하여 그 어떤 두려움도 가지지 않는다. 기쁜 마음으로 하나님께 자기 자신을 맡기는 것이야말로 하나님을 신뢰하고 거기에서 오는 기쁜 만족을 얻는 길이라는 것을 명심하라.

2. 다윗은 다시 기도할 힘을 얻게 되었다(7절). 그는 하나님께서 그의 구원자라는 것을 믿었지만, 기도한다. 그는 믿었기 때문에 여호와여 일어나소서. 나의 하나님이여 나를 구원하소서라고 기도한다. 구원의 약속들이 주어져 있다고 해서 우리가 기도하지 않아도 되는 것이 아니라 우리는 더욱 힘을 내어 기도하여야 하는 것이다. 하나님은 우리가 약속을 붙잡고 구하며 기도하기를 원하신다.

3. 다윗의 믿음은 힘을 얻게 되었다. 다윗은 이 시편을 그의 원수들의 세력과 악의에 대한 하소연으로 시작하였지만, 그의 하나님의 권능과 은혜를 기뻐하는 것으로 이 시편을 끝내면서, 이제는 그를 대적하는 자들이 아니라 그와 함께 하는 분을 바라본다(8절). 다윗은 여기에서 두 가지 위대한 진리들 위에 자신의 확신을 구축하고 있고, 거기로부터 위로를 가져온다.

(1) 구원이 여호와께 있다는 것. 위험이 아무리 크다고 하더라도, 하나님은 구원할 능력을 가지고 계신다. 다른 모든 도움들과 구원들이 실패할 때, 구원하는 일은 하나님의 대권이다. 구원이 사람들에게서가 아니라 여호와께로부터 나온다는 것은 여호와의 기쁨이요 여호와의 고유한 속성이요 그의 소유된 자

들에 대한 그의 약속이다. 그러므로 새 계약의 성격에 따라서 여호와를 자신의 하나님으로 모시는 모든 자들은 구원을 확신할 수 있다. 왜냐하면, 그들의 하나님이신 분은 구원의 하나님이시기 때문이다.

(2) 하나님의 축복은 그의 백성 위에 임한다는 것. 하나님은 그의 백성들을 구원하실 권능을 가지고 계실 뿐만 아니라, 그들에게 그들을 향한 그의 자비로우시고 은혜로우신 의도들을 다짐하셨다. 하나님은 자신의 말씀을 통해서 그의 백성에게 복을 선언하셨다. 따라서 우리는 비록 그러한 복의 가시적인 결과들이 나타나지 않는다고 하여도 그 복이 그들 위에 임하여 있다는 것을 믿지 않으면 안 된다. 그런 까닭에 우리는 하나님의 백성이 비록 사람들의 능욕과 비난 아래에서 살아간다고 할지라도 참된 복을 내리시는 하나님으로부터 분명하게 축복을 받았기 때문에 복을 누릴 수 있다는 것을 확신할 수 있다.

이 시편을 노래하고 이 시편을 놓고 기도할 때, 우리는 하나님을 의지하고 우리 자신을 하나님께 의탁할 때에 우리가 누리는 만족을 고백하여야 하고, 계속해서 여호와의 구원을 소망하며 조용히 기다리도록 우리 자신과 서로를 격려하여야 한다.

제
— 4 —
편

개요

다윗은 솔로몬과 마찬가지로 설교자, 즉 제왕 설교자였다. 그의 시편들 중의 다수는 기도일 뿐만 아니라 가르침과 지혜이다. 지혜가 사람들, 즉 인자들에게 가르침을 받으라고 소리를 높이고 있는 이 시편의 대부분의 내용이 바로 그렇다(잠 8:4-5). 앞의 시편의 표제와는 달리, 이 시편의 표제는 우리에게 이 시편이 어떤 상황 속에서 지어졌는지에 대하여 우리에게 말해 주지 않는다. 우리는 모든 시편들이 어떤 상황 속에서 쓰여졌다고 생각해서는 안 된다. 일부 시편들은 특정한 상황 속에서 지어졌지만, 대다수의 시편들은 하나님의 궁정을 찾아온 하나님의 백성들을 가르치고, 그들의 기도를 도우며, 그들의 대화를 인도할 목적으로 지어진 것들이었다. 나는 이 시편이 바로 그러한 것들 중의 하나라고 본다. 우리는 성경의 예언을 사사로이 해석해서는 안 된다(벧후 1:20). 여기에는 다음과 같은 내용들이 나온다. I. 다윗은 짤막한 기도로 시작해서(1절), 그 후에는 기도를 통해서 사람들에게 설교한다. II. 다윗은 인생들에 대한 설교를 통해서 다음과 같은 것들을 한다. 1. 그는 사람들이 하나님을 욕되게 하고 그들 자신의 영혼에게 해가 되는 일을 하는 것에 대하여 하나님의 이름으로 사람들을 책망한다(2절). 2. 그는 사람들이 경건해지도록 격려하기 위하여 경건한 자들이 받는 복을 그들 앞에 제시한다(3절). 3. 그는 사람들에게 그들이 행하는 길을 곰곰이 생각해 보도록 권한다(4절). III. 다윗은 사람들에게 하나님을 섬기고 의지하라고 권면한다(5절). IV. 다윗은 자기 속에 역사하신 하나님의 은혜에 관한 자신의 체험들에 대하여 사람들에게 들려 준다. 1. 하나님은 그로 하여금 하나님의 은총을 자신의 복으로 받아들일 수 있게 하셨다(6절). 2. 하나님은 그의 마음을 기쁨으로 가득 채우셨다(7절). 3. 하나님은 그가 밤낮으로 하나님의 보호하심 아래에 있다는 것을 확신시켜 주심으로써 그의 영혼을 평안하게 하셨다(8절).

〔다윗의 시, 인도자를 따라 현악에 맞춘 노래〕

¹내 의의 하나님이여 내가 부를 때에 응답하소서 곤란 중에 나를 너그럽게 하셨사오니 내게 은혜를 베푸사 나의 기도를 들으소서 ²인생들아 어느 때까지 나의 영광

을 바꾸어 욕되게 하며 헛된 일을 좋아하고 거짓을 구하려는가 (셀라)[3] 여호와께서 자기를 위하여 경건한 자를 택하신 줄 너희가 알지어다 내가 그를 부를 때에 여호와께서 들으시리로다 [4]너희는 떨며 범죄하지 말지어다 자리에 누워 심중에 말하고 잠잠할지어다 (셀라)[5] 의의 제사를 드리고 여호와를 의지할지어다

이 시편의 표제는 우리에게 다윗이 교회로 하여금 사용하게 하기 위해서 하나님의 영감을 받아서 이 시편을 지은 후에 그것을 넘겨 주었다는 것을 알게 한다(다윗 시대에 하나님께서는 찬송가를 편찬할 목적을 가지고, 성가대를 주로 그 도구로 사용하셨다). 역대상 5장에 보면, 성가대의 구성에 관한 구체적인 설명이 나오는데, 성가대는 여러 개로 구성되었고, 각각의 성가대에는 성가대장이 있었으며, 각 성가대는 찬송의 일을 서로 분담하였다. 어떤 이들은 왕의 명령을 따라 신령한 노래를 하였다(대상 25:2). 또 어떤 이들은 수금을 잡아 신령한 노래를 하며 여호와께 감사하며 찬양하였다(대상 25:3). 또 어떤 이들은 나팔을 불었다고 한다(대상 25:5). 그러나 그들 모두는 여호와의 전에서 노래하며 (대상 25:6), 여호와 찬송하기를 배웠다(대상 25:7). 다윗은 이 시편을 손으로 타는 수금(합 3:19)에 맞춰서 노래하도록 지휘자들 중의 한 사람에게 건네 주었다. 이런 종류의 곡조에 맞춰서 성가대원들은 이 시편을 노래하였다. 당시에는 일반 백성들이 아니라 오직 그들, 즉 성가대만이 노래하였던 것으로 보인다. 그러나 신약에서는 모든 그리스도인들에게 노래하도록 정하고 있는데(엡 5:19; 골 3:16), 모든 그리스도인들은 기교를 부리지 않고 감동을 따라서 자연스럽게 노래하도록 기대된다. 그러므로 예전처럼 악기들을 사용할 경우가 그리 많지 않게 되었다. 곡조는 마음속에서 만들어져야 한다. 이 절들 속에는 다음과 같은 내용들이 나온다.

I. 다윗은 그가 이제 말하고자 하는 인자들이 그의 말을 듣든지 안 듣든지 간에 하나님께서 그에게 너그러운 응답, 평안의 응답을 주실 것을 소망하고 기도한다. "내가 부를 때에 응답하소서. 나의 경배를 받으시고 나의 간구를 허락하시며 나의 호소에 대하여 판단하소서. 내게 은혜를 베푸사 나의 기도를 들으소서." 하나님께서 우리의 기도를 기쁘게 들으시고 우리의 기도에 기쁘게 응답하시는 것은 모두 우리의 공로 때문이 아니라 순전히 그의 긍휼하심 덕분이라는 것을 우리는 알아야 한다. "주의 은혜로 말미암아 내게 응답하소서"라는 호소

는 우리가 할 수 있는 최고의 호소이다. 다윗은 여기에서 두 가지 호소를 더 추가한다.

1. "당신은 내 의의 하나님이십니다. 당신은 그 자체로 의로우신 하나님이실 뿐만 아니라, 나의 의로운 성품들을 만드신 분, 은혜로 말미암아 내 속에서 선한 일을 이루시고 나를 의로운 자로 만드신 분이십니다. 그러므로 사람들에게 응답하셔서, 당신이 내 안에서 행하신 일을 확인시켜 주옵소서. 또한 당신은 나의 의로운 행실의 후원자이시고 죄없이 고통받는 나의 보호자이시니, 나는 나의 길을 당신께 맡기고, 나의 의를 빛 같이 나타나게 하시기를 당신께 의탁합니다." 사람들이 우리를 부당하게 단죄할 때에, 우리를 의롭다 하신 이가 하나님이시라는 것은 우리에게 큰 위로가 된다. 여호와는 신자들의 의의 하나님이시다.

2. "이전에 당신은 곤란 중에 나를 너그럽게 하셨고, 나의 마음을 넓히셔서 곤란 중에 거룩한 즐거움과 위로를 갖게 하셨으며, 나를 곤란으로부터 건져내심으로써 나의 상황을 호전시키셨나이다. 그러므로 여호와여 이제 내게 은혜를 베푸사 나의 기도를 들으소서." 우리가 곤란 중에 있었을 때에 우리의 상황을 호전시키셔서 하나님께서 우리에게 선하심을 베푸신 것에 대한 우리의 체험은 장래에 대한 우리의 믿음과 소망에 큰 격려가 될 뿐만 아니라 기도할 때에 하나님께 호소할 수 있는 좋은 근거가 된다. "당신께서 이전에 행하셨는데, 앞으로도 행하시지 않겠나이까? 왜냐하면, 당신은 하나님이시고 결코 변하지 않는 분이시며 당신의 일은 완전하기 때문입니다."

II. 다윗은 하나님에 대하여 외인인 자들, 메시야, 다윗의 아들로 하여금 그들을 다스리지 못하게 하고자 하는 자들이 죄를 깨닫고 회심하도록 하기 위하여 인생들에게 말한다.

1. 다윗은 그들의 불경건이 얼마나 어리석은지를 그들에게 확신시키기 위하여 애쓴다(2절). "인생들아(어떤 이들은 이것이 사울 또는 압살롬의 일당을 가리킨다고 이해해서 높은 직위에 있는 사람들, 고관들을 의미한다고 본다) 어느 때까지 너희는 나를 해하고자 하는 자들의 근거없고 거짓된 주장의 영향을 받아서 나와 내 통치에 반대하고 계속해서 불만을 품고자 하는가?" 또는, 우리는 이 말씀을 좀 더 일반적으로 해석할 수도 있을 것이다. 하나님은 여기에서 시편 기자를 통해서 죄인들로 하여금 회개하게 하기 위하여 그들과 변론하신다. "하나님과 그에 대한 예배를 계속해서 무시하고 그리스도의 나라와 그의 통치

를 경멸하는 너희여, 너희가 하는 짓을 생각해 보라."

(1) "너희는 너희 스스로를 비천하게 만들고 있다. 왜냐하면, 너희는 사람의 아들들(개역에서는 인생들; 이 단어는 고상한 피조물로서의 인간을 의미한다)이기 때문이다. 너희의 본성이 얼마나 위험이 있는지를 생각해 보고, 너희가 부여받은 이성의 힘이 얼마나 탁월한지를 생각해서, 이렇게 이성 없는 자처럼 너희에게 어울리지 않는 방식으로 행하지 말라." 사람의 아들들은 자신들이 사람이라는 것을 생각해서 거기에 걸맞는 행동을 보여야 한다.

(2) "너희는 너희를 지으신 자를 욕되게 하고 있고, 그의 영광을 바꾸어 욕되게 하고 있다." 이 말씀은 하나님께서 죄인들이 그의 영광에 대하여 잘못을 저지른 것을 놓고 책망하시는 하나님의 자신의 말씀으로 해석될 수 있을 것이다. 만약 이 말씀을 다윗이 한 말로 이해한다면, 여기에서 영광이라는 말은 하나님을 가리키는 것으로 보아야 할 것이다 — 그는 하나님을 그의 영광(시 3:3)이라고 불렀다. 우상 숭배자들은 하나님의 영광을 바꾸어 욕되게 한 것으로 책망받는다(롬 1:23). 모든 의도적인 죄인들은 하나님의 율법의 명령들에 불순종하고 하나님의 은혜의 제안을 멸시하며 피조물에게 오직 하나님께만 합당한 사랑과 섬김을 드림으로써 하나님의 영광을 욕된 것으로 바꾸고 있다. 하나님의 거룩한 이름을 욕되게 하고 하나님의 말씀과 규례들을 조롱하며 말로는 하나님을 안다고 고백하면서도 행위로는 하나님을 부인하는 자들은 그의 영광을 바꾸어 욕되게 하는 자들이다.

(3) "너희는 스스로를 속이고 있다. 너희는 헛된 일을 좋아하고 거짓을 구한다. 너희는 스스로 헛되고 속이는 일을 하고 있으며, 너희는 그렇게 하는 것을 좋아 한다." 또는, "너희는 결국에 가서는 헛된 것과 거짓된 것으로 밝혀지게 될 그런 것들에 마음을 쏟고 있다." 세상을 사랑하는 자들, 아래에 있는 것들을 구하는 자들은 헛된 것을 좋아하고 거짓을 구하는 자들이다. 감각이 주는 쾌락들을 좋아하는 자들, 이 세상의 부를 추구하는 자들도 마찬가지이다. 왜냐하면, 그러한 것들은 그들을 속이고 그들을 파멸시킬 것이기 때문이다. "너희는 언제까지 이런 일을 행하고자 하는가? 너희는 너희 스스로에 대하여 결코 지혜롭고자 하지 않고, 너희의 도리와 유익을 결코 생각하지 않으려고 하는가? 너희가 얼마나 오랜 후에야 정신을 차리겠느냐(렘 13:27)?" 하늘에 계신 하나님은 죄인들이 그를 욕되게 하고 그들 자신을 속이며 파멸시키는 일이 오랫동안 지속

되었다고 생각하신다.

2. 다윗은 그들에게 하나님께서 선한 사람들에게 특별한 은총과 특별한 보호하심을 베풀며 그들에게 특별한 특권들을 주신다는 것을 보여준다(3절). 이러한 것들은 여기에서 다음과 같은 이유들로 제시된다.

(1) 그들이 경건한 자를 반대하거나 박해하지 않아야 하고 그를 짓밟겠다고 생각하지 않아야 할 이유로서. 그들이 하나님께서 자신을 위하여 구별하신 이 작은 자 중 하나를 실족하게 하면, 그들은 위태롭게 될 것이다(마 18:6). 하나님께서는 이 작은 자들을 건드리는 자들을 그의 눈동자를 건드린 자들로 여기실 것이다. 하나님은 그의 작은 자들을 박해한 자들에게 오래지 않아 그러한 사실을 알게 만드실 것이다. 경건한 자들은 하늘에 자신의 분깃을 가지고 있고, 하나님께서는 그들의 기도를 들으실 것이기 때문에, 아무도 그들에게 감히 해를 끼치려고 해서는 안 된다. 왜냐하면, 하나님은 그들의 부르짖음을 들으시고 그들의 호소를 들어 주실 것이기 때문이다(출 22:23). 다윗은 자기가 보좌에 앉도록 지명된 것에 관하여 말하고 있는 것으로 일반적으로 생각된다. 다윗은 여호와께서 그러한 영광을 위하여 구별하신 경건한 자로서, 스스로 왕위를 찬탈하거나 차지한 자가 아니었다. "그러므로 너희가 다윗과 그의 통치를 반대하는 것은 큰 죄악이 된다. 왜냐하면, 그러한 짓은 하나님에 대한 도전이자 싸움이 될 것이고, 그것은 헛되고 무익한 짓이 될 것이기 때문이다." 마찬가지로, 하나님께서는 긍휼이 많으신 분이신 주 예수를 자신을 위하여 구별하셨다. 그러므로 그리스도의 나아갈 길을 막는 자들은 분명히 낭패를 당하게 될 것이다. 왜냐하면, 아버지께서는 그의 기도를 언제나 들으시기 때문이다.

(2) 그들이 스스로 선하게 되어서 더 이상 악인들의 꾀를 좇아서 행하지 않아야 할 이유로서. "너희는 이제까지 헛된 것을 구해 왔다. 그러나 이제부터는 진정으로 경건하게 되어라. 그리하면 너희는 여기에서와 영원히 진정으로 복되게 될 것이다."

[1] 왜냐하면, 하나님께서 당신의 소유가 된 너희를 안전하게 하실 것이기 때문에. "여호와께서 자기를 위하여 경건한 자, 모든 경건한 자를 택하셨다." 하나님은 그의 영원한 선택과 효력있는 부르심, 특별한 섭리와 은혜의 역사 속에서 경건한 자를 택하셨다. 하나님은 자기 백성을 깨끗하게 하사 자기 백성이 되게 하셨다. 경건한 자들은 하나님께서 구별하시고 인을 치신 자들이다. 하나님은 그

의 소유된 자들을 아시고, 그들 위에 그의 형상과 인을 두셨다. 하나님은 그들을 특별한 은총으로 구별하신다. 여호와가 이르노라 나는 내가 정한 날에 그들을 나의 특별한 소유로 삼으리니 이것을 알라. 경건한 자들은 이러한 것을 알아야 하고, 그들을 이렇게 자기 소유로 삼으신 분을 결코 떠나서는 안 된다. 악한 자들은 이것을 알아야 하고, 하나님이 보호하시는 자들을 해치지 않도록 주의하여야 한다.

[2] "한 하나님께서는 너희에 대하여 스스로 이해관계를 가지고 계시기 때문에 너희를 안전하게 하실 것이다." 다윗은 이것을 적용해서 이렇게 말한다: 내가 그를 부를 때에 여호와께서 들으시리로다. 만약 세상의 어느 왕이 우리의 말을 들어 준다면, 우리는 그것을 복된 것으로 생각할 것이다. 하물며, 만왕의 왕께서 너무도 쉬운 조건으로 우리의 말을 들어 주신다면, 그렇게 해 볼 만한 가치가 있는 것이 아닌가? 우리는 이것을 알고서 은혜를 받기 위해서 거짓과 헛된 것을 버려야 한다.

3. 다윗은 그들에게 범죄하지 말 것을 경고하고, 그들에게 죄를 피하고서 죄에 대하여 곰곰이 생각해 보도록 권한다(4절): "너희는 떨며 범죄하지 말지어다(칠십인역에는 분을 내어도 죄를 짓지 말라로 되어 있는데, 어떤 이들은 사도 바울이 이 칠십인역 본문을 근거로 해서 권면을 하고 있다고 생각한다, 엡 4:26). 심중에 말하라. 죄에 대하여 곰곰이 생각하고 죄를 두려워하여, 회심하라."

(1) 우리는 범죄하지 말아야 하고, 우리의 길을 놓쳐 버리거나 우리의 목표를 놓쳐서는 안 된다.

(2) 범죄를 막기 위한 한 가지 좋은 방법은 경외심을 품는 것이다 — 경솔함과 육적인 안일을 배척하고 하나님의 감동을 받는 것(어떤 이들은 이렇게 해석한다). "항상 하나님의 영광과 위엄에 대한 거룩한 경외심을 유지하고, 하나님의 진노와 저주에 대한 거룩한 두려움을 간직하며, 하나님을 화나게 하지 말라."

(3) 범죄함을 막고 거룩한 경외심을 유지하는 한 가지 좋은 방법은 자주 그리고 진지하게 심중에 말하는 것이다. "심중에 말하라. 너희는 너희의 마음에 대고 말할 것들을 많이 가지고 있다. 너희의 마음에 대고 말하는 것은 어느 때든지 가능하다. 너희의 마음에 대고 말해야 할 것들을 말하지 않은 채로 그대로 두지 말라." 생각하는 사람은 지혜롭고 선한 사람이 될 가능성이 많다. "심중에

말하라. 진지한 자기 성찰을 통해서 너희의 마음을 살펴라. 그리하면 너희는 너희의 마음을 잘 알게 되고 그 속에 무엇이 잘못되어 있는지를 깨닫고서 고칠 수 있게 될 것이다. 너희의 마음으로 경건한 묵상을 행하라. 너희의 생각을 선한 일에 고정하고 너희의 마음으로 하여금 계속해서 선한 일에 더욱 가까이 나아가게 하라. 너희의 길들을 곰곰이 생각하고, 이 일을 선한 목적으로 잘 하기 위하여 여기에 주어진 지시들을 지켜라."

[1] "혼자 있는 때를 골라라. 너희가 자리에 누워 깨어 있을 때에 그 일을 하라. 너희가 밤에 잠을 자러 가기 전에(몇몇 이교의 도덕가들이 지시했던 대로) 너희의 양심을 살펴서 너희가 그 날에 했던 일, 특히 너희가 잘못 했던 일을 생각해 내어서 회개하도록 하라. 밤중에 너희가 깨어 있을 때, 하나님과 너희의 평안에 속한 일들에 대하여 묵상하라." 다윗은 자기가 직접 실천했던 일을 여기에서 다른 사람들에게 행하도록 권면하고 있다(시 63:6): 내가 나의 침상에서 주를 기억하나이다. 특히 병들어 침상에 누워 있을 때에 우리는 우리의 길들을 생각하고 그것들에 대하여 심중으로 말하여야 한다.

[2] "마음을 가라앉히고 진지하게 된 상태에서 잠잠할지어다. 너희는 양심에게 한 가지 문제를 질문한 후에는 잠잠히 침묵하고서 대답을 기다려야 한다. 불안한 때에라도 너희는 너희의 영혼을 고요하고 침착하게 유지하여야 한다."

4. 다윗은 그들에게 그들의 도리를 알라고 조언한다(5절): 하나님께 의의 제사를 드릴지어다. 우리는 악을 행하는 것을 중단해야 할 뿐만 아니라 선한 일을 행한 것을 배워야 한다. 다윗과 그의 통치를 싫어하던 자들도 그들이 하나님을 올바르게 섬기기만 한다면 곧 더 나은 성품을 지닌 자들이 될 것이고 충성심을 되찾게 될 것이다. 그들과 하나님 사이에 놓여 있는 관심사들을 아는 자들은 중보자, 다윗의 자손을 기뻐하게 될 것이다. 여기에서 다음과 같은 것들은 우리 모두에게 요구되는 것들이다.

(1) 우리가 그를 섬기는 것: "그에게 제사를 드려라. 먼저 너희 자신을 드리고, 너희의 가장 좋은 제사를 드려라." 그러나 사람들이 하나님께 드려야 하는 것은 의의 제사이어야 한다. 의의 제사는 선행들, 하나님과 이웃 사랑에서 나오는 모든 열매들, 모든 번제와 제사보다 더 나은 모든 경건한 교제들이다. "너희의 모든 기도는 올바른 마음에서 나와야 한다. 너희의 모든 구제는 의의 제사가 되어야 한다." 하나님께서는 불의한 자들의 제사를 열납하지 않으실 것이

다. 그러한 것들은 하나님께 가증스러운 것들이다(사 1:11이하).

(2) 우리가 그를 신뢰하는 것. "먼저 의의 제사를 드리고 나서, 여호와를 의지하는 것이 마땅하다. 주저함이 없이 그리고 하나님에 의해서 버림받을 것을 두려워함이 없이 하나님을 섬기라. 오직 하나님만을 의지하고 너희의 부나 육체에 속한 것을 의지하지 않음으로써 하나님께 영광을 돌려라. 너희 자신의 총명을 의지하지 말고, 하나님의 섭리에 맡겨라. 너희 자신의 의나 자족함을 세우려 하지 말고 하나님의 은혜를 의지하라."

이 절들을 노래함에 있어서 우리는 죄가 하나님을 진노하게 한다는 것과 세상에 속한 것들이 거짓되고 헛되다는 것, 하나님의 백성이 이루 말할 수 없이 복되다는 것에 대한 가르침을 우리 자신에게 설교하여야 한다. 또한 우리는 하나님을 경외할 의무, 우리 자신의 마음과 대화를 해야 할 의무, 영적인 제사를 드려야 할 의무를 우리 자신에게 역설하여야 한다. 이러한 절들을 놓고 기도할 때, 우리는 위에서 말한 것처럼 생각하고 행할 수 있도록 하나님께서 우리에게 은혜를 주시기를 구하여야 한다.

⁶여러 사람의 말이 우리에게 선을 보일 자 누구뇨 하오니 여호와여 주의 얼굴을 들어 우리에게 비추소서 ⁷주께서 내 마음에 두신 기쁨은 그들의 곡식과 새 포도주가 풍성할 때보다 더하나이다 ⁸내가 평안히 눕고 자기도 하리니 나를 안전히 살게 하시는 이는 오직 여호와이시니이다

이 절들에는 다음과 같은 내용들이 나온다.

I. 세상적인 사람들의 어리석은 소원. 여러 사람의 말이 우리에게 선을 보일 자 누구뇨 하나이다. 누가 우리에게 선을 보도록 해주겠는가? 그들이 선이라고 말할 때에 그 말은 무엇을 의미하는가(7절). 그것은 그들의 곡식과 포도주가 풍성한 것을 가리키는 것이었다. 그들이 원하는 것은 이 세상의 재물이 많아져서, 감각의 쾌락들을 풍성하게 누리게 되는 것이었다. 그들이 선을 원하고 선을 갈망하는 것은 옳은 것이었지만, 선이라고 말해놓고 이러한 것들을 바라는 것은 잘못된 것이었다.

1. 일반적으로 말해서, 그들은 "누가 우리를 행복하게 만들어 줄 것인가?"라고 묻지만, 유일하게 행복을 주실 수 있는 하나님께 나아가지는 않는다. 따라

서 그들은 잘못된 조언을 따르고, 그들이 하나님 아닌 다른 것에 의지하고자 한다는 것을 보여준다. 왜냐하면, 그들은 의도적으로 하나님 없이 살고자 하기 때문이다.

2. 그들은 눈으로 볼 수 있고 겉보기에 선해 보이며 감각적으로 선한 것을 추구한다. 그들은 눈에 보이지 않고 오직 믿음의 대상들인 선한 일들에 대해서는 전혀 관심을 보이지 않는다. 우상 숭배의 근원은 눈으로 볼 수 있는 신들을 원하는 것이었기 때문에, 그들은 해를 숭배하였다. 그러나 우리는 눈에 보이지 않는 하나님을 예배하도록 가르침을 받아야 하는 것처럼, 눈에 보이지 않는 선을 추구하도록 가르침을 받아야 한다(고후 4:18). 우리는 육신의 눈으로 볼 수 없는 것들을 믿음의 눈으로 본다.

3. 그들은 주된 선이 아니라 어떠한 선이라도 추구한다. 그들이 원하는 모든 것은 외적인 선, 현재적인 선, 부분적인 선, 좋은 고기, 좋은 음료, 좋은 물품, 좋은 부동산이다. 선한 하나님과 선한 마음이 없다면, 이 모든 것들이 무슨 가치가 있는가? 좋은 것은 무엇이나 대부분의 사람들에게 도움이 되겠지만, 은혜로운 영혼은 그렇게 무시해도 좋은 것이 아니다. 육신적인 속물들의 이러한 길과 이러한 소원은 어리석은 것이지만, 거기에 동참하는 자들이 많이 있다. 그들의 운명은 이에 따라서 이루어지게 될 것이다. "얘야, 너는 네가 살아 있는 동안에 좋은 것들, 네가 생각하기에 좋은 것은 작은 것 하나라도 이미 받았다는 것을 기억하라."

II. 경건한 자들이 행하는 지혜로운 선택. 다윗 및 그를 추종했던 몇몇 경건한 자들은 그러한 소원을 멀리하고 여호와여 주의 얼굴을 들어 우리에게 비추소서라고 기도하였다.

1. 다윗은 다수의 사람들이 선택한 길에 대하여 동의하지 않았다. 하나님은 특별한 은혜를 통해서 다윗을 자기를 위하여 구별하셨기 때문에, 다윗은 특별한 인격을 통해서 스스로를 구별하고 있다. "그들은 온갖 좋은 것, 세상적인 선을 쫓아가지만, 나는 그렇지 않다. 나는 그들이 말하는 대로 말하지 않을 것이다. 그들이 선이라고 하는 것은 어느 것이나 내게 도움이 되지 않는다. 세상의 부는 결코 내 영혼의 분깃이 될 수 없기 때문에, 나는 그런 것을 쫓아갈 수 없다."

2. 다윗과 그의 친구들은 한결같이 하나님의 은총을 그들의 지극한 복으로

선택하였다. 그들은 하나님의 은총을 생명과 삶의 모든 낙들보다 더 낫다고 여겼다.

(1) 이것이 그들이 아주 간절하게 원하고 구하였던 바로 그것이다. 이것이 그들의 영혼의 호흡이었다. "여호와여 주의 얼굴을 들어 우리에게 비추소서. 많은 사람들은 다른 것들을 구하지만, 우리는 이것을 구한다." 선한 사람들은 그들의 행위를 통해서 구별되는 것과 마찬가지로 그들의 기도를 통해서 구별되는데, 단순히 그들이 사용하는 표현과 기도의 길이가 아니라 기도 속에 나타나는 믿음과 열심에 의해서 구별된다. 하나님께서 구별하신 자들은 스스로 기도를 하는데, 다른 사람들은 단지 입으로만 기도할 뿐이지만, 그들은 기도를 통해서 그들의 진심을 올려 드린다. 이것이 그들이 모두 아멘이라고 말하는 기도이다. "여호와여, 우리로 하여금 당신의 은총을 입게 하시고, 우리가 그 은총을 받고 있다는 것을 알게 하옵소서. 그것만으로 우리는 행복하오니, 우리는 다른 것들을 원하지 않나이다. 여호와여, 우리와 화목하시고, 우리를 열납하시며, 우리에게 당신을 나타내시고, 우리로 하여금 당신의 인자하심으로 만족케 하옵소서. 그리하면 우리가 그것으로 만족하겠나이다." 다윗은 이 시편의 7절과 8절에서만 자기 자신에 관하여 말하고 있지만, 이 기도 속에서 다른 사람을 위해서도 말을 한다는 것을 주목하라 ―그리스도께서 우리에게 우리 아버지라고 기도하라고 가르치셨듯이, 그는 우리에게라고 기도한다. 모든 성도들은 동일한 목적을 가지고 은혜의 보좌 앞에 나아오는데, 이 점에서 그들은 하나이고, 그들은 모두 그들의 최고의 선으로서의 하나님의 은총을 바란다. 우리는 우리 자신을 위해서만이 아니라 다른 사람을 위해서도 하나님의 은총을 간구하여야 한다. 왜냐하면, 하나님의 은총은 우리 모두에게 주어지고도 넘칠 정도로 풍성해서, 다른 사람들이 거기에 참여한다고 해도 결코 우리의 몫이 줄어드는 것이 아니기 때문이다.

(2) 이것은 그 무엇보다도 그들이 즐거워하는 것이다(7절): "주께서 내 마음에 기쁨을 두셨나이다. 주께서는 나를 붙들어 주시고 새롭게 하실 뿐만 아니라 말할 수 없는 기쁨으로 내게 채우셨나이다. 그러므로 이것이 내가 계속해서 추구하고자 하는 것, 내가 나의 사는 날 동안에 구하고자 하는 것입니다." 하나님께서는 마음속에 은혜를 주실 때에 마음에 기쁨을 주신다. 은혜로운 영혼들이 하나님의 은총을 받아서 지니게 되는 기쁨은 그 어떠한 기쁨과도 비할 수 없는

것으로서, 추수의 기쁨, 풍성한 수확의 기쁨, 곡식과 새 포도주를 풍성하게 거두었을 때의 기쁨도 거기에 비하면 아무것도 아니다. 이것은 마음속의 기쁨, 내적이고 견고하며 알맹이가 있는 기쁨이다. 세상적인 사람들이 느끼는 환희는 불꽃 같이 찰나적인 것이고 그림자 같이 헛된 것이다. 웃을 때에도 마음에 슬픔이 있느니라(잠 14:13). 원문은 "주께서 내 마음에 기쁨을 주셨나이다"라고 해석될 수도 있다. 참된 기쁨은 하나님의 선물로서 세상이 주는 것과 같지 않다(요 14:27). 성도들은 육적인 속물들의 환희와 기쁨을 시기할 이유가 없고, 도리어 그들을 불쌍히 여겨야 한다. 왜냐하면, 그들은 더 나은 기쁨을 알 수 있음에도 불구하고 알고자 하지 않기 때문이다.

(3) 이것은 그들이 전적으로 의지하는 것이고, 이것을 의지해서 그들은 언제나 마음이 편하다(8절). 다윗은 이제까지 평안히 눕고 평안히 잤으며(시 3:5), 앞으로도 그럴 것이다: "내가 평안히 눕고 자기도 하리니(당신의 은총을 확신하고서), 보아스가 마음이 즐거워 곡식과 포도주가 풍성한 자들의 기쁨을 가지고 타작 마당에서 곡식단 더미의 끝에 누운 것처럼 나도 그러한 즐거움으로 누우리이다. 왜냐하면, 나를 안전히 살게 하시는 이는 오직 여호와이시기 때문이니이다. 내가 홀로 있을지라도 내가 혼자 있는 것이 아닌 것은 하나님께서 나와 함께 계시기 때문이니이다. 내게는 나를 지켜줄 호위 군사들이 없지만, 오직 여호와께서 나를 보호해 주시기에 충분할 것이니이다. 나를 지켜줄 다른 모든 방패막들이 다 실패할지라도, 여호와께서는 홀로 나를 지켜 주실 수 있나이다." 다윗에게 하나님의 얼굴의 빛이 있다면,

[1] 그는 스스로 즐거워할 수 있다. 그의 영혼은 하나님께로 돌아가서 안식처 되시는 하나님 안에서 쉴 수 있기 때문에, 그는 평안히 눕고 잘 수 있다. 그는 자기가 가지고자 하는 것을 가졌고, 그에게 그 어떤 나쁜 일도 일어날 수 없다는 것을 확신한다.

[2] 그는 그의 원수들로부터 그 어떤 방해도 두려워하지 않고 아주 편안하고 고요히 잠을 잘 수 있다. 왜냐하면, 하나님께서 직접 그를 안전하게 지켜 주실 것이기 때문이다. 그가 죽음의 잠을 자려고 무덤 속에 눕고 무덤 속에 자신의 침상을 놓으러 갈 때, 그 때에도 그는 저 나이든 시므온과 같이 하나님께서 그의 영혼을 받으셔서 안전하게 하시며, 그의 몸을 무덤 속에 안전히 거하게 하실 것을 확신하고서 평안히 떠나게(눅 2:29) 될 것이다.

[3] 다윗은 그의 모든 일들을 하나님께 맡기고, 기쁜 마음으로 그 모든 결과도 하나님께 맡긴다. 마가복음 4:26-27에서는 농부에 대하여, 씨를 땅에 뿌렸는데 그가 밤낮 자고 깨고 하는 중에 씨가 나서 자라되 어떻게 그리 되는지를 알지 못하느니라고 말한다. 이와 마찬가지로 선한 사람은 믿음과 기도를 통해서 자신의 모든 염려를 하나님께 맡기고서, 하나님께서 자기를 대신해서 모든 일들을 행하시고 그의 거룩한 뜻을 환영하도록 준비하실 것을 믿고서, 밤낮으로 지극히 평안한 가운데 자고 쉰다.

이 절들을 노래하고 이 절들을 놓고 기도할 때, 우리는 우리를 복되게 만들어 주지 못한 이 세상의 부와 쾌락을 경멸하는 거룩한 마음을 지니고서 하나님의 은총을 간절하게 구하고 그 은총 안에서 기뻐하여야 한다. 또한 우리는 우리의 모든 세상적인 관심사들의 결과에 대하여 거룩한 무관심을 가지고서 우리 자신과 우리의 모든 일들을 하나님의 섭리의 인도하심과 보호하심에 맡기고, 우리가 하나님의 사랑 안에 거하기만 한다면 모든 일이 합력하여 우리에게 선을 이루게 될 것을 확신하여야 한다.

제 — 5 — 편

개요

이 시편은 시편 기자가 그의 원수들의 악의로 말미암아 곤경에 처했을 때 하나님께 진지하게 말씀드린 기도이다. 다윗에게는 이러한 때가 무수하게 찾아왔기 때문에, 그의 일생에서 이 시편이 적용될 수 없는 때는 거의 찾아 보기 힘들다. 이 점에 있어서 다윗은 그리스도의 모형이었다. 다윗은 끊임없이 원수들에게 괴롭힘을 당하였고, 그럴 때마다 하나님께 열렬하게 눈물로 호소하였는데, 이것은 그리스도께서 고난 중에 아버지를 의지하여 어둠의 세력에 대하여 승리를 거두신 것을 보여주는 것이었다. 이 시편에서 I. 다윗은 하나님께 기도할 것을 약속하고, 또한 하나님께서 분명히 자신의 기도를 들어 주실 것을 기대하면서, 그의 영혼과 하나님 사이의 교통을 준비한다(1-3절). II. 다윗은 하나님께 영광을 돌리고, 하나님의 거룩하심을 자신의 위로로 삼는다(4-6절). III. 다윗은 하나님을 공적으로 예배하는 일을 지속하겠다는 자신의 결심을 선언한다(7절). IV. 다윗은 이렇게 기도하였다. 1. 자기 자신을 위해서 그는 하나님께서 자기를 인도해 주시라고 기도하였다(8절). 2. 그의 원수들에 대해서는 그는 하나님께서 그들을 멸해 달라고 기도하였다(9-10절). 3. 하나님의 모든 백성을 위해서는 그는 하나님께서 그들에게 기쁨을 주시고 그들을 안전하게 보호해 주시도록 기도하였다(11-12절). 이 모든 것은 우리가 기도할 때에 지침으로 삼기에 아주 유익한 것들이다.

[1]여호와여 나의 말에 귀를 기울이사 나의 심정을 헤아려 주소서 [2]나의 왕, 나의 하나님이여 내가 부르짖는 소리를 들으소서 내가 주께 기도하나이다 [3]여호와여 아침에 주께서 나의 소리를 들으시리니 아침에 내가 주께 기도하고 바라리이다 [4]주는 죄악을 기뻐하는 신이 아니시니 악이 주와 함께 머물지 못하며 [5]오만한 자들이 주의 목전에 서지 못하리이다 주는 모든 행악자를 미워하시며 [6]거짓말하는 자들을 멸망시키시리이다 여호와께서는 피 흘리기를 즐기는 자와 속이는 자를 싫어하시나이다

이 시편의 표제에는 특이한 내용은 없지만, 다른 곳에서는 사용되지 않는 느힐롯이라는 단어가 사용되고 있다. 느힐롯은 관악을 의미하는 것으로 추정되고 있는데(그러나 이것은 어디까지나 추측에 불과하다), 이러한 추정에 의하면 이 시편은 관악에 맞춰서 노래하도록 되어 있었다 — 느기놋은 현악을 의미하는 것으로 추정된다. 이 절들 속에서 다윗은 하나님을 다음과 같은 분으로 바라보았다.

I. 기도를 들으시는 하나님. 사람들이 여호와의 이름을 부르기 시작한 때로부터 하나님은 언제나 사람들의 기도를 들으시는 하나님이셨고, 지금도 여전히 사람들의 기도를 들으실 준비가 되어 계신다. 다윗이 여기에서 하나님을 어떻게 부르는지를 주목하라: 우리가 경계할 수밖에 없는 자존하시고 자족하신 존재이신 여호와(1, 3절); 나의 왕, 나의 하나님(2절), 내가 나의 하나님으로 모셔온 분, 내가 충성 맹세를 해온 분, 내가 그의 보호 아래에 들어가 나의 왕으로 섬겨온 분. 우리는 우리가 기도 드리는 하나님이 왕이시고 하나님이시라는 것을 믿는다. 하나님은 만왕의 왕이시고 모든 신들 위에 뛰어나신 하나님이시다. 그러나 그것으로는 충분하지 않다. 우리로 하여금 기도할 수 있도록 힘을 북돋워 주는 가장 큰 사실이자 우리가 기도할 때에 가장 강력한 호소가 되는 것은 하나님이 우리의 왕이시고 우리의 하나님이시며, 우리는 그분 아래에서 특별한 의무들을 지니고 있고, 우리는 그분에게 특별한 기대를 가지고 있다는 것이다. 좀 더 살펴보자.

1. 다윗은 여기에서 무엇을 놓고 기도하고 있는 것인가? 이것은 우리가 하나님께 기도할 때에 우리의 믿음과 소망을 더욱 북돋워 줄 것이다. 우리가 믿음 안에서 열렬하게 기도한다면, 우리는 다음과 같은 것들을 소망할 수 있다.

(1) 하나님께서 우리의 사정을 헤아려 주시리라는 것. 하나님은 우리가 우리의 사정에 대하여 어떻게 아뢰는지, 우리가 어떠한 청들을 하는지를 들으시고 아신다. 왜냐하면, 다윗은 여기에서 여호와여 나의 말에 귀를 기울이소서라고 기도하기 때문이다. 하나님은 비록 하늘에 계시지만 그의 백성의 기도에 대하여 귀를 열어 두고 계신다. 하나님의 귀는 그의 백성의 기도를 들을 수 없을 정도로 둔하시지 않다. 사람들은 우리의 말을 들으려 하지 않거나 들을 수 없을 수가 있다. 우리의 원수들은 너무도 교만해서 우리의 말을 들으려 하지 않고, 우리의 친구들은 너무 멀리 있어서 우리의 말을 들을 수 없다. 그러나 하나님은

하늘 높이 계시지만 우리의 기도를 들으실 수 있고 또한 들으시고자 하신다.

(2) 하나님은 우리의 기도를 들으셔서 연민의 마음으로 지혜롭게 헤아리시며, 우리의 기도를 경시하거나 피상적인 응답으로 대충 얼버무리지 않으시리라는 것. 왜냐하면, 다윗은 여기에서 나의 심정을 헤아려 주소서라고 기도하고 있기 때문이다. 다윗의 기도는 단지 그의 말일 뿐만 아니라 그의 묵상이기도 하였다. 묵상이 기도를 위한 가장 좋은 준비인 것과 마찬가지로, 기도는 묵상의 가장 좋은 결과물이다. 묵상과 기도는 함께 가야 한다(시 19:14). 이렇게 우리가 우리의 묵상이 우리의 기도가 되게 할 때에만 우리는 하나님께서 우리의 기도를 헤아리셔서, 우리의 마음으로 나오는 것들을 그의 마음에 담아 주실 것을 기대할 수 있다.

(3) 하나님께서 적절한 때에 은혜로 평안의 응답을 주시리라는 것. 왜냐하면, 다윗은 여기에서 내가 부르짖는 소리를 들으소서(2절)라고 기도하고 있기 때문이다. 다윗의 기도는 부르짖음이었다. 그의 기도는 부르짖는 소리였는데, 이것은 그가 자신의 열렬하고 간절한 심정을 그의 기도 속에 담아서 끈질기게 기도하였다는 것을 의미한다. 의인이 드리는 그러한 열렬한 기도는 역사하는 힘이 많고 이적들을 일으킨다.

2. 다윗이 하나님의 은혜로 말미암아 기도의 응답을 받기 위해서 자기 편에서 행하고 이루고 지키겠다고 내놓은 조건으로서 무엇을 약속하고 있는가? 우리는 하나님께 기도할 때에 올바른 기도를 드리기 위해서 이것을 우리의 지침으로 삼을 수 있다. 왜냐하면, 우리가 하나님께 구하여도 잘못 구한다면, 우리는 기도의 응답을 받지 못하게 될 것이기 때문이다. 다윗은 여기에서 네 가지를 약속하는데, 우리도 그렇게 하여야 한다.

(1) 그가 기도하리라는 것, 그가 의식적으로 기도를 하고 기도하는 것을 자신의 일로 삼겠다는 것: 내가 주께 기도하리이다(개역에서는 내가 주께 기도하나이다. "다른 사람들은 기도 없이 살아가지만, 나는 기도하리이다." 보좌에 앉은 왕들(다윗과 같은)은 하나님의 보좌 앞에서 열렬히 구하는 자들이 되어야 한다. "다른 사람들은 이상한 신들에게 기도하고 그들로부터 구원을 바라지만, 나는 오직 당신께만 기도하겠나이다." 하나님께서 우리의 기도를 기꺼이 들어 주실 준비가 되어 있다고 우리에게 확신을 주시는 것은 우리가 기도로 살고 기도로 죽겠다고 결심하는 것을 더욱 견고하게 해 준다.

(2) 그가 아침에 기도하리라는 것. 그의 기도하는 목소리는 그 때에 들려지게 될 것이고, 그 때에 그의 기도가 드려지게 될 것이다. 그 때는 그가 하늘에 편지를 보내는 때가 될 것인데, 그는 이 때만이 아니라 다른 때에도 기도할 것이지만("아침과 저녁과 밤중에 나는 기도하겠고, 하루에 일곱 번씩 주를 찬양하겠나이다"), 이 때만은 반드시 기도하겠다고 그는 약속한다. 아침 기도는 우리가 마땅히 해야 할 도리이다. 우리가 간밤의 잠에서 깨어나서 새롭게 활력을 얻어서 아직 그 날의 일을 시작하지 않은 가운데 가장 새롭고 생기있으며 평온한 상태에 있을 때인 아침이 기도하기에 가장 좋은 때이다. 아침은 우리가 그 날에 맞을 위험들과 유혹들을 생각하고서 거기에 대비하며, 믿음과 기도로써 은혜를 새롭게 충전하기 위하여 기도가 가장 필요한 때이다.

(3) 그가 오직 하나님만을 바라보고 자기가 할 도리를 하는 데에만 마음을 쏟겠다는 것. 궁수가 화살을 과녁으로 향하듯이, 나는 나의 기도를 주께 향하겠나이다. 우리는 이러한 확고하고도 견고한 마음 자세를 가지고 하나님께 기도 드려야 한다. 또는, 우리가 멀리 있는 친구에게 편지를 쓰듯이, 우리는 하늘에 계신 우리 아버지이신 하나님께 우리의 기도를 향하여야 한다. 우리는 항상 위대한 중보자이신 주 예수의 이름으로 우리의 편지들을 보내야 하고, 그럴 경우에 그 편지들은 어김없이 하나님께 배달될 것이다. 우리의 모든 기도는 하나님을 향하여야 한다. 우리는 우리의 모든 기도 속에서 하나님의 존귀하심과 영광을 우리의 최후의 목표로 삼아야 한다. 우리의 첫 번째 간구는 하나님의 이름이 거룩히 여김을 받게 해 달라는 것이 되어야 하는데, 그렇게 하면 우리는 그리스도께서 받으셨던 것과 동일한 은혜의 응답을 기대할 수 있다. 내가 이미 영광스럽게 하였고 또다시 영광스럽게 하리라.

(4) 그가 인내로써 평안의 응답을 기다리겠다는 것: "내가 주께 기도한 후에 바라리이다. 내가 여호와 하나님께서 무엇을 말씀하시는지를 듣겠나이다(시 85:8; 합 2:1). 하나님께서 내가 구한 것을 허락하신다면, 나는 감사하겠고, 나의 기도를 들어 주지 않으신다면 나는 인내하겠으며, 나의 기도를 보류하신다면 나는 계속해서 기도하며 낙심하지 않고 기다리겠나이다." 화살을 쏜 사람이 그 화살이 과녁에 얼마나 가까이 다가갔는지를 살펴보고자 하는 것과 마찬가지로, 우리는 기도를 드린 후에 하나님의 응답이 어찌 되었는지 바라고 살펴보아야 한다. 우리는 우리가 드린 기도들이 어떻게 응답되었는지를 살펴보지 않음

으로써 우리의 기도가 주는 위로를 많이 놓쳐 버린다. 나면서부터 못 걷게 된 사람이 베드로와 요한을 주목하여 보았듯이(행 3:4) 우리가 이렇게 기도하면서 기다리면, 우리는 하나님께서 우리의 기도를 들으시고 우리의 사정을 헤아려 주실 것을 기대할 수 있다. 다윗이 여기에서 기도하고 있는 것처럼, 우리는 "여호와여, 나를 위해서 이렇게 해주시거나 저렇게 해주소서"라고 기도하는 것이 아니라, "나의 말에 귀를 기울이사 나의 심정을 헤아려 주시고 주께서 보시기에 좋으신 대로 행하옵소서"라고 기도하여야 한다.

II. 죄악을 미워하시는 하나님(4-6절). 다윗이 이것을 말하는 것은 다음과 같은 이유들 때문이다.

1. 자기 자신과 다른 모든 기도하는 사람들에게 우리가 기도하는 하나님은 은혜로우시고 자비로우실 뿐만 아니라 순전하고 거룩하시다는 것을 경고하기 위해서. 하나님은 우리의 기도를 기꺼이 들으실 준비가 되어 계시지만, 만약 우리가 우리의 마음속에 죄악을 품고 있다면, 하나님은 우리의 기도를 듣지 않으실 것이다(시 66:18).

2. 그의 원수들을 치는 기도를 함에 있어서 힘을 얻기 위해서. 그들은 악한 자들이었기 때문에, 하나님의 원수들이었고, 따라서 하나님은 그들을 기뻐하지 않으셨다. 좀 더 살펴보자.

(1) 하나님의 거룩하심. 다윗이 주는 죄악을 기뻐하는 신이 아니시니라고 말한 것은 "당신은 당신의 무한한 순전함과 올바름, 거룩한 뜻에 정면으로 어긋나는 죄악을 미워하는 신이시나이다"를 의미한다. 죄악을 행하는 자들이 형통하고 잘 산다고 할지라도, 하나님께서 죄악을 기뻐하신다고 그 누구도 생각해서는 안 된다. 자신의 형제들을 미워해서 쫓아내고서도 여호와여 영광을 받으소서라고 말하며 하나님께 영광을 돌리는 체하는 자들을 하나님은 결코 기뻐하지 않으신다. 사람들의 죄악이 경건의 겉모습을 지니고 있다고 할지라도, 하나님은 그 죄악을 기뻐하지 않으신다. 그러므로 죄를 기뻐하는 자들은 하나님께서 그들을 기뻐하지 않으신다는 것을 알아야 한다. 또한 사람이 유혹을 받을 때에 내가 하나님께 시험을 받는다고 말하지 않아야 한다. 왜냐하면, 하나님은 죄의 근원도 아니시고, 악이 주와 함께 머물지 못하기 때문이다. 죄악은 항상 묵인되거나 형통하지는 못할 것이다. 하몬드 박사는 이 말씀이 우상 숭배를 하는 외인들이 이스라엘 땅에 거하는 것을 허락하지 않았던 모세의 율법을 가리킨다

고 생각한다.

(2) 하나님의 통치의 의로움. 오만한 자들은 주의 목전에 서지 못할 것이다. 즉, 하나님은 그러한 자들을 기뻐하지 않으시고, 그의 곁에 서지 못하게 하시며, 저 심판의 큰 날에 그들을 죄 없다 하지 않으실 것이다. 범죄의 일꾼들은 지극히 어리석은 자들이다. 죄는 어리석은 짓이고, 죄인들은 모든 어리석은 자들 중에서 가장 어리석은 자들이다. 날 때부터 어리석은 자들을 하나님은 미워하지 않으시지만(오히려 불쌍히 여기신다), 스스로 어리석게 된 자들을 하나님은 미워하신다. 악한 자들은 하나님을 미워한다. 그러므로 그들은 하나님으로부터 미움을 받게 되고, 그것은 그들의 끝없는 파멸과 고통이 될 것이다. "주께서는 그가 미워하시는 자들을 멸하실 것인데", 여기에는 멸망받기로 되어 있는 두 부류의 죄인들이 언급되고 있다.

[1] 어리석고 거짓말하며 속이는 자들. 이러한 죄인들에게는 특별한 강조가 두어져 있다: 거짓말하는 모든 자들(계 21:8), 거짓을 좋아하고 거짓을 지어내는 모든 자들(시 22:15). 거짓말하는 것보다 진리의 하나님을 더 거스르는 것은 없기 때문에, 하나님은 이 죄를 가장 미워하신다.

[2] 잔인한 자들: 여호와께서는 피흘리기를 즐기는 자를 싫어하시나이다. 잔인하고 무자비한 것보다 긍휼을 기뻐하시는 긍휼의 하나님을 거스르는 것은 없고, 따라서 하나님은 그러한 자들을 가장 미워하신다. 거짓말하는 자들과 살인하는 자들은 특별히 마귀를 닮은 그의 자녀들이라고 말해지고 있기 때문에, 우리는 하나님께서 그들을 특히 미워하시리라는 것을 충분히 예상할 수 있다. 이러한 것들은 다윗의 원수들의 성품들이었다. 또한 이러한 것들은 그리스도와 그의 교회의 원수들, 모든 덕목과 존귀함을 완전히 잃어버린 자들의 성품들이기도 하다. 그들이 악하면 악할수록, 우리는 그들이 적절한 때에 멸망받으리라는 것을 더욱 확실하게 확신할 수 있다.

이 절들을 노래하고 이 절들을 놓고 기도할 때, 우리는 우리에게 주어진 기도의 의무에 더욱 분발하고 한층 더 힘을 내어서 기도할 것을 다짐하여야 한다. 왜냐하면, 우리는 여호와를 헛되이 구하는 것이 아니기 때문이다. 또한 우리는 죄를 미워하는 우리의 심정을 나타내야 하고, 악한 자들을 멸망에 처하게 될 날, 즉 그리스도께서 다시 오실 그 날을 두려움으로 기대하여야 한다.

⁷오직 나는 주의 풍성한 사랑을 힘입어 주의 집에 들어가 주를 경외함으로 성전을 향하여 예배하리이다 ⁸여호와여 나의 원수들로 말미암아 주의 공의로 나를 인도하시고 주의 길을 내 목전에 곧게 하소서 ⁹그들의 입에 신실함이 없고 그들의 심중이 심히 악하며 그들의 목구멍은 열린 무덤 같고 그들의 혀로는 아첨하나이다 ¹⁰하나님이여 그들을 정죄하사 자기 꾀에 빠지게 하시고 그 많은 허물로 말미암아 그들을 쫓아내소서 그들이 주를 배역함이니이다 ¹¹그러나 주께 피하는 모든 사람은 다 기뻐하며 주의 보호로 말미암아 영원히 기뻐 외치고 주의 이름을 사랑하는 자들은 주를 즐거워하리이다 ¹²여호와여 주는 의인에게 복을 주시고 방패와 같은 은혜로 그를 호위하시리이다

이 절들에서 다윗은 세 부류의 사람들 — 자기 자신, 그의 원수들, 하나님의 모든 백성 — 을 묘사하고, 각각의 부류에 대하여 기도를 보충한다.

Ⅰ. 다윗은 자기 자신에 대하여 설명하고 자기 자신을 위하여 기도한다(7-8절).

1. 그는 하나님과 하나님에 대한 예배를 견고히 붙잡겠다고 단단히 결심한다. 죄인들은 하나님으로부터 멀리 떠나서, 하나님의 거룩하심을 싫어하고 하나님의 공의를 역겨워하는 자가 되어 버린다. "오직 나는 하나님께로부터 멀어지지 않으리이다." 하나님의 거룩하심과 공의는 마음이 정직한 자들에게는 결코 두려움이 되지 않고 그들을 하나님으로부터 쫓아내는 것이 되지 않으며, 도리어 그들은 거기에 이끌려서 하나님께 가까이 나아온다.

(1) 다윗은 하나님을 예배하고, 하나님께 충성을 맹세하며, 하나님께 그 이름에 합당한 영광을 돌릴 것을 결심한다.

(2) 다윗은 하나님을 공적으로 예배할 것을 결심한다. "나는 주의 집에 들어가, 그 궁정으로 나아가서, 거기에서 다른 신실한 예배자들과 더불어서 하나님을 예배할 것이다." 다윗은 많은 경우에 은밀하게 예배를 드렸고 자주 홀로 기도하였지만(2-3절), 성소에도 부지런히 드나들었다. 우리가 골방에서 기도하는 것은 공적인 예배를 빠지기 위한 변명이 되는 것이 아니라 오히려 공적인 예배를 준비하는 것이 되어야 한다.

(3) 다윗은 하나님과 사람 사이에 놓여 있는 무한한 간격을 제대로 인식하고 경외함으로 하나님을 예배할 것을 결심한다: "내 영혼 속에서 하나님에 대한

거룩한 경외심을 가지고 주를 경외함으로 예배하리이다(히 12:28)." 하나님을 예배하는 모든 자들은 하나님을 크게 두려워하고 경외하여야 마땅하다.

(4) 다윗은 예배를 통해서 오직 하나님으로부터만 힘을 얻겠다고 결심한다.

[1] 하나님의 무한한 긍휼하심을 통해서 힘을 얻겠다. 다윗은 하나님께 나아갈 때에 자신의 공로나 의가 아니라 하나님의 무한한 긍휼하심에 의지하였다(하나님 안에 있는 무궁한 긍휼하심의 보화들과 우리가 하나님으로부터 받은 긍휼하심의 무수한 증거들과 사례들). 하나님의 긍휼하심은 우리가 하나님께 구하는 모든 일들에 있어서 항상 우리의 소망과 우리의 기쁨의 토대가 되어야 한다.

[2] 공식적인 예배 장소를 의지해서 힘을 얻겠다. 당시에 공식적인 예배 장소는 성전이었고, 여기에서는 주의 거룩하심의 성전으로 불리고 있다. 이 성전은 그리스도의 모형으로서, 성전이 거기에 있는 금을 거룩하게 했던 것처럼 유일한 크신 중보자이신 그리스도는 예배를 거룩하게 하신다. 당시의 예배자들이 성전을 전심으로 바라보았던 것과 마찬가지로, 우리는 우리의 모든 기도와 경건 활동 속에서 그리스도를 바라보아야 한다.

2. 다윗은 하나님께서 은혜로 말미암아 그를 항상 그가 마땅히 행하여야 할 길로 인도하시고 그 길을 행하도록 지켜 주실 것을 간절히 기도한다(8절): 나의 원수들로 말미암아 — 히브리어로는 "나를 지켜 보는 자들, 즉 나를 지켜 보고 있다가 내가 넘어지기를 기다려서 나를 치고자 하는 자들로 말미암아" — 주의 공의로 나를 인도하소서. 좀 더 살펴보자.

(1) 다윗은 그를 치고자 하는 그의 원수들의 악의를 선용하였다. 원수들이 그를 고소하고자 그에게서 흠을 잡아내는 데에 열을 올리면 올릴수록, 그는 죄와 죄의 모양을 하고 있는 것들을 피하는 데에 더욱 주의하였고, 항상 하나님의 선한 길과 의무를 더욱 간절한 마음으로 행하였다. 이렇게 지혜와 은혜로 말미암아 악한 것에서 선한 것이 나올 수 있다.

(2) 다윗은 그를 칠 기회를 노리고 있던 자들을 낭패당하게 하기 위하여 의로운 길을 걸었다. 다윗은 자신을 하나님의 인도하심에 맡겼고, 하나님의 섭리와 은혜를 통해서 그를 옳은 길로 인도해 주시고, 어느 때든지 무슨 일을 만나든지 그가 옳은 길에서 벗어나는 일이 없게 하여서, 다니엘의 원수들과 같이 가장 비판적이고 흠잡기 좋아하는 원수들조차도 그를 칠 기회를 찾을 수 없도

록 해 달라고 하나님께 간구하였다. 우리가 마땅히 행해야 할 길은 여기에서 하나님의 길, 주의 공의로 불린다. 왜냐하면, 하나님은 그의 의롭고 거룩한 율법을 통해서 우리에게 그 길을 제시해 놓고 계시기 때문이다. 우리가 그 율법을 우리의 준칙으로 진지하게 받아들이기만 한다면, 우리는 모든 구체적인 경우들에 있어서 우리를 올바른 길로 인도해 달라고 하나님께 믿음으로 구할 수 있다. 다윗의 이러한 기도가 어떻게 응답되었는지는 사무엘상 18:14-15을 보라.

Ⅱ. 다윗은 그의 원수들에 대하여 설명하고, 그들을 쳐서 기도한다(9-10절).

1. 그들에 관한 그의 설명이 사실이라면 ― 물론, 사실이겠지만 ― 그들은 정말 악한 성품을 지닌 자들이었다. 만약 그들이 진정으로 악한 자들이 아니었다면, 그들은 하나님의 마음과 합한 자에 대하여 원수들이 될 수 없었을 것이다. 다윗은 하나님께서 피 흘리기를 즐기는 자와 속이는 자를 싫어하신다고 말하였었다(6절). 그는 이렇게 말한다: "여호와여, 이것이 나의 원수들의 성품이나이다: 그들은 속이는 자들이나이다. 그들의 입에는 신실함이 없기 때문에 그들을 믿어서는 안 됩니다." 그들은 거짓말을 해서 다윗이 해를 입고 사람들로부터 오명을 뒤집어 쓸 수만 있다면 의도적인 거짓말을 하는 것은 아무런 죄도 되지 않는다고 생각하였다. 다윗은 이렇게 말한다(8절): "내가 상대하는 자들이 바로 그런 자들이어서, 그들의 비방 앞에서 나의 결백 자체는 아무런 보장이 되어 주지 못하기 때문에 여호와여 나를 인도하소서. 그들이 공정한 말을 하고 있나이까? 그들이 평화와 우애에 관하여 말하고 있나이까? 그들은 그들의 혀로 아첨하는 것이나이다. 그것은 그들의 악의를 은폐하기 위한 것이고, 그들의 이권을 좀 더 안전하게 확보하기 위한 것이나이다. 그들이 두 가지 신성한 것들, 즉 경건 또는 우애를 지닌 것처럼 가장하더라도, 그들은 그 어느 쪽에 대해서도 진실하지 않나이다. 그들의 심중은 악함 그 자체여서 심히 악하나이다. 또한 그들은 피 흘리는 자들이니이다. 그들의 목구멍은 열린 무덤 같아서 무덤처럼 잔혹하고, 무덤처럼 만족할 줄 모르고 뭔가를 삼키려고 헐떡이며, 족하다라고 결코 말하지 않나이다(잠 30:15-16)." 이 말씀은 인류의 전반적인 타락을 보여주기 위하여 인용된다(롬 3:13). 왜냐하면, 사람들은 모두 선천적으로 악에 이끌리는 소지를 지니고 있기 때문이다(딛 3:3). 무덤은 사람들 모두를 위해서 열려 있지만, 사람들은 서로에 대하여 열린 무덤 같다.

2. 그들을 치는 다윗의 기도가 응답이 된다면 ― 물론, 틀림없이 그렇게 되겠

지만 —그들은 불리한 형편에 처해 있는 것이다. 사람들이 그렇듯이, 그들도 대가를 치를 것을 예상하여야 한다. 다윗은 하나님께 그들을 멸하시고(그가 6절에서 이미 말한 것에 의하면, "주께서는 이런 성품을 지닌 자들을 멸하실 것이기 때문에", 그들은 멸망하게 될 것이고, 죄인들은 그대로 내버려 둔다고 해도 스스로 곧 파멸로 치닫게 될 것이다), 그의 보호하심과 은총으로부터 그들을 내치시고, 여호와의 기억으로부터 내쫓으시며, 산 자들의 땅에서 쫓아내시기를 기도한다. 하나님께서 내치시는 자들에게 화가 있으리로다. "그들은 그들의 죄로 말미암아 멸망을 받아 마땅한 자들이다. 하나님께서 그들을 완전히 내버리셔도, 그것은 너무도 옳은 일이다: 그들이 그들의 범죄의 분량을 다 채웠고 멸망의 때가 무르익었기 때문에, 그들을 그 많은 허물로 말미암아 쫓아내소서." 하나님의 종들을 박해하는 것은 그 어떤 일보다도 속히 죄악의 분량을 채우는 것이다(살전 2:15-16). 또한 그들은 쉽게 자기 꾀에 빠지게 된다. 그들이 스스로를 안전하게 하고 다른 사람들에게 해를 끼치기 위하여 행하는 일들은 하나님의 전체적인 섭리에 의해서 그들을 파멸시키는 수단이 될 수 있다(시 7:15; 9:15). 다윗은 다음과 같은 근거를 제시한다: "그들이 주를 배역함이니이다. 만약 그들이 단지 나의 원수들일 뿐이었다면, 나는 기꺼이 그들을 용서할 수 있었을 것입니다. 그러나 그들은 하나님, 하나님의 면류관과 위엄에 대적한 반역자들입니다. 그들은 하나님의 통치를 반대하고, 회개하여 하나님께 영광을 돌리려 하지 않기 때문에, 나는 그들의 멸망을 불 보듯이 내다봅니다." 그들의 멸망을 위한 다윗의 기도는 복수심에서 나온 것이 아니라 예언의 영으로부터 나온 것으로서, 이 예언의 영에 의지해서 다윗은 하나님을 대적하여 배역한 모든 자들은 반드시 자기 꾀에 빠져서 멸망하게 될 것임을 예언하였다. 데살로니가후서 1:6에서 말씀하고 있듯이, 하나님께서 그의 백성을 괴롭히는 자들에게 환난으로 갚으시는 것이 의로운 일이라면, 우리는 아버지여 당신의 뜻이 이루어지이다라고 기도할 때마다 그 일이 이루어지기를 기도하고 있는 것이다.

Ⅲ. 다윗은 하나님의 백성에 대하여 설명하고, 그들을 위하여 기도하면서, 그들이 지극히 복되다는 확신으로 이 시편을 끝내면서, 자기도 하나님의 백성에 속하여 그 유익을 얻게 될 것을 의심하지 않았다. 좀 더 살펴보자.

1. 다윗이 하나님의 백성에 대하여 어떻게 묘사하고 있는가? 그들은 의로운 자들이다(12절). 왜냐하면, 그들은 하나님을 의지하고(개역에서는 주께 피하

는), 하나님의 권능과 하나님만으로 모든 것이 충분하다는 것을 확신하며, 그들의 모든 것을 하나님의 약속에 걸고서, 그들이 할 일을 하면 하나님께서 그들을 보호하실 것이라는 것을 확신하고 있기 때문이다. 그들은 하나님의 이름을 사랑하고, 하나님께서 자신을 알게 하신 모든 것을 기뻐하며, 그들이 하나님을 아는 것을 즐거워한다. 하나님만으로 만족하고 하나님께 의지하는 삶을 살아가는 것이야말로 참되고 순전한 신앙이다.

2. 그들을 위한 다윗의 기도: "그들로 하여금 기뻐하게 하소서. 그들로 하여금 기뻐할 이유가 있게 하시고 기뻐할 수 있는 마음을 주옵소서. 그들을 기쁨, 이루 말할 수 없는 큰 기쁨으로 채우소서. 그들로 하여금 기쁨, 변함없고 영원한 기쁨으로 외치게 하옵소서. 그들로 하여금 영원히 기뻐, 하나님 안에서 끝이 나는 거룩한 기쁨으로 외치게 하옵소서. 그들로 하여금 어떤 피조물이 아니라 주를, 당신의 은총과 구원을 즐거워하게 하옵소서. 주의 보호로 말미암아, 주께서 그들을 가려 주시고 숨겨 주시며 그들 가운데 거하시는 것으로 인하여 기뻐하게 하소서." 아마도 여기에는 구름 기둥과 불 기둥에 대한 암시가 들어 있는 것 같은 데, 불 기둥과 구름 기둥은 광야의 이스라엘에게 하나님께서 그들과 특별히 함께 하시고 그들을 특별히 그의 보호 아래에 두신다는 것을 보여주는 가시적인 징표였다. 우리는 다윗에게서 우리 자신만을 위해서가 아니라 다른 사람들, 모든 선한 사람들, 하나님을 의지하고 하나님의 이름을 사랑하는 모든 사람들을 위해서 기도하는 것을 배워야 한다 — 우리의 생각에서나 우리의 관심 속에서 언제나 그들을 염두에 두지는 않는다고 하여도. 우리는 기도할 때에 하나님의 약속을 받을 자격이 있는 모든 자들을 그 기도 속에서 말하여야 한다. 진실되게 그리스도를 사랑하는 모든 자들에게 은혜가 있기를 우리는 기도하여야 한다. 이것은 하나님의 뜻에 합한 것이다.

3. 그들에 대한 다윗의 위로(12절). 다윗이 그들을 그의 기도 속에서 언급하고 있는 것은 그들이 하나님의 소중한 백성들이기 때문이다. 그러므로 다윗은 그의 기도들이 응답될 것이고 그들이 항상 즐거워하리라는 것을 의심하지 않는다. 왜냐하면,

(1) 그들은 하나님의 축복에 대한 확신 속에서 복되기 때문이다: "여호와여 주는 의인에게 복을 주시고, 그들에게 축복을 명하시리이다. 주께서는 직접 그들에게 복을 선언하셨기 때문에, 그들을 진정으로 복되게 만드실 것이나이다. 주

께서 축복하시는 자들은 진실로 복된 자들이다."

(2) "그들은 주의 은총의 보호하심 아래에서 안전하나이다. 주께서는 그 보호하심으로 그들을 관씌울 것이나이다"(어떤 이들은 이렇게 해석한다). "의인에게 아름다운 관을 씌우시고 그를 진정으로 크게 만드시는 것이 주의 영광이나이다. 주께서는 방패와 같이 사방에서 그를 둘러싸시고 그를 호위하시리이다." 전쟁에서 방패는 오직 한쪽 면만을 막아 주지만, 하나님의 은혜는 성도들을 사방에서 보호해 준다. 사방팔방으로 욥을 둘러싼 울타리와 같이, 의인들은 하나님의 보호하심 아래에 스스로를 두기만 한다면 온전히 안전할 것이고 온전히 만족하게 될 것이다.

이 절들을 노래하고 이 절들을 놓고 기도할 때, 우리는 믿음으로써 하나님의 인도하심과 돌보심 아래에 우리 자신을 두어야 하고, 그런 후에 하나님의 긍휼하심과 은혜, 하나님께서 그의 모든 원수들을 결국 이기시리라는 것과 그의 백성들이 하나님 안에서와 그의 구원하심 안에서 승리하게 되리라는 전망을 가지고 기뻐하여야 한다.

제
— 6 —
편

개요

다윗은 예레미야처럼 눈물의 선지자였고, 이 시편은 그의 탄식 시편들 중의 하나이다. 이 시편은 외적으로나 내적으로 큰 환난을 당할 때에 또는 적어도 그런 때를 예상해서 쓰여진 것이었다. 환난당한 자가 있는가? 병든 자가 있는가? 그런 사람은 이 시편을 노래하라. 이 시편의 형식은 매우 주목할 만한 것으로서 우리가 앞으로 자주 만나게 될 그런 형식을 지니고 있다. 한나가 슬픈 마음으로 기도하러 갔다가 기도를 끝낸 후에 집으로 돌아오는 길부터는 더 이상 슬픈 기색이 없었던 것과 마찬가지로, 다윗은 슬픈 하소연으로 이 시편을 시작하지만 기쁨의 찬양으로 끝을 낸다. 시편 기자가 여기에서 하소연하는 것은 세 가지이다. 1. 몸이 병들었다는 것. 2. 죄의식으로 마음이 괴롭다는 것. 죄의식은 고통과 질병의 주목할 만한 원인이다. 3. 이러한 두 가지 어려움에 처함으로써 그의 원수들이 그를 모욕한다는 것. 좀 더 살펴보자. I. 다윗은 하나님 앞에 자신의 하소연을 쏟아내고서, 하나님의 진노를 면하기를 빌며, 하나님의 은총을 다시 내려 주시기를 간절히 간구한다(1-7절). II. 다윗은 하나님께서 곧 평안의 응답을 그에게 주셔서 그가 온전히 만족하게 하실 것을 확신한다(8-9절). 이 시편은 욥기와 비슷하다.

〔다윗의 시, 인도자를 따라 현악 여덟째 줄에 맞춘 노래〕
¹여호와여 주의 분노로 나를 책망하지 마시오며 주의 진노로 나를 징계하지 마옵소서 ²여호와여 내가 수척하였사오니 내게 은혜를 베푸소서 여호와여 나의 뼈가 떨리오니 나를 고치소서 ³나의 영혼도 매우 떨리나이다 여호와여 어느 때까지니이까 ⁴여호와여 돌아와 나의 영혼을 건지시며 주의 사랑으로 나를 구원하소서 ⁵사망 중에서는 주를 기억하는 일이 없사오니 스올에서 주께 감사할 자 누구리이까 ⁶내가 탄식함으로 피곤하여 밤마다 눈물로 내 침상을 띄우며 내 요를 적시나이다 ⁷내 눈이 근심으로 말미암아 쇠하며 내 모든 대적으로 말미암아 어두워졌나이다

이 절들은 하나님께서 낮추시고자 하는 섭리를 따라서 진정으로 낮아

진 심령, 양심을 일깨우고 더러움을 정화하기 위한 목적으로 보내진 큰 환난 아래에서 깨어지고 통회하는 심령이 쏟아내는 언어들을 표현하고 있다. 하나님께서 압박하실 때에 부르짖지 않는 자들은 진노를 쌓고 있는 것이다. 그러나 다윗이 여기에서 행하고 있는 것처럼, 하나님의 책망을 받고서 눈물로 씨를 뿌리는 자들은 하나님의 긍휼하심을 받을 준비를 해 가고 있는 것이다. 좀 더 살펴보자.

I. 다윗은 하나님께 자신의 사정들을 어떻게 하소연하고 있는가. 그는 하나님 앞에 자신의 하소연을 쏟아 놓는다. 자녀가 자신의 아버지에게 가서 하소연을 하지 않는다면, 도대체 어디에 가서 하소연을 할 수 있겠는가?

1. 다윗은 육체적인 고통과 질병에 대하여 하소연한다(2절): 내가 수척하였나이다. 다윗의 뼈와 살은 욥과 마찬가지로 상하였다. 다윗은 비록 왕이었지만 병들고 고통 중에 있었다. 한 제국의 왕이었지만 다윗은 그의 머리가 아픈 것으로부터 해방될 수 없었다. 위인들도 사람이기 때문에 사람들에게 공통적으로 닥치는 재난들에서 벗어날 수 없다. 다윗은 어려서부터 전쟁터에서 뼈가 굵은 강건한 사람이었지만, 병에 걸리는 것으로부터 안전할 수는 없었다. 병은 이내 아무리 강건한 사람들조차도 스스로 무릎을 꿇게 만들어 버린다. 다윗은 선한 사람이었지만, 그렇다고 해서 그것이 그의 건강을 지켜줄 수 있는 것은 아니었다. 주여, 보시옵소서, 사랑하시는 자가 병들었나이다. 가장 훌륭한 성인들조차도 고통과 질병에서 벗어날 수 없었다는 것은 우리로 하여금 고통과 질병을 우리가 당할 몫으로 받아들이고서, 그러한 경우에 우리의 괴로움을 하나님 앞에 내어 놓고, 우리의 몸을 위하기도 하시는 하나님께서 우리의 질병들을 알아 주시도록 기도하여야 한다는 것을 우리에게 가르치고 격려하는 모범이 된다.

2. 다윗은 내적인 괴로움을 하소연한다: 나의 영혼도 매우 떨리나이다. 영혼이 수척한 것은 뼈가 수척한 것보다 훨씬 더 심각한 일이다. 육신이 병에 걸려서 곤경에 처해 있다고 하더라도, 사람의 심령은 그의 병을 능히 이기게 해줄 수 있다. 그러나 영혼이 상처를 받았다면, 그 괴로움은 참기 힘들다. 다윗은 병에 걸려서 자신의 죄를 기억하게 되었고, 자신의 질병을 하나님께서 자기를 기뻐하지 않으신다는 것을 보여주는 징표로 여겼다. 이것이 그의 영혼을 괴롭게 하고 수척하게 한 원인이었다. 그것은 그로 하여금 내가 수척하였사오니 나를 고치소서라고 부르짖게 만들었다. 한 사람이 그의 뼈와 그의 영혼이 동시에 아픈 것은

슬픈 일이다. 그러나 이러한 일은 하나님의 백성들이 종종 당하는 일이었다. 이것을 통해서 그의 복합적인 괴로움은 끝이 났는데, 이것이 그에게 꽤 오랫동안 지속되었다는 것이 다음과 같은 그의 부르짖음 속에 암시되어 있다(3절): 여호와여 어느 때까지니이까? 우리는 그러한 때에 앗시리아인들이나 에그론의 신에게가 아니라 몸과 마음을 모두 고치시는 유일한 의사이신 살아계신 하나님께 나아가서 하소연하여야 한다.

Ⅱ. 이러한 괴로움들이 다윗에게 어떠한 정도로 임하였는가. 그 괴로움들은 몹시 심하였다. 다윗은 지쳐서 쓰러질 때까지 탄식하였고, 눈물로 그의 침상을 띄우며 그의 요를 적실 때까지 울었으며(6절), 그의 눈이 쇠하여 잘 보이지 않을 때까지 울었다(7절): 내 눈이 근심으로 말미암아 쇠하여졌나이다. 다윗은 용기와 분별력을 지니고 있었기 때문에, 단순히 외적인 환난으로 인하여 이렇게 애통해하는 그런 인물이 아니었다. 그러나 죄가 그의 양심을 무겁게 짓누르고, 그가 자신의 죄악을 깨닫게 되었을 때, 하나님께서 그에 대하여 진노하시고 그로부터 떠나가셨다는 것을 앎으로써 그의 영혼이 상처를 입었을 때, 그는 홀로 은밀하게 슬퍼하며 탄식하고, 그의 영혼도 위로받기를 거절하고 있다. 이 일로 인해서 그는 뜬 눈으로 밤을 지새웠을 뿐만 아니라 울며 통곡하며 밤을 지새웠다.

1. 가장 믿음이 좋은 사람들은 흔히 눈물의 사람들이었다. 우리 주 예수께서 바로 그런 분이셨다. 우리가 가야 하는 길은 눈물 골짜기를 통과해야 하는 길이고, 따라서 우리는 그 골짜기의 기후에 익숙해져야 한다.

2. 가장 위대한 심령들은 하나님께서 그들을 기뻐하지 않으신다는 것을 보여주는 징표들 아래에서 마음을 부드럽게 하고 차분해지는 것이 합당하다. 골리앗을 비롯해서 수많은 위협적인 원수들을 맞아서 조금도 두려움 없이 굴하지 않고 용감하게 싸울 수 있었던 다윗조차도 자신의 죄를 깨닫고 하나님께서 그 죄에 대하여 진노하신다는 것을 알고서는 그 마음이 녹아서 눈물 바다를 이루었다. 그렇게 한다고 해서, 그것이 그의 인품에 누가 되는 것은 전혀 아니었다.

3. 참된 회개자들은 골방으로 물러가서 홀로 눈물을 흘린다. 바리새인들은 그들이 슬퍼한다는 것을 사람들에게 보이기 위해서 그들의 얼굴을 일부러 수척하게 만들었다. 그러나 다윗은 밤중에 침상에서 울며 탄식하면서 자신의 마음과 대화를 나누었는데, 거기에는 그의 슬픔을 지켜 보는 눈이 하나도 없었고, 오

직 모든 것을 보시는 분의 눈만이 있었다. 베드로는 자신의 죄를 깨닫자 밖으로 나가서 얼굴을 감싸고 통곡하였다.

4. 죄에 대하여 슬퍼하는 것은 참으로 크게 슬퍼하는 것이 되어야 한다. 다윗이 바로 그랬다. 그는 요를 적실 정도로 아주 비통하게 오랫동안 울었다.

5. 성도들이 슬퍼할 때에 악인들이 의기양양해 하는 것은 그들의 슬픔을 한층 더 가중시킨다. 다윗이 환난을 당하는 것을 보고 그의 원수들이 기뻐하면서 다윗이 흘리는 눈물을 나쁘게 해석함으로써 그의 눈은 더욱 쇠하여졌다. 이 큰 슬픔에 있어서 다윗은 그리스도의 모형이었는데, 그리스도께서는 자주 우셨고, 내 영혼이 극한 슬픔으로 죽게 되었다(히 5:7)라고 부르짖으셨다.

III. 다윗이 이러한 슬프고 괴로운 상태 속에서 하나님께 올려 드린 간구들.

1. 다윗이 가장 큰 재앙으로 가장 두려워하였던 것은 하나님의 진노였다. 다윗이 자신의 환난과 비참한 상태 속에서 몸서리나게 싫어한 것이 바로 그것이었다. 그러한 요소가 혼합됨으로써 다윗에게 닥친 환난은 그에게 진정으로 쓴 잔이 되었다. 그러므로 그는 여호와여 주의 분노로 나를 책망하지 마시오며 주의 진노로 나를 징계하지 마옵소서(비록 내가 그런 일을 당하기에 합당한 자이기는 하지만)라고 기도한다. 그는 "여호와여 나를 책망하지 마시오며 나를 징계하지 마옵소서"라고 기도하지 않는다. 왜냐하면, 아비가 그가 기뻐하는 아들을 징계함 같이 하나님께서 그 사랑하시는 자를 책망하여 징계하시는 것은 당연하기 때문이다. 만약 하나님께서 그의 얼굴 빛을 그에게 비추시고 그의 성령을 통해서 그로 하여금 그의 사랑과 인자의 기쁨과 즐거움을 들을 수 있게 하신다면, 다윗은 얼마든지 하나님의 책망과 징계를 참아낼 수 있다. 그의 영혼 속에 위로가 있다면, 그의 육체의 괴로움은 참을 만한 것이 될 것이다. 하나님의 진노로 인해서 그의 마음이 아프고 괴롭지만 않다면, 질병으로 인해서 그의 뼈가 아프고 괴로운 것은 문제가 되지 않는다. 그러므로 다윗은 이렇게 기도한다: "여호와여 주의 분노로 나를 책망하지 마옵소서. 여호와께서 나를 침몰시키실 것 같은 인상을 나로 하여금 받게 하지 마옵소서." 이 점에 있어서도 다윗은 그리스도의 모형이었다. 그리스도께서 그의 고난 중에 가장 아프고 괴롭고 힘들었던 것은 아버지께서 웃음을 거두심으로써 그의 영혼이 겪게 된 괴로움이었다. 그리스도께서는 그의 원수들의 광분에 대해서나 ― "왜 그들이 나를 십자가에 못 박고자 하는가?" ― 그의 친구들의 배신에 대해서는 ― "그들이 왜 나를 버리

고 배신하는가?"— 불평 한 마디 하지 않으셨다. 그러나 그는 나의 하나님, 나의 하나님 어찌하여 나를 버리셨나이까라고 큰 소리로 부르짖으셨다. 마찬가지로 우리도 우리에게 닥쳐온 외부적인 환난이 무엇이 되었든지 간에 그러한 환난보다는 하나님의 진노를 면하기 위해서 기도함으로써, 환난의 날에 우리에게 임할 진노를 쌓지 않도록 항상 주의하여야 한다.

2. 다윗이 가장 큰 좋은 일로 여겨서 소원한 것은 하나님의 은총과 교제였다. 이것만 회복된다면, 다른 모든 좋은 것들은 그에게 저절로 회복될 것이다. 그는 이렇게 기도한다.

(1) 하나님께서 그를 불쌍히 여기셔서 긍휼히 보아 주시도록. 그는 자기 자신을 매우 비참한 상태에 있다고 생각하고 있는데, 비참한 것은 긍휼의 대상이 될 수밖에 없다. 그런 까닭에 그는 이렇게 기도한다. "여호와여 내게 은혜를 베푸소서. 진노 중에 긍휼을 기억하셔서, 나를 엄격한 공의로써 다루지 마옵소서."

(2) 하나님께서 그의 죄들을 용서하여 주시도록. 왜냐하면, 죄를 용서하는 것은 본래의 긍휼의 행위이고, 내게 긍휼을 베푸소서라는 간구 속에는 주로 그러한 의도가 들어 있기 때문이다.

(3) 하나님께서 권능을 발하셔서 그를 구원해 주시도록: "여호와여 나를 고치시고(2절) 나를 구원하소서(4절). 한 말씀만 하옵소서. 그리하면 내가 온전하게 되고 모든 것이 잘 될 것이나이다."

(4) 하나님께서 그와 화목하게 되시도록: "여호와여 돌아오소서! 나를 다시 받아 주셔서 당신의 은총을 내게 베푸시며 나와 화목하게 하옵소서. 주께서는 화가 나신 자처럼 나를 떠나시고 나를 무시하시며 나와 거리를 두고 계시는 것으로 보였나이다. 여호와여, 이제 돌아오셔서 주께서 나와 가깝다는 것을 보여 주소서."

(5) 하나님께서 그의 몸에 대해서는 어떻게 하시든지 간에 속사람과 그 유익을 특별히 보존해 주시도록: "여호와여 나의 영혼을 건져 주소서. 나의 영혼이 범죄하고 가라앉으며 영원히 멸망하는 것으로부터 건져 주옵소서." 우리가 환난을 당할 때에 가서 호소할 하나님이 계시다는 것, 환난의 때에 하나님께 나아가는 것이 우리가 해야 할 도리라는 것, 하나님께 나아가서 씨름하면 그는 우리의 호소를 반드시 들어 주시리라는 것은 우리에게 이루 말할 수 없는 특권이

된다.

Ⅳ. 다윗이 하나님을 움직이기 위해서가 아니라(하나님께서는 우리가 말로 표현하는 것 이상으로 우리의 사정과 그 진실을 잘 알고 계시기 때문에) 스스로를 움직이기 위해서 자신의 간구들을 밑받침해 줄 근거들을 제시한다.

1. 다윗은 하나님의 긍휼하심에 호소한다. 하나님께 긍휼하심이 있으시다는 것은 우리가 기도할 때에 가장 큰 힘이 되는 사실들 중의 하나이다: 주의 긍휼하심을 인하여(개역에서는 주의 사랑으로) 나를 구원하소서.

2. 다윗은 하나님의 영광에 호소한다(5절): "사망 중에서는 주를 기억하는 일이 없사옵니다. 여호와여, 주께서 나를 구원하시고 위로하신다면, 나는 나를 건져 주신 주께 감사를 드리고, 다른 사람들에게도 이러한 감사에 나와 동참하도록 권할 뿐만 아니라, 주께서 내게 맡기신 새로운 삶을 주를 섬기고 주께 영광을 돌리는 데에 쓸 것이며, 나의 모든 남은 날 동안에 주께서 내게 베푸신 은혜들을 감사함으로 항상 기억하며, 주를 섬기는 모든 일들 속에서 그것을 기억하고 분발하겠나이다. 그러나 내가 죽는다면, 스올에서 주께 감사할 자가 없을 것이기 때문에 나는 주께 영광을 돌리고 다른 사람들에게 선을 행할 기회를 빼앗기게 될 것이나이다." 분리된 영혼들이 살아서 활동하는 것은 아니지만, 신실한 자들의 영혼들은 기쁨으로 하나님을 기억하고 하나님께 감사를 드린다. 그러나

(1) 둘째 사망(다윗은 지금 하나님의 진노 아래에서 영혼의 고통을 겪으면서 이 둘째 사망의 두려움을 어느 정도 인식하였던 것으로 보인다) 속에는 하나님을 기쁜 마음으로 기억하는 일이 있을 수 없다. 귀신들과 저주받은 영들은 하나님을 모독할 뿐이고 찬송하지 않는다. "여호와여, 나를 이 진노 아래에 계속 두지 말아 주옵소서. 왜냐하면, 이것은 음부이고, 또한 지옥 그 자체이기 때문이옵나이다. 나를 주를 영원히 찬송할 수 없는 상태 아래에 두지 마옵소서." 진심으로 하나님의 영광을 구하고, 하나님을 찬송하는 것을 기뻐하며 소원하는 자들은 믿음으로 이렇게 기도할 것이다: "여호와여, 나를 주를 경건하게 기억하는 일도 없고 주께 감사도 드릴 수 없는 저 무시무시한 곳으로 보내지 마옵소서."

(2) 육신이 죽게 되면, 우리가 이 세상에서 하나님을 영화롭게 하고, 어둠의 세력들에 대항해서 이 땅의 많은 사람들로 하여금 하나님을 알게 하고 하나님

께 헌신하게 함으로써 사람들 가운데서 하나님의 나라를 확장하고 섬길 기회도 끝나게 된다. 어떤 이들은 성도들이 이 땅에서 위로를 받는 것보다는 하늘에서 기쁨을 누리는 것이 훨씬 더 바람직하다고 주장하여 왔다. 그렇지만 성도들이 이 땅에서 섬기는 것들, 특히 다윗 같은 특출한 믿음을 지닌 자들의 섬김은, 죄와 사탄에 대항하여 싸우는 싸움을 수행하지도 않고 그리스도의 몸의 덕을 세우는 일에도 참여하지 않는 하늘의 성도들의 섬김보다 더 칭찬받을 만하고 하나님의 은혜의 영광에 더 많이 보답하는 것이다. 왕의 면전에서 섬기는 조신들이 가장 행복하겠지만, 전쟁터에서 싸우는 군사들이 더 유익하다. 그러므로 우리는 우리나 우리의 친구들이 이 세상에서 해야 할 일이 더 있고, 그 일이 하나님의 뜻이라면, 하나님께서 우리 또는 우리의 친구들이 이 세상에 남아서 하나님을 더 섬길 수 있도록 해 달라고 기도하여야 한다. 이 세상을 떠나서 그리스도와 함께 있는 것은 성도들 자신에게는 가장 행복한 일이다. 그러나 그들이 육체 가운데 거하는 것이 교회를 위하여 더 유익하다. 다윗은 이것을 염두에 두고서, 스올에서 주께 감사할 자 누구리이까라고 호소하였다(시 30:9; 88:10; 115:17; 사 38:18). 그리스도께서도 내가 비옵는 것은 그들을 세상에서 데려가시기를 위함이 아니요라고 말씀하셨을 때에 바로 이 점을 염두에 두셨다.

우리는 하나님의 진노가 얼마나 두려운 것인지를 깊이 인식하고서 이 절들을 노래하여야 한다. 그러므로 우리는 그 무엇보다도 하나님의 진노를 가장 두려워하고 그 진노를 면하기를 빌어야 한다. 또한 우리는 감사하게도 이것이 우리가 처한 상태가 아니라면, 그러한 괴로움을 당하는 자들을 불쌍히 여겨야 한다. 또한 우리가 그러한 괴로움을 당하고 있다면, 우리는 우리와 같은 경우가 전례가 없는 것이 아니고, 다윗과 같이 우리 자신을 낮추고 기도한다면, 오래지 않아 올바른 상태로 회복되리라는 것을 위로로 삼아야 한다.

8악을 행하는 **너희는** 다 나를 떠나라 여호와께서 내 울음 소리를 들으셨도다 **9**여호와께서 내 간구를 들으셨음이여 여호와께서 내 기도를 받으시리로다 **10**내 모든 원수들이 부끄러움을 당하고 심히 떪이여 갑자기 부끄러워 물러가리로다

여기에서 상황은 급반전된다! 조금 전까지만 해도 탄식하고 울며 모든 것이 사라져 버린 것처럼 낙심하던(6-7절) 다윗은 여기에서 갑자기 좋아져

서 아주 유쾌하게 말을 한다. 다윗은 자신의 요청들을 하나님께 알게 하였고 그의 사정을 하나님께 아뢰고 나서, 그 결과가 좋을 것이고 그의 슬픔은 기쁨으로 변하게 되리라는 것을 확신하고 있다.

I. 다윗은 악한 자들과 불경건한 자들로부터 스스로를 구별해서, 그들의 모욕에 대항하여 스스로를 견고하게 한다(8절): 악을 행하는 너희는 다 나를 떠나라.

1. 그가 깊은 고통 중에 있었을 때, 그는 하나님께서 그에게 진노하셔서 그를 행악자들의 한 사람으로 여기실까봐 두려워하였다. 그러나 이제 그러한 암울한 구름이 걷히게 되자, 그는 그의 영혼이 죄인들과 함께 다루어지지 않을 것임을 확신하였다. 왜냐하면, 그들은 그와 같은 부류의 사람들이 아니기 때문이다. 그는 그에게 임한 하나님의 진노의 무게에 짓눌렸기 때문에 자기가 그들 중의 한 사람이 아닌가 생각하기 시작하였다. 그러나 그의 모든 두려움이 잠잠해진 지금에 있어서 그는 그의 분깃이 택함받은 자들 가운데에 있다는 것을 알고서 그들에게 떠나가라고 명하였다.

2. 다윗이 낙담하고 절망하여 풀이 죽어 있을 때에 행악자들은 그를 괴롭히고 조롱하며 의기양양해 하면서 "네 하나님이 어디 있느냐"라고 힐난하였다. 그러나 이제 다윗은 그를 모욕하였던 자들에게 대답할 말을 가지게 되었다. 왜냐하면, 하나님께서는 그에게 다시 긍휼을 회복하시려고 지금 그의 영혼을 위로하셨으며, 곧 그를 건져 주실 것이었기 때문이다.

3. 아마도 그들은 다윗에게 그의 신앙을 버리고 그들처럼 행하여서 마음 편하게 죄를 즐기라고 유혹하였던 것 같다. 그러나 이제 다윗은 이렇게 말한다: "나를 떠나라. 나는 결코 너희의 조언에 귀를 기울이지 않을 것이다. 너희는 내게 하나님을 욕하고 죽으라고 조언하겠지만, 나는 하나님을 찬송하고 살리라." 이렇게 우리는 우리를 향하신 하나님의 긍휼하심을 선용하여야 하고, 그것을 통해서 죄 및 죄인들과는 더 이상 아무런 상관도 하지 않겠다는 우리의 결심을 한층 더 견고하게 하여야 한다. 다윗은 왕이었기 때문에, 이 기회를 그가 자신의 권세를 사용해서 죄를 억제하고 관습들을 개혁하는 데 힘쓰겠다는 자신의 다짐을 새롭게 하는 기회로 삼는다(시 75:4; 101:3). 하나님께서 우리에게 큰 일들을 행하셨을 때, 우리는 그것을 우리가 장차 그를 위하여 행하여야 할 일을 더욱 열심히 해야겠다는 다짐을 새롭게 하는 기회로 삼아야 한다. 우리 주

예수께서는 그의 조상 다윗의 입으로부터 이 말씀을 빌려 와서, 그에게 모든 심판이 맡겨졌을 때에 행악하는 모든 자들아 나를 떠나 가라(눅 13:27)고 말씀하실 것인데, 또한 이것을 통해서 우리에게 지금 우리도 그렇게 말하도록 가르치신다(시 119:115).

II. 다윗은 그가 현재 하나님의 진노 아래에 있다는 것을 보여주는 여러 징후들에도 불구하고 하나님께서는 그에게 자비하셨고 앞으로도 자비하시리라는 것을 확신한다.

1. 다윗은 그가 지금 드리고 있는 기도에 대하여 하나님께서 은혜로운 응답을 하시리라는 것을 확신한다. 그는 말하고 있는 동안에도 하나님께서 자신의 기도를 들으시고 계시다는 것을 알고 있기 때문에(사 65:24; 단 9:20), 그가 기도한 내용이 이미 이루어진 것으로 말하고 있고, 그것을 의기양양해 하며 되풀이한다: "여호와께서 들으셨도다(8절); 여호와께서 내 간구를 들으셨음이요(9절)." 하나님의 은혜가 그의 마음에 임하자, 다윗은 그의 기도가 은혜 가운데에 열납되었다는 것을 알았기 때문에, 그 기도가 적절한 때에 효과적으로 응답되리라는 것을 의심하지 않았다. 다윗이 흘린 눈물은 긍휼의 하나님의 귀에 하나의 목소리, 큰 소리였다: 여호와께서 내 울음 소리를 들으셨도다. 소리없이 흘리는 눈물이라고 해서 그 속에 할 말이 들어있지 않은 것이 아니다. 다윗의 기도들은 하나님을 향한 부르짖음, 울음 소리들이었다: "여호와께서 내 간구를 들으셨음이요. 여호와께서 나의 간구들을 이루어지게 하셨으니, 곧 그 사실이 밝혀지게 될 것이다."

2. 다윗은 이것으로부터 그의 다른 모든 기도들이 하나님께 열납되리라는 것을 추론한다: "하나님께서는 내 간구를 들으셨기 때문에, 앞으로도 내 기도를 받으시리로다. 왜냐하면, 하나님께서는 주시고 나서, 그 주신 것들로 인하여 힐난을 받으시는 분이 아니기 때문이다."

III. 다윗은 그의 원수들과 박해자들의 회심을 위하여 기도하거나 그들의 멸망을 예언한다(10절).

1. 이것은 그들의 회심을 위한 기도로 해석하는 것이 좋을 것이다: "그들 모두가 그들이 내게 행한 배척과 그들이 내게 퍼부은 비난들로 인해서 부끄러움을 당하게 하소서. 그들로 하여금 그들 자신의 어리석은 짓에 대하여 스스로 당혹하게 하소서(모든 참된 회개자들이 그런 것처럼). 그들로 하여금 더 나은

마음의 성품을 회복하게 하셔서, 그들이 이제까지 나를 대적하여 행하여 왔던 것들에 대하여 부끄러워하게 하시고 스스로 창피를 알게 하소서."

2. 만약 그들이 회심하지 않는다면, 이것은 그들의 낭패와 파멸에 관한 예언이 된다. 내 모든 원수들이 부끄러움을 당하고 심히 떨리라(몹시 괴로워 하리라로 번역될 수도 있다)— 이것은 너무도 당연한 일이다. 그들은 다윗이 괴로워하는 것을 기뻐하였기 때문에(2-3절), 통상적으로 그러하듯이 그 재앙이 그들 자신에게 되돌아온 것이다. 그들도 몹시 괴로워하게 될 것이다. 하나님께 영광을 돌리고자 하지 않는 자들은 그들의 얼굴이 영원한 부끄러움으로 가득 차게 될 것이다.

이 시편을 노래하고 이 시편을 놓고 기도할 때, 우리는 우리의 기도를 기꺼이 들으시고자 하시는 하나님께 영광을 돌려야 하고, 우리의 기도를 들으심으로써 우리를 향한 하나님의 선하심을 시인하여야 하고, 아주 큰 곤경과 어려움들 속에서도 하나님을 기다리고 의지하도록 스스로를 격려하여야 한다.

제
— 7 —
편

개요

표제로 보아서 이 시편은 다윗이 그의 원수들 중의 몇몇 사람들에 의해서 부당하게 악의적인 누명을 쓴 것과 관련해서 쓰여진 것으로 보인다. 이렇게 누명을 썼을 때, I. 다윗은 하나님께 은총을 구한다(1-2절). II. 다윗은 자기가 행하였다고 비난받고 있는 그러한 일들에 대하여 자신이 무죄함을 하나님께 호소한다(3-5절). III. 다윗은 하나님께 자신의 사정을 아뢰고 자신의 편을 들어 주셔서 그의 박해자들을 심판해 달라고 기도한다(6-9절). IV. 다윗은 하나님께서 그렇게 해주셔서, 그에 대하여 음모를 꾸민 자들의 머리에 재앙이 돌아가게 하실 것을 믿는다고 말하며 하나님에 대한 그의 신뢰감을 표현한다(10-16절). V. 다윗은 하나님께서 그를 구원하시면 하나님께 영광을 돌리겠다고 약속한다(17절). 이 점에 있어서 다윗은 그리스도의 모형이었는데, 그리스도께서는 이렇게 음해를 받으셨지만 결국에는 의롭다 하심을 얻게 되었고, 그리스도께 속한 지체들은 여전히 이렇게 음해를 당하지만 결국에는 분명히 옳다 하심을 얻게 될 것이다.

〔다윗의 식가욘, 베냐민인 구시의 말에 따라 여호와께 드린 노래〕

¹여호와 내 하나님이여 내가 주께 피하오니 나를 쫓아오는 모든 자들에게서 나를 구원하여 내소서 ²건져낼 자가 없으면 그들이 사자 같이 나를 찢고 뜯을까 하나이다 ³여호와 내 하나님이여 내가 이런 일을 행하였거나 내 손에 죄악이 있거나 ⁴화친한 자를 악으로 갚았거나 내 대적에게서 까닭 없이 빼앗았거든 ⁵원수가 나의 영혼을 쫓아 잡아 내 생명을 땅에 짓밟게 하고 내 영광을 먼지 속에 살게 하소서 (셀라) ⁶여호와여 진노로 일어나사 내 대적들의 노를 막으시며 나를 위하여 깨소서 주께서 심판을 명령하셨나이다 ⁷민족들의 모임이 주를 두르게 하시고 그 위 높은 자리에 돌아오소서 ⁸여호와께서 만민에게 심판을 행하시오니 여호와여 나의 의와 나의 성실함을 따라 나를 심판하소서 ⁹악인의 악을 끊고 의인을 세우소서 의로우신 하나님이 사람의 마음과 양심을 감찰하시나이다

식가욘은 노래 또는 시를 의미하는 것으로서(이 단어는 오직 여기에서와 하박국 3:1에서 그런 의미로 사용된다), 서로 다른 여러 부분들이 인위적으로 결합된 만유체(漫遊體)의 노래(어떤 이들은 이렇게 해석한다) 또는 아주 재미있고 즐거운 노래이다(어떤 이들은 이렇게 해석한다). 다윗은 베냐민인 구시의 말 또는 일에 관하여 이 시편을 지었을 뿐만 아니라 스스로 여호와께 경건하게 노래하였다. 여기에서 구시는 사울을 가리키는데, 그는 다윗을 야만적으로 다루었기 때문에 진정한 이스라엘 사람이라기보다는 구시 사람 또는 에디오피아 사람으로 불리는 것이 더 합당하였다. 또는, 더 가능성이 있는 것은 이 사람은 구시라는 이름을 지닌 사울의 한 친척이었다는 것이다. 구시는 다윗의 불구대천의 원수로서, 다윗이 변절자라고 사울에게 고해바쳤고, 사울로 하여금 다윗을 몹시 미워하게 만든 자였는데(굳이 그럴 필요가 없었는데도), 그는 다윗과 사울을 이간질시킨 벨리알의 자녀들 중의 한 사람이었고, 다윗은 그와 관련해서 하나님께 하소연한다(삼상 26:19). 이렇게 비열하게 모함을 받은 다윗은 여호와를 의뢰한다. 사람들이 우리를 음해하면, 우리는 하나님께 달려 가야 한다. 왜냐하면, 우리는 하나님께 우리의 사정을 아뢰고 맡길 수 있기 때문이다. 그렇지만 다윗은 여호와께 노래한다. 그의 영혼은 이러한 음모로 인해서 교란되지 않았고, 낙담하지 않았으며, 그의 수금을 잘못 타지도 않았다. 이렇게 사람들로부터 음해를 당하고 모함을 당하면, 우리는 화를 내고 감정을 격동시키는 것이 아니라 더욱 열렬히 기도를 하나님께 드려야 한다. 이 절들 속에는 다음과 같은 내용들이 나온다.

I. 다윗은 자신을 하나님의 보호하심 아래에 두고, 하나님께서 구원하시고 피난처가 되어 주시라고 하나님께 피한다(1절): "여호와여, 나를 박해하는 모든 자들의 권세와 악의로부터 나를 구원하시고 건져내셔서, 그들로 하여금 나를 칠 생각을 하지 못하게 하옵소서." 다윗은 이런 간구를 드릴 때에 다음과 같은 것들에 호소한다.

1. 하나님과 그의 관계. "당신은 내 하나님이시니, 내가 당신 외에 그 누구에게로 가겠나이까? 당신은 나의 하나님이시니, 나의 방패시요(창 15:1), 나의 하나님이십니다. 그러므로 나는 당신께서 보호해 주셔야 할 당신의 종들 중의 한 사람이나이다."

2. 그가 하나님을 신뢰한다는 것: "여호와여, 내가 당신을 의지하오니 나를

구원하소서. 나는 당신을 신뢰하옵고, 그 어떤 육신의 활도 신뢰하지 않나이다." 명예를 존중하는 자들은 특히 그들이 직접 사람들에게 그들을 의지하라고 한 경우에는 사람들을 결코 실망시키지 않을 것인데, 하나님의 경우에는 두말할 필요도 없다.

3. 그의 원수들의 광분과 악의, 그리고 그가 그들에 의해서 곧 삼켜지게 될 위험이 있다는 것. "여호와여, 나를 구원해 내소서. 그렇지 않으면 내가 죽을 것입니다. 그들은 의기양양해서 크게 기뻐하며 큰 권세를 가지고 사자가 그의 먹이를 찢는 것과 같이 나를 너무도 쉽고 잔혹하게 찢을 것입니다." 다윗이 여기에서 사울을 사자에 비유한 것과 같이, 사도 바울은 네로를 사자에 비유한다 (딤후 4:17).

4. 다른 모든 조력자들이 실패하였다는 것. "여호와여, 당신께서 나를 건져내옵소서. 왜냐하면, 그렇지 않으면 건져낼 자가 없기 때문이니이다(2절)." 그 누구로부터도 도움을 받을 수 없는 자를 도우시는 것은 하나님의 영광이 된다.

Ⅱ. 다윗은 그가 비난받고 있는 일들에 대해서 자신의 무죄함을 강력하게 항의하고, 자신의 말이 거짓인 경우에는 어떠한 벌도 달게 받겠다는 조건을 달아서 마음을 감찰하시는 하나님께 자신의 무죄함을 호소한다(3-5절). 좀 더 살펴보자.

1. 우리가 사람들로부터 거짓된 비방을 받을 때, 우리 자신의 양심이 아무런 거리낌도 없다면, 그것은 큰 위로가 된다. 너희의 양심이 아무런 거리낌이 없을 때, 그것은 너희에게 청동 요새가 될 것이다. 그들은 그들이 제시한 중상모략이 옳다는 것을 증명할 수 없을 뿐만 아니라(행 24:13), 우리의 마음은 그들의 중상모략이 터무니없다는 것을 증명할 수 있기 때문에 스스로 만족하고 평안할 수 있다.

2. 하나님은 무죄하면서도 비방을 받거나 모함을 받는 자들의 수호자이시다. 다윗은 이 땅에 있는 그 어떤 법정에도 호소할 수 없었다. 그가 무죄하다는 것을 입증해 주어야 할 그의 아들, 곧 왕자(王子)는 그의 불구대천의 원수였다. 그러나 그에게는 그가 호소할 수 있는 하늘의 법정이 있었고, 거기에는 그가 그의 하나님이라고 부를 수 있는 의로운 재판장이 계셨다. 여기에서 다음과 같은 것들을 살펴보자.

(1) 다윗이 무죄하다고 호소하고 있는 자신에 대한 고소는 무엇이었는가?

다윗은 사울의 왕위와 생명을 빼앗고자 하는 반역을 획책하고 있다는 고소, 즉 그가 사울을 폐위하고 죽이기 위한 음모를 꾸미고 있으며, 이것을 이루기 위해서 사울에 대항하여 전쟁을 획책하였다는 고소를 받고 있었다. 다윗은 이러한 고소를 철저하게 부인한다. 그는 결코 그런 음모를 꾸민 적이 없었다. 그의 손에는 이런 유의 범죄가 없었다(3절). 그는 그런 생각을 꿈에도 한 적이 없었다. 그는 그가 사울과 화친한 관계에 있을 때에 그에게 악으로 갚은 적이 없었고, 다른 어느 누구에게도 그렇게 한 적이 없었다(4절). 또는, 어떤 이들은 이 본문을 다윗이 결코 악을 악으로 갚지 않았고, 그에게 해를 끼친 자들에게 그에 대한 보복으로 해악을 끼친 적이 없었다는 것을 의미하는 것으로 해석한다.

(2) 다윗은 자신의 무죄함에 대하여 어떠한 증거를 제시하고 있는가? 어떤 일을 하지 않았다는 것을 증명하는 일은 대단히 어렵지만, 다윗은 바로 그러한 증거를 내놓을 수 있었다: 나는 까닭없이 나의 원수가 된 자를 구해 준 적이 있다(4절). 다음과 같은 일들을 통해서 다윗이 사울의 생명을 해칠 의도가 전혀 없었다는 것이 여지없이 입증되었다 — 하나님의 섭리에 의해서 사울의 생사가 다윗의 손에 달려 있게 된 일이 몇 차례 있었는데, 다윗은 사울을 손쉽게 죽일 수 있었지만, 너그러운 마음과 양심에 따라서 사울을 죽이지 않고 단지 그의 겉옷 자락만을 가만히 베었고(삼상 24:4), 나중에는 사울의 창만을 가져감으로써(삼상 26:12), 다윗이 마음만 먹으면 얼마든지 사울을 죽일 수 있었다는 것을 입증하였다. 사울 자신도 이러한 일들이 다윗이 그에 대하여 아무런 악한 의도를 지니고 있지 않고 오히려 선한 마음을 품고 있다는 것을 보여주는 부인할 수 없는 증거들이라는 것을 시인하였다. 우리가 악에 대하여 선으로 갚고, 우리의 감정이 내키는 대로 행하지 않는다면, 우리가 그렇게 한 일은 후일에 우리가 생각하는 것보다 그 이상으로 우리의 선한 의도를 보여주는 증거가 될 것이다.

(3) 다윗은 만약 그가 죄가 있다면 어떤 벌을 받겠다고 호언하고 있는가(5절)? 원수가 나의 영혼을 쫓아 잡아 나를 죽이고, 내가 죽었을 때에 나의 선한 이름을 짓밟게 하시며, 내 영광을 먼지 속에 살게 하소서. 이것은 다음과 같은 것들을 의미한다.

[1] 만약 다윗이 실제로 다른 사람들에게 해악을 끼쳤다면, 그는 그들이 그에게 동일한 것으로 보복할지라도 달게 받겠다는 것. 다른 사람에게 해악을 끼친

자는 그도 그들에 의해서 해악을 당하게 될 것을 예상하여야 한다.

[2] 만약에 다윗이 진정으로 죄를 범했다면, 그는 확신있게 하나님께 나아갈 수도 없고 하나님께 자기를 구원해 달라고 간구하거나 자신의 사정을 호소할 수도 없으리라는 것. 죄를 범한 자가 그 죄에 걸맞는 고통을 당하면서도 마치 그가 무죄하고 까닭없이 고통을 당하는 것처럼 하나님 앞에 나아가 호소하는 것은 뻔뻔스럽고 위험스러운 일이다. 그러한 자들은 스스로 낮아져서 그들이 범한 죄악에 대한 벌을 달게 받고서, 의로운 하나님께서 그들의 불의에 대하여 후원해주실 것을 기대해서는 안 된다.

[3] 다윗은 자신의 무죄함에 대하여 스스로 확신하고 있었다는 것. 사람이 자기 자신이 잘 되기를 바라는 것은 너무도 당연한 일이다. 그러므로 사람이 자기가 거짓으로 맹세한다면 자신에게 저주가 임하게 해 달라고 하는 것은 정말 무시무시한 맹세로 생각되어 왔다. 그런데 다윗은 여기에서 바로 그러한 맹세를 통해서 자신의 무죄함을 강력하게 항변한다. 그렇지만 우리가 가볍고 사소한 일에 이와 같이 하는 것은 옳지 못할 것이다. 다윗이 그렇게 한 것은 여기에서 그의 사정이 너무도 절박했기 때문이었다.

Ⅲ. 다윗은 자신의 무죄함에 대하여 이렇게 양심의 증언을 한 후에, 겸손하게 하나님께 그의 박해자들을 막아달라고 기도하며, 하나님 앞에 자신의 사정을 어떻게 아뢰야 하는가를 알고 있는 자처럼 모든 간구마다 그것에 적절한 근거를 제시한다.

1. 다윗은 하나님께서 그의 원수들을 향하여 진노를 나타내시고, 자신에 대한 원수들의 분노를 막아달라고 기도한다. "여호와여, 그들은 나에 대하여 부당하게 분노하고 있사오니, 주께서 그들에게 마땅히 진노하셔서, 그들로 하여금 주께서 의로운 심판을 하시는 자임을 알게 하옵소서(6절). 내 대적들의 노, 그 분노와 광분(원문의 단어는 복수형으로 되어있다)으로 인하여 진노 중에 일어나사 심판 자리에 앉으셔서 주의 권능과 공의를 드러내소서." 하나님께서 그들을 위하여 대신 진노하시는 그런 자들은 사람들이 그들에 대하여 분노할 때에 사람들을 두려워할 필요가 없다. 누가 주의 노여움의 능력을 알리이까?

2. 다윗은 하나님께서 그의 사정을 들어 주시기를 기도한다.

(1) 그는 나를 위하여 깨셔서 심판, 즉 주께서 명하신 심판을 행하시도록(즉, 나의 사정을 들어 주시도록) 기도한다. 이것은 다음과 같은 것들을 말하는 것이

다.

[1] 하나님의 권능. 하나님께서 효력있게 축복하실 때에 그것은 복을 명하신다라고 표현되는 것과 마찬가지로, 하나님께서 효력있게 심판하실 때에 그것은 심판을 명하셨다라고 표현되는데, 그러한 심판은 그 누구도 취소할 수 없는 그러한 심판이 된다. 왜냐하면, 그러한 심판에는 확실한 집행이 수반되기 때문이다.

[2] 하나님의 목적과 약속. "그것은 주께서 주의 백성의 모든 원수들에게 내리시려고 정하신 심판입니다. 주께서는 이 땅의 방백들과 재판관들에게 해악을 입은 자들을 회복시켜 주고 억눌린 자들을 신원해 주도록 명령하셨나이다. 여호와여, 깨셔서 그러한 심판을 행하옵소서." 하나님은 의를 사랑하시고 사람들에게 의를 요구하시는 분이기 때문에 스스로도 의를 틀림없이 집행하실 것이다. 하나님은 비록 잠자고 계시는 분처럼 잘못을 못본 체하시는 것처럼 보이지만, 적절한 때가 되면 깨어나셔서(시 78:65), 시간을 지체하신 것이 묵인하시는 것이 아니라는 것을 입증해 보이실 것이다.

(2) 다윗은 이렇게 기도한다(7절): "그 위 높은 자리에 돌아오소서. 주의 권세를 주장하시며, 주의 보좌를 다시 세우소서. 그들은 그 보좌의 왕권을 멸시하였고, 그 심판 자리를 멸시하였나이다. 그 위 높은 자리에 돌아 오소서. 모든 사람이 볼 수 있게 돌아 오셔서, 하늘 자체가 다윗의 사정을 들어 주시고 그의 말을 인정하신다는 것을 모든 사람이 알게 하옵소서." 어떤 이들은 이 본문이 예수 그리스도께서 부활하시고 승천하셔서 하늘로 돌아오셨을 때에(높아지신 상태로 높은 자리에 돌아 오신 것) 모든 심판이 그에게 맡겨진 것을 가리키는 것으로 해석한다. 또는, 이 본문은 그리스도의 재림을 가리키는 것으로서, 그가 이 세상의 높은 자리에 돌아오셔서 모든 사람에 대한 심판을 집행하시는 것을 의미할 수도 있다. 그리스도의 상처받은 백성들은 그리스도께서 이렇게 돌아오시는 것을 기다리고 있고, 또한 그것을 위하여 기도하며, 사람들로부터 부당한 비난을 받을 때에 그리스도께서 다시 돌아오시기를 호소한다.

(3) 다윗은 다시 "나를 심판하소서. 나를 위하여 심판하소서. 내 편에 서서 판결을 내리소서"(8절)라고 기도한다. 이러한 탄원을 강화하기 위하여

[1] 다윗은 자신이 제기한 소송이 이제 제대로 된 법정으로 회부되었다는 것을 근거로 제시한다: 여호와께서 만민에게 심판을 행하시오니(8절). 하나님은 온

땅의 재판장이시기 때문에, 의심할 여지 없이 하나님께서는 올바른 판결을 행하실 것이고, 모든 사람이 그의 판결에 따르지 않을 수 없게 될 것이다.

[2] 다윗은 그와 사울 사이에 있는 온갖 문제들과 관련해서 자기가 흠이 없다는 것을 역설하고, 이 문제에 있어서 오직 그가 높아지기 위하여 이제까지 걸어 온 모든 길들 속에서 자기가 의로웠다는 것과 그의 마음이 진실했다는 것에 따라서 판단을 받기를 원한다.

[3] 다윗은 하나님께서 그를 위하여 나타나신다면 그것은 하나님의 영광이 될 것이고 그의 백성의 덕을 세우고 그들을 위로하는 것이 되리라는 것을 예언한다: "민족들의 모임이 주를 두르리이다. 그러므로 그들을 위하여 그들이 주의 집의 뜰에서 목소리를 높이며 섬길 수 있도록 그 일을 행하소서." **첫째**, 그들은 자발적으로 그런 일을 할 것이다. 하나님께서 다윗을 위하여 나타나셔서 다윗에게 약속하신 것을 행하신다면, 그것은 하나님의 의로우심과 선하심과 신실하심을 보여주는 좋은 본보기가 되어서, 하나님의 모든 신실한 예배자들의 마음을 크게 넓혀서 그들의 입을 찬송으로 가득 채우는 것이 될 것이다. 다윗은 그의 나라의 보배였고, 특히 그 중에서도 모든 선한 사람들의 보배였다. 그러므로 그들이 다윗이 보좌에 오를 가망성이 있다는 것을 본다면, 그들은 크게 기뻐하고 하나님께 감사를 드리게 될 것이다. 무수한 사람들이 하나님께서 그들의 땅에 그러한 축복을 내리신 것을 인하여 하나님의 발등상 아래 나아와 찬송을 올려 드리게 될 것이다. **둘째**, 하나님께서 약속하신 대로 다윗이 보좌에 오르게 된다면, 다윗은 백성들에게 감화를 주어서 그들을 교회로 오게 하는 일에 열심을 낼 것이고, 법궤는 **사울의 때**와는 달리 소홀히 되지 않을 것이다(대상 13:3).

3. 다윗은 죄인들이 회심하고 성도들이 견고하게 세워지도록 기도한다(9절). "나의 악한 원수들만이 아니라 모든 악인들의 악행이 끝나게 하옵시고 의인들을 세우소서." 여기에 우리 모두가 소원하고 소망하여야 할 두 가지가 나온다.

(1) 우리 자신과 다른 사람들 속에서 죄가 멸해지고 끝이 나는 것. 부패함이 극복되고, 모든 악한 길과 생각이 버려지며, 세상과 육체를 향하여 격렬하게 치닫던 흐름이 방향을 바꾸어서 하나님과 하늘을 향하여 내달을 때, 악인들의 악행은 끝나게 된다. 전체적으로 세상의 풍속이 바뀌게 되고, 무신론자들과 하나님을 모독하는 자들이 죄를 깨닫고 회심하며, 죄가 전염병처럼 퍼지는 것이

그쳐서 악한 자들이 그들의 어리석음이 백일하에 드러나서 더 이상 악행을 저지르지 못하며, 교회의 원수들의 악한 꾀가 낭패를 당하고 그들의 세력이 꺾이며 죄의 사람이 멸망받을 때, 악인들의 악행이 끝나게 된다. 바로 이것이 하나님을 사랑하고 하나님을 인하여 악을 미워하는 모든 자들이 소원하고 기도하는 것이다.

(2) 의의 영속성. 그러나 의인들을 세우소서. 우리가 악한 자들이 선하게 될 수 있도록 기도하는 것과 마찬가지로, 우리는 선한 자들이 더욱 선하게 되고, 악한 자들의 꼬임에 넘어가지 않으며 그들의 악의로 인하여 충격을 받지 않고, 견고하게 하나님의 길들을 선택하고, 그 안에서 믿음을 지켜나가는 결단을 견고하게 하며, 하나님의 일과 경건에 굳건하게 서서, 악인들의 악행을 그치게 하는 데에 열심을 내도록 기도한다. 다윗이 이러한 간구를 강화하기 위하여 제시하는 근거는 의로우신 하나님이 사람의 마음과 양심을 감찰하신다는 것이다. 그러므로 하나님께서는 악인들의 은밀한 악행을 아시고, 그것을 어떻게 끝장내야 하는지도 알고 계시며, 의인들의 은밀한 진실을 아시고, 그것을 굳게 세우는 은밀한 길들도 아신다.

우리가 양심의 거리낌없는 증언을 가지고 있기만 하다면, 우리는 사람들에게 그 어떤 모함을 당하거나 해악을 당한다고 하더라도, 이 시편의 이 절들을 노래하면서, 의로우신 하나님께 우리의 사정을 호소할 수 있고, 하나님께서 우리의 의로운 호소를 시인하셔서, 언젠가는, 그리고 아무리 멀리 잡아도 마지막 날에는 우리의 무죄함을 빛처럼 밝게 드러내시리라는 것을 확신할 수 있다.

[10]나의 방패는 마음이 정직한 자를 구원하시는 하나님께 있도다 [11]하나님은 의로우신 재판장이심이여 매일 분노하시는 하나님이시로다 [12]사람이 회개하지 아니하면 그가 그의 칼을 가심이여 그의 활을 이미 당기어 예비하셨도다 [13]죽일 도구를 또한 예비하심이여 그가 만든 화살은 불화살들이로다 [14]악인이 죄악을 낳음이여 재앙을 배어 거짓을 낳았도다 [15]그가 웅덩이를 파 만듦이여 제가 만든 함정에 빠졌도다 [16]그의 재앙은 자기 머리로 돌아가고 그의 포악은 자기 정수리에 내리리로다 [17]내가 여호와께 그의 의를 따라 감사함이여 지존하신 여호와의 이름을 찬양하리로다

다윗은 이 시편의 전반부에서 기도와 자신의 무죄함에 대한 엄숙한 맹세를

통해서 하나님께 자신의 사정을 호소한 후에, 이 후반부에서는 하나님의 말씀에 대한 믿음에 의거해서 이 호소에 대한 심판과 거기로부터 나오는 확신, 즉 의인들의 복됨과 안전, 계속해서 회개하지 않는 악한 자들의 확실한 멸망을 제시한다.

I. 다윗은 하나님이 그의 강력한 보호자이자 구원자이시며, 죄없이 억압받는 사람들의 수호자라는 것이 드러나게 되리라는 것을 확신한다(10절). "나를 변호하시는 것이 하나님께 있도다. 하나님은 나의 변호자이시고 하나님이 그런 분이시라는 것이 장차 드러나게 될 것이지만, 나는 하나님 외에 그 어떤 곳에서도 나의 변호와 안전을 찾지 않는다. 위험의 때에 나의 피난처는 오직 하나님 뿐이시다. 나를 변호해 주는 것이 있다면, 그것은 하나님께로부터 나올 것임에 틀림없다." 나의 방패는 하나님께 있다(어떤 이들은 이렇게 해석한다). 하나님의 모든 백성을 확실하게 보호해 주는 것은 하나님 안에 있다. 하나님의 이름은 견고한 망대이다(잠 18:10). 다윗은 두 가지 근거 위에서 이러한 확신을 갖는다.

1. 하나님께서는 모든 진실한 자들에게 특별한 은총을 베푸신다는 것. 하나님은 마음이 정직한 자를 구원하신다. 하나님께서는 그들을 영원한 구원으로 구원하시기 때문에, 그들을 보전하셔서 하늘 나라에 이르게 하실 것이다. 하나님은 그들을 그들이 현재 겪는 환난에서 구원하신다 ─ 그렇게 하는 것이 그들을 위하여 좋은 일이 될 경우에. 그들의 무죄함과 올바름이 그들을 보전하게 될 것이다. 마음이 정직한 자들은 하나님의 보호하심 아래에서 안전하고, 또한 스스로도 그렇게 생각하여야 한다.

2. 하나님께서는 전체적으로 공의와 공평을 존중하신다는 것: 하나님은 의인들을 위하여 심판하신다(개역에서는 하나님은 의로우신 재판장이심이여). 하나님은 모든 의로운 호소를 시인하시고, 모든 의로운 자 속에 의를 유지시키시며, 의로운 자들을 보호하시고자 하신다. 하나님은 의로우신 재판장이시다(어떤 이들은 이렇게 해석한다). 하나님은 스스로 의를 행하실 뿐만 아니라, 사람들에 의해서 의가 행해지도록 마음을 쓰시고, 모든 불의에 대하여 보복하시며 벌하실 것이다.

II. 다윗은 그를 박해하는 모든 자, 회개하여 하나님께 영광을 돌리고자 하지 않는 모든 자들이 멸망당하리라는 것을 확신한다. 다윗이 여기에 그들의 파국을 기록해 놓은 것은 가능하다면 그들이 악행을 그치게 하고자 하는 것이기도 하지만, 그가 그들을 두려워하지 않고, 또한 잠시 동안 그들이 형통하고 성공하는 것을 고민하지 않도록 하기 위하여 자신의 위로를 삼기 위한 것이기도 하다. 다윗은 하나님의 성소로 나아가서, 거기에서 다음과 같은 것들을 깨닫게 된다.

1. 그들은 진노의 자녀들이라는 것. 다윗은 그들을 시기할 필요가 없었다. 왜냐하면, 하나님께서 그들에게 화가 나 계시기 때문이다. 하나님은 매일 악인들에게 분노하신다. 그들은 매일 하나님께서 화를 내실 만한 일들을 하고 있고, 하나님께서는 그것에 대하여 분노하시며, 진노의 날에 이를 때까지 그것을 쌓아 두신다. 하나님의 긍휼하심이 그의 백성을 향하여 아침마다 새롭듯이, 악인들은 새로운 날이 올 때마다 다시 새롭게 범죄하기 때문에 하나님의 진노는 악인들을 향하여 매일 새롭다. 악인들이 가장 즐거워하고 가장 형통하는 날들에, 또한 그들이 기도하는 날들에 하나님은 그들에게 분노하신다. 왜냐하면, 그들이 형통한다면, 그것은 하나님의 진노 중에 형통하는 것이고, 그들이 기도한다면 그들의 기도 자체가 하나님께 가증스러운 것이기 때문이다. 하나님의 진노가 그들 위에 머물러 있고(요 3:36), 하나님의 진노는 날마다 불어난다.

2. 그들은 모든 진노의 자녀들과 마찬가지로 사망의 아들들, 파멸이 예정된 멸망의 아들들이라는 것. 그들의 멸망을 보라.

(1) 하나님께서 그들을 멸하실 것이다. 그들이 받을 멸망은 전능자로부터 오는 멸망인데, 그것은 하나님의 진노로부터 오는 것이기 때문에, 우리는 그것을 두려워하여야 한다(13-14절). 여기에는 다음과 같은 것들이 암시되어 있다.

[1] 죄인들도 회심하기만 하면 멸망을 면할 수 있다는 것. 왜냐하면, 여기에 제시된 위협은 바로 그러한 목적을 위한 것이기 때문이다. 사람이 회개하지 아니하면, 또한 사람이 자신의 악한 길에서 돌이켜서 하나님의 백성에 대한 적대감을 버리지 않는다면, 그는 자신의 파멸을 예상하여야 한다. 그러나 그가 회개하고 돌이킨다면, 그의 죄는 사함을 받고 모든 것이 잘 될 것이라는 의미가 여기에 함축되어 있다. 이렇게 악인들에 대한 진노의 위협이 제시되어 있는 경우에라도 거기에는 그들이 회개하면 얼마든지 하나님의 긍휼이 은혜로 베풀어지리라는 의미가 담겨 있기 때문에, 하나님이 멸망받을 자들을 멸망시키는 것은 너무도 옳은 일이라는 것이 드러난다. 그들은 얼마든지 돌이켜서 살 수 있

었을 것이지만, 계속해서 악행을 저지르고 죽음을 선택한 것이기 때문에 그들의 피가 그들 자신의 머리에 돌아가는 것은 당연한 일이다.

[2] 이렇게 하나님께서 위협을 하셔도 죄인들이 회심하지 않는다면, 그들을 기다리고 있는 것은 오직 하나님의 공의뿐이다. 하나님께서는 죽일 도구를 예비하셨다(13절). 죄의 삯은 사망이기 때문이다. 하나님께서 죽이고자 마음만 먹으신다면, 그에게는 그 어떤 피조물도 죽일 수 있는 도구가 마련되어 있다. 하나님께서 마음만 먹는다면, 아무리 보잘것없고 약한 물건이라도 가장 강력한 죽일 도구가 될 수 있다. 첫째, 여기에 다양한 종류의 도구들이 소개되고 있는데, 이 모든 것들은 위협과 살육의 기세로 등등하다. 가까이 있는 자들을 상처 내어 죽게 만들 칼이 나오고, 멀리 있는 자들, 즉 하나님의 응보의 공의로부터 벗어났다고 생각하는 자들에게 상처를 입혀서 죽일 활과 화살이 나온다. 죄인이 철 병기를 피할 때에는 놋 화살을 쏘아 꿰뚫을 것이다(욥 20:24). 둘째, 이러한 살인 병기들이 모두 마련되어 있다고 나온다. 하나님께서는 그러한 것들을 찾으러 다니실 필요가 없으시고, 그러한 병기들은 항상 준비되어 있다. 심판은 거만한 자를 위하여 예비된 것이요 도벳은 이미 예비된 것이라. 셋째, 하나님께서는 살인 병기들을 준비하고 계시는 동안에 죄인들에게 시의적절하게 그들의 위험성에 대하여 경고하시며, 그들에게 회개하여 그 위험을 미리 막을 말미를 주신다. 하나님은 아무도 멸망하지 아니하기를 원하셔서 벌하시는 것을 최대한 미루시며 우리를 대하여 오래 참으신다. 넷째, 죄인의 멸망이 오랫동안 연기되면 될수록, 죄인이 회개할 기간은 더욱 많아지는데, 죄인이 그러한 기간을 제대로 활용하지 못한다면, 그 죄는 더욱 무겁고 중대하게 되어서, 멸망도 더 극심하게 될 것이다. 하나님께서 기다리고 계시는 동안에, 칼은 가는 중에 있고, 활은 당기운 채로 있다. 다섯째, 회개하지 않는 죄인들의 멸망은 느리게 오긴 하겠지만 확실하게 온다. 왜냐하면, 그것은 예정된 것으로서 옛적부터 정해진 것이기 때문이다. 여섯째, 모든 죄인들 중에서 박해자들은 하나님의 진노의 최고의 표적으로 세워져 있다. 다른 어떤 죄인들보다도 하나님은 박해자들을 향하여 그의 화살을 겨누어 오셨다. 그들은 하나님을 무시하고 공공연하게 도전하였지만, 하나님의 심판에서 벗어날 수 없다.

(2) 그들은 스스로 파멸할 것이다(14-16절). 죄인들은 여기에서 자신의 영혼을 구원하는 것이 아니라 자신의 영혼을 저주받게 하고 스스로 파멸을 자초하

는 일에 큰 수고를 하는 것으로 묘사된다. 그들이 하는 일은 다음과 같은 것들을 통해서 묘사된다.

[1] 아이를 낳지도 못할 것이면서도 고통하는 해산하는 여자의 산고(14절). 죄인의 머리는 교묘한 술책을 통해서 재앙을 잉태하고, 많은 계책들을 궁리해 내고, 음모를 면밀하게 검토해서 만반의 준비를 갖춘다. 죄인의 마음은 하나님의 백성을 해치고자 하는 악의적인 음모들을 만들어 내느라고 고통하며 적대감으로 죄악을 낳는다. 그러나 죄인이 막상 그가 잉태한 것을 낳았을 때에 과연 그것은 무엇임이 밝혀지는가? 그가 낳은 것은 거짓이다. 즉, 그는 자기가 어떤 것을 잉태해서 낳았다고 생각했지만, 결과적으로 그의 손에는 아무것도 들려진 것이 없고, 스스로 속은 것이다. 죄인은 그가 의도한 것을 이룰 수 없고, 또한 그가 자신의 목적을 달성한다고 해도 그가 원했던 만족을 얻지 못할 것이다. 그들은 **바람**(사 26:18), **집**(사 33:11), **사망**(약 1:5), 즉 거짓을 낳는다.

[2] 힘들여서 애써 구덩이를 판 후에 거기로 떨어져서 죽고 마는 사람의 고통. 첫째, 이것은 모든 죄인들에게 적용된다. 그들은 스스로 죄악에 머물고 썩어짐에 굴복하여 스스로 자신의 멸망을 준비한다. 둘째, 이것은 흔히 하나님의 백성 또는 이웃들에 대하여 해악을 궁리하는 자들에게 주목할 만한 정도로 적용된다. 그들이 궁리한 해악은 하나님의 의로운 손길에 의해서 그들 자신의 머리로 되돌아간다. 그들이 다른 사람들을 수치스럽게 만들고 멸망시키고자 계획하였던 일은 결국 그들 자신에게로 되돌아오고 만다. 남을 죽이기 위해서 계책을 궁리해 낸 자가 자기 계책으로 말미암아 죽게 되리라는 것보다 더 의로운 법은 없다. 어떤 이들은 이 본문을 자기 칼에 죽은 사울의 경우에 적용한다.

이 시편을 노래할 때, 우리는 다윗이 여기에서 하였던 것처럼 여호와께 그의 의를 따라 감사하여야(17절), 즉 여호와께서 그의 환난당하는 백성들을 은혜로 보호하시고, 자기 백성을 괴롭히는 자들을 의로운 응보로써 원수를 갚아 주시는 것에 대하여 그에게 영광을 돌려야 한다. 따라서 우리는 원수들이 교만하게 행할 때에 그가 그들보다 높다는 것을 보여주시는 지극히 높으신 여호와를 찬양하는 노래를 불러야 한다.

제
— 8 —
편

개요

　　이 시편은 우리 모두가 항상 관심을 갖고 있는 하나님의 영광과 크심에 대한 장엄한 묵상이자 찬양이다. 이 시편은 하나님의 이름이 지극히 뛰어나시다는 것을 고백하는 동일한 말씀으로 시작되고 끝난다. 하나님의 이름이 온 땅에 뛰어나시다는 것은 시작 부분에서는 증명되어야 할 것으로 제시된 후에(1절), 마지막 절에서는 증명된 것으로 제시된다(9절). 시편 기자는 하나님의 영광을 증명하기 위해서 하나님께서 인간에게 선하셨음을 보여주는 여러 가지 사례들을 제시한다. 왜냐하면, 하나님의 선하심은 그의 영광이기 때문이다. 하나님께서 영광을 받으시기에 합당하신 것은 다음과 같은 이유들 때문이다. I. 하나님께서 그 자신과 그의 크신 이름을 우리에게 알게 하셨기 때문에(1절). II. 하나님께서 사람들 중에서 가장 연약한 자들을 사용하셔서, 그들로 하여금 그의 뜻을 이루게 하셨기 때문에(2절). III. 하나님께서 심지어 하늘의 천체들까지도 사람에게 유익하게 하셨기 때문에(3-4절). IV. 하나님께서 사람으로 하여금 이 아랫 세상에 있는 피조물들을 다스리게 하시고, 그렇게 하심으로써 사람을 천사들보다 조금 못하게 하셨기 때문에(5-8절). 신약성서에서 이 시편은 그리스도 및 그리스도께서 우리를 구속하기 위하여 행하신 일에 적용된다. 그리스도께서 낮아지셔서 천사들보다 조금 못하게 되셨을 때와 그가 높아지셔서 영광과 존귀로 관을 쓰셨을 때에 사람들이 그리스도께 돌린 영광(2절, 마태복음 21:16과 비교해 보라)과 그리스도께서 사람들에게 주신 영광(5-6절을 히브리서 2:6-8; 고린도 전서 15:27과 비교해 보라). 우리는 자연과 섭리의 나라 속에서 하나님의 영광을 볼 때 그것으로 말미암아, 그리고 그것을 통해서 은혜의 나라 속에서 하나님의 영광에 대하여 묵상하게 되어야 한다.

〔다윗의 시, 인도자를 따라 깃딧에 맞춘 노래〕
¹여호와 우리 주여 주의 이름이 온 땅에 어찌 그리 아름다운지요 주의 영광이 하늘을 덮었나이다 ²주의 대적으로 말미암아 어린 아이들과 젖먹이들의 입으로 권능을 세우심이여 이는 원수들과 보복자들을 잠잠하게 하려 하심이니이다

시편 기자는 여기에서 하나님께 그의 이름에 걸맞는 영광을 돌리려고 애쓴다. 하몬드 박사는 이 시편에 붙어 있는 표제를 근거로 시편 기자가 이 시편을 어떤 상황에서 썼는지를 추측한다. 이 시편의 표제에 나오는 깃딧은 일반적으로 이 시편에 붙여진 곡조 또는 이 시편을 연주하는 데에 사용될 악기를 가리키는 것으로 해석되어 왔다. 그러나 하몬드 박사는 여기서 깃딧은 다윗이 무찔러서 죽였던 깃딧 사람 골리앗을 가리키는 것으로 해석한다(삼상 17:1-58). 골리앗이라는 원수는 그에 비하면 어린 아이와 젖먹이에 불과하였던 다윗에게 패배를 당하여 죽었다. 이러한 추측은 충분한 가능성이 있기는 하지만, 이 시편 외에도 2개의 시편이 동일한 표제로 되어 있기 때문에(시 81:1-16; 84:1-12), 그럴 가능성은 별로 없어 보인다. 다윗은 여기에서 두 가지를 찬송한다.

I. 하나님께서 그의 영광을 직접 얼마나 분명하게 나타내고 계시는지(1절). 다윗은 지극한 겸손함과 경외심으로 하나님을 여호와와 그의 백성의 주라고 부른다: 여호와 우리 주여! 우리가 하나님이 주라고 믿는다면, 우리는 하나님이 우리의 주라는 것을 인정하고 고백하여야 한다. 하나님은 우리를 지으셨고, 우리를 보호하시며, 우리를 특별히 보살피시기 때문에, 하나님은 우리의 주이시다. 우리는 하나님께 순종하고 순복하여야 하기 때문에, 하나님은 우리의 주이심에 틀림없다. 우리는 하나님께 나아가서 기도할 때에 하나님께서 우리에게 긍휼을 베푸셔야 할 이유로서만이 아니라 우리가 하나님께 나아가서 찬송할 때에 우리 자신이 하나님께 영광을 돌려야 할 근거로서도 이러한 관계를 시인하여야 한다. 우리가 다음과 같은 것들을 생각한다면, 우리는 결코 충분한 사랑을 가지고 그렇게 할 수 있다고 생각하지 못하게 될 것이다.

1. 하나님의 영광은 이 아래 세상에서조차도 얼마나 밝게 빛나는가: 주의 이름이 온 땅에 어찌 그리 아름다운지요! 창조와 섭리에 의해서 만들어진 모든 것들은 조물주가 계시다는 것, 모든 존재와 권능과 완전의 원천이 되시고 모든 피조물들을 왕으로 다스리시며 강력한 보호자가 되시고 풍성한 은혜를 베푸시는 자가 존재한다는 것을 온 세상에 증명하고 선포한다. 그의 이름이 온 땅에 어찌 그리 크시고 빛나며 장엄한지요! 그 빛은 사람들의 얼굴 속에서 도처에서 빛난다(롬 1:20). 사람들의 눈이 닫혀서 그것을 볼 수 없다면, 그것은 전적으로 사람들의 잘못이다. 소리나 언어가 없지만, 하나님의 이름의 음성은 그 속에서 들려지고, 또한 들려질 수 있다. 그러나 이 본문은 좀 더 나아가서 그리

스도의 복음을 가리킨다. 복음을 통해서 하나님의 이름은 이전에는 하나님의 계시에 의해서 알려져서 오직 이스라엘에서만 큰 이름이었지만 이제는 온 땅에 알려지게 되어서, 땅 끝까지도 하나님의 큰 구원을 보게 되었다(막 16:15-16).

2. 하나님의 이름은 윗 세상에서는 얼마나 더 밝게 빛나고 있는가: 주의 영광이 하늘을 덮었나이다.

(1) 하나님은 피조물들 중에서 가장 고상한 것들과 가장 밝게 빛나는 것들보다 무한히 더 영화로우시고 뛰어나시다.

(2) 이 땅에 있는 우리는 오직 하나님의 뛰어난 이름을 듣고 그 이름을 찬송할 뿐이지만, 하늘에 있는 천사들과 복된 영들은 하나님의 영광을 보고 그 영광을 찬송한다. 그렇지만 하나님은 그들의 찬송보다 훨씬 더 높이 계신다.

(3) 아버지의 영광의 광채이시며 하나님의 본체의 형상이신 주 예수를 하나님의 우편에 높이심을 통해서 하나님께서는 그의 영광을 하늘 뜰 위에, 모든 통치자들과 권세들 위에 두셨다.

II. 하나님께서는 그의 피조물들 중에서 가장 연약한 자들을 통해서 그의 이름을 얼마나 강력하게 선포하시는지(2절): 하나님께서는 어린 아이들과 젖먹이들의 입으로 권능을 세우셨다. 또는, 하나님의 강하심을 찬양하는 찬미를 온전하게 하셨다(마 21:16).

1. 이것은 자연의 나라 속에서 하나님의 영광을 암시한다. 하나님께서 어린 아이들을 돌보시는 것(그들은 세상에 처음으로 올 때에 모든 짐승들 중에서 가장 힘이 없는 자들이다), 어린 아이들이 하나님의 특별하신 보호하심 아래에 있는 것, 자연이 어린 아이들을 위하여 모든 것들을 공급해 주는 것을 우리 모두는 하나님의 권능과 선하심을 보여주는 위대한 사례로 인정하고, 하나님께 영광을 돌려야 한다. 또한 좀 더 가시적으로는 우리는 모두 하나님의 그러한 돌보심으로부터 혜택을 입어 왔다. 왜냐하면, 우리가 모태에서 죽지 않고, 그 후에 우리가 어머니의 젖을 빨 수 있었던 것은 모두 하나님의 돌보심 덕분이기 때문이다. "이것은 하나님의 선하심을 보여주는 사례로서, 하나님이 없다고 말하며 하나님의 영광에 대적하는 원수들을 영원히 침묵시킬 수 있는 것이다."

2. 이것은 섭리의 나라에서 하나님의 영광을 암시한다. 이 아래 세상을 통치하시면서 하나님은 그를 아는 자들과 그를 알지 못하는 자들과 같은 사람들을

사용하시는데(사 45:4), 그러한 자들은 어린 아이들과 젖먹이들과 같은 자들이었다. 또한, 하나님께서는 종종 지혜와 힘에 있어서 여전히 어린 아이들과 젖먹이들보다 별로 나을 것이 없는 자들의 사역을 통해서 자신의 뜻을 이루시기를 기뻐하신다.

3. 이것은 은혜의 나라, 메시야의 나라에서 하나님의 영광을 암시한다. 여기에는 여리고 성벽이 양각 나팔 소리에 의해서 무너졌던 것과 마찬가지로, 단지 어린 아이들 같고 본래 학문없는 범인으로서(행 4:13), 초라하고 멸시받을 만한 사도들이 전하는 전도의 미련한 것에 의해서 마귀의 나라가 무너지게 되리라는 것을 예언하고 있다. 복음은 여호와의 팔과 주의 권능의 규라고 불린다. 철학자들이나 웅변가들, 정치가들이나 관료들의 입을 통해서가 아니라 외적으로 아주 큰 약점들을 지니고 있었던 가난한 어부들의 무리의 입을 통해서 기이한 일들을 이루시는 것은 하나님께서 작정하신 것이었다. 그렇다. 우리는 고위 제사장들과 바리새인들이 그리스도를 인정하지 않고 오히려 멸시하며 배척하였을 때에 어린 아이들이 다윗의 자손께 호산나라고 외치는 소리를 듣게 된다. 그러므로 우리 구주께서는 여기에 나오는 말씀을 그것에 적용하셔서(마 21:16), 그것을 통해서 원수를 잠잠하게 하셨다. 종종 하나님의 은혜는 어린 아이들에게 놀라울 정도로 강하게 나타나는데, 하나님께서는 이제 막 젖이 떨어져 품을 떠난 자들에게 지식을 가르치며 도를 깨닫게 하신다(사 28:9). 종종 하나님의 권능은 그의 교회 속에서 너무도 약해서 쓰임받을 것같지 않는 그러한 자들을 통해서 큰 일들을 일어나게 하시고, 세상의 천하고 약하며 미련한 것들을 통해서 고상하며 지혜롭고 힘있는 자들을 부끄럽게 하심으로써, 그 어떤 육체도 스스로를 자랑하지 않게 하시며, 능력의 큰 것이 사람에게가 아니라 하나님께 있다는 것을 분명하게 나타내신다(고전 1:27-28). 하나님께서 이렇게 하시는 것은 주의 대적으로 말미암은 것이다. 그들은 오만방자하기 때문에, 하나님께서는 이런 일을 통해서 그들을 잠잠하게 하시고, 그들을 침묵시키시며, 그들을 부끄럽게 하시고, 보복자들에게 의로운 보복을 하시는 것이다(행 4:14; 6:10을 보라). 마귀는 큰 원수이자 보복자인데, 복음의 전파로 말미암아 마귀는 상당한 정도로 잠잠할 수밖에 없게 되었고, 그의 신탁들은 침묵하였고, 마귀를 추종하는 자들은 혼란에 빠졌으며, 더러운 영들은 말을 못하게 되었다.

이 절들을 노래할 때, 우리는 하나님의 크신 이름과 하나님께서 복음의 능력을 통해서 행하시는 큰 일들을 인하여 하나님께 영광을 돌려야 한다. 높아지신 구속주께서는 복음의 병거를 타시고 마귀의 세력을 정복하고 계시며 또한 앞으로도 정복하실 것인데, 우리는 그러한 일을 찬송할 뿐만 아니라 우리의 최고의 소원으로 삼아야 한다. 하나님께서 어린 아이들과 젖먹이들의 입으로 권능을 세우실 때에 찬송은 온전해진다(즉, 하나님은 가장 완전한 형태로 영광을 받으신다).

³주의 손가락으로 만드신 주의 하늘과 주께서 베풀어 두신 달과 별들을 내가 보오니 ⁴사람이 무엇이기에 주께서 그를 생각하시며 인자가 무엇이기에 주께서 그를 돌보시나이까 ⁵그를 하나님보다 조금 못하게 하시고 영화와 존귀로 관을 씌우셨나이다 ⁶주의 손으로 만드신 것을 다스리게 하시고 만물을 그의 발 아래 두셨으니 ⁷곧 모든 소와 양과 들짐승이며 ⁸공중의 새와 바다의 물고기와 바닷길에 다니는 것이니이다 ⁹여호와 우리 주여 주의 이름이 온 땅에 어찌 그리 아름다운지요

다윗은 여기에서 하나님께서 사람, 특히 사람이 되신 그리스도 예수께 두신 존귀함을 자세히 설명함으로써 하나님의 존귀하심을 계속해서 찬송한다. 하나님께서 우리에게 은혜를 베푸시기 위하여 스스로를 낮추신 것은 우리가 하나님의 영광을 높이고 찬송해야 하는 충분한 이유가 된다. 하나님께서 사람에게 은혜를 베풀기 위해서 스스로를 어떻게 낮추셨는지를 시편 기자는 여기에서 놀라움과 감사함으로 살펴보면서, 우리에게도 그 일을 생각해 보도록 권한다. 여기에서 우리는 다음과 같은 것들을 살펴볼 수 있다.

I. 시편 기자로 하여금 하나님께서 스스로를 낮추셔서 사람에게 은총을 베푸신 것을 찬송하게 만든 것은 무엇이었는가? 그것은 시편 기자가 감각으로 느낄 수 있는 범위 내에 있는 하늘의 천체의 광채와 위세를 생각하였기 때문이다(3절): 내가 주의 하늘, 특히 주께서 베풀어 두신 달과 별들을 보나이다. 그런데 시편 기자는 왜 달이나 별들보다 훨씬 더 빛나는 해를 생각하지 않았던 것인가? 아마도 그것은 그가 해가 이미 져서 오직 달과 별들만이 비취고 있었던 밤중에 길을 걸으면서 달빛 아래에서 이러한 묵상을 하며 스스로가 가르침을 받았기 때문인 것 같다. 달과 별들은 비록 해만큼 사람에게 유익한 것은 아니지만 창조주의 지혜와 권능과 선하심을 해 못지않게 드러내 주는 것들이다. 좀 더 살

펴보자.

1. 하늘을 바라보는 것은 우리의 마땅한 도리이다. 우리는 하늘을 보고, 하늘을 보지 않을 수 없다. 그 무엇보다도 사람이 짐승들과 다른 것은 짐승들은 땅을 보고 살아 가도록 되어 있는 반면에 사람은 하늘을 바라볼 수 있도록 다리로 설 수 있게 지음을 받았다는 것이다. 하나님께서는 사람에게 서서 생활할 수 있게 하시고, 하늘을 바라보도록 명하셨다. 따라서 사람은 위에 있는 것에 마음을 두도록 지시를 받을 수 있었다. 왜냐하면, 우리가 어떤 것을 보더라도 그것을 마음에 품지 않는다면 그것은 우리에게 그것이 지닌 적절한 영향력을 줄 수 없기 때문이다.

2. 우리는 온 세상이 하나님의 것이라는 것, 심지어 땅과 거기에 충만한 모든 것이 하나님의 것이라는 것을 생각할 뿐만 아니라, 그것보다 더 특별한 방식으로 하늘이 하나님의 하늘이라는 것을 언제나 생각하여야 한다. 하늘은 여호와의 하늘이다(시 115:16). 하늘은 하나님의 영광이 거하는 곳이기 때문에, 성경에서는 우리에게 하나님을 하늘에 계신 우리 아버지라고 부르도록 가르친다.

3. 그러므로 하늘은 하나님의 것이다. 왜냐하면, 하늘은 하나님께서 그 손가락으로 만드신 것이기 때문이다. 하나님께서는 하늘을 만드셨고, 하늘을 쉽게 만드셨다. 하나님께서 하늘들을 펼치시는 데에는 팔을 뻗으실 필요조차도 없으셨다. 그 일은 말씀 한 마디로 이루어졌다. 그 일은 주의 손가락으로 이루어진 일이었다. 하나님께서는 화가가 그의 손가락으로 만든 훌륭한 작품처럼 하늘 뜰을 너무도 신기하고 정교하게 만드셨다.

4. 조금 열등한 광명들, 즉 해와 별들조차도 빛들의 아버지이신 하나님의 영광과 권능을 드러내고, 우리에게 찬송할 거리를 제공해 준다.

5. 하늘의 천체들은 하나님께서 권능으로 만드신 것들일 뿐만 아니라, 하나님의 통치에 복종한다. 하나님께서는 그것들을 만드셨을 뿐만 아니라, 그것들에게 질서를 부여하셨는데(개역에서는 베풀어 두신), 하나님께서 세우신 하늘의 규례들은 결코 변경될 수 없다. 그런데 시편 기자는 왜 하나님께서 사람에게 베푸신 은혜를 찬송하기 위하여 이런 것들을 여기에서 말하고 있는 것인가?

(1) 우리가 하나님의 영광이 윗 세상에서 어떻게 빛나는지를 살펴볼 때, 우리는 비로소 하나님께서 사람과 같은 이토록 비천한 피조물을 생각하신다는 것과 저 밝고 복된 하늘 나라에 계시며 그 곳을 통치하시는 분께서 스스로를

낮추셔서 이 땅에서 이루어지는 일들을 보살피신다는 것이 얼마나 놀랍고 기이한 일인지를 알 수 있게 된다(시 113:5-6을 보라).

(2) 우리가 하늘 뜰이 이 땅에 있는 사람들에게 얼마나 유익하고, 하나님께서 하늘의 광명들을 천하 만민을 위하여 배정하신(신 4:19; 창 1:15) 것을 생각할 때, 우리는 그제서야 이렇게 말할 수 있다: "여호와여 사람이 무엇이기에, 주께서는 사람들의 유익을 염두에 두시고 하늘의 규례들을 정하셨으며, 하늘의 광명들을 만드시고 그 운행을 정하실 때에도 사람들의 즐거움과 편안함을 고려하셨는지요!"

Ⅱ. 다윗은 이러한 경이로움을 어떻게 표현하고 있는가(4절)? "여호와여 사람이 무엇이기에(원문에서 사람을 가리키는 단어는 에노쉬인데, 이 단어는 죄악되고 연약하며 비참한 처지에 있는 사람을 가리키는 것으로서 창조주와 창조주에 대한 그의 의무를 너무도 잘 망각하는 피조물을 가리킨다) 주께서 그를 생각하시며, 주께서 그와 그의 행사들을 눈여겨 보시고, 세상을 창조하실 때에 그를 염두에 두셨나이까! 또한, 인자가 무엇이기에 주께서 그를 돌보시고, 다른 피조물들과 마찬가지로 그를 먹이시고 입히시며 보호하시고 모든 것을 공급해주실 뿐만 아니라, 마치 한 친구가 다른 친구를 찾듯이 그를 찾아 주셔서 그와 함께 교제하기를 기뻐하시며, 그에게 관심을 가져 주시나이까! 사람이 무엇이기에 이토록 보잘것없는 피조물을 주께서 이렇게 높이시며, 이렇게 죄악된 피조물을 이런 식으로 호의를 보이시며 은총을 베푸시나이까!"

1. 이것은 인류 전체를 가리킨다. 사람은 벌레이고 인자는 구더기이지만(욥 25:6), 하나님께서는 그를 존중하시며 그에게 풍성한 사랑을 보여주신다. 사람은 이 아랫 세상에 있는 어떤 피조물들보다 하나님께 가장 사랑받고 은총을 받은 존재이다. 왜냐하면,

(1) 사람은 피조물들 중에서 매우 존귀한 반열에 속하기 때문이다. 우리는 사람이 이 아랫 세상에 거하는 모든 것들보다 더 뛰어나고 우위에 있다는 것을 확신할 수 있다. 왜냐하면, 사람은 천사들보다 조금 못하게(5절) 지음받았기 때문이다. 사람은 그의 육신으로 인해서 이 땅과 거기에 사는 죽을 짐승들과 결합되어 있지만, 영적이고 불멸하는 그의 영혼으로 인해서 거룩한 천사들과 아주 흡사해서, 천사들보다 조금 못하다고 할 수 있고, 순서상으로 천사들 다음이라고 할 수 있다. 사람의 위대한 영혼은 흙으로 지어진 집 속에 갇혀 있는 동안

에는 사람은 잠시 천사들보다 조금 못한 존재이기는 하지만, 장차 부활의 자녀들은 천사와 동등이요(눅 20:36), 더 이상 천사들보다 못하지 않게 될 것이다.

(2) 사람은 고상한 기능들과 능력들을 부여받았다: 하나님께서 사람을 영화와 존귀로 관을 씌우셨나이다. 사람을 지으신 분은 사람을 특별히 구별하셔서, 그에게 그보다 못한 피조물들을 다스릴 수 있는 자질들을 주셨다. 왜냐하면, 하나님께서는 사람을 땅의 짐승들과 하늘의 새들보다 더욱 지혜롭게(욥 35:11) 하셔서, 사람이 그러한 피조물들을 다스리는 데에 적합하게 만드셨고, 그러한 피조물들이 사람에 의해서 다스려지는 것이 합당하게 하셨다. 사람이 지닌 이성은 하나님께서 사람에게 주신 영화의 극치, 즉 면류관이다. 따라서 사람은 그 면류관을 용도에 따라서 사용하지 않음으로써 그것을 욕되게 해서도 안 되고, 이성이 명령한 것들에 거슬러서 행함으로써 그 면류관을 상실해서도 안 된다.

(3) 사람은 하나님 아래에서 자기보다 못한 피조물들을 지배하며 다스리도록 통치권을 부여받았고, 그러한 피조물들의 주가 되었다. 그러한 피조물들을 지으시고 아시며 그것들을 소유하시는 분이 사람으로 하여금 주의 손으로 만드신 것을 다스리게 하셨다(6절). 사람에게 이러한 왕권을 주신 하나님의 명령은 하나님께서 사람을 창조하실 때에 주어졌고(창 1:28), 홍수 후에 새롭게 갱신되었다(창 9:2). 하나님께서는 만물을 사람의 발 아래 두셔서, 사람으로 하여금 그보다 못한 피조물들의 수고만이 아니라 그 산물들과 생명들로 섬김을 받게 하셨다. 그러한 것들은 모두 사람의 손에 넘겨져서, 그의 발 아래 두어졌다. 하나님께서는 사람보다 못한 짐승들 중 몇몇을 구체적으로 언급하시는데(7-8절), 사람이 돌보고 기르는 소와 양뿐만 아니라, 들짐승, 큰 물에 사는 것들, 사람으로부터 아주 멀리 있는 그러한 피조물들, 곧 공중의 새와 사람의 눈에 보이지 않게 바닷길에 다니는 바다의 물고기도 언급된다. 사람은 이러한 것들을 길들일 수 있는 방법들을 알고 있다. 이러한 피조물들 중 다수는 사람보다 훨씬 더 강하고 훨씬 더 빠르지만, 사람은 이런저런 방식으로 그것들을 제압할 수 있다(약 3:7). 여러 종류의 짐승과 새와 벌레와 바다의 생물은 다 사람이 길들일 수 있고 길들여 왔다. 또한 사람에게는 필요할 때에 그런 것들을 사용할 자유가 있다. 베드로야 일어나 잡아 먹어라(행 10:13). 우리는 물고기나 새를 먹을 때마다 하나님께서 그의 손으로 지으신 것들에 대한 통치권을 사람에게 주셨다는 것을 깨닫는다. 이것은 우리의 최고의 주가 되시는 하나님께 우리가 복종하고 하나님

께서 우리를 다스리실 권세가 있으시다는 것을 인정해야 할 이유이다.

2. 그러나 이것은 특별한 방식으로 예수 그리스도에게 적용된다. 우리는 히브리서 2:6-8에서 예수 그리스도를 이 본문을 통해서 설명하고 있는 것을 듣게 된다. 거기에서 사도는 그리스도께서 하늘과 땅을 다스리시는 권세를 가지고 계신다는 것을 증명하기 위해서 여기에서 말하고 있는 인자, 즉 하나님께서 영화와 존귀로 관을 씌우시고 주의 손으로 만드신 것을 다스리게 하신 바로 그 인자가 예수 그리스도라는 것을 보여준다. 하나님께서 인류에게 지금까지 보여주셨던 것 중에서 가장 큰 은총과 인간의 본성에 두신 것 중에서 가장 큰 존귀가 주 예수의 성육신과 높아지심 속에서 구현되었다는 것은 확실하다. 그러한 것들은 창조와 섭리를 통해서 우리에게 주어진 은총들과 존귀들보다 훨씬 뛰어난 것이다 ─ 물론, 우리에게 주어진 것들도 우리가 마땅히 받아야 할 것보다 훨씬 더 큰 것들이기는 하지만. 우리는 다음과 같은 것들로 인하여 우리 자신을 겸손하게 소중히 여기고, 하나님의 은혜를 감사함으로 찬양하여야 한다.

(1) 예수 그리스도께서 사람의 본성을 입으셔서, 그 본성 속에서 스스로를 낮추셨다는 것. 그리스도께서는 인자가 되셔서, 살과 피에 참여하는 자가 되셨다. 이렇게 하여 하나님께서 사람을 찾아오셨다. 어떤 이들은 예수께서 죽음의 고난받으심으로 말미암아 영광과 존귀로 관을 쓰셨다(히 2:9)는 말씀을 토대로 이 본문이 그리스도께서 우리를 위하여 고난받으신 것을 가리킨다고 말한다. 하나님께서는 그를 찾아오셔서, 그에게 우리 모두의 죄악을 짊어지게 하신 후에, 그가 우리를 대신하는 것으로 여기시고, 막대기와 채찍으로 그를 고난받게 하셨는데, 이것은 그러한 것들로 말미암아 우리가 치유를 받게 하기 위한 것이었다. 그리스도께서는 종의 형체를 입으시고 비천한 자가 되심으로써 잠시 동안(사도는 그렇게 해석한다) 천사들보다 조금 못하게 되셨다.

(2) 그리스도께서는 그러한 본성을 입으신 채 만유의 주로 높아지셨다는 것. 그리스도께서 스스로를 낮추셨기 때문에 하나님 아버지께서는 그를 지극히 높이셔서 그를 영화와 존귀로 관을 씌우셨는데, 그리스도께서 받으신 영광은 창세 전에 아버지 하나님과 함께 하였던 그 영광으로서 교회의 머리가 되실 뿐만 아니라 만물 위에 교회의 머리가 되시는 그러한 영광이었다. 또한 하나님께서는 만물을 그의 손에 주시고, 그에게 은혜의 나라 뿐만 아니라 섭리의 나라를 다스리시는 권세를 맡기셨다. 모든 피조물은 그의 발 아래 두어져 있다. 육체로

계시던 날들에서조차도 그리스도께서는 바람과 바다를 명하시며, 물고기에게 공세(貢稅)를 바치도록 명하시는 등 모든 피조물들에 대한 그의 권세를 어느 정도 본보기로 보여주셨다. 그러므로 시편 기자가 이 시편을 시작할 때와 마찬가지로 여호와 우리 주여 주의 이름이 온 땅에 어찌 그리 아름다운지요라는 말로 끝내고 있는 것은 너무도 당연한 일이다. 온 땅은 구속주의 임재로 인해서 존귀하게 되었고, 지금도 여전히 그의 복음에 의해서 밝게 빛나고 있고, 그의 지혜와 권능에 의해서 다스림을 받고 있다!

이 시편을 노래하고 이 시편을 놓고 기도할 때, 우리는 하나님께서 인류에게 보편적으로 베푸시는 은총들, 특히 우리보다 못한 피조물들로 하여금 우리를 섬기게 한 것에 대하여 합당한 고마움을 가지고 감사하는 것을 잊지 않아야 하지만, 특히 그리스도가 주님이시라는 것을 고백하고, 우리의 주님이신 그분께 순종하며, 만물이 그의 발 아래 두어지고 그의 모든 원수들이 그의 발등상이 되는 것을 볼 때까지 기다림으로써 우리 주 예수께 영광을 돌리는 데에 마음을 써야 한다.

제
— 9 —
편

개요

이 시편에서 I. 다윗은 하나님께서 그의 송사를 들어 주시고, 그의 원수들과 그의 나라의 원수들에 대하여 승리하신 것에 대하여 하나님을 찬송하면서(1-6절), 다른 사람들에게 자기와 더불어서 하나님을 찬송하는 노래를 부르자고 권한다(11-12절). II. 다윗은 하나님께서 그에게 또 다시 찬송할 기회를 주시도록, 즉 하나님께서 그를 구원하시고 그의 원수들로 하여금 낭패를 당하게 하시도록 하나님께 기도한다(13-14, 19-20절). III. 다윗은 하나님께서 세상을 심판하시고(7-8절), 그의 억눌린 백성을 보호하시며(9-10절, 18절), 그와 그의 백성의 불구대천의 원수들을 멸하실 것을 확신하고서 기뻐한다(15-17절). 이 시편은 특히 메시야의 나라에 적용될 수 있다. 그 나라의 원수들은 이미 부분적으로 멸망을 받아 왔고, 그들이 모두 그의 발등상이 되기까지 점점 더 멸망받게 될 것이다. 우리는 이러한 것을 확신하고서, 하나님께 영광을 돌리고 우리 자신은 위로를 받을 수 있다.

〔다윗의 시, 인도자를 따라 뭇랍벤에 맞춘 노래〕

¹내가 전심으로 여호와께 감사하오며 주의 모든 기이한 일들을 전하리이다 ²내가 주를 기뻐하고 즐거워하며 지존하신 주의 이름을 찬송하리니 ³내 원수들이 물러갈 때에 주 앞에서 넘어져 망함이니이다 ⁴주께서 나의 의와 송사를 변호하셨으며 보좌에 앉으사 의롭게 심판하셨나이다 ⁵이방 나라들을 책망하시고 악인을 멸하시며 그들의 이름을 영원히 지우셨나이다 ⁶원수가 끊어져 영원히 멸망하였사오니 주께서 무너뜨린 성읍들을 기억할 수 없나이다 ⁷여호와께서 영원히 앉으심이여 심판을 위하여 보좌를 준비하셨도다 ⁸공의로 세계를 심판하심이여 정직으로 만민에게 판결을 내리시리로다 ⁹여호와는 압제를 당하는 자의 요새이시요 환난 때의 요새이시로다 ¹⁰여호와여 주의 이름을 아는 자는 주를 의지하오리니 이는 주를 찾는 자들을 버리지 아니하심이니이다

이 시편의 표제는 이 시편이 쓰여진 상황에 대해서 확실한 것을 말해 주지 않는다. 이 시편의 표제 속에는 뭇랍벤이라는 말이 나오는데, 이것을 어떤 이들은 골리앗의 죽음을 가리킨다고 보고, 또 어떤 이들은 나발의 죽음을 가리킨다고 보며, 또 어떤 이들은 압살롬의 죽음을 가리킨다고 본다. 그러나 나는 이 단어가 단지 어떤 곡조 또는 악기를 가리키는 것으로서, 이 시편을 거기에 맞춰서 부르게 되어 있었다고 생각한다. 다윗은 여기에서 그의 원수들이 패배한 것을 기뻐하고 있는데, 그 원수들은 블레셋 사람들을 비롯해서 그가 왕 위에 오르는 것을 반대하였던 이웃 나라들로서, 다윗은 그의 통치 초기에 그들과 싸워서 그들을 복속시켰다(삼하 5:8). 이 절들에는 다음과 같은 내용들이 나온다.

I. 다윗은 하나님께서 최근에 그와 그의 통치를 위하여 행하신 큰 일들과 하나님의 긍휼하심을 인하여 하나님께 전심으로 찬송을 드린다(1-2절). 좀 더 살펴보자.

1. 하나님은 어떤 사람을 위하여 기이한 일들을 행하셨을 때에 그가 그 보답으로 하나님께 찬송을 드리기를 기대하신다.

2. 우리가 하나님께 열납되는 찬송을 하고자 한다면, 우리는 입술로만이 아니라 우리의 마음을 다해서 진실되게 하나님을 찬송하여야 하고, 우리의 전심을 다하여 마땅한 도리로써 하나님을 열렬하게 찬송하여야 한다.

3. 우리가 어떤 한 구체적인 긍휼하심을 인하여 감사를 드릴 때, 우리는 그 기회를 이용해서 하나님께서 이전에 베풀어 주셨던 긍휼들을 기억하고, 주의 모든 기이한 일들을 전하여야 한다.

4. 거룩한 기쁨은 감사의 찬송의 생명이고, 감사의 찬송은 거룩한 기쁨의 표현이다: 내가 주를 기뻐하고 즐거워하리이다.

5. 우리에게 어떤 기쁜 일이 일어났든지 간에, 우리의 기쁨은 그것을 통과해서 오직 하나님에게서 끝나야 한다: 내가 주를 기뻐하고 즐거워하며, 주신 선물이 아니라 주신 자를 더 기뻐하리이다.

6. 기쁨과 찬송은 시편들을 노래함으로써 적절하게 표현될 수 있다.

7. 하나님께서 그 자신이 교회의 교만한 원수들보다 뛰어나시다는 것을 보여 주셨을 때, 우리는 그 기회를 이용해서 지존하신 주이신 하나님께 영광을 돌려야 한다.

8. 구속주의 승리는 구속받은 자들의 승리가 되어야 한다(계 12:10; 19:5; 15:3-4을 보라).

Ⅱ. 다윗은 아무리 강한 원수들도 하나님의 전능하신 권능 앞에서 다툴 수 없었고 설 수 없었다는 것을 고백한다(3절).

1. 그들은 물러갈 수밖에 없었다. 그들의 술책과 용기는 아무 소용도 없었기 때문에, 그들은 감히 전진할 엄두를 내지 못하고 황급히 물러났다.

2. 일단 그들이 물러나자, 그들은 넘어져서 망하였다. 그들의 물러남조차도 그들의 패망이 될 것이기 때문에, 그들은 싸움을 통해서만이 아니라 도망갈 때에도 스스로를 구원할 수 없게 될 것이다. 하만이 모르드개 앞에서 넘어지기 시작했을 때, 그는 모든 것을 잃은 사람으로서 더 이상 힘을 쓸 수 없게 되었다(에 6:13을 보라).

3. 여호와의 임재와 그의 권능의 영광은 그의 원수들과 그의 백성의 원수들을 멸망시키기에 충분하다. 사람도 자신이 직접 나서면 일이 쉽게 이루어지는 법이다. 하나님께서는 그의 임재를 통해서 그의 원수들을 혼비백산하게 만드신다. 이런 일은 우리 주 예수께서 내가 그니라는 한 마디 말씀으로 그의 원수들로 하여금 물러가서 땅에 엎드러지게 하셨을 때에 이루어졌다(요 18:6). 주님께서는 이 때에 그들을 멸하실 수도 있으셨다. 하나님의 교회의 원수들이 혼비백산하여 패주할 때, 우리는 그들이 궤멸된 것이 하나님께서 사용하신 도구들인 우리의 능력 때문이 아니라 하나님의 임재의 능력 때문이라는 것을 깨닫고서 하나님께 모든 영광을 돌려 드려야 한다.

Ⅲ. 다윗은 하나님께서 그를 위하여 변호하신 것을 통해서 의로움을 나타내신 것에 대하여 하나님께 영광을 돌린다(4절): "주께서 나의 의와 송사, 즉 나의 의로운 송사를 변호하셨나이다. 그 일이 있었을 때, 주께서 보좌에 앉으사 의롭게 심판하셨나이다." 좀 더 살펴보자.

1. 하나님은 심판의 보좌에 앉아 계신다. 다툼들을 결정하시고, 탄원들을 판단하시며, 해악을 가한 자들에게 복수하시고 불법한 자들을 벌하시는 것은 하나님의 소관이다. 왜냐하면, 하나님께서 원수 갚는 일이 내게 있다고 말씀하셨기 때문이다.

2. 우리는 하나님의 심판이 진리를 따라 이루어진다는 것과 하나님께는 불의함이 없으시다는 것을 확신한다. 공의를 굳게 하는 것은 하나님과는 거리가 멀

다. 하나님의 섭리에 의해서 결정되는 현재의 일들 속에 어느 정도 불공평한 것들이 있는 것처럼 보인다고 할지라도, 그러한 것들은 하나님의 공의에 대한 우리의 믿음을 흔들리게 하는 것이 아니라 장차 임할 심판, 즉 모든 것들을 바로잡게 될 심판에 대한 우리의 믿음을 강화시키는 데에 도움이 될 수 있다.

3. 이 땅의 재판관들이 억울한 일을 당한 자의 의로운 송사를 받아들이지 않고 기각한다고 할지라도, 우리는 의로우신 하나님께서 그 송사를 열심으로 변호하셔서 결코 그 송사가 짓밟히게 되지 않도록 하시리라는 것을 확신할 수 있다.

IV. 다윗은 지옥의 모든 권세들에 대한 하늘의 하나님의 승리를 기쁨으로 기록하면서, 그러한 승리들을 인하여 하나님을 찬송한다(5절). 하나님의 능력과 공의는 세 단계를 거쳐서 이방 나라들과 악인들에게 베풀어졌는데, 그들은 하나님께서 최근에 그의 거룩한 시온산 위에 세우신 왕의 원수들이었다.

1. 하나님께서는 그들을 억제하셨다: "주께서 이방 나라들을 책망하시고, 그가 그들을 기뻐하지 않으신다는 진정한 증거들을 그들에게 제시하셨다." 하나님께서 그들을 멸하시기 전에 이렇게 행하신 것은 그들로 하여금 섭리에 의한 책망을 경고로 받아들여서 그들의 멸망을 미연에 막게 하기 위한 것이었다.

2. 하나님께서는 그들을 끊으셨다: 주께서 악인들을 멸하셨다. 악인들은 멸망을 받기로 되어 있었고, 그 중 일부는 하나님께서 이 세상에서 공의를 세우시며 그것을 위하여 악인들을 멸하시는 능력을 지니고 계시다는 것을 보여주는 기념비들이 되었다.

3. 하나님께서는 그들이 사람들로부터 기억되거나 존중을 받지 못하도록 하기 위하여 그들을 사람들의 뇌리 속에서 망각되거나 영원한 오명을 뒤집어 쓰게 하셨고, 그들의 이름을 영원히 지우셨다.

V. 다윗은 하나님께서 이렇게 원수를 치신 것을 몹시 기뻐한다(6절): 주께서 무너뜨린 성읍들을 기억할 수 없나이다. 이 본문은 다음 둘 중의 하나로 해석될 수 있다. "원수여, 너는 적어도 너의 마음과 머릿속에서는 우리의 성읍들을 무너뜨렸다." 또는, "하나님이여, 주께서는 그들의 나라를 황폐화시킴으로써 그들의 성읍들을 무너뜨리셨나이다." 시편 기자는 여기에서 원수로 하여금 다음과 같은 것들을 알게 하고자 한다.

1. 그들이 멸망받은 것은 의로운 일이고, 하나님께서는 단지 그들이 그의 백

성을 쳐서 행하였거나 의도하였던 모든 해악에 대하여 그들과 계산하신 것뿐이라는 것. 블레셋, 모압, 암몬, 에돔, 수리아 등과 같은 악의적인 나라들, 즉 이스라엘을 괴롭혔던 이웃 나라들은 이스라엘에 왕이 없어서 그들과 싸울 수 없었을 때에 이스라엘을 침공해서 그들의 성읍들을 무너뜨렸고, 그 성읍들에 대한 기억을 없애기 위해서 그들이 할 수 있는 짓을 다 하였다. 그러나 이제 상황은 반전되어서, 그들이 당할 차례였다. 그들이 이스라엘을 파괴시키는 일은 이제 영원히 끝나게 되었다. 그들은 이제 노략질하는 일을 못하게 되고, 도리어 노략질을 당하게 될 것이다(사 33:1-2).

2. 그들의 멸망은 총체적이고 최종적인 것이라는 것. 그들의 멸망은 영원한 것이 되어서, 그들의 성읍들에 대한 기억 자체가 그들과 함께 사라져 버리게 될 것이다. 어떤 것을 삼키는 데에는 시간이 걸리지만, 죄인들에 대한 하나님의 의로운 심판은 크고 인구가 많았던 성읍들이 하루 아침에 폐허가 되어서 그 성읍들에 대한 기억 자체가 사라져 버리고 그 성읍들을 찾은 자들이 그 성읍들이 어디에 있었는지를 알 수 없게 될 정도로 초토화된 것과 같을 것이다. 그러나 우리는 더 튼튼한 터를 지닌 도성을 바라보고 있다.

VI. 다윗은 하나님 안에서 자기 자신과 다른 사람들을 위로하고, 하나님을 생각함으로 기뻐한다.

1. 하나님의 영원하심을 생각함. 이 땅에서 우리는 오래 지속되는 것을 아무 것도 보지 못하는데, 아무리 튼튼한 성읍들조차도 결국에는 폐허더미가 되어서 사람들의 기억 속에서 망각된다. 그러나 여호와께서는 영원히 앉아 계실 것이다(7절). 하나님의 존재는 변함이 없으시다. 하나님의 지극히 복되심과 권능과 완전하심은 지옥과 땅의 모든 세력들의 밖에 있다. 그들은 우리의 자유, 우리의 특권, 우리의 생명을 끝장낼 수 있지만, 우리의 하나님은 여전히 동일하시고, 홍수 때에 큰 물 위에 요동치 않고 흔들림 없이 좌정해 계신다(시 29:10; 93:2).

2. 하나님께서 통치와 심판에 있어서 왕권을 지니고 계심을 생각함: 여호와께서 보좌를 준비하셨도다. 하나님께서는 그의 무한한 지혜를 통해서 자신의 보좌를 확고히 하셨고, 그의 변함없는 모략을 통해서 자신의 보좌를 확고히 하셨다. 교회의 원수들의 세력이 위협적이고, 교회의 상황이 혼란스럽고 암울할 때, 하나님께서 지금 세상을 다스리고 계시고, 곧 세상을 심판하시리라는 것은

선한 사람들에게 큰 힘과 위로가 된다.

3. 하나님께서 공의와 의로써 모든 일들을 다스리신다는 생각을 통해서. 하나님께서는 영원히 변치 않는 공평의 법을 따라서 날마다 모든 일을 다스리시고, 또한 마지막 날에 모든 것을 심판하실 것이다(8절). 여호와께서는 공의와 정직으로 모든 사람들과 모든 논쟁들, 즉 세계를 심판하시고 만민에게 판결을 내리실 것이다(이 세상에서와 장래의 세상에서 그들의 운명을 결정하실 것이다). 따라서 거기에는 한치의 예외도 없을 것이다.

4. 하나님께서 자기 백성에게 특별한 은총을 베푸시며, 그 은총 아래에서 특별한 보호하심을 베풀고 계시다는 것을 생각함으로써. 영원히 계시는 여호와는 그들의 영원한 힘이자 방패이다. 세계를 심판하시는 분은 그들이 해를 입거나 고통 중에 있을 때마다 분명히 그들을 위하여 심판하실 것이다(9절). 여호와는 환난 때에 압제를 당하는 자의 요새이시요, 압제를 당하는 자들이 피할 높은 곳이자 튼튼한 곳이 될 것이다. 이 세상에서 압제를 받는 것이 하나님의 백성의 운명이고, 그들에게는 환난의 때들이 예정되어 있다. 아마도 하나님께서는 그들의 구원자이자 보복자들로서 그들을 위하여 즉각적으로 나타나지는 않으실지도 모른다. 그러나 환난 중에 그들은 그들의 피난처이자 요새이신 하나님께 믿음으로 피하여서, 하나님의 능력과 약속에 의지해서 그들의 안전을 지킬 수 있기 때문에, 그 어떠한 진정한 해악도 그들에게 행해지지 못할 것이다.

5. 하나님을 그들의 피난처이자 요새로 삼는 자들에게 찾아오는 저 감미로운 만족감과 마음의 안식을 생각함을 통해서(10절): "주의 이름을 아는 자는 내가 그랬던 것처럼 주를 의지하오리니(하나님의 은혜는 모든 성도들에게 동일하기 때문에), 내가 알았듯이, 그들도 주께서는 주를 찾는 자들을 버리지 아니하신다는 것을 알게 될 것이다." 왜냐하면, 하나님의 은총은 모든 성도들에게 동일하기 때문이다.

(1) 하나님을 더 잘 알면 알수록, 우리는 하나님을 더 많이 의지할 수 있다. 하나님께서 무한한 지혜를 지니고 계시다는 것을 아는 자들은 비록 하나님을 뵈올 수 없다고 할지라도 하나님을 의지할 수 있다(욥 35:14). 하나님께서 전능하신 능력을 지니고 계시다는 것을 아는 자들은 피조물을 신뢰했다가 낭패를 당한 경험이 있어서 아무것도 믿을 수 없을 때에 하나님을 의지할 수 있다(대하 20:12). 하나님께는 무한한 은혜와 선하심이 있으시다는 것을 아는 자들은

그가 그들을 죽인다고 해도 하나님을 의지할 수 있다(욥 13:15). 하나님께는 변함없는 진리와 신실하심이 있으시다는 것을 아는 자들은 하나님의 약속의 말씀을 기뻐할 수 있고, 비록 그 성취가 늦어지고 중간에 약속의 말씀과 상반되는 듯이 보이는 여러 일들이 섭리에 의해서 일어난다고 할지라도 여전히 그 약속의 말씀에 의지할 수 있다. 하나님이 영들의 아버지, 영원한 아버지이시라는 것을 아는 자들은 무슨 일을 만나든지 끝까지 그들의 영혼을 하나님의 돌보심에 의탁할 수 있다.

(2) 하나님을 의지하면 할수록, 우리는 하나님을 더 많이 찾게 된다. 우리가 하나님을 의지한다면, 우리는 열렬한 믿음의 기도를 통해서 및 우리의 행실 전체가 언제든지 하나님께 인정받을 수 있는 것들이 되게 하고자 하는 끊임없는 관심을 통해서 하나님을 찾게 될 것이다.

(3) 하나님은 합당하게 그를 찾고 의지하는 자를 결코 부인하거나 내치지 않으셨고, 또한 앞으로도 영원히 그렇게 하실 것이다. 하나님께서는 그들에게 환난을 주신다고 하여도 아무런 위로도 없이 그들을 내버려 두시지는 않으실 것이다. 겉보기에는 그들을 잠시 동안 버리시는 것 같이 보일지라도, 하나님께서는 그들을 영원한 긍휼하심으로 모으실 것이다.

11너희는 시온에 계신 여호와를 찬송하며 그의 행사를 백성 중에 선포할지어다 12피 흘림을 심문하시는 이가 그들을 기억하심이여 가난한 자의 부르짖음을 잊지 아니하시도다 13여호와여 내게 은혜를 베푸소서 나를 사망의 문에서 일으키시는 주여 나를 미워하는 자에게서 받는 나의 고통을 보소서 14그리하시면 내가 주의 찬송을 다 전할 것이요 딸 시온의 문에서 주의 구원을 기뻐하리이다 15이방 나라들은 자기가 판 웅덩이에 빠짐이여 자기가 숨긴 그물에 자기 발이 걸렸도다 16여호와께서 자기를 알게 하사 심판을 행하셨음이여 악인은 자기가 손으로 행한 일에 스스로 얽혔도다 [힉가욘, 셀라] 17악인들이 스올로 돌아감이여 하나님을 잊어버린 모든 이방 나라들이 그리하리로다 18궁핍한 자가 항상 잊어버림을 당하지 아니함이여 가난한 자들이 영원히 실망하지 아니하리로다 19여호와여 일어나사 인생으로 승리를 얻지 못하게 하시며 이방 나라들이 주 앞에서 심판을 받게 하소서 20여호와여 그들을 두렵게 하시며 이방 나라들이 자기는 인생일 뿐인 줄 알게 하소서 (셀라)

이 절들에는 다음과 같은 내용들이 나온다.

I. 다윗은 하나님을 찬송한 후에, 다른 사람들에게 자기와 마찬가지로 하나님을 찬송하도록 초청한다(11절). 하나님은 크게 찬송을 받으실 자라고 믿는 자들은 스스로 하나님께 찬송을 더 잘 드리기를 원할 뿐만 아니라, 다른 사람들도 하나님을 찬송하는 일에 동참하게 되기를 원하여, 기쁜 마음으로 그들로 하여금 하나님을 찬송하게 하는 데에 도구가 되고자 한다: 너희는 시온에 계신 여호와를 찬송할지어다. 하나님의 영광이 특별히 머무는 곳이 하늘에 있는 것과 마찬가지로, 하나님의 은혜가 특별히 머무는 곳은 그의 교회이다. 여기에서 시온은 교회의 모형이었다. 거기에서 하나님은 자신의 약속들과 은혜들을 통해서 자기 백성을 만나시고, 거기에서 그들이 그들의 찬송과 섬김을 통해서 하나님을 만나게 되어 있다. 우리는 찬송할 때마다 그의 백성의 성회들 속에 그들의 보호자이자 후원자로서 특별한 방식으로 임재해 계시는 하나님, 시온에 계신 하나님을 바라보아야 한다. 다윗은 하나님의 기이한 일들을 전하고자 결심하고서(1절), 여기에서 다른 사람들에게 그의 행사를 백성 중에 선포하도록 권한다. 다윗은 자신의 신민들에게 하나님의 영광, 그들 나라의 영광, 그들의 거룩한 신앙의 영광을 위하여 그렇게 하도록 명령한다. 다윗은 그의 이웃 나라들에게 이제까지 그들이 거짓된 신들을 찬송하던 것을 버리고 시온에 계시는 여호와, 이스라엘의 하나님께 찬송을 드리며, 여호와께서 그의 백성 이스라엘을 위하여 큰 일을 행하신(시 126:3-4) 것을 이방 나라들 가운데서 고백하도록 간곡히 권한다. 그들은 특히 하나님께서 그의 백성 이스라엘이 흘린 피를 블레셋 사람들을 비롯해서 악한 이웃 나라들에게 복수하실 때에 공의로써 그들과 전쟁하셔서 그들을 가혹하게 다루시며 인정 사정 보아 주지 않으셨다는 것을 주목하여야 한다(12절).

하나님께서는 저 큰 날의 심판을 통해서 이 땅을 심판하러 오시기 전에 먼저 피 흘림을 심문하기 위하여 오실 때에 그들을 기억하시는데, 그들이 흘린 무죄한 피의 한 방울까지라도 기억하시며, 그것을 피에 굶주린 자들의 머리 위에 7배로 되갚아 주실 것이다. 하나님께서는 그들에게 그들이 마실 피를 주실 것인데, 이것은 그들이 그렇게 대우받기에 합당하기 때문이다. 다윗은 아마도 주께서 그 종들의 피를 갚으시리라(신 32:43)는 하나님의 약속의 말씀을 근거로 이러한 확신을 표현하였을 것이다. 하나님께서 장차 피 흘림을 심문하실 것인데,

은밀하게 흘려진 피들을 드러내서서, 부당하게 흘린 피에 대하여 복수하실 날이 올 것이다(사 26:21; 렘 51:35을 보라). 하나님께서 그의 백성이 흘린 피에 대하여 책임을 물으실 그 날에 그의 백성의 피가 하나님께 얼마나 소중한 것인지 드러나게 될 것이다(시 72:14). 그 날에는 하나님께서 가난한 자들의 부르짖음, 즉 그들의 피가 부르짖는 소리나 그들의 기도의 부르짖음을 잊어버리신 것이 아니고, 그러한 것들을 모두 그의 창고에 잘 쌓아 두었다는 것이 드러나게 될 것이다.

II. 다윗은 하나님께서 이전에 베푸신 긍휼들과 구원들을 찬송한 후에, 하나님께서 지금 그를 위하여 나타나 주시기를 간절히 기도한다. 왜냐하면, 다윗은 만물이 하나님의 발 아래에 있지 않은 것을 보고 있기 때문이다.

1. 다윗은 다음과 같은 것들을 기도한다.

(1) 하나님께서 그에게 긍휼을 베푸시기를(13절): "여호와여 내게 은혜를 베푸소서. 나를 위하여 하나님께 기도할 만한 그 어떤 공로도 없고 단지 비참함만이 있는 나는 나의 구원을 오직 하나님의 긍휼하심에만 의지하나이다."

(2) 하나님께서 그에게 관심을 가져 주시도록. 다윗은 마치 하나님께 자기가 무엇을 구체적으로 요구할 자격이 있는 것처럼 보이지 않도록 하기 위하여 자기가 구체적으로 구하는 것이 무엇인지를 구체적으로 말하지 않고, 하나님의 지혜와 뜻에 자기 자신을 의탁하여, "여호와여 나의 고통을 보소서. 주께서 내게 합당하다고 생각하시는 대로 행하시옵소서"라고 겸손하게 구한다.

2. 다윗은 이렇게 구할 때에 다음과 같은 것들에 호소한다.

(1) 그의 원수들의 악의, 그가 그를 미워하는 자들로부터 겪은 고통. 미워하는 것은 잔혹한 감정이다.

(2) 그가 이전에 어려웠을 때 하나님께서 그를 구해주셨던 경험과 그가 지금 이전과 마찬가지로 어려운 상황에 처해 있기 때문에 하나님께서 또 다시 구원해주실 것이라는 기대. "나를 사망의 문에서 일으키시는 주여, 주의 백성을 사망의 문에서 일으키시는 것은 주의 대권이기 때문에, 주께서는 그 일을 하실 수 있고 그 일을 해 오셨으며 앞으로도 그렇게 하실 것이니이다." 우리가 아무리 비천해지고 죽음을 코 앞에 두고 있다고 할지라도, 하나님께서는 우리를 일으키실 수 있으시다. 하나님께서는 우리를 영적이고 영원한 죽음으로부터 구원하셨기 때문에, 우리는 그것에 의지해서 우리의 모든 환난 중에 하나님께서 우

리를 즉각적으로 도우시리라는 것을 소망할 용기를 갖게 된다.

(3) 하나님께서 그로 하여금 승리하게 하시면, 그가 하나님을 찬송할 것이라는 진지한 다짐(14절). "여호와여, 나를 구원하소서. 그리하시면 내가 구원의 즐거움을 갖게 될 뿐만 아니라, 내가 주의 찬송을 딸 시온의 문에서 공개적으로 다 전할 것이기 때문에 주께서 영광을 받으시게 되리이다." 하나님은 시온에 계신다고 하였는데(11절), 다윗은 거기에서 하나님을 뵈옵고, 하나님의 구원을 기뻐하고자 하는데, 하나님의 이 큰 구원은 다윗의 자손에 의해서 이루어질 것이었다.

III. 다윗은 현세에서와 내세에서 모든 악한 자들의 확실한 멸망을 믿음으로 내다보고 예언한다.

1. 현세에서(15-16절). 하나님께서는 그들의 죄악의 분량이 다 찼을 때에 그들에 대하여 심판을 집행하는데, 이렇게 하시는 것은 다음과 같은 이유들 때문이다.

(1) 그들에게 수치를 주어서 그들의 몰락이 불명예스럽게 만들기 위해서. 그들은 그들 자신이 파 놓은 구덩이에 빠지게 되고(시 7:15), 하나님의 백성을 잡기 위하여 그들 자신이 쳐놓은 그물에 걸리게 되며, 그들 자신의 손으로 만든 함정에 빠지게 된다. 다윗이 블레셋 사람들과 싸운 모든 전쟁들에서 먼저 쳐들어온 자들은 항상 블레셋 사람들이었다(삼하 5:17, 22). 다른 민족들도 그들이 괴롭힌 자들에 의해서 복속되었다. 박해자들과 압제자들이 하나님의 백성을 멸하기 위하여 그들이 세운 바로 그 계략 때문에 멸망하게 되는 것이 하나님의 섭리이다. 술주정뱅이들은 스스로 죽어가고, 탕자들은 스스로 거지가 된다. 다투는 자들은 스스로에게 재앙을 자초한다. 이렇게 사람들이 어떻게 벌을 받느냐를 보면 그 사람이 지은 죄가 무엇인지를 알 수 있고, 죄인들의 멸망은 저절로 일어나서, 죄인들은 극도의 혼란에 빠지게 되는 것을 모든 사람이 볼 수 있다.

(2) 하나님께서 스스로 영광을 얻으시기 위하여. 여호와께서 자기를 알게 하신다. 즉, 하나님은 그가 집행하시는 그러한 심판들을 통해서 사람들에게 자기 자신을 알리신다. 이렇게 해서 사람들은 이 땅에서 사람들을 심판하시는 하나님이 계시다는 것, 그분은 의로우신 하나님이시며, 죄를 미워하여 그 죄를 벌하시고자 하시는 분이라는 것을 알게 된다. 이러한 심판들을 통해서 하나님의

진노는 사람들의 모든 경건치 않음과 불의에 대하여 하늘로부터 나타난다. 그러므로 시편 기자는 여기에서 특별히 주목할 것을 요구하는 특별한 표시인 힉가욘이라는 단어를 덧붙인다. 이것은 사람들이 주의 깊게 살펴보고 곰곰이 생각해보아야 할 일이다. 우리가 현재의 심판들에 대하여 보고 있는 것, 장차 임할 심판에 대하여 믿고 있는 것은 우리가 자주 진지하게 묵상해야 할 주제들이 되어야 한다.

2. 내세에서(17절). 악인들은 감옥으로 끌려가는 자들로서 스올로 들어가게 되고, 하나님을 잊어버린 모든 이방 나라들도 그리하리로다.

(1) 하나님을 잊어버린 것이 악인들이 온갖 악을 저지르게 되는 원인이다.

(2) 이 세상에는 하나님을 잊어버린 자들로 이루어진 나라들, 하나님 없이 살아가는 무수한 자들, 하나님을 전혀 안중에 두지도 않고 하나님의 길을 알려고 하지도 않는 수많은 강대국들이 존재한다.

(3) 마침내 스올은 그런 자들의 몫이 될 것이다. 스올은 멸망의 구덩이로서 영원히 비참하고 고통을 받는 곳인데, 거기에서 그들과 그들이 누리던 모든 낙들은 영원히 사라지고 묻히게 될 것이다. 그런 자들로 이루어진 나라들이 있다면, 그런 자들은 도살장으로 끌려가는 양들과 같이 스올로 돌아가게 될 것인데(시 49:14), 그들의 수가 많다는 것이 그들에게 그 어떤 안전이나 편안함을 보장해 주지도 못할 것이고, 그들이 스올로 돌아가는 것은 하나님께 그 어떤 손실도 되지 못하며, 하나님의 선하심에 조금의 누도 되지 못할 것이다.

IV. 다윗은 하나님의 백성들에게 하나님의 구원이 비록 오래 지체된다고 하더라도 기다리라고 격려한다(18절). 궁핍한 자들은 스스로 그들이 하나님께 잊혀졌다고 생각할 수 있고, 다른 사람들도 그들이 하나님으로부터 잊혀졌다고 생각할 수도 있으며, 그들이 하나님으로부터 오는 도움에 건 기대는 물거품이 되어버렸고 영원히 실현되지 않을 것처럼 보일 수도 있다. 그러나 믿음을 가지고 있는 자는 서두르지 않는다. 묵시는 정해진 때가 있어서, 결국에는 이루어진다. 우리는 하나님의 백성, 하나님의 택하신 자들은 언제든지 하나님께 잊혀진 것이 아니며, 하나님의 약속에 대한 그들의 소망은 언제든지 그들을 실망시키지 않으리라는 것을 틀림없는 진실로 여겨야 한다. 하나님께서는 그들을 기억하실 뿐만 아니라, 하나님께서 그들을 결코 잊은 적이 없으셨다는 것이 결국에는 드러나게 될 것이다. 여인이 그의 젖먹이 아이를 잊어버릴 수 있다고 하더라도, 하나님께서 그의 백성을 잊어버리는 일은 불가능하다.

V. 다윗은 하나님께서 그의 교회의 모든 악한 원수들의 교만을 낮추시며 그 권세를 꺾으시고 그 계략들을 이루어지지 못하게 해 달라는 기도로 끝을 맺는다. "여호와여 일어나소서(19절). 분기하여 일어나셔서 주의 능력을 발하소서. 주의 보좌에 앉으사, 주의 이름과 주의 말씀, 주의 백성을 대적하는 이 교만하고 무모한 원수들을 심판하옵소서."

1. "여호와여, 그들을 억제하시고, 그들의 악의를 제한하소서: 인생으로 승리를 얻지 못하게 하소서. 주의 영광을 생각하셔서, 약하고 죽을 수밖에 없는 인간들이 전능하시고 영원히 사시는 하나님의 나라와 그 세력에 대항하여 이기게 하지 마옵소서. 사람이 어찌 하나님에게 상대가 되겠느냐 사람이 어찌 그 창조하신 이보다 강하겠느냐."

2. "여호와여, 그들과 결산하옵소서. 이방 나라들이 주 앞에서 심판을 받게 하소서. 즉, 그들로 하여금 그들이 주께 끼친 온갖 불명예와 주의 백성에게 끼친 해악에 대하여 분명하게 책임을 지게 하옵소서." 회개치 않는 죄인들은 하나님 앞에서 벌을 받게 될 것이다. 은혜의 날이 지나면, 무한한 긍휼하심의 대접들도 그들에게 부어지지 않을 것이다(계 14:10).

3. "여호와여, 그들로 하여금 겁을 집어먹게 하소서. 여호와여 그들을 두렵게 하시며(20절), 공포스러운 일로 그들을 치시고, 그들로 하여금 주의 심판을 두렵게 하소서." 하나님께서는 아주 강하고 강건한 사람들조차도 아무도 쫓아오지 않는데도 두려워 떨며 도망치게 만드는 법을 알고 계시고, 그것을 통해서 그들로 하여금 그들은 단지 인생일 뿐이라는 것을 알고 고백하도록 만드신다. 그들은 단지 연약한 사람들, 거룩한 하나님 앞에 설 수 없는 연약한 인생들일 뿐이다 — 양심의 가책으로 인해서 놀라고 두려워하는 죄악된 인간들. 사람들이 자기 자신이 단지 하나님께 의존할 수밖에 없는 피조물, 변덕스럽고 죽을 수밖에 없으며 반드시 결산을 해야 하는 그런 인생들이라는 것을 알고 그러한 사실을 잘 생각해서 받아들이는 것은 하나님의 영광과 만유의 평강 및 복리를 위해서 매우 바람직한 일이라는 것을 명심하라.

이 시편을 노래할 때, 우리는 하나님께서 공의로써 그의 백성의 호소를 변호하시며 그들의 원수들을 대적하시는 것에 대하여 하나님께 영광을 돌려야 하고, 구속받은 자들의 해, 하나님께서 시온을 위하여 원수 갚으시는 해, 또한 모든 적그리스도의 권세와 그 일당들이 최종적으로 멸망당하는 때를 소망을 가지고 기다려야 한다. 많은 옛 사람들은 이 시편을 그런 식으로 적용하였다.

$$제\ 10\ 편$$

개요

    칠십인역에서는 이 시편을 제9편과 합해서 하나의 시편으로 다루고 있다. 그러나 히브리어 성경은 이 시편을 별개의 시편으로 다루고 있는데, 그 목적과 문체가 분명히 서로 다르다. 이 시편에서 I. 다윗은 악인들의 악함을 하소연하고, 그들의 불경건이 소름끼칠 정도까지 도달하였다고 말하며(하나님을 멸시하고 그의 교회와 백성을 핍박할 정도까지), 하나님께서 나타나셔서 그들을 멸하시는 것이 지체되고 있다는 것을 통지한다(1-11절). II. 다윗은 하나님께서 나타나셔서 그들을 벌하시고 그의 백성을 구원하시기를 기도하면서, 하나님께서 적절한 때에 그렇게 하실 것이라는 소망으로 스스로를 위로한다(12-18절).

[1]여호와여 어찌하여 멀리 서시며 어찌하여 환난 때에 숨으시나이까 [2]악한 자가 교만하여 가련한 자를 심히 압박하오니 그들이 자기가 베푼 꾀에 빠지게 하소서 [3]악인은 그의 마음의 욕심을 자랑하며 탐욕을 부리는 자는 여호와를 배반하여 멸시하나이다 [4]악인은 그의 교만한 얼굴로 말하기를 여호와께서 이를 감찰하지 아니하신다 하며 그의 모든 사상에 하나님이 없다 하나이다 [5]그의 길은 언제든지 견고하고 주의 심판은 높아서 그에게 미치지 못하오니 그는 그의 모든 대적들을 멸시하며 [6]그의 마음에 이르기를 나는 흔들리지 아니하며 대대로 환난을 당하지 아니하리라 하나이다 [7]그의 입에는 저주와 거짓과 포악이 충만하며 그의 혀 밑에는 잔해와 죄악이 있나이다 [8]그가 마을 구석진 곳에 앉으며 그 은밀한 곳에서 무죄한 자를 죽이며 그의 눈은 가련한 자를 엿보나이다 [9]사자가 자기의 굴에 엎드림 같이 그가 은밀한 곳에 엎드려 가련한 자를 잡으려고 기다리며 자기 그물을 끌어당겨 가련한 자를 잡나이다 [10]그가 구푸려 엎드리니 그의 포악으로 말미암아 가련한 자들이 넘어지나이다 [11]그가 그의 마음에 이르기를 하나님이 잊으셨고 그의 얼굴을 가리셨으니 영원히 보지 아니하시리라 하나이다

다윗은 이 절들 속에서 다음과 같은 것들을 드러낸다.

I. 하나님과 그의 은총을 무척 사모하는 마음. 왜냐하면, 환난의 때 ― 이것에 대해서 그는 매우 실감있게 하소연한다 ― 에 하나님께서 그의 은혜로운 임재를 거두시고 숨으셨기 때문이다(1절). “여호와여, 주의 이름에 가해진 불명예들과 주의 백성에게 행하여진 해악들에 대하여 아무런 관심도 없는 자처럼 어찌하여 멀리 서 계시나이까?” 하나님께서 물러가셔서 그의 임재를 거두시는 것은 그의 백성에게 어느 때든지 정말 슬프고 심각한 일이기는 하지만, 환난의 때에 그 정도는 특히 심하게 된다. 외적으로 구원받는 일이 너무도 멀리 있고 우리로부터 숨겨져 있을 때, 우리는 하나님께서 우리로부터 멀리 계시다고 생각하기 때문에, 우리는 내적인 위로를 받지 못하게 된다. 그러나 그것은 우리 자신의 잘못이다. 왜냐하면, 우리는 겉으로 드러난 현상을 따라서 판단하고 있는 것이기 때문이다. 우리의 불신앙으로 인해서 우리가 하나님으로부터 멀리 떠나있는 것인데도, 우리는 하나님께서 우리로부터 멀리 서 계신다고 불평한다.

II. 죄, 즉 상황을 어렵게 만든 죄악들에 대한 큰 분노(딤후 3:1). 다윗은 범죄자들을 보고서 몹시 슬퍼하며 몹시 놀라서, 그들의 악한 소행을 하늘에 계신 아버지께 고하는데, 이것은 이 세리들과 같지 않다는 것을 하나님 앞에 자랑하며 헛된 영광을 구하거나(눅 18:11), 자신의 개인적인 적대감과 불쾌하고 언짢은 감정을 쏟아내기 위한 것이 아니라, 하나님과 모든 선한 자들이 상처를 입는 것을 몹시 안타까워하여, 세상 풍습이 개혁되기를 간절히 바라는 것이었다. 악한 자들에 대하여 독설을 퍼붓는 것은 유익이 아니라 해가 된다. 우리는 악인들의 악행에 대하여 말하고자 한다면, 그것을 기도를 통해서 하나님께 아뢰어야 한다. 왜냐하면, 오직 하나님만이 그들을 더 나은 사람들로 만드실 수 있기 때문이다. 악인들의 악함에 대한 이러한 긴 서술은 여기에서 악한 자가 교만하여 가련한 자를 심히 압박하나이다(2절)라는 말로 요약되고 있는데, 여기에서 그들은 교만과 압박(박해)이라는 두 가지 것에 대하여 비난을 받고 있다 ― 교만은 압박의 원인이 된다. 교만한 자들은 그들 주변의 모든 사람들이 그들과 뜻이 같아야 하고 동일한 종교를 가져야 하며 그들이 말하는 대로 말하고 그들의 통치에 복종하며 그들의 명령에 말없이 따르도록 만들고자 한다. 그들은 그들에게 복종하지 않거나 그들의 명예를 조금이라도 실추시키는 자들을 불구대천의 원수로 여겨서 극도로 증오한다. 국가에서나 교회에서나 독재의 근원은 교만이다. 시편 기자는 이러한 묘사를 시작한 후에 곧 짤막한 기도를 삽입하는데, 본론에서 벗어나서 짤막하게 삽입된 이 기도는 문맥의 의미에 해가 되지 않고 도움이 된다: 그들이 자기가 베푼 꾀에 빠지게 하소서(2절) — 교만한 자들이 흔히 그러하듯이. 그들의 꾀가 그들에게로 돌아가서, 그 꾀로 말미암아 그들이 망하게 하소서. 여기에 제시된 두 가지 죄목이 이후의 내용 속에서 좀 더 상세하게 묘사된다.

1. 그들은 교만하고, 무척 교만하며 극히 스스로를 속이는 자들이다. 그렇기 때문에 다윗은 하나님께서 속히 나타나셔서 그들을 치지 않으시는 것을 기이하게 여겼다. 왜냐하면, 하나님께서는 교만을 싫어하시고 교만한 자들에게 대적하시기 때문이다.

(1) 죄인들은 교만하게도 자신의 힘과 성공을 자랑한다. 그는 그의 마음의 욕심을 자랑하며, 자기가 마음먹은 대로 무엇이든지 할 수 있다는 것(마치 하나님이라도 그를 어찌할 수 없다는 듯이), 자기가 원하는 것은 무엇이든지 다 가질 수 있으며, 자신의 목적을 언제든지 다 이루었다는 것을 자랑한다. 에브라임은 나는 실로 부자라. 내가 재물을 얻었도다라고 말하였다(호 12:8). "여호와여, 죄악된 자로 하여금 하나님 같은 주권과 지극한 복을 누리게 하시는 것이 주의 영광을 위한 것이나이까?"

(2) 죄인들은 교만하게도 하나님의 심판이 진리를 따라 이루어진다는 것을 반박한다. 왜냐하면, 죄인들은 여호와께서 몹시 싫어하시는 탐욕스러운 자들을 칭찬하기 때문이다(개역: 탐욕을 부리는 자는 여호와를 배반하여 멸시하나이다). 하나님과 사람들은 사람을 바라보는 눈과 감정에 있어서 얼마나 다른지를 보라: 하나님은 그들의 하나님을 돈벌이의 수단으로 삼아서 우상화하는 탐욕스러운 속물들을 몹시 싫어하시고, 그들을 그의 원수들로 여기셔서, 그들과 아무런 교통도 하고자 하지 않으신다. 세상과 벗하는 것은 하나님과 원수 되는 것이다. 그러나 교만한 자들은 그들을 칭찬하고, 그들의 말을 인정한다(시 49:13). 그들은 하나님께서 어리석다고 밝히 선언하시는 그런 자들을 지혜롭다고 칭찬하며 박수를 보낸다(눅 12:20). 그들은 하나님께서 그 앞에서 큰 죄를 지었다고 단죄하시는 그런 자들을 아무런 죄가 없는 자들이라고 두둔한다. 그들은 이 세상을 자신의 기업으로 삼는 자들을 복되다고 우러러 보지만, 하나님께서는 바로 그

러한 이유 때문에 그들이 진정으로 비참한 자들이라고 선언하신다. 얘, 너는 살았을 때에 좋은 것을 받았다.

(3) 죄인들은 교만하게도 하나님을 생각하는 것, 모든 것을 하나님께 의지하는 것, 하나님께 헌신하는 것을 헌신짝처럼 벗어 던진다(4절). 악인은 그의 교만한 얼굴, 즉 그의 얼굴 빛 속에 드러나는 그의 마음의 교만(잠 6:17)으로 말미암아 하나님을 찾고자 하지도 않고, 하나님에 관한 생각조차 하지 않는다. 그의 모든 생각 속에는 하나님이 없다. 그의 사상 속에는 하나님에 관한 것이 아무것도 없다. 그의 모든 사상은 하나님이 없다는 것이다. 좀 더 살펴보자.

[1] 불경건과 무종교의 본질. 그것은 하나님을 찾지 않는 것이고 우리의 사상 속에 하나님이 없는 것이다. 하나님을 찾고자 하는 것도 없고(욥 35:10; 렘 2:6), 하나님께로 나아가고자 하는 소원도 없으며, 하나님과의 교통도 없고, 단지 하나님께 의지하지 않고 하나님께 신세를 지지 않고자 하는 은밀한 욕구만이 있을 따름이다. 악한 자들은 하나님을 찾고자 하지 않는다(즉, 하나님을 부르고자 하지 않는다). 그들은 기도 없이 살아가는데, 그러한 것은 하나님 없이 살아가는 것이다. 그들은 많은 것들을 생각하고 많은 것들을 계획하며 궁리해 내지만, 그런 것들 속에 그 어디에도 하나님을 생각하는 것이 없으며, 하나님의 뜻에 순복하거나 하나님의 영광을 목적으로 하는 것이 없다.

[2] 이러한 불경건과 무종교의 원인. 그것은 바로 교만이다. 사람들이 하나님을 찾으려 하지 않는 것은 그들에게 하나님이 필요하지 않고, 그들 자신의 손으로 모든 것을 잘 해 나갈 수 있다고 생각하기 때문이다. 그들은 종교를 갖는 것은 못난 사람들이나 하는 짓이라고 생각한다. 왜냐하면, 종교인들은 소수이고 초라하며 멸시받고, 종교에 의한 구속들은 그들에게는 경멸스러운 것들로 보이기 때문이다.

(4) 죄인들은 교만하게도 하나님의 계명들과 심판들을 멸시한다(5절): 그의 길은 언제든지 견고하다. 죄인은 아주 대담하고 단호하게 자신의 죄악된 길을 간다. 죄인은 그의 길이 그 자신에게 아무리 힘들고 다른 사람들에게 해를 끼치는 것이 된다고 할지라도 자신의 길을 가고자 한다. 죄인은 그의 악한 길을 가는 데에 고통스럽지만, 그의 교만은 그로 하여금 그 악한 길들을 완고하고 끈질기게 가게 만든다. 하나님의 판단들(하나님께서 명하시는 것과 그가 명하시는 것을 범했을 때에 하나님께서 벌하기로 작정하신 것)은 너무 높아서 그에

게 미치지 못한다. 죄인은 하나님의 율법을 통해서 자신의 도리를 깨닫지 못하고, 하나님의 진노와 저주를 통해서 자신의 위험을 깨닫지도 못한다. 죄인에게 하나님의 권세가 그의 위에 있다고 말해 보라. 그러면 그는 자기가 결코 하나님을 본 적이 없기 때문에 하나님이 계시다는 것, 즉 하나님이 높은 하늘에 계신다는 것을 알지 못한다고 말하며, 우리는 우리 위에 있는 것들과는 아무런 상관이 없다고 딱 잘라서 말할 것이다. 또한, 죄인에게 계속해서 죄악 속에 머무는 자들에게 하나님의 심판들이 임할 것이라고 말해 보라. 그러면 그는 하나님의 심판은 전혀 현실이 아니라고 주장할 것이다. 하나님의 심판은 높아서 그에게 미치지 못하기 때문에, 그는 하나님의 심판이 아무런 근거도 없는 공갈이라고 생각한다.

(5) 죄인은 교만하게도 그의 모든 원수들을 멸시하고, 그들을 극도로 경멸한다. 그는 하나님께서 그에 대하여 채찍과 파멸이 될 자들로 예비하고 계시는 그런 자들을 마치 그가 그들 모두를 무릎 꿇게 해서 자기 편으로 만들 수 있는 것처럼 무시하고 의기양양해한다. 그러나 원수를 멸시하는 것이 몰지각한 일인 것과 마찬가지로, 하나님의 진노의 도구를 멸시하는 것은 불경한 짓이다.

(6) 죄인은 교만하게도 자신에게 닥쳐오는 환난을 무시하고서, 자기가 계속해서 형통하리라는 것을 자신한다(6절). 그는 나는 흔들리지 아니하며, 여러 해 동안 쓸 물건들을 많이 쌓아 놓았기 때문에 대대로 환난을 당하지 아니하리라고 그의 마음에 이르며, 그런 생각으로 기뻐한다. 그는 바벨론처럼 내가 영영히 여주인이 되리라고 말하였다(사 47:7; 계 18:7). 망하는 것은 자기와는 거리가 멀다고 생각하는 사람들에게 파멸은 아주 가까이에 있다.

2. 그들은 박해자들, 잔혹한 박해자들이다. 자신의 교만과 탐욕을 충족시키기 위해서 그들은 하나님과 신앙에 거슬러서 그들의 수중에 있는 모든 자들을 철저하게 압제한다. 이러한 박해자들과 관련해서 다음과 같은 것들을 살펴보자.

(1) 그들은 너무도 냉혹하게 악의적이라는 것(7절): 그의 입에는 저주가 가득하다. 그는 어떤 사람에게 실제적으로 해악을 가할 수 없는 경우에는 독설과 저주를 퍼부어서 말로써 그 사람을 죽이고자 한다. 이렇게 하나님의 신실한 예배자들은 종과 책과 촛불을 통해서 파문을 당해 왔고 저주를 받아 왔다. 악의가 가득한 마음이 있는 곳에는 보통 저주와 악담이 가득한 입도 있다.

(2) 그들은 매우 거짓되고 기만적이라는 것. 그들은 다른 사람들을 해칠 음모를 꾸미지만, 그 음모는 사람들이 알아볼 수 없도록 혀 아래에 감춰져 있다. 왜냐하면, 그의 입에는 거짓과 죄악이 충만하기 때문이다. 그는 속이고 멸망시키는 것을 마귀에게서 배웠다. 그의 마음속에 있는 미움은 이러한 속임으로 감춰져 있다(잠 26:26). 그는 자신의 목적을 달성하기 위해서는 자기가 어떠한 거짓말들을 하고 있는지, 어떠한 맹세들을 깨뜨리고 있는지, 어떠한 위장술을 사용하고 있는지에 대해서는 전혀 개의치 않는다.

(3) 그들은 자신의 계략을 실행함에 있어서 너무도 교묘하고 영악하다는 것. 그들은 그들이 의도하는 것을 좀 더 효과적으로 달성하기 위해서 여러 가지 방법들과 수단들을 사용한다. 그는 교활한 사냥꾼인 에서처럼 마을 구석진 곳에 앉으며 그 은밀한 곳에서 누군가를 해치기 위해서 그의 눈은 가련한 자를 엿본다(8절). 이것은 그가 자신이 행하는 일을 부끄러워하기 때문도 아니고(만약 그가 자신의 일을 부끄러워하여 얼굴을 붉힌다면, 그에게는 회개할 소망이 약간이라도 남아 있게 될 것이다), 하나님의 진노를 두려워해서도 아니며(그는 하나님이 결코 그에게 결산하자고 하지 않으실 것이라고 생각하기 때문에, 11절), 오직 그의 계획이 발각되어서 수포로 돌아갈 것을 염려하기 때문이다. 아마도 이것은 특히 구석진 곳에 은밀하게 숨어서 아무것도 모르고 지나가는 행인들을 덮쳐서 그들이 가지고 있는 것들을 빼앗아가는 노상 강도들을 가리키는 것 같다.

(4) 그들은 매우 잔혹하고 야만적이라는 것. 그들의 악의가 표적으로 삼고 있는 것은 그들에게 결코 아무런 도발도 하지 않은 무죄한 자, 그들에게 아무런 저항도 할 수 없고 그들이 이겨 보아야 아무런 자랑거리도 되지 못할 가련한 자이다. 무죄한 자들이나 가난한 자들에게 악의적으로 해악을 끼치고자 하는 자들은 그들의 정직성과 명예를 완전히 잃어버리게 된다. 힘을 지닌 자들은 무죄한 자들을 보호하고 가난한 자들에게 먹을 것을 공급해 주는 것이 도리이다. 그런데도 이 자들은 그들이 보호해 주어야 할 그런 사람들을 도리어 해악을 가하고 죽이고자 하고 있다. 그들은 무슨 목적으로 그렇게 하는 것인가? 그것은 가련한 자들을 잡고 그들을 자기 그물로 끌어 당겨서, 즉 그들을 그들의 수중에 넣고서 그들에게서 물건을 빼앗을 뿐만 아니라 그들을 죽이고자 하는 것이다. 그들은 소중한 생명을 사냥한다. 그들이 박해하는 것은 하나님의 가련한 백성들

이다. 하나님의 백성들은 하나님을 위하여 존재하고, 하나님의 형상을 지니고 있기 때문에, 그들은 하나님의 백성들을 극도로 증오하여 그들을 죽이고자 은밀한 곳에 엎드리고 있다. 그들은 피에 굶주린 사자처럼 은밀한 곳에 엎드려 있다가 먹잇감을 포획하면 희희낙락하며 잡아 먹는다. 그들은 마귀의 대리자들인데, 마귀는 삼킬 것이 아니라 삼킬 자를 찾고 있는 사자에 비유된다.

(5) 그들은 비열하고 위선적이라는 것(10절). 그들은 포식자들처럼 먹잇감을 잡기 위해서 구푸려 엎드린다. 이것은 박해자들과 압제자들은 그들의 악한 음모를 달성하기 위해서는 아무리 비천한 것일지라도 거기에 자신의 비열한 영혼을 바짝 낮추어서 엎드린다는 것을 암시한다. 사울이 다윗을 사냥하러 다녔을 때에 그가 보여준 추악한 행동들이 그 사례들이다. 또한 이것은 그들이 극심한 해악을 끼치고자 물색한 자들에게 겉으로는 온유하고 겸손하며 친절하게 대함으로써 그들의 악의적인 음모를 은폐하고자 한다는 것을 보여주는 것이다. 그들은 스스로를 낮추어서 가련한 자들의 처지에 동정하며 그들의 관심사들에 관심을 가져 주는 척하면서 그들을 덮쳐서 자신의 먹이로 삼을 기회를 호시탐탐 노린다.

(6) 그들은 매우 불경스러운 무신론자들이라는 것(11절). 만약 그들이 모든 신앙심을 먼저 버리지 않았고, 가장 거룩하고 자명한 삶의 원칙들을 담고 있는 하나님의 법의 빛에 대하여 반기를 들지 않았다면, 그들은 이렇게 인간을 향한 공의와 선하심을 담고 있는 하나님의 모든 법을 깨뜨릴 수는 없었을 것이다: 그는 그의 마음에 하나님이 잊으셨다고 말한다. 그 자신의 양심이 그에게 그가 한 일의 결과들에 대하여 책망하고서, 그가 하늘과 땅의 의로우신 재판장께 그것에 대하여 어떻게 대답할 것인지를 묻는다면, 여호와께서 이 땅을 버리셨다(겔 8:12; 9:9)고 딱 잘라 말하였을 것이다. 이것은 다음과 같은 것들을 모독하는 발언이다.

[1] 마치 하나님께서 사람들이 이 아랫 세상에서 하는 일들을 볼 수도 없고 보지도 않는 것처럼 하나님의 전지하심과 섭리를 모독하는 것.

[2] 마치 하나님께서 사람들이 저지르는 가장 비인간적인 만행들을 보기는 하시지만 싫어하지도 않으시고 묵인하시는 것처럼 하나님의 거룩하심과 그의 본성의 올바름에 대하여 모독하는 발언.

[3] 마치 하나님께서 악인들의 악행을 보시고 싫어하기는 하시지만, 그러한

것들을 처리하거나 벌하시는 것을 할 수도 없고 하고자 하지도 않는 것처럼 하나님의 공의와 그의 공평한 통치에 대하여 모독하는 발언. 교만한 압제자들에 의해서 고통을 겪는 자들은 하나님께서 때가 되면 그들을 위하여 나타나시리라는 것을 소망하여야 한다. 왜냐하면, 그들에게 독설을 퍼붓고 괴롭히는 자들은 전능하신 하나님에게 독설을 퍼붓고 욕되게 하는 것이기 때문이다.

이 시편을 노래하고 이 시편을 놓고 기도할 때, 우리는 압제자들의 악함에 대한 거룩한 분노, 압제받는 자들의 불쌍한 처지를 긍휼히 여기는 마음, 하나님의 영광과 존귀를 위한 경건한 열심, 하나님께서 때가 되면 상처받은 자들을 회복시키시고 상처준 자들을 다루시리라는 견고한 믿음으로 우리 마음을 채워야 한다.

[12]여호와여 일어나옵소서 하나님이여 손을 드옵소서 가난한 자들을 잊지 마옵소서 [13]어찌하여 악인이 하나님을 멸시하여 그의 마음에 이르기를 주는 감찰하지 아니하리라 하나이까 [14]주께서는 보셨나이다 주는 재앙과 원한을 감찰하시고 주의 손으로 갚으려 하시오니 외로운 자가 주를 의지하나이다 주는 벌써부터 고아를 도우시는 이시니이다 [15]악인의 팔을 꺾으소서 악한 자의 악을 더 이상 찾아낼 수 없을 때까지 찾으소서 [16]여호와께서는 영원무궁하도록 왕이시니 이방 나라들이 주의 땅에서 멸망하였나이다 [17]여호와여 주는 겸손한 자의 소원을 들으셨사오니 그들의 마음을 준비하시며 귀를 기울여 들으시고 [18]고아와 압제 당하는 자를 위하여 심판하사 세상에 속한 자가 다시는 위협하지 못하게 하시리이다

다윗은 여기에서 압제자들의 비인간적인 만행과 불경건에 관한 앞서의 묘사를 토대로 하나님께 호소한다. 여기에서 우리는 다음과 같은 것들을 살펴보자.

I. 다윗은 무엇을 위해서 기도하는가?

1. 하나님께서 직접 나타나시도록(12절): "여호와여 일어나옵소서. 하나님이여 손을 드옵소서. 이 낮은 세상의 일들 속에서 주의 섭리와 임재를 나타내옵소서. 여호와여 일어나셔서, 주께서 얼굴을 숨기셨다고 말하는 자들을 당혹하게 하옵소서. 주의 권능을 나타내셔서 주께서 살아 계시다는 것을 입증하시고, 주의 손을 드셔서 이 압제자들에게 치명적인 타격을 가하옵소서. 그리하여 주의 영

원한 팔이 여지없이 드러나게 하옵소서."

2. 하나님께서 자기 백성을 위하여 나타나시도록. "가난한 자들, 더욱 가난해진 자들, 심령이 가난한 자들을 잊지 마옵소서. 그들을 압제하는 자들은 기고만장하여 주께서 가난한 자들을 잊으셨다고 말하나이다. 가난한 자들도 낙심하여 주께서 정말 그들을 잊으신 것은 아닌가 생각하나이다. 여호와여, 이 둘 모두의 생각이 잘못되었다는 것을 드러내 보이옵소서."

3. 하나님께서 나타나셔서 가난한 자들을 박해하는 자들을 치시도록(15절).

(1) 하나님께서 그들로 하여금 그 어떤 악행도 할 수 없게 해 달라고. 악인의 팔을 꺾으시고 그의 힘을 빼앗아 가셔서 경건하지 못한 자가 권세를 잡아 백성을 옭아 매지 못하게 하옵소서(욥 34:30). 성경에서는 하나님께서 압제자들로부터 다스리는 권세를 빼앗아 가셨지만 그들에게 회개할 시간을 주시기 위해서 그들의 목숨을 연장시켜 놓으셨다고 말한다(단 7:12).

(2) 하나님께서 그들이 행한 악행에 대하여 그들을 징벌하시도록. "악한 자의 악을 찾으소서. 악인은 그의 악이 영원히 발각되지 않은 채로 있게 될 것이라고 생각하지만, 하나님께서는 그의 모든 악을 드러내옵소서. 악인은 자기가 저지른 악에 대하여 영원히 벌을 받지 않을 것이라고 생각하지만, 하나님께서는 그의 모든 악에 대하여 그에게 책임을 물으시옵소서. 이런 일을 더 이상 찾아낼 수 없을 때까지 행하옵소서. 즉, 악인의 악행들 중에서 책임을 묻지 않은 것이 하나도 남아 있지 않고, 그의 악한 계략들 중에서 좌절되지 않은 것이 하나도 남아 있지 않으며, 그의 도당들 중에서 멸망받지 않은 자가 한 사람도 없을 때까지 그렇게 하옵소서."

II. 다윗은 이러한 간구들이 이루어질 것에 대한 자신의 믿음을 격려하기 위해서 어떠한 근거들을 제시하고 있는가?

1. 다윗은 이 교만한 압제자들이 하나님 자신을 크게 모욕하였다는 것을 근거로 제시한다. "여호와여, 우리가 주께서 나타나시기를 간구하는 것은 주의 일을 위한 것이나이다. 원수들이 주의 일을 훼방하였으니, 주께서 그들을 벌하지 않고 그대로 놔 두시는 것은 주의 영광을 위한 것이 아니나이다"(13절): 어찌하여 악인이 하나님을 멸시하는 것입니까? 악인은 "주는 감찰하지 아니하리라. 주는 우리가 행한 일에 대하여 결코 우리에게 책임을 묻지 아니하리라"고 말함으로써 하나님을 멸시한다. 사실 이러한 말보다 의로운 하나님을 더 욕되게

하는 말은 없을 것이다. 시편 기자는 여기에서 다음과 같은 것들에 경악한다.

(1) 악인들의 악함. "그들은 어찌하여 그토록 불경스럽고 그토록 터무니없는 말을 하는 것입니까?" 죄인들이 죄를 저지름으로써 거룩하신 하나님, 그의 명령들, 그의 약속들, 그의 위협들, 그의 은총들, 그의 심판들이 얼마나 큰 멸시를 받고 있는 것인가를 생각하는 것은 선한 사람들에게 큰 괴로움이다. 악인들은 하나님에 속한 모든 것을 멸시하고 업신여긴다. 어찌하여 악인이 하나님을 멸시하는 것입니까? 그것은 그들이 하나님을 모르기 때문이다.

(2) 하나님께서 그들을 오래 참으시고 인내하신다는 것. "어찌하여 하나님께서는 그들이 이렇게 하나님을 멸시하는 것을 그냥 두고 보시는 것입니까? 왜 하나님께서는 즉각적으로 자신이 옳다는 것을 나타내시고 그들에 대하여 보복하지 않으시는 겁니까?" 그것은 그들의 죄악의 분량이 다 차서 결산할 날이 장차 올 것이기 때문이다.

2. 다윗은 하나님께서 이 압제자들의 불경과 죄악을 이미 보셨다는 것을 근거로 제시한다(14절). "박해자들은 주께서 그들이 하는 일을 결코 보지 않으실 것이라는 근거없는 망상으로 더욱 힘을 내어 악행을 저지르고 있는 것이 아닙니까? 박해받는 자들로 하여금 주께서 박해자들이 저지른 악행들을 보셨을 뿐만 아니라 이 압제자들이 행한 모든 해악들과 그들의 가슴 속에 숨어 있는 온갖 악의와 앙심을 지금도 보고 계신다는 확고한 믿음을 통해서 힘을 얻게 하옵소서. 그들의 모든 것은 주께 알려져 있고 주께서 보신 바 되었나이다. 또한 주께서는 그것을 보셨고 지금도 보고 계실 뿐만 아니라, 그것에 대하여 책임을 물으실 것이고, 주의 복수하는 의로운 손을 통해서 그들에게 되갚아 주실 것이나이다."

3. 다윗은 압제받은 자들이 하나님을 의지하였다는 것을 근거로 제시한다. "외로운 자가 주를 의지하나이다. 그들은 하나님을 그들의 후원자이자 보호자로서 의지하고 있고, 그들의 재판장이신 하나님께 자신을 의탁하고 있나이다. 그들은 하나님의 결정을 순순히 따를 것이고, 하나님의 처분을 기꺼이 받아들일 것입니다. 그들은 그들 자신을 주께 맡겨 놓고 있나이다(어떤 이들은 이렇게 해석한다). 그들은 하나님께 어떻게 해 달라고 청하고 있는 것이 아니라, 하나님의 지혜와 뜻에 모든 것을 맡기고 있나이다. 이렇게 함으로써 그들은 압제자들이 주를 욕되게 하는 것만큼이나 주께 존귀함을 돌려 드리고 있나이다. 그들은 자

발적으로 주의 신민들이 되어서 그들 자신을 주의 보호하심 아래에 두었나이다. 그러므로 그들을 보호하여 주옵소서."

4. 다윗은 하나님께서 우리에 대하여 어떤 관계에 있기를 기뻐하시는지를 근거로 제시한다.

(1) 크신 하나님. 여호와께서는 영원무궁하도록 왕이시다(16절). 악행하는 자들을 억제하고 두렵게 만들기 위하여 공의를 집행하며, 선한 일을 행하는 자들을 보호하고 칭찬하는 것은 왕의 직무이다. 신민들이 왕이 아니면 그 누구에게 호소할 수 있겠는가? 내 주 왕이여, 내 원수에 대한 나의 원한을 풀어 주소서. "여호와여, 주를 그들의 왕으로 삼아서 충성을 맹세하고 조공을 바치는 모든 자들로 하여금 주께서 베푸시는 통치의 은택을 입게 하시고 주를 그들의 피난처로 삼게 하옵소서. 주는 이 세상의 왕과는 달리 영원하신 왕으로서, 시간이 더 이상 존재하지 않게 될 때에 영원한 심판을 통해서 영원한 상과 벌을 베푸실 것인데, 가난한 자들은 바로 그러한 심판에 자신을 맡기고 있나이다."

(2) 선하신 하나님. 하나님은 고아를 도우시는 이(14절), 즉 그 누구에게서도 도움을 받을 길이 없고 오직 많은 사람들이 그를 해치고자 하는 그런 자들을 도우시는 이이시다. 하나님은 왕들을 임명하셔서 가난한 자와 고아를 위하여 판단하게 하셨으니(시 82:3), 하물며 스스로는 얼마나 그러한 일들을 더 많이 하시겠는가. 왜냐하면, 하나님께서는 고아의 아버지(시 68:5), 도움을 받을 수 없는 자들을 도우시는 이라는 칭호를 그의 존귀한 칭호들 중의 하나로 받아들이셨기 때문이다.

5. 다윗은 하나님의 교회와 백성들이 하나님께서 그들을 위하여 기꺼이 나타나 주신 것을 경험하였다는 것을 근거로 제시한다.

(1) 하나님께서는 그들의 원수들을 흩으시고 멸절시키셨다(16절): "이방 나라들이 주의 땅에서 멸망하였나이다. 오랫동안 이스라엘에게 눈의 가시이자 이스라엘을 못살게 굴어 왔던 가나안 사람들의 나머지 일곱 저주받은 족속들이 마침내 이제 완전히 멸절되었다. 이것은 우리에게 하나님께서 어떤 점들에서는 이방 사람들보다도 더 악한 압제하는 이스라엘 사람들의 팔을 동일한 방식으로 하나님께서 꺾으시리라는 것을 소망하도록 격려하는 말씀이다."

(2) 하나님께서는 그들의 기도들을 들으시고 응답하셨다(17절). "여호와여 주는 겸손한 자의 소원을 여러 차례 들으셨고, 그들이 괴로워서 드리는 간구에

한 번도 응답하지 않으신 적이 없으셨나이다. 어찌하여 우리가 우리 조상들이 우리에게 말해 준 기사들과 은총들이 우리에게도 계속해서 일어나게 될 것을 우리가 소망하지 않겠나이까?"

6. 다윗은 그들이 하나님에 대하여 경험한 것으로부터 지금도 하나님께 그러한 것들을 기대한다는 것을 근거로 제시한다. "여호와께서 내 간구를 들으셨으니, 또한 여호와께서는 귀를 기울여 들으시리로다(시 6:9). 주는 동일하셔서, 주의 능력과 약속, 주의 백성에 대한 관계도 동일하시고, 은혜의 역사들도 동일하시나이다. 그런데 왜 우리가 전에 기도를 들으셨던 하나님께서 지금도 여전히 우리의 기도를 들으시리라고 소망하지 않겠나이까?" 여기서 우리는 다음과 같은 것들을 살펴보자.

(1) 하나님께서는 어떠한 방식으로 기도를 들으시는가. 하나님은 먼저 그의 백성의 마음을 준비시키신 후에, 그들에게 평안의 응답을 주신다. 이런 방식이 아니고는 우리는 하나님의 은혜로운 응답을 기대할 수 없다. 따라서 하나님께서 우리 위에 직접 역사하시는 것은 하나님께서 우리를 위하여 장차 역사하실 것임을 보여주는 가장 좋은 전조가 된다. 하나님께서는 우리 마음속에 거룩한 소원을 불러일으키시고 우리의 가장 거룩한 믿음을 견고하게 하시며 우리의 생각을 바로잡으시고 우리의 감정을 불러일으키심으로써 우리의 마음을 기도하기에 합당한 상태로 준비시키신 후에, 은혜로 우리의 기도를 받으시고 열납하신다. 하나님께서는 우리가 구하는 긍휼 자체를 받아서 잘 사용할 수 있도록 우리의 마음을 준비시키신 후에, 긍휼하심을 우리에게 베풀어 주신다. 마음을 준비시키시는 것은 여호와께로부터 나오는 것으로서, 우리는 여호와께서 우리의 마음을 준비시켜 달라고 구하여야 하고(잠 16:1), 여호와께서 우리의 마음을 준비시키시면, 우리는 그것을 선행적인 은총으로 여겨야 한다.

(2) 하나님께서는 기도에 대한 응답으로서 무엇을 행하시고자 하시는가(18절).

[1] 하나님은 박해받는 자들을 변호하시고, 고아와 압제당하는 자들을 위하여 심판하시며, 그들의 무죄함을 분명하게 드러내시고, 그들의 위로를 회복하시며, 그들이 입은 모든 손실과 손해를 다 갚아 주실 것이다.

[2] 하나님은 박해자들의 광분을 끝장내실 것이다. 그들은 이제까지 활개를 쳤지만, 더 이상은 그렇게 하지 못하게 될 것이다. 그들의 악의의 교만한 물결

은 여기에서 멈추게 될 것이다. 세상에 속한 자가 다시는 위협하지 못하게 하는 효과적인 조치가 취해질 것이다. 시편 기자는 그가 이 시편에서 묘사하여 왔던 저 교만한 박해자의 권세를 이제는 하찮게 여기고, 하나님의 왕권을 무시해 왔던 자의 생각을 이제는 아주 하찮게 여긴다. 첫째, 그런 자는 세상에 속한 자, 즉 흙에서 나온(이 단어의 원래의 의미) 자, 그러므로 초라하고 연약하며 다시 서둘러서 흙으로 돌아가게 될 자일 뿐이다. 그러므로 우리가 압제자의 광분을 두려워할 이유가 어디 있겠는가? 그런 자는 단지 죽을 사람, 풀 같이 될 사람의 아들일 뿐이다(사 51:12). 우리를 보호하시는 분은 하늘에 계신 여호와이시다. 우리를 박해하는 자는 단지 세상에 속한 자, 땅으로부터 나온 자일 뿐이다. 둘째, 하나님께서는 그런 자를 묶으셔서 그의 나머지 분노를 너무도 쉽게 억제하실 수 있기 때문에, 그는 그가 하고 싶은 것을 할 수가 없다. 하나님께서 말씀하시면, 사탄은 그가 도구로 사용하는 자들을 통해서 더이상 속일 수도 없고 압제할 수도 없게 될 것이다(계 20:3).

이 절들을 노래할 때, 우리는 하나님의 존귀하심과 유익에 대하여 진심으로 관심을 가진 자들로서 하나님께서 때가 되면 그 열심으로 이루시리라는 것을 믿고서, 의로운 신앙이 해를 받은 것에 대하여 하나님께 호소하고 그 처리를 맡겨야 한다.

제 11 편

개요

이 시편에서 우리는 다윗이 위험을 당했을 때에, 하나님을 불신하고 자신의 안전을 위하여 다른 수단을 강구하고자 하는 강력한 유혹과 싸워서 승리하는 모습을 보게 된다. 이 시편은 다윗이 사울이 시기심으로 그를 미워하기 시작하면서 그를 겨냥해서 창을 두 번이나 던졌을 때에 지어진 것으로 생각된다. 그 때에 다윗은 그의 고향으로 피신하도록 조언을 받았다. 그러자 다윗은 "아니오, 나는 하나님을 의지하니, 내가 있는 곳을 지킬 것이오"라고 대답한다. 이 시편에서 우리는 다음과 같은 것들을 살펴보자. I. 다윗은 이러한 시험을 어떻게 묘사하고, 거기에 어떻게 대처하고 있는가(1-3절). II. 다윗은 하나님의 주관하심과 섭리(4절), 하나님께서 의인에게 은혜를 베푸시고 악인에게 진노가 예비되어 있다는 것(5-7절)을 통해서 그러한 유혹하는 말을 어떻게 잠재우고 있는가. 교회의 원수들이 믿는 자들을 노골적으로 욕하고 위협하여 공공연한 공포의 분위기가 조성되어 있는 때에 이 시편을 묵상하는 것은 유익할 것이다.

〔다윗의 시, 인도자를 따라 부르는 노래〕
¹내가 여호와께 피하였거늘 너희가 내 영혼에게 새 같이 네 산으로 도망하라 함은 어찌함인가 ²악인이 활을 당기고 화살을 시위에 먹임이여 마음이 바른 자를 어두운 데서 쏘려 하는도다 ³터가 무너지면 의인이 무엇을 하랴

이 절들에는 다음과 같은 내용들이 나온다.

I. 하나님만을 의지하겠다는 다윗의 확고한 결단. 내가 여호와께 피하였다(1절). 진정으로 하나님을 경외하고 섬기는 자들은 기쁜 마음으로 하나님을 의지하고, 또한 그렇게 하는 것에 대하여 부끄러워하지 않을 것이다. 하나님을 자신의 하나님으로 모시고 있는 성도들이라면, 하나님을 자신의 소망으로 삼는 것은 너무도 당연한 일이다. 그들이 의지할 수 있는 다른 것들이 그들에게 있다고 할지라도, 그들은 그러한 것들을 의지하지 않고 오로지 하나님만을 의지

한다. 그들은 돈에 기대지도 않고 말이나 병거를 자신의 의지처로 삼지도 않으며, 오로지 하나님만을 자신의 피난처로 삼는다. 그러므로 그들을 둘러싼 모든 여건이 실패한다고 할지라도 그들의 소망은 결코 무너지지 않는다. 왜냐하면, 그들이 의지하는 하나님은 예전이나 지금이나 동일하시고 영원토록 동일하시기 때문이다. 시편 기자는 하나님을 불신하라는 유혹을 자기가 받았다는 것을 서술하기 전에 자기는 오직 하나님만을 의지하고 죽든 살든 하나님만 의지하겠다는 자신의 결단을 기록한다.

II. 다윗이 하나님을 의지하지 말라고 유혹하는 것에 대하여 반감을 나타냄. "이렇게 하나님께로 돌아와서 그 안에서 안식하며 편안함을 누리고 있는 내 영혼에게 너희가 새 같이 네 산으로 도망하여 새를 잡는 자에게서 벗어나 안전하라고 말하는 것은 어찌된 일인가?" 이러한 말은 다음 둘 중의 하나의 의미로 해석될 수 있을 것이다.

1. 다윗의 겁 많은 친구들의 진지한 조언. 많은 사람들이 이 본문을 이런 식으로 이해하는데, 대단히 유력한 해석이다. 다윗이 진심으로 잘 되기를 바랐던 몇몇 사람들은 사울이 미쳐 날뛰면서 악의적으로 다윗을 죽이고자 하는 것을 보았을 때에 다윗이 기름 부음을 받은 것은 그의 목숨을 구원하는 것이 아니라 오히려 위태롭게 하는 것이 될 가능성이 많다고 생각하고서, 다윗에게 그가 받은 기름 부음에 지나치게 의지하지 말고 모든 수단을 동원해서 어디 안전한 곳으로 피하여 목숨을 부지하라고 강력히 권하였다. 이러한 친구들의 조언이 다윗의 마음을 무겁게 했던 것은 지금 도망하는 것이 겁쟁이 같은 행동이 되고 군인인 그에게 합당치 못한 일이 되리라는 것 때문이 아니었고, 그렇게 하는 것은 불신앙을 나타내는 것으로서 내가 여호와를 의지하나이다라고 자주 말해 왔던 성도에게 합당치 못한 일이 될 것이기 때문이었다. 이 본문을 이렇게 해석하게 되면, 그 이후에 나오는 두 개의 절은 다윗의 소심하고 마음 약한 친구들이 앞에서 제시한 조언을 하면서 그 근거로 제시한 이유들을 기록하고 있는 것이 된다. 그들이 다윗에게 도망칠 것을 권유한 것은 다음과 같은 이유들 때문이었다.

(1) 다윗이 지금 이대로 있다면 안전할 수 없다는 것(2절). 그들은 이렇게 말한다: "악인이 활을 당기고 있는 것을 보라. 사울과 그의 졸개들이 너의 생명을 노리고 있는 상황에서 네 마음이 올바른 것은 너를 안전하게 지켜 주는 것이

되지 못할 것이다." 마음이 바른 자에 대한 악인들의 적대감이 얼마나 크고, 여자의 후손에 대한 뱀의 후손의 적대감이 얼마나 큰지를 보라. 그들이 의인들에게 해악을 가하기 위하여 어떠한 수고를 하고 어떠한 준비를 하는지를 보라. 그들은 어두운 데서 은밀하게 마음이 바른 자를 쏘려 한다. 이것은 의인들이 그들의 악한 꾀를 보거나 피할 수 없게 하고, 다른 사람들이 그들의 음모를 방해하거나 하나님이 그들의 악행을 벌하지 못하게 하기 위한 것이다.

(2) 다윗은 지금 여기에서 더 이상 아무런 쓸모도 없다는 것. 그들은 이렇게 말한다: "터가 무너지면(사울의 폭정에 의해서 터가 이미 무너졌다), 나라와 정부가 정상 궤도에서 이탈하여 제멋대로 나간다면(시 75:3; 82:5), 네가 너의 의로써 모든 잘못된 일들을 어떻게 바로잡을 수 있겠는가? 슬프다! 돌이킬 수 없을 정도로 파손된 나라를 구하려고 시도해 봐야 아무 소용이 없다. 의인들이 무슨 일을 할지라도 아무것도 바로잡히는 것은 없을 것이다." 너의 골방으로 들어가서 거기에서 여호와여 나를 불쌍히 여기소서라고 부르짖어라. 많은 사람들이 어려운 때에 자기가 하는 일이 성공을 거두지 못할 것이라는 낙심 때문에 사람들을 섬기는 일을 하지 못하게 된다.

2. 다윗의 원수들이 그가 평소에 하나님을 신뢰하고 의지한다는 말을 공공연히 했던 것을 기억하고서 그를 조롱하며, 그가 지금 해 볼 수 있는 일이라도 한번 시도해 보라고 비웃는 말. "너는 평소에 하나님이 너의 산이라고 말했는데, 이제 하나님에게 피신해서, 네가 무엇이 더 나아지는지를 한번 보아라." 이렇게 그들은 여호와는 그들의 피난처가 되지 못한다고 말함으로써 가난한 자의 계획을 부끄럽게 만들고자 하였다(시 14:6; 3:2). 세상 사람들은 피조물에 거는 모든 소망과 기쁨이 다 실패하였을 때에 성도들이 하나님 안에서 가지고 있는 신뢰와 위로를 전혀 이해하지 못하기 때문에 그것을 조롱하게 된다. 이 본문을 이렇게 해석하면, 이후에 나오는 2개의 절은 이러한 조롱에 대한 다윗의 응답으로서 거기에는 다음과 같은 내용들이 나온다.

(1) 다윗은 이렇게 자기를 능욕한 자들의 악의에 대하여 하소연한다(2절): 악인이 활을 당기고 화살을 시위에 먹이는도다. 성경에서는 악인들이 쏘는 화살이 무엇인지를 말해 주는데(시 64:3), 그것은 독한 말, 즉 독설이다. 그들은 그러한 말들을 통해서 다윗이 지닌 하나님에 대한 소망을 꺾어 놓고자 애쓰는데, 그들의 말은 다윗에게 그의 뼈에 꽂히는 칼처럼 느껴졌다.

(2) 다윗은 거룩한 혐오감으로써 이러한 유혹에 저항한다(3절). 다윗은 이러한 유혹의 말을 모든 이스라엘 사람이 서 있는 터를 공격하는 것으로 여긴다. "너희가 터를 무너뜨린다면, 너희가 선한 사람들로 하여금 하나님에 대한 소망으로부터 끊어 놓는다면, 너희가 그들을 설득해서 그들의 신앙이 속임수요 웃음거리에 불과한 것이라고 믿게 하여서 그들을 그 신앙에서 나오게 한다면, 너희는 그들을 파멸시키는 것이요 그들의 마음을 진정으로 무너뜨리는 것이며 그들을 모든 사람들 중에서 가장 비참한 자들로 만드는 것이다." 신앙의 원칙들은 의인들의 믿음과 소망이 구축되어 있는 터이다. 우리가 불신앙으로 유혹하는 모든 시험들에 대항하여 그러한 것들을 굳게 붙잡는 것은 우리의 도리이자 우리의 유익이다. 왜냐하면, 이러한 것들이 무너져서 우리가 그러한 것들을 버리게 되면, 의인들은 아무것도 할 수 없게 되기 때문이다. 터가 무너지면 의인이 무엇을 하랴? 만약 선한 사람들에게 그들이 나아갈 수 있는 하나님이 없고 그들이 의지할 수 있는 하나님이 계시지 않으며 그들이 소망할 수 있는 장래의 지극한 복이 없다면, 그들은 아무것도 아니게 될 것이다.

⁴여호와께서는 그의 성전에 계시고 여호와의 보좌는 하늘에 있음이여 그의 눈이 인생을 통촉하시고 그의 안목이 그들을 감찰하시도다 ⁵여호와는 의인을 감찰하시고 악인과 폭력을 좋아하는 자를 마음에 미워하시도다 ⁶악인에게 그물을 던지시리니 불과 유황과 태우는 바람이 그들의 잔의 소득이 되리로다 ⁷여호와는 의로우사 의로운 일을 좋아하시나니 정직한 자는 그의 얼굴을 뵈오리로다

나무를 흔들면, 그 뿌리가 더욱 깊고 견고해진다(사람들은 이렇게 말한다). 다윗의 원수들이 하나님에 대한 그의 신뢰를 흔들어 놓고자 했을 때, 다윗은 그의 신앙의 제일가는 원칙들을 더욱 견고하게 붙잡고서 그것들을 되돌아보면서 풍성한 기쁨을 누리게 되었고, 이것을 통해서 불신앙으로 유혹하는 모든 시험들을 잠재울 수 있었다. 다윗의 신앙을 흔들어 놓았던 것, 따라서 많은 사람들의 신앙을 흔들어 놓아 왔던 것은 악인들이 온갖 악행을 저지르고도 형통하는 반면에 가장 선한 사람들은 종종 곤경과 환난을 당하게 된다는 것이었다. 이럴 때 하나님을 섬겨 보아야 아무 소용이 없구나라는 악한 생각이 저절로 일어나게 되고, 교만한 자들이 복되다고 생각하게 된다. 그러나 이러한 모든

악한 생각들을 잠재우고 부끄럽게 하기 위해서 다윗은 우리에게 다음과 같은 것들을 생각하도록 곤고한다.

  I. 하나님께서 하늘에 계시다는 것. 여호와께서는 그의 성전에 계시도다. 우리는 하늘의 성전에 계시는 하나님을 눈으로 볼 수 없지만, 하나님께서는 우리를 다 보실 수 있으시다. 원수들은 마치 성도들이 어찌할 바를 몰라 쩔쩔매며 벼랑에 몰려 있는 자들인 것처럼 여겨서 그들을 능욕해서는 안 된다. 그들에게는 하나님이 계시고, 그들은 하늘에 계신 그들의 아버지를 어디에서 찾을 수 있는지, 또한 하나님께 어떻게 기도를 드려야 하는지를 알고 있다. 하나님은 또한 그의 거룩한 성전, 즉 그의 교회에 계신다. 하나님은 중보자 — 성전은 이 중보자의 모형이었다 — 를 통해서 그의 백성과 계약을 맺으시고 교통하시는 하나님이시다. 우리는 "누가 하늘로 올라가서 거기에서 우리가 의지해야 할 하나님을 우리에게로 모셔 올까"라고 말할 필요가 없다. 말씀은 우리 가까이에 있고, 하나님은 말씀 속에 계신다. 하나님의 영은 그의 성도들, 저 살아 있는 성전들 속에 계시고, 주님은 바로 그 영이시다.

  II. 이 하나님께서 세상을 다스리신다는 것. 여호와께서는 하늘에 그의 거처만을 가지고 계시는 것이 아니라 그의 보좌도 가지고 계셔서, 거기에서 이 땅을 다스리신다(욥 38:33). 왜냐하면, 여호와께서 그의 보좌를 하늘에 세우시고 그의 왕권으로 만유를 다스리고 계시기 때문이다(시 103:19). 그런 까닭에 하늘 뜰이 다스린다고 말한다(단 4:26). 우리는 믿음으로 이 보좌, 그의 영광의 보좌, 세상의 왕들의 광휘와 위엄을 무한히 뛰어넘는 영광의 보좌에 앉으신 하나님을 볼 수 있어야 한다. 하나님은 통치의 보좌에 앉으셔서 모든 피조물들에게 법을 주시고 움직이게 하시며 목표를 주시고, 그의 심판의 보좌에 앉으셔서 각 사람을 그의 행위에 따라서 심판하시며, 그의 은혜의 보좌에 앉으셔서 그의 백성으로 하여금 담대하게 나아와서 긍휼과 은혜를 구할 수 있게 하신다. 그러므로 우리는 압제자들의 교만과 권세를 보고 낙담하거나 의인들이 겪는 환난을 보고서 낙심할 이유가 없다.

  III. 이 하나님께서 각 사람의 참된 모습을 완벽하게 다 아신다는 것. 그의 눈이 인생을 통촉하시고 그의 안목이 그들을 감찰하시도다. 하나님께서는 그들을 보실 뿐만 아니라 그들을 꿰뚫어 보시고, 그들이 말하는 것과 행하는 모든 것을 아실 뿐만 아니라 그들이 무엇을 생각하고 무엇을 꾀하며 그들이 진짜 무엇에 의해서 영향을 받고 그들이 무엇인 체하는가를 아신다. 우리는 사람들의 겉모습을 알 뿐이지만, 하나님께서는 금 제련공이 금을 정련한 후에 그 금의 가치가 어느 정도인지를 알 듯이 사람들이 진정으로 어떤 자인지를 아신다. 본문에서는 하나님께서 그의 눈과 그의 눈꺼풀(개역: 그의 안목)로 감찰하신다고 말한다. 왜냐하면, 하나님께서는 세상의 왕들이 남에게서 전해 들은 말을 통해서 사람들을 아는 것과는 달리 한 점의 오차도 있을 수 없고 속일 수도 없는 자신의 엄격한 감찰을 통해서 사람들을 아시기 때문이다. 우리는 사람들에게 속고, 심지어 우리가 다 검증을 해 보았다고 생각하는 사람들에게조차 속는 일이 흔하기 때문에, 사람들에 대한 하나님의 판단이 진리를 따라 이루어진다는 것은 우리에게 큰 위로가 된다.

IV. 하나님께서 선한 사람들에게 환난을 주신다면, 그것은 그들을 정련하기 위한 것이고, 그들이 잘 되게 하기 위한 것이라는 것(5절).   여호와께서는 모든 사람들을 시험하시는데, 이것은 그들이 마침내 복을 얻게 되도록 하기 위한 것이다(신 8:16). 그러므로 우리에게 닥쳐온 환난들이 우리의 터를 흔드는 것이 되지 않도록 하여야 하고 하나님에 대한 우리의 소망과 신뢰를 꺾는 것이 되지 않도록 하여야 한다.

V. 박해자들과 압제자들이 잠시 아무리 형통하고 이긴다고 할지라도 그들은 지금 하나님의 진노 아래에 놓여 있고 장차 그 진노 아래에서 영원히 멸망받게 되리라는 것.

1. 하나님은 거룩한 하나님이시기 때문에 그들을 미워하시고 그들을 쳐다보는 것을 견디지 못하신다: 여호와는 악인과 폭력을 좋아하는 자를 마음에 미워하시도다. 왜냐하면, 악행과 폭력만큼 하나님의 본성의 올바르심과 선하심에 거역하는 것이 없기 때문이다. 악인들이 형통하는 것은 그들이 하나님의 사랑을 받고 있다는 것을 보여주는 증거가 결코 아니기 때문에, 그들은 하나님의 사랑을 능욕함으로써 분명히 하나님의 미움의 대상들이 된다. 하나님께서는 그가 지으신 것을 그 어느 것도 미워하지 않으시지만, 이렇게 스스로 자신을 일그러지게 만들어 버린 자들을 미워하신다. 하몬드 박사는 이 절에 대한 또 다른 해석을 제시한다: 여호와는 의인과 악인을 감찰하시고(의인과 악인을 한치의 오차도 없이 구별하신다는 것), 폭력을 좋아하는 자는 그의 영혼을 미워하는 것이다. 즉, 박해자들은 아래에 나와 있는 것과 같이 스스로 파멸을 자초하는 것이다

(잠 8:36).

2. 하나님은 의로운 재판장이시기 때문에 그들을 벌하실 것이다(6절).

(1) 그들에 대한 벌은 피할 수 없는 것이 될 것이다: 여호와는 악인에게 그물을 던지시리라. 여기에서는 악인들에 대한 징벌이 피할 수 없는 것임을 나타내기 위하여 두 가지 비유가 사용되고 있다. 그들에 대한 징벌은 하늘로부터 비가 내리는 것처럼 그들에게 임할 것인데(욥 20:23), 그 비를 피할 울타리도 없고, 그 비를 피할 자도 없을 것이다(수 10:11; 삼상 2:10을 보라). 그들에 대한 징벌은 여름날에 여행객들을 종종 기겁하게 만드는 갑작스러운 소나기와 같이 임하게 될 것이다. 그들에 대한 징벌은 덫과 같은 것이 되어서 결산할 날이 올 때까지 그들을 꽉 붙잡고 결코 놓아주지 않는 것이 될 것이다.

(2) 그들에 대한 벌은 정말 두렵고 무시무시한 것이 될 것이다. 그들에 대한 벌은 불과 유황과 태우는 바람이 될 것인데, 이것은 분명히 소돔과 고모라의 멸망에 대한 암시이다. 이러한 성읍들의 멸망은 영원한 불의 심판(유 1:7)에 대한 비유로 의도된 것이었기 때문에 여기에 아주 적합하다. 하나님의 진노의 불은 그들 자신의 죄악의 유황과 결합되어서 격렬하게 타올라 지옥의 가장 낮은 곳과 영원의 가장 끝자리까지도 태워 버리고 말 것이다. 악인들이 죽을 때에 태우는 바람, 무시무시한 바람이 그들을 휘몰고 갈 것이다. 그들은 죽어서 죽은 자들과 저주받은 자들의 회중 속에서 불과 유황 못을 영원히 그들의 잠자리로 삼게 될 것이다. 바로 이러한 것들이 이 본문이 의미하는 것이다. 바로 이러한 것들이 그들의 잔의 분깃이 될 것이고 전능자께서 그들에게 할당하신 기업이 될 것이다(욥 20:29). 바로 이것들은 하나님께서 그들의 손에 쥐어 주게 되실 두려움의 잔으로서, 그들은 이 잔의 **찌꺼기까지도 마셔야** 할 것이다(시 75:8). 각 사람에게는 그에게 할당된 그의 잔의 분깃이 있다. 여호와를 자신의 잔의 분깃으로 선택한 자들은 그들이 선택한 것을 갖게 될 것이고, 그러한 선택은 그들을 영원히 복되게 해 줄 것이다(시 16:5). 그러나 하나님의 은혜를 거부한 자들은 하나니의 분노의 잔을 마시게 될 것이다(렘 25:15; 사 51:17; 합 2:16).

VI. 정직하고 선한 사람들이 짓밟힌다고 할지라도 하나님께서는 그들을 시인하시고 기뻐하시며 그들 편에 서신다는 것. 바로 이것은 하나님께서 박해자들과 압제자들을 엄중하게 문책하시는 이유가 된다. 왜냐하면, 그들이 압제하고 박해하는 자들은 하나님께서 사랑하시는 자들이기 때문이다. 따라서, 그들을 건드리는 자는 누구나 하나님의 눈동자를 범하는 것이다(7절).

1. 하나님께서는 그들을 사랑하시고, 그들 속에서 그의 은혜의 역사를 이루시기를 기뻐하신다. 하나님은 그 자신이 의로우신 하나님이시기 때문에, 의가 어디에 있든지 그 의를 좋아하시고, 상처받고 억압받는 의인들의 호소를 들어주신다. 하나님은 그들을 위하여 심판하시기를 기뻐하신다(시 103:6). 우리는 이 점에서 하나님을 본받는 자들이 되어서, 하나님과 마찬가지로 의를 좋아함으로써, 우리가 항상 그의 사랑 안에 머물 수 있게 되어야 한다. 하나님께서는 인자하심으로 그들을 바라보신다: 정직한 자는 그의 얼굴을 뵈오리로다. 하나님은 그들과 화평하실 뿐만 아니라, 그들에게 그러한 사실을 알게 하심으로써 그들의 마음속에 기쁨을 주신다. 하나님은 자상한 아버지처럼 흡족한 마음으로 그들을 바라보시고, 그들은 효성스러운 자녀들처럼 아버지의 미소에 크게 만족하고 기뻐한다. 그들은 여호와의 빛 가운데서 행하는 자들이다.

이 시편을 노래할 때, 우리는 언제든지 어느 때든지 하나님을 의지하도록 우리 자신을 격려하여야 하고, 하나님께서 우리의 무죄함을 보호하시고 우리를 복되게 해주시도록 하나님을 의지하여야 하며, 하나님께서 눈쌀을 찌푸리시는 것을 죽음보다 더 나쁜 것으로 여겨서 두려워하고, 하나님의 은총을 생명보다 더 나은 것으로 여겨서 소망하여야 한다.

제 12 편

개요

　　다윗이 이 시편을 지은 때는 사울이 다스리고 있던 때로서 궁정과 나라 전반에 걸쳐서 정직함과 경건함이 전체적으로 사양길에 접어든 때였던 것으로 생각된다. 다윗은 여기에서 그러한 상황을 하나님께 아주 실감나게 하소연한다. 왜냐하면, 다윗 자신이 거짓 친구들의 배신과 그의 불구대천의 원수들의 오만을 직접 겪었기 때문이다. I. 다윗은 사람들 중에는 그가 의지할 자가 한 사람도 없었기 때문에 하나님께 도우심을 간구한다(1-2절). II. 다윗은 교만하고 위협적인 그의 원수들이 멸망당할 것을 예언한다(3-4절). III. 다윗은 상황이 지금 아무리 나쁘게 되어간다고 해도(8절) 하나님께서는 자기 백성을 보전하시며 지키시고(5, 7절) 그들에게 하신 그의 약속들을 반드시 이루시리라는 것을 스스로 확신하고 다른 사람들에게도 확신시킨다(6절). 이 시편이 사울의 통치 시대에 지어진 것이든 그렇지 않든, 이 시편은 분명히 악한 통치를 염두에 두고 지어진 것이다. 아마도 다윗은 그의 후계자들 중 몇몇이 이 시편에 묘사된 것과 같은 상황으로 나라를 몰고 가리라는 것을 영으로 내다보고서, 그 때에 교회가 사용할 수 있도록 이 시편을 미리 지은 것 같다. "오, 시대여! 오, 풍습이여!".

〔다윗의 시, 인도자를 따라 여덟째 줄에 맞춘 노래〕

¹여호와여 도우소서 경건한 자가 끊어지며 충실한 자들이 인생 중에 없어지나이다 ²그들이 이웃에게 각기 거짓을 말함이여 아첨하는 입술과 두 마음으로 말하는도다 ³여호와께서 모든 아첨하는 입술과 자랑하는 혀를 끊으시리니 ⁴그들이 말하기를 우리의 혀가 이기리라 우리 입술은 우리 것이니 우리를 주관할 자 누구리요 함이로다 ⁵여호와의 말씀에 가련한 자들의 눌림과 궁핍한 자들의 탄식으로 말미암아 내가 이제 일어나 그를 그가 원하는 안전한 지대에 두리라 하시도다 ⁶여호와의 말씀은 순결함이여 흙 도가니에 일곱 번 단련한 은 같도다 ⁷여호와여 그들을 지키사 이 세대로부터 영원까지 보존하시리이다 ⁸비열함이 인생 중에 높임을 받는 때에 악인들이 곳곳에서 날뛰는도다

이 시편은 우리에게 악한 때를 생각해 볼 수 있는 좋은 기회를 제공해 주는데, 악한 때에는 사람이 말 한 마디로 범죄자로 몰릴 수도 있기 때문에 지혜자가 잠잠하게 된다(암 5:13). 그렇지만 우리는 그러한 때에 묵상과 기도에 아주 적절한 이 시편이 우리 가까이에 있다는 것으로 위로를 삼을 수 있다.

I. 우리는 여기에서 무엇이 때를 악하게 만들고, 또한 언제가 그런 악한 때라고 할 수 있는지를 보게 된다. 이 세상에 속한 사람들에게 그들이 생각하기에 어느 때가 악한 것인지를 묻는다면, 그들은 돈이 잘 돌지를 않고 장사가 잘 안되며 전쟁으로 모든 것이 황폐해질 때에 그 시절을 악하다고 말할 것이다. 그러나 성경은 어떤 때가 악한 것인지에 대하여 또 다른 성격의 기준들을 제시해 놓고 있다: 고통하는 때가 이르리니(딤후 3:1), 이것은 죄악이 가득 찰 것이기 때문이다. 바로 이것이 다윗이 여기에서 하소연하는 바로 그것이다.

1. 전반적으로 사람들 가운데서 경건함과 진실함이 사라질 때, 그 때가 진정으로 악한 때이다(1절): 경건한 자가 끊어지며 충실한 자들이 없어지나이다. 경건한 자들과 충실한 자들, 이 두 부류의 사람들이 여기에서 한데 결합되어 있다는 것에 주목하라. 정직함이 없다면, 거기에는 참된 방책이 존재하지 않고, 참된 경건도 존재하지 않는다. 정직함이 없는 경건은 참될 수 없다. 경건한 자들은 신실한 자들, 충실한 자들이기 때문에, 종종 그렇게 불리어 왔다. 그들의 말은 그들의 맹세만큼이나 견고하고, 그들의 맹약만큼이나 구속력이 있다. 그들은 하나님과 인간, 둘 모두에 진실하다. 본문에서는 그들이 죽거나 버림을 받아서 끊어지고 없어졌다고 말한다. 경건하고 신실한 자들은 없어졌고, 남은 자들은 슬프게도 타락하여서 예전의 그들이 아니게 되었다. 따라서 이스라엘 사람들 중에서 선한 자를 만나는 것이 극히 어려워지거나 불가능하게 되었다. 아마도 다윗은 사울의 조신(朝臣)들 가운데서 경건하고 신실한 자를 찾아볼 수 없게 되었다는 말을 하고자 한 것 같다. 만약 다윗이 이스라엘 사람들 중에 경건하고 신실한 자들이 거의 없거나 하나도 없다고 말한 것이라면, 다윗은 하나님께서 신실한 자들을 칠천 명이나 남겨 두셨는데도 오직 자기만이 남았다고 생각했던 엘리야와 같은 잘못을 범한 것이 될 것이다(롬 11:3). 또는, 다윗은 경건하고 신실한 자들이 비교적 소수라는 의미의 말을 했을 수도 있다. 전반적으로 경건과 미덕이 사라졌기 때문에(때가 악하고 아주 악했기 때문에), 심판을 집행하는 자가 의인을 발견할 수 없었다(렘 5:1).

2. 위선과 아첨이 사람들 간의 모든 교제를 부패시키고 타락시켰을 때, 그 때는 매우 악한 때이다(2절). 그 때에는 사람들이 일반적으로 그 마음이 너무도 부패하여서 아무런 양심의 가책도 느끼지 않고서 거짓말을 하며, 앙심을 품고서 이웃에게 너무도 끔찍한 해코지를 하고자 하고, 그 마음이 너무 비열해서 그러한 악한 꾀를 겉보기에 너무도 그럴 듯하고 다정한 우애의 모습과 고백으로 은폐한다. 이렇게 그들은 이웃에게 각기 거짓을 말함이여 아첨하는 입술과 두 마음으로 말하는도다. 그들은 입맞춤을 하면서 사람을 죽이고(요압이 다윗의 때에 아브넬과 아마사에게 행하였던 것처럼), 얼굴에 웃음을 띠고서 상대방의 목을 베어 버린다. 이것은 악의와 거짓이 한데 결합된 완벽하게 마귀적인 모습이다. 이러한 때는 진실이라는 것을 전혀 찾아볼 수 없고, 정직한 자가 누구를 믿어야 하고 누구를 의지해야 하는지를 알 수 없으며, 친구나 인도하는 자조차 믿을 수 없는 악한 때이다(미 7:5-6; 렘 9:4-5). 때를 이렇게 악하게 만드는데 일조하는 자들에게 화가 있을진저.

3. 하나님과 신앙과 경건한 자들을 적대하는 원수들이 오만방자하게 되어서 의롭고 거룩한 모든 것들을 짓밟겠다고 위협할 때, 때는 극히 악하게 되어서, 교만한 죄인들은 다음과 같이 말할 정도로 극도의 불경건에 도달하게 된다: "미덕을 외치는 자들에 대항하여 우리의 혀가 이기리라. 우리 입술은 우리의 것이어서, 우리가 원하는 대로 말할 수 있는데, 우리를 주관할 자 누구이며, 우리를 억제하거나 우리에게 책임을 물을 자가 누가 있겠는가?"(4절). 이것은 다음과 같은 것들을 보여준다.

(1) 그들 자신에 대한 교만한 자부심과 그들 자신에 대한 신뢰. 그들은 마치 금지된 과실을 먹음으로써 실제로 그들이 원하는 것을 이룬 것처럼 말하고, 그들은 독립적이고 자족적(自足的)인 신들과 같아서 선과 악을 아는 지식에 있어서 틀림이 없음으로 예언을 하기에 적합하고, 그들의 힘에 사람들이 저항할 수 없기 때문에 율법을 수여하는 자들로서 적합하며, 그들의 혀로 누구든지 이길 수 있기 때문에 하나님과 마찬가지로 그들이 말하면 이루어진다고 생각한다.

(2) 하나님의 통치에 대한 무례한 경멸. 그들은 마치 하나님께서 그들에 대하여 아무런 소유권도 가지고 계시지 않은 것처럼 말한다: 우리 입술은 우리 것이다(사람의 입을 지으시고 사람의 호흡을 있게 하시며 사람이 숨쉬는 공기를 만드신 분이 바로 하나님이시기 때문에 이런 말은 부당하고 주제넘은 말이

다). 또 마치 하나님께서 그들에게 명령하시거나 심판하실 권세가 없으신 것처럼 파라오와 같이 이렇게 말한다: 우리를 주관할 자 누구리요(출 5:1). 이것은 전자만큼이나 터무니없고 불합리한 말이다. 우리가 살고 움직이며 존재하기 위해서는 주님이라는 불변의 칭호를 지니신 분이 우리를 주관하지 않으시면 안 되기 때문이다.

4. 가련한 자들과 궁핍한 자들이 놀림을 당하고 능욕을 당하며 웃음거리가 될 때, 그 때는 매우 악하다. 이 말씀 속에는 하나님께서 가련한 자들의 놀림과 궁핍한 자들의 탄식을 아신다는 의미가 내포되어 있다(5절). 가난한 자들은 그들이 가난하다는 이유 때문에 놀림을 당하고, 단지 스스로 권리를 찾을 수 있는 능력이 없다는 이유로 온갖 해악을 당하게 된다. 이렇게 억눌림을 당하면서도, 그들은 감히 그들의 변호가 범죄가 될 것을 우려하여 자기에게 유리한 말을 하지 못하고, 그저 자신의 신세를 한탄하며 한숨을 쉬고서, 하나님 앞에 그들의 심정을 쏟아 놓는다. 그들이 그들의 사정을 압제자들에게 말해보아야, 그들은 단지 그들을 조롱하며, 자신들의 죄와 가난한 자들의 비참한 사정을 무시하고서 마음에 전혀 두지 않는다(시 10:5을 보라).

5. 권세잡은 자들의 비호 아래에서 악이 성행하고 노골적으로 행해질 때, 그 때는 극히 악한 때이다(8절). 비열한 자들이 인생 중에 높임을 받아서, 신망을 받는 자리와 권력의 자리에 오를 때(그들은 악행과 불의에 대하여 법을 집행하고 악인들을 그 소행을 따라서 처벌하는 것이 아니라, 도리어 그들을 후원하고 보호하며 자신의 모범을 따라서 그들의 명성을 지지해 준다), 악인들이 곳곳에서 날뛰는도다. 그들은 가는 곳마다 무리지어 모여서 음모를 꾸미고, 다른 사람들을 속이고 빼앗으며 멸하기 위해서 부지런히 움직인다. 그들은 그들 자신의 소행이 드러나는 것을 두려워하거나 부끄러워하지 않는다. 그들은 그들의 죄가 소돔과 같다고 공공연하게 밝히고 다니지만, 그들을 억제하거나 통제할 자는 아무도 없다. 악한 자들은 비열한 자들이고, 그들이 이 세상에서 아무리 높은 자리에 오른다고 하더라도 그들은 여전히 비열한 자들이다. 역사상으로 이름을 날렸던 안티오쿠스를 성경에서는 비천한 사람이라고 부른다(단 11:21). 그러나 그러한 자들이 높은 자리에 오르게 되면 나라 전체에도 나쁜 일이 된다. 그런 때에 악을 행하는 것이 뻔뻔해지고 오만방자하게 된다는 것은 전혀 이상한 일이 아니다. 악인이 권세를 잡으면 백성이 탄식하느니라.

Ⅱ. 이제 우리는 그러한 악한 때에 우리는 어떠한 선한 생각으로 무장해야 되는지를 살펴보자. 우리는 우리가 어느 때를 위하여 이 땅에 남겨져 있는 것인지를 알 수 없다. 때가 이렇게 악할 때에 다음과 같은 것들을 생각하는 것이 우리에게 위로가 될 수 있다.

1. 우리에게는 우리가 나아가서 고할 수 있는 하나님이 계시다는 것. 우리는 하나님께 우리의 모든 원통한 사정들을 해결해 주시도록 구할 수 있고 기대할 수 있다. 다윗은 바로 이런 간구로써 이 시편을 시작한다(1절): "여호와여 도우소서. 경건한 자가 끊어지나이다. 하나님 이외의 모든 다른 도움들과 조력자들은 실패하고 만다. 꺼져 가는 신앙을 밑받침하기 위하여 도움의 손길을 베풀고자 하였던 경건한 자들과 신실한 자들조차도 끊어지고 없어졌으니, 우리가 하나님 이외에 누구에게 가서 호소하겠나이까?" 경건하고 신실한 자들이 끊어지고 없어질 때가 여호와여 도우소서라고 부르짖을 때임을 명심하라. 죄악이 성행하면 대홍수가 멀지 않다. "여호와여, 도우소서. 덕스러운 자들을 도우소서. 그들의 고결한 인품을 굳게 붙잡고서 온 몸으로 온갖 악을 막아내고자 하는 자가 적나이다. 이 세상에서 주의 일이 침몰되어 가는 것을 구하기 위하여 도우소서. 여호와여, 지금이 일하실 때니이다."

2. 하나님께서 반드시 거짓되고 교만한 자들을 헤아리셔서 그들의 오만방자함을 벌하시고 억제하시리라는 것. 그들은 사람들의 통제 밖에 있고, 사람들에게 공공연히 도전한다. 사람들은 아첨하는 자들의 거짓을 드러낼 수 없고, 교만한 말을 하는 자들의 오만함을 낮출 수 없다. 그러나 의로우신 하나님께서는, 배신자의 입맞춤을 하고 마음에는 전쟁을 품고 있으면서 기름보다 더 달콤한 말을 하는 모든 아첨하는 입술을 끊으실 것이다. 하나님께서는 하나님과 신앙에 대하여 교만하게 말하는 자랑하는 혀를 뽑아 버리실 것이다(3절). 어떤 이들은 이 본문을 하나의 기도로서 "하나님께서 저 거짓되고 악의에 찬 입술들을 끊으시옵소서"라고 번역한다. 거짓말하는 입술이 말 못하는 자 되게 하소서.

3. 하나님께서 때가 되면 그의 압제받는 백성을 구원하기 위하여 일하실 것이고, 박해자들의 악의적인 음모로부터 그들을 지키시는 피난처가 되어 주시리라는 것(5절): 여호와의 말씀에 내가 이제 일어나리라 하시도다. 다윗이 여기에서 예언의 영으로 전한 하나님의 이 약속의 말씀은 그가 기도의 영을 통해서 하나님께 올려 드린 간구에 대한 응답이다. 다윗은 "여호와여 도우소서"라고 말

하였고, 하나님께서는 "내가 여기 있으니 적절한 때에 효과적으로 도우리라"고 응답하셨다.

(1) 하나님의 응답은 시의적절하게 가장 적합한 때에 주어진다.

[1] 압제자들의 교만과 오만방자함이 극도에 달해서 그들이 우리를 주관할 자 누구리요라고 말할 때, 바로 그 때가 하나님께서 그들로 하여금 하나님께서 그들 위에 계시다는 것과 그들이 마땅히 받아야 할 징벌을 알게 하시는 때이다.

[2] 압제받는 자들이 큰 고통 속에서 낙담하여 애굽에서의 이스라엘과 마찬가지로 잔혹한 종살이 때문에 탄식하고 있을 때, 바로 그 때가 하나님께서 그들을 위하여 나타나실 때인데, 이것은 이스라엘이 가장 낙담해 있고 파라오가 가장 의기양양해 있을 때에 하나님께서 이스라엘에게 나타나신 것과 같다. 내가 이제 일어나리라. 죄없이 압제받는 자들을 구원하시기 위한 정해진 때가 있다는 것을 명심하라. 그 때는 반드시 올 것이고, 그것은 가장 적절한 때가 되리라는 것을 우리는 확신할 수 있다(시 102:13).

(2) 하나님의 응답은 반드시 효력을 지닌다. 내가 그를 안전한 지대에 두리니, 그를 보호할 뿐만 아니라 그로 하여금 다시 예전처럼 형통하게 할 것이고, 그를 끌어내사 풍부한 곳에 들이실 것이기 때문에(시 66:12), 전체적으로 보아서 그는 그의 고난을 통해서 아무것도 잃은 것이 없게 될 것이다.

4. 사람들은 거짓되지만 하나님은 신실하시다는 것. 우리는 사람들을 신뢰할 수 없지만 하나님을 신뢰할 수 있다. 사람들은 거짓과 아첨을 말하지만, 여호와의 말씀은 순결해서(6절), 모두 진실할 뿐만 아니라 흙 도가니에 단련한 은 같이 모두 순결하다. 이 말씀은 다음과 같은 것들을 의미한다.

(1) 하나님의 말씀의 진실성. 하나님의 말씀 속에서 모든 것은 있는 그대로 표현되고 다르게 표현되지 않는다. 하나님의 말씀은 우리를 우롱하지도 않고 우리를 기만하지도 않으며 우리 자신의 선을 위한 것 이외에 다른 의도를 지니고 있지 않다.

(2) 하나님의 말씀이 소중하다는 것. 하나님의 말씀은 고도로 정제된 은과 같이 아주 큰 가치를 내재하고 있다. 하나님의 말씀 속에는 그 가치를 떨어뜨리는 것이 아무것도 없다.

(3) 하나님의 말씀이 능력이 있고 참되다는 것은 수많은 증거들을 통해서 입증되었다는 것. 하나님의 말씀은 자주 시험되어 왔다. 모든 세대에 모든 성도

들은 하나님의 말씀을 맡아서 그것을 시험하였는데, 그 때마다 하나님의 말씀은 그들을 결코 속이지 않았고 그들의 기대를 실망시키지 않았다. 도리어 그들은 모두 하나님의 말씀이 참되다는 것을 인쳐 왔다. 시험해 본 자를 믿으라. 그들은 하나님의 말씀이 믿을 만하다는 것을 경험적으로 알게 되었다. 아마도 이 말씀은 특별히 가난한 자들과 억압받는 자들을 구원하시겠다는 하나님의 약속의 말씀들을 가리키는 것 같다. 그들의 친구들은 그들을 위하여 뭔가를 해 줄 것이라는 소망을 그들에게 심어 주지만, 결국에는 상한 갈대임이 드러난다. 그러나 하나님의 말씀은 우리가 의지할 수 있는 그런 것이다. 사람들의 말은 덜 신뢰할수록 좋고, 하나님의 말씀은 많이 신뢰할수록 좋다.

5. 아무리 때가 악하다고 할지라도, 하나님께서는 그의 택하신 남은 자들을 지키시리라는 것(7절): 여호와여 그들을 지키사 이 세대로부터 영원까지 보존하시리이다. 이것은 세상이 존재하는 한 거기에는 교만하고 악한 자들의 세대가 있어서, 그들은 지극히 높으신 이의 성도를 괴롭게 함으로써 그들의 교묘한 술책들을 통해서 신앙을 무너뜨리고자 위협할 것이라는 것을 암시한다(단 7:25). 그러나 하나님께서는 자신의 일이 이루어지게 하시고 그의 백성을 보존하실 것이다. 하나님은 그들을 이 세대로부터 지키실 것이다.

(1) 하나님은 그들이 이 세대의 악한 자들에 의해서 더럽혀지고 하나님으로부터 떠나서 그들과 어울려 그들의 소행을 배우게 되지 않도록 그들을 지키실 것이다. 배교가 성행하는 때에 여호와께서는 자기 백성에 속한 자들을 아시고, 그들로 하여금 배교의 죄를 범하지 않도록 지키실 것이다.

(2) 하나님은 이 세대의 악한 자들에 의해서 그들이 멸망을 당하여 뿌리뽑히는 일이 없도록 그들을 지키실 것이다. 교회는 반석 위에 지어져 있어서 아주 튼튼하게 요새화 되어 있기 때문에, 음부의 문이 교회를 이기지 못할 것이다. 아무리 악한 때에도 하나님께서는 남은 자들을 두셔서, 모든 세대에 자신을 위한 거룩한 씨를 보존하시고, 그들을 하늘 나라로 이끄실 때까지 지키실 것이다.

이 시편을 노래하고 이 시편을 놓고 기도할 때, 우리는 세상 풍속이 전반적으로 부패한 것을 탄식하면서도, 상황이 그래도 그 만한 것을 하나님께 감사하면서, 하나님께서 정하신 때가 될 때까지 세상의 풍속이 더 나아지기를 기도하고 소망하여야 한다.

제
— 13 —
편

개요

이 시편은 버림받은 영혼이 자신의 사정을 호소하여 하나님께로부터 고침을 받은 것에 관한 것이다. 이 시편이 어떤 구체적인 상황 속에서 지어졌는지는 표제에 나와 있지 않다. 하지만 전체적으로 볼 때에 다음과 같은 것들이 드러난다. I. 다윗은 하나님께서 오랫동안 자기에게서 물러나셔서 그를 구원하는 일을 오랫동안 지체하시는 것에 대하여 슬프게 하소연한다(1-2절). II. 다윗은 자신의 사정을 살펴 주시고 그를 위로해 주시도록 하나님께 간절히 기도한다(3-4절). III. 다윗은 하나님께서 평안의 응답을 주실 것을 확신하기 때문에, 그의 구원이 이미 이루어진 것이나 다름없는 것으로 여겨서, 이 시편을 기쁨과 승리의 감격으로 마무리한다(5-6절).

〔다윗의 시, 인도자를 따라 부르는 노래〕

¹여호와여 어느 때까지니이까 나를 영원히 잊으시나이까 주의 얼굴을 나에게서 어느 때까지 숨기시겠나이까 ²나의 영혼이 번민하고 종일토록 마음에 근심하기를 어느 때까지 하오며 내 원수가 나를 치며 자랑하기를 어느 때까지 하리이까 ³여호와 내 하나님이여 나를 생각하사 응답하시고 나의 눈을 밝히소서 두렵건대 내가 사망의 잠을 잘까 하오며 ⁴두렵건대 나의 원수가 이르기를 내가 그를 이겼다 할까 하오며 내가 흔들릴 때에 나의 대적들이 기뻐할까 하나이다 ⁵나는 오직 주의 사랑을 의지하였사오니 나의 마음은 주의 구원을 기뻐하리이다 ⁶내가 여호와를 찬송하리니 이는 주께서 내게 은덕을 베푸심이로다

다윗은 환난 중에 여기에서 자신의 심령을 하나님 앞에 쏟아 놓고 있다. 다윗이 하나님께 드린 말씀은 짧지만, 그 방법은 매우 주목할 만해서 우리가 지침과 격려로 삼기에 유익하다.

I. 다윗은 고통이 심했기 때문에 하소연이 절로 나왔다(1-2절). 환난당하는 자들은 여호와 앞에 자신의 사정을 내놓으며 하소연을 할 자유가 있다(시 102편의

표제). 환난당하는 자가 자신의 서글픈 심정을 쏟아 놓으면, 특히 자기 백성의 환난에 괴로워하시고 그들의 연약함에 가슴아파하시는 분이 계시는 은혜의 보좌 앞에 자신의 심정을 쏟아 놓으면 괴로운 마음이 어느 정도 편안해진다. 우리는 믿음으로 은혜의 보좌 앞에 담대히 나아갈 수 있고, 거기에서 우리는 마음 놓고 우리의 사정을 얘기할 수 있다. 여기에서 우리는 다음과 같은 것들을 살펴볼 수 있다.

1. 다윗은 무엇을 하소연하고 있는가.

(1) 하나님께서 냉정하시다는 것. 다윗은 하나님께서 자기에게 냉정하시다고 해석하였는데, 그것은 그의 연약함 때문이었다. 그는 하나님께서 자기를 잊으셨고 자기에게 하신 약속들과 자기와 맺은 계약, 하나님께서 그에게 예전에 보여주셨던 인자하심 — 다윗은 이것을 다른 긍휼하심을 받기 위한 전조로 여겼다 — 을 잊어버리셨으며, 하나님으로부터의 구원을 필요로 하고 기대하는 그러한 사람이 이 세상에 존재한다는 것을 잊어버리셨다고 생각하였다. 이와 같이 시온은 주께서 나를 잊으셨다고 말하였고(사 49:14), 이스라엘은 내 길이 여호와께 숨겨졌다(사 40:27)고 말하였다. 선한 사람은 하나님께서 모든 것을 알고 계시고 선하시며 신실하시다는 것을 의심할 수 없지만, 여기에 나오는 하소연은 두려움이 너무 커서 투정부리며 한 말이기 때문에, 비록 그 말이 버릇없고 책망받을 만한 것이기는 하지만, 그것조차도 하나님에 대한 지극한 공경과 하나님의 은총에 대한 간절한 소원으로 인해서 나온 것이기 때문에 용서될 수 있을 것이다. 왜냐하면, 이런 말을 한 후에 다시 한 번 생각해 보면 그는 그런 말을 한 것을 후회하고 철회하고자 할 것이기 때문이다. 하나님께서 그의 얼굴을 다윗에게서 숨기셨기 때문에, 그는 예전처럼 하나님 안에서 내적인 위로를 받기를 원하였다. 이 점에서 다윗은 십자가 위에서 나의 하나님 어찌하여 나를 버리셨나이까라고 부르짖었던 그리스도의 모형이었다. 하나님께서는 종종 그의 얼굴을 자신의 자녀들에게서 감추시고, 그들을 캄캄한 곳에 두셔서 하나님의 임재를 느끼지 못하게 하신다. 하나님께서 그 얼굴을 숨기시는 것은 그의 자녀들에게 다른 그 어떤 외적인 괴로움보다도 훨씬 더 큰 괴로움이 된다.

(2) 다윗 자신의 번민.

[1] 근심으로 괴로워하였고, 그의 머리에는 걱정이 가득 차 있었다: 나의 영혼이 번민하나이다. "나는 어쩔 줄 몰라 하고 있고, 내게는 내가 믿고 의지할 수

있는 친구, 내가 조언을 구할 만한 친구가 없기 때문에, 내가 도대체 어떻게 해야 하는지를 생각하며 혼자 끙끙대고 있지만, 나의 그 어떤 생각도 신통한 것이 별로 없어서, 나는 벼랑 끝에 몰려 있고 끊임없는 초조감 속에 휩싸여 있나이다." 걱정과 근심은 우리의 영혼에 무거운 짐인데, 선한 사람들은 흔히 필요 이상으로 많은 걱정과 근심을 스스로 짊어지고 있다.

[2] 다윗은 슬픔에 압도되어서, 그의 마음이 근심으로 가득 차 있었다: 나의 마음이 종일토록 근심하나이다. 다윗은 혼자 조용히 있을 때인 밤에만이 아니라 여러 가지 일과 교제로 인해서 경미한 슬픔들은 어느 정도 무마가 되는 낮에도 슬픔에 잠겨 있었기 때문에, 그러한 슬픔은 그의 영혼을 좀먹었다. 또한 날마다 새롭게 슬퍼할 일이 생겨났다. 비온 뒤에는 구름이 다시 일어난다. 눈물젖은 빵은 종종 성도의 일상적인 양식이 되기도 한다. 우리 주님 자신도 눈물의 사람이었다.

(3) 다윗의 이러한 슬픔에 그의 원수들의 오만방자함이 더해짐. 그의 큰 원수인 사울과 그의 졸개들은 그가 환난을 당하고 슬픔에 빠져 있는 것을 보고 무척이나 기뻐하며 의기양양해하면서, 그를 완전히 이길 수 있다고 장담하였다. 다윗은 사울과 그 일당들의 이러한 태도가 하나님 및 하나님의 능력과 약속을 멸시하는 것이라고 생각하여 하소연한다.

2. 다윗은 이러한 상황 속에서 하나님께 어떻게 하소연하는가. "주께서는 어느 때까지 이렇게 두실 겁니까? 영원토록 이렇게 두실 겁니까?" 오랜 환난을 통해서 우리의 인내가 시험을 받게 되면, 흔히 우리의 인내도 바닥이 나게 된다. 환난이 길어지면, 우리는 환난이 영원히 지속되는 것이 아닌가 생각하기가 너무도 쉽다. 낙심은 절망으로 변하고, 오랫동안 기쁨 없이 지낸 자들은 마침내 소망 없는 자가 되기 시작한다. "여호와여, 어느 때까지 주께서 얼굴을 숨기실 것인지 내게 말씀하시고, 그런 일이 영원히 지속되지 않을 것이고 주께서 마침내 내게 다시 긍휼을 베푸실 것이라고 확신을 주옵소서. 그리하면 내가 현재의 이 고통을 훨씬 쉽게 견뎌낼 수 있겠나이다."

II. 다윗의 하소연은 그의 기도로 이어진다(3-4절).   우리는 하나님께 올려드리기에 합당한 것, 우리로 하여금 하나님 앞에 무릎을 꿇게 만드는 것을 하나님 앞에 하소연하되, 하나님께 그 어떠한 불평도 해서는 안 된다. 좀 더 살펴보자.

1. 다윗의 간구들은 무엇이었는가. 나의 사정을 생각하사 나의 하소연을 들으시고 응답하시며 나의 눈을 밝히소서.

(1) 즉, "나의 믿음을 견고하게 하소서." 왜냐하면, 믿음은 영혼의 눈이어서, 영혼은 그 눈을 통해서 감각적인 것들, 현상의 세계 너머를 꿰뚫어 볼 수 있기 때문이다. "여호와여, 나로 하여금 나의 현재의 환난과 괴로움들 너머를 보게 하셔서 그것들이 가져올 복된 결과를 내다보게 하옵소서."

(2) "나의 길을 인도하소서. 나로 하여금 내 주변을 살펴서 내 앞에 놓여 있는 덫들을 피하게 하여 주옵소서."

(3) "주의 구원의 기쁨으로 내 영혼이 새 힘을 얻게 하옵소서." 성경에서는 낙심하여 풀이 죽은 심령에게 다시 힘을 주는 것을 눈을 밝힌다고 말한다(삼상 14:27; 스 9:8). "여호와여, 나의 눈을 어둡게 만드는 근심의 구름을 흩으시고, 내 얼굴 빛이 기쁜 기색이 되게 하옵소서."

2. 다윗이 근거로 제시하고 있는 것은 무엇인가. 다윗은 하나님에 대한 그의 관계를 언급하면서 그가 하나님과 상관이 있다는 것을 강조하고(여호와 내 하나님이여), 그의 처지가 심각하여 하나님의 신속한 구원을 필요로 한다는 점을 역설한다.

(1) 만약 그의 눈이 신속하게 밝아지지 않는다면, 그는 자기가 죽게 될 것이라고 결론을 내린다: "내가 사망의 잠을 잘 것입니다. 이 모든 근심과 걱정의 무게 아래에서 나는 도저히 살 수가 없나이다." 영혼에게 있어서 하나님의 은총이 없는 것보다 더 죽을 맛인 것은 없고, 하나님의 은총을 다시 되찾는 것보다 한 영혼에게 더 힘이 되는 것은 없다.

(2) 그렇게 되면, 그의 원수들이 크게 기뻐하며 의기양양해하리라는 것. "나의 눈이 밝아지지 못해서 끝내 죽고 만다면, 나의 원수가 이르기를 내가 그렇게 될 줄 알았다고 말할 것입니다. 사울, 그리고 사탄이 내가 넘어지는 것을 보고 무척 기뻐하지 않도록, 내게 응답하옵소서." 다윗이 넘어져서 죽게 되면, 그것은 그의 원수의 교만을 만족시켜 줄 것이다: 그의 원수는 "내가 그를 이겼다. 내가 이 날에 이겼으니, 이 날은 다윗과 그의 하나님에게 무척이나 괴로운 날이 되었을 것이다"라고 말할 것이다. 그것은 그의 원수들의 악의를 만족시켜 줄 것이다: 그들은 내가 흔들릴 때에 기뻐할 것이다. 이렇게 하늘과 땅에 있는 모든 거룩한 것들을 그들로 하여금 짓밟게 하는 것이 하나님의 영광을 위한 것입니

까?

III. 다윗의 기도는 곧 찬송으로 변한다(5-6절).   그러나 나의 마음은 기뻐하고 내가 여호와를 찬송하리이다. 불과 몇 절만에 이것은 얼마나 놀라운 변화인가! 이 시편의 시작 부분에서 우리는 다윗이 풀이 죽어서 두려워 떨며 우울함과 절망감 속에 잠겨 있는 모습을 보았었다. 그러나 이 시편의 끝 부분에서 우리는 다윗이 마음이 고양되어 넓혀져서 하나님을 기뻐하고 찬송하는 모습을 보게 된다. 믿음의 힘, 기도의 힘을 보라. 하나님께 가까이 나아가는 것이 얼마나 좋은 일인지를 보라. 우리가 우리의 걱정과 근심을 은혜의 보좌 앞으로 가져가서 거기에 내려 놓는다면, 우리는 성전을 떠날 때에 한나와 같이 얼굴에 다시는 근심 빛이 없게 될 것이다(삼상 1:18). 여기서 다윗이 마음의 위로를 받게 된 방법을 살펴보자.

1. 다윗의 믿음을 견고하게 떠받쳐준 것은 하나님의 긍휼하심(개역: 주의 사랑)이었다. "내가 하나님의 무한하신 선하심을 생각할 때까지는 나의 사정은 극히 나빴고 내 입에서는 탄식밖에 나오지 않았다. 그러나 내게는 아무 공로가 없지만 내가 의지할 분이 계시다는 것을 알았을 때, 나는 위로를 받았다. 과거에도 내가 괴롭고 힘들 때에 나는 오직 주의 사랑을 의지하였고, 그 때마다 주의 사랑은 나를 실망시킨 적이 없으셨다는 것을 나는 깨닫게 되었다. 하나님의 긍휼하심과 사랑이 때가 되면 나를 구원해 주셨고, 하나님의 사랑에 대한 나의 신뢰가 괴로운 때를 보내는 나를 지탱해 주었다. 하나님께서 그의 얼굴을 내게서 숨기셨을 때, 밖으로는 싸움이고 안으로는 두려움이 있을 때, 그 깊은 고통 속에서조차도 나는 하나님의 긍휼하심을 의지하였다. 그것은 폭풍 속에서 바다 밑 깊은 곳에 내려진 닻과 같은 것이었다. 그것의 도우심을 힘입어서 나는 비록 요동하고 흔들리긴 했지만 결코 전복되지는 않았다." 여전히 나는 주의 긍휼하심을 의지하옵나이다(어떤 이들은 이렇게 해석한다). "주의 긍휼하심이 결국에 나를 잘 되게 하실 것이라는 확신을 가지고, 나는 내 자신을 주의 긍휼하심에 맡기나이다." 다윗은 하나님께서 그의 인자하심을 바라는 자들을 기뻐하신다는 것을 알고서 하나님께 이렇게 호소하고 있는 것이다(시 147:11).

2. 하나님의 긍휼하심에 대한 다윗의 믿음은 그의 마음을 주의 구원에 대한 기쁨으로 가득 채웠다. 왜냐하면, 기쁨과 평안은 믿음으로써 오는 것이기 때문이다(롬 15:13). 너희가 믿고 기뻐하는도다(벧전 1:8). 다윗은 하나님의 긍휼하심

을 믿고 거기에 신뢰를 둠으로써 하나님께서 그를 구원해주실 것을 온전히 확신하게 되었고, 이제까지 날마다 걱정과 근심에 잠겨 있었던 그의 마음은 그 구원을 기뻐할 수 있었다. 우는 것이 오래 갈지라도, 기쁨은 반드시 돌아오게 되어 있다.

3. 다윗이 하나님의 구원을 기뻐하게 되자, 그의 입은 찬송으로 가득 차게 되었다(6절). "내가 여호와를 찬송하리니, 주께서 이전에 내게 행하신 일들을 기억하고서 찬송하리이다. 내가 예전에 가졌던 평안을 결코 회복하지 못한다고 하여도, 나는 이전에 내게 평안을 주셨던 하나님을 찬송하다가 죽을 것이다. 하나님께서는 이전에 풍성한 은덕을 베푸셨기 때문에, 그가 지금 나를 어떻게 하시든지 간에, 그는 이전에 내게 베푸신 그 은덕으로 인하여 영광을 받으시기에 합당하시다. 나는 모든 것이 잘 끝나게 되고, 모든 것이 영원히 잘 끝나게 되리라는 것을 확신하기 때문에 주께서 마침내 나를 위하여 행하실 일을 소망하고 찬송할 것이다." 그러나 다윗은 그것을 과거의 일로 말하고 있는데(주께서 내게 은덕을 베푸셨다), 이것은 그가 믿음으로 구원의 전조(前兆)를 받아서, 그 구원이 이미 이루어진 것처럼 확신하였기 때문이다.

이 시편을 노래하고 이 시편을 놓고 기도할 때, 만약 우리가 다윗이 하나님께 드렸던 것과 같은 하소연들을 갖고 있지 않다면, 우리는 하나님께서 우리를 그러한 환난 속에 두지 않으신 것을 감사하고, 하나님께서 우리에게서 물러가시는 것을 두려워하여 그런 일이 없도록 기도하여야 하며, 마음에 큰 고통을 지닌 자들을 불쌍히 여기고, 우리의 지극히 거룩한 믿음과 기쁨 안에서 우리 자신을 격려하여야 한다.

제
— 14 —
편

개요

이 시편이 구체적으로 어떤 상황에서 지어졌는지, 또는 과연 이 시편이 그러한 구체적인 상황 속에서 쓰여진 것인지에 대해서는 표제에 나와 있지 않다. 어떤 이들은 다윗이 사울에 의해서 박해를 받았을 때에 이 시편을 썼다고 말한다. 또 어떤 이들은 압살롬이 반란을 일으켰을 때에 다윗이 이 시편을 지었다고 한다. 그러나 그러한 주장들은 단지 추측에 불과한 것들이어서, 우리가 이 시편을 해설할 때에 확실한 배경으로 삼기가 어렵다. 사도는 유대인들과 이방인들이 모두 죄 아래 있다는 것(롬 3:9)과 온 세상이 하나님 앞에서 죄악되다는 것(롬 3:19)을 증명하기 위해서 이 시편의 일부를 인용하고 있기 때문에, 우리는 이 시편이 전체적으로 인간 본성의 타락, 우리가 죄악 중에 잉태되어 태어났다는 것, 인류의 대부분이 통탄스러울 정도로 부패되어 있다는 것, 이 세상이 악에 속하여 있다는 것을 서술하고 있는 것으로 이해할 수 있다(요일 5:19). 그러나 그리스도 안에서 우리가 나음을 입도록 의도하고 있는 그러한 시편들 속에 통상적으로 다윗 자신에 대한 암시가 나오고, 일차적으로 다윗에 관한 것으로 이해될 수 있는 구절들이 존재하는 것과 마찬가지로(시 2편, 16편, 22편 등), 우리가 죄에 의해서 상처받은 것을 알도록 하기 위한 이 시편 속에도 다윗의 원수들과 박해자들, 그리고 당시에 선한 자들을 압제하였던 자들에 대한 암시가 존재하고, 몇몇 구절들은 그들을 직접적으로 가리키기도 한다. 제3편에서 이 시편에 이르기까지의 모든 시편들 속에서(제8편을 제외하고) 다윗은 그를 미워하여 박해하고 욕하며 능욕하였던 자들에 대하여 하소연하여 왔다. 이제 여기에서 다윗은 그러한 모든 냉혹한 흐름들을 그 원천인 인간의 부패한 본성까지 추적하여서, 그의 원수들만이 아니라 사람들 모두가 이런 식으로 부패되어 있다는 것을 본다. 이 시편에는 다음과 같은 내용들이 나온다. I. 악한 세상에 대한 고발(1절). II. 이러한 고발의 근거(2-3절). III. 그것과 관련하여 죄인들, 특히 박해자들에게 진지하게 충고함(4-6절). IV. 이스라엘의 구원을 위한 믿음의 기도와 기쁨으로 그 구원을 기대함(7절).

〔다윗의 시, 인도자를 따라 부르는 노래〕

¹어리석은 자는 그의 마음에 이르기를 하나님이 없다 하는도다 그들은 부패하고 그 행실이 가증하니 선을 행하는 자가 없도다 ²여호와께서 하늘에서 인생을 굽어살피사 지각이 있어 하나님을 찾는 자가 있는가 보려 하신즉 ³다 치우쳐 함께 더러운 자가 되고 선을 행하는 자가 없으니 하나도 없도다

우리가 솔로몬과 같이 어리석은 것, 바보스럽고 미친 짓이 얼마나 악한 것인지를 살피는 데에 우리의 마음을 쏟는다면(전 7:25), 이 절들은 우리가 그러한 것들을 살피는 데에 도움을 줄 것이고, 우리에게 죄가 얼마나 극심한지를 보여줄 것이다. 죄는 인류의 질병이고, 여기에서 죄는 해로운 전염병으로 나온다.

1. 죄가 얼마나 해로운지를 두 가지 점에서 보라(1절).

(1) 죄는 하나님의 영광을 경멸함. 왜냐하면, 모든 죄의 밑바닥에는 무신론이라고 할 수 있는 것이 존재하기 때문이다. 어리석은 자는 그의 마음에 이르기를 하나님이 없다 하는도다. 우리는 종종 "우리 시대만큼 무신론과 속됨이 활개치는 때는 분명히 결코 없었다"라고 생각하기 쉽지만, 사실은 이전 시대들도 우리 시대보다 결코 더 낫지 않았다. 심지어 다윗 시대에조차도 신앙의 제 1 원리이자 자명한 공리인 하나님의 존재 자체를 부정할 만큼 극도의 불경건에 도달하였던 자들이 있었다. 좀 더 살펴보자.

[1] 여기에는 죄인에 관한 묘사가 나온다. 죄인은 그의 마음에 이르기를 하나님이 없다 하는 자이다. 그는 무신론자이다. "하나님은 없고, 세상을 심판하는 자도 다스리는 자도 없으며, 인간사를 주관하는 섭리도 없다." 그들은 하나님이 계시다는 것을 차마 의심하지는 못하지만, 하나님이 세상을 다스리신다는 것에 대해서는 의문을 제기하고자 한다. 그는 그의 마음에 그렇게 말한다. 그것은 그의 판단이 아니라 그의 상상이다. 그는 하나님이 계시지 않는다는 것을 스스로 확신할 수는 없지만, 하나님이 계시지 않았으면 하고 바라고 있고, 하나님이 계시지 않을 수도 있다는 공상으로 즐거워한다. 그는 하나님이 계시다는 것을 확신할 수 없기 때문에, 하나님이 계시지 않는다고 생각하고자 한다. 그는 사람들로부터 여지없이 반박당하여서 꼼짝없이 하나님이 계시다는 것을 알게 될까봐 입 밖으로 자신의 속내를 꺼내 놓지 못하고, 단지 그의 양심의 소리를 잠재우고 악한 일들을 대담하게 행할 용기를 얻기 위해서 그의 마음에 대고 은

밀하게 그런 말을 속삭인다.

[2] 이러한 죄인에 대한 성격 규정. 그는 어리석은 자이다. 그는 단순하고 지혜롭지 못한데, 그가 하는 말이 그가 어리석은 자라는 것을 보여주는 증거가 된다. 그는 악하고 속된 자인데, 이것이 그가 그런 말을 하는 이유이다. 무신론적인 사상은 매우 어리석고 악한 사상들이고, 이 세상에서 행해지는 수많은 악의 밑바닥에는 그러한 사상이 깔려 있다는 것을 명심하라. 하나님의 말씀은 마음의 생각과 뜻을 분별해 내는 도구로서 그러한 생각을 지니고 있는 자에게 합당한 명칭을 부여한다. 그의 이름이 그에게 적당하니 그의 이름이 나발이라 그는 미련한 자니이다. 왜냐하면, 그는 가장 분명한 빛, 그 자신의 지식과 깨달음들, 인류 중에서 지혜롭고 건전한 자들의 공통적인 정서를 거슬러서 생각하기 때문이다. 사람이 죄 가운데에서 완악해져서, 그에게 책임을 물을 자가 없는 것이 유익이라고 생각하게 될 때까지는 아무도 하나님이 없다고 말하려 들지 않는다.

(2) 죄가 인간의 본성을 욕되게 하고 비천하게 만듦. 죄인들은 부패되어 있고, 인간의 원래의 무죄한 상태로부터 심하게 타락되어 있다: 그들은 더러운 자가 되어(3절), 그들에게서 악취가 난다. 그들의 모든 기능들은 다 왜곡되고 망가져서 그것들을 지으신 조물주에게 가증스러운 것이 되어 버렸고, 하나님께서 그들을 지으신 목적을 이룰 수 있는 능력을 완전히 상실해 버렸다. 그들은 완전히 부패하였는데, 그 이유는 다음과 같다.

[1] 그들은 선을 행하지 않고, 단지 이 땅에서 무익한 짐만 될 뿐이다. 그들은 하나님을 섬기지도 않고 하나님께 존귀를 돌려 드리지도 않으며 스스로 그 어떤 사랑도 베풀지 않는다.

[2] 그들은 무수한 패악만을 끼칠 따름이다. 그들은 가증스러운 일들을 행한다. 왜냐하면, 모든 죄악된 행위들은 다 가증스러운 일들이기 때문이다. 죄는 하나님께 가증스러운 것이다. 죄는 하나님께서 미워하는 가증한 일인데(렘 44:4), 조만간에 죄인에게도 그렇게 될 것이다. 죄는 미워해야 할 것(시 36:2)이자 멸망의 가증한 것(마 24:15), 즉 황폐케 하는 것임이 드러나게 될 것이다. 이 말씀은 그들이 하나님이 없다고 말한 것에 이어서 나온다. 왜냐하면, 하나님을 시인하나 행위로는 부인하는 자들은 가증한 자요 모든 선한 이를 버리는 자이기 때문이다(딛 1:16).

2. 이 질병이 얼마나 신속하게 전염되었는지를 보라. 죄는 인류 전체를 감염

시켰다. 이것을 증명하기 위해서 하나님께서는 직접 증인으로 나서시는데, 하나님은 목격자이시다(2-3절). 좀 더 살펴보자.

(1) 하나님께서 살피심. 여호와께서 하늘에서 굽어 살피시는데, 하늘은 이 아랫 세상을 한눈에 살펴볼 수 있는 전망좋은 곳이다. 하나님께서는 거기에서 모든 것을 보시는 눈으로 인생들을 살피시는데, 하나님의 관심은 지각이 있어 하나님을 찾는 자가 있느냐. 자신의 도리와 유익을 제대로 이해해서 하나님을 찾아서 자기 앞에 모신 자가 있느냐 하는 것이다. 하나님은 이렇게 굽어 살피실 뿐만 아니라, 이 땅에 선한 자가 있기만 하다면 그가 아무리 후미진 곳에 있다고 할지라도 그를 찾아내실 수 있고, 옛 세상에서 노아의 경우에서와 마찬가지로 그를 알아보시고 찾아내어서 기뻐하신다.

(2) 하나님께서 이렇게 살펴보신 것의 결과(2절). 하나님께서 이렇게 찾고 또 찾아 보신 결과 사람들이 다 치우쳐, 배교가 도처에서 행해지고 있고, 하나님의 거저 주시는 강력한 은혜가 사람들을 변화시킬 때까지는 선을 행하는 자가 없고 하나도 없다는 것이 드러났다. 사람들에게 그 어떤 선한 것이 있거나 그들이 어떤 선을 행한다고 할지라도, 그것은 그들 자신에게서 난 것이 아니다. 그것은 하나님께서 그들 안에서 역사하신 결과이다. 하나님께서 세상을 지으시고 그 모든 것을 보셨을 때에 모든 것이 보시기에 심히 좋았다(창 1:31). 그러나 얼마 후에 하나님께서 사람이 행하는 짓을 보았을 때에 모든 것이 심히 나빠지고 악해져 있었다(창 6:5). 사람이 마음으로 생각하는 모든 계획이 항상 악하였고 오직 악한 것뿐이었다. 그들은 그들이 마땅히 해야 할 도리로부터 벗어났고 복으로 이어지는 길에서 벗어나서, 멸망의 길로 들어갔다.

이 절을 노래할 때, 우리는 우리 자신의 본성이 얼마나 부패해 있는지를 탄식하고, 하나님의 은혜가 우리에게 얼마나 필요한지를 알아야 한다. 육에서 난 것은 육이기 때문에, 우리는 우리가 거듭나야 한다는 말을 듣는 것을 이상하게 여겨서는 안 된다.

⁴죄악을 행하는 자는 다 무지하냐 그들이 떡 먹듯이 내 백성을 먹으면서 여호와를 부르지 아니하는도다 ⁵그러나 거기서 그들은 두려워하고 두려워하였으니 하나님이 의인의 세대에 계심이로다 ⁶너희가 가난한 자의 계획을 부끄럽게 하나 오직 여호와는 그의 피난처가 되시도다 ⁷이스라엘의 구원이 시온에서 나오기를 원하도다

여호와께서 그의 백성을 포로된 곳에서 돌이키실 때에 야곱이 즐거워하고 이스라엘이 기뻐하리로다

이 절들 속에서 시편 기자는 다음과 같은 것들을 위하여 애쓴다.

I. 죄인들에게 그들이 지금 있는 길이 지금까지는 아무리 안전하였다고 할지라도 사실은 얼마나 악하고 위험한지를 깨닫게 하는 것. 시편 기자는 죄인들에게 그들이 정말 보고 싶지 않아 하는 세 가지를 보여준다 — 그들은 스스로 매우 지혜롭고 선하고 안전하다고 믿을지라도, 그들은 악하고 어리석으며 위험하다는 것. 좀 더 살펴보자.

1. 그들이 악하다는 것. 이것은 네 가지로 묘사된다.

(1) 그들은 죄악을 행하는 자들이다. 그들은 죄악을 꾀하고 실행에 옮기며, 남들이 일하면서 즐거움을 느끼는 것과 마찬가지로 죄악을 행하면서 거기에서 기쁨을 느낀다.

(2) 그들은 떡 먹듯이 탐욕스럽게 하나님의 백성을 먹고, 그들에 대하여 본능적으로 철저한 적대감을 지니고 있어서, 그들이 멸망하기를 진심으로 바라는데, 이것은 그들이 하나님을 진정으로 미워해서, 그의 백성들을 멸하고자 하기 때문이다. 사람들에게 악을 행하여 해악을 끼치는 것이 박해자들에게는 일용할 양식이다. 그들은 죄악을 행하는 것을 밥먹는 것처럼 즐거워한다. 그들은 하나님의 백성을 날마다 편한 마음으로 집어 삼키는데, 그런 일을 하면서도 전혀 양심의 가책을 느끼지 않고, 그런 일을 행한 후에도 전혀 후회함이 없다. 그들은 요셉을 구덩이에 던지고 나서 앉아서 떡을 먹었던(창 37:24-25) 요셉의 형들과 같은 자들이다(미 3:2-3을 보라).

(3) 그들은 여호와를 부르지 않는다. 하나님의 백성, 하나님의 가난한 자들을 신경쓰지 않는 자들은 하나님에 대해서도 신경을 쓰지 않고 하나님을 경멸하며 살아간다. 사람들이 온갖 종류의 악행, 극악무도한 짓까지 서슴지 않는 이유는 그들이 하나님께 은혜를 구하지 않기 때문이다. 기도 없이 살아가는 자들에게서 무슨 선한 것을 기대할 수 있겠는가?

(4) 그들은 가난한 자들의 계획을 부끄럽게 하고, 다윗의 원수들은 다윗에게 했던 것과 마찬가지로 가난한 자들이 하나님을 피난처로 삼는 것에 대하여 힐난한다(시 11:1). 지극히 악하고 책임질 일이 많은 자들은 신앙을 떨쳐 버리고

신앙 없이 스스로 살아갈 뿐만 아니라 신앙의 도리들을 잘 행하고 있는 자들로 하여금 마치 그러한 신앙의 도리들이 초라하고 암울하며 아무런 유익도 없는 것처럼 그러한 것에 싫증을 느끼도록 만들고, 신앙의 유익들이 마치 사람을 안전하고 복되게 만드는 데에 불충분한 것처럼 그러한 특권들에 싫증을 느끼게 만들기 위해서 그들이 할 수 있는 모든 것을 말하고 행한다. 신앙과, 신앙이 좋은 사람들을 조롱하는 자들은 하나님을 자신의 피난처로 삼는 자들을 박해하는 것이 끝이 날카로운 도구들을 가지고 함부로 장난하는 것만큼이나 위험스럽다는 것을 결국 알게 될 것이다. 너희는 오만한 자가 되지 말라 너희 결박이 단단해질까 하노라. 하나님께서는 그들에게 다음과 같은 것들을 보여주신다.

2. 그들이 어리석다는 것: 그들은 무지하다. 이것은 너무도 분명한 것이다. 왜냐하면, 만약 그들에게 하나님을 아는 지식이 조금이라도 있고, 그들 자신을 올바르게 이해하고서, 다른 사람들과 마찬가지로 이 일을 생각하고자 한다면, 그들은 하나님의 백성에게 이토록 능욕을 가하고 야만적으로 대하지는 않을 것이기 때문이다.

3. 그들이 위험하다는 것(5절): 거기서 그들은 두려워하고 두려워하였다. 그들이 하나님의 백성을 먹던 곳에서 그들 자신의 양심이 그들이 행한 일을 정죄하여서, 그들은 은밀한 두려움으로 가득 차게 되었다. 그들은 성도들의 피를 맛있게 빨아 먹었지만, 그 피는 그들의 내장 속에서 살모사의 독으로 변하였다. 교만하고 잔혹한 박해자들이 제사장 바스홀의 경우와 같이 자기 자신과 그들 주변의 모든 것에 대하여 두려움을 느낀 경우가 많이 있어 왔다. 하나님을 두려워하지 않는 자들은 나뭇잎이 흔들리는 소리에도 두려움을 느끼게 될 수 있다.

II. 다윗은 다음과 같은 것들을 통해서 하나님의 백성을 위로하고자 한다.

1. 그들에게 있는 것을 통해서. 그들에게는 하나님의 임재가 있다(5절): 하나님이 의인의 세대에 계심이로다. 그들은 하나님의 보호하심 아래에 있다(6절): 여호와는 그들의 피난처가 되시도다. 여호와의 임재는 원수들에게는 두려움이 되지만 의인들에게는 안전한 곳이 된다. 악인들은 의인들이 하나님을 의지하는 것을 비웃고 조롱하지만, 그들을 거기로부터 나오게 할 수는 없다. 심판의 날에 죄인들은 하나님께서 그들이 그토록 미워하고 조롱하였던 의인들의 세대를 시인하는 것을 볼 때에 그들의 두려움과 혼란스러움은 더욱 가중될 것이다.

2. 그들이 소망하는 것을 통해서. 그들이 소망하는 것은 이스라엘의 구원이다

(7절). 다윗은 반역을 일으킨 압살롬과 그의 일당에 의해서 쫓기고 있을 때에 하나님께서 때가 되면 그의 백성을 포로된 곳에서 돌이키실 것이고 그의 모든 선한 백성들은 즐거워하게 되리라는 것을 확신함으로써 위로를 받았다. 그러나 이러한 기쁜 전망은 분명히 더 먼 곳을 내다보고 있다. 다윗은 이 시편의 처음 부분에서 인간이 전체적으로 부패해 있는 것을 탄식하였었는데, 지금 여기에서는 그러한 암울한 현실 속에서 구속주에 의해서 수행될 구원, 구원자가 시온에서 오사 야곱에게서 경건하지 않은 것을 돌이키시게 될 그 구원을 바라고 있는 것이다(롬 11:26). 세상이 악하오니, 메시아께서 오셔서 이 세상을 변화시켜 주옵소서! 사람들이 모두 부패해 있사오니, 사람들을 새롭게 하시는 역사가 필요하나이다! 그러한 때는 이전의 암울한 때와 마찬가지로 즐거운 때가 될 것이다. 그 때에 하나님께서는 그의 백성을 포로된 곳에서 돌이키실 것이다. 왜냐하면, 구속주께서 위로 올라가실 때에 사로잡은 자를 사로잡힌 자가 되게 하실 것이고, 그 때에 야곱은 즐거워할 것이기 때문이다. 시온의 왕의 승리는 시온의 자녀들의 기쁨이 될 것이다. 그리스도께서 죄와 사탄의 지배를 최종적으로 소멸시키기 위하여 다시 오실 때에 이 구원은 완성될 것인데, 이것이 바로 모든 진정한 이스라엘 사람의 소망이고 기쁨이다. 이 시편을 노래하면서 우리는 바로 그러한 확신을 가지고, 지금은 죄인들이 죄악들을 자행하며 성도들이 고통을 당하고 있다고 할지라도 우리 자신과 서로를 위로하여야 한다.

제
— 15 —
편

개요

　　이 짧지만 뛰어난 시편의 목적은 우리에게 하늘로 가는 길을 보여주고, 우리가 복되고자 한다면 거룩하고 정직하여야 한다는 것을 우리에게 확신시켜 주는 것이다. 그리스도께서는 우리에게 여기에 나와 있는 것과 같은 동일한 길을 보여주셨는데, 그리스도는 그 길 자체였고, 우리는 그리스도를 우리의 길로 삼아서 걸어가야 한다: "네가 생명에 들어가려면 계명들을 지키라"(마 19:17). I. 이 시편은 질문을 통해서(1절) 우리로 하여금 그 길을 찾아 보도록 자극을 준다. II. 이 시편은 나머지 부분에서 그러한 질문에 대한 대답을 통해서 우리에게 그 길로 행하도록 명한다(2-5절). III. 이 시편은 끝 부분에서 그러한 길로 행하는 자들이 안전하고 복되다는 것을 약속함으로써 우리에게 그러한 길로 행하도록 격려한다(5절).

〔다윗의 시〕

¹여호와여 주의 장막에 머무를 자 누구오며 주의 성산에 사는 자 누구오니이까 ²정직하게 행하며 공의를 실천하며 그의 마음에 진실을 말하며 ³그의 혀로 남을 허물하지 아니하고 그의 이웃에게 악을 행하지 아니하며 그의 이웃을 비방하지 아니하며 ⁴그의 눈은 망령된 자를 멸시하며 여호와를 두려워하는 자들을 존대하며 그의 마음에 서원한 것은 해로울지라도 변하지 아니하며 ⁵이자를 받으려고 돈을 꾸어 주지 아니하며 뇌물을 받고 무죄한 자를 해하지 아니하는 자이니 이런 일을 행하는 자는 영원히 흔들리지 아니하리이다

　　이 시편에는 다음과 같은 내용들이 나온다.

　I. 시온에 거하는 자가 어떤 자인가에 관한 매우 진지하고 무게있는 질문(1절). "여호와여 주의 장막에 머무를 자 누구오니이까. 누가 하늘에 가게 될 자인지 내게 알려 주옵소서." 시편 기자는 하늘에 들어갈 자가 누구인지 구체적인 이름을 들어서 말해 달라는 것(오직 여호와께서만 그의 백성들을 이런 식으로

알고 계신다)이 아니라 어떤 자들이 하늘에 들어갈 자인지를 설명해 달라는 것이다: "주께서 자기 백성으로 인정하시고 영원하고 특별한 은총으로 관을 씌우고자 하시는 자들은 과연 어떤 부류의 사람들입니까?" 이것은 시온에 거하는 자가 된다는 것이 커다란 특권이고 이루 말할 수 없는 영광이며 유익이라는 것, 모든 사람이 그러한 특권을 부여받는 것이 아니라 오직 남은 자들만이 그러한 특권을 받는다는 것, 사람들은 그들의 출생이나 혈통에 의해서 이러한 특권을 받을 자격이 생기게 되는 것이 아니라는 것을 보여준다. 아브라함을 그들의 조상으로 모시고 있는 모든 자들이 하나님의 장막에 머무르게 되는 것이 아니라, 사람들의 마음과 삶이 어떠냐에 따라서 그들의 운명이 정해지게 될 것이다. 여호와여, 내가 주의 장막에 거하기 위해서는 내가 어떤 자가 되어야 하고 무엇을 행하여야 하나이까라는 질문은 우리 모두가 스스로에게 해 볼 만한 질문이다 (눅 18:18; 행 16:30).

1. 시편 기자는 이러한 질문을 누구에게 하고 있는 것인가. 그것은 바로 하나님을 향한 질문이다. 하늘로 가는 길을 찾고자 하는 자들은 하나님을 바라보고 그의 말씀으로부터 지시를 받아야 하며 성령께서 그들을 인도해 주시도록 간구하여야 한다. 하나님께서 직접 그의 종들에게 그의 법들을 주시고, 그의 은총을 받을 조건들을 정하시며, 누가 그의 백성이고 누가 아닌지를 알려 주시는 것은 합당한 일이다.

2. 이러한 질문은 구약의 언어로 표현되어 있다.

(1) 우리는 장막이라는 말을 전투적인 교회를 가리키는 것으로 이해할 수 있다. 광야 생활에 적합하게 소박하면서도 이동 가능하게 만들어진 모세의 성막은 이러한 전투적인 교회의 모형이다. 옛적에 하나님께서 증거의 장막, 회막에서 그러셨던 것처럼 이제는 교회에서 스스로를 나타내시고 그의 백성을 만나신다. 이러한 장막에 거할 자가 누구인가? 하나님의 교회 속에서 살아가는 진정한 지체, 이 장막의 뜰에 머무르도록 허락을 받은 신령한 제사장들은 과연 누구인가? 우리는 이러한 질문을 던지는 데 관심을 가지고 있다. 왜냐하면, 이 장막에 거하는 체하지만 사실은 그 장막에서 자신의 자리를 가지고 있지 않은 사람이 많기 때문이다.

(2) 우리는 성산이라는 말을 솔로몬이 성전을 짓게 되어 있었던 시온 산을 암시하는 것으로서 승리하는 교회를 가리키는 것으로 이해할 수 있다. 영화롭

게 된 성도들이 그러한 성산에 거한다는 것은 그들의 복이다. 그들은 거기에 거처하고 있다. 그들은 영원히 거기에 살게 될 것이다. 우리는 우리가 과연 그런 성도들 중에 끼게 될 것인지, 그리고 거기에서 오는 위로를 받게 되고, 그 성산을 기대하며 즐거워할 수 있을지를 스스로에게 확인해 보기 위해서 누가 거기에 거하게 될지를 아는 일에 관심을 갖는다.

II. 이러한 질문에 대한 아주 분명하고 구체적인 대답. 자신이 해야 할 도리를 행하고자 하는 결단 속에서 그 도리를 알고자 하는 자들은 성경이 아주 신실한 안내자이고 양심이 신실한 감독자라는 것을 발견하게 될 것이다. 이제 시온에 거하게 될 자가 구체적으로 어떤 성품을 지닌 자인지를 살펴보도록 하자.

1. 신앙이 진실하고 온전한 자. 그는 계약의 조건을 따라서 정직하게 행하는 자이다: "너는 내 앞에서 행하여 완전하라(이 말씀은 여기에서 사용된 것과 동일한 단어를 사용하고 있다). 그리하면 너는 내가 모든 것에서 부족함이 없는 하나님이라는 것을 발견하게 될 것이다(창 17:1)." 그는 진정으로 그가 공개적으로 밝히는 대로의 사람이고, 그 마음이 정직하며, 그의 순전함과 그가 행하는 모든 일을 통해서 자기가 그렇다는 것을 하나님께 입증할 수 있는 자이다. 그의 말은 한결같고, 표리가 부동하지 않으며, 하나님의 모든 뜻을 완전하게 행하려고 애쓴다. 그의 눈은 시력이 약할 지는 모르지만 순전하다. 그는 실제로 여러 가지 흠들을 가지고 있지만 그런 것들을 미화하거나 숨기지 않는다. 그는 그 속에 간사한 것이 없는 진정한 이스라엘 사람이다(요 1:47; 고후 1:12). 진실함과 정직함이 결여된 신앙이라는 것은 결코 존재하지 않는다.

2. 그가 하는 모든 일들 속에서 양심적으로 정직하고 올바르며, 그가 대하는 모든 사람들에게 신실하고 공정한 자: 그는 공의를 실천한다. 그는 여호와의 모든 규례들과 계명들을 따라서 행하며, 그 모든 것들을 정성을 다해 행하려고 애쓰며, 하나님과 사람에게 올바른 자이다. 또한 그는 하나님과 사람에게 말을 할 때에 그의 마음에 진실인 것을 말한다. 하나님을 향한 그의 기도와 고백과 약속은 거짓된 입술에서 나오는 것이 아니고, 감히 거짓말을 하지 못하며, 사람들과 교제하거나 거래를 할 때에도 마찬가지이다. 그는 공의와 진리를 따라 행하고, 불의와 속임수를 통해서 얻은 이익을 경멸하고 혐오한다. 그는 거짓말을 해서 얻은 이익은 좋은 것이 아니라는 것, 겉보기에 아무리 그럴 듯 하더라도 이웃을 해치거나 이웃에게 손해를 끼치는 자는 결국에 가서는 자기 자신에게

너무도 큰 해악을 행하였다는 것이 드러나게 되리라는 것을 안다.

3. 이웃에게 그가 할 수 있는 모든 선한 일을 행하고자 애쓰지만, 그 어떤 사람에게도 해를 끼치지 않도록 매우 조심하고, 또한 이웃으로부터 좋은 평판을 듣게 되면 특별히 조심하는 자(3절). 그는 그의 이웃에게 의도적으로 결코 악을 행하지 아니하는데, 이웃의 마음을 아프게 하거나 상하게 할 만한 일이나 이웃의 몸의 건강을 해치게 할 만한 일, 이웃의 재산이나 세속적인 이익들, 그의 가족이나 친척들의 이익에 손해를 끼치게 하는 일을 결코 하지 않는다. 도리어 그는 남이 그에게 해주기를 바라는 대로 남에게 행하라는 황금률을 따라서 행한다. 자신의 명성을 얻기 위해서 이웃에게 해를 끼치는 일을 아무렇지도 않게 행하는 자들이 많지만, 그는 특히 자신의 명성을 위해서 이웃에게 해를 끼치는 일이 없도록 특별히 조심한다. 이러한 일에 있어서 어떤 사람이 자신의 혀를 단속하지 못한다면, 그의 신앙은 헛된 것이다. 그는 사람들 가운데서의 좋은 평판이 얼마나 가치있는 것인지를 알기 때문에, 남을 씹거나, 중상모략하거나 나쁘게 말하거나, 남들의 결점을 화제로 삼거나, 남을 웃음거리나 조롱거리로 삼거나, 재미삼아서 남들의 결점에 대하여 얘기하지 않고, 오직 덕을 세우는 말만을 한다. 그는 모든 사람들을 가장 좋게 말하고, 어느 누구에 대해서도 나쁘게 말하지 않는다. 그는 이웃을 비방하지 않는다. 즉, 그는 남을 비방하는 말을 입에 올리지도 않고 그런 말에 맞장구치지도 않는다. 그는 비방이나 중상모략에 동조하지 않으며, 남을 헐뜯는 험담에 눈쌀을 찌푸리고 그런 말을 하지 못하게 막는다(잠 25:23). 이웃의 고약한 성품이나 심보에 관한 것을 알게 되거나 이웃에 관한 나쁜 이야기를 듣게 되면, 그는 자기가 할 수 있는 한 그러한 것을 인정하려 들지 않는다. 또한 그런 말을 들었을 때, 그는 그런 말이 자기에게서 끝나고 더 이상 퍼지지 않게 한다. 그의 사랑은 허다한 죄를 덮는다.

4. 세상에서 출세하여 성공했느냐의 여부가 아니라 그 사람이 지닌 미덕과 경건을 기준으로 사람들을 소중히 여기는 자(5절).

(1) 그는 어떤 사람이 성공해서 으리으리하게 차려 입고 영화를 누린다고 해서 그 사람이 저지르는 악행을 좋게 도와주지 않는다: 그의 눈은 망령된 자를 멸시한다. 악한 자들은 망령된 자로서, 찌꺼기나 겨나 맛을 잃은 소금과 같이 아무 짝에도 쓸모 없는 자이다(이 단어는 원래 이것을 의미한다). 그들은 그들의 선택에 있어서(렘 2:13) 상스럽고, 그들의 행위에 있어서 상스럽다(사 32:6).

이런 것 때문에 지혜롭고 선한 자들은 그들을 멸시하는데, 권세를 잡고 힘이 있는 자들인 그들이 지닌 세속적인 존귀함과 공경을 부정하는 것이 아니라(벧전 2:17; 롬 13:7), 하나님의 말씀에 따라서 그들에 대한 판단에 있어서 그들을 멸시하는 것이다. 그들은 출세한 악인들을 시기하기는커녕 그들을 불쌍히 여기고, 그들이 얻은 이익들이 아무것도 아닌 것을 알기 때문에 멸시하고(사 33:15), 그들의 진수성찬(시 141:4)과 그들의 쾌락(히 11:24-25)을 말라 비틀어지고 아무 맛도 없는 것으로 여겨서 멸시한다. 그들은 출세한 악인들의 사귐을 멸시한다(시 119:115; 왕하 3:14). 그들은 악인들의 조롱과 위협을 멸시하고, 그런 것들에 의해서 동요되지 않으며 아무런 방해도 받지 않는다. 그들은 악인들이 아무런 힘도 없으면서 악의를 가지고 쓸데없이 음모를 꾸미는 것을 멸시하고(시 2:1, 4), 곧 악인들이 넘어지는 것을 보고 기뻐하게 될 것이다(시 52:6-7). 하나님께서는 그들을 멸시하시는데, 그들도 하나님의 마음과 같다.

(2) 그는 어떤 사람이 가난하고 초라하다고 해서 그가 지닌 경건을 나쁘게 생각하지 않는다. 도리어 그는 여호와를 두려워하는 자들을 존대한다. 그는 진정한 경건은 그것이 어디에서 발견되든지 간에 사람을 존귀하게 만들고, 세상의 부나 재치나 명성보다 그 사람의 얼굴을 더욱 빛나게 만든다는 것을 안다. 그는 그런 자들을 존귀하게 여기고, 사랑 안에서 그들을 매우 존경하며, 그들과 친구가 되고 교제하며 그들의 기도 속에서 자기를 위하여 기도해 줄 것을 원하고, 그들에게 예를 표하거나 그들을 위하여 선한 일을 행할 기회를 얻게 되는 것을 기뻐하며, 그들의 말을 변호하고, 존경의 마음을 가지고 그들에 대하여 얘기하며, 그들이 형통할 때에 즐거워하고, 그들이 죽었을 때에 슬퍼하며, 그들이 죽고 난 후에도 그들에 대한 기억을 소중히 간직한다. 이러한 것에 비추어서 우리는 우리 자신을 어느 정도는 판단해 볼 수 있다. 우리는 다른 사람들을 판단함에 있어서 어떠한 기준을 사용하고 있는가?

5. 그 어떠한 세속적인 이익이나 유익보다도 언제나 선한 양심을 앞세우는 자. 왜냐하면, 그는 어떤 일을 하기로 맹세로써 약속한 경우에는 나중에 그렇게 하는 것이 그의 세상적인 부에 손해를 많이 끼치는 일임이 드러난다고 할지라도 자신의 약속을 바꾸지 않고 그대로 이행하는 자이기 때문이다(4절). 지혜롭고 선한 사람들일지라도 상황을 제대로 판단하지 못하고 멀리 내다보지 못하는 일이 있을 수 있다. 그들은 그들이 언제 맹세를 했는지도 모른 채 그의 마

음에 서원할 수도 있다. 그러나 맹세를 이행해야 할 의무는 아주 강해서, 어떤 사람이 자신의 맹세를 깨뜨림으로써 이웃에게 손해를 끼치느니 자기 자신과 자신의 가족에게 손해가 되더라도 그 맹세를 지켜야 한다. 맹세는 거룩한 것이기 때문에, 우리는 한번 맹세한 것을 내 마음대로 늘였다 줄였다 할 수 있는 것이라고 생각해서는 안 된다.

6. 불의한 일들을 통해서 자신의 재산을 늘리려고 하지 않는 자(5절).

(1) 그는 착취를 통해서 재산을 늘리지 않는다: 그는 자신이 힘써 일해서 재산을 늘릴 수 있음에도 불구하고 다른 사람들의 수고에 기대어서 편안하게 살기 위해서 이자를 받으려고 돈을 꾸어 주지 않는다. 돈은 땅만큼이나 여러 가지 수단을 통해서 늘리는 것이 가능하기 때문에, 땅 주인이 소작인에게 소작료를 요구하는 것과 마찬가지로, 돈 주인이 돈을 남에게 빌려 주고 이자를 받는 것은 공의나 사랑의 법칙을 어기는 것이 아니다. 그러나 시온에 거하는 자는 자신의 능력을 따라서 가난한 자들에게 거저 돈을 빌려 주고자 하고, 섭리에 의해서 가난해진 자들로부터 자신의 권리를 찾는 데에 엄격하고 혹독하지 않다.

(2) 그는 뇌물을 받아서 재산을 늘리지 않는다: 그는 뇌물을 받고 무죄한 자를 해하지 않는다. 만약 그가 어떻게 해서 나라의 녹을 먹는 판사가 되어서 재판을 행하게 된다면, 그는 자신의 이익을 위해서 의로운 자의 송사를 굽게 하는 일을 결코 하지 않을 것이다.

III. 이 시편은 시온에 거하는 자의 이러한 성품을 인준하는 말로 끝이 난다. 그는 시온 산과 같아서 흔들리지 않고 영원히 거한다(시 125:1). 교회의 진정한 지체는 교회 자체와 마찬가지로 반석 위에 지어져 있기 때문에, 음부의 권세가 그를 이길 수 없다: 이런 일을 행하는 자는 영원히 흔들리지 아니하리이다. 그런 자에게 하나님의 은혜는 항상 충분히 주어질 것이기 때문에, 그는 하늘나라에 갈 때까지 안전하고 흠없이 보존될 것이다. 유혹과 시험들이 그를 이기지 못할 것이고, 환난과 괴로움들이 그를 압도하지 못할 것이며, 아무것도 그에게서 그의 현재의 평안이나 장래의 지극한 복을 빼앗아 가지 못할 것이다.

이 시편을 노래할 때, 우리는 이 땅에서 하나님의 장막으로부터 결코 옮겨지지 않고, 마침내 온갖 유혹이나 시험과 위험이 영원히 없게 될 저 거룩한 산에 당도할 수 있도록 시온에 거하는 자가 지니는 성품에 대하여 이 시편에 기록된 것들을 다 이루도록 우리 자신과 서로를 가르치고 격려하여야 한다.

제 16 편

개요

이 시편 속에는 다윗에게 적용되는 내용들도 있지만 그리스도에게 적용되는 것들이 훨씬 더 많다. 이 시편은 다윗이나 그리스도 둘 다에게 돌릴 수 있는 기도로 시작되지만, 사도 베드로와 바울이 언급하였듯이(행 2:24; 13:36) 다윗에게 적용된다고 할 수 없고 오직 그리스도에게만 적용된다고 할 수 있는 부활에 대한 확신(육신이 썩어지는 것을 방지하기 위해서 적절한 때에 이루어지는 부활)으로 끝난다. 이러한 부활에 대한 확신이 다윗에게 적용될 수 없는 것은 다윗은 죽어서 매장되었고 그 시신이 썩었기 때문이다. I. 다윗은 그리스도의 지체로서의 자기 자신에 대하여 말하고 있기 때문에, 모든 선한 그리스도인들의 언어를 사용해서, 그가 하나님을 신뢰한다는 것(1절), 하나님의 뜻에 동의한다는 것(2절), 하나님의 백성에 대하여 애정을 가지고 있다는 것(3절), 그가 끝까지 하나님을 참되게 예배하리라는 것(4절), 그가 하나님 안에서 온전히 만족하고 하나님 안에서 자신의 분깃을 가지고 있다는 것(5-7절)을 고백한다. II. 다윗은 그리스도의 모형으로서의 자기 자신에 대하여 말하고 있기 때문에, 그리스도 자신의 언어로 말하는데, 이 시편의 나머지 부분은 모두 대체로 그리스도에게 적용된다(행 2:25 이하). 다윗은 그리스도에 관하여(자기 자신에 관해서가 아니라) "내가 항상 내 앞에 계신 주를 뵈었음이요"라고 말하는데, 그는 이런 말을 선지자로서 말한 것이었다(행 2:30-31). 다윗은 다음과 같은 것들을 말한 것이었다. 1. 구속주께서 여러 가지 섬김과 고난을 받으실 때에 하나님께서 특별히 그와 함께 하셨다는 것(8절). 2. 구속주께서는 장차 그에게 부활과 영광이 있을 것을 내다보시고, 기쁜 마음으로 자신의 사역을 감당하셨다는 것(9-11절).

〔다윗의 믹담〕

¹하나님이여 나를 지켜 주소서 내가 주께 피하나이다 ²내가 여호와께 아뢰되 주는 나의 주님이시오니 주 밖에는 나의 복이 없다 하였나이다 ³땅에 있는 성도들은 존귀한 자들이니 나의 모든 즐거움이 그들에게 있도다 ⁴다른 신에게 예물을 드리는 자는 괴로움이 더할 것이라 나는 그들이 드리는 피의 전제를 드리지 아니하며 내

입술로 그 이름도 부르지 아니하리로다 ⁵여호와는 나의 산업과 나의 잔의 소득이시니 나의 분깃을 지키시나이다 ⁶내게 줄로 재어 준 구역은 아름다운 곳에 있음이여 나의 기업이 실로 아름답도다 ⁷나를 훈계하신 여호와를 송축할지라 밤마다 내 양심이 나를 교훈하도다

이 시편의 표제는 믹담으로 되어 있는데, 어떤 이들은 이 말을 황금 시편이라고 번역한다. 그것은 이 시편이 구약이라는 밭에 숨겨진 참된 보화이신 그리스도와 그의 부활에 대하여 아주 명백하게 언급하고 있기 때문에 아주 소중한 시편, 우리가 정금보다 더 귀하게 여겨야 할 시편이라는 뜻에서 그런 표제가 붙여진 것이다.

I. 다윗은 여기에서 하나님의 보호하심을 믿고 신뢰하여서 기쁜 마음으로 하나님께 피한다(1절). "하나님이여 나를 지켜 주소서. 내가 끊임없이 노출되어 있는 사망들, 특히 죄악들로부터 나를 지켜 주소서. 왜냐하면, 나는 오직 주만 의지하기 때문입니다." 믿음으로 자기 자신을 하나님의 보호하심에 맡기고 하나님의 인도하심에 순종하는 자들은 하나님께로부터 오는 은택을 소망할 수 있는 충분한 근거를 가지게 된다. 이것은 아버지여 나를 구원하여 이 때를 면하게 하여 주옵소서라고 기도하며 하나님께서 자기를 건지실 것을 믿었던 그리스도에게 적용될 수 있다.

II. 다윗은 그가 하나님을 그의 하나님으로 모시고 철저하게 자신을 하나님께 의탁하였다고 고백한다(2절). "내가 여호와께 아뢰되 주는 나의 주님이시라고 하였나이다. 그러므로 나는 주를 의지할 수 있나이다."

1. 주를 우리의 주로 인정하고서 우리 자신을 주께 맡기고 순복하며 주께 머무르는 것은 우리 모두가 해야 할 도리이자 우리에게 유익이 되는 일이다. 아도나이(나의 주님)는 나를 지지해 주시는 자, 내 마음에 힘을 주시는 자를 의미한다.

2. 이러한 헌신은 우리의 영혼으로써 행하여야 한다: "나의 영혼아, 내가 그렇게 말하였다." 하나님과 계약을 맺는 것은 마음으로부터 우러나온 일이 되어야 한다. 우리 안에 있는 모든 것이 거기에 참여하여야 하고 거기에 관여되어야 한다.

3. 주님을 그들의 주로 받아들였다고 단언한 자들은 그들이 한 서약을 자주

상기하여야 한다. "너는 주는 나의 주님이시다라고 주께 아뢰지 않았느냐? 그러니 다시 한 번 그런 말을 하고서 그 말을 지키며 그 말이 결코 실언이 되지 않도록 하라. 네가 그렇게 말한 것이 아니냐? 그러한 서약이 주는 위로를 받고서 그 서약에 합당하게 살아라. 하나님은 너의 주님이시니, 너는 그를 예배하고, 항상 그를 바라보아야 한다."

Ⅲ. 다윗은 성도들을 섬김으로써 하나님께 영광을 돌리는 일에 자신을 헌신한다(2-3절). 나의 선함은 주께만이 아니라 성도들에게도 미치나이다. 좀 더 살펴보자.

1. 하나님을 자신의 주로 모신 자들은 하나님과 마찬가지로 선하여야 하고 선한 일을 하여야 한다. 우리는 선함이 없이는 복을 받을 것을 기대하지 말아야 한다.

2. 우리 속에 어떤 선한 것이 있든지 우리에 의해서 어떤 선한 일이 행해지든지, 우리는 우리의 선함이 하나님께 미치지 않는다는 것을 겸손하게 인정하여야 한다. 따라서 우리는 우리의 선함을 통해서 우리가 그 어떤 공로를 이룬 채 할 수 없다. 하나님은 우리의 섬김을 필요로 하시는 분이 아니시다. 하나님은 우리의 섬김에 의해서 그 어떤 유익을 받지도 않으시고, 우리의 섬김들이 하나님의 무한하신 완전하심과 복되심에 그 어떤 것을 더할 수도 없다. 이 세상에서 가장 지혜롭고 가장 선하며 가장 유익한 사람들조차도 하나님께 이로운 것은 하나도 없다(욥 22:2; 35:7). 하나님은 우리보다 무한히 높으시고 우리 없이 복되시며, 우리가 무슨 선한 일을 하든지 그것은 모두 하나님께로부터 온 것이다. 따라서 우리가 하나님께 빚을 진 것이지, 하나님께서 우리에게 빚을 지신 것이 아니다. 이것에 대해서 다윗은 우리가 주의 손에서 받은 것으로 주께 드렸을 뿐이니이다(대상 29:14)라고 고백한다.

3. 하나님이 우리의 하나님이라고 고백했다면, 우리는 하나님을 위하여 우리의 선함을 하나님의 백성들인 자들, 이 땅에 있는 성도들에게 미쳐야 한다. 왜냐하면, 하나님께서는 우리가 그들에게 행한 일들을 마치 하나님께 행한 것인 양 여기시기를 기뻐하시기 때문이다.

(1) 이 땅에는 성도들이 있다. 우리가 이 땅에서 성도들이 되지 못한다면, 우리는 하늘에서 결코 성도들이 될 수 없다. 하나님의 은혜를 받아서 새롭게 되고 하나님의 영광을 위하여 헌신된 자들은 땅에 있는 성도들이다.

(2) 땅에 있는 성도들은 뛰어난 자들, 위대하고 힘이 있으며 높은 사람들이지만, 그들 중의 일부는 이 세상에서 너무 가난하기 때문에 다윗의 선한 손길을 필요로 한다. 하나님께서는 그들을 그가 그들에게 주시는 은혜로 말미암아 존귀하게 만드신다. 의인은 그의 이웃보다 더 존귀하다. 그러므로 하나님께서는 그들을 존귀하게 여기신다. 하나님께서 보시기에 그들은 보배롭고 존귀하다. 그들은 하나님의 보석들이고 하나님께서 가장 아끼시는 특별한 보화들이다. 그들의 하나님은 그들의 영광이고, 그들에게 아름다운 면류관이다.

(3) 주를 그들의 하나님으로 모신 모든 사람들은 존귀한 자들인 하나님의 성도들을 기뻐한다. 왜냐하면, 그들은 하나님의 형상을 지니고 있고, 하나님께서 그들을 사랑하시기 때문이다. 다윗은 비록 왕이었지만 주를 경외하는 모든 자들의 친구였는데(시 119:63), 그들이 아무리 미천한 자들이라고 해도 다윗이 그들을 친구로 여겼다는 것은 그가 그들을 기뻐하였다는 것을 보여주는 증거이다.

(4) 우리가 성도들을 기뻐하는 것만으로는 충분하지 않고, 우리는 기회가 있을 때마다 그들에게 선을 베풀어야 한다. 우리는 그들에게 필요한 사랑을 그들에게 보여주고, 그들이 필요로 하는 것들을 나눠 주어야 하며, 그들을 위하여 사랑의 수고를 아끼지 않아야 한다. 이것은 그리스도께 적용될 수 있다. 그리스도께서 우리를 위하여 이루신 구원은 하나님께는 아무런 이득도 없는 것이었다. 왜냐하면, 우리가 멸망한다고 해도 그것은 하나님께 전혀 손실이 되지 못하였을 것이기 때문이다. 그러나 그리스도께서는 사람들을 기뻐하셔서 그 구원의 좋은 것과 유익을 우리에게 베푸셨다(잠 8:31). 그리스도는 그들을 위하여 내가 나를 거룩하게 한다고 말씀하셨다(요 17:19). 그리스도께서는 땅에 있는 성도들이 연약하고 여러모로 결함이 있는데도 그들을 기뻐하시는데, 이것은 우리가 땅에 있는 성도들을 기뻐하지 않으면 안 되는 좋은 이유가 된다.

Ⅳ. 다윗은 모든 거짓된 신들을 예배하는 일과 그 예배자들과 교제하는 모든 것은 자기와는 아무 상관이 없는 일이라고 단언한다(4절).

1. 여기에서 다윗은 우상에 미쳐서 다른 신에게 예물을 드리며 마치 그 다른 신이 그들을 떠날까봐 두려워하는 것처럼 열심으로 그 신을 쫓아 다니는 우상 숭배자들의 운명이 어떻게 될 것인지를 들려 준다. 그들은 그들이 참된 하나님을 버림으로써 스스로 자초한 심판들과 그들이 열렬히 따라 다니던 거짓된 신

들에게서 결국 얻게 될 실망에 의해서 그 괴로움이 가중될 것이다. 거짓 신들을 많이 섬긴 사람들일수록 그들의 괴로움도 더욱 많아지게 된다. 왜냐하면, 한 분 하나님으로 만족하지 못하는 자들은 두 신을 섬겨도 적다고 여길 것이고, 그들에게는 수백의 신들도 충분하지 않을 것이기 때문이다.

2. 다윗은 그런 자들과 결코 어울리지 않을 것이며 그들의 열매 없는 어둠의 일들에 함께 하지 않을 것이라는 자신의 결심을 선언한다. "나는 그들이 드리는 피의 전제를 드리지 아니하리니, 이는 그러한 전제를 받는 신들이 거짓되고 헛된 것들일 뿐만 아니라 전제 자체도 야만적인 것이기 때문이다." 피는 죄를 속하는 것이었기 때문에, 하나님의 제단에서 피를 마시는 것은 매우 엄격하게 금지되었고, 전제는 포도주로 드려졌다. 그러나 마귀는 그를 신봉하고 예배하는 자들에게 잔혹함을 가르치기 위하여 희생 제물의 피를 마시도록 지시하였다. 다윗은 이렇게 말한다: "나는 그러한 피에 굶주린 신들과는 아무런 상관이 없을 것이고, 그들을 기뻐하거나 존중해서 내 입술로 그 이름을 부르는 일도 없을 것이다." 이렇게 우리는 우상들과 우상 숭배를 온전히 미워하여야 한다. 어떤 이들은 이 말씀이 그리스도와 그의 사역에 적용될 수 있는 것으로서 그리스도께서 드리신 희생 제사의 성격을 보여주고(그것은 율법에 따라 드려진 황소와 염소의 피가 아니었고, 그는 그런 것에 대해서는 일언반구의 말씀도 없으셨으며, 그의 제사는 오직 자신의 피로 드린 제사였다), 다른 왕 가이사를 따랐던 믿지 않는 유대인들이 이제는 다른 메시야를 헛되이 찾고 있음으로써 그들에게 닥친 가중된 괴로움을 보여주는 것이라고 말한다.

V. 다윗은 다시 한 번 자기가 하나님을 자신의 분깃과 복으로 삼았다는 것을 말하고서(5절), **그러한 선택에서 오는 위로를 말하며**(6절), **그것으로 인하여 하나님께 영광을 돌린다**(7절). 이것은 헌신되고 경건한 영혼이 은혜 가운데서 활동할 때에 나오는 바로 그런 언어이다.

1. 여호와를 자신의 분깃이자 복으로 삼았다는 것. "대다수의 사람들은 세상을 그들의 주된 분깃으로 삼고서, 세상이 주는 것들을 누리는 것을 최고의 복으로 친다. 그러나 나는 여호와가 나의 산업과 나의 잔의 분깃이시라고 말한다. 나의 형편이 이 세상에서 아무리 어렵고 가난하다고 할지라도, 여호와는 내가 선택한 분깃이요 내가 기쁘게 나의 잔에 담고자 하는 소득이다. 내게 하나님의 사랑과 은총을 받게 하시고, 하나님께 열납되게 하옵소서. 나로 하여금 하나님

과의 교통에서 오는 위로를 받게 하시고, 하나님의 은혜와 위로를 받음으로써 만족하게 하옵소서. 나로 하여금 하나님의 약속들에 참여하게 하시고, 장래에 영원한 생명과 복을 주시겠다는 약속에 참여할 수 있는 자격을 주옵소서. 그렇게 하시면, 내가 받을 복이 완전하오니, 내게는 그 이상 아무것도 필요가 없고, 나는 다른 것을 원하지 않나이다." 우리가 그리스도 안에서 다음과 같이 하는 것은 우리 자신을 위해서 정말 지혜롭고 잘한 일이 될 것이다.

(1) 다른 세상에서 하나님을 우리 산업의 분깃으로 삼는 것. 하늘은 우리가 물려 받을 산업이다. 거기에서 하나님 자신이 성도들의 산업인데, 성도들의 영원한 복은 하나님을 누리는 것이다. 우리는 하늘을 우리의 산업, 우리의 본향, 우리의 안식처, 우리의 영원한 선으로 여겨야 하고, 이 세상은 우리가 하늘로 가는 길에서 그 길이 통과하는 곳에 놓여 있는 한 시골 마을쯤으로 생각하여야 한다.

(2) 하나님을 이 세상에서 우리에게 자양분을 주시고 힘을 공급해 주시며 지치지 않게 하시는 우리 잔의 분깃으로 삼는 것. 하나님께로부터 오는 위로를 통해서 가장 큰 힘을 얻고, 그러한 위로들을 잘 알며, 이 세상의 모든 근심들을 상쇄하고 환난의 가장 쓴 잔을 달콤하게 만들 정도로 그러한 위로들을 활용할 수 있는 자가 아니면 하나님을 그들의 분깃으로 삼았다고 할 수 없다.

2. 하나님께서 이 분깃을 지켜 주실 것을 확신함: "여호와는 나의 분깃을 지키시나이다. 주께서는 당신 자신을 내게 주셔서 나의 것이 되게 하신다고 하셨사오니, 그 약속을 은혜로 지키시고, 결코 나로 하여금 그러한 복을 잃지 않게 하시며, 나의 원수들이 내게서 그 복을 빼앗아 가지 못하게 하시리이다. 그 어느 것도 나를 주의 손에서 빼앗지 못할 것이며, 나를 주의 사랑, 다윗에게 주어진 확실한 긍휼하심으로부터 떼어 놓지 못할 것이니이다." 하나님께서는 성도들과 그들의 복을 능력으로 지키신다.

3. 이 분깃을 기뻐하고 그 안에서 만족함(6절): 내게 줄로 재어 준 구역은 아름다운 곳에 있도다. 하나님을 자신의 분깃으로 가지고 있는 자들은 이렇게 말할 근거를 가지고 있는 것이다. 그들은 가치있는 분깃, 어마어마한 기업을 갖고 있다. 그러니, 그들이 어찌 이것보다 더 좋은 것을 가질 수 있으며, 더 큰 것을 원할 수 있겠는가? 내 영혼아 네 안식처로 돌아가고, 더 이상 아무것도 찾지 마라. 은혜를 받은 사람들은 비록 그들이 여전히 하나님을 더 갈망한다고 할지라

도 하나님 이외의 것을 갈망하지는 결코 않는다는 것을 명심하라. 그들은 하나님의 사랑에 만족하여서 그것으로 충분히 만족하고, 육적인 즐거움과 감각적인 쾌락들을 부러워하지 않으며, 그들이 가지고 있는 것 속에서 자신이 참으로 복되다고 여기고, 그들이 소망하는 것 속에서 자신이 온전히 복되다는 것을 의심하지 않는다. 다윗처럼 빛의 땅, 환상의 골짜기에 자신의 분깃을 갖고서 하나님을 알며 예배하는 자들은 바로 그러한 이유 때문에 내게 줄로 재어 준 구역은 아름다운 곳에 있도다라고 말할 수 있다. 하물며 수단만이 아니라 목적 자체를 가지고 있는 자들, 즉 임마누엘의 땅만이 아니라 임마누엘의 사랑까지 가지고 있는 자들은 그렇게 말할 이유가 너무도 충분한 것이다.

4. 이것으로 인하여 하나님께 감사를 드리고, 이러한 지혜롭고 복된 선택을 하도록 은혜를 주신 하나님께 감사를 드림(7절): "나를 훈계하신 여호와, 나로 하여금 여호와를 나의 분깃이자 복으로 삼도록 가르치신 여호와를 송축할지라." 우리는 너무도 무지하고 어리석어서, 하나님께서 우리를 내버려 두신다면, 우리의 마음은 우리의 눈을 따라가고, 우리는 망상에 빠져서 잘못된 것을 선택하게 되어서, 하나님께서 우리에게 주신 긍휼하심을 버리고서 거짓되고 헛된 것들을 선택하게 될 것이다. 그러므로 우리가 정말 하나님을 우리의 분깃으로 삼아서, 감각적이고 세상적인 것들보다 영적이고 영원한 축복들을 선택하였다면, 우리는 하나님의 능력과 선하심이 우리를 인도하셔서 우리로 하여금 그러한 선택을 할 수 있게 하였다는 것을 인정하고서 하나님께 감사하여야 한다. 우리가 이 일로 인해서 즐거움을 가지게 되었다면, 우리는 마땅히 그 공로를 하나님께 돌리고 찬송하여야 한다.

5. 그것을 선용함. 하나님께서 그의 말씀과 성령으로 그에게 훈계하셨기 때문에, 다윗 자신의 양심(그 자신의 생각들)도 밤마다 그를 가르쳤다. 세상사로부터 물러나서 혼자 조용히 있을 때, 그의 양심(원어의 의미는 신장인데, 히브리인들은 양심을 이렇게 불렀다, 렘 17:10)은 그가 행한 선택을 기쁨으로 반추하였을 뿐만 아니라, 그러한 선택으로부터 생겨나는 의무들에 대하여 그를 가르치고 권면하였으며, 그로 하여금 하나님을 자신의 분깃으로 삼은 자로서 살아가고, 믿음으로 하나님을 의지해서 살아가며 하나님을 향하여 살아가도록 일깨워 주었다. 하나님을 자신의 분깃으로 삼고서 하나님께 신실하고자 하는 자들은 그들의 양심이 이렇게 그들에게 충실하고도 분명하게 깨우치는 것을

받아들여야 한다.

이 모든 것은 그리스도에게 적용될 수 있는데, 그리스도께서는 여호와를 자신의 분깃으로 삼아서 그 분깃에 기뻐하였으며, 아버지께 영광을 돌리는 것을 그의 가장 높은 목적으로 삼았으며, 아버지의 뜻을 구하여 행하는 것을 자신의 양식으로 삼으셨고, 아버지의 명령을 따라서 자신의 사역을 행하기를 기뻐하셨으며, 하나님을 의지하여 자신의 분깃을 지키며 자신의 사역을 수행해 나가셨다. 우리도 이 절들을 노래할 때에 그것을 우리에게 적용하여서, 우리가 하나님을 우리의 분깃으로 선택한 것을 거룩한 만족감을 가지고서 새롭게 하여야 한다.

[8]내가 여호와를 항상 내 앞에 모심이여 그가 나의 오른쪽에 계시므로 내가 흔들리지 아니하리로다 [9]이러므로 나의 마음이 기쁘고 나의 영도 즐거워하며 내 육체도 안전히 살리니 [10]이는 주께서 내 영혼을 스올에 버리지 아니하시며 주의 성도를 멸망시키지 않으실 것임이니이다 [11]주께서 생명의 길을 내게 보이시리니 주의 앞에는 충만한 기쁨이 있고 주의 오른쪽에는 영원한 즐거움이 있나이다

사도 베드로는 오순절 날에 성령이 강림한 후에 그의 첫 번째 설교에서 이 모든 구절들을 인용한다(행 2:25-28). 거기에서 베드로는 우리에게 다윗이 이 구절들 속에서 그리스도, 특히 그의 부활에 관하여 말하고 있다는 것을 아주 분명하게 말해 준다. 우리는 여기에 나오는 내용이 어느 정도는 하나님을 향하여 경건하고 헌신적인 사랑을 지니고 있었던 다윗의 행적들, 하나님의 은혜에 의지해서 자기와 관련된 모든 일을 온전케 하고자 했고, 하나님을 누리며 복된 소망과 죽음 저편에서의 복된 삶을 구하였던 다윗에게 적용될 수 있다는 것을 인정하여야 한다. 그러나 하나님과 하늘 나라에 대한 이러한 거룩한 승화된 감정 속에서 다윗은 예언의 영에 의해서 자기 자신과 자신의 처지에 대한 것을 생각하는 것으로부터 훨씬 뛰어넘어서, 자기 자신에 대한 것으로는 생각될 수 없고 오직 그리스도에게만 적용되는 그러한 표현들을 통해서 메시야의 영광을 예언하게 되었다. 신약성서는 우리에게 이러한 절들이 지닌 신비를 풀 수 있는 열쇠를 우리에게 제공해 준다.

I. 이 절들은 분명히 그리스도에게 적용되어야 한다. 구약의 많은 선지자들

이 그리스도께서 받으실 고난과 그 후에 받으실 영광을 미리 증언하였던 것과 마찬가지로(벧전 1:11), 이 선지자도 바로 그러하였다. 이것이 여기에 나오는 이 예언의 주제이다. 이 절들은 그리스도께서 고난을 받고 죽은 자 가운데서 다시 살아 나실 것(고전 15:3-4)을 예언하고 있다(그리스도께서 직접 이 시편에 나오는 다른 예언들 중에서 특히 이 점에 대하여 보여주셨듯이, 눅 24:44, 46).

1. 그리스도께서 고난을 당하고 죽으셔야 한다는 것. 이것은 그가 여기에서 내가 흔들리지 아니하리로다고 말씀하신 것 속에 함축되어 있다(8절). 그리스도께서는 자기가 죽음을 맞이하게 될 것이며, 그것은 그에게 너무도 엄청난 충격을 주게 될 것이라고 생각하였기 때문에, 그의 영혼이 극도의 슬픔에 잠겨서 고민하며 잔이 그에게서 지나가게 해 달라고 기도하였다. 그리스도께서 내 육체가 안식하게 되리라고 말씀하셨을 때에 거기에는 그가 육체를 벗어 버리게 되리라는 것, 그러니까 그가 죽음의 고통을 통과하게 되리라는 것이 함축되어 있다. 마찬가지로 이 말씀 속에는 그의 영혼이 육체와 분리된 상태로 들어가게 되리라는 것, 이렇게 해서 버려진 그의 육체는 썩어짐을 보게 될 급박한 위험 속에 처하게 되리라는 것, 그는 죽을 뿐만 아니라 매장되어서 잠시 동안 사망의 권세 아래에 놓이게 되리라는 것이 분명하게 암시되어 있다.

2. 그리스도께서 고난과 죽음을 당하실 때에 하나님의 능력이 그를 기이하게도 붙잡아 주시리라는 것.

(1) 그는 흔들리지 아니하고, 고난과 죽음의 무게 아래에서 그의 사역에서 손을 떼게 되거나 침몰하지 않으리라는 것, 그는 쇠하지 아니하며 낙담하지 아니하고(사 42:4), 다 이루었다고 말할 수 있을 때까지 오래 참고 견디게 되리라는 것. 그리스도께서는 그의 일이 힘들었고 홀로 포도주 틀을 밟는 것처럼 그 싸움은 치열했지만, 그는 흔들리지 아니하였고, 자신의 일을 포기하지 않았으며, 그의 얼굴을 부싯돌 같이 굳게 하였다(사 50:7-9). 내가 그니라 이 사람들이 가는 것은 용납하라.

(2) 그의 마음이 기쁘고 그의 영도 즐거워하리라는 것, 그가 계속해서 결연하고도 기쁜 마음으로, 말할 수 없는 기쁨과 만족감으로 자신의 일을 수행하리라는 것은 나는 세상에 더 있지 아니하오나 나는 아버지께로 가옵나이다(요 17:11), 아버지께서 주신 잔을 내가 마시지 아니하겠느냐(요 18:11) 등과 같은 말씀을 증언해 준다. 여기서 영광이라는 말은 혀를 의미하는 것 같다(행 2:26).

왜냐하면, 우리의 혀는 우리의 영광으로서, 하나님께 영광을 돌릴 때에 혀가 우리의 영광이 되기 때문이다. 그리스도께서 이렇게 기쁜 마음으로 자신의 일을 수행해 나갈 수 있도록 붙들어 준 것은 세 가지였다.

[1] 그가 행한 일을 통해서 아버지의 뜻이 이루어지고 아버지께서 영광을 받으실 것이라고 생각한 것: 내가 여호와를 항상 내 앞에 모셔 왔다. 그리스도께서는 아버지의 계명(요 10:18; 14:31), 그를 보내신 분의 뜻에 그의 눈을 고정하였다. 그는 아버지께서 영광을 받으시고 하나님의 나라가 사람들 가운데서 회복되는 것을 목표로 삼으셨기 때문에, 어떠한 난관들을 만나서도 결코 흔들리지 않으실 수 있었다. 왜냐하면, 그는 항상 아버지를 기쁘게 해 드리는 일들만을 하셨기 때문이다.

[2] 그리스도께서는 그가 고난을 받을 때에 아버지께서 그와 함께 하시리라는 것을 확신함. 그가 나의 오른쪽에 계시도다. 하나님께서는 언제든지 필요할 때에 나를 즉시 도우시기 위해서 내 가까이 계신다. 나를 의롭다 하시는 이가 가까이 계신다(사 50:8). 하나님께서 내 오른편에 계셔서 내 손을 견고하게 하시고 내 팔을 붙잡아 주신다(시 89:21). 그리스도께서 고뇌 중에 계실 때에 천사가 하늘로부터 보내심을 받고 와서 그에게 힘을 주었다(눅 22:43). 그리스도께서 십자가 위에서 승리를 거두신 것은 모두 이런 것 덕분이었다. 왕들을 쳐서 깨뜨리신 것은 그의 오른편에 계신 여호와였다(시 115:5; 사 42:1-2).

[3] 그리스도께서 그의 고난이 가져올 영광스러운 결과를 내다보심. 그가 십자가를 참으신 것은 자기 앞에 놓여 있는 기쁨을 위해서였다(히 12:2). 그리스도께서는 소망 중에 안식하셨는데, 그것은 그의 안식을 영화롭게 만들어 주었다(사 11:10). 그는 자기가 부활을 통해서 성령 안에서 의롭게 되고, 곧이어서 영화롭게 될 것을 아셨다(요 13:31-32을 보라).

3. 그가 고난을 겪어야 하며, 영광스러운 부활을 통해서 사망의 권세 아래로부터 나오게 되리라는 것.

(1) 그의 영혼은 지옥에 영원토록 머무르게 되지 않으리라는 것, 즉 그의 인간적인 영은 다른 사람들의 영과는 달리 몸과 분리된 상태로 오래 머물지 않고 조금 지나서 몸과 다시 결합하여 다시는 분리되지 않으리라는 것.

(2) 그는 구속 사역을 위하여 선별되어서 죄로부터 완전히 자유롭게 된 자, 즉 특별한 방식으로 하나님의 거룩한 자이기 때문에 썩어짐을 보거나 맛보게

되지 않으리라는 것. 이것은 그가 무덤으로부터 다시 일으키심을 받게 될 뿐만 아니라 그의 죽은 몸이 썩기 시작하지 않도록 단시일 내에 일으키심을 받게 되리라는 것을 함축하고 있다. 자연의 법칙상 죽은 사람의 몸은 제3일에 다시 살아나지 않으면 부패하기 시작하게 되어 있었다. 우리는 우리의 영혼 속에 너무도 많은 부패함을 지니고 있기 때문에 우리의 몸도 썩어지게 되리라는 것을 예상하여야 한다(욥 24:19). 그러나 죄를 알지 못하셨던 하나님의 거룩한 자는 썩어짐을 보지 않으셨다. 율법에서는 제단에서 불살라지지 않은 희생 제물의 여러 부분들을 부패하지 않도록 하기 위해서 제3일까지 결코 그대로 두어서는 안 된다고 엄하게 명령하였는데(레 7:15, 18), 이것은 아마도 그리스도께서 제3일에 다시 살아나게 되리라는 것, 그가 썩어짐을 보지 않게 될 것이고 그의 뼈는 하나도 꺾이지 않게 되리라는 것을 가리키는 것으로 보인다.

4. 그는 그 앞에 있는 즐거움을 통해서 그의 고난에 대한 풍성한 상급을 받게 되리라는 것(11절). 그는 다음과 같은 것들을 확신하였다.

(1) 그가 자신의 영광을 놓치게 되지 아니하리라는 것: "주께서 생명의 길을 내게 보이시고, 이 어두운 골짜기를 통과해서 그 생명으로 나를 인도하시리라." 그리스도께서는 이것을 확신하였기 때문에 자신의 영혼을 놓을 때에 아버지여 내 영혼을 아버지 손에 부탁하나이다라고 말씀하셨고, 그보다 조금 전에 아버지여 아버지와 함께 나를 영화롭게 하옵소서라고 말씀하셨다.

(2) 그가 하나님의 존전으로 받아들여져서 그의 오른편에 앉게 되리라는 것. 그가 하나님의 존전으로 받아들여지는 것은 그가 한 일이 열납되었다는 것을 의미하고, 그가 하나님의 오른편에 앉게 되는 것은 그 일에 대한 상급이 될 것이다.

(3) 이렇게 우리를 구속하시기 위하여 겪으신 고초와 슬픔에 대한 상급으로서 그는 충만한 기쁨과 영원한 즐거움을 가지게 될 것이다. 그리스도께서는 그가 창세 전에 하나님으로서 성부 하나님과 함께 지녔던 영광만이 아니라 자신의 씨를 보게 되는 중보자로서의 즐거움과 기쁨, 그의 일이 잘 되고 형통하는 기쁨을 가지게 될 것이다(사 53:10-11).

Ⅱ. **그리스도는 그의 몸이 교회의 머리가 되시기 때문에, 이 절들은 대체로 그리스도의 영에 의해서 인도하심을 받고 활동하는 모든 선한 그리스도인들에게도 적용될 수 있다.** 이 절들을 노래할 때, 우리는 이 절들에 나오는 것들을

이루셔서 우리에게 영원한 기쁨을 주신 그리스도께 먼저 영광을 돌리고 나서, 이 절들을 가지고 우리 자신과 서로를 격려하고 덕을 세우며, 다음과 같은 것들을 이 절들에서 배울 수 있을 것이다.

1. 주님을 우리 앞에 항상 모시고, 우리가 어디에 있든지 주님을 우리의 오른편에 두고서, 우리의 최고의 선이자 최고의 목적이며 우리의 소유자이자 통치자, 우리의 재판장, 우리에게 은혜를 베푸시는 자, 우리의 확실한 인도자이자 엄격한 감시자인 주님을 항상 바라보는 것이 우리의 지혜이자 도리라는 것. 우리가 이렇게 하기만 한다면, 우리는 우리의 도리 또는 우리의 위로로부터 떠나지 않게 될 것이다. 사도 바울은 주님을 자기 앞에 항상 모셨기 때문에, 비록 결박과 환난이 그를 기다린다고 해도, 그런 것들은 그 어느 것도 나를 흔들어 놓을 수 없다고 담대하게 말할 수 있었다(행 20:24).

2. 우리의 눈이 항상 하나님을 바라본다면, 우리의 마음과 혀는 항상 하나님을 즐거워할 수 있다는 것. 우리의 마음과 혀가 그렇게 하지 못한다면, 그것은 순전히 우리 자신의 잘못이다. 우리의 마음이 하나님을 즐거워한다면, 넘치는 즐거움으로 인해서 우리의 입은 하나님께 영광을 돌리고 다른 사람들의 덕을 세우는 말을 할 수 있게 된다.

3. 죽음을 앞둔 그리스도인들은 죽음을 앞둔 그리스도와 마찬가지로 장차 있게 될 부활의 즐거움을 믿고 기대하면서 육신의 몸을 기쁜 마음으로 벗어 버릴 수 있다는 것: 내 육체도 소망 중에 안식하리라. 우리의 육신은 이 세상에서 별로 안식하지 못했지만, 무덤에 들어가서는 무덤을 침상으로 삼아서 안식하게 될 것이다(사 57:2, 의인들은 악한 자들 앞에서 불리어가도다 그들은 평안에 들어갔나니 바른 길로 가는 자들은 그들의 침상에서 편히 쉬리라). 우리는 이 세상의 삶으로부터는 소망할 것이 거의 없었지만, 죽어서는 더 나은 삶을 소망하며 안식하게 될 것이다. 우리는 그러한 소망을 가지고서 육신의 몸을 벗어 버릴 수 있다. 죽음은 사람의 희망을 끊어 놓지만(욥 14:19), 선한 그리스도인의 소망을 끊어 놓지는 못한다(잠 14:32, 악인은 그의 환난에 엎드러져도 의인은 그의 죽음에도 소망이 있느니라). 선한 그리스도인은 죽는 순간에도 산 소망을 가질 수 있는데, 그의 육신이 영원히 무덤에 머무르지 않고, 잠시 동안은 썩어짐을 보겠지만, 종말에는 영원한 생명으로 다시 살아 나게 되리라는 것을 소망할 수 있다. 우리가 그리스도의 사람이라면, 그리스도의 부활은 우리의 부활의 전조이다.

4. 이 세상에서 하나님을 항상 바라보며 경건하게 사는 자들은 죽을 때에도 하늘을 바라보며 편안히 죽을 수 있다. 이 세상에서는 슬픔이 우리의 몫이지만, 하늘에는 기쁨이 있다. 여기에서의 우리의 모든 기쁨은 헛되고 불안전한 것이지만, 하늘에는 온전한 기쁨이 있다. 여기에서의 우리의 즐거움은 잠정적이고 일시적인 것들이기 때문에 오래가지 못한다. 그러나 하나님의 오른편에 있는 기쁨들은 영원한 기쁨들이다. 왜냐하면, 그것들은 영원히 살게 된 영혼들이 하나님을 직접 보며 누리는 기쁨들이기 때문이다.

제
― 17 ―
편

개요

다윗은 그의 원수들의 악의에 의해서 큰 고통과 위험에 처해 있었기 때문에 이 시편에서 그의 검증된 피난처인 하나님께 기도를 통해서 말을 하면서, 하나님 안에서 피난처를 구하고자 한다. I. 다윗은 자기가 무죄하고 흠이 없다는 것을 하나님께 호소한다(1-4절). II. 다윗은 앞으로도 그가 흠이 없도록 붙들어 주시고 그의 원수들의 악의로부터 보호해 주시기를 하나님께 기도한다(5-8, 13절). III. 다윗은 그의 원수들이 어떤 자들인지를 설명하면서, 그것을 하나님께서 그를 보호해 주셔야 할 이유로 제시한다(9-12, 14절). IV. 다윗은 그가 장차 복될 것임을 소망하며 그러한 소망으로 스스로를 위로한다(15절). 이 시편에서 다윗은, 전혀 죄가 없으셨으면서도 미움과 박해를 받았고, 다윗처럼 자기 자신과 자신의 일을 의롭게 판단하시는 하나님께 의탁하였던 그리스도의 모형이다.

〔다윗의 기도〕

[1]여호와여 의의 호소를 들으소서 나의 울부짖음에 주의하소서 거짓 되지 아니한 입술에서 나오는 나의 기도에 귀를 기울이소서 [2]주께서 나를 판단하시며 주의 눈으로 공평함을 살피소서 [3]주께서 내 마음을 시험하시고 밤에 내게 오시어서 나를 감찰하셨으나 흠을 찾지 못하셨사오니 내가 결심하고 입으로 범죄하지 아니하리이다 [4]사람의 행사로 논하면 나는 주의 입술의 말씀을 따라 스스로 삼가서 포악한 자의 길을 가지 아니하였사오며 [5]나의 걸음이 주의 길을 굳게 지키고 실족하지 아니하였나이다 [6]하나님이여 내게 응답하시겠으므로 내가 불렀사오니 내게 귀를 기울여 내 말을 들으소서 [7]주께 피하는 자들을 그 일어나 치는 자들에게서 오른손으로 구원하시는 주여 주의 기이한 사랑을 나타내소서

이 시편은 하나의 기도이다. 울 때가 있고 기뻐할 때가 있는 것처럼, 찬송할 때가 있고 기도할 때가 있다. 다윗은 지금 아마도 사울에 의해서 박해를 받고 있었던 것 같은데, 사울은 산에 사는 자고새처럼 다윗을 사냥하고자

하였다. 밖으로는 싸움들이 있었고 안으로는 두려움들이 있었기 때문에, 다윗은 은혜의 보좌 앞에 나아가서 간구하지 않을 수 없었다. 다윗은 이 절들 속에서 호소(여호와여 의의 호소를 들으시고, 나의 의로운 송사를 주의 법정에서 심문하셔서 판단해 주옵소서)와 간구(나의 기도에 귀를 기울이소서, 1절; 내게 귀를 기울여 내 말을 들으소서, 6절)의 방식을 통해서 하나님께 자신의 사정을 아뢴다. 우리가 이렇게 끈질기게 우리의 사정을 하나님 앞에 아뢰는 것이 하나님께는 필요한 것이 아니지만, 하나님께서는 우리에게 이렇게 우리가 우리의 기도에 하나님께서 은혜로 응답해주실 것을 간절히 바란다는 것을 표현할 기회를 주신다. 다윗은 하나님께서 그의 기도를 꼭 들어 주셔야 할 이유들로 다음과 같은 것들을 제시한다.

  1. 그가 진실하고 하나님 앞에 거짓된 기도를 드리는 것이 아니라는 것: 나의 기도는 거짓된 입술로부터 나오는 것이 아니니이다. 그의 마음은 그가 말한 것과 같았고, 그의 마음의 감정들은 그의 입에서 나오는 표현들과 일치하였다. 거짓된 기도들은 아무 소용이 없다. 그러나 우리가 진심에서 우러나오는 기도를 한다면, 하나님께서는 그의 은혜로 우리의 기도에 응답해주실 것이다.

  2. 그는 자기에게 고통과 위험이 닥치게 되자 비로소 하나님께 나아와 기도하게 된 것이 아니라 습관처럼 하나님께 기도해 왔다는 것: "전에도 내가 주를 불렀사오니(6절), 여호와여 이제도 내게 응답하옵소서." 환난을 당했을 때에 우리가 이전부터 계속해서 기도를 해 왔다면, 그것은 우리에게 큰 위로가 될 것이다. 왜냐하면, 이전부터 계속해서 기도해 온 사람은 은혜의 보좌 앞에 좀 더 담대하게 나아갈 수 있기 때문이다. 상인들은 오랫동안 자신의 가게에 단골로 다니던 사람들에게 고마움을 느끼고 은혜를 갚고자 하는 법이다.

  3. 그는 자신의 믿음을 통해서 하나님께서 그의 기도를 들어 주시리라는 기대를 갖게 되었다는 것. "나는 주께서 내게 응답하시리라는 것을 아나이다. 그러므로 하나님이여 내게 귀를 기울이소서." 우리가 하나님을 믿고 의지한다는 것은 하나님께 우리가 바라는 것을 강력하게 주장할 수 있는 좋은 근거가 된다. 이제 좀 더 살펴보자.

  I. 다윗이 호소하는 것은 무엇인가. 여기에서 우리는 다음과 같은 것들을 살펴보자.

  1. 그의 호소를 받아들여서 판결을 내릴 법정은 어떤 법정인가. 그것은 하늘

의 법정이다. "여호와여, 의의 호소를 들으소서. 왜냐하면, 사울은 너무도 감정적이고 편파적이어서 하나님께서 그를 들으려 하지 않으시기 때문입니다. 여호와여, 나에 대한 판단이 주의 목전에서 나오게 하옵소서(2절). 사람들은 나를 행악자로 판결해서 나를 추적하여 죽이고자 하나이다. 여호와여, 이제 나는 나의 송사를 그들에게서 가져와서 주께 상소하나이다." 다윗은 사울 앞에서 공개적으로 이러한 간언을 하였는데(삼상 24:12, 여호와께서는 나와 왕 사이를 판단하옵소서), 여기에서 그런 말을 자신의 개인적인 기도 속에서 다시 한 번 반복한다.

(1) 하나님의 통치와 판단은 공평하시고 널리 미친다는 것은 상처받은 무죄한 자들에게 매우 큰 힘이 된다. 우리가 불의한 자들에 의해서 누명을 쓰고 욕을 당하며 오해를 받고 있다면, 우리에게 우리가 나아가서 하소연할 의로우신 하나님이 계시다는 것은 큰 위로가 된다. 압제받는 자들의 후원자이신 하나님은 우리의 편이 되어 주실 것이고, 하나님의 판단은 진리를 따라 이루어지기 때문에, 그 앞에서 각 사람과 모든 주장은 그 진상이 백일하에 드러나고 모든 거짓된 것들이 벗겨질 것인데, 그 판단에 의해서 모든 잘못된 것들이 역전될 것이고, 각 사람은 자기가 행한 일을 따라서 판단을 받게 될 것이다.

(2) 정직하고 진실한 사람은 그 어떠한 심문도 두려워하지 않고, 은혜의 계약에 따라서 이루어지는 하나님 자신의 심문도 두려워하지 않는다: 주의 눈으로 공평함을 살피소서. 하나님께서 모든 것을 아신다는 것은 정직한 자들에게는 기쁨이 되고 위선자들에게는 공포가 되는데, 특히 무고하게 죄를 뒤집어 쓰고 해악을 당한 자들에게는 큰 위로가 된다.

2. 하나님께서 그의 호소를 들어 주시리라고 그가 소망하는 근거는 무엇인가. 그것은 하나님께서 그를 이미 시험하셨다는 것이다(3절): 주께서 내 마음을 시험하셨나이다. 그러므로 하나님의 판단은 옳다. 왜냐하면, 하나님께서는 언제나 그가 아시는 것을 따라서 판단하시는데, 하나님은 사람들이 아주 치밀하게 살펴보고 아주 엄격하게 심사를 해서 얻은 것보다 더 확실하고 틀림이 없게 아시기 때문이다.

(1) 다윗은 하나님께서 그를 시험하신 것을 다음과 같은 것들을 통해서 알았다.

[1] 자신의 양심을 통해서. 양심은 하나님께서 우리의 영혼에 보내신 그의 대

리자이다. 사람의 영혼은 여호와의 등불인데, 이것을 통해서 하나님께서는 사람을 살피신다. 하나님은 다윗이 자리에 누워 심중에 말하고 있을 때에 밤에 그를 찾아오셨다. 다윗은 이러한 감찰하심에 순종하여서, 자기에게 무엇이 잘못되었는지를 찾아 내기 위해서 자기가 이제까지 걸어온 삶을 진지하게 되돌아보았지만, 그의 원수들이 그를 고소한 여러 가지 죄목들 중에서 그 어떤 것도 찾아 낼 수 없었다.

[2] 섭리를 통해서. 하나님께서는 다윗에게 사울을 죽일 수 있는 좋은 기회를 여러 번 주심으로써 그를 시험하셨다. 하나님은 사울의 악의, 그의 친구들의 배신, 사람들의 수많은 도발들을 통해서 그를 시험하셨다. 따라서 만약 다윗이 그의 원수들이 그를 고소했던 대로의 사람이었다면, 그러한 모습은 여지없이 드러났을 것이다. 그러나 이 모든 시험들을 통해서 원수들이 그를 고소했던 내용들이 사실이라는 것을 보여주는 증거는 전혀 발견되지 않았다.

(2) 하나님은 다윗의 마음을 시험하셔서, 그가 무죄하고 흠이 없다는 것을 증언하실 수 있으셨다. 그러나 다윗은 자기가 무죄하고 흠이 없다는 것을 추가적으로 증명하기 위해서 그의 양심이 증언하는 대로 두 가지를 더 제시한다.

[1] 그가 입으로 범하는 모든 죄들을 결코 범하지 않겠다고 확고하게 결심하였다는 것. "내 입으로 범죄하지 아니할 것을 내가 결심하였고, 하나님이 주시는 은혜와 힘으로써 온전히 결단하였나이다." 다윗은 "나는 내가 입으로 범죄하지 않게 되기를 소망한다." 또는 "나는 내가 입으로 범죄하지 않기를 바란다"라고 말한 것이 아니라, "나는 내 입으로 범죄하지 않을 것을 확고히 결심하였나이다"라고 말하였다. 이렇게 그는 자기 입에 재갈을 먹였다(시 39:1). 입으로 범죄하지 않겠다고 끊임없이 결심하고 정신을 바짝 차리는 것은 우리가 무죄하고 흠이 없다는 것을 보여주는 좋은 증거가 될 것이다. 만일 말에 실수가 없는 자라면 그는 온전한 사람이다(약 3:2). 다윗은 "내 입으로 결코 범죄하지 않겠다"라고 말하지 않고(왜냐하면, 많은 일들에서 범죄하기 때문에), "내가 입으로 범죄하지 않겠다고 결심하나이다"라고 말한다. 사람의 마음을 감찰하시는 하나님께서는 그러한 결심이 과연 진실한 것인지를 아신다.

[2] 그가 죄악된 말만이 아니라 죄악된 행위도 삼가고 조심하였다는 것(4절). "사람의 행사, 즉 인간의 삶 속에서 일어나는 일들과 행위들로 논하면 나는 주의 말씀의 지시를 따라서 멸망시키는 자(개역에서는 포악한 자)의 길을 가지 아니하였

나이다." 어떤 이들은 이 말씀을 특히 다윗이 사울을 죽일 수 있는 기회가 왔을 때에도 자기가 직접 사울을 죽이지 않았다는 것, 또한 그가 다른 사람들에게 사울을 죽이라고 허락하지 않았고 도리어 아비새에게 그를 죽이지 말라고 말한 것(삼상 26:9)을 가리키는 것으로 이해한다. 그러나 이 말씀은 좀 더 폭넓게 일반적으로 해석될 수 있을 것이다. 다윗은 스스로 모든 악한 행위를 삼가하였고, 자신의 지위에 따른 의무에 의해서 다른 사람들도 악한 행위들을 하지 못하게 하려고 애를 썼다. **첫째**, 죄의 길은 멸망시키는 자, 즉 마귀의 길이다. 마귀의 이름은 압바돈과 아폴리온인데, 이러한 말들은 멸망시키는 자를 의미한다. 마귀는 영혼들을 죄의 길로 유인함으로써 그 영혼들을 파멸시킨다. **둘째**, 멸망시키는 자의 길로 가지 않는 것은 우리 모두가 관심을 가져야 할 일이다. 왜냐하면, 우리가 멸망으로 인도하는 그러한 길들로 간다면, 마침내 멸망과 비참한 상태가 우리의 몫이 되어도 우리는 그것을 자신의 탓으로 돌리지 않을 수 없기 때문이다. **셋째**, 우리는 우리의 지침이자 규범인 하나님의 말씀이 우리에게 명령하고 권면하는 것들을 지킴으로써 멸망시키는 자의 길로 가지 않을 수 있다 (시 119:9). 우리가 모든 죄의 길들을 평소에 조심해서 피한다면, 우리가 환난을 당하게 되었을 때에 그것은 우리에게 큰 위로가 될 것이다. 악한 자가 시험들을 통해서 우리를 만지지 못하게 우리 자신을 지킨다면(요일 5:18), 우리는 악한 자가 두려움으로써 우리를 만지지 못할 것을 소망할 수 있다.

II. 다윗이 간구한 것은 무엇인가. 그것은 한 마디로 말해서 그가 하나님께서 그를 향하여 선한 뜻을 가지고 계신다는 것을 증명해 주는 것으로서 자기 안에서 하나님의 선한 역사를 체험하게 해 달라는 것이다. 그것은 아버지 하나님으로부터의 은혜와 평강이다.

1. 다윗은 자기 안에서 하나님의 은혜의 역사가 있기를 기도한다(5절): "나의 가는 길을 굳게 지키소서. 여호와여, 내가 주의 은혜로 멸망시키는 자의 길로 가지 아니하였나이다. 이제 동일한 은혜로 나로 하여금 주의 길로 가게 하옵소서. 나로 하여금 악한 일을 행하지 않도록 막아 주실 뿐만 아니라 선한 일을 항상 행할 수 있도록 일깨워 주옵소서. 내가 주의 길로 항상 행하게 하셔서, 나로 하여금 그 길에서 돌이키거나 곁길로 가지 않게 하옵소서. 내가 주의 길로 항상 행하게 하셔서, 나로 하여금 걸려 넘어져서 죄에 빠지지 않게 하시고, 나의 의무를 가볍게 여기거나 게을리하지 않도록 하게 하옵소서. 여호와여, 주께서

나를 이제까지 지켜 주셨듯이 장래에도 나를 지켜 주옵소서." 은혜로 말미암아 하나님의 길로 가고 있는 자들은 그들이 계속해서 그 길로 갈 수 있도록 해 달라고 기도할 필요가 있고 기도하여야 한다. 왜냐하면, 우리는 하나님께서 우리를 붙들어 주지 아니하시면 그 순간 설 수 없게 되고, 하나님께서 우리를 인도하시며 붙드시고 데려가지 않으시면 더 이상 앞으로 나아갈 수 없게 되기 때문이다. 다윗은 이제까지 그가 마땅히 가야 할 길로 갈 수 있도록 보호하심을 받았지만, 이것이 장래에도 그에게 보장되리라고 생각하지 않기 때문에, "여호와여 장래에도 나를 붙드소서"라고 기도한다. 하나님의 길로 계속해서 나아가고자 하는 자들은 믿음과 기도로써 날마다 새롭게 하나님으로부터 은혜와 힘을 공급받지 않으면 안 된다. 다윗은 그의 길이 실족하기 쉽다는 것, 자기 자신이 연약해서 견고하게 그 길을 갈 수 있는 자질을 지니지 않았다는 것, 그가 걸음을 멈추기를 지켜보고 있다가 조금이라도 그가 실족하면 그를 치는 기회로 이용하고자 하는 자들이 있다는 것을 알았기 때문에, "여호와여 나를 붙들어 주셔서, 내 발이 실족하지 않게 하시고, 주의 섭리와 약속을 불신하거나 주께 거짓되어 보이는 그 어떤 것도 결코 말하거나 행하지 않게 하소서."

2. 다윗은 하나님께서 그에게 은혜를 베푸신다는 것을 보여주는 표적들을 위해서 기도한다(7절). 좀 더 살펴보자.

(1) 다윗은 하나님을 그의 백성의 보호자이자 구원자로 보기 때문에, 기도 속에서 하나님의 이름을 부르며 거기에서 힘을 얻고 있다. 주께 피하는 자들을 그 일어나 치는 자들에게서 오른손으로(어떤 다른 대리인을 내세울 필요도 없이 직접 하나님의 능력을 통해서) 구원하시는 주여. 하나님을 의지하고 하나님께 피하는 것은 하나님의 백성의 특성이다. 하나님께서는 그들을 자신의 절친한 친구들로 삼기를 기뻐하시고, 자신의 비밀한 것을 의인들에게 알려 주신다. 그들은 하나님을 자신의 의지처로 삼아서 하나님께 자신을 맡긴다. 하나님을 의지하는 자들에게는 많은 원수들, 그들을 쳐서 죽이고자 일어나는 많은 자들이 있다. 그러나 그들에게는 그 많은 원수들 모두를 처리하실 수 있는 한 분 친구가 있다. 그 친구가 그들을 위한다면, 그들을 치고자 일어나는 자들이 아무리 많다고 할지라도 상관이 없다. 하나님께서는 그들의 구원자가 되시는 것을 자신의 영광으로 여기신다. 하나님의 전능하신 능력이 그들을 위하여 사용되고, 그들은 모두 하나님께서 기꺼이 그들을 구원하시고자 하신다는 것을 알고 있

다. 이 본문의 난외주에는 주의 오른손을 일어나 치는 자들에게서 주께 피하는 자들을 구원하시는 주어로 되어 있다. 성도들에 대하여 원수들인 자들은 하나님과 그의 오른손을 쳐서 일어난 반도들이기 때문에, 하나님께서는 때가 되면 틀림없이 나타나셔서 그들을 치실 것이다.

(2) 다윗은 하나님으로부터 무엇을 기대하고 원하고 있는가. 주의 기이한 사랑을 나타내소서. 이 말씀은 다음과 같은 것들을 의미한다.

[1] 특별한 은총. "나를 위한 주의 사랑을 특별히 따로 준비해 주옵소서. 내게 일반 은총을 주시는 것으로 끝내지 마시고, 주께서 주의 이름을 사랑하는 자들에게 베푸시던 대로 내게 특별한 은혜를 베푸소서."

[2] 기이한 은총. "놀라운 주의 사랑을 나타내소서! 여호와여, 나와 사람들이 기이히 여기고 놀랄 정도로 주께서 내게 은총을 베푸신다는 것을 증명하옵소서." 하나님의 사랑은 거저 주시는 것이고 온전한 것이기 때문에 기이한 것이다. 몇몇 경우에 하나님의 사랑은 특별한 방식으로 기이하게 보이는데(시 118:23), 그리스도께서 성도들에게서 영광을 받으시고 모든 믿는 자들에게서 경배를 받으시게 될 때에 성도들의 구원 속에서 하나님의 사랑은 분명히 기이한 것으로 드러나게 될 것이다.

[8]나를 눈동자 같이 지키시고 주의 날개 그늘 아래에 감추사 [9]내 앞에서 나를 압제하는 악인들과 나의 목숨을 노리는 원수들에게서 벗어나게 하소서 [10]그들의 마음은 기름에 잠겼으며 그들의 입은 교만하게 말하나이다 [11]이제 우리가 걸어가는 것을 그들이 에워싸서 노려보고 땅에 넘어뜨리려 하나이다 [12]그는 그 움킨 것을 찢으려 하는 사자 같으며 은밀한 곳에 엎드린 젊은 사자 같으니이다 [13]여호와여 일어나 그를 대항하여 넘어뜨리시고 주의 칼로 악인에게서 나의 영혼을 구원하소서 [14]여호와여 이 세상에 살아 있는 동안 그들의 분깃을 받은 사람들에게서 주의 손으로 나를 구하소서 그들은 주의 재물로 배를 채우고 자녀로 만족하고 그들의 남은 산업을 그들의 어린 아이들에게 물려 주는 자니이다 [15]나는 의로운 중에 주의 얼굴을 뵈오리니 깰 때에 주의 형상으로 만족하리이다

우리는 이 절들 속에서 다음과 같은 것들을 살펴볼 수 있다.

I. 다윗은 무엇을 위하여 기도하고 있는가. 자신의 목숨을 노리는 원수들에

게 둘러싸인 채, 다윗은 자기를 죽이고자 하는 온갖 시도들을 뚫고 그가 무사히 목숨을 보전하여 하나님께서 그에게 기름을 부으신 대로 왕이 될 수 있게 해 달라고 하나님께 기도한다. 이러한 기도는 그리스도께서 낮아지신 상태에서 온갖 역경과 난관들을 뚫고 스스로를 보전하시고 결국 높아지신 상태의 영광과 기쁨으로 나아가게 되실 것에 관한 예언임과 동시에 그리스도인들이 그들의 영혼을 하나님께 맡기고 그들을 하늘 나라에 갈 때까지 보전하시도록 하나님을 의지하라고 말해 주는 하나의 본보기이다. 다윗은 다음과 같이 기도한다.

1. 하나님께서 자기를 보호해 주시도록(8절). "나를 안전하게 지켜 주시고, 나를 꽁꽁 숨겨 주셔서, 내가 들키지 않고 공격당하지 않게 하여 주옵소서. 나의 영혼을 구원하시되, 나의 죽을 목숨을 사망에서 구하실 뿐만 아니라 나의 영원히 죽지 않는 영을 죄로부터 구원하옵소서." 자기 자신을 하나님의 보호하심 아래에 두는 자들은 믿음으로 그 은택을 간구할 수 있다.

(1) 다윗은 이렇게 기도한다.

[1] 하나님께서 사람이 자신의 눈동자를 지키려고 많은 신경을 쓰는 것과 같이 그런 정도로 그를 지켜 주시기를. 자연은 사람의 눈동자를 보호하기 위해서 기가 막힐 정도로 그 주변에 울타리를 쳐 놓고서, 우리에게 눈동자를 그렇게 신경을 써서 지키도록 가르친다. 우리가 하나님의 법을 우리 눈동자처럼 지킨다면(잠 7:2), 우리는 하나님께서 우리를 그렇게 지키시리라는 것을 기대할 수 있다. 왜냐하면, 하나님께서는 자기 백성에 관하여 그들을 범하는 자는 자신의 눈동자를 범하는 것이라고 말씀하셨기 때문이다(슥 2:8).

[2] 하나님께서 암탉이 병아리들을 자신의 날개 아래에 모으는 것과 같은 그러한 따사로운 사랑으로 그를 지켜 주시기를. 그리스도께서도 이러한 비유를 사용하셨다(마 23:37). "나를 주의 날개 그늘 아래에 숨기소서. 거기에서 내가 안전하고 따뜻하리이다." 또는, 이 말씀은 속죄소를 덮고 있는 그룹 천사들의 날개를 암시하는 것일 수도 있다: "나로 하여금 하나님께서 이스라엘에게 특별히 베푸시는 영광스러운 은혜의 보호하심 아래에 있게 하옵소서." 다윗이 여기에서 기도한 것은 다윗의 자손인 우리 주 예수에게 이루어졌는데, 성경에서는 하나님께서 그를 그의 손 그늘에 숨기시며 그를 갈고 닦은 화살로 만드사 그의 화살통에 감추셨다고 말한다(사 49:2).

(2) 다윗은 계속해서 "여호와여 나를 악인들과 세상 사람들로부터 지키소

서"라고 기도한다.

[1] "그들과 같이 살아가고 행하는 것, 그들의 꾀를 따라서 걷는 것, 그들의 길에 서는 것, 그들의 진수성찬을 먹는 것으로부터 나를 지키소서."

[2] "내가 그들에 의해서 죽임을 당하거나 짓밟히지 않게 하여 주시고, 그들로 하여금 나에 대하여 악의를 가지지 않게 하시며, 나를 이기지 못하게 하옵소서."

2. 그를 죄에 빠뜨리거나 환난을 당하게 하고자 하는 그의 원수들의 모든 계략들을 수포로 돌아가게 해 달라는 것(13절): "여호와여 일어나소서! 나를 위해 나타나셔서, 그들의 꾀를 좌절시키셔서, 그들로 하여금 낙담하여 눈을 떨구게 하여 주옵소서." 사울이 다윗을 박해하여 뒤를 쫓았을 때, 그는 얼마나 자주 다윗을 확실히 잡았다고 생각했을 때에 자신의 먹잇감을 놓치고 말았던가! 그리스도의 원수들은 그들이 그리스도를 죽게 함으로써 자신의 목적을 달성했다고 생각하였을 때에 그의 부활로 말미암아 얼마나 큰 좌절을 맛보아야 했던가!

II. 다윗은 이러한 간구들 속에서 자신의 믿음을 견고히 하고 그의 간구들이 속히 응답될 것이라는 소망을 확고히 하기 위하여 어떠한 것들을 근거로 제시하며 호소하고 있는가.

1. 그의 원수들은 악의를 지니고 있고 악하다는 것. "그들은 하나님께서 호의를 베풀어 주실 만한 자들이 아니고, 하나님의 특별한 돌보심에 의해서 내가 그들로부터 구원받지 못한다면, 나를 여지없이 죽일 그런 자들이나이다. 여호와여, 나를 압제하고 괴롭히며 짓밟는 자들이 얼마나 악한 자들인지를 보시옵소서."

(1) "그들은 지독한 앙심과 악의를 품고 있는 자들이나이다. 그들은 나의 목숨을 노리는 원수들, 나의 피, 내 심장의 피에 목말라 하는 자들, 영혼을 치는 원수들(이 단어의 원래 의미)이나이다." 다윗의 원수들은 다윗으로 하여금 범죄하게 하고 하나님으로부터 멀어지게 하기 위하여 온갖 짓을 다 하였다. 그들은 다윗에게 가서 다른 신들을 섬기라고 지시하였다(삼상 26:19). 그러므로 다윗에게는 그들을 쳐서 기도할 충분한 이유가 있었다. 우리 영혼에 대하여 원수들인 자들은 우리의 최악의 원수들이기 때문에, 우리는 그들을 그런 자들로 여겨야 한다.

(2) "그들은 매우 편안하게 살아 가며 정욕적이고 오만방자하며 교만하나이

다(10절). 그들은 기름에 잠겨 있어서, 그들 자신을 그들의 영광과 권세, 풍부한 재물로 둘러치고 있고, 그런 것들을 껴안고 있어서, 하나님을 가볍게 보고, 하나님의 판단들을 무시하며 도전하나이다(시 73:7; 욥 15:27). 그들은 쾌락에 탐닉하며, 내일도 오늘과 같을 것이라고 생각하나이다. 그러므로 그들은 그 입으로 교만하게 말하고, 자기 자신을 자랑하며, 하나님을 모욕하고, 그의 백성을 짓밟으며, 그들을 능욕하나이다"(계 13:5-6을 보라). "여호와여, 주께서 그런 자들을 고생하게 하시고 낮추셔서 자기 자신을 알게 만드는 것이 합당하지 않나이까? 주께서 이 교만한 자들을 발견하여 모두 낮추시는 것이 주의 영광을 위한 것이 아니겠나이까?"

(3) "그들은 쉬지도 않고 지침도 없이 나를 죽이려고 온갖 짓을 다 하고 있나이다: 그들은 나를 둘러싸고 있나이다(9절). 그들은 지금 그들의 목적을 어떤 의미에서는 달성한 것이나 다름없나이다. 그들은 우리를 둘러쌌고, 우리가 가는 곳마다 우리를 추적하여 우리의 발걸음들을 에워쌌으며, 사냥개가 토끼를 쫓듯이 우리를 바짝 쫓고 있고, 우리에 비해서 그 수가 많고 신속하여서 우리와는 비교할 수 없을 정도로 모든 이점들을 지니고 있나이다. 그렇지만 그들은 마치 그들이 자기에게 몰두하여 뭔가 다른 것을 생각하며 묵상하고 있기라도 한 듯이 다른 쪽을 쳐다보며 그들의 눈을 아래로 땅을 보고 있는 체하나이다." 또는, "그들은 우리에게 해를 끼치기 위해서 눈을 부릅뜨고 지켜보고 있나이다. 그들은 눈을 내리깔고 그들의 목적을 달성할 그 어떤 기회도 결코 놓치지 않고자 하나이다."

(4) "그들의 두목(그는 사울이었다)은 자신의 먹잇감을 찾지 못하면 살아갈 수 없기 때문에 눈에 불을 켜고 먹잇감을 찾는 **사자 같이 피에 굶주려서 야만적이고 교활하게 날뛰고 있나이다**(12절)." 선을 행하는 것이 선한 자의 양식인 것과 마찬가지로, 남에게 해악을 가하는 것이 악인의 양식이다. 악인은 자신의 잔인한 계략을 감춘 채 은밀한 곳에 엎드린 젊은 사자와 같다. 이러한 비유는 사자들이 먹잇감을 사냥하기 위해서 은밀히 숨어서 엎드려 있곤 했던 들 염소 바위(삼상 24:2)와 십 광야(심상 26:2)에서 다윗을 찾았던 사울에게 아주 잘 들어맞는다.

2. 하나님께서는 그들을 주관하고 억제할 권능을 가지고 계심. 다윗은 이렇게 호소한다.

(1) "여호와여, 그들은 주의 칼인데, 그 어떤 아버지가 자신의 칼을 빼어서 자기 자녀에게 겨누는 법이 있나이까." 이것은 우리가 사람들로부터 받는 해악들을 인내로써 참고 견뎌야 하는 이유이다. 왜냐하면, 사람들은 하나님께서 우리에게 주시는 환난의 도구들일 뿐이기 때문이다(환난은 원래 하나님께로부터 오고, 우리는 그의 뜻에 순복하여야 한다). 또한 이것은 우리에게 우리가 그들의 분노와 해악을 당하게 될 때에 하나님을 찬송하면, 그들은 하나님께서 그의 기쁘신 뜻대로 하실 수 있는 하나님의 칼이고, 하나님의 명령 없이는 휘둘러질 수 없는 것이기 때문에, 하나님께서 그 칼로 자신의 일을 다 하신 후에는 그 칼을 다시 칼집에 넣듯이 그들의 나머지 분노를 억제하시리라는 것을 소망할 수 있는 힘을 준다.

(2) "그들은 주의 손으로서, 주께서는 그들을 사용해서 주의 백성을 징계하시며, 그들로 하여금 주께서 그들을 기뻐하지 않으신다는 것을 알게 하시나이다." 그러므로 다윗은 그에게 닥친 환난이 하나님의 손으로부터 왔기 때문에 그의 구원도 하나님의 손으로부터 올 것을 기대한다. 동일한 손으로 상하게도 하시고 고치시기도 하신다. 우리는 하나님의 손으로부터 도망치려고 해서는 안 되고 하나님의 손으로 피하여야 한다. 우리가 사람의 권세를 두려워할 때, 그 권세가 하나님의 권세에 종속되어 있다는 것을 아는 것은 매우 큰 위로가 된다 (사 10:6, 7, 15을 보라).

3. 그들이 겉보기에 형통하고 번성함(14절). "여호와여, 다음과 같은 것들을 생각하셔서 그들을 치러 나타나소서."

(1) "그들은 세상에만 온통 정신이 팔려 있고, 주와 주의 은총을 전혀 생각하지 않나이다. 그들은 세상의 사람들로서, 세상의 영에 의해서 살아가며, 이 세상의 풍속을 따라서 행하기 때문에, 이 세상의 부와 쾌락을 좋아하며, 그런 것들을 추구하는 데 열심이고(이것이 그들의 일이다), 편안히 그러한 것들을 향유하고 누리며, 그런 것들을 그들의 지극한 복으로 삼는 자들이나이다. 그들은 현세의 삶 속에서 그들의 분깃을 가지고 있나이다. 그들은 이 세상의 좋은 것들을 가장 좋은 것들이라고 여기고, 그들을 행복하게 만드는 데에 충분하다고 여기며, 따라서 그러한 것들을 선택하고, 그러한 것들을 갖는 것을 그들의 최고의 복이자 최고의 선으로 여기나이다. 그들은 그러한 것들을 갖는 것으로 만족하고, 그들의 영혼은 그러한 것들 속에서 편안하며, 그 이상 다른 것을 구하지

않고, 또 다른 삶, 즉 내세에서의 삶을 준비하는 데에는 아무런 관심도 없나이다. 이러한 것들은 그들의 위로이고(눅 6:24), 그들의 좋은 것(눅 16:25), 그들의 상(마 6:5), 그들이 받기로 약속한 한 데나리온(마 20:13)이다. 그러니 여호와여, 이런 자들을 지지하고 호의를 베푸심으로써, 이 세상의 모든 부보다 주의 은총을 택하고 주를 자신의 분깃으로 삼음으로써 주를 영화롭게 하는 자들을 해롭게 하시겠나이까(시 16:5)?"

(2) 그들은 세상의 풍족함을 가지고 있다.

[1] 그들은 왕성한 탐욕을 가지고서, 세상의 풍족한 것으로 그들을 만족시킨다: 그들은 주의 감춰진 보화로 배를 채우나이다. 이 세상의 것들은 보화로 불리는데, 이것은 사람들이 그렇게 여기기 때문이다. 하지만 그러한 것들은 영원한 축복과 비교하면 쓰레기에 불과하고, 또한 영혼에게도 쓰레기에 지나지 않는다. 그러한 것들은 피조 세계의 몇몇 부분들 속에 감춰져 있고, 섭리의 주권적인 처분들 속에 감춰져 있다. 그러한 것들은 하나님의 감춰진 보화들이다. 왜냐하면, 땅과 거기에 충만한 것들이 모두 하나님의 것이기 때문이다. 하지만 세상 사람들은 그것이 그들 자신의 것이라고 생각하고, 그런 것들이 하나님의 소유라는 것을 망각하고 있다. 그들은 하루하루를 진수성찬을 먹으며, 그들의 배를 감춰진 보화들로 채우고 있다. 하지만 그러한 것들은 배를 채워 줄 뿐이고(고전 6:13), 영혼을 채워 주지는 못한다. 그것들은 영혼의 양식이 아니고 영혼을 만족시킬 수도 없다(사 55:2). 그것들은 빈 껍데기들, 재들, 바람일 뿐이다. 하지만 대부분의 사람들은 그들의 영혼에는 아무런 관심도 갖지 않은 채 오직 그들의 배를 위하여 그러한 것들에 열중한다.

[2] 그들에게는 자녀들이 많고, 그들은 자녀들에게 많은 것을 물려 준다. 그들에게는 자녀들이 많지만, 그들이 풀을 뜯어 먹는 목장은 비좁지 않고 넉넉하다. 그들은 그들의 모든 자녀들에게 줄 만큼 많은 것들을 가지고 있어서, 그들의 남은 산업을 그들의 어린 아이들에게, 그것도 모자라서 그들의 손자들에게 물려 준다. 이것이 그들의 천국이고, 그들의 지극한 복이며, 그들의 모든 것이다. 다윗은 이렇게 기도한다: "여호와여, 그들에게서 나를 구하소서. 나로 하여금 나의 분깃을 그들과 함께 하게 마옵소서. 나를 치고자 하는 그들의 계략으로부터 나를 구하소서. 왜냐하면, 그들은 너무도 많은 부와 권력을 가지고 있기 때문에, 여호와께서 내 편이 되어 주지 않으시면 내가 그들을 처리할 수 없을 것이기

때문이니이다."

4. 다윗은 그가 하나님을 자신의 분깃이자 복으로 삼아서 의지하고 있다는 것에 호소한다. "그들은 현세에 그들의 분깃을 가지고 있지만, 나로 말하면(15절) 내게는 그런 것이 하나도 없고, 나는 세상의 것들을 아주 조금만 가지고 있나이다. 나는 그런 것을 전혀 가지고 있지도 않고 필요로 하지도 않으며 그런 것에 마음을 쓰지도 않나이다. 하나님을 뵈옵고 누리는 것만이 나의 행복입니다. 바로 그것이 내가 소망하는 것이고, 그러한 소망으로 나는 위로받고, 그것을 통해서 현세에 분깃을 가진 자들과 나 자신을 구별하고 있나이다."

(1) 하나님의 얼굴을 만족한 마음으로 바라보는 것은 이 세상에서 우리의 의무이자 위로라고 할 수 있다. 우리는 의 가운데서(그리스도의 의를 덧입고서 선한 마음과 선한 삶을 지니고) 믿음으로 하나님의 얼굴을 바로 보고, 우리 앞에 하나님을 항상 모시며, 여호와의 아름다우심을 묵상하며 날마다 기뻐하여야 한다. 우리는 매일 아침 잠에서 깨어날 때에 그의 말씀을 통해서 우리 앞에 주어진 그의 형상과 그의 새롭게 하시는 은혜를 통해서 우리에게 각인된 그의 형상으로 만족하여야 한다. 우리를 향하신 하나님의 은총을 체험하고 우리가 하나님의 뜻에 합한다면, 우리는 감각의 쾌락들로 자신의 배를 채우는 자들보다 더 큰 만족을 얻게 될 것이다.

(2) 만족한 마음으로 하나님의 얼굴을 바라보는 것은 내세에서 우리에게 주어질 상급이자 복이라고 할 수 있다. 다윗은 이러한 전망으로 앞의 시편을 마무리하였는데, 이 시편도 그렇게 하고 있다. 이러한 행복은 의롭게 되고 거룩하게 된 의인들에게만 예비되어 있다. 그들이 깨어날 때, 즉 영혼이 죽어서 육신 속에서의 잠에서 깨어날 때, 육신이 부활을 맞아서 무덤 속에서의 잠에서 깨어날 때, 그들은 그런 복을 소유하게 될 것이다. 이러한 복은 세 가지로 이루어지게 될 것이다.

[1] 하나님과 그의 영광을 직접 얼굴을 맞대고 보게 됨. 이 세상에서는 희미한 거울을 통해서 보았지만, 거기에서는 나는 주의 얼굴을 직접 뵈올 것이다. 거기에서는 하나님을 아는 지식은 완전하게 되어서, 우리의 확대된 지성은 그러한 지식으로 가득 채워지게 될 것이다.

[2] 하나님의 형상에 참여함. 거기에서는 우리의 거룩함이 완전해질 것이다. 이것은 앞에서 말한 것으로부터 나오는 결과이다(요일 3:2): 그가 나타나시면

우리가 그와 같을 줄을 아는 것은 그의 참모습 그대로 볼 것이기 때문이다.

[3] 이 모든 것들의 결과로서 완전하고 온전한 만족이 주어짐. 내가 만족하겠고, 그것으로 온전히 만족하리라. 하나님 안에서가 아니면 영혼의 만족은 없고, 하나님의 얼굴과 형상, 우리를 향하신 하나님의 선하신 뜻, 우리 안에서의 하나님의 선한 역사 이외에는 영혼의 만족은 없다. 하지만 그러한 만족도 우리가 하늘 나라에 갈 때까지는 온전하지 않을 것이다.

제
— 18 —
편

개요

우리는 이 시편을 앞에서 다윗의 전기 속에서 만난 적이 있다(삼하 22장). 거기에 나왔던 것은 이 시편의 초판본이었다. 그 시편은 여기에서 교회의 예배에 맞게 약간 수정되어 다시 나온다. 이 시편은 다윗이 하나님께서 그에게 많은 구원을 베풀어 주신 것에 대하여 감사하는 내용을 담고 있다. 다윗은 그러한 것들을 그의 기억 속에 새롭게 보존하고, 사람들에게 널리 알리며, 후세에게 전하기를 항상 원하였다. 이 시편은 놀라운 작품이다. 여기에 사용된 시어들은 매우 정교하고, 그 심상들은 대담하며, 표현들은 고상하고, 한 단어 한 단어가 모두 적절한 의미를 지니고 있다. 그러나 이 시편에 담긴 경건은 한편의 시로서의 이 시편의 가치를 훨씬 능가한다. 거룩한 믿음과 사랑과 기쁨과 찬송과 소망이 이 시편 속에서 살아 움직이고 있고 날개를 달고 높이 비상하고 있다. I. 다윗은 하나님 안에서 승리한 것을 기뻐한다(1-3절). II. 다윗은 하나님께서 그에게 베푸신 구원들을 찬송한다(4-19절). III. 다윗은 하나님께서 그의 무죄함과 흠 없음을 인정하신 것을 기뻐한다(20-28절). IV. 다윗은 이 모든 일들을 인하여 하나님께 영광을 돌린다(29-42절). V. 다윗은 하나님께서 그와 그의 백성을 위하여 앞으로 하실 일을 기대하며 힘을 얻는다(43-50절).

〔여호와의 종 다윗의 시, 인도자를 따라 부르는 노래, 여호와께서 다윗을 그 모든 원수들의 손에서와 사울의 손에서 건져 주신 날에 다윗이 이 노래의 말로 여호와께 아뢰어 이르되〕

¹나의 힘이신 여호와여 내가 주를 사랑하나이다 ²여호와는 나의 반석이시요 나의 요새시요 나를 건지시는 이시요 나의 하나님이시요 내가 그 안에 피할 나의 바위시요 나의 방패시요 나의 구원의 뿔이시요 나의 산성이시로다 ³내가 찬송 받으실 여호와께 아뢰리니 내 원수들에게서 구원을 얻으리로다 ⁴사망의 줄이 나를 얽고 불의의 창수가 나를 두렵게 하였으며 ⁵스올의 줄이 나를 두르고 사망의 올무가 내게 이르렀도다 ⁶내가 환난 중에서 여호와께 아뢰며 나의 하나님께 부르짖었더니 그가

그의 성전에서 내 소리를 들으심이여 그의 앞에서 나의 부르짖음이 그의 귀에 들렸도다 ⁷이에 땅이 진동하고 산들의 터도 요동하였으니 그의 진노로 말미암음이로다 ⁸그의 코에서 연기가 오르고 입에서 불이 나와 사름이여 그 불에 숯이 피었도다 ⁹그가 또 하늘을 드리우시고 강림하시니 그의 발 아래는 어두컴컴하도다 ¹⁰그룹을 타고 다니심이여 바람 날개를 타고 높이 솟아오르셨도다 ¹¹그가 흑암을 그의 숨는 곳으로 삼으사 장막 같이 자기를 두르게 하심이여 곧 물의 흑암과 공중의 빽빽한 구름으로 그리하시도다 ¹²그 앞에 광채로 말미암아 빽빽한 구름이 지나며 우박과 숯불이 내리도다 ¹³여호와께서 하늘에서 우렛소리를 내시고 지존하신 이가 음성을 내시며 우박과 숯불을 내리시도다 ¹⁴그의 화살을 날려 그들을 흩으심이여 많은 번개로 그들을 깨뜨리셨도다 ¹⁵이럴 때에 여호와의 꾸지람과 콧김으로 말미암아 물 밑이 드러나고 세상의 터가 나타났도다 ¹⁶그가 높은 곳에서 손을 펴사 나를 붙잡아 주심이여 많은 물에서 나를 건져내셨도다 ¹⁷나를 강한 원수와 미워하는 자에게서 건지셨음이여 그들은 나보다 힘이 세기 때문이로다 ¹⁸그들이 나의 재앙의 날에 내게 이르렀으나 여호와께서 나의 의지가 되셨도다 ¹⁹나를 넓은 곳으로 인도하시고 나를 기뻐하시므로 나를 구원하셨도다

이 시편의 표제는 우리에게 이 시편이 어떤 상황에서 지어졌는지를 보여준다. 이 시편은 앞에서도 나왔었는데(삼하 22:1), 여기에서는 단지 이 시편이 성전 성가대의 인도자 또는 선창자에게 건네졌다는 것만을 말해 준다. 선한 사람들이 자신이 사용하기 위해서 사사롭게 지은 글들은 다른 사람들에게도 도움이 될 수 있기 때문에, 사람들이 그들의 등불로부터 빛을 빌려 올 수도 있고 그들의 불로부터 몸을 녹일 수도 있다는 것을 명심하라. 모범들이 종종 규범보다 더 많은 것을 가르쳐 주는 법이다. 여기에서 다윗은 모세와 마찬가지로 여호와의 종으로 불리는데, 이것은 모든 선한 사람이 하나님의 종이라는 의미에서만이 아니라, 다윗이 그의 홀과 칼과 펜을 통해서 이스라엘 속에서 하나님의 나라를 견고하게 하는 데에 크게 기여하였기 때문이다. 그가 큰 나라의 왕이라는 사실보다 그가 여호와의 종이라는 사실이 그에게는 더 큰 영광이었다. 다윗은 스스로도 그렇게 생각하였다(시 116:16): 여호와여 나는 진실로 주의 종이나이다. 이 절들에는 다음과 같은 내용들이 나온다.

I. 다윗은 하나님 및 하나님에 대한 그의 관계를 몹시 기뻐한다. 이 시편의

첫 문장인 나의 힘이신 여호와여 내가 주를 사랑하나이다라는 말씀은 여기에서 이 시편 전체의 목적과 내용을 요약하는 말로서 맨 앞에 제시되어 있다. 하나님에 대한 사랑은 율법 중에서 첫째가는 큰 계명이다. 왜냐하면, 그것은 우리의 모든 찬송과 순종이 열납될 수 있기 위해서는 꼭 필요한 요소이기 때문이다. 우리는 하나님께서 우리에게 베푸신 모든 긍휼들을 인하여 하나님을 사랑한다고 고백하여야 하고, 이러한 고백을 통해서 우리의 마음을 더욱 넓혀서 하나님을 더 많이 사랑하여야 한다. 하나님께서는 그러한 것을 요구하시고 열납하신다. 하나님께서 우리에게 풍성한 은혜를 주셨는데도 우리가 거기에 보답하지 않고 불평한다면, 우리는 매우 배은망덕한 자들이 될 것이다. 사랑을 받은 자가 반응을 보인다면, 그것은 사랑을 준 자의 기쁨이 된다. 그러므로 다윗은 큰 기쁨으로 수금을 타며, 하나님께서 어떤 분이신지를 보여주는 일련의 가사들을 읊조린다(2절): "여호와는 나의 하나님이시니, 그는 나의 반석, 나의 요새이시고, 나의 현재의 환난 속에서 내가 바랄 수 있는 유일한 분이십니다." 왜냐하면, 하나님 안에는 그를 의지하는 그의 백성들이 온갖 위험한 일과 사건들을 만났을 때에 그러한 것들을 해결해 줄 수 있는 것이 있기 때문이다. "그는 나의 반석이시요 나의 힘이시요 나의 요새시라"라는 고백은 다음과 같은 것들을 의미한다.

1. "나는 내가 아주 큰 위험들과 어려움들 속에 처했을 때에 여호와께서 그런 분이시라는 것을 발견하였다."

2. "나는 다른 모든 것들을 다 물리치고서 오직 여호와께서 내게 그런 분이 되어 주실 것을 선택하였고, 나를 보호해주실 분으로 오직 여호와만 의지하기로 하였다." 하나님을 진정으로 사랑하는 자들은 이렇게 하나님을 그들의 하나님으로 모시고 하나님 안에서 기뻐하며, 확신을 가지고 하나님의 이름을 부를 수 있다(3절). 이렇게 우리는 하나님께서 우리를 구원해 주신 일들을 인하여 하나님을 더 많이 사랑할 뿐만 아니라, 기도하기를 더 많이 좋아하는 데에 활용하여야 한다. 우리는 하나님께서 우리를 구원해 주시리라는 확신을 가지고 환난의 때 우리가 사는 날 동안에 하나님의 이름을 불러야 한다. 왜냐하면, 성경에 누구든지 주의 이름을 부르는 자는 구원을 받으리라고 기록되어 있기 때문이다(행 2:21).

Ⅱ. 다윗은 자기 속에서 하나님을 찬송으로 보답할 마음이 더 나게 하기 위해

서 하나님께서 그를 위하여 베푸신 구원들을 낱낱이 말하며 찬송하기로 결심한다. 우리가 하나님께서 우리에게 긍휼을 베푸신 것과 관련된 모든 정황들을 낱낱이 살펴보는 것은 좋은 일이다. 왜냐하면, 그렇게 함으로써 하나님의 권능과 우리를 향하신 하나님의 선하심이 훨씬 더 뚜렷하게 드러나기 때문이다.

1. 우리가 더 급박하고 위협적인 위험으로부터 구원을 받았을수록, 하나님께서 우리를 구원하신 그 긍휼하심은 더 크게 된다. 다윗은 지금 그의 원수들의 세력이 그를 얼마만큼이나 압박하고 쇄도하였는지를 회상하는데, 여기서 벨리알의 창수, 벨리알의 무수한 자녀들이라고 불리고 있는 그의 원수들은 그를 수로써 압도하고자 하였다. 그들은 그를 둘러쌌고 그를 얽어 매었다. 그들은 그를 갑자기 기습했기 때문에, 그는 거의 그들에게 사로잡힐 뻔하였다. 그들이 쳐 놓은 올무가 그가 나아가는 것을 가로막았고, 밖으로는 싸움들이었고 안으로는 두려움과 슬픔이 있었다(4-5절). 다윗은 압도당해서, 스스로를 죽은 목숨이라고 여겼다(시 116:3을 보라).

2. 우리가 하나님께 구원해 달라고 더 간절하게 기도하면 할수록, 우리의 기도에 대한 응답은 더 직접적으로 오고, 우리는 더욱 감사하지 않을 수 없다. 다윗이 구원받은 사건들이 그러하였다(6절). 다윗은 기도하는 사람이었고, 하나님은 기도를 들어 주시는 하나님이셨다. 우리가 다윗과 같이 기도한다면, 우리는 다윗처럼 속히 기도의 응답을 받게 될 것이다. 우리는 환난을 당해서 다급해져서 기도를 하게 될지라도, 하나님께서는 우리의 기도에 대하여 귀를 막지 않으실 것이다. 아니, 오히려 하나님께서는 불쌍히 여기시고 긍휼히 여기시는 하나님이시기 때문에 더욱 빨리 우리를 구원하실 것이다.

3. 하나님의 구원하심이 기이하면 기이할수록, 그 구원은 더욱 위대하게 된다. 하나님께서 다윗을 위하여 베푸신 구원들이 바로 그런 것들이었기 때문에, 거기에는 하나님의 임재와 영광스러운 모습들이 아주 장엄하게 묘사되어 있다(7절 이하). 이러한 구원 사건들 속에는 하나님의 모습만이 크게 부각될 뿐 사람의 흔적은 거의 찾아볼 수 없다.

(1) 하나님께서는 전능하신 능력의 하나님으로 나타나셨다. 왜냐하면, 하나님은 옛적에 시내 산에서와 마찬가지로 땅을 진동하게 하셨고 산들의 터조차도 요동하게 하셨기 때문이다(7절). 땅의 사람들이 두려움에 사로잡혔을 때, 땅이

진동한다고 말할 수 있다. 이 땅의 큰 자들이 당혹감에 빠졌을 때, 산들이 요동하였다고 말할 수 있다.

(2) 하나님께서는 그의 백성의 원수들과 박해자들에 대하여 진노와 불쾌감을 표현하셨다: 그의 진노로 말미암음이로다(7절). 하나님의 진노는 불, 모든 것을 삼키는 불로서 연기를 내고 불타오르며, 그 불에 숯이 피었다(8절). 자신의 죄악들로 말미암아 스스로 숯(즉, 연료)이 된 자들은 이 불에 의해서 살라지게 될 것이다. 박해자들을 겨냥해서 활 시위를 당기고 계시는 하나님께서는 작정하신 때에 화살들을 쏘실 것이고, 그 화살들은 정확히 과녁을 맞추어서 그들을 처형하게 될 것이다. 왜냐하면, 이러한 화살들은 번개들이기 때문이다(14절).

(3) 하나님께서는 그의 백성의 사정을 들어 주시고 그들에게 구원을 베푸실 준비가 되어 있다는 것을 보여주셨다. 왜냐하면, 하나님은 의를 지키고 그의 환난당하는 종들을 구원하기 위하여 그룹을 타고 높이 솟아 오르셨기 때문이다(10절). 바람 날개를 타시고, 그의 백성을 돕기 위하여 장엄한 모습으로 하늘 뜰을 날아 다니시는 하나님을 가로막을 자는 아무도 없다.

(4) 하나님께서는 다윗의 호소를 들으시기 위하여 스스로를 낮추시는 겸양을 보여주셨다: 그가 하늘을 드리우시고 강림하셨다(9절). 하나님은 천사를 보내신 것이 아니라, 그의 백성이 환난당하는 것을 보시고 괴로워하시는 자처럼 직접 오셨다.

(5) 하나님께서는 자신은 흑암으로 두르셨지만, 빛으로 하여금 그의 백성을 위하여 어둠에서 나와 비추도록 명하셨다(사 45:15). 하나님은 숨어 계시는 하나님이시다. 왜냐하면, 하나님은 흑암을 자신의 장막으로 삼으셨기 때문이다(11절). 그의 영광은 눈으로 볼 수 없고, 그의 모략은 헤아릴 수 없으며, 그가 일을 행하시는 절차는 설명할 수 없기 때문에, 우리에게는 구름과 흑암이 하나님을 둘러싸고 있는 것으로 보인다. 하나님께서 긍휼의 일들을 통해서 우리에게 가까이 오신다고 하여도, 우리는 그가 오시는 길을 알지 못한다. 하지만 하나님의 계획들은 은밀할지라도 우리에게 자비로운 것들이다. 왜냐하면, 하나님께서 숨어 계신다고 할지라도 그는 이스라엘의 하나님, 구원자이시기 때문이다. 그 앞에 광채로 말미암아 빽빽한 구름이 사라지고(12절), 상황이 바뀌어서, 위로가 되돌아오고, 암울하고 위협적이었던 상황은 청명하고 유쾌하게 바뀐다.

4. 구원의 과정 속에 놓여 있는 어려움들이 크면 클수록, 그 구원은 더욱 영

화로운 것이 된다. 다윗을 구원하기 위해서 물이 갈라져서 물 밑이 드러났고, 땅이 쪼개져서 세상의 터가 드러났다(15절). 깊고 많은 물들이 있었는데, 다윗은 그 물에서 건지심을 받았다(16절). 물에서 건지심을 받았다는 의미를 지닌 이름을 가지고 있었던 모세는 문자 그대로 물에서 건지심을 받은 것이었지만, 다윗은 비유적으로 물에서 건지심을 받았다. 다윗의 원수들은 강했고 그를 미워하였다. 만약 하나님께서 다윗을 내버려 두셨더라면, 그는 그들이 너무 강해서 이길 수 없었을 것이다(17절). 또한 그들은 그가 당해 내기에는 너무도 재빨랐다. 왜냐하면, 그들은 그의 재앙의 날에 그보다 먼저 선수를 쳤기 때문이다(18절). 그러나 다윗이 환난 가운데에 있을 때에 여호와께서 그의 의지가 되어 주셨기 때문에 그는 침몰하지 않았다. 하나님께서는 때가 되면 그의 백성을 그들이 당하는 환난으로부터 구원해주실 뿐만 아니라, 그의 백성이 환난을 당하는 동안에도 그들을 붙들어 주시고 그 환난들을 견뎌낼 수 있도록 힘을 주신다는 것을 명심하라.

5. 다윗이 하나님께서 그에게 베푸신 구원들을 특히 자세하게 기록한 것은 그의 위로가 그러한 구원의 열매였고, 하나님의 은총은 그러한 구원의 뿌리이자 원천이었다는 것을 보여주는 것이다.

(1) 그것은 다윗을 더 나은 곳으로 인도하는 것이었다(19절). "하나님께서는 나를 협착한 곳에서 꺼내셔서 넓은 곳으로 나오게 하셨고, 거기에서 나는 숨을 돌릴 뿐만 아니라 번성할 수 있는 여지를 갖게 되었다."

(2) 그것은 그를 향하신 하나님의 은총을 보여주는 징표였기 때문에, 바로 그 점이 그 구원을 갑절로 달콤하게 해주었다. "나를 기뻐하심으로 나를 구원하셨도다. 하지만 이것은 나의 공로 때문이 아니라 순전히 하나님의 은혜와 선의 때문이다." 이 말씀을 사무엘하 15:26에 나오는 말씀, 즉 그가 이와 같이 말씀하시기를 내가 너를 기뻐하지 아니한다 하시면 종이 여기 있사오니 선히 여기시는 대로 내게 행하시옵소서라는 말씀과 비교해 보라. 하나님께서 우리에게 구원, 저 큰 구원을 베풀어 주시는 것은 하나님께서 다윗의 자손 그리스도를 기뻐하셨기 때문인데, 하나님은 직접 자기가 그리스도를 기뻐하신다고 밝히 말씀하셨다.

이 절을 노래할 때, 우리는 하나님 안에서 기뻐하고 하나님을 의지하여야 한다. 우리는 여기에 나오는 절들을 다윗의 자손 그리스도에게 적용할 수 있다. 죽음의 슬픔들이 그를 에워쌌다. 그리스도께서는 고통 중에 기도하셨다. 하나님께서는 땅을 진동하게 하시고 바위들이 쪼개지게 하셔서, 그리스도로 하여 금 부활하게 하심으로써 그를 넓은 곳으로 인도하셨는데, 이것은 하나님께서 그리스도와 그의 사역을 기뻐하셨기 때문이었다.

[20]여호와께서 내 의를 따라 상 주시며 내 손의 깨끗함을 따라 내게 갚으셨으니 [21]이 는 내가 여호와의 도를 지키고 악하게 내 하나님을 떠나지 아니하였으며 [22]그의 모 든 규례가 내 앞에 있고 내게서 그의 율례를 버리지 아니하였음이로다 [23]또한 나는 그의 앞에 완전하여 나의 죄악에서 스스로 자신을 지켰나니 [24]그러므로 여호와께서 내 의를 따라 갚으시되 그의 목전에서 내 손이 깨끗한 만큼 내게 갚으셨도다 [25]자비 로운 자에게는 주의 자비로우심을 나타내시며 완전한 자에게는 주의 완전하심을 보이시며 [26]깨끗한 자에게는 주의 깨끗하심을 보이시며 사악한 자에게는 주의 거스 르심을 보이시리니 [27]주께서 곤고한 백성은 구원하시고 교만한 눈은 낮추시리이다 [28]주께서 나의 등불을 켜심이여 여호와 내 하나님이 내 흑암을 밝히시리이다

Ⅰ. 여기에서 다윗은 자기가 무죄하고 흠이 없다는 것을 기쁜 마음으로 되돌 아보면서, 그가 이제까지 육체의 지혜가 아니라 거룩함과 진실함으로 살아 온 것을 그의 양심이 증언한다는 것을 기뻐한다(고후 1:12). 하나님께서 그를 여 러 번 구원해 주신 것들은 바로 이러한 것을 증언해 주는 증거였고, 바로 이 점 이 다윗이 자신의 구원 체험들을 말할 때에 큰 기쁨이 되었다. 그의 원수들은 다윗에 대하여 오해하고 잘못 말하였으며, 아마도 환난의 기간이 길어짐에 따 라서 다윗 자신도 스스로를 의심하기 시작하였다. 그러나 하나님께서 가시적 으로 그의 편이 되어 주셨을 때, 그는 자기가 의롭다는 것을 확신할 수 있었고 거기로부터 위로를 받을 수 있었다.

1. 하나님께서 다윗을 구원해 주신 사건들로 인해서 그가 무죄하다는 것이 사람들 앞에서 밝혀졌고, 다윗은 그의 원수들이 그를 거짓되게 고소하였던 그 러한 고소들과 비방들로부터 벗어나게 되었다. 이것을 다윗은 여호와께서 내 의 를 따라 상 주셨다고 표현한다(20, 24절). 즉, 하나님께서 그와 그의 원수들 간 의 논쟁을 그의 의로운 호소와 그의 깨끗한 손, 즉 그에게 덧씌워졌던 선동과 반역과 배신의 죄목으로부터 그가 무죄한 것에 따라서 결정하셨다는 것이다. 다윗은 종종 하나님께 자신의 무죄함에 대하여 호소하였었다. 이제 하나님께

서는 그러한 호소에 대하여 공평하게 판결을 내려 주셨다.

2. 하나님께서 그에게 베푸신 구원들은 그가 여기에서 큰 기쁨으로 회고하는 있는 자신의 양심의 증언을 확증해 주었다(21-23). 다윗의 마음은 다음과 같은 것들을 알고 있고, 또한 그것을 기꺼이 증언할 준비가 되어 있었다.

(1) 다윗이 자신의 도리를 확고하게 지켜 왔으며, 악한 마음이나 의도적으로 하나님을 떠나지 않았다는 것. 여호와의 길들을 버린 자들은 사실상 그들의 하나님으로부터 떠난 것이고, 그렇게 하는 것은 악한 일이다. 우리는 우리 자신이 수없이 넘어지고 수없이 잘못된 걸음을 한 것을 알고 있지만, 우리가 회개를 통해서 다시 돌아와서 우리가 마땅히 걸어야 할 길을 계속해서 걷는다면, 그것은 하나님을 떠난 것으로 해석되지 않을 것이다. 왜냐하면, 그것은 하나님으로부터 악의적으로 떠난 것이 아니기 때문이다.

(2) 다윗은 하나님의 명령들을 항상 염두에 두고서 지켜 왔다는 것(22절): "그의 모든 규례가 내 앞에 있나이다. 나는 하나님의 모든 규례들을 존중하였고, 그 어느 것 하나도 작은 것으로 여겨서 멸시하지 않았으며, 그 규례들을 어느 한 가지도 어렵게 여겨서 싫어하지 않았고, 그 모든 규례들을 지키는 것을 내 일로 삼아 왔다. 또한 나는 그의 율례를 내게서 멀리하거나 내 시야에서 사라지게 하거나 내 마음에서 지워 버리지 않았고, 항상 그 율례들을 바라보며, 여호와의 길들을 지키지 않으려는 마음에서 그러한 길들을 알려고 하지 않는 자들과 같이 행하지 않았다."

(3) 다윗은 그의 죄악에서 스스로 자신을 지켜 왔고, 이것을 통해서 하나님 앞에 그가 올바르다는 것을 입증하였다는 것. 우리가 쉽게 휘말릴 수 있는 죄를 멀리하고 죄악된 습관을 극복하고자 항상 애쓰는 것은 우리가 하나님 앞에서 올바르다는 것을 보여주는 좋은 증거가 될 것이다. 하나님께서 다윗을 구원해 주신 일들이 다윗의 무죄함과 흠 없음을 분명하게 보여주었듯이, 하나님께서 그리스도를 높이신 것은 그가 무죄하고 흠이 없으시다는 것을 분명하게 보여주고, 그에게 덧씌워졌던 수치를 영원히 굴려 버렸다. 그러므로 그리스도께서는 성령으로 의롭게 되셨다고 성경은 말한다(딤전 3:16).

Ⅱ. 다윗은 이 기회를 활용해서, 우리로 하여금 하나님께서 우리에게 무엇을 기대하시는지를 알게 할 뿐만 아니라 우리가 하나님에게서 무엇을 기대할 수 있는지를 알게 하기 위해서 하나님의 통치와 심판의 규칙들을 서술해 나간다

(25-26절).

1. 다른 사람들에게 자비롭고 긍휼을 베푸는 자들은 하나님으로부터 긍휼히 여김을 받게 될 것이다(그러한 자들조차도 긍휼을 필요로 하기 때문에, 그들이 다른 사람들에게 긍휼을 베풀었다고 해서 그것이 그들의 공로가 될 수는 없다, 마 5:7).

2. 그들이 하나님과 맺은 계약들과 그들이 하나님에 대하여 서 있는 관계들에 신실한 자들은 하나님께서 그들에게 약속하신 모든 것을 하나님 안에서 발견하게 될 것이다. 하나님께서 올바른 사람을 발견하셨을 때, 하나님은 그에게 올바른 하나님으로 발견될 것이다.

3. 깨끗한 양심으로 하나님을 섬기는 자들은 여호와의 말씀이 깨끗한 말씀이어서 의지해도 좋을 만큼 아주 확실하고 큰 기쁨을 줄 만큼 너무도 달다는 것을 발견하게 될 것이다.

4. 하나님을 대적하며 하나님을 거슬러 행하는 자들은 하나님께서 그들을 대적하시며 그들을 거슬러서 행하시리라는 것을 발견하게 될 것이다(레 26:21, 24).

Ⅲ. 그런 까닭에 다윗은 겸손한 자들에게는 위로를("남들로부터 해악을 당하더라도 그것을 인내로써 참아내는 곤고한 백성은 주께서 구원하시리라."), **교만한 자들에게는 두려움을**("눈이 높고 가난하고 경건한 자들을 멸시하며 경멸하는 교만한 눈은 주께서 낮추시리이다."), **자기 자신에게는 다음과 같이 격려를 전한다.** "주께서 나의 등불을 켜시리로다. 즉, 주께서 나를 우울한 채로 그냥 두지 아니하시고 나의 슬픈 심령을 위로하시며 새 힘을 주시리로다. 주께서 나를 나의 환난들 가운데서 건져 내셔서 내게 평안과 형통을 회복시켜 주실 것이다. 주께서 지금은 기울어 버린 나의 존귀함을 다시 밝히시리로다. 주께서 나의 길을 인도하시고 내 앞에서 그 길이 분명하게 드러나게 하셔서, 나로 하여금 내 앞에 놓인 덫들을 피해 가게 하실 것이다. 주께서 나로 하여금 일을 할 수 있도록 내 등불을 켜 주실 것이고, 내게 사람들 가운데서 주와 주의 나라를 위하여 섬길 기회를 주실 것이다."

흑암 가운데 걷고 있고 많은 낙심되는 일들 때문에 괴로워하는 자들은 이 구절들을 노래하면서 하나님께서 친히 그들에게 빛이 되어 주실 것이라는 약속을 통해서 힘을 얻도록 하자.

²⁹내가 주를 의뢰하고 적군을 향해 달리며 내 하나님을 의지하고 담을 뛰어넘나이다 ³⁰하나님의 도는 완전하고 여호와의 말씀은 순수하니 그는 자기에게 피하는 모든 자의 방패시로다 ³¹여호와 외에 누가 하나님이며 우리 하나님 외에 누가 반석이냐 ³²이 하나님이 힘으로 내게 띠 띠우시며 내 길을 완전하게 하시며 ³³나의 발을 암사슴 발 같게 하시며 나를 나의 높은 곳에 세우시며 ³⁴내 손을 가르쳐 싸우게 하시니 내 팔이 놋 활을 당기도다 ³⁵또 주께서 주의 구원하는 방패를 내게 주시며 주의 오른손이 나를 붙들고 주의 온유함이 나를 크게 하셨나이다 ³⁶내 걸음을 넓게 하셨고 나를 실족하지 않게 하셨나이다 ³⁷내가 내 원수를 뒤쫓아가리니 그들이 망하기 전에는 돌아서지 아니하리이다 ³⁸내가 그들을 쳐서 능히 일어나지 못하게 하리니 그들이 내 발 아래에 엎드러지리이다 ³⁹주께서 나를 전쟁하게 하려고 능력으로 내게 띠 띠우사 일어나 나를 치는 자들이 내게 굴복하게 하셨나이다 ⁴⁰또 주께서 내 원수들에게 등을 내게로 향하게 하시고 나를 미워하는 자들을 내가 끊어 버리게 하셨나이다 ⁴¹그들이 부르짖으나 구원할 자가 없었고 여호와께 부르짖어도 그들에게 대답하지 아니하셨나이다 ⁴²내가 그들을 바람 앞에 티끌 같이 부숴뜨리고 거리의 진흙 같이 쏟아 버렸나이다 ⁴³주께서 나를 백성의 다툼에서 건지시고 여러 민족의 으뜸으로 삼으셨으니 내가 알지 못하는 백성이 나를 섬기리이다 ⁴⁴그들이 내 소문을 들은 즉시로 내게 청종함이여 이방인들이 내게 복종하리로다 ⁴⁵이방 자손들이 쇠잔하여 그 견고한 곳에서 떨며 나오리로다 ⁴⁶여호와는 살아 계시니 나의 반석을 찬송하며 내 구원의 하나님을 높일지로다 ⁴⁷이 하나님이 나를 위하여 보복해 주시고 민족들이 내게 복종하게 해주시도다 ⁴⁸주께서 나를 내 원수들에게서 구조하시니 주께서 나를 대적하는 자들의 위에 나를 높이 드시고 나를 포악한 자에게서 건지시나이다 ⁴⁹여호와여 이러므로 내가 이방 나라들 중에서 주께 감사하며 주의 이름을 찬송하리이다 ⁵⁰여호와께서 그 왕에게 큰 구원을 주시며 기름 부음 받은 자에게 인자를 베푸심이여 영원토록 다윗과 그 후손에게로다

이 절들에는 다음과 같은 내용들이 나온다.

I. 다윗은 하나님께서 그를 위하여 행하신 큰 일들을 감사함으로 되돌아본다.

하나님께서는 그를 위하여 구원을 베푸셨을 뿐만 아니라, 그에게 승리와 성공을 주셨고, 다윗쯤이야 쉽게 이길 수 있다고 생각하였던 자들에 대하여 승리할 수 있게 해주셨다. 우리가 하나님께서 우리에게 베푸신 한 가지 긍휼하심을 인

하여 찬송하고자 할 때, 우리는 그것을 계기로 하나님께서 우리의 사는 날 동안에 우리에게 베풀어 주셨던 수많은 긍휼하심들을 살펴보는 것이 좋다. 다윗이 성공하는 데에는 많은 것들이 기여하였는데, 그는 그 모든 일들 속에서 하나님의 손길이 있었음을 고백한다. 이것은 우리에게 우리가 여러 과정을 거쳐서 형통하게 된 것을 되돌아볼 때에 다윗과 같이 하라고 가르치는 것이다.

1. 다윗은 전사로 길러지거나 전사가 될 의향을 가지고 있었던 것도 아닌데, 하나님께서는 그에게 전쟁과 관련된 모든 기술과 통찰을 주셨다. 재능으로 말하자면, 다윗은 음악과 시, 묵상의 삶을 사는 데에 더 적합한 인물이었다: 내 손을 가르쳐 싸우게 하시도다(34절).

2. 하나님께서는 다윗에게 힘든 전쟁을 수행할 수 있는 육체적인 강건함을 주셨다: 하나님은 다윗이 놋활을 꺾을 수 있을 정도로(34절) 힘으로 그에게 띠 띠우셨다(32, 39절). 하나님께서 어떤 사람을 어떤 일에 사용하고자 하실 때에는 반드시 그 사람을 그 일에 적합하게 만드신다.

3. 하나님께서는 또한 다윗에게 원수들로부터 도망하게 하기 위해서만이 아니라 원수들을 신속하게 치게 하기 위하여 놀라운 민첩함을 주셨다(33절): "나의 발을 암사슴 발 같게 하셨지만(보폭을 넓게 걷는 자들은 잘못 딛기 쉽다), 나를 실족하지 않게 하셨나이다(36절)." 다윗은 아주 민첩하고 날랬기 때문에 그의 원수들을 뒤쫓아가서 따라잡을 수 있었다(37절).

4. 하나님께서는 다윗에게 매우 담대하고 저돌적으로 일들을 해 나갈 수 있게 하셨고, 그에게 그의 힘에 걸맞는 용기도 주셨다. 한 무리의 군대가 그의 길을 가로막는다고 하여도, 그는 아무렇지도 않은 듯이 그들을 뚫고 나갈 수 있었다. 담이 그의 길을 가로막는다고 하여도, 그는 문제없이 그 담을 뛰어넘을 수 있었다(29절). 성벽과 보루들이 그의 앞길을 가로막을 때에는 그는 곧 그것들을 뛰어넘어서, 하나님의 도우심으로 원수를 굽어 보는 높은 곳에 설 수 있었다(33절).

5. 하나님께서는 극한 위험 속에서도 그를 보호하시고 안전하게 지키셨다. 다윗은 목숨이 경각에 달린 경우가 수없이 많았지만, 그 때마다 용케도 목숨을 보존하였다. "주께서 주의 구원하는 방패를 내게 주셨고(35절), 그것이 나를 사방으로 둘러쌌다. 이것으로 인해서 나는 나를 죽이고자 악착 같이 달려든 사람들로부터(43절), 특히 저 포악한 자(48절, 즉 그에게 여러 번 창을 던졌던 사울)

에게서 건지심을 받았다."

6. 하나님께서는 다윗의 뜻들이 이루어지게 하시고 형통하게 하셨다. 하나님은 다윗의 길을 완전하게 하셨고(32절), 하나님의 오른손은 그를 붙들어 주었다(35절).

7. 하나님께서는 다윗에게 그의 원수들을 이길 수 있게 하셨는데, 이스라엘을 대적하여 싸웠던 모든 민족들, 블레셋 족속, 모압 족속, 암몬 족속에 대하여 승리를 거두게 하셨다. 다윗의 이 말은 특히 그러한 족속들을 가리키는 것이기는 하지만, 그가 왕이 되는 것을 막고자 하였던 사울 가문과 그를 폐위시키고자 하였던 압살롬과 스바 일당을 배제하지는 않는다. 다윗은 그의 원수들을 무찌름에 있어서 하나님께서 그에게 보여주신 선하심을 상세하게 낱낱이 얘기하고, 그의 승리들을 그 자신의 칼이나 활 또는 그의 용사들의 활약에 돌리는 것이 아니라 하나님의 은혜에 돌린다: 내가 내 원수를 뒤쫓아가서(37절), 그들을 멸하였는데(38절), 이것은 주께서 능력으로 내게 띠 띠우셨기 때문이다(39절). 그렇지 않았다면, 나는 그런 일을 해낼 수 없었을 것이다. 모든 영광과 찬송은 하나님께 돌려진다: 주께서 나를 치는 자들이 내게 굴복하게 하셨나이다(39절). 주께서 내게 내 원수들의 목을 주셔서(40절), 그들을 짓밟을 뿐만 아니라(수 10:24), 그들을 끊어 버리게 하셨다. 하나님을 사랑하였던 다윗을 미워하고 하나님의 이스라엘에게 원수들이었던 자들조차도 그들이 곤경에 처하게 되자 여호와께 부르짖었다. 그러나 그들의 부르짖음은 아무 소용이 없었고, 하나님께서는 그들에게 응답하지 않으셨다. 그들은 하나님과 맞서서 싸웠던 자들인데 어떻게 하나님께서 그들의 부르짖음에 응답하실 것이라고 기대할 수 있겠는가? 하나님께서 그들을 부인하셨기 때문에(하나님께서는 그의 백성을 대적하여 행하는 모든 자들에 대하여 장래에도 그렇게 하실 것이다), 그들에게는 그들을 구원해 줄 다른 구원자가 있을 수 없었다: 그들을 구원할 자가 아무도 없었다(41절). 하나님께서 버리신 자들은 곧 흔적도 없이 사라져 버리고 만다: 내가 그들을 바람 앞에 티끌 같이 부숴뜨렸나이다(42절). 그러나 하나님께서는 의로운 일을 하는 자들을 위하여 보복해 주시고(47절), 그가 사랑하는 자들을 분명히 그들을 대적하여 일어서는 자들 위로 높이 드실 것이다(48절).

8. 하나님께서는 다윗을 일으키셔서 보좌에 앉게 하셨고, 그를 구하시며 죽음에서 지켜 주셨을 뿐만 아니라 그를 존귀하게 하며 크게 하셨다(35절): 주의

온유함이 나를 크게 하셨나이다(어떤 이들은 주의 온유함을 주의 훈육과 가르침으로 해석하기도 한다). 다윗이 환난 중에 배운 선한 교훈들은 그에게 예정되어 있었던 위험과 권세에 적합한 자로 그를 준비시켰다. 하나님께서 그를 낮아지게 하신 것은 그가 크게 되는 데에 많은 도움이 되었다. 하나님께서는 그를 위대한 정복자만이 아니라 위대한 통치자로 만드셨다: 주께서 나를 여러 민족의 으뜸으로 삼으셨다(43절). 모든 이웃 나라들이 그에게 조공을 바치는 나라가 되었다(삼하 8:6, 11을 보라). 이 모든 것 속에서 다윗은 그리스도의 모형이었다. 아버지께서는 그리스도로 하여금 흑암의 권세들과의 싸움을 무사히 통과하게 하시고, 그들에 대하여 승리를 거두게 하셨으며, 그의 몸이 교회의 머리가 되어서 만물의 으뜸이 되게 하셨다.

II. 다윗은 겸손하고 경외하는 마음으로 하나님의 영광과 완전하심을 우러러 찬송한다. 하나님께서 그의 섭리를 통해서 다윗을 높이셨을 때, 다윗은 찬송을 통해서 하나님을 높이고자 한다(46절).

1. 다윗은 하나님을 살아계신 하나님으로 찬송한다: 여호와는 살아계신다(46절). 우리가 처음에 태어난 것과 그 후로 우리가 살아가는 것은 모두 자기 자신 안에 생명을 가지고 계신 하나님 덕분이기 때문에, 하나님은 살아계신 하나님으로 불리는 것이 합당하다. 이방의 신들은 죽은 신들이었다. 우리가 사람들 가운데서 사귄 가장 좋은 친구들도 죽을 수밖에 없는 친구들이다. 그러나 하나님께서는 살아 계시고 영원히 살아 계시며, 그를 의지하는 자들을 실망시키지 않으실 것이고, 그가 살아 계시기 때문에 그들도 살게 될 것이다. 왜냐하면, 하나님은 그들의 생명이기 때문이다.

2. 다윗은 하나님을 모든 일을 끝까지 이루시는 하나님으로 찬송한다. 하나님으로 말하면 그는 스스로 완전하실 뿐만 아니라 그의 도도 완전하다(30절). 하나님은 여호와라는 이름(출 6:3), 즉 창조에서와 마찬가지로 섭리에 있어서도 그가 시작하신 일을 온전히 이루시고 완성하시는 하나님으로 알려져 있다(창 2:1). 하나님께서 다윗의 길을 완전하게 하셨으니(32절), 하나님의 길 자체는 얼마나 더 완전하겠는가. 하나님께서 행하신 일들 속에는 그 어떠한 결함도 없고, 하나님께서 행하시는 일에는 그 어떤 잘못도 발견될 수 없다(전 3:14). 하나님께서는 그가 시작하신 일은 그 길에 어떤 난관이 놓여 있다고 할지라도 반드시 이루신다. 하나님은 그가 건축을 시작하신 것을 끝까지 완성하실 수 있으

시다.

3. 다윗은 하나님을 신실하신 하나님으로 찬송한다: 여호와의 말씀은 검증된 것이다(개역에서는 여호와의 말씀은 순수하니). "나는 여호와의 말씀을 시험해 보았는데, 그것은 나를 실망시킨 적이 없었다"(다윗은 이렇게 말한다). 모든 세대에서 모든 성도들은 하나님의 말씀을 시험해 보았지만, 그 말씀은 그것을 의지한 자들을 결코 실망시킨 적이 없었다. 하나님의 말씀은 정련된 은(銀)과 같이 검증된 것으로서, 사람들의 말의 가치를 손상시키는 혼합물과 찌꺼기들이 다 빠져 있는 정련된 말씀이다. 다윗은 자신에 관한 하나님의 섭리들 속에서 자신에 대한 하나님의 약속들이 이루어지고 있다는 것을 알아차렸는데, 이것으로 인해서 섭리는 달게 받아들여질 수 있었고, 하나님의 약속은 존귀하게 되었다.

4. 다윗은 하나님을 그의 백성의 보호자이자 변호자로 찬송한다. 다윗은 하나님께서 자기에 대해서도 그런 분이시라는 것을 발견하였다. "여호와는 내 구원의 하나님이시니(46절), 내가 그 권능과 은혜로 말미암아 구원을 받았고, 또한 장차 구원을 받게 되리로다. 그러나 하나님은 오직 내 구원의 하나님이실 뿐만 아니라, 자기에게 피하는 모든 자의 방패가 되시도다(30절). 하나님은 그들 모두의 피난처이시고 보호자이시기 때문에, 그들을 보호하실 수 있으시고 그럴 준비가 되어 계신다."

5. 다윗은 하나님을 이 모든 일에서 비할 바가 없는 분으로 찬송한다(31절). 한 분 하나님이 계시는데, 여호와 외에 누가 하나님이며, 하나님은 그의 신실한 예배자들의 지주이자 피난처가 되시는 반석이신데, 우리 하나님 외에 누가 반석이냐? 이렇게 다윗은 하나님께 영광을 돌릴 뿐만 아니라, 하나님에 대한 그 자신의 믿음을 격려한다.

(1) 그 누가 자신을 신이라고 가장한다고 할지라도, 여호와 외에 하나님이 없다는 것은 분명하다. 신들이라고 자처하는 모든 다른 것들은 가짜들이다(사 44:8; 렘 10:10).

(2) 그 누가 우리의 복인 체하더라도, 우리 하나님 외에는 반석이 없다. 하나님 외에는 우리가 의지해서 복을 받을 수 있는 자가 없다.

III. 다윗은 하나님께서 장래에도 그에게 선을 행하시리라는 믿음과 소망을 가지고 하나님을 바라본다. 다윗은 다음과 같은 것들을 기대한다.

1. 그의 원수들이 완전히 복속되리라는 것, 그래도 남은 자들이 있다면 그들은 그의 발등상이 되리라는 것, 그가 통치하는 영역이 더욱 확장되어서 그가 알지 못했던 민족까지도 그를 섬기게 되리라는 것(43절), 그의 정복 사업들이 순조롭게 이루어지리라는 것(그들이 내 소문을 들은 즉시로 내게 청종함이요, 44절), 그의 원수들이 그에게 대항해보아야 아무 소용없다고 확신하게 되리라는 것; 그들의 요새로 물러난 자들조차도 다윗의 지혜와 용기와 성공이 눈부신 것을 보고서, 자신들의 요새를 믿지 못하고 그 폐쇄된 곳에서 두려워하게 되리라는 것. 이렇게 다윗의 자손은 비록 아직 만물을 그의 발 아래 두지는 못하였다고 하더라도 모든 반대하는 통치자들과 권세들이 완전히 진압될 때까지 그가 다스리게 되리라는 것을 알고 계신다.

2. 그가 내다 본대로, 그의 허리에서 나오게 될 메시야를 통해서 그의 씨가 영원히 계속되리라는 것(50절). 하나님께서 그의 기름 부음 받은 자, 그의 메시야와 야곱의 하나님으로부터 기름 부음 받은 자인 다윗과 그 후손에게 인자를 베푸신다. 하나님은 여럿을 가리켜 그 자손들이라 하지 아니하시고 오직 한 사람을 가리켜 내 자손이라 하셨으니 곧 그리스도라(갈 3:16). 영원히 다스리시고, 그 통치와 평강이 끝이 없으실 자는 오직 한 분 그리스도이시다(그가 세세토록 왕 노릇 하시리니 그 정사와 평강의 더함이 무궁하실 것이라). 그리스도는 다윗으로 불린다(호 3:5, 그 후에 이스라엘 자손이 돌아와서 그들의 하나님 여호와와 그들의 왕 다윗을 찾고 마지막 날에는 여호와를 경외하므로 여호와와 그의 은총으로 나아가리라). 하나님께서는 그리스도를 그의 왕이라고 부르셨다(시 2:6). 하나님께서는 그리스도, 그리고 여기에서 그 후손이라고 불린 그의 교회와 그의 백성에게 영원토록 큰 구원을 베푸실 것이다.

이 절들을 노래할 때, 우리는 이제까지 그리스도와 그의 교회에 승리와 구원을 주시고, 복음의 나라가 진보할 수 있게 하신 하나님께 영광을 돌려야 하고, 전투하는 교회가 머지않아 완전한 승리를 거두게 되고, 또한 영원히 그렇게 되리라는 확신을 통해서 우리 자신과 서로를 격려하여야 한다.

제
— 19 —
편

개요

　　크신 하나님께서 사람들을 가르치시고 덕을 세우기 위하여 간행하신 두 권의 뛰어난 책들이 존재한다. 이 시편은 바로 그 두 권의 책을 다루고 있고, 우리에게 그 두 권의 책을 부지런히 연구하도록 권한다. I. 피조 세계라는 책. 이 책에서 우리는 창조주의 권능과 신성을 아주 쉽게 읽어낼 수 있다(1-6절). II. 성경이라는 책. 이 책은 우리에게 우리가 마땅히 할 일들에 관하여 하나님의 뜻이 무엇인지를 알게 해 준다. 하나님은 이 책이 얼마나 뛰어나고 유익한지를 보여주신 후에(7-11절), 우리에게 그 책을 어떻게 활용하여야 하는지를 가르치신다(12-14절).

〔다윗의 시, 인도자를 따라 부르는 노래〕

[1]하늘이 하나님의 영광을 선포하고 궁창이 그의 손으로 하신 일을 나타내는도다 [2]날은 날에게 말하고 밤은 밤에게 지식을 전하니 [3]언어도 없고 말씀도 없으며 들리는 소리도 없으나 [4]그의 소리가 온 땅에 통하고 그의 말씀이 세상 끝까지 이르도다 하나님이 해를 위하여 하늘에 장막을 베푸셨도다 [5]해는 그의 신방에서 나오는 신랑과 같고 그의 길을 달리기 기뻐하는 장사 같아서 [6]하늘 이 끝에서 나와서 하늘 저 끝까지 운행함이여 그의 열기에서 피할 자가 없도다

　　시편 기자는 이 절들을 통해서 온 세상 사람들이 날마다 보는 것들을 통해서 눈에 보이지 않는 하나님에 속한 일들을 생각하도록 이끄는데, 우리 눈에 보이는 하늘 뜰, 그 하늘 뜰의 구조와 아름다움, 천체들의 질서와 영향력 속에는 하나님이 존재하신다는 사실이 너무도 분명하게 드러나 있고, 하나님의 영광이 이루 말할 수 없이 밝게 빛나고 있다. 하나님의 권능을 보여주는 이러한 것들은 하늘을 보면서도 "하나님이 없다"라고 말함으로써 결과를 보면서도 "원인이 없다"라고 말하는 무신론자들의 어리석음을 보여줄 뿐만 아니라, 하늘 뜰이 하나님의 영광을 선포하고 있음에도 불구하고 하늘에 있는 광명들이

하나님, 곧 빛들의 아버지에게만 영광을 돌릴 것을 그들에게 말해주는데도, 하늘의 광명들에게 영광을 돌리는 저 우상 숭배자들의 어리석음과 그들의 생각이 허망함을 보여준다. 여기에서 우리는 다음과 같은 것들을 살펴볼 수 있다.

I. 피조 세계가 우리에게 보여주는 것은 무엇인가. 피조 세계는 우리에게 여러 모로 유익하고 도움이 되지만, 피조물들이 하나님께서 그것들을 손수 만드셨다는 것을 보여줌으로써 하나님의 영광을 선포하고 있다는 것이 피조물들이 우리에게 주는 가장 큰 유익이고 도움이다(1절). 피조물들은 그들 자신이 하나님께서 손수 만드신 것이라는 것을 분명하게 말하고 있다. 왜냐하면, 그것들은 영원 전부터 스스로 존재하고 있는 것들이 아니기 때문이다. 대대로 이어지는 모든 것들과 움직임들은 시작을 가지고 있다. 그것들은 스스로 만들어진 것이 아닌데, 스스로 만들어졌다는 것은 그 자체가 모순이다. 그것들은 원자들이 우연히 서로 부딪혀서 만들어진 것이 아니다. 그러한 주장은 합리적인 추론이라기보다는 조롱받아야 마땅할 불합리한 말이다. 그러므로 그것들에는 무한히 지혜롭고 권능이 있으며 선하신 영원한 정신이신 창조주가 있음에 틀림없다. 따라서 그것들은 하나님의 작품들, 주의 손가락으로 만드신 것들이고(시 8:3), 따라서 그것들은 하나님의 영광을 선포한다. 그 작품이 너무도 뛰어나고 탁월하다는 것으로부터 우리는 그것을 만드신 크신 분이 무한히 완전하다는 것을 쉽사리 추론해 낼 수 있다. 그가 만드신 하늘 뜰이 밝다는 것을 통해서 우리는 창조주가 빛이라는 것을 알아낼 수 있다. 피조물이 엄청난 규모를 지니고 있다는 것은 창조주께서 무한하시다는 것을 나타내 준다. 피조물의 높이가 끝이 없다는 것은 하나님의 초월성과 주권을 보여주고, 그것들이 이 땅에 미치는 영향력은 하나님의 통치와 섭리와 보편적인 은택을 보여준다. 이렇게 모든 것이 창조주의 전능하신 능력을 선포하고, 그것들은 이 능력으로 말미암아 처음에 만들어졌을 뿐만 아니라, 오늘날까지도 창조주께서 그 때에 만들어 놓으신 규례를 따라서 계속해서 움직이고 있다.

II. 이러한 것을 보여주는 피조물 중의 몇몇은 무엇인가.

1. 하늘과 궁창 — 공기와 연기가 광활하게 펼쳐져 있고, 행성들과 별들이 있는 곳. 신체 구조상으로 인간이 짐승들보다 나은 이점은 짐승들은 아래를 바라보도록 지음받았고 그들의 혼은 아래로 내려가는 반면에 인간은 위를 바라보도록 설 수 있게 지음받았고 그의 영은 죽어서 위로 올라가고 그의 사고는 위

를 바라보게 되어 있다는 것이다.

2. 낮과 밤이 변함없이 주기적으로 교대됨(2절). 날은 날에게 밤은 밤에게 빛과 어둠을 최초에 나누셨을 뿐만 아니라 노아와 맺은 계약을 따라서 기존의 질서를 변함없이 창세 때부터 오늘날까지 보존해 오신 하나님의 영광을 말한다. 하나님께서는 노아와 땅이 있을 동안에는 낮과 밤이 쉬지 아니하리라(창 8:22)고 언약하셨는데, 낮과 밤의 질서를 보존하시기 위한 섭리의 계약에 은혜의 계약이 결합되어 있다(렘 33:20; 31:35). 낮과 밤이 이렇게 정확하게 서로 교대하는 것은 하나님의 권능을 보여주는 아주 좋은 예로서, 우리로 하여금 자연의 세계에서와 마찬가지로 섭리의 세계에서도 하나님은 빛도 짓고 어둠도 창조하며(사 45:7), 빛과 어둠을 서로 상반되게 놓으시는 분이라는 것을 생각하게 만든다. 또한 이것은 사람에 대하여 하나님의 선하심을 보여주는 예이기도 하다. 왜냐하면, 하나님은 아침되는 것과 저녁되는 것을 즐거워하게 하셨기 때문이다(시 65:8). 하나님께서는 이러한 끊임없는 순환을 통해서 자신의 영광을 드러내실 뿐만 아니라 우리를 즐겁게 하신다. 왜냐하면, 아침의 빛은 사람이 그 날의 일을 하는 데에 좋고, 저녁의 어둠은 사람이 밤에 휴식하는 데에 좋기 때문이다. 모든 낮과 밤은 하나님의 선하심을 말하고, 그들의 증언의 일을 마친 후에는 그 일을 자기 다음에 오는 낮이나 밤에게 인계하는데, 이러한 순환은 변함없이 계속된다.

3. 해의 빛과 영향력은 특별한 방식으로 하나님의 영광을 선포한다. 왜냐하면, 모든 천체들 중에서 해는 자신의 존재를 가장 뚜렷하게 부각시키는 가운데 이 아랫 세상에게 가장 유익한 것으로서, 해가 없다면 이 아랫 세상은 모두 지하 토굴이 되고 사막이 되어 버릴 것이기 때문이다. 다윗이 떠오르는 해를 바라보았을 때 이 시편을 지었고, 해가 너무도 밝은 것을 보고서 하나님의 영광을 생각하게 되었을 것이라고 보는 것은 결코 단순한 추측이 아닐 것이다. 여기서 해와 관련하여 다음과 같은 것들을 살펴보자.

(1) 하나님께서 해에게 정해 주신 자리. 하나님께서 해를 위하여 하늘에 장막을 베푸셨다. 천체들은 하늘의 군대로 불리기 때문에, 군사들이 그들의 진영에 거하는 것과 마찬가지로 장막에 거한다고 하는 것이 합당하다. 여기에서 해가 하나님께서 그를 위하여 펼쳐 놓으신 장막을 가지고 있다고 말하는 것은 해는 끊임없이 움직이고 결코 한 자리에 머물지 않기 때문이기도 하지만, 해가 가지

고 있는 거처는 결국 종말에 가서 하늘 뜰이 두루마리처럼 말리울 때에 장막처럼 거두어져서 해는 흑암으로 변할 것이기 때문이다.

(2) 하나님께서 해에게 정해주신 경로. 하나님은 이 빛나는 피조물을 빈둥거리고 놀라고 만드신 것이 아니라, 해는 하늘 이 끝에서 나와서 저 끝까지 운행한(적어도 우리 눈에는 그렇게 보인다) 후에는 다시 원래의 지점으로 되돌아오게 되어 있다(하루 동안의 순환을 마치기 위해서). 해의 운행이 이렇게 변함이 없기 때문에, 우리는 언제든지 몇 시 몇 분에 해가 어디에서 뜰 것인지를 확실하게 미리 말할 수 있다.

(3) 해가 밝게 나타남. 해는 그의 신방에서 나오는 신랑과 같기 때문에, 잘 차려 입고 잘 단장한 신랑처럼 스스로 즐거워 보이고, 주변의 모든 것들을 즐겁게 만든다. 왜냐하면, 신랑의 음성을 듣는 친구가 크게 기뻐하기 때문이다(요 3:29).

(4) 해는 기쁜 마음으로 이러한 운행을 함. 해가 달려야 할 길은 엄청나게 멀고, 운행을 하면서 한순간도 쉬지 않지만, 창조의 법칙에 순종하고, 또한 사람들을 섬기기 위해서 해는 그 일을 할 뿐만 아니라, 아주 큰 기쁨을 가지고 행하며, 그의 길을 달리기 기뻐하는 장사와 같이 기뻐한다. 의의 해이신 그리스도께서는 이러한 기쁜 마음을 지니시고서 하나님께서 그에게 하라고 주신 일을 마치셨다.

(5) 해는 이 땅의 모든 것에 영향을 미침: 그의 열기에서 피할 자가 없도다. 이 땅의 깊은 곳에 있는 금속들조차도 해에게서 영향을 받는다.

III. 하나님의 영광은 누구에게 선포되고 있는 것인가. 하나님의 영광은 세상의 모든 부분들에 선포되고 있다(3-4절). 하나님의 영광을 선포하는 소리를 듣지 못한 언어도 없고 말씀도 없다(족속들은 그들의 언어를 따라서 나뉘었기 때문에, 모든 족속들이 그들의 언어를 따라서 하나님의 영광을 선포하는 소리를 듣게 되었다, 창 10:31-32). 그들이 지나가는 노선은 온 땅에 통하였는데(이 노선은 아마도 춘분선과 추분선을 의미하는 것 같다), 이러한 노선을 따라서 그의 말씀이 세상 끝까지 이르러, 자연의 하나님의 영원한 권능을 선포하여 왔다(4절). 사도 바울은 이것을 유대인들이 복음을 이방인들에게 전하는 그를 비롯한 여러 사람들에게 화를 내서는 안 되는 이유로 제시한다. 왜냐하면, 하나님께서는 이미 창조 사역을 통해서 이방 세계에 자기 자신을 알리셨고, 그들 가운데서 스스로를 증언하셨기 때문이다(롬 10:18). 따라서 이방인들이 우상 숭배자들이 되었다면, 그들은 변명할 말이 없는 것이다(롬 1:20-21). 복음을 그들에게 전함으로써 그들을 우상 숭배로부터 돌이키고자 애쓴 자들은 책망할 것이 없었다. 하나님께서 이러한 수단들을 사용하셔서 이방인들의 배교를 막으시고자 하셨지만 그러한 수단들이 별 효과가 없는 것이 입증되었다면, 사도들은 다른 수단들을 사용해서 그들을 배교로부터 회복시키는 것이 마땅한 일이었다. 그들에게는 언어도 없고 말씀도 없지만(어떤 이들은 이렇게 해석한다) 그것들의 소리는 그들에게 들렸다. 사람들은 누구나 영원히 죽지 않는 이 자연의 설교자들이 자신의 언어로 그들에게 하나님의 기이한 일들을 말하는 것을 들을 수 있다.

이 절들을 노래할 때, 우리는 하늘의 광명들에 의해서 우리가 받는 모든 위로와 유익에 대하여 하나님께 영광을 돌려야 하고, 나아가 그러한 것들 너머로 의의 해를 바라보아야 한다.

[7]여호와의 율법은 완전하여 영혼을 소성시키며 여호와의 증거는 확실하여 우둔한 자를 지혜롭게 하며 [8]여호와의 교훈은 정직하여 마음을 기쁘게 하고 여호와의 계명은 순결하여 눈을 밝게 하시도다 [9]여호와를 경외하는 도는 정결하여 영원까지 이르고 여호와의 법도 진실하여 다 의로우니 [10]금 곧 많은 순금보다 더 사모할 것이며 꿀과 송이꿀보다 더 달도다 [11]또 주의 종이 이것으로 경고를 받고 이것을 지킴으로 상이 크니이다 [12]자기 허물을 능히 깨달을 자 누구리요 나를 숨은 허물에서 벗어나게 하소서 [13]또 주의 종에게 고의로 죄를 짓지 말게 하사 그 죄가 나를 주장하지 못하게 하소서 그리하면 내가 정직하여 큰 죄과에서 벗어나겠나이다 [14]나의 반석이시요 나의 구속자이신 여호와여 내 입의 말과 마음의 묵상이 주님 앞에 열납되기를 원하나이다

하나님의 영광(즉, 인간에 대한 하나님의 선하심)은 창조의 사역들 속에 많이 나타나 있지만, 하나님의 계시에 의해서 훨씬 더 많이 드러난다. 우리가 하나님께 해야 할 도리와 하나님으로부터 우리가 기대할 수 있는 것에 관하여 적어 놓은 성경은 낮이나 밤, 우리가 숨쉬는 공기, 그리고 햇빛보다 우리에게 훨씬 더 유익하고 이롭다. 만약 인간이 타락하지 않아서 자신의 순수함을

유지하였더라면, 하나님께서 지으신 모든 만물을 통해서 하나님을 발견하는 것이 훨씬 수월했을 것이다. 그러나 인간을 타락한 상태로부터 회복하기 위해서는 또 다른 조치가 취해져야 했다. 그리고 그 조치는 하나님의 말씀에 의해서 이루어졌다. 좀 더 살펴보자.

I. 시편 기자는 6개의 문장을 통해서 하나님의 말씀이 지닌 탁월한 속성들과 그 용도를 설명하는데, 각각의 문장에서는 여호와라는 이름이 반복된다(7-9절). 하지만 이러한 반복은 결코 쓸데없는 것이 아니다. 왜냐하면, 율법의 권위와 모든 탁월한 속성들은 율법을 만드신 자로부터 나오기 때문이다. 여기에는 하나님의 계시, 명령들, 약속들, 특히 복음의 전체를 담기 위해서 하나님의 말씀을 가리키는 여섯 가지의 명칭들이 나온다. 또한 여기에는 하나님의 말씀이 지닌 몇 가지 선한 속성들이 나오는데, 이것은 하나님의 말씀이 하나님에게서 기원하였다는 것을 증명하는 것으로서, 우리로 하여금 이 말씀을 사랑하고, 모든 다른 법보다도 이 말씀을 더 높이도록 권하는 것이다. 여기에는 율법이 사람들의 마음에 미치는 몇 가지 선한 효과들이 나오는데, 이것은 하나님의 율법이 어떤 의도를 지니고 있는지, 우리가 율법을 어떻게 사용해야 하는지, 하나님의 율법에 수반되는 은혜의 효력이 얼마나 기이한지를 보여준다.

1. 여호와의 율법은 완전하다. 여호와의 율법은 모든 부패로부터 완전히 자유롭고, 모든 선한 것으로 다 채워져 있으며, 그것이 원래 의도한 목적에 완전히 합당한 것으로서, 하나님의 사람을 온전하게 만든다(딤후 3:17). 하나님의 율법에 무엇을 더하거나 뺄 것은 전혀 없다. 율법은 영혼을 소성시켜서, 우리를 우리 자신과 우리의 하나님과 우리의 도리에 되돌아가게 하는 데에 유익하다. 왜냐하면, 율법은 우리에게 하나님을 떠난 우리가 얼마나 죄악되고 비참한지를 보여주며, 우리가 하나님께로 돌아갈 수밖에 없다는 것을 보여주기 때문이다.

2. 여호와의 증거(율법은 우리에게 하나님을 증언해 준다)는 확실하고, 아무도 이의를 제기할 수 없을 정도로 완벽하게 확실하기 때문에, 우리는 율법을 신뢰할 수 있고 의지할 수 있으며, 그것이 우리를 속이지 않으리라는 것을 확신할 수 있다. 율법은 하나님의 진리를 확실하게 드러내 주고, 사람이 마땅히 행해야 할 길을 확실하게 인도해 준다. 율법은 생생한 위로들의 확실한 토대이고, 지속적인 소망들의 확실한 토대이다. 율법은 우리를 지혜롭게 하고, 구원에 이르는 지혜가 있게 하는 데에 유익하다(딤후 3:15). 율법은 신령한 일들에

대한 통찰을 우리에게 주고, 장차 일어날 일들을 내다볼 수 있게 해 준다. 율법은 우리로 하여금 가장 선한 일을 하게 하여서 우리의 참된 유익을 확실하게 얻게 해 준다. 율법은 우둔한 자(세상 일에 서툰 자들)를 그들의 영혼과 영원한 삶에 대하여 지혜롭게 해 준다. 아주 순진해서 그들 자신이 어리석다는 것을 알고 기꺼이 가르침을 받고자 하는 자들은 하나님의 말씀을 통해서 지혜롭게 될 것이다(시 25:9).

3. 여호와의 교훈(하나님의 권위로 제정되어서, 그것들이 존재하는 모든 곳에서 모든 것을 구속하는)은 정직하여, 선과 악의 영원한 규칙들 및 원리들과 정확히 일치하고, 인간의 바른 이성과 하나님의 바른 모략과 일치한다. 하나님의 모든 규례들과 법도들은 당연한 말이지만 올바르다(시 119:128). 우리가 그러한 규례들과 법도들을 받아들여서 거기에 순종한다면, 그것들은 우리를 올바르게 세워줄 것이다. 그것들은 올바르기 때문에, 마음을 기쁘게 한다. 율법이 그리스도의 손에 들려졌을 때에 우리가 보듯이, 율법은 우리가 기뻐해야 할 이유를 제공해 준다. 율법이 우리 마음속에 씌어질 때, 율법은 우리를 올바른 마음으로 회복시켜 줌으로써 영원한 기쁨을 위한 토대를 놓아 준다.

4. 여호와의 계명은 순결하다. 그것은 어둠이 없고 분명하고 뚜렷하다. 그것은 찌꺼기나 더러운 것이 없이 깨끗하다. 그것은 그 자체로 모든 찌꺼기로부터 정화되어 있기 때문에, 그것을 받아서 순종하는 자들을 깨끗하게 만든다. 그것은 성령이 눈을 밝게 하는 일에 사용하시는 통상적인 수단이다. 그것은 우리에게 우리의 죄와 비참한 상태를 보고 알 수 있게 해주며, 우리를 우리가 마땅히 행할 길로 인도해 준다.

5. 여호와를 경외하는 도(이 말씀 속에 규정되어 있고 마음을 다스리며 삶 속에서 실천되는 참된 신앙과 경건)는 정결하고, 그 자체로 깨끗하여서, 우리를 깨끗하게 만들어 준다(요 15:3). 그것은 우리의 행실을 깨끗하게 해 준다(시 119:9). 또한 그것은 영원까지 이른다. 그것은 영원한 의무에 속하는 것이기 때문에, 결코 폐기될 수 없다. 예식에 관한 율법은 오래 전에 이미 폐기되었지만, 하나님을 경외하는 것에 관한 율법은 예나 지금이나 동일하게 유효하다. 세월이 흐른다고 해서 도덕적인 선과 악의 본질이 바뀌는 것은 아니다.

6. 여호와의 법(무한한 지혜로 만들어진 하나님의 모든 교훈들)은 진실하다. 그것들은 가장 거룩하고 의심할 여지가 없는 진리들을 토대로 하고 있다. 그것

들은 의로워서 자연의 형평법과 일치한다. 그것들은 다 의롭다. 그것들 중 어느 하나도 의롭지 않은 것이 없고, 그것들은 모두 한결같이 의롭다.

Ⅱ. 다윗은 그가 하나님의 말씀을 얼마나 소중히 여기는지, 하나님의 말씀으로부터 지금까지 큰 유익을 얻었고 앞으로도 그러기를 기대한다는 것을 표현한다(10-11절).

1. 다윗이 하나님의 계명들을 얼마나 소중히 여겼는지를 보라. 다음과 같은 것들은 모든 선한 사람들의 특성이다.

(1) 그들의 신앙과 하나님의 말씀을 세상의 모든 부보다 훨씬 더 좋아하는 것. 하나님의 말씀은 금 곧 많은 순금보다 더 사모할 만한 것이다. 금은 땅에 속한 것이지만, 은혜는 하늘에 속한 것의 형체이다. 금은 오직 육신을 위한 것이고 시간이 가면 없어지는 것이지만, 은혜는 영혼을 위한 것이고 영원히 남는 것이다.

(2) 그들의 신앙과 하나님의 말씀을 모든 감각적인 쾌락들과 즐거움들보다 더 좋아하는 것. 하나님의 말씀은 믿음으로 받기만 하면 영혼에게 달아서, 꿀과 송이꿀보다 더 달다. 감각의 쾌락들은 짐승들의 즐거움이기 때문에, 사람의 위대한 영혼을 타락시킨다. 신앙의 기쁨들은 천사들의 기쁨이기 때문에, 사람의 영혼을 고양시킨다. 감각의 쾌락들은 속이는 것이어서 곧 질리게 되고 사람을 결코 만족시키지 못한다. 그러나 신앙의 기쁨들은 실제로 존재하는 것이기 때문에 사람을 만족시키고, 그 기쁨을 아무리 많이 누려도 질리지 않으며, 거기에는 과도한 위험이란 없다.

2. 다윗이 하나님의 말씀의 교훈들을 어떻게 활용하였는지를 보라: 주의 종이 이것으로 경고를 받나이다. 하나님의 말씀은 사람들을 정신차리게 하는 경고의 말씀이다. 그것은 우리가 마땅히 행해야 할 도리, 우리가 피해야 할 위험들, 우리가 대비해야 할 대홍수에 대하여 우리에게 경고해 준다(겔 3:17; 33:7). 그것은 악한 자들에게 계속해서 악한 길로 가지 말 것을 경고해 주고, 의인들에게 그들의 선한 길에서 돌이키지 말 것을 경고해 준다. 진정으로 하나님의 종들인 모든 자들은 이러한 경고를 받아들인다.

3. 다윗이 하나님의 교훈에 순종함으로써 어떠한 유익을 기대하였는지를 보라: 이것을 지킴으로 상이 크니이다. 자신의 할 일을 깨닫는 자들은 그것을 행함으로써 단지 손해를 보지 않는 자들이 될 뿐만 아니라 이루 말할 수 없는 유익

을 얻는 자들이 되고자 한다. 하나님의 계명을 지킨 후에만 상이 있는 것이 아니라, 하나님의 계명을 지키는 것 속에 상이 있다. 그것은 순종이라는 현재의 큰 상이다. 신앙은 건강이고 존귀함이다. 그것은 평강이고 즐거움이다. 그것은 우리의 위로들을 달콤하게 만들어 주고 우리의 십자가들을 쉽게 만들어 주며, 우리의 인생을 참으로 소중한 것으로 만들어 주고, 죽음 자체를 진정으로 원하는 것으로 만들어 줄 것이다.

III. 다윗은 하나님의 말씀의 탁월함에 대한 이러한 경건한 묵상을 통해서 몇 가지 선한 추론들을 이끌어 낸다.   여기에 나오는 것들과 같은 그러한 사고들은 우리 속에 경건한 감정들을 불러일으키고, 그러한 감정들은 선한 것들이다.

1. 다윗은 이 기회를 이용해서 자신의 죄를 돌아보며 회개한다. 왜냐하면, 율법은 죄를 깨닫게 하기 때문이다. "하나님의 계명은 이렇게 거룩하고 의롭고 선한가? 그렇다면, 자기 허물을 능히 깨달을 자 누구리요? 다른 사람은 깨달을지 몰라도, 나는 깨달을 수 없다." 하나님의 율법이 올바르기 때문에 다윗은 그의 죄들을 자신의 허물들이라고 부르는 것을 알게 되었다. 하나님의 계명이 참되고 의로운 것이라면, 그 계명을 어긴 모든 범죄는 착각이나 오해에서 기인한 잘못된 것이다. 모든 악한 행실은 어떤 부패한 원리로부터 생겨난다. 그것은 우리가 행할 때에 규범으로 삼아야 할 것, 우리가 마땅히 걸어가야 할 길로부터 이탈한 것이다. 하나님의 율법의 광범위함과 엄격함과 영적인 성격으로부터 다윗은 그의 죄들이 너무도 많아서 그 수를 헤아릴 수 없고, 그 죄악됨이 너무도 심해서 그 죄들이 얼마나 극악무도하고 가증한 것인지를 도저히 깨달을 수 없다는 것을 알게 되었다. 우리는 우리 자신에 대한 부주의함과 편협됨으로 인해서 우리가 알지도 못하는 사이에 많은 죄들을 범한다. 우리는 많은 죄들을 범해 놓고도 그 죄들을 잊어버린다. 따라서 우리는 어떤 특정한 죄를 고백할 때에 우리가 생각하지 못한 다른 죄들도 사하여 달라고 하여야 한다. 왜냐하면, 하나님께서는 우리가 우리 자신에 대하여 알고 있는 것보다 훨씬 더 많은 죄악을 우리가 저질렀다는 것을 알고 계시기 때문이다. 우리 모두는 많은 일들 속에서 범죄하지만, 누가 자신이 얼마나 자주 범죄하는지를 말할 수 있겠는가? 우리가 율법 아래에 있지 않고 은혜 아래에 있기 망정이지, 그렇지 않았다면 우리는 벌써 끝장이 나고 말았다.

2. 다윗은 이 기회를 이용해서 자기가 범죄하지 않도록 해 달라고 기도한다.

율법을 통해서 우리의 모든 죄들이 드러났을 때, 우리는 은혜의 보좌 앞에 나아가서, 다윗이 여기에서 하고 있는 것과 마찬가지로 다음과 같이 기도하지 않을 수 없게 된다.

(1) 긍휼을 베푸셔서 죄를 사하여 주시도록. 다윗은 자기가 저지른 죄과들을 모두 일일이 구체적으로 열거할 수 없다는 것을 알고서 여호와여 나를 숨은 허물에서 벗어나게 하소서라고 부르짖는다. 여기서 숨은 허물이란 하나님께 알려져 있지 않거나 — 그러한 것은 존재하지 않는다 — 세상에 비밀인 것들을 의미하는 것이 아니라 다윗이 자기 자신을 살폈을 때 드러나지 않은 것들을 의미한다. 아무리 선한 사람일지라도 자기가 모르는 사이에 많은 허물들을 범하였을 것이라고 의심할 만한 충분한 이유가 있기 때문에, 하나님께 자신의 숨은 허물들에서 깨끗하게 해주시고 그것을 자신의 죄과로 돌리지 말아 달라고 기도하여야 한다. 왜냐하면, 만약 하나님께서 응보의 법칙에 따라서 우리를 다루신다면, 우리가 연약하거나 부주의해서 저지른 죄악들과 우리의 은밀한 죄들조차도 우리가 멸망받을 근거들이 될 것이기 때문이다. 은밀하고 숨은 허물들조차도 우리의 영혼을 더럽히기 때문에, 우리를 하나님과 교통하는 데에 적합하지 않은 자들로 만들어 버린다. 그러나 그러한 은밀한 허물들이 사함을 받았을 때, 우리는 그것들로부터 깨끗하게 된 것이다(요1 1:7).

(2) 곤경에 처했을 때에 은혜를 베푸셔서 도와 주시도록. 다윗은 자기가 연약해서 지은 숨은 죄들을 용서해 달라고 기도한 후에, 이제는 고의로 죄를 짓지 않도록 막아 달라고 기도한다(13절). 자신의 죄악들을 진정으로 회개해서 용서받은 자들은 다시는 죄악에 빠지거나 어리석은 것으로 되돌아가지 않도록 주의를 하는데, 여기에 나오는 다윗의 기도가 바로 그런 것이다. 좀 더 살펴보자.

[1] 다윗의 간구. "나로 하여금 고의로 죄를 짓지 말게 하여 주옵소서." 우리는 우리가 연약해서 죄를 짓는 일이 없도록 해 달라고 기도해야 하지만, 특히 고의로 죄를 짓지 말게 해 달라고 기도하여야 한다. 고의로 짓는 죄는 하나님을 가장 노엽게 하고, 양심에 상처를 주어서, 우리의 위로들을 시들게 하며, 우리의 소망들에 충격을 준다. "그 죄가 나를 주장하지 못하게 하셔서, 내가 그러한 죄에 의해서 끌려 다니거나 그러한 죄의 노예가 되지 않게 하소서."

[2] 다윗이 그렇게 간구한 이유: "그리하면 내가 바르게 설 수 있겠나이다. 내가

올바르게 서서, 내가 올바르다는 것의 증거와 그것으로부터 오는 위로를 보존하게 될 것입니다. 또한 나는 큰 죄과에서 벗어나겠나이다." 다윗은 고의로 짓는 죄를 큰 죄과라고 부르는데, 이것은 고의로 범한 죄에 대해서는 그것을 속죄할 제사가 없었기 때문이었다(민 15:28-30). **첫째,** 고의로 범한 죄들은 극악무도하고 위험한 죄들이다. 율법을 멸시하고 그 징벌 규정에 도전하여 통상적인 확신들과 양심의 실제적인 권면들을 거슬러서 범죄하는 고의적인 죄들, 의도적이고 뻔뻔스럽게 저지르는 죄들은 큰 죄과이다. **둘째,** 하나님의 은혜로 말미암아 이제까지 고의적인 죄들을 범한 적이 없다고 하더라도, 선한 사람들조차도 스스로를 열심히 살펴서 고의로 죄를 짓는 일을 두려워하여야 한다. 아무도 스스로에 대하여 교만해서는 안 되고 혹시 자기도 범죄하지 않을까 두려워하여야 한다. **셋째,** 우리가 범죄의 유혹에 너무도 많이 노출되어서 고의적인 범죄를 향하여 치닫고 있을 때, 우리는 그러한 유혹을 막아 주는 하나님의 섭리에 의해서나 그러한 유혹을 이길 수 있는 힘을 주시는 하나님의 은혜를 통해서 우리가 그러한 죄를 억제하도록 하게 해 달라고 하나님께 간절히 기도하여야 한다.

3. 다윗은 이 기회를 이용해서, 하나님께서 그의 경건한 생각과 감정을 열납해주실 것을 겸손하게 간구한다(14절). 이러한 간구와 앞에 나온 것들 간의 연결 관계를 살펴보자. 다윗은 하나님께서 그가 범죄하지 않도록 지켜 달라고 기도한 후에, 하나님께서 자신의 말과 행위를 열납해 달라고 간구한다. 왜냐하면, 만약 우리가 우리의 죄들에 대하여 호의를 보인다면, 우리는 하나님께서 우리 또는 우리의 예배에 호의를 보이시리라고 기대할 수 없기 때문이다(시 66:18). 좀 더 살펴보자.

(1) 다윗의 예배는 무엇이었는가. 그의 입의 말과 마음의 묵상, 하나님께 드려진 그의 거룩한 감정들. 마음의 경건한 묵상들은 덮어 두어서는 안 되고, 하나님의 영광과 다른 사람들의 덕을 세우기 위하여 입의 말로 표현되어야 한다. 또한 기도와 찬송을 통해서 우리 입에서 나오는 말들은 형식적인 것이 되어서는 안 되고 마음의 묵상으로부터 나와야 한다(45:1).

(2) 다윗은 자신의 이러한 예배가 어떻게 되기를 바랐는가. 그는 그러한 것들이 하나님께 열납되기를 원하였다. 우리의 예배가 하나님께 열납되지 않는다면, 그 예배가 우리에게 무슨 유익이 있겠는가? 은혜를 받은 영혼들은 그들

이 행하는 모든 것이 하나님께 열납되는 것을 목표로 삼아야 한다. 왜냐하면, 하나님께서 열납하시는 것이야말로 그들의 지극한 복이기 때문이다.

(3) 다윗은 무엇을 근거로 자신의 말과 묵상이 하나님께 열납되리라고 소망하였는가. 그것은 하나님께서 그의 힘이자 구속자이셨기 때문이다. 우리가 우리의 신앙의 도리들을 행할 때에 우리의 힘이신 하나님께 도움을 구한다면, 우리는 우리의 도리들을 행하는 것을 하나님께서 열납하시리라는 것을 소망할 수 있다. 왜냐하면, 그런 경우에는 하나님의 힘을 받아서 우리가 그 권능으로 일을 행하는 것이 되기 때문이다.

이 시편을 노래할 때, 우리는 하나님의 말씀의 탁월성을 깊이 깨닫고 우리의 마음을 하나님의 말씀에 더 많이 드려야 하고, 죄의 악함과 우리가 거기에 빠질 위험성, 우리가 범죄함으로써 처하게 될 위험성을 깊이 명심하고, 범죄하지 않도록 하나님께서 도와 주시도록 기도하여야 한다.

제
— 20 —
편

개요

왕들을 비롯해서 모든 권세있는 자들을 위하여 특별히 기도하고 중보 기도하며 감사하는 것은 하나님의 뜻이다. 이 시편은 왕을 위한 기도이고, 그 다음에 나오는 시편은 왕을 위하여 감사하는 것이다. 다윗은 전쟁터에서 뼈가 굵은 전사적인 왕이었다. 이 시편은 다윗이 어떤 구체적인 전쟁을 수행했을 때에 지어진 것이거나, 또는 일반적으로 교회의 매일의 예배 속에서 다윗을 위하여 사용될 하나의 기도 양식으로 지어진 것이다. 이 시편에서 우리는 다음과 같은 것들을 살펴볼 수 있다. I. 그들은 왕을 위하여 하나님께 무엇을 간구하는가(1-4절). II. 그들은 어떠한 확신을 가지고 그렇게 간구하는 것인가. 백성들은 개가를 부르고(5절), 왕이 개가를 부르며(6절), 둘 모두가 함께 개가를 부른 후에(7-8절), 왕은 청중을 위하여 하나님께 기도드리는 것으로 이 시편을 끝낸다(9절). 이 시편에서 다윗은 그리스도의 모형으로 볼 수 있는데, 모든 세대의 교회는 사람들 가운데서 그리스도의 나라가 진보하고 힘을 얻기를 진심으로 기도하여 왔다.

〔다윗의 시, 인도자를 따라 부르는 노래〕
¹환난 날에 여호와께서 네게 응답하시고 야곱의 하나님의 이름이 너를 높이 드시며 ²성소에서 너를 도와 주시고 시온에서 너를 붙드시며 ³네 모든 소제를 기억하시며 네 번제를 받아 주시기를 원하노라 (셀라) ⁴네 마음의 소원대로 허락하시고 네 모든 계획을 이루어 주시기를 원하노라 ⁵우리가 너의 승리로 말미암아 개가를 부르며 우리 하나님의 이름으로 우리의 깃발을 세우리니 여호와께서 네 모든 기도를 이루어 주시기를 원하노라

다윗을 위한 이 기도문은 다윗의 시라는 표제가 붙어 있다. 다윗이 하나님의 영감을 받아서, 자기 자신 및 자기 아래에 있는 권세 있는 자들을 위하여 회중에서 사용할 기도문 또는 예배 규칙서를 쓴 것은 전혀 이상한 일이 아니었다. 또한 믿음의 친구들이 기도해 줄 것을 바라는 자들이 그 친구들에게

특별히 자기를 위하여 하나님께 무엇을 기도해 달라고 구체적으로 얘기하는 것은 매우 합당한 일이다. 아무리 위대하고 선한 사람들이라고 해도, 또한 자기 자신에 대하여 어떻게 기도해야 할지를 너무도 잘 알고 있는 자들일지라도 다른 사람들, 심지어 모든 면에서 자기보다 못한 사람들이 자기를 위하여 해주는 기도를 멸시해서는 안 되고, 또한 그러한 기도를 간절히 원하여야 한다. 바울은 자주 그의 친구들에게 자기를 위하여 기도해 줄 것을 간청하였다. 방백들과 권세 있는 자들은 기도하는 사람들을 존경하고 격려하며, 그들을 자신의 힘으로 여겨야 하고(슥 12:5, 10), 그들이 자기를 위하여 기도해 주며 그러한 유익을 놓치는 일이 없도록 자기가 그들을 위하여 할 수 있는 일을 하여야 한다. 이제 우리는 여기에서 다음과 같은 것들을 살펴보자.

I. 그들은 왕을 위하여 하나님께 무엇을 구하도록 가르침을 받고 있는가.

1. 하나님께서 그의 기도에 응답해 주시도록: 환난 날에 여호와께서 내게 응답하시고(1절), 여호와께서 내 모든 기도를 이루어 주시기를 원하노라(5절).

(1) 아무리 위대한 사람일지라도 많은 환난을 당할 수 있다. 다윗 자신에게도 환난의 날, 낙담하고 고통스러운 날, 사람들에게 짓밟혀서 당혹스러워 하던 날이 자주 있었다. 머리에 면류관을 썼고 마음속에 은혜가 있다고 해서 환난이 면제되는 것이 아니다.

(2) 아무리 위대한 사람일지라도 기도를 많이 하여야 한다. 다윗은 일이 많아서 바쁜 사람이었고 전쟁터를 누비며 살아온 사람이었지만 끊임없이 기도를 하였다. 그의 신하들 가운데는 선지자들과 제사장들과 수많은 선한 사람들이 있어서 그를 위하여 기도해 주었지만, 그는 그런 것들을 이유로 스스로 기도하지 않아도 된다고 생각하지 않았다. 스스로 기도할 수 있는데도 기도하기를 게을리하는 자는 교회나 사역자나 신앙의 친구들이 그를 위하여 해주는 기도들에 의해서 유익을 얻을 것이라고 기대해서는 안 된다. 다른 사람들이 우리를 위하여 기도를 해주는 것은 우리가 바라야 하는 것이기는 하지만, 그들의 기도는 우리가 스스로 하는 기도를 돕는 것이 되어야 하지, 그들의 기도를 의지해서 우리 자신이 기도를 하지 않는 것이 되어서는 안 된다. 기도하는 왕을 모셔서 왕의 기도에 아멘이라고 말할 수 있는 그런 백성은 복되다.

2. 하나님께서 왕을 보호해 주시고, 전쟁의 위험 속에서 그의 목숨을 보존해 주시도록: "야곱의 하나님의 이름이 너를 지키시며, 내가 내 원수의 손에서 벗어

나게 하옵소서.”

(1) “하나님, 환난 날에 야곱을 지켜 주셨던 하나님께서 섭리를 통해서 너를 안전하게 지켜 주시기를 원하노라.” 다윗을 지키는 호위대 속에는 용사들이 여럿 있었지만, 다윗은 자기 자신을 전능하신 하나님의 돌보심에 의탁하였고, 그의 백성도 다윗을 그러한 하나님의 돌보심에 의탁하였다.

(2) “하나님께서 그의 은혜로 너를 재앙의 두려움으로부터 편안하게 지켜 주시기를 원하노라 — 여호와의 이름은 견고한 망대라. 의인은 믿음으로 그리로 달려가서 안전함을 얻느니라(잠 18:10). 다윗으로 하여금 이전에 자주 그랬듯이 저 견고한 망대 속에서 편안하게 피할 수 있게 하옵소서.”

3. 하나님께서 다윗으로 하여금 백성들을 위한 일들을 계속해 나갈 수 있도록 하게 해 달라는 것 — 전쟁의 날에 하나님께서 성소에서 그를 도와 주시고 시온에서 너를 붙드시며, 일반적인 섭리를 통해서가 아니라 언약궤 및 택하신 백성 이스라엘에 대하여 하나님께서 품으신 특별한 은총을 통해서 그렇게 해 달라는 것. 하나님께서 전에 하신 약속들을 따라서 및 성소에서 백성들이 드리는 기도에 대한 응답으로서 다윗을 도와 달라는 것. 성소로부터 나오는 긍휼하심들은 가장 달콤한 긍휼하심들로서, 우리 하나님의 특별한 사랑, 하나님의 축복을 보여주는 징표들이다. 시온에서 나오는 힘은 영적인 힘, 영혼과 속사람을 강건하게 해주는 힘으로서, 우리가 섬김과 고난에 있어서 우리 자신과 다른 사람들을 위하여 간절히 구하여야 하는 바로 그런 것이다.

4. 하나님께서 다윗이 위험한 전쟁터로 나가기 전에 당시의 율법에 따라서 기도와 함께 드리는 희생 제사를 은혜로 열납하셨다는 것을 증거해 주시라는 것: 여호와께서 내 모든 소제를 기억하시며 내 번제를 받아 주시기를(또는, 재로 변하게 해주시기를) 원하노라(3절). 즉, “여호와께서 내가 희생 제사와 함께 기도로써 주께 구한 전쟁의 승리와 성공을 내게 주셔서, 예전에 주께서 하늘로부터 내려오는 불을 통해서 희생 제사를 사르심으로써 그 희생 제사를 받으신 것을 증거하셨던 것과 마찬가지로 내가 드린 희생 제사를 열납하셨다는 것을 온전히 증명해 주시기를 원한다.” 오늘날 우리는 성령을 통해서 하나님께서 우리 영혼 속에 경건하고 거룩한 사랑의 불을 지피시고 그것을 통해서 우리의 마음이 우리 안에서 타오르게 하신다면 우리는 이것을 통해서 하나님께서 우리의 영적인 제사를 열납하셨다는 것을 알게 된다.

5. 하나님께서 다윗이 백성들을 위하여 품은 모든 고상한 계획들과 일들이 그가 바란 대로 다 성공을 거두게 하여 달라는 것(4절): 여호와께서 내 마음의 소원대로 허락해 주시기를 원하노라. 그들은 다윗이 하나님의 마음과 합한 사람이었고, 하나님께서 기뻐하시는 것 이외에는 아무것도 원하지 않으리라는 것을 알고 있었기 때문에, 믿음으로 이렇게 기도할 수 있었을 것이다. 하나님께 영광을 돌리는 일을 그들의 할 일로 삼는 자들은 하나님께서 이런저런 방식으로 그들을 만족시키리라는 것을 기대할 수 있다. 또한 하나님의 뜻대로 행하는 자들은 하나님께서 그들의 뜻을 이루실 것을 기대할 수 있다. 네가 무엇을 결정하면 이루어질 것이요 네 길에 빛이 비치리라(욥 22:28).

II. 그들은 그들 자신과 그들의 선한 왕을 위하여 그들이 드리는 이러한 간구들이 평안의 응답을 받게 될 것에 대하여 어떠한 확신을 가지고 있었는가(5절). "우리가 너의 승리로 말미암아 개가를 부르리라. 신민들인 우리는 우리의 왕이 목숨을 보전하고 형통하게 된 것을 기뻐할 것이다." 또는, "하나님, 우리는 주의 구원, 주의 구원하시는 능력과 약속을 기뻐하리이다. 바로 그것이 우리가 지금 의지하는 것인데, 이 일에 있어서 우리는 크게 기뻐할 수 있을 것이라고 믿나이다." 장차 여호와께서 구원하실 것을 바라보는 자들은 그 구원의 기쁨으로 지금에 있어서도 그 마음이 충만해질 것이다: 우리 하나님의 이름으로 우리의 깃발을 세우리라.

1. "우리는 하나님의 이름으로 전쟁을 수행할 것이다. 우리는 우리의 주장이 선하며, 모든 전쟁에서 하나님의 영광을 우리의 목적으로 삼고 있다는 것을 보일 것이다. 우리는 하나님의 입에서 나오는 모략을 구할 것이며, 하나님께서 우리와 항상 동행하시도록 구할 것이다. 우리는 하나님의 인도하심을 따르며, 그의 도우심을 간구하고 거기에 의지하며, 결과를 하나님께 맡길 것이다." 다윗은 만군의 여호와의 이름으로 골리앗과 맞섰다(삼상 17:45).

2. "우리는 우리가 거둔 승리를 하나님의 이름으로 축하할 것이다. 우리가 승리의 깃발을 높이 세우고 승리의 기념패를 높이 쳐들 때, 우리는 우리 하나님의 이름으로 그렇게 할 것이다. 우리는 우리의 성공의 모든 영광을 하나님께 돌릴 것이고, 하나님께 도구로 사용된 자들은 오직 하나님께만 합당한 영광에 한 부분도 참여하지 못하게 될 것이다."

이 절들을 노래할 때, 우리는 하나님께 우리를 다스리는 선한 정부가 참으로 잘 되고 형통하기를 진심으로 바라는 마음을 올려 드려야 한다. 그러나 우리는 한 걸음 더 나아가서 다윗을 위한 이러한 기도들이 다윗의 자손 그리스도에 관한 예언들이라는 것을 알 수 있다. 그리스도 안에서 이 기도들은 풍성하게 응답되었다. 그리스도께서는 우리를 구속하기 위한 일을 수행하셨고, 흑암의 권세와 싸우셨다. 환난 날에 그리스도의 영혼이 극도로 슬픔에 잠겼을 때, 여호와께서는 그의 기도를 들으시고(히 5:7), 성소에서 그를 도우셔서, 하늘로부터 천사를 보내어 그에게 힘을 주었고, 그가 자신의 영혼을 속건제로 드렸을 때 그의 제사를 인정하셨고, 그의 번제를 열납하셔서, 원래 죄인들에게 임하여야 했던 불을 하나님께서 기뻐하셨던 그 희생 제물에 내리셔서 그 제물을 재로 만드셨다. 또한 하나님께서는 그리스도께서 마음에 소원한 대로 허락하셨고, 그로 하여금 그의 영혼의 수고한 것을 보고 만족해하셨으며, 그의 손으로 한 일을 형통케 하시고, 그 자신과 우리를 위한 그의 모든 간구들을 이루어 주셨다. 왜냐하면, 아버지께서는 항상 그의 기도를 들어 주시고, 그의 중보 기도는 언제나 효력이 있기 때문이다.

[6]여호와께서 자기에게 기름 부음 받은 자를 구원하시는 줄 이제 내가 아노니 그의 오른손의 구원하는 힘으로 그의 거룩한 하늘에서 그에게 응답하시리로다 [7]어떤 사람은 병거, 어떤 사람은 말을 의지하나 우리는 여호와 우리 하나님의 이름을 자랑하리로다 [8]그들은 비틀거리며 엎드러지고 우리는 일어나 바로 서도다 [9]여호와여 왕을 구원하소서 우리가 부를 때에 우리에게 응답하소서

여기에는 다음과 같은 내용들이 나온다.

I. 거룩한 다윗은 선한 백성들의 기도 속에서 자기가 유익을 얻게 된 것을 기뻐함(6절). "여호와께서 자기에게 기름 부음 받은 자를 구원하시는 줄 이제 내가 아노니(내가 이 시편을 썼기 때문에 그것을 안다), 이것은 여호와께서 야곱의 자손의 마음을 움직이셔서 그를 위하여 기도하게 하셨기 때문이다." 하나님께서 왕과 백성들에게 기도의 영을 부어 주시는 것은 왕과 백성들에게 좋은 징조가 되고, 복된 길조로 해석될 수 있다. 하나님께서 우리에게 그를 찾게 하신다면, 우리는 하나님을 찾게 될 것이다. 하나님께서 우리로 하여금 그의 말씀에 소망을 두게 하신다면, 하나님은 우리에게 그의 말씀이 이루어지게 하실 것이

다. 천국에 분깃을 갖고 있는 많은 사람들이 하나님께서 그의 기도를 들어 주시고 그에게 평안의 응답을 허락해 주시도록 기도하면서 그것을 의심하지 않는다면, 다음과 같은 일들이 일어나게 될 것이다.

1. 그러한 기도는 위에서부터 응답을 받게 될 것이다: 여호와께서 그의 거룩한 하늘에서(성소는 하나님의 거룩한 하늘의 모형이었다, 히 9:23), 하늘에 있는 보좌로부터(속죄소는 하나님의 보좌의 모형이었다) 그에게 응답하시리로다.

2. 그 기도는 여기 아래에서도 효력을 발휘하게 될 것이다: 여호와께서는 그의 오른손의 구원하는 힘으로 그에게 응답하시리로다. 하나님은 그의 기도와 그를 위한 그의 친구들의 기도에 문자나 입의 말을 통해서가 아니라 그것들보다 훨씬 더 좋은 그의 오른손, 그의 오른손의 구원하는 힘을 통해서 실제적으로 응답하실 것이다. 하나님께서는 그를 위하여 행동하심으로써 그의 기도를 들으셨다는 것을 나타내실 것이다.

II. 그의 백성은 하나님과 하나님에 대한 그들의 관계, 하나님께서 그들에게 스스로를 나타내신 것을 기뻐함. 이것을 통해서 그들은 이 세상에서 하나님 없이 살아가는 자들과 구별된다.

1. 세상적인 사람들과 하나님의 백성은 그들이 의지하는 것들에 있어서 차이가 있다는 것을 보라(7절). 세상 사람들은 부차적인 것들을 의지하고서, 그러한 것들이 그들에게 구비되어 있다면 모든 것이 잘 될 것이라고 생각한다. 그들은 병거들과 말들을 의지하고, 그들은 그러한 것들을 더 많이 전쟁터에 가져가면 갈수록 전쟁에서 그들의 승리는 더욱 확실하게 보장될 것이라고 확신한다. 아마도 다윗은 여기에서 수리아인들을 염두에 두고 말한 것으로 보인다. 다윗이 그들에 대하여 승리를 거둔 것을 얘기하고 있는 성경 본문에서 알 수 있듯이(삼하 8:4; 10:18), 그들은 수많은 병거와 마병들을 그들의 세력의 근거로 삼고 있었다. 그러나 이스라엘 백성은 이렇게 말한다: "우리는 우리가 의지할 병거들과 말들을 가지고 있지 않고, 또한 우리에게 그런 것이 많이 있다면 우리가 그런 것들에 의지해서 승리를 기대할 것이기 때문에 우리는 그러한 것들을 많이 가지기를 원하지 않는다. 우리는 여호와 우리 하나님의 이름을 기억하고, 우리의 하나님 여호와와 우리의 관계 및 우리가 하나님의 이름에 의해서 하나님에 대하여 가지고 있는 지식, 즉 하나님께서 직접 스스로를 우리에게 알리신 모든 것을 의지한다." 이러한 것을 우리는 기억할 것이고, 그러한 것을 기

억할 때마다 우리는 힘을 얻게 될 것이다. 하나님과 그의 이름을 자신의 찬송으로 삼는 자들은 하나님과 그의 이름을 자신의 의지할 것으로 삼을 수 있다는 것을 명심하라.

2. 그들이 어떤 것을 의지하였느냐에 따라서 그 결과가 어떻게 달라졌는지를 보라. 이것을 통해서 우리는 어떤 선택이 정말 지혜로운 것인지를 판단할 수 있다. 모든 것들은 결과를 통해서 드러난다. 자기가 의지한 것에 대하여 누가 부끄러워하게 되고 누가 부끄러워하지 않게 될지를 보라(8절). "병거와 말을 의지한 자들은 고꾸라지고 엎드러지는데, 그들이 가진 병거들과 말들은 그들을 구원해 주기는커녕, 도리어 그들이 무너지는 데에 일조하였고, 그들이 정복자의 희생물이 되는 것을 더 쉽고 용이하게 해주었다(삼하 8:4). 그러나 여호와 우리 하나님의 이름을 의지하는 우리는 땅을 딛고 제대로 설 뿐만 아니라, 일어나서 원수를 쳐서 승리하였다." 하나님과 그의 이름을 믿고 순종하며 의지하는 것이야말로 우리가 승리하고 견고히 서며 일어나 바로 설 수 있는 가장 확실한 길이고, 피조물을 의지하는 자들이 넘어지고 엎어질 때에 우리를 견고히 설 수 있게 해 줄 것임을 명심하라.

Ⅲ. 그들은 왕을 위한 기도를 호산나(여호와여 왕을 구원하소서)라는 말로 끝낸다(9절).   우리가 이 절을 읽을 때, 이 절은 하나님께서 왕을 축복하셔서 "여호와여 왕을 구원하시고 그에게 성공을 주옵소서"라고 기도하는 것으로 해석될 수 있을 뿐만 아니라, 하나님께서 왕을 그들에게 축복이 되게 하셔서 "우리가 왕에게 공의와 긍휼을 요구할 때에 왕으로 하여금 우리의 말을 듣게 하소서"라고 기도하는 것으로 해석될 수 있다. 방백들을 위하고자 하는 자들은 그들을 위하여 이렇게 기도하여야 한다. 왜냐하면, 그들은 다른 모든 피조물들과 마찬가지로 하나님께서 그들에게 원하시는 모습이 되어야 하기 때문이다. 또는, 이 본문은 메시야, 만왕의 왕을 가리키는 것일 수 있다. 우리가 부를 때에 그로 하여금 우리에게 응답하게 하소서. 그로 하여금 약속을 따라서 정해진 때에 우리에게 오게 하소서. 간구에 능하신 그로 하여금 우리의 모든 간구들을 받아서 그것들을 아버지께 올려 드리게 하소서. 그러나 많은 해석자들은 끊어 읽기를 다르게 해서, 여호와여 왕을 구원하소서. 우리가 부를 때에 우리에게 응답하소서라고 이 절을 해석한다. 이렇게 하면, 이 절은 이 시편 전체에 대한 요약이 되고, 이런 의미로 영국 국교회에서 사용되고 있다: 여호와여 왕을 구원하소서. 우리가

주를 부를 때에 우리를 긍휼히 여기셔서 응답하소서.

이 절들을 노래할 때, 우리는 더욱 힘을 내어서 하나님을 의지하고, 우리의 마땅한 도리로서 우리 위에 있는 권세 잡은 자들을 위하여 간절히 기도하고, 우리가 그들 아래에서 모든 경건함과 정직함 속에서 조용하고 평안한 삶을 살 수 있게 해 달라고 더욱 힘써서 기도하여야 한다.

제 21 편

개요

앞의 시편이 왕을 위하여 하나님께서 그를 보호하시고 형통케 해 달라는 기도였다면, 이 시편은 하나님께서 왕을 축복하셔서 승리하게 하신 것에 대한 감사이다. 우리가 어떤 사람을 위하여 기도했다면, 우리는 그 사람과 관련해서 하나님께 감사도 드려야 하는데, 특히 그 사람이 우리와 운명을 같이하게 되어 있는 왕인 경우에는 더욱 그러하다. 그들은 여기에서 다음과 같은 가르침을 받는다. I. 왕의 승리들과 왕이 얻은 영광으로 인해서 왕을 축하하라는 것(1-6절). II. 왕의 나라의 원수들을 멸망시키기 위해서는 하나님의 능력을 의지하라는 것(7-13절). 이 시편 속에는 왕이신 메시야와 그의 나라의 영광에 대한 내용이 들어 있다. 왜냐하면, 이 시편에 나오는 여러 구절들이 다윗 자신에게가 아니라 메시야에게 더 잘 적용될 수 있기 때문이다.

〔다윗의 시, 인도자를 따라 부르는 노래〕
¹여호와여 왕이 주의 힘으로 말미암아 기뻐하며 주의 구원으로 말미암아 크게 즐거워하리이다 ²그의 마음의 소원을 들어 주셨으며 그의 입술의 요구를 거절하지 아니하셨나이다 (셀라) ³주의 아름다운 복으로 그를 영접하시고 순금 관을 그의 머리에 씌우셨나이다 ⁴그가 생명을 구하매 주께서 그에게 주셨으니 곧 영원한 장수로소이다 ⁵주의 구원이 그의 영광을 크게 하시고 존귀와 위엄을 그에게 입히시나이다 ⁶그가 영원토록 지극한 복을 받게 하시며 주 앞에서 기쁘고 즐겁게 하시나이다

다윗은 여기에서 먼저 자기 자신과 관련해서 말하면서, 그의 기쁨은 그의 군대의 강함이나 성공에 있는 것이 아니라 하나님의 힘과 그의 구원에 있다는 것을 고백한다. 또한 그는 그의 신민들에게 이것과 관련해서 자기와 함께 기뻐하고, 자기가 얻은 모든 승리들에 대하여 온전히 하나님께 영광을 돌리도록 명한다. 여기에서 다윗이 거둔 승리들은 흑암의 권세에 대하여 승리하신 그리스도의 승리에 대한 그림자였다.

1. 그들은 여기에서 왕에게 기뻐할 일들이 생긴 것에 대하여 왕을 축하하고, 이 일들에 있어서 왕과 마음을 같이한다(1절). "왕이 주의 힘으로 말미암아 기뻐하고, 우리도 또한 기뻐하나이다. 왕이 기뻐하는 일은 우리에게도 기쁜 일입니다"(삼하 3:36). 하나님의 힘을 그가 의지하는 것으로 삼고 하나님의 구원을 그의 기쁨으로 삼는 왕, 하나님의 나라가 확장되는 것에 도움이 되는 모든 것을 기뻐하며, 하나님을 의지해서 그 나라를 섬기기 위해서 그가 할 수 있는 모든 일을 하고자 하는 왕을 모시는 백성은 참으로 복되다. 우리 주 예수께서는 큰 일을 행하시면서 하늘로부터의 도우심을 의지하셨고, 그가 곧 이루어내게 될 저 큰 구원을 기대하시며 기뻐하셨다.

2. 그들은 그들의 왕에게 기쁨을 준 일들에 대하여 모든 찬송을 하나님께 돌려 드렸다.

(1) 하나님께서 그의 기도들을 들어 주셨다는 것(2절). 주께서는 그의 마음의 소원을 들어 주셨는데(마음의 소원을 아뢴 것이 아니면 그 어떤 기도도 열납되지 않는다), 바로 그것은 그들이 왕을 위하여 하나님께 간구하였던 것이었다(시 20:4). 하나님께서는 우리에게 은혜로 우리의 기도를 응답해주실 때에 우리가 겸손하게 특별한 방식으로 하나님께 찬송을 되돌려 드리는 것을 원하신다는 것을 명심하라. 하나님께서 그리스도에게 이방 나라들을 그의 기업으로 주시고, 그에게 그의 자손을 볼 수 있게 하시며, 모든 믿는 자들을 위한 그의 중보 기도를 열납하셨을 때에 그의 마음의 소원을 들어 주신 것이었다.

(2) 하나님께서 그에게 기대하지 않은 은총들을 베풀어 주셨고, 그의 기대에 넘치게 행하여 주셨다는 것(3절): 주께서 선하심의 축복들을 그에게 미리 주셨다. 우리의 모든 축복들은 선하심의 축복들로서, 우리의 공로가 거기에 기여한 것은 전혀 없고 순전히 하나님의 선하심에 의한 것이다. 그러나 시편 기자는 여기에서 그러한 축복들이 전혀 예기치 않은 방식으로 주어진 것에 대하여 깜짝 놀란다. 그의 눈은 휘둥그레졌고, 그의 심령은 크게 열려서 그의 하나님을 사랑하게 되었다. 하나님의 축복들이 우리가 생각한 것보다 더 빨리 왔고 더 풍성하게 왔음이 드러날 때, 우리가 그 축복들을 위하여 기도하기 전에, 그리고 그러한 축복들을 받을 준비가 되어 있기도 전에 그것들이 주어졌을 때, 또한 우리가 그러한 축복들을 받을 수 없을 것이라고 염려하고 있는데 그러한 축복들이 주어졌을 때, 바로 그런 때에 하나님께서 우리에게 그러한 축복들을 앞서

주셨다고 말할 수 있을 것이다. 그리스도께 앞서서 예기치 않게 주어진 축복이란 존재하지 않았지만, 인류에게는 그리스도에 의한 우리의 구속과 그의 중보의 모든 복된 열매들보다 더 예기치 않은 은총은 결코 없었다.

(3) 하나님께서 그를 높이셔서 지극한 영광과 무한한 권능을 갖게 하셨다는 것. "주께서는 순금 관을 그의 머리에 씌우시고, 그의 원수들이 그 금관을 벗겨 버리고자 했을 때에 그것이 거기에 있게 지켜 주셨다." 왕관들은 하나님의 손에 달려 있다는 것을 명심하라. 하나님께서 심판을 위해서이든 긍휼을 베푸시기 위해서이든 왕관을 어떤 사람에게 씌워주기 전에는 그 누구도 왕관을 쓸 수 없다. 하나님께서는 그리스도의 머리에 금관을 씌워 주시지 않으셨고, 먼저 가시 면류관을 씌워 주신 후에 영광의 면류관을 씌워 주셨다.

(4) 하나님께서는 그에게 그의 나라가 영원하리라는 것을 약속해 주셨는데, 이 점에서 하나님은 그가 구하거나 생각할 수 있었던 것보다 더 많은 것을 그를 위하여 행해주셨다는 것(4절). "그가 위험스러운 전쟁을 위해서 출정할 때, 그가 생명을 구하고서 자신의 생명을 하나님께 맡기자, 주께서 그에게 생명을 주셨을 뿐만 아니라 영원한 장수도 주셨고, 그가 기대한 것을 훨씬 뛰어넘어서 그의 생명을 연장시켜 주셨을 뿐만 아니라, 그에게 장래의 복된 영원한 삶과 그의 허리에서 나오게 될 메시야를 통해서 그의 나라가 영원하리라는 것에 대한 약속을 주셨다." 하나님께서 우리에게 주시는 것들은 우리가 간구하는 것이나 소망하는 것들을 훨씬 뛰어넘는다는 것을 보라. 또한 이것으로부터 하나님은 그의 이름을 부르는 자들에게 얼마나 풍성한 긍휼을 베푸시는 분인지를 생각해 보라. 또한 그리스도의 나라가 그 날이 길리라는 것을 보고 기뻐하라. 그리스도께서는 우리가 그로 말미암아 살 수 있도록 하기 위하여 죽으셨다. 그러나 그는 살아 계시고, 영원히 살아 계셔서, 그의 정사와 평강은 무궁할 것이다. 그리스도께서 이렇게 살아 계시기 때문에, 우리도 이렇게 살아 있게 될 것이다.

(5) 하나님께서 그를 높이셔서 지극한 존귀와 위엄을 주셨다는 것(5절). "주께서 그를 위하여 베푸신 구원으로 말미암아 그의 영광이 커서, 모든 이웃 나라의 왕들의 영광을 훨씬 뛰어넘나이다." 모든 선한 사람이 간절히 원하는 영광은 여호와의 구원을 보는 것이다. 하나님께서는 그가 짊어져야 할 짐이자 그가 책임을 져야 할 책무로서 존귀와 위엄을 그에게 입히셨다. 예수 그리스도께서는 하나님 아버지께 존귀와 영광을 받으셨는데(벧후 1:17), 그 영광은 그가 창세 전

에 아버지와 함께 가지고 계셨던 그 영광이었다(요 17:5). 또한 그리스도께는 온 우주를 통치할 책무와 하늘과 땅의 모든 권세가 맡겨졌다.

(6) 하나님께서 그에게 인류에게 주어질 모든 지극한 복의 통로가 되는 기쁨을 주셨다는 것(6절): "주께서는 그를 영원한 복이 되게 하셨다(난외주에서는 이렇게 읽고 있다). 주께서는 그를 온 세상에 대한 복이 되게 하셨기 때문에, 이 땅의 모든 족속들은 그리스도 안에서 복을 받게 될 것이다. 또한 주께서는 그리스도께서 일을 하실 때에 그 일을 인정하심으로써 그를 기쁘고 즐겁게 하셨다." 예언의 영이 여기에서 점차적으로 다윗이 아니라 그리스도에게 특유한 것으로 옮겨가고 있는 것을 보라. 왜냐하면, 여기에서 표현하고 있는 것과 같은 영원한 복이 될 자는 그리스도 외에 아무도 없기 때문이다. 성경에서는 그리스도와 관련하여 하나님께서 그리스도의 얼굴 빛을 기쁨으로 충만하게 하셨다고 말한다.

이 절을 노래할 때, 우리는 그의 기쁨을 함께 기뻐하고, 그의 높아지심을 보고 기쁨으로 개가를 불러야 한다.

7왕이 여호와를 의지하오니 지존하신 이의 인자함으로 흔들리지 아니하리이다 8왕의 손이 왕의 모든 원수들을 찾아냄이여 왕의 오른손이 왕을 미워하는 자들을 찾아내리로다 9왕이 노하실 때에 그들을 풀무불 같게 할 것이라 여호와께서 진노하사 그들을 삼키시리니 불이 그들을 소멸하리로다 10왕이 그들의 후손을 땅에서 멸함이여 그들의 자손을 사람 중에서 끊으리로다 11비록 그들이 왕을 해하려 하여 음모를 꾸몄으나 이루지 못하도다 12왕이 그들로 돌아서게 함이여 그들의 얼굴을 향하여 활시위를 당기리로다 13여호와여 주의 능력으로 높임을 받으소서 우리가 주의 권능을 노래하고 찬송하게 하소서

시편 기자는 그의 백성에게 하나님께서 그와 그들을 위하여 행하신 일을 기쁨과 찬송으로 되돌아보도록 가르친 후에, 여기에서는 그들에게 하나님께서 그들을 위하여 앞으로 행하실 일들을 믿음과 소망과 기도로써 기대하도록 가르친다. 왕이 하나님을 기뻐하기(1절) 때문에, 우리는 감사할 것이다. 왕이 하나님을 의지하기(7절) 때문에, 우리는 힘을 얻게 될 것이다. 우리의 왕이신 그리스도께서 하나님을 기뻐하고 의지하는 것은 바로 우리 모두의 기쁨의 원

천이고 우리가 하나님을 의지하는 것의 토대이다.

I. 그들은 다윗의 나라가 견고하리라는 것을 확신한다. 왕은 자기 자신의 공로나 힘을 의지해서가 아니라 지존하신 이의 인자함으로 말미암아 흔들리지 아니할 것이다. 그의 번영하는 나라는 요동하지 않을 것이다. 그의 영혼의 의지처인 하나님에 대한 그의 믿음과 소망은 흔들림이 없을 것이다. 지극히 높으신 이의 긍휼하심(하나님의 선하심과 능력과 다스리심)은 우리의 복을 지켜 주시기에 충분하기 때문에, 우리가 그러한 긍휼하심을 의지하는 것은 우리의 모든 두려움을 잠재우기에 충분하다. 그리스도께서 고난을 받으실 때 하나님께서 그의 오른쪽에 계시고(시 16:8), 그리스도께서 영광을 받으시고 나서 하나님의 오른쪽에 계시기 때문에, 우리는 그리스도께서 요동하지 않으시고 영원히 견고하시리라는 것을 확신할 수 있다.

II. 그들은 다윗의 나라를 반대하는 불구대천의 회개하지 않는 모든 원수들이 멸망하게 되리라는 것을 확신한다. 하나님께서 이제까지 다윗의 군대를 승리로 축복하신 것은 하나님께서 주변의 모든 원수들을 평정하시고 다윗에게 주시고자 하신 안식의 맛보기였고, 그리스도께서 다스리는 것을 원하지 않는 모든 원수들이 완전히 정복될 것에 대한 모형이었다. 다음과 같은 것들을 살펴보자.

1. 그의 원수들에 관한 묘사. 그들은 그를 미워하는 자들이다(8절). 그들이 다윗을 미워한 것은 하나님께서 그를 자신을 위하여 구별하셨기 때문이고, 그들이 그리스도를 미워한 것은 그들의 빛을 싫어하였기 때문이다. 그러나 두 가지 경우에 있어서 공통점은 그들이 아무런 정당한 이유도 없이 미워하였다는 것과 그들이 하나님을 미워하였다는 것이다(요 15:23, 25).

2. 그의 원수들의 음모(11절): 그들은 왕을 해하려 하여 음모를 꾸몄다. 그들은 오직 다윗에 대항하여 싸우는 것처럼 가장하였지만, 사실 그들은 하나님 자신에 대하여 적대감을 지니고 있었다. 다윗이 왕이 되지 못하게 하고자 했던 자들은 실제로는 여호와께서 그들의 하나님이 되지 못하게 하고자 한 것이었다. 신앙에 반대하여 음모를 꾸미는 것, 하나님께서 신앙을 성장시키기 위하여 일으키신 도구들에 대항하여 음모를 꾸미는 것은 매우 악하고 재앙스러운 것으로서, 하나님께서는 그것을 자기 자신에 대항하여 음모를 꾸민 것으로 여기시고, 장차 심판의 날에도 그렇게 여기실 것이다.

3. 그들의 좌절: "그들은 이루지 못할 음모를 꾸민다"(11절). 그들의 악의는 무력한 것으로서, 그들은 헛된 일을 꾸미는 것이다(시 2:1).

4. 그들의 음모가 발각됨(8절). "왕의 손이 왕의 모든 원수들을 찾아 낼 것이다. 그들이 아무리 교묘하게 말과 행동으로 우정을 가장하고, 이 나라의 신실한 신민들과 뒤섞여서 그들로부터 구별하기가 어려우며, 공의로부터 도망쳐서 그들의 견고한 곳에 은밀하게 숨는다고 하여도, 왕의 손은 그들이 어디 있는지를 찾아 낼 것이다." 복수하고자 하시는 하나님의 눈을 피할 자는 없고, 하나님의 수중에서 벗어날 자도 없다. 바위나 산들도 무화과 나무 잎사귀보다 그들의 피난처로서 더 낫지 못할 것이다.

5. 그들의 멸망. 그것은 철저한 멸망이 될 것이다(눅 19:27). 그들은 삼켜져서 먹히게 될 것이다(9절). 그리스도의 모든 원수들의 몫인 음부는 육신과 영혼에게 완벽한 파멸이 된다. 왕이 그들의 후손을 땅에서 멸하게 될 것이다(10절). 모든 세대에서 하나님 나라의 원수들은 동일한 운명 아래에서 망하게 될 것이고, 그들의 모든 세대는 결국 뿌리뽑히고, 하나님의 나라를 반대하는 모든 세력과 통치자와 권세는 진압될 것이다. 하나님의 진노의 화살들은 그들을 당혹스럽게 만들고 도망하게 할 것이며, 그 화살은 그들의 얼굴을 겨냥할 것이다(12절). 이것이 무모하게 하나님을 대적한 원수들의 운명이 될 것이다. 하나님의 진노의 불은 그들을 소멸시킬 것이다(9절). 하나님께서는 그들을 풀무불에 던져 넣으실 뿐만 아니라(마 13:42), 그들을 풀무불의 연료로 사용하셔서, 그들은 그들 자신을 괴롭히는 자들이 될 것이다. 그들이 자신의 양심을 돌이켜 보고 거기에서 느끼는 공포들은 그들의 지옥이 될 것이다. 그리스도로 하여금 그들을 다스리고 구원하게 했어야 했는데도 그리스도를 배척하고 그를 대항하여 싸웠던 자들은 그 일을 회상하는 것만으로도 충분히 그들이 풀무불에 던져진 것과 같은 고통을 영원히 받게 될 것이다. 그 곳은 영원히 죽지 않는 구덩이이다.

III. 그들은 이렇게 하나님을 의지하는 가운데 하나님께서 그의 기름 부음 받은 자를 위하여 장래에도 나타나셔서, 다른 수단들과 도구들을 사용함이 없이 직접 만군의 여호와이자 영들의 아버지로서 자신의 권능을 발휘하셔서 그의 힘으로 왕을 위하여 역사하시기를 간구한다(13절).

1. 그렇게 하면, 하나님께서는 스스로를 높이시게 될 것이고, 자신의 이름을

영화롭게 하시게 될 것이다. "우리는 힘이 없어서, 우리가 마땅히 주를 위하여 행하여야 하는데도 그렇게 하지 못하는데, 이것이 우리의 수치이나이다. 여호와여, 그 일을 우리 없이 손수 행하시옵소서. 그것이 주의 영광이 될 것이나이다."

　2. 그렇게 하면, 그들이 하나님을 높이게 될 것이다: "그리하시면 우리가 주의 권능을 노래하고, 더욱 기쁜 마음으로 찬송하리이다." 하나님께서 우리의 개입 없이 구원을 이루실수록, 하나님은 우리의 찬송을 더 많이 받게 되실 것임에 틀림없다.

제
— 22 —
편

개요

선지자들 속에 있었던 그리스도의 영은 구약성서의 그 어떤 본문에서만큼이나 뚜렷하고 자세하게 이 시편에서 그리스도께서 받으실 고난과 후에 받으실 영광을 증언한다(벧전 1:11). 다윗은 여기에서 의심할 여지 없이 자기 자신이나 다른 그 어떤 사람에 대해서가 아니라 그리스도에 대하여 말한다. 이 시편의 많은 내용은 신약성서에 나오는 그리스도에게 명백하게 적용되고, 그 모든 내용은 그에게 적용될 수 있으며, 일부 내용은 오직 그리스도께만 적용되는 것으로 이해하여야 한다. 다윗에 관한 하나님의 섭리들은 너무도 이례적인 것이어서, 우리는 당시에 다윗을 장차 오실 메시야를 예표하는 인물로 볼 수밖에 없었던 일부 지혜롭고 선한 자들이 있었다고 생각할 수 있을 것이다. 그러나 다윗이 예언의 영의 놀라운 인도하심을 받아서 자신의 생각이나 의도를 훨씬 뛰어넘어서 그의 시편들을 쓰게 된 것은 메시야의 조상일 뿐만 아니라 그 예표였던 다윗에게 큰 기쁨이었을 것이다. 이 시편에서 다윗은 다음과 같은 것들에 대하여 말한다. I. 그리스도의 낮아지심에 대하여(1-21절). 여기에서 다윗은 그리스도의 모형으로서 그가 여러 가지 이유로 처하게 된 매우 재난스러운 상황에 대하여 하소연한다. 1. 그는 하소연하는데, 여기에는 그의 위로들과 탄식들이 뒤섞여 있다. 그는 하소연하지만(1-2절), 그 후에 자신을 위로하고(3-5절), 또 다시 하소연하며(6-8절), 그리고나서 다시 스스로를 위로한다(9-10절). 2. 그는 하소연하는데, 여기에는 그의 기도들과 탄식들이 뒤섞여 있다. 그는 그의 원수들의 힘과 광분(12-13, 16, 18절), 자신의 육체적인 연약함과 쇠약함(14-15, 17절)에 대하여 하소연하지만, 하나님께서 그를 멀리하지 마시고(11, 19절), 그를 구원해 달라고(19-21절) 기도한다. II. 그리스도의 높아지심에 대하여. 그리스도께서 하시는 일은 하나님의 영광을 위하고(22-25절), 그의 백성의 구원과 기쁨을 위하며(26-29절), 그의 나라가 영원하게 되는 것을 위한(30-31절) 것이 될 것이다. 이 시편을 노래할 때, 우리는 우리의 생각을 그리스도께 계속해서 집중해서, 그의 고난에 젖어 들어서 그 고난을 간접적으로 경험하고, 그의 은혜에 젖어 들어서 그 권능과 감화력을 체험하여야 한다.

〔다윗의 시, 인도자를 따라 아얠렛샤할에 맞춘 노래〕
[1]내 하나님이여 내 하나님이여 어찌 나를 버리셨나이까 어찌 나를 멀리 하여 돕지 아니하시오며 내 신음 소리를 듣지 아니하시나이까 [2]내 하나님이여 내가 낮에도 부르짖고 밤에도 잠잠하지 아니하오나 응답하지 아니하시나이다 [3]이스라엘의 찬송 중에 계시는 주여 주는 거룩하시니이다 [4]우리 조상들이 주께 의뢰하고 의뢰하였으므로 그들을 건지셨나이다 [5]그들이 주께 부르짖어 구원을 얻고 주께 의뢰하여 수치를 당하지 아니하였나이다 [6]나는 벌레요 사람이 아니라 사람의 비방 거리요 백성의 조롱 거리니이다 [7]나를 보는 자는 다 나를 비웃으며 입술을 비쭉거리고 머리를 흔들며 말하되 [8]그가 여호와께 의탁하니 구원하실 걸, 그를 기뻐하시니 건지실 걸 하나이다 [9]오직 주께서 나를 모태에서 나오게 하시고 내 어머니의 젖을 먹을 때에 의지하게 하셨나이다 [10]내가 날 때부터 주께 맡긴 바 되었고 모태에서 나올 때부터 주는 나의 하나님이 되셨나이다

어떤 이들은 이 시편의 표제인 아얠렛샤할(새벽의 암사슴)이라는 말 속에서 그리스도를 느낄 수 있다고 생각한다. 그리스도는 향기로운 산 위에 있는 민첩한 암사슴 같고(아 8:14), 모든 신자들에게 사랑스러운 암사슴과 아름다운 암노루 같다(잠 5:19). 그는 노인 암사슴에 비유된 납달리와 같이 아름다운 말씀들을 전한다(창 49:21). 그는 영원 전부터 하나님의 계획에 따라서 세우심을 입은 새벽의 암사슴으로서 그를 에워싼 개들에 의해서 짓밟히게 되어 있었다(16절). 그러나 어떤 이들은 표제에 나오는 이 표현이 단지 곡조를 가리키는 것으로서 이 시편을 노래할 때 그 곡조에 맞춰서 부른 것이라고 생각한다. 이 절들 속에는 다음과 같은 내용들이 나온다.

I. 하나님께서 물러가신 것에 대한 서글픈 탄식(1-2절).

1. 이 본문은 하나님의 은총을 보여주는 증거들이 그에게 나타나지 않아서 하나님께서 그를 기뻐하지 않으신다는 부담으로 괴로워하며 그 아래에서 신음하고 슬픔과 두려움에 압도되어서 구해 달라고 간절히 부르짖으며, 자기가 하나님으로부터 버림받고 도움을 받지 못하며 기도의 응답을 받지 못한다고 생각해서 수없이 내 하나님을 부르며 밤낮으로 부르짖으면서 하나님께서 은혜로 자기에게 돌아오시기를 간절히 바라는 하나님의 자녀에게 누구든지 적용될 수 있고, 따라서 다윗에게도 적용될 수 있다.

(1) 영적으로 버림받는 것은 성도들을 가장 아프게 하는 괴로움이다. 하나님의 은혜를 보여주는 증거들이 가리어지고, 하나님의 위로들이 중단되며, 하나님과의 교통이 막히고, 하나님에 대한 두려움이 그들을 향해서 엄습할 때, 그들의 영은 얼마나 슬프고, 그들의 모든 위로들은 얼마나 말라 버리겠는가!

(2) 이러한 무거운 짐들에 대한 그들의 탄식과 하소연조차도 그들의 영적인 생명과 감각이 여전히 살아 있다는 것을 보여주는 좋은 증거가 된다. "내 하나님, 내가 왜 아픈가요? 내가 왜 가난한가요?"라고 부르짖는다면, 그것은 불만족과 세상적인 생각을 지니고 있는 것으로 의심할 만한 이유가 될 것이다. 그러나 어찌하여 나를 버리셨나이까라고 부르짖는 것은 하나님의 은총이 자신의 복이라는 것을 고백하는 마음의 표현이다.

(3) 우리가 하나님께서 우리에게서 물러가신 것을 탄식하고 있을 때에도 우리는 여전히 하나님을 우리의 하나님으로 불러야 하고, 계속해서 하나님을 우리의 하나님으로 여기고서 그 앞으로 나아가야 한다. 우리에게 확신의 믿음이 부족할 때, 우리는 하나님을 붙잡는 믿음으로 살아야 한다. "사정이 어찌 되었든지 간에 하나님은 선하시고, 하나님은 나의 하나님이십니다. 주께서 나를 죽이신다고 해도 나는 주를 의지하나이다. 주께서 내게 즉시 응답해 주지 않으신다 하여도, 나는 계속해서 기도하고 기다리겠나이다. 주께서 침묵하신다고 하여도, 나는 침묵하지 아니하겠나이다."

2. 그러나 이 본문은 그리스도에게 적용되어야 한다. 왜냐하면, 그리스도께서는 십자가 위에 계실 때에 여기에 나오는 탄식의 첫 번째 문장을 사용해서 하나님 앞에 그의 영혼을 쏟으셨기 때문이다(마 27:46). 아마도 그리스도께서는 계속해서 그 이후에 나오는 말씀들도 하셨을 것이고, 어떤 이들은 이 시편 전체를 큰 소리는 아니지만(사람들이 그 첫 번째 말씀에 트집을 잡았기 때문에) 혼자 속으로 반복하셨을 것이라고 생각한다.

(1) 그리스도께서는 고난받으실 때에 아버지께 그에게 은총을 내려 주시며 그와 함께 해 달라고 간절히 부르짖으셨다. 그는 낮 동안에 십자가 위에서 부르짖으셨고, 밤 동안에 겟세마네 동산에서 고뇌하시면서 부르짖으셨다. 그는 자기를 능히 구원하실 이에게 심한 통곡과 눈물로 간구와 소원을 올렸다(히 5:7).

(2) 그렇지만 하나님께서는 그를 버리셨고 그를 도와 주지 아니하셨으며 그의 말을 들어 주지 않으셨다. 그리스도께서는 그의 모든 고난보다도 바로 이것

에 대하여 탄식하고 하소연하였다. 하나님은 그를 그의 원수들의 손에 넘겨 주신 것이었다. 하나님은 확고한 계획 속에서 그리스도를 십자가에 못 박히게 하시고 죽음을 당하게 하셨으며, 그 때에 아무런 위로도 그에게 주지 않으셨다. 도리어, 하나님께서는 그리스도를 우리를 대신하여 죄를 삼으신 것이었기 때문에 그것에 합당하게 죄에 대한 그의 진노와 심판 아래에 그리스도를 두셨다. 여호와께서 그에게 상함을 받게 하시기를 원하사 질고를 당하게 하셨다(사 53:10). 그러나 그런 때에조차도 그리스도께서는 아버지 하나님에 대한 그의 관계를 견고하게 붙잡고 계셨다. 그리스도는 하나님에 의해서 지금 쓰임을 받고 계셨고, 지금 하나님을 섬기고 계셨으며, 곧 하나님으로 말미암아 영광을 받게 되실 것이었다.

Ⅱ. 이 일과 관련해서 스스로 힘을 냄(3-5절).

1. 하나님께서 그의 말을 들어 주지 아니하셨고 그를 돕지 않으셨지만 그는 하나님을 좋게 생각한다. "주는 거룩하시고, 모든 일에서 불의하거나 참되지 아니하시거나 인자하지 아니하신 적이 없으시다. 주께서 환난당하는 주의 백성을 구원하시기 위하여 즉시 오시지 않는다고 하여도, 주께서는 그들을 사랑하시고, 그들과 맺은 계약에 충실하시며, 그들을 박해하는 자들의 죄악을 옳다고 하지 않으신다(합 1:13). 또한 주는 무한히 순전하시고 올바르시기 때문에, 주의 정직한 백성이 섬기는 것을 기뻐하신다. 주는 이스라엘의 찬송 중에 계시는 주이십니다. 주께서는 성소에서 주의 백성에게 주의 영광과 은혜와 특별한 임재를 나타내시기를 기뻐하시는데, 주의 백성들은 성소에서 주를 찬양하나이다. 주는 언제나 그들의 충성의 맹세를 기꺼이 받으시고, 회막에 대하여 이는 내가 영원히 쉴 곳이라고 말씀하셨다." 하나님께서 하늘에서 천사들의 찬송을 받으시지만, 이스라엘의 찬송 중에 계시기를 기뻐하시는 것은 그의 신실한 예배자들에 대한 하나님의 놀라운 겸양을 보여주고, 하나님께서는 잠시 그들의 말에 귀를 막으시는 것처럼 보이지만, 그의 백성의 찬송을 너무도 기뻐하시기 때문에, 때가 되면 그들의 탄식을 기쁨으로 변하게 하실 것이라는 것은 탄식 중에 있는 우리에게 큰 위로가 된다: 너는 하나님께 소망을 두라 나는 내 하나님을 여전히 찬송하리로다. 고난 중에 우리 주 예수께서는 비록 이스라엘이 거룩한 것들에 대하여 범죄하였다고 하더라도 이스라엘의 찬송 중에 계시는 하나님의 거룩하심과 그 은혜를 바라보았다.

2. 그는 이전 세대의 성도들이 믿음과 기도의 유익과 관련해서 체험한 것들로부터 위로를 받게 될 것이다(4-5절): "우리 조상들이 주께 의뢰하고 의뢰하였으므로 그들을 건지셨나이다. 그러므로 주께서는 때가 되면 나를 구원하실 것이다. 왜냐하면, 하나님께서는 그에게 소망을 둔 자를 결코 부끄럽게 하신 적이 없으시고, 그를 찾는 자로 하여금 헛되게 찾게 하신 적이 없으셨기 때문이다. 주께서는 예나 지금이나 스스로 동일하시고, 주의 백성에게도 예나 지금이나 동일하시다. 그들은 우리의 조상들이었고, 주의 백성은 조상들로 말미암아 사랑을 입은 자이다(롬 11:28)." 계약을 대대로 전하는 것은 믿는 자들의 자손들에게 힘을 주기 위한 것이다. 우리의 조상들의 하나님이셨던 분은 바로 우리의 하나님이시고, 앞으로도 우리의 하나님이 되실 것이다. 우리 주 예수께서는 고난 중에 다음과 같은 것을 통해서 힘을 얻으셨다 ─ 과거에 그의 모형들이었던 모든 조상들, 즉 노아, 요셉, 다윗, 요나 등과 같은 조상들이 때가 되면 구원을 받았고, 그의 높아지심의 모형들도 그러하였다는 것. 그러므로 그는 자기도 수치를 당하지 않을 것을 알았다(사 50:7).

Ⅲ. 또 다른 불만으로 인한 탄식과 하소연. 그가 탄식한 것은 사람들로부터의 경멸과 수치였다. 이것에 대한 탄식은 앞서 하나님께서 물러가신 것에 대한 탄식만큼 결코 강하지 않다. 그러나 하나님께서 물러가신 것이 은혜를 받은 영혼에게 상처가 되는 것과 마찬가지로, 사람들로부터 경멸과 모욕을 받는 것은 너그러운 영혼에게 상처가 된다(6-8절). 우리의 조상들과 족장들, 아브라함, 모세, 다윗은 그들의 일생의 초창기나 말기에 세상 사람들에게 존경을 받고 큰 사람으로 여김을 받았다. 그러나 그리스도는 벌레요 사람이 아니었다. 그리스도께서 아래로 내려오셔서 사람이 되신 것은 큰 겸비셨고, 그것은 천사들이 이상히 여긴 일이었다. 그런데도 그리스도께서 사람이 되신 것이 너무 과한 일이라도 되는 것처럼 그는 사람이 아니라 벌레가 되었다. 그는 아담(평범하고 보잘것없는 사람)이었다가 에노쉬(슬픔의 사람)이 되었고, 거기에서 한 걸음 더 나아가 로이쉬(사람으로 취급받지 못한 자)가 되었다. 왜냐하면, 그는 종의 형체를 취하셨고, 그의 모양이 타인보다 상하였기 때문이다(사 52:14). 사람은 기껏해야 벌레이다. 그러나 그리스도께서는 사람이 아니라 벌레가 되셨다. 만약 그가 스스로 벌레가 되지 않으셨다면, 그는 사람들에게 짓밟힐 수 없으셨을 것이다. 원어에서 이 단어는 주홍색이나 자주색의 염료로 사용되었던 그러한 벌레

를 의미하는데, 이것을 근거로 어떤 이들은 이 말씀이 그리스도의 피흘리신 고난을 암시하는 것이라고 여긴다. 어떠한 능욕들이 그리스도께 가해졌는지를 보라.

1. 그리스도께서는 악인, 하나님을 모독하는 자, 안식일을 범한 자, 술주정뱅이, 거짓 선지자, 가이사의 원수, 귀신들의 왕과 동맹을 맺은 자로 비난을 받으셨다.

2. 그리스도께서는 사람들로부터 그의 고향은 보잘것없는 곳이고, 그의 친척들은 가난한 목수들이며, 그를 따르는 자들은 관원이나 바리새인들은 없고 어중이떠중이들로서 형편없이 초라하고 경멸받을 만한 사람으로 여겨져서 멸시를 받으셨다.

3. 그리스도께서는 어리석은 자, 다른 사람들을 속였을 뿐만 아니라 스스로도 속인 자로 비웃음을 받으셨다. 그리스도께서 십자가에 매달리신 것을 본 자들은 그를 보고 비웃으며 조롱하였다. 그들은 그를 불쌍히 여기기는커녕, 온갖 몸짓과 표현을 통해서 오만방자하게 그를 힐책하여 그를 더 괴롭게 하였다. 그들은 그를 놓고 입방아를 찧었으며, 그를 노리갯감으로 삼아서 그의 고난을 희롱하였다: 그들은 입술을 비쭉거리고 머리를 흔들며, 이 자가 하나님께서 그를 구원하실 것이라고 믿은 자이니 이제 어디 한번 하나님께서 그를 구원하시게 해 보라고 말하였다. 다윗은 종종 그가 하나님을 의지한 것에 대하여 사람들로부터 조롱을 받았다. 그러나 그리스도의 고난 속에서 이 말씀은 문자 그대로 정확하게 성취되었다. 여기에 나오는 몸짓들은 그리스도를 모욕했던 자들에 의해서 사용된 것들이었다(마 27:39). 그들은 머리를 흔들었고, 또한 그들은 악의가 가득 차서 그들이 한 말을 잊어버렸겠지만, 그들은 실제로 여기에 나오는 바로 그 말씀을 사용해서 그가 하나님을 신뢰하니 하나님이 원하시면 이제 그를 구원하실지라고 말하였다(마 27:43). 우리 주 예수께서는 우리가 우리의 죄악으로 말미암아 하나님께 끼친 온갖 불명예를 대속하셔야 했기 때문에 사람들에게서 받을 수 있는 가장 심한 수치와 모욕을 스스로 받으셔야만 하였다.

IV. 이것과 관련해서 그에게 힘을 준 것들. 사람들은 나를 멸시하지만, 오직 주께서 나를 모태에서 나오게 하셨다(9-10절). 다윗을 비롯한 여러 선한 사람들은 흔히 하나님은 그들의 조상들의 하나님이셨을 뿐만 아니라(4절) 그들이 모태에서 만들어질 때부터 그들을 돌보셨던 하나님이시기 때문에 하나님께서는 결코 그들을 버리거나 내치지 않으실 것이라는 소망을 통해서 힘을 얻었는데, 이 것은 또한 우리를 가르치기 위한 것이기도 하다. 우리가 혼자 힘으로는 아무것도 할 수 없었고 무익했던 상태에서 우리에게 너무도 잘 해주셨던 하나님께서 이제 하나님의 양육하심을 통해서 어느 정도 그를 섬길 수 있게 된 우리를 버리시는 일은 없을 것이다. 하나님께서 우리가 어릴 때 섭리를 통해서 우리를 어떻게 돌보셨는지를 보라.

1. 출생할 때에: 주께서 우리를 모태에서 나오게 하셨다. 그렇지 않았다면, 우리는 모태에서 죽었거나 모태에서 나올 때 질식사했을 것이다. 마치 시간이 창조로부터 시작되어서 하나님의 존재를 풍부하게 증거해 주는 것과 마찬가지로, 각 사람의 시간은 하나님의 섭리를 보여주는 이 풍부한 증거로 시작된다.

2. 젖을 먹을 때: "주께서는 나로 하여금 소망을 갖게 하셨다. 즉, 주께서는 나를 위해 자양분을 공급해 주시고, 내가 노출되어 있는 위험들로부터 나를 보호해 주심으로써 내게 소망을 주셨는데, 나로 하여금 나의 사는 날 동안에 주께 소망을 두도록 격려하셨다." 어머니의 젖의 축복은 모태의 축복들 중에서 으뜸임과 동시에 우리의 전 생애의 축복들의 맛보기이다. 그 때에 우리를 먹이셨던 하나님께서는 분명히 죽이시지 않으실 것이다(욥 3:12).

3. 우리가 어릴 때 하나님께 봉헌된 때: 내가 날 때부터 주께 맡긴 바 되었다. 이 것은 아마도 그가 팔 일만에 할례를 받은 것을 가리키는 것 같다. 그 때에 그는 그의 부모들에 의해서 하나님, 계약에 의해서 그의 하나님이 되신 분에게 맡겨졌고 넘겨졌다. 왜냐하면, 할례는 계약을 인치는 의식이었기 때문이다. 이것은 그로 하여금 하나님을 의지하도록 격려하였다. 아주 빨리 그리고 아주 진지하게 엄위하신 하나님의 날개 아래 피하는 자들은 스스로 안전하다고 생각할 만한 충분한 이유가 있다.

4. 우리가 사는 날 동안에 하나님께서 끊임없이 우리를 보존하시고 공급해 주시는 것들을 통해서 우리를 향하신 하나님의 선하심을 경험한 때: 모태에서 나올 때부터, 즉 내가 세상에 나와서 오늘날에 이르기까지 주는 나의 하나님이 되셔서, 나를 먹이시고 입히시며 모든 것을 공급해 주시고 내가 잘 되도록 살펴 주셨다. 우리가 이성을 사용할 수 있게 되자마자 하나님을 의지하고 우리 자신과 우리의 길을 하나님께 맡긴다면, 우리는 우리의 청년 때의 인애와 우리의 신혼 때의 사랑을 하나님께서 항상 기억하시리라는 것을 의심할 필요가 없다

(렘 2:2). 이 말씀은 우리 주 예수께 적용될 수 있는데, 하나님께서는 섭리를 통해서 그리스도의 성육신과 출생을 특별히 돌보셔서, 그가 마구간에서 태어나서 구유에 놓이게 하시고, 헤롯의 악의에 즉시 노출되어서 애굽으로 피신할 수밖에 없게 하셨다. 그가 어렸을 때에 하나님께서 그를 사랑하여 애굽에서 불러 내었다(호 11:1). 그리스도께서는 고난을 당하셨을 때에 이 말씀을 기억하고서 위로를 받으셨다. 사람들은 그를 비난하여, 그가 하나님을 의지하고자 하는 마음을 꺾어 놓고자 하였다. 그러나 하나님께서는 그를 높이셨고, 그가 하나님을 의지하는 것을 격려하였다.

¹¹나를 멀리 하지 마옵소서 환난이 가까우나 도울 자 없나이다 ¹²많은 황소가 나를 에워싸며 바산의 힘센 소들이 나를 둘러쌌으며 ¹³내게 그 입을 벌림이 찢으며 부르짖는 사자 같으니이다 ¹⁴나는 물 같이 쏟아졌으며 내 모든 뼈는 어그러졌으며 내 마음은 밀랍 같아서 내 속에서 녹았으며 ¹⁵내 힘이 말라 질그릇 조각 같고 내 혀가 입천장에 붙었나이다 주께서 또 나를 죽음의 진토 속에 두셨나이다 ¹⁶개들이 나를 에워쌌으며 악한 무리가 나를 둘러 내 수족을 찔렀나이다 ¹⁷내가 내 모든 뼈를 셀 수 있나이다 그들이 나를 주목하여 보고 ¹⁸내 겉옷을 나누며 속옷을 제비 뽑나이다 ¹⁹여호와여 멀리 하지 마옵소서 나의 힘이시여 속히 나를 도우소서 ²⁰내 생명을 칼에서 건지시며 내 유일한 것을 개의 세력에서 구하소서 ²¹나를 사자의 입에서 구하소서 주께서 내게 응답하시고 들소의 뿔에서 구원하셨나이다

　　　이 절들에서 우리는 그리스도께서 고난받으시며 그리스도께서 기도하시는 모습을 보게 되는데, 이것을 통해서 우리는 우리의 십자가를 지고서 하나님을 바라보도록 가르침을 받는다.

　I. 여기에는 그리스도께서 고난받으시는 모습이 나온다.　다윗은 실제로 자주 환난 가운데 처하였고, 원수들에 의해서 괴롭힘을 당하였다. 그러나 여기에 구체적으로 나와 있는 환난들 중에서 많은 수는 다윗에게는 실제로 적용되지 않았던 것으로서, 온전히 낮아지신 그리스도께만 적용되는 것들이다.

　1. 그는 여기에서 그의 친구들에 의해서 버림을 받는다: 환난과 괴로움이 가까우나 도울 자, 나를 붙들어 줄 자가 하나도 없나이다(11절). 그는 홀로 포도주틀을 밟으셔야 했다. 왜냐하면, 그의 모든 제자들은 그를 버리고 도망했기 때

문이다. 다른 도움들과 구원들이 모두 실패했을 때에 도우시는 것은 하나님의 영광이다.

2. 그는 여기에서 높은 위치에 있는 자들과 같은 그의 원수들에 의해서 모욕을 당하고 에워싸여 있다. 그들은 그들이 지닌 힘과 그들이 보이는 광분 때문에 배불리 먹고 살이 쪘으며 오만하고 사나운 황소들, 바산의 힘센 소들에 비유된다(12절). 그리스도를 박해하였던 자들은 고위 제사장들과 장로들이었다. 그 밖의 다른 낮은 지위의 사람들인 그의 원수들은 더럽고 탐욕스러우며 지치지 않고 그를 향하여 짖어대는 개들에 비유된다(16절). 그리스도를 죽이고자 하는 악한 무리가 있었다(16절). 고위 제사장들은 공회에 앉아서 그리스도를 잡을 방법과 수단에 대하여 모의하였다. 이러한 원수들은 한마음으로 똘똘 뭉쳐 있었고 그 수가 많았다. "수많은 원수들 가운데는 헤롯과 빌라도 같이 서로 이해관계가 다르고 충돌하는 자들이 있었지만, 그리스도를 죽이고자 하는 데에는 모두 마음을 같이하였다. 그들은 자신들의 음모를 힘있게 밀어 부쳐서 그들의 목적을 달성한 것처럼 보였다. 왜냐하면, 그들은 나를 둘러쌌기 때문이다(12절). 그들은 나를 에워쌌고, 그들은 수적인 우세를 힘입어서 나를 압도하며 위협하고자 하였다(13절). 그들은 그들이 나를 삼키고자 한다는 것을 내게 보여 주기 위해서 그 입을 벌렸다. 이것은 흡사 힘이 세고 사나운 사자가 부르짖으며 자신의 먹잇감을 덮치는 것 같았다."

3. 그는 여기에서 십자가에 못 박힌다. 그가 죽은 방식이 묘사되고 있는데, 이러한 처형 방식은 유대인들 가운데서는 결코 사용되지 않는 것이었다: 그들은 내 수족을 찔렀다(16절). 이것은 그의 손과 발을 저주받은 나무에 대고 못을 박아서, 온 몸 전체가 나무에 매달리게 하는 것이었는데, 이러한 처형 방식의 효과는 죄수의 고통을 극대화시키는 것이었다. 구약성서의 모든 본문 가운데 유대인들이 이 본문처럼 그토록 끈질기게 훼손하고자 해 왔던 본문은 없었다. 왜냐하면, 이 본문은 그리스도의 죽음에 관한 너무도 뚜렷한 예언이었고, 아주 정확하게 성취되었기 때문이다.

4. 그는 여기에서 고통과 괴로움 속에서 죽어가는 것으로 묘사되는데(14-15절), 이것은 그가 죄를 대속하기 위한 것이어서 고통을 당해야 했기 때문이었다. 이렇게 그가 고통을 당하지 않았다면, 우리는 영원한 고통 속에 놓이게 될 것이었다.

(1) 그의 육체의 골격 전체가 풀어짐: 나는 물 같이 쏟아졌다. 그는 사망의 권세에 종속되어서 물과 같이 흐물흐물되어 인간의 본성을 떠받치고 있던 모든 것들이 해체되는 고통을 맛보았다.

(2) 그의 뼈들이 어그러짐. 하나님께서 그를 돌보셔서 그의 뼈는 하나도 꺾이지 않았지만(요 19:36), 그의 육신이 시렁처럼 십자가 위에 매달려서 사방으로 당겨졌기 때문에 그의 모든 뼈들은 제자리에서 벗어나 어그러지게 되었다. 또는, 이 본문은 그가 겟세마네 동산에서 고뇌하며 크게 번민하기 시작했을 때에 그에게 엄습하였던 두려움을 가리키는 것일 수도 있다. 이러한 두려움은 흔히 그렇듯이 넙적다리 마디가 녹는 듯 하고 그의 무릎이 서로 부딪히는 결과를 가져왔다(단 5:6). 그의 모든 뼈들이 어그러진 것은 그가 죄로 인하여 비틀어지고 어그러진 피조물 전체를 다시 제자리로 결합시키고, 우리의 꺾인 뼈들로 하여금 즐거워하고 기뻐하게 하기 위한 것이었다.

(3) 그의 영혼이 한꺼번에 녹아 내림. 내 마음은 밀랍 같아서 내 속에서 녹았다. 그의 마음은 그가 대속하기 위하여 짊어졌던 인류의 죄에 대한 하나님의 진노를 받아서 죽어가는 사람의 내장과 같이 녹아 버렸다. 이것은 우리의 마음의 완악함을 대속하는 것이었기 때문에, 이 일을 생각하는 것은 우리의 마음을 부드럽게 하는 데에 도움이 될 것이다. 욥은 자신의 내면적인 괴로움에 대하여 말할 때에 전능자가 나의 마음을 약하게 하신다라고 말하였다(욥 23:16). 시편 58:2을 보라.

(4) 그의 자연적인 힘이 없어짐: 내 힘이 말랐다. 따라서 그는 바짝 말라서 도자기처럼 부서지기 쉽게 되었다. 그의 영혼을 삼킨 하나님의 진노의 불로 인해서 그의 몸에 있던 모든 습기가 다 말라 버렸다. 하나님의 진노 앞에 누가 설 수 있겠는가? 누가 하나님의 노여움의 능력을 알겠는가? 푸른 나무에도 이 같이 하거든 마른 나무에는 어떻게 되리요.

(5) 그의 입이 말라 붙음. 이것은 통상적으로 죽음이 가까이 왔다는 것을 보여주는 징후이다: 내 혀가 입 천장에 붙었나이다. 이것은 그리스도께서 십자가 위에서 목이 말라 하신 것(요 19:28)과 고통이 심하여 침묵하신 것을 통해서 이루어졌다. 그는 털 깎는 자 앞에서 잠잠한 양 같이 그의 입을 열지 아니하셨으며, 사람들이 그에게 무슨 짓을 하든지 거기에 대하여 반박하지 않으셨다.

(6) 그가 운명하심: "주께서 나를 죽음의 진토 속에 두셨나이다. 나는 무덤 속에

떨어질 준비가 되어 있다." 왜냐하면, 그리스도의 죽음 이외에는 그 어떤 것도 하나님의 공의를 만족시킬 수 없었기 때문이다. 죄인의 생명이 상실되었기 때문에, 희생 제물의 생명이 그것을 위한 대속물이 되어야 했다. 아담에게 내려졌던 사형 선고는 이렇게 집행되었다: 내가 흙으로 돌아가리라. 그러므로 그리스도께서는 그러한 사형 선고를 염두에 두시고 죽음에 순순히 자신을 맡기시면서 여기에서 그것과 비슷한 표현을 사용하고 계시는 것이다: 주께서 나를 죽음의 티끌로 이끄셨다.

5. 그는 벌거벗겨졌다. 벌거벗음의 수치는 죄의 직접적인 결과였다. 그러므로 우리 주 예수께서는 우리에게 그의 의의 옷을 입혀 주시고 우리의 벌거벗음의 수치를 사라지게 하기 위하여 그가 십자가에 달리셨을 때에 벌거벗김을 당하셨다. 여기에서 우리는 다음과 같은 것들에 대하여 듣게 된다.

(1) 이렇게 벌거벗겨졌을 때에 그의 몸이 어떻게 보였는가: 내가 내 모든 뼈를 셀 수 있나이다(17절). 그의 복된 몸은 그의 공생애 사역의 전 기간 동안에 겪으신 수고와 슬픔과 금식으로 인해서 무척 수척하고 쇠약해지셨는데, 이것 때문에 그는 33세밖에 안 된 나이에 거의 50세나 된 것처럼 보이셨다(요 8:57). 그의 몸과 이마에 나 있는 주름들은 그를 먹기를 탐하고 포도주를 즐기는 자라고 부르는 것이 얼마나 가당치 않은 일이었는지를 증언해 주었다. 또는, 그의 모든 뼈를 셀 수 있었던 것은 그의 몸이 십자가 위에서 바짝 당겨졌기 때문에 속이 넓혀져서 그의 갈비뼈들을 세기가 쉬웠기 때문일 수도 있다. 그것들이 나를 주목하여 보나이다. 즉, 욥이 나의 파리한 모습이 일어나서 대면하여 내 앞에서 증언하나이다라고 말했듯이(욥 16:8), 내 뼈들이 그 위를 덮고 있던 살에서 삐져 나오고 어그러져서 나를 주목하여 보고 있다. 또는, "옆에 서 있던 구경꾼들과 지나가던 사람들은 나의 모든 뼈가 이렇게 돌출되어 나온 것을 보고 신기하게 여겨서, 나를 불쌍히 여기기는커녕 이 애처로운 광경을 즐기고 있다."

(2) 그들은 그에게서 가져간 옷을 가지고 무엇을 했는가(18절): 그들은 내 겉옷을 나누어서, 군사들마다 하나씩 나눠 가졌고, 내 속옷, 호지않고 통째로 된 속옷을 제비뽑나이다. 여기에 묘사된 이러한 정황은 정확하게 성취되었다(요 19:23-24). 이것은 그리스도의 고난을 보여주는 좋은 예는 아니었지만, 그리스도께서 성경을 성취하신 좋은 예였다. 이렇게 성경에 기록되었기 때문에 그리스도께서 이렇게 고난을 당하시는 것이 합당하였다. 그러므로 이러한 것은 그리스도

가 참된 메시야라는 우리의 믿음을 더욱 견고하게 확인시켜 주고, 우리의 가장 좋은 친구로서 우리를 사랑해서 우리를 위하여 이 모든 고난을 당하신 그리스도에 대한 우리의 사랑을 더욱 불붙게 한다.

II. 여기에는 그리스도께서 기도하시고, 그 기도를 통해서 그의 고난의 무게 아래에서 스스로를 지탱하시는 모습이 나온다. 그리스도께서는 고뇌 중에 이 고난의 잔이 그에게서 지나가게 해 달라고 간절히 기도하였다. 이 세상의 임금이 공포로써 그를 엄습하여 부르짖는 사자 같이 그에게 입을 벌렸을 때, 그는 땅에 엎드리어 기도하였다. 여기에 나오는 다윗의 기도하는 모습은 바로 그리스도께서 기도하시는 모습의 모형이었다. 그는 하나님을 그의 힘이라고 부른다(19절). 우리가 하나님을 우리의 노래로 즐거워하고 기뻐할 수 없을 때, 우리는 우리의 힘이 되시는 하나님을 바라보고서, 비록 영적인 기쁨에 이르지는 못할지라도 하나님께서 우리를 영적으로 붙잡아 주시는 위로를 받아야 한다. 그는 다음과 같이 기도한다.

1. 하나님께서 그와 함께 해주시고 자기를 멀리 하지 마시라는 것: 나를 멀리 하지 마옵소서(11절, 또한 19절). "여호와여, 주는 나의 고통으로부터 멀찌감치 떨어져서 서 계시는 분이 아니십니다." 환난이 가까울 때에 우리는 재빨리 하나님께 가까이 나아가야 하고, 그렇게 하면 우리는 하나님께서 우리에게 가까이 다가오실 것을 소망할 수 있다.

2. 하나님께서 그를 도우시되 서둘러 도우시며 그로 하여금 환난 중에서 잘 견딜 수 있도록 도와 주시라는 것, 그가 실패하거나 낙심하지 않게 하시며, 자신의 일을 그만두고 물러나거나 그 일의 무게에 눌려서 무너지지 않게 해 달라는 것. 아버지께서는 그의 경건하심으로 말미암아 그의 간구를 들어 주셨고(히 5:7), 그로 하여금 자신의 일을 잘 수행할 수 있게 해주셨다.

3. 하나님께서 그를 구원하시고 건져 주시라는 것(20-21절).

(1) 그가 가장 소중히 여겨서 하나님께서 돌보아 주시도록 구하고 있는 것은 무엇이었는지를 살펴보라: "내가 소중히 여기는 것, 곧 나의 영혼의 안전을 지켜 주옵소서. 내 영혼이 스올의 권세에서 건져내심을 받게 하옵소서(시 49:15). 아버지여, 내가 내 영혼을 아버지의 손에 맡기오니, 내 영혼이 안전하게 낙원에 가게 하옵소서." 시편 기자는 여기에서 자신의 영혼을 그의 소중한 것, 그의 유일한 것(이 단어의 원래의 의미)이라고 부른다: "내 영혼은 내 유일

한 것이다. 내게는 영혼이 오직 하나밖에 없기 때문에, 내가 그 영혼을 게을리 한다면 나의 수치가 더 클 것이고, 그 영혼으로 하여금 망하게 한다면, 그 손해는 더 크게 될 것이다. 내 영혼은 나의 유일한 것이기 때문에 나의 소중한 것이고, 나는 내 영혼이 영원히 잘 되는 것에 깊은 관심을 가질 수밖에 없다. 만약 내가 내 영혼에 해가 되는 모든 것으로부터 그것을 지켜내고 내 영혼에 필요한 모든 것들을 공급하며 내 영혼이 잘 되는 것에 온전히 마음을 쓰지 않는다면, 나는 내 영혼을 나의 소중한 것으로 여기지 않는 것이다."

(2) 그는 하나님께 무엇으로부터 자기를 구원해 달라고 기도하고 있는지를 살펴보라. 그는 칼에서, 두루 도는 하나님의 진노의 불칼에서 자기를 건져 달라고 기도한다. 그는 다른 그 무엇보다도 이것을 가장 두려워하였다(창 3:24). 하나님의 진노는 그의 손에 쥐어진 쓴 잔 속에 들어 있는 가장 쓴 내용물이었다. "내 영혼을 그것으로부터 건져 주옵소서. 여호와여, 비록 내가 내 목숨을 잃는다고 해도, 나로 하여금 주의 사랑을 잃지 않게 하옵소서. 나를 개의 세력과 사자의 입에서 구하소서." 이것은 사탄, 여자의 후손의 발꿈치를 상하게 한 옛 원수, 이 세상의 임금을 가리키는 것으로 보이는데, 그는 지금 이 사탄과 치열한 싸움을 곧 벌이게 되어 있었고, 사탄이 오는 것을 보았다(요 14:30). "여호와여, 나를 사탄에게서 구하셔서, 그의 두려운 것들에 의해서 압도당하지 않게 하옵소서." 그는 이렇게 호소한다: "주께서는 전에 내게 응답하셔서 들소의 뿔에서 구원하셨나이다. 즉, 주께서는 내 기도에 응답하셔서 나를 사탄으로부터 구원하셨나이다." 이것은 그리스도께서 사탄과 그의 시험들을 이기시고(마 4장) 마귀가 한동안 그를 떠나게 된 것을 가리키는 것 같다(눅 4:13). 그러나 사탄은 이제 또 다른 방식으로 그의 두려운 것들을 통해서 그리스도를 공격하기 위하여 돌아왔다. "여호와여, 그 때에 주께서는 내게 승리를 주신 것처럼, 이제도 내게 승리를 주셔서 나로 하여금 통치자들과 권세들을 침탈하고 이 세상의 임금을 내쫓게 하옵소서." 하나님께서 우리를 들소의 뿔에서 구원하셨는데, 우리가 요동할 것이 무엇이 있겠는가? 이것은 우리에게 우리가 사자의 입에서 건지심을 받아서 결코 사자에게 찢김을 당하지 않게 되리라는 것을 소망할 수 있는 힘을 준다. 과거에 우리를 구원하신 하나님은 현재와 장래에도 우리를 구원하실 것이다. 그리스도의 이러한 기도는 의심할 여지 없이 응답되었다. 왜냐하면, 아버지께서는 그의 기도를 들어주셨기 때문이다. 하나님께서는 비록 그리

스도를 죽음에서 건져 주시지는 않았지만, 그로 하여금 썩어짐을 보지 않게 하셨고, 제3일에 그를 죽음의 진토로부터 일으키셨는데, 이것은 하나님께서 그를 십자가에서 내려오도록 도우셨던 것보다도 그에 대한 하나님의 은총을 더 크게 보여주는 일이었다. 왜냐하면, 하나님께서 그리스도를 십자가에서 내려오도록 도우셨다면, 그것은 그의 일을 방해하고 가로막는 것이 되었을 것이지만, 하나님께서 그를 다시 살리신 것은 그의 일에 관을 씌우신 것이었기 때문이다.

이 절들을 노래할 때, 우리는 우리 자신의 영혼 속에서 그리스도의 부활의 능력을 체험하고 그의 고난에 동참하게 될 때까지 그리스도의 고난과 부활을 묵상하여야 한다.

[22]내가 주의 이름을 형제에게 선포하고 회중 가운데에서 주를 찬송하리이다 [23]여호와를 두려워하는 너희여 그를 찬송할지어다 야곱의 모든 자손이여 그에게 영광을 돌릴지어다 너희 이스라엘 모든 자손이여 그를 경외할지어다 [24]그는 곤고한 자의 곤고를 멸시하거나 싫어하지 아니하시며 그의 얼굴을 그에게서 숨기지 아니하시고 그가 울부짖을 때에 들으셨도다 [25]큰 회중 가운데에서 나의 찬송은 주께로부터 온 것이니 주를 경외하는 자 앞에서 나의 서원을 갚으리이다 [26]겸손한 자는 먹고 배부를 것이며 여호와를 찾는 자는 그를 찬송할 것이라 너희 마음은 영원히 살지어다 [27]땅의 모든 끝이 여호와를 기억하고 돌아오며 모든 나라의 모든 족속이 주의 앞에 예배하리니 [28]나라는 여호와의 것이요 여호와는 모든 나라의 주재심이로다 [29]세상의 모든 풍성한 자가 먹고 경배할 것이요 진토 속으로 내려가는 자 곧 자기 영혼을 살리지 못할 자도 다 그 앞에 절하리로다 [30]후손이 그를 섬길 것이요 대대에 주를 전할 것이며 [31]와서 그의 공의를 태어날 백성에게 전함이여 주께서 이를 행하셨다 할 것이로다

이 시편을 탄식으로 시작하셨던 분이 바로 낮아지신 그리스도였던 것과 마찬가지로, 이 시편을 승리의 개가로 끝내시고 있는 분도 다름 아닌 높아지신 그리스도이시다. 이 탄식의 첫 번째 문장이 십자가 위에서 그리스도 자신에 의해서 사용되었던 것과 마찬가지로, 이 승리의 개가의 첫 번째 문장도 분명히 그에게 적용되고(히 2:12) 그 자신의 말이 되었다: 내가 주의 이름을 내 형

제들에게 선포하고 내가 주를 교회 중에서 찬송하리라. 하나님께서 그리스도에게 그 앞에 즐거움이 놓여 있다는 것을 확실하게 알게 하셨기 때문에, 그리스도께서는 그의 기도가 응답되었다는 것을 아셨고, 그의 탄식은 찬송으로 변하였다. 그리스도께서 그의 영혼의 수고로 얻으신 것을 보았고 만족하셨다는 것은 그가 숨을 거두기 직전에 하신 승리의 말씀이 증언해 준다: 다 이루었다.

여기에서는 다섯 가지를 말하고 있는데, 그것들은 그리스도께서 고난 중에 만족하시고 승리하신 것과 관련된 것들이다.

I. 그가 세상에 교회를 갖게 되리라는 것, 영원 전부터 그에게 주어진 자들이 때가 차면 그에게 모여 오리라는 것. 여기에는 그가 씨를 보게 되리라는 것이 함축되어 있다(사 53:10). 다음과 같은 것들을 생각하는 것이 그를 기쁘게 하였다.

1. 하나님의 이름을 선포하고, 영원한 복음을 분명하고도 순전하게 전파함으로써 많은 사람들이 그에게 돌아오고 그를 통해서 하나님께서 돌아오게 되리라는 것. 이러한 목적을 위해서 사역자들은 이 가르침을 세상에 널리 전하는 데에 쓰임을 받고 있고, 그들은 그의 사자들이자 그의 음성이기 때문에, 그들이 이 가르침을 전하는 것은 그가 전하는 것과 다름이 없다. 그들이 전하는 말씀은 그의 말씀이기 때문에, 그들을 통해서 그는 하나님의 이름을 선포하고 계신다.

2. 이렇게 부르심을 받은 자들은 그의 형제들로서 그와 매우 가깝고 친밀한 관계 속으로 들어오게 되리라는 것. 왜냐하면, 그는 그들을 형제라고 부르는 것을 부끄러워하지 않으실 뿐만 아니라 크게 기뻐하시기 때문이다. 그는 그의 동포들인 믿는 유대인들 뿐만 아니라 동일한 후사들이 되었고 동일한 몸을 이루는 믿는 이방인들도 형제라 부르신다(히 2:11). 그리스도는 우리의 맏형으로서 우리를 돌보시고 우리에게 모든 것을 공급하시며, 우리의 마음이 그를 향하고, 그가 우리를 다스리시기를 우리가 원하기를 기대하신다.

3. 이러한 그의 형제들이 모여서 하나의 회중, 큰 회중을 이루게 되리라는 것. 이 회중은 보편 교회, 그리스도의 이름으로 불리는 가족 전체로서, 거기로 흩어진 하나님의 자녀가 모이게 되고(요 11:52; 엡 1:10), 또한 그들은 그리스도의 한 몸에 속한 좀 더 작은 모임들, 하나님을 예배하는 수많은 신앙 공동체들을 이루게 되고, 그 공동체들은 기독교라는 이름으로 활동하며, 기독교를 밑받

침하고 진보시키게 될 것이다.

4. 이러한 자들은 야곱과 이스라엘의 자손으로 여김을 받게 되리라는 것(23절), 비록 그들은 이방인들이지만 그들에게 아브라함의 복이 미치게 되고(갈 3:14), 과거에 육체를 따라 이스라엘 사람인 자들에게 그랬던 것처럼 양자됨과 영광과 계약과 하나님에 대한 예배가 그들의 것이 되리라는 것(롬 9:4; 히 8:10). 복음 교회는 하나님의 이스라엘이라 불린다(갈 6:16).

Ⅱ. 하나님께서 그 교회로 말미암아 그리스도 안에서 크게 높임을 받으시고 영광을 받게 되시리라는 것. 그리스도께서는 그의 모든 일을 행하시는 내내 아버지의 영광을 생각하였고(요 17:4), 특히 그가 고난받으실 때에 아버지여 주의 이름을 영화롭게 하옵소서라고 엄숙하게 요청하심으로써 아버지의 영광을 가장 우선 순위에 두셨다(요 12:27-28). 그는 다음과 같은 것들을 기쁨으로 내다본다.

1. 하나님께서 그에게 모이게 될 교회로 말미암아 영광을 받으시리라는 것, 이러한 목적을 위하여 그들이 부르심을 받고 모여 와서 하나님께 이름과 찬송이 되리라는 것. 그리스도께서는 그의 사역자들을 통해서 그들을 하나님의 입으로 사용하여 그의 형제들에게 하나님의 이름을 선포하실 것이고, 그런 후에 하나님을 향한 회중의 입인 그들로 말미암아 하나님의 이름이 찬송을 받으시게 될 것이다. 여호와를 경외하는 모든 자들, 이스라엘 모든 자손이 그를 찬송하게 될 것이다(23절). 시편 118:2-4; 135:19-20을 보라. 그리스도인들이 할 일, 특히 그들의 엄숙한 신앙의 집회들 속에서 해야 할 일은 하나님의 엄위하심에 대하여 거룩한 경외심을 가지고 하나님을 찬송하고 하나님께 영광을 돌리는 것이기 때문에, 여기에서 하나님을 찬송하도록 부르심을 받은 자들은 하나님을 경외하도록 부르심을 받은 것이다.

2. 하나님께서 구속주와 그의 일을 통해서 영광을 받게 되시리라는 것. 그러므로 그리스도께서는 교회에서 하나님을 찬송하시리라고 되어 있다. 왜냐하면, 그는 하나님을 찬송하는 회중들의 주님이자 하나님께 드려지는 모든 찬송들의 중보자이실 뿐만 아니라, 교회의 찬송의 내용이기도 하시기 때문이다(엡 3:21을 보라). 우리의 모든 찬송은 구속 사역을 중심으로 하여야 하기 때문에, 우리는 다음과 같은 것들에 대하여 말할 수 없는 감사를 드려야 한다.

(1) 예수 그리스도께서는 종종 아버지께서 그를 버리신 것이 아닌가 염려하

였음에도 불구하고 아버지께서는 그의 일을 받으시고 시인하셨다는 것. 이것은 여호와께서 곤고한 자(즉, 고난받는 구속주)의 곤고를 멸시하거나 싫어하지 않으시고, 그 고난을 인류의 죄를 온전히 대속한 것으로 은혜롭게 열납하셔서, 그것을 모든 신자들에게 영원한 생명을 허락하시기에 충분한 근거로 여기셨기 때문이다. 그 고난은 가련한 죄인들을 위하여 드려졌지만, 하나님께서는 우리를 위하여 그것을 드리신 분을 멸시하거나 싫어하지 않으셨다. 사울이 그의 아들 요나단이 다윗을 도왔다는 이유 때문에 아들에게 화를 내고 그를 자신의 원수로 여겼던 것과는 달리, 하나님께서는 우리를 위하여 속죄 제사를 드리신 분으로부터 그의 얼굴을 돌리지 아니하셨다. 도리어 그리스도께서 하나님께 부르짖고, 그의 피가 우리 인류에게 화평과 죄 사함을 주시라고 부르짖었을 때, 하나님께서는 그의 부르짖음을 들어 주셨다. 이것은 우리가 즐거워하고 기뻐해야 할 일임과 동시에 우리가 감사해야 할 일이다. 자신의 기도를 하나님께서 무시하시고 들어 주지 않으신다고 생각하는 사람들은 계속해서 기도하고 기다린다면 결국 그들이 헛되이 구하지 않았다는 것을 발견하게 될 것이다.

(2) 그가 자신의 일을 계속해서 완성하리라는 것. 그리스도께서는 내가 나의 서원을 갚으리이다라고 말씀한다(25절). 많은 자녀들을 영광으로 인도하시겠다고 서원하신 그리스도께서는 그의 서원을 최대한으로 수행하셔서 우리 중 아무도 잃지 않으실 것이다.

III. 모든 겸손하고 은혜를 받은 영혼들은 그리스도 안에서 온전한 만족과 복을 누리게 되리라는 것(26절).　주 예수께서 고난을 받으실 때에 그로 말미암아 모든 참된 신자들이 영원한 위로를 받게 되리라는 것을 생각하는 것은 큰 기쁨이었다.

1. 심령이 가난한 자들은 영적인 축복을 풍성하게 받게 될 것이다. 주린 자들은 좋은 것들로 배부를 것이다. 그리스도의 희생 제사가 하나님께 열납된다면, 성도들은 화목제를 드렸을 때에 율법에 따라서 제단에 참여함으로써 그 희생 제물을 먹게 될 것이다. 온유한 자는 먹고 배부를 것인데, 생명의 떡을 먹으며, 그리스도께서 이루신 구속에 관한 가르침으로 배부를 것이다. 왜냐하면, 그리스도에 관한 가르침은 자신의 본성과 처지를 아는 영혼에게 양식이 되기 때문이다. 그리스도 안에 있는 의에 주리고 목마른 자들은 그들이 바라는 모든 것들로 그들을 만족시키고 편안하게 해 줄 것이며, 그들이 이제까지 해 왔던 것

처럼 그들을 만족시켜 주지 못하는 것을 위하여 수고하지 않아도 될 것이다.

2. 기도하기를 많이 하는 자들은 감사를 많이 하게 되리라는 것. 여호와를 찾는 자는 그를 찬송할 것이라. 왜냐하면, 그리스도로 말미암아 그들은 여호와를 확실하게 찾을 수 있게 되었기 때문이다. 그러므로 그들은 그러한 소망 안에서 여호와를 찾는 중에도 찬송할 이유가 있고, 그들이 여호와를 더욱 간절하게 찾으면 찾을수록 그들이 여호와를 발견하였을 때에 그들의 마음은 더욱 열렬히 여호와를 찬송하게 될 것이다.

3. 그에게 헌신된 영혼들은 영원히 그와 더불어서 복되리라는 것. "너희 마음은 영원히 살지어다. 온유하고 그리스도 안에서 만족하며 계속해서 하나님을 찾는 너희의 마음은 너희의 몸이 어떻게 되든지 간에 영원히 살게 될 것이다. 너희가 누리고 있는 은혜들과 위로들은 영원한 삶 속에서 온전하게 될 것이다." 그리스도께서 내가 살아 있음으로 너희도 살아 있겠음이라고 말씀하셨기 때문에(요 14:19), 그 삶은 그리스도의 삶 만큼이나 확실하고 영원할 것이다.

IV. 그리스도의 교회와 사람들 가운데서 세워지는 하나님의 나라가 이 땅의 모든 구석진 곳들까지 확장되어서, 온갖 부류의 사람들이 거기로 들어오게 되리라는 것.

1. 그리스도의 교회가 널리 퍼져 나가게 되리라는 것(27-28절), 오랫동안 유대인들이 하나님을 고백하는 유일한 백성이었지만, 이제는 세상의 모든 끝이 교회로 들어오게 되고 이전에 있던 장벽이 허물어져서 이방인들이 교회 속으로 들어오게 되리라는 것. 여기에는 다음과 같은 것들이 예언되어 있다.

(1) 그들이 회심하게 되리라는 것: 그들은 여호와를 기억하고 돌아오게 될 것이다. 진지한 성찰은 참된 회심을 향한 첫 걸음이고 선한 걸음이라는 것을 명심하라. 우리는 깊이 생각하고서 돌이켜야 한다. 탕자는 처음에 제정신으로 돌아왔고, 그 후에 그의 아버지에게 돌아왔다.

(2) 그런 후에 그들은 하나님과의 교통과 하나님을 섬기는 회중 속으로 받아들여지게 되리라는 것: 그들은 주의 앞에 예배하게 될 것이다. 왜냐하면, 각처에서 하나님께 분향이 드려지게 될 것이기 때문이다(말 1:11; 사 66:23). 하나님께 돌아온 자들은 떳떳하게 하나님 앞에서 예배를 드리게 될 것이다. 모든 나라의 모든 족속이 하나님께 충성을 맹세해야 하는 타당한 이유가 존재하는데, 그것은 나라는 여호와의 것이기 때문이다(28절). 온 땅과 온 우주는 여호와의 왕국

이다.

[1] 자연의 나라는 주 여호와의 왕국이고, 그의 섭리가 모든 나라를 지배한다. 그러한 이유로 우리는 여호와를 경배하지 않을 수 없다. 따라서 기독교 신앙의 목적은 자연 종교 및 그 원리들과 법들을 되살리는 데에 있다. 그리스도께서는 하나님, 즉 우리를 지으신 하나님께 우리를 인도하여서, 이전에 반역하였던 우리로 하여금 원래대로 하나님께 충성을 맹세하기 위하여 죽으셨다.

[2] 은혜의 나라는 주 그리스도의 왕국이고, 중보자이신 그리스도께서는 모든 나라의 주재(主宰), 만물 위에 그의 교회의 머리로 임명되셨다. 그러므로 모든 혀는 그리스도가 주님이시라는 것을 고백하여야 한다.

2. 그리스도의 교회에는 온갖 부류의 사람들이 들어오게 되리라는 것(29절). 지위가 높거나 낮거나 부한 자이거나 가난한 자이거나 종된 자이거나 자유자이거나 그들은 모두 그리스도 안에서 만난다.

(1) 그리스도께서는 큰 자들 중에서 다수로부터 충성 맹세를 받으시게 될 것이다. 세상의 모든 풍성한 자들, 이 땅에서 권세와 영화를 누리며 떵떵거리고 사는 자들이 먹고 경배할 것이다. 윤택하게 살아가는 자들조차도 그들이 먹고서 배부를 때에 그들을 풍요롭고 잘 살게 해주신 것에 대하여 그들의 하나님 여호와를 찬송하게 될 것이다.

(2) 가난한 자들도 그리스도의 복음을 받아들이게 될 것이다: 진토 속으로 내려 가는 자들, 먼지더미에 앉아서 목숨과 영혼을 거의 부지할 수 없는 자들도(시 113:7) 그 앞에, 가난한 자의 왕이 되시는 것을 자신의 영광으로 여겨서 특별한 방식으로 그들을 보호하심으로 그들로 하여금 충성을 맹세하게 하시는(시 72:12) 주 예수 앞에서 절하게 될 것이다. 또는, 이 본문은 부자이든 가난한 자이든 죽어가는 사람들을 일반적으로 가리키는 것으로 이해할 수도 있다. 그러므로 우리의 처지가 어떤 것인지를 보라 — 우리는 사망 선고를 받고서 진토 속으로 내려가고 있고, 머지않아 먼지더미를 우리의 침상으로 삼게 되어 있다. 또한 우리는 우리 자신의 영혼을 계속해서 살아 있게 할 수 없다. 우리는 우리의 자연적인 목숨을 길게 연장할 수도 없고 우리의 영적이고 영원한 생명의 근원일 수도 없다. 그러므로 주 예수 앞에 절하고, 우리 자신을 그에게 맡겨서 그의 신민과 예배자가 되는 것이 우리에게 큰 이익이 되고 또한 도리가 된다. 왜냐하면, 오직 이것만이 우리가 진토로 내려갈 때 우리의 복을 확보할 수 있는

유일한 길이요 확실한 길이기 때문이다. 우리가 우리 자신의 영혼을 계속해서 살아 있게 할 수 없다는 것을 알았다면, 순종하는 믿음을 통해서 우리의 영혼을 구원하실 수 있고 영원히 살아 있게 하실 수 있는 예수 그리스도께 의탁하는 것이 우리의 지혜이다.

V. 그리스도의 교회와 사람들 가운데서 세워지는 하나님의 나라가 모든 세대들을 거쳐서 끝날까지 계속되리라는 것. 인류는 세대들의 계승을 통해서 대대로 보존된다. 따라서 한 세대가 지나가면, 항상 한 세대가 다시 등장한다. 그리스도께서는 세상을 남겨 두고 떠나가는 것으로부터 영광을 받으시기 원하기 때문에(29절), 진토 속으로 내려가는 자들은 그 앞에 절하게 될 것이고, 죽을 때에 그리스도 앞에 절하는 것은 잘된 일이다. 이렇게 주 안에서 죽는 자들은 복되다. 또한 그리스도께서는 이제 막 세상에 등장하는 것으로부터도 영광을 받으실 것이다(30절). 다음과 같은 것들을 살펴보자.

1. 그들이 그리스도를 섬기게 되리라는 것. 후손이 그를 섬길 것이요, 그에 대한 엄숙한 예배를 보존하며, 그를 그들의 주인이자 주님으로 고백하고 그에게 순종하게 될 것이다. 하나님께서 교회를 이 세상에 종말까지 두시리라는 것을 명심하라. 이것을 위해서 신앙을 고백하는 그리스도인들과 복음 사역자들이 대대로 끊이지 않게 될 것이다. 후손이 그를 섬길 것이다. 하나님을 섬길 남은 자들이 어느 정도 있게 될 것이고, 하나님께서는 그들에게 그를 섬길 수 있도록 은혜를 주실 것이다. 그들은 동일한 사람들의 후손이 아닐 것이다. 왜냐하면, 은혜는 혈통을 따라서 흘러가는 것이 아니기 때문이다(시편 기자는 그들의 후손이라고 말하지 않고 후손이라고 말한다). 그들은 비록 소수이겠지만 신앙을 보존하는 데에 충분한 수가 될 것이다.

2. 그리스도께서 그들을 인정하심: 주께서는 그들을 한 세대로 여기실 것이다. 그는 앞선 세대들과 마찬가지로 그들에게도 동일한 분으로 남으실 것이다. 그의 친구들을 향한 그의 인자하심은 그들이 죽음으로써 끝나게 되는 것이 아니라, 그들의 후손들과 후계자들에게 미쳐서, 조상들 대신에 후손들이 모든 사람으로부터 여호와께 복받은 자손으로 인정을 받게 될 것이다(사 61:9; 65:23). 하나님께서는 의인들의 세대를 은혜로써 그의 보화, 그의 자녀라고 시인하실 것이다.

3. 그들이 그리스도를 대신하여 활동함(31절). 그들은 와서, 즉 그들의 날에

이 세상에 등장해서, 이전 세대의 신앙의 덕을 유지하고 그들 자신의 세대의 일을 할 뿐만 아니라, 그리스도의 영광과 장차 올 세대들의 영혼이 잘 되도록 섬기게 될 것이다. 그들은 장차 태어날 백성에게도 순전하고 온전한 그리스도의 복음(저 거룩한 보화)을 전할 것이다. 그들은 그 백성에게 두 가지를 전하게 될 것이다.

(1) 예수 그리스도께서 우리에게 가져오신 영원한 의가 있다는 것. 우리 자신의 의가 아니라 그리스도의 의가 우리 모두의 소망의 토대이자 우리 모두의 기쁨의 원천이라는 것을 그들은 전할 것이다(롬 1:16-17을 보라).

(2) 그리스도께서 우리를 구속하시기 위하여 행하신 일은 여호와께서 행하신 것이고(시 118:23), 결코 우리가 궁리해서 해낸 일이 아니라는 것. 우리는 우리의 자녀들에게 하나님께서 이 일을 행하셨다고 전하여야 한다. 그것은 하나님의 비밀한 지혜이고, 그의 팔이 나타난 것이다.

이 절들을 노래할 때, 우리는 모든 이름 위에 뛰어난 그리스도의 이름을 기뻐하고, 우리 스스로가 그리스도께 영광을 돌리며, 다른 사람들이 그리스도께 드리는 영광을 기뻐하여야 한다. 또한 우리는 우리가 하늘에서 그리스도를 찬송하고 있을 때에 이 땅에서도 그리스도를 찬송할 한 백성이 있으리라는 것을 확신하여야 한다.

제
— 23 —
편

개요

　　다윗의 많은 시편들은 탄식으로 가득 차 있지만, 이 시편은 위로들과 기쁨들, 하나님의 크신 선하심과 그가 하나님을 의지하는 것을 기뻐하는 표현들로 가득 차 있다. 이 시편은 선한 그리스도인들이 큰 즐거움과 만족함으로 애송하여 왔던 시편으로서, 세상이 존재하는 한 앞으로도 그럴 것이다. I. 시편 기자는 여기에서 하나님이 자신의 목자라고 말한다(1절). II. 그는 하나님께서 그의 목자로서 그를 위하여 행하신 인자하신 일들에 대한 자신의 체험을 상세하게 이야기한다(2-3, 5절). III. 그는 이러한 체험을 토대로 해서, 그에게 앞으로도 아무런 부족함이 없으리라는 것(1절), 그가 해를 두려워할 필요가 없다는 것(4절), 하나님께서 그에게 긍휼을 베푸셔서 그를 홀로 두시거나 버리시지 않으시리라는 것을 추론하고서, 그러기 때문에 그는 하나님을 결코 떠나거나 버리지 아니하고 자신의 도리를 다할 것이라고 결심한다(6절). 이 시편에서 그는 분명히 하나님께서 섭리를 통해서 축복하셔서 그의 외적인 상황이 형통하게 된 것만이 아니라 그가 살아 있는 믿음을 통해서 하나님의 은혜를 받았고 그것에 대한 보답으로 더욱 열렬히 헌신함으로써 그의 영혼이 말할 수 없는 기쁨으로 충만하게 된 것을 염두에 두고 있었을 것이다. 그는 앞의 시편에서 그리스도께서 그의 양들을 위하여 죽으신 것을 묘사했듯이, 여기에서는 그리스도인들이 저 크고 선하신 목자의 모든 돌보심과 인자하심의 은택을 받고 있는 것으로 묘사한다.

〔다윗의 시〕

¹여호와는 나의 목자시니 내게 부족함이 없으리로다 ²그가 나를 푸른 풀밭에 누이시며 쉴 만한 물 가로 인도하시는도다 ³내 영혼을 소생시키시고 자기 이름을 위하여 의의 길로 인도하시는도다 ⁴내가 사망의 음침한 골짜기로 다닐지라도 해를 두려워하지 않을 것은 주께서 나와 함께 하심이라 주의 지팡이와 막대기가 나를 안위하시나이다 ⁵주께서 내 원수의 목전에서 내게 상을 차려 주시고 기름을 내 머리에 부으셨으니 내 잔이 넘치나이다 ⁶내 평생에 선하심과 인자하심이 반드시 나를 따르

리니 내가 여호와의 집에 영원히 살리로다

다윗은 이 시편에서 세 가지 매우 위로가 되는 전제들로부터 세 가지 위로가 되는 결론들을 이끌어 내고 있는데, 우리에게도 그렇게 하도록 가르치고 있다. 우리는 소망으로 말미암아 구원을 받았는데, 그 소망은 우리를 부끄럽게 만들지 않을 것이다. 왜냐하면, 그 소망은 확고한 근거를 가진 것이기 때문이다. 그리스도인들은 그들의 하나님이신 여호와 안에서 스스로 힘을 받는 것이 도리이다. 이 시편에서는 우리에게 그리스도와 우리의 관계, 그러한 관계를 따라서 우리가 그의 선하심을 체험한 것들로부터 힘을 얻도록 가르침을 받는다.

I. 하나님께서 그의 목자이시기 때문에, 그는 그에게 좋은 것은 무엇이든지 그에게 부족함이 없을 것이라고 추론한다(1절). 좀 더 살펴보자.

1. 하나님께서 신자들을 극진하게 돌보심. 하나님은 그들의 목자이시고, 그들은 하나님을 그렇게 부를 수 있다. 다윗 자신이 목자였던 때가 있었다. 다윗은 어릴 적에 양 떼를 따르다가 발탁되었기 때문에(시 78:70-71), 선한 목자가 그의 양 떼를 얼마나 극진한 사랑으로 돌보는지를 경험상으로 잘 알고 있었다. 그는 양들에게 목자가 얼마나 절실하게 필요하고, 노련하고 믿음이 가는 목자를 만난다는 것이 양들에게 얼마나 큰 축복인지를 잘 알고 있었다. 그는 한때 어린 양을 구하기 위해서 자신의 목숨을 건 적도 있었다. 이런 까닭에 다윗은 이러한 비유를 통해서 하나님께서 그의 백성을 어떻게 보살피시는지를 예시하고 있는 것이다. 우리 구주께서 나는 양의 목자이고 선한 목자이다라고 말하셨을 때에(요 10:11) 아마도 이 시편을 염두에 두신 것으로 보인다. 이스라엘의 목자, 온 교회의 목자가 되시는 분은 모든 개별적인 신자의 목자이기도 하신다(시 80:1). 이 목자는 아무리 비천한 자일지라도 그를 잘 알아 보신다(사 40:11). 그는 그들을 그의 우리로 데려오셔서, 목자가 하는 것보다 더 극진하고 변함없는 돌보심을 통해서 그들을 보호하시며 꼴을 먹이시고, 양 떼들을 지키는 것을 자신의 일로 삼으신다. 하나님이 우리의 목자가 되신다면, 우리는 양들처럼 털깎는 자, 아니 도살자 앞에서도 고분고분하고 온유하며 차분하여야 하고 자기가 보탬이 되기를 바라야 한다. 우리는 목자의 음성을 알고 그를 따라야 한다.

2. 신자들이 하나님에게 두는 커다란 신뢰: "여호와가 나의 목자, 나를 먹이시는 자라면, 나는 내게 꼭 필요하거나 좋은 것은 무엇이든지 내게 부족함이 없을 것이라고 결론을 내릴 수 있다." 다윗이 비록 왕이 되도록 예정되어 있긴 하였지만 왕위에 오르기 전에 이 시편을 쓴 것이라면, 그는 여느 사람들과 마찬가지로 굶주리고 결핍된 삶을 두려워하였을 것이다. 그는 한번은 나발에게 사람을 보내서 먹을 것을 구하였고, 또 한번은 직접 아히멜렉을 찾아가서 자신들을 도와 달라고 청하였다. 그렇지만 그는 하나님이 그의 목자라는 것을 생각할 때에 내게 부족함이 없으리로다라고 담대하게 말할 수 있었다. 하나님께서 부르셔서 하나님을 그들을 먹이시는 자로 모시고 있는 자들은 굶어 죽는 것을 두려워하지 않아야 한다. 이 말씀 속에는 겉으로 표현되어 있는 것보다 더 많은 것이 함축되어 있다. "내게 부족함이 없을 뿐만 아니라, 하나님은 내게 필요한 모든 것을 공급해주실 것이다. 만약 내가 원하는 어떤 것을 하나님께서 주시지 않는다면, 나는 그것이 내게 합당하지 않거나 내게 좋은 것이 아니거나 때가 되면 그것이 내게 주어지리라고 결론지을 수 있다."

II. 하나님이 그에게 선한 목자의 직임을 수행하신다는 것으로부터, 그는 그가 앞으로 아무리 큰 위험과 난관을 만난다고 할지라도 그 어떤 해악도 두려워할 필요가 없다는 것을 추론한다(2-4절).   그는 지금 하나님께서 그와 함께 하시고 그를 돌보시는 것이 가져다주는 은택을 체험하고 있기 때문에, 장래에도 그가 가장 곤경에 처했을 때에 하나님께서 그에게 은택을 베풀어 주실 것을 기대한다. 좀 더 살펴보자.

1. 살아 있는 성도의 위로들. 하나님은 그의 목자이시고 그의 하나님이시다 — 그의 모든 목적과 의도를 다 이루시기에 충분한 하나님. 다윗은 하나님께서 그런 분이시라는 것을 발견하였고, 따라서 우리도 그렇다는 것을 발견하여야 한다. 하나님의 목장에 있는 양들이라는 것이 성도들의 복이라는 것을 알라.

(1) 그들은 좋은 곳으로 인도함을 받아서 편히 눕는다: 그가 나를 푸른 풀밭에 누이시도다. 하나님께서는 선하신 손길로 이 세상에서의 우리의 삶을 지탱해 주시고 위로를 주시며, 우리의 아버지로서 일용할 양식을 주신다. 아무리 풍성한 꼴이 있어도 하나님의 목장은 악인에게는 말라 비틀어진 목장에 불과하다. 왜냐하면, 악인은 그 목장 속에서 오직 감각을 기쁘게 하는 것만을 좋아하고 찾기 때문이다. 그러나 하나님의 선하심을 온전히 누릴 수 있고 믿음으로 그것

을 즐거워하는 경건한 자에게는 세상에는 그런 것들이 거의 없고 하나님의 목장만이 그들에게 푸른 풀밭이 된다(시 37:16; 잠 15:16-17). 하나님의 규례들은 모든 신자들에게 풍성한 양식을 제공해 주는 푸른 풀밭이다. 생명의 말씀은 새 사람이 공급받는 자양분이다. 생명의 말씀은 어린 아이들에게는 젖이 되고 양들에게는 풀밭이 되어서, 결코 마르지 않으며 아무리 먹어도 헐벗지 않고, 언제나 믿음을 가진 자를 살찌우는 푸른 풀밭이다. 하나님께서는 그의 성도들을 그 풀밭에 누이신다. 하나님은 그들의 처지가 어떤 것이든지 간에 그들의 마음속에 평안과 만족을 주신다. 그들의 영혼은 하나님 안에 평안히 거하고, 그것은 모든 풀밭을 푸르게 만든다. 우리는 하나님의 규례의 푸른 풀밭으로 축복을 받고 있는가? 푸른 풀밭을 단지 통과하는 것만으로 충분하다고 생각하지 말고, 우리는 그 풀밭에 누워서 거기에 거하여야 한다. 이 곳이 나의 영원한 안식처이다. 영혼은 은혜의 방편(方便)을 통해서 꼴을 먹는다.

(2) 그들은 선한 인도하심을 받는다. 이스라엘의 목자는 요셉을 양 떼처럼 인도하시고, 모든 신자는 동일한 인도하심 아래에 있다. 여호와는 나를 쉴 만한 물가로 인도하시는도다. 하나님의 선하심을 따라 꼴을 먹는 자들은 그의 명령을 따라야 한다. 하나님께서는 그들을 그의 섭리와 말씀과 성령을 통해서 인도하시고, 그의 모략을 따라서 그들의 일들을 가장 선하게 처리하시며, 그들의 감정과 행위가 그의 명령에 따라 이루어지도록 하시고, 그들의 눈과 그들의 길, 그들의 마음을 그의 사랑으로 향하게 하신다. 하나님께서 그들을 잔잔한 물가로 인도하시면, 그들은 상쾌한 전망을 얻을 뿐만 아니라, 그들이 목마르고 지쳤을 때에 그 갈증을 해소하고 기운을 차릴 수 있게 된다. 하나님은 그의 백성에게 먹을 것이 안식만이 아니라 원기와 즐거움도 선사하신다. 하나님의 위로들과 성령이 주는 기쁨들은 이러한 잔잔한 물가, 쉴 만한 물가로서, 하나님께서는 성도들을 바로 그러한 물가, 생명수 샘물로부터 흘러나와서 우리 하나님의 도성을 기쁘게 만드는 물줄기로 인도하신다. 하나님은 그의 백성을 썩어서 더러운 고인 물이나 파도가 흉흉한 바다나 물살이 센 큰 물로 인도하시는 것이 아니라 잔잔하게 졸졸 흐르는 물로 인도하신다. 왜냐하면, 잔잔하지만 흐르는 물은 하나님을 향하여 고요하게 나아가는 그의 백성의 영들과 가장 잘 어울리기 때문이다. 하나님의 인도하심은 여기에서 그 비유를 벗어나서 직설적으로 표현된다(3절): 그가 나를 의의 길로, 내가 마땅히 행해야 할 도리의 길로 인도

하시는도다. 이러한 인도하심 속에서 하나님은 나를 그의 말씀으로 가르치시고, 양심과 섭리를 통해서 나를 인도하신다. 모든 성도들은 이러한 길들로 계속해서 인도하심을 받기를 원하여야 하고, 결코 그러한 길들로부터 벗어나서는 안 된다. 의의 길로 행하는 자들만이 위로가 넘치는 잔잔한 물가로 인도하심을 받게 된다. 우리가 마땅히 행해야 할 길로 행하는 것은 진정으로 즐거운 길이다. 우리가 의의 길을 행할 때에 그것은 우리에게 평안을 가져다준다. 하나님께서 우리를 이러한 길들로 인도하시고 이러한 길들 속에서 우리를 인도하지 않으신다면, 우리는 결코 이러한 길들 속에서 행할 수 없다.

(3) 그들은 그들에게 무엇이 잘못되었을 때에 좋은 도움을 받는다: 그가 내 영혼을 소생시키신다.

[1] "여호와는 내가 길을 잃고 헤맬 때에 나를 제자리로 돌아오게 하신다." 피조물들 중에서 양만큼 건망증이 심한 동물은 없기 때문에, 양들은 아주 쉽게 길을 잃어버리고, 다시 되돌아오는 길을 잘 찾아내지를 못한다. 가장 훌륭한 성도들도 그들이 잃은 양 같이 방황하기 쉽다는 것을 알고 있었다(시 119:176). 그들은 길을 잃어버리고 곁길로 간다. 그러나 하나님께서 그들에게 그들의 잘못을 보여주시고 그들에게 회개할 마음을 주시며 그들로 하여금 다시 그들이 마땅히 행해야 할 길로 돌아오게 하실 때에, 그는 영혼을 소생시키시는 것이다. 만약 하나님께서 그렇게 하지 않으신다면, 그들은 끝도 없이 방황하다가 죽고 말 것이다. 다윗이 한 범죄를 행한 후에 하나님께서는 그의 마음이 그를 치게 하셨고, 또 다른 범죄를 범하자 나단을 보내어 그에게 네가 그 사람이니라고 전하게 하심으로써, 하나님께서는 그의 영혼을 소생시키셨다. 하나님은 그의 백성으로 하여금 죄에 빠지게는 하실지라도 그들이 죄 속에서 계속해서 누워 있게 하지는 않으신다.

[2] "하나님께서는 내가 병들었을 때에 나를 회복시키시고, 내가 지쳐서 정신이 아득할 때에 내게 새롭게 힘을 주심으로써, 이 세상을 떠날 준비가 되어 있는 영혼을 소생시키신다." 하나님은 우리를 치료하시는 우리 하나님 여호와이시다(출 15:26). 우리에게 믿음이 없었다면, 우리는 수없이 힘을 잃고 쓰러졌을 것이다. 선한 목자께서는 우리가 쓰러지지 않도록 지켜주셨다.

2. 여기에서 죽어가는 성도의 용기를 보라(4절). "나의 평생에 여섯 번의 환난과 일곱 번의 난관 속에서 하나님의 선하심을 체험하였기 때문에, 나는 결코

하나님을 불신하지 않을 것이고, 끝까지 의지할 것이다. 이것은 하나님께서 이 제까지 나를 위하여 행하신 모든 일은 나의 공로 때문이 아니라 순전히 그의 이름을 위하여 그의 말씀을 이루며 그의 약속을 성취하고 자신의 인격 및 그의 백성과 관련된 영광을 위하여 하신 것이기 때문이다. 그러므로 그 이름은 여전히 나의 요새가 되실 것이고, 내게 내 평생에 나를 인도하시고 먹이셨던 하나님께서 마지막까지 나를 버리시지 않으시리라는 것을 확신하게 해 준다." 여기에는 다음과 같은 내용들이 나온다.

(1) 임박한 위험이 전제됨: "내가 사망의 음침한 골짜기로 다닐지라도, 즉 내가 죽을 위험에 처하고, 골짜기만큼 깊이 그리고 그림자처럼 진하게, 또한 죽음 자체처럼 무서울 정도로 큰 위험 속에 있을지라도, 또는 내가 죽음에 붙잡혀 있고 내 안에서 사형 선고를 받아서 이 세상에서 내 자신이 죽은 것이나 다름없는 사람이라고 할지라도, 나는 평안하다." 병든 자들과 나이든 자들은 자신이 사망의 음침한 골짜기에 있다고 볼 수 있다. 여기에 무시무시하게 들리는 한 단어가 나온다. 그것은 우리 모두가 큰 관심을 가지지 않을 수 없는 사망이라는 단어이다. 죽는 날을 주장할 사람도 없으며 전쟁할 때를 모면할 사람도 없다. 그러나 죽음을 생각한다고 하여도 그 공포를 줄여 주는 네 개의 단어가 나온다: 우리 앞에는 실제로 죽음이 있다. 그러나

[1] 그것은 사망의 그림자일 뿐이다. 그 속에는 우리에게 실질적으로 해악을 끼칠 만한 것이 없다. 뱀의 그림자는 독이 없고, 칼의 그림자는 사람을 죽이지 못한다.

[2] 그것은 그 그림자의 골짜기, 실제로 깊고 어두우며 더러운 골짜기이다. 그러나 골짜기들은 비옥해서 열매를 맺기 때문에, 죽음 자체로 하나님의 백성에게 여러 가지 기쁨들의 열매를 맺게 해 준다.

[3] 그것은 단지 이 골짜기에서 걷는 것, 즐겁고 유쾌한 산보에 불과하다. 하나님께서는 악인들의 영혼을 청구하시며 악인들을 이 세상에서 쫓아내신다. 그러나 성도들은 이 세상에 유유히 작별하며 기쁜 마음으로 또 다른 세상으로 산보하듯 걸어간다.

[4] 그것은 그 골짜기를 통과하여 걸어가는 것이다. 그들은 이 골짜기 속에서 길을 잃지 않을 것이고, 그 너머에 있는 향기로운 산에 안전하게 도달할 것이다.

　(2) 그는 몇 가지 근거 위에서 이러한 위험을 가볍게 여기고 무사히 통과할 것을 확신함. 죽음은 모든 두려운 것들 중에서 가장 큰 두려움이지만, 그리스도의 양들에게는 그렇지 않다. 그들은 도살하기로 되어 있는 양들과 마찬가지로 죽음을 두려워하지 않는다. "내가 사망의 음침한 골짜기로 다닐지라도 해를 두려워하지 않을 것이다. 이러한 것들은 나를 전혀 요동시키지 못한다." 하나님의 자녀는 죽음의 사자를 거룩한 마음의 평안 속에서 침착하게 만나며 그 호출을 담담하게 받아들일 수 있다는 것을 명심하라. 젖먹이들은 아무런 두려움 없이 독사굴에 손을 넣고 장난을 칠 수 있다. 젖을 뗀 아이, 즉 은혜로 말미암아 세상 욕심을 버린 자는 독사굴에 손을 넣고, 바울처럼 사망아 네가 쏘는 것이 어디 있느냐고 말하며 죽음에 대하여 거룩한 도전을 할 수 있다. 그리고 이러한 확신에는 충분한 근거가 존재한다.

　[1] 그것은 하나님의 자녀가 그런 일을 하더라도 해를 당하지 않기 때문이다. 죽음은 우리를 하나님의 사랑에서 떼어 놓을 수 없기 때문에, 실제로 우리에게 그 어떤 해악도 가할 수 없다. 죽음은 우리의 육신을 죽일 수는 있지만, 영혼을 건드릴 수는 없다. 우리가 우리에게 아무런 해도 끼칠 수 없는 것을 두려워할 이유가 어디에 있겠는가?

　[2] 그것은 성도들의 경우에는 그들이 죽는 순간에 하나님의 은혜로운 임재가 그들과 함께 하기 때문이다. 성도들이 죽을 때에 하나님께서 그들의 오른쪽에 계시는데, 그들이 요동할 이유가 어디에 있겠는가? 선한 목자는 포식자들과 울부짖는 늑대들이 우글거리는 위험한 골짜기를 통과할 때에 그의 양들을 인도하실 뿐만 아니라 호위하신다. 그는 그들을 호위하실 뿐만 아니라 양들에게 가장 위로가 필요할 때에 그들을 위로하신다. 하나님께서 함께 하신다는 것이 그들에게 위로가 될 것이다: 주께서 나와 함께 하심이라. 하나님의 말씀과 성령이 그들을 위로하실 것이다 — 주의 지팡이와 막대기는 목자가 양들의 수를 셀 때에 양들로 하여금 그 아래를 지나가게 하였던 지팡이(레 27:32) 또는 목자들이 양들을 흐트러뜨리거나 괴롭히는 개들을 쫓아낼 때에 사용하였던 막대기를 가리킨다. 성도들이 죽을 때에 하나님께서 그들을 알아 보시고(하나님께서는 그의 백성을 아신다), 원수를 꾸짖으시며, 그들을 그의 막대기로 인도하시고 그의 지팡이로 지탱해 주시리라는 것은 그들에게 큰 위로가 된다. 복음은 그리스도의 권능의 막대기(시 110:2)로 불리고, 복음 속에는 성도들이 죽을 때

에 그들을 위로할 수 있는 충분한 것이 있으며, 그들이 죽을 때에 영원한 팔이 그들을 밑에서 떠받치게 될 것이다.

III. 하나님께서 이제까지 그에게 선한 것들을 풍성하게 베푸신 것으로부터 그는 하나님의 긍휼하심이 앞으로도 변함없이 계속되리라는 것을 확신한다(5-6절). 여기에서 우리는 다음과 같은 것들을 살펴볼 수 있다.

1. 그는 하나님께서 은혜로써 그에게 많은 것들을 풍성하게 허락해 주신 것을 찬송한다(5절): "주께서 내게 상을 차려 주셨다. 주께서는 생명과 경건에 속한 모든 것들, 이 세상과 영원한 세상에서 몸과 영혼을 위하여 꼭 필요한 모든 것들을 내게 공급해 주셨다." 하나님은 그의 모든 백성에게 이렇게 풍성하게 은혜를 베푸시는 자이시다. 다음과 같은 것들을 고백하는 자들은 여기에서 다윗이 하는 것과 마찬가지로 하나님의 선하심을 소리높여 외치는 것이 합당하다.

(1) 하나님께서 우리에게 양식을 주셨고, 상을 차려 주셨으며, 잔을 채워 주셨고, 허기질 때에 먹을 것을, 목마를 때에 마실 것을 주셨다는 것.

(2) 하나님께서 그를 위하여 세심하게 이 모든 것들을 공급해 주셨다는 것. 하나님은 저 먼 곳에 상을 차려 놓고 그에게 거기로 가서 먹으라고 하신 것이 아니라, 그의 앞에 상을 차려 주셨다.

(3) 하나님께서 그에게 인색하고 초라하게 상을 차려 주신 것이 아니라 풍성하게 상을 차려 주셨다는 것: "나 자신과 나의 친구들에게 차고 넘칠 정도로 충분하게 내 잔이 넘치나이다."

(4) 하나님께서는 그에게 꼭 필요한 양식들과 물건들을 공급해 주신 것이 아니라 그를 우아하게 단장시키시고 넘치는 기쁨을 주셨다는 것: 주께서 기름을 내 머리에 부으셨다. 사무엘은 다윗에게 기름을 부어서 왕으로 삼았는데, 이것은 앞으로 있을 은총을 보여주는 확실한 징표였다. 또한 그것은 하나님께서 그에게 베풀어 주셨던 풍성한 은혜를 보여주는 한 가지 예이거나 하나님께서 그를 특별한 친구로 영접하셨다는 것을 암시하는 것이다(사람들은 특별한 친구에게는 그 머리에 기름을 부었다, 눅 7:46). 또한, 어떤 이들은 그가 여전히 자기 자신을 한 마리 양, 가난한 사람의 작은 암양 새끼로 여기고 있다고 생각하는데(삼하 12:3), 그 암양 새끼는 그가 먹는 것을 먹으며 그의 잔으로 마시며 그의 품에 누운 그런 양이었다. 하나님의 자녀들은 이렇게 고상하고 이렇게 자상

하게 돌보심을 받는다. 그들에게는 현세의 삶뿐만 아니라 내세의 삶을 위해서도 그들의 몸과 영혼을 위하여 풍성한 것들이 공급된다. 섭리에 의해서 우리에게 우리의 자연적인 삶을 위하여 이렇게 풍성한 것들이 공급되지 않을 때, 그것을 보충해 줄 영적인 축복들이 우리에게 이루어진 것이 아니라면, 그것은 우리 자신의 잘못이다.

2. 그는 하나님의 은총이 계속되리라는 것을 확신한다(6절). 그는 앞서 내게 부족함이 없으리로다고 말하였었다. 그러나 이제 그는 좀 더 적극적이고 포괄적으로 이렇게 말한다: 내 평생에 선하심과 인자하심이 반드시 나를 따르리로다. 이러한 고백을 통해서 그의 소망은 더욱 새로워졌고 그의 믿음은 더욱 강하여졌다. 좀 더 살펴보자.

(1) 그는 무엇을 기대하는가 — 선하심과 긍휼하심, 원천으로부터 흘러나오는 긍휼하심의 모든 물줄기들, 죄를 사하시는 긍휼하심, 보호해 주시는 긍휼하심, 붙들어 주시는 긍휼하심, 공급해 주시는 긍휼하심.

(2) 그것이 전달되는 방식. 반석에서 나온 물이 광야 시절 동안에 이스라엘 진영을 따랐던 것처럼, 그것은 나를 따를 것이다. 그것은 나를 따라서 모든 곳들과 모든 상황들 속으로 흘러들 것이고, 항상 흘러들 준비를 갖추고 있을 것이다.

(3) 그것이 계속되리라는 것. 그것은 내 평생에, 나의 마지막 순간까지 나를 따를 것이다. 왜냐하면, 하나님께서는 그가 사랑하시는 자를 끝까지 사랑하시기 때문이다.

(4) 그것이 변함이 없으리라는 것. 내 평생에 그것은 낮이 오는 것과 마찬가지로 변함이 없을 것이다. 이스라엘 백성에게 날마다 만나가 주어졌던 것처럼, 그것은 내게 아침마다 새로울 것이다(애 3:22-23).

(5) 그것의 확실성: 반드시 그것이 나를 따를 것이다. 그것은 진리의 하나님께서 약속하신 것이기 때문에 확실한 것이다. 우리는 우리가 믿는 분이 어떤 분이신지를 안다.

(6) 여기에는 장래에 하늘 나라에서 그의 지극한 복이 온전하게 되리라는 전망이 나온다. 어떤 이들은 후자의 구절을 이렇게 해석한다: "내가 이 땅에 사는 동안에 내 평생에 선하심과 긍휼하심이 나를 따를 것이고, 내가 이 세상의 삶을 마치고 더 나은 세상으로 옮겨가서, 거할 곳이 많은 우리 아버지의 집, 여

호와의 집에 영원히 살게 될 것이다. 나는 내가 지금 가지고 있는 것으로 무척 기뻐하고, 앞으로 내가 가질 것에 대하여 더욱 기뻐하노라." 이 모든 것에 더하여 천국까지도 내게 주어질 것이다! 그 때에 우리는 선한 선생을 섬기게 될 것이다.

3. 그는 하나님과 자신의 도리를 꼭 붙들겠노라고 단단히 결심한다. 우리는 마지막 구절을 다윗이 하나님과 맺은 언약으로 해석한다: "나는 여호와의 집에 영원히 살 것이고(내가 살아 있는 한), 내가 어떤 처지에 있든지 간에 여호와를 찬송할 것이다." 우리는 하나님을 영원히 섬기기를 원하여 그들의 귀를 문설주에 대고 뚫은 종들로서 하나님의 집에 살아야 한다. 우리를 향하신 하나님의 선하심이 아침 햇살과 같아서 점점 더 밝게 빛나 대낮을 이룰 것인데, 하나님을 향한 우리의 사랑이 구름 낀 아침이나 곧 사라질 아침 이슬 같은 것이 되어서는 안 된다. 하나님의 집에서 배불리 먹고 만족하고자 하는 자들은 그 집에서 해야 할 일들을 부지런하고 정성스럽게 행하여야 한다.

제 — 24 — 편

개요

이 시편은 예수 그리스도의 나라에 관한 것이다. I. 그의 섭리의 나라. 그는 섭리를 통해서 세상을 다스리신다(1-2절). II. 그의 은혜의 나라. 그는 은혜를 통해서 그의 교회를 다스리신다. 1. 그 나라의 신민들, 그들의 성품(4, 6절), 그들의 헌장(5절)에 관하여. 2. 그 나라의 왕에 관하여. 모두에게 그를 받아들이도록 요구함(7-10절). 이 시편은 다윗이 언약궤를 그것을 안치하기로 되어 있었던 곳으로 모셔올 때에 지어진 것으로 생각되는데, 이 시편의 목적은 백성들을 외적인 화려한 의식들을 넘어 서서 그리스도(언약궤는 그리스도의 모형이었다)에 대한 믿음과 거룩한 삶으로 이끌기 위한 것이었다.

〔다윗의 시〕

¹땅과 거기에 충만한 것과 세계와 그 가운데에 사는 자들은 다 여호와의 것이로다 ² 여호와께서 그 터를 바다 위에 세우심이여 강들 위에 건설하셨도다

여기에는 다음과 같은 내용들이 나온다.

I. 우리가 처해 있는 이 피조 세계 속에서 하나님의 절대적인 소유권(1절). 우리는 하늘 뜰과 윗 세상에 거하는 무수한 광채나는 거민들만이 여호와의 것이고, 이 땅은 너무도 작고 보잘것없는 피조 세계의 일부이고 하늘에 있는 왕의 궁정에서 너무도 멀리 떨어져 있기 때문에 하나님은 이 땅에 아무런 관심도 없다고 생각해서는 안 된다. 이 땅, 이 아랫 세상도 여호와의 것이다. 하나님은 그의 영광의 보좌를 하늘에 두셨지만, 그의 나라는 모든 것을 다스리시고, 이 땅에 사는 벌레들조차도 하나님께서 아시며 그의 통치에서 벗어나 있지 않다.

1. 하나님은 이 땅을 인간에게 주셨을 때에 이 땅에 대한 소유권은 스스로 가지고 계셨고, 오직 이 땅을 인간에게 소작으로 주신 것이었다: 땅과 거기에 충만한 것들은 다 여호와의 것이로다. 땅 속에 묻혀 있는 광석들, 가장 비옥한 토지들, 그것이 내는 열매들, 산림에 있는 모든 짐승들, 수많은 들에 있는 가축들,

우리의 땅과 집들, 인간이 기술과 노동을 통해서 이 땅을 개간하고 개선한 모든 것들은 다 여호와의 것이다. 이러한 것들은 은혜의 나라에서는 당연히 헛된 것으로 여겨진다. 왜냐하면, 그것들은 영혼에게 아무런 도움도 되지 못하는 헛되고 헛된 것들이기 때문이다. 그러나 섭리의 나라에서 그것들은 충만함이다. 주께서 지으신 것들이 땅과 크고 넓은 바다에 가득하나이다. 이 땅의 모든 부분들과 지역들은 여호와의 것으로서, 모든 것이 그의 눈 아래에 있고 모든 것이 그의 수중에 있다. 따라서 하나님의 자녀가 어디를 가든지, 그는 이것으로 위로를 받을 수 있고, 그의 아버지의 땅을 벗어나지 않는다. 이 땅 중에서 우리에게 맡겨진 것과 거기에서 나오는 모든 산물들은 하나님께서 우리에게 빌려 주신 것일 뿐이다. 그것은 다 여호와의 것이다. 온 세상에서 우리의 것이 될 수 없는 것이라도 그것은 하나님의 소유권에서 벗어날 수 없다. 우리에게서 아주 멀리 떨어져 있는 것들, 바닷길을 다니는 것들이나 바다의 밑바닥에 숨겨져 있는 것들도 여호와의 것이고, 여호와께서는 그것이 어디에 있는지를 아신다.

2. 이 땅 중에서 사람들이 거처할 수 있는 지역(잠 8:31)은 특별한 방식으로 여호와의 것이다 ― 세계와 그 가운데에 사는 자들. 우리 자신은 우리 자신의 것이 아니고, 우리의 몸과 우리의 영혼도 우리의 것이 아니다. 하나님께서는 모든 영혼은 나의 것이다라고 말씀하신다. 왜냐하면, 하나님은 우리의 몸을 조성하신 분이시고 우리의 영들의 아버지이시기 때문이다. 우리의 혀도 우리 자신의 것이 아니다. 우리의 혀는 하나님을 섬기도록 되어 있다. 심지어 하나님을 알지 못하고 하나님에 대한 그들의 관계를 시인하지 않는 자들도 하나님의 것이다. 이러한 말씀이 여기에 나오는 것은 하나님께서 그가 특별히 택하신 백성의 기도와 예배를 은혜로 열납하기를 기뻐하시지만(3-5절) 이것은 그가 그들을 필요로 하거나 그들로부터 유익을 얻을 수 있기 때문이 아니라는 것을 보여주기 위한 것이다. 왜냐하면, 이 땅은 하나님의 것이고 이 땅에 있는 모든 것이 하나님의 것이기 때문이다(출 19:5; 시 50:12). 마찬가지로, 이러한 말은 중보자로서 그리스도께서 이 땅의 모든 부분을 다스리시는 것에도 그대로 적용될 수 있다. 하나님께서는 이 땅을 그리스도께 주셨다. 아버지께서는 아들을 사랑하셔서 만물을 그의 손에 주셨고 그에게 모든 육체에 대한 권능을 주셨다. 사도 바울은 우상들에게 바쳐진 것들에 관한 논의 속에서 이 성경 본문을 두 번 인용한다(고전 10:26, 28). "우상 제물이 시장에서 팔리거든, 아무런 질문도 하지

말고 그것을 먹어라. 이는 땅과 거기 충만한 것이 주의 것임이라. 그것은 하나님께서 지으신 선한 피조물이고, 너희는 그것을 먹거나 가질 권리가 있다. 그러나 누가 너희에게 그 고기가 우상에게 바쳐진 것이라고 말한다면, 그것을 먹지 말라. 왜냐하면 땅과 거기 충만한 것이 주의 것이기 때문에 그것 외에도 이 땅에는 많은 것들이 있기 때문이다." 이것은 우리가 이 세상에서 우리에게 주어진 것으로 만족하고 다른 사람들에게 주어진 것을 부러워하지 말아야 할 좋은 근거가 된다. 땅은 여호와의 것이고, 따라서 여호와께서는 그의 기쁘신 뜻을 따라서 어떤 사람들에게는 더 많은 것을, 또 어떤 사람들에게는 더 적은 것을 주실 수 있다.

Ⅱ. 이러한 소유권의 근거. 땅에 대한 소유권이 하나님께 있다는 것은 논란의 여지가 없다. 왜냐하면, 여호와께서 그 터를 바다 위에 세우셨고 강들 위에 건설하셨기 때문이다(2절). 이 땅은 하나님의 것인데, 그 이유는 다음과 같다.

1. 하나님께서 그것을 지으셨고 조성하셨으며 터를 세우셨고 인간이 사용하기에 적합하도록 만드셨다. 그 내용물은 하나님의 것이다. 왜냐하면, 하나님께서 그것을 무에서 만드셨기 때문이다. 그 형태도 하나님의 것이다. 왜냐하면, 하나님께서 그의 마음의 영원한 계획과 개념을 따라서 그것을 만드셨기 때문이다. 하나님은 그것을 스스로 만드셨고 자기 자신을 위하여 만드셨다. 따라서 하나님은 이 모든 것에 대한 유일하고 절대적인 소유자이시고, 하나님의 허락 없이는 그 누구도 이 땅의 어떤 부분에 대한 권리를 주장할 수 없다(시 89:11을 보라).

2. 하나님은 이 땅을 그 누구도 해낼 수 없는 방식으로 만드셨다. 그것은 전능하심에 의해서 만들어진 피조물이다. 왜냐하면, 이 땅은 그 땅을 떠받치기에는 연약하고 불안정한 터라고 할 수 있는 바다와 강들 위에 세워졌기 때문이다. 우리는 그러한 터들이 약할 것이라고 생각하지만, 전능하신 능력이 하고자 하신다면, 그 터들은 능히 이 땅의 무게를 지탱하고도 남게 된다. 처음에는 물들이 땅을 뒤덮고 있어서 사람들이 거주하기에 적합하지 않았는데, 하나님께서 물들에게 명하여 땅 아래로 들어가라고 하셨고, 그 결과 뭍이 드러났고, 그것이 이 땅의 터가 되었다(시 104:8-9을 보라).

3. 하나님은 땅을 견고하게 하셔서 한 세대가 가고 또 다른 세대가 올지라도 땅은 영원히 있게 하셨다(전 1:4). 그의 섭리는 지속적인 창조이다(시 119:90).

땅의 터가 강들 위에 세워져 있다는 것은 우리에게 땅에 속한 모든 것들이 얼마나 불안정하고 불확실한지를 일깨워 준다. 그것들의 터는 모래일 뿐만 아니라 물이기도 하다. 그러므로 그것들 위에 건물을 짓는 것은 참으로 어리석은 짓이 될 것이다.

[3]여호와의 산에 오를 자가 누구며 그의 거룩한 곳에 설 자가 누구인가 [4]곧 손이 깨끗하며 마음이 청결하며 뜻을 허탄한 데에 두지 아니하며 거짓 맹세하지 아니하는 자로다 [5]그는 여호와께 복을 받고 구원의 하나님께 공의를 얻으리니 [6]이는 여호와를 찾는 족속이요 야곱의 하나님의 얼굴을 구하는 자로다 (셀라)

시편 기자의 묵상은 이 세계와 거기에 충만한 것으로부터 갑자기 또 다른 세계의 큰 일들, 그 터가 바다나 강물들 위에 세워져 있지 않은 세계로 나아간다. 이 세상에 속한 것들을 하나님께서는 인간에게 주셨고, 우리는 그것들에 대한 하나님의 섭리에 많은 빚을 지고 있다. 그러나 그것들은 우리를 위한 분깃이 되지 못할 것이다. 그러므로 다음과 같은 내용들이 나온다.

I. 여기에 더 나은 것들을 찾아가는 것이 나온다(3절).   이 땅은 하나님의 발등상이다. 우리가 이 땅의 많은 것들을 가지고 있다고 할지라도, 우리는 잠시 후면 여기를 떠나서 다른 곳으로 가야 하는데, 과연 여호와의 산에 오를 자가 누구인가? 이 곳을 떠난 후에 천국에 갈 자가 누구이고, 그 전조로서 지금 여기에서 거룩한 말씀들과 성례들을 통해서 하나님과 교통을 하게 될 자는 누구인가? 자신의 본성, 기원, 불멸성을 알고 있는 영혼은 이 땅과 거기에 충만한 것을 보고서 만족하지 못하여 주저앉고 말 것이다. 모든 피조물들 중에는 인간에게 필요한 도움을 줄 만한 것이 없기 때문에, 인간은 하나님을 향하여, 천국을 향하여 올라가고자 생각하면서 이렇게 물을 것이다: "내가 저 높은 곳, 여호와께서 계셔서 스스로를 나타내시는 저 산에 올라서, 하나님과 교제함으로써, 저 복되고 거룩한 곳, 하나님께서 그의 백성을 맞이하셔서 그들을 거룩하고 복되게 만들어 주시는 저 곳에 거하려면 어떻게 해야 하는가? 내가 하나님께서 자신의 특별한 백성으로 인정하시고, 이 땅과 거기에 충만한 것이 그의 것인 것과는 또 다른 방식으로 하나님의 소유인 백성이 되기 위해서는 어떻게 해야 하는가?" 후자의 질문은 전자의 질문과 거의 동일하다(시 15:1). 성전이 세워져

있는 시온 산은 눈에 보이는 교회와 눈에 보이지 않는 교회의 모형이었다. 백성들이 언약궤를 성소에 안치시켰을 때, 다윗은 그들에게 이러한 것들은 단지 하늘에 있는 것들의 모형일 뿐이기 때문에 그것들을 통해서 하늘에 있는 것들을 생각하는 것으로 더 나아가야 한다는 것을 백성들에게 상기시킨다.

Ⅱ. 이러한 질문에 대한 대답. 이 대답 속에서 우리는 다음과 같은 것들을 본다.

1. 은혜와 영광 속에서 하나님과 교통하게 될 하나님의 특별한 백성의 속성들.

(1) 그들은 모든 큰 죄들을 범하지 않는 자들이다. 그들은 손이 깨끗하다. 그들의 손은 세상과 육체의 더러운 것들로 얼룩져 있지 않다. 율법에 의하면, 의식상으로 부정한 자들은 성산에 들어갈 수 없었는데, 이것은 하나님과 교제를 갖는 모든 자들에게 요구된 정결한 행실을 의미하였다. 사람들이 기도할 때에 드는 손은 순결한 손이어야 한다. 그 손에는 불의하게 얻은 이득의 오점이 붙어 있어도 안 되고, 사람을 더럽히거나 거룩한 하나님을 화나게 하는 그 밖의 다른 것들이 묻어 있어서도 안 된다.

(2) 그들은 외적으로만이 아니라 실제로(즉, 내적으로도) 선하다는 것을 떳떳하게 자신할 수 있는 자들이다. 그들은 마음이 청결하다. 우리가 마음에서 우러나오는 신앙을 가지고 있지 않다면, 우리의 신앙은 아무것도 아니다. 사람들 앞에서 우리의 손이 깨끗하다는 것만으로는 충분하지 않고, 우리는 우리의 마음에서 모든 악한 것을 씻어내야 하며, 우리의 마음속에 그 어떤 은밀한 부정함도 용납해서는 안 되는데, 이러한 것들은 하나님의 눈 앞에서는 벌거벗은 것 같이 드러난다. 죄악된 행위들로 인해서 자신의 손을 더럽힌 자들은 청결하고 선한 마음을 지니고 있는 체해보아도 아무 소용이 없다. 진실하고 거짓없이 하나님과 계약을 맺는 마음, 악한 영, 더러운 영이 만지지 못하도록 세심하게 지켜진 마음, 믿음으로 인해서 깨끗해지고 하나님의 형상과 뜻에 합한 마음이 청결한 마음이다(마 5:8을 보라).

(3) 그들은 이 세상의 것들에 마음을 두지 않고 뜻을 허탄한 데에 두지 아니하며, 그 마음이 이 세상의 부와 사람들의 칭찬 또는 감각의 쾌락들을 향하여 무절제하게 달려가지 않는 자들이다. 그들은 이러한 것들은 불확실하고 만족을 주지 못하는 헛된 것이라고 믿기 때문에 이러한 것들을 그들의 분깃으로 삼지

도 않고 그것을 따라가지도 않는다.

(4) 그들은 하나님과 사람을 정직하게 대하는 자들이다. 그들은 하나님과의 계약이나 사람들과의 합의에서 거짓으로 맹세하거나 약속을 깨뜨리거나 계약을 파기하거나 거짓 서원을 하지 않는다. 하나님의 참되심과 영광을 위하여 마땅히 행해야 할 것들을 아랑곳하지 않는 자들은 하나님의 성산에 들어가기에 합당하지 않는 자들이다.

(5) 그들은 기도하는 백성이다(6절): 이는 여호와를 찾는 세대(족속)이다. 모든 세대에는 이러한 성품을 지닌 남은 자들이 있고, 그들은 여호와의 족속으로 여김을 받게 된다(시 22:30). 또한 그들은 하나님을 찾는 자들, 야곱의 하나님의 얼굴을 구하는 자들이다.

[1] 그들은 하나님과 함께 하기 위해서, 간절한 기도를 통해서만이 아니라 하나님의 은총을 얻고 그의 사랑 안에 머물기 위한 진지한 노력들을 통해서 하나님을 찾는다. 그들은 하나님과 함께 하는 것을 그들의 최고의 복으로 삼았기 때문에 하나님께 열납되는 것을 그들의 최고의 소원으로 삼고서, 하나님께 인정받기 위해서 심혈을 기울인다. 우리가 오르려고 하는 것은 여호와의 산이고, 그 길은 오르막길이기 때문에, 우리는 젖먹던 힘까지 다 내서 부지런히 찾지 않으면 안 된다.

[2] 그들은 하나님의 백성에 속하여 그들과 더불어서 하나님을 찾는다. 그들은 하나님과의 교통 속으로 들어감으로써 성도들과의 교통 속으로 들어오게 되었다. 그들은 이전 세대의 성도들의 본을 따라서(어떤 이들은 이렇게 해석한다), 하나님과 싸워서 승리하여 하나님을 찾고 발견함으로써 이스라엘이라는 별명을 얻었던 야곱처럼(어떤 이들은 이렇게 해석한다) 하나님의 얼굴을 구한다. 또한 그들은 동시대의 성도들과 사귐을 갖고서 하나님의 교회가 주는 유익을 얻고자 하며(계 3:9), 하나님의 백성과 사귐을 갖는 것을 기뻐하고(슥 8:23), 그들과 어울릴 것이며, 그들이 자기가 여호와께 속하였음을 그의 손으로 기록할 때 야곱의 이름으로 자기를 부를 것이다(사 44:5). 바울은 회심하자마자 제자들을 사귀고자 하였다(행 9:26). 그들은 야곱 안에서(어떤 이들은 이렇게 해석한다), 즉 하나님의 백성의 회중들 속에서 하나님의 얼굴을 찾을 것이다. 야곱의 하나님 주의 얼굴(흠정역의 난외주에서는 이렇게 보충적으로 해석을 해서 문맥을 부드럽게 하고 있다). 모든 믿는 자들이 아브라함의 영적인 자손인 것

과 마찬가지로, 기도에 힘쓰는 모든 자들은 야곱의 영적인 자손이다. 하나님께서는 그에게 나를 찾아 보아야 아무 소용이 없다고 말씀하신 적이 없으셨다.

2. 하나님의 특별한 백성의 특권들(5절). 그들은 영원히 진정으로 복될 것이다.

(1) 그들은 복을 받게 될 것이다. 그들은 하나님의 약속을 따라서 여호와께 복을 받고, 하나님의 은총의 모든 열매들과 선물들을 받게 될 것이다. 하나님께서 축복하시는 자들은 진정으로 복을 받은 자들이다. 왜냐하면, 복을 명하시는 것은 하나님의 대권이기 때문이다.

(2) 그들은 의롭게 되고 거룩하게 될 것이다. 이러한 것들은 그들이 받게 될 하늘에 속한 영적인 축복들인데, 심지어 그들이 그토록 주리고 목말라 하였던 의도 그들에게 주어질 것이다(마 5:6). 의를 얻었다는 것은 복을 받았다는 것을 의미한다. 왜냐하면, 우리에게는 우리 자신의 의가 없어서 오직 하나님으로부터만 우리가 의를 기대할 수 있기 때문이다. 그들은 그들의 의로움에 대한 상급(어떤 이들은 이렇게 해석한다), 의로우신 재판장이 주실 의의 면류관을 받게 될 것이다(딤후 4:8).

(3) 그들은 구원을 받게 될 것이다. 왜냐하면, 하나님 자신이 그들의 구원의 하나님이 되실 것이기 때문이다. 하나님께서 어떤 사람에게 의를 주시는 것은 그를 구원하시기 위한 것임을 명심하라. 하늘 나라에 합당하게 된 자들은 순조롭게 하늘 나라로 가게 될 것이고, 거기에서 그들은 그들이 그토록 찾아왔던 것을 발견하고서 무한히 만족하게 될 것이다.

7문들아 너희 머리를 들지어다 영원한 문들아 들릴지어다 영광의 왕이 들어가시리로다 8영광의 왕이 누구시냐 강하고 능한 여호와시요 전쟁에 능한 여호와시로다 9문들아 너희 머리를 들지어다 영원한 문들아 들릴지어다 영광의 왕이 들어가시리로다 10영광의 왕이 누구시냐 만군의 여호와께서 곧 영광의 왕이시로다 (셀라)

이 절들 속에는 앞에서 한 번 나온 것들이 다시 반복되고 있다. 이러한 반복들은 노래들에서는 통상적인 것이고, 그러한 반복 속에 많은 매력이 있다. 여기에는 다음과 같은 내용들이 나온다. 1. 영광의 왕이 들어가시게 준비하라는 명령이 반복되어 나온다. 큰 문들과 작은 문들이 그가 들어오실 수 있도록 활짝 열어젖혀야 한다. 왜냐하면, 주께서 문 밖에 서서 들어오실 준비를 하시고 문을 두드리고 계시기 때문이다. 2. 이 권능있는 왕, 들어가겠다고 하시는 이 왕이 누구신지에 관한 질문이 반복된다: 영광의 왕이 누구시냐? 누가 우리 집 문을 두드릴 때, 누구시죠라고 묻는 것이 일반적인 것인 것과 마찬가지로, 이 질문이 던져진다. 3. 들어가시겠다고 요구하시는 분이 왕적인 인물이라는 것에 대하여 만족감이 반복되어 표현된다: 그는 강하고 능한 여호와시요 전쟁에 능한 여호와시로다(8, 10절). 좀 더 살펴보자.

I. 들어가는 것에 관하여 여기에서 화려하게 묘사되고 있는 장면은 다윗이 만들어 놓은 성막 또는 솔로몬이 지은 성전 속으로 언약궤를 엄숙하게 들이는 예식과 관련이 있는 것 같다. 왜냐하면, 다윗은 성전을 건축할 재료들을 준비하였는데, 그 때에 성전을 봉헌할 때에 사용할 시편도 써 놓았을 것이라고 보는 것이 적절하기 때문이다. 문지기들은 문들을 열라는 지시를 받고, 그 문들은 영원한 문들이라고 불리고 있다. 왜냐하면, 그 문들은 단지 휘장으로만 되어 있었던 성막의 문과는 달리 훨씬 더 견고한 것들이었기 때문이다. 그들은 영광의 왕이 누구시냐라고 묻도록 가르침을 받는다. 언약궤를 멘 자들은 우리가 앞에서 살펴본 그러한 말로 대답하도록 가르침을 받았는데, 그러한 표현은 언약궤가 하나님의 임재를 나타내는 상징 또는 징표였기 때문에 매우 적절한 것이었다(수 3:11). 또는, 이것은 이 주제를 좀 더 생생하게 표현하기 위해서 사용된 시적인 비유로 해석될 수도 있다. 하나님은 그의 말씀과 성례전을 통해서 우리에게 오실 때에 우리는 하나님을 이렇게 환영하고 영접하여야 한다.

1. 너무도 기쁜 마음으로: 우리는 하나님께서 들어오시도록 큰 문들과 작은 문들을 활짝 열어젖혀야 한다. 하나님의 말씀이 우리 영혼의 가장 깊은 곳까지 도달하게 하자. 우리에게 600개의 목이 있다면, 우리는 그것들 모두를 여호와의 말씀의 권위에 복종하여 그 앞에 무릎을 꿇게 하여야 한다.

2. 지극히 경외하는 마음을 가지고. 우리가 상대하는 분이 얼마나 크신 하나님이신지를 기억하고서 우리는 그분에게 나아갈 때 경외하는 마음을 지녀야 한다.

II. 이것은 의심할 여지 없이 그리스도를 가리킨다. 속죄소를 갖추고 있는 언약궤는 그리스도의 모형이었다.

1. 우리는 이 본문을 그리스도께서 하늘에 오르신 것과 하늘에서 그리스도를

환영한 것에 적용할 수 있다. 그리스도께서는 이 땅에서 그의 일을 마치신 후에 하늘 구름을 타고 승천하셨다(단 7:13-14). 이 때에 하늘의 문들이 그리스도에게 열렸는데 이 문들은 진정으로 영원한 문들이라고 불릴 수 있는 것들로서, 생명 나무로 가는 길을 지키기 위해서 우리에게는 닫혀져 있었던 문들이었다(창 3:24). 우리의 구속주께서는 그 문들이 닫혀져 있는 것을 발견하셨지만, 그의 피로 말미암아 죄를 속하여서 성소에 들어갈 자격을 얻으셨기 때문에(히 9:12) 권세 있는 자로서 자기 자신만을 위해서가 아니라 우리를 위해서도 그 문들 속으로 들어가겠다고 요구하셨다. 왜냐하면, 그리스도께서는 먼저 가신 자로서 우리를 위하여 그 문들로 들어가심으로써 모든 믿는 자들에게 천국을 여셔야 했기 때문이다. 음부와 사망의 열쇠만이 아니라 천국과 생명의 열쇠도 그의 손에 두어져야 한다. 그리스도께서 그 문들로 다가가시는 모습이 너무도 위엄이 있으셨기 때문에, 천사들은 이 영광의 왕이 누구시냐라고 묻지 않을 수 없었다. 왜냐하면, 새 예루살렘의 문들을 지키는 자들은 바로 천사들이기 때문이다(계 21:12). 하나님께서는 그의 맏아들이 윗 세상으로 들어오셨을 때에 천사들에게 그를 경배하도록 명하셨다(히 1:6). 따라서 천사들은 여기에서 놀라움과 의아한 마음을 가지고 이렇게 묻는다: "그가 누구신가? 붉은 옷을 입고 보스라에서 오는 이분이 누구신가(사 63:1)?" 왜냐하면, 그리스도께서는 저 세상에 죽임을 당하신 어린 양으로 나타나셨기 때문이다. 그러자 그는 강하고 능하시며 전쟁에 능하셔서 그의 백성을 구원하고 그와 그들의 원수들을 복속시키신 자라는 대답이 나온다.

2. 우리는 이 본문을 그리스도께서 사람들의 영혼을 그의 성전으로 삼으시기 위해서 그의 말씀과 성령을 통해서 영혼 속으로 들어가시는 것에 적용할 수 있다. 영혼들 속에서의 그리스도의 임재는 언약궤가 성전에 있는 것과 같다. 그것은 그들을 거룩하게 만든다. 볼지어다 내가 문 밖에 서서 두드리노라(계 3:20). 우리의 마음의 큰 문들과 작은 문들을 그리스도께 활짝 여는 것이 필요한 것은 그리스도를 손님으로 맞아들이기 위해서가 아니라 우리 마음의 소유권을 둘러싼 오랜 소송 끝에 그 소유권을 원래의 주인에게 돌려 드리기 위한 것이다. 이것이 복음이 우리에게 요구하는 것이다. 우리는 영광의 왕 예수 그리스도께서 우리 영혼에 들어오시게 하고, 그를 호산나, 찬송하리로다 오시는 이여라는 말로써 환영해야 한다. 우리가 이런 일을 제대로 하기 위해서는 이 영광의 왕이 누

구시냐라고 묻는 데에 관심을 가져야 한다 ─ 우리가 믿고자 하는 분을 알고서 더욱 사랑하기 위해서. 이 질문에 대한 대답은 이미 준비되어 있다. 그는 여호와로서 우리가 그를 맞아들여서 영접하기만 한다면 그는 우리의 의이신 여호와, 우리를 구원하시기에 충분하신 구주가 되실 것이다. 그는 강하고 능한 여호와 만군의 여호와이시다. 그러므로 우리가 그를 우리 영혼 속으로 받아들이기를 거부한다면, 우리는 큰 위험에 처하게 될 것이다. 왜냐하면, 그는 모욕당하신 것에 대하여 복수하실 수 있는 분이기 때문이다. 그는 무력으로써 그의 길을 여실 수 있기 때문에, 그의 황금 홀에 복종하고자 하지 않는 자들을 그의 철장으로 산산조각 내실 수 있으시다.

이 절을 노래할 때, 우리의 마음은 다음 시편의 첫 번째 문장, 즉 "여호와여 나의 영혼이 주를 우러러 보나이다"라는 말을 통해서 이러한 부르심에 즐거운 마음으로 응답하여야 한다.

제
— 25 —
편

개요

　　이 시편은 하나님에 대한 진심 어린 열렬한 애정, 하나님의 은총과 은혜를 바라는 거룩한 열망의 토로들, 하나님의 약속들을 믿는 생생한 믿음의 고백들로 가득 차 있다. 우리는 이 시편으로부터 다음과 같은 것들을 배울 수 있다. I. 기도하는 주체는 누구인가(1, 15절). II. 우리는 무엇을 위하여 기도하여야 하는가. 죄 사함(6, 7, 18절), 마땅히 행해야 할 길을 가르쳐 주시라는 것(4-5절), 하나님의 은총(16절), 환난에서 구원해 주시라는 것(17-18절), 원수들로부터 지켜 주시라는 것(20-21절), 하나님의 교회의 구원(22절). III. 우리는 기도할 때에 무엇을 근거로 호소하여야 하는가. 우리가 하나님을 의지하고 있다는 것(2-3, 5, 20-21절), 우리가 곤경에 처해 있고 우리의 원수들이 악의를 가지고 있다는 것(17, 19절), 우리의 정직성(21절). IV. 우리는 기도할 때에 하나님께서 우리에게 주신 어떠한 소중한 약속들에 의지해서 힘을 얻어야 하는가. 하나님께서 우리를 인도해 주시고 가르치시리라는 것(8-9, 12절), 하나님께서 우리와 맺은 계약의 유익(10절), 하나님과 교통하는 것이 가져다 주는 즐거움(13-14절). 이 시편을 노래할 때에 몇몇 구절들을 우리 자신에게 적용하는 것은 쉬운 일이다. 왜냐하면, 우리도 자주 환난을 당하고 항상 죄를 짓기 때문에, 은혜의 보좌 앞에 나아가서 하소연할 수밖에 없는 존재들이기 때문이다.

〔다윗의 시〕

¹여호와여 나의 영혼이 주를 우러러보나이다 ²나의 하나님이여 내가 주께 의지하였사오니 나를 부끄럽지 않게 하시고 나의 원수들이 나를 이겨 개가를 부르지 못하게 하소서 ³주를 바라는 자들은 수치를 당하지 아니하려니와 까닭 없이 속이는 자들은 수치를 당하리이다 ⁴여호와여 주의 도를 내게 보이시고 주의 길을 내게 가르치소서 ⁵주의 진리로 나를 지도하시고 교훈하소서 주는 내 구원의 하나님이시니 내가 종일 주를 기다리나이다 ⁶여호와여 주의 긍휼하심과 인자하심이 영원부터 있었사오니 주여 이것들을 기억하옵소서 ⁷여호와여 내 젊은 시절의 죄와 허물을 기억하

지 마시고 주의 인자하심을 따라 주께서 나를 기억하시되 주의 선하심으로 하옵소
서

　　　여기에서 우리는 다윗이 하나님을 향한 소원을 고백하고 그가 하나님
을 의지한다는 것을 고백하는 것을 본다. 다윗은 흔히 그의 시편들을 그러한
고백들로 시작하는데, 이것은 하나님을 움직이기 위한 것이 아니라 스스로를
움직이고 그러한 고백들에 합당하게 스스로 살아가도록 자신을 독려하기 위한
것이다.

　I. 다윗은 하나님을 향한 자신의 열망을 고백한다.　여호와여 나의 영혼이 주
를 우러러 보나이다(1절). 앞의 시편에서는 그의 영혼을 헛된 것을 향하여 들지 않
는(개역에서는 뜻을 허탄한 데에 두지 아니하며) 것이 선한 사람의 특성이라고
말했었다. 또한 영원한 문들에게 영광의 왕이 들어오시도록 그들의 머리를 들라
는 명령이 주어졌다(1절). 이러한 것들에 화답하여 다윗은 여기에서 "여호와여
내가 나의 영혼을 헛된 것이 아니라 주를 향하여 드나이다"라고 응답한다. 하
나님을 예배할 때에 우리는 우리의 영혼을 하나님을 향하여 들어야 한다는 것
을 명심하라. 기도는 우리의 영혼이 하나님을 향하여 올라가는 것이다. 우리의
눈은 하나님을 바라보아야 하고, 우리의 영혼은 하나님을 향하여야 한다. 옛날
에는 너희의 마음을 들라(Sursum corda)라는 표현이 회중을 기도로 부르는 말로
사용되었다. 이 세상과 거기에 속한 것들을 거룩하게 경멸하는 마음을 가지고
마음을 모아서 적극적인 믿음으로 우리는 하나님을 바라보아야 하고, 우리의
복의 원천이신 하나님을 향하여 우리의 소원들을 쏟아 놓아야 한다.

　II. 다윗은 그가 하나님을 의지한다는 것을 고백하고, 그러한 의지함에서 오
는 유익과 위로를 간구한다.　나의 하나님이여 내가 주를 의지하나이다(2절). 그
의 양심은 그가 자기 자신이나 그 밖의 다른 피조물을 의지하지 않는다는 것과
그가 하나님 또는 그의 능력이나 약속을 의지하기를 주저하지 않았다는 것을
증언해 주었다. 그는 이렇게 하나님에 대한 믿음을 고백하는 것을 기쁘게 여긴
다. 그는 하나님을 의지하였기 때문에 마음이 편하고 만족스러우며 해악을 두
려워하지 않으며 마음이 평온하다. 그는 하나님께 의지함으로써 하나님을 존
귀하게 하는 자들을 도우시는 것이 하나님의 영광이 될 것이라고 호소한다. 사
람들이 의지하는 것은 그것이 결국 어떤 결과를 가져왔느냐에 따라서 그들의

기쁨이 되기도 하고 수치가 되기도 한다. 이제 다윗은 여기에서 믿음으로 다음과 같이 간절히 기도한다.

1. 수치가 그의 몫이 되지 않게 해 달라는 것. "내가 주를 의지한 결과로 수치를 당하지 않게 하옵소서. 내게 엄습해 오는 두려움으로 인해서 하나님을 의지하는 나의 마음이 흔들리지 않게 하시고, 결국 내가 주를 의지한 것으로 인해서 나로 하여금 실망하지 않게 하소서. 여호와여, 내가 주께 의탁한 것을 지켜 주소서." 우리가 우리의 의지처이신 하나님을 의지한다면, 우리는 결코 수치를 당하지 않게 되리라는 것을 명심하라. 우리가 하나님 안에서 승리를 확신하고 기뻐한다면, 우리의 원수들은 우리에 대하여 개가를 부르지 못하게 될 것이고, 그들이 원하는 것과는 달리 우리는 두려움 때문에 무너지거나 우리가 바라던 결과를 얻지 못하게 되는 일이 없게 될 것이다.

2. 하나님을 의지하는 자는 누구든지 수치를 당하지 않게 해 달라는 것. 모든 성도들은 동일하게 소중한 믿음을 지니고 있기 때문에, 의심할 여지 없이 동일한 성공을 거두게 될 것이다. 이렇게 성도들은 서로를 위하여 기도함으로써 성도들 간의 교통을 유지한다. 참된 성도들은 모든 성도를 위하여 간구하는 법이다. 믿음으로 하나님을 섬기고 믿음의 소망으로써 하나님을 기다리는 자는 누구든지 그것으로 인하여 수치를 당하지 않게 되리라는 것은 분명하다.

3. 수치가 범죄하는 자들의 몫이 되게 해 달라는 것. 까닭없이 또는 헛되이(이 단어의 원래의 의미) 범죄하는 자들(개역에서는 속이는 자들)은 수치를 당하게 하소서.

(1) 그들은 아무런 도발도 받지 않았는데도 범죄한다. 그들은 그들에게 그 어떤 계기도 주어지지 않았고, 하나님에게서 그 어떤 범죄함이나 잘못을 찾아낸 것도 아니며, 그들로 하여금 질리게 만드는 것이 하나님께 있지 않음에도 불구하고 하나님과 그들이 마땅히 행해야 할 도리, 다윗과 그의 통치(어떤 이들은 이렇게 해석한다)에 반기를 든다. 일반 사람들을 범죄로 이끄는 유혹이 약한 상황일수록, 그들은 그들의 내부에 있는 부패한 성품 때문에 범죄하고자 하는 유혹이 더욱 강해진다. 가장 극악무도한 범죄자들은 범죄하는 것이 좋아서 하는 자들이다.

(2) 그들은 아무 쓸데 없는 데도 범죄한다. 그들은 하나님을 거스르는 그들의 시도들이 아무 열매도 없는 헛된 일들이라는 것을 안다. 그들은 헛된 일을

꾸미는 것이기 때문에, 곧 그 일을 부끄러워하게 될 것이다.

Ⅲ. 다윗은 하나님께서 자기가 마땅히 행할 길을 가르쳐 달라고 간구한다(4-5절). 그는 여기에서 반복해서 하나님께 자기를 가르쳐 달라고 기도한다. 다윗은 자기 자신을 잘 아는 사람이었다. 그러나 아무리 지적이고 모든 것을 꼼꼼히 살피며 지키는 자들이라고 할지라도 그들은 하나님으로부터 가르침을 받을 필요가 있고, 또한 가르침을 받기를 원하여야 한다. 우리는 하나님으로부터 항상 끊임없이 배우는 자가 되어야 한다. 좀 더 살펴보자.

1. 그는 무엇을 배우기를 원하였는가. "그럴 듯한 말이나 그럴 듯한 사상이 아니라 주의 도, 주의 길, 주의 진리, 주께서 사람들을 향하여 오시는 길들, 즉 모든 인자와 진리(10절), 나로 하여금 주를 향하여 걸을 때에 주께서 원하시는 길들을 내게 가르치소서." 그들이 마땅히 행해야 할 도리를 깨닫고 그들이 행해야 할 선한 일들을 아는 자들은 하나님으로부터 가장 잘 가르침을 받은 자들이다(전 2:3). 하나님의 길들과 그의 진리는 동일한 것이다. 하나님의 법들은 모두 하나님의 진리들에 토대를 두고 있다. 하나님의 교훈들의 길은 진리의 길이다(시 119:30). 그리스도는 길이심과 동시에 진리이시기 때문에, 우리는 그리스도를 배워야 한다.

2. 이것을 위하여 그는 하나님께 무엇을 원하였는가.

(1) 하나님께서 그의 총명을 밝게 하셔서 그가 마땅히 행할 도리를 알게 해 달라는 것: "주의 도를 내게 보이시고 내게 가르치소서." 우리가 무엇을 해야 할지 의심스러운 때에는 우리는 하나님께서 우리에게 어떻게 행하기를 원하시는지를 분명하게 밝혀 주시도록 간절히 기도하여야 한다.

(2) 하나님께서 그에게 자신의 도리를 행할 마음을 주시고, 견고하게 그 길을 갈 수 있도록 힘을 주시라는 것: "나를 지도하시고, 나를 가르치소서." 마치 우리가 눈이 잘 보이지 않는 사람을 인도하여서 그가 길을 잃지 않도록 할 뿐만 아니라, 병들고 연약하고 지친 사람을 인도하여서 그가 자신의 길을 똑바로 가게 하고 기절하거나 넘어지는 일이 없도록 돕는 것과 마찬가지로, 하나님께서 그를 인도해 달라고 그는 기도한다. 우리는 천국으로 가는 길에서 하나님께서 우리를 인도하시고 우리를 붙들어 주시는 만큼만 나아갈 수 있을 뿐이다.

3. 그는 무엇에 호소하는가.

(1) 그가 하나님께 큰 기대를 걸고 있다는 것: 주는 내 구원의 하나님이시나이

다. 하나님의 구원을 그들의 인생 목적으로 삼는 자들, 하나님을 그들의 구원의 하나님으로 삼는 자들은 바로 그러한 구원으로 인도하는 길을 가르쳐 달라고 하나님께 담대히 구할 수 있다. 하나님께서 우리를 구원하시고자 하시기 때문에, 당연히 우리에게 그 길을 가르치시고 우리를 인도하시기를 원하신다. 구원을 주시는 자가 또한 가르침도 주실 것이다.

(2) 그가 하나님을 변함없이 섬기고 있다는 것: 내가 종일 주를 기다리나이다. 주인에게서 어떤 지시가 떨어지기를 종일 기다리고 있는 종이 그의 주인말고 어디에서 그에게 무엇을 하라는 지시를 받을 수 있겠는가? 우리가 우리의 도리를 진지하게 알고자 하고 그것을 행할 결심을 가지고 있다면, 우리는 하나님께서 우리에게 그 길을 가르쳐 주시리라는 것을 의심할 필요가 없다.

IV. 다윗은 자기에게 어떤 공로가 있는 체하지 않고, 하나님의 무한한 긍휼하심에 호소하고서 거기에 자신을 맡긴다(6절). "주여 주의 긍휼하심과 인자하심을 기억하시고, 그러한 긍휼하심을 인하여 나를 인도하시고 가르치소서. 왜냐하면, 그러한 것들은 영원부터 있었기 때문이니이다."

1. "주께서는 언제나 긍휼에 풍성하신 하나님이셨습니다. 긍휼을 베푸시는 것은 주의 이름이고 주의 본성이며 주의 속성입니다."

2. "인간에게 긍휼을 베푸시고자 하신 주의 계획과 모략은 영원부터 있었나이다. 긍휼의 그릇들은 창세 전부터 영광을 받기로 예정되어 있었나이다."

3. "주께서 교회와 내게 긍휼을 베푸신 일들은 옛적부터 시작되어서 지금까지 변함이 없습니다. 그러한 것들은 옛적부터 시작되어서 결코 멈춘 적이 없나이다. 주께서는 내가 어릴 적부터 나를 가르치셨사오니, 지금도 나를 가르치소서."

V. 다윗은 그의 죄들을 사하여 달라고 특히 간절하게 간구한다(7절). "여호와여 내 젊은 시절의 죄를 기억하지 마소서. 나를 쳐서 말하는 내 죄를 기억하지 마시고, 나를 위하여 말하는 주의 긍휼하심을 기억하소서(6절)." 여기에는 다음과 같은 것들이 나온다.

1. 은연중에 죄를 고백함. 그는 자기가 젊은 시절에 지은 죄들을 특별히 언급한다. 우리가 젊은 시절에 지은 잘못들과 어리석은 짓들은 오랜 시간이 지난 후에 우리가 회개하고 부끄러워해야 하는 일이 된다는 것을 명심하라. 왜냐하면, 아무리 시간이 많이 지난다고 하여도 죄책감이 없어지는 것은 아니기 때문

이다. 나이든 사람들은 그들이 젊은 시절에 즐겼던 죄악된 향락과 쾌락들에 대하여 애통해하고 고통스러워하여야 한다. 다윗은 자신의 죄들을 범죄들(개역에서는 허물)이라고 부름으로써 그가 자신의 죄들을 얼마나 심각하게 여기는지를 보여준다. 율법이 더 거룩하고 의롭고 선할수록, 죄는 율법을 범한 것이기 때문에, 죄는 우리에게 더욱 죄악되게 보여야 한다.

2. 긍휼하심을 베풀어 달라고 간구함.

(1) 그가 죄책에서 벗어나게 해 달라는 것. "내 젊은 시절의 죄를 기억하지 마소서. 즉, 그 죄들을 기억하셔서 나를 미워하시거나 그 죄들로 인하여 나를 고소하시거나 심판하지 마옵소서." 성경에서는 하나님께서 죄를 사하여 주셨을 때에 그것을 죄를 더 이상 기억하지 않으신다고 말하는데, 이것은 절대적이고 완전한 죄 사함을 의미한다. 하나님께서는 죄를 사하시고 그 죄를 잊어 버리신다.

(2) 그가 하나님 앞에 열납되게 해 달라는 것. "주께서 나를 기억하시고 나를 좋게 보시며 때맞춰 오셔서 나를 구원하소서." 우리가 하나님께 우리를 좋게 기억해 달라고 기도하였다면, 그것은 우리를 가장 복되게 만들어 달라고 기도한 것이나 다름이 없다. 그는 "주의 긍휼하심을 따라서, 그리고 주의 선하심을 인하여" 자기를 기억해 달라고 호소한다. 우리가 하나님께 죄 사함과 우리에게 필요한 모든 선한 것을 간구할 때에 우리는 우리 자신의 선함이 아니라 하나님의 선하심에 호소하여야 하고 우리 자신의 공로가 아니라 하나님의 긍휼하심에 호소하여야 한다는 것을 명심하라. 우리는 우리의 빈곤함과 가치없음을 아는 자들, 하나님의 긍휼하심과 은혜의 풍성함에 만족하는 자들로서 언제나 이러한 호소에 의지하여야 한다.

[8]여호와는 선하시고 정직하시니 그러므로 그의 도로 죄인들을 교훈하시리로다 [9]온유한 자를 정의로 지도하심이여 온유한 자에게 그의 도를 가르치시리로다 [10]여호와의 모든 길은 그의 언약과 증거를 지키는 자에게 인자와 진리로다 [11]여호와여 나의 죄악이 크오니 주의 이름으로 말미암아 사하소서 [12]여호와를 경외하는 자 누구냐 그가 택할 길을 그에게 가르치시리로다 [13]그의 영혼은 평안히 살고 그의 자손은 땅을 상속하리로다 [14]여호와의 친밀하심이 그를 경외하는 자들에게 있음이여 그의 언약을 그들에게 보이시리로다

여기에는 하나님의 약속들이 다윗의 기도들과 혼합되어 있다. 이 시편의 전반부에서도 많은 간구들이 나왔지만, 후반부에도 많은 간구들이 나온다. 이 시편의 중반부인 여기에서 그는 하나님의 약속들을 묵상하고, 살아 있는 믿음으로 이러한 위로의 젖을 빨고서 만족해한다. 왜냐하면, 하나님의 약속들은 우리에게 무엇을 위하여 기도해야 할지를 알려 주고 우리가 기도할 때에 우리의 믿음과 소망을 북돋워 주는 기도의 가장 좋은 토대일 뿐만 아니라 기도에 대한 이미 준비된 응답이기도 하기 때문이다. 약속을 따라서 기도를 하라. 그리하면 우리는 그 약속을 기도에 대한 응답으로 읽을 수 있다. 약속은 이루어질 것이기 때문에, 우리는 기도가 응답되었다는 것을 믿어야 한다. 그러나 우리는 약속들의 한복판에서 하나의 간구를 발견하게 되는데, 이 간구는 느닷없이 중간에 나온 듯이 보이고 원래는 끝부분에 나왔어야 하는 것으로 보인다(7절). 그 간구는 바로 나의 죄악을 사하소서라는 간구이다(11절). 그러나 여기에서 죄를 사하여 달라고 기도하는 것은 결코 부적절한 것이 아니다. 우리의 모든 행위에는 죄가 뒤섞여 있기 때문에, 우리는 기도할 때에도 우리의 죄를 사하여 달라는 기도를 곁들여서 하여야 한다.

그는 이러한 간구를 두 가지 호소를 통해서 더욱 강화시킨다. 첫 번째는 매우 자연스러운 호소이다: "주의 이름으로 말미암아 사하소서. 주께서는 주의 이름이 은혜로우시고 긍휼에 풍성하시며 죄를 사하여 주시기를 기뻐하신다고 선포하셨사오니, 주의 영광을 위하여, 주의 약속을 위하여, 주를 인하여 내 죄를 사하여 주옵소서"(사 43:25). 그러나 두 번째 호소는 "나의 죄악이 크오니 내 죄를 사하소서. 내 죄악이 크면 클수록, 하나님께서 그 죄를 사하여 주실 때에 그 긍휼하심이 더욱 크게 나타나리이다." 큰 죄들을 용서하시는 것, 악과 과실과 죄를 사하시는 것은 크신 하나님의 영광이 된다(출 34:7). "내 죄가 크기 때문에, 하나님의 무한하신 긍휼하심이 거기에 개입하셔서 내 죄를 사하여 주시지 않는다면 나는 망하게 되겠고 영원히 망하게 될 것입니다. 내 죄가 크고, 나는 내 죄가 크다는 것을 알고 있나이다." 우리가 우리의 죄들이 가증스럽다는 것을 알면 알수록, 우리는 하나님의 긍휼하심을 받기에 더 적합한 모습이 되어 있는 것이다. 우리는 죄를 고백할 때에 그 죄가 얼마나 무거운 것인지를 똑똑히 알고 고백하여야 한다.

이제 이 절들 속에서 우리에게 주어진 크고 소중한 약속들을 살펴보기로 하자.

Ⅰ. 이 약속들은 누구에게 속한 것이고, 누가 그 약속들의 은택을 기대할 수 있는가. 우리는 모두 죄인들이다. 그러니 우리가 어떻게 그 약속들로부터 유익을 얻기를 소망할 수 있겠는가? 하나님께서는 죄인들에게도 그 도를 가르치고자 하신다. 왜냐하면, 그리스도께서 죄인들을 구원하기 위하여 세상에 오셨고, 그 일을 위하여 죄인들을 가르치시고 회개하게 하셨기 때문이다. 이러한 약속들은 비록 그들이 이전에는 죄인들이었고 어그러진 길로 갔었지만 지금은 하나님의 말씀을 지키는 자들에게 분명하게 주어져 있다.

1. 이 약속들은 하나님의 계약과 증언들을 지키는 자들(10절), 하나님의 교훈들을 그들의 규범으로 삼고 하나님의 약속들을 그들의 분깃으로 삼는 자들, 하나님을 그들의 하나님으로 삼아서 그것을 토대로 살아가고 하나님의 백성이 되어서 자신을 하나님께 의탁하고 하나님의 백성에 걸맞게 살아가는 자들. 그들은 육신이 연약해서 종종 하나님의 명령을 어기지만, 어느 때라도 잘못했을 경우에는 진심으로 회개하고, 믿음으로 하나님을 그들의 하나님으로 모시고 변함없이 충성하며 계약을 지키고 그것을 깨뜨리지 않는다.

2. 하나님을 경외하는 자(12, 14절), 하나님의 엄위하심을 경외하고, 경외하는 마음으로 하나님을 예배하며, 하나님의 권세에 복종하고, 즐거운 마음으로 하나님의 진노하심을 두려워하여 하나님을 화나게 하는 일을 하기를 두려워하는 자들.

Ⅱ. 이러한 약속들은 무엇에 토대를 두고 있고, 우리는 이러한 약속들 위에서 어떠한 힘을 얻을 수 있는가. 여기에는 모든 약속 두 가지가 제시되어 있다.

1. 하나님이 완전하시다는 것. 우리는 어떤 약속을 평가할 때 그 약속을 한 사람의 인품을 보고 평가한다. 그러므로 우리는 하나님의 약속들을 믿고 의지할 수 있다. 왜냐하면, 여호와는 선하시고 정직하시기 때문이며, 따라서 그의 말씀도 그 만큼이나 선할 것이기 때문이다. 하나님은 인자하셔서 우리를 속일 수 없으시고, 하나님은 참되셔서 그의 약속을 깨뜨리실 수 없으시다. 약속하신 이는 미쁘시기 때문에, 그는 자신의 약속을 지키실 것이다. 하나님은 약속을 하실 때에 선한 분이셨기 때문에, 약속을 이루실 때에도 정직하실 것이다.

2. 하나님께서 말씀하시고 행하시는 모든 것은 하나님의 온전하신 성품과 부합한다는 것(10절). 여호와의 모든 길(즉, 그의 모든 약속들과 그의 모든 섭리

들)은 인자와 진리로다. 그것들은 하나님 자신과 마찬가지로 선하고 정직한 것들이다. 하나님께서 그의 백성에게 행하시는 모든 일들은 그의 인자하신 목적들과 그의 참된 약속들에 따라서 이루어진다. 하나님께서 행하시는 모든 것은 사랑, 계약에 의거한 사랑에서 나온다. 그들은 하나님께서 행하시는 일 속에서 그의 인자하심이 드러나고 그의 말씀이 성취되는 것을 볼 수 있다. 선한 백성들이 어떠한 환난들을 당한다고 할지라도 여호와의 모든 길이 인자와 진리라는 것은 그들에게 얼마나 큰 만족이 되겠는가. 그들이 인생 여정을 끝마치고 하늘나라에 갔을 때에 이 일이 드러나게 될 것이다.

Ⅲ. 이 약속들은 어떤 것들인가.

1. 하나님께서 그들에게 그들이 마땅히 행할 길을 가르치시고 인도하시리라는 것. 이 말씀은 대단히 강조되어 있다. 왜냐하면, 이 말씀은 주의 도를 내게 보이시고 주의 길을 내게 가르치소서(4-5절)라는 다윗의 기도에 대한 응답이기 때문이다. 우리는 우리의 현재의 처지에 맞는 그러한 약속들에 착념해서 우리의 믿음을 발휘하여야 한다.

(1) 하나님께서는 그의 도로 죄인들을 교훈하실 것이다. 왜냐하면, 그들은 죄인들이어서 가르침을 필요로 하기 때문이다. 그들이 스스로 죄인임을 깨닫고서 가르침을 원할 때, 하나님께서는 그들에게 하나님과 화해할 수 있는 길, 양심의 평안을 얻을 수 있는 길, 영원한 생명으로 인도하는 길을 가르치실 것이다. 하나님은 그의 복음을 통해서 이 길을 모든 사람에게 알게 하시고, 그의 성령을 통해서 이 길을 찾는 회개한 죄인들의 총명을 여시고 그들을 인도하신다. 마귀는 사람들의 눈을 가린 채 그들을 음부로 인도하지만, 하나님께서는 사람들의 눈을 밝히셔서 그들 앞에 놓여 있는 것들을 참된 빛 아래에서 보게 하시는 것을 통해서 그들을 천국으로 인도하신다.

(2) 여호와는 온유한 자를 지도하실 것이다. 하나님께서는 온유한 자, 즉 스스로를 비천하게 여겨서 낮추고 자신을 의지하지 않고 가르침을 받기를 원하며 하나님의 인도하심을 따르고자 정직하게 결심하는 자들을 가르치실 것이다. 여호와어 말씀하옵소서 주의 종이 듣겠나이다. 하나님은 그러한 자들을 정의로, 즉 기록된 말씀의 규범을 따라서 지도하실 것이다. 하나님은 그들을 실제적인 것, 즉 죄와 의무에 관한 것으로 지도하셔서, 그들로 하여금 양심을 죄로부터 지킬 수 있게 하실 것이다. 또는, 하나님께서는 그 일을 사려깊게 행하실 것이

다(어떤 이들은 이렇게 해석한다). 즉, 하나님은 그들의 처지와 형편에 맞춰서 행하실 것이다. 하나님은 지혜와 다정함과 연민을 가지시고 죄인들을 가르치실 것이고, 그들이 감당할 수 있는 방식으로 가르치실 것이다. 하나님은 그들에게 그의 도를 가르치실 것이다. 모든 선한 사람들은 하나님의 도를 그들의 길로 삼아야 하고, 그것을 가르침받기를 원하여야 한다. 그렇게 하는 자들은 그러한 길로 가르침을 받고 인도하심을 받게 될 것이다.

(3) 하나님께서는 여호와를 경외하는 자에게 그가 택할 길, 즉 하나님께서 택하실 길 또는 선한 자가 택하게 될 길로 가르치실 것이다. 이 두 가지는 매한가지이다. 왜냐하면, 여호와를 경외하는 자는 여호와를 기쁘시게 하는 일들을 선택할 것이기 때문이다. 우리가 옳은 길을 선택한다면, 우리의 선택을 인도하신 하나님께서 우리의 발걸음도 인도하시고 옳은 길 안에서 걷도록 우리를 지도하실 것이다. 우리가 지혜롭게 선택한다면, 하나님께서는 우리에게 지혜롭게 행할 수 있는 은혜를 주실 것이다.

2. 하나님께서 그들을 평안히 살게 하시리라는 것(13절): 그의 영혼은 평안히 살고 선하게 거하리로다(난외주). 하나님을 경외하고 하나님으로부터 가르침을 받는 데에 착념하는 자들은 그것이 잘못된 것이 아니라면 평안히 살게 될 것이다. 하나님의 은혜로 말미암아 거룩하게 되고 하나님의 평안으로 말미암아 위로를 받는 영혼은 평안히 살게 될 것이다. 비록 육신은 병들고 고통 중에 누워 있다고 할지라도, 영혼은 하나님 안에서 평안히 거하며 하나님께 돌아가서 안식처가 되시는 하나님 안에서 안식할 수 있다. 우리를 불안하게 만드는 많은 일들이 일어나지만, 은혜의 계약 속에는 그 모든 것들을 상쇄하고 우리를 평안하게 만들어 주기에 충분한 것들이 들어 있다.

3. 하나님께서 그들과 그들의 후손에게 그들에게 좋은 만큼 이 세상에 많은 것들을 주시리라는 것: 그의 자손은 땅을 상속하리로다. 우리는 우리의 영혼을 돌보는 일 다음으로 우리의 후손에 대하여 관심이 많은데, 하나님께서는 의인들의 후손을 위한 복을 예비해 두고 계신다. 하나님을 경외하는 자들은 땅을 유업으로 받아서 이 땅에서 상당한 재산과 위로를 받게 될 것이고, 그들의 자손들은 그들이 죽고 난 후에 그들의 기도 덕분에 더 잘 되게 될 것이다.

4. 하나님께서 그들에게 자신과 교통하는 비밀을 허락하시리라는 것(14절): 여호와의 비밀이 그를 경외하는 자들에게 있다(개역에서는 여호와의 친밀하심이 그

를 경외하는 자들에게 있음이요). 그들은 하나님의 말씀을 이해할 수 있다. 왜냐하면, 사람이 하나님의 뜻을 행하려 하면 이 교훈이 하나님께로부터 왔는지를 알 것이기 때문이다(요 7:17). 진리를 사랑하여 진리를 받아들여서 진리의 능력을 체험하는 자들은 그 진리가 지닌 비밀을 가장 잘 깨닫는다. 그들은 하나님의 섭리의 의미, 하나님께서 그들에게 무엇을 행하고 계시는지를 다른 사람들보다 더 잘 안다. 내가 하려는 것을 아브라함에게 숨기겠느냐(창 18:17). 하나님께서는 아브라함에게 하셨듯이 그들을 종이 아니라 친구라고 부르셨다. 그들은 계약의 축복들과 은혜를 받은 영혼들이 아버지 하나님 및 그의 아들 예수 그리스도와 함께 하는 사귐의 기쁨을 체험적으로 안다. 그의 모든 성도들은 이러한 영광을 누리고 있다.

¹⁵내 눈이 항상 여호와를 바라봄은 내 발을 그물에서 벗어나게 하실 것임이로다 ¹⁶주여 나는 외롭고 괴로우니 내게 돌이키사 나에게 은혜를 베푸소서 ¹⁷내 마음의 근심이 많사오니 나를 고난에서 끌어내소서 ¹⁸나의 곤고와 환난을 보시고 내 모든 죄를 사하소서 ¹⁹내 원수를 보소서 그들의 수가 많고 나를 심히 미워하나이다 ²⁰내 영혼을 지켜 나를 구원하소서 내가 주께 피하오니 수치를 당하지 않게 하소서 ²¹내가 주를 바라오니 성실과 정직으로 나를 보호하소서 ²²하나님이여 이스라엘을 그 모든 환난에서 속량하소서

다윗은 그가 묵상하고 있었던 약속들에 의해서 고무되어서, 여기에서 다시 한 번 하나님을 부르고, 그가 이 시편을 시작했던 방식과 마찬가지로 그가 하나님을 의지하고 하나님을 바란다고 고백함으로써 이 시편을 끝맺는다.

I. 그는 자기가 처참한 처지에 놓여 있다는 것을 하나님 앞에 내어 놓는다. 그의 발은 그물에 걸려서 옴짝달싹 못하게 얽혀 있었기 때문에 자신의 곤경에서 스스로 벗어날 수 없었다(15절). 그는 외롭고 괴로웠다(16절). 환난을 당하는 자들이 모든 사람들로부터 버려져서 외로운 것은 흔히 있는 일이다. 그가 환난을 당하게 되자 친구들은 그를 버리고 떠나갔고, 그들은 홀로 앉아서 침묵을 지키고 잠잠할 수밖에 없다(애 3:28). 다윗이 스스로 여기에서 외롭다고 말한 것은 그에게 그가 의지할 수 있는 그의 종들과 군사들이 없었기 때문이 아니라, 마치 그 어떤 피조물로부터는 도움이나 구원을 전혀 기대할 수 없는 것

처럼 온전히 하나님만을 그가 의지하였기 때문이었다. 수많은 걱정과 근심 속에서 그의 마음의 괴로움은 커졌고(17절), 그는 점점 더 마음이 우울하고 괴로워져 갔다. 다른 무엇보다도 죄의식이 그를 가장 괴롭혔다. 그의 심령을 찢고 상하게 한 것은 바로 그 죄의식이었고, 외부적인 괴로움들이 그에게 무겁게 느껴지게 된 것도 죄의식 때문이었다. 그는 곤고와 환난 중에 있었다(18절). 그를 박해하였던 원수들은 수가 많았고 악의적이었으며(그들은 그를 미워하였다) 매우 야만적이었다. 그들은 그를 심히 미워하였다(19절). 그리스도의 원수들과 그의 교회의 박해자들도 마찬가지였다.

II. 그는 이러한 곤경 속에서 하나님을 의지하고 있다는 것을 표현한다. 내 눈이 항상 여호와를 바라보나이다(15절). 우상 숭배자들은 그들의 육신의 눈으로 볼 수 있는 신들을 만들어서, 그들의 우상을 바라보았다(사 17:7-8). 그러나 우리는 믿음의 눈으로 영이신 하나님을 바라보아야 한다(슥 9:1). 하나님을 묵상하는 것은 즐거운 일이고, 우리는 항상 하나님을 우리 앞에 모셔야 한다. 우리는 우리가 행하는 모든 일들 속에서 하나님을 인정하여야 하고, 모든 일을 하나님의 영광을 위하여 하여야 한다. 이렇게 우리는 말씀과 성례전에서만이 아니라 섭리들 속에서도, 그리고 기도의 행위들에서만이 아니라 우리 삶의 모든 일들 속에서 하나님과 교통하는 삶을 살아야 한다. 다윗은 환난 중에서 이러한 것을 위로로 삼았다. 왜냐하면, 그는 자신의 눈이 항상 여호와를 바라보고 있음으로 하나님께서 그의 발을 그물에서 벗어나게 하실 것과 그를 그의 마음의 부패들로부터 건지시며(어떤 이들은 이렇게 해석한다), 그를 죽이고자 하는 원수들의 음모로부터 구하실 것을 믿어 의심치 않았기 때문이다. 그들의 눈으로 항상 하나님을 바라보는 자들은 그들의 발이 그물 속에 오랫동안 빠져 있게 되지는 않을 것이다. 다윗은 그가 하나님을 의지한다는 것을 다시 한 번 고백한다(20절): 내가 주를 의지하오니 수치를 당하지 않게 하소서. 또한 그는 그가 하나님께 기대를 걸고 있다는 것을 다시 반복해서 표현한다: 내가 주를 바라오니(21절). 이렇게 여호와의 구원을 소망하고서 조용히 기다리는 것은 좋은 일이다.

III. 다윗은 자기를 구해 달라고 하나님께 간절히 기도한다.

1. 자기 자신을 위해서.

(1) 그가 무엇을 간구하는지를 보라.

[1] 죄를 사하여 주시도록(18절): 내 모든 죄를 사하소서. 다윗의 모든 죄들은 그의 가장 무거운 짐들이었고, 이것은 그에게 다른 모든 짐들을 가져 왔다. 그는 앞서 그의 젊은 시절의 죄들을 사하여 주시고(7절), 특히 한 가지 큰 죄(어떤 이들은 우리야와 관련된 다윗의 죄라고 생각한다)를 사하여 주시라고(11절) 간구하였었다. 그러나 여기에서 그는 모든 죄를 사하시고 모든 악을 제하소서라고 하나님께 기도한다. 여기서 주목할 만한 것은 다윗은 환난 중에 하나님께서 그의 환난을 보아 달라는 것 이상의 것을 구하지 않는다는 것이다: "나의 곤고와 환난을 보시고, 주께서 기뻐하시는 대로 처리하여 주옵소서." 그러나 그의 죄와 관련해서는 그는 온전한 죄 사함을 간구한다: 내 모든 죄를 사하소서. 어느 때든지 우리가 환난 중에 있을 경우에 우리는 우리의 환난과 괴로움을 제거해 달라고 기도하기보다는 우리의 죄에 관심을 가지고서 그 모든 죄들을 사하여 달라고 간구하여야 한다.

[2] 그렇지만 그는 자신의 고민거리들을 해결해 달라고 기도한다. 다윗은 하나님께서 자신의 죄로 말미암아 자기로부터 물러가셨고, 하나님께서 그를 기뻐하지 않으신다는 생각 때문에 마음이 괴로웠다. 그러므로 그는 주여 내게 돌이키시옵소서라고 기도한다(16절). 하나님께서 우리에게 돌아오신다면, 다른 모든 것은 우리에게서 등을 돌리고 떠나도 아무런 문제될 것이 없다. 그의 처지는 괴로운 것이었기 때문에, 그 처지와 관련해서 그는 이렇게 기도한다: "나를 이 곤고함 속에서 꺼내 주옵소서. 나는 그 어디에서도 내가 건짐을 받을 수 있는 길을 찾을 수 없나이다. 그러나 주께서는 그런 길을 찾으시거나 만드실 수 있습니다." 그의 원수들은 앙심을 품고 있었고, 그것과 관련해서 그는 이렇게 기도한다: "내 영혼을 지켜 그들의 손에 떨어지는 것을 막아 주시거나 그들의 손에서 나를 구원하소서."

(2) 다윗은 이러한 간구들을 강화시키기 위하여 네 가지를 호소의 방식으로 언급하고서, 자기 자신과 그것들을 하나님께서 고려해 주시기를 간구한다.

[1] 그는 하나님의 긍휼하심에 호소한다: 내게 긍휼을 베푸소서. 아무리 위대한 업적을 이룬 사람들일지라도 그들이 무한한 긍휼하심을 지니신 하나님과 아무런 상관이 없다면 그들은 결국 망하게 되고 아무것도 되지 못하게 될 것이다.

[2] 그는 자신의 비참한 처지, 그가 처해 있는 곤경, 그의 환난과 고통, 특히

그의 마음의 괴로움을 비롯해서 하나님의 긍휼하심을 받기에 합당한 자로 만들어 줄 모든 것을 아뢰며 호소한다.

[3] 그는 그의 원수들의 죄악을 아뢰며 호소한다: "여호와여, 그들을 보시고, 그들이 얼마나 잔혹한지를 보소서. 그리고 나를 그들의 손에서 건지소서."

[4] 그는 자기가 아무런 흠도 없다는 것에 호소한다(12절). 비록 그는 자기 자신이 하나님 앞에서 죄가 많다고 시인하였고 하나님을 향하여 자신의 죄들을 고백하였지만, 그는 그의 원수들과 관련해서는 그가 그들에게 아무런 잘못도 한 적이 없었다는 그의 양심의 증언을 가지고 있었고, 이것은 그들이 그를 심히 미워하였을 때에 그의 위로가 되었다. 그는 이것으로 말미암아 그를 보호해 달라고 기도한다. 이것은 그가 그의 흠없음과 정직함 속에서 계속해서 머무르지 않았다면 결코 그가 안전하기를 기대할 수 없었다는 것과 그가 계속해서 흠없음과 정직함에 머물러 있는 한 그가 안전하리라는 것을 의심하지 않았다는 것을 보여준다. 때가 심히 악할 때에 진실함과 정직함은 우리를 안전하게 지켜 주는 가장 좋은 것이 될 것이다. 흠없음과 정직함은 이 세상의 부와 존귀함보다 우리를 더 잘 보호해 줄 것이다. 이러한 것들은 우리를 우리가 하늘 나라에 갈 때까지 보호해 줄 것이다. 그러므로 우리는 하나님께서 우리를 흠없게 보존해 달라고 기도하여야 한다. 그렇게 되면, 우리는 우리의 흠없음이 우리를 보호해 주리라는 것을 확신할 수 있다.

2. 하나님의 교회를 위하여(22절) : 하나님이여 이스라엘을 그 모든 환난에서 속량하소서. 다윗은 지금 스스로 환난 중에 있었지만, 그것을 이상히 여기지 않는다. 왜냐하면, 환난은 하나님의 모든 이스라엘의 몫이기 때문이다. 어느 한 지체가 몸 전체보다 더 잘 되기를 어찌 바랄 수 있겠는가? 다윗의 환난과 괴로움은 컸고, 그는 하나님께서 그를 구원해 주시도록 너무도 간절하게 간구하였지만, 그는 하나님의 교회의 환난을 잊지 않는다. 왜냐하면, 우리가 은혜의 보좌 앞에서 우리 자신의 일에 관하여 아뢸 것이 아무리 많다고 하더라도 여전히 교회 전체를 위하여 기도하는 것을 잊어서는 안 되기 때문이다. 선한 사람들은 자기 자신이 아무리 안전하다고 할지라도 교회가 환난과 위험 속에 있다면 결코 평안하거나 즐거울 수 없는 법이다. 이 기도는 하나님께서 마침내 다윗에게 안식을 주시고, 이스라엘에게 모든 주변의 원수들로부터 안식을 주시리라는 예언이다. 이 기도는 하나님께서 때가 되면 메시야를 보내어서 이스라엘을 그의

모든 죄악에서 속량하심으로써(시 130:8) 그들을 모든 환난에서 속량하실 것이라는 예언이다. 또한 이 기도는 성도들에게 장래에 주어질 복에 관한 것이기도 하다. 하늘에서, 오직 천국에서만 하나님의 이스라엘은 모든 환난에서 완전히 속량받게 될 것이다.

제
— 26 —
편

개요

거룩한 다윗은 이 시편에서 하나님과 자신의 동포에 의해서가 아니라 하나님과 자신의 양심에 의해서 공식적으로 심판을 받겠다고 나선다. 그는 하나님과 자신의 양심 앞에서 자기가 흠이 없다는 것을 호소하면서(1-2절), 그것에 대한 증거로 다음과 같은 것들을 제시한다. I. 그가 끊임없이 하나님과 그의 은혜를 바라보았다는 것(3절). II. 죄와 죄인들에 대한 그의 뿌리깊은 반감(4-5절). III. 그가 하나님의 규례들을 진심으로 사랑해서 그것들을 지키려고 애를 썼다는 것(6-8절). 이렇게 자신의 무죄함을 증명한 후에 1. 그는 자기가 악인들의 운명에 떨어지지 않도록 해 달라고 기도한다(9-10절). 2. 그는 자기가 자신의 흠없는 삶과 하나님에 대한 소망을 앞으로도 견고하게 붙잡겠다는 결단을 제시하고서 하나님의 긍휼하심과 은혜에 자기 자신을 맡긴다(11-12절). 이 시편을 노래하면서 우리는 다윗처럼 하나님의 은총을 입고 우리 자신의 양심이 위로를 얻으며 그것으로 말미암아 우리 자신이 평안하며, 은혜로 말미암아 우리가 다윗과 같은 성품을 지닌 자가 조금이나마 될 수 있었다고 말할 수 있으려면 우리가 어떤 사람이 되어야 하고 무엇을 해야 되는지를 우리 자신과 서로에게 가르치고 권면하여야 한다. 박식한 아미랄두스(Amyraldus)는 이 시편을 해설하면서 다윗은 여기에서 예언의 영으로 말미암아 그리스도의 모형으로서 말하고 있는 것이라고 주장하는데, 다윗은 여기에서 그리스도께서 아무 흠도 없이 무죄하고 온전히 참되시다고 말하고 있고, 이 시편은 오직 그리스도에게만 적용될 수 있다고 주장한다. "우리는 그리스도 안에서만 완전할 수 있다."

〔다윗의 시〕

[1] 내가 나의 완전함에 행하였사오며 흔들리지 아니하고 여호와를 의지하였사오니 여호와여 나를 판단하소서 [2] 여호와여 나를 살피시고 시험하사 내 뜻과 내 양심을 단련하소서 [3] 주의 인자하심이 내 목전에 있나이다 내가 주의 진리 중에 행하여 [4] 허망한 사람과 같이 앉지 아니하였사오니 간사한 자와 동행하지도 아니하리이다 [5] 내가 행악자의 집회를 미워하오니 악한 자와 같이 앉지 아니하리이다

다윗은 사울과 그의 일당에 의해서 박해를 받고 있었을 때에 이 시편을 지었을 가능성이 높다. 사울의 무리는 다윗에 대한 그들의 부당한 박해를 합리화하기 위해서 다윗을 매우 악한 자로 몰았고 다윗이 크고 작은 수많은 범죄들을 저지른 것으로 거짓 고소함으로써 다윗을 잡아 죽여야 할 못된 들짐승으로 몰아붙여서 그들이 다윗을 사냥하는 것을 정당화하고자 하였다. 무죄하다는 것 자체는 비방과 중상모략의 화살들을 본인 자신의 마음속에서는 충분히 막아줄 수 있는 것이 되었지만 사람들의 평판으로부터 막아 주는 것은 되지 못하였다. 이 점에 있어서 다윗은 그리스도의 모형이었는데, 그리스도께서는 사람들의 비방과 중상모략의 표적이 되셨고, 그를 따르는 자들에게 그들도 온갖 거짓된 악한 말들을 들어야 할 것이라고 미리 말씀하셨다. 이러한 경우에 다윗이 어떻게 행하였는지를 이제 보도록 하자.

I. 다윗은 하나님의 의로우신 판결에 호소한다(1절). "여호와여 나를 판단하소서. 주께서 나와 나를 고소한 자들, 박해자와 이 가엾은 죄수를 판단하시는 재판장이 되어 주셔서, 나를 거짓된 고소로부터 건져 내셔서 명예를 회복시켜 주시고, 나를 거짓 고소한 자들을 수치를 당하게 하옵소서." 다윗을 박해하고 고소한 자는 사울이었는데, 바로 그 사울은 그 자신이 이스라엘에서 최고 재판장이었기 때문에, 다윗은 그와 다툼에 있어서 하나님 이외에 다른 곳에 호소할 수가 없었다. 다윗은 하나님을 거스른 자신의 범죄들과 관련해서는 여호와여 주의 종에게 심판을 행하지 마소서(시 143:2) 내 젊은 시절의 죄와 허물을 기억하지 마옵소서(시 25:7)라고 기도하며, 하나님의 긍휼하심에 호소한다. 그러나 다윗은 사울과 관련하여 그가 저지른 범죄들에 대해서는 하나님의 공의에 호소하면서, 하나님께 자신을 위하여 변호하시고 판단해주실 것을 간구한다(시 43:1). 또는, 이러한 해석도 가능하다: 다윗은 죄의 고소에 대하여 자기 자신이 옳다고 할 수 없었다. 그는 하나님께서 무한하신 긍휼하심으로 그의 죄를 사하시지 않는다면 그의 죄는 크기 때문에 그가 망할 수밖에 없다는 것을 고백한다. 그러나 그는 자기가 위선의 죄를 저질렀다는 고소에 대해서는 그렇지 않다는 것을 입증할 수 있었고, 따라서 은혜의 계약에 따라서 그가 하나님의 은총을 기대할 수 있다는 소망을 가질 만한 근거를 지니고 있었다. 따라서 거룩한 욥은 자기가 범죄하였다는 것을 시인하면서도, 자기가 무죄하고 흠이 없다는 것을 끝까지 고수한다. 거짓 고소를 당하고 있는 자들에게는 조만간에 그들

의 무죄함을 분명하게 나타내 주실 의로우신 하나님이 계시다는 것이 큰 위로가 되고, 참된 신앙을 지닌 모든 자들에게는 하나님 자신이 그들의 진실됨에 대한 증인이시라는 사실이 큰 위로가 된다는 것을 명심하라.

Ⅱ. 다윗은 하나님께서 살피시고 시험하시는 것에는 그 어떤 오류도 있을 수 없다는 것을 인정한다(2절). 금이 진짜인지 가짜인지를 시험해 보는 것과 같이, 여호와여 나를 살피시고 시험하소서. 하나님께서는 각 사람의 진짜 성품을 아신다. 왜냐하면, 하나님은 온갖 겉치레와 위장된 것들을 뚫어보시고 마음의 생각과 의도를 아시기 때문이다. 다윗은 여호와여 나를 살피소서라고 기도한다. 이것은 그가 하나님께서 그를 아신다는 것을 기뻐하였고, 하나님께서 그를 자기 자신과 온 세상에 온전히 드러내시기를 진정으로 바랐다는 것을 보여준다. 다윗은 하나님에 대한 그의 헌신과 사울 왕에 대한 그의 충성심에 있어서 너무도 진실했기 때문에(하지만 그는 이 두 가지에 있어서 모두 겉으로만 그런 체 하는 자로 의심을 받았다) 할 수만 있다면 자신의 가슴에 창을 내어서 누구라도 그의 마음을 들여다볼 수 있게 하기를 원하였다.

Ⅲ. 다윗은 자기가 진실하고 거짓이 없다는 것을 단호하게 항변한다(1절). "내가 완전함에 행하여서, 나의 행실은 나의 말과 일치하였고, 나의 행위 중에서 그 어느 부분도 나의 말과 다른 것이 없었다." 우리가 하나님의 은혜로 말미암아 흠없이 행하였고, 이 세상에서 우리의 행실이 경건하고 꾸밈이 없었다는 것을 입증할 수 없다면, 우리가 흠이 없다고 자랑해보아도 그것은 헛된 것이다. 다윗은 여기에서 자기가 흠이 없다는 것에 대한 몇 가지 증거들을 제시하는데, 이렇게 흠없고 무죄하였기 때문에 그는 의로우신 재판장이신 여호와께서 그의 의로운 주장을 후원하시고 변호하시리라는 담대한 믿음을 지닐 수 있었고, 하나님께서 그를 성공하게 하시며(내가 미끄러지지 아니하리이다), 그를 끌어내리려 하고 그의 믿음을 흔들고자 하며 그의 이름에 먹칠을 하고 그가 왕위에 오르는 것을 방해하고자 온갖 음모를 꾸미는 자들은 결코 성공하지 못하리라는 것을 확신할 수 있었다(시 62:4). 진실한 신앙을 지닌 자들은 하나님께서 그들을 미끄러지지 않게 하시리라는 것, 즉 그들이 신앙을 떠나서 배교하게 놓아두지 않으시리라는 것을 확신할 수 있다.

1. 다윗은 하나님과 그의 은혜를 끊임없이 바라보았다(3절).

(1) 그는 하나님께 은혜받는 것을 자신의 목적이자 자기에게 가장 좋은 일로

여겼다: 주의 인자하심이 내 목전에 있나이다. 우리가 신앙으로 행하는 일들을 하나님을 향한 사랑의 마음에서, 그리고 하나님을 가장 선하신 분이자 가장 좋은 친구이고 은혜 베푸시는 자로 여기는 마음에서, 또한 하나님께서 우리의 평생에 우리에게 베풀어 주신 선하심에 대하여 감사하는 마음에서 행한다면, 그것은 우리가 진실하다는 것을 보여주는 좋은 증거가 될 것이다. 우리가 하나님의 인자하심을 우리의 목전에 두고서 우리의 모범으로 삼아서 선하신 하나님을 본받는 자(벧전 3:13)가 되고자 애를 쓰고, 하나님의 인자하심을 우리의 목전에 두고서 우리가 해야 할 도리를 더욱 열심을 내어서 하게 만드는 것으로 삼아서 하나님의 은총을 상실할 수 있는 그 어떤 일도 행하기를 두려워하고 모든 수단을 동원해서 하나님의 사랑 안에 계속해서 머물고자 한다면, 이것은 우리가 흠없고 무죄하다는 것을 보여주는 좋은 증거가 될 뿐만 아니라 우리가 계속해서 흠없이 행하는 데에 큰 힘이 될 것이다.

(2) 그는 하나님의 말씀을 자신의 규범으로 삼아서 스스로를 다스렸다: "내가 주의 진리 중에, 즉 주의 법을 따라서 행하였나이다. 이는 주의 법이 진리이기 때문입니다." 하나님의 진리들, 그리고 그 진리들에 토대를 두고 있는 하나님의 법들에 따라서 살아가는 자들만이 하나님의 인자하심에서 오는 은택을 기대할 수 있다는 것을 명심하라. 어떤 이들은 이 말씀을 다윗이 하나님의 선하심과 인자하심만이 아니라 진실하심과 신실하심에 있어서도 하나님의 모범을 따랐다고 말하고 있는 것으로 이해한다. 사랑하는 자녀들로서 하나님을 따르는 자들은 분명히 잘 행하고 있는 것이다.

2. 그는 열매없는 어둠의 일들에 참여하지 않았고 그러한 일들을 하는 자들과 어울리지도 않았다(4-5절). 그가 사울 왕의 통치에 불만을 품은 자들이나 그를 멸시한 불량배(삼상 10:27)와 어울리지 않았다는 것은 그가 사울 왕에게 진심으로 충성하였다는 것을 보여주는 것이었다. 그는 반역자들에 속하지 않았고, 반역을 꾀하는 그 어떤 자와도 어울리지 않았다. 그는 자신의 마음속에서라도 왕을 저주하거나 욕하지 않았다. 또한 그가 신앙에 대하여 악감을 품고 있던 자들이나 공개적인 원수들, 거짓된 친구들이라고 생각될 수 있는 자들과 어울리지 않았다는 것은 하나님에 대한 그의 신실성을 보여주는 증거였다. 악한 자들과 어울리는 것을 피하기 위하여 세심하게 신경을 쓰는 것은 우리가 흠이 없다는 것을 보여주는 좋은 증거임과 동시에 우리가 흠없이 계속해서 살아

갈 수 있는 좋은 수단이 된다는 것을 명심하라. 좀 더 살펴보자.

(1) 이 부분에 나오는 다윗의 항변은 과거와 관련해서 그가 이 문제에 얼마나 신경을 썼는지를 보여줌과 동시에 앞으로도 그가 그런 문제에 세심하게 신경을 쓸 것이라고 결심하고 있음을 보여준다: "내가 허망한 사람과 같이 앉지 아니하였사오니 간사한 자와 동행하지도 아니하리이다." 이제까지 우리가 행해 온 선한 행실들은 앞으로도 하나님께서 주시는 힘으로 끝까지 선한 행실을 유지하며 결코 물러서지 않겠다는 결단을 동반할 때에 우리의 흠없음에 대한 증거가 된다는 것을 명심하라. 또한 우리는 우리가 이제까지 행해 온 선한 행실들의 연속선상에서 앞으로도 선한 행실을 하겠다고 결단할 때에 거기로부터 위로를 받을 수 있다.

(2) 다윗은 악한 자들과 어울리는 것을 피하였을 뿐만 아니라, 온전히 기분과 낭만을 쫓아서 행하며 그들 속에 어떤 진지한 것이나 알맹이도 갖고 있지 않은 허망한 자들과도 어울리는 것을 피하였다. 선한 사람은 악함이 겉으로 그대로 드러나는 악인들에 대해서는 경계심을 갖고 있지만 허영에 물드는 것에 대해서는 대비책이 별로 준비되어 있지 않은 경우가 많기 때문에, 허망한 사람들과 어울리는 것은 악한 자들과 어울리는 것보다 더 위험할 수 있다.

(3) 위선자들과 사귀는 것은 악한 자들이나 허망한 자들과 사귀는 것만큼이나 위험스럽고, 경건만이 아니라 사려 분별에 있어서도 피해야 할 일이다. 행악자들은 사람들을 자신의 덫에 걸리도록 유인하기 위하여 사람들에게 접근하여 호의를 베푸는 체하지만, 그러한 행동은 모두 위선적인 것이다. 그들이 네게 좋은 말을 할지라도 너는 믿지 말지니라.

(4) 악한 자들과 어울리는 것을 피할 수 없는 경우가 종종 있었는데, 그런 때에 그는 그들과 동행하고자 하지 않았고, 그러한 자들을 자신의 친구로 삼거나 그들과 계속해서 교제하고자 하지 않았다. 그는 우연히 그런 자들과 접촉할 수는 있었지만, 일부러 약속을 정해서 그들과 동행하고자 하지는 않았다. 또는, 우연히 그런 자들과 함께 있게 되었을 때에, 그는 그들과 함께 앉고자 하지 않았고 그들과 계속해서 있고자 하지 않았다. 그는 꼭 필요한 일이 끝나자마자 그들이 있는 자리를 떠나고자 하였다. 그는 오만한 자들의 자리에 앉은 자들처럼(시 1:1) 그들이 꾀하는 일들에 동의하지도 않았고 그들이 말하는 대로 말하거나 그들이 행하는 대로 행하고자 하지 않았다. 그는 그들과 함께 앉아서 악을

행할 길과 수단을 모의하거나 그들과 함께 재판석에 앉아서 의인들의 세대를 단죄하고자 하지 않았다.

(5) 우리는 우리의 행실에 있어서 악한 자들과 어울리는 것을 피하여야 할 뿐만 아니라, 우리의 행동 원리와 감정에 있어서도 악한 자들과 어울리는 것에 대하여 혐오감을 가져야 한다. 다윗은 여기서 "내가 그것을 피하였나이다"라고 말할 뿐만 아니라 "내가 그것을 미워하였나이다"(시 139:21)라고 말한다.

(6) 행악자들의 집회, 악인들의 패거리는 선한 사람들이 특히 미워하는 것이다. 내가 악의를 품은 자들의 회중(ecclesiam malignantium)을 미워하였나이다(불가타 라틴역은 이렇게 되어 있다). 선한 자들이 힘을 합치면 서로를 더 선하게 만들고 훨씬 더 많은 선을 행할 수 있는 것과 마찬가지로, 악한 자들이 서로 힘을 합하면 서로가 더 나빠져서 훨씬 더 큰 해악을 행하게 된다. 이 모든 일에 있어서 다윗은 그리스도의 모형이었다. 그리스도께서는 죄인들을 가르치시고 그들에게 선을 베푸시기 위하여 그들을 영접하여 함께 식사하셨지만, 스스로 거룩하시고 남에게 해를 끼치지 아니하셨으며 자신을 더럽히지 않으셨고, 죄인들, 특히 위선자들인 바리새인들로부터 스스로를 구별하셨다. 또한 다윗은 이 패역한 세대에서 구원을 받기 위해서(행 2:40) 그리스도와 사귐을 가졌다는 점에서 그리스도인들에 대한 모범이기도 하였다.

⁶여호와여 내가 무죄하므로 손을 씻고 주의 제단에 두루 다니며 ⁷감사의 소리를 들려 주고 주의 기이한 모든 일을 말하리이다 ⁸여호와여 내가 주께서 계신 집과 주의 영광이 머무는 곳을 사랑하오니 ⁹내 영혼을 죄인과 함께, 내 생명을 살인자와 함께 거두지 마소서 ¹⁰그들의 손에 사악함이 있고 그들의 오른손에 뇌물이 가득하오나 ¹¹나는 나의 완전함에 행하오리니 나를 속량하시고 내게 은혜를 베푸소서 ¹²내 발이 평탄한 데에 섰사오니 무리 가운데에서 여호와를 송축하리이다

이 절들에는 다음과 같은 내용들이 나온다.

I. 다윗은 자기가 무죄하고 흠이 없다는 것을 보여주는 추가적인 증거로서 그가 하나님의 규례들을 진심으로 아끼고 사랑했으며 그 규례들을 지키는 데에 끊임없이 신경을 썼고 그 규례들을 기뻐하였다는 것을 언급한다. 위선과 가식을 행하는 자들도, 성전에 올라가서 회개하는 세리와 함께 기도하였던 교

만한 바리새인과 마찬가지로 하나님의 규례들을 자기가 다 지키었다고 말할 수 있다. 그러나 우리가 다윗이 여기에서 그가 행하였다고 우리에게 말해 주고 있는 것처럼 하나님의 규례들을 지킨다면, 그것은 우리가 진실하다는 것을 보여주는 좋은 증표가 될 것이다(6-8절).

1. 그는 거룩한 규례들을 준비하는 데에 세심하게 신경을 썼다: 내가 무죄함으로 손을 씻나이다. 그는 죄인들과 어울리는 것을 피하였을 뿐만 아니라 자기가 죄로 인하여 더럽혀지는 것을 피하여 스스로를 깨끗하게 지켰는데, 이것은 하나님의 제단과 관련해서 그가 지니고 있었던 위치를 염두에 둔 것이었다. "내가 손을 씻지 않으면 주의 제단에서 용납받지 못할 것임을 알기 때문에 나는 손을 씻고서 주의 제단을 두루 다니고자 하나이다." 이것은 사람이 자기를 살피고 그 후에야 이 떡을 먹고 이 잔을 마셔야 한다(고전 11:28)는 것과 같은 것이었다. 이것은 다음과 같은 것들을 의미한다.

(1) 평상시의 준비: "내가 무죄함으로 손을 씻는다. 나는 평소에 내가 온갖 죄에 노출되지 않도록 세심하게 경계하고, 나의 선한 양심을 더럽혀서 내가 하나님께 가까이 나아가는 것을 가로막는 저 죽은 행실들로부터 내 양심을 깨끗하게 지키고자 한다"(시 24:3-4을 보라).

(2) 특별한 준비. 이 말씀은 제사장들이 성막에 들어가서 직분을 행하기 전에 몸을 물로 씻는 예식을 가리킨다(출 30:20-21). 다윗은 비록 제사장이 아니었지만, 모든 예배자들이 마땅히 행해야 하듯이, 제사장들이 하나의 그림자로서 보여주고 있는 것의 실질적인 것을 지키고자 하였다. 예배를 준비함에 있어서 우리는 두루 퍼져 있는 불의함이나 위선으로부터 우리 자신을 깨끗하게 하고 우리가 그러한 것들로부터 무죄하다는 것(이것은 손을 씻는 것에 의해서 상징되고 있다, 신 21:6)을 말할 수 있어야 할 뿐만 아니라, 예배를 드리기 전에 항상 새롭게 회개하고 그리스도의 피를 우리의 양심에 다시 바름으로써 여전히 남아 있는 죄악의 반점들을 씻어 내어 우리 자신을 깨끗하게 하려고 애를 써야 한다. 목욕한 자(즉, 의롭다하심을 받은 상태에 있는 자)는 발을 씻고(요 13:10), 손을 씻는 것, 즉 그것들을 무죄함 중에서 씻는 것만으로 충분하다. 회개한 자는 거의 무죄한(pene innocens) 자가 된다. 죄 사함을 받은 자는 무죄한 자가 되었기 때문에, 그의 죄들은 다시는 거론되지 않을 것이다.

2. 그는 예배에 참석하는 일에 매우 부지런하고 진지하였다: 내가 주의 제단

에 두루 다니리이다. 이 말씀은 제사장들의 습관에 관한 것으로서, 제사장들은 희생 제사가 드려지고 있는 동안에 제단 주위를 걸어 다녔고, 제물을 드린 자들도 아마도 좀 더 멀리서 제사장들과 마찬가지로 제단 주위를 돌았던 것으로 보인다. 이것은 제단에서 일어나고 있는 일을 예의주시하면서 자신의 직무를 잘 수행하기 위한 것이었다. "내가 주의 제단에 두루 다니리이다. 내가 주의 제단을 두루 다니는 많은 무리들 속에 있겠나이다." 다윗은 존귀한 자였고 일이 많고 바쁜 자였으며 전쟁에 능한 사람이었지만 많은 무리들 틈에 섞여서 하나님의 제단을 수종드는 일을 하찮은 일로 여기지 않았기 때문에 시간이 날 때마다 주의 제단을 찾을 수 있었다.

(1) 하나님의 모든 백성들은 하나님의 제단에서 수종들면서 하나님의 명령에 순종하여야 하고 하나님의 은총을 구하여야 한다. 그리스도는 우리의 제단인데, 유대인들이 그 앞에 상을 차려 놓는 유대 교회의 제단이 아니라 우리가 거기에서 먹고 살아가는 제단이다(히 13:10).

(2) 많은 사람들이 하나님의 제단을 두루 다니는 것을 보고, 우리 자신이 그러한 무리들 속에 있는 것을 보는 것은 정말 기쁘고 유쾌한 일이 아닐 수 없다.

3. 그가 하나님의 예배에 참석하는 목적은 하나님께 영광을 돌리고 감사와 찬송을 드리며 경배하기 위한 것이었다. 그는 예배 처소를 하나님의 영광이 머무는 곳으로 보았기 때문에(8절), 거기에서 하나님을 높이고 그의 이름에 걸맞는 영광을 하나님께 돌리며 감사하는 목소리로 하나님의 모든 기이한 일들을 널리 알리는 것을 자신의 일로 삼았다. 하나님의 은혜의 역사들은 우리에게서 감사를 불러일으키고, 그 역사들은 모두 기이한 일들이기 때문에 우리로부터 경배를 불러일으킨다. 우리는 하나님의 영광을 위하고 다른 사람들로 하여금 하나님을 찬송하도록 하기 위하여 하나님께서 행하신 기이한 일들을 널리 알리고 전하여야 한다. 우리는 우리가 마땅히 해야 할 일들을 아는 자들로서 감사하는 목소리로 하나님의 기이한 일들을 널리 알려야 하고, 가능한 한 모든 방법을 동원해서 우리가 하나님으로부터 받은 은혜들을 감사한 마음으로 고백하여야 한다.

4. 그는 즐거운 마음과 하나님 및 그가 세우신 것들에 대한 진정한 사랑의 마음에서 이 일을 행하였다. 이것과 관련해서 그는 하나님께 이렇게 호소한다: "여호와여 내가 주께서 계신 집(8절), 주께서 주의 백성 가운데에 자신을 나타내

시고 그들의 충성 맹세를 받으시기를 기뻐하시는 성막, 주의 영광이 머무는 곳을 사랑하였다는 것을 주께서 너무도 잘 아시나이다." 다윗은 종종 박해로 인해서 우상 숭배자들의 나라들로 어쩔 수 없이 쫓겨 가서 하나님의 제단을 모시지 못하게 되었는데, 아마도 다윗을 박해하였던 자들은 그를 그러한 궁지 속으로 몰아넣고서는 그렇게 한 것이 다윗의 범죄라고 비난하였던 것으로 보인다(삼상 20:27을 보라). 다윗은 이렇게 말한다: "그러나 여호와여 내가 주께서 계신 집으로 갈 수는 없지만 그 곳을 사랑하나이다. 내 마음은 거기에 가 있고, 내가 거기에 가지 못하는 것이 나의 가장 큰 괴로움입니다." 하나님을 진정으로 사랑하는 모든 자들은 하나님의 예배들을 사랑하는데, 그들이 예배를 사랑하는 것은 예배 속에서 하나님께서 자신의 영광을 나타내시고 사람들은 하나님께 영광을 돌릴 기회를 갖기 때문이다. 우리 주 예수께서 아버지께서 영광받으시는 것을 좋아하셨고, 아버지께 영광을 돌리는 것을 자신의 일로 삼으셨다. 주님은 아버지께서 계시는 집, 사람들 가운데 있는 하나님의 교회를 사랑하셨고, 교회를 세우시고 성별하기 위하여 교회를 위하여 자신을 주셨다. 하나님과의 교통을 사랑하고 하나님께 나아가는 것을 즐거워하는 자들은 그것이 그들에게 변함없는 즐거움이라는 것, 그들이 흠이 없다는 것을 보여주는 충분한 증거, 그들이 영원히 지극히 복된 상태에 있게 될 것임을 말해 주는 증거가 된다는 것을 발견하게 된다.

II. 다윗은 자신이 흠이 없다는 증거들을 제시한 후에 하나님을 향하여 겸손하지만 확신을 가지고 그가 악인들의 운명에 떨어지지 않도록 해 달라고 간절히 기도한다(자신의 양심에 의해서 정죄받지 않은 자들의 담대함을 가지고서). 내 영혼을 죄인들과 함께 거두지 마소서(9-10절). 좀 더 살펴보자.

1. 다윗은 이러한 죄인들을 묘사하는데, 그가 이 세상에서 가지고 있었던 가장 악한 원수가 더 나빠지기를 바랄 수 없을 정도로 그들은 너무도 비참한 상태에 놓여 있는 것으로 보았다. "그들은 피에 굶주려 있고 남의 피를 흘린 엄청난 죄책 아래에 있는 피흘린 자들(개역에서는 살인자)이다. 그들은 사람들에게 해악을 끼치고, 해악은 항상 그들의 손에 있다. 그들은 악한 방법으로 뭔가를 얻지만(왜냐하면, 재판을 굽게 하고서 받은 뇌물이 그들의 오른손에 가득 하기 때문에), 그것으로 인해서 그들의 처지가 결코 더 나아지지는 않는다: 사람이 만일 온 천하를 얻고도 제 목숨을 잃으면 무엇이 유익하리요?"

2. 그는 자신의 운명이 그들과 함께 되는 것을 두려워한다. 그는 이 세상에서 그들을 좋아하지도 않았고 그들과 어울리지도 않았기 때문에, 그가 저 세상에서 그들과 운명을 같이 하지 않도록 해 달라고 믿음으로 기도할 수 있었다. 우리의 영혼은 곧 거두어져서, 우리에게 영혼을 주셨다가 다시 그 영혼을 요구하시는 하나님께 되돌아가야 한다(욥 34:14을 보라). 그 때에 우리의 영혼이 죄인들과 함께 거두어져서 묶이게 될 것인지 아니면 성도들과 함께 거두어져서 묶이게 될 것인지, 우리의 영혼이 주님과 더불어서 생명의 단으로 영원히 묶이게 될 것인지(믿는 자들의 영혼은 이렇게 된다, 삼상 25:29) 가라지의 단에 묶여서 불에 던져지게 될 것인지(마 13:30)는 우리의 관심사이다. 죽게 되면, 우리는 우리가 이 땅에 살면서 함께 어울리고 교제하였던 우리의 사람들에게로 가서, 그들과 영원히 운명을 함께 하게 될 것이다. 발람은 의인들의 죽음을 죽고자 하였고, 다윗은 악인들의 죽음을 죽는 것을 두려워하였다. 이 두 사람의 마음은 결국 동일한 것이었는데, 우리가 그러한 마음을 품고서 거기에 합당한 삶을 살게 된다면, 우리는 영원히 복되게 될 것이다. 죄인들과 어울려서 향락을 쫓으며 그들의 진수성찬을 먹고자 하지 않는 자들은 장차 그들의 무리에 섞여서 비참한 처지에 빠지지 않게 해 달라고 믿음으로 기도할 수 있고, 그들의 잔, 그들의 두렵고 떨리는 잔을 마시지 않게 해 달라고 기도할 수 있다.

Ⅲ. 다윗은 거룩하고 겸손한 확신을 가지고 자기 자신을 하나님의 은혜에 맡긴다(11-12절).

1. 그는 그가 하나님의 은혜로 말미암아 끝까지 자신의 도리를 다할 것이라고 약속한다: "다른 사람들이 어떻게 행하든, 나는 나의 완전함에 행하오리이다." 우리가 흠없이 행해 왔다는 것을 우리의 양심이 우리에게 증언해 줌으로써 우리가 위로를 받을 수 있을 때, 그것은 우리가 계속해서 흠없이 행할 것이라는 우리의 결단을 확증해 준다는 것을 명심하라.

2. 그는 하나님께서 은혜를 베푸셔서 그로 하여금 그렇게 할 수 있게 하시고 그것으로부터 오는 위로를 받을 수 있게 해 달라고 기도한다: "내 원수들의 손에서 **나를 속량하시고, 살든지 죽든지 내게 은혜를 베푸소서**." 우리가 흠없고 무죄하다는 것에 대하여 아무리 확신이 있다고 하더라도, 우리는 하나님의 긍휼하심과 그리스도께서 이루신 큰 구속에 의지하고, 그것들로부터 오는 유익을 위하여 기도하여야 한다.

3. 그는 자신의 견실함을 기뻐한다: "내 발이 평탄한 데에 섰사오니, 나는 거기에서 실족하거나 넘어지지 않을 것입니다." 그는 하나님과 경건에 대한 자신의 확고한 결단이 세상의 유혹들에 의해서 흔들리지 않을 것이고, 하나님과 그의 은혜 속에 있는 자신의 위로와 기쁨이 견고하여서 이 세상의 십자가들과 환난들에 의해서 방해를 받지 않을 것임을 아는 자로서 이 말씀을 하고 있다.

4. 그는 그가 여호와를 찬송할 기회를 갖게 되리라는 것, 그에게 여호와를 찬송할 일이 생기게 되리라는 것, 하나님께서 그에게 여호와를 찬송할 마음을 주시리라는 것, 그가 지금은 공예배를 참석할 수 없는 처지가 되었지만, 언젠가는 다시 하나님의 백성의 회중 속에서 하나님을 송축할 기회를 갖게 되리라는 것을 기대한다. 행악자들의 집회를 미워하는 자들은 의인들의 회중에 참여하게 되고 그들과 더불어서 하나님을 찬송하게 될 것이다. 선한 무리들과 더불어서 하나님을 찬송하는 일은 즐거운 일이고, 그 무리가 많으면 많을수록 찬송은 더 기쁜 일이 될 것이다. 바로 그 곳은 천국이나 다름없다.

제 27 편

개요

어떤 이들은 다윗이 왕위에 오르기 전에 환난 중에 있었을 때에 아마도 그의 부모가 돌아가신 상황 속에서 이 시편을 지었다고 생각한다. 그러나 유대인들은 다윗이 나이가 들어서 한 거인족의 칼에 죽게 되었을 때에 아비새의 도움으로 기적적으로 구출된 때에 이 시편을 지었다고 생각한다(삼하 21:16-17). 이 일이 있고 나서 이스라엘 백성은 이스라엘의 빛이 꺼지지 않도록 하기 위하여 다시는 그를 전장에 내보내서 목숨을 걸게 하지 않기로 결정하였다. 아마도 이 시편은 어떤 특정한 상황 속에서 지어진 것은 아닌 것 같다. 그럼에도 불구하고 이 시편은 경건하고 헌신적인 신앙의 감정들을 아주 생생하게 표현하고 있기 때문에, 은혜를 받은 영혼들은 이 시편을 통해서 언제든지, 특히 환난의 때에 하나님께 나아갈 수 있다. 이 시편에는 다음과 같은 내용들이 나온다. I. 믿음으로 인한 다윗의 용기와 거룩한 담력(1-3절). II. 그가 하나님과의 교통 속에서 얻은 만족감과 그 교통을 통해서 경험한 유익(4-6절). III. 하나님을 향한 그의 소원과 하나님의 은총 및 은혜(7-9, 11-12절). IV. 하나님께 거는 그의 기대들과 그가 다른 사람들에게 하나님께 소망을 두라고 격려함(10, 13-14절). 우리는 이 시편을 노래할 때에 이러한 거룩한 감정으로 우리의 마음이 가득 차도록 해야 한다.

[다윗의 시]

¹여호와는 나의 빛이요 나의 구원이시니 내가 누구를 두려워하리요 여호와는 내 생명의 능력이시니 내가 누구를 무서워하리요 ²악인들이 내 살을 먹으려고 내게로 왔으나 나의 대적들, 나의 원수들인 그들은 실족하여 넘어졌도다 ³군대가 나를 대적하여 진 칠지라도 내 마음이 두렵지 아니하며 전쟁이 일어나 나를 치려 할지라도 나는 여전히 태연하리로다 ⁴내가 여호와께 바라는 한 가지 일 그것을 구하리니 곧 내가 내 평생에 여호와의 집에 살면서 여호와의 아름다움을 바라보며 그의 성전에서 사모하는 그것이라 ⁵여호와께서 환난 날에 나를 그의 초막 속에 비밀히 지키시고 그의 장막 은밀한 곳에 나를 숨기시며 높은 바위 위에 두시리로다 ⁶이제 내 머리

가 나를 둘러싼 내 원수 위에 들리리니 내가 그의 장막에서 즐거운 제사를 드리겠고 노래하며 여호와를 찬송하리로다

우리는 여기에서 다음과 같은 것들을 살펴볼 수 있다.

I. 다윗이 얼마나 생생한 신앙으로 하나님 안에서 개가를 부르며 하나님의 거룩한 이름과 그가 하나님에 속해 있다는 것을 자랑하고 있는가.

1. 여호와는 나의 빛이다. 다윗의 신하들은 다윗을 이스라엘의 등불이라고 불렀다(삼하 21:17). 그리고 실제로 다윗은 불타오르는 등불이자 찬란하게 빛을 발하는 등불이었다. 그러나 그는 자기는 달과 마찬가지로 해로부터 빛을 가져와서 비출 뿐이라고 고백한다. 하나님께서 그에게 비추신 빛을 그가 다시 그들에게 비추고 있다는 것이다: 여호와는 나의 빛이다. 하나님은 그의 백성에게 빛과 등불이 되셔서, 그들에게 그들이 어느 길이 옳은 길인지를 모를 때에 그 길을 보여주시고 그들이 슬픔에 잠겨 있을 때에 그들의 마음을 위로하시며 기쁘게 해주신다. 하나님의 빛 안에서 그들은 지금 걷고 있고, 하나님의 빛 안에서 그들은 영원히 빛을 볼 소망을 지니고 있다.

2. "여호와는 나의 구원이시기 때문에, 나는 그 안에서 안전하고, 그로 말미암아 구원을 받게 될 것이다."

3. "여호와는 내 생명의 능력이셔서, 위험에 노출된 내 생명을 보호하셔서 내가 죽는 것을 막아 주실 뿐만 아니라 나의 연약한 생명에 힘을 주시는 분으로서 내가 지쳐 쓰러지거나 기운이 다하여 죽는 것을 막아 주신다." 신자의 빛이신 하나님은 신자의 생명의 힘이시기 때문에, 신자는 하나님으로 말미암아 살아 움직일 뿐만 아니라 하나님 안에서 살아간다. 그러므로 우리는 하나님 안에서 힘을 얻어야 한다.

II. 다윗은 얼마나 두려움없는 용기를 가지고서 그의 원수들에 대하여 개가를 부르고 있는가. 신앙만큼 강한 것은 없다. 하나님께서 그의 편이 되어 주신다면, 누가 그에게 대적할 수 있겠는가? 내가 누구를 두려워하리요. 내가 누구를 무서워 하리요. 전능하신 분이 그를 지켜 주신다면, 그에게는 두려워할 이유가 전혀 없는 것이다. 그가 그런 것을 알고 있다면, 그는 두려워하는 마음을 갖지 않게 된다. 하나님이 그의 빛이라면, 그는 그림자들을 두려워하지 않는다. 하나님이 그의 구원이라면, 그는 그 어떤 일도 두려워하지 않는다. 그는 이미

패주한 그의 원수들에 대하여 개가를 부른다(2절). 그의 원수들은 그의 살을 먹으려고 그에게 왔고 당연히 그러한 목적을 달성하리라는 것을 의심하지 않았으나, 그들은 넘어졌다. "그가 그들을 쳐서 그들이 넘어진" 것이 아니라, "그들이 실족하여 넘어졌다." 그들은 혼란에 빠지고 사기가 꺾였기 때문에, 더 이상 계속해서 그들의 계획을 밀어붙일 수 없었다. 그리스도를 붙잡으러 온 자들도 그리스도께서 하신 한 마디 말씀으로 비틀거리며 땅에 엎드러졌다(요 18:6). 하나님의 백성의 원수들 중 일부가 패망한 것은 그들이 장차 모두 완전히 정복당하게 될 것을 보여주는 전조였다. 그러므로 그들이 넘어졌을 때에 그는 나머지 원수들을 두려워하지 않는다. "그들이 수가 많아서 군대를 이루고 있고, 그들이 용맹스러우며 그들의 공격이 위협적이고, 그들이 한 사람을 치려고 군대로 몰려와서 나를 대적하여 진 치며, 나와 접전한다고 할지라도, 내 마음이 두렵지 아니할 것이다." 만군의 여호와께서 우리를 보호하시면, 수많은 군대가 올지라도 그들이 우리를 해칠 수 없다. 하나님께서 내 편이 되어 주신다는 확신 속에서 "나는 여전히 태연하리로다." 여기서 다윗은 두 가지를 확신한다.

1. 그가 안전하리라는 것. "하나님이 나의 구원이 되셔서, 여호와께서 환난 날에 나를 지키시리라. 그는 나를 위험 밖에 두시고 두려움 너머에 두시리라." 하나님께서는 그의 백성이 곤경에 처해 있을 때에 그들을 위하여 피난처를 찾아 주실 뿐만 아니라(렘 36:26), 그 자신이 그들의 은신처가 되어 주실 것이다(시 32:7). 하나님은 섭리를 통해서 그들을 안전하게 지켜 주실 것이다. 그리고 적어도 하나님은 그의 은혜로 말미암아 그들을 평안하게 하실 것이다. 여호와의 이름은 견고한 망대여서, 의인들은 믿음으로 그리로 달려간다(잠 18:10). "여호와께서는 엔게디 요새가 아니라(삼상 23:29) 그의 장막 은밀한 곳에 나를 숨기시리라." 하나님의 은혜로운 임재, 그의 능력, 그의 약속, 그가 우리의 기도를 기꺼이 들어주시고자 하시는 것, 그의 성령이 그의 백성의 마음속에서 증언하시는 것 — 이러한 것들이 바로 그의 장막의 비밀한 것으로서, 이러한 것들로 인해서 성도들은 거룩한 마음의 평안을 얻고 평안히 거할 수 있게 된다. 이러한 것은 그들을 반석 위에 올려 놓게 될 것인데, 이 반석은 밑으로 꺼지는 그런 반석이 되지 않고, 오히려 그들은 그 반석을 그들의 소망을 위한 견고한 발판으로 삼을 수 있다. 또는, 이것은 그들을 높은 바위 위에 둠으로써, 사납고 무서운 격렬한 물결도 거기에 있는 그들을 건드릴 수 없다. 그것은 나보다 높은 바

위이다(시 61:2).

2. 그가 승리를 거두게 되리라는 것(6절). "이제 내 머리가 나를 둘러싼 내 원수 위에 들려서, 그들의 화살이 내게 미칠 수 없을 뿐만 아니라, 내가 높이 들려져서 그들을 다스리게 될 것이다." 다윗은 여기에서 하나님의 약속에 대한 믿음 속에서 실제로 승리를 거두기 전에 개가를 부르며, 마치 월계관만이 아니라 왕관도 그의 머리에 이미 쓰고 있는 것처럼 확신을 가지고 승리를 노래한다.

III. 다윗은 예배를 통해서 하나님과 끊임없이 교통하기를 얼마나 간절히 기도하고 있는가(4절). 다윗은 그가 하나님과 그의 규례들에 대하여 전폭적인 사랑을 지니고 있다는 것을 스스로 알고 있었고, 자신의 도리를 다하면서 하나님을 점점 더 잘 알아가는 것이야말로 자기가 마땅히 해야 할 일이라는 것을 알고 있었기 때문에 하나님에 대한 그의 신뢰는 더욱 커졌다. 우리가 그 어떤 피조물보다도 하나님을 기뻐한다는 것을 우리 마음이 우리에게 증언해 줄 수 있다면, 우리는 더욱 힘을 내어서 하나님을 의지할 수 있다. 왜냐하면, 그러한 것은 우리가 하나님께서 보호하시는 자기 백성에 속해 있다는 것을 보여주는 증거가 되기 때문이다. 또는, 이 본문은 다음과 같이 해석될 수도 있다: 다윗은 그를 둘러싼 원수들로부터 안전하기 위하여 여호와의 집에 거하기를 원하였다. 많은 수의 위협적인 군대들에 의해서 둘러싸여 있는 것을 알았을 때, 다윗은 "나의 안전을 위해서 내가 여호와께 바라는 한 가지 일은 나의 군대가 더 많이 증원되는 것이다." 또는 내가 어느 성읍 또는 요새의 주인이 되는 것이라고 말한 것이 아니라, "내가 여호와의 집에 살게 되는 것으로 충분하다"라고 말한다. 좀 더 살펴보자.

1. 다윗이 바라고 있는 것은 무엇인가: 여호와의 집에 사는 것. 제사장들은 하나님의 집의 뜰에 그들의 거처를 가지고 있었는데, 다윗은 자기도 그들 중의 한 사람이 되기를 소원하였다. 세상의 권세 있는 왕들은 하나님의 사역자들을 멸시하는 경향이 있지만, 역사상에서 가장 훌륭한 왕들 중의 한 사람인 다윗은 자기가 하나님의 사역자들 속에 끼게 되고 그들과 함께 거처를 하기를 소원하였다. 또는, 다윗은 다른 신실한 이스라엘 사람들과 더불어서 율법이 규정한 대로 하나님의 예배에 날마다 변함없이 참석하기를 원하였다. 그는 그가 지금 참여하고 있는 전쟁이 어서 끝나기를 간절히 바랐는데, 이것은 그가 자신의 왕궁에서 편안한 삶을 살기 위한 것이 아니라, 하나님의 궁정에서 끊임없이 하나

님을 예배할 시간적인 여유와 기회를 갖게 되기를 원하였기 때문이다. 마찬가지로, 다윗의 진정한 자손이었던 히스기야도 그의 건강이 회복되기를 원하였던 것은 그가 백성들을 심판하는 보좌에 오르기 위한 것이 아니라 여호와의 전에 올라가기 위한 것이었다(사 38:22). 하나님의 모든 자녀들은 하나님의 집에 살기를 원한다는 것을 명심하라. 그들이 거기에서 살지 않으면 어디에서 살겠는가? 그들은 지나가는 과객처럼 하룻밤 머물기 위해서 거기에 묵는 것도 아니고 그 집에 영원히 거하지 않는 종처럼 한동안만 거기에 머무르는 것도 아니라 평생토록 거기에 머물러 살고자 한다. 왜냐하면, 거기에는 아들이신 그리스도께서 영원히 거하시기 때문이다. 하나님을 영원히 찬송하며 살아가는 복을 받고자 하는가? 그렇다면 우리는 우리가 이 세상에서 살아갈 동안에 하나님을 찬송하는 것을 우리의 일로 삼아야 한다.

2. 그가 얼마나 간절하게 이것을 원하고 있는가: "이것은 내가 여호와께 바라는 한 가지 일, 내가 구하고자 하는 한 가지 일이다." 하나님께서 그에게 단 한 가지만 구하라고 하신다면, 그는 당연히 이것을 구할 것이다. 왜냐하면, 그의 마음속에는 그 어떤 것보다 이것이 더 많이 자리를 잡고 있었기 때문이다. 그는 그것이 선한 것이라고 여겨서 그것을 원하였다. 그는 그것이 하나님께서 그에게 은총을 베푸시는 징표로 여겨서 그것을 원하였다. 그는 이 한 가지가 그에게 꼭 필요한 것이라고 여겨서 그것을 구하였다. 그는 그것을 위하여 끊임없이 기도하였고, 그 일을 할 수 있는 자유와 기회를 얻기 위해서 자신의 일들을 도모하였다. 하나님과 교통하기를 진정으로 원하는 자들은 부지런히 그것을 구한다는 것을 명심하라(잠 18:1).

3. 그는 왜 하나님의 집에 거하고자 한 것인가? 그가 하나님의 집에 거하고자 하는 것은 거기에서 융숭한 대접을 받으며 희생 제물들을 가지고 연회를 하고 음악과 좋은 노래가 거기에 있기 때문이 아니라 여호와의 아름다움을 바라보며 그의 성전에서 사모하기 위한 것이었다. 그가 하나님의 전에 거하기를 원하였던 것은 다음과 같은 이유 때문이었다.

(1) 하나님을 묵상하는 즐거움을 갖기 위해서. 그는 여호와의 아름다움, 하나님의 존재와 완전함들이 무한히 사랑스럽다는 것을 잘 알고 있었다. 하나님의 거룩하심은 그의 아름다움이고(시 110:3), 하나님의 선하심은 그의 아름다움이다(슥 9:17). 하나님의 이 모든 속성들의 조화는 그의 본성의 아름다움이

다. 우리가 믿음과 거룩한 사랑의 눈으로 보면 볼수록, 우리는 큰 즐거움으로 이 아름다움을 볼 수 있고, 그 안에서 사랑스럽고 경탄할 만한 것들을 점점 더 많이 볼 수 있게 된다. 우리가 거룩하고 경건한 사랑의 불꽃을 가지고 착념하여서 우리가 하나님의 영광스럽고 뛰어난 것들을 묵상하고 하나님께서 우리에게 베푸시는 특별한 은총의 징표들을 기뻐하는 것은 다윗이 여기에서 열망하고 있는 여호와의 아름다움인데, 우리는 그러한 것을 예배와 성례전 속에서 맛볼 수 있게 된다. 왜냐하면, 거기에서 하나님은 자신을 나타내시기 때문이다.

(2) 그가 마땅히 행할 일을 가르침받는 기쁨을 얻기 위해서. 왜냐하면, 그는 하나님의 성전에서 이것에 대하여 물을 것이기 때문이다. 여호와여, 주께서 내가 무엇을 행하기를 원하시나이까? 그는 이 두 가지를 위해서 한 가지, 즉 내 평생에 여호와의 집에 사는 것을 원하였다. 왜냐하면, 그렇게 하는 자들은 복되기 때문이다. 그들은 하나님께 말씀을 드림과 동시에 하나님으로부터 말씀을 들으면서 하나님을 항상 찬송하게 될 것이다(시 84:4). 그리스도께서는 마리아가 그리스도의 발 아래에 앉아서 그의 말씀을 듣는 것을 꼭 필요한 한 가지 일이자 좋은 쪽에서의 한 가지 일이라고 말씀하셨다.

4. 그는 이것을 통해서 어떠한 유익을 기대하였는가. 그가 하나님의 집에서 한 자리를 차지할 수만 있다면,

(1) 거기에서 그는 고요하고 평안한 삶을 살게 될 것이다. 거기에서 그는 은밀한 중에 숨겨져 있을 것이기 때문에 괴로움이나 환난들이 그를 찾아내지 못하게 될 것이다. 거기에서 그는 높은 곳에 두어질 것이기 때문에 괴로움이나 환난이 그에게 미치지 못하게 될 것이다(5절). 다윗의 자손 중의 한 사람이었던 요아스는 여호와의 집에 6년 동안이나 숨어 있었는데, 거기에서 칼로부터 목숨을 보전하였을 뿐만 아니라 장차 왕위에 오를 수 있었다(왕하 11:3). 느헤미야는 성전을 그를 죽이고자 하는 자들을 피해서 숨어 있기에 안전한 곳으로 생각하였다(느 6:10). 하지만 믿는 자들의 안전은 성전의 담장 안에 있는 것이 아니라 성전의 하나님 안에 있고, 그들의 위로는 하나님과의 교통에 있다.

(2) 거기에서 그는 기쁘고 즐거울 수 있다. 거기에서 그는 즐거움의 제사를 드릴 수 있게 될 것이다(6절). 왜냐하면, 하나님의 일은 그 자신의 삯이 있기 때문이다. 거기에서 그는 노래하며 여호와를 찬송할 것이다. 우리는 우리에게 즐거운 일이 있을 때마다 그 일이 무엇이든지 간에 그 일로 인하여 하나님을 찬

송하여야 한다는 것을 명심하라. 우리가 예배와 성례전 속에서 하나님을 뵈올 때, 우리는 큰 기쁨과 찬송 중에 있어야 한다. 우리가 하나님께서 행하신 일들을 노래하는 것은 우리 하나님께 영광을 돌리기 위한 것이다. 하나님께서 우리를 우리의 원수들 위로 들어올리실 때마다 우리는 찬송을 통해서 하나님을 높여 드려야 한다. 항상 우리를 이기게 하시는 하나님께 감사하노라(고후 2:14).

⁷여호와여 내가 소리 내어 부르짖을 때에 들으시고 또한 나를 긍휼히 여기사 응답하소서 ⁸너희는 내 얼굴을 찾으라 하실 때에 내가 마음으로 주께 말하되 여호와여 내가 주의 얼굴을 찾으리이다 하였나이다 ⁹주의 얼굴을 내게서 숨기지 마시고 주의 종을 노하여 버리지 마소서 주는 나의 도움이 되셨나이다 나의 구원의 하나님이시여 나를 버리지 마시고 떠나지 마소서 ¹⁰내 부모는 나를 버렸으나 여호와는 나를 영접하시리이다 ¹¹여호와여 주의 도를 내게 가르치시고 내 원수를 생각하셔서 평탄한 길로 나를 인도하소서 ¹²내 생명을 내 대적에게 맡기지 마소서 위증자와 악을 토하는 자가 일어나 나를 차려 함이니이다 ¹³내가 산 자들의 땅에서 여호와의 선하심을 보게 될 줄 확실히 믿었도다 ¹⁴너는 여호와를 기다릴지어다 강하고 담대하며 여호와를 기다릴지어다

다윗은 이 절들 속에서 다음과 같은 것들을 표현한다.

I. 그는 많은 간구들을 통해서 하나님을 향한 자신의 소원을 표현한다. 그는 지금 여호와의 전에 올라갈 수는 없지만 그가 어디에 있든지 간에 기도를 통해서 은혜의 보좌로 나아갈 수는 있다.

1. 그는 하나님께서 그의 기도를 들어 주실 것을 굳게 믿기 때문에 하나님이 그의 기도를 은혜로 응답해 주시기를 겸손하게 구한다: "여호와여 내가 마음으로만이 아니라 내 목소리로도 간절하게 소리 내어 부르짖을 때에 들으소서." 그는 자신의 공로를 의지해서가 아니라 하나님의 선하심에 의지해서 평안의 응답을 하나님께서 주실 것을 기대하고 간구한다: 나를 긍휼히 여기사 응답하소서(7절). 우리가 믿음으로 기도한다면, 하나님께서는 은혜로 우리의 기도를 들으시고 응답해주실 것이다.

2. 그는 하나님께서 그에게 이전에 자기를 찾으라고 말씀하신 것을 상기시킨다(8절). 만왕의 왕께서 우리를 부르시지도 않았는데 우리가 그 면전으로 나아

가는 것은 주제넘은 짓이고, 또한 우리는 하나님께서 우리에게 금 규를 내밀지 않으시면 확신을 가지고 하나님께 나아갈 수도 없다. 그러므로 다윗은 기도할 때에 하나님께서 그를 이전에 은혜의 보좌로 부르셨다는 것을 상기시키고, 하나님께서 그에게 내민 황금 홀의 끝자락을 경외하는 마음으로 만진다. 내가 마음으로 주께 말하되 여호와여 내가 주의 얼굴을 찾으리이다 하였나이다. 다윗은 처음에는 그것을 생각해 내었고, 그 다음에는 다시 자기 자신에게 그것을 설교하였다(이것은 최고의 설교로서, 하나님께서 한 번 말씀하신 것을 두 번 듣는 것이다) ― 너희는 내 얼굴을 찾으라고 주께서 말씀하셨나이다. 그런 후에 그는 하나님께서 말씀하신 것에 대하여 그가 묵상한 결과를 여호와여 내가 주의 얼굴을 찾으리이다라는 경건한 결단으로 되돌려 드린다. 여기에서 우리는 다음과 같은 것들을 살펴볼 수 있다.

(1) 경건한 예배의 참된 본질. 그것은 하나님의 얼굴을 찾는 것이다. 이것은 하나님께서 직접 가르치신 것이다: 너희는 내 얼굴을 찾으라. 하나님께서는 우리로 하여금 스스로 하나님을 찾게 하시고, 하나님의 은총을 우리의 최고의 선으로 삼게 하고자 하신다. 이것은 성도의 목적이자 소원이다: "여호와여 내가 주의 얼굴을 찾으리니, 다른 것으로는 내가 만족하지 못하겠나이다." 하나님께서 그의 손을 펴시는 것은 다른 모든 생물의 소원을 만족시켜 줄 것이지만(시 145:16), 살아 있는 영혼의 소원을 만족시켜 주는 것은 오직 하나님께서 그의 얼굴을 비추시는 것뿐이다(시 4:6-7).

(2) 은혜로우신 하나님께서 우리를 그렇게 하도록 초대하심: 너희는 내 얼굴을 찾으라고 주께서 말씀하셨나이다. 이것은 허락일 뿐만 아니라 명령이기도 하다. 하나님께서 우리에게 찾으라고 명령하신 것 속에는 우리가 하나님을 찾으면 찾게 될 것이라는 약속이 내포되어 있다. 왜냐하면, 하나님께서는 너희가 나를 찾아도 찾지 못하리라고 말씀하신 것이 아니기 때문이다. 하나님은 우리에게 우리가 하나님께로 돌아와서 하나님과 교제하는 가운데 그의 얼굴을 찾도록 부르신다. 하나님은 성령을 통해서 우리의 심령에 그의 얼굴을 찾으라고 속삭임으로써 우리를 부르신다. 하나님은 그의 말씀, 예배를 드릴 수 있는 여러 기회들, 긍휼을 베푸시거나 고난을 주시는 특별한 섭리들을 통해서 우리를 부르신다. 우리가 어리석게도 거짓되고 헛된 것들에 매달려 구애하고 있을 때, 하나님께서는 우리를 향하신 사랑 속에서 우리로 하여금 하나님 안에서 긍휼하

심을 찾도록 부르시고 계신다.

(3) 은혜를 받은 영혼은 기꺼이 이러한 초대에 응함. 그러한 영혼은 즉각적으로 하나님의 이러한 부르심에 응답한다: 내가 마음으로 주께 말하되 여호와여 내가 주의 얼굴을 찾으리이다 하였나이다. 너희는 내 얼굴을 찾으라는 하나님의 부르심은 보편적인 것이었지만, 우리는 다윗과 마찬가지로 그것을 우리 자신에게 적용해서 내가 그것을 찾으리이다라고 응답하여야 한다. 우리가 이 말씀을 다른 사람들에게 떠넘기고 우리 자신은 그 권면을 받아들이지 않는다면, 이 말씀은 우리에게 아무런 유익도 되지 못한다. 하나님의 부르심은 너희는 내 얼굴을 찾으라 였기 때문에, 보소서 우리가 주께 왔나이다(렘 3:22)라는 응답과 마찬가지로 우리의 응답도 여호와여 내가 주의 얼굴을 찾으리이다 가 되어야 한다. 은혜를 받은 심령은 은혜로우신 하나님의 부르심에 기꺼이 응답하여, 하나님께서 능력을 베푸시는 날에 기꺼이 그 능력을 덧입고자 한다.

3. 그는 매우 구체적으로 여러 가지를 간구한다.

(1) 그에게서 하나님의 은혜가 막히지 않게 해 달라는 것(9절). "주의 명령에 순종해서 여호와여 내가 주의 얼굴을 찾으리니 주의 얼굴을 내게서 숨기지 마소서. 내가 하나님의 은총을 되찾았다는 것을 알게 하시고, 나를 사랑해 주셔서 나로 하여금 주께서 나를 사랑하신다는 것을 알게 하옵소서. 주의 종을 노하여 버리지 마소서." 그는 자기가 하나님의 노여움을 살 만하였다는 것을 시인하지만, 하나님께서 어떤 방식으로 그를 바로잡으시든지 간에 그를 하나님의 목전에서 내치지는 말아 달라고 간구한다. 하나님께 버림받는 것보다 더 큰 지옥이 어디 있겠는가?

(2) 하나님의 임재가 그에게 계속 있게 해 달라고. "전에 주께서는 나의 도움이 되셨고, 지금도 주는 나의 구원의 하나님이십니다. 그러니 내가 주님 외에 어디로 가겠나이까? 나를 버리지 마시고 떠나지 마소서. 주의 능력의 역사를 내게서 거두지 마소서. 만약 그리하시면 나는 그 어디서도 도움을 받을 수 없는 자가 되고 말리이다. 내게서 주의 은총의 징표들을 거두지 마소서. 만약 그리 하시면 나는 위로를 받지 못하는 자가 되고 말리이다."

(3) 하나님의 인도하심을 받는 은혜를 달라고(11절). "여호와여 주의 도를 내게 가르치소서. 나로 하여금 나를 향하신 주의 섭리들의 의미를 깨닫게 하시고, 그것들을 분명하게 알게 하소서. 나로 하여금 모든 의심스러운 경우에 있어서

내가 마땅히 해야 할 일을 알게 하셔서, 내가 그 도리를 놓치지 않고 올바르게 행하게 하시며, 나로 하여금 머뭇거리며 그 도리를 행하지 않고 확신을 가지고 행할 수 있게 하소서." 우리가 심사숙고해서 우리가 할 일을 정한 것이 아니라 정직함 속에서 우리가 해야 할 일이 명백해질 때에 우리는 그 길을 견고하게 갈 수가 있게 된다. 다윗은 그의 원수를 생각하셔서 또는 그를 지켜 보는 자들을 생각하셔서(난외주에서는 이렇게 읽는다) 평탄한 길로 인도해주실 것을 간구한다. 그의 원수들은 그를 칠 기회를 얻기 위해서 그가 비틀거릴 때를 노리고 있었다. 사울은 다윗을 주시하고 있었고(삼상 18:9), 이것 때문에 다윗은 "여호와여 그들이 나를 고소할 그 어떤 빌미도 찾지 못하도록 평탄한 길로 인도하소서"라고 기도하였다.

(4) 하나님의 보호하심을 받는 은혜를 주시도록(12절). "내 생명을 내 대적에게 맡기지 마소서. 여호와여, 그들이 그들의 목적을 이루지 못하게 하소서. 왜냐하면, 그들의 목적은 내 생명을 빼앗는 것이고, 나는 그들의 양심을 주관하시는 주의 능력 외에는 그 어떤 방어책도 갖고 있지 못하기 때문이니이다. 위증자들이 나의 명성을 짓밟거나 나의 재산을 빼앗는 것을 넘어서서 나를 죽이려고 일어나 나를 치려 함이니이다. 왜냐하면, 그들은 악을 토하는 자들이기 때문입니다. 그들은 피, 보혈의 피에 굶주려 있나이다." 이 점에서 다윗은 그리스도의 모형이었다. 왜냐하면, 악을 토해내는 위증자들이 그리스도를 치기 위해서 일어났기 때문이다. 그러나 그리스도께서는 그들의 악한 수중에 넘겨지기는 하셨지만, 그들의 뜻까지 이루어진 것은 아니었다. 왜냐하면, 그들은 그리스도께서 높아지시는 것을 막을 수는 없었기 때문이다.

II. 다윗은 자기가 하나님을 의지한다는 것을 피력한다.

1. 모든 다른 도움들과 구원들이 실패했을 때 하나님께서는 그를 도우시고 구원하시리라는 것(10절). "이 세상에서 나를 가장 아끼고 나와 가장 가까운 분들, 언제라도 나를 구하고자 달려올 수 있는 자들인 내 부모가 나를 버렸을 때, 그들이 죽거나 나로부터 멀리 떨어져 있거나 내가 필요할 때에 나를 도울 수 없거나 내게 무관심하고 냉정하여 나를 돕고자 하지 않을 때, 내가 부모 없이 버려진 가엾은 고아처럼 의지할 곳이 없을 때, 나는 여호와께서 길을 잃은 한 가엾은 양을 안아서 죽음으로부터 구해 주듯이 여호와는 나를 영접하시리라는 것을 아나이다." 하나님께서는 그를 의지하는 자들을 그들에게 모든 다른 도움

들이 다 막혀서 하나님의 영광과 그들의 위로가 가장 크게 될 그 때에 그들을 도우신다. 고아가 주로 말미암아 긍휼을 얻음이니라. 이 약속은 흔히 문자 그대로 성취되어 왔다. 사람들로부터 버림받은 고아들은 하나님의 섭리의 특별한 돌보심 아래에 있어 왔는데, 하나님께서는 사람들이 전혀 생각지도 못한 방식으로 그들을 위한 도움의 손길들을 일으키셨다. 하나님은 우리의 육신의 부모보다 더 확실하고 더 나은 친구이다.

2. 때가 되면 그가 하나님의 선하심이 나타나는 것을 보게 되리라는 것(13절). 그는 그가 산 자들의 땅에서 여호와의 선하심을 보게 될 줄을 믿었다. 만약 하나님께서 그렇지 하지 않으셨다면, 다윗은 환난 가운데서 기진맥진하여 죽고 말았을 것이다. 환난과 괴로움이 심하고 오래 지속되면, 아무리 훌륭한 성도들이라고 할지라도 지치게 되고 그들의 심령은 몹시 눌리며 심신이 모두 무너지게 된다. 그러나 그 때에 가장 큰 힘이 되는 것은 믿음이다. 믿음은 성도들이 그들에게 주어진 짐에 눌려서 낙심하고 그들이 구원받지 못할 것이라고 절망하는 것으로부터 지켜줌과 동시에 그들로 하여금 계속해서 소망하고 기도하며 기다리게 해주고, 하나님에 대하여 선한 생각을 유지하고 스스로를 위로하며 견딜 수 있게 해 준다. 그러나 다윗을 기진맥진하여 낙담하지 않게 지켜 준 믿음은 구체적으로 무엇이었는가? 그가 여호와의 선하심을 보게 되리라는 것 — 이것은 현재에 있어서는 멀리 있는 것처럼 보였다. 여호와의 선하심을 믿는 믿음으로 행하는 자들은 때가 되면 그 선하심을 보는 가운데 행하게 될 것이다. 그는 이것을 산 자들의 땅에서 보게 될 것이라고 소망한다.

(1) 이 세상에서 그가 환난들 아래에서 죽은 것이 아니라 그 환난들을 극복하고 살게 되리라는 것. 여기에서 다윗의 위로가 되었던 것은 그가 산 자들의 땅을 보게 되리라는 것이 아니라 산 자들의 땅에서 하나님의 선하심을 보게 되리라는 것이었다. 왜냐하면, 산 자들의 땅을 보는 것은 은혜를 받은 영혼에게는 피조물이 주는 모든 위로들 중의 한 위로에 불과한 것이기 때문이다.

(2) 생생한 예언들이 주어지는 가나안 땅과 예루살렘에서. 죄 가운데서 죽어 있었던 이방 땅과 비교해서 이스라엘 땅은 산 자들의 땅이라고 할 수 있었다. 거기에서 하나님은 알려져 있었고, 거기에서 다윗은 하나님의 선하심을 보기를 소망하였다(삼하 15:25-26을 보라).

(3) 또는, 하늘에서. 오직 하늘만이 진정으로 산 자들의 땅이라고 불릴 수 있

는데, 그것은 하늘에는 더 이상 죽음이 없기 때문이다. 이 땅은 죽어가고 있는 자들의 땅이다. 현세의 모든 재앙들 아래에서 기진맥진하여 우리가 죽어가는 것을 막아 주는 것은 영생에 대한 믿음과 소망, 그 영광을 미리 보는 것, 그 기쁨을 미리 맛보는 것보다 더 나은 것이 없다.

3. 그러는 동안에 그는 힘을 내어서 자신의 환난들을 잘 견디리라는 것(14절). 이 말씀을 다윗이 자기 자신에게 하고 있는 것이든 그의 친구들에게 하고 있는 것이든 그 뜻은 매한가지이다. 여호와께서 내 마음을 강하게 하실 것이고, 내 심령을 붙들어 주실 것인데, 그러면 그 심령이 너의 연약함을 지탱해 줄 것이다. 바로 그 힘으로

(1) 하나님을 더욱 가까이 하고 내가 마땅히 해야 할 일을 더욱 힘쓰리라. 믿음과 기도로, 하나님의 뜻에 자신을 겸손히 맡기는 가운데 여호와를 기다릴지어다. 내가 말하노니 여호와를 기다릴지어다. 내가 무엇을 하든, 하나님을 섬기는 일에 게으르지 말라.

(2) 위험과 어려움이 아무리 심하다고 할지라도 너의 심령을 견고히 하라: 담대하라. 너희의 마음을 하나님을 의지하는 가운데 확고히 하고, 너희의 생각을 하나님께 고정시킴으로써, 이러한 환난들이 너희를 흔들어 놓지 못하게 하라. 여호와를 기다리는 자들은 충분히 담대할 수 있다.

제 — 28 — 편

개요

이 시편의 전반부는 지금은 곤경에 처해 있는 전투적인 성도의 기도로서(1-3절) 거기에 하나님의 불구대천의 원수들의 운명이 첨가되어 있다(4-5절). 이 시편의 후반부는 자신의 곤경으로부터 구원을 받은 승리한 성도의 감사 기도로서(6-8절) 거기에 하나님의 모든 신실하고 충성된 백성을 위한 예언적인 기도가 첨가되어 있다(9절). 따라서 다윗이 이 시편을 지었을 때에 그가 이 두 가지 상태 중에서 어느 쪽에 있었는지를 말하는 것은 어렵다. 어떤 이들은 다윗이 지금 환난 중에서 하나님을 찾고 있으면서, 이와 동시에 그의 구원이 이루어지기 전에 하나님을 찬양할 준비를 하면서 믿음으로 하나님께 감사를 드리고 있는 것이라고 생각한다. 또 어떤 이들은 다윗이 지금은 환난을 이기고 승리한 가운데 있었지만, 자기 자신과 다른 사람들의 유익을 위해서 그가 환난 때에 드렸던 기도들을 기억해 내서 기록함으로써 그 기도들에 대한 응답이 나타났을 때에 하나님의 긍휼하심이 더 생생하게 전달될 수 있게 한 것이라고 생각한다.

〔다윗의 시〕

¹여호와여 내가 주께 부르짖으오니 나의 반석이여 내게 귀를 막지 마소서 주께서 내게 잠잠하시면 내가 무덤에 내려가는 자와 같을까 하나이다 ²내가 주의 지성소를 향하여 나의 손을 들고 주께 부르짖을 때에 나의 간구하는 소리를 들으소서 ³악인과 악을 행하는 자들과 함께 나를 끌어내지 마옵소서 그들은 그 이웃에게 화평을 말하나 그들의 마음에는 악독이 있나이다 ⁴그들이 하는 일과 그들의 행위가 악한 대로 갚으시며 그들의 손이 지은 대로 그들에게 갚아 그 마땅히 받을 것으로 그들에게 갚으소서 ⁵그들은 여호와께서 행하신 일과 손으로 지으신 것을 생각하지 아니하므로 여호와께서 그들을 파괴하고 건설하지 아니하시리로다

이 절들에서 다윗은 매우 간절히 기도한다.

I. 다윗은 그가 곤경 중에 하나님의 이름을 부르고 있는 지금 은혜로 그의 기

도를 들어 주시고 응답해 주시라고 기도한다(1-2절).　기도 속에 나타난 그의 믿음을 보라: 나의 반석이신 여호와여라는 말은 그가 하나님의 능력을 믿고 있다는 것(하나님은 반석이시다)과 그가 그 능력에 의지하고 있다는 것을 나타낸다 ―"하나님은 나의 반석이시니, 내가 그 위에 나의 소망을 짓는다." 기도에 나타난 그의 열렬한 심정을 보라: "주께서 적절한 때에 구원하러 오지 않으시면 죽을 수밖에 없게 된 절박한 자로서 내가 주께 부르짖나이다." 그가 응답을 받아내기 위해서 얼마나 열심히 구하는지를 보라: "나의 기도에 화난 자처럼 내게 귀를 막지 마소서(시 80:4). 여호와여, 선한 말씀, 위로하는 말씀으로 내게 말씀하시고 내게 응답하소서(슥 1:13). 내가 기도하는 것이 내게 주어지지 않았지만, 하나님께서는 내게 기쁨과 즐거움을 말씀하시고, 나로 하여금 그것들을 듣게 하옵소서. 여호와여, 나의 기도에 응답하셔서 나를 위하여 말씀하시며 나의 송사를 변호하시고 나를 위하여 구원을 명하심으로써, 나의 간구하는 목소리를 들으시고 응답하소서." 다윗은 여기에서 두 가지를 호소한다.

1. 하나님께서 그를 거절하시면, 그가 처절한 절망 속에 빠지게 되리라는 것. "주께서 내게 잠잠하시고, 주께서 내게 은총을 베푸시리라는 징표들이 나타나지 않는다면, 나는 무덤에 내려 가는 자와 같을(즉, 망하여 죽은 자와 같을) 것입니다. 하나님께서 나의 친구가 되어 주지 않으시고, 나를 위하여 내게 나타나시지 않는다면, 나의 소망과 나의 도움은 사라져 버리게 될 것입니다." 은혜를 받은 영혼에게 있어서 하나님의 은혜가 그에게 주어지지 않고 하나님께서 그를 기뻐하지 않으신다는 것을 느끼는 것만큼 처절하고 죽을 맛인 것은 없다. 내가 음부에 내려 가는 자와 같을까 하나이다(어떤 이들은 이렇게 해석한다). 저주받은 자들의 비참함이라는 것은 하나님께서 그들에게 영원히 잠잠하시고 그들의 부르짖음에 귀를 막고 계시다는 것 말고 그 무엇이겠는가? 이렇게 하나님의 진노를 두려워하는 마음에 사로잡혀 있고 하나님께서 기뻐하지 않으시는 것을 죽음보다 더 못 견딜 것으로 여기는 자들은 어느 정도 하나님의 은혜를 받을 자격이 있고 하나님의 은혜를 기대할 수 있다.

2. 하나님께서 그에게 은혜를 베푸시리라는 선한 소망을 그가 가지고 있다는 것. 내가 주의 지성소를 향하여 나의 손을 드나이다. 이것은 단지 간절한 소원을 나타내는 것만이 아니라 평안의 응답을 받게 되리라는 간절한 기대를 나타낸다. 휘장 안에 있는 지성소는 다른 곳에서와 마찬가지로 여기에서도 신탁이 이

루어지는 곳으로 불리고 있다. 거기에는 증거궤와 속죄소가 있었고, 거기에서 하나님은 그룹 사이에서 거하시며 거기로부터 그의 백성에게 말씀하셨다(민 7:89). 지성소는 그리스도의 모형이었다. 우리는 그리스도를 향하여 우리의 눈과 손을 들어야 한다. 왜냐하면, 그리스도를 통해서 모든 좋은 것이 하나님으로부터 우리에게 오기 때문이다. 또한 지성소는 하늘의 모형이기도 하였다(히 9:24). 하늘에 계신 우리 아버지이신 하나님으로부터 우리는 우리의 기도들에 대한 응답을 기대하도록 가르침을 받는다. 성경은 하나님의 신탁들(하나님의 말씀)로 불리고, 우리는 그 말씀에 의지해서 기도하고 기대하여야 한다. 하나님께서는 그 말씀에 의지해서 우리로 하여금 소망하게 하셨다.

Ⅱ. 다윗은 앞에서와 마찬가지로(시 26:9, 내 영혼을 죄인과 함께 거두지 마소서) **자기로 하여금 악인들의 운명을 면하게 해 달라고 하나님께 간구한다.** "여호와여, 내가 주의 지성소에 나아가오니, 악인과 악을 행하는 자들과 함께 나를 끌어 내지 마옵소서"(3절).

1. "나로 하여금 그들이 나를 잡으려고 쳐 놓은 덫에 걸리지 않게 구원하소서. 그들은 내게 감언이설을 말하며 화평을 말하나이다. 그러나 그들은 나를 해치고자 하는 의도를 가지고 있으니, 이는 그들의 마음에는 악독이 있기 때문이니이다. 그들은 어떻게든 나를 훼방하고자, 아니 나를 죽이고자 하나이다. 여호와여, 주께서 나를 물리치심으로 내가 그들의 저주받은 음모에 의해서 망하지 않게 하소서. 왜냐하면, 그들은 위에서부터 주어진 권세가 없이는 나를 해치고자 하는 그 어떤 음모도 성공시킬 수 있는 힘을 갖지 못할 것이기 때문이니이다."

2. "나로 하여금 그들의 죄에 물들어서 그들이 행하는 대로 행하지 않도록 구원하소서. 나로 하여금 그들의 잘못된 주장들이나 유혹하는 말들에 이끌려서 지성소(나는 내 평생에 지성소에 거하기를 원하나이다)를 떠나서 악한 일들을 행하지 않게 하소서"(시 114:4을 보라). "여호와여, 나를 혼자 내버려 두심으로써 내가 그들이 나를 멸하기 위하여 사용하는 것과 같은 그러한 속임수와 술수들을 나의 안전을 위하여 사용하지 않게 하소서. 섭리에 의한 어떤 사건이 내게 저항할 수 없는 유혹이 되어서 나로 하여금 악인들을 닮거나 그들의 이익에 봉사하는 일을 하지 않도록 하여 주옵소서." 선한 사람들은 죄인들의 길을 두려워한다. 가장 선한 사람들은 그들이 죄인들의 길로 이끌림을 받게 될

위험성에 처해 있다는 것을 잘 감지할 수 있다. 그러므로 우리는 하나님께서 우리가 흠없이 우리를 지켜 나갈 수 있도록 은혜를 주시라고 간절히 기도하여야 한다.

3. "나로 하여금 악인들의 운명에 연루되지 않게 구원하소서. 나는 겉으로는 화평을 말하지만 마음속으로는 전쟁을 생각하는 그런 자들 중의 하나가 아니오니, 나를 악을 행하는 자들과 같이 취급하지 마옵소서." 죄인들이 자행하는 죄악들에 참여하지 않고자 애를 쓰는 자들은 죄인들이 받는 재앙에도 참여하지 않게 되리라는 것을 소망할 수 있다(계 18:4).

III. 다윗은 악을 행하는 자들에게 하나님의 의로우신 심판이 있게 되기를 간구한다(4절). 그들이 하는 일을 따라서 그들에게 갚으소서. 이것은 울분에 찬 마음이나 복수하고자 하는 심정에서 나온 말이 아니고 원수를 위하여 기도해야 할 우리의 도리와도 모순되는 말이 아니다.

1. 이 말을 통해서 그는 악인들이 그들이 하는 일을 따라서 심판을 받을 때에 가장 비참하게 될 수밖에 없다는 것을 확신하였기 때문에 그가 악을 행하는 자들과 조금도 타협하지 않았다는 것, 그가 하나님에 의해서 그들과 같이 취급당하지 않게 해 달라고 간구한 것이 얼마나 정당한 것인지를 보여주고자 하였다.

2. 이 말을 통해서 그는 하나님께서 다스리시는 세상 속에서 공의가 행해짐으로써 하나님의 영광이 드러나게 해 달라는 자신의 열심을 표현하고자 하였다. "여호와여, 그들은 그들이 모든 일을 잘 행하고 있다고 생각하고, 그들의 악한 행위들을 스스로 정당화하고 있나이다. 여호와여, 그들의 손이 지은 대로 그들에게 갚으셔서, 그들 주변의 사람들로 하여금 속지 않게 하소서. 주변 사람들이 악인들이 행하는 일들이 아무런 벌도 받지 않기 때문에 그들이 행하는 일이 아무런 해악도 없다고 생각하나이다"(시 94:1-2).

3. 이 기도는 하나님께서 조만간에 모든 회개치 않은 죄인들에게 그들의 공과에 따라서 벌하실 것이라는 예언이다. 사람이 자기가 지난 날에 행하였던 모든 잘못들을 회개를 통해서 깨끗하게 하지 않는다면, 하나님께서 끝까지 악을 저지르는 각 사람에게 그들이 행한 일에 따라서 벌을 주시게 될 결산의 날이 반드시 올 것이다. 이 기도는 특히 사람들을 멸하는 자들이 멸망받게 될 것에 관한 예언이다. "그들은 그 이웃에게 화평을 말하나 그들의 마음에는 악독이 있나이다. 여호와여, 그들이 하는 일을 따라서 그들에게 갚으셔서, 약탈을 자행한 자들은

약탈당하게 하시고, 거짓으로 속여서 이익을 남긴 자들은 속임을 당하여 손해를 보게 하소서"(사 33:1; 계 18:6; 13:10을 보라). 다윗은 여기에서 하나님께서 그들에게 그들이 한 일을 따라서만이 아니라 그들의 행위가 악한 대로 되갚아 주실 것이라고 예언한다. 왜냐하면, 죄인들은 그들이 저지른 악행들만이 아니라 그들이 저지르고자 하였던 악행들, 그들이 실제로 음모를 꾸밈으로써 행할 수 있었던 악행들에 대해서도 하나님과 결산을 하게 될 것이기 때문이다. 하나님께서 이러한 잣대를 가지고서 악인들과 결산을 행하시게 되어 있다면, 분명히 하나님은 의인들에 대해서도 그런 식으로 결산을 행하셔서, 그들이 행한 선한 일뿐만 아니라 그들이 행하고자 하였지만 이룰 수는 없었던 선한 일들에 대해서도 그들에게 상을 주시게 될 것이다.

IV. 다윗은 악인들이 하나님과 그의 손을 경멸한 것으로 인하여 멸망을 받게 될 것이라고 예언한다(5절). "그들은 여호와께서 행하신 일과 손으로 지으신 것을 통해서 자신을 나타내시고 사람들에게 말씀하셨는데도 그런 것들을 생각하지 아니함으로 여호와께서 이 세상과 내세에서 그들을 파괴하고 건설하지 아니하시리로다." 하나님께서 행하시는 일들을 어리석게도 무시한 것이 그들의 멸망의 원인이라는 것을 명심하라. 왜 사람들은 하나님의 존재나 속성들에 대하여 의문을 제기하고 의심하는가? 그것은 하나님께서 지으신 만물이 하나님의 영광을 선포하고 하나님의 눈에 보이지 않는 것들이 만물 속에 분명하게 드러나 있는데도 사람들이 그런 것들을 눈여겨보지 않기 때문이다. 왜 사람들은 하나님을 망각하고 하나님 없이 살아가며, 한 걸음 더 나아가서 하나님께 도전하며 반역하고 살아가는가? 그것은 사람들이 하나님의 진노가 사람들의 모든 경건치 않음과 불의에 대하여 하늘로부터 나타난 사례들을 깊이 숙고하지 않기 때문이다. 왜 하나님의 백성의 원수들은 그들을 미워하고 박해하며 그들에게 해악을 끼치고자 하는가? 그것은 하나님께서 그의 교회를 위하여 수많은 역사들을 일으키셔서 그가 얼마나 교회를 사랑하시는지를 보여주셨음에도 불구하고 그들이 그런 것들을 눈여겨보지 않았기 때문이다(사 5:12을 보라).

이 절들을 노래하면서 우리는 악을 행하는 자들과 어울리고자 하는 온갖 유혹들을 물리칠 수 있도록 스스로 무장해야 하고, 악을 행하는 자들에 의해서 위협받을 수 있는 온갖 환난들에 대하여 대항할 수 있도록 스스로 힘을 내어야 한다.

⁶여호와를 찬송함이여 내 간구하는 소리를 들으심이로다 ⁷여호와는 나의 힘과 나의 방패이시니 내 마음이 그를 의지하여 도움을 얻었도다 그러므로 내 마음이 크게 기뻐하며 내 노래로 그를 찬송하리로다 ⁸여호와는 그들의 힘이시요 그의 기름 부음 받은 자의 구원의 요새이시로다 ⁹주의 백성을 구원하시며 주의 산업에 복을 주시고 또 그들의 목자가 되시어 영원토록 그들을 인도하소서

이 절들 속에는 다음과 같은 내용들이 나온다.

I. 다윗은 앞에서 온 힘을 다하여 간구하였던 것과 마찬가지로 여기에서 하나님께서 그의 기도를 들어 주신 것에 대하여 하나님께 열렬히 감사를 드린다: 여호와를 찬송하리로다(6절). 성도들의 슬픔은 얼마나 신속하게 노래들로 바뀌고 그들의 기도는 찬송으로 바뀌는지를 보라! 다윗은 앞서 나의 간구하는 소리를 들으소서라고 믿음으로 기도하였는데(2절), 여기에서는 그 동일한 믿음으로 하나님께서 그의 간구하는 소리를 들으신 것을 감사한다(6절).

1. 믿음으로 기도하는 자들은 소망 안에서 기뻐할 수 있다. "하나님께서 나의 기도를 들으셨기 때문에(은혜로 나를 받아 주셨기 때문에), 비록 그 응답이 현실화되지는 않았지만, 나는 나의 기도가 이미 실제로 응답받았다는 것을 확신할 수 있다."

2. 우리는 기도를 통해서 얻은 것을 찬송을 통해서 우리의 것으로 만들어야 한다. 하나님께서 우리의 간구하는 소리를 들어 주셨는가? 그렇다면, 우리는 하나님의 이름을 송축하고 찬송하여야 한다.

II. 다윗은 하나님께서 자기와 관련된 모든 일들을 온전케 하실 것을 소망하도록 스스로를 격려한다. 그는 하나님께서 은혜를 주신 것에 대하여 하나님께 영광을 돌리고 나서(6절), 하나님께서 주신 은혜로 말미암은 위로를 겸손하고 담대하게 자신의 것으로 취한다(7절). 이것이 화평을 얻는 방법이다: 우리는 찬송으로 시작하여야 한다. 먼저 하나님을 찬송하고, 그런 후에 우리 자신을 위하여 빌어야 한다. 좀 더 살펴보자.

1. 그가 하나님을 의지하고 있다는 것. "여호와는 나의 힘이시다. 여호와는 나의 모든 섬김들과 고난들 가운데서 나를 붙잡아 주시고 나를 이끌어 주시는 분이시다. 여호와는 나의 방패이셔서, 나를 해치고자 하는 원수들의 온갖 악의적인 음모들로부터 나를 보호해 주시는 분이시다. 나는 여호와를 나의 힘이자 방

패로 선택하였고, 나는 언제나 여호와께서 그런 분이시라는 것을 발견하였으며, 또한 나는 여호와께서 장래에도 그러실 것이라는 것을 기대한다."

2. 그가 하나님을 의지함으로써 얻은 유익들에 대한 체험. "내 마음이 그를 의지하였고 그의 능력과 약속을 의지하였다. 그리고 그렇게 한 것은 결코 헛된 것이 아니어서, 내가 도움을 얻었고, 자주 도움을 받아 왔다. 하나님께서는 내가 하나님을 의지하였을 때에 적절한 때가 되면 나를 도우셨을 뿐만 아니라, 내가 하나님을 의지하는 것이 내게 힘이 되어서, 하나님의 도우심이 올 때까지 내가 기진하여 쓰러지는 것을 막아 주었다"(시 27:13). 기진맥진한 영혼에게는 믿음 자체가 즉시 힘이 되어서, 빈사 상태에 있는 영혼을 즉시 도와 주는 경우가 많다.

3. 이러한 체험으로 인해서 그가 나아졌다는 것.

(1) 그는 이 체험을 통해서 기쁨을 얻게 되었다: 그러므로 내 마음이 크게 기뻐한다. 믿는 자의 기쁨은 마음속에 깊이 자리를 잡지만, 어리석은 자는 겉으로는 웃어도 그 마음은 슬픔에 차 있다. 그것은 큰 기쁨, 말할 수 없는 영광스러운 즐거움이다. 참된 믿음을 지니고 있는 자들의 마음은 때가 되면 크게 기뻐하게 될 것이다. 우리가 기대할 수 있는 것은 믿음 안에서의 기쁨과 평안이다.

(2) 하나님께서는 이 일로 인하여 찬송을 받으시게 될 것이다. 내 마음이 크게 기뻐할 때, 내가 내 노래로 그를 찬송하리로다. 이렇게 우리는 감사의 마음을 표현하여야 한다. 그것은 우리가 할 수 있는 최소한의 것이다. 우리가 이렇게 하나님께 감사하는 마음을 표현함으로써, 다른 사람들도 하나님을 의지하도록 권함을 받고 격려를 받게 될 것이다.

Ⅲ. 다윗은 모든 선한 사람들이 그리스도로 말미암아 하나님께 속해 있다는 것을 기뻐한다(8절). "여호와는 그들의 힘이시다. 여호와는 오직 나만의 힘이 되시는 것이 아니라 모든 믿는 자들의 힘도 되신다." 성도들은 그들 자신이 위로받는 것만이 아니라 그들의 친구들이 위로받는 것도 기뻐한다. 왜냐하면, 다른 사람들이 햇빛을 쐰다고 해서 우리가 햇빛을 덜 쐬게 되는 것이 아닌 것과 마찬가지로, 다른 사람들이 하나님의 빛에 참여한다고 해서 하나님 앞에서 우리의 몫이 줄어드는 것이 결코 아니기 때문이다. 하나님 안에는 모든 사람에게 충분하고 각 사람에게 충분한 모든 것이 존재한다는 것을 우리는 확신한다. 하나님이 그들의 힘이자 우리의 힘이라는 것, 그리스도가 그들의 주님이자 우리

의 주님이라는 것은 우리가 모든 성도들과 교통하고 있다는 것을 보여주는 것이다(고전 1:2). 하나님은 그들의 힘, 모든 이스라엘의 힘이시다. 왜냐하면, 하나님은 그의 기름 부음 받은 자의 구원의 힘이시기 때문이다.

1. 하나님은 그리스도의 모형인 다윗의 힘이시다. 하나님은 그들의 왕인 다윗, 그들의 싸움을 싸운 다윗을 견고하게 하심으로써 온 나라를 견고하게 하셨다. 다윗은 자기 자신을 하나님의 기름 부음 받은 자라고 부른다. 왜냐하면, 그로 하여금 원수들의 시기를 받게 하고, 이로 인하여 하나님의 보호하심을 받을 자격이 있게 만들어 준 것은 그가 기름 부음 받았기 때문이다.

2. 하나님은 그의 기름 부음 받은 자, 즉 그의 메시야인 그리스도의 힘이시다. 하나님께서는 그의 구원의 힘이 되셔서, 그가 구속의 일을 끝까지 수행할 수 있게 하셨다(시 89:21; 사 49:5; 50:7, 9을 보라). 따라서 하나님은 그들의 힘, 모든 성도들의 힘이 되신다. 하나님은 교회의 머리가 되시는 그리스도에게 힘을 주셔서, 그로부터 모든 지체들에게 힘을 나누어 주시고, 그의 힘을 명하셔서, 그가 우리를 위하여 행하신 것을 견고하게 하신다(시 68:28; 80:17-18).

IV. 다윗은 하나님의 교회를 위한 짧지만 포괄적인 기도로 끝맺는다(9절). 그는 이스라엘을 위하여 기도할 때에 이스라엘을 자신의 백성이라고 말하지 않고("주의 백성을 구원하시며 주의 산업에 복을 주시고") 주의 백성이라고 말한다 ― 그들은 다윗의 백성이었지만. 다윗은 이스라엘이 자신의 백성이기 이전에 하나님의 백성이라는 사실을 명심하고 있었다. 우리는 다 주의 백성이니이다라는 호소는 정말 좋은 호소이다(사 64:9; 63:19). 나는 주의 것이오니 나를 구원하소서. 하나님의 백성은 하나님의 산업이기 때문에 하나님에게 소중하고 사랑스럽다. 하나님께서 이 세상으로부터 조금이라도 영광을 얻으시는 것이 있다면 그것은 바로 그의 백성을 통해서이다. 여호와의 분깃은 자기 백성이로다. 다윗은 하나님의 백성들을 위하여 하나님께 다음과 같은 것들을 간구한다.

1. 하나님께서 그들을 그들의 원수들과 그들이 처하게 될 위험들로부터 구원해 주시라는 것.

2. 하나님께서 그의 은총에 의해서 그의 약속을 따라 그들에게 복이 되는 모든 선한 것들로 그들을 복 주시라는 것.

3. 하나님께서 그들의 목자가 되시어 그들을 먹이시며 풍성한 것, 특히 영혼의 양식이 되는 풍성한 말씀들로 축복해 주시라는 것. 그들을 다스리소서(난외주

에서는 이렇게 읽고 있다). "그들의 생각과 행위들을 올바르게 인도해 주시고, 그들의 일들을 주관하셔서 선하게 하시며, 그들을 먹이시고 다스리시옵소서. 그들 위에 목자들과 다스리는 자들을 세우셔서, 그들로 하여금 지혜와 총명으로 직분을 감당하게 하옵소서."

4. 하나님께서 영원토록 그들을 인도하셔서 환난과 곤경에서 그들을 건져 주시되, 오직 이 세대만이 아니라 장차 올 모든 세대에게 영원토록 이렇게 행해 주시라는 것. "그들을 주의 영광스러운 나라로 이끌어 주시고, 그들을 들어올리셔서 천국으로 이끌어 주옵소서." 천국에서, 오직 천국에서만 성도들은 영원히 높이 들림을 받아서 결코 다시는 가라앉거나 눌리게 되지 않을 것이다. 오직 하나님께서 먹이시고 다스리시는 자들, 기꺼이 하나님에게서 가르침을 받고 인도하심과 다스리심을 받고자 하는 자들만이 구원을 받고 축복을 받아서 영원히 들림을 받게 될 것이다.

제
— 29 —
편

개요

몇몇 매우 훌륭한 해석자들의 유력한 추측에 의하면, 다윗은 이 시편을 천둥과 번개가 치고 폭우가 쏟아지는 때에 지었을 것이라고 한다 — 시편 제8편이 달빛 아래에서의 다윗의 묵상이었고, 제19편이 화창한 아침에 묵상한 것인 것과 마찬가지로. 하나님의 능력이 자연 세계에서 가시적으로 나타나는 것을 보고서 그것을 기회로 삼아서 하나님께 영광을 돌리는 것은 좋은 일이다. 폭풍우가 몰아쳤을 때에 다른 사람들은 두려워 떨었지만 다윗은 아주 침착하였고 즐거웠기 때문에 이 시편을 쓸 수 있었다. 왜냐하면, "땅이 없어진다고 하여도 우리는 두려워하지 않을 것이기" 때문이다. I. 다윗은 세상의 큰 자들에게 하나님께 영광을 돌리라고 권고한다(1-2절). II. 다윗은 그들에게 그들이 마땅히 경배하여야 할 하나님께서 얼마나 선하신지를 확신시켜 주기 위해서 천둥과 번개, 뇌우 속에 나타난 하나님의 능력과 두려우심(3-9절), 하나님께서 왕으로서 세상을 다스리고 계신다는 것(10절), 하나님께서 그의 교회에게 특별한 은총을 베푸신다는 것(11절)을 지적한다. 이 시편을 노래할 때에 우리는 하나님에 관한 크고 고귀한 생각들로 가득 차게 된다.

〔다윗의 시〕

¹너희 권능 있는 자들아 영광과 능력을 여호와께 돌리고 돌릴지어다 ²여호와께 그의 이름에 합당한 영광을 돌리며 거룩한 옷을 입고 여호와께 예배할지어다 ³여호와의 소리가 물 위에 있도다 영광의 하나님이 우렛소리를 내시니 여호와는 많은 물 위에 계시도다 ⁴여호와의 소리가 힘 있음이여 여호와의 소리가 위엄차도다 ⁵여호와의 소리가 백향목을 꺾으심이여 여호와께서 레바논 백향목을 꺾어 부수시도다 ⁶그 나무를 송아지 같이 뛰게 하심이여 레바논과 시룐으로 들송아지 같이 뛰게 하시도다 ⁷여호와의 소리가 화염을 가르시도다 ⁸여호와의 소리가 광야를 진동하심이여 여호와께서 가데스 광야를 진동시키시도다 ⁹여호와의 소리가 암사슴을 낙태하게 하시고 삼림을 말갛게 벗기시니 그의 성전에서 그의 모든 것들이 말하기를 영광이라

하도다 ¹⁰여호와께서 홍수 때에 좌정하셨음이여 여호와께서 영원하도록 왕으로 좌정하시도다 ¹¹여호와께서 자기 백성에게 힘을 주심이여 여호와께서 자기 백성에게 평강의 복을 주시리로다

이 시편에는 다음과 같은 내용들이 나온다.

I. 땅의 큰 자들에게 크신 하나님께 충성을 맹세하고 예를 표하라는 요구.
다윗은 천둥이 칠 때마다 그 천둥 소리를 자기 자신과 그 밖의 다른 왕들에게 크신 하나님께 영광을 돌리라는 부르심으로 해석하였다. 좀 더 살펴보자.

1. 하나님께 예를 표하라고 부르심을 받고 있는 자들은 누구인가: "너희 권능 있는 자들(1절), 너희 권력자들의 자손들, 권력을 쥐고서 그 권력을 대대로 세습하는 자들, 왕족의 피가 너희의 혈관 속으로 흐르고 있는 자들!" 이 세상의 큰 자들이 하나님께 충성을 맹세하고 예를 표하게 되면, 그것은 크신 하나님께 큰 영광이 된다. 그들이 하나님께 예를 표하여야 하는 것은 그들이 비록 신분이 높지만 하나님은 그들보다 무한히 더 높으셔서 그들이 마땅히 하나님께 절해야 하기 때문일 뿐만 아니라 그들의 권력은 하나님으로부터 나온 것이고 그들은 그 권력을 하나님을 위하여 사용하여야 하며 그들은 마땅히 이것을 인정하고 시인하여야 하기 때문이다.

2. 이러한 부르심이 얼마나 자주 반복되고 있는가. 여호와께 돌리라는 말씀은 3번이나 반복되어 나온다. 이것은 권세있는 자들이 하나님을 받아들이는 것을 꺼려하고 그들을 설득하는 것이 대단히 어렵지만 일단 왕들이 진심으로 하나님을 받아들이게 되면 하나님 나라의 세력이 사람들 가운데서 크게 흥왕하게 된다는 것을 암시한다. 예루살렘은 땅의 왕들이 자기 영광과 존귀를 가지고 그리로 들어갈 때에 번성하게 된다(계 21:24).

3. 그들은 무엇을 하도록 부르심을 받고 있는가: 여호와께 돌리라는 것. 하나님은 스스로 충족하신 분이시기 때문에 다른 그 어떤 것도 필요로 하지 않으시고, 우리가 드리는 그 어떤 것에 의해서 유익을 받으실 수도 없으며, 우리가 그에게 드리는 것 중에서 그 자신의 것이 아닌 것은 하나도 없기 때문에(누가 주께 먼저 드려서 갚으심을 받겠느냐), 하나님께서는 우리가 그의 영광을 인정하고 우리에 대한 그의 통치권을 인정할 때 그것을 우리가 그에게 드리는 선물로 여기시기를 기뻐하신다. "먼저 너희 자신을, 그리고 그런 후에 너희의 섬김들을

여호와께 드리라. 여호와께 영광과 능력을 돌리라. 여호와의 영광과 능력을 인정하고, 무한한 엄위하심과 그 누구도 저항할 수 없는 능력을 지니신 하나님으로 인정하고서 하나님께 찬송을 드려라. 하나님께서 섭리 가운데 너에게 어떠한 영광이나 능력을 맡기셨든지 간에, 너는 그것을 하나님의 영광을 위해서 하나님을 섬기는 데에 사용하여야 한다. 너희 왕관을 하나님께 드려라. 너는 너의 왕관을 하나님의 발 아래에 바쳐라. 너의 홀과 너의 칼, 너의 열쇠를 하나님께 드리고, 모든 것을 하나님의 손에 맡기고서, 너는 그것들을 하나님의 이름과 찬송을 위하여 사용하라." 왕들은 그들이 지닌 영광과 힘에 의해서 그들 자신을 평가한다. 그들은 이 영광과 힘을 하나님께 돌려 드려야 하고, 하나님이 그들보다 무한히 더 영광스러우시며 능력이 많으시다는 것을 고백하여야 한다. 권세 있는 자들에게 하나님께 충성을 맹세하고 예를 표하라는 이러한 요구는 다윗 자신의 나라의 고관들, 그 나라의 귀족들, 각 지파의 방백들(다윗은 그들이 하나님의 제단을 섬기는 일에 매우 나태해 있다는 것을 보고서 그들에게 더 부지런히 그 제단을 섬기도록 촉구하고 있는 것이다), 또는 그가 무력으로 복속시켜서 이스라엘에 조공을 바치게 되었고 지금은 그들에게 이스라엘의 하나님께 조공을 바치도록 설득하고 있는 이웃 나라의 왕들을 향한 것으로 보아져야 한다. 왕관을 쓴 자들은 만왕의 왕 앞에 무릎을 꿇고 경배하여야 한다. 여기에서 권세있는 자들에게 말씀되고 있는 것들은 모든 자들에게 말씀되고 있는 것이다: 여호와께 예배할지어다. 이것은 영원한 복음의 요약이자 핵심이다(계 14:6-7). 좀 더 살펴보자.

(1) 예배의 본질. 예배는 여호와께 그의 이름에 합당한 영광을 돌리는 것이다(2절). 하나님의 이름은 하나님께서 자기 자신을 사람들에게 알리시고자 하셨을 때에 사용한 방편이다. 하나님의 이름에 합당한 영광이 존재한다. 우리가 하나님의 이름에 합당한 모든 영광을 하나님께 돌리는 것은 불가능하다. 우리가 하나님의 이름의 영광을 위해서 우리의 최선을 다해서 말하고 행하였다고 할지라도, 우리는 여전히 하나님의 이름이 마땅히 받아야 할 영광에는 도저히 미칠 수가 없다. 하지만 우리가 하나님께서 우리에게 자기 자신을 나타내신 것에 대하여 적절한 사랑과 경배로써 응답한다면, 우리는 하나님께 그의 이름에 합당한 영광 중의 일부를 돌려 드리는 것이 된다. 우리가 하나님의 말씀을 듣거나 기도하거나 그 밖의 다른 경건의 일들 속에서 하나님으로부터 은혜를 받는다

면, 우리는 하나님께 영광을 돌리는 일을 반드시 빼먹지 말아야 한다.

(2) 예배를 드릴 때에 지켜야 할 것: 거룩함의 아름다움 속에서 여호와께 예배할지어다. 이것은 다음과 같은 것들을 의미한다.

[1] 우리의 예배의 대상. 하나님의 영광스러운 엄위하심은 거룩함의 아름다움이라고 불린다(대하 20:21). 하나님을 예배할 때 우리는 하나님의 아름다우심을 바라보고 하나님을 경배하여야 하는데, 하나님의 아름다우심은 지극히 경외할 것으로서 무엇보다도 두려워해야 할 것인 동시에 무한히 사랑스러워서 무엇보다도 사랑하고 즐거워해야 할 것이다. 특히 우리는 하나님의 거룩하심이 보여주는 아름다움을 바라보아야 한다. 하나님의 거룩하심은 천사들의 찬송의 주제이다(계 4:8).

[2] 또는, 예배의 장소. 당시에 성소는 거룩함의 아름다움이었다(시 48:1-2; 렘 17:12). 성소의 아름다움은 하나님께서 정하신 것을 따라서 거기에서 수행된 예배와 정확히 일치하는 것이었다 — 산 위에서의 식양. 이제 복음 아래에서는 그리스도인들의 성회들(여기에서는 순결함이 성회의 아름다움이다)은 하나님께서 예배를 받으시는 장소들이다.

[3] 또는, 예배의 태도. 우리는 모든 예배들 속에서 거룩하여야 하고 하나님 및 그의 뜻과 영광에 헌신되어야 한다. 거룩함 속에는 아름다움이 있고, 예배의 모든 행위들에 하나님께서 열납하실 만한 아름다움을 부여하는 것은 바로 이 거룩함이다.

II. 이러한 요구를 하는 타당한 이유. 우리는 다음과 같은 것들을 생각할 때에 우리가 하나님께 영광을 돌리지 않을 수 없다는 것을 알게 될 것이다.

1. 하나님의 자족성. 하나님의 이러한 자족성은 그의 이름이 여호와(나는 스스로 있는 자니라) 속에 암시되어 있는데, 이 이름은 이 짧은 시편 안에서 무려 18번 반복되어 나오는데, 세 절을 제외하고는 각각의 절에 2번씩 나오고, 그 세 절 중에서 두 절에는 각각 1번 나온다. 내가 기억하기에는 시편 중에서 여호와라는 이름이 이렇게 많이 나오는 것은 없다. 땅의 권세 있는 자들은 이 이름을 통해서 하나님을 알고 그 이름에 합당한 영광을 하나님께 돌려 드려야 한다.

2. 만물에 대한 하나님의 왕권. 사람들을 다스리는 자들은 그들을 다스리고 만물을 다스리시는 하나님이 계신다는 것을 알아야 한다. 시편 기자는 여기에

서 하나님의 통치권을 설명한다.

(1) 자연의 세계에서. 자연에서 일어나는 기이한 일들과 자연의 권능들의 운행들 속에서 우리는 하나님의 영광과 능력을 알아차려야 하는데, 여기에서는 우리에게 영광과 능력을 하나님께 돌리라고 요구한다.

[1] 천둥과 번개와 뇌우 속에서 우리는 하나님의 영광을 볼 수 있다. 천둥 소리를 내시는 분은 영광의 하나님이시고(천둥 소리는 하나님의 음성이다, 욥 37:2), 우렛소리는 너무도 두렵고 거기에 수반된 번개는 너무도 밝은데, 천둥과 번개는 그에게 영광의 하나님을 선포하는 것이었다. 사람의 청각과 시각에 천둥과 번개보다 더 강력하게 각인되는 것은 없기 때문에, 하나님께서는 이 두 인지 기관을 통해서 우둔해질 대로 우둔해져 버린 사람들의 마음에 그의 영광에 대한 증거들을 주시고자 하신 것 같다. 어떤 이들은 천둥이 여호와의 음성이라 불리는 몇 가지 특별한 이유들이 있었다고 생각한다. 그것은 천둥이 하늘로부터 오고 어떤 사람의 명령이나 감시 아래에서 일어나는 것이 아니며 큰 소리로 울려 퍼지고 멀리까지 나아갈 뿐만 아니라, 하나님께서 자주, 특히 시내 산에서 천둥으로 말씀하셨고, 이스라엘의 원수들을 천둥으로 패주하게 하셨기 때문이다. 천둥은 영광의 하나님의 음성이라고 말해지는 한편, 여기에서는 천둥이 물 위에, 많은 물 위에 있다고 말해진다(3절). 천둥은 광대한 대양, 궁창 아래의 물들에 미친다. 천둥은 두터운 구름들, 궁창 위의 물들 속에서 우르르 쿵쾅 굉음을 낸다. 천둥 소리를 듣는 자들은 누구나(그의 귀는 이 소리로 아플 지경이다) 여호와의 소리가 위엄차도다라고 고백하게 될 것이고(4절), 아무리 높은 자라도 겸손하게 되며(하나님 같이 천둥 소리 같은 음성을 낼 수 있는 자는 아무도 없기 때문에) 아무리 교만한 자도 두려워 떨게 된다(하나님의 음성이 이토록 무시무시하다면, 하나님의 팔은 어떠하겠는가). 우리는 하나님의 음성이 천둥 소리처럼 들려 올 때마다 하나님의 크고 높으시며 엄위하심을 생각하고서 거룩한 경배와 찬양을 드려야 하는데, 경건의 능력은 바로 그러한 것들로 이루어진다. 여호와 우리 하나님이여 주는 심히 위대하시나이다.

[2] 천둥과 번개와 뇌우 속에서 우리는 하나님의 능력을 볼 수 있다(4절): 그 결과들에서 나타나듯이, 여호와의 소리는 힘이 있다. 왜냐하면, 여호와의 음성은 기이한 일들을 이루어 내기 때문이다. 자연사(史)들을 쓰는 자들은 자연의 인과 관계에 관한 통상적인 원리에 비추어서 천둥과 번개가 가져오는 엄청난 효

과들을 기술하는데, 그러한 것들은 자연의 하나님의 전능하심을 보여주는 것으로 해석되어야 한다. 첫째, 나무들이 벼락에 의해서 쪼개어지고 꺾여졌다(5-6절). 여호와의 소리, 즉 우렛소리는 흔히 레바논의 백향목들, 아주 튼튼하고 우람한 백향목을 꺾으셨다. 어떤 이들은 이 말씀이 격렬한 바람이 불어서 백향목들이 흔들리고 때로는 높이 솟은 나무 꼭대기가 꺾인 것을 가리킨다고 이해한다. 또한 지진으로 인해서 나무가 뿌리를 내리고 있는 땅 자체가 흔들려서, 레바논과 시룐이 춤추는 것처럼 흔들리기도 하였다. 가데스 광야도 마찬가지로 흔들렸다(8절). 나는 이러한 말씀이 바람에 의해서 나무들이 흔들리고 지진에 의해서 땅이 흔들리며 천둥에 의해서 이 모든 것들이 흔들린 것을 가리킨다고 본다. 박식한 하몬드 박사는 이 말씀이 이스라엘과 전쟁을 벌였고 다윗을 반대하였던 이웃 나라들, 즉 레바논 삼림 곁에 있는 수리아인들, 헤르몬 산에 접해 있었던 아모리 족, 가데스 광야 근처에 있었던 모압 족과 암몬 족이 크게 놀라고 정복당한 것을 가리키는 것으로 이해한다. 둘째, 번갯불에 의해서 불이 나서 가옥들과 교회들을 태워 버렸다. 그러므로 우리는 본문에서 불타오르는 벼락에 관해서 듣게 된다(시 78:48). 따라서 여기에서 여호와의 소리인 천둥은 화염을 가르는 것으로(7절), 즉 하나님께서 뜻하시는 대로 땅에 화염들을 흐트러뜨리시는 것으로 말해진다. 셋째, 암사슴들은 천둥 소리에 놀라서 시기보다 일찍 새끼를 조산하는데, 어떤 이들은 암사슴들이 천둥 소리에 놀라서 새끼를 조산하기가 쉽다고 생각한다. 암사슴은 겁이 많은 짐승이어서 천둥 소리에 민감하고 아주 많은 영향을 받는다. 교만하고 배짱 있는 자들이 종종 천둥 소리에 놀라서 두려워 떠는 일이 있어 왔다는 것은 전혀 이상한 일이 아니다. 칼리굴라 황제는 천둥이 치면 자기 침상 밑으로 몸을 숨겼다고 한다. 로마의 시인이었던 호라티우스(Horace)는 그가 천둥과 번개가 주는 두려움 때문에 자신의 무신론을 철회하였다고 고백하는데, 다윗이 쓴 이 시편과 같은 그런 시를 짓기도 하였다. 본문에서는 천둥이 삼림을 말갛게 벗겼다고 한다. 즉, 숲에 살던 들짐승들이 천둥 소리에 놀라고 두려워하여 그들이 은신하고 있던 소굴과 보금자리를 버리고 뛰쳐 나옴으로써 그대로 드러났다는 것이다. 또는, 이 말씀은 천둥에 의해서 나무들이 다 쓰러져서 나무들로 가리워져 있었던 땅이 그대로 드러났다는 것을 의미할 수도 있다. 천둥이 칠 때마다 우리는 이 시편을 생각하자. 이 시편을 노래할 때마다 우리는 우리가 종종 들어 왔던 저 무시무시한 천둥 소리들을 생각하고서, 하나님의 말씀과 그의 역사를 함께 떠올려서, 다시 한번 정신을 차려서 하나님의 이름에 합당한 영광을 하나님께 돌려 드릴 수 있게 되어야 한다. 또한 우리는 하나님께서 이 무시무시한 음성 외에도 우리로 하여금 전혀 두려움을 느끼게 하지 않는 그의 복음의 작은 음성으로 우리에게 지금 말씀하고 계시다는 것을 생각하고서 하나님을 송축하여야 한다.

(2) 섭리의 나라에서(10절). 하나님은 인간 세상을 다스리시는 자로 찬송을 받으셔야 한다. 하나님은 홍수 위에 좌정하셨으며 영원하도록 왕으로 좌정하시도다. 하나님께서는 스스로 자족하시면서 안식 가운데 앉아 계실 뿐만 아니라 그가 하늘에 세우신 보좌에 왕으로 앉아 계시면서(시 103:19), 거기에서 사람들의 모든 일들을 살피시고 질서를 부여하시며 자신의 뜻과 모략을 따라서 모든 일을 행하신다. 좀 더 살펴보자.

[1] 하나님 나라의 능력: 하나님은 홍수 위에 좌정해 계신다. 하나님께서는 땅을 바다 위에 세우신 것과 마찬가지로 그의 보좌를 큰 물 위에 세우셨다(시 24:2). 이 아랫 세상의 흥망성쇠와 그 안에서 일어나는 갖가지 일들의 소란함과 변화들은 영원하신 하나님의 안식이나 모략에 아무런 영향도 줄 수 없다. 하나님의 원수들의 저항하는 모습은 큰 물에 비유되지만(시 93:3-4), 여호와께서는 바로 그 큰 물 위에 좌정해 계신다. 하나님은 큰 물을 쳐부수시고 정복하셔서, 사람의 마음속에 있는 온갖 술책들에도 불구하고 자신의 목적을 이루신다. 여기에서 홍수(큰 물)로 번역된 히브리어는 노아의 홍수를 가리킬 때 외에는 한 번도 사용된 적이 없는 단어이다. 그러므로 어떤 이들은 여기에서 이 단어가 노아의 홍수를 가리킨다고 생각한다. 하나님께서는 불경건한 자들의 세상에 대한 자신의 심판을 수행하실 때에 재판장으로서 바로 그 홍수 위에 좌정해 계셨다. 그리고 하나님께서는 다시는 모든 생물을 홍수로 멸하지 아니할 것이라는 자신의 약속을 따라서(창 9:11; 사 54:9) 노아의 홍수가 다시 몰려와서 땅을 뒤덮는 일이 없도록 노아의 물을 억제하기 위해서 홍수 위에 지금도 여전히 앉아 계신다.

[2] 하나님의 나라의 영속성: 여호와께서 영원하도록 왕으로 좌정하시도다. 하나님의 통치에는 그 어떤 기간이 설정될 수도 없고 설정되지도 않을 것이다. 하나님께서 그의 나라를 운영하시는 것은 영원 전부터의 그의 모략에 의한 것이고 영원에 이르는 자신의 계획을 따른 것이다.

(3) 은혜의 나라에서. 하나님의 영광은 다음과 같은 것들에서 가장 밝게 빛난다.

[1] 하나님께서 그 나라의 신민들로부터 받으시는 경배 속에서(9절). 하나님께서 자기 자신과 자신의 마음을 열어 보이시고 백성들이 찬송으로 하나님께 수종드는 그의 성전에서 그의 모든 것들이 말하기를 영광이라 하도다. 이 세상에서 모든 사람이 그것을 보고, 적어도 먼 데서 그것을 본다(욥 36:25). 그러나 사람들이 말하는 것들이 하나님께 영광이 되는 것은 오직 성전, 즉 교회 속에서 뿐이다. 여호와께서 지으신 모든 것들이 주를 찬송하지만(즉, 그들은 하나님께 찬송이 될 만한 일들을 수행한다), 하나님을 송축하고 그가 행하신 일들로 인하여 하나님의 영광을 말하는 것은 오직 하나님의 성도들 뿐이다(시 145:10).

[2] 하나님께서 그 나라의 신민들에게 베푸신 은총들 속에서(11절). **첫째,** 하나님께서는 그들이 그를 섬길 수 있도록 준비를 시키실 것이다. 여호와께서 자기 백성에서 힘을 주서서, 모든 악한 역사에 대하여 대항할 수 있도록 견고하게 하시며 모든 선한 일들을 하기에 적합한 자가 되게 하신다. 그들은 연약함 중에서 강해질 것이다. 아니, 하나님께서는 그들이 연약함 중에서 온전히 강하게 하실 것이다. **둘째,** 하나님께서는 그들이 그를 섬길 때에 그들을 격려하실 것이다: 여호와께서 자기 백성에게 평강의 복을 주시리로다. 평강은 이루 헤아릴 수 없는 가치를 지닌 축복으로서, 하나님께서는 그의 모든 백성이 평강을 얻기를 원하신다. 의의 열매는 평강이니라(주의 법을 사랑하는 자들에게는 커다란 평강이 있느니라). 그런데 하물며 의의 면류관은 우리에게 얼마나 더 큰 평강을 가져다 주겠는가. 의의 결국은 평강이고, 그것은 끝없는 평안이다. 하나님의 진노의 우렛소리를 들을 때에 죄인들은 두려워 떨겠지만, 성도들은 기쁨으로 그들의 머리를 들게 될 것이다.

제
— 30 —
편

개요

이 시편은 하나님께서 다윗을 위하여 행하신 큰 구원들을 감사하는 시편으로서, 본문 속에는 이 시편을 짓게 된 상황과 관련된 구체적인 언급은 없지만, 백향목으로 된 하나님의 전을 봉헌하는 예식을 위해서 지어졌고, 그 엄숙한 예식 속에서 노래되었다. 어떤 이들은 이 시편의 여러 구절들로부터 이 시편이 하나님의 전을 봉헌할 때 쯤 해서 다윗이 위험한 병에 걸렸다가 다시 회복되었을 때에 지어진 것이라고 추정한다. Ⅰ. 다윗은 여기에서 하나님께서 그를 위하여 베푸신 구원들에 대하여 하나님을 찬송한다(1-3절). Ⅱ. 다윗은 다른 사람들에게도 하나님을 찬송하도록 권하고, 그들에게 하나님을 의지하도록 격려한다(4-5절). Ⅲ. 다윗은 자기가 전에 자만하였던 것에 대하여 스스로를 책망한다(6-7절). Ⅳ. 다윗은 그가 곤경에 처해 있을 때에 하나님께 드렸던 기도들과 하소연들을 회상한다(8-10절). 이러한 것들을 통해서 다윗은 스스로 분발하여서 하나님께서 그에게 현재의 편안한 삶을 주신 것에 대하여 매우 감사한다(11-12절). 이 시편을 노래할 때, 우리는 하나님께서 전에 우리에게 베푸신 구원들을 감사함으로 다시 기억하고서, 다시 한 번 분발하여 하나님을 찬송하며, 더욱 하나님을 의지할 것을 결심하여야 한다.

〔다윗의 시, 곧 성전 낙성가〕

¹여호와여 내가 주를 높일 것은 주께서 나를 끌어내사 내 원수로 하여금 나로 말미암아 기뻐하지 못하게 하심이니이다 ²여호와 내 하나님이여 내가 주께 부르짖으매 나를 고치셨나이다 ³여호와여 주께서 내 영혼을 스올에서 끌어내어 나를 살리사 무덤으로 내려가지 아니하게 하셨나이다 ⁴주의 성도들아 여호와를 찬송하며 그의 거룩함을 기억하며 감사하라 ⁵그의 노염은 잠깐이요 그의 은총은 평생이로다 저녁에는 울음이 깃들일지라도 아침에는 기쁨이 오리로다

경건한 유대인들은 새 집을 다 지었을 때에 그것을 하나님께 봉헌하는 칭찬받을 만한 관습을 지켰는데, 이러한 관습은 하나님께서 명시적으로 명령

하신 것은 아니었지만 하나님께 허락되고 열납된 것이었다(신 20:5). 다윗도 그의 집이 다 지어졌을 때에 그렇게 하나님께 새 집을 봉헌한 후에야 그 집에 들어가 살았다(삼하 5:11). 왜냐하면, 왕궁은 평범한 사람들의 집보다 더 하나님의 보호하심을 필요로 하고 하나님을 섬기는 것과 더 밀접하게 결부되어 있었기 때문이다. 우리는 우리가 들어가서 살아야 할 집에 맨 처음 들어가서 그 집을 작은 성소로서 하나님께 봉헌하여야 한다는 것을 명심하라. 우리는 우리 자신과 우리의 가족, 우리의 모든 가족사들을 하나님의 인도하심과 돌보심에 엄숙하게 맡겨야 하고, 하나님께서 이 집에 임재하셔서 축복해 주시기를 기도하여야 하며, 우리 자신과 우리의 모든 것들을 하나님의 영광에 헌신하여야 하고, 우리의 장막에서 죄악들을 몰아내며 우리와 우리의 집이 가족 예배와 복음에 순종하는 모든 일들을 통해서 여호와를 섬길 것을 결심하여야 한다. 어떤 이들은 이 시편이 다윗이 압살롬에 의해서 자기 집에서 쫓겨난 후에 압살롬의 근친상간으로 인해서 더럽혀진 다윗의 집을 다시 봉헌할 때에 불려진 것으로서 저 위험천만한 반역을 분쇄한 것에 대하여 감사하는 시편이었을 것이라고 추측한다. 이 절들 속에서는 다음과 같은 내용들이 나온다.

I. 다윗은 하나님께서 그를 위하여 베푸신 큰 구원들에 대하여 직접 감사를 드린다(1절). "여호와여 내가 주를 높이나이다. 나는 주의 이름을 높일 것이고, 높이 들리신 자로서 주를 찬송할 것이며, 사람들 가운데서 주의 나라가 흥왕하도록 하기 위하여 내가 할 수 있는 모든 일을 행할 것입니다. 내가 주를 높이고자 하는 것은 주께서 내가 빠져 있던 구덩이에서 나를 끌어내 주셨을 뿐만 아니라 이스라엘의 보좌에 앉도록 나를 들어서 높이셨기 때문입니다." 하나님은 가난한 자를 진토에서 일으키시는 자이시다. 하나님께서 섭리와 은혜를 통해서 우리를 높이시기 위하여 행하신 큰 일들을 생각할 때, 우리는 비록 우리의 모든 힘을 다한다고 해도 우리가 할 수 있는 일이 보잘것없기는 하지만 하나님의 이름을 높이기 위하여 우리가 할 수 있는 모든 일을 감사함으로 행하여야 한다. 하나님께서 다윗을 구원하신 사건은 세 가지 점에서 찬송받으실 만한 일이었다.

1. 그 구원은 다윗의 원수들을 패배시킨 것이었다는 것. 만약 다윗이 이 병으로 죽었거나 이러한 곤경 속에서 죽어 없어졌다면 그들은 승리를 거둘 수 있었겠지만(그것은 끔찍한 일이다), 하나님께서 다윗을 구원하셨기 때문에 그들은

승리를 거둘 수가 없었다(시 41:11을 보라).

2. 그 구원은 다윗의 기도에 대한 응답이었다는 것(2절): 내가 주께 부르짖음에 나를 고치셨나이다. 우리는 환난이나 괴로움에 처했을 때에 거기에서 생겨나는 온갖 아픔들과 괴로움들을 하나님께 쏟아 내어야 하고, 우리의 모든 부르짖음은 하나님을 향한 부르짖음이 되어야 한다. 이런 식으로 우리의 아픔과 슬픔을 하나님께 맡기면, 우리 영혼의 짐이 덜어져서 우리는 평안하게 된다. "내가 주께 부르짖음에, 주께서는 나의 기도를 들으셨을 뿐만 아니라 나를 고치시고, 나의 병든 육체를 고치셨을 뿐만 아니라, 불안하고 흐트러진 나의 마음을 고치셨고, 엉망이 되어버린 내 나라의 일들도 고쳐 주셨나이다." 이것이 바로 나는 너희를 치료하는 여호와임이라고 말씀하신 하나님께서 영광을 받으시는 방법이고(출 15:26), 우리는 이 일로 인하여 하나님께 영광을 돌려야 한다.

3. 그 구원은 다윗의 생명을 구하시는 것이었다는 것. 다윗은 무덤으로 떨어지는 최후의 극단까지 가서 무덤으로 내려 가기 직전인 상태에서 구원을 받아 목숨을 부지하게 되었다(3절). 우리가 처한 위험이 급박하면 할수록, 하나님께서 우리를 구원하신 일들은 더욱 빛나게 되고, 그 구원 사건들은 우리 자신에게 더욱더 기쁜 일이 되며, 하나님의 능력과 선하심을 더욱 뚜렷하게 보여주는 증거들이 된다. 죽을 뻔하였다가 다시 살아서 생명을 얻게 된 자는 그 생명을 우리 생명의 하나님을 높이는 데에 써야 한다.

II. 다윗은 하나님께서 그에게 베푸신 특별한 은총들만이 아니라 그의 모든 성도들을 향하신 하나님의 선하신 뜻을 보여주는 일반적인 징표들로 인하여 다른 사람들에게 그와 더불어서 하나님을 찬송하도록 권한다(4절). 주의 성도들아 여호와를 찬송하라. 하나님께서 자신의 소유로 인정하시는 모든 자들은 진정으로 성도들이다. 이 세상 속에는 그러한 남은 자들이 존재하고, 하나님께서는 그들에게 그들이 하나님을 찬송하기를 기대하신다. 왜냐하면, 그들은 하나님의 이름을 높이며 하나님을 찬송하도록 창조되고 거룩하게 되었으며 성도들로 부르심을 받았기 때문이다. 하늘에 있는 하나님의 성도들은 하나님을 향하여 찬송한다. 그런데 땅에 있는 성도들이 하늘에 있는 성도들과 화음을 맞춰서 그들이 할 수 있는 한 동일한 찬송을 드리지 못할 이유가 어디에 있겠는가?

1. 그들은 하나님은 한 점 흠없는 순결한 하나님이시라고 믿는다. 그러므로 그들은 하나님을 찬송하여야 한다. "주의 거룩함을 기억하며 감사하라. 그들은

하나님의 거룩한 이름을 찬송하여야 한다. 왜냐하면, 거룩함은 모든 세대에 걸쳐서 하나님의 기념비이기 때문이다." 하나님은 거룩한 하나님이시다. 하나님의 거룩함은 하나님의 영광이다. 하나님의 거룩하심은 거룩한 천사들이 찬송을 드릴 때에 가장 많이 거론하는 하나님의 속성이시다(사 6:3; 계 4:8). 우리는 하나님의 거룩하심을 자주 거론하고 기억하여야 한다. 하나님이 거룩한 하나님이시라는 것은 성도들에게 기쁜 일이다. 왜냐하면, 그런 까닭에 그들은 하나님께서 그들을 거룩하고 더욱 거룩하게 만드실 것이라고 소망할 수 있기 때문이다. 하나님의 모든 온전하심들 가운데서 그의 거룩하심만큼 악인들에게 공포의 대상이 되고 의인들에게 기쁨의 대상이 되는 것은 없다. 우리가 하나님의 거룩하심을 진심으로 기뻐하고 그것을 기억함으로 감사할 수 있다면, 그것은 우리가 어느 정도 하나님의 거룩하심에 참여하고 있다는 것을 보여주는 좋은 징표가 된다.

2. 그들은 하나님을 은혜와 긍휼이 많으신 하나님으로 경험하였다. 그러므로 그들은 하나님께 찬송을 드려야 한다.

(1) 우리는 하나님께서 우리에게 눈쌀을 찌푸리시는 것은 아주 잠깐이라는 것을 발견하였다. 하나님께서는 우리에게 영원히 눈쌀을 찌푸리시고 우리를 멸망시키실 때까지 우리에게 화를 내시며 결코 우리와 화해하지 않으시는 것이 우리에게 마땅한 것이었지만, 그의 노염은 잠깐이다(5절). 우리가 하나님께 범죄할 때에 하나님께서는 화를 내신다. 그러나 하나님은 화를 더디 내시고 쉽게 화를 내시지 않는 것과 마찬가지로, 하나님께서 화가 나 계실 때에도 우리가 회개하고 스스로를 낮추면 하나님의 화는 곧 수그러들고, 하나님께서는 기꺼이 우리와 화해하고자 하신다. 하나님께서 자신의 자녀들에게서 자신의 얼굴을 감추시고 그가 우리에게 은총을 베풀고 계시다는 것을 보여주는 평소의 징표들을 거두신다고 하여도, 그것은 단지 짧은 진노에 불과한 것이고 잠깐 동안만 지속되는 것일 뿐이다. 하나님은 그들을 영원한 인자하심으로 모으실 것이다(사 54:7-8). 저녁에는 울음이 깃들어서, 저녁 동안에 괴롭고 힘들다고 하여도, 밤의 어둠 후에 아침의 빛이 다시 돌아오는 것과 마찬가지로, 얼마 안 있어서 때가 되면 기쁨과 위로가 하나님의 백성에게 다시 찾아오게 될 것이다. 왜냐하면, 은혜의 계약은 낮에 관한 계약만큼이나 확고하기 때문이다. 이 말씀은 우리에게 자주 문자 그대로 성취되어 왔다. 우는 것이 밤 동안에 지속되었다고

할지라도, 그 슬픔은 이내 지나가 버렸고 괴로움도 지나가 버렸다. 하나님의 진노가 계속되는 동안에는 성도들의 울음도 계속된다는 것을 명심하라. 그러나 하나님의 진노가 잠깐이고 환난도 잠깐이라면, 하나님의 존전의 빛이 회복될 때에 그 환난은 가볍고 일시적인 것으로 말해질 수 있다.

(2) 우리는 하나님의 미소가 매우 감미롭다는 것을 발견하였다. 그의 은총 속에는 생명이 있다. 즉, 거기에는 모든 선한 것들이 들어 있다. 환난받는 영혼에게 하나님의 은총이 회복될 때에 그것은 마치 죽은 자 가운데서 다시 살아난 것이나 다름없다. 이것보다 더 즐거운 것은 있을 수 없다. 우리의 행복은 하나님의 은총과 긴밀하게 연결되어 있다. 우리에게 하나님의 은총이 있다면, 다른 모든 것이 우리에게 없다고 할지라도 우리는 부유한 자가 된다. 하나님의 은총은 영혼의 생명이고 영적인 생명이며 영원한 생명의 맛보기이다.

⁶내가 형통할 때에 말하기를 영원히 흔들리지 아니하리라 하였도다 ⁷여호와여 주의 은혜로 나를 산 같이 굳게 세우셨더니 주의 얼굴을 가리시매 내가 근심하였나이다 ⁸여호와여 내가 주께 부르짖고 여호와께 간구하기를 ⁹내가 무덤에 내려갈 때에 나의 피가 무슨 유익이 있으리요 진토가 어떻게 주를 찬송하며 주의 진리를 선포하리이까 ¹⁰여호와여 들으시고 내게 은혜를 베푸소서 여호와여 나를 돕는 자가 되소서 하였나이다 ¹¹주께서 나의 슬픔이 변하여 내게 춤이 되게 하시며 나의 베옷을 벗기고 기쁨으로 띠 띠우셨나이다 ¹²이는 잠잠하지 아니하고 내 영광으로 주를 찬송하게 하심이니 여호와 나의 하나님이여 내가 주께 영원히 감사하리이다

이 절들 속에는 다윗이 처해 있었던 세 가지 상태들에 관한 연속적인 설명이 나오고, 각각의 상태 속에서 하나님을 향한 다윗의 심정에 관한 설명이 나온다 — 그는 무엇을 말하고 행하였으며, 그의 심정은 어떠하였는가. 이 세 가지 진술 중에서 첫 번째 속에서 우리는 우리가 너무도 쉽게 빠져 들 수 있는 것이 무엇인지를 볼 수 있고, 다른 2개의 진술 속에서는 우리가 마땅히 어떤 자가 되어야 하는지를 볼 수 있다.

Ⅰ. **다윗은 오랫동안 모든 일이 잘 되고 형통하는 것을 누려 왔고, 그 결과로 점차 안일에 빠져서 그러한 형통함이 앞으로도 계속 지속될 것이라고 과신하였다**(6-7절). "내가 형통할 때에, 내 몸이 건강하고 하나님께서 나를 모든 원수

에게서 벗어나 편히 쉬게 하실 때에 나는 말하기를 내가 영원히 흔들리지 아니하리라 하였도다. 나는 내 몸이 병들거나 나의 통치가 훼방을 받거나 나로 인하여 어떤 위험이 닥쳐오리라는 것을 꿈에도 생각한 적이 없었다." 다윗은 그를 반대하였던 자들에 대하여 너무도 완벽한 승리를 얻었고 그의 백성들의 마음을 너무도 견고하게 얻었으며, 마음은 확고했고 몸도 강건하였기 때문에 그의 형통은 산과 같이 확고하다고 생각하였다. 그렇지만 다윗은 이런 것을 자신의 지혜나 용맹에 돌린 것이 아니라 하나님의 선하심에 돌린다. 여호와여 주의 은혜로 나를 산 같이 세우셨나이다(7절). 다윗은 이렇게 이루어진 일들을 그의 천국으로 여긴 것이 아니라(세상적인 사람들은 그들의 형통을 그들이 지닌 최고의 복으로 여긴다) 단지 그의 산으로 여겼다. 그것은 여전히 땅이고, 평지보다 약간 높게 올라간 것일 뿐이다. 다윗은 아마도 그의 일생의 초창기에 너무도 많은 환난들을 겪었기 때문에 그의 후반기 생애 속에서는 그 괴로움들을 다 이미 겪어서 이제는 괴로움을 겪지 않을 것이고, 하나님께서 그에게 은총의 여러 징표들을 주셔서 이제는 결코 그에게 눈쌀을 지푸리시지 않을 것이라고 생각해서 하나님의 은총으로 말미암아 이러한 일이 그에게 지속될 것이라고 생각하였다. 좀 더 살펴보자.

1. 우리는 모든 일들이 우리에게서 잘 되어 갈 때에 앞으로도 모든 일이 잘 될 것이고 결코 잘못되는 일은 없을 것이라고 생각하기가 너무도 쉽다. 내일도 오늘 같이 크게 넘치리라. 이것은 마치 날씨가 한 번 좋으면 사실 날씨가 이후에 변하게 될 것은 너무도 자명한 사실인데도 불구하고 내일도 오늘처럼 날씨가 좋을 것이라고 생각하기 쉬운 경향이 있는 것과 마찬가지이다.

2. 우리가 스스로 속아서 우리의 기대가 무너진 것을 알았을 때, 여기에서 다윗이 한 것과 마찬가지로 우리는 부끄러운 마음으로 우리의 안일한 생각이 어리석었다는 것을 반성하는 것이 합당하다. 그렇게 할 때에 우리는 다음번에는 더 지혜로워져서, 이 세상의 모든 형적이 다 지나가는 것임을 깨닫고서 우리가 형통할 때에도 마치 기뻐하지 않는 자처럼 기뻐할 수 있게 된다.

II. 다윗은 갑자기 괴로움 속으로 빠져들었고, 그러자 그는 하나님께 기도하며 자기를 구해 줄 것을 간절히 간구하였다.

1. 그의 산은 흔들렸고, 산과 더불어서 그도 흔들렸다. 그가 안일한 마음을 품게 되었을 때에 그는 결코 안전하지 않았다는 것이 증명되었다: "주께서 주

의 얼굴을 가리시매, 내 마음과 몸과 여건이 **괴로워졌나이다**." 상황이 어떻게 변하든 다윗은 여전히 그의 눈을 하나님께로 향하였다. 그가 그의 형통을 하나님의 은총에 돌렸던 것과 마찬가지로, 역경에 처하게 되어서도 그는 이러한 역경의 원인을 하나님께서 얼굴을 가리신 것 때문이라고 보았다. 하나님께서 얼굴을 가리시면, 그 밖의 다른 재앙이 임하지 않는다고 하여도, 선한 자는 괴로워진다. 해가 지면, 밤이 반드시 찾아오고, 달을 비롯한 모든 별들이 있다고 하여도 낮이 될 수는 없다.

  2. 그의 산이 흔들렸을 때, 그는 눈을 들어서 산 너머를 보았다. 기도는 모든 상처를 치유하는 연고와 같다. 따라서 다윗은 이 연고를 사용하였다. 환난 당하는 자가 있느냐? 괴로움을 당하는 자가 있느냐? 그는 기도할지니라. 하나님께서 얼굴을 그에게서 숨기셨지만, 그는 기도하였다. 하나님께서 지혜와 공의 속에서 우리로부터 얼굴을 돌리실 때, 우리도 하나님으로부터 얼굴을 돌리는 것은 가장 어리석은 짓이요 가장 불의한 일이 될 것이다. 우리는 그렇게 하여서는 안 된다. 우리는 어둠 속에서 기도하는 법을 배워야 한다(8절): 여호와여 내가 주께 부르짖나이다. 하나님께서 물러가시자 다윗은 더욱 열렬하게 기도하였던 것 같다. 다윗이 성경에 기록해 놓았기 때문에, 우리는 여기에서 다음과 같은 말들을 듣게 된다.

  (1) 그는 무엇에 호소하였는가(9절).

  [1] 그가 죽어 보아야 하나님께 그 어떤 유익도 없으리라는 것: 나의 피가 무슨 유익이 있으리요? 이 말씀은 다윗이 그의 죽음을 통해서 그가 하나님이나 그의 나라에 진정으로 보탬이 될 수 있다면 기꺼이 죽겠다는 뜻을 함축하고 있다(빌 2:17). 그러나 다윗은 그가 영광의 침상에서 죽는다면 어떤 유익이 있을 수도 있겠지만 병이 들어서 죽는다면 아무런 유익도 없으리라는 것을 알았다. 그는 이렇게 말한다: "여호와여, 주께서는 주의 백성을 헐값으로 파셔서 그들을 팔아 이익을 얻지 않고자 하시나이까?"(시 44:12).

  [2] 아니 한 걸음 더 나아가서 하나님의 영광과 관련해서 하나님께서는 그의 죽음으로 손해를 보는 자가 되리라는 것: 진토가 어떻게 주를 찬송하리이까. 하나님께 돌아와서 거룩하게 된 심령은 하나님을 찬송할 것이며 계속해서 하나님을 찬송하게 될 것이지만, 그 심령이 흙으로 돌아가서 진토가 되어 버리면 그는 하나님을 찬송할 수도 없고 하나님의 진리를 선포할 수도 없게 될 것이

다. 사람이 진토가 되어 버리면, 그는 하나님의 전에서 섬길 수가 없고 하나님을 찬양할 수도 없다. 무덤 속에서는 그러한 일을 하는 것이 불가능하다. 왜냐하면, 그 곳은 침묵의 땅이기 때문이다. 또한 하나님의 언약의 약속들도 진토를 대상으로 해서는 시행될 수 없다. 다윗은 이렇게 말한다: "여호와여, 내가 지금 죽는다면, 주께서 내게 행하신 약속은 도대체 어떻게 되는 겁니까? 누가 주의 약속이 진실되다고 선포하겠습니까?" 기도할 때에 가장 좋은 호소는 하나님의 영광이라는 관점에서 드려지는 호소이다. 우리가 살아서 하나님을 찬송할 수 있게 해 달라고 호소하는 것은 우리가 살아야 할 이유를 올바르게 호소하는 것이 된다.

(2) 다윗은 무엇을 위하여 기도하였는가(10절). 그는 하나님께서 그에게 긍휼을 베푸셔서 죄를 사하여 주시고(내게 긍휼을 베푸소서) 곤경에 처해 있을 때에 은혜를 베푸셔서 도와 달라고(여호와여 나를 돕는 자가 되소서) 기도하였다. 이 두 가지를 기도하기 위해서 우리도 담대하게 은혜의 보좌 앞에 나아가야 할 것이다(히 4:16).

III. 때가 되자 하나님께서는 다윗을 환난에서 건지셔서 이전처럼 회복하셔서 형통하게 하셨다. 다윗의 기도는 응답되었고, 그의 슬픔은 변하여 춤이 되었다(11절). 하나님의 진노는 잠깐 동안만 지속되었고, 다윗의 울음은 하룻밤 동안만 지속되었다. 다윗이 하나님의 섭리에 겸손하게 순복한다는 뜻으로 스스로 입었던 베옷을 하나님께서는 벗겨 주셨다. 그의 슬픔은 상쇄되었고 그의 두려움은 잠재워졌으며 그의 위로가 돌아왔고 그는 기쁨으로 띠 띠워졌다. 기쁨은 그의 장식물이 되었고 그의 힘이 되었으며, 띠가 사람의 허리에 꼭 붙어 있는 것과 마찬가지로 기쁨이 그에게 꼭 붙어 있는 것처럼 보였다. 다윗이 예상치 않은 때에 한창 형통하다가 갑자기 환난 속으로 곤두박질친 것이 우리에게 우리가 환난이 언제 닥칠지 모르기 때문에 기쁜 일이 있어도 마치 기뻐하지 않는 자처럼 하라고 가르쳐 주는 것과 마찬가지로, 다윗이 갑자기 다시 회복되어 형통하게 된 것은 우리에게 우리가 폭풍이 언제 잠잠해지며 무시무시한 광풍이 언제 감미로운 미풍으로 변하게 될지를 모르기 때문에 슬픈 일이 있어도 마치 울지 않는 자처럼 지내라는 것을 가르쳐 준다. 다윗은 자신의 사정이 갑자기 이렇게 복된 상태로 변하게 되었을 때에 어떠한 마음이 되었고, 지금 무엇이라고 말하고 있는가? 그는 우리에게 다음과 같은 것들을 말해 준다(12절).

1. 그의 하소연들이 찬송으로 변하였다. 그는 하나님께서 그에게 기쁨으로 띠 띠우신 것은 그가 이스라엘의 노래 잘 하는 자가 되게 하셔서(삼하 23:1), 그의 영광으로 주를 찬송하게 하기 위한 것이며(여기에서 그의 영광은 그의 혀나 그의 영혼을 가리키는 것인데, 혀는 하나님을 찬송하는 데에 쓰임을 받을 때 사람의 영광이 되고, 인간의 영혼은 짐승들을 뛰어넘는 인간의 영광이 되기 때문이다), 시편들을 노래하며 여호와를 송축할 때에 그의 입과 영혼이 사용되어서 하나님께 영광을 돌리게 하기 위한 것이라고 여겼다. 무덤 속에서 잠잠하고자 하지 않는 자들은 산 자들의 땅에서는 더더욱 잠잠하지 않고 열심으로 끊임없이 사람들 앞에서 하나님을 찬송할 것임에 틀림없다.

2. 이러한 찬송들은 영원히 지속될 것이었다: 내가 주께 영원히 감사하리이다. 이 말씀은 그가 끝까지 하나님을 찬송하리라는 은혜로운 결단을 나타냄과 동시에 그에게 끊임없이 찬송할 일이 생기게 되고, 그가 머지않아 하나님을 영원토록 찬송하게 될 그 곳으로 가게 되리라는 은혜로운 소망을 나타낸다. 주의 집에 사는 자들은 복이 있나니 그들이 항상 주를 찬송하리이다. 이렇게 우리는 궁핍하든 부유하든 우리와 관련된 하나님의 다양한 섭리들에 순복하여서 하나님의 긍휼하심과 판단을 찬송하며 하나님께 이 모든 것으로 인하여 찬송을 드리는 법을 배워야 한다.

제 31 편

개요

　　다윗은 이 시편을 사울에게 박해를 받고 있던 때에 지었던 것 같다. 이 시편에 나오는 몇몇 구절들은 다윗이 그일라(삼상 23:13)에 있을 때, 또 사울이 산의 한쪽 면에서 압박해 왔을 때에 다윗이 다른 쪽 면에 있었던 마온 광야, 그리고 얼마 후에 엔게디 광야의 동굴에서 사울을 간신히 피해서 목숨을 건진 일들과 특히 일치한다. 그러나 이 시편은 이러한 상황들 중의 어느 한 경우에 쓰여졌을 것이지만, 우리는 구체적인 것에 대해서는 알지 못한다. 이 시편은 기도들, 찬송들, 하나님을 신뢰한다는 고백들이 서로 잘 어우러져서 서로를 보강해 주고 있다. I. 다윗은 그가 기쁜 마음으로 하나님을 신뢰한다고 고백하고서, 그러한 신뢰하는 마음으로 하나님께서 그의 현재의 환난에서 구해 주실 것을 기도한다(1-8절). II. 다윗은 그가 심히 비참한 처지에 놓여 있다는 것을 하소연하면서, 거기에 대하여 극심한 고통을 호소하며, 하나님께서 그를 위하여 나타나셔서 은혜로 그의 박해자들을 물리쳐 주시라고 기도한다(9-18절). III. 다윗은 이 시편을 찬송과 승리의 개가로 마무리하면서, 하나님께 영광을 돌리고, 자기 자신과 다른 사람들에게 하나님을 의지하도록 격려한다(19-24절).

[다윗의 시, 인도자를 따라 부루는 노래]
¹여호와여 내가 주께 피하오니 나를 영원히 부끄럽게 하지 마시고 주의 공의로 나를 건지소서 ²내게 귀를 기울여 속히 건지시고 내게 견고한 바위와 구원하는 산성이 되소서 ³주는 나의 반석과 산성이시니 그러므로 주의 이름을 생각하셔서 나를 인도하시고 지도하소서 ⁴그들이 나를 위하여 비밀히 친 그물에서 빼내소서 주는 나의 산성이시니이다 ⁵내가 나의 영을 주의 손에 부탁하나이다 진리의 하나님 여호와여 나를 속량하셨나이다 ⁶내가 허탄한 거짓을 숭상하는 자들을 미워하고 여호와를 의지하나이다 ⁷내가 주의 인자하심을 기뻐하며 즐거워할 것은 주께서 나의 고난을 보시고 환난 중에 있는 내 영혼을 아셨으며 ⁸나를 원수의 수중에 가두지 아니하셨고 내 발을 넓은 곳에 세우셨음이니이다

믿음과 기도는 함께 가야 한다. 믿는 자는 기도하여야 한다(나는 믿었으므로 말하였도다). 기도하는 자는 믿음을 지녀야 한다. 왜냐하면, 믿음의 기도만이 응답을 받을 수 있는 기도이기 때문이다. 우리는 여기에서 이 두 가지가 함께 결합되어 있는 것을 보게 된다.

I. 다윗은 고통 중에서 하나님께 자기를 구해 달라고 너무도 간절하게 기도한다. 이러한 간절한 기도를 통해서 고통에 눌린 심령은 그 고통의 짐에서 벗어나게 되고, 하나님께서 약속하신 긍휼하심이 임하게 되며, 영혼은 하나님의 긍휼하심을 기대하며 놀라울 정도로 힘을 얻게 된다. 다윗은 이렇게 기도한다.

1. 하나님께서 그를 구원해 주시고(1절), 그의 원수들의 악의로부터 그의 생명이 보존될 수 있게 하시며, 원수들이 그를 박해하는 것이 끝나게 하시고, 하나님께서 긍휼하심만이 아니라 공의에 의해서도 그와 그의 불의한 박해자들 사이에서 의로운 재판장으로서 그를 구원해 주시고, 하나님께서 그의 간구와 호소에 귀를 기울이셔서 그를 구원해 주시라는 것(2절). 사람이 아무리 훌륭하고 위대하다고 할지라도 그의 사정을 살피시고 알아 주시는 것은 하나님의 겸양이다. 하나님께서 그렇게 하시기 위해서는 스스로를 낮추셔서 한다. 또한 시편 기자는 구원하심이 오랫동안 지체되면 그의 믿음이 다 떨어질 것이기 때문에 하나님께서 그를 속히 구원해 달라고 기도한다.

2. 하나님께서 그를 환난에서 즉시 구원해 주실 것이 아니라면 그의 환난 속에서 보호자와 피난처가 되어 주시라는 것. "나를 구원하기 위하여 주께서 그 어떤 공격에도 요동치 않고 끄떡도 하지 않는 천연의 요새인 견고한 바위와 인공적인 요새인 산성이 되소서." 이렇게 우리는 하나님의 섭리를 통해서 우리가 목숨을 부지하고 위로를 받으며, 하나님의 은혜로 말미암아 우리가 하나님 안에서 안전하다고 생각할 수 있게 해 달라고 기도할 수 있다(잠 18:10).

3. 그의 사정은 마땅히 해야 할 도리와 사려분별이라는 관점에서 많은 난관을 지니고 있기 때문에, 그가 하나님의 인도하심 아래에 있게 해 달라는 것. "여호와여 나를 인도하시고 지도하셔서(3절), 내 발걸음을 정하시고 내 심령을 정하심으로써, 나로 하여금 불법하거나 불의한 일, 내 양심에 반하거나 지혜롭지 않으며 분별이 없는 일, 내게 유익이 되지 못하는 일을 결코 하지 않게 하소서." 하나님의 인도하심과 지도하심을 따르고자 하는 자들은 그렇게 해 달라고 믿음으로 기도하여야 한다.

4. 그의 원수들은 그에게 앙심을 품고 있을 뿐만 아니라 매우 영악하기 때문에 하나님께서 그를 해치고자 하는 그들의 음모를 좌절시키시며 어지럽게 해 달라는 것(4절). "그들이 나를 위하여 비밀히 친 그물에서 나를 빼내주시고, 그들이 나를 덫에 걸리게 하고자 하고 있기 때문에, 나를 죄와 환난과 죽음으로부터 지켜 주소서."

Ⅱ. 이 기도 속에서 다윗은 그가 하나님을 신뢰하고 하나님을 의지한다는 것을 반복해서 고백함으로써 하나님께 영광을 돌린다. 이러한 고백은 그에게 기도할 힘을 더해 주었고, 그가 기도하는 하나님의 긍휼하심을 받기에 합당한 자로 그를 만들어 주었다(1절). "여호와여 내가 주께 피하고, 나 자신이나 나의 풍족함이나 그 어떤 피조물이 아니라 오직 주만을 의지하오니, 나를 영원히 부끄럽게 하지 마시고, 주께서 내게 베풀기로 약속하신 선한 일을 내가 하나님의 약속에 의지하여 기대하고 있사오니 나로 실망하지 않게 하옵소서."

1. 그는 하나님을 자신의 보호자로 선택하였고, 하나님께서는 그의 약속에 따라서 다윗의 보호자가 되어 주셨다(3절). "주는 나와 맺은 계약과 그 계약에 대한 나의 믿음의 동의에 의해서 나의 반석과 산성이 되셨으니 내게 견고한 바위가 되어 주소서"(2절). 여호와를 진심으로 자신의 하나님으로 모신 자들은 여호와께서 그들의 보호자가 되어 주시는 유익을 기대할 수 있다. 왜냐하면, 우리가 하나님과 관계를 맺게 되면, 우리의 일들은 하나님의 이름과 연관이 되기 때문이다. 주는 나의 힘이시니이다(4절). 하나님이 우리의 힘이시라면, 우리는 하나님께서 우리에게 힘을 주심과 동시에 우리를 위하여 스스로 그의 힘을 발휘하시리라는 것을 소망할 수 있다.

2. 그는 자신의 영혼을 특별히 하나님께 부탁하였다(5절): 내가 나의 영을 주의 손에 부탁하나이다.

(1) 만약 다윗이 여기에서 자기 자신을 죽게 된 자로 본 것이라면, 그는 이러한 말을 통해서 자신의 떠나가는 영을 하나님께 부탁한 것이라고 할 수 있다. 하나님은 사람에게 영을 주셨고, 그 영은 죽을 때 하나님께 다시 돌아간다. "사람들은 단지 몸을 죽일 수 있을 뿐이지만, 나는 내 영혼을 스올의 권세에서 건져내실 하나님을 의지한다"(시 49:15). 다윗은 하나님께서 정하신 것이라면 기꺼이 죽고자 한다. 하지만 그는 자신의 영혼을 여호와의 손에 맡긴다. 왜냐하면, 하나님의 긍휼하심은 크시기 때문이다. 우리 주 예수께서는 이러한 말씀을 통해서

십자가 위에서 자신의 영혼을 하나님께 맡기시며, 자신의 목숨을 대속물로 기꺼이 바치셨다. 우리는 스데반의 예를 통해서 우리가 죽는 순간에 그리스도께서 하나님의 오른쪽에 앉아 계시는 것을 보게 될 것인데 그 때에 우리의 영혼을 그리스도께 부탁하도록 가르침을 받는다: 주 예수여 내 영혼을 받으소서. 그러나,

(2) 다윗은 여기에서 곤경과 괴로움 속에 처해 있는 자로 보아져야 한다.

[1] 다윗의 관심은 사람의 구성 부분 속에서 더 나은 부분인 그의 영혼, 그의 영에 가 있었다. 우리는 외적으로 환난을 당하게 될수록 우리의 영혼에 대하여 더 큰 관심을 갖게 된다는 것을 명심하라. 많은 사람들은 그들이 세상사에 대하여 어려움을 겪고 있는 동안에는 하나님의 섭리에 의해서 그러한 일들에 더 신경을 쓰게 되어 있기 때문에 그들이 그들의 영혼에 대하여 관심을 게을리하여도 변명할 여지가 있다고 생각한다. 하지만 우리의 삶과 세속적인 이익들이 위태롭게 되면 될수록, 우리는 더욱더 우리의 영혼에 관심을 가져서, 겉사람은 낡아지지만 속사람은 아무런 손상도 입지 않게 하여서(고후 4:16), 다른 모든 것은 지킬 수 없다고 할지라도 우리의 영혼만은 굳게 지켜야 한다(눅 21:19).

[2] 그는 그가 영혼을 위하여 할 수 있는 최선의 것은 자신의 영혼을 하나님의 손에 맡기고 하나님을 굳게 신뢰하는 것이라고 생각한다. 그는 앞서 외적인 환난의 그물에서 자기를 빼내 달라고 기도하였지만(4절), 그것을 끈질기게 구하는 것이 아니라(하나님의 뜻이 이루어지기를 바라며), 즉시 그러한 간구를 버리고, 자신의 심령, 즉 속사람을 하나님의 손에 부탁한다. "여호와여, 내 육신에 무슨 일이 생기든지 간에 내 영혼은 잘 되게 하여 주옵소서." 우리의 영혼을 하나님의 손에 맡겨서 하나님의 은혜로 말미암아 거룩하게 되고 하나님의 영광을 위하여 헌신되며 하나님을 섬기는 데에 쓰임을 받고 하나님의 나라에 합당하게 변화되게 하는 것이야말로 우리 모두의 지혜이자 마땅한 도리라는 것을 명심하라. 우리로 하여금 우리의 영혼을 하나님의 손에 부탁하도록 격려해 주는 것은 하나님께서는 우리의 영혼을 만드셨을 뿐만 아니라 속량하셨다는 것이다. 구약의 교회와 구약의 성도들에 대한 특별한 구속들은 예수 그리스도에 의한 우리의 구속을 보여주는 모형이었다(창 48:16). 영혼의 구속은 너무도 귀한 것이지만, 만약 그리스도께서 그 일을 하지 않으셨다면 영혼의 구속은 영원히 중지되었을 것이다. 그러나 그리스도께서는 우리의 영혼을 구속하심으

로써 우리의 영혼에 대한 추가적인 권리와 자격을 얻으셨을 뿐만 아니라(이 일로 인하여 우리는 우리의 영혼을 우리 영혼의 주인이신 그리스도께 부탁하지 않을 수 없게 된다), 그리스도께서 우리의 영혼에 대하여 특심한 인자하심과 관심을 지니고 계시다는 것을 보여주셨다(이 일로 인하여 우리는 우리의 영혼이 하늘 나라에 갈 때까지 그리스도께서 보존해 주시도록 그에게 부탁할 힘을 얻게 되었다, 딤후 1:12): "진리의 하나님 여호와여 나를 속량하셨나이다. 주께서는 주의 약속을 진실되게 지키시는 분이시오니 그 약속을 따라서 나를 속량하소서."

III. 다윗은 자기가 육체를 신뢰하는 자들과 전혀 관계가 없다는 것을 단호하게 주장하였다(6절). 내가 허탄한 거짓을 숭상하는 자들을 미워하였나이다 — 허탄한 거짓을 숭상하는 자들을 어떤 이들은 거짓되고 헛된 거짓 신들로부터의 도움을 기대하였던 우상 숭배자들을 가리키는 것으로 해석하고, 또 어떤 이들은 점성술사들을 가리킨다고 해석한다. 다윗은 주문이나 주술을 사용하거나 점치는 것을 몹시 혐오하였다. 그는 새들의 날아가는 모양이나 짐승들의 자취 등과 같은 길조와 흉조를 따지지 않았고 관심조차 갖지 않았다. 그러한 것들은 거짓되고 헛된 것들이었기 때문에, 그는 스스로 그러한 것들을 존중하지 않았을 뿐만 아니라 그런 일을 행하는 자들의 악행을 미워하였다. 그는 오직 하나님만을 의지하였고 그 어떤 피조물도 의지하지 않았다. 사울의 궁정이나 이스라엘 나라 속에서의 그의 세력, 그의 은거지들이나 요새들, 심지어 골리앗의 칼 자체 — 이러한 것들은 거짓되고 헛된 것들로서, 그는 그러한 것들을 의지할 수 없었고, 오직 여호와만을 의지하였다(시 40:4; 렘 17:5을 보라).

IV. 다윗은 하나님에 대한 그의 소망으로 위로를 삼고, 그 소망으로 인해서 마음이 평안했을 뿐만 아니라 즐거워하였다(7절). 하나님의 긍휼하심을 의지했기 때문에, 그는 즐거워하고 기뻐할 수 있었다. 하나님에 대한 소망 속에서 현실 속에서의 그들의 근심과 걱정을 상쇄시키고 그들의 슬픔을 잠재우기에 충분한 기쁨을 발견할 수 없는 자들은 하나님에 대한 그들의 소망이 얼마나 소중한 것인지를 알지 못하는 자들이다.

V. 다윗은 이전과 최근에 하나님께서 그에게 선하시다는 것을 보여주는 여러 가지 체험들을 한 것을 소망으로 삼아서 스스로를 격려하였는데, 그가 이러한 체험들을 여기에 언급하고 있는 것은 하나님의 영광을 위해서였다. 이전

에 그를 구원하셨던 분은 지금도 그를 구원하시고 장래에도 그를 구원하실 것이다.

1. 하나님께서는 다윗이 당하는 환난들을 아셨고, 그 환난들을 둘러싼 모든 정황들을 아셨다. "주께서는 스스로를 낮추셔서 주의 종이 처한 비참한 처지를 돌아보시고 긍휼히 여기시며 그 환난에서 나를 구원하시기에 적합한 지혜를 가지시고 나의 환난을 보셨나이다."

2. 하나님께서는 환난 중에서 다윗이 지닌 심정과 그의 마음을 살피셨다. "주께서는 환난 중에 있는 내 영혼을 아셨으며, 내 영혼에 관심을 가지시고 자상하게 살피셨다." 우리가 환난을 당할 때에 하나님의 눈은 우리의 영혼에 있어서, 우리 영혼이 죄로 인하여 낮아졌는지, 하나님의 뜻에 잘 순복하는 자가 되었는지, 환난으로 인해서 상태가 더 나아졌는지를 살펴보신다. 환난 가운데에 던져진 영혼이 진심으로 하나님을 바라본다면, 하나님께서는 그것을 아신다.

3. 하나님께서는 그일라에서 다윗을 안전하게 보호하심으로써 사울의 손에서 다윗을 구원하셨다(삼상 23:7). "주께서는 나를 원수의 수중에 가두지 아니하셨고 내 발을 넓은 곳에 세우셔서, 나로 하여금 안전하게 하셨나이다"(8절). 그리스도께서 십자가 위에서 이 말씀을 사용하신 것으로 보아서(5절), 우리는 이 모든 말씀을 그리스도께 적용할 수 있다. 그리스도께서는 아버지 하나님을 의지하셨고 하나님에 의해서 힘을 공급받고 구원을 받으셨으며 높이 들림을 받으셨다(그가 스스로 자신을 낮추셨기 때문에). 우리는 이 절들을 노래할 때에 그리스도의 모범을 생각하는 것이 합당하고, 또한 그러한 생각 안에서 하나님께서 우리가 환난을 당했을 때 은혜로 우리와 함께 해주신 것에 관한 체험을 고백하고, 우리 자신에게 장래에도 하나님을 의지하도록 격려하는 것이 합당하다.

[9]여호와여 내가 고통 중에 있사오니 내게 은혜를 베푸소서 내가 근심 때문에 눈과 영혼과 몸이 쇠하였나이다 [10]내 일생을 슬픔으로 보내며 나의 연수를 탄식으로 보냄이여 내 기력이 나의 죄악 때문에 약하여지며 나의 뼈가 쇠하도소이다 [11]내가 모든 대적들 때문에 욕을 당하고 내 이웃에게서는 심히 당하니 내 친구가 놀라고 길에서 보는 자가 나를 피하였나이다 [12]내가 잊어버린 바 됨이 죽은 자를 마음에 두지 아니함 같고 깨진 그릇과 같으니이다 [13]내가 무리의 비방을 들었으므로 사방이 두

려움으로 감싸였나이다 그들이 나를 치려고 함께 의논할 때에 내 생명을 빼앗기로 피하였나이다 14여호와여 그러하여도 나는 주께 의지하고 말하기를 주는 내 하나님 이시라 하였나이다 15나의 앞날이 주의 손에 있사오니 내 원수들과 나를 핍박하는 자들의 손에서 나를 건져 주소서 16주의 얼굴을 주의 종에게 비추시고 주의 사랑하심으로 나를 구원하소서 17여호와여 내가 주를 불렀사오니 나를 부끄럽게 하지 마시고 악인들을 부끄럽게 하사 스올에서 잠잠하게 하소서 18교만하고 완악한 말로 무례히 의인을 치는 거짓 입술이 말 못하는 자 되게 하소서

앞의 절들에서 다윗은 하나님의 공의에 호소하였고, 하나님과 그의 관계 및 그가 하나님께 의지한다는 것에 호소하였다. 여기에서 다윗은 하나님의 긍휼하심에 호소하면서, 자기가 지금 아주 비참한 처지에 놓여 있기 때문에 하나님의 긍휼하심을 받기에 합당한 대상이 된다는 것에 호소한다. 좀 더 살펴보자.

I. 다윗이 자신의 환난과 고통을 하소연함(9절). "여호와여 내가 고통 중에 있사오니 내게 긍휼을 베푸소서. 내게는 주의 긍휼하심이 필요하나이다." 다윗이 자신의 처지를 하나님께 상기시켜 드리는 것은 욥의 하소연과 별로 다르지 않다.

1. 다윗의 환난과 고통은 그의 마음속에 아주 깊은 영향을 주어서, 그는 슬픔의 사람이 되었다. 그의 슬픔은 너무도 컸기 때문에, 그의 영혼은 그 슬픔으로 인하여 쇠하여졌고, 그의 생명도 쇠하여져서, 그는 끊임없이 한숨을 쉬고 있었다(9-10절). 이 점에서 다윗은 그리스도의 모형이었다. 그리스도는 슬픔을 너무도 잘 알고 계셨고 자주 눈물을 흘리셨다. 우리는 혈색이 좋고 건강하며 아름다웠던 다윗의 용모와 음악에 대한 그의 재능, 초창기에 있어서의 그의 과감한 도전들에 비추어 보아서 그의 천성은 쾌활하고 과감하였으며 괴로움을 마음에 담아 두지 않고 항상 쾌활하였을 것이라고 추측해 볼 수 있다. 그런데 여기에서 우리는 그런 그가 어떤 지경에 처하게 되었는지를 보게 된다: 그는 너무 많이 울어서 시력이 쇠하여졌고 한숨을 많이 쉬어서 기진맥진하였다. 쾌활하고 명랑한 자들은 극단으로 흐르지 않도록 조심하여야 하고, 결코 슬픔을 무시하고 반항하여서는 안 된다. 그들이 다른 식으로 진지한 자세를 갖는 법을 배우고자 하지 않는다면, 하나님께서는 다른 방식들을 찾아내서 그들로 하여

금 슬퍼하며 진지한 자세를 갖도록 만드실 수 있으시다.

2. 그의 몸은 그의 마음의 슬픔으로 인해서 쇠하여졌다(10절): 내 기력이 약하여지며 나의 뼈가 쇠하여졌는데, 이것은 모두 나의 죄악 때문이다. 사울 및 그와의 싸움과 관련해서 다윗은 자신있게 자신의 의로움을 주장할 수 있었다. 그러나 지금의 환난은 하나님께서 그에게 두신 환난이었기 때문에, 다윗은 자기는 그런 환난을 당해도 마땅한 자라는 것을 인정하고, 이 모든 환난을 초래한 원인이 자신의 죄악 때문이라는 것을 솔직하게 고백한다. 그가 당하는 모든 재앙들보다도 그의 기력을 신속하게 소모시켰던 것은 바로 죄의식이었다.

3. 그의 친구들은 그에게 냉정하였고 그를 수치스럽게 여겼다. 그는 그를 아는 자들에게 기피 대상이 되었고, 그들은 그를 보면 그를 피하였다(11절). 사울이 다윗은 반역자요 범법자라고 선포하였기 때문에, 사람들은 그와 연루되어 괴로움을 당하게 될 것을 두려워해서, 그에게 어떤 도움도 주지 않았고 그에게 어떤 친절도 베풀지 않았으며 그와 어울리지도 않았다. 사람들은 제사장 아히멜렉이 아무런 죄가 없으면서도 다윗을 도왔다는 이유만으로 얼마나 혹독한 대가를 치렀는지를 잘 알고 있었다. 그러므로 사람들은 사울이 다윗에게 얼마나 나쁜 짓을 많이 하였는지를 너무도 잘 알고 있었지만 앞으로 나서서 다윗을 위하여 변호할 용기를 갖지 못하였다. 다윗은 사람들에 의해서 마음에 두지 아니하는 죽은 자처럼 잊혀졌고(12절), 깨진 그릇처럼 멸시를 당하였다. 그가 궁정에서 존귀를 누리고 있었을 때에는 온갖 공경을 그에게 보였던 자들이 이제 그가 비참한 처지로 전락하게 되자 비록 그가 무죄함에도 불구하고 사람들은 그를 모른 체하였다. 이렇게 겨울만 되면 가버리는 제비 같은 친구들이 세상에는 꽉 차 있다. 비참한 처지로 전락한 자들은 그들이 이렇게 사람들로부터 버림받는다고 하여도 그것을 이상하게 생각하지 말고, 하늘에 계신 한 친구는 그들을 버리지 아니하시며 그들을 반기시리라는 것을 마음에 두어야 한다.

4. 그에 대한 원수들의 비방은 부당한 것이었다. 만약 그의 원수들이 그를 악한 자로 낙인찍지 않았다면, 사람들은 그를 그렇게 박해하지 않았을 것이다. 그는 모든 대적들 때문에 수치거리가 되었고 특히 그의 이웃들에게 수치거리가 되었다(11절). 그가 무죄하다는 것을 잘 아는 증인들이었고 그들의 양심 속에서 그가 정직한 사람이라는 것을 확신할 수밖에 없었던 자들이 사울에게 잘 보이기 위해서 가장 앞장서서 그를 악한 자로 몰아붙였다. 이렇게 그는 무리의 비방을

들었다. 사방이 두려움으로 감싸였기 때문에, 모든 사람이 그를 향하여 돌을 집어들었다. 즉, 다른 사람들과 마찬가지로 다윗을 비방하는 데에 합류하고자 하지 않는 자는 사울에게 불만을 품고 있는 것으로 여겨졌기 때문에, 사람들은 감히 달리 행할 수 없었다. 이렇게 가장 선한 사람들은 그들을 가장 악하게 다루기로 결심한 자들에 의해서 가장 악한 자들로 누명을 써 왔다.

5. 그의 원수들은 그의 생명을 노렸고, 그는 끊임없이 목숨이 위태로운 지경에 처해 있었다. 두려움이 사방에 있었고, 그는 그의 원수들이 그를 해치려고 어떤 계략을 세우든지 간에 그들의 의도는 그의 자유를 빼앗는 것이 아니라 그의 목숨, 너무도 소중하고 유익한 생명(온 이스라엘은 그의 선한 섬김으로 인해서 이토록 형통하게 된 것이었다)을 빼앗는 것임을 잘 알고 있었다(13절). 이렇게 바리새인들과 헤롯당이 그리스도를 해치고자 하는 온갖 음모들 속에서 그들의 의도는 여전히 그리스도의 생명을 빼앗는 것이었는데, 이것은 뱀의 후손의 적대감과 잔혹함이었다.

II. 다윗은 이러한 환난 속에서 하나님을 신뢰함. 그를 둘러싼 모든 것이 암울하고 절망적으로 보였으며, 그를 절망으로 내몰기 위하여 위협하였다: "여호와여 그러하여도 나는 주께 의지하였고(14절), 그렇게 함으로써 가라앉는 것을 면하였나이다." 그의 원수들은 그에게서 사람들 가운데서의 그의 명성을 빼앗았지만, 그에게서 하나님 안에서의 그의 위로를 빼앗을 수는 없었는데, 이것은 그들이 그로 하여금 하나님에 대한 신뢰를 버리도록 만들 수 없었기 때문이었다. 그는 곤경 속에서 두 가지를 자신의 위로로 삼고서, 하나님께 나아가서 그 두 가지로 호소하였다.

1. "주는 내 하나님이시라. 나는 주를 나의 하나님으로 선택하였고, 주께서는 내게 나의 하나님이 되어 주시겠다고 약속하셨다." 하나님이 우리의 하나님이고 우리가 믿음으로 하나님을 그렇게 부를 수 있다면, 우리가 그 밖의 다른 그 어떤 것도 우리의 것이라고 할 수 없다고 할지라도, 그것으로 충분하다. "주는 나의 하나님이시니, 내가 어찌 주 외에 다른 누구에게 도움을 청하러 가겠나이까?" 주는 나의 하나님이십니다라고 호소할 수 있는 자들은 그들의 기도가 막히지 않게 될 것이다. 왜냐하면, 하나님께서 우리의 하나님이 되어 주신다면, 하나님은 그 약속을 따라서 우리를 위하여 우리의 기도에 응답해 주실 것이기 때문이다.

2. 나의 앞날이 주의 손에 있나이다. 이것을 앞에 나온 것과 결합시켜 보면, 그것은 완벽한 위로가 된다. 하나님께서 우리의 앞날을 그의 수중에 가지고 계신다면, 하나님은 우리를 도우실 수 있다. 또한 하나님이 우리의 하나님이시라면, 하나님은 우리를 도우시고자 하실 것이다. 그러므로 우리가 염려하고 낙심할 것이 무엇이 있겠는가? 하나님을 그들의 하나님으로 삼은 자들에게는 그들의 앞날이 하나님의 수중에 있어서 하나님께서 그들의 앞날을 최선의 것으로 만드실 것이고 그들의 영혼을 하나님의 수중에 맡긴 모든 자들의 앞날을 여기에 나오는 다윗처럼 가장 합당하게 인도하시리라는 것은 큰 힘이 된다(5절). 사람의 수명은 하나님의 수중에 있어서, 하나님께서는 그 수명을 길게도 하시고 짧게도 하시며, 자신의 뜻과 계획에 따라서 쓰게도 하시고 달게도 하신다. 우리의 일생(우리에게 일어나는 모든 사건들과 그 사건들의 시기)은 하나님의 처분에 달려 있다. 우리의 일생은 우리의 수중에 있지 않다. 왜냐하면, 사람의 길은 자기 자신에게나 우리 친구의 수중에나 우리 원수의 수중에 있는 것이 아니라 하나님의 수중에 있기 때문이다. 주권자에게 은혜를 구하는 자가 많으나 사람의 일의 작정은 여호와께로 말미암느니라. 다윗은 자신의 기도들 속에서 하나님께 이러저러하게 해 달라고 하는 것이 아니라 하나님께 모든 것을 맡기고 의탁한다. "여호와여, 나의 일생이 주의 수중에 있사오니, 나는 내 일생이 주의 수중에 있다는 것을 정말 기뻐하나이다. 내 일생이 주의 수중에 있다는 것보다 더 좋은 것은 있을 수 없나이다. 주의 뜻이 이루어지기를 바라나이다."

III. 다윗은 이러한 믿음과 신뢰 속에서 하나님께 여러 가지 간구를 드림.

1. 그는 하나님께서 그를 그의 원수들의 손에서 건져 주시고(15절) 그를 구원해 주시기를(16절) 기도하는데, 자신의 공로에 의지해서가 아니라 하나님의 긍휼하심에 의지해서 이런 기도를 드린다. 기회들은 하나님의 수중에 있어서 (어떤 이들은 이렇게 해석한다), 하나님께서는 우리의 구원을 위해서 어떤 때가 가장 좋고 적합한 때인지를 아시고, 우리는 그 때를 기꺼이 기다려야 한다. 사울이 동굴에서 다윗의 수중에 들어왔을 때, 다윗의 사람들은 "하나님께서 당신을 구원하실 것이라고 말씀하시더니 이것이 그 날이니이다"라고 말하였다 (삼상 24:4). 그러자 다윗은 "아니다. 나의 구원은 죄를 범함이 없이 이루어져야 하기 때문에 아직 때가 오지 않은 것이다. 나는 그 때를 기다릴 것이다. 왜냐하면, 그것은 하나님의 때이고 가장 좋은 때이기 때문이다"라고 말한다.

2. 하나님께서 그러는 동안에 은총의 위로를 그에게 주시리라는 것(16절): "주의 얼굴을 주의 종에게 비추소서. 나로 하여금 나를 향하신 주의 은총을 보여주는 증거들을 갖게 하셔서, 나의 모든 슬픔 중에서 내 마음에 기쁨이 있게 하소서."

3. 하나님에 대한 그의 기도가 응답되고 하나님에 대한 그의 소망이 성취되리라는 것(17절). "주의 백성에게 찾아보아야 소용없고 소망해보아야 소용없다고 말씀하신 적이 없으신 주를 내가 불렀사오니 나의 소망과 기도로 인하여 나를 부끄럽게 하지 마소서."

4. 부끄러움과 침묵은 악한 자들, 특히 그의 원수들의 몫이 되게 해 달라는 것. 그들은 다윗을 해치고자 하는 그들의 음모가 성공해서 그들이 반드시 그들을 짓밟고 패망시키게 될 것이라고 확신하였다. 다윗은 이렇게 말한다: "예루살렘 성벽을 쌓는 일을 반대하였던 자들이 그 일이 이루어지자 크게 낙담한 것과 같이(느 6:16) 그들로 하여금 그들의 기대가 좌절됨으로써 그들이 큰소리 친 것을 부끄러워하게 하소서." 악인들을 부끄럽게 하사 스올에서 잠잠하게 하소서. 잔혹한 박해자들은 좋은 말로 해서 듣지 않으면 하나님께서 죽음을 통해서 그들의 격동과 소란을 잠재우실 것임을 명심하라. 무덤 속에서는 악인들은 말썽을 피우는 것을 그칠 수밖에 없다. 특히, 그는 하나님의 백성을 욕하고 비방하는 자들을 잠잠하게 해 달라고 기도한다(즉, 예언한다): 교만하고 완악한 말로 무례히 의인을 치는 거짓 입술이 말 못하는 자 되게 하소서(18절). 이것은 매우 좋은 기도이다.

(1) 우리는 자주 하나님께 그런 기도를 드리게 될 기회를 갖게 된다. 왜냐하면, 하늘을 비방하고 욕하는 자들은 흔히 하늘의 유업을 이을 자들을 비방하고 욕하기 때문이다. 신앙을 진지하게 고백한 자들은 어디에서나 그 신앙과 관련해서 비방을 듣는다.

[1] 큰 악의를 통해서. 그들은 의인들을 화나게 해서 실제로 잘못을 저지르도록 유도하기 위해서 심한 말들을 한다. 그들은 의인들이 참기 힘든 견딜 수 없는 것들(원어의 원래의 의미)을 말함으로써, 의인들에게 씻을 수 없는 오명을 덧씌우고자 한다.

[2] 엄청난 거짓을 통해서. 그들은 거짓 입술로써 거짓말의 아비에게서 가르침을 받았고 그 아비의 이익에 봉사하는 자들이다.

[3] 엄청난 경멸과 멸시를 통해서. 그들은 마치 하나님께서 존귀하게 여기시는 의인들이 이 세상에서 가장 경멸받을 만한 자들이어서 그들이 키우는 개만도 못하다는 듯이 교만하고 무례히 말한다. 아마도 그들은 의도적인 거짓말을 해서 선한 자로 하여금 사람들에게 미움과 경멸을 받게 하는 데에 도움이 되기만 한다면 그러한 거짓말을 하는 것은 전혀 죄가 되지 않는다고 생각하였을 것이다. 우리 하나님이여 들으시옵소서 우리가 업신여김을 당하나이다.

(2) 우리는 믿음으로 기도할 수 있다. 왜냐하면, 이러한 거짓 입술들은 잠잠해지게 될 것이기 때문이다. 하나님께서는 그렇게 하실 수많은 방법들을 가지고 계신다. 하나님은 어떤 때는 그의 백성을 욕하는 자들의 양심을 일깨워서 그들의 마음을 돌이키시기도 하고, 어떤 때는 섭리를 통해서 그들의 비방들을 가시적으로 반박하여, 그의 백성이 의롭다는 것을 대낮처럼 밝히 보이시기도 하신다. 그러나 하나님께서 불경건한 죄인들에게 그들이 그의 백성을 향하여 말했던 온갖 악한 말들이 거짓이라는 것을 깨닫게 하시고 그들에 대한 심판을 집행하실 날이 오고 있다(유 1:14-15). 그 때에 이 기도는 온전히 응답받게 될 것이고, 우리는 우리의 선행을 통해서 가능한 한 어리석은 사람들의 무식한 말을 잠재우는 가운데(벧전 2:15) 이 시편을 노래하며 그 날을 바라보아야 한다.

[19]주를 두려워하는 자를 위하여 쌓아 두신 은혜 곧 주께 피하는 자를 위하여 인생 앞에 베푸신 은혜가 어찌 그리 큰지요 [20]주께서 그들을 주의 은밀한 곳에 숨기사 사람의 꾀에서 벗어나게 하시고 비밀히 장막에 감추사 말 다툼에서 면하게 하시리이다 [21]여호와를 찬송할지어다 견고한 성에서 그의 놀라운 사랑을 내게 보이셨음이로다 [22]내가 놀라서 말하기를 주의 목전에서 끊어졌다 하였사오나 내가 주께 부르짖을 때에 주께서 나의 간구하는 소리를 들으셨나이다 [23]너희 모든 성도들아 여호와를 사랑하라 여호와께서 진실한 자를 보호하시고 교만하게 행하는 자에게 엄중히 갚으시느니라 [24]여호와를 바라는 너희들아 강하고 담대하라

이 절들 속에는 세 가지 내용이 나온다.

I. 다윗은 하나님께서 그의 백성 모두에게 선하시다는 것을 믿고 고백함(19-20절).

1. 하나님은 모든 사람에게 선하시지만, 특별한 방식으로 이스라엘에게 선하

시다. 그들을 향하신 하나님의 선하심은 기이한 것이고 장래에도 영원토록 기이한 것이 될 것으로서 사람들이 찬송하여야 할 일이다: 주의 선하심이 어찌 그리 큰지요(개역에서는 은혜가 어찌 그리 큰지요)! 하나님의 선하심의 모략이 어찌 그리 심오한지요! 하나님께서 쌓아 주신 선하심이 어찌 그리 부요하신지요! 하나님의 선하심을 사람들에게 베푸시는 것이 어찌 그리 후하시고 널리 미치는지요! 사람들이 비방하는 바로 그런 자들을 하나님께서는 유익들과 존귀함들로 채우신다. 하나님의 이러한 선하심으로부터 유익을 얻는 자들은 하나님을 경외하고 의지하는 자들, 하나님의 크심을 두려워하여 하나님의 은혜를 의지하는 자들로 묘사된다. 이러한 선하심은 하나님께서 그들을 위하여 쌓아 두신 것이고 그들 앞에 베푸신 것이라고 말해진다.

(1) 저 세상에서 그들을 위하여 쌓아 두신 선하심, 하늘에 간직된 유업이 있고(벧전 1:4), 이 세상에서 그들을 위하여 베푸신 선하심, 그들 속에서 베푸신 선하심이 있다. 하나님의 선하심 속에는 그의 모든 자녀들이 다 자랐을 때에 받게 될 분깃과 유업, 그들이 아직 어릴 때에 그들을 먹여 살리고 교육시키는 것에 필요한 모든 충분한 것이 있다. 하나님의 선하심은 곳간에 많이 쌓아 두어져 있고 또한 많이 베풀어진다.

(2) 이러한 선하심은 하나님을 두려워하는 모든 자들에게는 그 어떤 선한 것도 부족함이 없을 것이라는 하나님의 약속을 따라서 쌓아져 있다. 그러나 하나님의 선하심은 그 약속의 실제적인 시행을 따라서 하나님을 의지하는 자들, 믿음으로 말미암아 그 약속을 붙잡고서 그 약속에 합당하게 행하여 그 약속의 유익과 위로를 자기 자신에게로 이끌어 오는 자들에게 베풀어진다. 영원한 계약에 따라서 우리를 위하여 쌓아 두어져 있는 것들이 우리에게 베풀어지고 있지 않다면, 그것은 전적으로 우리의 잘못이다. 왜냐하면, 우리가 믿지 않기 때문이다. 그러나 하나님을 의지하는 자들은 하나님의 선하심에서 오는 위로를 그들의 가슴으로 받을 뿐만 아니라 사람들로부터도 인정을 받게 된다(어떤 이들은 아주 두드러지게 그러한 인정을 받게 된다). 하나님의 선하심은 인생들 앞에서 그들에게 베풀어진다. 그들에게 주어진 하나님의 선하심은 그들에게 존귀함을 더하셔서 그들의 수치를 굴려 버리신다. 왜냐하면, 그들을 보는 모든 자들이 그들은 여호와께 복받은 자손이라 인정하게 될 것이기 때문이다(사 61:9).

2. 하나님께서는 사람과 짐승을 보존하신다. 그러나 하나님은 특별한 방식으

로 그의 백성의 보호자이시다(20절): 주께서 그들을 숨기시리이다. 하나님의 선하심이 그들을 위하여 숨겨져 있고 쌓아져 있는 것과 마찬가지로, 그들도 그것을 위하여 숨겨져 있고 보존된다. 성도들은 하나님의 감추인 자들이다. 좀 더 살펴보자.

(1) 그들은 위험에 처해 있는데, 이러한 위험은 사람의 교만과 말다툼에서 생겨난다. 교만한 자들은 그들을 욕하고 짓밟고자 한다. 말다툼하기를 좋아하는 자들은 그들과 언쟁을 벌이고자 한다. 말다툼이 벌어지면, 선한 자들이 흔히 욕을 당하게 된다. 사람들의 교만은 그들의 자유를 위태롭게 만든다. 잘못된 논쟁들 속에서 말다툼은 진리를 위태롭게 만든다. 그러나

(2) 그들이 어떻게 보호받는지를 보라: 주께서 그들을 주의 은밀한 곳에 비밀히 장막에 감추시리라. 하나님은 섭리를 통해서 그들을 그들의 원수들의 악의로부터 안전하게 지켜 주실 것이다. 하나님은 그들을 보호하시고 피신시키실 수많은 방법들을 가지고 계신다. 사람들이 바룩과 예레미야를 해치고자 찾았을 때에 여호와께서 그들을 숨기셨다(렘 36:26). 하나님의 은혜는 그들을 사람들 가운데에 널리 퍼져 있는 판단들에 의한 해악으로부터 지켜 주실 것이다. 사람들의 판단들은 그들에게 아무런 해도 미치지 못하게 된다. 여호와의 진노의 날에 그들은 숨겨질 것이다. 왜냐하면, 하나님께서는 그들에게 화를 내실 일이 없으시기 때문이다. 하나님의 위로들은 그들을 평안하고 즐겁게 해 줄 것이다. 그들이 하나님과 교통하는 하나님의 성소는 두려움과 유혹의 빗발치는 화살들로부터 그들을 보호해 주는 피난처가 된다. 하늘에 있는 하나님의 전의 집들은 곧 영원히 모든 위험들과 두려움들로부터 그들을 숨겨 주는 곳이 될 것이다.

II. 다윗은 하나님께서 그에게 특별히 베푸신 선하심에 대하여 감사를 드림 (21-22절). 모든 성도들을 향하신 하나님의 선하심을 찬송한 후에, 다윗은 하나님께서 자기에게 얼마나 선하셨는지를 여기에서 고백한다.

1. 밖으로는 싸움들이 있었다. 그러나 하나님께서는 놀랍게도 그의 생명을 보존해 주셨다. "주께서는 그의 놀라운 사랑을 내게 보여주셨다. 주께서는 주가 나를 돌보시며 내게 은혜를 베풀고 계시다는 것을 구체적인 사건을 통해서 나의 기대를 뛰어넘어 내게 보여주셨다." 모든 것을 생각할 때에 그의 백성을 향하신 하나님의 사랑과 인자하심은 놀라운 것이다. 그러나 하나님의 사랑의 몇몇 예들, 심지어 이 세상에서 보여지는 예들조차도 그들의 눈으로 보기에 특별한

방식으로 기이한 것이다. 바로 그 한 예가 하나님께서 동굴들과 숲 속에서 마치 다윗이 견고한 성에 들어가 있기라도 한 것처럼 사울의 칼에서 그를 보존해 주신 일이다. 저 견고한 성 그일라에서 하나님께서는 그를 도구로 사용하셔서 그 성의 거민들을 블레셋 사람들의 손에서 구원하신 일과 그 후에 바로 그 성 거민들이 배은망덕하게도 그를 사울의 손에 넘기고자 하였을 때에 그들로부터 그를 구원하신 일을 통해서 그에게 크신 긍휼하심을 보여주셨다(삼상 23:5, 12). 이 일은 참으로 기이하고 놀라운 하나님의 사랑이었기 때문에, 다윗은 이 일을 쓸 때에 경이로움과 감사함으로 여호와를 찬송할지어다라고 쓴다. 하나님께서 우리를 특별히 보호해 주셨을 때에 우리는 하나님께 특별한 감사를 드리지 않을 수 없게 된다.

2. 안으로는 두려움들이 있었다. 그러나 하나님께서는 그에게 그런 두려움들을 넉넉히 이길 수 있게 해주시는 분이셨다(22절). 다윗은 여기에서 다음과 같은 것들을 설명한다.

(1) 그는 하나님을 불신한 것이 얼마나 부끄럽고 어리석은 일이었는지를 고백한다. 그는 그가 의지할 수 있는 명백한 약속들을 가지고 있었고 수많은 곤경 속에서 하나님께서 그를 돌보신 큰 체험을 가지고 있었지만, 하나님에 대하여 이러한 못된 생각을 품었고, 하나님의 면전에서 거침없이 내가 주의 목전에서 끊어졌다고 말하기까지 하였다. "주께서 나를 정말로 버리셨으니, 나는 주께서 더 이상 나를 살펴 주시기를 기대할 수 없게 되었다. 내가 후일에는 사울의 손에 붙잡혀서, 주의 눈 앞에서 끊어질 것이요, 주께서 보시는 가운데 망하게 될 것이다"(삼상 27:1). 다윗은 도망(어떤 이들은 이렇게 해석한다)하는 중에 이런 말을 하였는데, 이것은 그의 일이 잘 되지 않았다는 것을 보여준다. 사울은 그의 뒤를 바짝 쫓고 있었고, 다윗은 곧 잡힐 처지에 놓여 있었기 때문에, 다윗은 강한 시험을 받았던 것이다. 다윗은 황망한 가운데(우리는 이렇게 해석한다) 이런 말을 한 것인데, 이것은 다윗의 마음이 흐트러지고 정신이 없어서 다시 주워 담을 틈도 없이 이런 불경한 말이 느닷없이 튀어 나오게 된 것임을 보여준다. 우리가 깊이 생각하지 않고 서둘러서 황급하게 말할 때에 잘못 말하는 경우가 흔하게 생긴다는 것을 명심하라. 그러나 우리는 우리가 경황이 없어서 잘못 말한 것, 특히 그것이 하나님을 불신하는 말인 경우에는 더욱 여유를 찾았을 때에 그 말을 회개하여야 한다.

(2) 그럼에도 불구하고 하나님께서는 그에게 놀라운 선하심을 베풀어 주셨다는 것. 다윗은 자신의 믿음을 저버렸지만, 하나님께서는 그의 약속을 저버리시지 않으셨다. 이 모든 일에도 불구하고 주께서 나의 간구하는 소리를 들으셨나이다. 다윗이 자신의 불신앙을 언급하는 것은 하나님의 신실하심을 더욱 돋보이게 하고 하나님의 사랑과 인자하심을 더욱 기이하고 특별한 것으로 만들기 위한 것이다. 우리가 이렇게 하나님을 불신하였을 때, 하나님께서는 우리가 한 말 그대로 우리를 다루시고서, 그가 이스라엘에게 행하셨던 것처럼 우리에게 두려움들을 보내실 수도 있으셨지만(민 14:28; 사 66:4), 하나님은 우리를 불쌍히 여기셔서 우리의 죄를 사하셨고, 우리의 불신앙으로 인해서 그의 약속과 은혜를 무효로 만들지 않으셨다. 왜냐하면, 하나님께서는 우리의 성정을 아시기 때문이다.

III. 이 모든 일들을 근거로 다윗이 모든 성도들에게 주는 권면과 격려(23-24절).

1. 다윗은 그들에게 하나님을 사랑하라고 권면한다(23절): 너희 모든 성도들아 여호와를 사랑하라. 자신의 마음이 하나님을 향한 사랑으로 가득 차 있는 자들은 다른 사람들도 하나님을 사랑하게 되기를 바라지 않을 수 없다. 왜냐하면, 하나님의 은총 속에는 경쟁자를 두려워할 필요가 없기 때문이다. 하나님을 사랑하는 것은 성도들의 속성이다. 그렇지만 그들은 하나님을 사랑하고 하나님을 더 많이 사랑하며 하나님을 더 낫게 사랑하고 그들의 사랑의 증거들을 보이라고 권면을 받아야 한다. 우리는 신실한 자를 보호하시는 하나님의 선하심만이 아니라 교만하게 행하는 자에게 엄중히 갚으시는 하나님의 공의로 인해서(교만한 자들은 하나님께서 보호하시는 자들을 망하게 하고자 한다) 하나님을 사랑하여야 한다. 어떤 이들은 이 본문을 좋은 의미로 해석한다. 하나님은 뛰어나고 훌륭한 일을 하는 자들, 여호사밧과 같이 그 마음이 여호와의 길에 있어서 특별히 선한 일을 행하는 자들에게 풍성한 상을 주신다. 하나님께서는 선한 일을 행하는 자에게 상을 주시지만, 뛰어나게 선한 일들을 행하는 자에게는 더 풍성한 상을 주신다.

2. 다윗은 그들에게 하나님께 소망을 두라고 권면한다(24절): "강하고 담대하라. 너희가 어떠한 어려움이나 위험을 만나든지, 너희가 의지하는 하나님께서 너희의 바로 그 믿음으로 말미암아 너희의 마음을 담대하게 하실 것이다." 하

나님께 소망을 두는 자들은 강하고 담대한 마음을 지닐 근거가 충분하다. 왜냐하면, 그들에게 진정으로 해악이 될 만한 일은 그들에게 일어나지 않을 것이고, 그들에게 진정으로 좋은 일들은 그들에게 부족함이 없게 될 것이기 때문이다.

이 시편을 노래할 때, 우리는 우리 자신과 서로를 격려해서, 어떤 일이 우리를 위협하고 누가 우리에게 눈쌀을 찌푸리든 그리스도인으로서의 우리의 신앙의 길을 인내로써 달려갈 수 있도록 권면하여야 한다.

— 제 32 편 —

개요

이 시편은 우리가 지금까지 살펴보았던 수많은 시편들이 했던 것과는 달리 그리스도에 대해서 직접적으로 말하고 있지는 않지만 그 속에 엄청난 복음을 지니고 있다. 사도 바울은 다윗이 이 시편에서 "일한 것이 없이 하나님께 의로 여기심을 받는 사람의 복"에 대하여 묘사하고 있다고 우리에게 말해 준다(롬 4:6). 우리는 여기에서 다음과 같은 것들을 본다. I. 죄 사함(1-2절), 하나님의 보호하심(7절), 하나님의 인도하심(8절)을 통한 복음의 은혜에 관한 요약. II. 죄를 고백하는 것(3-5절), 기도하는 것(6절), 우리 자신을 잘 다스리는 것(9-10절), 하나님을 기뻐하는 것(11절)을 통한 복음의 도리에 관한 요약. 이러한 특권들을 얻는 길은 이러한 도리들은 아는 것이다. 우리는 이 시편을 노래할 때에 우리의 위로를 위해서는 전자를 생각하고 우리의 일깨움을 위해서는 후자를 생각하여야 한다. 그로티우스(Grotius)는 이 시편이 속죄일에 부를 의도로 지어졌다고 생각한다.

〔다윗의 마스길〕

¹허물의 사함을 받고 자신의 죄가 가려진 자는 복이 있도다 ²마음에 간사함이 없고 여호와께 정죄를 당하지 아니하는 자는 복이 있도다 ³내가 입을 열지 아니할 때에 종일 신음하므로 내 뼈가 쇠하였도다 ⁴주의 손이 주야로 나를 누르시오니 내 진액이 빠져서 여름 가뭄에 마름 같이 되었나이다 (셀라) ⁵내가 이르기를 내 허물을 여호와께 자복하리라 하고 주께 내 죄를 아뢰고 내 죄악을 숨기지 아니하였더니 곧 주께서 내 죄악을 사하셨나이다 (셀라) ⁶이로 말미암아 모든 경건한 자는 주를 만날 기회를 얻어서 주께 기도할지라 진실로 홍수가 범람할지라도 그에게 미치지 못하리이다

이 시편은 마스길이라는 표제가 붙어 있는데, 어떤 이들은 이것이 단지 이 시편을 노래할 때에 맞춰서 불렀던 곡조명일 뿐이라고 해석하지만, 어떤 이들은 그것을 의미를 지니고 있다고 생각한다. 우리 성경의 난외주에는 다윗

의 교훈 시편이라고 되어 있는데, 이 시편 속에는 참된 복의 성격에 관한 모든 것이 들어 있어서, 이 시편은 어떤 것이 참된 복이고, 그 복으로 이끄는 길이 어디에 있으며, 우리가 복되기 위해서는 무엇을 해야 하는지를 잘 말해 준다. 이 절들은 우리에게 몇 가지의 것을 가르쳐 준다. 전체적으로 우리는 여기에서 우리의 행복이 하나님의 은총에 있는 것이지 이 세상의 부에 있는 것이 아니라는 가르침을 받는다 — 참된 복은 영적인 복들에 있고 이 세상의 좋은 것들에 있지 않다. 다윗이 복있는 사람은 악인들의 꾀를 따르지 아니하고(시 1:1), 행위가 온전하여 여호와의 율법을 따라 행하는 자들은 복이 있다(시 119:1)고 말할 때, 그 의미는 "이것이 복된 자의 특성이기 때문에, 이러한 특성을 지니고 있지 않은 자는 복될 것을 기대할 수 없다"는 것이다. 그러나 다윗이 여기에서 허물의 사함을 받은 자는 복이 있도다라고 말할 때, 그 의미는 "이것이 그의 복됨의 근거이고, 아주 근본이 되는 특권이기 때문에, 거기에서 그의 복됨의 그 밖의 다른 모든 요소들이 흘러나온다"는 것을 의미한다. 우리는 여기에서 특히 다음과 같은 것들에 대하여 가르침을 받는다.

I. 죄 사함의 본질에 관하여.　우리 모두는 죄 사함을 받을 필요가 있고, 죄 사함을 받지 못한다면 망하게 된다. 그러므로 우리는 죄 사함에 관하여 꼬치꼬치 캐물어야 하고 죄 사함 받기를 위하여 전력을 다하여야 한다.

1. 죄 사함은 죄범함을 사함 받는 것이다. 죄는 불법이라. 우리가 회개할 때에 우리가 범한 죄들은 사함을 받는다. 즉, 우리가 회개할 때에 율법의 선고에 의해서 우리에게 내려진 형벌이 무효화된다. 우리에게 짊어 지워진 형벌의 짐이 벗겨져서(어떤 이들은 이렇게 해석한다), 죄 사함으로 말미암아 우리는 무거운 짐, 즉 우리의 등에 짊어 지워져서 우리의 등을 굽게 만들거나 우리의 위에 부담이 되어서 우리로 하여금 병들게 하거나 우리의 심령에 짐이 되어서 우리로 하여금 기진맥진하게 만드는 무거운 짐으로부터 해방받을 수 있다. 죄 사함은 수고하고 무거운 짐진 자들에게 안식과 평안을 가져다 준다(마 11:28).

2. 죄 사함은 마치 벌거벗은 것을 가리듯이 죄를 가려 주어서 우리의 수치가 드러나지 않게 하는 것이다(계 3:18). 우리의 첫 번째 조상들에게 있어서 죄책의 첫 번째 징후들 중의 하나는 그들이 벌거벗은 것을 부끄러워하였다는 것이었다. 죄는 우리로 하여금 하나님께서 보시기에 혐오스럽고 하나님과 교통하기에 철저하게 부적합한 자들로 만들어 버리는데, 우리의 양심이 깨어 있다면

죄는 우리로 하여금 우리 자신에 대하여 혐오감을 느끼게 만든다. 그러나 죄가 사함받았을 때, 죄는 마치 하나님께서 아담과 하와에게 가죽 옷을 입혀 주셨던 것과 마찬가지로(가죽 옷은 죄 사함을 상징하는 것이었다) 그리스도의 의의 옷으로 가려져서, 하나님께서는 더하와 이상 우리에게 진노하지 않으시고 완벽하게 화해를 이루게 된다. 죄는 우리로부터 가려지는 것도 아니고(내 죄가 항상 내 앞에 있나이다) 하나님의 전지하심으로부터 가려지는 것도 아니며 하나님의 응보적인 공의로부터 가려질 뿐이다. 일단 죄를 사하시는 경우에는 하나님께서는 죄를 더 이상 기억하지 않으시고 주의 등 뒤에 던져 버리시기 때문에, 죄는 다시 찾아지거나 발견되지 않으며, 이렇게 하나님과 화해가 된 죄인은 자기 자신과도 화해하기 시작한다.

3. 죄 사함은 죄악을 저지른 것에 대한 책임을 묻지 않는 것이고 죄책을 죄인에게 전가시키지 않는 것이며 엄격한 율법의 규정에 따라서 죄에 대한 소송을 진행하지 않는 것이고 죄인을 그가 마땅히 받아야 할 형벌을 따라서 다루지 않는 것이다. 그리스도의 의가 우리에게 전가되어서 우리는 그리스도 안에서 하나님의 의가 되고, 우리의 죄는 우리에게 전가되지 않는데, 이것은 하나님께서 우리 모두의 죄를 그에게 담당시키셔서 그리스도를 우리 대신에 죄로 삼으셨기 때문이다. 죄를 물으시는 것은 하나님의 행위라는 것을 명심하라. 왜냐하면, 하나님은 재판장이시기 때문이다. 따라서 의롭다고 하시는 분도 하나님이시다.

II. 죄 사함을 받은 자들의 특성에 관하여. 마음에 간사함이 없다. 다윗은 "죄 범함이 없다"라고 말하지 않고(살아 있는 자들 중에서 죄를 짓지 않는 자는 없기 때문에) "간사함이 없다"라고 말한다. 죄 사함 받는 죄인은 회개와 믿음의 고백에 있어서나 화평 또는 죄 사함을 위한 기도를 함에 있어서나 진실을 가장하여 하나님을 우롱하지 않고 이 모든 것들 속에서 진실하고 속에 있는 그대로를 말하는 자이다 — 회개하면서도 다시 범죄할 마음을 품는 자나 죄를 범하면서 다시 회개하면 된다고 생각하는 자는 결코 죄 사함을 받는 자가 될 수 없다고 박식한 해석자는 여기에 덧붙인다. 마음에 있는 생각과 겉으로 고백하는 것이 동일한 정직한 자들은 그 속에 간사함이 없는 진정한 이스라엘 사람들이다.

III. 의롭다하심을 받은 자의 행복에 관하여. 죄 사함을 받은 자에게는 복들, 즉 그를 온전히 복되게 만들어 주기에 충분한 온갖 다양한 축복들이 주어진다. 저주를 가져오고 축복을 가로막았던 것이 제거된 것이다. 그러면 하나님께서는 더 이상 축복들을 받을 공간이 없을 때까지 축복들을 부어 주시게 된다. 죄 사함은 계약의 조항 중에서 그 밖의 다른 모든 조항의 근거와 이유가 되는 바로 그러한 조항이다. 내가 그들의 불의를 긍휼히 여기리라(히 8:12).

Ⅳ. 자신을 낮추지 못한 죄인, 즉 자신의 죄책을 알기는 알지만 아직 그 죄를 회개하고 고백하지 않은 자의 괴로운 상태에 관하여.　다윗은 이것을 자신의 서글픈 체험으로부터 매우 경험적으로 묘사한다(3-4절): 내가 입을 열지 아니할 때에 내 뼈가 쇠하였도다. 자신의 죄를 깨닫고도 그러한 죄의식을 억누르는 자들, 자신의 죄의 악을 보고 그것으로 인한 자신의 위험을 알면서도 아예 자신의 죄에 대하여 생각하지 않고자 하고, 마치 가인이 자신의 성을 쌓은 것과 마찬가지로 마음을 다른 곳으로 돌림으로써 마음의 평안을 얻고자 하는 자들, 하나님이 그들을 속박할지라도 부르짖지 않는 자들, 회개의 고백을 통해서 양심의 짐을 덜어 버리고자 하지 않고 신실하고 열렬한 기도를 통해서 평안을 구하고자 하지 않는 자들, 영혼의 안식을 얻기 위해서 하나님께서 정하신 방법을 따르는 것이 아니라 자신의 죄악 속에서 탄탄하며 수척해 가는 것을 택하는 자들은 입을 열지 아니하는 자들이라고 할 수 있다. 그러한 자들은 그들 속에서 피어오르는 죄의식의 연기들이 결국 그들의 뼈를 태우는 불이 되고, 터트리지 않은 죄의 상처들이 그 속에서 곪아서 점점 참을 수 없는 고통을 안겨 주리라는 것을 예상하여야 한다. 양심이 무감각하게 되면, 사정은 훨씬 더 위험스럽게 되어 버린다. 그러나 양심이 일깨워지고 깨어 있다면, 양심은 하나님의 음성을 듣게 될 것이다. 양심은 하나님의 진노의 손길이 영혼을 무겁게 짓누르고 있다는 것을 느끼게 될 것이고, 심령의 고뇌는 그대로 육신에 영향을 주게 될 것이다. 다윗이 경험한 대로, 그가 젊었을 때에 그의 뼈는 쇠하여졌다. 그가 입을 열지 않았을 때에 그는 마치 육신의 큰 질병 가운데서 엄청난 고통을 당하고 있는 것처럼 종일 신음하였는데, 사실 그의 이러한 모든 고통의 원인은 그의 죄의식과 그의 부패함 사이에서 그가 느낀 갈등 때문이었다. 자기의 죄를 숨기는 자는 형통하지 못하게 되리라는 것을 명심하라. 회개를 하는 데에는 어느 정도의 내적인 고통이 따르지만, 회개를 하지 않을 때에는 훨씬 더 큰 고통이 있게 된다.

Ⅴ. 양심의 평안을 얻기 위한 유일하고 참된 길에 관하여.　우리는 여기에서 우리의 죄를 사함받기 위해서는 그 죄를 고백하여야 하고, 우리가 의롭다하심

을 받기 위해서는 우리의 죄를 드러내 놓아야 한다는 가르침을 받는다. 다윗은 이러한 경로를 밟았다: 나는 내 죄를 여호와께 자복하였고, 더 이상 내 죄악을 숨기지 아니하였다(5절). 죄 사함의 위로를 받고자 하는 자들은 부끄러움을 무릅쓰고 자신의 죄를 회개하며 고백하여야 한다는 것을 명심하라. 우리는 우리의 죄를 낱낱이 구체적으로 고백하여야 하고(내가 이러저러하게 범죄하였나이다), 자기가 저지른 죄의 잘못을 고백하고 그 죄가 자신의 책임이라는 것을 통감하여야 하며(내가 너무도 악한 죄를 범하였나이다), 우리가 마땅히 형벌을 받아야 한다는 것을 인정하여야 하고(여호와께서 나에게 무슨 형벌을 내리시든지 그것은 모두 의로운 것이나이다), 우리는 하나님께서 우리를 다루시는 것보다 훨씬 더 큰 벌을 받아야 마땅하다는 것을 인정하여야 한다(나는 이제 아들이라 불릴 자격이 없나이다). 우리는 거룩한 부끄러움과 거룩한 떨림으로 죄를 고백하여야 한다.

VI. 하나님께서는 죄를 진정으로 회개하는 자들에게 기꺼이 죄를 사해 주실 준비가 되어 있다는 것에 관하여. "내가 이르기를 내 허물을 여호와께 자복하리라 하고(나는 죄를 고백하기로 진심으로 결심하였고 더 이상 주저하지 않았으며, 나의 죄를 솔직하게 다 고백하고자 하였다), 그 즉시 주께서는 내 죄악을 사하셨고, 내 양심 속에 죄 사함으로 인한 위로를 주셔서, 나는 즉시 내 영혼의 안식을 찾게 되었다." 우리는 죄 사함을 얻기 위해서 회개하기를 주저하지만, 하나님께서는 우리가 회개할 때에 너무도 기꺼이 죄를 사해 주실 준비가 되어 계신다는 것을 명심하라. 다윗은 여기에서 자신의 죄를 고백하기까지 얼마나 큰 소란을 떨었던가. 그는 자신의 죄를 고백하게 될 때까지 고문을 당해야 했고(3-4절), 오랫동안 시간을 질질 끌었으며, 최후의 순간까지 자신의 죄를 고백하지 않으려고 발버둥을 쳤다. 그러나 그가 하나님께 항복하여 자신의 죄를 고백하겠다고 결심하자마자, 얼마나 신속하고 얼마나 쉽게 그가 좋은 결과를 얻게 되었는지를 보라: "나는 단지 내가 고백하리라고 말했을 뿐인데, 주께서는 내 죄악을 사하셨다." 이렇게 탕자의 아버지는 탕자가 돌아올 때에 그가 아직 멀리 떨어져 있을 때에 그를 알아보고서 달려가서 그에게 입맞춤으로써 그의 죄를 사하였음을 보여주었다. 우리가 우리의 죄를 고백하면, 우리는 우리의 죄를 사하여 주실 신실하고 의로우실 뿐만 아니라 은혜로우시고 인자하신 하나님을 만나게 되리라는 것은 불쌍한 참회자들에게 얼마나 큰 위로가 되고 얼마나 큰 확신을 주는 것인가!

VII. 하나님께서 그의 죄를 기꺼이 사해 주신 것에 관한 다윗의 체험을 우리가 선용해야 한다는 것에 관하여(6절). 이로 말미암아 모든 경건한 자는 주를 만날 기회를 얻어서 주께 기도할지라. 좀 더 살펴보자.

1. 모든 경건한 자들은 기도하는 자들이다. 사도 바울은 회심하자마자 기도하였다(행 9:11, 그가 기도하는 중이니라). 숨을 쉬지 않는데 살아 있는 사람이 없는 것과 마찬가지로, 기도를 하지 않는데 살아 있는 신앙을 지닌 그리스도인이 있을 수가 없다.

2. 죄 사함을 받은 자들의 행복과 죄 사함을 얻은 것으로 인한 평안함으로 인하여 우리에게 주어진 교훈들은 우리로 하여금 특히 하나님께서 우리 죄인들에 대하여 긍휼을 베푸시도록 기도할 힘을 준다. 모든 경건한 자들은 이러한 교훈을 의지해서 하나님께 간절히 기도하여야 하고, 긍휼하심을 얻기 위하여 은혜의 보좌 앞에 담대히 나아가야 한다(히 4:16).

3. 기도의 응답을 속히 받고자 하는 자들은 찾아야 할 때에 여호와를 찾아야 한다. 섭리를 통해서 하나님께서 사람들에게 그를 찾도록 부르시고, 성령을 통해서 그들에게 그를 찾도록 감동을 주실 때, 그들은 속히 가서 여호와를 찾아야 하고(슥 8:21), 때를 잃어버리고 죽음이 닥쳐 와서 그를 찾는 것이 너무 때가 늦게 되지 않게 하여야 한다(사 55:6). 보라, 지금은 하나님께서 받으시는 때이다(고후 6:2, 개역에서는 보라 지금은 은혜받을 만한 때요). 진실한 기도를 많이 하는 자들은 그들이 환난을 당하고 어려울 때 그 기도의 유익을 얻게 될 것이다. 진실로 홍수가 범람하여 그들을 크게 위협한다고 할지라도 홍수가 그들에게 미치지 못하며, 그들을 두렵게 하거나 불안하게 하지 못할 것이고, 그들을 압도하지는 더더욱 못할 것이다. 모든 정직하고 회개하며 기도하는 자들이 그렇듯이 모든 일에서 하나님을 부르며 하나님을 가까이 하는 자들은 하나님의 보호하심을 받아서, 그 어떤 물, 아무리 큰 물이라고 할지라도 그들에게 미치지 못하며 그들을 해칠 수 없다. 악한 자의 유혹들이 그들을 만지지 못하는 것과 마찬가지로(요일 5:18), 이 악한 세상의 그 어떤 환난도 그들을 만지지 못한다. 이와 같은 빗발치는 화살들은 그들에게 미치지 못하고 그들 앞에서 떨어지고 만다.

⁷주는 나의 은신처이오니 환난에서 나를 보호하시고 구원의 노래로 나를 두르시리

이다 (셀라) [8]내가 네 갈 길을 가르쳐 보이고 너를 주목하여 훈계하리로다 [9]너희는 무지한 말이나 노새 같이 되지 말지어다 그것들은 재갈과 굴레로 단속하지 아니하면 너희에게 가까이 가지 아니하리로다 [10]악인에게는 많은 슬픔이 있으나 여호와를 신뢰하는 자에게는 인자하심이 두르리로다 [11]너희 의인들아 여호와를 기뻐하며 즐거워할지어다 마음이 정직한 너희들아 다 즐거이 외칠지어다

다윗은 여기에서 그가 하나님의 죄사하시는 긍휼하심으로 인한 위로와 관련하여 체험하였던 것을 활용하고 있다.

I. 다윗은 하나님을 향하여 말하며, 그가 하나님을 신뢰하고 기대한다고 고백한다(7절).   회개하는 죄인에게 임하는 하나님의 꿀맛 같은 은혜를 맛본 다윗은 기도하는 성도에게 하나님의 그러한 은혜가 지속적으로 주어질 것이고, 그 은혜 속에서 그가 안전함과 기쁨을 발견하게 되리라는 것을 의심하지 않는다.

1. 안전함: "주는 나의 은신처이니이다. 내가 믿음으로 주를 의지할 때, 나는 이 세상에서 평안할 수밖에 없고 그 어떤 해악도 나에게 미치지 못하리라는 것을 압니다. 주는 환난에서 나를 보호하시고, 그 해독에서 나를 보호하시며, 내게 유익이 되는 한 환난당하지 않게 하실 것입니다. 주는 내가 입을 열지 아니할 때에 내가 겪었던 그러한 고통으로부터 나를 보호하실 것이니이다"(시 32:3). 하나님께서 우리의 죄를 사하셨다고 할지라도, 우리를 내버려 두시게 되면, 우리는 곧 이전처럼 다시 깊은 수렁으로 빠져 버리게 될 것이다. 그러므로 우리가 죄 사함의 위로를 받았을 때에 우리는 우리가 다시 어리석은 짓을 되풀이하지 않고 죄의 속임수로 말미암아 우리의 마음이 다시 완악하게 되는 일이 없게 보호해 달라고 하나님의 은혜를 간구하여야 한다. 하나님께서는 그의 백성을 죄로부터 지키심으로써 그들을 환난으로부터 보호하신다.

2. 기쁨: "주께서는 나를 구원하실 뿐만 아니라 구원의 노래로 나를 두르시리이다. 나는 하나님의 구원을 볼 때마다 하나님을 기뻐하고 찬송하게 될 것이다. 나의 친구들도 큰 무리로 나를 둘러싸고서 나와 더불어 찬송을 부르게 될 것이다. 그들은 나와 함께 구원의 노래를 부르게 될 것이다. 모든 경건한 자가 나와 더불어 함께 기도하게 될 것과 마찬가지로, 그들은 나와 더불어 하나님께 감사를 드리게 될 것이다."

II. 다윗은 이제 사람들을 향하여 말한다. 그는 스스로 회개를 하였기 때문에 이제 그의 형제들을 굳게 하기 위하여 그가 할 수 있는 일을 하는 것이다(눅 22:32). 네가 가르침을 받고자 하기만 한다면, 나는 네 갈 길을 가르쳐 보이고 너를 주목하여 훈계하리로다(8절). 다윗은 자신의 참회 시편들 중의 하나에서 하나님께서 그에게 구원의 기쁨을 회복시켜 주신다면 그가 범죄한 자들에게 하나님의 길을 가르치고, 자기가 힘을 다하여 죄인들을 하나님께로 돌아오게 하며, 하나님께 돌아온 자들을 위로하겠다고 결심한다(시 51:12-13). 솔로몬은 회개하는 자가 되었을 때에 즉시 전도자가 되었다(전 1:1). 하나님의 은혜를 스스로 체험한 자들이 다른 사람들에게도 하나님의 은혜를 가장 잘 가르칠 수 있다. 하나님으로부터 직접 가르침을 받은 자들은 하나님께서 그들의 영혼을 위하여 행하신 일을 다른 사람들에게 선포함으로써(시 66:16) 그들을 가르쳐야 한다. 내가 너를 주목하여 훈계하리로다. 어떤 이들은 이 말씀을 하나님께서 행하시는 일로 해석한다. 하나님께서는 그의 말씀을 통해서 우리를 가르치시고, 섭리에 의한 암시들을 통해서 자신의 뜻을 은밀하게 보여주심으로써 우리를 주목하여 인도하시는데, 마치 주인이 눈짓만 해도 종이 주인의 마음을 알듯이 하나님은 이러한 섭리를 통해서 그의 백성으로 하여금 그의 뜻을 깨닫고 지시를 받을 수 있게 하신다. 그리스도께서 몸을 돌이켜서 베드로를 주목하여 보았을 때, 그리스도께서는 베드로를 주목하여 훈계하신 것이었다. 그러나 이 본문은 다윗이 그의 가르침을 받기 위해서 그의 발 아래에 앉아 있던 자들, 특히 그 자신의 자녀들과 가족들에게 한 약속으로 해석하는 것이 더 나을 것이다: 내가 너를 훈계할 것이고 내 눈이 너를 주목할 것이다(난외주에서는 이렇게 읽고 있다). "나는 너에게 내가 할 수 있는 한 가장 좋은 조언을 할 것이고, 그런 후에 네가 그 조언을 받아들이는지 안 받아들이는지를 주목해서 살펴볼 것이다." 말씀으로 가르침을 받는 자들은 그들을 가르친 자들의 끊임없는 관찰 속에 있어야 한다. 영적인 인도자들은 감독자들이 되어야 한다. 죄 사함을 받은 자들이 복되다는 것에 관한 앞서의 가르침을 적용하고 있는 이 말씀 속에는 죄인들에 대한 권면과 성도들에 대한 권면이 들어 있다. 이것은 진리의 말씀을 올바르게 구분하여서 각자에게 그들의 몫을 주는 것이다.

1. 여기에는 죄인들에 대한 경고와 그러한 경고를 밑받침해 주는 타당한 근거가 제시되어 있다.

(1) 죄인들에게 주어지는 경고는 누구의 말도 듣지 않고 제멋대로 살지 말라는 것이다: 너희는 무지한 말이나 노새 같이 되지 말지어다(9절). 시편 기자는 그가 회개한 죄들과 관련해서 자기 자신을 책망하고자 했을 때, 그는 자기 자신을 하나님 앞에서 짐승에 비유하고서(내가 이 같이 우매무지함으로 주 앞에 짐승이오나, 시 73:22), 다른 사람들에게도 그렇게 되지 말라고 경고한다. 우리에게 뭔가를 이해하고 알아들을 수 있는 능력이 있다는 것, 우리가 무엇이 옳고 그른지를 분별하는 이성을 가지고 있다는 것은 우리의 영광이자 행복이다. 그러므로 우리는 우리가 가지고 있는 그러한 능력들을 사용해서 사리분별력을 따라서 행동하여야 한다. 말과 노새는 우리에게 오지 않으려고 하면 재갈과 굴레로 단속하지 않으면 안 되고, 말과 노새는 재갈과 굴레로 단속하지 아니하면 우리에게 가까이 와서 우리에게 순종하려고 하지 않는다(약 3:3). 우리는 말이나 노새처럼 되어서는 안 된다. 우리는 어느 때든지 정욕이나 감정에 휘둘려서 올바른 이성의 명령과 우리의 참된 유익에 거스르는 일을 하여서는 안 된다. 죄인들이 이성의 명령과 우리의 참된 유익에 따라서 지배를 받고 그들의 의사를 결정한다면, 그들은 머지않아 성도들이 될 것이고, 그들의 죄악된 행위들을 더이상 하지 않게 될 것이다. 은혜가 날마다 새롭게 부어지는 곳에는 죄악을 억제하는 은혜인 재갈과 굴레가 필요하지 않게 된다.

(2) 다윗이 이러한 경고를 하는 이유는 죄악의 길은 반드시 슬픔으로 끝나기 때문이다(10절). 악인에게는 많은 슬픔이 있어서, 그들의 헛되고 육체적인 향락은 결국 비참한 것으로 끝장이 나고 그것에 대한 혹독한 대가를 그들은 치르게 될 것이다. 죄악은 회개하지 않는 경우에는 영원한 슬픔을 가져다 주게 되어 있다. 죄악을 범하는 자들에게는 내가 네게 고통을 크게 더하리라는 선고가 내려진다. "그러므로 너희는 스스로 지혜롭게 생각하여서 너희의 악행으로부터 돌이켜서, 그러한 슬픔들, 그러한 많은 슬픔들을 당하지 않도록 미연에 방지하라."

2. 여기에는 성도들에 대한 위로의 말씀과 그 위로의 근거가 제시되어 있다.

(1) 그들이 여호와만을 의지하고 여호와를 가까이 한다면 사방으로 인자하심이 그들을 두르리라(10절)는 약속이 주어진다. 하나님의 긍휼하심이 내적으로 그들을 지킬 것이기 때문에 그들은 하나님으로부터 떨어지지 않게 될 것이고, 하나님의 긍휼하심이 외적으로 그들을 지켜 줄 것이기 때문에 그 어떤 재앙도

그들에게 일어나지 않게 될 것이다.

(2) 그러므로 다윗은 그들에게 여호와를 기뻐하며 즐거워하고, 즐거이 외치라고 명한다(11절). 그들은 자기 자신 속에 담을 수 없을 정도로 이 거룩한 기쁨으로 말할 수 없이 기뻐하여야 한다. 그들은 이렇게 기뻐함으로써 다른 사람들에게 영향을 주어서, 그들도 하나님과 교통하는 삶이 우리가 이 세상에서 살아가는 온갖 종류의 삶들 중에서 가장 기쁘고 유쾌한 삶이라는 것을 볼 수 있게 하여야 한다. 이것은 오직 마음이 정직한 자들만이 누릴 수 있고 누릴 자격이 있는 그러한 현재적인 지극한 복이다.

제
— 33 —
편

개요

이 시편은 찬양 시편이다. 이 시편은 다윗이 지었을 가능성이 크지만, 다윗이 이 시편을 지었다는 말은 본문 속에 나오지 않는데, 이것은 하나님께서 우리로 하여금 이 거룩한 글들을 쓴 자들을 넘어서서 그들을 감동시키고 인도하셨던 찬송받으실 성령을 바라보게 하기 위한 것이었다. 이 시편에서 I. 시편 기자는 의인들에게 하나님을 찬송하라고 권면한다(1-3절). II. 시편 기자는 우리에게 찬송할 이유들을 제시해 준다. 우리는 다음과 같은 이유들로 인해서 하나님을 찬송하여야 한다. 1. 하나님의 말씀과 그의 모든 일들 속에서 나타난 하나님의 공의와 선하심과 진실하심으로 인하여(4-5절). 2. 피조물들 속에 나타난 하나님의 능력으로 인하여(6-9절). 3. 하나님께서 섭리를 통해서 이 세상을 다스리시는 그 주권으로 인하여(10-11, 13-17절). 4. 하나님께서 그의 택한 백성들에게 특별한 은혜를 베푸셔서 그들로 하여금 그를 의지하도록 하시는 것으로 인하여(12, 18-22절). 우리는 이 시편을 노래함에 있어서 우리가 가져야 할 합당한 생각들이 무엇인지를 굳이 찾으려고 애쓸 필요가 없다. 왜냐하면, 이 시편은 하나님을 향한 경건한 영혼의 거룩한 감정들을 아주 자연스럽게 표현하고 있기 때문이다.

¹너희 의인들아 여호와를 즐거워하라 찬송은 정직한 자들이 마땅히 할 바로다 ²수금으로 여호와께 감사하고 열 줄 비파로 찬송할지어다 ³새 노래로 그를 노래하며 즐거운 소리로 아름답게 연주할지어다 ⁴여호와의 말씀은 정직하며 그가 행하시는 일은 다 진실하시도다 ⁵그는 공의와 정의를 사랑하심이여 세상에는 여호와의 인자하심이 충만하도다 ⁶여호와의 말씀으로 하늘이 지음이 되었으며 그 만상을 그의 입 기운으로 이루었도다 ⁷그가 바닷물을 모아 무더기 같이 쌓으시며 깊은 물을 곳간에 두시도다 ⁸온 땅은 여호와를 두려워하며 세상의 모든 거민들은 그를 경외할지어다 ⁹그가 말씀하시매 이루어졌으며 명령하시매 견고히 섰도다 ¹⁰여호와께서 나라들의 계획을 폐하시며 민족들의 사상을 무효하게 하시도다 ¹¹여호와의 계획은 영원히 서고 그의 생각은 대대에 이르리로다

이 절들 속에서 시편 기자는 네 가지를 피력한다.

I. 하나님께서 찬송받으시기를 간절히 원한다는 것. 다윗은 자기 자신이 하나님을 찬송하는 일을 아주 잘 했다고 생각하지 않았고, 다른 사람들도 이 일에 쓰임을 받게 되기를 원하였다. 하나님을 찬송하는 일에 있어서 사람들이 많으면 많을수록그것은 좋은 일이다. 하나님을 찬송하는 소리가 더 많이 울려 퍼지면 퍼질수록 그 곳은 천국과 같게 될 것이다.

1. 거룩한 기쁨은 찬송의 핵심이기 때문에, 다윗은 여기에서 모든 선한 사람들에게 기뻐하라고 강력히 권한다(1절): 너희 의인들아 여호와를 즐거워하라. 앞의 시편도 이 말씀으로 끝이 났고, 지금 이 시편도 이 말씀으로 시작된다. 왜냐하면, 우리의 모든 경건한 활동들은 최고의 존재이시고 가장 좋은 친구이신 하나님 안에서의 거룩한 만족함과 승리의 개가로 시작되고 끝나야 하기 때문이다.

2. 감사 찬송은 거룩한 기쁨의 호흡이고 언어이다. 그러므로 여기에서 우리에게 바로 그런 것들이 요구되고 있다(2절). "여호와께 감사하고 찬송할지어다. 여호와께 좋은 말씀들을 올려 드리고, 여호와께 그 이름에 합당한 영광을 돌려라."

3. 경건한 노래들은 감사 찬송의 합당한 표현들이다. 따라서 그러한 노래들이 여기에서 요구되고 있다(3절). "새 노래로 그를 노래하라. 자주 사용해서 낡고 해어진 노래가 아니라 너희에게 있는 가장 좋은 노래, 매번마다 새롭게 주어진 하나님의 새로운 긍휼하심과 아침마다 새롭게 주어지는 하나님의 불쌍히 여기심을 노래하는 새 노래, 너무도 새로워서 사람들의 심금을 울릴 수 있는 그러한 새 노래로 여호와께 노래하라." 당시에 다윗의 지시로 노래를 더 잘 부르도록 하기 위하여 성전의 노래들과 더불어서 악기가 사용되었다. 여기에서도 그런 것이 요구되고 있다(2절): 수금으로 여호와께 감사하고 열줄 비파로 찬송할지어다. 여기에는 다음과 같은 것들이 나온다.

(1) 이렇게 함에 있어서 지켜야 할 규칙. "즐거운 소리로 아름답게 연주할지어다. 즉, 머리와 가슴을 최대로 활용해서 노래를 불러라. 찬송을 할 때에는 맑은 머리로 그 뜻을 온전히 이해하고 뜨거운 가슴으로 사랑과 열정을 가지고서 행하라."

(2) 그렇게 하여야 할 이유: 찬송은 정직한 자들이 마땅히 할 바로다. 찬송은 하

나님을 기쁘시게 해 드리는 것이고(찬송의 옷은 하나님께서 그의 백성에게 입히신 아름다움을 한층 더 돋보이게 만든다), 찬송은 우리의 고백을 한층 더 아름답게 해 준다. 하나님으로 인하여 많은 영광을 받은 정직한 자들이 하나님께 영광을 돌리는 것은 마땅히 할 바이다. 정직한 자들은 하나님께서 그들에게 주신 영광에 의지하여 하나님을 마음속에서 진심으로 찬송하는 것이기 때문에 그들의 찬송은 참으로 아름답다. 반면에, 위선자들의 찬송은 미련한 자의 입의 잠언과 같이(잠 26:7) 어색하고 억지스러우며 아름답지가 못하다.

Ⅱ. 다윗이 하나님과 그의 무한한 온전하심을 높임(4-5절).　하나님은 다음과 같은 것들을 통해서 우리에게 자기 자신을 알게 하신다.

1. 그의 말씀을 통해서. 여기에서 말씀이란 하나님의 모든 계시를 나타내는 것이다. 하나님께서 온갖 경우에 다양한 방식으로 사람들에게 말씀하신 모든 말씀은 옳고, 거기에는 잘못된 것이 하나도 없다. 하나님의 명령들은 공평의 원칙들과 선악의 영원한 이치에 정확하게 부합한다. 하나님의 약속들은 모두 지혜롭고 선하며 확실하고, 하나님께서 우리의 유익을 위하여 우리로 하여금 악을 행하지 않도록 방지하기 위해서 위협을 하실 때에도 거기에는 그 어떤 죄악도 존재하지 않는다. 하나님의 말씀은 옳기 때문에, 우리가 하나님의 말씀에서 벗어나는 모든 것들은 잘못된 것이며, 우리가 하나님의 말씀을 따라서 행할 때에 우리는 비로소 옳은 자리에 있게 된다.

2. 그가 행하시는 일들을 통해서. 하나님께서 행하시는 일들은 진리의 글이라 불리는(단 10:21) 그의 모략을 따라서 진리대로 행해진다. 이 땅에서 행해지는 하나님의 모든 일들은 영원한 정신이신 하나님 속에 있는 계획과 정확히 일치하고, 그 원본과 일점일획도 다르지 않다. 하나님은 자신이 행하는 일들을 통해서 다음과 같은 것들을 나타내셨다.

(1) 하나님은 엄정한 공의의 하나님이시라는 것: 그는 공의와 정의를 사랑하신다. 하나님께서 내리시는 판결 속에는 공의만이 존재하고 그 판결을 집행하심에 있어서는 정의만이 존재한다. 하나님은 그 어떤 피조물에게도 결코 잘못을 하시지 않으셨고 또한 잘못하실 수 없으시며, 언제나 잘못된 것들을 기꺼이 바로잡고자 하시며, 그 일을 기쁨으로 하신다. 하나님은 의로운 자들을 기뻐하신다. 하나님은 그 자신이 의로우신 주이시기 때문에 의를 사랑하신다.

(2) 하나님은 끝없는 자비하심을 지니신 하나님이시라는 것. 세상에는 여호와

의 인자하심이 충만하도다. 즉, 하나님의 인자하심과 선하심을 보여주는 증거들과 사례들로 이 땅은 가득 차 있다. 땅이 위로부터 받는 자비로운 감화들, 그것을 통해서 땅이 맺게 된 열매들, 사람과 짐승을 위하여 공급해 주시는 것들, 땅의 모든 나라들이 공통적으로 받고 있는 공통된 축복들은 세상에 여호와의 인자하심이 충만하다는 것을 명확하게 선포한다 — 이 땅의 가장 어둡거나 가장 춥거나 가장 덥거나 가장 메마른 곳조차도 결코 예외가 아니다. 이렇게 하나님의 인자하심과 선하심으로 충만해 있는 이 땅에 하나님을 찬송하는 소리가 비어 있고, 하나님의 풍성한 자비하심에 의지해서 살아가는 수많은 존재들이 있지만 하나님의 영광을 위하여 살아가는 자들은 너무도 적다는 것은 얼마나 큰 불행인가.

Ⅲ. **세상의 창조를 통해서 입증된 하나님의 전능하신 능력 아래에서 자기가 살아가고 있다는 다윗의 확신.** 우리는 "하나님을 믿기" 때문에 하나님을 "천지를 지으신 전능하신 아버지"로 찬송하는데, 여기에서는 우리에게 하나님을 그런 분으로 찬송하도록 가르친다. 좀 더 살펴보자.

1. 하나님께서 어떻게 세상을 만드셨고 만물을 어떻게 존재하게 하셨는가.

(1) 아주 쉽게. 만물은 여호와의 말씀과 그의 입 기운으로 만들어졌다. 그리스도는 말씀이고 성령은 기운이기 때문에, 성부 하나님께서는 그의 아들과 성령을 통해서 지금 세상을 다스리시고 구속하시는 것처럼 이 세상을 만드셨다. 그가 말씀하시매 이루어졌고(9절), 그것으로 충분하였다. 더 이상은 아무것도 필요하지 않았다. 사람에게 있어서는 말하는 것과 행하는 것이 전혀 별개의 것이지만, 하나님의 경우에는 그렇지 않다. 세상이 하나님의 말씀과 성령에 의해서 만들어진 것과 마찬가지로, 소우주인 인간도 마찬가지였다. 하나님께서는 우리가 사람을 만들자라고 말씀하시고서, 그에게 생기를 불어 넣으셨다. 말씀과 성령에 의해서 새 세상인 교회가 지어졌고, 영혼 속에서 은혜가 역사함으로써 새 피조물인 새 사람이 만들어진다. 말씀 한 마디로 세상을 만든 저 능력이 무슨 일인들 할 수 없겠는가!

(2) 그것이 얼마나 효과적으로 행해졌는가: 그것이 견고히 섰다. 하나님께서는 일을 하실 때에 반드시 제대로 하신다. 하나님께서 행하시면, 그 일은 견고히 선다. 하나님께서 행하시는 모든 것은 영원히 있을 것이라(전 3:14). 만물이 하나님의 규례들대로 오늘까지 있는 것은 만물을 붙드시는 하나님의 명령이 있기 때문이다(시

119:91).

2. 하나님께서는 무엇을 지으셨는가. 하나님은 만물을 지으셨지만, 여기에서는 다음과 같은 것들이 언급되고 있다.

(1) 하늘과 그 만상(6절). 눈에 보이는 하늘 뜰과 해, 달, 별들, 그 밖의 많은 것들.

(2) 바닷물과 깊은 물(7절). 땅은 처음에 물로 뒤덮여 있었고, 물은 더 무거웠기 때문에 땅은 물 아래로 가라앉아야 했다. 그러나 처음부터 자연의 하나님은 통상적인 자연의 원리에 묶여 있지 않으시다는 것과 하나님의 능력의 통상적인 작용을 보여주시기 위하여 하나님께서는 말씀 한 마디로 **바닷물을 모아 무더기 같이 쌓으셔서**, 뭍이 드러나게 하셨고, 또한 바닷물을 계속해서 한 곳에 무더기로 모아 두시지 않으시고, 바다들의 바닥인 대륙붕들 속에 있는 곳간에 깊은 물을 두시고, 해변의 모래로 바닷물을 막아서 마치 곳간에 있는 것처럼 하셨으며, 모든 산 자들의 눈에는 감춰져 있는 지하의 은밀한 동굴들 속에 바닷물들을 가두셨다가 저 깊은 물의 샘이 터트려지게 될 그 날을 위하여 그 곳간들에 보존해 두셨다. 이렇게 바닷물들은 여전히 그러한 곳간들에 보관되어 있는데, 그것을 어떻게 사용하실지는 그 곳간들의 주인이신 하나님이 가장 잘 아신다.

3. 이러한 것들을 생각하고서 사람들은 어떻게 하여야 하는가(8절): 온 땅은 여호와를 두려워하며 그를 경외할지어다. 즉, 모든 사람들은 여호와를 예배하고 그에게 영광을 돌려야 한다(시 95:5-6). 영원한 복음은 하나님께서 하늘과 땅과 바다를 지으셨다는 것을 우리가 하나님을 예배하여야 할 이유로 제시한다(계 14:6-7). 우리는 모두 하나님을 두려워하여야 한다. 즉, 우리는 하나님의 진노와 기뻐하지 않으시는 것을 두려워하여야 하고, 하나님을 우리의 원수로 만들어서 하나님께서 우리를 대적하지 않으시도록 주의하고 그러한 일이 생길 것을 두려워하여야 한다. 우리는 이러한 능력을 가지셨을 뿐만 아니라 모든 능력을 그의 수중에 가지고 계신 분을 화나게 하지 않도록 하여야 한다. 하늘의 천군 천사를 자신의 군대로 가지고 계시고 바다의 깊은 물들을 자신의 무기로 가지고 계시는 분과 싸움을 벌이는 것은 참으로 위험스러운 일이기 때문에, 그런 분과 화평의 조약을 맺기를 바라는 것이 우리의 지혜이다(렘 5:22을 보라).

Ⅳ. 하나님께서 통치하시고 왕이 되신 것에 대하여 만족해함(10-11절). 하나님께서는 사람들의 모든 계획들을 무효로 하시고, 그들의 의도와는 정반대

로 그들의 계획들이 하나님의 계획에 기여할 수 있게 만드신다. 와서 보좌에 앉으신 하나님께서 다음과 같은 것들을 하시는 것을 믿음의 눈으로 보라.

1. 그의 원수들의 모략을 좌절시키심. 여호와께서 나라들의 계획을 폐하심으로써 하나님과 그의 나라에 대적하여 그들이 꾀하는 모든 일들은 헛된 일임이 드러난다(시 2:1). 아히도벨의 모략은 어리석은 것임이 드러났다. 인간이 세우는 계획은 좌절되고 만다. 사람이 아무리 철저하고 치밀한 계획을 세우며 아무리 높은 희망을 지닌다고 하여도, 하나님께서 그 일은 서지 못하며 이루지 못하리라고 말씀하시면, 사람의 계획과 희망은 아무런 소용이 없다.

2. 하나님께서 스스로 작정하신 일들을 이루심: 여호와의 계획은 영원히 서리라. 여호와께서 계획하신 일은 결코 변개(變改)되지 않는다. 왜냐하면, 하나님은 뜻이 일정하셔서 능히 돌이킬 자가 없기 때문이다. 하나님께서 계획을 집행하시는 것이 반대를 받을 수는 있지만, 그 어떤 피조된 능력에 의해서 결코 방해를 받아서 무산될 수는 없다. 시간이 아무리 흘러도 하나님께서는 결코 자신의 계획을 바꾸지 않으셨고, 모든 사건들, 심지어 우리에게는 너무도 의외의 것으로 보이는 사건들을 통해서 하나님의 영원한 계획은 성취되었고, 그 어떤 것도 하나님의 계획이 적시에 이루어지는 것을 방해할 수는 없다. 따라서 우리는 이 시편을 노래할 때 기쁜 마음으로 하나님께 찬송을 드릴 수 있다. 또한, 우리가 이 시편을 마음에 둔다면, 우리는 하나님께서 세상을 다스리신다는 것, 하나님께서는 우리가 태어나기 전에 무한하신 지혜로 이 세상을 다스리셨으며 우리가 진토 가운데서 잠들어 있을 때에도 이 세상을 다스리시리라는 것을 내내 마음에 둘 수 있다.

[12]여호와를 자기 하나님으로 삼은 나라 곧 하나님의 기업으로 선택된 백성은 복이 있도다 [13]여호와께서 하늘에서 굽어보사 모든 인생을 살피심이여 [14]곧 그가 거하시는 곳에서 세상의 모든 거민들을 굽어살피시는도다 [15]그는 그들 모두의 마음을 지으시며 그들이 하는 일을 굽어살피시는 이로다 [16]많은 군대로 구원 얻은 왕이 없으며 용사가 힘이 세어도 스스로 구원하지 못하는도다 [17]구원하는 데에 군마는 헛되며 군대가 많다 하여도 능히 구하지 못하는도다 [18]여호와는 그를 경외하는 자 곧 그의 인자하심을 바라는 자를 살피사 [19]그들의 영혼을 사망에서 건지시며 그들이 굶주릴 때에 그들을 살리시는도다 [20]우리 영혼이 여호와를 바람이여 그는 우리의 도

움과 방패시로다 ²¹우리 마음이 그를 즐거워함이여 우리가 그의 성호를 의지하였기 때문이로다 ²²여호와여 우리가 주께 바라는 대로 주의 인자하심을 우리에게 베푸소서

우리는 여기에서 하나님께 영광을 돌리라는 가르침을 받는다.

I. 모든 인생들을 향하신 하나님의 공통적인 섭리에 대하여. 하나님께서는 비록 인간에게 총명과 자유 의지를 주셨지만 인간을 다스리시는 것과 인간이 스스로를 다스릴 때에 사용하는 그러한 기관들에 대한 권한을 사람들에게 주지 않으시고 자신이 갖고 계신다.

1. 인생들은 모두 하나님의 눈 아래에 있고, 심지어 인생들의 마음도 그러하다. 자기 자신 외에는 아무도 모르는 자신의 영혼의 온갖 움직임과 활동들도 하나님께서는 사람들 자신보다 더 잘 아신다(13-14절). 하나님께서는 가장 높은 하늘에 계시지만, 거기로부터 온 땅을 살피실 뿐만 아니라 특별히 땅의 모든 거민들을 낱낱이 살피신다. 하나님은 그들을 보실 뿐만 아니라 그들을 굽어 살피신다. 하나님은 그들을 낱낱이 살피시기 때문에(여기에서 사용된 단어는 종종 이렇게 번역된다), 아무리 작은 것이라도 하나님의 살피심에서 벗어날 수 없다. 무신론자들은 하나님은 하늘 높은 곳에 거하시기 때문에 이 아랫 세상에서 이루어지는 일들을 아실 수도 없고 알고자 하지도 않으신다고 생각한다. 그러나 하늘이 아무리 높다고 해도 거기로부터 하나님께서는 우리 모두를 보시고, 모든 사람과 모든 것들이 하나님 앞에서 벌거벗은 것처럼 드러난다.

2. 그들의 때와 마찬가지로 그들의 마음도 모두 하나님의 수중에 있다: 그는 그들 모두의 마음을 지으신다. 하나님께서는 그들을 먼저 지으셨고, 각 사람의 영을 그들 속에 형성하셔서, 그들을 존재하게 하셨다. 그러므로 하나님은 영들의 아버지로 불린다. 하나님께서 그들을 완벽하게 아신다는 것을 증명하는 것은 너무도 쉬운 일이다. 시계를 만든 사람은 그 시계에 사용된 톱니바퀴의 움직임들을 다 설명할 수 있다. 다윗은 이러한 논증을 자기 자신에게 적용한다(시 139:1, 14). 하나님께서는 여전히 사람들의 마음을 주무르셔서, 그들의 마음을 강물의 물길처럼 자신의 뜻에 봉사하도록 바꾸고, 사람들의 총명을 어둡게도 하시고 밝게도 하시며, 그들의 마음을 완악하게도 하시고 부드럽게도 하셔서, 그들을 자신의 뜻을 따라서 사용하신다. 사람들의 마음을 만드시는 분

은 그것들을 똑같이 만드신다. 사람의 마음들은 얼굴들과 같다. 사람들의 마음은 서로 큰 차이가 있어서, 두 사람의 얼굴이 정확히 서로 동일한 경우가 없듯이 두 사람의 기질이나 마음이 정확히 동일한 경우는 없다. 하지만 물에 비치면 얼굴이 서로 같은 것 같이 모든 얼굴과 모든 마음은 몇 가지 점에서 서로 일치하는 유사성을 지니고 있다(잠 27:19). 하나님께서는 사람들의 마음을 함께 조성하신다(어떤 이들은 이렇게 해석한다). 시계의 톱니바퀴들이 서로 모양과 크기와 움직임이 다르지만 전부 합쳐져서 하나의 동일한 목적에 기여하는 것과 마찬가지로, 사람들의 마음과 그들의 성품들도 비록 서로 다르고 심지어 서로 모순되는 것처럼 보일지라도 모두 하나인 하나님의 목적에 기여하도록 다스림을 받는다.

3. 사람들과 그들이 하는 모든 일은 하나님의 심판을 받게 되어 있다. 왜냐하면, 하나님께서는 그들이 하는 모든 일을 굽어 살피시는 이이기 때문이다. 하나님은 그것들을 아실 뿐만 아니라 그것들의 무게를 달으심으로써 이 세상에서는 응보의 날에, 그리고 장래에는 영원한 심판의 날에 각 사람을 그가 행한 일들에 따라 심판하실 것이다.

4. 피조물의 모든 능력들은 하나님에게 의존되어 있기 때문에, 하나님 없이는 아무런 힘도 발휘하지 못하고 아무런 소용도 없게 된다(16-17절). 그 어떤 세력도 하나님을 대적하여 이길 수 없고, 그 어떤 세력도 하나님께 의지하여 하나님으로부터 나오는 능력을 받지 않고는 힘을 발휘할 수 없다는 것은 하나님의 영광이다.

(1) 왕이 지닌 힘은 하나님이 없이는 아무것도 아니다. 왕은 그의 왕적인 대권들 또는 그가 부여받은 권세에 의해서 신성한 것이 아니다. 왜냐하면, 왕이 지닌 권세는 하나님께서 정하신 것이고, 하나님께서 왕들을 그렇게 만드신 것에 불과하기 때문이다. 다윗은 왕이었고 어릴 때부터 전쟁터를 떠돈 전사였지만, 하나님만이 그의 유일한 보호자이고 구원자라는 것을 인정하고 고백하였다.

(2) 군대의 힘은 하나님 없이는 아무것도 아니다. 많은 군대는 하나님께서 보장해 주시지 않는다면 그 군대를 지휘하는 자들을 안전하게 지켜줄 수 없다. 군대가 많다고 해서 반드시 승리가 보장되는 것이 아니다. 왜냐하면, 하나님의 뜻인 경우에는 한 사람이 천명의 군대를 무찌르게 되기 때문이다.

(3) 용사의 힘은 하나님 없이는 아무것도 아니다. 골리앗 같은 용사도 그의 날이 다했을 때에 힘이 세어도 스스로 구원하지 못한다. 하나님께서 그로 하여금 승리하게 하시기를 기뻐하지 않으신다면, 그의 몸이 아무리 강건하고 민첩하며 그의 마음이 굳세고 결연하다고 하더라도 결코 그는 싸움에서 승리할 수 없다. 용사는 자신의 힘을 자랑해서는 안 된다. 우리는 모두 우리 하나님 여호와 안에서 힘을 얻어야 하고, 하나님의 힘 안에서 전진하여야 한다.

(4) 군마의 힘은 하나님 없이는 아무것도 아니다(17절): 구원하는 데에 군마는 헛되다. 당시에는 전쟁에서 말들이 아주 중요한 역할을 하였고 세력이 군마의 수에 의해서 많이 좌우되어서 사람들이 군마를 대단히 의존하였기 때문에, 하나님께서는 이스라엘의 왕들이 하나님을 신뢰하는 것에서 떠나서 군마에 의존할 것을 염려하셔서, 그들에게 병마를 많이 두지 말도록 명하셨다(신 17:16). 다윗은 수리아인들의 말들을 노획하였지만 그 발의 힘줄을 다 끊어 버렸다(삼하 8:4). 여기에서 다윗은 싸움하는 날에 구원하는 데에 군마가 헛되다고 선포함으로써 이 세상에 있는 모든 말들의 힘줄을 끊어 버리고 있다. 군마가 말을 잘 듣지 않고 제멋대로 움직인다면, 군마를 탄 자는 그 군마로 인해서 위험에서 벗어나기는커녕 위험 속으로 빠져들게 될 수도 있다. 군마가 죽게 된다면, 군마를 탄 자는 목숨을 구하기는커녕 오히려 자신도 죽임을 당하게 될 수도 있다. 그러므로 우리를 향하신 하나님의 은총을 보장받는 것이야말로 우리가 구원받는 확실한 길이다. 그렇게 되었을 때에 우리는 하나님의 능력이 우리를 도와 주시리라는 것을 확신할 수 있고, 따라서 그 무엇이 우리를 대적한다고 할지라도 두려워할 필요가 없게 된다.

II. 우리는 하나님께서 특별히 베푸신 은혜에 대하여 하나님께 영광을 돌려야 한다. 다윗은 하나님의 섭리를 인정하고 고백하는 가운데 여호와를 그들의 하나님으로 삼은 자들은 세상을 다스리시는 하나님께서 그들이 곤경에 처할 때마다 그들을 도우실 것이기 때문에 복되다고 선언하고, 이런저런 바알 신을 그들의 신으로 삼은 자들은 그 자체로 지각도 없고 도움도 줄 수 없는 신으로부터 도움을 받을 수 없기 때문에 비참한 자들이라고 선언한다(12절): 여호와를 자기 하나님으로 삼은 나라는 복이 있도다. 참된 하나님을 아는 지식을 가지고 있고 그 하나님과 계약을 맺은 이스라엘과 하나님을 그들의 하나님으로 고백하고 하나님께서 그들을 자신의 백성으로 인정한 모든 자들은 복되다. 왜냐하면, 그들은 그들이 어떠한 민족이든지 간에 모두 아브라함의 영적인 자손이기 때문이다.

1. 그들이 여호와를 그들의 하나님으로 삼아서 충성을 맹세한 것은 그들의 지혜이다. 그들의 경배는 합당한 것이고, 그들이 드린 경배는 헛되지 않을 것이다.

2. 그들이 하나님께서 자신의 기업으로 선택하신 백성, 하나님께서 기뻐하시고 그들 안에서 영광을 받으시는 백성, 하나님께서 보호하시고 보살피시며, 자신의 기업으로 삼아서 잘 되게 하시는 백성이 된 것은 그들의 행복이다(신 32:9). 우리는 이제 여기에서 하나님의 은혜의 영광에 대하여 살펴보자.

(1) 하나님께서 그의 백성을 살피심(18-19절). 하나님께서는 모든 인생을 굽어 살피시지만, 특별히 그를 경외하는 자들에 대해서는 은총과 만족함의 눈으로 살피신다. 아버지가 자녀들을 바라보고, 신랑이 신부를 바라보는 것 같이, 하나님께서는 그들을 기쁨으로 바라보시고 살피신다(사 62:5). 자신의 힘과 군대, 병거와 말들을 의지하는 자들은 그들의 기대가 좌절되는 것을 보고 낙심하여 멸망할 것이지만, 하나님의 백성은 그의 보호하심 아래에서 안전할 것이다. 왜냐하면, 곧 죽게 될 지경에 빠져 있다고 할지라도 하나님께서는 그들의 영혼을 죽음으로부터 건지실 것이기 때문이다. 하나님께서는 육신을 일시적인 죽음으로부터 구하시지 않는다고 하여도 그들의 영혼을 영적이고 영원한 죽음으로부터 건지실 것이다. 그들의 영혼은 그들에게 무슨 일이 일어나든지 간에 이 세상에서나 더 나은 세상에서나 살게 되겠고 하나님을 찬송하게 될 것이다. 그들은 하나님의 풍성하신 인자하심으로 말미암아 그들에게 필요한 모든 것들을 공급받게 될 것이다. 하나님은 그들이 굶주릴 때에 그들을 살리실 것이다. 다른 사람들은 굶주려 죽을지라도 그들은 하나님의 특별하신 긍휼하심에 따라 살게 될 것이다. 눈에 보이는 가시적인 수단들이 실패할 때, 하나님께서는 그들에게 공급해 주실 다른 길을 찾아 내실 것이다. 하나님은 그가 그들에게 풍성하게 주실 것이라고 말씀하지 않지만(그들은 그런 것을 원하거나 기대할 이유가 없다), 그들을 살리실 것이다. 그들은 굶주리지 않을 것이다. 멸망시키는 심판이 널리 횡행할 때, 하나님께서 우리의 생명을 살리시는 것은 매우 특별한 것으로서 큰 은혜로 여겨져야 하고, 우리는 특별한 빚을 지게 되는 것이다. 여호와를 그들의 하나님으로 삼은 자들은 여호와께서 그들의 도움과 방패시라는

것을 발견하게 될 것이다(20절). 그들이 곤경에 처해 있을 때 하나님은 그들을 도우실 것이다. 그들은 곤경에 처해 있는 동안에 도움을 받게 될 것이고, 곤경을 벗어나는 도움을 받게 될 것이다. 그들이 위험에 처해 있을 때에 하나님은 그들을 안전하게 하실 것이다. 그들은 위험 속에서 도움을 받게 될 것이고 위험에서 빠져 나오는 도움을 받게 될 것이다. 그들이 위험에 처해 있을 때에 하나님께서 그들을 안전하게 하실 것이기 때문에, 그들은 그 어떤 실제적인 해악도 받지 않게 될 것이다.

(2) 하나님의 백성이 하나님께 드려야 하는 것. 우리는 이것을 염두에 두고 마땅히 그렇게 하여야 한다.

[1] 우리는 하나님을 기다려야 한다. 우리는 하나님의 섭리가 어떻게 움직이는지를 눈여겨 보고서 거기에 맞춰서 순응하고서, 인내를 가지고 그 결과를 기다려야 한다. 우리의 영혼은 하나님을 바라야 한다(20절). 우리는 말과 혀로만 우리가 하나님을 믿고 의지한다고 말해서는 안 되고, 마음속에서 진심으로 하나님을 믿고서 은밀하고도 조용히 하나님을 바라야 한다.

[2] 우리는 하나님을 의지하여야 하고, 우리에게 명시적으로 주어진 약속이 없다고 할지라도 하나님의 긍휼하심과 하나님의 선하심을 소망하여야 한다. 하나님과 그의 진노를 두려워하는 자들은 하나님과 그의 긍휼하심에 소망을 두어야 한다. 왜냐하면, 하나님으로부터 도망치는 것은 불가능하고, 오직 하나님께로 피하는 것만이 살 길이기 때문이다. 이러한 경건한 감정들은 서로 결합되어 있을 뿐만 아니라, 서로를 돕는다. 우리는 하나님에 대한 거룩한 두려움을 가짐과 동시에 하나님의 긍휼하심에 대한 소망을 갖는다. 이것은 그의 성호를 의지하는 것(21절), 하나님께서 우리에게 그를 섬기도록 격려하기 위해서 우리에게 스스로를 알게 하신 모든 것을 의지하는 것이다.

[3] 우리는 하나님을 즐거워하여야 한다(21절). 항상 하나님을 즐거워하지 않는 자들은 진정으로 하나님을 의지하지 않거나, 하나님을 의지함으로써 그들이 갖게 된 이루 말할 수 없는 유익을 알지 못하는 것이다. 왜냐하면, 하나님께 소망을 두는 자들은 하나님 앞에서 기쁨을 영원히 충만히 누리기를 소망하는 것이기 때문이다.

[4] 우리는 우리가 소망하는 그 긍휼하심을 얻기 위하여 하나님을 찾아야 한다(22절). 우리가 하나님으로부터 기대하는 것들이 있다고 해서 그러한 것들

이 거저 주어지는 것이 아니라 우리가 그러한 것들을 적극적으로 찾을 때에 그런 것들이 주어진다. 하나님께서 우리에게 주시겠다고 약속하신 것들을 우리는 적극적으로 구하고 찾아야 하기 때문에, 이 시편은 짧지만 포괄적인 기도로 끝을 맺는다: "여호와여 주의 인자하심을 우리에게 베푸소서. 우리는 항상 우리의 공로를 따라서가 아니라 우리가 주께 바라는 대로, 즉 주께서 말씀을 통해서 우리에게 주신 약속과 주께서 성령과 은혜를 통해서 우리 속에서 이루어내신 믿음을 따라서 하나님의 긍휼하심의 위로와 유익을 얻어야 한다." 이 절들을 노래할 때에 우리가 하나님을 의지한다고 고백하고, 하나님을 향한 우리의 소원들을 말한다면, 우리는 우리의 마음으로 하나님께 노래하는 것이 된다.

제
— 34 —
편

개요

이 시편은 표제에 나타나 있듯이 특정한 경우에 지어진 것이기는 하지만, 이 시편 속에는 그 특정한 경우에만 해당되는 내용이 거의 없고, 하나님께 감사하고 우리에게 교훈하는 일반적인 내용이 나올 뿐이다. I. 다윗은 그를 비롯한 많은 사람들이 체험한 하나님의 선하심에 대하여 하나님을 찬송한다(1-6절). II. 다윗은 모든 선한 자들에게 하나님을 의지하고 하나님을 찾으라고 격려한다(7-10절). III. 다윗은 자녀들인 우리 모두에게 죄를 짓지 않도록 주의하고 하나님과 사람에게 우리가 마땅히 행해야 할 도리를 알라고 교훈한다(11-14절). IV. 다윗은 이러한 교훈을 강화하기 위하여 하나님께서 의인들을 기뻐하시고 악인들을 기뻐하지 않으신다는 것을 보여주면서, 우리 앞에 선과 악, 축복과 저주를 제시한다(15-22절). 따라서 우리는 이 시편을 노래할 때에 하나님께 영광을 돌림과 동시에 우리 자신과 서로를 가르치고 권면하여야 한다.

〔다윗이 아비멜렉 앞에서 미친 체하다가 쫓겨나서 지은 시〕

¹내가 여호와를 항상 송축함이여 내 입술로 항상 주를 찬양하리이다 ²내 영혼이 여호와를 자랑하리니 곤고한 자들이 이를 듣고 기뻐하리로다 ³나와 함께 여호와를 광대하시다 하며 함께 그의 이름을 높이세 ⁴내가 여호와께 간구하매 내게 응답하시고 내 모든 두려움에서 나를 건지셨도다 ⁵그들이 주를 앙망하고 광채를 내었으니 그들의 얼굴은 부끄럽지 아니하리로다 ⁶이 곤고한 자가 부르짖으매 여호와께서 들으시고 그의 모든 환난에서 구원하셨도다 ⁷여호와의 천사가 주를 경외하는 자를 둘러 진 치고 그들을 건지시는도다 ⁸너희는 여호와의 선하심을 맛보아 알지어다 그에게 피하는 자는 복이 있도다 ⁹너희 성도들아 여호와를 경외하라 그를 경외하는 자에게는 부족함이 없도다 ¹⁰젊은 사자는 궁핍하여 주릴지라도 여호와를 찾는 자는 모든 좋은 것에 부족함이 없으리로다

이 시편의 표제는 우리에게 누가 이 시편을 지었고 어떤 경우에 이 시

편이 지어졌는지를 말해 준다. 다윗은 사울의 분노가 너무 심했기 때문에 사정이 아주 급해서 그의 나라로부터 도망쳐서 블레셋족의 땅에서 자신의 피신처를 구할 수밖에 없었다. 거기에서 그의 정체는 곧 발각되었고, 그는 사무엘서에서는 아기스(그의 본명)로 불리고 여기에서는 **아비멜렉**(그의 칭호)로 불리는 왕 앞에 끌려가게 되었다. 그러자 다윗은 자기가 정탐이나 어떤 음모를 가지고 그 곳에 온 자로 취급받지 않기 위해서 미친 사람처럼 행동하였고(미친 사람은 모든 시대에 있어 왔기 때문에, 지능이 낮은 백치들을 통해서조차도 사람들은 그들 자신이 이성을 제대로 사용할 수 있는 것에 대하여 하나님께 감사를 드리도록 가르침을 받을 수 있다), 아기스는 다윗을 위험 인물로 보지 않고 멸시받을 만한 사람으로 치부해 버렸다. 다윗이 미친 사람으로 가장한 것은 그가 의도한 대로 성공을 거둔 것이다. 이러한 방책을 통해서 다윗은 자칫 위태로울 수도 있었을 상황을 잘 피해 나갔다. 좀 더 살펴보자.

1. 우리는 다윗이 이렇게 미친 사람으로 위장한 것이 옳다고 할 수 없다. 자기가 아닌 모습으로 위장하는 것은 정직한 사람이 할 바가 못되는 것이었고, 존귀한 사람이 미친 사람이나 바보로 스스로를 위장하는 것도 합당한 일이 못되었다. 우리가 우스개로 이해력이 떨어진다고 생각되는 자들의 흉내를 낸다면, 우리는 하나님께서 우리를 바로 그런 자들로 만드셨을 수도 있다는 사실을 잊고 있는 것이다.

2. 그렇지만 우리는 다윗의 침착함과 그가 행동은 바꾸었지만 그의 마음은 조금도 바뀌지 않았다는 사실에 놀라지 않을 수 없다. 그는 목숨이 위태로울 수도 있는 아주 위험한 상황 속에 있었으면서도 그의 마음은 너무도 침착하고 확고해서, 하나님을 의지하여 이 뛰어난 시편을 지었다. 이 시편 속에는 다른 시편들과 마찬가지로 다윗이 침착하고 평온한 심령을 지니고 있었음을 보여주는 흔적들이 많이 나온다. 또한 이 시편을 지은 방식도 흥미롭다. 왜냐하면, 이 시편은 각각의 절이 히브리 알파벳의 순서를 따른 각각의 글자로 시작되는 알파벳 시편으로 불리기 때문이다. 이렇게 그들의 행동을 변화시키고자 하는 유혹을 받을 때조차도 마음의 평정을 잃지 않고 은혜를 지킬 수 있는 자들은 복되다. 이 시편의 전반부에는 다음과 같은 내용들이 나온다.

I. 다윗은 흥분된 마음으로 하나님을 찬송한다. 그가 자신의 행동을 위장한 것은 분명히 그의 잘못이었지만, 그로 하여금 위험에서 벗어나게 하신 것은 하

나님의 긍휼하심이었다. 하나님께서 다윗의 위장된 행동에 대한 죄를 묻지 않으시고 그를 구해 내신 것은 참으로 큰 긍휼하심이었다. 이렇게 우리는 모든 일들 속에서 하나님께 감사를 드려야 한다. 다윗은 다음과 같이 결심한다.

1. 그가 하나님을 항상 찬송하리라는 것: 내가 여호와를 항상 무슨 일에서든지 송축하리이다. 그는 시간을 정해놓고 하나님을 송축하며, 기회가 있을 때마다 하나님을 찬송하고, 하나님께서 그에게 찬송할 일을 주실 때마다 매번 새롭게 하나님을 찬송하겠다고 결심한다. 우리가 영원히 하나님을 찬송하기를 소망한다면, 우리는 이 세상에서도 이 일에 우리의 시간의 많은 부분을 쓰는 것이 합당하다.

2. 그가 하나님을 공개적으로 찬송하리라는 것: 내 입술로 항상 주를 찬양하리이다. 이렇게 그는 하나님께서 그에게 긍휼하심을 베풀어 주신 것에 대하여 자기가 마땅히 해야 할 일들을 얼마나 적극적으로 행하고자 하는지, 또한 다른 사람들에게 그들이 마땅히 행할 도리를 알게 하고자 그가 얼마나 간절히 바라는지를 보여주고자 하였다.

3. 그가 하나님을 진심으로 찬송하리라는 것. "내 영혼이 여호와를 자랑하리니, 여호와에 대한 나의 관계, 내가 여호와께 속해 있다는 것, 내가 여호와께 바라는 여러 가지 기대들을 자랑할 것이다." 여호와를 자랑하는 것은 헛된 자랑이 아니다.

Ⅱ. 다윗은 다른 사람들도 그에게 동참하도록 권면한다. 그는 다른 사람들이 다음과 같이 하기를 기대한다(2절): "하나님께서 나를 구원하셨다는 것과 내가 하나님께 감사한다는 말을 곤고한 자들이 듣고, 선한 자가 하나님께 그토록 많은 은혜를 받은 것과 선하신 하나님께서 그에게 그토록 많은 영광을 주신 것을 기뻐하리로다." 겸손한 자들은 하나님께서 다른 사람들과 자기 자신에게 긍휼하심을 베푼 것 속에서 가장 많은 힘을 얻고, 자신의 공로와 힘을 조금도 의지하지 않는다. 다윗은 하나님께서 그에게 베푸신 은혜들로 인해서 모든 이스라엘 백성이 마음으로 즐거워하리라는 것을 생각하고서 기뻐하였다. 그는 우리 모두에게 다음과 같은 세 가지 일들 속에서 그와 함께 하도록 권면한다.

1. 우리는 크고 높으신 하나님을 찬송하고 그의 이름을 높여야 한다(3절). 우리가 어떤 찬송을 드리더라도 하나님께서는 더 크게 되시거나 높아지시지 않으신다. 하지만 우리가 하나님을 무한히 크시고 가장 높은 것보다 더 높으시다

고 찬양하면, 하나님은 그것을 우리가 하나님을 높이고 찬송하는 것으로 여겨서 기뻐하신다. 이런 일을 우리는 함께 하여야 한다. 하나님을 찬송하는 것은 우리가 힘을 합해서 함께 할 때에 가장 아름답게 들린다. 왜냐하면, 그렇게 할 때에 우리는 천사들이 하늘에서 하는 것과 동일하게 하나님을 찬송하는 것이 되기 때문이다. 모든 성도들, 곧 하나님의 은혜를 받고 있는 모든 자들은 서로 합하여 하나님을 찬송하여야 한다. 우리는 하나님의 긍휼하심을 위하여 기도할 때와 마찬가지로 하나님께서 베풀어 주신 긍휼하심들에 대하여 감사를 드릴 때에도 우리 친구들의 도움을 요청하여야 한다. 우리는 마땅히 서로 힘을 합하여 다음과 같은 것들에 대하여 하나님께 감사를 드려야 한다.

(1) 하나님께서 우리의 기도를 기꺼이 들어 주실 준비가 되어 계신 것에 대하여. 모든 성도들은 그들의 기도를 하나님께서 기꺼이 들어 주시고자 하시는 것으로 인하여 위로를 받아 왔다. 왜냐하면, 하나님은 그 누구에게도 너희가 나를 찾아도 아무 소용이 없다라고 말씀하신 적이 없으시기 때문이다.

[1] 다윗은 하나님께서 그의 기도를 들어 주신 것에 대한 자신의 경험을 직접 제시한다(4절). "내가 곤경에 처해 있을 때에 내가 여호와께 간구하였고, 그의 은총을 바랐으며, 그의 도우심을 구하였는데, 주께서는 내게 응답하시고 나의 기도를 즉시 들어 주셔서, 내 모든 두려움에서, 곧 내가 두려워하는 죽음과 그러한 두려움에 의해서 생겨나는 불안과 혼란에서 나를 건지셨도다." 하나님께서는 그의 섭리를 통해서 우리에게 역사하셔서 우리를 죽음에서 건지시고, 그의 은혜를 통해서 우리 안에 역사하셔서 우리 안에 있는 모든 두려움들을 잠재우시고 심령의 동요를 잔잔하게 하신다. 이 두 가지 중에서 후자가 더 큰 긍휼하심에 속하는데, 이것은 우리가 두려워하게 되면 그것은 우리의 괴로움일 뿐만 아니라, 하나님을 믿지 못하고 불신하는 것이 되어서 우리의 죄가 되기 때문이다. 이렇게 우리 안에 생겨난 두려움은 두려움을 생겨나게 한 사건 자체보다도 우리를 더 괴롭게 하는 것이 된다. 우리를 두렵게 하는 사건 자체는 우리의 뼈와 살만을 상하게 할 뿐이지만, 우리 안에 생겨난 두려움은 우리의 심령을 상하게 하고 우리의 영혼을 빼앗아 가기 때문이다. 다윗의 기도는 그의 두려움을 잠재우는 데 도움이 되었다. 여호와를 찾아서 자신의 문제를 여호와께 맡겨 버렸기 때문에 다윗은 사건의 추이를 대단히 침착한 마음으로 기다릴 수 있었다. "그러나 다윗은 위대하고 뛰어난 사람이었기 때문에, 우리는 그가 받은 것과

같은 하나님의 은총을 기대할 수 없다. 다른 사람들이 기도를 통해서 다윗과 같은 은혜를 경험한 적이 있었는가?" 그렇다.

[2] 다윗 이외에도 많은 사람들이 믿음과 기도로써 하나님을 앙망함으로써 그 얼굴에 광채를 띠었다(5절). 믿음과 기도를 통해서 많은 사람들이 놀랍게도 활기와 위로를 얻어 왔다. 한나의 경우를 보라. 한나는 기도를 다 마친 후에는 집으로 돌아가서 먹고 다시는 근심 빛이 없었다. 세상을 바라볼 때, 우리는 마음이 어두워지고 혼란스러워지며 어찌할 바를 모르게 된다. 그러나 하나님을 바라볼 때, 우리는 하나님으로부터 우리의 길을 밝혀 주시는 빛과 우리를 즐겁게 해주는 빛을 받게 되고, 우리의 길은 뚜렷하고 즐거운 길이 된다. 하나님을 앙망한 자들은 그들의 일이 잘 되리라는 기대가 생겨났고, 결과는 그들을 실망시키지 않았다. 그들이 신뢰한 것과 관련해서 그들의 얼굴은 부끄럽지 아니하리로다. "그러나 우리는 이 사람들도 다윗과 마찬가지로 위대하고 뛰어난 사람들이었을 것이기 때문에 하나님으로부터 큰 은혜를 받았거나, 그들의 수가 많아서 하나님께서 그들을 권고하신 것 같다고 생각할 수 있다." 하지만 그렇지 않다.

[3] 이 곤고한 자가 부르짖었다. 아무도 존중하지 않았고 어떤 관심도 갖지 않았던 초라하고 별볼일없는 한 사람이 하나님께 부르짖었다. 그렇지만 그는 다윗이나 그 어떤 고명한 자와 마찬가지로 은혜의 보좌 앞에서 환영을 받았다. 여호와께서 그의 기도를 들으시고, 그의 사정과 그의 기도를 살피셔서, 그를 그의 모든 환난에서 구원하셨도다(6절). 하나님께서는 빈궁한 자의 기도를 돌아보시며 그들의 기도를 멸시하지 아니하신다(시 102:17, 또한 사 57:15을 보라).

(2) 천사들이 우리를 둘러 진 치고서 활동하시는 것에 대하여(7절). 여호와의 천사, 즉 천사들로 이루어진 수비대(어떤 이들은 이렇게 해석한다)가 마치 하나인 것처럼 움직이거나 한 수호 천사가 마치 왕을 지키는 수비대처럼 주를 경외하는 자를 둘러 진 치고 그들을 건지시는도다. 하나님은 그의 백성을 악한 영들의 악의와 세력으로부터 보호하시기 위해서 선한 영들인 천사들을 사용하신다. 천사들은 우리가 알고 있는 것보다 더 많은 좋은 일들을 우리를 위하여 매일 행하고 있다. 천사들은 위험에 있어서나 본성에 있어서나 우리보다 훨씬 더 우월하고, 우리는 창조 때의 선함을 잃어버렸지만, 천사들은 원래의 선함을 그대로 유지하고 있으며, 윗 세상에서 끊임없이 쓰임을 받고 하나님을 찬송하는 일에 쓰임을 받고 있으며, 거기에서 영원한 안식과 지극한 복을 누릴 자격을

지니고 있지만, 그들을 만드신 조물주의 뜻에 순종하고 그 조물주의 형상을 지니고 있는 자들을 사랑해서, 스스로 몸을 낮추어 성도들에게 봉사하며, 성도들의 편이 되어서 어둠의 권세들과 싸우는 일을 한다. 야곱의 경우나(창 32:1) 엘리사의 경우(왕하 6:17)에서 볼 수 있듯이, 천사들은 성도들을 찾아올 뿐만 아니라, 그들을 둘러 진 치고서, 성도들이 느끼지 못하는 경우에도 실제로 성도들의 유익을 위하여 활동한다. 모든 영광을 천사들의 하나님께 돌릴지어다.

2. 다윗은 우리에게 그와 더불어서 하나님의 선하심을 맛보라고 권면한다(8절): 너희는 여호와의 선하심을 맛보아 알지어다. 하나님의 선하심은 하나님의 존재 자체의 아름다움과 사랑스러움, 하나님의 섭리와 은혜의 풍성하심과 너그러우심을 모두 포함한다. 따라서

(1) 우리는 하나님께서 풍성한 은혜를 베푸시는 자이시라는 것을 맛보아야 하고, 하나님께서 우리에게 주시는 모든 은사들에 있어서 하나님의 선하심을 맛보아야 하고, 그러한 것들이 지닌 향기로움과 달콤함을 맛보아야 한다. 하나님의 선하심을 맛보고 음미하라.

(2) 우리는 하나님이 아름다우신 존재라는 것을 알아야 하고, 하나님의 무한한 완전하심을 묵상하는 것을 기뻐하여야 한다. 이렇게 맛보기도 하고 보기도 함으로써 우리는 그러한 것들을 발견할 수 있고 거기에서 만족을 얻을 수 있다. 하나님의 선하심을 맛보고 알라. 즉, 하나님의 선하심을 알고서 그것으로 인한 위로를 받으라(벧전 2:3). 하나님은 선하시다. 왜냐하면, 하나님은 그를 의지하는 모든 자들을 진정으로 복되게 만드시기 때문이다. 그러므로 우리는 하나님의 선하심을 확신하고서, 아무리 곤고한 때라도 힘을 내어서 하나님을 의지하여야 한다.

3. 다윗은 우리에게 그와 더불어서 하나님을 찾고 섬기며 끊임없이 경외하라고 권면한다(9절): 너희 성도들아 여호와를 경외하라. 우리가 하나님이 선하시다는 것을 맛보고 알 때, 우리는 하나님이 크신 분이며 우리가 크게 경외하여야 할 분이시라는 것을 잊어서는 안 된다. 사실, 하나님의 선하심조차도 우리가 마땅히 사랑의 마음을 가지고서 공경하고 경외할 대상이다. 그들은 여호와와 그의 선하심을 경외하게 될 것이다(호 3:5). 여호와를 경외하라. 즉, 여호와를 예배하고, 모든 일 속에서 여호와에 대한 너희의 도리를 알며, 여호와를 경외하되 피하지 말고 그를 찾으라(10절). 하나님께 말을 붙이고 하나님 안에서 너희의

분깃을 얻으라. 우리에게 하나님을 경외하고 그를 찾으라고 격려하기 위해서 여기에서는 그렇게 하는 자들은 심지어 이 결핍된 세상 속에서조차도 모든 좋은 것에 부족함이 없을 것이라고 약속하고 있다. 그들은 모든 좋은 것들을 갖게 될 것이기 때문에, 그 어떤 것이 부족하다고 불평할 이유가 없게 될 것이다. 또한 다른 세상의 것들과 관련해서 그들은 영적인 생명을 지탱하는 데에 충분한 은혜를 받게 될 것이다(고후 12:9; 시 84:11). 이 세상에서의 삶과 관련해서 그들은 그 삶을 유지하는 데에 꼭 필요한 것들을 하나님으로부터 공급받게 될 것이다. 하나님은 아버지로서 그들을 좋은 음식으로 먹이실 것이다. 무한한 지혜이신 하나님께서 선한 것으로 보시기만 한다면, 그들이 그 밖의 어떤 위로들을 갖고자 한다면 그들에게 주어질 것이고, 그들에게 한 가지가 부족하다면 다른 것으로 보충될 것이다. 그들이 원하지만 하나님께서 보시기에 좋지 않을 것이라고 생각되는 경우에는 그들에게 그것 없이 만족할 수 있는 은혜가 주어져서 그들은 그것을 더 이상 원하지 않게 될 것이다(신 3:26). 바울은 어떠한 상황에서든지 자족하였기 때문에 모든 것이 풍족하였다(빌 4:11, 18). 하나님의 자족하심을 믿는 믿음으로 사는 자들에게는 그 어떤 것도 결핍이 없다. 왜냐하면, 그들은 하나님 안에서 풍족함을 누리기 때문이다. 젊은 사자들은 자주 궁핍하여 주린다. 즉, 사자들처럼 일반 섭리에 따라서 살아가는 자들은 하나님의 약속에 대한 믿음으로 살아가는 자들이 갖는 만족감을 누리지 못하게 될 것이다. 자기 자신을 의지하고, 자신의 힘만으로 충분히 살아갈 수 있다고 생각하는 자들은 궁핍하게 될 것이지만(왜냐하면, 지혜자들이라고 음식물을 얻는 것도 아니기 때문이다), 하나님을 의지하고 하나님 안에서 발견되고자 하는 자들은 하나님의 손에서 배불리 먹게 될 것이다. 먹기를 탐하여 자기 주변에 있는 모든 것들을 닥치는 대로 먹어 치우는 자들은 궁핍하여 주리게 될 것이다. 그러나 온유한 자는 땅을 차지하게 될 것이다. 조용히 일하고 자신의 일에 마음을 쓰는 자들은 궁핍하지 않게 될 것이다. 정직한 마음을 지녔던 야곱은 충분한 양식을 얻었지만, 교활한 사냥꾼이었던 에서는 굶주려 죽을 뻔하였다.

[11]너희 자녀들아 와서 내 말을 들으라 내가 여호와를 경외하는 법을 너희에게 가르치리로다 [12]생명을 사모하고 연수를 사랑하여 복 받기를 원하는 사람이 누구뇨 [13]네 혀를 악에서 금하며 네 입술을 거짓말에서 금할지어다 [14]악을 버리고 선을 행하며

화평을 찾아 따를지어다 [15]여호와의 눈은 의인을 향하시고 그의 귀는 그들의 부르 짖음에 기울이시는도다 [16]여호와의 얼굴은 악을 행하는 자를 향하사 그들의 자취를 땅에서 끊으려 하시는도다 [17]의인이 부르짖으매 여호와께서 들으시고 그들의 모든 환난에서 건지셨도다 [18]여호와는 마음이 상한 자를 가까이 하시고 충심으로 통회하 는 자를 구원하시는도다 [19]의인은 고난이 많으나 여호와께서 그의 모든 고난에서 건지시는도다 [20]그의 모든 뼈를 보호하심이여 그 중에서 하나도 꺾이지 아니하도다 [21]악이 악인을 죽일 것이라 의인을 미워하는 자는 죄를 받으리로다 [22]여호와께서 그 의 종들의 영혼을 속량하시나니 그에게 피하는 자는 다 벌을 받지 아니하리로다

다윗은 이 시편의 이 후반부에서 자녀들을 가르치는 일을 한다. 다윗 은 전사였고 왕으로 기름 부음 받은 자였지만 자녀들을 가르치는 일을 하찮은 일이라고 생각하지 않았다. 그는 지금 비록 머릿속에는 여러 가지 생각할 일들 로 가득 차 있었고 그의 손은 여러 가지 일들로 바빴지만 기꺼이 마음과 시간 을 내어서 어린 사람들에게 자신의 경험에서 우러나온 좋은 조언을 주고자 하 였다. 그에게는 이 시점에 자신의 자녀를 갖고 있지 않았던 것으로 보이고, 적 어도 가르침을 받을 만한 나이가 된 자녀를 두지 않았던 것으로 보인다. 그러 나 그는 하나님의 감동을 따라서 자기 백성의 자녀들은 교훈한다. 나이먹은 사 람들은 그가 교훈을 주고자 하여도 그로부터 가르침을 받고자 하지 않았다(시 32:8). 그러나 그는 어린 가지들은 좀 더 쉽게 구부러질 것이기 때문에 어린 아 이들과 젊은이들은 좀 더 유순해서 가르침을 잘 받을 것이라고 생각하고서, 그 들을 불러 모은다(11절). "너희 자녀들아 오라. 지금 한창 배울 나이에 있고, 앞 으로 평생을 살아가는 데에 필요한 지식들을 지금 축적해야 하는 너희들, 어리 석고 무지해서 가르침을 받을 필요가 있는 너희들은 오라." 아마도 그는 부모 들의 무관심으로 인해서 제대로 가르침을 받지 못한 그러한 자녀들을 특히 염 두에 두었던 것 같다. 부모들이 가르칠 능력이 없어서 방치해 두는 자녀들을 불러 모아서 교육을 시키는 일은 부모들이 먹일 양식이 없어서 굶주린 자녀들 을 불러다가 먹이는 일만큼이나 큰 구제의 일이다. 좀 더 살펴보자.

1. 다윗은 그들에게서 무엇을 기대하고 있는가. "내 말을 들으라. 너희의 놀이 를 잠시 접어두고 너희의 장난감을 내려 놓고서, 이제부터 내가 너희에게 말하 고자 하는 것을 들으라. 내가 말하는 것을 들을 뿐만 아니라 내 말을 지키고 순

종하라."

2. 다윗은 그들에게 무엇을 가르치고자 하는가: 신앙의 모든 도리들을 포괄하는 여호와를 경외하는 법. 다윗은 유명한 음악가, 정치인, 군인이었다. 그러나 그는 자녀들에게 "내가 너희에게 수금을 타는 법이나 칼이나 창을 다루는 법이나 활을 쏘는 법이나 정치의 비법을 가르쳐 주겠다"라고 말하지 않고, "내가 너희에게 온갖 기술과 학문보다 더 낫고 모든 번제와 희생 제사보다 더 나은 여호와를 경외하는 법을 가르쳐 주겠다"라고 말한다. 우리가 스스로 배우고 우리의 자녀들에게 가르치기에 힘써야 할 것은 바로 그것이다.

I. 다윗은 우리 모두가 행복하기를 원한다고 전제한다(12절): 생명을 사모하는 사람이 누구뇨. 즉, 오래 살기를 바랄 뿐만 아니라 편안하고 복된 삶을 살기를 바라는 사람이 누구냐. 삶에서 중요한 것은 그저 생존하는 것이 아니라 잘 사는 것이다. 다윗은 "오랫동안 즐거운 삶을 살고자 하는 자가 누구인가"라고 묻고 있는데, 이러한 질문에 대하여 우리는 아주 쉽게 그걸 원하지 않는 자가 누가 있겠는가라고 대답할 수 있다. 분명히 이러한 질문은 현세의 삶을 뛰어넘는 그 너머를 바라보고 있음에 틀림없다. 왜냐하면, 이 땅에서 인간의 삶은 기껏해야 적은 날수로 이루어지고 괴로움으로 가득 차 있기 때문이다. 영원히 행복하고자 하는 자, 하늘의 날들과 마찬가지로 많은 날들을 살아가고자 하는 자, 온갖 지극한 복이 한 점의 흠도 없이 완전한 상태로 존재하는 그러한 세상에서 복을 누리기를 원하는 자가 있는가? 믿음과 소망으로 지금 자기 앞에 놓여 있는 복을 바라보고서 곧 그것을 누리고자 하는 자가 있는가? 그런 자가 과연 있는가? 슬프다! 그런 생각을 하는 자들은 의외로 매우 드물다. 대다수의 사람들은 누가 우리에게 복을 가져다 줄 것인가라고 묻는다. 하지만 영생을 얻으려면 우리가 어떻게 해야 하나이까라고 묻는 자는 드물다. 이러한 질문은 영생이라는 것이 있다는 것을 함축하고 있다.

II. 다윗은 현세와 내세에서 복을 받을 수 있는 참되고 유일한 길을 제시한다 (13-14절). 우리가 이 세상을 평안하게 통과하고자 한다면, 우리는 선한 양심을 지키는 일에 끊임없이 관심을 가져야 한다.

1. 그렇게 하기 위해 우리는 우리의 혀에 재갈을 물리고 우리가 무엇을 말하는가에 주의하는 법을 배워서, 결코 하나님을 욕되게 하거나 이웃에게 해가 되는 잘못된 말을 하지 않도록 하여야 한다: 네 혀를 악한 말과 거짓말과 비방하는

말에서 금할지어다. 이것은 신앙과 경건에 있어서 아주 중요하기 때문에, 말에 실수가 없는 자라면 곧 온전한 사람이다. 자기 혀에 재갈을 물리지 아니하는 자의 경건은 형편없는 것이기 때문에 성경에서는 그 사람의 경건은 헛것이라고 선언한다.

2. 우리는 우리가 말하는 모든 것에 있어서 정직하고 진실하여야 하고 말과 행동이 달라서는 안 된다. 우리가 하는 말들은 우리의 마음을 그대로 나타내는 것들이 되어야 한다. 우리는 입술로 하나님께나 사람에게 거짓이나 속임을 말해서는 안 된다.

3. 우리는 모든 죄들을 버려야 하고, 다시는 죄를 짓지 않겠다고 결심하여야 한다. 우리는 악에서 떠나야 하고, 악한 일들과 악행하는 자들로부터 떠나야 한다. 또한 우리는 다른 사람들이 범하는 죄들, 우리가 이전에 우리 자신에게 허용하였던 그러한 죄들로부터 떠나야 한다.

4. 이 세상에서 남에게 해를 끼치지 않고 살아가는 것만으로는 충분하지 않고, 우리는 이 세상에서 남에게 이롭고 유익한 자가 되도록 힘써야 한다. 우리는 악에서 떠날 뿐만 아니라 선을 행하여야 하는데, 우리 자신에게 선하고, 특히 우리 영혼에 선하여서 영혼이 잘되게 하고 영혼에 좋은 것들을 쌓아 두어서 저 세상을 위하여 영혼이 합당한 준비를 할 수 있게 하여야 한다. 우리는 우리의 힘과 기회가 닿는 대로 다른 사람들에게도 선을 행하여야 한다.

5. 이웃 사랑을 해치는 것으로는 혼란과 온갖 악한 일을 불러오는 다툼이나 분쟁보다 더 큰 것이 없기 때문에(이웃 사랑은 율법과 복음의 요약이고 은혜와 영광의 요약이다), 우리는 화평을 찾고 추구하여야 한다. 우리는 화평하고자 하는 성품을 지녀야 하고 화평을 만드는 일들에 힘써야 하며 화평을 깨거나 반목을 가져오는 일을 해서는 안 된다. 화평이 우리에게서 멀어져 가는 것으로 보일 때에는 우리는 화평을 뒤따라가서 붙잡아야 한다. 모든 사람과 더불어 화평함을 따르라. 화평을 지키고 회복하는 일에는 그 어떤 수고나 비용도 아끼지 마라. 화평을 위해서는 너희 자신의 명예와 이익에 있어서 많은 것들을 기꺼이 버려라. 생명과 복으로 이끄는 길을 보여주는 이러한 탁월한 명령들은 신약에 그대로 옮겨져서 우리 복음의 도리의 일부가 되어 있다(벧전 3:10, 생명을 사랑하고 좋은 날 보기를 원하는 자는 혀를 금하여 악한 말을 그치며 그 입술로 거짓을 말하지 말고). 아마도 다윗은 우리에게 거짓말을 하지 말라고 경고하면서 미치광

이 행세를 했던 자신의 죄를 되돌아보았을 것이다. 지난날에 자신이 행하였던 잘못을 진정으로 회개하는 자들은 다른 사람들에게 그와 같이 하지 않도록 주의하라고 경고하는 법이다.

Ⅲ. 다윗은 의인들은 하나님의 사랑과 은혜를 받는 복을 받게 되리라는 것과 악인들은 하나님께서 기뻐하지 않으심으로 비참한 상태에 놓이게 되리라는 것을 우리에게 제시함으로써 앞에 나온 명령들을 강화시킨다. 그는 여기에서 우리로 하여금 생명을 선택할 수 있도록 생명과 사망, 선과 악, 축복과 저주를 우리 앞에 명확하게 제시한다(사 3:10-11을 보라).

1. 악인들은 자기가 가는 길에서 스스로를 아무리 축복한다고 할지라도, 악인들에게는 화가 있으리니 이는 그들의 손으로 행한 대로 그들이 보응을 받을 것임이니라.

(1) 하나님께서는 그들을 대적하시기 때문에, 그들은 비참해질 수밖에 없다. 자신의 죄로 말미암아 자신의 조물주를 원수로 삼고 자신의 멸망자로 삼은 자의 운명은 서글프기 짝이 없다. 여호와의 얼굴은 악을 행하는 자를 향하신다(16절). 또한 성경에서는 종종 사람들이 하나님을 버렸기 때문에 하나님께서 그들에게서 얼굴을 돌려 버리셨다고 말한다(렘 18:17). 여기에서는 그들이 하나님을 대적하여 싸웠기 때문에, 하나님께서는 그 얼굴을 그들을 향하셨다고 말한다. 아무리 교만하고 당돌한 죄인들이라도 하나님께서 그들을 쳐다보시면, 하나님의 찌푸린 얼굴은 그들에게 지옥이 되어 버린다.

(2) 패망이 그들 앞에 있다. 하나님께서 그들을 대적하시면, 이것은 너무도 당연한 결과가 된다. 왜냐하면, 하나님은 그들을 죽이셔서 음부에 던져 버리실 수 있는 분이시기 때문이다.

[1] 산 자들의 땅은 더 이상 그들이 있을 곳이나 그들이 차지할 곳이 되지 못할 것이다. 하나님께서 그 얼굴을 그들에게 향하시면, 그들은 이 땅에서 끊어질 뿐만 아니라, 그들의 자취도 이 땅에서 끊어지게 될 것이다. 그들이 살아 있다면, 하나님은 그들을 초라하고 보잘것없는 자들로 매장시켜 버릴 것이고, 그들이 죽었다면 그들에 대한 기억이 사람들에게서 없어지게 만들어 버리실 것이다. 하나님은 그들의 후손을 뿌리째 뽑아 버리셔서 사람들로 하여금 그들을 기억하지 못하게 하실 것이다. 그들은 그들이 위대한 업적들을 이루어서 사람들이 그것들을 보고서 그들을 기억할 것이라고 생각하겠지만, 하나님께서는 바

로 그 업적들을 부끄러운 것들로 만들어 버리실 것이다. 하나님께로부터 나오는 것이 아니고는 그 어떤 영광이나 존귀도 영원하지 않으리라는 것은 확실하다.

[2] 그들의 죽음 속에는 독침이 있게 될 것이다: 악이 악인을 죽일 것이라(21절). 그들의 죽음은 비참할 것이다. 비록 그들이 비단 금침이나 영광스러운 침상 위에서 죽는다고 할지라도 그들의 죽음은 분명히 비참한 것이 될 것이다. 그들에게 죽음은 그 안에 저주를 품고 있고, 그들이 가장 두려워하는 것이다. 그들에게 죽음은 악이고 재앙일 뿐이다. 하몬드 박사의 훌륭한 고찰에 의하면, 악인들을 죽이는 해악(개역에서는 악)은 의인들의 환난들을 가리키는 데에 사용된 것과 동일한 단어로서 단수형으로 나오는데(19절), 이것은 의인들은 많은 환난을 당하지만 하나님께서 그들을 그 모든 환난에서 구원하시기 때문에 그 환난들은 그들에게 어떤 해악도 끼치지 못하고 도리어 그들에게 선한 것으로 작용하는 반면에, 악인들은 의인들보다 별로 환난이나 해악을 당하지 않지만 그 한 번 당하는 해악이 그들을 완전히 패망시킨다는 것을 보여주는 것이다. 악인들에게 임하는 한 번의 환난이나 해악은 그 속에 저주를 담고 있어서 악인들을 여지없이 죽이고 말지만, 의인들에게 닥치는 많은 환난들은 그 속에 축복을 담고 있어서 의인들에게 아무런 해악을 끼치지 못하고 오히려 유익이 된다.

[3] 초토화되는 것은 악인들의 영원한 몫이다. 스스로 악한 자들은 흔히 의인들을 미워하고 의인과 관련된 것들이라면 무엇이든지 다 미워해서 의인들과 그들의 의에 대하여 불굴의 적대감을 지니고 있다. 그러나 그들은 초토화될 것이다. 즉, 그들은 유죄로 단죄를 받아서 영원히 황폐하게 될 것이고, 하나님과 모든 천사들과 사람들로부터 영원히 버림을 받게 될 것이다. 그렇게 해서 악인들은 정말 적막하게 된다.

2. 그렇지만 의인들에게는 복이 있으리라 말하라. 모든 선한 자들은 하나님의 특별한 은총과 보호하심 아래에 있다. 다윗은 여기에서 아주 다양한 사례들과 표현들을 통해서 이것을 확실하게 표현하고 있다.

(1) 하나님은 선한 자들을 특별히 살피시고, 항상 그를 바라보며 그에 대한 도리를 행하는 자들을 살피신다. 여호와의 눈은 의인들을 향하시는데(15절), 이것은 그들을 가르치시고 인도하시며, 보호하시고 지키시기 위한 것이다. 부모

들은 자신의 자녀를 애지중지해서 그 자녀를 그들의 눈 밖에 두지 않고자 한
다. 하나님의 눈에서 벗어나 있는 하나님의 자녀들은 없고, 하나님은 자녀를
살피시고 돌보시는 눈길만이 아니라 특별한 만족의 눈길로 그들을 바라보신
다.

(2) 의인들은 하나님께서 그들의 기도에 대하여 평안의 응답을 주시리라는
것을 확신할 수 있다. 하나님의 모든 백성들은 기도하는 백성이고, 그들은 부
르짖는 기도를 하는데, 이것은 정말 끈질기게 기도하는 것을 의미한다. 그런
기도가 과연 응답을 받는 것인가? 그렇다.

[1] 하나님은 우리가 말하는 것을 들으신다(17절). 의인들은 부르짖고 여호와
께서는 그들의 기도를 들으신다. 하나님은 그들을 존중하시기 때문에 그들의 기
도를 들어 주시는 것이다. 하나님은 그들의 모든 기도를 들으시고, 기꺼이 기
쁜 마음으로 들어 주시기 위해서 자신의 귀를 그들의 기도에 열어 놓으신다. 하나
님은 사람들이 여호와의 이름을 부르기 시작한 이래로 항상 사람들의 기도를
들으시는 하나님이셨지만, 그의 귀는 둔하여지지 않았다. 젖먹이가 우는 소리
를 다른 사람들은 그 의미를 알아채지 못한다고 할지라도 어머니는 그 우는 소
리의 의미를 알아차리듯이, 의인들의 부르짖는 소리 속에는 그 어떠한 수사나
아름다운 것이 없지만 하나님의 귀는 그 부르짖음에 열려 있다. 의인이 부르짖
으매 여호와께서 들으신다(17절). 이것은 선한 자들은 곤경에 처했을 때에 하나
님께 부르짖는 것이 변함없는 관행이고, 하나님께서 그들의 부르짖음을 들어
주신다는 것이 그들에게 변함없는 위로라는 것을 보여준다.

[2] 하나님은 우리가 말하는 것을 들어 주실 뿐만 아니라 기꺼이 우리를 구원
할 준비를 하고 계신다(18절): 여호와는 마음이 상한 자를 가까이 하시고 구원하
시는도다. 좀 더 살펴보자. 첫째, 하나님으로부터 기도의 응답을 받는 의인들의
특성은 그들이 상한 마음과 통회하는 심령을 가진(즉, 죄로 인하여 스스로를
낮추고 자기 자신을 비운) 자들이라는 것이다. 그들은 스스로를 낮추고서, 자
신의 공로와 힘을 의지하지 않고 오직 하나님만을 의지한다. 둘째, 하나님께서
는 그런 자들에게 가까이 가셔서 그들을 위로하고 그들에게 힘을 주셔서, 그들
의 심령이 정도 이상으로 상하게 되어서 기진해 버리는 것을 막아 주신다(사
57:15을 보라). 하나님은 높으시고 높은 곳에 계시지만 통회하는 심령으로 하
나님의 은총이 얼마나 소중한지를 아는 자들을 가까이 하시고, 그들이 죄의 짐

에 눌려서 죽어가는 것으로부터 그들을 구원하신다. 하나님께서 그들을 가까이 하시면, 그 효과는 그대로 나타난다.

(3) 의인들은 하나님의 통치의 특별한 보호하심 아래에 두어진다(20절): 여호와는 그의 모든 뼈를 보호하신다. 하나님은 그의 영혼만이 아니라 그의 몸도 보호하시고, 그의 전체적인 몸만이 아니라 그 몸 속에 있는 뼈 하나하나까지도 보호하신다: 그 중에서 하나도 꺾이지 아니하도다. 상한 심령을 지닌 자는 그 뼈가 하나도 꺾이지 않게 될 것이다. 왜냐하면, 다윗 자신이 그가 통회하는 심령을 가졌을 때에 주께서 꺾으신 뼈들도 즐거워하는 것을 알았기 때문이다(시 51:8, 17). 우리는 여기에서 그리스도에 관한 것을 만나게 될 것이라고 전혀 예상할 수 없었지만, 이 성경 본문은 그리스도 안에서 성취되었다(요 19:36). 로마 군사들은 그리스도와 함께 십자가에 못 박힌 두 강도의 다리들을 부러뜨렸지만 그리스도의 다리는 부러뜨리지 않았는데, 이것은 모형인 다윗에게만이 아니라 유월절 양이신 그리스도에게도 하나님의 보호하심에 관한 이 약속이 그대로 실현되었기 때문이다(그 중에서 하나도 꺾이지 아니하도다). 이러한 약속들은 그리스도께 그대로 적용되는 것이지만 그리스도를 통해서 그의 모든 자손에게 적용된다. 선한 자도 그 뼈가 꺾일 수 있다는 것은 엄연한 사실이지만, 그리스도에 관한 하나님의 세심한 섭리를 통해서 그러한 재앙은 놀랍게 방지되었는데, 그리스도의 뼈가 보존된 것은 이러한 약속의 결과였다. 만약 그리스도의 뼈가 꺾였다고 해도, 그 뼈는 약한 것으로 심어서 능력으로 되살아나게 되는 부활의 때에 그 뼈는 온전하게 될 것이다.

(4) 의인들은 환난에서 건지심을 받게 될 것이다.

[1] 의인들은 이 세상에서 그들이 짊어져야 할 십자가를 가지게 되고, 다른 사람들보다도 더 큰 몫을 가지게 되리라는 것이 전제되고 있다. 그들은 이 세상에서 하나님의 뜻과 그리스도의 모범을 따르기 위하여 환난을 겪게 될 것이다(19절). 다윗과 그가 겪은 환난이 보여주듯이(시 132:1), 의인들에게는 환난이 많다. 이 세상에는 의인들을 미워하는 자들이 있고(21절), 그들은 끊임없이 의인들에게 해악을 끼치고자 한다. 또한 하나님께서는 의인들을 사랑하셔서 그들에게 잘못된 것들을 바로잡으려고 하신다. 따라서 하늘의 긍휼하심과 음부의 악의 가운데서 의인들이 겪는 환난은 많을 수밖에 없다.

[2] 하나님은 의인들을 구원하시고 건지신다: 여호와는 그들의 모든 환난에서

건지셨도다(17, 19절). 하나님께서는 그들을 구원하시기 때문에(18절), 그들은 비록 환난에 떨어졌다고 할지라도 결코 망하지 않는다. 그들의 구원에 관한 이러한 약속은 좀 더 설명된다(22절). 첫째, 그들에게 어떤 환난이 닥친다고 하여도 그들의 영혼은 해를 입지 않게 될 것이다. 여호와께서는 그의 종들의 영혼을 스올의 권세(시 49:15)와 모든 환난의 해악으로부터 속량하신다. 하나님은 의인들이 환난을 당하는 가운데 범죄하는 것(이것은 그들에게 해악을 주는 유일한 것이다)을 막아 주고, 그들이 절망하는 것을 막아 주며, 그들이 영혼을 놓지 않게 해주신다. 둘째, 환난들은 의인들의 영원한 복을 가로막지 못할 것이다. 하나님을 의지하는 자들은 고적하게 되지 않을 것이다(개역에서는 그에게 피하는 자는 다 벌을 받지 아니하리로다). 즉, 그들은 하나님과의 교통에서 끊어지지 않을 것이기 때문에 위로를 받지 못하는 처지가 되지 않을 것이다. 하나님께서 버리시지 않았다면 그 누구도 고적하지 않고, 음부에 가지 않았다면 그 누구도 망한 것이 아니다. 하나님의 신실한 종들, 즉 하나님을 기쁘게 해 드리는 것에 마음을 쓰고 하나님을 높이는 것을 그들의 일로 삼는 가운데 하나님을 의지하여 그들을 보호하시고 상 주시도록 소망하며, 하나님을 믿고 자기 자신을 하나님께 부탁하는 자들은 그들에게 무슨 일이 생기든지 평안할 수 있다. 왜냐하면, 그들은 안전하고 복될 것이기 때문이다.

이 절을 노래할 때, 우리는 우리가 하나님의 길들을 선택한 것에 대하여 더욱 확고한 마음을 가져야 하고, 하나님께서 신실하게 그를 따르는 모든 자들에게 특별한 보살핌을 주시겠다고 하신 약속들에 의지해서 더욱 분발하여 하나님을 섬기며 힘을 내어야 한다.

제
— 35 —
편

개요

    다윗은 이 시편에서 하늘과 땅의 의로운 재판장께서 자기를 미워하고 박해하는 자신의 원수들을 대적해 달라고 호소한다. 이러한 호소 속에는 다윗을 죽이려고 온갖 짓을 다하였던 사울과 그 일당이 다윗이 증언한 대로 악한 자들이라는 것이 전제되어 있다. I. 다윗은 그들이 그에게 가한 해악들에 대하여 하나님께 하소연한다. 그들은 그와 다투었고 그와 싸웠으며(1절) 그를 박해하였고(3절) 그를 죽이고자 하였으며(4, 7절) 거짓 고소하였고(11절) 그와 그의 모든 친구들을 음해하였고(15-16, 20절) 그에 대하여 기고만장하였다(21, 25-26절). II. 다윗은 자기가 그들에게 어떤 도발도 한 적이 없으며(7, 19절) 도리어 그들에게 도리를 다하려고 애를 썼다고(12-14절) 자신의 무죄함을 호소한다. III. 다윗은 하나님께 그를 보호하시고 구원하시며 그를 위하여 싸우시고(1-2절) 그를 위로하시며(3절) 그에게 가까이 하셔서 그를 구원해 주시고(17, 22절) 그의 송사를 변호하시며(23-24절) 그를 해하고자 하는 그의 원수들의 모든 음모를 실패로 돌아가게 하시고(3-4절) 그의 멸망을 기대하는 그들의 기대를 실망으로 바꾸시며(19, 25-26절), 마지막으로 그의 모든 친구들에게 호의를 베푸시고 그들을 격려해 주시도록(27절) 기도한다. IV. 다윗은 그를 박해하는 자들이 멸망하게 될 것을 예언한다(4-6, 8절). V. 다윗은 그가 장차 더 좋은 날들을 보게 될 것이라고 다짐하면서(9-10절), 그 때가 되면 그가 하나님을 찬송하겠다고 약속한다(18, 28절). 이 시편을 노래하고 이 시편을 놓고 기도할 때, 우리는 여기에 나오는 내용을 우리가 기분이 언짢아서 다투고 미움을 갖게 된 일들에 적용함으로써 우리에게 가해진 해악들에 대한 무자비한 복수의 감정을 드러내는 데에 사용하지 않도록 주의하여야 한다. 왜냐하면, 그리스도께서는 우리에게 우리의 원수를 용서하고 그들을 쳐서 기도하지 말며 그들을 위하여 기도할 것을 가르치셨기 때문이다. 그러나 1. 우리는 어떤 식으로든 우리에게 해악을 끼친 자들과 관련해서 우리의 무죄함을 우리의 양심이 증언해 주는 것과 하나님께서 스스로 정하신 방식과 때를 따라서 우리를 신원하시며 그동안에는 우리에게 힘을 주셔서 밑받침해 주실 것이라는 소망으로 위로를 받을 수 있다. 2. 우리는 이 시편에 나오는 내용을 다윗과 그의 나라에 의해서 상징되고 있는 그리스도와 그의 나라의 공적인 원수들에 적용해서, 그리스도의 영광에 대하여 행해진 원수들의 무례한 행위들에 대하여 분노하고, 기독교의 의로운 주장과 진실한 경건이 해를 입은 것을 하나님께 호소하고 기도하며, 하나님께서 때가 되면 자신의 죄를 회개하지 않고 하나님께 영광을 돌리지도 않는 교회의 모든 원수들을 패망케 하심으로써 자신의 이름을 영화롭게 하시리라는 것을 믿어야 한다.

〔다윗의 시〕

[1]여호와여 나와 다투는 자와 다투시고 나와 싸우는 자와 싸우소서 [2]방패와 손 방패를 잡으시고 일어나 나를 도우소서 [3]창을 빼사 나를 쫓는 자의 길을 막으시고 또 내 영혼에게 나는 네 구원이라 이르소서 [4]내 생명을 찾는 자들이 부끄러워 수치를 당하게 하시며 나를 상해하려 하는 자들이 물러가 낭패를 당하게 하소서 [5]그들을 바람 앞에 겨와 같게 하시고 여호와의 천사가 그들을 몰아내게 하소서 [6]그들의 길을 어둡고 미끄럽게 하시며 여호와의 천사가 그들을 뒤쫓게 하소서 [7]그들이 까닭 없이 나를 잡으려고 그들의 그물을 웅덩이에 숨기며 까닭 없이 내 생명을 해하려고 함정을 팠사오니 [8]멸망이 순식간에 그에게 닥치게 하시며 그가 숨긴 그물에 자기가 잡히게 하시며 멸망 중에 떨어지게 하소서 [9]내 영혼이 여호와를 즐거워함이여 그의 구원을 기뻐하리로다 [10]내 모든 뼈가 이르기를 여호와와 같은 이가 누구냐 그는 가난한 자를 그보다 강한 자에게서 건지시고 가난하고 궁핍한 자를 노략하는 자에게서 건지시는 이라 하리로다

이 절들에는 다음과 같은 내용들이 나온다.

I. 다윗이 자기를 박해하는 자들의 끊임없는 격동과 악의를 말함으로써 하나님께 자신의 처지를 나타냄. 다윗은 하나님에 의해서 명시적으로 하나님의 종으로 지명된 자였고, 하나님의 인도하심을 따랐으며, 마땅히 행해야 할 길로 행하여 하나님께 영광을 돌리고자 애썼으며, 오늘까지 범사에 양심을 따라 하나님을 섬기며(사도 바울의 말을 빌리면) 살아왔었다. 그렇지만 그에게 시비를 걸고 그가 잘되는 것을 무슨 짓을 해서라도 막고자 하며 모든 세력을 동원해서 그를 해치고자 하는 자들이 있었다. 그들은 그에게 대항하여 싸웠는데(1절), 그에게 은밀하고도 치밀하게 손해를 입혔을 뿐만 아니라, 공공연하게 그를 해치겠다고 공언하고 다녔고, 그들이 할 수 있는 모든 해악을 그에게 행하고자

단단히 마음을 먹었다. 그들은 지치지 않는 적대감을 가지고서 그를 박해하였고, 그의 생명을 찾았으며(4절), 그를 죽이지 않고서는 피에 굶주린 그들의 마음은 충족될 수 없었다. 그들은 그의 심령을 극도로 불안하게 만들어서 미쳐 버리게 하고자 하였다. 또한 그를 해치고자 하는 적대감은 일시적이고 갑작스러운 감정이 아니라 뿌리깊은 악감이었다. 그들은 그에게 해악을 가할 뿐만 아니라 그를 죽일 방법과 수단들을 찾아 내기 위해서 서로 머리를 맞대고 지혜를 짜내서 그를 해칠 계략을 궁리해 내었다. 다윗은 그의 나라의 가장 큰 축복이었는데도, 그들은 그가 이 나라의 저주이자 재앙인 것처럼 취급하였다. 그들은 그를 사납고 위험한 짐승으로 취급하여 사냥하고자 하였다. 그들은 그를 사로잡기 위해서 함정을 파고 거기에 덫을 놓았다(7절). 그들은 그를 박해하기 위해서 함정을 파는 등 많은 수고를 아끼지 않았다(시 7:15). 그들은 그들의 음모를 아주 치밀하고 교활하게 진행해 나갔다. 옛 뱀이 그들에게 교활함을 가르쳐 준 것이었다. 그들은 다윗과 그의 친구들이 알지 못하게 덫을 숨겨 놓았지만, 그 덫은 하나님의 눈에서 감추어질 수는 없었기 때문에 아무 소용이 없었다. 마지막으로, 다윗은 자기가 그들에게 상대가 되지 못한다는 것을 알았다. 그의 원수, 특히 사울은 그가 상대하기에는 너무도 강한 자였다(10절). 왜냐하면, 사울은 군대를 마음대로 지휘할 수 있었고, 법률을 만들고 재판을 행하는 독점적인 권력을 쥐고 있어서, 사람의 생사를 좌지우지할 수 있었고, 그의 길을 가로막는 자에게는 그의 손에 든 창을 던질 수 있었다. 왕의 권력은 그런 것이었고, 왕의 주변에 있던 모든 자들은 옳든 그르든 왕의 명령에 따라서 행할 수밖에 없었다. 왕의 말은 법이었기 때문에, 모든 일은 그의 말에 따라서 이루어졌다. 왕은 밭과 포도원과 관직들을 자기 마음대로 할 수 있었다(삼상 22:7). 그러나 다윗은 가난하고 곤궁해서 친구들을 사귈 만한 재력을 갖고 있지 않았기 때문에, 파산한 자들 외에는 그의 편이 되고자 하는 자가 없었다(삼상 22:2, 환난 당한 모든 자와 빚진 모든 자와 마음이 원통한 자가 다 그에게로 모였고 그는 그들의 우두머리가 되었는데 그와 함께 한 자가 사백 명 가량이었더라). 그러므로 사울이 다윗이 그나마 가지고 있었던 얼마간의 재산이나 세력을 모두 그에게서 빼앗아 버린 것은 전혀 이상한 일이 아니었다. 세상의 왕들이 여호와와 그의 기름 부음 받은 자를 대적한다면, 누가 그들과 다툴 수 있겠는가? 가장 의로운 자들과 가장 의로운 주장이 수많은 권세 있고 악의적인 원수들을 만나는 것은 전혀 새삼스러운 일이 아니라는 것을 명심하라. 그들은 그리스도와 다투고 싸웠으며, 거룩한 씨에게 전쟁을 벌였다. 그런 일이 일어날 때에 우리는 기이하게 여기지 말아야 한다. 그것은 뱀의 후손 속에 있는 여자의 후손에 대한 해묵은 적대감의 결과이다.

II. 다윗은 자기에게 흠이 없다는 것과 그의 주장이 옳다는 것을 하나님께 호소함. 동료 신하가 그를 못살게 굴었다면, 그는 사도 바울이 가이사에게 호소했던 것과 마찬가지로 자신의 왕에게 호소하였을 것이다. 그러나 왕이 그를 못살게 하였기 때문에, 그는 세상의 왕들을 다스리시는 왕이자 재판장이신 그의 하나님께 호소할 수밖에 없었다: 여호와여, 나의 송사를 변호하소서(1절). 다윗은 아주 편한 마음으로 자신의 의로운 송사를 의로우신 하나님 앞에 내놓고서, 그 송사를 판단해 주실 것을 하나님께 부탁하였다. 왜냐하면, 그는 하나님께서 재판을 맡게 되시는 경우에 그 장점들을 너무도 잘 알고 있었고, 하나님의 재판은 온전히 공평하게 이루어지며, 하나님은 사람들을 보아가며 재판하시는 일이 없다는 것을 잘 알고 있었기 때문이다. 하나님은 그들이 아무런 이유도 없이 다윗의 원수들이 되었고, 그들은 아무런 이유도 없이 다윗을 잡으려고 함정을 팠다는 것을 알고 계셨다(7절). 사람들이 우리에게 해악을 가하는 경우에 우리의 양심에 비추어 보아서 우리가 결코 그들에게 어떤 나쁜 짓도 하지 않았다는 것을 확신할 수 있을 때에 이것은 우리에게 큰 위로가 된다는 것을 명심하라. 이것은 사도 바울에게도 그러하였다(행 25:10): 내가 유대인들에게 불의를 행한 일이 없나이다. 우리는 "우리가 그들에게 결코 잘못한 것이 없다"라는 말을 사람들이 우리에게 행한 해악들에 대하여 우리가 언짢은 심정을 갖게 된 것을 정당화하는 데에 사용하기가 쉽다. 그러나 우리는 그런 일을 당했을 때 언짢아하지 말고 기분 나빠하지 않아야 한다. 왜냐하면, 그럴 때에 우리는 더욱 확신있게 하나님께서 우리의 송사를 변호해 주실 것을 기대할 수 있기 때문이다.

III. 다윗은 이 송사에서 하나님께서 그를 위하여 모습을 나타내 주실 것을 기도함.

1. 그를 위하여 나타나 주시라는 것. 그는 하나님께서 그의 원수들과 싸우셔서 그들로 하여금 그를 해칠 수 없게 하시며 그를 해치고자 하는 그들의 음모를 무너뜨리시고(1절), 전사이신 여호와께서 방패와 손방패를 잡으시고(출

15:3) 일어나 나를 도우시도록(2절) 기도하는데, 이것은 그에게는 그를 위하여 일어나서 도울 자가 많지 않았고, 비록 그런 자들이 많이 있다고 할지라도 하나님이 없이는 그들은 그에게 별 도움이 되지 못할 것이기 때문이었다. 다윗은 그가 도망할 때에 원수들이 그를 따라잡지 못하도록 하나님께서 그들의 길을 막으시기를 기도한다(3절). 우리를 박해하는 자들이 있을 때, 우리는 하나님께서 그들을 억제하시고 그들의 길을 막아 주시도록 기도할 수 있다.

2. 그에게 나타나 주시라는 것. "내 영혼에게 나는 네 구원이라 이르소서. 나로 하여금 이 모든 외적인 환난들 가운데서 내적인 위로를 얻게 하시고, 그들이 치고자 하는 내 목숨을 부지하게 하소서. 하나님께서 나의 구원이 되어 주셔서, 나의 현재의 환난으로부터 나를 건져 주시는 구주가 되실 뿐만 아니라 나의 영원한 복이 되어 주소서. 나로 하여금 하나님으로부터 오는 구원을 갖게 하실 뿐만 아니라 그 원천인 하나님의 은총도 얻게 하소서. 나로 하여금 내가 하나님의 은총 속에 있다는 것을 알게 하소서. 내 가슴속에 하나님의 은총에 대한 확신을 갖게 하소서." 하나님께서 성령을 통해서 그가 우리의 구원이시라는 것을 우리의 심령에 증언해 주신다면, 우리가 복되기 위해서는 그것으로 충분하고, 더 이상 다른 것은 필요하지 않다. 사람들이 우리를 박해할 때, 이것은 우리에게 강력한 지지가 된다. 하나님이 우리의 친구가 되신다면, 우리의 원수가 누구이든 그런 것은 아무 문제가 되지 않는다.

IV. 다윗은 그의 원수들이 멸망할 것을 내다봄. 그는 그의 원수들이 멸망하기를 악의 또는 보복하는 마음으로 기도하는 것이 아니다. 우리는 그가 시므이의 저주를 얼마나 큰 인내심으로 참았는지를 알고 있다(그가 저주하는 것은 여호와께서 그에게 다윗을 저주하라 하심이니라). 우리는 평소에 그토록 온유한 마음을 지녔던 다윗이 그의 기도 속에서 무절제한 분노나 감정을 쏟아 부었을 것이라고 생각할 수 없다. 다윗은 여기에서 예언의 영을 힘입어서 그들의 큰 악함, 그들의 악의, 잔혹함, 배신, 특히 하나님의 계획, 신앙과 관련된 일들에 대한 그들의 적대감, 다윗이 권세를 지니고 있었다면 이루었을 개혁에 대한 그들의 적대감으로 인해서 그들에게 임할 하나님의 의로운 심판을 예언하고 있는 것이다. 그들은 죄 가운데서 완악하여졌기 때문에, 범죄하다가 죽기로 되어 있어서 그들을 위하여 기도할 필요가 없는 그런 자들에 속하였던 것 같다(렘 7:16; 11:14; 14:11; 요일 5:16). 다윗은 사울에 대해서 하나님께서 그를 버리셨으며 사무엘에게 그를 위하여 애곡하지 말도록 명하셨다는 것을 알았을 것이다(삼상 16:1). 또한 이 예언들은 한 걸음 더 나아가서, 로마서 11:9과 비교하면 드러나듯이, 그리스도와 그의 나라의 원수들의 운명에 관하여 예언한 것이다. 다윗은 여기에서 다음과 같은 것들을 위하여 기도한다.

1. 그는 그의 많은 원수들을 쳐서 기도한다(4-6절): 그들이 낭패를 당하게 하소서. 또는, 하몬드 박사의 해석처럼, 그들은 낭패를 당하여 물러가게 될 것이다. 이 말씀은 그들로 하여금 회개하게 해 달라는 기도로 해석될 수 있다. 왜냐하면, 회개하는 모든 자들은 그들의 죄로 말미암아 수치를 당하게 되고 그들의 죄에서 물러나게 되기 때문이다. 또는, 만약 그들이 회개하지 않는다면, 그를 해치고자 하는 그들의 음모가 좌절되어서 그들로 하여금 수치를 당하게 해 달라고 다윗은 기도한다. 그는 그의 원수들이 어느 정도까지는 성공을 거두게 되겠지만 결국에는 그들 자신이 패망하게 되리라는 것을 내다본다. 악인들은 오직 바람에 나는 겨와 같다. 따라서 악인들은 하나님의 심판 앞에서 설 수 없기 때문에, 반드시 그 심판에 의해서 날라가 버리게 될 것이다(시 1:4). 그들의 길은 어둡고 미끄러운 길이 되고 어둠과 미끄러움(난외주에서는 이렇게 읽는다)이 될 것이다. 죄인들의 길이 그런 것은 그들이 어둠 속에서 길을 걷고 있어서 항상 죄와 음부로 떨어질 위험성을 안고 있기 때문이다. 죄인들의 길은 결국 그런 길이라는 것이 밝혀지게 된다. 왜냐하면, 때가 되면 그들이 실족하게 될 것이기 때문이다(신 32:35). 그러나 이것은 그들의 최악의 모습이 아니다. 바람 앞의 겨도 도중에 떨어져서 안식할 곳을 찾을 수 있고, 악인들의 걷는 길이 비록 어둡고 미끄럽다고 하더라도 그들은 여전히 실족하지 않을 수도 있다. 그러나 여기에서는 여호와의 천사가 그들을 몰아내어서(5절) 그들은 쉴 곳을 찾을 수 없게 되고, 여호와의 천사가 그들을 뒤쫓을 것이기 때문에(6절) 그들은 멸망의 구덩이를 피할 수 없게 될 것이라고 예언한다. 하나님의 천사들은 하나님을 대적하여 싸우는 자들을 공격하기 위하여 그들을 둘러 진 친다. 천사들은 하나님의 긍휼하심을 시행하는 일꾼들일 뿐만 아니라 하나님의 공의를 시행하는 일꾼들이기도 하다. 하나님을 원수로 삼는 자들은 모든 거룩한 천사들을 그들의 원수로 삼는 것이다.

2. 그는 그의 한 힘있는 원수를 쳐서 기도한다(8절): 멸망이 그에게 닥치게 하소서. 다윗은 여기에서 그를 잡기 위해서 덫을 놓았고 그를 죽이고자 하였던

사울을 염두에 두었을 것이다. 다윗은 자신의 손으로 사울을 건드리지는 않을 것이라고 맹세하였고, 자신의 송사에 있어서 스스로 재판장이 되고자 하지 않았다. 이와 동시에, 그는 여호와께서 그를 치시리라고 예언하였고(삼상 26:10), 여기에서는 그가 숨겨 놓은 덫에 스스로 걸려서 멸망 중에 떨어지게 될 것이라고 예언하였다. 이러한 예언들은 사울의 패망 속에서 뚜렷하게 성취되었다. 왜냐하면, 사울은 다윗에게 그가 왕을 공경한다는 표시로 블레셋 사람들을 죽여서 그들의 포피(包皮)를 100개를 가져오라고 명하면서 속으로는 다윗을 블레셋 사람들의 손에 죽게 하고자 하는 음모를 꾸몄지만(삼상 18:25), 사울은 오히려 자기가 놓은 덫에 스스로 걸려서 블레셋 사람들의 손에 의해서 자신의 생애를 마감하게 되었기 때문이다.

V. 다윗은 자기가 구원을 받게 되리라는 것을 내다봄. 그는 자신의 일을 하나님께 맡겼기 때문에 이것을 조금도 의심하지 않았다(9-10절).

1. 그는 구원의 즐거움을 맛보게 되기를 소망하였다. "내 영혼이 내 자신이 편안하게 되고 안전하게 된 것을 기뻐하는 것이 아니라 여호와와 그의 은총, 그의 약속, 그 약속에 따른 그의 구원을 기뻐하리로다." 하나님과 그의 구원을 즐거워하는 기쁨만이 우리의 영혼을 만족시키는 유일하게 참되고 알맹이 있는 기쁨이다. 여호와 안에서 슬퍼하는 자들, 거룩한 눈물과 슬픔으로 씨를 뿌리는 자들은 때가 되면 그들의 영혼이 여호와 안에서 기뻐하리라는 것을 의심할 필요가 없다. 왜냐하면, 그들이 뿌린 것은 기쁨을 위한 씨앗이고, 그들은 마침내 그들의 주인의 즐거움에 참여하게 될 것이기 때문이다.

2. 다윗은 그 때에 하나님께서는 그 구원으로 인한 영광을 받으시게 될 것이라고 약속하였다(10절): 내 모든 뼈가 이르기를 여호와와 같은 이가 누구냐 하리로다.

(1) 그는 전인적으로 하나님을 찬송할 것이며, 자기 안에 있는 모든 것을 가지고, 그의 영혼의 모든 힘과 활력을 가지고 하나님을 찬양할 것이다. 이러한 뜻은 몸 속에 있으면서 몸의 힘을 이루는 그의 모든 뼈에 대한 언급에 의해서 암시되어 있다.

(2) 그는 하나님을 유례가 없고 비할 바가 없는 완전하신 분으로 찬송할 것이다. 우리는 하나님께서 얼마나 크시고 선하신지를 말로 표현할 수 없기 때문에, 하나님과 비할 수 있는 존재가 없다는 것을 인정함으로써 하나님을 찬송하

여야 한다. 여호와와 같은 이가 누구냐. 여호와와 같이 죄 없이 눌린 자들을 보호하시고 사람들을 압제하면서도 의기양양해하는 자들을 벌하시는 이는 없다. 우리의 뼈들은 너무도 기이하게 만들어졌고(전 11:5; 시 139:16), 아주 유용하게 되어 있으며, 특히 부활의 때에 마른 뼈들에 생기가 불어넣어져서 풀 같이 다시 살아날 것이기 때문에, 우리 몸에 있는 모든 뼈들은 여호와와 같은 이가 누구냐라고 말하며 여호와를 위하여 기꺼이 그 어떤 섬김이나 고난도 달게 받고자 하지 않을 수 없다.

[11]불의한 증인들이 일어나서 내가 알지 못하는 일로 내게 질문하며 [12]내게 선을 악으로 갚아 나의 영혼을 외롭게 하나 [13]나는 그들이 병 들었을 때에 굵은 베 옷을 입으며 금식하여 내 영혼을 괴롭게 하였더니 내 기도가 내 품으로 돌아왔도다 [14]내가 나의 친구와 형제에게 행함 같이 그들에게 행하였으며 내가 몸을 굽히고 슬퍼하기를 어머니를 곡함 같이 하였도다 [15]그러나 내가 넘어지매 그들이 기뻐하여 서로 모임이여 불량배가 내가 알지 못하는 중에 모여서 나를 치며 찢기를 마지아니하도다 [16]그들은 연회에서 망령되이 조롱하는 자 같이 나를 향하여 그들의 이를 갈도다

다윗은 여기에서 그의 원수들이 저지른 두 가지 악독한 일들을 고소함으로써, 하나님께서 그들을 대적하시라는 그의 호소를 정당화한다 — 위증과 배은망덕.

I. 위증(11절).   사울은 아마도 다윗을 범법자로 만들기 위하여 반역죄의 누명을 씌우고자 했을 때에 공식적인 법적 절차를 거쳐서 그렇게 했던 것 같고, 다윗이 반역죄에 해당하는 말이나 행동을 했다는 것을 증언하는 증인들을 세워서, 다윗이 재판에 참석하지 못해서 자신을 소명할 기회를 갖지 못했음에도 불구하고(다윗이 그 재판에 참석하였다고 할지라도 결과는 마찬가지였을 것이다), 다윗을 반역자로 판결하였다. 다윗은 여기에서 이러한 일은 도저히 생각할 수 없는 엄청난 불의라고 하소연한다. 자기에게 이익이 되기만 한다면 그 무엇이라도 맹세로써 증언해 줄 거짓 증인들이 일어나서 내가 알지 못하는 일, 내가 생각한 적도 없는 일로 나를 고소하였다. 가장 선한 사람들의 명예와 지위와 자유와 생명이 가장 악한 자들의 농간에 의해서 얼마나 크게 위태롭게 될 수 있으며, 거짓 증언들 앞에서 무죄함 그 자체는 아무런 방어책도 되지 못한다는

것을 보라. 하지만 하나님께서 악한 자들의 양심조차도 붙들고 계시기 때문에 의인들에게 이것보다 더 큰 재앙이 닥치지 않는다는 것을 인정하고서 우리는 하나님께 감사를 드려야 한다. 사람들이 다윗에게 가한 이러한 해악의 예는 모형적인 것으로서 다윗의 자손에게서 온전히 성취되었는데, 그리스도를 치기 위해서 거짓 증인들이 일어났다(마 26:60). 우리가 어느 때든지 우리가 무죄한 일로 인해서 고소를 당한다면, 우리는 마치 뭔가 새로운 일이 우리에게 일어난 것처럼 그 일을 이상하게 생각하여서는 안 된다. 선지자들을 박해하였던 그들은 심지어 큰 선지자이신 그리스도까지도 박해하였다.

Ⅱ. 배은망덕. 당신이 어떤 사람을 배은망덕한 자라고 한다면, 당신은 그 사람에게 가장 큰 욕을 하는 것이다. 다윗의 원수들은 배은망덕한 자들이었다(12절): 그들은 내게 선을 악으로 갚았다. 그의 수금이 증언해 주고 골리앗의 팔이 증언해 주고 블레셋 사람들의 포피(包皮)가 증언해 주듯이, 다윗은 그의 왕인 사울에게 많은 좋은 일을 행하여 그를 섬겼다. 그렇지만 사울은 다윗을 죽이겠다고 맹세하였고, 사울의 나라는 다윗을 잡으려고 온통 혈안이 되어 있었다. 이러한 일이 그의 영혼을 상하게 하였다. 이러한 비열하고 무자비한 소행은 다윗에게서 기쁨을 앗아 갔고 그의 마음을 다른 그 어떤 것보다도 쓰라리게 만들었다. 다윗은 이 나라의 백성들에게만이 아니라 지금 그에게 지독하게 냉혹해져 버린 바로 그런 사람들에게 좋은 대접을 받아야 마땅했다. 당시에 그가 한 말의 의미가 무엇을 의미하는지는 잘 알려져 있었을 것이다. 다윗은 사울이 우울증을 앓고 있을 때 그의 시중을 들면서 수금이 아니라 그의 기도를 통해서 악한 영을 쫓아내어 줌으로써 사울을 섬겼다. 또한 다윗은 궁정에 머무는 동안에 다른 조신들에게도 이와 같은 공경을 드렸을 것이지만, 지금은 다른 누구보다도 그들이 그를 잡아 죽이려고 가장 혈안이 되어 있었다. 이 점에서 다윗은 그리스도의 모형이었다. 이 악한 세상은 그리스도에 대하여 지극히 배은망덕하였다(요 10:32): 내가 아버지로 말미암아 여러 가지 선한 일로 너희에게 보였거늘 그 중에 어떤 일로 나를 돌로 치려 하느냐. 다윗은 여기에서 다음과 같은 것들을 보여준다.

1. 그들이 환난 가운데에 있을 때에 그가 얼마나 자상하고 애정 어린 마음으로 그들을 대해 주었는지(13-14절): 그들은 병 들었다. 왕들이 사는 궁정조차도 죽음과 질병이 찾아오는 것으로부터 면제를 받지 못한다는 것을 명심하라. 이

러한 자들이 병 들었을 때,

(1) 다윗은 그들을 위하여 애곡하며 그들과 슬픔을 같이하였다. 사실 그들은 다윗과는 아무런 상관도 없는 자들이었다. 다윗은 그들을 섬길 의무가 없었다. 그들이 죽는다고 해도 다윗은 잃을 것이 없었을 뿐만 아니라, 오히려 그들이 죽으면 그에게 이득이 되었을 것이다. 그렇지만 다윗은 순전히 연민과 동정의 마음으로 마치 그들이 그의 가장 가까운 혈육이라도 되는 듯이 그들에게 행하였다. 다윗은 전사였고 강하고 담대한 심령을 지닌 자였지만, 그들을 불쌍히 여기는 마음에 쉽게 끌려서, 영웅의 용맹함을 잊어버리고, 완전히 사랑과 동정에 빠져 있는 듯이 보였다. 강하고 담대한 마음과 자상하고 온유한 마음, 용기와 불쌍히 여기는 마음이 한 사람의 마음속에 동시에 갖는 것은 아주 드문 일이다. 다윗은 형제나 어머니를 위하여 애곡하는 것 같이 그들을 위하여 애곡하였는데, 이것은 우리가 우리의 가까운 혈육의 질병과 슬픔과 죽음을 진심으로 애곡하는 것이 우리의 도리이고 우리에게 합당한 일이라는 것을 보여준다. 그렇게 하지 않는 자들은 혈육의 정이 없는 냉혹한 자들로서 비난을 받아 마땅하다.

(2) 다윗은 그들을 위하여 기도하였다. 그는 인간으로서의 자연스러운 자비와 애정뿐만 아니라 성도로서의 경건한 사랑도 보여주었다. 그는 그들의 영혼들에 관심을 가지고 있었기 때문에, 하나님께서 그들에게 긍휼하심과 은혜를 베풀어 주시라고 기도함으로써 그들을 도왔다. 하늘에서 아주 큰 영향력을 지닌 자의 기도는 아마도 그들이 알고 있었거나 생각했던 것보다 더 많은 가치를 지니고 있었다. 그는 단지 기도만 했던 것이 아니라 베옷을 입고 금식을 하는 등 스스로를 낮추고 그들의 아픔에 동참하였다. 그는 베옷을 입음으로써 그들이 당하는 환난뿐만 아니라 그들의 죄에 대한 자신의 슬픔을 표현하였다. 왜냐하면, 베옷을 입는 것은 회개하는 자가 행하는 것이었기 때문이다. 우리는 자기 자신들을 위하여 애곡하지 않는 자들의 죄를 위하여 애곡하여야 한다. 또한 그가 금식한 것은 그의 기도에 힘을 더하기 위한 것으로서 기도의 열렬함을 표현하는 것이었다. 그는 기도하는 일에 전념하였기 때문에, 음식을 먹고 싶은 식욕도 없었고 음식을 먹을 시간도 내고자 하지 않았다. "내 기도가 내 품으로 돌아왔도다. 나는 기도를 통해서 그들의 마음을 얻거나 그들을 나의 친구로 삼을 수는 없었지만, 내게는 나의 도리를 다했고 내 자신이 이웃을 사랑하는 마

음을 지니고 있다는 것이 입증된 것으로 인한 기쁨이 있었다." 우리는 우리가 어떤 사람에게 좋은 일을 했음에도 불구하고 그 사람이 전혀 은혜를 모른다고 하여도 그런 것에 낙심해서는 안 된다. 왜냐하면, 우리는 우리의 양심의 증언으로 인해서 즐거워할 수 있기 때문이다.

2. 그들은 얼마나 비열하고 무례하며 잔혹한 적대감을 가지고서 그를 대하였는지(15-16절): 내가 넘어지매 그들이 기뻐하였다. 그가 사울의 미움을 사서 넘어져서 궁정에서 쫓겨나 범죄자로 쫓기게 되자, 그들은 그가 당한 재앙에 기뻐하였고, 함께 술자리로 몰려가서 왕의 사랑을 독차지하였던 그가 몰락한 것을 서로 즐거워하였다. 다윗이 그들을 불량배라고 부른 것은 옳은 것이었다. 왜냐하면, 한점 흠없는 영예와 높은 덕을 지닌 사람이 넘어지는 것을 보고 의기양양해하며 기뻐하는 것보다 더 악하고 야비한 짓은 없을 것이기 때문이다. 그러나 이것이 전부가 아니었다.

(1) 그들은 그를 찢었으며, 인정사정없이 그의 명성을 짓밟아서, 그들이 그에게 할 수 있는 온갖 욕을 다 퍼붓고, 그들의 악의가 도달할 수 있는 한계까지 온갖 험담을 늘어 놓았다.

(2) 그들은 그를 향하여 그들의 이를 갈았다. 그들은 그들이 할 수 있는 한 그를 삼켜 버리려고 하는 자들처럼 지독하게 격분하여 온갖 욕과 상소리를 그에게 퍼부었다. 다윗은 광대 노릇을 하는 자였고, 그가 넘어진 것은 연회에서 남을 조롱하는 위선자들의 안줏거리가 되었다. 그것은 술취한 자들이 부르는 노래였다. 망령되이 조롱하는 자들(여기에서 망령된 자라고 불리는 이들은 연기자를 뜻하는 것이 아닌가 싶다)이라 불릴 수 있는 희극 배우들은 큰 잔치와 무도회에서 희극을 연출할 때에 다윗을 그들의 주제로 삼아서 그를 희롱하고 능욕하였으며, 청중들은 그들의 연기에 동의한다는 표시로 콧노래를 부르며 그를 향하여 그들의 이를 갈았다. 이러한 것은 흔히 가장 선한 자들의 혹독한 운명이었다. 사도들은 세상 사람들의 구경거리가 되었다. 권력자들은 다윗이 백성의 사랑과 인기를 독차지하였다는 이유만으로 그를 질시하고 해치고자 하였다. 옳은 일을 하고도 모든 수고와 모든 재주로 말미암아 이웃에게 시기를 받는 것이 의인들의 괴로움이다(전 4:4). 투기 앞에 누가 서리요(잠 27:4).

¹⁷주여 어느 때까지 관망하시려 하나이까 내 영혼을 저 멸망자에게서 구원하시며

내 유일한 것을 사자들에게서 건지소서 [18]내가 대회 중에서 주께 감사하며 많은 백성 중에서 주를 찬송하리이다 [19]부당하게 나의 원수된 자가 나로 말미암아 기뻐하지 못하게 하시며 까닭 없이 나를 미워하는 자들이 서로 눈짓하지 못하게 하소서 [20]무릇 그들은 화평을 말하지 아니하고 오히려 평안히 땅에 사는 자들을 거짓말로 모략하며 [21]또 그들이 나를 향하여 입을 크게 벌리고 하하 우리가 목격하였다 하나이다 [22]여호와여 주께서 이를 보셨사오니 잠잠하지 마옵소서 주여 나를 멀리하지 마옵소서 [23]나의 하나님, 나의 주여 떨치고 깨셔서 나를 공판하시며 나의 송사를 다스리소서 [24]여호와 나의 하나님이여 주의 공의대로 나를 판단하사 그들이 나로 말미암아 기뻐하지 못하게 하소서 [25]그들이 마음속으로 이르기를 아하 소원을 성취하였다 하지 못하게 하시며 우리가 그를 삼켰다 말하지 못하게 하소서 [26]나의 재난을 기뻐하는 자들이 함께 부끄러워 낭패를 당하게 하시며 나를 향하여 스스로 뽐내는 자들이 수치와 욕을 당하게 하소서 [27]나의 의를 즐거워하는 자들이 기꺼이 노래 부르고 즐거워하게 하시며 그의 종의 평안함을 기뻐하시는 여호와는 위대하시다 하는 말을 그들이 항상 말하게 하소서 [28]나의 혀가 주의 의를 말하며 종일토록 주를 찬송하리이다

앞 절들에서와 마찬가지로 이 절들에도 다음과 같은 내용들이 나온다.

I. 다윗은 그를 박해하는 자들의 지독한 불의와 악의와 오만방자함을 설명하고서, 이것을 하나님께서 그들의 손에서 그를 보호해 주시고, 모습을 나타내셔서 그들을 치시도록 요청하는 이유로 제시한다.

1. 그들은 매우 불의한 자들이었다. 그들은 아무런 이유도 없이 다윗을 원수로 대하였는데, 이것은 잘못된 것이었다. 왜냐하면, 그는 결코 그들에게 그 어떤 도발도 하지 않았기 때문이다. 그들은 까닭 없이 그를 미워하였다. 아니, 그들은 그가 그들이 마땅히 그를 사랑하고 공경해야 마땅한 일을 했기 때문에 그를 미워하였다. 이 말씀은 그리스도와 관련해서 신약에서 인용되어서, 그리스도 안에서 성취된 것으로 말해진다(요 15:25): 그들이 이유 없이 나를 미워하였다.

2. 그들은 대단히 무례하였다. 그들은 그에게 통상적인 예의조차도 보일 수 없는 그런 마음을 지니고 있었다: 그들은 화평을 말하지 않는다. 그들은 다윗이 그들에게 시간을 물어 보아도 몇시인지조차도 가르쳐 주고자 하지 않는 그런

자들이었다. 그들은 요셉에게 좋은 말을 할 수 없었던 요셉의 형제들과 같았다 (창 37:4).

  3. 그들은 매우 교만하여 사람들을 멸시하는 자들이었다(21절): 그들은 나를 향하여 입을 크게 벌렸다. 그들은 그가 넘어지는 것을 보았을 때 환호하고 만세를 불렀다. 그들은 그가 궁정을 떠나지 않을 수 없게 되었을 때에 "하하, 우리가 이 날을 얼마나 기다려 왔던가"라고 그의 뒤에서 큰 소리로 외쳤다.

  4. 그들은 매우 야만적이고 비열한 자들이었다. 왜냐하면, 그들은 그가 넘어지자 그를 짓밟았고, 그가 다친 것을 기뻐하였으며, 그를 향하여 스스로 뽐내었기 때문이다(26절). 로마의 군중은 어떤 사람의 운명이 바뀔 때마다 그 사람에 대한 평가를 달리 하기 때문에 넘어진 자를 철저히 짓밟는 속성을 지니고 있다. 마찬가지로, 다윗의 자손이 관원들에 의해서 짓밟히게 되자, 백성들은 그를 십자가에 못 박으소서. 그를 십자가에 못 박으소서라고 외쳤다.

  5. 그들은 다윗을 지지하였던 모든 선한 백성들을 적대시하였다(20절): 평안히 땅에 사는 자들을 모함하여 망쳐 놓기 위해서 그들은 거짓말로 모략하였다.

  (1) 이 땅에 사는 경건한 자들은 비록 그들이 가이사의 원수이자 왕들과 나라들에 해로운 자들이라고 오해를 받는다고 할지라도, 이 땅에서 조용히 살아가고, 여호와 안에서 정부와 방백들에게 순복하여 모든 도리를 다하며, 모든 사람들과 화평하게 살아가고자 하는 것이 그들의 특성이다. 나는 화평을 원한다 (시 120:7).

  (2) 하나님의 백성은 조용히 살아가고자 하지만, 그들의 원수들은 온갖 거짓된 음모들을 꾸며서 그들을 해치고자 하는 것이 통상적인 일이었다. 하나님의 백성들을 혐오스럽고 경멸스러운 자들로 만들기 위해서 온갖 소름끼치는 거짓된 음모들이 꾸며져 왔다. 그들의 말과 행동들은 잘못 해석되었고, 심지어 그들이 혐오하는 것들조차도 그들이 한 짓이라고 누명이 씌워졌으며, 그들을 덫에 걸리게 하기 위하여 법률들이 만들어지기도 했는데(단 6:4), 이 모든 것은 그들을 망하게 하고 뿌리뽑기 위한 것이었다. 다윗을 미워한 자들은 오직 그만을 해치고자 했던 것이 아니라, 하만과 같이 그 땅에 있는 모든 의로운 자들을 그와 더불어서 해치고자 하였다.

  Ⅱ. 다윗은 원수 갚는 것이 하나님께 있다는 말씀을 근거로 하나님께서 그들을 대적해 주시도록 호소하고, 하나님께서 이 모든 것을 아시고 계신다는 것에

호소한다. 여호와여 주께서 이를 보셨나이다(22절). 그들은 다윗을 거짓으로 고소하였지만, 모든 것을 아시는 하나님께서는 다윗이 그들을 거짓으로 고소한 것이 아니라 그들의 있는 그대로의 모습을 말한 것임을 잘 알고 계셨다. 그들은 다윗을 해치고자 하는 그들의 음모를 아주 은밀하게 진행해 왔다(15절). "그들이 스스로 그들의 음모를 자랑하며 얘기하기 전까지는 나는 오랫동안 그런 사실을 알지 못하였다. 그러나 주의 눈은 그들이 그들의 소굴에서 은밀하게 나눈 것들을 다 보고 계셨기 때문에, 주는 그들이 나와 내 백성을 쳐서 말했거나 행한 모든 일들에 대한 증인이십니다." 다윗은 하나님의 공의에 호소한다: 깨서서 나를 공판하시며 나의 송사를 다스리소서(23절). 그리하여 나의 송사를 주의 법정에서 다루시옵소서. "여호와 나의 하나님이여 주의 공의대로 나를 판단하사 나의 호소에 의거해서 선고를 내려 주소서(24절)." 솔로몬이 이와 같은 일을 설명하고 있는 것을 보라(왕상 8:31-32): 주는 하늘에서 들으시고 행하시되 주의 종들을 심판하사 악한 자의 죄를 정하여 그 행위대로 그 머리에 돌리시고 공의로운 자를 의롭다 하사 그의 의로운 바대로 갚으시옵소서.

III. 다윗은 하나님께서 나타나셔서서 그와 그의 친구들에게 은혜를 베푸시고 그의 원수들과 그들의 원수들을 대적하셔서, 섭리를 통해서 이 싸움이 다윗의 영광과 기쁨이 되며 그를 박해하는 자들의 단죄와 혼란으로 끝나게 해 달라고 하나님께 간절히 기도한다.

1. 그는 하나님께서 그를 위하여 행하시며 방관자로 서 계시지 말도록 기도한다(17절). "주여 어느 때까지 관망하시려 하나이까? 주께서는 어느 때까지 악인들의 악행을 못 본 체하시려나이까? 내 영혼을 저 멸망자의 음모에서 구원하소서. 내 유일한 것, 나의 소중한 것을 사자들에게서 건지소서. 내 영혼은 나의 유일한 것이기 때문에, 내가 내 영혼을 소홀히 한다면, 그 수치는 더 클 것이고, 내가 내 영혼을 잃는다면 그 손실은 더 클 것입니다. 내 영혼은 나의 유일한 것이기 때문에 나의 소중한 것이고, 주의 깊게 보호하고 돌보아야 합니다. 그런데 내 영혼이 위험에 처해 있으니, 여호와여 내 영혼을 건지소서. 내 영혼은 특별한 방식으로 영들의 아버지의 것이오니, 주의 것을 지키소서. 내 영혼은 주의 것이오니, 내 영혼을 건지소서. 마치 주께서 나의 원수들이 내게 행하는 일에 동의라도 하는 듯이 잠잠하지 마옵시고, 마치 내가 주께서 아무런 관심도 갖지 않는 낯선 자인 것처럼 나를 멀리 하지 마옵소서. 주께서 교만한 자들을 못 본

체하시는 것과 같이 나를 못 본 체하지 마옵소서.”

2. 다윗은 그의 원수들에게 기뻐할 빌미를 하나님께서 주시지 않기를 기도한다(19절): 그들이 나로 말미암아 기뻐하지 못하게 하소서(24절에서도). 다윗이 이렇게 기도한 것은 그가 불량배들에게 짓밟히는 것이 그에게 치욕스러운 일이 되기 때문이 아니라 그것이 하나님을 욕되게 하고 하나님을 신뢰하는 그의 태도를 욕되게 하는 것이 되기 때문이다. 만약 그렇게 된다면, 그것은 악행을 저지르는 그의 원수들의 마음을 더욱 완악하게 만들고, 다윗에 대한 그들의 적대감을 더욱 견고히 해주며, 다윗의 의로운 주장에 동조한 경건한 모든 유대인들에게 큰 실망이 될 것이다. 다윗은 그들이 마음속으로 아하 소원을 성취하였다고 말할 수 있을 정도로 그가 절박한 위험에 처하지 않게 하시고(25절), 그들이 우리가 그를 삼켰다고 말할 정도로 그가 극단적인 일을 당하지 않도록 해 달라고 기도한다. 왜냐하면, 그런 일들이 일어나게 된다면, 그것은 하나님 자신에게 욕된 일이 될 것이기 때문이다. 다윗은 그런 것들과는 반대로 그들이 함께 부끄러워 낭패를 당하게(26절) 해 달라고 이전처럼(4절) 기도한다. 다윗은 그의 무죄함이 백일하에 드러나서 그들이 그에게 씌운 오명과 그에 대하여 행하였던 중상모략들에 대하여 부끄럽게 하시고, 하나님께서 그의 편이 되어 주신다는 것이 너무도 확고하게 드러나서 그들이 그를 해치고자 한 그들의 음모와 그가 패망했으면 좋겠다고 기대한 것에 대하여 부끄럽게 하시며, 그들로 하여금 그러한 수치를 당하여 스스로 뉘우치고 새 삶을 찾는 계기가 되게 하시거나 수치가 그들의 영원한 비참한 삶의 일부로서 그들의 몫이 되게 하시기를 소원한다.

3. 다윗은 그의 친구들이 즐거워하고 하나님께 영광을 돌릴 빌미를 얻게 해 달라고 기도한다(27절). 사울의 무리들이 다윗에 대하여 흑색선전을 하고 그를 극악무도한 자로 만들어서 그에게 호감을 가졌던 백성들을 기겁을 하여 그에게서 떼어 놓고자 온갖 음모를 꾸몄음에도 불구하고, 다윗이 사울에게 박해를 받고 있다는 것을 알고서 그의 의로운 주장을 편들고 그에게 애정을 지니고 있었던 사람들이 일부 있었다. 다윗은 그들을 위해서 다음과 같이 기도한다.

(1) 그들이 그가 기뻐하는 것들을 더불어 기뻐할 수 있게 해 달라는 것. 정직한 사람과 정직한 주장이 승리를 거두고 성공하는 것을 보는 것은 모든 선한 자들에게 큰 즐거움이다. 하나님의 백성이 박해를 받고 짓밟힌다고 하여도 진

심으로 그들 편을 들며 기꺼이 그들과 운명을 같이하고자 하는 자들은 때가 되면 기쁨으로 소리치며 즐거워하게 될 것이다. 왜냐하면, 의로운 주장은 결국 승리하게 될 것이기 때문이다.

(2) 그들로 하여금 그와 더불어 하나님을 찬송하게 해 달라는 것. 그의 종의 형통함을 기뻐하시는 여호와는 위대하시다 하는 말을 그들이 항상 말하게 하소서. 좀 더 살펴보자.

[1] 크신 하나님께서는 선한 자들, 즉 하나님의 가족인 교회 전체만이 아니라 그의 가족에 속한 각각의 종이 형통하는 것을 기뻐하신다. 하나님은 그들이 세상적인 일들과 영적인 일들 속에서 모두 형통하는 것을 기뻐하시고, 그들이 일이 잘못되어서 근심하고 슬퍼하는 것을 기뻐하지 않으신다. 왜냐하면, 하나님은 그의 백성들을 의도적으로 괴롭히시는 분이 아니기 때문이다. 그러므로 우리는 그들의 형통함을 기뻐하여야 하고 그것을 시기하지 않아야 한다.

[2] 하나님께서 그의 종들의 형통함을 좋아하시고 기뻐하신다는 것을 섭리를 통해서 보여주실 때, 우리는 그것을 감사함으로 인정하여야 하고, 하나님을 찬송하며 "여호와는 위대하시다"라고 말하여야 한다.

IV. 다윗은 하나님의 긍휼하심을 얻기를 소망하며 기도하면서, 주께서 긍휼을 베풀어 주시면 찬송으로 보답할 것을 약속한다. "나를 구원하신 주께 내가 감사하며(18절), 나의 혀가 주의 의, 곧 주의 판단들이 의롭다는 것과 주께서 베푸신 모든 일들이 공평하다는 것을 말하리이다."

1. 그는 이런 일을 하나님에 대한 그의 도리를 고백하는 것을 기뻐하고 전혀 부끄러워하지 않는 자처럼 많은 사람들 앞에서 공개적으로 하겠다고 약속한다. 그는 하나님을 찬송하는 일을 많은 회중 앞에서와 많은 사람들 속에서 함으로써 하나님으로 하여금 더 큰 영광을 받게 하고자 한다.

2. 그는 이 일을 끊임없이 하겠다고 약속한다. 그는 하나님을 찬송하는 일을 매일매일(이렇게 해석할 수도 있다) 종일토록 하고자 한다. 왜냐하면, 하나님을 찬송하는 일은 아무리 해도 다함이 없는 일이고, 성도들과 천사들이 끝없이 찬송을 드린다고 하여도 하나님을 찬송할 일은 이루 헤아릴 수 없이 많기 때문이다.

<h1 style="text-align:center">제
— 36 —
편</h1>

개요

다윗이 이 시편을 언제 그리고 어떤 경우에 지었는지는 확실하지 않지만, 아마도 그는 사울이나 압살롬에 의해서 공격을 받고 있을 때에 이 시편을 지은 것 같다. 왜냐하면, 이 시편 속에서 그는 그를 해치고자 하는 그의 원수들의 악의에 대하여 하소연하지만, 그를 향하신 하나님의 선하심을 믿고서 승리의 개가를 부르고 있기 때문이다. 우리는 여기에서 다음과 같은 것들을 살펴보도록 인도하심을 받고 있고, 또한 다음과 같은 것들을 진지하게 살펴보는 것은 우리에게 좋은 일이 될 것이다. I. 죄의 죄악됨과 해로움(1-4절). II. 하나님의 선하심과 은혜로우심. 1. 하나님은 모든 피조물들에게 은혜로우시다(5-6절). 2. 하나님은 특별히 그의 백성에게 은혜로우시다(7-9절). 이것을 통해서 시편 기자는 모든 성도들을 위해서 기도하고(10절) 특히 자기 자신과 자기를 보호해 주실 것에 대하여 기도하며(11절) 그의 원수들이 넘어질 것이 확실함을 믿고서 승리의 개가를 부를 힘을 얻게 된다(12절). 이 시편을 노래할 때에 우리의 마음이 죄를 미워하는 것과 하나님의 인자하심에 만족하는 마음으로 가득 차게 된다면, 우리는 이 시편을 제대로 깨닫고서 은혜로써 부르고 있는 것이 된다.

〔여호와의 종 다윗의 시, 인도자를 따라 부르는 노래〕
¹악인의 죄가 그의 마음속으로 이르기를 그의 눈에는 하나님을 두려워하는 빛이 없다 하니 ²그가 스스로 자랑하기를 자기의 죄악은 드러나지 아니하고 미워함을 받지도 아니하리라 함이로다 ³그의 입에서 나오는 말은 죄악과 속임이라 그는 지혜와 선행을 그쳤도다 ⁴그는 그의 침상에서 죄악을 꾀하며 스스로 악한 길에 서고 악을 거절하지 아니하는도다

다윗은 이 시편의 표제 속에서 여호와의 종으로 표현되어 있다. 이러한 표현이 시편 18편과 이 시편을 제외하고 다른 시편들 속에는 사용되지 않는 이유를 우리는 제시할 수 없다. 그러나 다윗은 모든 믿는 자들이 다 하나님의

종이라는 의미에서 뿐만 아니라 왕이자 선지자로서 그의 시대에 다른 어떤 사람보다도 더 직접적이고 뛰어나게 사람들 가운데서 하나님의 나라에 봉사하는 데에 쓰임받은 자라는 의미에서도 여호와의 종이었다. 그는 자기가 여호와의 종이라는 것을 자랑하며 기뻐한다(시 116:16). 크신 하나님의 종이라는 것은 가장 위대한 사람들에게 체면을 구기는 일이 아니라 영광스러운 일이다. 그것은 사람이 이 세상에서 올라갈 수 있는 가장 높은 자리이다.

다윗은 이 절들 속에서 악인들이 얼마나 악한지를 설명하는데, 그가 염두에 두고 있는 것이 특별히 그를 박해한 자들이었는지 아니면 일반적으로 모든 악한 죄인들이었는지는 확실하지 않다. 그러나 우리는 여기에서 죄의 원인들, 죄의 다채로운 모습들, 죄의 뿌리와 그 가지들을 보게 된다.

I. 여기에 쓴 뿌리가 나오는데, 악인들의 모든 악행은 거기에서 나온다.

1. 쓴 뿌리는 그들이 하나님을 멸시하고 하나님을 안중에 두지 않는 것으로부터 생겨난다(1절). "악인의 죄(이것은 나중에 묘사된다, 3-4절)가 그의 눈에는 하나님을 두려워하는 빛이 없다고 나의 마음이 이른다(나로 하여금 내 자신 속에서 그렇게 결론을 내리게 만든다). 왜냐하면, 악인들에게 하나님을 두려워하는 것이 있다면, 그들은 그토록 오만방자하게 말하거나 행하지 않을 것이기 때문이다. 그들이 하나님의 엄위하심에 대한 경외심이나 하나님의 진노하심에 대한 두려움을 가지고 있다면, 그들은 감히 하나님의 법들을 범하거나 하나님과 맺은 계약들을 깨뜨리고자 하지 않을 것이다." 그러므로 이 범법자들은 그의 눈에 하나님을 두려워하는 빛이 없기 때문에 이러저러한 일을 하였다고 우리의 법률에 의한 고소장의 형태로 표현되는 것이 여기에서 합당하다. 악인들은 그들이 하나님을 두려워하지 않는다고 공개적으로 공언한 것이 아니라, 그들의 범죄가 경건과 불경건의 본질에 대하여 알고 있는 모든 사람들의 마음속에 그들이 하나님을 두려워하지 않는다는 것을 은밀하게 속삭인 것이었다. 다윗은 뚜렷한 목적도 없이 산 자들은 이 세상에서 하나님 없이 산 자들이라는 결론을 내렸다.

2. 쓴 뿌리는 그들이 스스로를 속이고 그들 자신의 영혼을 의도적으로 속인 것으로부터 생겨난다(2절): 그는 스스로 자랑한다. 즉, 그는 계속해서 죄악을 저지르면서도 그가 자기 자신을 위하여 지혜롭고 잘 처신하고 있다고 생각하며, 그의 악한 행위들의 해악과 위험을 보거나 시인하려고 들지 않는다. 그는 악을

선이라고 하고 선을 악이라고 한다. 그는 자신의 방탕함을 자유라고 보고, 자신의 속이는 말과 행위를 자신의 사려분별이라고 여기며, 그는 하나님의 백성을 박해하는 것은 꼭 필요한 공의의 일부라고 생각한다. 그가 행하는 것에 대하여 그의 양심이 그를 찌르면, 그는 하나님은 감찰하지 아니하리니 내게는 평안이 있으리라고 말한다. 죄인들은 스스로에게 아첨하는 자들이 됨으로써 스스로를 망치고 멸망시키는 자들이 된다는 것을 명심하라. 그들이 스스로를 속이지 않았다면, 사탄은 그들을 속일 수 없었을 것이다. 그러나 과연 그러한 속임수가 영원히 지속될 것인가? 그렇지 않다. 죄인의 속임수가 드러나고 그의 죄악이 가증스러운 것임이 드러나는 날이 오고 있다. 죄악은 하나님이 미워하시는 것, 가증스러운 것이다. 죄악은 여호와께서 미워하시는 가증한 일이고, 하나님의 순결하고 질투하시는 눈이 쳐다보기도 싫어하시는 가증스러운 것이다. 또한 죄악은 죄인 자신을 해치는 것이기도 하기 때문에, 그에게도 당연히 미운 것이 되어야 한다. 그러나 실제로는 죄인은 자신의 죄를 미워하지 않는다. 죄악 속에는 세속적인 이익과 감각적인 쾌락이 있기 때문에 죄인은 죄악을 달콤한 사탕처럼 그의 혀 아래에 놓고 굴린다. 그렇지만 그의 음식이 창자 속에서 변하며 뱃속에서 독사의 쓸개가 될 것이다(욥 20:13-14). 그들의 양심이 죄를 깨닫게 되고, 죄가 그 진면목을 드러내어서 그들이 그 모습을 보고 경악하며, 두렵고 떨림의 잔이 그들의 손에 쥐어져서 그 잔을 그들이 남김없이 마시게 될 때, 그들의 죄악은 가증스러운 것임이 드러나게 될 것이고, 그들이 스스로에게 아첨했던 것은 그들의 이루 말할 수 없는 어리석은 짓이라는 것이 밝혀질 것이며, 그들의 단죄를 더욱 가중시킬 것이다.

II. 여기에 이러한 쓴 뿌리로부터 생겨나는 저주받은 가지들이 나온다. 죄인은 하나님을 무시하고 도전하며 심지어 자기 자신도 무시하고 도전한다. 그러므로 그의 모든 일이 엉망으로 될 것은 너무도 뻔한 일이 아니겠는가? 이 두 가지는 죄가 들어가는 첫 번째 입구들이다. 사람들은 하나님을 두려워하지 않기 때문에, 자기 자신에게 아첨을 한다.

1. 그들은 그들이 말하는 것이 진실이든 거짓이든 옳은 것이든 잘못된 것이든 아무런 신경도 쓰지 않는다(3절). 그의 입에서 나오는 말은 죄악과 속임이고, 그는 악을 행하고자 애쓰면서도 그것을 그럴 듯하고 특별한 것들로 위장하고 덮고자 한다. 스스로를 속이는 자들이 온 인류를 어떻게 하면 속일까를 궁리한

다고 해서 이상할 것은 전혀 없다. 그들 자신의 영혼에 대하여 거짓된 자들이 누구에게 진실하겠는가?

2. 그들 속에 어떤 선한 것이 있었다고 할지라도, 그런 것들은 모두 사라져 버리고 만다. 그들 속에 있던 미덕의 불꽃들은 꺼져 버리고, 죄에 대한 자각은 질식당하며, 선한 싹들은 없어져 버린다. 그들은 지혜롭게 되는 것과 선을 행하는 것을 그쳤다. 그들은 지혜의 가르침과 신앙의 다스림 아래에 있는 것으로 보였지만, 그러한 결박들을 끊어 버렸다. 그들은 신앙을 벗어 버렸고, 그와 동시에 지혜도 벗어 버린 것이었다. 선을 행하는 것을 그친 자들은 지혜롭게 되는 것을 그친 것이라는 것을 명심하라.

3. 선행에서 떠나서 선행을 그친 그들은 선한 자들과 선을 행하는 자들을 해치고 못살게 굴 궁리를 한다(4절): 그는 그의 침상에서 죄악을 꾀한다.

(1) 어떤 것을 하지 않게 되면 그 자리를 메우려고 다른 것을 행하게 된다. 사람들이 선행을 그치고 기도하기를 그치며 하나님의 예배에 참석하는 것을 그치고 하나님께 행해야 할 마땅한 도리를 그치게 되면, 마귀는 그들을 죄 속으로 유인될 자들을 유인하는 자신의 대리인과 도구로 삼고, 죄 속으로 유인되지 않는 자들에게 해악을 끼치는 자신의 도구로 삼는 법이다. 선행을 그치는 자들은 악행을 하기 시작한다. 마귀는 원래 무죄한 자였다가 배교하자마자 곧 하와를 유혹하는 자가 되었고 의로운 아벨을 박해하는 자가 되었다.

(2) 악을 행하는 것은 나쁜 일이지만, 악을 의도적으로 궁리해 내고, 악을 가장 효과적으로 행하기 위하여 온갖 지혜를 다 짜내며, 옛 뱀의 악의와 영악함을 가지고서 치밀한 계획을 세워서 악을 행하고, 하나님과 그의 말씀을 묵상해야 할 곳인 침상에서 악을 꾀하는 것은 더 나쁜 일이다(미 2:1). 이것은 죄인의 마음이 악을 행할 궁리를 하는 것으로 가득 차 있다는 것을 웅변적으로 보여준다.

4. 그들은 죄의 길, 선하지 않은 길, 그 속에 선한 것도 없고 선한 목적도 없는 그런 길로 들어선 후에, 계속해서 그 길에 단호하게 머물고자 한다. 그가 계획한 악이 비록 그가 해야 할 도리나 그의 진정한 유익과 상반되는 것임에도 불구하고, 그는 자기가 꾀한 악을 실행하기로 단단히 결심하고 있어서, 그 무엇도 그로 하여금 그가 계획한 일을 하지 못하게 막을 수 없다. 죄인들이 완악함과 뻔뻔스러움으로 자신의 마음을 강철 같이 굳게 하고 그들의 얼굴을 놋쇠처

럼 굳게 하지 않는다면, 그들은 의롭고 선한 모든 것과 완전히 상반되는 그들의 악한 길들을 계속해서 갈 수 없을 것이다.

5. 그들은 스스로 악을 행함과 동시에 다른 사람들이 행하는 악도 싫어하지 않는다. 그는 악을 미워하지 않고, 도리어 악에서 기쁨을 느끼며, 다른 사람들도 자기처럼 악한 것을 보고 즐거워한다. 또는, 이 말씀은 그가 자신의 죄를 뉘우치지 않는다는 것을 의미할 수도 있다. 악을 행한 자들은 하나님께서 그들로 하여금 회개하게 하시면 그들은 그들이 행한 악을 미워하게 되고 그 악에 대한 미움 때문에 스스로를 미워하게 된다. 악을 저질렀을 때에는 아무리 달콤하였다고 하더라도, 그 일을 되돌아보고 회상하는 것은 끔찍한 일이다. 그러나 이러한 완악한 죄인들은 화인을 맞아서 마비되어 버린 양심을 지니고 있기 때문에, 그들이 한 짓을 되돌아본다고 하여도 결코 후회하거나 뉘우침이 없고, 도리어 마치 그들이 하나님 앞에서조차도 그들의 소행을 정당화할 수 있다는 듯이 그들이 한 일에 대하여 아무런 가책도 느끼지 못한다.

어떤 이들은 다윗이, 이 모든 것 속에서 하나님을 두려워하는 것을 벗어 던져 버리고 모든 선함을 그쳤던 사울, 다윗에게 호의를 지니고 있다는 듯이 그의 딸을 다윗에게 아내로 주었으면서도 동시에 다윗을 해치고자 음모를 꾸몄던 사울을 특히 염두에 두고 있었을 것이라고 생각한다. 그러나 우리는 이 본문들을 해석함에 있어서 우리 자신을 그러한 것들에 제한할 필요는 없다. 우리들 가운데는 이 본문의 말씀들이 너무도 딱 들어맞는 사람들이 아주 많은데, 이것은 참으로 통탄스러워 해야 할 일이다.

[5]여호와여 주의 인자하심이 하늘에 있고 주의 진실하심이 공중에 사무쳤으며 [6]주의 공의는 하나님의 산들과 같고 주의 심판은 큰 바다와 같으니이다 여호와여 주는 사람과 짐승을 구하여 주시나이다 [7]하나님이여 주의 인자하심이 어찌 그리 보배로우신지요 사람들이 주의 날개 그늘 아래에 피하나이다 [8]그들이 주의 집에 있는 살진 것으로 풍족할 것이라 주께서 주의 복락의 강물을 마시게 하시리이다 [9]진실로 생명의 원천이 주께 있사오니 주의 빛 안에서 우리가 빛을 보리이다 [10]주를 아는 자들에게 주의 인자하심을 계속 베푸시며 마음이 정직한 자에게 주의 공의를 베푸소서 [11]교만한 자의 발이 내게 이르지 못하게 하시며 악인들의 손이 나를 쫓아내지 못하게 하소서 [12]악을 행하는 자들이 거기서 넘어졌으니 엎드러지고 다시 일어날 수

없으리이다

다윗은 이제까지 근심 어린 마음으로 악인들의 악함을 이리저리 살펴서 말한 후에, 여기에서는 기쁜 마음으로 하나님의 선하심을 눈을 들어 바라보는데, 하나님의 선하심이라는 주제는 앞에 나온 죄인들에 관한 끔찍한 주제만큼이나 너무도 즐겁고 기쁜 주제이기 때문에, 앞에 나온 내용을 상쇄시키기 위하여 이러한 내용을 여기에 두는 것은 매우 적절한 일이다. 좀 더 살펴보자.

I. 하나님의 은혜에 대한 다윗의 묵상. 다윗은 악인들의 죄악으로 말미암아 이 세상이 더럽혀졌고 자기 자신이 위태로워졌으며 하나님께서 욕을 당하게 되셨다는 것을 본다. 그런데 갑자기 다윗은 그의 눈과 마음과 말을 하나님께 향하여 "그럴지라도 주는 선하십니다"라고 고백한다. 그는 여기에서 다음과 같은 것들을 인정하고 고백한다.

1. 모든 것에 뛰어나신 하나님의 완전하신 성품들. 우리는 흔히 사람들 가운데 진실도 없고 인애도 없으며(호 4:1) 정의나 공의도 없다(사 5:7)고 하소연한다. 그러나 우리는 이 모든 것들을 한 점 흠도 없는 상태로 하나님 안에서 발견할 수 있다. 이 세상에 없는 것이나 잘못된 것이 그 무엇이라고 할지라도, 우리는 이 세상을 다스리시는 하나님 안에는 없는 것이나 잘못된 것이 전혀 없다는 것을 확신한다.

(1) 하나님은 다함없는 선하심을 지닌 하나님이시다: 여호와여 주의 긍휼하심이 하늘에 있나이다. 사람들이 불쌍히 여기는 마음을 닫아 버린다고 할지라도, 우리는 하나님에게서 및 그의 은혜의 보좌 앞에서 긍휼하심을 발견할 수 있다. 사람들이 우리를 해치려고 음모를 꾸미고 있다고 할지라도, 우리가 하나님께 꼭 붙어 있기만 한다면, 하나님은 우리에 대하여 가장 좋은 것들을 마련해 두고 계신다. 이 땅에서 우리는 만족할 만한 것을 거의 만날 수 없고 수많은 걱정과 근심을 만날 뿐이지만, 하나님의 온전하고 영원한 긍휼하심이 지배하는 하늘에서는 오직 만족함만이 존재한다. 그러므로 우리가 평안하고자 한다면, 우리는 하늘과 교통함을 가져야 하고, 그렇게 되기를 소망하여야 한다. 이 세상이 아무리 악하다고 할지라도, 우리는 결코 하나님이나 그의 통치를 나쁘게 생각해서는 안 된다. 오히려 우리는 사람들 가운데 악이 횡행하는 것을 볼 때에 하나님이 죄에 대하여 호의적인 것이 아닌가 의구심을 품을 것이 아니라 하나

님께 그토록 무례하게 도발하는 자들을 그토록 많이 참으시고 햇빛과 비를 그들에게도 동일하게 부어 주시는 하나님의 오래 참으심을 찬송하여야 한다. 하늘에 하나님의 긍휼하심이 없었다면(즉, 그 어떤 피조물의 긍휼의 마음을 무한히 뛰어넘는 그러한 긍휼하심), 하나님은 벌써 오래 전에 이 세상을 다시 물로 멸망시켜 버리셨을 것이다(사 55:8-9; 호 11:9을 보라).

(2) 하나님은 절대적으로 진실하신 하나님이시다: 주의 진실하심이 공중에 사무쳤나이다. 하나님은 비록 악인들이 많은 죄악들을 행하는 것을 허용하시기는 하지만 죄에 대하여 경고하신 말씀에 신실하셔서, 악인들과 결산하게 될 날이 오게 될 것이다. 또한 하나님은 그의 백성과 맺은 계약에도 신실하셔서, 그의 계약은 깨질 수 없고, 그 계약으로 인한 약속들은 이 땅이나 음부의 온갖 악의에도 불구하고 일점일획도 어긋날 수 없다. 사람은 거짓되지만 하나님은 신실하시다는 것은 모든 선한 자들에게 큰 위로가 된다. 사람들은 헛된 말들을 하지만, 여호와의 말씀은 순전한 말씀이다. 하나님의 진실하심과 신실하심은 너무도 높이 뻗쳐 있어서, 사람들과는 달리 날씨에 따라서 변동되지 않는다. 왜냐하면, 하나님의 신실하심은 구름을 뚫고서 창공(어떤 이들은 이렇게 해석되어야 한다고 생각한다)에 미쳐서 구름 아래의 온갖 기후 변화에도 전혀 영향을 받지 않기 때문이다.

(3) 하나님은 그 누구도 이의를 제기할 수 없는 공의와 공평의 하나님이시다. 주의 공의는 큰 산들과 같아서, 요지부동으로 흔들림이 없으며 온 세상에 높이 솟아서 뚜렷하게 드러난다. 왜냐하면, 여호와께서는 모든 일에서 의로우시고, 그 어떤 피조물에게도 결코 잘못하셨거나 앞으로도 잘못하지 않으시리라는 것은 그 어떤 진리보다도 더 확실하고 분명하기 때문이다. 구름과 흑암이 그를 둘렀을 때조차도 공의와 정의가 그의 보좌의 기초이다(시 97:2).

(4) 하나님은 이루 헤아릴 수 없는 지혜와 모략의 하나님이시다. "주의 판단들은 큰 바다와 같아서, 그 어떤 유한한 이해력의 잣대로 측량할 수 없다." 하나님의 권세는 왕의 권세이기 때문에 하나님이 우리에게 그 권세에 대하여 그 어떤 설명을 할 의무를 지고 있지 않으신 것과 마찬가지로, 하나님의 길은 특이하고 신비로워서 우리가 그 길을 헤아릴 수 없다: 주의 길이 바다에 있었고 주의 곧은 길이 큰 물에 있나이다. 우리는 하나님께서 모든 일을 지혜롭고 잘 하신다는 것을 알지만, 하나님께서 무슨 일을 하시는지는 지금으로서는 알 도리가 없

다. 나중에는 우리가 그것을 알게 될 날이 오게 될 것이다.

2. 하나님은 섭리를 통해서 두루 살피시고 후하게 베푸심. "주는 사람과 짐승을 보존하시는데, 그들을 재앙에서 보호해 주실 뿐만 아니라 삶을 살아가는 데에 필요한 것들을 공급해 주신다." 짐승들은 하나님을 알거나 찬송할 수 없지만, 하나님께서는 짐승들을 은혜로 살피시고 공급해 주신다. 짐승들은 하나님을 바라보고, 하나님은 짐승들에게 때를 따라서 양식을 주신다. 우리는 하나님께서 악한 자들에게 양식을 주시는 것을 이상하게 생각해서는 안 된다. 왜냐하면, 하나님은 사나운 짐승들도 먹이시기 때문이다. 우리는 하나님께서 선한 자들에게 좋은 것을 공급해 주시리라는 것을 염려해서는 안 된다. 젊은 사자들을 먹이시는 하나님은 그의 자녀들을 굶주리게 하지 않으실 것이다.

3. 성도들을 향하신 하나님의 특별한 은총. 좀 더 살펴보자.

(1) 그들의 속성(7절). 그들은 하나님의 탁월한 인자하심에 매혹되어서 주의 날개 그늘 아래에 피하는 자들이다.

[1] 하나님의 인자하심은 그들에게 보배로운 것이다. 그들은 그것을 소중히 여기고, 그 안에서 이루 말할 수 없는 달콤함을 맛본다. 그들은 이 세상에 있는 그 어떤 것보다 뛰어나고 사랑스러우며 보배로운 하나님의 아름다우심과 인자하심을 경탄한다. 하나님의 인자하심을 경탄하지 않는 자들은 하나님을 아는 자들이 아니다. 하나님의 인자하심을 간절하게 얻고자 하지 않는 자들은 스스로를 알지 못하는 자들이다.

[2] 그러므로 그들은 하나님을 전폭적으로 신뢰한다. 그들은 하나님을 의지하고 자기 자신을 하나님의 보호하심 아래에 두고서, 마치 병아리들이 암탉의 날개 아래에 있는 것과 같이 그들 자신이 안전하다고 생각하며 스스로 평안한 것을 발견하게 된다(마 23:37). 이방인 개종자들은 이스라엘의 하나님의 날개 아래에 보호를 받으러 왔다(룻 2:12). 이방인 개종자들을 모으는 데 있어서 하나님의 탁월한 인자하심보다 더 적절한 것이 무엇이 있겠는가? 하나님과 관련해서 우리에게 만족을 주는 것 중에서 하나님의 인자하심보다 더 강력한 것이 무엇이 있겠는가? 이렇게 사랑에 이끌린 자들은 하나님께 꼭 붙어 있고자 한다.

(2) 그들의 특권. 하나님을 그들의 주로 삼은 자들은 복되고 이루 말할 수 없이 복되다. 왜냐하면, 하나님 안에서 그들은 완전한 행복을 누리고 있고 누릴 수 있으며 장래에도 누리게 될 것이기 때문이다.

　[1] 그들의 소원들은 만족함을 얻게 될 것이다(8절) : 그들이 주의 집에 있는 살진 것으로 풍족할 것이다. 그들에게 부족한 것들이 공급될 것이고, 그들이 원하는 것들이 만족함을 받게 될 것이며, 그들이 바라는 것들은 이루어질 것이다. 모든 것이 풍성하신 하나님 안에서 그들은 빛을 받고 커진 영혼이 원하거나 바라는 모든 것들을 풍성하게 얻게 될 것이다. 세상의 좋은 것들과 감각의 쾌락들은 아무리 많이 누려도 결코 우리를 배부르게 하지 못한다(사 55:2). 그러나 하나님의 은총과 은혜가 우리에게 주어지면 우리는 배부르게 되고, 하나님의 은총과 은혜는 아무리 많이 받아도 결코 물리지 않는다. 은혜를 받은 영혼은 여전히 하나님을 더 많이 원하지만 결코 하나님 이외의 것을 원하지는 않는다. 섭리에 의해서 주어진 선물들은 그들을 너무도 만족시켜 주기 때문에, 그들은 그들이 가진 것들로 만족하게 된다. 내게는 모든 것이 있고 또 풍부하다(빌 4:18). 거룩한 예배와 말씀들이 주는 유익은 하나님의 집에 있는 살진 것으로서 거룩하게 된 영혼에게 힘을 주는 단 것이 되어서 영적이고 경건한 삶을 살아가게 만든다. 이 살진 것을 통해서 그들은 풍족해지고 배부르게 된다. 그들은 이 세상에서 하나님과 교통하며 살아가는 것과 하나님께서 주신 약속들로 인한 위로를 받는 것 이외에 그 어떤 것도 원하지 않는다. 그러나 온전하고 풍성한 만족은 손으로 짓지 아니한 집, 즉 장차 천국에서 영원히 주어지게 될 것이다. 거기에서는 모든 그릇이 가득 채워질 것이다.

　[2] 그들의 기쁨은 영원하게 될 것이다 : 주께서 주의 복락의 강물을 마시게 하시리이다. 첫째, 진정으로 하나님께 속한 즐거움들이 있다. "그것들은 주의 즐거움들로서 주를 중심으로 주로부터 나올 뿐만 아니라 주께로 돌아간다." 순전히 영적인 이 즐거움들은 윗 세상에 거하는 영광스러운 존재들이 누리는 것과 동일한 성격의 즐거움들이고, 영원하신 하나님께서 누리는 즐거움과도 어느 정도 유사성을 지닌다. 둘째, 이러한 즐거움들의 강물이 있다. 그 강물은 언제나 즐거움들로 가득 차 있고 항상 새로우며 끊임없이 흐른다. 모두가 마시기에 충분하고 각자가 마시기에 충분하다(시 46:4을 보라). 감각의 쾌락들은 악취가 나는 시궁창 물인 반면에, 믿음의 즐거움들은 순전하고 유쾌하며 수정 같이 맑다(계 22:1). 셋째, 하나님은 그의 백성들에게 이러한 즐거움의 강물을 공급해 주실 뿐만 아니라, 그들로 하여금 그 강물을 마시게 하며, 그들 속에 은혜로 역사하셔서 이러한 즐거움들을 소원하는 마음을 일으키시고, 성령을 통해서 그

들의 영혼을 믿음 가운데에 기쁨과 평안으로 채우신다. 하늘에서 그들은 하나님의 오른쪽에 있는 영원한 즐거움을 영원히 마시게 되고 충만한 기쁨으로 영원히 배부르게 될 것이다(시 16:11).

[3] 생명과 빛은 그들의 영원한 복이자 분깃이 될 것이다(9절). 첫째, 그들은 그들의 지극한 복이신 하나님을 모심으로써 하나님 안에서 즐거움이 강물이 흘러나오는 생명의 원천을 갖게 된다(8절). 자연의 하나님은 자연적인 생명의 원천이시다. 하나님 안에서 우리는 살고 움직이며 존재한다. 은혜의 하나님은 영적인 생명의 원천이시다. 거룩하게 된 영혼의 모든 힘과 위로, 그 모든 은혜로운 원리들과 능력들과 역사들은 하나님으로부터 온다. 하나님은 영혼이 느끼는 모든 신적인 것들과 그것들을 향한 영혼의 모든 움직임들의 원천이시다. 하나님은 그에게 소원을 둔 자를 일깨우시고, 그에게 오고자 하는 자로 하여금 그에게 와서 생명의 물을 마음껏 마시게 하신다. 하나님은 영원한 생명의 원천이시다. 영화롭게 된 성도들의 행복은 하나님을 뵈옵고 하나님을 누리는 데 있으며, 아무런 방해도 받지 않은 체 하나님의 사랑을 직접적으로 전달받는 데에 있다. 둘째, 그들은 하나님 안에서 완전한 빛을 소유하게 되는데, 지혜와 지식과 기쁨 등과 같은 모든 것이 이 빛 안에 포함되어 있다: 주의 빛 안에서 우리가 빛을 보리이다.

1. "은혜의 주를 아는 지식과 영광의 주를 보는 것을 통해서 우리는 우리의 이해력에 적합하고 우리의 이해력을 풍족하게 만족시킬 것을 갖게 될 것이다." 성경 속에서 비취는 저 하나님의 빛, 특히 세상의 빛이신 그리스도의 얼굴 속에서 비취는 하나님의 빛은 그 안에 모든 진리를 가지고 있다. 우리가 휘장 안에서 하나님을 얼굴과 얼굴을 대하여 보게 될 때, 우리는 완전한 빛을 보게 될 것이고, 그 때에는 모든 것을 온전히 알게 될 것이다(고전 13:12; 요일 3:2).

2. "지금 주와 교통하며, 주께서 우리에게 은혜를 주시고 우리가 주께 우리의 헌신과 사랑을 돌려 드리며, 곧 하늘에서 주를 뵙는 것을 통해서 우리는 완전한 복과 만족을 얻게 될 것이다. 주의 은총 속에서 우리는 우리가 바라는 모든 선한 것을 얻게 된다." 이 곳은 어두운 세상이다. 우리는 이 세상 속에서 거의 위로를 보지 못한다. 그러나 하늘의 빛 속에는 참된 빛이 있고, 거기에는 거짓된 빛이 없으며, 결코 소멸되지 않는 영원한 빛이 있을 뿐이다. 이 세상에서 우리는 여러 피조물들과 방편들을 통해서 하나님을 뵈옵고 하나님을 누린다.

그러나 하늘에서는 하나님이 친히 우리와 함께 계실 것이고(계 21:3), 우리는 직접적으로 하나님을 뵈옵고 누리게 될 것이다.

Ⅱ. 여기에는 이러한 묵상들에 근거한 다윗의 기도들과 중보 기도들과 거룩한 승리의 개가들이 나온다.

1. 다윗은 모든 성도들을 위하여 중보 기도하면서, 그들이 하나님의 은총과 은혜의 유익과 위로를 항상 체험할 수 있게 해 달라고 간구한다(10절).

(1) 다윗은 하나님을 아는 자들, 하나님을 고백하고 하나님과 친하게 지내며 하나님을 그들의 하나님으로 모신 자들, 마음이 정직한 자들, 진심으로 신앙을 고백하고 하나님과 사람에 대하여 신실한 자들을 위하여 중보 기도한다. 하나님에 대하여 정직하지 않은 자들은 그들의 생각과는 달리 하나님을 알지 못하는 자들이다.

(2) 다윗이 그들을 위하여 간구하는 축복은 하나님의 인자하심(즉, 하나님께서 그들을 향하여 호의를 가지고 계시다는 것을 보여주는 징표들)과 하나님의 의(즉, 하나님께서 그들 속에 행하신 은혜의 역사들)이다. 또는, 하나님의 인자하심과 의는 약속에 따른 하나님의 선하심이다. 그것들은 긍휼하심과 진리이다.

(3) 다윗은 이러한 축복이 어떤 식으로 전달되기를 바라고 있는가. 어머니가 자신의 젖가슴을 꺼내어서 아기에게 물려 주고, 아기가 그 젖가슴으로부터 젖을 빨아 먹듯이, 하나님께서 그러한 복을 계속 베푸소서. 그러한 복이 영원에 이르기까지 베풀어지기를 원하나이다. 하늘에서 성도들의 복은 완전할 것이고 또한 계속될 것이다. 왜냐하면, 거기에 있는 샘물은 항상 차 있을 것이고, 강물들은 항상 흐르고 있을 것이기 때문이다. 이러한 것들 속에는 지속함이 있으리라(사 64:5).

2. 다윗은 자기 자신을 위해서는 그가 계속해서 죄를 짓지 않게 하시며 위로를 받게 해 달라고 기도한다(11절). "교만한 자의 발이 내게 이르지 못하게 하셔서, 나로 하여금 걸려 넘어지거나 짓밟히게 하지 마소서. 나를 해치려고 뻗친 악인들의 손이 나를 어떤 유혹을 통해서 나의 순전함과 흠없음으로부터 쫓아 내거나 그 어떤 환난을 통해서 나의 평안과 위로로부터 쫓아 내지 못하게 하소서." 하나님을 대적하여 싸우는 자들로 하여금 하나님께 꼭 붙어 있고자 하는 자들에게 승리하여 의기양양하게 하지 마옵소서. 하나님과의 교통에서 오는 즐거

움을 경험한 자들은 그 어떤 것으로 인해서 그로부터 그러한 즐거움이 제거되지 않기만을 바랄 뿐이다.

3. 다윗은 때가 되면 그의 모든 원수들이 엎드러지게 될 것을 소망하며 기뻐한다(12절). "악을 행하는 자들이 나를 해치고자 하는 목적을 이루게 되었다고 생각할 찰나에 거기서 그들이 나를 잡기 위해서 쳐놓은 덫에 스스로 걸려서 엎드러졌다." 성도들이 심판을 통과하여 하나님의 집에서 살게 된 저 세상 거기에서 (어떤 이들은 이렇게 해석한다) 악을 행한 자들은 심판에 부쳐져서 음부, 곧 무저갱 속으로 던져져서, 하나님의 진노와 저주의 무게에 짓눌려서 결코 거기로부터 나올 수 없게 될 것이다. 사실, 우리는 우리의 어떤 원수가 넘어졌을 때에 그것을 기뻐해서는 안 된다. 그러나 악을 행한 모든 자들이 최종적으로 엎드러지는 것은 영화롭게 된 성도들의 영원한 승리의 개가가 될 것이다.

제 37 편

— 37 —

개요

　　이 시편은 설교로서 대부분의 시편들과는 달리 우리의 기도를 위한 것이 아니라 우리의 행실을 위해서 매우 유익한 설교이다. 이 시편 속에는 기도나 찬송이 없고, 모두 교훈으로 이루어져 있다. 이 시편은 "마스길-교훈 시편"이다. 이 시편은 하나님의 섭리 가운데서 가장 난해한 것들에 속하는 악인들의 형통과 의인들의 비참함에 관한 해설이고, 그러한 것들에 의해서 야기되는 어려움들에 대한 해결책이며, 그러한 난관들 아래에서 우리에게 합당한 대로 행하라는 권면이다. 선지자들(다윗도 그 중 한 사람이었다)의 사명은 율법을 해설해 주는 것이었다. 모세의 율법은 순종하는 자들에게는 현세적인 축복을, 불순종하는 자들에게는 현세적인 비참한 삶을 선언하였는데, 이것은 주로 하나의 민족으로서의 한 무리의 사람들에게 주어진 것이었다. 왜냐하면, 이 율법이 구체적인 사람들에게 적용되었을 때, 죄인들이 형통하고 성도들이 역경을 맞는 사례들이 많이 발생하였기 때문이다. 이러한 사례들을 하나님께서 말씀하신 것과 조화시키는 것이 이 시편에서 선지자의 의도이다. I. 그는 우리에게 악한 길로 행하는 악인들이 형통하는 것에 대하여 괴로워하지 말도록 명한다(1, 7, 8절). II. 그는 우리에게 그러한 것에 대하여 우리가 괴로워하지 않아야 할 지극히 타당한 이유들을 제시한다. 1. 악인들은 그들의 형통에도 불구하고 추한 속성을 지니고 있고(12, 14, 21, 32절) 의인들은 존귀한 속성을 지니고 있다는 것(21, 26, 30-31절). 2. 악인들의 멸망과 패망이 가깝고(2, 9-10, 20, 35, 36, 38절) 의인들은 악인들의 모든 악의적인 음모들로부터 구원받고 보호받는다는 것(13, 15, 17, 28, 33, 39-40절). 3. 하나님께서 모든 선한 자들에게 특별한 긍휼하심을 예비해 두고 계시며 그들에게 은총을 베푸신다는 것(11, 16, 18-19, 22-25, 28-29, 37절). III. 그는 악인들의 형통을 시기하는 이러한 죄를 막아줄 지극히 좋은 치료책들을 처방하고, 그러한 치료책들을 사용하도록 격려한다(3-6, 27, 34절). 이 시편을 노래할 때, 우리는 하나님의 섭리를 이해하고 거기에 순응해서, 언제든지 세심하게 우리가 해야 할 일을 행한 후에 인내를 가지고서 모든 일을 하나님께 맡기고 현재의 사정이 아무리 캄캄하다고 할지라도 "하나님을 경외하고 그 앞에서 두려워하는 자들에게는 모든 일이 잘될" 것이라고 믿고서, 서로 올바르게 가르치고 권면하여야 한다.

〔다윗의 시〕
[1]악을 행하는 자들 때문에 불평하지 말며 불의를 행하는 자들을 시기하지 말지어다 [2]그들은 풀과 같이 속히 베임을 당할 것이며 푸른 채소 같이 쇠잔할 것임이로다 [3]여호와를 의뢰하고 선을 행하라 땅에 머무는 동안 그의 성실을 먹을 거리로 삼을지어다 [4]또 여호와를 기뻐하라 그가 네 마음의 소원을 네게 이루어 주시리로다 [5]네 길을 여호와께 맡기라 그를 의지하면 그가 이루시고 [6]네 의를 빛 같이 나타내시며 네 공의를 정오의 빛 같이 하시리로다

여기에 주어진 교훈들은 아주 분명하다. 따라서 이 교훈들은 해설하는 데에 많은 말은 필요없다. 그러나 이 교훈들을 실천에 옮기 위해서는 많은 것들이 행해져야 하고, 또한 그럴 때에 이 교훈들은 빛을 발하게 될 것이다.

I. 우리는 여기서 악을 행하는 자들이 형통하고 성공하는 것을 불평하지 말라는 주의를 받는다. 악을 행하는 자들 때문에 불평하지 말며 불의를 행하는 자들을 시기하지 말지어다(1-2절). 다윗은 아마도 자기 마음속에서 일어나고 있었던 이러한 부패한 감정들을 억누르기 위해서 이 말을 먼저 스스로에게 말하였고 자신의 마음에 대고 설교한 것 같다(침상에 누워서 자신의 마음과 대화하면서). 그런 후에 다윗은 자기와 비슷한 시험을 당하고 있는 다른 사람들에게 교훈을 주기 위하여 이 말씀을 기록으로 남겼을 것이다. 우리 자신에게 설교를 해서 성공을 거두었을 때, 그 설교는 다른 사람들에게 행해졌을 때에도 성공을 거둘 가능성이 대단히 높다.

1. 우리 주변을 둘러보면, 우리는 세상이 악을 행하는 자들과 불의를 행하는 자들로 가득 차 있고, 그런 자들은 번성하고 형통하며, 그들이 갖고자 하는 것을 가지고 있고 그들이 행하고자 하는 것을 행하며, 편안하고 화려하게 살아가고, 그들의 손에 권력을 쥐고서 주변 사람들에게 해악을 끼치는 것을 보게 된다. 다윗의 시대에도 마찬가지였다. 그러므로 우리는 지금도 사정이 여전히 그렇다는 것을 볼지라도 마치 새삼스러운 것이거나 이상한 일이라도 되는 듯이 그런 것을 이상하게 여겨서는 안 된다.

2. 우리가 우리 안을 들여다보면, 우리는 우리 자신이 그러한 세상에 대하여

불평하고자 하고 이 땅의 추한 모습들과 온갖 더럽고 고약한 것들에 대하여 시기하는 마음을 갖게 되는 것을 발견하게 된다. 우리는 마치 하나님께서 악인들로 하여금 형통하며 의인들을 이기고 잘 살도록 허용하심으로써 이 세상과 그의 교회에 대하여 무정하게 행하신다고 여겨서 하나님에 대하여 불평하기 쉽다. 우리는 악인들의 악한 계획들이 성공을 거두는 것을 보면서 화가 나서 스스로 안달복달하기가 쉽다. 우리는 악인들이 온갖 불법적인 수단들을 동원해서 그들의 욕망에 빠져서 재물을 마음껏 모으는 것에 대하여 시기하기 쉽고, 우리도 악인들처럼 양심의 속박을 벗어 버리고 악인들과 똑같이 행하고자 하는 마음을 갖기가 쉽다. 우리는 악인들야말로 유일하게 행복한 자들이라고 생각해서 그들을 닮고자 하고 그들과 합류하여 그들의 이익에 참여하며 그들의 진수성찬을 먹고자 하는 유혹을 받게 된다. 이러한 것들에 대하여 우리는 다음과 같은 경고를 받는다: 불평하지 말며 시기하지 말지어다. 불평과 시기는 그 대가를 치러야 하는 그러한 죄들이다. 그 대가는 영혼의 불안함과 뼈가 썩는 것이다. 그러므로 우리는 우리 자신에게 잘하기 위해서 그러한 것들을 경계하여야 한다. 그렇지만 이것이 전부가 아니다.

3. 우리가 믿음의 눈으로 내다볼 때, 우리는 악인들의 형통을 시기할 이유가 전혀 없다는 것을 알게 된다. 왜냐하면, 그들의 패망이 문 앞에 와 있고, 그들은 패망을 향하여 점점 더 걸어가고 있는 것이기 때문이다(2절). 악인들이 형통하고 번성하는 것은 풀이나 푸른 채소가 번성하는 것과 같은데, 풀이 번성하는 것을 시기하거나 불평하는 사람은 아무도 없다. 의인의 형통은 철을 따라 열매를 맺는 나무의 형통과 같지만(시 1:3), 악인의 형통은 순간적인 것에 불과한 풀과 푸른 채소의 형통함과 같다.

(1) 악인들은 곧 저절로 시들게 된다. 외적인 형통은 점차 시들어가는 것이고, 악인들의 삶도 마찬가지이다.

(2) 악인들은 곧 하나님의 심판에 의해서 베임을 당하게 된다. 그들이 승리의 노래를 부르는 것은 잠깐이지만, 그들이 울며 불며 통곡하는 것은 영원히 지속될 것이다.

Ⅱ. 우리는 여기에서 하나님을 신뢰하고 하나님 안에서 만족하는 삶을 살도록 권면을 받는데, 그러한 삶은 우리를 악을 행하는 자들의 형통에 대하여 불평하는 것으로부터 막아 주게 될 것이다. 우리가 우리 자신의 영혼에 대하여

잘하고자 한다면, 우리는 그들의 영혼에 대하여 너무도 나쁜 짓을 하고 있는 악인들을 시기할 이유가 없다는 것을 보게 될 것이다. 여기에서는 우리가 지켜야 할 세 가지 뛰어난 교훈들이 나오고, 그것들을 강화하기 위하여 우리가 의지할 수 있는 세 가지 소중한 약속들이 나온다.

1. 우리는 하나님을 우리의 소망으로 삼고서 우리가 마땅히 행해야 할 도리를 행하여야 한다. 그러면 우리는 이 세상에서 평안한 삶을 살게 될 것이다(3절).

(1) 우리는 여호와를 의뢰하고 선을 행하여야 하며, 하나님을 신뢰하고 하나님의 뜻을 준행하여야 한다. 신앙의 삶은 많은 것이 하나님, 그의 은총, 그의 섭리, 그의 약속, 그의 은혜를 믿고 의지하며, 하나님의 뜻에 따라서 하나님과 이웃을 부지런히 섬기는 데에 있다. 우리는 하나님을 의지하면서 우리가 하고 싶은 대로 살 수 있다고 생각해서는 안 된다. 우리가 하나님을 향한 우리의 도리를 힘써 행하지 않는다면, 그것은 하나님을 의지하는 것이 아니라 하나님을 시험하는 것이다. 또한 우리는 선을 행하고서 우리 자신을 의지하며 우리 자신의 의와 힘을 의지할 수 있다고 생각해서도 안 된다. 우리는 여호와를 의지함과 동시에 선을 행하여야 한다.

(2) 우리가 그렇게 한다면, 하나님께서는 이 세상에서 우리가 살아갈 수 있도록 모든 것을 공급해주실 것이라고 약속하신다: 너희가 땅에 머무는 동안 진실로 여호와께서 너희를 먹이시리라(개역에서는 땅에 머무는 동안 그의 성실을 먹을 거리로 삼을지어다). 시편 기자는 "내가 출세를 해서 왕궁에 거하며 호의호식하게 될 것이다"라고 말하지 않는다. 그러한 것은 불필요하다. 사람의 생명은 그러한 것들의 풍성함에 있지 않다. 도리어, 시편 기자는 이렇게 말한다: "너는 네가 살게 될 곳, 즉 이 땅 가나안, 묵시의 골짜기에서 살게 될 것이고, 네게 꼭 필요한 양식을 얻게 될 것이다." 이것으로 충분하다. 그것은 의인이 바라는 것이고(창 28:20), 천국으로 가고 있는 자에게 충분하다. "너는 정착할 곳, 평안히 정착할 곳을 얻게 될 것이고, 먹고 살 것, 즉 편안히 먹고 살 것을 얻게 될 것이다: 진정으로 여호와께서 너를 먹이실 것이다." 어떤 이들은 이 본문을 너는 믿음으로 양식을 삼게 될 것이다라고 읽는데, 이것은 의인이 믿음으로 말미암아 살게 되리라는 것을 의미한다. 하나님의 약속들을 먹고 사는 것은 참으로 선한 삶이고 좋은 양식이다. "하나님께서 엘리야를 기근이 들었을 때 먹이신 것과

마찬가지로, 하나님은 진실로 너를 네게 필요한 것으로 먹이실 것이다." 하나님은 그를 의지하는 모든 자들에게 목자가 되셔서 그들을 먹이신다(시 23:1).

2. 우리는 하나님을 우리 마음의 기쁨으로 삼아야 한다. 그러면 우리는 우리 마음의 소원을 갖게 될 것이다(4절). 우리는 하나님을 의지할 뿐만 아니라 하나님을 우리의 위로로 삼아야 한다. 우리는 하나님이 계시다는 것, 하나님께서 자기 자신을 우리에게 계시하셨다는 것, 하나님은 우리와 언약을 맺은 하나님이시라는 것을 기뻐하여야 한다. 우리는 하나님의 아름다우심, 너그럽고 풍성하심, 인자하시고 온유하심을 기뻐하여야 한다. 우리의 영혼은 하나님께로 돌아가서, 안식처 되시는 하나님 안에서 쉬며, 하나님을 우리의 영원한 분깃으로 삼아야 한다. 우리는 하나님의 인자하심에 만족하여야 하고, 그것을 우리의 이루 말할 수 없는 기쁨으로 삼아야 한다(시 43:4). 본문에서는 우리에게 선을 행하라고 명령한 후에(3절), 하나님을 기뻐하라고 명령한다. 하나님을 기뻐하는 것은 우리의 도리이자 특권이다. 우리가 힘써 하나님께 순종한다면, 우리는 하나님 안에서의 만족감으로 인한 위로를 받을 수 있다. 하나님을 기뻐하는 이 즐거운 의무조차도 거기에 약속이 첨가되어 있는데, 이 약속은 아무리 힘든 섬김이라도 보상해 주기에 충분할 만큼 너무도 온전하고 소중한 약속이다: 그가 네게 마음의 소원을 주시리로다. 하나님은 육신의 모든 욕구들과 마음의 모든 망상들을 다 채워 주시겠다고 약속하신 것이 아니라, 새로워지고 거룩하게 된 영혼의 모든 바라는 것들과 마음의 모든 소원들을 이루어 주시겠다고 약속하셨다. 의인의 마음의 소원은 무엇인가? 그것은 하나님을 알고 사랑하며 하나님의 뜻에 합당하게 살아가는 것이고, 하나님을 기쁘게 해 드리고 하나님 안에서 기뻐하는 것이다.

3. 우리는 하나님을 우리의 인도자로 삼아서, 모든 일에서 하나님의 인도하심과 처분에 순복하여야 한다. 그러면 우리의 모든 일들, 심지어 너무도 복잡하게 꼬여서 우리가 어찌할 바를 모르는 그런 일들조차도 잘 풀리게 되어서 우리로 만족하게 될 것이다(5-6절).

(1) 우리가 해야 할 일은 아주 쉽다. 우리가 그것을 제대로만 한다면, 우리는 평안히 살 수 있게 될 것이다: 네 길을 여호와께 맡기라. 너의 행사를 여호와께 맡기라(난외주에서는 이렇게 읽는다. 잠 16:3; 시 55:22). 너희 염려를 다 주께 맡기라(벧전 5:7). 우리는 우리 자신과 관련된 일을 다 주께 맡겨 버리고 장래의

일들에 대한 생각으로 우리 자신을 괴롭히거나 복잡하게 만들지 않아야 하며(마 6:25), 방법들을 궁리해 내거나 결과를 예상하는 것을 통해서 근심하고 괴로워하지 말고, 그 모든 일을 하나님께 맡겨서, 하나님께서 그의 지혜롭고 선한 섭리를 통해서 우리와 관련된 모든 일들을 하나님께서 기뻐하시는 대로 행하시도록 맡겨야 한다. 네 길에서 물러나서 여호와께로 물러나라(칠십인역에서는 이렇게 읽는다). 즉, "기도를 통해서 너의 사정과 너의 모든 염려를 여호와 앞에 다 아뢰고(입다가 미스바에서 자기의 말을 다 여호와 앞에 아뢴 것처럼, 삿 11:11), 그런 후에 여호와께서 선한 결과를 이루어 주실 것을 믿고 하나님께서 행하시는 모든 일은 선하시다는 것을 아는 온전한 만족감으로 그 일을 여호와께 의뢰하라." 우리는 우리가 해야 할 일을 다한 후에(이것이 우리가 신경을 써야 할 부분이다) 결과를 하나님께 맡겨야 한다. 조용히 앉아서 이 일이 어떻게 될지를 보라(룻 3:18). 우리는 하나님의 섭리를 강제하려고 들지 말고 섭리를 따라야 하며, 무한하신 지혜에게 어떻게 해 달라고 요구하는 것이 아니라 그 지혜가 행하시는 일에 순복하여야 한다.

(2) 약속은 매우 달콤하다.

[1] 일반적으로. "네가 하나님께 맡긴 것은 무엇이든지 하나님께서 이루실 것인데, 네가 생각한 대로는 아닐지라도 네가 만족할 만한 결과를 가져다 주실 것이다. 하나님은 너를 곤경에서 끌어 내시고 너의 두려움을 막아 주시며 네가 원하는 바를 만족스럽게 이루어 주실 방법을 찾아 내실 것이다."

[2] 구체적으로. "하나님은 너의 명성을 지켜 주실 것이고, 너를 곤경에서 끌어 내셔서 위로를 주실 뿐만 아니라 신뢰와 존귀를 얻게 하실 것이다: 네 의를 빛 같이 나타내시며 네 공의를 정오의 빛 같이 하시리로다(6절). 즉, 하나님은 네가 정직한 자라는 것을 드러내셔서 너로 하여금 존귀함을 얻게 하실 것이다." 첫째, 이 말씀 속에는 선한 자들의 의와 공의가 섭리에 의한 여러 가지 불명예스러운 일들(욥이 당한 큰 환난은 그의 의를 어둡게 하였다) 또는 사람들의 악의적인 비난과 비방에 의해서 잠시 가려져서, 그들이 듣지 않아도 될 악명을 듣게 되고, 그들이 알지 못하는 죄목으로 고소를 당하게 되는 일이 있을 수 있다는 것을 함축하고 있다. 둘째, 이 말씀 속에는 하나님께서 때가 되면 이 세상에서와 저 큰 날에 그들이 받고 있는 수치를 굴려 버리시고 그들의 무죄함을 밝히 드러내시며 그들의 의로움을 나타나게 하셔서 그들로 하여금 존귀하게 되

게 하시겠다는 약속이 내포되어 있다(마 13:43). 우리가 선한 양심을 지키는 데에 힘쓰고 있다면, 우리는 우리의 선한 이름을 지켜 달라고 하나님께 맡길 수 있다.

7여호와 앞에 잠잠하고 참고 기다리라 자기 길이 형통하며 악한 꾀를 이루는 자 때문에 불평하지 말지어다 8분을 그치고 노를 버리며 불평하지 말라 오히려 악을 만들 뿐이라 9진실로 악을 행하는 자들은 끊어질 것이나 여호와를 소망하는 자들은 땅을 차지하리로다 10잠시 후에는 악인이 없어지리니 네가 그 곳을 자세히 살필지라도 없으리로다 11그러나 온유한 자들은 땅을 차지하며 풍성한 화평으로 즐거워하리로다 12악인이 의인 치기를 꾀하고 그를 향하여 그의 이를 가는도다 13그러나 주께서 그를 비웃으시리니 그의 날이 다가옴을 보심이로다 14악인이 칼을 빼고 활을 당겨 가난하고 궁핍한 자를 엎드러뜨리며 행위가 정직한 자를 죽이고자 하나 15그들의 칼은 오히려 그들의 양심을 찌르고 그들의 활은 부러지리로다 16의인의 적은 소유가 악인의 풍부함보다 낫도다 17악인의 팔은 부러지나 의인은 여호와께서 붙드시는도다 18여호와께서 온전한 자의 날을 아시나니 그들의 기업은 영원하리로다 19그들은 환난 때에 부끄러움을 당하지 아니하며 기근의 날에도 풍족할 것이나 20악인들은 멸망하고 여호와의 원수들은 어린 양의 기름 같이 타서 연기가 되어 없어지리로다

이 절들에는 다음과 같은 내용들이 나온다.

I. 앞에 나온 교훈들이 다시 반복된다. 왜냐하면, 우리는 아무런 열매도 없는 무익한 불평과 불만으로 우리 자신의 평안을 깨기가 너무도 쉽기 때문에, 우리로 하여금 그러한 것들을 억누르고 자제하게 하기 위해서는 교훈에 교훈을 더하고 반복해서 말해야 할 필요가 있기 때문이다.

1. 우리는 하나님을 믿음으로써 우리 마음을 가라앉혀야 한다. "여호와 앞에 잠잠하고 참고 기다리라(7절). 즉, 하나님께서 행하시는 모든 일에 잘 순응하고 묵묵히 거기에 따르라. 왜냐하면, 그것은 하나님께서 정하신 것이고 또한 가장 좋은 것이기 때문이다. 우리는 하나님께서 어떤 방식으로 일을 하시는지를 알지는 못하지만, 하나님은 모든 일이 합력하여 우리에게 선한 일이 되도록 하시리라는 것을 믿고서 만족하여야 한다." 여호와께 잠잠하라(이것이 원문의 의미

이다). 화가 나서 부루퉁한 얼굴로 잠잠하는 것이 아니라 하나님에 뜻에 온전히 순복하여서 잠잠하라는 말이다. 앞으로 우리를 위해서 정해진 일을 인내로써 기대하면서 우리에게 현재 닥친 일을 인내로써 참아 내는 것은 우리가 해야 할 도리이자 우리의 유익을 위한 것이기도 하다. 왜냐하면, 그렇게 할 때에 우리는 항상 평안하게 살 수 있게 되기 때문이다. 그렇게 해야 할 충분한 이유가 있다. 왜냐하면, 그것은 부득이한 일을 불평 없이 행하고 받아들이는 것이기 때문이다.

2. 우리는 이 세상에서 우리가 보는 것으로 요동해서는 안 된다. "자기 길이 형통하며 악한 꾀를 이루는 자, 즉 악인임에도 불구하고 이 세상에서 번성하며 크고 부유하게 되는 자 때문에 불평하지 말지어다. 자신의 권력과 부를 가지고 남들에게 해악을 끼치며 덕 있고 선한 자들에게 악한 음모를 꾸며서 자신의 목적을 달성하여 그들을 짓밟은 듯이 보이는 자 때문에 불평하지 말지어다. 네 마음속에서 불평이 일어나기 시작하면, 너의 어리석음을 억누르고 분을 그치고 노를 버리며(8절), 불평과 시기의 싹을 잘라내 버리고, 그 일로 인하여 하나님과 그의 섭리에 대하여 악한 생각을 품지 말도록 하라. 하나님께서 행하시는 그 어떤 일에 대해서도 화를 내지 말고, 분노를 버리라. 그것은 가장 나쁜 종류의 분노이다. 불평하지 말라. 오히려 악을 만들 뿐이라. 네가 악인들에게 이끌려서, 그들이 부자가 되고 출세하기 위하여 걸었던 것과 같은 악한 길을 걷거나 그들과 그들의 권력을 피하기 위하여 그들과 똑같은 길을 걷지 않도록 하기 위하여 그들의 형통을 시기하지 말라." 우리의 심령이 불평과 불만에 빠지게 되면, 우리는 많은 유혹과 시험에 노출이 된다는 것을 명심하라. 그런 것들에 빠져 있는 자들은 악을 행할 위험이 대단히 높다.

Ⅱ. 악인들은 형통함에도 불구하고 곧 멸망하게 되리라는 것과 의인들은 현재 환난을 당하여도 진정으로 복되다는 것을 근거로 한 앞에 나온 이유들은 여기에서 더 자세하게 확대되어 설명되고, 그 동일한 것들이 여러 가지 표현들로 반복되어 설명된다. 우리는 악인들이 세상적으로 형통하는 것과 의인들을 해치고자 하는 그들의 음모가 성공하는 것에 대하여 시기하지 말라는 주의를 들었는데(7절), 여기에 나오는 그 이유들은 이 두 가지 시험과 연관된 것들이다.

1. 선한 자들은 악인들이 세상적으로 형통하는 것을 시기하거나 근심하거나 언짢아할 이유가 없다.

(1) 악인들의 형통은 곧 끝나게 될 것이기 때문에(9절). 악을 행하는 자들은 그들이 한창 형통할 때에 하나님의 돌연한 심판에 의해서 끊어지게 될 것이다. 그들이 죄악을 통해서 얻은 것들은 그들로부터 떠나갈 뿐만 아니라(욥 20:28), 그들도 그들의 재산과 더불어서 함께 날라가 버리게 될 것이다. 이러한 자들의 종말을 보고(시 73:17), 그들이 죄악으로 말미암아 얻은 재물이 그들에게 얼마나 혹독한 대가를 치르게 할 것인지를 보라. 그러면 너희는 그들을 시기하거나 부러워할 마음이 아예 싹 사라지게 될 것이다. 그들의 멸망은 확실하고, 또한 매우 가깝다(10절). 잠시 후에는 악인이 없어져서, 그들이 방금 있었던 곳에 있지 않게 될 것이다. 그들은 갑자기 전멸하였다(시 73:19). 조금만 참아라. 왜냐하면, 심판하시는 분이 문 앞에 서 계시기 때문이다(약 5:8-9). 주께서 가까우시니(빌 4:5) 너희의 감정을 다스려라. 그들의 멸망이 임할 때, 그 멸망은 완전한 멸망이 될 것이다. 악인들과 그들의 소유는 완전히 멸절될 것이다. 용광로 불 같은 날이 이르리니, 그들을 살라 그 뿌리와 가지를 남기지 아니할 것이다(말 4:1). 네가 그 곳, 악인이 큰 권세를 휘둘렀던 바로 그 곳을 자세히 살필지라도 그 악인의 흔적은 거기에 없으리로다. 악인은 뭔가 소중하고 존귀한 것을 하나도 자기 뒤에 남겨 놓지 못하게 될 것이다. 동일한 취지로 악인들은 멸망할 것이다(20절). 그들의 죽음은 그들의 영원한 파멸이다. 왜냐하면, 그들의 죽음은 그들의 온갖 즐거움이 다 끝장나고 끝없는 비참함과 고통으로 넘어가는 것이기 때문이다. 주 안에서 죽는 자들은 복이 있도다. 그러나 죄 가운데서 죽는 자들은 망한 것이고 영원히 망한 것이다. 악인들은 여호와의 원수들이다. 하나님께서는 그로 하여금 자신들의 왕 노릇 하지 못하게 하고자 하는 자들과 장차 결산하실 것이다: 여호와의 원수들은 어린 양의 기름 같이 타서 연기가 되어 없어지리로다. 그들의 정욕을 만족시켰던 그들의 형통은 어린 양들의 기름과 같아서 견고하거나 알맹이가 없고 흐물흐물해서 물에 씻겨 내려가기 쉬운 것이다. 그들의 멸망이 임할 때, 그들은 하나님의 공의의 희생 제물로 드려져서, 제단 위에서 불살라져서 연기가 되어 하늘로 올라가는 희생 제물의 기름과 같이 될 것이다. 여호와께서 악인들에게 복수하시는 날은 숫양의 콩팥 기름으로 드려지는 여호와를 위한 희생 제사로 묘사된다(사 34:6). 왜냐하면, 하나님께서는 희생 제사들을 통해서 영광을 받으셨던 것과 마찬가지로 그의 원수들의 멸망을 통해서 영광을 받으실 것이기 때문이다. 저주받은 죄인들은 희생 제물들이다(막 9:49).

이것은 우리가 그들의 형통을 시기하지 말아야 하는 좋은 이유이다. 그들이 배불리 먹는 것은 단지 넓은 들에서 먹인 어린 양 같이 희생 제사의 날에 살진 짐승을 여호와께 바치기 위한 것이기 때문에(호 4:16), 그들이 번성하고 형통하면 할수록, 하나님께서는 그들의 멸망을 통해서 더 큰 영광을 받게 되실 것이다.

(2) 의인들의 처지는 심지어 현세에 있어서조차도 악인들의 처지보다 모든 점에서 더 낫고 더 바람직하기 때문에(16절). 전체적으로 보아서 이 세상의 존귀와 부와 즐거움과 관련해서 의인의 적은 소유가 악인의 풍부함보다 낫도다. 좀 더 살펴보자.

[1] 세상의 부는 하나님의 섭리에 의해서 분배가 되기 때문에, 흔히 선한 자들의 몫은 적고 악한 자들의 몫은 많다. 왜냐하면, 하나님께서는 이것을 통해서 이 세상의 것들은 가장 좋은 것들이 아니라는 것을 우리에게 보여주시고자 하기 때문이다. 만약 이 세상의 것들이 가장 좋은 것들이라면, 하나님께 가장 사랑받는 자들이 가장 많은 몫을 얻게 될 것이다.

[2] 의인의 적은 소유는 악인의 막대한 부보다 더 낫다. 왜냐하면, 의인의 소유는 일반적인 섭리의 손길이 아니라 특별한 사랑의 손길로부터 오고, 하나님의 약속에 의해서 주어지며(갈 3:18), 만물의 후사이신 그리스도에 대한 그들의 관계 덕분에 오는 것이고, 더 낫게 사용되며, 하나님의 축복에 의해서 거룩하게 된 것이기 때문이다. 깨끗한 자들에게는 모든 것이 깨끗하다(딛 1:15). 적은 소유를 가지고 하나님을 섬기며 영화롭게 해 드리는 것이 많은 재물로 바알이나 더러운 정욕을 위하여 사용하는 것보다 더 낫다. 여기에서 의인들에게 주어진 약속들은 그들에게 악을 행하는 자들의 형통을 부러워하지 않도록 될 정도의 복을 확보해 준다. 의인들은 다음과 같은 약속들을 그들의 위로로 삼아야 한다.

첫째, 그들이 땅을 차지하게 되리라는 것. 그들은 금생의 약속을 갖고 있다(딤전 4:8). 온 땅이 그들을 복되게 만드는 데에 필요하다면, 그들은 온 땅을 차지하게 될 것이다. 모든 것, 심지어 세상과 현재의 것들과 장래의 것들이 다 그들의 것이다(고전 3:21-22). 하나님은 그들이 이러한 것들을 갖는 것을 허락하시고 묵인하시는 것이 아니라 적극적으로 유업으로 그들에게 주신다. 악을 행하는 자들이 끊어질 때, 의인들은 종종 악인들이 모아 놓은 것을 차지한다. 죄인의 재물은 의인을 위해 모아둔 것이다(욥 27:17; 잠 13:22). 여기에서 이러한 약속은 다음과 같은 자들에게 주어진다. a. 믿음의 삶을 사는 자들(9절). 여호와를 소망하는 자들, 즉 여호와를 의지하고 여호와께 기대하며 간구하는 자들은 하나님께서 지금 여기에서 그들에게 은총을 베푸시며 내세에서 그들에게 더 좋은 것들을 주시리라는 표징으로서 땅을 차지하리로다. 하나님은 선한 주인이시기 때문에, 일하는 종들만이 아니라 그를 기다리는 종들에게도 풍성히 공급해 주신다. b. 온유하며 화평한 삶을 사는 자들(11절): 온유한 자들은 땅을 차지하리로다. 그들은 남에게 해를 당하거나 그들이 가진 재산을 침탈당할 위험이 거의 없고, 그들 자신에게 만족하며 피조물에서 오는 위로들을 가장 달콤하게 맛보게 된다. 우리 구주께서는 이것을 복음의 한 약속으로 삼으셔서, 온유한 자에 대한 이러한 축복을 다시 확증하셨다(마 5:5).

둘째, 그들은 풍성한 화평으로 즐거워하리로다(11절). 아마도 그들은 풍성한 부를 지니고 있어서 즐거워하는 것이 아닐 것이다. 그러나 그들에게는 더 나은 것, 풍성한 화평, 내적인 마음의 평안과 고요함, 하나님과의 화평, 하나님 안에서의 화평, 하나님의 법을 사랑하는 자들에게 임하는, 그 어떤 것도 가로막을 수 없는 저 큰 화평(시 119:165), 그리스도의 나라에 있는 풍성한 화평(시 72:7), 세상이 줄 수 없고(요 14:27) 악인들이 가질 수 없는(사 57:21) 저 평안이 있다. 그들은 이러한 화평으로 즐거워하고, 그 안에서 끊임없이 기쁨의 삶을 누리게 될 것이다. 풍성한 재물을 가지고 있는 자들은 그 재물로 인하여 근심하고 걱정하며 그 재물 때문에 즐거워하지 못한다.

셋째, 하나님께서 그들의 날을 아신다(18절). 하나님께서는 그들을 아시고, 그들이 행하는 모든 일과 그들에게 일어나는 모든 일들을 낱낱이 아신다. 하나님은 그들의 섬김의 날수를 헤아리셔서, 하루의 일에 대해서도 반드시 상을 주실 것이고, 그들의 고난의 날들을 헤아리셔서 그들에게 보상해 주실 것이다. 하나님은 그들의 밝은 날들을 아시고, 그들의 형통함을 기뻐하신다. 하나님은 그들의 흐리고 어두운 날들, 그들의 환난의 날들을 아셔서, 그들에게 그 흐린 날들을 감당할 수 있는 힘을 주실 것이다.

넷째, 그들의 기업은 영원할 것이다. 이 땅에서 그들이 받은 유업이 아니라 하늘에서 그들에게 예비된 썩지 않는 그들의 유업이 영원할 것이다. 저 세상에서 영원한 유업을 받게 되리라는 것을 확신하는 자들은 악인들이 이 세상에서 일시적으로 갖고 있는 소유들과 즐거움들을 시기할 이유가 없다.

다섯째, 아무리 때가 악하여도 그들은 잘될 것이다(19절). 하나님에 대한 그들의 소망과 신뢰, 그들의 신앙 고백은 부끄러움을 당하지 아니할 것이다. 왜냐하면, 그러한 것들로 인한 위로가 악한 때에 그들을 견고하게 지지해 주고 세워줄 것이기 때문이다. 남들이 고개를 떨굴 때, 그들은 기쁨과 자신감으로 그들의 머리를 들게 될 것이다. 다른 사람들이 굶주려 죽어가는 기근의 날에도 그들은 엘리야처럼 풍족할 것이다. 하나님께서는 이런저런 방식으로 그들에게 양식을 공급해 주시거나 그들에게 양식이 없이도 배부르며 만족해하는 마음을 주실 것이기 때문에, 그들이 힘들고 굶주린다고 하여도, 그들은 그들의 왕과 하나님을 욕하고 불평하지 않을 것이고(사 7:21, 악인들과는 달리), 무화과 나무가 무성하지 못하여도 그들의 구원의 하나님을 기뻐할 것이다(합 3:17-18).

2. 의인들은 악인들이 의인을 해치고자 하는 음모가 종종 성공하는 것에 대하여 불평할 이유가 없다. 그들이 그들의 악한 음모를 종종 성공시켜서 우리로 하여금 그들의 목적이 모두 달성되는 것이 아닌가 염려하게 만든다고 할지라도, 우리는 우리의 믿음을 포기하고 화를 내거나 불평해서는 안 된다. 그 이유는 다음과 같다.

⑴ 그들의 음모는 그들의 수치가 될 것이다(12-13절). 악인이 의인 치기를 꾀하는 것은 사실이다. 악인들의 후손 속에는 의인의 후손을 해치고자 하는 뿌리 깊은 적대감이 존재한다. 그들의 목적은 의인들의 의를 멸하는 것이고, 만약 그것이 실패하면 그들을 죽이는 것이다. 그들은 이러한 목적을 가지고서 저주받을 음모와 꾀(의인들을 치고자 하는 계략과 행위), 저주받을 열심과 분노로 활동해 왔다 ― 그들은 그를 향하여 그들의 이를 가는도다. 그들은 의인들을 삼켜 버리기를 몹시 바라지만, 그럴 힘이 그들에게 없기 때문에 그들은 분노와 격분으로 가득 차 있다. 그러나 이 모든 것들을 통해서 그들은 스스로를 우스꽝스러운 자들로 만들 뿐이다. 하늘에 계신 이가 그들을 비웃으시리로다(시 2:4-5). 그들은 교만하고 방자하지만, 하나님께서는 그들을 비웃으신다. 하나님은 그들을 기뻐하지 않으실 뿐만 아니라, 그들과 그들의 모든 시도들을 아무런 효력도 없고 헛된 것으로 멸시하시고, 그들의 악의를 족쇄에 채워진 무력한 것으로 멸시하신다. 이는 그의 날이 다가옴을 보심이로다. 즉,

[1] 지금은 구름에 가려져서 잘 보이지 않지만 하나님께서 그들과 결산하실 날, 하나님의 의가 드러날 날이 다가오고 있다. 사람들은 지금 그들의 날을 보

내고 있다. 지금은 너희 때다(눅 22:53). 그러나 하나님께서 모든 것을 갚으실 날, 모든 것을 바로잡으실 날, 지금 영광스러운 것으로 보이는 것들을 우스꽝스러운 것으로 만들어 버리실 날, 바로 하나님의 날이 곧 임하게 될 것이다. 사람에게 판단받는 것은 매우 작은 일이다(고전 4:3). 하나님의 날에 결정적인 판단이 주어지게 될 것이다.

[2] 악인들이 멸망하게 될 날이 다가오고 있다. 악인들의 날, 악인들이 넘어지게 될 날이 다가오고 있다. 그 날은 아직 오지 않았지만 반드시 오게 될 것이다. 처녀 딸 시온은 바로 그 날을 믿음으로 바라봄으로써 그녀의 원수들의 격동을 멸시하고 조소할 수 있었다(사 37:22).

(2) 그들의 시도들은 그들의 멸망이 될 것이다(14-15절). 좀 더 살펴보자.

[1] 그들은 선한 자들을 해치려는 그들의 음모에 있어서 얼마나 잔인한가. 그들은 선한 자들을 죽일 도구인 칼과 활을 준비한다. 그들은 소중한 생명을 사냥한다. 그들이 계획하는 것은 엎드러뜨리며 죽이는 것이다. 그들이 목말라 하는 것은 성도들의 피이다. 그들은 자신의 음모를 실행해 옮겨서 거의 목적을 달성할 찰나에 있었다: 그들은 칼을 빼고 활을 당겼다. 이러한 모든 군사적인 예비 행동들은 힘없는 자들, 가난하고 궁핍한 자들(이것은 그들이 얼마나 겁쟁이들이라는 것을 입증해 준다), 아무런 죄도 없는 자들을 겨냥한 것이고, 그들에게 어떤 도발도 하지 않았고 다른 사람들에게 그 어떤 해로운 짓도 하지 않은 행위가 정직한 자들을 겨냥한 것이다(이것은 그들이 얼마나 악한지를 입증해 준다). 정직함 자체는 악인들이 지닌 악의를 막아줄 수 있는 보호막이 되지 못한다. 그러나

[2] 너무도 당연한 일이지만 그들의 악의는 그들 자신에게로 되돌아온다: 그들의 칼은 오히려 그들의 양심을 찌르리로다. 이 말씀은 하나님께서 의인들을 악인들의 악의로부터 보존하시리라는 것과 악인들이 이런 일을 통해서 그들의 죄악의 분량을 채우게 되리라는 것을 의미한다. 악인들이 아무런 죄도 없는 이웃을 해치고자 한 음모가 종종 악인들 자신을 파멸시키는 것이라는 것이 입증된다. 악인들의 도발로 말미암아 하나님께서 칼을 뽑으셔서 그들에게 치명상을 입히실 것이다.

(3) 갑자기 끊어지고 멸망해 버린 자들은 더 이상 그 어떤 해악도 가할 수 없게 될 것이기 때문에, 교회의 세력은 효과적으로 보호될 것이다: 그들의 활은

부러지리로다(15절). 그들의 잔혹함의 도구들은 그들을 실망시키게 될 것이고, 그들은 그들의 피에 굶주린 목적을 달성하기 위하여 그들이 도구로 삼았던 자들을 잃게 될 것이다. 또한, 그들의 팔이 부러져서, 그들은 더 이상 그들의 일을 도모할 수 없게 될 것이다(17절). 그러나 의인은 여호와께서 붙드시기 때문에, 그들은 환난의 무게에 짓눌려서 가라앉지도 않을 것이고 그들의 원수들의 폭력에 의해서 분쇄되지도 않을 것이다. 하나님은 의인들을 붙드셔서, 그들로 하여금 흠이 없게 하실 뿐만 아니라 형통하게 하신다. 만세 반석에 의해서 붙들림을 받고 있는 자들은 부러진 갈대에 의해서 지탱되고 있는 악인들을 시기할 이유가 없다.

[21]악인은 꾸고 갚지 아니하나 의인은 은혜를 베풀고 주는도다 [22]주의 복을 받은 자들은 땅을 차지하고 주의 저주를 받은 자들은 끊어지리로다 [23]여호와께서 사람의 걸음을 정하시고 그의 길을 기뻐하시나니 [24]그는 넘어지나 아주 엎드러지지 아니함은 여호와께서 그의 손으로 붙드심이로다 [25]내가 어려서부터 늙기까지 의인이 버림을 당하거나 그의 자손이 걸식함을 보지 못하였도다 [26]그는 종일토록 은혜를 베풀고 꾸어 주니 그의 자손이 복을 받는도다 [27]악에서 떠나 선을 행하라 그리하면 영원히 살리니 [28]여호와께서 정의를 사랑하시고 그의 성도를 버리지 아니하심이로다 그들은 영원히 보호를 받으나 악인의 자손은 끊어지리로다 [29]의인이 땅을 차지함이여 거기서 영원히 살리로다 [30]의인의 입은 지혜로우며 그의 혀는 정의를 말하며 [31]그의 마음에는 하나님의 법이 있으니 그의 걸음은 실족함이 없으리로다 [32]악인이 의인을 엿보아 살해할 기회를 찾으나 [33]여호와는 그를 악인의 손에 버려 두지 아니하시고 재판 때에도 정죄하지 아니하시리로다

이 절들에 나오는 내용은 이 시편의 앞의 절들에 나오는 것과 취지가 동일한데, 이것은 이 주제가 반복적으로 살펴볼 만한 가치가 있는 것이기 때문이다. 우리는 여기에서 다음과 같은 것들을 살펴볼 수 있다.

I. 우리가 복된 길로 가기 위해서는 우리에게 무엇이 요구되는가. 우리는 이것을 여기에 설명되어 있는 특성들과 여기에 주어진 명령들로부터 배울 수 있다.

1. 우리가 하나님으로부터 복을 받고자 한다면, 우리는 각 사람에게 각자의

것을 주도록 힘써야 한다. 왜냐하면, 악인은 꾸고 갚지 아니하기 때문이다(21절). 여호와 우리 하나님께서 우리에게 요구하시는 첫 번째의 것은 우리가 올바르게 행하는 것, 모든 이들에게 그들 각자의 것을 돌려 주는 것이다. 우리가 꾸고서 갚지 않는 것은 부끄럽고 창피한 일일 뿐만 아니라 죄악되고 악한 일이다. 어떤 이들은 이 본문을 악인들의 악행의 한 사례가 아니라 악인들이 하나님의 의로운 심판을 받아서 비참하고 곤궁한 처지가 된 것을 보여주는 한 예라고 본다. 이렇게 악인들은 먹고 살기 위해서 남에게서 꾸지 않으면 안 되지만, 그런 후에 그 꾼 것을 갚을 능력이 없어서, 그들에게 꾸어준 자의 처분을 기다리는 처지가 되어 버리게 될 것이다. 일부 사람들이 이 본문을 어떻게 보든지 간에, 남에게서 꾼 것을 갚을 수 있는데도 갚지 않는 것이 큰 죄인 것과 마찬가지로, 꾼 것을 갚을 수 없는 것은 참으로 비참한 일이다.

2. 우리는 온갖 구제의 일을 기꺼이 행하여야 하고, 사람들에게 후하게 주어야 한다. 인자하고 선을 행하는 것을 의인의 수중에 맡기시는 것이 의인을 향한 하나님의 선하심의 한 예인 것과 마찬가지로(어떤 이들은 하나님께서 의인의 소유를 풍성하게 하셔서 남들을 구제하게 하시는 것으로 이해한다), 자신의 재산에 비례해서 후한 마음을 지니는 것이 의인의 선함을 보여주는 한 예이다: 의인은 은혜를 베풀고 주는도다(21절). 의인은 언제든지 긍휼을 베풀고, 매일 또는 온종일 긍휼을 베풀며 빌려 준다. 주는 것만큼이나 빌려 주는 것이 참된 구제가 되는 경우가 종종 있다. 주거나 빌려 주는 것이 긍휼히 여기는 마음에서 나온 것일 때 그것은 하나님께 열납된다. 긍휼히 여기는 마음이 진실하고 언제나 변함이 없다면, 우리는 선을 행하는 데에 지치지 않을 것이다. 진정으로 긍휼히 여기는 자는 항상 긍휼을 베푸는 자가 될 것이다.

3. 우리는 죄에서 떠나서 진정으로 경건한 일을 행하여야 한다(27절): 악에서 떠나 선을 행하라. 악을 행하는 것을 그치고 악을 미워하라. 선을 행하는 것을 배우고 부지런히 선을 행하라. 이것이 참된 경건이다.

4. 우리는 선한 대화를 많이 하여야 하고, 우리의 혀로 하나님께 영광을 돌리고 사람들의 덕을 세워야 한다. 입으로 지혜를 말하는 것은 의인의 특성 중의 일부이다(30절). 의인은 지혜롭게 말할 뿐만 아니라, 솔로몬처럼 주변 사람들을 교훈하기 위하여 지혜를 말한다. 의인의 혀는 쓸데없고 부적절한 것들이 아니라 하나님의 말씀과 섭리, 행실을 바로 하기 위한 지혜의 말씀들, 즉 정의를 말

한다. 의인의 입은 풍성한 선한 마음으로부터 선하고 사람들의 덕을 세우기에 유익한 말들을 한다.

5. 우리는 우리의 뜻을 하나님의 뜻과 말씀에 전적으로 순복시켜야 한다(31절): 그의 마음에는 하나님의 법이 있다. 우리가 하나님의 법을 마음속으로 받아들여서 그 법으로 하여금 우리를 지배하시도록 하지 않는다면, 우리가 하나님은 우리의 하나님이라고 말해보아야 아무 소용이 없다. 우리가 하나님의 법을 우리의 마음속에 간직하고서 우리의 마음속에서 우러나오는 말을 하지 않는다면, 지혜를 말하고 정의를 말하는 것은 농담이나 우스갯소리가 되고 만다(30절). 하나님의 법은 우리의 마음을 다스리고 지배하는 원리가 되어야 한다. 하나님의 법이 우리의 마음속에서 빛이 되고 샘이 된다면, 우리의 행실은 평탄해지고 한결같게 될 것이다: 그의 걸음은 실족함이 없으리로다. 그것은 우리가 죄로 빠져 들어가는 것을 막아 줄 것이고, 거기로부터 오는 불안을 효과적으로 막아 줄 것이다.

Ⅱ. 이러한 조건들 위에서 우리의 행복과 위로의 예들로 무엇이 우리에게 약속되고 있는가.

1. 우리가 하나님의 축복을 받게 될 것이고, 그 축복은 우리의 모든 현세적인 위로들과 즐거움들의 원천이자 보장이 되고 그것들을 달콤하게 해주는 것이 되리라는 것(22절). 모든 의인들과 같이 하나님의 복을 받은 자들은 아버지의 축복으로 인해서 가나안 땅, 모든 땅들 중에서 가장 영광스러운 땅을 차지하게 될 것이다(29절). 피조물들에 의한 우리의 위로들은 그것들이 하나님의 축복으로부터 흘러나올 때에야 비로소 우리에게 진정한 위로들이 되고, 이 세상에서 우리에게 좋은 것은 그 어느 것이라도 우리에게 부족함이 없게 된다. 하나님 곧 우리 하나님이 우리에게 복을 주시면 땅이 그의 소산을 우리에게 내어 줄 것이다(시 67:6). 이렇게 하나님께서 축복하시는 자들이 진정으로 복을 받는(왜냐하면, 그들은 땅을 차지하게 될 것이기 때문이다) 것과 마찬가지로, 하나님께서 저주하시는 자들은 진정으로 저주를 받은 것이다. 그들은 땅에서 끊어지고 뿌리뽑힐 것인데, 하나님의 저주에 의해서 그들이 멸절되는 것은 하나님의 축복에 의해서 의인들이 견고하게 서는 것을 더욱 뚜렷하게 부각시켜 줄 것이다.

2. 하나님께서 우리의 행위들과 일들을 정하셔서 하나님께 가장 영광이 되게 하시리라는 것(23절): 여호와께서 의인의 걸음을 정하신다. 하나님은 그의 은혜

와 성령을 통해서 의인들의 생각과 감정과 계획을 인도하신다. 하나님은 모든 사람들의 마음을 각 사람의 동의에 의해서 그의 수중에 갖고 계신다. 하나님은 그의 섭리를 통해서 그들과 관련된 사건들을 주관하심으로써, 그들이 무엇을 해야 하고 무엇을 기대할 수 있는지를 그들 앞에 분명하게 드러내 보이신다. 하나님께서 의인의 발걸음들을 정하신다는 것을 명심하라. 하나님은 기록된 말씀을 통해서 일반적으로 그의 길을 보여주실 뿐만 아니라 양심의 속삭임들을 통해서 이것이 그 길이니 그 안에서 행하라고 말씀하심으로써 그의 구체적인 발걸음들을 인도하신다. 하나님은 언제나 그에게 멀리서 그의 길을 보여주시는 것이 아니라, 아기에게 걸음마를 가르치듯이 한 걸음 한 걸음 그를 인도하셔서, 그로 하여금 끊임없이 그의 인도하심을 의지하게 하신다.

(1) 이것은 하나님께서 그의 길을 기뻐하시고, 그가 걷는 의의 길을 매우 기뻐하시기 때문이다. 여호와께서는 의인들의 길을 아시고(시 1:6), 그 길을 인정하시기 때문에, 의인들의 길을 인도하신다.

(2) 이것은 하나님께서 그의 길을 기뻐하시기 위한 것이다. 하나님은 그의 뜻을 따라서 의인들의 길을 정하시기 때문에 의인들의 길을 기뻐하신다. 왜냐하면, 하나님께서 우리에게 있는 하나님의 형상을 사랑하시는 것과 마찬가지로, 하나님의 인도하심 아래에서 우리가 행하는 것을 매우 기뻐하시기 때문이다.

3. 하나님께서 우리가 죄나 환난 속으로 빠져 들어서 망하게 되지 않도록 지키시리라는 것(24절): 그는 넘어지나 아주 엎드러지지 아니하리로다.

(1) 의인도 잘못을 범할 수 있지만, 하나님께서 은혜로 그를 회개하게 하여 회복시키실 것이기 때문에, 그는 아주 엎드러지지는 않을 것이다. 그는 잠시 하나님의 구원의 기쁨을 잃어버리게 되겠지만 곧 그 기쁨을 회복하게 될 것이다. 왜냐하면, 하나님께서 그의 손으로 그를 붙드시며 성령으로 그를 붙드실 것이기 때문이다. 잎사귀는 시든다고 하여도 뿌리는 여전히 살아 있게 될 것이다. 겨울이 지나면 봄이 오기 마련이다.

(2) 의인도 곤경에 처하고 그의 일이 제대로 되지 않으며 그의 심령도 눌릴 수 있지만, 그는 아주 엎드러지지는 않을 것이다. 그의 육신과 마음이 약해졌을 때에 하나님께서 그의 마음을 강하게 하시며, 그의 위로들로 그를 붙들어 주심으로써, 그가 지으신 심령이 그 앞에서 무너지지 않을 것이다.

4. 우리가 현세를 살아가는데 필요한 것들에 있어서 부족함이 없게 되리라는 것(25절). "내가 어려서부터 늙기까지 사람들의 외적인 형편에 있어서 온갖 변화들을 다 보았고 목격하였지만 악인들이 하늘과 땅에 의해서 종종 버림을 받는 것은 보았어도 하나님과 사람에게서 의인이 버림을 당하는 것을 보지 못하였도다. 또한, 나는 의인의 자손이 완전히 망해서 걸식하는 지경에 이르게 된 것도 본 적이 없다." 다윗은 제사장 아비멜렉에게 양식을 구걸하였지만, 그것은 사울이 그를 쫓고 있던 때였다. 우리 구주께서는 현세와 관련된 모든 약속들 가운데서 의를 위하여 박해를 받는 것을 추가하도록 우리에게 가르치셨는데(막 10:30), 이것은 박해를 받는 것은 손실이나 서글픈 것이 아니라 특별한 영광과 위로를 지니는 선물(사도 바울은 박해를 그렇게 여겼다, 빌 1:29)이기 때문이다. 그러나 악인들 가운데는 많은 수가 그들의 악행으로 말미암아 극단적인 빈궁함에 처하게 되는 것과는 달리, 의인들이나 그들의 가족이 극단적인 궁핍에 시달리는 경우는 극히 드물다. 시편 기자는 의인이 버림을 당하거나 그의 자손이 걸식함을 본 적이 없었다. 그들이 하나님께서 친구들로 하여금 그들에게 먹을 것을 공급해 주심으로써 거지로서의 수치를 당하지 않게 해주시기를 원하거나 그들이 양식을 얻기 위해서 이 집 저 집으로 다닌다면, 악인들이 헤매며 음식을 구하여 이르기를 어디 있느냐 하는 것과는 달리(욥 15:23) 그것은 절망스러운 일이 되지 않을 것이다. 또한 그들은 돼지 먹는 쥐엄 열매를 배를 채우고자 하되 주는 자가 없었던 탕자와는 달리(눅 15:16) 사람들로부터 양식을 거절당하지도 않을 것이다. 또한 그들은 먹을 것을 찾아 유리하던 다윗의 원수들과는 달리 배부름을 얻지 못한다고 하여도 불평하지 않을 것이다(시 59:15). 어떤 이들은 이 약속을 특별히 가난한 자들에게 후하게 자선하는 자들과 관련이 있는 것으로 보고서, 다윗이 그 어떤 사람도 구제를 많이 했다고 해서 스스로 궁핍하게 된 것을 본 적이 없다고 말한 것으로 해석한다. 흩어 구제하여도 더욱 부하게 되는 일이 있나니 과도히 아껴도 가난하게 될 뿐이다(잠 11:24).

5. 우리가 어려움과 곤경에 처할 때 하나님께서는 우리를 버리지 아니하시고 은혜로 우리를 보호하시리라는 것(28절): 여호와께서 정의를 사랑하신다. 하나님은 스스로 정의를 행하시는 것을 기뻐하시고, 정의를 행하는 자들을 기뻐하신다. 그러므로 하나님은 환난에 처한 그의 성도들을 다른 사람들은 그들을 못 본 체하고 부끄럽게 여길지라도 그들을 버리지 아니하시고, 그들을 돌보시기

때문에, 그들은 영원히 보호를 받는다. 즉, 모든 세대의 성도들이 하나님의 보호하심 아래에 있고, 성도들은 종말에 이르기까지 대대로 보존될 것이며, 각각의 성도들은 그들이 영원한 복락을 누리게 될 때까지 이 세상에서의 모든 시험들과 모든 유혹들로부터 보호를 받게 될 것이다. 하나님은 그들을 지키셔서 그의 천국에 들어가게 하실 것이다. 그것은 영원한 보호하심이다(딤후 4:18; 시 12:7).

6. 우리는 이 세상에서 평안히 거하게 될 것이고, 우리가 이 세상을 떠나서는 더 나은 세상에서 평안히 거하게 되리라는 것. 우리는 영원히 살 것이고(27절), 악인의 자손처럼 끊어지지 않을 것이다(28절). 하나님을 그들의 안식처로 삼고서 하나님 안에서 평안히 거하는 자들은 요동하지 않게 될 것이다. 그러나 이 땅에는 영원한 거처도 없고 영원한 도성도 없다. 의인은 오직 하늘에서 저 영원한 도성에서만 영원히 거하게 될 것이다. 그 곳은 그들의 영원한 거처가 될 것이다.

7. 우리는 우리를 죽이고자 하는 우리의 원수들에게 먹이가 되지 않으리라는 것(32-33절). 이 세상에는 우리에게 해악을 끼치고자 기회를 노리고 있는 우리의 원수, 의인을 감시하다가(우는 사자가 그의 먹잇감을 감시하듯이) 그를 죽이고자 하는 악한 자가 있다. 그런 일을 행하는 악한 자들은 매우 영악하고(그들은 의인들에게 해악을 끼치고서 그 일을 한 자신을 정당화하기 위한 구실을 찾기 위해서 의인들을 살핀다) 의인들을 죽이고자 하는 앙심을 품고 있다. 그러나 이 말씀은 의인들을 덫에 걸리게 만들어서 죽이고자 하는 악한 자 마귀, 저 옛 뱀에게 가장 잘 적용될 수 있는데, 우리는 그의 음모들에 대하여 무지해서는 안 된다. 마귀는 의인들을 죽이고자 하는 저 큰 붉은 용이고, 삼킬 자를 찾아서 끊임없이 배회하는 우는 사자이다. 그러나 여기에서는 사탄이나 그의 도구들이 의인을 이기지 못하리라는 것이 약속되어 있다.

(1) 사탄은 실제의 전투에서 의인을 이기지 못할 것이다: 여호와는 그를 악인의 손에 버려 두지 아니하시리라. 하나님은 사탄으로 하여금 그가 하고 싶은 것을 하도록 내버려 두거나 그의 백성으로부터 그의 힘과 은혜를 거두지 아니하실 것이고, 그들로 하여금 그를 대항하여 이길 수 있게 하시며, 그들의 믿음이 떨어지지 않게 하실 것이다(눅 22:31-32). 의인은 사탄이 보낸 사자(使者)의 손에 떨어져서 심한 고초를 겪을 수 있지만, 하나님은 그를 사탄의 수중에 그대

로 내버려 두지 않으실 것이다(고전 10:13).

(2) 사탄은 법정 싸움에서도 이기지 못할 것이다: 우리 하나님 앞에서 밤낮으로 형제들을 고소하는 자의 끈질긴 고소에도 불구하고, 하나님께서는 재판 때에 그를 정죄하지 아니하시리라. 하나님은 사탄이 여호수아를 쳐서 제시한 모든 고소들을 내치셨던 것과 마찬가지로(슥 3:1-2) 사탄아 여호와께서 너를 책망하노라고 말씀하시며 그의 거짓된 고소들을 내치실 것이다. 의롭다하신 이는 하나님이시니, 누가 하나님의 택하신 자들을 고소하겠는가?

[34]여호와를 바라고 그의 도를 지키라 그리하면 네가 땅을 차지하게 하실 것이라 악인이 끊어질 때에 네가 똑똑히 보리로다 [35]내가 악인의 큰 세력을 본즉 그 본래의 땅에 서 있는 나무 잎이 무성함과 같으나 [36]내가 지나갈 때에 그는 없어졌나니 내가 찾아도 발견하지 못하였도다 [37]온전한 사람을 살피고 정직한 자를 볼지어다 모든 화평한 자의 미래는 평안이로다 [38]범죄자들은 함께 멸망하리니 악인의 미래는 끊어질 것이나 [39]의인들의 구원은 여호와로부터 오나니 그는 환난 때에 그들의 요새이시로다 [40]여호와께서 그들을 도와 건지시되 악인들에게서 건져 구원하심은 그를 의지한 까닭이로다

이 설교에 대한 시편 기자의 결론(이 시편은 설교이기 때문에)은 이 시편 전체의 취지와 동일한 것으로서 동일한 내용들을 반복해서 강조한다.

I. 여기에서 우리에게 역설하고 있는 도리는 여전히 동일하다(34절): 여호와를 바라고 그의 도를 지키라. 여기에서 명령되고 있는 것은 우리가 해야 할 도리이기 때문에, 우리는 그 도리를 마음에 새기고서 힘써 하나님의 도를 행하며, 그 길에서 벗어나거나 그 길에서 빈둥거리지 말고, 끊임없이 전진하고 더 가까이 가야 한다. 그러나 결과는 하나님의 손에 달려 있기 때문에, 우리는 결과들에 대해서는 하나님께 모든 것을 맡겨야 한다. 우리는 여호와를 바라고 그의 섭리의 움직임들을 예의주시하며 의식적으로 그 섭리의 움직임들에 우리 자신을 맞춰야 한다. 우리가 하나님의 도를 지키려고 애를 쓴다면, 우리는 기쁜 마음으로 하나님을 바라며 우리의 길을 하나님께 맡길 수 있다. 그러면 우리는 하나님께서 그의 일하는 종들에게와 마찬가지로 그를 기다리는 종들에게도 선한 주인이시라는 것을 발견하게 될 것이다.

II. 이러한 도리를 강조하는 이유는 앞에 나온 것과 동일한 것으로서 악인들의 멸망이 확실한 것과 의인들의 구원이 확실한 것이다. 이 의는 악인들의 형통을 시기하려는 시험을 받게 되어서 그러한 시험을 이기기 위하여 하나님의 성소에 들어가면서 우리를 거기로 이끈다(시 73:17). 거기에서 그는 악인들의 종말을 깨닫게 되고, 우리에게도 그것을 깨닫게 해주면서, 악인들의 종말을 의인들의 결국과 비교해 봄으로써 앞에서의 시험을 잠재우게 된다. 좀 더 살펴보자.

1. 악인들은 한동안 형통한다고 하여도 결국에는 비참한 처지가 되고 만다: 악인들의 미래는 끊어질 것이다(38절). 그 종말이 이토록 나쁘게 될 자들이 잘 산 것일 수 없다. 악인들은 결국 모든 선한 것과 그것에 대한 모든 소망들로부터 끊어지게 될 것이다. 그들이 누리던 모든 기쁨들은 마침내 그 기한이 차게 되고, 그들은 생명의 원천으로부터 영원히 분리되어서 온갖 악한 것들로 영원히 괴로움을 당하게 될 것이다.

(1) 다윗은 이 세상에서 악인들이 결국 멸망하게 된 몇몇 예들을 직접 목격하였다 — 죄인들이 누리던 영화와 형통은 그들의 날이 다했을 때에 임한 하나님의 심판으로부터 그들을 안전하게 지켜 주지 못하리라는 것(35-36절). 내가 악인(이 단어는 단수형이다)의 큰 세력 또는 엄청난 세력(어떤 이들은 이렇게 해석한다)을 보았는데, 그는 산 자들의 땅에서 두려운 권력을 가지고 있었고, 모든 것을 좌지우지할 수 있는 세력을 쥐고 있어서, 그 본래의 땅에 서 있는 나뭇잎이 무성함과 같아서(잎사귀는 무성하지만 열매를 맺지 못하는) 언제까지나 굳게 뿌리를 내리고 번성할 것처럼 보였다(다윗은 이 시편을 지었을 때에 나이가 들었기 때문에, 여기에 나오는 악인은 사울 또는 아히도벨을 가리키는 것 같다)— 여기에서 나뭇잎이 무성한 본래의 땅에 서 있는 나무는 본래의 이스라엘 사람을 가리킨다고 하몬드 박사는 생각한다. 그러나 그는 어떻게 되었을까? 엘리바스는 훨씬 오래 전에 미련한 자가 뿌리내리는 것을 보고서 그의 집을 저주하는 법을 배웠다(욥 5:3). 그리고 다윗도 그 이유를 알게 되었다. 왜냐하면, 이 나무는 무화과 나무처럼 곧 시들어서 말라 버렸기 때문이다. 그리스도께서 저주하시자, 그는 꿈처럼, 마치 그림자처럼 사라져 버렸다. 그가 그토록 자랑하였던 온갖 부귀영화는 그와 함께 사라져 버렸다. 그는 순식간에 온데간데 없이 없어져 버린 것이었다: 그가 없어졌나니 이상해서 내가 찾아도 발견하지

못하였도다. 그는 자신의 역할을 다 끝낸 후에 무대에서 사라졌고, 세상 사람들은 아무도 그를 기억하지 않았다.

(2) 지금은 종종 의인들이 세상의 구경거리가 되고 있지만, 결국에는 모든 죄인들의 완전한 멸망이 성도들에게 구경거리가 될 것이다(34절). 악인이 끊어질 때에(그들은 반드시 끊어지게 될 것이다) 네가 똑똑히 보고서 하나님의 공의를 찬송하게 될 것이다. 범죄자들은 함께 멸망하리라(38절). 이 세상에서 하나님은 하나의 경고로서 본보기를 보여주기 위해서 많은 죄인들 중에서 여기에서 한 죄인 저기에서 한 죄인을 골라 내신다. 그러나 심판의 날에는 모든 범죄자들이 한꺼번에 멸망받게 될 것이고, 한 사람도 거기에서 살아 남지 못하게 될 것이다. 함께 범죄한 자들은 함께 저주를 받게 될 것이다. 그들을 함께 불태우기 위하여 그들을 한데 묶어라.

2. 의인들은 결국 복될 것이다. 우리는 하나님의 가엾은 멸시받은 자들의 결국이 무엇이 될 것인지를 보아야 한다.

(1) 높임. 때가 악해서 경건한 사람들이 이 세상에서 높임을 받지 못했고 존귀함을 받지 못했었다. 그러나 하나님의 도를 지킨 자들은 때가 되면 하나님께서 그들을 높이시고 땅을 차지하게 하실 것이라는 약속을 받는다(34절). 하나님은 그들을 높이셔서 하늘에 있는 집으로 인도하시며, 새 예루살렘에서 위엄과 존귀와 참된 부를 누리게 하시고, 저 좋은 땅, 저 약속의 땅(가나안은 그 모형이었다)을 차지하게 하실 것이다. 하나님은 모든 경멸과 위험에서 그들을 건지셔서 높이실 것이다.

(2) 평안(37절). 모든 사람들은 온전한 사람을 살피고 정직한 자를 보아야 한다. 그런 자를 알아보고 그를 높이며 닮고자 하고, 그가 어떻게 되는지를 눈여겨 보라. 그리하면 너는 그 사람의 결국이 평안이라는 것을 발견하게 될 것이다. 그의 인생의 후반의 삶이 전반의 삶보다 더 평안하다는 것이 종종 드러나게 될 것이다. 폭풍들이 지나가고, 그가 환난을 겪은 때가 지나가면, 그는 다시 평안해진다. 하지만 그의 일생이 계속해서 어둡고 흐리다고 할지라도, 그의 죽는 날은 그에게 평안할 것이고, 그의 해는 밝게 떠오를 것이다. 또는, 그의 죽은 날이 구름에 싸여 있다고 할지라도, 그의 장래의 처지는 평안, 영원한 평안이 될 것이다. 살아 있는 동안에 정직하게 행한 자들은 죽을 때에 평안에 들어가게 될 것이다(사 57:2). 수많은 의인들이 괴로운 삶을 평안한 죽음으로 끝맺어

왔다. 평안한 죽음은 영원한 복락이 시작되었다는 것을 보여주는 것이기 때문에 그의 일생은 모든 것이 잘된 것이다. 발람은 그의 죽음과 그의 마지막이 의인들의 죽음과 의인들의 마지막처럼 되기를 바랐다(민 23:10).

(3) 구원(39-40절). 의인들의 구원(이것은 선지자들이 연구하고 부지런히 살핀 저 큰 구원에 적용될 수 있다, 벧전 1:10)은 여호와로부터 온다. 그것은 여호와께서 행하시는 것이다. 자신의 행위를 옳게 하는 자들이 보게 될 영원한 구원, 하나님의 구원(시 50:23)도 여호와께로부터 온다. 그들을 위하여 그리스도와 하늘을 예비하신 분이 그들에게 모든 것을 충족시켜 주시는 하나님이 되실 것이다. 여호와는 환난 때에 그들의 요새가 되셔서, 그 환난을 견디고 통과할 수 있도록 힘을 주신다. 하나님은 그들을 도와 건지시고, 그들로 하여금 그들의 도리를 행하고 그들의 짐을 지며 그들의 영적인 싸움을 싸워 갈 수 있도록 도우실 것이고, 그들의 환난을 잘 견뎌서 그것들로부터 유익을 얻게 하시며, 때가 되면 그들을 환난에서 건지실 것이다. 하나님은 그들을 덮쳐서 삼켜 버리고자 하는 악인들로부터 건지실 것이고, 악인들로부터의 괴롭힘이 없는 그 곳까지 그들을 안전하게 인도하실 것이다. 하나님께서 그들을 구원하시고 그들을 안전하게 하실 뿐만 아니라 복되게 하심은 그들이 그를 의지한 까닭이고, 그들이 하나님께 그러한 대접을 받을 자격이 있어서가 아니라, 그들이 자신을 하나님께 의탁하고서 하나님을 신뢰함으로써 하나님을 영화롭게 하였기 때문이다.

제
— 38 —
편

개요

이 시편은 참회 시편들 중의 하나로서 처음부터 끝까지 슬픔과 탄식으로 가득 차 있다. 다윗이 범한 죄들과 그가 겪은 환난들은 여기에서 그의 슬픔과 탄식의 원인이다. 다윗은 지금 병이 들어서 고통 중에 있었고, 이것은 그에게 그의 죄들을 일깨워 주어서 그로 하여금 자신을 겸손하게 낮추는 데에 도움이 되었던 것으로 보인다. 이와 동시에, 그는 그의 친구들로부터 버림을 받았고 그의 원수들에 의해서 박해를 받았다. 따라서 이 시편은 깊은 고뇌와 여러 가지 재난들을 표현하기 위하여 의도된 것이다. 다윗은 다음과 같은 것들을 탄식한다. I. 하나님께서 그를 기뻐하지 않으신다는 것과 그가 죄를 지어서 하나님을 화나게 하여 그를 대적하게 만든 것(1-5절). II. 그의 육체적인 질병(6-10절). III. 그의 친구들의 냉정함(11절). IV. 그가 그의 원수들에게 선대하였음에도 불구하고 그의 원수들이 그에게 해악을 가한 것. 그러면서도 그는 하나님에 대한 자신의 죄들을 고백한다(12-20절). 끝으로, 다윗은 이 시편을 하나님께서 은혜로 함께 하여 주시고 도와 달라고 간절히 기도하는 것으로 끝마친다(21-22절). 이 시편을 노래할 때, 우리는 죄의 결과가 얼마나 지독하고 심각한지를 깊이 깨달아야 한다. 우리가 지금 여기에 서술되고 있는 것과 같은 환난들을 당하고 있지 않다면, 우리는 그런 것들이 우리에게 언제 닥칠지 모른다는 것을 생각해서 미리 대비하는 마음으로 이 시편을 노래하여야 하고, 또한 이러한 환난을 당하고 있는 자들을 생각해서 연민의 마음으로 이 시편을 노래하여야 한다.

[다윗의 기념하는 시]

¹여호와여 주의 노하심으로 나를 책망하지 마시고 주의 분노하심으로 나를 징계하지 마소서 ²주의 화살이 나를 찌르고 주의 손이 나를 심히 누르시나이다 ³주의 진노로 말미암아 내 살에 성한 곳이 없사오며 나의 죄로 말미암아 내 뼈에 평안함이 없나이다 ⁴내 죄악이 내 머리에 넘쳐서 무거운 짐 같으니 내가 감당할 수 없나이다 ⁵내 상처가 썩어 악취가 나오니 내가 우매한 까닭이로소이다 ⁶내가 아프고 심히 구

부러졌으며 종일토록 슬픔 중에 다니나이다 ⁷내 허리에 열기가 가득하고 내 살에 성한 곳이 없나이다 ⁸내가 피곤하고 심히 상하였으매 마음이 불안하여 신음하나이다 ⁹주여 나의 모든 소원이 주 앞에 있사오며 나의 탄식이 주 앞에 감추이지 아니하나이다 ¹⁰내 심장이 뛰고 내 기력이 쇠하여 내 눈의 빛도 나를 떠났나이다 ¹¹내가 사랑하는 자와 내 친구들이 내 상처를 멀리하고 내 친척들도 멀리 섰나이다

이 시편의 표제는 매우 의미심장하다. 이 시편은 회상하는(개역에서는 기념하는) 시이다. 마찬가지로, 환난의 날에 지어진 시편 제70편도 이와 동일한 표제로 되어 있다. 이 시편은 다음과 같은 목적으로 지어진 것이다.

1. 스스로 회상하기 위하여. 우리는 다윗이 병들어서 고통 중에 있을 때에 이 시편을 지었을 것이라고 추정해 볼 수 있기 때문에, 그것은 우리에게 병들어 아플 때가 바로 과거를 돌아보며 회상하기 좋은 때, 하나님께서 우리와 다투시는 죄를 떠올려서 우리의 양심을 일깨워서 우리의 참된 모습과 솔직하고 허심탄회하게 직면해서, 우리의 죄들을 낱낱이 살펴서 스스로 겸손하게 되기에 좋은 때라는 것을 가르쳐 준다. 형통한 날에는 기뻐하고 곤고한 날에는 되돌아보아라. 또는, 우리는 다윗이 병에서 회복된 후에, 그가 병들고 환난 가운데 있을 때에 자신의 죄를 깨달은 것과 그의 마음의 작용들을 기록해 둠으로써, 이 시편을 볼 때마다 그 때의 일들을 뚜렷이 기억해 내서 마음을 새롭게 할 목적으로 이 시편을 지었을 것이라고 생각해 볼 수 있다. 히스기야도 그가 병들었을 때 이것과 동일한 목적으로 글을 썼다.

2. 다른 사람들에게 그 자신이 생각했던 것과 동일한 것들을 상기시키고, 그들이 병들고 환난 가운데 있을 때에 무엇을 생각하고 무엇을 말해야 하는지를 그들에게 가르치기 위하여. 그들은 그가 했던 대로 생각하여야 하고 그가 했던 대로 말하여야 한다.

I. 다윗은 환난 중에 하나님의 진노와 기뻐하지 않으심을 면하게 되기를 빈다(1절). 여호와여 주의 노하심으로 나를 책망하지 마소서. 다윗은 병든 자를 찾아 달라는 또 다른 기도를 이와 동일한 간구로 시작하였다(시 6:1). 그는 환난 가운데 있을 때에 이것을 가장 염두에 두었다. 마찬가지로, 우리도 환난 가운데 있을 때에 가장 염두에 두어야 할 것은 하나님께서 우리를 책망하시고 꾸짖는다고 할지라도 그것이 하나님의 진노와 기뻐하지 않으심 속에서 이루어지는

것이 되지 않도록 해 달라는 것이 되어야 한다. 왜냐하면, 환난을 당하여 비참한 처지 가운데서 하나님께서 우리에게 진노하시고 우리를 기뻐하지 않으시는 것은 가장 참기 어려운 것이 될 것이기 때문이다. 하나님의 진노를 피하고자 하는 자들은 그 어떤 외적인 환난보다도 하나님께서 그들에게 진노하지 않으시도록 더 간절하게 기도하여야 하고, 하나님의 사랑에서 오는 외적인 환난을 기쁨으로 견뎌내야 한다.

Ⅱ. 다윗은 하나님께서 그의 영혼을 기뻐하지 않으신다는 것을 느끼고서 몹시 탄식한다(2절).   주의 화살이 나를 찌르나이다. 욥의 탄식은 다윗의 이러한 탄식을 잘 설명해 준다(욥 7:4, 내가 누울 때면 말하기를 언제나 일어날까, 언제나 밤이 갈까 하며 새벽까지 이리 뒤척, 저리 뒤척 하는구나). 전능자의 화살은 다윗을 향하여 겨누어진 하나님의 두려우심들을 의미한다. 다윗은 그의 죄들을 인하여 하나님의 진노하심이 그를 향하고 있는 것을 느끼고서 몹시 놀라고 두려워하는 가운데, 하나님의 심판과 불 같은 진노하심이 그를 삼킬 일밖에 남아 있지 않다고 생각하게 되었다. 여지없이 과녁을 맞추고야마는 하나님의 화살은 그것이 겨냥한 곳을 명중시키며, 하나님께서 화살을 거두시고 그의 두려우심으로 만드신 상처를 그의 위로로써 싸매어 주실 때까지 계속해서 명중시킨다. 이것은 저주받은 자들의 영원한 비참한 상태가 될 것이다 — 하나님의 진노의 화살들은 그들을 정확히 꿰뚫어서, 그 상처는 치유할 수 없는 것이 될 것이다. "주의 손, 주의 묵중한 손이 나를 심히 누르셔서, 나는 그 아래에서 가라앉아 버릴 것 같다. 주의 손은 나를 심하게 누르실 뿐만 아니라 오랫동안 누르고 계신다. 누가 하나님의 진노의 권능과 그의 손의 무게를 알겠는가?" 하나님께서는 종종 다윗을 위하여 그의 화살들을 쏘셨고 그의 손을 뻗치셨지만(시 18:14), 지금은 그것이 다윗을 향해 있다. 하나님의 지속적인 은혜가 약속되었다고 할지라도, 하나님의 위로들이 지속될지는 너무도 불확실하다. 다윗은 하나님의 진노로 인하여 그의 몸이 성한 곳이 없는 것을 탄식한다(3절): 주의 진노로 말미암아 내 살에 성한 곳이 없나이다. 하나님의 진노를 느낀 다윗의 처참한 심정이 그대로 그의 육신에 영향을 미친 것이다. 그러나 그것이 최악의 것은 아니었다. 이것으로 인해서 다윗의 마음은 평정을 잃게 되었고, 이로 말미암아 용사로서의 용기와 왕으로서의 위엄과 이스라엘의 감미로운 시인으로서의 모든 즐거움을 잃어버리고, 심하게 울부짖게 되었다(8절). 하나님께서 그에게 진노하신다

는 것을 느끼는 것 외에는 그 어떤 것도 의인의 마음을 불안하게 만들 수 없는데, 이것은 하나님의 손에 빠져 들어가는 것이 얼마나 두려운 일인지를 보여준다. 우리의 마음을 평안하게 유지하는 길은 우리 자신을 하나님의 사랑 속에 계속해서 두고서 하나님을 진노케 할 만한 일을 하지 않는 것이다.

Ⅲ. 다윗은 그가 당하고 있는 모든 환난들을 초래한 것이 그의 죄 때문이라는 것을 인정하고서, 다른 그 어떤 짐보다도 죄책의 짐 아래에서 더 많이 신음한다(3절). 그는 그의 살에 성한 곳이 없고 그의 뼈에 평안함이 없다고 말하면서, 그가 얼마나 괴로운 처지에 있는지를 하소연한다. "이것은 모두 주의 진노로 말미암은 것이다. 하나님의 진노가 이토록 거세게 타오르는 불길을 점화시켰다." 그러나 다음 구절에서 다윗은 하나님께서 이렇게 하신 것이 옳다는 것을 인정하고, 모든 책임을 자신에게 돌린다. "이것은 나의 죄로 말미암은 것이다. 나는 이런 일을 당할 만하였고, 이 모든 일을 내가 스스로 자초하였다. 내가 범한 죄악들이 나를 징계하고 있는 것이다." 우리의 환난이 하나님의 진노의 결과라면, 우리는 감사해야 한다. 그 환난을 초래한 원인은 우리의 죄이다. 우리가 불안한 가운데 있는가? 우리를 그렇게 만든 것은 우리가 지은 죄이다. 우리의 영혼 속에 죄가 없다면, 우리의 뼈 속에 고통도 없고 우리의 몸에 질병도 없을 것이다. 그러므로 이 선한 자는 죄에 대하여 다음과 같이 탄식한다.

1. 죄는 무거운 짐이다(4절). "도도한 물이 물에 빠져서 가라앉고 있는 사람 위에 덮치고, 무거운 짐이 내 머리 위에 올려져서 내가 더 이상 견뎌낼 수 없을 정도로 나를 누르고 있는 것 같이, 내 죄악이 내 머리에 넘쳤나이다." 죄는 짐이라는 것을 명심하라. 우리 안에 거하는 죄의 권능은 무거운 것이다(히 12:1). 죄로 인하여 모든 것이 막히게 된다. 죄는 사람이 위로 힘차게 솟아 오르는 것을 방해한다. 모든 성도들은 죄가 그들을 짓누르는 사망의 몸이라고 탄식하고 있다(롬 7:24). 우리가 범한 죄의 죄책은 짐이고 무거운 짐이다. 죄책은 하나님께도 짐이 되고(그는 죄 아래 눌린다, 암 2:13), 죄 아래에서 신음하는 모든 피조물에게도 짐이 된다(롬 8:21-22). 죄는 시종일관 죄인 자신에게 짐이 되어서, 그 죄가 마음을 찌르고 고통스럽게 하며 무거운 짐으로 누를 때에 회개의 짐이 되거나, 죄가 그를 가장 낮은 음부로 떨어지게 하여 영원히 거기에 머물게 만들 때에 파멸의 짐이 될 것이다. 또한 죄는 죄인 자신에게 한 달란트의 납 조각이 될 것이다(슥 5:8). 죄인들은 그들의 죄악을 짊어지고 있다고 성경에서

는 표현한다. 성경에서는 경고의 말씀들을 무거운 짐들이라고 표현한다.

2. 죄는 상처들, 위험한 상처들이다(5절). "내 상처가 썩어 악취가 나오니(몸의 상처는 소독을 해주고 치유하지 않는다면 곪아서 썩어 문드러지게 된다), 그것은 모두 내가 우매한 까닭이다." 죄들은 상처들이고(창 4:23) 고통스러운 치명적인 상처들이다. 죄로 인한 우리의 상처들은 흔히 신경을 써서 치유를 하지 않기 때문에 악화되는데, 그것은 죄를 고백하지 않는 죄인의 어리석음 때문이다(시 32:3-4). 작은 상처도 치유하지 않고 내버려 두면 치명적인 결과를 초래할 수 있는데, 작은 죄도 경시해서 회개하지 않으면 치명적인 결과가 초래될 수 있다.

Ⅳ. 다윗은 그의 환난으로 인하여 탄식하면서, 자신의 처지를 하나님 앞에 내어 놓고 하소연함으로써 자신의 슬픔을 달랜다.

1. 다윗은 마음이 괴로웠고 그의 양심은 고통스러웠으며 그의 심령 속에는 안식이 없었다. 상처난 심령을 누가 견딜 수 있겠는가? 그는 아프고 괴로웠으며 심히 구부러졌고 종일토록 슬픔 중에 다녔다(6절). 그는 항상 슬픔에 잠겨 우울해 있었고, 이것은 그에게 그 자신이 짐과 두려운 것이 되게 만들었다. 그의 심령은 피곤하고 몹시 상하였고 그의 마음은 불안하였다(8절). 이 점에서 고난받는 다윗은 그리스도의 모형이었는데, 그리스도께서는 고뇌 중에 내 마음이 매우 고민하여 죽게 되었다고 부르짖으셨다. 이 세상에서 이것보다 더 큰 괴로움은 없다. 하나님께서 우리에게 어떤 일이 닥치게 하시더라도, 우리의 이성을 온전히 사용할 수 있게 해주시고 우리의 양심이 평안하게 지켜 주시기만 한다면, 우리는 전혀 탄식할 이유가 없다.

2. 다윗은 몸이 병들었고 약해져 있었다. 그의 허리는 지긋지긋한 질병, 그 어떤 붓기나 염증(어떤 이들은 히스기야가 앓았던 것처럼 종기나 부스럼이었을 것이라고 생각한다)으로 가득 차 있었고, 그의 살에는 성한 곳이 없어서, 그의 온 몸은 욥처럼 만신창이가 되어 있었다.

(1) 우리가 지니고 다니는 몸은 비천한 것으로서 몹쓸 질병에 걸리기 쉽고, 어떤 질병들에 의해서 그 몸에 생기를 불어넣어 주는 영혼에게 큰 걸림돌과 부담이 되어서, 항상 영혼의 발목을 붙잡고 어둡게 만든다.

(2) 아무리 위대하고 훌륭한 사람들의 몸일지라도 그 속에는 평범한 사람들의 몸과 마찬가지로 동일한 질병의 소지를 지니고 있어서 동일한 재앙들을 만

나기 쉽다. 다윗은 아주 위대한 왕이었고 아주 위대한 성인이었지만 가장 심각한 질병들로부터 면제를 받지 못하였다. 다윗의 몸은 한 곳도 성한 곳이 없었다. 아마도 이것은 다윗이 우리야의 문제로 죄를 범한 결과인 것으로 보이는데, 이렇게 그는 그의 육체적인 정욕으로 인하여 그의 육체에 벌을 받았다. 언제라도 우리가 우리의 몸에 병이 들었을 때는 우리는 우리가 우리의 몸으로 하나님께 죄를 지어서 그 영광을 가린 적이 있는지를 생각해보아야 한다. 그는 피곤하고 심히 상하였다(8절). 그의 심장은 계속해서 쿵쾅거리며 뛰었다(10절). 그의 기력은 쇠하였고 그의 사지는 힘이 풀렸다. 그의 눈의 빛도 그를 떠났는데, 이것은 그가 하염없이 울어서 눈물이 마를 날이 없었기 때문이거나 그의 심기가 극도로 저하되어서 자주 혼미하게 되었기 때문일 것이다. 질병은 아무리 강한 육체와 아무리 강건한 심령이라도 쇠하게 만든다는 것을 명심하라. 다윗은 그의 용기와 용맹함으로 유명하였다. 그렇지만 하나님께서 그에게 육체의 질병을 보내시고 그의 마음속에 그가 진노하신다는 것을 알게 하심으로써 그와 다투셨을 때, 그의 머리는 짧게 잘라졌고, 그의 마음은 녹아 버렸으며, 그는 물처럼 연약해졌다. 그러므로 강한 자는 자신의 힘을 자랑하지 말아야 하고, 그 어떤 사람도 아무리 작은 일이라도 하나님께 도전하지 말아야 한다.

3. 다윗의 친구들도 그에게 냉정하였다(11절). 내가 사랑하는 자들(그가 희희낙락하던 날에 그와 함께 즐거워했던 자들)은 이제 내 상처를 멀리하고 섰나이다. 그들은 그와 더불어서 함께 슬퍼하거나 그의 하소연을 듣고자 하지 않고, 제사장과 레위인처럼 그를 보고 피하여 지나갔다(눅 10:31). 그와 피로 맺어진 그의 친척들조차도 그를 멀리하였다. 여기서 우리는 사람을 의지할 이유가 없다는 것과 사람들로부터의 친절을 기대했던 우리의 기대가 실망으로 바뀐다고 해도 전혀 이상하게 여길 필요가 없다는 것을 보게 된다. 역경은 우정을 시험해서 옥석을 가려 준다. 하늘에 계신 분을 우리의 친구로 확실하게 만들어 놓는 것이 우리의 지혜이다. 그분은 우리의 슬픔이나 상처를 멀리서 멀뚱히 바라보고 계시지 않으며, 그 어떤 환난이나 역경이 닥쳐도 우리에 대한 그분의 사랑은 변함이 없을 것이다. 환난 중에 있는 다윗은 고뇌 중에 계셨던 그리스도와 십자가 위에서의 그리스도의 모형이었다. 그리스도께서는 피곤하고 연약해지셨으며 몹시 상하였고, 그의 친구들과 친척들은 그를 버리고 멀리서 바라보기만 하였다.

V. 다윗은 이러한 탄식 중에서 하나님께서 은혜로 그의 슬픔과 기도를 알고 계신다는 것을 위로로 삼는다(9절). "주여 나의 모든 소원이 주 앞에 있어서, 주께서는 내가 무엇을 원하고 무엇을 갖고자 하는지를 아시나이다. 나의 탄식이 주 앞에 감추이지 아니하여서, 주께서는 내가 어떠한 짐들 아래에서 신음하고 어떠한 축복을 몹시 갈망하는지를 아시나이다." 말할 수 없는 탄식도 마음을 살피시고 성령의 생각을 아시는 하나님께는 감추이지 않는다(롬 8:26-27).

이 절들을 노래하고 이 절들을 놓고 기도할 때, 우리는 우리의 심령에 어떠한 짐이 놓여 있을지라도 그 짐과 우리의 모든 염려를 하나님께 믿음으로 맡기고서, 평안한 마음을 가져야 한다.

[12]내 생명을 찾는 자가 올무를 놓고 나를 해하려는 자가 괴악한 일을 말하여 종일토록 음모를 꾸미오나 [13]나는 못 듣는 자 같이 듣지 아니하고 말 못하는 자 같이 입을 열지 아니하오니 [14]나는 듣지 못하는 자 같아서 내 입에는 반박할 말이 없나이다 [15]여호와여 내가 주를 바랐사오니 내 주 하나님이 내게 응답하시리이다 [16]내가 말하기를 두렵건대 그들이 나 때문에 기뻐하며 내가 실족할 때에 나를 향하여 스스로 교만할까 하였나이다 [17]내가 넘어지게 되었고 나의 근심이 항상 내 앞에 있사오니 [18]내 죄악을 아뢰고 내 죄를 슬퍼함이니이다 [19]내 원수가 활발하며 강하고 부당하게 나를 미워하는 자가 많으며 [20]또 악으로 선을 대신하는 자들이 내가 선을 따른다는 것 때문에 나를 대적하나이다 [21]여호와여 나를 버리지 마소서 나의 하나님이여 나를 멀리하지 마소서 [22]속히 나를 도우소서 주 나의 구원이시여

이 절들 속에는 다음과 같은 내용들이 나온다.

I. 다윗은 그의 몸이 약해지고 그의 마음이 괴로운 것을 틈타서 그를 능욕할 뿐만 아니라 그 기회를 이용하여 그에게 해악을 가하고자 하는 그의 원수들의 힘과 악의에 대하여 하소연한다. 그는 그들을 쳐서 할 말이 무척 많았는데, 이것을 그는 하나님께서 그를 위하여 나타나셔야 할 이유로 겸손하게 제시한다(시 25:19): 내 원수를 보소서.

1. "그들은 지독한 앙심을 품고 있고 잔인하나이다. 그들은 나를 해하려고 하고 내 생명을 찾고 있나이다"(12절). 그들은 여호와와 모든 의인들이 보기에 너무도 소중한 생명을 사람들에게 귀찮은 것이라도 되는 것인양 겨냥하고 있었

다. 여자의 후손에 대한 뱀의 후손의 적대감은 바로 그런 것이다. 그들은 머리에 상처를 입히고자 하지만 그들의 마수는 발꿈치까지밖에 도달할 수 없다. 그들이 목말라 하는 것은 성도들의 피이다.

2. "그들은 매우 영악하고 술책을 부린다. 그들은 올무를 놓고 음모를 꾸미는데, 이런 일들을 함에 있어서 쉬지 않고 지칠 줄을 모른다. 그들은 그런 일들을 종일토록 행한다. 그들은 서로 어떻게 하면 사람들에게 해악을 끼칠까를 말한다. 그들은 각자가 내게 해악을 끼칠 수 있는 방도를 가지고 있다." 음모를 통해서 은밀하게 해악을 가하고자 하는 것은 올무라고 불리는 것이 합당하다.

3. "그들은 매우 오만방자하고 욕설을 늘어 놓는 자들이다. 내가 실족하거나 어떤 환난에 빠지거나 어떤 잘못을 하거나 말 한 마디를 실수하거나 발걸음을 한 번 잘못 디뎠을 때, 그들은 내가 잘못된 것을 욕하며 스스로 기뻐한다. 그들은 내가 그렇게 된 것을 기뻐하고, 그 일로 인하여 내가 완전히 망하게 되며, 내가 넘어짐으로써 분명히 무너지게 되리라는 것을 확신한다."

4. "그들은 불의할 뿐만 아니라 매우 배은망덕한 자들이다. 그들은 부당하게 나를 미워한다(19절). 나는 그들에게 나쁘게 대하거나 나쁜 마음을 품은 적이 결코 없었고, 그들에게 그 어떤 도발도 한 적이 없었다. 아니, 그들은 악으로 선을 대신하는 자들이다(20절). 나는 그들에게 좋은 일을 많이 하였고, 따라서 그들로부터 선한 대접을 기대하였지만, 나의 사랑에 대해서 그들은 도리어 나를 대적한다(시 109:4)." 악인들은 비록 그들이 의인들의 선함으로 인해서 유익을 받는다고 할지라도, 그들의 마음속에는 선함 자체에 대한 뿌리깊은 적대감이 있다. 그들은 그들을 위하여 기도해 주는 자들의 기도조차도 미워하고, 그들과 화평하게 지내고자 하는 자들 속에 있는 화평하고자 하는 마음조차도 미워한다. 그들은 정말 성질이 고약해서, 누가 그들에게 공손하게 대한다고 하여도 바로 그러한 태도에 대하여 몹시 화를 내는 자들이다.

5. "그들은 매우 불경건하고 마귀적인 자들이다. 그들은 내가 선을 따른다는 것 때문에 나를 대적하나이다." 그들이 그를 미워하는 것은 그가 그들에게 친절하기 때문만이 아니라 그가 하나님께 순종하고 헌신하기 때문이다. 그들이 그를 미워하는 것은 그들이 하나님과 그의 형상을 지닌 모든 것을 미워하기 때문이다. 우리가 선을 행하고도 욕을 먹거나 해를 당한다고 하더라도, 우리는 그것을 이상하게 생각해서는 안 된다. 그런 일은 애초부터 있어 왔다(가인은 아벨

의 행위가 의로웠기 때문에 그를 죽였다). 또한 우리는 그것을 힘들어해서도 안 된다. 왜냐하면, 그것이 언제나 그런 것은 아닐 것이기 때문이다. 왜냐하면, 우리가 그런 대우를 받으면 받을수록 우리가 하나님께로부터 받을 상급은 더욱 커질 것이기 때문이다.

6. "그들은 수가 많고 강하다. 그들은 **활발하며 강하고 많다**(19절). 여호와여, 나의 대적이 어찌 그리 많은지요(시 3:1)." 거룩한 다윗은 연약하고 피곤하였다. 그의 가슴은 불안하여 쿵쾅거리며 뛰었고, 그의 힘은 쇠잔해졌다. 그는 우울하고 슬픈 마음이 되었고 그의 친구들에 의해서 박해를 받았다. 이와 동시에, 그의 악한 원수들은 강하고 활발하였으며, 그들의 수는 많았다. 그러므로 우리는 사람들의 인품을 그들의 외적인 처지에 따라서 판단하려고 들어서는 안 된다. 아무도 자기 앞에 있는 모든 것을 통해서 사랑이나 미움을 알지 못한다. 다윗은 그의 원수들에 대한 그 밖의 다른 하소연들에서와 마찬가지로 여기에서도 그리스도를 바라보고 있었던 것으로 보인다. 그리스도를 박해한 자들은 여기에 묘사된 대로 인간으로서의 모든 존귀함과 미덕을 완전히 상실한 자들이었다. 인간으로서의 제일가는 원칙들을 벗어 버리고 가장 신성한 유대의 끈들을 끊어 버린 자들이 아니고서는 그 누구도 기독교를 미워할 수 없다.

II. 다윗은 그의 원수들이 그에게 행한 온갖 해악들과 멸시들에도 불구하고 그가 그들에게 화평하고 경건한 행실을 하였다는 것을 회고하고서, 그것을 위로로 삼는다. 우리의 원수들은 우리를 도발하여서 범죄하게 하고(느 6:13), 우리를 압도하여서 우리의 혼을 빼놓아서 우리로 하여금 하나님과 우리의 도리로부터 벗어 나게 할 때에만 그 때에야 우리에게 진정으로 해악을 가한 것이 된다. 하나님의 은혜로 말미암아 우리가 이러한 해악을 막을 수 있다면, 우리는 그들의 빗발치는 화살들을 잠재우고, 모든 해악으로부터 구원을 받은 것이다. 우리가 우리의 흠없음과 우리의 평안을 계속해서 굳게 붙잡는다면, 누가 우리를 해칠 수 있겠는가? 여기서 다윗이 바로 그러하였다.

1. 다윗은 마음의 평정을 잃지 않았고, 그가 받은 멸시나 그의 원수들이 그에게 말과 행위로 저지른 못된 짓들에 의해서 화를 내거나 핏대를 세우지 않았다(13-14절). "나는 못 듣는 자 같이 듣지 아니하였다. 나는 내게 가해진 모욕들을 못 들은 체하였고 그들에 대하여 적대감을 가지거나 평정을 잃지 않았고, 그들에게 복수하거나 내가 받은 상처만큼 되돌려 줄 궁리는 더더욱 하지 않았다."

우리가 우리에게 가해진 불친절이나 상처들을 못 본 척하면 할수록, 우리는 더욱 우리 마음의 평정을 유지하는 데 도움을 받게 된다. 다윗은 못 듣는 자처럼 행하였을 뿐만 아니라, 그 입에 반박할 말이 없는 자처럼 입을 열지 않았다. 그는 스스로 열을 내어서 그의 원수들로 하여금 그를 더욱더 도발하게 만들 것을 우려해서 할 말이 아무것도 없는 자처럼 입을 다물고 있었다. 그는 자신을 방어하는 최소한의 말도 그들에게 마치 공격하는 것처럼 비칠까봐서 그들에게 반박하기는커녕 자신을 변명한 말조차도 하고자 하지 않았다. 그들은 그의 생명을 찾고 있었고, 그의 침묵은 자신의 죄책을 인정하는 것으로 여겨질 수도 있었지만, 그는 말 못하는 자 같이 입을 열지 않았다. 우리의 원수들이 아우성을 칠 때, 상황을 더욱 악화시키지 않기 위해서는 일반적으로 침묵하거나 말을 적게 하는 것이 지혜로운 일이라는 것을 명심하라. 다윗은 그의 온유한 말로써 그의 원수들을 이기거나 그의 부드러운 대답을 통해서 그들의 분노를 잠재울 수 있다는 소망을 가질 수 없었다. 왜냐하면, 그들은 너무도 비열한 자들이어서 선을 악으로 갚는 자들이었기 때문이다. 그렇지만 그는 자신의 죄를 미연에 방지하고 나중에 되돌아볼 때에 자신의 행위에 대하여 위로를 삼을 수 있도록 하기 위하여 이렇게 그들을 향해서 온유하게 행하였다. 이 점에서 다윗은 그리스도의 모형이었다. 그리스도께서는 털 깎는 자 앞에서 잠잠한 양처럼 행하셨고, 사람들에게 욕을 받으시면서도 스스로는 욕하지 않으셨다. 다윗과 그리스도는 우리가 남들로부터 욕을 먹는다고 하여도 욕으로 되갚지 말아야 한다는 것을 보여주는 본보기들이다.

2. 다윗은 믿음과 기도로써 그의 하나님을 더욱 가까이 함으로써, 원수들로부터 이러한 욕을 받으면서도 꿋꿋이 자신을 지킬 수 있었고 그들에 대한 자신의 적대감을 잠재울 수 있었다.

(1) 그는 하나님을 의지하였다(15절). "나는 입을 열지 않았사오니, 이는 내가 주를 바랐기 때문입니다. 나는 주께 의지하오니, 주께서 나의 처지를 변호하시며 나의 무죄함을 밝혀 주시고, 이런저런 방식으로 나의 원수들을 침묵케 하시고 부끄럽게 하실 줄을 믿나이다." 그가 사랑하는 자들과 그의 친구들은 당연히 그의 편이 되어서 그의 곁에서 그를 위한 증인들이 되어 주어야 했지만 실제로는 그의 곁을 떠나갔다(10절). 그러나 하나님은 우리가 그에게 소망을 두는 경우에 결코 우리를 실망시키지 않으시는 친구이시다. "내가 듣지 못하는 자

같이 행한 것은 내 주 하나님이 내게 응답하실 것이기 때문입니다. 하나님께서 들으시는데, 내가 들을 필요가 어디 있겠습니까?" 하나님께서 돌보시는데, 너희가 염려할 필요가 어디 있는가? 하나님은 너희를 돌보신다(벧전 5:7). "주께서 응답하시리니(어떤 이들은 이렇게 해석한다), 나는 아무 말도 하지 않으리이다." 하나님은 우리에게 가해진 모든 해악들에 대하여 증인이 되셔서, 때가 되면, 우리의 편을 드시고 우리에게 해악을 가한 자들을 치시는 증인이 되실 것이라는 사실은 우리가 사람들로부터 욕을 먹고 비방을 당한다고 하여도 그러한 것들을 침묵과 인내로써 참아야 할 좋은 이유가 된다는 것을 명심하라. 그러므로 우리는 침묵하여야 한다. 왜냐하면, 우리가 그렇게 할 때에 우리는 하나님께서 우리를 위하여 나타나실 것을 기대할 수 있기 때문이다. 욕을 당하고도 침묵을 지킨다는 것은 우리가 하나님을 의지한다는 것을 보여주는 증거가 된다. 그러나 우리가 사람들에게 욕을 먹을 때에 우리 자신이 나서서 일을 처리해 버린다면, 우리는 하나님께서 일하실 기회를 박탈해 버리는 것이기 때문에, 하나님께서 우리를 위하여 나타나실 기회를 상실하게 된다. 우리 주 예수께서는 고난을 당하셨을 때에 자신을 괴롭혔던 자들에게 위협하지 않으셨는데, 이것은 그가 공의로 심판하시는 이에게 자신을 맡기고 부탁하셨기 때문이다(벧전 2:23). 우리는 그렇게 함으로써 결국에는 아무것도 잃지 않게 될 것이다. 여호와여, 주께서 내게 응답하시리이다.

(2) 다윗은 하나님을 불렀다(16절): 왜냐하면, 내 말을 들어 주소서라고 내가 말하였기 때문이다. "나의 원수들이 나를 두고 기뻐하지 않도록 해 달라고 내가 말하였고(15절), 주께서 나의 말을 들어 주시리라는 소망을 내가 주께 두었나이다. 내가 그들이 나를 덮치고자 한다는 것을 알았을 때에 나는 그러한 것으로 나의 위로를 삼았나이다." 사람들이 거짓되고 냉정할 때, 우리가 마음놓고 가서 허심탄회하게 말씀드릴 하나님, 우리에게 신실하신 하나님이 우리에게 있다는 것은 큰 위로가 된다.

Ⅲ. 다윗은 여기에서 자신의 어리석음과 연약함을 슬퍼한다.

1. 그는 부패한 심성이 그의 마음속에서 지금 역사하여서, 하나님의 섭리에 대하여 불평하며 사람들이 그에게 가한 해악에 대하여 분노하고자 한다는 것을 아주 예민하게 감지하였다: 내가 넘어지게 되었다(17절). 이 말은 시편 기자가 여기에서와 비슷한 상황에서 자기 자신에 대하여 행한 성찰을 통해서 가장

잘 설명될 수 있을 것이다(시 73:2): 내가 악인들이 형통하는 것을 보았을 때 나의 걸음이 미끄러질 뻔하였다. 따라서 내가 넘어지게 되었다는 말은 여기에서 내 손을 씻어 무죄하다 한 것이 실로 헛되도다는 말이 입에서 튀어나올 뻔했다는 것을 의미한다(시 73:13-14). 다윗의 슬픔과 근심은 계속되었다: 나는 종일 재난을 당하였고(시 73:14), 근심은 항상 그 앞에 있었다. 그는 그 일을 생각하면 할수록 참을 수가 없어서, 신앙과 불신앙 사이에서 멈춰 설 정도가 되었다. 그는 이러한 자신의 모습에 깜짝 놀라서 하나님께로 내달렸다. "내가 주께 소망을 두오니, 주께서는 나의 송사를 변호해 주실 뿐만 아니라, 내가 죄로 떨어지는 것을 막아 주시리이다." 의인들은 그들 앞에 끊임없이 슬픔을 두고 있음으로 해서 멈칫거릴 때가 있지만, 하나님을 항상 그들 앞에 두고 있음으로써 그들의 신앙을 지켜 왔다.

2. 다윗은 그가 이전에 범죄한 것들을 기억해 내고서, 그러한 범죄들로 인해서 이러한 환난들을 스스로 자초하였고 하나님의 보호하심을 상실하였다는 것을 인정한다. 그는 사람들 앞에서는 자기가 옳다는 것을 주장할 수 있었지만 하나님 앞에서는 자신을 단죄하고 죄를 고백할 수밖에 없었다(18절). "내가 내 죄악을 아뢰고 숨기지 아니하며, 내 죄를 슬퍼하고, 그것을 가벼운 문제로 삼지 않겠나이다." 이러한 자신의 죄에 대한 인식으로 인해서 다윗은 하나님의 섭리에 의한 책망들과 사람들로부터의 욕을 묵묵히 참아낼 수 있었다. 우리가 죄에 대하여 진정으로 회개한다면, 우리는 환난을 참아낼 수 있고, 특히 부당한 비방들에 대해서도 묵묵히 인내할 수 있게 된다는 것을 명심하라. 회개할 때에 필요한 것은 두 가지이다.

(1) 죄의 고백. "내가 내 죄악을 아뢰나이다. 나는 내 자신이 죄인이라는 것을 시인할 뿐만 아니라, 내가 잘못한 것들을 구체적으로 고백하나이다." 우리가 우리의 죄들을 하나님 앞에서 솔직하고 낱낱이 고백하며 우리의 죄가 크다는 것을 보여주는 상황들을 거짓 없이 고할 때에 우리는 하나님께 영광을 돌릴 수 있고 수치를 우리 자신이 떠안을 수 있게 된다.

(2) 범죄한 것에 대한 통회하는 마음: 내가 내 죄를 슬퍼하나이다. 죄는 슬픔을 수반하게 된다. 모든 진정으로 회개하는 자들은 그가 하나님을 욕되게 한 것과 자기 자신에게 해악을 끼친 것에 대하여 슬퍼하는 법이다. "나는 내 죄에 대하여 근심과 두려움이 있나이다(어떤 이들은 이렇게 해석한다). 내가 두려

운 것은 내 죄가 나를 파멸시킬까 함이요, 내가 근심하는 것은 내 죄가 사함을 받을 수 있을까 하는 것이다."

Ⅳ. 다윗은 하나님께서 은혜로 그와 함께 해주시고 때를 따라서 그가 환난에 처해 있을 때 권능으로 구원해주실 것을 하나님께 아주 간절히 기도하는 것으로 끝을 맺는다(21-22절). "여호와여, 나를 버리지 마소서. 비록 나의 친구들이 나를 버리고, 내가 주께 버림받을 만한 짓을 했을지라도, 주께서 나를 버리지 마소서. 나의 불신하는 마음이 주께서 나를 멀리하실까봐 두려워하고 있지만, 주께서는 나를 멀리하지 마소서." 환난 중에 있는 의인이 가장 마음을 쓰는 것은 하나님께서 그에게 진노하여 그를 버리실지도 모른다는 것이다. 그러므로 그에게는 이러한 기도보다 더 간절하게 마음속에서 다가오는 것은 없다. "여호와여 나를 멀리하지 마시고 속히 나를 도우소서. 주께서 나를 속히 구원하지 않으시면, 나는 죽어 없어질 위험에 처해 있기 때문이니이다." 우리가 환난에 처해 있을 때 하나님께서는 우리에게 하나님을 부를 뿐만 아니라 하나님을 재촉할 말미를 우리에게 주신다. 다윗은 이렇게 호소한다: "주는 내가 섬기는 나의 하나님, 나를 구원해 주시도록 내가 의지하는 나의 하나님이십니다. 주는 나의 구원이시오니, 오직 주께서만 나를 구원하실 수 있고, 주께서 나를 구원하시겠다고 약속하셨사오니, 나는 오직 주께서 나를 구원하실 것을 기대하나이다." 환난당하는 자가 있는가? 그는 이 시편을 노래하면서 이렇게 기도하고 이렇게 호소하며 이렇게 소망하여야 할 것이다.

제
— 39 —
편

개요

다윗은 이 시편을 지었을 때에 큰 곤경에 처해 있었던 것으로 보이고, 어떤 이유에서 인지는 몰라도 매우 불안해하였던 것으로 보인다. 왜냐하면, 다윗은 앞서 다른 사람들에 게 아무런 불평을 하지 말고 여호와를 의뢰하며 인내로써 여호와를 기다리라고 권면해 놓고도(시 37편) 그 권면을 자신에게 적용해서 자신의 감정을 억누르고 평정을 유지하는 데에 어느 정도 어려움을 겪고 있기 때문이다. 환난 가운데서 묵묵히 인내하는 좋은 본 보기를 보이는 것보다 좋은 조언을 하는 것이 더 쉬운 일이다. 다윗을 이렇게 갈등하게 만든 구체적인 환난이 무엇이었는지는 본문에 나오지 않는다. 아마도 그의 인내심을 시 험한 것은 그의 어떤 사랑하는 친구나 친척의 죽음이었던 것 같다. 이 사건은 그에게 품 행에 관한 이러한 묵상을 하게 만들었던 것 같다. 이와 동시에, 다윗 자신도 어떤 육체적 인 질병 아래에서 상태가 좋지 않았고 연약했던 것으로 보인다. 또한 그의 원수들은 그 를 칠 기회를 노리고 있었고, 그가 신앙에서 넘어져서 그를 비방할 거리를 찾고 있었다. 이러한 악화된 상황 속에서 I. 다윗은 은혜와 부패한 심성, 감정과 인내심 사이에서 고군 분투하는 자신의 심정을 얘기한다(1-3절). II. 다윗은 사람의 연약함과 유한함에 관한 가 르침에 대하여 묵상하면서, 하나님께 그러한 것에 관하여 그에게 교훈하시도록 기도한 다(4-6절). III. 다윗은 자신의 아들들의 죄를 사하여 주시고, 그의 환난들을 제하여 주시 며, 그가 죽을 준비가 될 때까지 그의 생명을 연장시켜 주시라고 하나님께 호소한다(7- 13절). 이 시편은 장례 시편으로 이 시편을 짓게 된 상황과 아주 부합한다. 이 시편을 노 래할 때, 우리는 인생이 얼마나 짧고 불확실하며 불행스러운 것인지를 마음속으로 깊이 깨달아야 한다. 하나님께서 죽음을 통해서 자기가 위로로 삼고 있는 것들을 깨뜨려 놓으 신 그런 자들은 그러한 환난 속에서 우리가 마땅히 가져야 할 태도, 즉 죽음이라는 사건 을 우리의 영적인 유익을 위하여 거룩하게 하고, 우리의 마음을 죽음을 통한 하나님의 거룩한 뜻에 합치시키는 데에 이 시편이 아주 유익하다는 것을 발견하게 될 것이다.

〔다윗의 시, 인도자를 따라 여두둔 형식으로 부르는 노래〕

¹내가 말하기를 나의 행위를 조심하여 내 혀로 범죄하지 아니하리니 악인이 내 앞에 있을 때에 내가 내 입에 재갈을 먹이리라 하였도다 ²내가 잠잠하여 선한 말도 하지 아니하니 나의 근심이 더 심하도다 ³내 마음이 내 속에서 뜨거워서 작은 소리로 읊조릴 때에 불이 붙으니 나의 혀로 말하기를 ⁴여호와여 나의 종말과 연한이 언제까지인지 알게 하사 내가 나의 연약함을 알게 하소서 ⁵주께서 나의 날을 한 뼘 길이만큼 되게 하시매 나의 일생이 주 앞에는 없는 것 같사오니 사람은 그가 든든히 서 있는 때에도 진실로 모두가 허사뿐이니이다 (셀라) ⁶진실로 각 사람은 그림자 같이 다니고 헛된 일로 소란하며 재물을 쌓으나 누가 거둘는지 알지 못하나이다

다윗은 여기에서 그가 환난을 겪을 때에 가졌던 그의 심정을 회상하며 기록으로 남긴다. 우리도 이전에 잘못했던 것을 고치고, 잘했다고 생각되는 것을 다음 번에는 더 잘할 수 있도록 하기 위하여 이렇게 이전의 일들을 회상하고 기록해 두는 것이 좋다.

I. 다윗은 그가 조심성있게 행하여, 그가 행하는 것과 말하는 것에 아주 조심하겠다고 하나님께 행한 언약들을 기억하였다. 언제라도 우리가 범죄의 유혹을 받거나 죄에 떨어질 위험이 있을 때, 우리는 우리가 범죄하지 않겠다고 엄숙하게 맹세했던 것, 우리가 빠지기 쉬운 특정한 죄를 짓지 않겠다고 했던 맹세를 떠올려야 한다. 하나님은 우리에게 그런 맹세들을 기억할 수 있게 해주실 수 있고 또한 해주시고자 하시기 때문에(렘 2:20, 내가 범죄하지 아니하리라고 말하였다), 우리는 그러한 맹세들을 스스로 기억해 내야 한다. 여기에서 다윗이 바로 그렇게 하였다.

1. 다윗은 그가 자신의 행실에 아주 조심하겠다고 결심했던 일을 기억해 낸다(1절): 내가 말하기를 나의 행위를 조심하리라 하였도다. 이것은 잘한 말이었고, 그가 이 말을 결코 철회한 적이 없기 때문에, 그는 자기가 이전에 한 말을 결코 부정해서는 안 된다.

(1) 우리의 행위를 조심하는 것, 즉 남들은 제멋대로 행한다고 할지라도 신중하고 조심스럽게 행하는 것은 우리 각자가 큰 관심을 가져야 할 일이다.

(2) 우리는 우리의 행위에 조심해야겠다고 단단히 결심하여야 하고, 자주 그러한 결심을 되새겨 보아야 한다. 단단히 묶으면, 잃는 일이 없는 법이다.

(3) 우리의 행위에 조심하겠다고 결심하였다면, 우리는 항상 그러한 결심을

되새겨 보아야 한다. 왜냐하면, 그러한 결심은 결코 잊어서는 안 되고 항상 기억해 두어야 할 언약이기 때문이다.

2. 다윗은 특히 혀로 범하는 죄를 짓지 않겠다고 언약하였다는 것을 기억해 낸다 ― 그는 그의 혀로 범죄하지 않고자 하였고, 잘못된 말을 하여서 하나님을 노엽게 하거나 의인들의 세대를 거스르는(시 73:15) 일이 없게 하겠다고 언약하였었다. 생각으로 죄를 짓는 일을 하지 않는 것은 우리가 바라는 것만큼 그렇게 쉬운 일이 아니다. 마음속에 악한 생각이 일어나면, 다윗은 그의 입에 손을 갖다 대어서 막음으로써, 그러한 생각이 더 이상 진척되지 않게 하고자 하였다. 이것은 정말 대단한 일이다. 말에 실수가 없는 자라면 곧 온전한 사람이라. 누구든지 스스로 경건하다 생각하며 자기 혀를 재갈 물리지 아니하면 그 사람의 경건은 헛것이다. 다윗은 다음과 같이 결심하였었다.

(1) 혀로 범하는 죄를 짓지 않도록 항상 주의하겠다는 것: 내가 내 입에 재갈을 먹이리라. 그는 머리에다 재갈을 먹일 뿐만 아니라 입에도 재갈을 먹이고자 하였다. 행동을 조심하고 살피는 것은 재갈을 먹이는 것이다. 그는 사나워서 사람을 물 수도 있는 포악한 개에게 재갈을 물리듯이 입에 재갈을 물리고자 하였다. 특별히 단단히 결심하게 되면 부패한 것이 입을 통해서 나오는 것이 억제되는데, 이것이 재갈을 물리는 것이다.

(2) 구설수에 오를 위험이 많을 때에 특별히 갑절로 조심하겠다는 것: 악인이 내 앞에 있을 때. 그는 악인들과 함께 있을 때에 그들의 마음을 완악하게 하거나 그들에게 그를 욕할 빌미를 줄 수 있는 말을 하지 않도록 조심하고자 하였다. 의인들이 악인 무리 속에 있을 때에는 그들이 말하는 것에 조심하여야 한다. 또는, 악인들이 내 앞에 있을 때, 나는 내 생각을 조심하여야 한다. 다윗은 악을 행하는 자들의 교만과 권력, 형통함과 번성함을 생각할 때에 나쁜 말이 입에서 튀어나올 뻔한 유혹을 받았다. 그러므로 그런 때에 그는 그가 말하는 것에 특별히 신경을 쓰고 조심하고자 하였다. 범죄의 유혹이 강하면 강할수록, 범죄하지 않겠다는 결단도 더 강해져야 한다는 것을 명심하라.

II. 다윗은 이러한 언약에 따라서 자신의 혀에 재갈을 먹이려고 무진 애를 썼다. 내가 잠잠하여 선한 말도 하지 아니하였다(2절). 그의 침묵은 칭찬할 만한 것이었다. 그에 대한 도발이 크면 클수록, 그의 침묵은 더 칭찬받을 만한 일이었다. 하나님께서 주시는 은혜의 힘을 덧입어서 조심하고 결단하면, 우리는 부당한 일을 당하더라도 우리가 생각한 것보다 더 견고하게 우리의 혀에 재갈을 먹일 수 있게 된다. 그러나 우리는 다윗이 선한 말도 하지 아니하고 침묵을 지킨 것에 대해서는 무엇이라고 말해야 하는가? 다윗이 악한 자들이 자기 앞에 있을 때에 진주를 돼지에게 던지지 않아야 한다는 마음으로 선한 대화조차 금했던 것은 그의 지혜였던가? 나는 그것은 다윗의 연약함이었다고 생각한다. 다윗은 잘못된 말을 하지 않기 위해서 아무 말도 하지 않고자 하였는데, 이것은 극단에 흐른 것으로서 율법을 욕되게 하는 것이었다. 왜냐하면, 율법은 두 극단의 중용을 규정하고 있기 때문이다. 모든 더러운 말들을 금하고 있는 동일한 율법은 덕을 세우는 데에 소용되는 대로 선한 말을 하라고 명하고 있다(엡 4:29).

III. 다윗이 말을 안하면 안할수록 그의 생각은 더 많아지고 더 뜨거워졌다. 아픈 곳을 싸매면, 그 곳으로 체액이 몰리게 된다. 나의 근심이 더 심하여졌고 내 마음이 내 속에서 뜨거워졌다(3절). 그는 자신의 혀에 재갈을 물릴 수는 있었지만, 그의 감정에 재갈을 물릴 수는 없었다. 그는 연기를 억제하였지만, 그 연기는 그의 뼛속에서 불이 되었고, 그는 자신의 환난과 악인들의 형통에 대하여 작은 소리로 읊조렸지만, 불이 붙었다. 불만을 품은 심령을 지닌 자들은 너무 많이 골똘히 생각해서는 안 된다. 왜냐하면, 그들이 자기가 당하는 재난의 원인들을 골똘히 생각하게 되면, 불만의 불이 연료를 공급받아서 더 세차게 타오르게 되기 때문이다. 참지 못하는 것은 우리 자신 속에 나쁜 원인을 갖고 있는 죄이고, 그것은 작은 소리로 읊조리는 것으로 나타나고, 그러한 읊조림은 우리 자신에게 나쁜 영향을 미쳐서, 불만이 타오르게 된다. 그러므로 우리가 통제되지 않은 감정으로 인한 화를 미연에 방지하고자 한다면, 우리는 통제되지 않은 생각 속에 깃들어 있는 불평과 불만을 떨쳐 버리고 바로잡아야 한다.

IV. 다윗이 마침내 말을 하였을 때, 그 말은 적절한 것이었다. 마침내 나는 나의 혀로 말하였다. 어떤 이들은 그가 말하게 된 것은 그가 한 언약을 깨뜨린 것으로 보고서, 그가 말함으로써 그는 그의 혀로 범죄한 것이라고 결론을 내린다. 따라서 그들은 그 다음에 나오는 말을 다윗이 엘리야(왕상 19:4)나 욥(욥 6:8-9)과 같이 죽기를 원하는 간절한 심정을 표현한 것이라고 본다. 그러나 나는 이것이 그가 자신의 언약을 깨뜨린 것이 아니라 자기가 지나치게 행한 잘못을 바로잡은 것으로 보아야 한다고 생각한다. 그는 선한 말을 하는 데 있어서도 침묵을 지켰었는데, 이제는 선한 말을 하는 데에는 더 이상 침묵을 지키지 않고자 하였다. 그는 악인들이 자기 앞에 있을 때에 그들에게 해 줄 말이 없었다. 왜냐하면, 그는 악인들에게 어떠한 말을 해야 할지를 알지 못하였기 때문이다. 그러나 오랫동안 작은 소리로 읊조린 후에 그가 처음으로 한 말은 기도였고, 우리 모두가 진지하게 생각해 보아야 할 주제에 관한 경건한 묵상이었다.

1. 다윗은 인생이 짧고 불확실하며 죽음이 가깝다는 것을 그로 하여금 알게 해 달라고 하나님께 기도한다(4절): 여호와여, 나의 종말과 연한이 언제까지인지 알게 하소서. 그는 "여호와여, 나로 하여금 내가 얼마나 오래 살게 되고 언제 죽을 것인지를 알게 하옵소서"라고 기도한 것이 아니었다. 우리는 믿음 안에서 그러한 기도를 해서는 안 된다. 왜냐하면, 하나님께서는 그러한 것에 관한 지식을 우리에게 속하지 않은 비밀한 일들로 지혜 가운데서 막아 놓으셨고 우리에게 알게 하시겠다고 그 어디에서도 약속하지 않으셨으며, 또한 그러한 것을 아는 것은 우리에게 좋은 일이 되지 않을 것이기 때문이다. 다윗이 여호와여 나의 종말을 알게 하소서라고 기도한 것은 "여호와여 내게 지혜와 은혜를 주셔서 그것을 잘 숙고하여(신 32:29) 그것에 관하여 내가 알고 있는 것을 잘 활용할 수 있게 하옵소서"라고 기도한 것을 의미한다. 산 자들은 그들이 죽을 줄을 알지만(전 9:5), 죽음을 생각하고 염두에 두는 가운데 살아가는 자들은 드물다. 그러므로 우리는 하나님께서 은혜로써 우리의 부패한 마음이 죽음을 생각하기를 꺼려하는 것을 극복할 수 있게 해 달라고 기도할 필요가 있다. "여호와여, 나로 하여금 다음과 같은 것들을 잘 숙고하게 하옵소서."

(1) "죽음이 무엇인가. 그것은 나의 끝, 내 인생의 끝이고, 인생의 모든 일들과 즐거운 것들의 끝이며, 모든 사람들의 끝이다"(전 7:2). 죽음은 우리의 견습과 준비의 기간이 최종적으로 끝나고, 우리가 그 기간 동안에 행한 일에 대하여 마땅한 상벌을 받아서 영생과 영벌의 상태로 들어가게 되는 두려운 순간이다. 악인들에게 죽음은 모든 즐거움들의 끝이다. 의인들에게 죽음은 모든 슬픔들의 끝이다. "여호와여, 내게 나의 종말을 알게 해주시고, 죽음을 더 잘 알게 하셔서, 죽음과 더 친해질 수 있게 하시며(욥 17:14), 그러한 변화의 중대함을 더욱 깨닫게 하옵소서. 여호와여, 죽는다는 것이 얼마나 중대한 일이라는 것을 나로 하여금 숙고하게 하소서."

(2) "죽음이 얼마나 가까운가. 여호와여, 나로 하여금 하나님의 계획 속에서 정해진 나의 연한이 어느 정도인지를 잘 생각하게 하셔서(원어를 보면 나의

연한의 끝이 정해져 있다는 의미가 있다; 나의 날들은 정해져 있다, 욥 14:5), 나의 연한이 아주 짧고, 나의 날들이 곧 끝나게 되리라는 것을 깨닫게 하옵소서." 우리가 죽음을 멀리 있는 일로 여기게 되면, 우리는 죽음에 꼭 필요한 준비들을 하는 것을 미루기 쉽다. 그러나 우리가 인생이 얼마나 짧은가를 곰곰이 생각하게 되면, 우리는 우리가 해야 할 일들을 온 힘을 다하여서 행할 뿐만 아니라 가급적 신속하게 행하는 데에 관심을 갖게 될 것이다

(3) 죽음이 끊임없이 우리 안에서 역사하고 있다는 것. "여호와여, 나로 하여금 내가 얼마나 연약한지, 인생에서 이룬 일이 얼마나 보잘것없는지, 인생의 등불을 타오르게 하는 기름 역할을 하는 나의 심령이 얼마나 희미한지를 곰곰이 생각하게 하소서." 우리는 매일매일의 경험을 통해서 흙으로 만들어진 이 장막이 날마다 무너져 내리고 있다는 것을 발견하게 된다. "여호와여, 우리로 하여금 우리에게는 손으로 짓지 않은 집이 있다는 것을 생각하게 하옵소서."

2. 다윗은 인생이 짧고 허망하다는 것을 묵상하고서, 욥이 자주 그랬던 것처럼 그러한 것들을 근거로 하나님께서 그의 인생의 짐들을 가볍게 해주시고, 그가 더욱 정신을 차려서 인생에서 마땅히 해야 할 일을 할 수 있게 해 달라고 간구한다.

(1) 이 땅에서 사람의 인생은 짧고 영원히 지속되지 않는데, 이것이 우리가 인생에 대하여 집착하지 말고 그 끝을 준비해야 할 이유가 된다(5절). 주께서 나의 날을 한 뼘 길이만큼 되게 하셨나이다. 하나님은 우리의 날수를 우리가 우리의 눈으로 항상 보는 네 손가락의 길이만큼 작은 분량으로 정하여 놓으셨다. 우리는 우리의 날수를 재기 위해서 잣대나 막대기나 줄자를 필요로 하지 않고, 우리의 날수를 계산하기 위해서 산수를 필요로 하지 않는다. 그렇다. 우리는 우리의 날수를 계산하는 척도로 손가락을 가지고 있는 것으로 충분하고, 곱셈을 할 필요도 없다. 우리의 날수는 모두 다해서 한 뼘에 불과하다. 우리에게 주어진 시간은 짧고, 하나님은 우리의 시간을 그렇게 짧게 정하셨다. 왜냐하면, 우리의 달수가 주께 있기 때문이다. 우리의 날수는 짧고, 하나님께서는 그것이 그렇다는 것을 아신다. 우리의 일생은 주 앞에는 없는 것 같다. 하나님께서는 우리의 때가 얼마나 짧은지 기억하고 계신다(시 89:47). 우리의 일생은 주와 비교하면 없는 것이다(어떤 이들은 이렇게 해석한다). 모든 시간을 다 합쳐도 그것은 하나님의 영원에 비하면 없는 것이나 다름없고, 하물며 우리에게 주어진 시간

은 하나님의 영원에 비하면 어떻게 있다고 할 수 있겠는가.

(2) 이 땅에서 사람의 일생은 헛되고 아무런 가치도 없는 것이기 때문에, 인생을 좋아하고 연연하는 것은 어리석은 짓이며, 더 나은 삶을 확보해 두는 것이 지혜이다. 아담은 아벨이다. 즉, 인생은 헛된 것이다(여기에서 아담은 사람을 뜻하고, 아벨은 헛된 것을 의미한다). 인생은 겉보기와는 다른 것이고, 그것이 기대하고 있는 것을 갖고 있지 못하다. 인생과 그 모든 위로들은 언제나 불확실성 속에 있다. 만약 현세의 삶 이후에 또 다른 삶이 없다면, 아무리 생각해보아도, 사람은 헛되게 지음받은 것이 된다. 사람은 헛된 것이고, 죽을 것이며, 변덕스럽고 무상한 것이다. 우리는 여기에서 다음과 같은 것들을 살펴보자.

[1] 이러한 진리가 여기에서 얼마나 강조적으로 표현되어 있는가. 첫째, 사람은 예외없이 헛된 것이다. 이러한 말은 지위가 높거나 낮거나, 부자이거나 가난한 자이거나 모든 사람에게 해당된다. 둘째, 사람은 그가 든든히 서 있는 때에도, 즉 그가 젊고 튼튼하며 건강하고 부와 명예를 지니고 있으며 최고의 영화를 누리고 있을 때에도 여전히 헛된 것이고, 그가 가장 평안하고 즐거우며 안전하고 그의 산이 견고하게 서 있다고 생각할 때에도 헛된 것일 뿐이다. 셋째, 사람은 진실로 헛된 것이다. 사람은 우리가 생각할 수 있는 것 중에서 가장 헛된 것이다. 모든 사람은 진실로 헛된 것일 뿐이다(본문은 이렇게 읽을 수도 있다). 사람에 관한 모든 것이 불확실하다. 새 사람에 관한 것을 제외하고는 알맹이가 있거나 지속되는 것은 아무것도 없다. 넷째, 진실로 사람은 헛된 것이다. 이것은 틀림없는 확실한 진리이지만, 우리가 믿고자 하지 않기 때문에, 여러 가지 사례들을 통해서 우리에게 확실하게 입증될 필요가 있다. 다섯째, 세밀하게 관찰하여 보기를 권하는 표시로 셀라가 여기에 덧붙여져 있다. "여기에서 잠깐 멈춰 서서, 모든 사람이 헛되다는 이 진리를 곰곰이 생각하고 적용해 볼 시간을 가져라." 우리도 여기에서 잠깐 멈춰서 이 진리를 곰곰이 생각해 보자.

[2] 그는 여기에서 죽을 수밖에 없는 사람이 헛되다는 것을 증명하기 위하여 세 가지를 언급하고, 그 각각이 헛되다는 것을 보여준다(6절). 첫째, 우리의 즐거움들과 영광들이 헛되다는 것. 진실로 각 사람은 그림자 같이 다닌다(그가 위풍당당하게 걷거나 즐거워하며 걸을 때조차도). 그가 위풍당당하게 행할 때에도, 그의 위엄은 지나가 버리고, 그의 큰 위엄은 단지 큰 망상에 불과한 것이 되고 만다(행 25:23). 그것은 단지 겉모습, 헛된 겉모습에 지나지 않고, 휘황찬란한

빛을 내뿜지만 그 밑바탕인 구름과 수증기가 없어질 때에 신속하게 사라져 버리는 무지개와 같다. 인생은 그런 것이고(약 4:14), 인생의 모든 즐거움들도 그런 것이다. 둘째, 우리의 슬픔과 두려움들도 헛되다는 것. 진실로 각 사람은 헛된 일로 소란하다. 우리가 불안해하는 것들은 흔히 근거없는 것들이고(우리는 어떤 정당한 이유도 없이 괜히 불안해하며 스스로를 괴롭히고, 우리의 괴로움들은 흔히 우리 자신의 망상과 상상의 산물이다), 항상 아무런 열매가 없다. 우리가 불안해하고 걱정하는 것은 헛된 것이다. 왜냐하면, 우리가 아무리 불안해하고 걱정한다고 할지라도 어떤 일들이나 하나님의 계획이 바뀌는 것은 아니기 때문이다. 우리가 어떤 일에 대하여 아무리 걱정하고 불안해한다고 하더라도, 그 일은 원래 그대로 진행이 될 것이다. 셋째, 우리의 염려와 수고가 헛되다는 것. 사람은 재물을 쌓으려고 무진 애를 쓰고 수고하지만, 쌓아둔 재물은 밭에 뿌려지지 않는다면 아무 소용도 없는 밭 이랑에 쌓아둔 퇴비 더미와 같다. 사람이 자신의 재물로 곳간들을 채웠다고 할지라도, 그는 누가 그것들을 거두어 갈는지 알지 못하고, 그가 죽고 나서 누가 물려 받게 될지도 알지 못한다. 왜냐하면, 그는 그 재물들을 가지고 가지 못할 것이기 때문이다. 그는 내가 누구를 위하여 수고하는가라고 묻지 않는데, 이것은 그의 어리석음이다(전 4:8). 그러나 그가 그런 것을 물었다고 할지라도, 그는 그 사람이 지혜자일지 우매자일지, 친구일지 적일지 알 수가 없다(전 2:19). 이것은 헛된 것이다.

7주여 이제 내가 무엇을 바라리요 나의 소망은 주께 있나이다 8나를 모든 죄에서 건지시며 우매한 자에게서 욕을 당하지 아니하게 하소서 9내가 잠잠하고 입을 열지 아니함은 주께서 이를 행하신 까닭이니이다 10주의 징벌을 나에게서 옮기소서 주의 손이 치심으로 내가 쇠망하였나이다 11주께서 죄악을 책망하사 사람을 징계하실 때에 그 영화를 좀먹음 같이 소멸하게 하시니 참으로 인생이란 모두 헛될 뿐이니이다 (셀라) 12여호와여 나의 기도를 들으시며 나의 부르짖음에 귀를 기울이소서 내가 눈물 흘릴 때에 잠잠하지 마옵소서 나는 주와 함께 있는 나그네이며 나의 모든 조상들처럼 떠도나이다 13주는 나를 용서하사 내가 떠나 없어지기 전에 나의 건강을 회복시키소서

　　　　시편 기자는 인생의 짧음과 불확실성, 인생의 모든 즐거움들에 연연

하는 심령의 헛됨과 괴로움을 묵상한 후에, 여기 이 절들에서는 그의 눈과 마음을 하늘로 향한다. 확실한 만족은 피조물 속에서는 발견될 수 없고 오직 하나님 및 하나님과의 교통 속에서만 발견될 수 있다. 우리는 세상에서 여러 가지로 실패함으로써 내몰려서 하나님께로 향하게 된다. 다윗은 여기에서 다음과 같은 것들을 피력한다.

I. 그가 하나님을 의지한다는 것(7절).

1. 모든 것이 헛되고 사람도 헛되다는 것을 알았기 때문에, 그는 이 세상에 속한 것들로부터 행복을 구하는 데에 절망하고, 세상으로부터 기대했던 모든 것을 포기한다. "주여 이제 내가 무엇을 바라리요. 나는 감각과 시간에 속한 것들로부터는 아무것도 더 이상 바라지 않나이다. 이 땅으로부터는 내가 바라고 소망할 것이 아무것도 없나이다." 인생이 헛되고 연약하다는 것을 잘 숙고하게 되면, 이 세상의 것들에 대한 우리의 욕망들은 죽게 되고, 이 세상에 대한 우리의 기대들도 낮아지게 된다. "세상이 이런 것이라면, 하나님께서 나를 건지셔서 세상 속에서 내 분깃을 갖거나 찾지 않게 하옵소서." 우리는 이 세상에서 건강과 형통이 계속될 것이라고 생각해서는 안 되고, 이 세상의 어떤 관계 속에서도 위로를 계속해서 얻을 것이라고 생각해서도 안 된다. 왜냐하면, 그런 것들은 모두 우리가 여기에서 영원히 살 수 없는 것과 마찬가지로 극히 불확실한 것들이기 때문이다. "나는 종종 어리석게도 이 세상으로부터 이런저런 것을 기대하여 왔지만, 이제는 생각이 완전히 바뀌었다."

2. 그가 하나님 안에서 행복과 만족을 얻고자 한다는 것: 나의 소망은 주께 있나이다. 피조물을 신뢰하는 것이 우리에게 실망을 가져다 주었을 때에, 우리가 갈 수 있는 하나님, 우리가 의지할 수 있는 하나님, 우리가 다시 한 번 정신을 차려서 믿음으로 하나님을 더 굳게 붙잡을 수 있다는 것은 우리에게 큰 위로가 된다.

II. 다윗이 하나님께 순복하여, 즐거운 마음으로 하나님의 거룩한 뜻에 묵묵히 따름(9절). 우리가 저 세상에서의 행복을 위하여 하나님께 소망을 둔다면, 우리는 마땅히 이 세상에서 우리에 대한 하나님의 섭리의 모든 일들에 순응하여야 한다. "내가 잠잠하고, 불평하는 일에 있어서 입을 열지 않았다." 그는 이제 다시 잠시 흐트러져 있었던 마음의 평정과 평안을 되찾았다(2절). 이제 그는 어떠한 위로를 박탈당하고 어떠한 십자가를 진다고 하여도 평안할 것이다.

"주께서 이를 행하신 까닭이니이다. 그것은 우연히 일어난 것이 아니라 주께서 정하신 것을 따라서 일어난 것이다." 우리는 여기에서 다음과 같은 것들을 알 수 있다.

1. 선하신 하나님께서 모든 일을 행하시고, 우리와 관련된 모든 사건들을 정하신다는 것. 우리는 모든 사건에 대하여 이렇게 말할 수 있다: "이것은 하나님의 손가락이다. 그것은 여호와께서 행하시는 일이다." ― 하나님께서 사용하신 도구들이 누구이든지 간에.

2. 그런 이유로 의인은 그것을 거스르는 말을 하지 않음. 그는 잠잠하고, 그 일에 반대하거나 의문을 제기하거나 이의를 제기할 것이 없다. 하나님께서 행하시는 모든 일은 옳은 일이기 때문이다.

III. **하나님을 향한 다윗의 소원과 그가 하나님께 드리는 기도들.** 환난 당한 자가 있느냐 그는 여기에 나오는 다윗처럼 기도할 것이라.

1. 그의 죄를 사하시고 그가 욕을 당하지 않게 해 달라고(8절). 다윗은 주의 징벌을 나에게서 옮기소서(10절)라고 기도하기 전에, "나를 모든 죄에서 건지시며, 내가 범한 죄책과 내가 마땅히 받아야 할 형벌과 나를 종으로 삼아 버린 썩어짐의 권능으로부터 나를 건지소서"라고 기도한다(8절). 하나님께서는 우리의 죄들을 사하실 때에 우리를 우리의 죄들로부터 건지시고 우리의 모든 죄들로부터 건지신다. 다윗은 나를 우매한 자에게서 욕을 당하지 아니하게 하소서라고 호소한다. 악한 자들은 우매한 자들이다. 그들은 하나님의 백성을 비웃고 멸시함으로써 자신의 위세를 보이고 있다고 생각할 때에 가장 어리석은 짓을 행하고 있는 것이다. 다윗이 하나님께서 그의 죄들을 사하시고 그를 욕되게 하지 말아 달라고 기도한 것은 양심의 평안을 위한 기도("여호와여, 우울하게 하는 세력에게 나를 넘겨 주셔서 우매한 자로 하여금 그 일로 인하여 나를 비웃게 하지 말아 주소서"), 하나님께서 자기를 내버려 두심으로써 악한 자들에게 그가 욕을 당하지 않게 해 달라는 은혜의 기도로 해석될 수 있다. 우리가 신앙 고백을 했다고 해서 저절로 우리가 흠없이 보호하심을 받는 것이 아니라는 사실은 우리가 죄에 대하여 끊임없이 경계하고 범죄하지 않게 해 달라고 기도하여야 할 좋은 이유가 된다는 것을 명심하라.

2. 그가 당하는 환난을 옮겨 주셔서, 그로 하여금 속히 현재의 짐으로부터 벗어나 평안하게 될 수 있게 해 달라고(10절): 주의 징벌을 나에게서 옮기소서. 우

리가 우리를 고치시는 하나님의 손길 아래에 있을 때, 우리는 그 어떤 다른 것을 보아서는 안 되고, 하나님께서 우리에게 구원의 손길을 뻗쳐 주시기를 바라고 기대하여야 한다. 우리에게 징벌을 가하신 분만이 바로 그 징벌을 우리에게서 옮겨 주실 수 있다. 우리는 우리의 죄가 사함을 받고(사 38:17), 여기에서처럼 환난의 목적이 달성되어서 우리가 거룩해지고 하나님의 손길 아래에서 겸손해졌을 때에 믿음과 기뻐하는 마음으로 우리의 환난을 옮겨 달라고 기도할 수 있다.

(1) 다윗은 그가 환난에 의해서 극도의 곤경에 처해 있다는 것을 호소하는데, 이것으로 인해서 그는 하나님의 불쌍히 여기심의 대상이 되기에 합당하였다: 주의 손이 치심으로 내가 쇠망하였나이다. 다윗은 그의 질병으로 인해서 그의 심령이 쇠약해졌고 그의 힘이 소진되었으며 그의 몸은 수척해졌다. "주의 손이 나를 치셨기 때문에, 나는 죽음의 문턱까지 갔나이다." 아무리 강하고 담대하며 훌륭한 사람이라고 할지라도 하나님의 진노의 권능 앞에서는 견딜 수 없고, 머리를 꼿꼿이 들 수는 더더욱 없다. 다윗의 경우만이 그런 것이 아니라, 그 어떤 사람도 전능자와 상대할 수 없다는 것을 발견하게 될 것이다(11절). 언제라도 하나님께서 우리와 다투시고, 책망으로써 우리를 바로잡으실 때,

[1] 우리는 하나님께서 말씀하시고 행하시는 것이 공평하지 않다고 탓해서는 안 되고, 하나님께서 행하시는 모든 일이 의롭다는 것을 인정하여야 한다. 왜냐하면, 하나님께서 사람을 바로잡으실 때에는 그것은 모두 그 사람이 지은 죄악으로 인한 것이기 때문이다. 우리의 길들과 행위들이 환난을 자초한 것이고, 우리는 스스로 매를 번 것이다. 그것은 비록 하나님의 손으로 묶은 것이라고 할지라도 우리의 범죄로 인한 멍에이다(애 1:14).

[2] 우리는 하나님의 다투심의 결과들에 대하여 반대해서는 안 되고, 하나님의 징벌은 우리에게 그렇게 혹독한 것이 되지 않을 것이다. 우리가 하나님의 심판을 막을 방도가 없는 것과 마찬가지로, 우리에게는 하나님의 심판의 집행을 피할 방도도 없다. 하나님의 책망들은 사람의 영화를 좀먹음과 같이 소멸하게 하신다. 우리는 사람의 몸이 질병에 의해서 얼마나 짧은 시간에 연약해지고 무너지게 되는지를 자주 보고 종종 느낀다. 사람의 용모가 변하여서, 붉은 빛을 띠었던 뺨과 입술, 밝게 빛났던 눈, 생기발랄하였던 표정, 웃음 가득 했던 얼굴은 온데간데없이 사라져 버린다. 이제 남은 것은 이 모든 것의 정반대의 모습

이다. 아름다움이라는 것은 얼마나 보잘것없는 것인가. 이와 같이 확실하고 신속하게 없어져 버리는 아름다움을 자랑하고 연연하는 자들은 얼마나 어리석은 자들인가! 어떤 이들은 여기에 나오는 좀이라는 표현은 손가락으로 만지기만 해도 쉽게 부서져 버리는 좀과 같은 인간을 나타낸다고 본다(욥 4:19). 어떤 이들은 좀이 하나님의 책망들을 나타낸다고 보고, 하나님의 책망들이 우리를 조용히 알지 못하는 사이에 소멸시키는 것이 의복을 갉아 먹는 좀과 같다는 것을 보여주는 것이라고 본다. 이 모든 것은 시편 기자가 앞에서 말했던 것, 즉 진실로 모든 인생이 연약하고 절망적인 헛된 것임을 적나라하게 증명해 준다. 하나님께서 그와 다투기 위하여 오실 때에 그가 그런 존재라는 것이 드러나게 될 것이다.

(2) 그는 자신의 환난을 통해서 선한 것들을 깨달았다고 호소한다. 그는 환난이 원래의 목적을 달성하고서, 하나님의 긍휼하심에 의해서 옮겨지기를 소망하였다. 환난의 목적이 달성된 것이 아니라면, 비록 환난이 옮겨진다고 하더라도, 그것은 하나님의 긍휼하심으로 인해서 옮겨진 것이 아니다.

[1] 이것으로 인하여 그는 눈물을 흘렸고, 하나님께서 이것을 알아 주시기를 소망하였다. 주 하나님께서 애곡하라고 하실 때, 다윗은 그 부르심에 순종하여 그렇게 하였기 때문에, 믿음으로 여호와여 내가 눈물 흘릴 때에 잠잠하지 마옵소서라고 기도할 수 있었다(12절). 사람들을 악의적으로 괴롭히거나 슬프게 하지 않으시고, 더더구나 자신의 자녀들을 그렇게 의도적으로 괴롭히지 않으시는 하나님께서는 그들이 눈물을 흘릴 때에 잠잠하지 않으실 것이고, 그들에게 구원이 있으리라고 말씀하시거나(하나님께서 말씀하시면 그대로 이루어진다) 구원이 임할 때까지 그들에게 위로의 말씀을 주셔서 그들로 하여금 그 응답으로 인하여 기뻐하고 즐거워할 수 있게 하실 것이다.

[2] 이 일로 인하여 그는 기도하였다. 환난은 기도하도록 하기 위하여 보내진다. 환난은 그러한 목적을 지니고 있기 때문에, 우리가 환난을 당할 때에 이전보다 더 많이 기도하고 더 간절하게 기도하면, 우리는 하나님께서 우리의 기도를 들어 주시고 우리의 부르짖음에 귀를 기울이실 것이라는 소망을 지닐 수 있다. 왜냐하면, 하나님께서 섭리를 통해서 기도하라고 하시고, 그의 은혜의 성령을 통해서 기도하게 하실 때에는 그 기도는 반드시 응답이 될 것이기 때문이다.

[3] 이 일은 그가 세상에 연연하는 마음을 끊고 세상에 대한 사랑을 없애는데 도움을 주었다. 이제 다윗은 그의 모든 조상들처럼 자기 자신을 이전보다 더 이 세상을 본향으로 삼지 않고 더 나은 저 세상으로 가기 위하여 이 세상을 통과해 가는 나그네와 떠도는 자로 여기게 되었고, 그가 천국에 가기까지는 자기가 본향에 있다고 결코 생각하지 않게 되었다. 다윗은 이 점을 하나님께 호소한다. "여호와여, 내가 여기에서 이방인이기 때문에 이방인 취급을 받아서 여러 가지 환난을 당한다는 것을 알아 주옵소서. 나는 나그네와 이방인으로서 멸시받고 압제를 받나이다. 그러므로 내가 주밖에 구원을 기대할 곳이 어디 있으며, 내가 속한 나라 외에 그 어디에 나를 구해 달라고 호소하겠나이까?"

3. 다윗은 자신의 생명을 조금만 더 연장해 달라고 기도한다(13절). "주는 나를 용서하사 내가 죽음으로 말미암아 떠나 이 세상에서 없어지기 전에 내가 육신과 마음의 힘을 다시 회복하고, 좀 더 침착하고 평정된 심령을 회복하여, 저 세상을 위하여 더 낫게 준비할 수 있도록 이 질병에서 나를 일으켜 주옵소서." 어떤 이들은 이것을 하나님께서 그에게 신속한 도움을 보내셔서 때가 너무 늦지 않게 해 달라고 간절히 기원하는 것으로 해석한다(욥 10:20-21). 그러나 나는 이것을 하나님께서 그의 생명을 연장시켜 주셔서 하나님의 은혜로 말미암아 그가 저 세상에 갈 준비가 더 합당하게 될 수 있게 해주시고, 그가 그의 생명을 마치기 전에 이 땅에서의 일을 끝마칠 수 있게 해 달라는 경건한 기도로 본다. 내 영혼으로 하여금 살게 하여 주소서. 그리하면 내 영혼이 주를 찬양하리이다.

제
— 40 —
편

개요

다윗은 뭔가 크고 절박한 괴로움에 짓눌려서 거의 죽을 뻔하다가 하나님의 능력과 선하심으로 인해서 구원을 받은 때에 이 시편을 지은 것으로 보인다. 아마도 그 괴로움은 죄의식과 하나님께서 자신의 죄로 말미암아 그를 기뻐하지 않으신다는 것을 느낀 것에서 생겨난 마음의 괴로움이었던 것으로 보인다. 그 괴로움이 무엇이었든지 간에, 다윗 안에서 그로 하여금 구원을 찬양하도록 이끈 그 성령은 그리스도의 고난과 그 뒤에 있을 영광을 증언한 예언의 영이기도 하였다. 또는, 다윗은 그가 알지도 못하는 사이에 성령에 이끌려서 오직 그리스도에게만 적용될 수 있는 표현들을 사용해서 자신의 일에 대하여 말하였다. 그러므로 저 유명한 예언 앞에 나오는 찬송들과 그 뒤에 이어지는 기도들이 얼마나 다윗에게 적용될 수 있는지를 생각해 보는 것은 가치 있는 일이 될 것이다. 이 시편에서 I. 다윗은 하나님께서 그에게 은총을 베푸셔서 그의 깊은 곤경에서 그를 건지신 것을 기록하면서, 감사함으로 하나님을 찬송한다(1-5절). II. 다윗은 이 기회를 이용해서 그리스도께서 우리를 구속하신 사역에 관하여 말한다(6-10절). III. 이것에 힘입어서 다윗은 자기 자신과 그의 친구들에게 하나님께서 긍휼하심과 은혜를 베풀어 달라고 기도한다(11-17절). 이 시편을 노래할 때에 우리가 그리스도에 대한 믿음과 예언을 적절히 조화시키고, 여기에 제시된 찬송들과 기도들을 진실한 마음으로 결합시킨다면, 우리는 마음을 다해서 주께 노래부르게 될 것이다.

〔다윗의 시, 인도자를 따라 부르는 노래〕

[1]내가 여호와를 기다리고 기다렸더니 귀를 기울이사 나의 부르짖음을 들으셨도다 [2]나를 기가 막힐 웅덩이와 수렁에서 끌어올리시고 내 발을 반석 위에 두사 내 걸음을 견고하게 하셨도다 [3]새 노래 곧 우리 하나님께 올릴 찬송을 내 입에 두셨으니 많은 사람이 보고 두려워하여 여호와를 의지하리로다 [4]여호와를 의지하고 교만한 자와 거짓에 치우치는 자를 돌아보지 아니하는 자는 복이 있도다 [5]여호와 나의 하나님이여 주께서 행하신 기적이 많고 우리를 향하신 주의 생각도 많아 누구도 주와

견줄 수가 없나이다 내가 널리 알려 말하고자 하나 너무 많아 그 수를 셀 수도 없나이다

이 절들 속에서 우리는 다음과 같은 것들을 보게 된다.

I. 시편 기자가 처해 있었던 큰 곤경과 괴로움. 그는 무시무시한 웅덩이와 수렁 속으로 빠져 버렸고(2절) 스스로의 힘으로 거기에서 나올 수 없었으며 점점 더 가라앉는 자신의 모습을 지켜 볼 수밖에 없었다. 그는 여기에서 그의 육신의 질병이나 그의 원수들에 의한 모욕에 관하여 아무런 말도 하지 않고 있기 때문에, 우리는 지금 그의 가장 큰 괴로움은 뭔가 내적인 불안과 혼란스러운 마음이었다고 생각하는 것이 좋을 것 같다. 하나님께서 자기에게서 물러가셨다는 느낌과 과연 자기가 영원한 복락을 누리게 될 것인지에 관한 압도적인 의구심과 두려움들 아래에서 심령이 의기소침해지는 것은 진정으로 무시무시한 웅덩이와 수렁이고, 하나님의 수많은 사랑하는 자녀들에게 지금까지 그래왔다.

II. 다윗은 겸손히 하나님을 바라보며, 이 깊은 수렁에서 그를 건져 주실 것을 믿음으로 기대함. 내가 여호와를 기다리고 기다렸다(1절). 그는 다른 곳에서가 아니라 오직 하나님으로부터의 구원을 기대하였다. 찢으신 분이 그 상처를 도로 낫게 하실 것이고, 치신 분이 그 상처를 싸매어 주실 것이다(호 6:1). 그렇지 않다면 그 상처는 결코 낫게 되지 않을 것이다. 그는 하나님으로부터 구원을 기대하였고, 그 기대는 컸으며, 때가 되면 구원이 임하리라는 것을 조금도 의심하지 않았다. 하나님에게는 가장 약한 자를 도우시기에 충분한 능력이 있으시고, 하나님에게는 그를 의지하는 그의 모든 백성 중에서 가장 무가치한 자를 도우시기에 충분한 은혜가 있으시다. 그러나 그는 인내심을 가지고 기다렸다. 이것은 구원이 신속하게 임하지 않았다는 것을 암시해 준다. 그렇지만 그는 구원이 임하리라는 것을 의심하지 않았고, 구원이 임할 때까지 계속해서 믿고 소망하며 기도하기로 결심하였다. 하나님으로부터의 구원을 기다리는 자들은 확신을 가지고 기다려야 하고 인내심을 가지고 기다려야 한다. 이것은 그리스도에게 그대로 적용될 수 있다. 겟세마네 동산에서와 십자가 위에서 그리스도의 고뇌는 그대로 계속되었고, 그것은 무시무시한 웅덩이와 수렁이었다. 그 때에 그의 영혼은 몹시 괴로웠고 슬펐다. 그러나 그 때에 그리스도께서는

아버지여 주의 이름을 영화롭게 하소서. 아버지여 나를 구원하소서라고 기도하셨다. 그 때에 그리스도께서는 아버지와 그의 관계를 굳게 붙잡고서 "나의 하나님 나의 하나님"라고 부르짖으며 인내심을 가지고 하나님을 기다렸다.

III. 다윗은 곤경 중에서 그를 향하신 하나님의 선하심을 체험하였고, 이 체험을 하나님의 영광 및 자기 자신과 다른 사람들을 격려하기 위하여 기록하였다.

1. 하나님께서 그의 기도에 응답하셨다: 여호와께서 귀를 기울이사 나의 부르짖음을 들으셨도다. 인내심을 가지고 하나님을 기다리는 자들은 비록 오래 기다릴 수는 있지만 그 기다림이 결코 헛되지 않는다. 우리 주 예수께서는 하나님을 경외하셨기 때문에 응답을 받으셨다(히 5:7, 개역에서는 그의 경건하심으로 말미암아 들으심을 얻었느니라). 아니, 그리스도께서는 아버지께서 그의 기도를 항상 들어 주신다는 것을 확신하셨다.

2. 하나님께서는 다윗의 두려움을 잠재우셨고, 그의 요동치는 심령을 잠잠케 하셨으며, 그에게 양심의 평온함을 주셨다(2절). "하나님께서는 낙심과 절망의 기가 막힐 웅덩이에서 나를 끌어 올리셨고, 그의 은총에 대한 확신을 통해서 내게 드리워진 구름을 흩어 주셨으며, 내 영혼에 밝은 빛을 비춰 주셨다. 그 뿐만 아니라, 하나님께서는 내 발을 반석 위에 두사 내 걸음을 견고하게 하셨도다." 신앙의 우울증에 걸려 있다가 하나님의 은혜로 말미암아 건지심을 받은 자들에게는 이 말씀이 너무도 생생하게 들려질 것이다. 그들은 무시무시한 웅덩이에서 건지심을 받은 것이다.

(1) 하나님의 긍휼하심은 하나님께서 그들의 발을 반석 위에 두셔서 견고하게 서게 하심으로써 앞서 음부에 대한 두려움으로 나락에 떨어졌던 것만큼이나 천국에 대한 소망으로 그들의 심령이 높이 솟아 오르게 하시는 것으로 완성된다. 그리스도는 가련한 영혼이 견고하게 설 수 있는 반석이시고, 우리는 우리와 하나님 사이에서의 그리스도의 중보에 의지해서만 확고한 소망이나 만족을 구축할 수 있다.

(2) 하나님의 긍휼하심은 그들의 걸음을 견고하게 하시는 것으로 계속된다. 하나님은 견고한 소망을 주신 후에는 거기에 견고한 행실이 있을 것을 기대하신다. 견고한 걸음이 하나님의 긍휼하심의 복된 열매라면, 우리는 이루 말할 수 없는 감사하는 마음으로 하나님의 은혜의 부유하심과 능력을 고백할 수밖

에 없게 된다.

　3. 하나님께서는 그를 믿음 안에서의 평안과 기쁨으로 가득 채우셨다. "여호와께서는 새 노래를 내 입에 두셨다. 하나님은 내게 즐거워해야 할 일과 기뻐해야 할 마음을 주셨다." 하나님은 그를 새 세상으로 이끄셨기 때문에, 그의 입은 새 노래, 우리 하나님께 올릴 찬송으로 가득 차게 되었다. 왜냐하면, 우리가 부르는 모든 노래들은 하나님을 찬송하고 하나님께 영광을 돌리기 위하여 불러져야 하기 때문이다. 새로운 긍휼하심을 입었을 때, 특히 우리가 전에는 결코 받아 본 적이 없는 긍휼하심을 받았을 때, 우리의 입에서는 새 노래들이 나올 수 밖에 없다. 이것은 우리 주 예수께서 낙원에 받아들여지시고 무덤에서 부활하셨으며 높이 들림을 받으셔서 하나님 앞에서 기쁨과 영광을 받게 되신 것에 적용될 수 있다. 하나님은 그리스도를 무시무시한 웅덩이에서 건지셔서 반석 위에 두셨고 새 노래를 그의 입에 넣어 주셨다.

Ⅳ. 하나님께서 다윗에게 선하심을 베푸신 이 사건이 주는 선한 교훈.

　1. 다윗의 체험은 많은 사람들에게 하나님께 소망을 두라는 격려가 되기 때문에, 다윗은 이 일을 여기에 기록으로 남긴다: 많은 사람이 보고 두려워하여 여호와를 의지하리로다. 사람들은 다윗과 다윗의 자손을 저 무시무시한 웅덩이 속으로 들어가게 하신 여호와와 그의 공의를 두려워하여서, 푸른 나무에도 이 같이 하거든 마른 나무에는 어떻게 되리요라고 말하게 될 것이다. 또한 그들은 다윗과 다윗의 자손의 입을 기쁨과 찬송의 새 노래들로 가득 채우신 여호와와 그의 선하심을 두려워하게 될 것이다. 거룩한 마음으로 하나님을 경외하고 두려워하는 것은 하나님에 대한 우리의 소망의 특성일 뿐만 아니라 그 토대가 된다. 그들은 하나님을 두려워하여 피하는 것이 아니라, 여기에서처럼 곤경에 처한 다윗이 하나님의 도우심을 받았던 것과 마찬가지로 하나님께서 그들을 도우실 수 있고 또한 기꺼이 도우시고자 하신다는 것을 조금도 의심하지 않고 그들의 가장 큰 곤경 속에서 하나님을 두려워하고 그를 의지하게 될 것이다. 하나님께서 우리 주 예수를 어떻게 대하셨는지를 보면, 우리는 우리가 하나님을 의지하고자 하는 큰 격려를 받게 된다. 하나님께서 그리스도를 상하게 하시고 우리의 죄로 말미암아 그에게 큰 괴로움을 안겨 주시기를 기뻐하신 것은 오직 그리스도로 하여금 우리가 진 죄의 빚을 갚게 하기 위한 것이었다. 하나님께서 그리스도를 죽은 자 가운데서 다시 살리셔서 그의 오른편에 앉히신 것은 그리스도

께서 우리의 죄를 위하여 지불하신 속전을 하나님이 열납하시고 만족하셨다는 것을 보여주는 것이었다. 우리로 하여금 하나님을 두려워하고 예배하며 하나님을 의지하게 하는 데에 이것보다 더 큰 격려가 어디 있겠는가(롬 4:25; 5:1-2을 보라). 시편 기자는 여호와를 의지하는 자들이 복되다는 것을 선언함으로써 다른 사람들에게 자기가 했던 것처럼 하나님을 그들의 소망으로 삼으라고 권유한다(4절). "여호와를 의지하고(여호와를 크고 선하신 분으로 생각하여 온전히 그에게 헌신하는) 교만한 자를 돌아보지 아니하는 자, 자기 자신을 믿고 의지하는 자들처럼 행하지도 않고 다른 사람들에게 교만하게도 그들을 의지하라고 뽐내는 자들을 의지하지 않는 자는 복이 있도다. 왜냐하면, 그런 자들은 하나님을 떠난 모든 자들이 그러하듯이 거짓에 치우친 자들이기 때문이다." 이것은 특히 그리스도에 대한 우리의 믿음에 적용될 수 있다. 그리스도를 의지하고 오직 그의 의만을 의지하며, 교만한 바리새인들을 돌아보지 않는 자들은 복이 있다. 교만한 바리새인들은 그들 마음대로 다스려지지도 않고 거짓에 치우치지도 않는 그리스도의 의에 대항하여 자신들의 의를 세웠고, 믿지 않는 유대인들은 하나님의 의에 복종하지 않았다(롬 10:3). 이러한 유혹과 시험을 피하는 자들은 복이 있다.

2. 다윗은 하나님께서 베푸신 긍휼하심을 체험하고서 기쁜 마음으로 그가 이전에 하나님으로부터 받았던 수많은 은총들을 감사함으로 살펴보았다(5절). 하나님께서 우리의 입 속에 새 노래들을 넣어 주실 때, 우리는 이전에 우리가 불렀던 노래들을 잊어서는 안 되고 그 노래들을 반복하여야 한다. "여호와 나의 하나님이여, 나와 다른 사람들을 위하여 주께서 행하신 기적이 많나이다. 이번의 기적은 그 수많은 기적 중의 하나에 불과하나이다." 우리가 하나님의 섭리와 은혜로 말미암아 날마다 입는 은택들은 수없이 많다.

(1) 그것들은 하나님의 역사로서 하나님께서 아낌없이 주시는 선물일 뿐만 아니라 하나님의 능력이 나타난 것들이다. 하나님은 우리를 위하여 역사하시고 우리 안에서 역사하셔서, 우리에게 감사할 거리만이 아니라 찬송할 거리를 공급해 주신다.

(2) 그것들은 하나님의 기이한 역사들이고, 그것들을 생각해 내신 하나님의 모략은 경탄할 만하며, 그것들을 우리에게 베푸시기 위하여 하나님께서 우리 수준으로 낮아지신 것은 경탄할 만한 것이다. 이러한 일들로 인하여 우리가 하

나님을 영원히 경배하고 찬송한다고 하여도 오히려 그 시간은 부족할 것이다.

(3) 하나님의 모든 기이한 역사들은 하나님께서 우리를 권고하시고 생각하신 것의 산물이다. 하나님은 모든 일을 그의 뜻의 계획을 따라(엡 1:11) 영원부터 우리 주 그리스도 예수 안에서 예정하신 뜻대로(엡 3:11) 행하신다. 그것들은 무한한 지혜가 나타난 것들이고 영원하신 사랑이 의도한 것들로서(고전 2:7; 렘 31:3) 악한 것이 아니라 선한 것에 관한 생각들(렘 29:11)이다. 그러므로 하나님의 은사들과 부르심들은 후회함이 없다. 왜냐하면, 그것들은 갑작스럽게 결심한 것들이 아니라, 하나님께서 우리를 향하여 수없이 많이 생각하신 것의 결과이기 때문이다.

(4) 그것들은 무수히 많다. 그것들은 너무도 많아서, 우리가 체계를 세워서 열거할 수도 없고 분류를 해서 헤아릴 수도 없다. 하나님의 모든 역사들 속에는 질서가 있지만, 한꺼번에 우리에게 베풀어 주시는 것들이 너무도 많기 때문에, 우리는 어디에서부터 실마리를 풀어 가야 할지, 어떤 순서로 그것들을 나열할지를 알지 못한다. 하나님께서 행하시는 일들의 질서, 그것들 서로간의 자연스러운 연결 관계, 이 황금의 사슬이 어떠한 연결 고리들로 결합되어 있는지는 우리에게 신비이고, 휘장이 찢어져서 하나님의 신비가 온전히 드러날 때까지는 우리는 그 신비를 설명할 수 없을 것이다. 또한 우리는 하나님께서 행하시는 일들을 일일이 셀 수도 없다. 우리가 하나님께서 우리에게 베푸신 사랑의 기적들에 대하여 열거할 때에 우리가 할 수 있는 것은 등등이라는 말을 그 끝에 붙이고서, 하나님의 사랑의 역사의 밑바닥을 발견하는 일을 포기하고서 그 깊이를 찬송할 뿐이다.

⁶주께서 내 귀를 통하여 내게 들려 주시기를 제사와 예물을 기뻐하지 아니하시며 번제와 속죄제를 요구하지 아니하신다 하신지라 ⁷그 때에 내가 말하기를 내가 왔나이다 나를 가리켜 기록한 것이 두루마리 책에 있나이다 ⁸나의 하나님이여 내가 주의 뜻 행하기를 즐기오니 주의 법이 나의 심중에 있나이다 하였나이다 ⁹내가 많은 회중 가운데에서 의의 기쁜 소식을 전하였나이다 여호와여 내가 내 입술을 닫지 아니할 줄을 주께서 아시나이다 ¹⁰내가 주의 공의를 내 심중에 숨기지 아니하고 주의 성실과 구원을 선포하였으며 내가 주의 인자와 진리를 많은 회중 가운데에서 감추지 아니하였나이다

시편 기자는 하나님께서 그의 백성을 위하여 행하신 기이한 일들에 대하여 경이감에 사로잡혀서, 여기에서 기이하게도 다른 모든 이적들보다 뛰어나고 다른 모든 이적들의 토대이자 원천인 이적, 즉 우리 주 예수 그리스도께서 우리를 구속하신 이적을 예언하는 대로 나아간다. 그리스도의 구속 사역과 관련하여 우리를 향하신 하나님의 생각은 그의 모든 일들 중에서 가장 흥미롭고 풍성하며 은혜로운 것이기 때문에 가장 찬송을 받으실 만한 것이다. 이 단락은 사도 바울에 의해서 인용되어서(히 10:5-7) 우리를 위한 그리스도와 그의 사역에 적용되었다. 구약의 제도들에서와 마찬가지로 구약 성도들의 기도들 속에서도 그리스도의 구속 사역은 알려져 있었다. 사도 바울은 구속주께서 자신의 사역을 자원하여 행하신 것을 우리에게 보이고자 했을 때에 우리에게 속하지 않은 하나님의 비밀한 계획들에 관한 책으로부터가 아니라 이미 계시된 일들로부터 자신의 설명을 가져온다. 좀 더 살펴보자.

I. 율법의 제사들은 우리가 하나님과 화평을 누리고 하나님 안에서 복을 누리기 위하여 죄를 속하는 데에 철저히 부족하다는 것. 주께서는 제사와 예물을 기뻐하지 않으신다. 하나님께서는 구속주가 그러한 것들을 바치게 하고자 하지 않으셨다. 구속주가 하나님께 드려야 하는 것은 그런 것들이 아니었다(히 8:3). 그러므로 구속주는 아론의 집에 속해 있지 않음이 분명하였다(히 7:14). 또는, 메시야 시대에는 번제와 속죄제가 더 이상 필요하지 않게 될 것이고, 모든 예식과 관련된 제도들은 폐지될 것이다. 그러나 그것이 전부는 아니다. 제사와 예식에 관한 율법이 온전한 효력을 발휘하고 있는 동안에도, 하나님께서는 그것들을 그 자체로 원하시거나 열납하신 것이 아니었다고 할 수 있다. 그러한 것들은 하나님의 공의를 만족시켜서 죄책을 없이 할 수 없었다. 사람의 목숨보다 훨씬 더 가치가 없는 양의 목숨(마 12:12)은 인간의 죄 때문에 훼손된 하나님의 통치와 율법의 존엄을 회복시키는 것이 될 수 없었다. 그러한 것들은 죄의 공포를 제거하여 양심을 평안하게 할 수 없었고, 죄의 세력을 제거해서 본성을 거룩하게 할 수도 없었다. 그러한 일은 불가능하였다(히 9:9; 10:1-4). 그러한 것들 속에 가치 있는 것이 있었다면, 그것은 그러한 것들이 예수 그리스도에 대한 모형, 장차 올 선한 것의 그림자, 하나님의 백성의 믿음과 순종을 시험하는 것들이었다는 데서 오는 것이었다. 하나님의 백성이 율법과 제사에 순종하는 것은 복음에 대한 하나님의 백성의 믿음의 모형이었다. 그러

나 원형이신 그리스도께서 오셔야 했다. 그는 제사들로는 결코 불가능하였던 그러한 영광과 은혜를 하나님과 사람에게 가져다 줄 수 있었다.

Ⅱ. 하나님께서 우리 주 예수를 중보자의 직분과 일에 임명하심. 주 여호와께서 나의 귀를 여셨다. 하나님 아버지께서는 예수로 하여금 그러한 일을 할 수 있는 힘을 주셨고(사 50:5-6), 그런 후에 그로 하여금 그 일을 수행할 의무를 주셨다. 주께서 나의 귀를 뚫으셨다. 이 말씀은 문설주 앞에서 종의 귀를 뚫음으로써 그 종으로 하여금 영원히 그 주인을 섬기게 하는 율법과 관습을 가리키는 것으로 생각된다(출 21:6을 보라). 우리 주 예수께서는 하나님께서 그에게 맡기신 일을 너무도 사랑하셨기 때문에, 그 일로부터 자유롭게 풀려나기를 원하지 않으시고, 영원히 그 일을 끝까지 수행하기로 작정하신 것이었다. 그리스도께서는 그를 붙들어 주셔서 그 일을 끝까지 해내게 하신 아버지를 끝까지 섬기셨기 때문에 우리를 마침내 구원하실 수 있으셨다(사 42:1).

Ⅲ. 그리스도께서 자원하여 이 일을 행하시기로 동의하심. "그 때에 내가 말하기를 내가 왔나이다 하였나이다. 하나님께서 제사와 예물을 원하지 아니하신다고 말씀하셨을 때, 나는 어둠의 권세와 싸워서 하나님의 영광과 나라를 드높이기 위하여 내가 왔나이다라고 말하였다." 이것은 세 가지를 보여준다.

1. 그리스도께서는 전적으로 자원하여 이 일을 맡으셨다는 것. 그는 자신이 자원하여 나서기 전까지는 이 일을 할 의무를 전혀 지고 있지 않았다. 하나님께서 이 일을 제안하시자마자, 그리스도께서는 너무도 기쁜 마음으로 그 제안에 동의하셨고, 그 일을 맡게 된 것에 대하여 무척이나 기뻐하셨다. 만약 온전히 자발적으로 그 일을 행하신 것이 아니었다면, 그리스도께서는 우리를 위한 보증이 될 수 없으셨을 것이고 우리를 위한 희생 제물도 될 수 없으셨을 것이다. 왜냐하면, 우리가 거룩하게 된 것은 바로 이 뜻을 따라(드리는 자의 마음) 된 것이기 때문이다(히 10:10).

2. 그리스도께서 이 일을 할 의무를 지기로 단단히 약속하심. "내가 왔나이다. 때가 차면 내가 그 일을 하러 갈 것을 약속하나이다." 그러므로 사도는 "그리스도께서는 마음을 단단히 먹고서 하나님 앞에 나아가 하신 약속을 실제로 행하기 위하여 이 세상에 오셨다"라고 말한다. 그리스도께서 이렇게 약속을 하심으로써 의무를 자원하여 지신 것은 그의 사랑이 크다는 것을 보여주기 위한 것뿐만 아니라, 그가 그 일을 온전히 수행하기 전에 그 일의 영광을 누리기로 되

어 있었기 때문이었다. 값은 아직 지불되지 않았지만 지불된 것으로 간주되었기 때문에, 그리스도는 창세로부터 죽임을 당하신 어린 양이셨다.

3. 그리스도께서는 자신의 일이 무엇인지를 솔직하게 고백하심. 그리스도께서는 보라 내가 왔다고 말씀하셨고, 구약의 성도들에게 내내 그렇게 말씀하셨기 때문에, 그들은 오실 자라는 칭호로 그리스도를 알고 있었다(호 에르코메스). 이 단어는 그들이 그들의 신앙과 소망을 구축한 토대였고, 그들은 이 말이 뜻하는 것이 이루어지기를 학수고대하였다.

IV. 그리스도께서 그의 일을 수행하기 위하여 이 땅에 오신 이유 ― 나를 가리켜 기록한 것이 두루마리 책에 있기 때문에.

1. 하나님의 작정하심과 계획을 적은 두루마리 책들 속에는 그리스도의 귀가 열렸고 그가 보라 내가 왔나이다라고 말했다는 것이 기록되어 있었다. 거기에는 구속에 관한 언약이 기록되어 있었고, 구속에 관한 계획이 기록되어 있었으며, 아버지와 아들 사이에서 오고 간 평화에 관한 계획이 기록되어 있었다. 그리스도께서는 이것을 염두에 두고서 모든 일을 행하셨고, 그가 아버지께로부터 받은 명령을 염두에 두셨다.

2. 구약의 글들 속에 그리스도에 관한 것이 기록되어 있었다. 모세와 모든 선지자들이 그에 대하여 증언하였다. 구약의 모든 책들 속에 그리스도에 관한 것이 기록되어 있었는데, 그는 이 모든 것이 이루어져야 한다는 것을 염두에 두셨다(요 19:28).

V. 그리스도께서 이 일을 맡으신 것을 기뻐하심. 그리스도께서는 이 일을 자원하여 맡으셨을 뿐만 아니라 그 일을 맡으신 후에 부담스러워하시거나 낙심하신 것이 아니라 극히 만족해하며 즐거워하셨다(8-9절): 나의 하나님이여 내가 주의 뜻 행하기를 즐기나이다. 그리스도에게는 하나님께서 그에게 맡기신 일을 행하시는 것이 그의 양식이었다(요 4:34). 그리스도께서 기뻐하신 이유가 여기에서는 주의 법이 나의 심중에 있나이다라는 말로 표현되어 있다. 하나님의 법이 그리스도의 마음에 기록되어 있고, 그의 마음을 다스리고 계신다. 여기에서 하나님의 법이란 중보자의 일과 직분, 그가 무엇을 하여야 하고 어떠한 고난을 겪어야 하는지에 관한 법을 의미한다. 그리스도께서는 자신의 일을 하는 동안 내내 이 법을 소중히 하였고 깊이 명심하였다. 하나님의 법이 우리의 마음속에 기록되어 있을 때, 우리가 마땅히 해야 할 도리는 우리의 기쁨이 되

리라는 것을 명심하라.

Ⅵ. 그리스도께서는 사람들에게, 그리고 많은 회중 가운데서 복음을 전하심
(9-10절).   그리스도께서는 제사장으로서 우리를 위하여 구속 사역을 이루셨을 뿐만 아니라, 선지자로서 먼저는 스스로, 다음으로는 그의 사도들을 통해서, 그리고 지금도 여전히 그의 말씀과 성령을 통해서 이 소식을 우리에게 알게 하신다. 이 큰 구원은 처음에 주께서 말씀하시기 시작하신 것이다(히 2:3). 온 천하에 전파되고 있는 것은 그리스도의 복음이다. 좀 더 살펴보자.

1. 전파되는 것은 무엇인가. 그것은 의(9절), 하나님의 의(10절), 그리스도께서 이루신 영원한 의(단 9:24)이다(롬 1:16-17과 비교해 보라). 그것은 하나님께서 그의 약속에 대하여 신실하신 것이고, 사람들이 오랫동안 기다려 왔던 구원이다. 그것은 하나님께서 그의 말씀을 따라서 나타내 보이신 인자하심과 진실하심, 긍휼하심이다. 우리는 그리스도께서 우리를 구원하신 구속 사역 속에서 하나님의 온갖 속성들이 얼마나 밝게 빛나고 있는지를 알아 보아야 하고, 그 각각에 대하여 하나님께 찬송을 올려 드려야 한다.

2. 누구에게 전파되는가 — 많은 회중에게(9-10절). 그리스도께서는 이 땅에 계실 때에 한 번에 수많은 무리들에게 복음을 전하셨다. 복음은 유대인들과 이방인들의 많은 회중들에게 전하여졌다. 예배는 하나님께서 정하신 제도로서 성도들은 예배를 통해서 그리스도의 얼굴에 있는 하나님의 영광을 찬송하여 하나님께 영광을 돌리고, 하나님의 영광을 전함으로써 사람들의 덕을 세워야 한다.

3. 그것이 어떻게 전하여졌는가 — 자유롭고 공개적으로: 내가 내 입술을 닫지 아니하였고 내 심중에 숨기지 아니하였으며 감추지 아니하였나이다. 이것은 그리스도의 복음을 전하는 일을 맡은 자들은 그것을 숨기거나 감추고자 하는 큰 유혹을 받게 되리라는 것을 보여준다. 왜냐하면, 복음을 전하는 일에는 큰 다툼과 반대가 수반되기 때문이다. 그러나 그리스도 자신과 그에 의해서 그 사역으로 부르심을 받은 자들은 그들의 얼굴을 부싯돌 같이 굳게 하여서(사 50:7) 놀라울 정도로 그 일을 꿋꿋히 해 나갔다. 그들이 그렇게 한 것은 우리에게 정말 잘 된 일이다. 왜냐하면, 그들이 그렇게 하였기 때문에 우리의 눈은 이 기쁜 빛을 볼 수 있게 되었고 우리의 귀는 이 기쁜 소리를 들을 수 있게 되었기 때문이다. 그렇지 않았다면, 우리는 복음을 알지 못하고서 영원히 멸망하게 되었을 것이다.

[11]여호와여 주의 긍휼을 내게서 거두지 마시고 주의 인자와 진리로 나를 항상 보호하소서 [12]수많은 재앙이 나를 둘러싸고 나의 죄악이 나를 덮치므로 우러러볼 수도 없으며 죄가 나의 머리털보다 많으므로 내가 낙심하였음이니이다 [13]여호와여 은총을 베푸사 나를 구원하소서 여호와여 속히 나를 도우소서 [14]내 생명을 찾아 멸하려 하는 자는 다 수치와 낭패를 당하게 하시며 나의 해를 기뻐하는 자는 다 물러가 욕을 당하게 하소서 [15]나를 향하여 하하 하하 하며 조소하는 자들이 자기 수치로 말미암아 놀라게 하소서 [16]주를 찾는 자는 다 주 안에서 즐거워하고 기뻐하게 하시며 주의 구원을 사랑하는 자는 항상 말하기를 여호와는 위대하시다 하게 하소서 [17]나는 가난하고 궁핍하오나 주께서는 나를 생각하시오니 주는 나의 도움이시요 나를 건지시는 이시라 나의 하나님이여 지체하지 마소서

시편 기자는 구속 사역에 관하여 묵상하면서 메시야의 입장에서 그 일에 관하여 말한 후에, 이제는 그리스도께서 우리와 하나님 사이에서 행하신 중보에 관한 가르침을 자신의 경우에 적용하여 자신의 입장에서 말하기 시작한다. 그리스도께서 아버지의 뜻을 준행하여 그의 사역을 마치셨고 복음을 모든 피조물들에게 전하라고 지시하셨기 때문에, 우리는 은혜의 보좌 앞에 담대히 나아가서 긍휼하심과 은혜를 구할 힘을 얻게 된다.

Ⅰ. 이것은 우리에게 하나님의 긍휼하심을 기도하고 우리 자신을 그러한 긍휼하심의 보호 아래에 두고자 하는 용기를 심어 준다(11절). "여호와여, 주께서는 아들까지도 아끼지 아니하시고 우리를 위하여 주셨나이다. 그러므로 주께서 그리스도 안에서 우리를 위하여 예비해 놓으신 것, 즉 주의 긍휼을 거두지 마소서. 주께서는 그 아들과 함께 모든 것을 우리에게 주시고자 하는 것이 아니나이까(롬 8:32)? 주의 인자와 진리로 나를 항상 보호하소서." 아무리 훌륭한 성도들이라도 끊임없이 위험에 처하게 되고, 그들은 그들이 끊임없이 하나님의 은혜로 보호하심을 받지 못한다면 망하게 되리라는 것을 알고 있다. 우리는 천국에 갈 때까지 보호하심을 받기 위해서는 하나님의 영원하신 인자와 진리에 의지하여야 한다(시 61:7).

Ⅱ. 이것은 우리에게 우리의 죄책과 관련해서 제사와 예물이 할 수 없었던 일을 예수 그리스도께서 행하셔서 우리의 모든 죄를 없이 하셨다는 것을 바라보도록 격려한다. 좀 더 살펴보자.

1. 다윗은 자신의 죄를 바라보고서 끔찍함을 느낌(12절). 다윗이 구속주께서 그에게 지금 은혜를 베푸시고 매우 환영하고 있다는 것을 발견하게 된 것은 바로 그의 죄 때문이었다. 그는 자신의 죄가 재앙, 얼마나 끔찍한 재앙인지를 보았다. 그는 재앙들이 그를 둘러싸고 있는 것을 보았다. 자신의 인생을 낱낱이 훑어 보고 그 각각의 발걸음을 회고해 보았을 때, 다윗은 자기가 뭔가 잘못했다는 것을 발견하였다. 그가 저지른 죄의 결과들인 수많은 재앙이 그를 둘러싸고 있었다. 어디를 둘러 보아도 이런저런 재앙만이 그를 기다리고 있었는데, 그는 자신의 죄로 말미암아 자기가 그러한 재앙을 당하여도 마땅한 자라는 것을 알고 있었다. 그는 집행관이 가엾은 채무자를 체포하는 것처럼 재앙이 그를 덮치며 그를 체포하고자 하는 것을 보았다. 그는 재앙들이 그 수가 많아서 그의 머릿털보다 많다는 것을 보았다. 정신을 차리고 죄악을 깨달은 양심은 머릿털 같이 작은 죄들, 그러나 그 수가 너무 많아서 극히 위험스러운 죄들이 헤아릴 수 없이 많다는 것에서 오는 위험을 감지한다. 자기 허물을 능히 깨달을 자 누구리요? 우리는 우리의 머릿털을 다 셀 수 없지만, 하나님께서는 우리의 머릿털을 다 세신다(마 10:30). 마찬가지로, 우리는 우리가 지은 죄들을 다 셀 수 없지만, 하나님께서는 우리의 죄들을 다 세신다. 자기가 지은 죄의 끔찍한 모습을 본 다윗은 그 마음이 너무도 눌려서 머리를 제대로 들 수 없었다 ― 내가 우러러 볼 수 없나이다. 또한, 다윗은 마음의 평정을 유지할 수 없었다 ― 그러므로 내가 낙심하였나이다. 만약 우리가 구주의 모습을 볼 수 없는 가운데 우리가 지은 죄들의 진면목을 똑바로 보게 된다면, 우리는 혼비백산하여 넋을 잃게 되고 말 것이라는 것을 명심하라.

2. 다윗은 죄의식 아래에서 하나님을 의지함(13절). 자기 자신이 죄들에 의해서 영원한 파멸의 언저리까지 내몰리고 있는 모습을 본 다윗은 거룩한 열정으로 이렇게 부르짖는다: "여호와여 은총을 베푸사 나를 구원하소서(13절). 여호와여, 내게 장차 임할 진노와 내가 그 진노를 미리 예감함으로써 느끼는 현재의 공포에서 나를 구하소서. 하나님께서 속히 구원하지 않으시면, 나는 망하고 죽겠나이다. 영원히 죽지 않을 영혼의 지극한 복이 관련되어 있는 이 문제에서 지체하는 것은 위험한 일이오니, 여호와여 속히 나를 도우소서."

III. 이것은 우리에게 우리의 영혼을 멸하고자 하는 우리의 영적인 원수들, 끊임없이 돌아다니며 우리를 삼키고자 하는 울부짖는 사자를 이기게 될 것이라는 소망을 갖게 한다(14절). 그리스도께서 그들에 대하여 승리하셨다면, 우리는 그리스도로 말미암아 넉넉히 그들을 이기게 될 것이다. 이것을 믿고서 우리는 겸손한 담대함으로 그들이 다 수치와 낭패를 당하게 하시며 다 물러가 욕을 당하게 하시고(14절) 그들이 자기 수치로 말미암아 놀라게 하소서(15절)라고 기도할 수 있다. 죄인이 회개하거나 성도가 영광을 받는 것은 사탄에게 지극히 실망되는 일들이기 때문에, 사탄은 자신의 힘과 꾀를 모두 동원해서 필사적으로 이 두 가지를 방해하고자 한다. 우리 주 예수께서는 그의 택하신 모든 백성에게 구원을 가져다 주기 위하여 구속 사역을 이루신 것이기 때문에, 우리는 이 두 가지 일에서 저 큰 원수가 낭패를 당하게 해 달라고 믿음으로 기도할 수 있다. 하나님의 자녀가 저 끔찍한 웅덩이와 수렁에 빠졌을 때, 사탄은 자신의 목적이 달성되었다고 생각하여 하하 하하 라고 조소한다. 그러나 하나님의 자녀가 불구덩이에서 건짐을 받는 것을 볼 때에 사탄은 광분하게 될 것이고, 그의 부끄러운 짓에 대한 대가로 초토화되고 말 것이다. 여호와께서는 사탄을 책망하신다. 형제들을 고소하던 자는 내쳐지게 된다.

IV. 이것은 하나님을 찾고 그의 구원을 사랑하는 모든 자에게 하나님 안에서 즐거워하고 하나님을 찬송하도록 격려한다(16절). 좀 더 살펴보자.

1. 선한 자들의 특성. 그들은 자연 종교의 법칙에 맞게 하나님을 찾고 하나님의 은총을 원하며, 한 백성이 그들의 하나님을 찾듯이 그들이 어려울 때에 하나님을 의지한다. 그들은 계시 종교의 법칙에 맞게 주의 구원, 선지자들이 부지런히 살피고 연구하였으며 구속주께서 보라 내가 왔나이다라고 말씀하시며 그 일을 해내기로 약속하셨던 저 큰 구원을 사랑한다. 구원받게 될 모든 자들은 구원을 사랑하되, 음부로부터의 구원만이 아니라 죄로부터의 구원을 사랑한다.

2. 이 예언적 기도를 통해서 선한 자들에게 약속된 행복. 하나님을 찾는 자들은 주 안에서 즐거워하고 기뻐하게 될 것이다. 왜냐하면, 하나님은 그들을 만나 주실 뿐만 아니라 그들에게 후하게 상을 주실 것이기 때문이다. 하나님의 구원을 사랑하는 자들은 그의 구원의 기쁨으로 충만하게 될 것이고, 항상 여호와는 위대하시다라고 말하게 될 것이다. 이렇게 그들은 이 땅에서 천국을 누리게 된다. 이렇게 항상 하나님을 찬송하는 자들은 복이 있다.

V. 이것은 곤경과 환난 속에 있는 성도들에게 하나님을 의지하고 하나님 안에서 위로를 받으라고 격려한다(17절). 다윗 자신도 그런 자들 중의 하나였

다. 나는 가난하고 궁핍하오나(다윗은 지금 보좌에 앉은 왕이었지만 심령의 괴로움 때문에 구주 없이는 망하게 될 가난하고 궁핍한 자라고 자신을 부르며 자신의 곤경을 나타낸다) 중보자로 말미암아 주께서 나를 생각하시고 열납하시나이다. 사람들은 가난하고 궁핍한 자들을 잊어버리고 살며 그들을 거의 생각하지 않는다. 그러나 하나님께서 그들을 생각하신다는 것(다윗은 이것에 대하여 이미 말한 바 있다, 5절)은 그들에게 큰 힘과 위로가 된다. 그들은 하나님께서 환난을 당하는 그들에게 도움이 되시고, 때가 되면 그들을 환난에서 건져 주실 것이며 오래 지체하지 않으시리라는 것을 확실할 수 있다. 왜냐하면, 묵시는 정해진 때가 있어서 비록 지체하더라도 우리가 기다린다면 반드시 임할 것이기 때문이다. 그것은 반드시 임할 것이고 지체하지 않을 것이다.

제
— 41 —
편

개요

하나님의 인자하심과 진실하심은 흔히 사람들의 냉정함과 속임수를 비일비재하게 경험해 온 성도들에게 큰 힘과 위로가 되어 왔다. 다윗은 여기 침상에서 바로 그러한 사실을 발견하였다. 그는 그의 원수들은 너무도 야만적이지만 그의 하나님은 지극히 은혜로우시다는 것을 발견하였다. I. 다윗은 여기에서 믿음으로 그를 향하신 하나님의 약속들을 굳게 붙잡고(1-3절) 기도 속에서 하나님께 그의 마음을 들어 올림으로써 병 중에서 하나님과 교통하는 것을 위로로 삼는다(4절). II. 다윗은 여기에서 그를 해치고자 하는 그의 원수들의 악의, 그에 대한 악담들, 그에게 향한 그들의 앙심, 그에 대한 그들의 오만방자한 행동을 설명한다(5-9절). III. 다윗은 자신의 문제를 하나님께 맡기고서, 하나님께서 그에게 은총을 베풀어 주시리라는 것을 의심하지 않기 때문에(10-12절), 이 시편은 송영으로 끝난다(13절). 병으로 환난을 당하는 자가 있는가? 그는 이 시편의 초반부를 노래하라. 원수들에 의해서 박해를 받는 자가 있는가? 그는 이 시편의 후반부를 노래하라. 우리는 누구라도 이 시편을 노래하면서 이 세상에서 선한 자들이 겪는 환난들과 그들이 받는 위로들을 묵상할 수 있다.

〔다윗의 시, 인도자를 따라 부르는 노래〕

[1]가난한 자를 보살피는 자에게 복이 있음이여 재앙의 날에 여호와께서 그를 건지시리로다 [2]여호와께서 그를 지키사 살게 하시리니 그가 이 세상에서 복을 받을 것이라 주여 그를 그 원수들의 뜻에 맡기지 마소서 [3]여호와께서 그를 병상에서 붙드시고 그가 누워 있을 때마다 그의 병을 고쳐 주시나이다 [4]내가 말하기를 여호와여 내게 은혜를 베푸소서 내가 주께 범죄하였사오니 나를 고치소서 하였나이다

이 절들 속에서 우리는 다음과 같은 것들을 살펴보게 된다.

I. 가난한 자들을 보살피는 자들에게 구원과 위로를 베푸시겠다는 하나님의 약속.

1. 우리는 다윗이 다음과 같은 사람들을 생각하고서 이러한 말을 한 것이라고 추측해 볼 수 있다.

(1) 그에게 친절하였고 그의 사정을 깊이 배려해 주었지만 지금은 환난 가운데 있는 그의 친구들: 가난하고 가엾은 다윗을 보살피는 자에게 복이 있다. 다윗의 원수들은 그에게 너무도 오만방자하고 욕을 해 댔지만, 다윗은 여기저기에서 그에게 관심을 갖고 그를 동정하며 그의 환난에도 불구하고 그에게 호감과 존경을 지니고 있었던 자들을 만났다. 다윗은 이러한 자들에게 그들이 자기와 마찬가지로 환난을 당하게 되었을 때 하나님께서 그들이 그에게 행한 모든 자비한 일들에 대하여 보상해 주시리라는 것을 의심하지 않고 이러한 축복을 선언하였다. 다윗의 원수들이 그에게 도발하면 할수록, 그의 친구들은 그를 더욱 더 가깝게 대하였다.

(2) 또는, 자기 자신. 다윗은 그가 가난한 자들을 보살폈다는 것, 그가 궁정에서 존귀함과 권세를 지니고 있었을 때에 가난한 자들의 궁핍과 비참한 삶을 돌아보고서 그들에게 필요한 것들을 공급하여 구제하였다는 양심의 증언을 지니고 있었기 때문에, 하나님께서 그의 약속을 따라서 그가 병들어 있을 때에 그에게 힘을 더하시며 그를 위로하시리라는 것을 확신하였다.

2. 우리는 이 말씀을 좀 더 일반적으로 우리 자신에게 적용하여야 한다. 산상수훈에는 이 약속에 대한 설명이 나온다: 긍휼히 여기는 자는 복이 있나니 그들이 긍휼히 여김을 받게 되리라. 좀 더 살펴보자.

(1) 우리에게 요구되는 긍휼은 무엇인가. 그것은 정신적으로든 육체적으로든 또는 사회적인 관계에 있어서든 가난하거나 환난을 당한 자들을 보살피는 것이다. 우리는 이러한 자들을 지혜롭고 자상하게 보살펴야 한다. 우리는 그들의 환난을 알고서 그들의 상태를 물어야 하고, 그들에게 연민을 가지고서 그들을 불쌍히 여겨야 한다. 우리는 가난한 자들을 지혜롭게 보살펴야 한다. 즉, 우리는 우리 자신이 다른 사람들의 가난과 환난을 통해서 교훈을 배워야 한다. 다른 사람들의 가난과 환난은 우리에게 마스길(여기에서 사용된 단어가 바로 이것이다)이 되어야 한다.

(2) 이렇게 우리가 긍휼을 베풀 때에 우리에게 약속된 긍휼은 무엇인가. 가난한 자들을 보살피는 자(그가 그들을 구제할 수 없다고 하더라도 그들에게 관심을 갖고 보살피며 그들을 불쌍히 여기는 자, 그들을 구제할 때에 사려깊게

행하는 자)는 그의 하나님에 의해서 보살핌을 받게 될 것이다. 그는 의인들이 부활할 때에 상을 받게 될 뿐만 아니라, 이 땅에서도 복을 받게 될 것이다. 이것은 경건에 속한 다른 행위와 마찬가지로 현세에서 약속이 주어져 있고, 통상적으로 현세적인 축복들로 보상을 받게 된다. 가난한 자들에게 후하게 나누어 주는 것은 성공하고 번성할 수 있는 가장 확실하고 안전한 길이다. 이런 일을 행하는 자들은 때를 따라서 하나님으로부터 효과적으로 건지심을 받게 된다.

[1] 모든 환난에서. 하나님께서는 그들을 재앙의 날에 건지시리라. 따라서 때가 아무리 악하다고 하더라도 그들은 잘 나가게 될 것이고, 다른 사람들은 재난을 당하여 넘어지더라도 그들은 재난을 당하지 않게 될 것이다. 여호와의 진노의 날에 숨기심을 받는 자가 있다면, 그들이 바로 그런 자들이 될 것이다. 이렇게 마음을 독하게 쓰는 자들과는 달리 마음을 후하게 쓰는 자들을 하나님께서는 그가 독하게 다루실 자들로부터 구별하실 것이다. 그들이 위험에 처해 있다면, 하나님은 그들을 보호하시고 살리실 것이다. 수없이 목숨을 잃을 뻔했지만 그 때마다 노략물을 건짐 같이 목숨을 건진 자들은 그것을 하나님의 크신 은총으로 고백하여야 한다. 시편 기자는 "그들이 출세하게 될 것이다"라고 말하는 것이 아니라, "죽음의 화살들이 그들에게 빗발치듯이 날아올 때에 여호와께서 그들을 지키사 살게 하시리라"고 말한다. 그들의 원수들이 그들을 위협하고 있는가? 하나님께서는 그들을 그 원수들의 뜻에 맡기지 아니하실 것이다. 아무리 강력한 원수라도 하나님께서 그에게 권세를 주시지 않는다면 그는 우리를 해칠 권세를 가질 수 없다. 우리를 사랑하시는 하나님의 선의는 우리를 미워하는 모든 자들, 즉 사람들과 귀신들의 악의로부터 우리를 지켜 주기에 충분하다. 우리가 가난한 자들을 보살펴 왔고 그들을 구제하고 구원하는 데에 기여하였다면, 우리는 하나님의 그러한 선의를 기대해도 좋다.

[2] 특히 병들었을 때(3절). 그가 병들어서 오랫동안 누워 있는 병상에서 여호와께서 그를 붙드서서 그의 몸과 마음에 힘을 주시고, 그가 병상에 있는 날 동안에 그를 간호하여 주실 것이다 — 이것은 하나님께서 자신을 매우 낮춰서 하시는 표현으로서, 어떤 사람이 병자를 간호하고 돌보는 것, 특히 아이가 병들었을 때에 어머니가 지극정성으로 간호하여 그 아이의 병상을 편안하게 만들어 주는 것을 가리킨다. 하나님께서 직접 병상을 만드신다면, 그 병상은 모든 좋은 것들이 다 갖추어져 있을 것임에 틀림없다. 하나님은 그의 모든 병상을 머리부터

발끝까지 손수 만드셔서, 그 어떤 부분도 불편함이 없게 하실 것이다. 하나님은 그의 병상을 돌리셔서(이것이 원어의 의미이다) 아주 편안하게 만들어 주실 것이다. 또는, 하나님은 그의 병상을 아주 건강하게 되어서 눕는 침상으로 변화시켜 주실 것이다. 하나님께서는 그의 백성이 육체적인 고통과 질병 속에 있을 때에 그들에게 힘을 주시고 그들을 편안하게 해주실 것이라고 약속하셨다는 것을 명심하라. 하나님은 그들이 결코 병들게 하지 않겠다거나 그들이 오랫동안 시름시름 앓지 않을 것이라거나 그들이 병에 걸려서 결국 죽게 되지 않을 것이라고 약속하신 것이 아니다. 그러나 하나님께서는 그들로 하여금 그들이 당한 환난을 인내로써 견딜 수 있게 하시고 기쁜 마음으로 그 결과를 기다리며 받아들일 수 있게 하실 것이라고 약속하셨다. 하나님의 은혜로 말미암아 그들의 육신은 고통 중에 있다고 할지라도 그들의 영혼은 편안히 거하게 될 것이다.

II. 이러한 약속들에 힘을 얻어서 다윗이 한 기도.   내가 말하기를 나를 고치소서 하였나이다(4절). 우리가 기도 속에서 말한 것들을 무심히 넘겨 버리지 않도록 우리가 기도한 것들을 기록해 두는 것은 좋은 일이다. 여기에는 다음과 같은 것들이 나온다.

1. 다윗의 겸손한 간구: 여호와여 내게 은혜를 베푸소서. 다윗은 그가 하나님의 엄격한 공의의 시험을 통과할 수 없다는 것을 알고 있었기 때문에 하나님의 긍휼하심에 호소한다. 아무리 훌륭한 성도들, 심지어 가난한 자들에게 긍휼을 베풀어 온 자들이라고 할지라도 하나님을 그들에게 빚진 자로 만든 것이 아니기 때문에, 무조건 하나님의 긍휼하심에 그들 자신을 맡겨야 한다. 우리가 하나님의 징계를 받고 있을 때, 우리는 이렇게 우리 하나님의 너그러운 긍휼하심에 우리 자신을 맡겨야 한다: 여호와여, 내 영혼을 고치소서. 죄는 영혼이 병든 것이다. 죄를 사하시는 하나님의 긍휼하심은 그 병을 고치신다. 우리를 새롭게 하시는 하나님의 은혜는 영혼의 병을 고쳐 준다. 우리는 육신의 건강보다는 이러한 영적인 치유를 더 간절히 원하여야 한다.

2. 다윗의 참회. "내가 주께 범죄하였사오니, 내 영혼이 고침을 받을 필요가 있나이다. 나는 죄인이고 비참한 죄인이오니, 하나님이여 나를 불쌍히 여기소서(눅 18:13)." 다윗이 여기에서 자기가 범죄하였다고 한 고백은 특별히 어떤 구체적인 큰 죄를 가리키는 것이 아니라 일반적으로 그가 연약해서 지은 수많은 죄들

을 가리키는 것으로 보인다. 이러한 죄들 때문에 그에게 병이 찾아 왔고, 그는 그 죄들의 결과가 두려워서, "내 영혼을 고치소서"라고 하나님께 기도하게 되었다.

[5]나의 원수가 내게 대하여 악담하기를 그가 어느 때에나 죽고 그의 이름이 언제나 없어질까 하며 [6]나를 보러 와서는 거짓을 말하고 그의 중심에 악을 쌓았다가 나가서는 이를 널리 선포하오며 [7]나를 미워하는 자가 다 하나 같이 내게 대하여 수군거리고 나를 해하려고 꾀하며 [8]이르기를 악한 병이 그에게 들었으니 이제 그가 눕고 다시 일어나지 못하리라 하오며 [9]내가 신뢰하여 내 떡을 나눠 먹던 나의 가까운 친구도 나를 대적하여 그의 발꿈치를 들었나이다 [10]그러하오나 주 여호와여 내게 은혜를 베푸시고 나를 일으키사 내가 그들에게 보응하게 하소서 이로써 [11]내 원수가 나를 이기지 못하오니 주께서 나를 기뻐하시는 줄을 내가 알았나이다 [12]주께서 나를 온전한 중에 붙드시고 영원히 주 앞에 세우시나이다 [13]이스라엘의 하나님 여호와를 영원부터 영원까지 송축할지로다 아멘 아멘

다윗은 자주 그가 아플 때에 그의 원수들이 그에게 오만방자하게 행동한 것에 대하여 하소연하는데, 원수들의 이러한 행동은 그 자체로 매우 야만적인 것이었을 뿐만 아니라 다윗에게 큰 상처를 줄 수밖에 없었다. 사실 그들은 오늘날처럼 다윗이 먹을 음식에 독을 집어넣거나 그에게 뭔가 병이 걸릴 만한 것을 주어서 먹게 하는 극악무도한 짓을 자행하는 데까지는 이르지 않았지만, 다윗이 병들었을 때에 그에게 악담을 퍼부었다(5절): 나의 원수들이 내게 대하여 악담하였다. 그들은 이런 악담을 통해서 다윗의 마음을 아프게 하고 그의 명성을 무너뜨려서 그의 세력을 약화시키고자 하였다. 좀 더 살펴보자.

I. 다윗의 원수들은 그에게 어떤 짓을 하였는가.

1. 그들은 그가 죽기를 바랐다: 그가 어느 때에나 죽고 그의 이름이 언제나 없어질까. 그렇지 않아도 다윗은 힘들고 고된 삶을 살고 있었지만, 그들은 그런 그에게 이렇게 악담을 퍼부었다. 그러나 다윗의 삶은 유익한 삶이었다. 누가 뭐라고 해도 다윗은 그의 나라의 가장 큰 보배요 축복이었다. 그렇지만 유대인들이 바울을 시기하였던 것과 마찬가지로 다윗을 질시해서 이러한 자는 세상에서 없애버리자고 외치는 자들이 일부 있었던 것으로 보인다. 우리는 어떤 사람이

죽기를 바라서는 안 된다. 그 사람이 유익하고 유능하다고 해서 그 유능한 사람이 죽기를 바라는 것은 옛 뱀의 악독함이다. 그들은 다윗의 명성과 그가 사람들로부터 얻은 명예를 시기하였고, 다윗이 죽어서 없어지기만 한다면 그러한 것들은 그와 함께 먼지 속에 묻히게 될 것이라는 것을 의심하지 않았다. 하지만 그들의 그런 생각은 완전히 오산이었다. 다윗이 하나님의 뜻을 따라서 자기 세대를 섬기다가 죽었을 때(행 13:36), 과연 그의 이름도 없어져 버렸던가? 결코 그렇지 않았다. 다윗의 이름은 성경에 기록되어서 오늘날까지 생생하게 전해져서 칭송을 받고 있으며, 그것은 끝날까지 계속될 것이다. 왜냐하면, 의인을 기념하는 것은 복된 일이기 때문이다.

2. 그들은 다윗에게 수치와 욕을 더하기 위하여 그들이 할 수 있는 온갖 짓을 다하였다(6절): "그가 나를 보러 와서는(병든 자를 방문하는 것은 언제나 이웃으로서의 도리로 여겨졌다) 거짓을 말한다. 즉, 그는 우정을 가장해서, 그가 찾아온 목적이 나와 함께 슬퍼하고 나를 위로하는 것인양 꾸민다. 그는 내게 내가 이렇게 많이 아픈 것을 보니 마음이 무척 아프다고 말하며, 내가 하루 빨리 건강하게 되기를 바란다고 말한다. 그러나 그가 하는 그런 말들은 모두 마음에도 없는 거짓말을 하는 것일 뿐이다." 우리는 우리 시대에 진실함이 없고, 사람들 가운데서 참된 우정을 거의 찾아볼 수 없다고 탄식한다. 그러나 이 본문을 보건대, 옛날에도 지금보다 더 나은 것이 없었던 것 같다. 다윗의 친구들은 모두 그들이 겉으로 말하는 것과는 달리 마음속에 다윗에 대한 애정을 조금도 갖고 있지 않았고 마음에도 없는 말들을 늘어 놓을 뿐이었다. 그들의 악함은 이것에서 끝나지 않았다. 그들이 다윗을 보러 온 것은 악한 의도에서였는데, 그들은 다윗이 말하거나 행한 모든 것을 삐딱하게 왜곡시켜서 보고, 거기에 자신의 생각을 덧붙여서 자기 마음대로 다른 사람들에게 다윗이 말하거나 행한 것을 전하여서, 다윗을 사람들에게 못되고 우스꽝스러운 자로 만들고자 하였다. 그는 그의 중심에 악을 쌓았고, 그가 보거나 들은 모든 것을 나쁘게 해석하여 마음에 담아 두었다. 그는 그런 후에 그의 친구들에게 가서 그것을 그들에게 말하여 그들로 하여금 다른 사람들에게도 널리 퍼뜨리게 만들었다. 그들이 이르기를 퍼뜨려라. 우리도 퍼뜨리리라 한다(렘 20:10). 다윗이 자기가 아픈 것에 대하여 하소연하면, 그들은 그가 엄살을 부린다고 그를 탓하였다. 그가 별로 하소연하지 않는다면, 그들은 그가 아둔하여 자신의 상태를 잘 모르고 있다고 그를

책망하였다. 그가 기도하거나 그들에게 선한 조언을 하면, 그들은 그것을 희롱하며 위선적인 짓이라고 불렀다. 악인들이 자기 앞에 있을 때에 그가 침묵을 지키고 선한 말조차 하지 않으면, 그들은 그가 병이 들더니 신앙을 잃어버렸다고 말하였다. 이렇게 악한 의도를 품고서 범죄할 거리들을 그의 심중에 쌓아두는 자들을 막을 방도는 없다.

3. 그들은 다윗이 병에서 다시는 회복되지 못하고, 그들이 그에게 씌운 오명을 결코 벗을 수 없게 되기만을 기대하였다. 그들은 하나 같이 그에 대하여 수근거렸고(7절), 수치스러워서 대놓고 말할 수 없는 것이나 공개적으로 말하면 반박을 받을 수 있는 말을 서로의 귀에 대고 은밀하게 속삭였다. 수근거리는 자들과 뒤에서 험담을 하는 자들은 가장 악한 죄인들 가운데 속해 있다(롬 1:29-30). 그들이 수근거리고 속삭인 것은 그를 해치고자 하는 그들의 음모가 발각되어서 실패로 돌아가지 않게 하기 위한 것이었다. 거짓말을 하거나 남을 해치고자 하는 말을 할 때 외에는 사실 속삭이거나 수근거릴 이유가 없다고 할 수 있다. 이렇게 수근거리는 자들은 다윗을 해치려고 궁리하는 자들이었다. 그들은 다윗이 빨리 죽어야 한다는 결론을 내렸기 때문에, 그가 백성들의 유익을 위하여 단행한 모든 조치들을 다 부수고, 그것들이 시행되는 것을 막으며, 그가 이제까지 이루어 놓은 모든 일을 무효화시키기 위하여 어떻게 하면 될지를 궁리하였다. 다윗은 그들의 이러한 책동을 나를 해하려고 꾀하고 있다고 표현한다. 그들은 자신들의 목적을 달성하게 될 것을 의심하지 않았다. 그들은 악한 병(몹쓸 것)이 그에게 들었다고 말한다. 그들은 그들이 다윗에게 씌웠던 누명이 그대로 그의 이름에 착 달라붙어서 그것으로 말미암아 그가 죽게 되기를 바랐고, 그렇게 해서 그들의 목적이 달성되기를 바랐다. 그들은 무수하게 비방을 날리면, 그 중 일부가 분명히 들러붙게 된다는 오늘날의 격언대로 한 것이었다. "다윗은 그가 지금 걸려 있는 병 때문에 분명히 죽게 되고 말 것이다. 왜냐하면, 그의 병은 그가 회개하고자 하지 않은 뭔가 크고 중대한 범죄에 대한 벌이고, 그가 겉으로는 어떠한 모습으로 보였을지라도 그가 벨리알의 아들이라는 것을 입증해 주는 것이기 때문이다." 또는, "다윗의 병은 벨리알, 악한 자라고 불리는 사탄이 가져다 준 것이다(고후 6:15). 그가 걸린 병은 귀신에게서 온 질병이기 때문에 그에게 꼭 들러붙어 있게 될 것이다. 그리고 이제 그가 누워 있고, 그의 병이 심해서 그가 침상에서 꼼짝앉고 누워 있을 수밖에 없기 때문에, 그는 다시

일어나지 못하리라. 따라서 우리는 다윗을 제거할 수 있게 될 것이고, 그가 출세해서 벌어 놓은 것들을 노략하여 나누어 가질 수 있게 될 것이다." 선한 자들이 병들 때에 그들이 병든 것을 두려워하여 그들을 꺼려하고 멀리하는 자들이 있다는 것을 우리는 이상하게 생각해서는 안 된다(계 11:10).

4. 다윗이 특히 많이 신뢰하였던 한 친구가 그의 원수들의 편에 서서 그에게 악담을 퍼부었다(9절): 나의 가까운 친구. 아마도 그는 아히도벨을 가리키는 것 같다. 아히도벨은 다윗의 절친한 친구이자 그 나라의 총리였고, 다윗이 너무도 굳건하게 신임하여서, 그의 원수들을 대처할 때 그의 조언에 많이 의지하였던 그런 자였고, 그의 떡을 나눠 먹던 자, 즉 너무도 친밀하여서 식탁에서 함께 식사하였던 자, 아니 다윗이 그의 생계를 책임져 주어서 다윗이 베푼 은혜로 보아서나 그 자신의 유익으로 보아서나 다윗에게 충성할 수밖에 없었던 그런 자였다. 왕궁으로 인하여 먹고 살아 온 자들은 왕이 수치당하는 것을 차마 보지 못할 일로 생각하였고(스 4:14), 왕에게 수치를 안겨 주는 일을 한다는 것은 도저히 생각할 수 없는 일이었다. 그렇지만 다윗의 절친한 친구이자 그에게서 완전한 신임을 받고 있던 이 비열하고 기만적인 자는 그가 다윗에게서 먹었던 모든 떡을 망각하였고, 그의 머리를 들게 해주었던 다윗에게 그의 발꿈치를 들었다. 그는 다윗을 배신했을 뿐만 아니라 그에게 악담을 하며 그를 발로 찼고 그를 폐위시키고자 하였다. 예를 다하여 정중한 대접을 받고 신임을 한 몸에 받았으면서도 그런 것들을 저버리고 배신하는 자들은 참으로 악한 자들이다. 우리가 그런 자들로부터 욕을 당하고 비방을 받는다고 하여도, 우리는 그것을 이상하게 생각해서는 안 된다. 다윗이 그런 일을 당하였고, 다윗의 자손 그리스도께서도 그런 일을 당하셨다. 다윗은 여기에서 성령으로 말미암아 배신자 유다에 관하여 말하고 있는 것이다. 우리 구주께서도 직접 그렇게 설명하시고, 내 떡을 먹는 자가 내게 발꿈치를 들었다고 말씀하고 있는 성경을 응하게 하기 위하여 유다에게 떡 한 조각을 건네 주셨다(요 13:18, 26). 아니, 사실은 우리 자신이 하나님을 향하여 이렇게 비열한 배신적인 행위를 해 왔던 것은 아닌가? 여수룬이 배불리 먹고 윤택하게 되어 기름지매 발로 찼던 것과 마찬가지로(신 32:15), 우리는 하나님의 떡을 날마다 나눠 먹으면서도 하나님을 대적하여 발꿈치를 들고 있다.

II. 다윗은 그의 원수들이 그에게 이렇게 오만방자하고 못되게 행한 것을 어떻게 이겼는가.

1. 그는 하나님께서 그들로 하여금 실망하게 해 달라고 기도하였다. 그는 그들에게는 아무 말도 하지 않고 하나님을 향하였다: 그들이 내게 무자비하오니, 여호와여 내게 은혜를 베푸소서(10절). 그는 그의 원수들이 자기를 욕한 것과 관련하여 여호와여 내게 은혜를 베푸소서라고 기도하였었다. 왜냐하면, 이 기도는 모든 경우에 적절한 기도가 되기 때문이다. 하나님의 긍휼하심은 우리의 갖가지 애로를 제거하시고 바로잡아 주시는 힘이 있다. "그들은 나를 짓밟고자 하고, 내가 결코 병상에서 일어나지 못하리라고 생각하지만, 여호와께서 나를 이 병상에서 일으키소서. 여호와께서 나를 일으키심으로 내가 그들에게 보응하게 하시며, 내가 그들에게 악을 선으로 갚게 하소서(어떤 이들은 이렇게 해석한다)." 왜냐하면, 다윗은 늘 그랬기 때문이다(시 7:4; 35:13). 선한 자는 자기에게 해를 끼친 자들에게 그가 어떠한 악의도 지니고 있지 않고, 도리어 그들에게 기꺼이 선을 행할 준비가 되어 있다는 것을 나타내 보일 기회를 갖기를 원한다. 또는, "여호와께서 나를 일으키심으로, 내가 왕으로서 그들에게 벌을 내려서 왕궁에서 쫓아내고 이후에는 그들이 나의 상에서 음식을 먹지 못하도록 조치할 수 있게 하소서." 이러한 조치는 다른 사람들에 대한 경고로서 꼭 필요한 징벌이었다. 아마도 이 기도 속에는 그리스도께서 높아지실 것에 관한 예언이 감춰어져 있는 것 같다. 하나님은 그리스도와 그의 백성에게 온갖 악행을 하였던 자들, 특히 믿지 않는 유대인들에게 의로운 복수를 할 수 있도록 하기 위하여 그리스도를 다시 살리셨고, 믿지 않는 유대인들은 오래지 않아서 로마에 의해 완전히 멸망을 받았다.

2. 그는 그들이 실망하게 되리라는 것을 확신하였다(11절): 내 원수가 나를 이기지 못하오니 주께서 나를 기뻐하시는 줄을 내가 알았나이다. 그들은 그가 죽기를 바랐지만, 그는 하나님의 긍휼하심으로 인해서 병에서 나아서 회복되었다는 것을 알았기 때문에, 이것은 그의 병이 나은 것과 더불어서 그에게 갑절이나 위로가 되었다.

(1) 그가 병에서 나은 것이 그의 대적들에게 실망스러운 일이 되리라는 것. 그들은 풀이 죽게 될 것이고 참담한 수치를 느끼게 될 것이며, 따로 그들을 힐책할 필요도 없게 될 것이다. 그들은 다윗이 회복된 것에 대하여 스스로 안달복달하며 자신을 괴롭히게 될 것이다. 우리는 우리의 원수들이 넘어진 것을 즐거워해서는 안 되지만 우리를 해치고자 하는 그들의 음모가 좌절된 것을 즐거

위할 수는 있다.

(2) 다윗이 병에서 나은 것은 하나님께서 그를 기뻐하신다는 것을 보여주는 징표가 될 것이고, 하나님께서 그를 기뻐하셨으며 앞으로도 계속해서 기뻐하시리라는 것을 보여주는 확실한 증거가 되리라는 것. 우리는 사적인 일이든 공적인 일이든 하나님께서 우리에게 긍휼하심을 베푸심으로써 우리를 기뻐하신다는 것을 알게 될 때에 우리의 기쁨은 2배가 된다.

3. 그는 이렇게 수많은 악한 일에서 그를 건져 내신 하나님께 사도 바울처럼 그의 천국에 들어가도록 보호하시기를 부탁하였다(딤후 4:18). "주께서 나를 기뻐하시는 한 그 은총의 열매로써 나로 하여금 그 은총을 계속해서 받도록 하기 위하여 주께서 나를 온전한 중에 붙드시고, 그러기 위해서 나를 영원히 주 앞에 세우시며, 주의 눈을 내게서 항상 떼지 아니하시나이다." 또는, "주께서 은혜로 나를 붙드셔서 나로 하여금 온전하게 하시기 때문에, 나는 주께서 주의 영광 중에 나를 영원히 주 앞에 두시고자 하신다는 것을 아나이다."

(1) 우리가 언제라도 우리의 명성에 손상이 가게 될 때, 우리의 일차적인 관심은 우리가 아무런 죄도 짓지 않고 온전히 우리의 신앙을 지키는 것이 되어야 한다. 그러면 우리는 우리의 명성을 지켜 주시도록 기쁜 마음으로 그 일을 하나님께 맡길 수 있다. 다윗은 그가 자신의 온전한 신앙을 지키기만 한다면 그의 원수들이 그를 이기게 되리라는 염려를 할 필요가 없다는 것을 알고 있었다.

(2) 이 세상에서 아무리 훌륭한 사람이라고 할지라도 하나님께서 그를 붙들어 주지 않으시면 그는 더 이상 자신의 온전함을 지킬 수 없다. 왜냐하면, 하나님의 은혜에 의지해서만 우리는 우리의 본래의 모습을 지닐 수 있기 때문이다. 하나님께서 우리를 내버려 두시면, 우리는 넘어질 뿐만 아니라 휩쓸려가 버리고 말 것이다.

(3) 우리가 아무리 연약하다고 할지라도 우리의 온전함을 지키는 일을 하나님께 맡기기만 한다면, 하나님께서는 우리의 온전함을 지켜 주실 수 있으실 뿐만 아니라 지켜 주시고자 하신다는 것은 우리에게 큰 위로가 된다.

(4) 하나님의 은혜가 우리를 끊임없이 돌보아 주지 않았다면, 우리는 우리의 온전함을 지킬 수 없었을 것이다. 하나님의 눈은 항상 우리 위에 있다. 그렇지 않았다면, 우리는 곧 하나님으로부터 떠나게 되었을 것이다.

(5) 하나님의 은혜로 말미암아 온전함을 지금 지킬 수 있는 자들을 하나님께서는 영원히 자기 앞에 두실 것이고, 하나님을 뵙고 누림으로써 영원히 복되게 하실 것이다. 끝까지 견디는 자는 구원을 받으리라.

4. 이 시편은 공식적인 송영 또는 하나님을 이스라엘의 하나님 여호와로 경배하는 것으로 끝난다(13절). 이 절이 이 시편의 일부에 속하는 것인지, 아니면 여기에서 끝나는 것으로 여겨지는 시편 제1권의 결론부로 덧붙여진 것인지(이 절과 비슷한 내용이 시 42:13; 72:19; 89:52; 106:48에 첨가되어 있다)는 확실하지 않다. 만약 전자라면, 그것은 우리에게 하나님의 은혜로 말미암아 우리가 영광에 이르기까지 보호하심을 받게 되리라는 소망은 우리가 가장 극심한 곤경에 처해 있을 때에라도 우리의 마음을 기쁨으로 가득 채우고 우리의 입을 영원한 찬송으로 가득 채우기에 충분하다는 것을 가르친다. 만약 후자라면, 그것은 우리에게 알파이신 하나님을 오메가로 삼고, 모든 선한 일의 시작이신 하나님을 마지막으로 삼으라고 가르친다. 우리는 여기에서 다음과 같은 가르침을 받는다.

(1) 이스라엘의 하나님 여호와, 그의 백성과 계약을 맺으신 하나님, 그들을 위하여 크고 인자한 일들을 행해 오셨고 더 좋고 더 많은 일들을 앞으로도 예비해 두신 하나님께 영광을 돌리라는 것.

(2) 영원하신 하나님, 영원부터 영원까지 계셔서 찬송받으실 하나님께 영광을 돌리라는 것.

(3) 마음에 큰 사랑과 열렬함을 지니고서 하나님께 영광을 돌리라는 것. 이러한 의미는 지금까지 한 말씀들이 옳다는 것을 인치는 표현인 아멘을 2번이나 반복한 것 속에서 드러난다 ─ 아멘 아멘. 지금 그렇게 되어지고, 영원히 그렇게 되어지이다. 우리는 이 말씀에 아멘을 하여야 하고, 다른 모든 사람들도 아멘을 하여야 한다.

제
— 42 —
편

개요

어떤 이의 표현대로, 성경에서 시편이라는 책이 경건하고 헌신된 자들의 거룩한 감정을 반영하고 있는 거울이라면, 이 시편은 다른 그 어느 시편보다도 그러한 말을 들을 충분한 자격이 있고, 우리 안에서 그러한 거룩한 감정을 점화시키고 불붙게 하기에 적합하다. 이 시편 속에는 거룩한 소원들이 강렬하고 열렬하게 표현되어 있다. 거룩한 소망들과 두려움들, 기쁨들과 슬픔들은 여기에서 서로 뒤엉켜서 싸우고 있지만, 결국 승리자는 거룩한 기쁨의 감정임이 드러난다. 또는, 우리는 그것을 감각과 믿음 간의 싸움, 하나님께 반대하는 감각과 하나님께 응답하는 믿음 사이의 갈등이라고 볼 수도 있다. I. 믿음은 하나님 및 하나님과 교통하고자 하는 거룩한 소원으로 시작된다(1-2절). II. 감각은 현재의 처지가 어둡고 흐린 것에 대하여 불평하고, 그 불평은 이전에 누렸던 것들에 대한 회상에 의해서 더욱 가중된다(3-4절). III. 믿음은 결국에 가서는 좋은 결과가 있을 것이라는 확신을 통해서 그러한 불평을 잠재운다(5절). IV. 감각은 또 다시 현재의 어둡고 우울한 처지를 불평한다(6-7절). V. 그럼에도 불구하고 믿음은 날이 밝아 올 것이라는 소망으로써 마음을 굳게 다잡는다(8절). VI. 감각은 탄식을 되풀이하고(9-10절), 자신의 암울한 처지에 대하여 앞서 행하였던 것과 동일한 항의를 내뱉는다. VII. 믿음은 감각의 불평을 잠재우기 위해서 끝까지 자신의 입장을 고수한다(11절). 믿음이 하는 말은 앞서 했던 말과 거의 동일하지만(5절), 이번에는 감각에 대하여 확실한 승리를 거둔다. 이 시편의 표제를 통해서 우리는 이 시편을 지은 사람이 누구였는지를 알 수는 없지만, 아마도 이 시편의 저자는 다윗이었을 가능성이 대단히 높다. 우리는 다윗이 사울의 박해 또는 압살롬의 반역에 의해서 피신하여야 했기 때문에 성소에 접근할 수 없었고 공예배에서 하나님을 바라보는 특권을 빼앗기게 된 상황 속에서 이 시편을 지었을 것이라고 추측해 볼 수 있다. 이 시편의 어조와 말투는 시편 제63편과 흡사하기 때문에, 우리는 이 시편이 제63편을 지은 사람에 의해서 쓰여졌고, 또한 동일하거나 비슷한 상황 속에서 쓰여졌을 것이라고 생각해 볼 수 있다. 이 시편을 노래할 때, 우리가 외적인 환난이나 내적인 괴로움 속에 있다면, 우리는 이 시편 속에 나오는 우울한 표현들을 우리 자신에게 적용해 볼 수 있을 것이다. 그렇지 않다면, 우리는 이 시편을 노래할 때에 이 시편에 나오는 것과 같은 처지에 있는 자들을 불쌍히 여기고, 우리의 처지가 그렇지 않다는 것에 대하여 하나님께 감사하여야 한다. 그러나 하나님을 향한 거룩한 소원과 하나님을 의지하고자 하는 마음을 표현하고 있는 그러한 구절들에 대해서는 우리는 우리의 마음을 거기에 근접시키려고 애써야 한다.

〔고라 자손의 마스길, 인도자를 따라 부르는 노래〕
¹하나님이여 사슴이 시냇물을 찾기에 갈급함 같이 내 영혼이 주를 찾기에 갈급하니이다 ²내 영혼이 하나님 곧 살아 계시는 하나님을 갈망하나니 내가 어느 때에 나아가서 하나님의 얼굴을 뵈올까 ³사람들이 종일 내게 하는 말이 네 하나님이 어디 있느뇨 하오니 내 눈물이 주야로 내 음식이 되었도다 ⁴내가 전에 성일을 지키는 무리와 동행하여 기쁨과 감사의 소리를 내며 그들을 하나님의 집으로 인도하였더니 이제 이 일을 기억하고 내 마음이 상하는도다 ⁵내 영혼아 네가 어찌하여 낙심하며 어찌하여 내 속에서 불안해 하는가 너는 하나님께 소망을 두라 그가 나타나 도우심으로 말미암아 내가 여전히 찬송하리로다

최고의 선이자 우리의 지극한 복이신 하나님을 향한 거룩한 사랑은 경건의 능력이자 신앙의 생명으로서 이것 없이는 모든 외적인 고백들과 행위들은 한낱 껍데기와 시체에 지나지 않는다. 이제 우리는 여기에서 그러한 사랑에 관한 몇몇 표현들을 보게 된다.

I. 거룩한 사랑은 하나님을 만나고자 하는 거룩한 소원 속에서 목마르며, 하나님에 대한 기억을 더듬어서 날개를 치며 솟아 오름(1-2절). "내 영혼이 하나님을 찾아 헐떡이며, 다른 어떤 것이 아니라 바로 하나님에 대하여 갈급하여서 더욱더 하나님을 찾나이다." 좀 더 살펴보자.

1. 다윗이 이렇게 하나님을 향한 갈급한 심정을 피력한 것은 언제였는가.

(1) 그가 하나님의 전에서 아주 멀리 떨어진 요단 땅으로 추방되어서 하나님께 성소에서 예배를 드릴 기회를 박탈당하였던 때. 하나님께서는 종종 우리에게 그의 긍휼하심의 소중함을 효과적으로 알게 하시기 위하여 우리를 그러한 긍휼하심을 받지 못하는 처지에 두시고, 은혜의 방편들이 얼마나 귀한지를 깨닫고 열망하게 하기 위하여 우리를 그러한 방편들에 잠시 접근하지 못하게 만

드신다. 그러한 만나가 우리에게 풍성하게 주어지면 우리는 그 만나에 질리기 쉬운데, 우리가 그 만나의 희소함을 알게 되면, 우리는 만나가 얼마나 소중한 지를 깨닫게 된다.

(2) 그가 하나님 안에서 이전에 누렸던 내적인 위로와 기쁨을 많이 빼앗겼을 때. 그가 울게 되었을 때, 그는 하나님을 갈망하게 되었다. 하나님께서 은혜로 써 우리 안에 하나님을 향한 진실하고 간절한 소원을 일으키신다면, 비록 우리 가 하나님 안에서 종종 누렸던 풍성한 기쁨들이 우리에게 없다고 할지라도, 우 리는 그러한 마음의 소원들로부터 위로를 받을 수 있다. 왜냐하면, 하나님을 갈망하는 것 자체가 우리가 하나님을 기뻐하고 사랑한다는 것을 보여주는 증 거이기 때문이다. 시편 기자는 그를 심하게 흔들어 놓았던 의심들과 두려움들 과 슬픔들을 기록하기 전에, 그가 살아계신 하나님을 그의 최고의 선으로 여겼 으며, 그의 마음을 항상 하나님께 두었고, 살든지 죽든지 하나님을 의지하겠다 고 결심하였다는 것을 전제한다. 그는 이렇게 먼저 닻을 내린 후에 폭풍 속으 로 항해해 나간다.

2. 그가 소원하는 대상은 무엇이었고, 그가 이토록 갈급해하는 것은 무엇이 었는가.

(1) 그가 갈급해한 것은 바로 하나님이었다. 그는 예배 자체를 갈급해한 것 이 아니라, 바로 그 예배의 주인이신 하나님을 갈급해하였다. 은혜 가운데 있 는 영혼은 하나님의 전에서 하나님 자신을 만나지 않는다면 만족할 수가 없다. "내가 어찌하면 하나님을 발견하랴! 내가 어찌하면 하나님께서 나를 기뻐하신다 는 징표들, 성령의 은혜들과 위로들, 하나님의 영광의 징표들을 더 많이 가질 수 있을까."

(2) 그는 여기에서 자기 자신 안에 생명을 가지고 계시고 그의 소유된 자들 에게 생명과 모든 복의 근원이 되시는 살아계신 하나님, 사람들이 손으로 만든 죽은 우상들과 반대될 뿐만 아니라 사용할수록 없어져 버리는 이 세상의 온갖 죽은 위로들과도 반대되는 살아계신 하나님으로서의 하나님을 바라본다. 살아 있는 영혼은 살아계신 하나님 외에는 그 어디에서도 결코 안식을 누릴 수 없 다.

(3) 그는 하나님 앞에 나아가서 하나님의 얼굴을 뵈옵고, 자신의 진심을 하나님 께 알려 드리고, 종이 주인 앞에 나아가듯이 하나님 앞에 나아가서 하나님께

예를 올리고 지시를 받으며, 우리를 심판하시는 자에게 자신의 사정을 고하기를 갈망한다. 하나님 앞에 나아가서 하나님의 얼굴을 뵈옵는 것은 위선자들에게는 큰 두려움이 되지만 정직한 자들에게는 큰 소원이 된다. 시편 기자는 그가 아무런 대가도 지불함이 없이 하나님의 전에 나아갈 수 없다는 것을 알고 있었다. 왜냐하면, 아무도 빈 손으로 하나님 앞에 나오지 말지니라고 율법에서 정하였기 때문이다. 그럼에도 불구하고 그는 하나님 앞에 나아가기를 갈망하였고, 자신의 그러한 행동으로 인하여 하나님께 어떠한 질책이나 벌을 받는다고 해도 불평하지 않고 달게 받고자 하였다.

3. 이러한 소원과 갈망의 정도는 어떠하였는가. 그것은 너무도 간절하고 끈질긴 것이었다. 그는 자기 영혼이 헐떡이며 목마르다고 표현하고 있는데, 이것은 그의 소원이 진실하다는 것만이 아니라 얼마나 강렬한 것인지도 보여준다. 그가 베들레헴의 우물물을 갈급해하는 것은 이것에 비하면 아무것도 아니었다. 그는 자신의 이러한 갈망을 사냥꾼에게 쫓겨서 몹시 목이 마른 사슴이 시냇물을 찾기에 갈급함 같은 것에 비유한다. 은혜를 받은 영혼은 이렇게 하나님과 교통하는 것을 간절히 원하기 때문에, 그러한 교통이 없을 때에는 심한 갈증을 느끼게 되고, 하나님과의 교통 외에 다른 것으로는 갈증을 해소하는 것이 불가능하고, 한번 그러한 기회가 와서 하나님과의 교통 속에서 기쁨을 맛보았다고 해도 거기에 만족할 수 없기 때문에, 천국에서 하나님을 온전히 누리게 되기를 여전히 갈망하게 된다.

Ⅱ. 거룩한 사랑은 하나님께서 현재 물러가 계시는 것과 그가 예배로부터 오는 은택을 받지 못하는 것에 대하여 몹시 슬퍼함(3절).   내가 강제적으로 하나님의 전에 가지 못하게 된 동안에 내 눈물이 주야로 내 음식이 되었도다. 그를 둘러싼 상황은 참담하고 서글픈 것이었고, 그는 그러한 상황에 순응하여서 슬픔을 받아 들였고 끊임없이 눈물을 흘렸다. 하나님의 전에서 오는 위로들이 사라졌을 때, 왕의 신분을 지닌 선지자이었을지라도 그는 눈물의 선지자가 될 수밖에 없었다. 그의 눈물은 그가 먹는 음식과 뒤범벅이 되었다. 아니, 눈물은 주야로 그의 음식이었다. 그는 그가 눈물을 흘릴 만한 이유가 있었을 때 자신의 눈물로 양식을 삼았고 자신의 눈물로 잔치를 하였다. 그가 자신의 마음이 이러한 일로 인해서 이토록 큰 영향을 받고 있다는 것을 발견한 것은 그에게 기쁘고 만족스러운 일이었다. 그는 그가 성소를 떠나게 된 것을 눈물 한두 방울을 흘

리고 거기를 떠나 올 때 고별 기도를 하면서 잠깐 우는 것으로 충분한 일로 생각하지 않았고, 그가 강제적으로 성소로부터 떠나 있게 된 동안에 내내 주야로 울었다. 예배의 은택을 박탈당한 자들은 끊임없이 예배를 그리워 하기 때문에, 그들이 다시 예배를 드릴 수 있게 될 때까지는 예배를 드릴 수 없는 것에 대하여 끊임없이 슬퍼하고 울 수밖에 없다는 것을 명심하라. 그의 슬픔은 다음 두 가지로 인해서 더욱 가중되었다.

1. 그의 원수들이 그를 조롱하며 괴롭힌 것: 사람들이 종일 내게 하는 말이 네 하나님이 어디 있느뇨 하는도다.

(1) 다윗이 하나님의 임재의 상징이었던 법궤로부터 떨어져 있었기 때문에. 그들은 이교도들의 신들에 비추어서 이스라엘의 하나님을 판단함으로써 하나님이 다윗을 떠났다는 결론을 내리게 되었다. 우리에게서 성경과 사역자들과 예배를 빼앗아간 자들이 우리에게서 우리의 하나님도 빼앗아 버렸다고 생각한다면, 그것은 큰 오산이라는 것을 명심하라. 왜냐하면, 하나님께서는 우리를 그런 것들에 묶어 놓으시긴 했지만 하나님 자신이 그런 것들에 묶여 있는 것은 아니기 때문이다. 우리는 법궤가 어디에 있고 어디에서 법궤를 찾아야 하는지를 모를 때에도 우리의 하나님이 어디에 계시고 우리가 어디에서 하나님을 찾을 수 있는지를 알고 있다. 우리가 어디에 있든지 거기에는 하늘을 향해서 열려 있는 길이 존재한다.

(2) 하나님께서 다윗을 구원하기 위하여 즉각적으로 나타나지 않으셨기 때문에 그들은 하나님께서 다윗을 버리셨다고 결론을 내렸다. 그러나 이 점에 있어서도 그들은 잘못 생각한 것이었다. 성도들에게 있어서 다른 모든 친구들이 떠나갔다고 해서 하나님께서 그들을 떠나셨다는 결론은 도출되지 않는다. 하지만 원수들은 하나님과 그의 백성에 대한 이러한 비열한 공격을 통해서 그렇지 않아도 괴로운 자에게 한층 더 괴로움을 가중시켰는데, 이것이 바로 그들이 의도한 것이었다. 은혜를 받은 영혼에게는 하나님에 대한 그의 소망과 신뢰를 흔들려고 의도된 것보다 더 가슴아픈 일은 없다.

2. 다윗이 자기가 이전에 누렸던 자유함과 기쁜 일들을 회상함(4절). 전에 있었던 좋은 일들을 기억하는 것은 현재에 자신이 처해 있는 비참한 처지를 더욱 비참하게 만들기 때문에, 과거에 대한 회상이나 장래에 대한 기대는 현재의 처지에 대한 자신의 비참한 심정을 더욱 가중시킨다. 다윗은 옛날 일들을 회상하

였고, 그래서 그의 마음이 상하였다. 옛날을 회상하자, 그의 마음은 녹아 내렸고, 억장이 무너졌다. 다윗의 마음속에서는 슬픔이 몰려와서 그의 심령이 녹아 내렸고, 그러자 그는 기도를 통해서 하나님 앞에 자신의 심정을 쏟아 놓았다. 그렇다면, 무엇이 이처럼 다윗의 심령을 고통스럽게 녹아 내리게 만든 것인가? 다윗을 괴롭게 만든 것은 그가 이전에는 궁정에서 기쁨들을 누렸고 집에서 즐거움을 누렸지만 이제는 그런 것들로부터 멀어졌다는 것을 생각했기 때문이 아니라, 그가 전에는 하나님의 전에 자유롭게 나아가서 예배를 드리며 큰 기쁨을 얻었다는 것을 회상했기 때문이었다.

(1) 다윗 시대에는 하나님의 집이 성막으로 되어 있었지만, 그는 하나님의 집에 드나들었다. 아니, 어떤 사람들의 생각대로 이 시편이 사울에 의해서 다윗이 박해를 받고 있던 때에 지어졌다면, 당시에 법궤는 개인의 집에 있었다(삼하 6:3). 그러나 비록 법궤가 별로 알려져 있지 않은 초라한 곳에 모셔져 있었고, 거기로 가는 길이 불편했다고 할지라도, 하나님의 임재를 상징하는 법궤에 대한 다윗의 공경심은 줄어 들지 않았다. 사울을 비롯한 당시의 큰 자들이 법궤 앞에서 묻지 아니하였던 시절에도(대상 13:3), 다윗은 궁정의 조신으로서 높은 지위에 있고 일이 많아서 바쁜 사람이었지만 하나님의 집을 찾아서 공적인 예배를 드리는 일에 무척이나 부지런하였다. 다른 사람들은 어떠하든지 간에 다윗과 그의 집은 여호와를 섬기고자 하였다.

(2) 다윗은 하나님의 전에 갈 때에 무리들과 동행하였고, 무리들 앞에 앞장서서 하나님을 뵈오러 가는 것을 그의 위엄이 손상되는 일이라고 생각하지 않았다. 그가 무리와 함께 동행한 것은 하나님을 뵈오러 가는 기쁨을 배가시켰기 때문에, 그는 이것에 대하여 두 번이나 언급하였고, 지금 그가 그렇게 하지 못하는 것을 몹시 안타까워하였다. 하나님을 섬기는 일에 있어서는 사람들이 많으면 많을수록 더 좋은 법이다. 사람들이 많으면 많을수록, 그것은 더 천국 같은 분위기를 만들어 주고, 성도들의 교통 속에서 오는 위로를 더 많이 얻게 해 준다.

(3) 다윗은 기쁨과 감사의 소리를 내며 하나님의 집으로 올라갔다. 그는 마음속으로 기쁨과 찬송을 지니고 있었을 뿐만 아니라, 그것을 밖으로 표현하여 자신의 기쁨을 선포하고 하나님을 찬송하는 노래를 불렀다. 예배 속에서 하나님을 섬길 때, 우리는 기쁘고 감사한 마음으로 우리의 기쁜 마음을 드러내고 찬

송을 소리높여 부름으로써 하나님께서 우리에게 자유롭게 예배할 수 있게 해 주신 것에 대하여 영광을 돌리고 거기에서 오는 위로를 누릴 수 있게 되는 것이 좋다는 것을 명심하라.

(4) 다윗은 환락과 오락을 통해서 성일들을 헛되이 보낸 것이 아니라 경건한 활동들을 통해서 성일들을 지키기 위하여 하나님의 집을 찾았다. 성일들을 예배를 통해서 보내는 것이야말로 우리에게 가장 큰 위로를 가져다 준다.

Ⅲ. 다윗은 거룩한 사랑 속에서 하나님을 소망함(5절).   내 영혼아 네가 어찌하여 낙심하는가. 다윗의 슬픔은 지극히 정당한 사유가 있었지만, 그렇다고 하더라도 그 슬픔은 도가 지나쳐서는 안 되고, 심령이 낙심될 정도로 심해서도 안 된다. 그러므로 다윗은 자신의 마음과 대화를 나누면서 그 마음을 달랜다. "내 영혼아, 내가 극심한 슬픔 속에 있는 네게 할 말이 있다." 좀 더 살펴보자.

1. 불안의 원인. "너는 무거운 짐 아래에서 짓눌려서 죽어가는 자처럼 낙심하여 기를 펴지 못하고(잠 12:25), 당혹감과 혼란스러움 속에서 불안해하고 있구나. 도대체 너는 왜 그러는 것이냐?" 이것은 따져서 묻는 질문으로 해석될 수 있다: "이 불안의 원인을 한번 정당하게 달아 보아서, 과연 그것이 정말 불안해할 일인지를 살펴보아라." 우리를 불안하게 한 원인들과 근거들을 엄밀하게 따져 보게 되면, 많은 경우에 우리의 불안은 사라지게 된다. "네가 어찌하여 낙심하는가. 정말 네게 네가 불안해하고 낙심해야 할 이유가 있는 것인가? 내가 이렇게 안달복달하며 마치 큰 일이라고 일어난 것처럼 불안해야 할 이유가 과연 있는 것인가? 내게 용기를 주고 힘을 얻게 할 이유는 없는 것인가?" 또는, 이것은 타이르고 충고하는 질문으로 해석될 수 있다. 자신의 마음과 많이 대화를 나누는 자들은 여기에서의 다윗처럼 자신의 마음을 꾸짖어야 할 때가 종종 있게 될 것이다. "나는 왜 이렇게 실의에 빠져서 낙심함으로써 하나님을 욕되게 하고 있는 것인가? 나는 왜 다른 사람들을 낙심하게 만들고 내 자신에게 이토록 많은 해를 끼치고 있는 것인가? 내가 왜 이렇게 야단법석을 떨고 있는지 그 정당한 이유를 제시할 수 있는가?"

2. 불안의 치유: 너는 하나님께 소망을 두라. 내가 여전히 찬송하리로다. 우리 영혼이 의기소침해하고 불안해할 때에 가장 좋은 해독제는 하나님을 믿고 신뢰하는 것이다. 그러므로 그 때에 우리는 우리 자신에게 하나님께 소망을 두라고 꾸짖어야 한다. 우리 영혼이 우리 자신을 부여잡고 매달리면, 우리는 끝없이

가라앉게 되겠지만, 만약 우리가 하나님의 권능과 약속을 굳게 붙잡는다면, 우리는 위로 솟아 올라서 수면 위로 우리의 머리를 내밀 수 있게 될 것이다. 하나님께 소망을 두라.

(1) 하나님께서 우리로부터 영광을 받으시도록. "내가 여전히 하나님을 찬송하리로다. 나의 상태가 변화되어서 나는 하나님을 찬송할 거리를 얻게 될 것이고, 내 심령이 변화되어서 찬송할 마음이 생겨나게 될 것이다." 하나님의 이름을 높이고 찬송하는 것이야말로 사람의 가장 큰 영광이자 행복이고 모든 선한 자의 가장 큰 소원이자 소망이다. 하늘에서 우리가 누리게 될 가장 큰 지극한 복은 거기에서 하나님을 영원토록 찬송하는 것 외에 무엇이 있겠는가? 또한, 우리가 현재의 환난 속에서도 여전히 하나님을 찬송할 것이고, 그 어떤 환난도 우리의 끝없는 할렐루야를 가로막거나 약화시킬 수 없다는 것 외에 그 무엇이 우리의 위로가 되겠는가?

(2) 우리가 하나님 안에서 위로를 얻을 수 있도록. 우리는 하나님께서 나타나 도우시도록, 하나님의 은총을 받아서 우리가 그것으로 말미암아 위로를 받으며 만족을 얻을 수 있도록 하나님을 찬송할 것이다. 하나님의 얼굴 빛이 얼마나 소중하고 유익이 되는지를 아는 자들은 아무리 나쁜 처지에 놓여 있다고 할지라도 때를 맞춰서 적절하고도 충분한 도우심을 발견하게 될 것이고, 그것으로 인하여 하나님을 찬송할 일이 그들에게 끊이지 않게 될 것이다. 이러한 믿음과 기대는 다윗이 가라앉아 버리는 것을 막아 주었고, 그가 의기소침해하는 것을 막아 주었다. 다윗의 수금은 사울의 우울증을 일시적으로 완화시켜 주는 것이 되었지만, 다윗의 소망은 자신의 우울증을 효과적으로 치료해 주는 약이 되었다.

[6]내 하나님이여 내 영혼이 내 속에서 낙심이 되므로 내가 요단 땅과 헤르몬과 미살 산에서 주를 기억하나이다 [7]주의 폭포 소리에 깊은 바다가 서로 부르며 주의 모든 파도와 물결이 나를 휩쓸었나이다 [8]낮에는 여호와께서 그의 인자하심을 베푸시고 밤에는 그의 찬송이 내게 있어 생명의 하나님께 기도하리로다 [9]내 반석이신 하나님께 말하기를 어찌하여 나를 잊으셨나이까 내가 어찌하여 원수의 압제로 말미암아 슬프게 다니나이까 하리로다 [10]내 뼈를 찌르는 칼 같이 내 대적이 나를 비방하여 늘 내게 말하기를 네 하나님이 어디 있느냐 하도다 [11]내 영혼아 네가 어찌하여 낙심하

며 어찌하여 내 속에서 불안해 하는가 너는 하나님께 소망을 두라 나는 그가 나타나 도우심으로 말미암아 내 하나님을 여전히 찬송하리로다

자연의 운행에 있어서 낮과 밤이 번갈아 찾아오는 것과 마찬가지로, 여기에서도 이전과 마찬가지로 탄식들과 위로들이 번갈아 나온다.

I. 다윗은 자신의 영혼이 낙심하고 있는 것에 대하여 하소연하지만, 하나님을 생각함으로 스스로 위로를 받는다(6절).

1. 그의 환난 속에서. 그의 영혼이 낙심하자, 그는 하나님께 가서 이렇게 말한다: 내 하나님이여 내 영혼이 내 속에서 낙심하나이다. 우리가 어떤 일로 인해서 낙심이 될 때에 우리가 하나님께 자유롭게 나아가서 하나님 앞에 허심탄회하게 말하며 우리를 낙심케 하는 이유들을 하나님 앞에 남김없이 털어 놓을 수 있다는 것은 우리에게 큰 힘이 된다. 다윗은 자신의 심령이 낙심해하고 스스로를 비참하게 느끼는 것에 대하여 자신의 마음과 대화를 나누었지만 아직 거기에서 빠져 나올 방도를 찾지 못하였다. 그러므로 그는 하나님께로 나아가서 하나님 앞에 자신의 괴로움을 털어 놓는다. 우리가 우리의 마음과 대화를 해서 우리의 무거운 심령을 그 괴로움 속에서 건져 낼 수 없을 때, 우리는 하나님께 기도하는 가운데 우리의 처지를 하나님께 맡김으로써 우리가 할 수 없었던 일, 즉 우리의 심령을 무거운 짐에서 건져 내는 일을 하나님께서 해주시도록 부탁하여야 한다. 우리는 바람과 물결을 잔잔하게 할 수 없다. 그러나 우리는 누가 그런 것들을 하실 수 있는지를 알고 있다.

2. 그의 기도 속에서. 다윗의 심령은 고양되었기 때문에 자신의 병이 매우 고통스럽다는 것을 발견하고서 자신의 병을 최고의 의사에게 맡기게 되었다. "내 영혼이 곤두박질쳐서 엎드러져 있기 때문에, 나는 내 영혼이 가라앉는 것을 막기 위해서 주를 기억하고 주를 묵상하며 주의 이름을 부르면서, 주께서 내 영혼을 붙들어 주시기를 바라고 있나이다." 우리의 비참한 처지에 대한 감을 잊어버리는 방법은 우리에게 긍휼을 베푸시는 하나님을 기억하는 것이다. 시편 기자가 하나님을 기억하고 근심하였다고 말한 것은 이례적인 일이었다(시 77:3). 그는 흔히 하나님을 기억하고서 위로를 받았기 때문에, 지금도 그 방법에 의지했던 것이다. 다윗은 지금 그를 죽이기 위해서 혈안이 된 박해자들을 피해서 가나안 땅의 가장 끝에 있는 변방까지 내몰려 있었다. 그는 요단 땅에

있다가, 거기에서 발각되자 헤르몬 산과 미살 산까지 내몰렸다.

(1) 어디를 가든지 그의 신앙은 변함이 없었다. 이 모든 곳에서 그는 하나님을 기억하였고 마음을 하나님께 들고서 하나님과 은밀한 교통을 유지하였다. 이것이 추방당한 자들, 유랑하는 자들, 낯선 땅에서 나그네가 된 자들의 위로이다. 그들이 어디에 있든지 거기에는 하늘을 향하여 열린 길이 있다.

(2) 어디에 있든지 그는 하나님의 집을 사모하는 마음을 간직하고 있었다. 요단 땅에서든지 산꼭대기에서든지 그는 성소가 있는 곳을 사모하는 눈길로 오랫동안 바라보며 자기도 거기에 있고자 하는 간절한 염원을 되새기곤 하였다. 거리가 멀고 세월이 흘러도 다윗은 성소를 잊어버리기는커녕, 그의 마음은 자나깨나 성소에 대한 생각으로 간절하였고, 그의 마음속에서는 성소가 너무도 가까이 자리잡고 있었다.

II. 다윗은 하나님께서 자기를 기뻐하지 않으시는 것을 보여주는 표징들을 생각하고서 탄식하지만, 때가 되면 하나님의 은총이 되돌아올 것이라는 소망으로 스스로를 위로한다.

1. 그는 자기가 겪는 환난이 하나님의 진노로부터 왔다는 것을 알았고, 그것이 그를 낙심하게 만들었다(7절). "환난이 나를 향하여 황급히 오도록 부르심을 받은 것처럼 깊은 바다가 서로 부르며, 환난이 내게 연달아 찾아오고, 주의 폭포 소리가 전쟁을 알리는 신호를 보내나이다." 이 말씀은 하나님의 진노를 인식한 그의 마음이 느끼는 공포와 불안을 표현한 것이라고 할 수 있다. 흔히 우울증에 빠진 사람들에게서 볼 수 있듯이, 끔찍한 생각들이 꼬리를 물고 엄습한다. 다윗은 하늘의 창문들이 열려서 큰 깊음의 물들이 쏟아져 내린 옛 세상의 대홍수 같은 슬픔의 봇물에 의해서 압도당하고 있었다. 또는, 이 말씀은 큰 폭풍이 이는 가운데 바다를 항해하는 배가 성난 파도에 의해서 요동하는 것을 표현한 것일 수 있다(시 107:25). 어느 때라도 환난의 큰 물결과 작은 물결이 우리를 엄습하면, 우리는 그것들을 하나님께서 보내신 물결이라는 것을 깨닫고서, 하나님의 권능있는 손 아래에서 우리 자신을 낮춤으로써, 비록 우리가 지금 위협을 받고 있기는 하지만 결국 우리는 망하게 되지 않을 것이라는 소망으로 우리 자신을 격려하여야 한다. 왜냐하면, 큰 물결과 작은 물결들은 모두 하나님의 주관하심 아래에 있기 때문이다. 높이 계신 여호와의 능력은 많은 물 소리와 바다의 큰 파도보다 크니이다. 선한 자들은 온갖 다양한 시련들이 그들에게

물밀듯이 닥쳐온다고 해도 그것을 이상하게 생각해서는 안 된다. 하나님께서 그가 행하시는 것을 알고 계시고, 그들도 곧 그것을 알게 될 것이다. 요나는 물고기 뱃속에서 다윗이 여기에서 한 말을 그대로 사용하였는데(욘 2:3, 히브리어 원어로 이 두 본문은 정확히 동일하다), 주의 파도와 물결이 나를 휩쓸었나이다라는 말씀이 문자 그대로 요나에게 이루어졌다. 왜냐하면, 시편에 나오는 본문들은 각 사람의 경우에 적용되도록 의도된 것이기 때문이다.

2. 다윗은 그의 구원이 하나님의 은총으로부터 임하기를 기대하였다(8절): 여호와께서 그의 인자하심을 베푸시리라. 지금 사정이 나쁘지만, 그것이 언제까지 그렇지는 않을 것이다. 폭풍이 휘몰아친 후에는 잔잔한 때가 오는 법이다. 깊은 바다가 서로 부를 때, 다윗은 그것을 기대하고서 힘을 얻었다. 좀 더 살펴보자.

(1) 그는 하나님으로부터 무엇을 기대하였는가: 여호와께서 그의 인자하심을 베푸시리라. 그는 하나님의 은총을 그가 바라는 모든 선한 것의 원천으로 보았다. 하나님의 은총은 생명이고, 생명보다 더 나은 것이다. 하나님께서는 잠시 진노하심으로써 버리셨던 자들을 큰 긍휼하심으로 다시 모으실 것이다(사 54:7-8). 하나님께서 그의 은총을 수여하시는 것은 여기서 하나님께서 그의 은총을 명하셨다고 표현된다. 이것은 하나님께서 그 은총을 우리에게 거저 주신다는 것을 의미한다. 우리는 하나님의 은총을 받을 만한 자격이 없기 때문에, 하나님께서는 왕으로서 우리에게 은혜로 그것을 수여해 주시는 것이다. 또한 이것은 그의 은총이 반드시 효력을 발휘한다는 것을 보여준다. 하나님께서는 그의 인자하심을 말씀하시고, 우리로 하여금 그것을 듣게 하시는데, 하나님께서 말씀하시면 그것은 이루어진다. 하나님은 권세를 지니신 자로서 구원을 명하시고(시 44:4) 복을 명하신다(시 133:3). 하나님께서는 그의 인자하심을 명하심으로써 파도와 물결을 잔잔하라고 명하시고, 이에 따라 그것들은 그 명령에 순종하게 될 것이다. 이 일을 하나님은 낮에 하실 것이다. 왜냐하면, 하나님의 인자하심은 어느 때라도 영혼에게 빛을 주셔서 낮이 되게 하실 것이기 때문이다. 울음은 밤동안 지속된다고 하더라도, 아침이 되면 기쁨이 찾아 올 것이다.

(2) 다윗은 하나님을 향하여 자신에게 무엇을 다짐하였는가. 하나님께서 그의 인자하심을 다윗에게 명하신다면, 다윗은 그 인자하심을 가장 열렬한 사랑과 헌신으로써 그것을 맞이하고 환영할 것이다.

[1] 그는 하나님을 기뻐할 것이다: 밤에는 그의 찬송이 내게 있으리로다. 우리가 낮에 하나님의 긍휼하심을 받았다면, 우리는 밤에 하나님께 감사를 돌려 드려야 한다. 남들이 다 자고 있을 때, 우리는 하나님을 찬송하여야 한다. 시편 119:62을 보라: 내가 밤중에 일어나 주께 감사하리이다. 우리는 세상의 분주한 일들로부터 물러나서 홀로 고요히 하나님의 선하심을 묵상하는 것을 기뻐하여야 한다. 또는, 환난의 밤에 우리는 하나님을 찬송하여야 한다. "하나님께서 그의 인자하심을 명하실 낮이 동터오기 전에 나는 그것을 기대하며 찬송을 부르리이다." 성도들은 환난 가운데서도 하나님의 영광을 바라고 즐거워할 수 있고 소망 가운데서 노래하며 소망 가운데서 찬송할 수 있다(롬 5:2-3). 밤에 노래를 주시는 것은 하나님의 대권이다(욥 35:10).

[2] 그는 하나님을 끊임없이 의지하며 찾을 것이라고 다짐한다: 내가 내 생명의 하나님께 기도하리로다. 우리가 하나님의 긍휼하심을 믿고 기대한다면, 우리는 거기에서 머물지 말고 하나님의 긍휼하심을 위하여 기도하여야 한다. 하나님은 우리 생명의 하나님으로서, 우리는 그 안에서 살고 움직이며, 우리의 모든 위로의 원천이자 공급자는 하나님이시다. 그러므로 우리가 하나님 외에 누구에게 가서 기도를 드리겠는가? 또한, 우리가 하나님에게서 선한 것을 왜 기대할 수 없겠는가? 하나님을 우리 생명의 하나님으로 바라보는 것은 우리의 기도에 생명을 불어 넣게 될 것이다. 왜냐하면, 우리가 하나님께 구하는 것은 우리의 생명, 곧 우리 영혼의 생명을 위한 것이기 때문이다.

Ⅲ. 다윗은 그의 원수들의 오만방자함에 대하여 하소연하지만, 그의 친구이신 하나님 안에서 위로를 얻는다(9-11절).

1. 그의 하소연은 그의 원수들이 그를 압제하고 모욕하였다는 것인데, 이것은 다윗에게 큰 상처를 주었다.

(1) 그들은 다윗이 날마다 울고 다닐 정도로 그를 압제하였다(9절). 그는 원수들로부터 참기 어려운 수모를 당하였지만 상스러운 감정들을 폭발시키지 않았고, 자신의 슬픔을 조용히 속으로 삭이며 울었고, 날마다 울고 다녔다. 이것에 대해서 우리는 다윗을 책망해서는 안 된다. 자신의 조국을 진정으로 사랑하고 자신의 조국이 잘되기를 진정으로 바란 자는 자신의 나라가 마치 그가 조국의 원수라도 되는양 박해하고 쓸모 없는 자로 취급하는 것을 보게 되면 슬퍼할 수밖에 없다. 그렇지만 다윗은 이 일로 인해서 하나님께서 그를 잊어버리셨다

거나 내치셨다고 결론을 내리지 않았고, 하나님께서 그로 하여금 원수들에게 짓밟히게 하신 것이 많이 잘못된 것이라고 하나님께 따지지도 않았다. 왜 내가 울며 다녀야 합니까? 왜 주께서는 나를 잊으셨나이까? 우리는 하나님께 하소연할 수 있지만, 이런 식으로 하나님에 대하여 불평해서는 안 된다.

(2) 원수들은 다윗을 너무도 가슴아프게 비방하였기 때문에, 그 비방은 그의 뼈를 찌르는 칼이 되었다(10절). 그는 이전에도 원수들의 비방이 그의 살을 에는 것 같았다고 언급한 적이 있었는데, 여기에서 다시 한 번 그러한 심정을 되풀이한다: 내 대적이 나를 비방하여 늘 내게 말하기를 네 하나님이 어디 있느냐 하도다. 이와 같은 말이 그에게 아주 극심한 비방이 되었던 것은 그 말이 하나님을 욕되게 하는 것인 동시에 하나님에 대한 그의 소망을 꺾어 놓기 위한 것이었기 때문이다. 다윗은 자신의 처지를 어느 정도 견딜 수 있게 해 줄 만한 하나님에 대한 소망을 지니고 있긴 하였지만 그 소망은 언제라도 쉽게 무너질 수 있었다.

2. 다윗에게 위로가 되었던 것은 하나님이 그의 반석이시라는 것이다(9절)— 그가 굳건히 설 수 있는 반석, 그가 피난처로 삼을 수 있는 반석. 견고하고 영원히 힘을 지닌 만세 반석이 그의 반석, 그의 속사람이 무슨 일을 행하고 고난을 견딜 수 있게 해 준 힘이었다. 그는 반석이신 하나님께 담대하게 나아갔다. 그는 반석이신 하나님께 그가 하고 싶은 말을 할 수 있었고, 하나님께서 그의 말을 은혜로 들어 주실 것을 확신하였다. 그러므로 그는 그가 이전에 했던 말을 반복하고(5절), 그 말로 이 시편을 끝낸다(11절): 내 영혼아 네가 어찌하여 낙심하는가. 그의 슬픔과 두려움은 요란하였고 성가신 것이었다. 다윗은 그러한 감정들에 따라서 거듭거듭 행하였지만, 그것들은 잠재워지지 않았다. 그러나 여기에서 마침내 그의 믿음은 승리를 거두게 되었고, 원수들은 전쟁을 포기하지 않을 수 없었다. 다윗은 다음과 같은 것들을 통해서 이러한 승리를 얻었다.

(1) 이전에 그가 했던 말을 되풀이하고, 앞서와 마찬가지로 그가 의기소침하고 불안해하는 것을 책망하며, 여호와의 이름을 의지해서 하나님을 끊임없이 바라보도록 격려함으로써. 선한 생각들을 거듭거듭 되풀이하는 것은 우리에게 큰 유익이 될 수 있고, 우리가 그러한 선한 생각들을 통해서 처음에는 우리의 목적을 달성하지 못한다고 하여도, 두 번째에는 달성할 수 있게 되리라는 것을

명심하라. 우리가 어떤 말을 진심을 담아서 하기만 한다면, 그러한 반복은 결코 헛된 것이 아니다. 우리는 동일한 말을 우리의 마음속에 거듭거듭 들려 줄 필요가 있고, 그러한 반복은 아무리 많이 해도 충분한 것이 아니다.

(2) 동일한 말을 반복하되 거기에 한 단어를 첨가함으로써. 앞서, 그는 하나님의 나타나심 속에 있게 될 구원을 바라고 하나님을 찬송하고자 하였다. 여기에서, 그는 이렇게 말한다: "내 얼굴에서 수심을 거두어 주실 하나님을 내가 찬송하리이다. 하나님께서 나를 보시고 웃어 주신다면, 나는 금방 즐거운 기색이 되어서 기쁜 마음으로 하늘을 우러르며 앞을 내다보고 주위를 둘러보게 될 것이니이다." 또한, 그는 내 하나님이라는 말을 덧붙인다. "나와 관계가 있는 하나님, 나와 언약을 맺은 하나님; 그 약속의 참된 의도와 의미에 따라서, 하나님의 모든 것, 하나님께서 가지신 모든 것은 나의 것입니다." 이러한 생각은 다윗으로 하여금 그의 모든 슬픔과 두려움을 벗어 버리고 승리의 개가를 부르며 기뻐할 수 있게 해주었다. 하나님께서 하늘에서 성도들과 함께 계시고, 하나님이 바로 그들의 하나님이시라는 것은 그들의 눈에서 모든 눈물을 씻어 주는 것이 될 것이다(계 21:3-4).

제
— 43 —
편

개요

이 시편은 앞에 나온 시편과 동일한 상황 속에서 지어진 것 같고, 표제가 없는 것으로 보아서 앞에 나온 시편에 덧붙여진 부록이라고 할 수 있다. 환난이 다시 찾아오자 다윗은 곧 동일한 치료책에 의지하였다. 왜냐하면, 그는 이 치료책을 이미 검증된 것으로서 이 책에 기록해 놓았었기 때문이다. 이 시편의 2절은 앞에 나온 시편의 구절과 거의 동일하고, 이 시편의 5절은 앞에 나온 시편의 11절과 정확히 동일하다. 성령을 한량없이 가지고 계셨던 그리스도께서는 기회가 될 때마다 두 번이고 세 번이고 "같은 말씀으로 기도하셨다"(마 26:44). 이 시편에서 I. 다윗은 그의 원수들이 그에게 가한 해악들에 관하여 하나님께 호소한다(1-2절). II. 다윗은 그가 예배를 다시 자유롭게 드릴 수 있도록 그를 회복시켜 달라고 하나님께 기도하면서, 하나님께서 그렇게 해주신다면 전심으로 예배를 드리겠다고 약속한다(3-4절). III. 다윗은 하나님에 대한 생생한 소망과 신뢰를 통해서 자신의 영혼의 동요를 잔잔하게 하고자 애쓴다(5절). 우리도 이 시편을 노래할 때에 그러한 것들에 힘쓴다면 우리의 마음속에 은혜를 가지고서 이 시편을 노래할 수 있게 될 것이다.

¹하나님이여 나를 판단하시되 경건하지 아니한 나라에 대하여 내 송사를 변호하시며 간사하고 불의한 자에게서 나를 건지소서 ²주는 나의 힘이 되신 하나님이시거늘 어찌하여 나를 버리셨나이까 내가 어찌하여 원수의 억압으로 말미암아 슬프게 다니나이까 ³주의 빛과 주의 진리를 보내시어 나를 인도하시고 주의 거룩한 산과 주께서 계시는 곳에 이르게 하소서 ⁴그런즉 내가 하나님의 제단에 나아가 나의 큰 기쁨의 하나님께 이르리이다 하나님이여 나의 하나님이여 내가 수금으로 주를 찬양하리이다 ⁵내 영혼아 네가 어찌하여 낙심하며 어찌하여 내 속에서 불안해 하는가 너는 하나님께 소망을 두라 그가 나타나 도우심으로 말미암아 내 하나님을 여전히 찬송하리로다

다윗은 여기에서 그의 재판장, 그의 힘, 그의 인도자, 그의 기쁨, 그의 소망이신 하나님께 믿음과 기도로써 합당한 사랑과 표현을 통해서 청을 드린다.

I. 그의 재판장, 그의 의로운 재판장이신 하나님. 다윗은 하나님께서 그를 판단하실 것을 알고 있었고(자신의 무죄함을 알기 때문에) 하나님께서 그의 편이 되어서 판단해 주실 것을 알고 있었다(1절): 하나님이여 나를 판단하시되 내 송사를 변호하소서. 그에게 죄를 뒤집어씌우고 그를 고소한 자들이 있었다. 다윗은 그들에 대항하여 자신을 변호하면서, 부당하게도 그에게 유죄 판결을 내린 사울의 법정에 맞서서 최고 재판소인 하늘의 법정에 호소하며, 그에 대한 그들의 판결을 뒤집어 주시고 그의 무죄함을 밝히 드러내 주시도록 기도한다. 그에게 해악을 가한 자들이 있었다. 다윗은 그들에 대하여 원고가 되어서, 해악을 입은 자들을 위하여 복수해 주시는 분께 자신의 사정을 하소연하며, 자기 자신과 그들에게 공의를 적용하여 재판해주실 것을 기도한다. 좀 더 살펴보자.

1. 다윗으로 하여금 이러한 싸움을 싸우게 한 그의 원수들은 누구였는가. 여기에 한 무리의 죄악된 사람들이 나오는데, 다윗은 그들을 경건하지 아니한 나라 또는 무자비한 나라라고 부른다. 그들이 무자비하다는 것은 그들이 경건하지 않다는 것을 보여주는 것이다. 왜냐하면, 자신의 주인에 대하여 두려움이나 사랑을 지니고 있는 자들은 자신의 동료인 종들에게 연민을 가질 것이기 때문이다. 또한 여기에 그들의 두목인 한 명의 악한 자가 나오는데, 그는 속이고 불의한 자로서 아마도 다윗에게 냉정했을 뿐만 아니라 다윗을 온갖 협잡과 속임수로 대하였던 사울을 가리키는 것 같다. 다윗이 여기에서 언급하고 있는 인물이 압살롬이었다면, 압살롬도 그 간사하고 불의함에 있어서 사울 못지않았다. 음부로부터 나온 이러한 악한 자들과 그러한 자들로 이루어진 나라들이 있는 한, 하늘로부터 나온 선한 자들이 힘들고 비천한 대접을 받는 것은 전혀 이상한 일이 아니다. 어떤 이들은 다윗이 예언의 영을 통해서 이 시편을 바벨론 포로 생활 가운데에 있는 유대인들이 사용할 수 있도록 의도한 것으로서 여기에서 말하고 있는 경건하지 아니한 나라는 갈대아인들을 가리킨다고 생각한다. 이 시편은 바벨론에서 포로 생활 가운데 있었던 유대인들에게 아주 잘 적용될 수 있는 것이기는 하지만, 다른 비슷한 성경 본문들과 마찬가지로 그 어느 것도 사사롭게 해석되어서는 안 된다. 다윗이 의도하였든 안 하였든, 하나님께서는 이

시편을 포로 생활 가운데 있었던 유대인들이 사용하도록 의도하셨을지도 모른다.

2. 그들과 관련하여 다윗의 기도는 무엇이었는가: 나를 판단하소서. 하나님께서 죄를 놓고 다윗과 다투셨을 때, 다윗은 "내가 정죄받을 것이 너무도 분명하니, 나에게 심판을 행하지 마소서"라고 기도하였지만, 그의 원수들이 그와 다투었을 때에는 이렇게 기도한다: "내가 의롭다는 것을 아오니, 여호와여, 나를 판단하시고, 그들에 대하여 내 송사를 변호하시며, 내 편이 되어 주시고, 주의 섭리 가운데 나를 위하여 나타나소서." 자신의 송사에 있어서 정직하고 떳떳한 자는 하나님께서 그것을 변호해주실 것을 기대할 수 있다. "나의 송사를 변호하셔서, 나를 그들에게서 구원하심으로써 그들로 하여금 나를 해치고자 하는 그들의 뜻을 이루지 못하게 하옵소서." 우리의 원수들이 멸망을 받지 않는다고 하여도, 우리가 구원을 받는다면, 우리는 우리의 송사가 하나님의 변호를 받고 있다고 여겨야 한다.

Ⅱ. 그의 힘, 그의 지극히 충분한 힘이신 하나님. 다윗은 하나님을 그렇게 보고 있다(2절). "주는 나의 힘이 되신 하나님, 나의 하나님, 나의 힘이 되시나이다. 나의 모든 힘은 그에게서 나오고, 그 안에서 나는 힘을 얻으며, 주께서는 자주 내게 힘을 주셨고, 주 없이는 나는 물처럼 연약하여, 주를 위해 그 어떤 일도 전혀 할 수가 없나이다." 다윗은 지금 영적인 기쁨을 잃어버리고 매일 울면서 다니다가, 하나님이 그의 힘이 되시는 하나님이시라는 것을 발견하였다. 우리가 하나님 안에서 위로를 얻을 수 없다면, 우리는 하나님을 주목하고 계속해서 하나님을 바라봄으로써, 우리가 영적인 기쁨을 원할 때에 영적인 힘을 얻을 수 있게 될 것이다. 다윗은 여기에서 하나님께 바로 이것을 호소한다. "주는 내가 나의 힘이 되신 분으로 의지하는 바로 그런 하나님이십니다. 그런데 어찌하여 주께서는 나를 버리셨나이까?" 하지만 이것은 다윗의 오해였다. 왜냐하면, 하나님을 의지하는 자들이 그들의 처지에 대하여 어떠한 우울한 인식을 가지고 있다고 할지라도, 하나님은 결코 그들을 버리신 것이 아니기 때문이다. "주는 나의 힘이 되신 하나님이십니다. 그런데 어찌하여 나의 원수는 너무도 강하고, 그의 억압으로 말미암아 나는 울며 다녀야 합니까?" 교회의 원수들이 막강한 힘을 지니고 있는 것과 교회의 하나님께서 전능하신 힘을 지니고 계시는 것을 조화롭게 설명하기는 어렵다. 그러나 하나님의 모든 원수들이 그의 발등상이

될 그 날에는 이 모든 일이 밝히 설명될 것이다.

III. 그의 인도자, 그의 신실하신 인도자이신 하나님.　나를 인도하셔서 주의 거룩한 산에 이르게 하소서(3절). 다윗은 다음과 같은 것들을 위하여 기도한다.

1. 하나님께서 섭리를 통해서 그의 추방된 처지에서 그를 돌아오게 하셔서, 그가 다시 하나님의 성소의 특권들을 자유롭게 누릴 수 있는 길을 열어 달라는 것. 다윗의 마음은 가족과의 단란한 삶이나 궁정에서의 호화로운 삶이나 그 밖의 다른 유쾌한 일들에 있었던 것이 아니라 주의 거룩한 산과 주께서 계시는 곳에 있었다. 그는 가족이나 궁정이나 그 밖의 다른 즐거움들이 없어진 것에 대해서는 참을 수 있었지만, 하나님께서 계시는 곳, 즉 하나님의 성막을 다시 볼 수 없게 된 것에 대해서는 참을 수가 없었다. 다윗의 눈에는 성막보다 더 소중하고 사랑스러운 것이 없었다. 그는 성막으로 간절히 돌아가기를 원하였다. 이것을 위하여 다윗은 이렇게 기도한다: "주의 빛과 주의 진리를 보내소서. 나로 하여금 빛이신 주의 은총의 열매이자 진리이신 주의 약속의 실천으로서 주께서 계시는 곳에 이르게 하소서." 우리가 행복해지기 위해서는 우리는 하나님의 은총으로부터 흘러 나오고 그의 약속 안에 포함되어 있는 선한 것 이외의 다른 것을 원할 필요가 없다. 그 긍휼하심, 그 진리는 충분하고, 그것은 전부이다. 우리가 그러한 것들을 하나님의 섭리들 속에서 볼 때, 우리는 우리 자신이 매우 안전한 상태에 놓여 있다는 것을 알게 된다. 하나님께서는 그가 인도하시는 자들을 그의 거룩한 산과 그가 계시는 곳으로 인도하신다는 것을 명심하라. 그러므로 성령의 인도하심을 받고 있다고 말하는 자들이 공적인 예배에 등을 돌린다면, 그것은 분명히 그들 자신을 속이고 있는 것이다.

2. 하나님께서 은혜를 통해서 그로 하여금 하나님과 교통하게 하시고, 그가 저 세상에서 하나님을 뵈옵고 누릴 수 있게 준비시켜 달라는 것. 일부 유대인 저술가들은 여기에 나오는 빛과 진리를 왕이신 메시야와 그가 앞서 보내신 엘리야를 가리키는 것으로 이해한다: 구약의 기도들에 대한 응답으로 이 분들이 오셨다. 그러나 우리는 여전히 하나님의 빛과 진리, 즉 그리스도의 육체적인 임재를 보완해 줄 빛과 진리의 성령이 오셔서 우리를 경건의 비밀 속으로 인도하시고 천국 가는 길로 우리를 인도해 주시기를 기도하여야 한다. 하나님께서 우리의 마음속에 그의 빛과 진리를 보내시면, 그것들은 우리를 우리의 모든 목적과 기대, 우리의 모든 기도 속에서 우리를 윗 세상으로 인도할 것이다. 우리

가 의식적으로 그 빛과 그 진리를 따른다면, 그것들은 우리를 분명히 위에 있는 거룩한 산으로 우리를 데려다 줄 것이다.

IV. 그의 기쁨, 그의 놀라운 기쁨이신 하나님. 하나님께서 그를 하나님이 계시는 곳으로 인도하셔서, 그에게 그의 이전의 자유를 회복시켜 주신다면, 그는 자기가 무엇을 해야 하는지를 아주 잘 알고 있다: 그러면 내가 하나님의 제단에 나아가리이다(4절). 그는 그의 놀라운 기쁨이신 하나님께로 그가 할 수 있는 한 가장 가까이 나아갈 것이다. 좀 더 살펴보자.

1. 주께서 계시는 성소로 나아가는 자들은 제단으로 나아가야 한다. 예배에 나아가는 자들은 예배에 나아갈 수 있는 준비를 스스로 갖추어야 하고, 그런 후에 예배 속에서 가장 특별한 곳으로 나아가야 한다. 우리가 하나님께 더 가까이 나아가고 하나님을 더 견고히 붙잡을수록 그것은 더 좋은 일이다.

2. 하나님의 제단에 나아가는 자들은 그렇게 함으로써 그들이 하나님께 나아가고, 참마음으로 하나님을 가까이 하도록 유의하여야 한다. 우리가 예배 속에서 거룩한 하나님께 나아가지 못한다면, 우리는 예배를 헛되이 드리는 것이다.

3. 하나님께 나아가는 자들은 그들의 장래의 지극한 복이신 하나님으로서가 아니라 그들의 뛰어난 기쁨이신 하나님, 단지 평범한 기쁨인 것이 아니라 감각과 시간에 속한 모든 기쁨들을 훨씬 뛰어넘는 현재의 지극한 기쁨이신 하나님께 나아가야 한다. 원문에서 이 어구는 매우 강조되어 있다. 나의 기쁨 중의 기쁨이신 하나님께. 우리가 하나님 안에서 무엇을 기뻐하거나 승리의 개가를 부를 때 그것은 하나님을 기뻐하는 것이 되어야 한다. 하나님 안에서 우리가 누리는 모든 기쁨은 하나님이 목적이 되어야 하고, 선물에 대한 기쁨을 지나서 그 선물을 주신 분에게로 나아가야 한다.

4. 우리가 우리의 뛰어난 기쁨이신 하나님께 나아갈 때, 하나님 안에서 우리가 누리는 위로들은 우리가 하나님을 우리의 하나님으로 찬송할 거리가 되어야 한다: 하나님이여 나의 하나님이여 내가 수금으로 주를 찬양하리이다. 다윗은 수금을 아주 뛰어나게 잘 탔는데(삼상 16:16, 18), 수금으로 하나님을 찬양하는 데에도 아주 뛰어났다. 왜냐하면, 우리는 우리가 가진 가장 좋은 것으로 하나님을 찬송하여야 하기 때문이다. 하나님께서 최고의 것으로 찬송을 받으시는 것은 합당한데, 이것은 하나님이 최고의 존재이시기 때문이다.

V. 그의 소망, 그를 한 번도 실망시킨 적이 없는 소망이신 하나님(5절). 다

윗은 여기에서도 앞에서처럼 자기가 의기소침해하고 낙심하고 있는 것과 관련하여 자기 자신과 싸우면서, 그가 그러한 것들에 굴복한 것이 잘못되었고 그가 그렇게 할 이유가 없었다는 것을 고백한다: 내 영혼아 네가 어찌하여 낙심하는가. 그런 후에 그는 그가 결국 하나님께 영광을 돌리며(너는 하나님께 소망을 두라. 내가 내 하나님을 여전히 찬송하리로다) 하나님과 더불어 영광을 누리게 되리라는 믿음과 소망 속에서 평정을 되찾는다: 하나님은 내 안색을 좋게 하시는 분이요 나의 하나님이시다. 이 말씀은 우리가 아무리 강조해도 지나치지 않는다. 왜냐하면, 우리는 바로 이 말씀에 의지해서 살아가고 죽어야 하기 때문이다.

제 — 44 — 편

개요

우리는 여기서 이 시편의 저자가 누구인지, 이 시편이 언제 그리고 어떠한 상황 속에서 지어졌는지에 대하여 듣지 못하지만, 이 시편은 저자 자신이 암울했던 때가 아니라(만약 그랬다면, 우리는 다윗과 그의 환난에 관한 역사 속에서 이 시편에 적합한 상황들을 찾아낼 수 있었을 것이다) 하나님의 교회가 전체적으로 암울했던 시기에 지어졌다는 것을 확신할 수 있다. 그러므로 우리가 이 시편을 다윗이 지었다고 추정한다고 할지라도, 우리는 이 시편을 순전히 예언의 영에게 돌리고, 성령이 바벨론 포로 시대 또는 유대 교회가 안티오쿠스 치하에서 고난을 받던 때, 또는 기독 교회가 초창기에 환난을 당하던 때(사도 바울은 이 시편의 22절을 여기에 적용한다, 롬 8:36)를 염두에 두었을 것이라고 (성령 자신이 무엇을 염두에 두었든지 간에) 결론을 내릴 수밖에 없다. 또한, 이 시편은 교회가 이 땅에 존재하는 모든 시기에 그대로 적용될 수 있다. 왜냐하면, 교회가 많은 환난을 거쳐서 천국에 들어가야 하는 것이 그 정해진 운명이기 때문이다. 그리스도인들의 특권과 위로를 보여주는 복음 시편들이 존재하는 것에 비추어 보면, 그들의 시련과 고난을 보여주는 시편이 존재하지 않을 이유가 어디 있겠는가? 이 시편은 뭔가 절박하거나 위협적인 공적인 재앙의 때에 교회가 금식하고 자신을 낮추는 시기를 위하여 의도된 시편이다. 이 시편 속에서 교회는 다음과 같은 가르침을 받는다. I. 하나님께서 그들의 조상들을 위하여 행하신 큰 일들을 감사한 마음으로 고백함으로써 하나님께 영광을 돌리라는 것(1-8절). II. 그들의 현재의 비참한 처지를 떠올려서 나타내라는 것(9-16절). III. 그럼에도 불구하고 그들이 아무 흠이 없고 하나님을 여전히 굳게 붙들고 있다는 항변을 제시하라는 것(17-22절). IV. 그들을 건지시고 구원해 주시기를 은혜의 보좌 앞에서 간구하라는 것(22-26절). 이 시편을 노래할 때, 우리는 하나님께서 이전에 그의 백성을 위하여 행하신 일을 찬송하여야 하고, 교회 중에서 환난을 당하고 있는 자들에 대한 우리의 슬픔을 나타내며 그들과 슬픔을 같이 하여야 하며, 무슨 일이 일어나든지 하나님과 우리가 해야 할 도리를 굳게 붙들고서 기쁜 마음으로 결과를 기다려야 한다.

〔고라 자손의 마스길, 인도자를 따라 부르는 노래〕
¹하나님이여 주께서 우리 조상들의 날 곧 옛날에 행하신 일을 그들이 우리에게 일러 주매 우리가 우리 귀로 들었나이다 ²주께서 주의 손으로 뭇 백성을 내쫓으시고 우리 조상들을 이 땅에 뿌리 박게 하시며 주께서 다른 민족들은 고달프게 하시고 우리 조상들은 번성하게 하셨나이다 ³그들이 자기 칼로 땅을 얻어 차지함이 아니요 그들의 팔이 그들을 구원함도 아니라 오직 주의 오른손과 주의 팔과 주의 얼굴의 빛으로 하셨으니 주께서 그들을 기뻐하신 까닭이니이다 ⁴하나님이여 주는 나의 왕이시니 야곱에게 구원을 베푸소서 ⁵우리가 주를 의지하여 우리 대적을 누르고 우리를 치러 일어나는 자를 주의 이름으로 밟으리이다 ⁶나는 내 활을 의지하지 아니할 것이라 내 칼이 나를 구원하지 못하리이다 ⁷오직 주께서 우리를 우리 원수들에게서 구원하시고 우리를 미워하는 자로 수치를 당하게 하셨나이다 ⁸우리가 종일 하나님을 자랑하였나이다 우리는 하나님의 이름에 영원히 감사하리이다 (셀라)

어떤 이들은 마스길(교훈) 시편들이라는 표제가 붙어 있는 시편들은 대체로 슬픈 시편들이라는 것을 지적한다. 왜냐하면, 환난들은 교훈들을 가져다 주고, 마음이 슬프게 되면 교훈을 듣고자 하는 귀가 열리기 때문이다. 주께서 회초리로 때리시며 가르치시는 자는 복이 있도다.

이 절들 속에서 교회는 지금 짓밟힌 상태에 있지만 그가 승리하던 날들, 하나님 안에서 그 원수들에 대하여 승리의 개가를 불렀던 날들을 회상한다. 이러한 것은 여기에서 대체로 다음과 같은 것들로서 언급되고 있다.

1. 현재의 괴로운 처지를 더욱 가중시키는 것으로서. 항상 승리의 면류관을 썼던 자들의 목에 종의 멍에가 얹혀진다면, 그것은 정말 무겁게 느껴질 수밖에 없다. 오랫동안 하나님께서 그들을 기뻐하신다는 징후들 속에서 살아 왔던 자들에게 하나님이 그들을 기뻐하지 않으신다는 것을 보여주는 징후들은 정말 가슴아프고 참담한 것이 되지 않을 수 없다.

2. 하나님께서 포로된 그들을 다시 돌이키셔서 긍휼하심으로 되돌아오게 하시리라는 것을 소망하도록 격려하는 것으로서. 따라서 그는 하나님께서 이전에 베푸신 긍휼하심들에 관한 그의 기록에 기도들과 즐거운 기대들을 섞어 놓는다. 좀 더 살펴보자.

I. 하나님께서 이전에 그들을 위하여 행하신 큰 일들을 회상함.

1. 일반적으로(1절): 우리 조상들이 주께서 옛날에 행하신 일을 우리에게 일러 주었다.

(1) 여기에서는 하나님께서 섭리를 통해서 베풀어 주신 수많은 일들을 하나의 역사인 것처럼 말한다 — "그들은 주께서 행하신 일을 우리에게 들려 주었다." 왜냐하면, 하나님께서 행하시는 모든 일 속에는 기가 막힌 조화와 통일성이 존재하고, 많은 바퀴들이 하나의 바퀴를 이루며(겔 10:13), 많은 일들이 하나의 일을 이루기 때문이다.

(2) 하나님께서 행하신 기이한 일들을 설명해 주고 그러한 것들을 다음 세대에 알도록 전해 주는 것은 모든 세대가 후손에게 반드시 해주어야 할 빚이다. 우리보다 앞선 사람들이 우리에게 하나님께서 그들의 시대에 행하셨던 일들을 들려 주었고, 우리는 우리 뒤에 오는 사람들에게 하나님께서 우리 시대에 행하신 일들을 들려 주어야 하며, 마찬가지로 그들은 그들 뒤에 올 자들에게 동일한 것을 행하여야 한다. 이렇게 해서 대대로 주께서 행하시는 일을 찬양하고(시 145:4), 아버지는 그의 자녀에게 주의 진리를 알게 하여야 한다(사 38:19).

(3) 우리는 하나님께서 우리 시대에 행하신 일에 대하여 말해야 할 뿐만 아니라, 하나님께서 옛적에, 곧 우리 시대보다 훨씬 이전에 행하신 일을 우리 자신과 우리 자녀에게 알게 하여야 한다. 이것과 관련하여 우리는 성경 속에서 예언의 말씀만큼이나 확실한 역사의 말씀을 가지고 있다.

(4) 자녀들은 부모들이 그들에게 하나님께서 행하신 기이한 일들에 대하여 들려 주시는 것에 부지런히 귀를 기울여서, 그들에게 대단히 유익한 것이 될 그러한 말씀을 기억하고 명심해 두어야 한다.

(5) 하나님의 권능과 선하심을 경험한 이전의 체험들은 현재의 환난 가운데서 믿음을 견고하게 붙잡아 주는 큰 힘이 되고 기도에 있어서 강력한 근거들이 된다. 기드온이 얼마나 끈질기게 그러한 것에 의지하여 기도하였는지를 보라(삿 6:13): 우리 조상들이 우리에게 들려 주었던 하나님의 모든 이적들은 지금 어디에 있는 것입니까?

2. 구체적으로 그들의 조상들은 그들에게 다음과 같은 것들을 들려 주었다.

(1) 하나님께서 처음에 가나안 땅에 이스라엘을 얼마나 기이하게 심으셨는지(2-3절). 하나님은 이스라엘에게 땅을 내어 주시기 위하여 다른 민족들을 내쫓으시고 고달프게 하셨으며 내치셨고, 그들을 이스라엘의 칼에 먼지처럼, 이

스라엘의 활에 그루터기처럼 내어 주셨다. 여호수아의 영도 아래 이스라엘이 가나안 사람들에 대하여 거둔 수많은 완벽한 승리들은 그들의 힘으로 된 것이 아니었고, 그들은 그 승리들의 영광을 감히 자신들의 것이라고 말할 수도 없었다.

[1] 이스라엘이 거둔 승리들은 그들 자신의 공로가 아니라 하나님의 은총과 거저 주신 은혜 덕분이었다. 그것은 주께서 그들을 기뻐하신 까닭에 주의 얼굴 빛으로 말미암아 된 것이었다. 하나님께서 그들을 내 앞에서 쫓아 내심은 내 공의로 말미암음도 아니며 내 마음이 정직함으로 말미암음도 아니고(신 9:5-6), 하나님께서 너희의 조상들에게 하신 맹세를 지키려 하심으로 말미암은 것이다(신 7:8). 우리의 모든 성공과 크게 된 것이 하나님의 은총과 그의 얼굴 빛으로부터 우리에게 온 것임을 알게 되면, 우리는 우리 자신을 덜 칭찬하게 되고, 하나님의 거저 주시는 은혜로 말미암아 더 큰 위로를 받게 된다.

[2] 이스라엘이 거둔 승리들은 그들 자신의 힘이 아니라 그들을 위하신 하나님의 권능 덕분이었다. 하나님의 권능이 개입되지 않았다면, 그들 자신의 모든 노력과 수고들은 아무런 열매도 맺지 못하고 헛된 것이 되고 말았을 것이다. 비록 그들에게는 수많은 용사들이 있었지만, 그들이 그 땅을 얻게 된 것은 그들 자신의 칼에 의한 것이 아니었다. 또한 그들이 가나안 사람들에게 쫓겨서 수치를 당하지 않도록 그들을 구원해 준 것은 그들 자신의 팔이 아니라 하나님의 오른손과 하나님의 팔이었다. 하나님께서는 이스라엘을 위하여 싸우셨다. 만약 그렇지 않았다면, 그들은 힘껏 싸우고서도 아무런 열매를 거두지 못하였을 것이다. 그들이 용감하게 싸워서 승리를 거둔 것은 다 하나님 덕분이었다. 성실한 농부가 열매를 기대하고서 나무를 심듯이, 이스라엘을 저 좋은 땅에 심으신 것은 바로 하나님이셨다(시 80:8, 주께서 한 포도나무를 애굽에서 가져다가 민족들을 쫓아내시고 그것을 심으셨나이다). 이것은 복음 전파를 통해서 하나님께서 기독 교회를 세상에 심으신 것에 적용될 수 있다. 이교 사상은 가나안 족속과 마찬가지로 단번에가 아니라 조금씩 조금씩 어떤 인간적인 방책이나 힘을 통해서가 아니라(왜냐하면, 하나님께서는 세상의 연약하고 어리석은 것들을 통해서 그런 일을 하시기로 결심하셨기 때문에) 하나님의 지혜와 능력을 통해서 기가 막히게 쫓겨났다 — 그리스도께서는 성령을 통해서 계속해서 이교 사상을 정복해 나가셨다. 이러한 것을 기억하는 것은 반기독교적인 압제의

멍에 아래에서 신음하는 자들에게 큰 힘과 위로가 된다. 왜냐하면, 어떤 이들 (특히, 박식한 아미랄두스)은 이 시편의 후반부에 나오는 탄식들이 신약의 바벨론의 권세 아래에 있는 교회의 처지와 매우 부합한다고 생각하기 때문이다. 자신의 권능과 선하심을 통해서 자신을 위하여 이 세상에 교회를 심으신 하나님께서는 분명히 그 동일한 권능과 선하심으로 교회를 붙잡아 주실 것이고, 음부의 문이 교회를 이기지 못하게 하실 것이다.

(2) 하나님께서 그들로 하여금 저 좋은 땅을 차지함에 있어서 그들을 방해하고자 하였던 그들의 원수들에 대하여 얼마나 자주 성공을 거두게 하셨는지(7절). 하나님께서는 사사들을 일으키셔서 이스라엘을 압제하던 나라들을 무찌르고 승리하게 하심으로써 수없이 우리를 우리 원수들에게서 구원하시고, 우리를 미워하는 자들을 우리 앞에서 도망치게 하심으로써 수치를 당하게 하셨다. 기독 교회를 박해하는 자들과 교회를 미워하는 자들은 진리의 능력에 의해서 무수하게 수치를 당하여 왔다(행 6:10).

II. 그들은 하나님께서 옛적에 조상들을 위하여 행하셨던 큰 일들을 생각하고서 이전에도 그것을 잘 선용하였고 지금도 그것을 잘 선용하고 있다는 것.

1. 그들은 하나님을 그들의 왕이신 주님으로 받아들여서 하나님께 충성을 맹세하였고 그들 자신을 하나님의 보호하심 아래에 두었다(4절): 하나님이여, 주는 나의 왕이십니다. 시편 기자는 나중에 하나님은 예로부터 나의 왕이시라라고 말하듯이(시 74:12) 여기에서도 교회의 이름으로 그렇게 말을 한다. 하나님은 왕으로서 그의 교회를 위하여 법을 세우셨고 교회의 평화와 질서를 부여하셨으며 교회를 위하여 판단하시고 그 송사를 변호하셨으며 교회를 위한 싸움을 싸우셨고 교회를 보호하셨다. 교회는 이 세상에서 하나님의 나라로서 하나님께 복종하고 조공을 드려야 한다. 또는, 시편 기자는 여기에서 자기 자신과 관련하여 말하고 있는 것일 수도 있다. "여호와여, 주는 나의 왕이십니다. 내가 나의 간구할 제목들을 들고서 주께 아니면 그 누구에게로 가겠나이까? 내가 주께 은총을 간구하는 것은 나 자신을 위한 것이 아니라 주의 교회를 위한 것입니다." 성도들은 은혜의 보좌 앞에서 자신의 사정을 아뢸 때 하나님의 백성의 공적인 복리와 형통을 위하여 간구하여야 한다는 것을 명심하라. 모세는 "내가 주의 목전에 은총을 입었사오면, 주의 백성을 인도하소서"라고 간구하였다(출 33:13).

2. 그들은 그들이 곤경에 처할 때마다 항상 하나님께 나아가서 그들을 구원해주실 것을 기도하였다: 야곱에게 구원을 베푸소서. 좀 더 살펴보자.

(1) 크게 구함. 그들은 단 한 번의 구원이 아니라 그들이 필요할 때마다 거듭거듭 수없이 모든 위험에서 몇 번이라도 구원해주실 것을 기도한다.

(2) 하나님의 권능에 대한 그들의 강력한 믿음. 그들은 구원들을 일으키소서라고 말한 것이 아니라 구원들을 명하소서라고 말하였는데, 이것은 하나님께서 구원을 쉽고 즉각적으로 행하실 수 있다는 것을 의미한다. 말씀하옵소서. 그리하면 그 일이 이루어지겠나이다(이것은 백부장의 믿음이었다, 마 8:8, 다만 말씀으로만 하옵소서. 그러면 내 하인이 낫겠사옵나이다). 또한 이것은 하나님께서 구원을 반드시 이루시리라는 것을 의미한다. "권세를 지닌 자로서 구원을 명하소서. 주의 명령은 그대로 이루어지리이다." 왕의 말은 권능이 있다. 하물며 만왕의 왕이 하신 말씀은 두말할 필요가 없다.

3. 그들은 하나님을 신뢰하였고 그 안에서 승리를 확신하며 기뻐하였다. 그들은 그들을 구원한 것이 그들 자신의 칼이나 활이 아니었다고 고백한 것과 마찬가지로(3절), 그들 자신의 칼이나 활에 의지해서 그들이 장차 구원받게 될 것을 기대한 것이 아니었다(6절). "나는 내 활을 의지하지 아니할 것이고, 나의 그 어떤 군사적인 준비도 의지하지 아니할 것이라 나는 하나님이 없이도 그러한 것들만으로 내가 구원받을 수 있을 것이라고 생각하지 않는다. 우리가 주를 의지하여 우리 대적을 누르리이다(5절). 우리는 우리 군대의 수나 용맹함을 의지해서가 아니라 오직 주의 힘만을 의지해서 우리 대적을 누르고자 하나이다. 주께서 우리 편이 되어 주시면, 우리는 우리 대적을 누르고자 하는 우리의 시도가 성공할 것을 의심하지 않나이다. 주의 이름으로(우리를 지도하시는 주의 지혜와 우리에게 힘주시고 우리를 위하여 일하시는 주의 능력과 우리에게 확실한 승리를 보장해 주시는 주의 약속에 의지해서) 우리는 우리를 치러 일어나는 자들을 밟고자 하고 또한 밟게 되리이다."

4. 그들은 하나님을 그들의 기쁨과 찬송으로 삼았다(8절). "우리가 하나님을 자랑하였나이다. 우리는 날마다 그리고 온종일 하나님을 자랑하고 있고, 또한 자랑할 것입니다." 산헤립과 랍사게 같은 그들의 원수들이 그들의 힘과 성공을 자랑하며 히스기야에게 허세를 부렸을 때, 그들은 그들의 자랑에 응수하여, 그들이 자랑할 것은 하나님과 그들의 관계, 그들이 하나님께 속해 있다는 것밖에

없다고 말하였다. 하나님께서 그들을 위하신다면, 그들은 온 세상이 그들을 대적하여도 겁날 것이 없었다. 자랑하는 자들은 주 안에서 자랑할 것이고, 그 밖의 다른 자랑들은 영원히 배제하여야 한다. 하나님을 의지하는 자들은 하나님을 자랑하고 하나님 안에서 자랑하여야 한다. 왜냐하면, 그들은 그들이 의지하고 있는 분이 어떤 분이신지를 잘 알기 때문이다. 하나님을 의지하는 자들은 종일 하나님을 자랑하여야 한다. 왜냐하면, 하나님을 자랑하는 일은 아무리 해도 다 함이 없기 때문이다. 또한 하나님을 의지하는 자들은 하나님의 이름을 영원히 찬송하여야 한다. 하나님의 이름으로 인하여 위로를 얻는 자들은 그것에 합당한 영광을 하나님께 돌려 드려야 한다.

[9]그러나 이제는 주께서 우리를 버려 욕을 당하게 하시고 우리 군대와 함께 나아가지 아니하시나이다 [10]주께서 우리를 대적들에게서 돌아서게 하시니 우리를 미워하는 자가 자기를 위하여 탈취하였나이다 [11]주께서 우리를 잡아먹힐 양처럼 그들에게 넘겨 주시고 여러 민족 중에 우리를 흩으셨나이다 [12]주께서 주의 백성을 헐값으로 파심이여 그들을 판 값으로 이익을 얻지 못하셨나이다 [13]주께서 우리로 하여금 이웃에게 욕을 당하게 하시니 그들이 우리를 둘러싸고 조소하고 조롱하나이다 [14]주께서 우리를 뭇 백성 중에 이야기 거리가 되게 하시며 민족 중에서 머리 흔듦을 당하게 하셨나이다 [15]나의 능욕이 종일 내 앞에 있으며 수치가 내 얼굴을 덮었으니 [16]나를 비방하고 욕하는 소리 때문이요 나의 원수와 나의 복수자 때문이니이다

하나님의 백성은 여기에서 그들의 원수들과 압제자들의 힘에 눌려서 그들이 지금 비천하고 괴로운 처지에 놓이게 된 것을 하나님께 하소연한다. 그들의 이러한 처지가 그들에게 더욱 비참하고 가슴아픈 것은 이웃 나라들과의 싸움에서 언제나 승리를 거두었던 그들이 지금 짓밟히고 있기 때문이었고, 그들이 수없이 승리를 거두고서 조공을 바치도록 만들었던 자들이 지금은 그들을 압제하는 자들이 되어 있었기 때문이며, 특히 그들은 하나님께서 그들을 여전히 보호하시고 형통케 하실 것이라는 큰 확신을 가지고 그들의 하나님을 자랑하였는데 그러한 확신과는 달리 그들이 지금 곤경에 처하고 욕을 당하고 있는 것이 더욱 수치스러웠기 때문이었다. 그러면 그들이 하소연한 것이 무엇이었는지 한번 살펴보자.

I. 하나님께서 그들에게 은혜를 베푸시고 그들과 함께 하신다는 것을 보여주는 통상적인 징표들이 그들에게 **없다는 것**(9절). "주께서 우리를 버리셨나이다. 우리가 주의 은총이 우리에게 변함없이 늘 있을 것이라고 자랑하였는데, 주께서는 우리와 우리가 내건 대의를 버리신 것 같고 우리를 늘 보살펴 주시고 관심을 가지셨던 것을 버리신 것 같나이다. 우리의 군대가 평소처럼 진군하지만, 그들은 패퇴하여 돌아오나이다. 우리는 설 땅을 잃게 되었고 우리가 이미 얻은 것을 잃었는데, 이것은 주께서 우리 군대와 함께 나아가지 아니하셨기 때문이니이다. 만약 주께서 우리 군대와 함께 하셨다면, 그들이 어디를 가든 그들은 승리하였을 것인데, 지금 상황은 정반대가 되었나이다." 하나님의 백성은 그들이 낙심될 때에 그들 자신이 하나님에게 버림을 받았다고 생각하기 쉽다는 것을 명심하라. 그러나 그것은 오해이다. 하나님이 자기 백성을 버리셨느냐. 그럴 수 없느니라(롬 11:1).

II. 그들이 전장에서 그들의 원수 앞에서 **최악의 꼴을 당하였다는 것**(10절). 주께서 우리를 대적들에게서 돌아서게 하셨나이다. 여호수아는 아이성에서 패퇴하였을 때에 이렇게 하소연하였다(수 7:8): "우리는 사기가 떨어졌고, 이스라엘 사람들이 가졌던 옛 용맹함을 잃어 버렸나이다. 우리는 우리 앞에서 매번 도망치고 엎드러졌던 자들 앞에서 도망치고 엎드러졌나이다. 우리를 미워하는 자들이 우리의 진영과 나라를 침탈하여, 마음대로 약탈을 일삼고, 그들이 손대는 모든 것이 그들의 것이 되어버렸나이다. 바벨론의 멍에를 벗고자 하는 우리의 시도들은 무위로 돌아갔고, 우리는 그러한 시도들 때문에 오히려 설 땅을 잃어버렸나이다."

III. 그들은 칼에 죽고 사로잡히게 될 운명에 **처하게 되었다는 것**(11절). "주께서 우리를 잡아 먹힐 양처럼 그들에게 넘겨 주셨나이다. 그들은 이스라엘 사람을 죽이는 일에 양을 죽이는 것만큼이나 아무런 거리낌도 가지고 있지 않나이다. 아니, 그들은 도살자처럼 그것을 자신의 일로 여기고, 굶주린 사람이 고기를 먹듯이 그 일을 즐기나이다. 우리는 도살자에게 끌려 가는 어린 양처럼 거의 저항도 못한 채 쉽게 끌려 가서, 많은 자들이 죽임을 당하고, 나머지 사람들은 이방 나라들 가운데 흩어져서, 그들의 악의에 의해서 끊임없이 욕을 당하거나 그들의 죄악에 물들 위험에 처해 있나이다." 그들은 그들 자신이 팔린 것으로 여겼고, 그들이 그들 자신의 죄 때문에 그렇게 된 것이라고 생각해야 했음에도 불구하고, 주께서 주의 백성을 파셨다고 말하며 하나님께 그 책임을 돌렸다. 너희는 너희의 죄악으로 말미암아 팔렸느니라(사 50:1). 하지만 그들이 그들에게 환난을 가져다 준 자들을 넘어서서 하나님을 바라보고서, 그들의 악독한 원수들이 위로부터 권세를 받지 않았다면 그들을 해칠 힘이 없었을 것임을 안 것은 지극히 옳은 것이었다. 그들은 하나님께서 불경건한 자들에게 그들을 파셔서 그들을 불경건한 자들의 손에 넘겨 주셨다는 것을 고백한다. 주께서 주의 백성을 헐값으로 파셔서 그 값을 제대로 받지 아니하셨나이다(원문은 이렇게 해석될 수도 있다). "주께서는 그들을 경매에 부쳐서 최고가를 제시하는 자들에게 파신 것이 아니라 그들을 사겠다고 처음으로 나선 자들에게 서둘러 파셨기 때문에, 그들을 살 의향이 있는 자들은 누구라도 그들을 가질 수 있게 되었나이다." 또는, 이 본문은 주께서는 그들을 판 값으로 이익을 얻지 못하셨나이다로 해석될 수도 있는데, 이것은 그들의 고난이 하나님께 영광이 되고 어느 정도 이익이 되는 것이라고 그들이 확신하였다면 그들은 기꺼이 고난을 당할 수도 있었을 것임을 나타내는 말이다. 그러나 그것은 실제로 정반대가 되었다. 이스라엘이 욕을 당한 것은 하나님께도 불명예가 되었기 때문에, 하나님은 그들을 판 것으로 인해서 그의 영광과 관련하여 이득을 본 것이 아니라 크게 손해를 보셨다(사 52:5; 겔 36:20을 보라).

IV. 그들은 멸시를 당하였고 온갖 누명이 그들에게 씌워졌다는 것. 그들은 이것도 하나님의 책임으로 돌린다. "주께서 우리로 하여금 욕을 당하게 하시나이다. 주께서는 우리에게 욕이 될 그러한 재앙들을 우리로 하여금 당하게 하시고, 사람들이 우리에게 독설을 퍼붓는 것을 허용하시나이다." 그들은 다음과 같은 것들에 대하여 하소연한다.

1. 그들은 조롱을 당하였고 해 아래에서 가장 경멸받을 만한 사람들로 취급당하였다는 것. 그들이 당한 환난으로 인해서 사람들은 그들을 모욕하고 조롱하였다.

2. 그들의 이웃들, 그들 주변에 있어서 접촉할 수밖에 없었던 자들로부터 그들이 가장 심하게 모욕을 당하였다는 것(13절).

3. 이교도들, 이스라엘의 나라에 대하여 낯선 자들이자 약속의 언약들에 대하여 외인들이었던 자들이 그들이 넘어진 것을 보고 기뻐하며 의기양양해서 그들을 웃음거리로 삼았고 그들을 보고 머리를 흔들었다는 것(14절).

4. 그들이 겪는 능욕이 그치지 않았다는 것(15절): 나의 능욕이 종일 내 앞에 있나이다. 일반적으로는 교회, 구체적으로는 시편 기자가 원수의 능욕으로 인해서 끊임없이 괴롭힘을 당하였다. 망해가는 자들에 대하여 모든 사람이 "망해 버려라"고 소리쳤다.

5. 그러한 일은 그에게 너무도 가슴아픈 일로서 그를 압도하였다는 것: 수치가 내 얼굴을 덮었나이다. 그는 자신의 죄로 인해서, 또는 하나님께 행해진 모욕으로 인해서 얼굴을 붉혔는데, 후자의 경우라면 이렇게 얼굴을 붉힌 것은 거룩한 것이었다.

6. 그러한 능욕이 하나님 자신에게 미쳤다는 것. 원수와 복수자가 그들에게 행한 능욕은 곧바로 하나님을 모독하는 것이었다(16절; 왕하 19:3). 그러므로 하나님께서 그들을 위하여 나타나실 것이라고 믿을 만한 충분한 근거가 있었다. 너그럽고 솔직한 사람에게 능욕과 비방처럼 괴로운 것이 없는 것과 마찬가지로, 은혜를 받은 거룩한 영혼에게 있어서 하나님께서 모독을 받으시고 욕을 당하시는 것보다 더 큰 괴로운 일은 없다.

[17]이 모든 일이 우리에게 임하였으나 우리가 주를 잊지 아니하며 주의 언약을 어기지 아니하였나이다 [18]우리의 마음은 위축되지 아니하고 우리 걸음도 주의 길을 떠나지 아니하였으나 [19]주께서 우리를 승냥이의 처소에 밀어 넣으시고 우리를 사망의 그늘로 덮으셨나이다 [20]우리가 우리 하나님의 이름을 잊어버렸거나 우리 손을 이방 신에게 향하여 폈더면 [21]하나님이 이를 알아내지 아니하셨으리이까 무릇 주는 마음의 비밀을 아시나이다 [22]우리가 종일 주를 위하여 죽임을 당하게 되며 도살할 양 같이 여김을 받았나이다 [23]주여 깨소서 어찌하여 주무시나이까 일어나시고 우리를 영원히 버리지 마소서 [24]어찌하여 주의 얼굴을 가리시고 우리의 고난과 압제를 잊으시나이까 [25]우리 영혼은 진토 속에 파묻히고 우리 몸은 땅에 붙었나이다 [26]일어나 우리를 도우소서 주의 인자하심으로 말미암아 우리를 구원하소서

큰 환난을 겪고 압제를 받은 하나님의 백성은 여기에서 하나님께 나아가 호소한다. 그들이 하나님 이외에 그 어디에 가서 호소를 하겠는가.

I. 그들에게 아무런 잘못도 없다는 것과 관련하여 하나님만이 유일하게 그러한 것을 아무런 오류도 없이 판단하실 자이시고 그들의 온전함에 대하여 분

명히 상을 주실 자라고 호소함으로써. 그들은 하나님께 두 가지에 대하여 증인이 되어 달라고 호소한다.

1. 그들은 비록 이렇게 곤경을 겪고 있지만 언제나 하나님을 가까이하였고 그들이 해야 할 도리를 힘써 행하였다는 것(17절). "이 모든 일이 우리에게 임하였고, 그것은 우리에게 지독히 나쁜 일이었지만, 우리가 주를 잊지 아니하여, 주를 생각하기를 그만두거나 주를 예배하는 일을 그만두지 아니하였나이다. 왜냐하면, 우리는 어리석게 행하였다는 것을 부인할 수는 없지만 주의 언약을 어겨서 주를 버리고 다른 신들에게로 간 것은 아니었기 때문이니이다. 우리를 정복한 자들은 우상 숭배자들이었지만, 우리는 그들의 우상들과 우상 숭배에 대하여 이전보다 더 좋은 감정을 결코 갖지 아니하였나이다. 주께서는 우리를 버리고 우리에게서 떠나가신 것처럼 보이셨을지라도, 우리는 그것 때문에 주를 버리지 아니하였나이다." 그들이 오랫동안 겪어 온 환난은 지극히 큰 것이었다. "주께서는 우리를 승냥이의 처소에, 즉 승냥이처럼 사납고 잔인하며 미쳐 날뛰는 자들 가운데로 밀어 넣으셨고, 우리를 사망의 그늘로 덮으셨나이다. 그래서 우리는 너무도 암울한 처지에 놓이게 되었고, 거의 죽을 뻔한 처지가 되었나이다. 우리는 후미진 곳에 처박혀서 산 채로 매장당한 것이나 다름없었나이다. 주께서는 이렇게 우리를 부숴뜨리셨고 이렇게 덮으셨지만(19절), 우리는 주님을 야속하다고 생각하지 않았고 주께 대한 예배를 그만둘 것을 생각한 적도 없나이다. 주께서는 우리를 죽이셨지만, 우리는 계속해서 주를 의지하였나이다: 우리의 마음은 위축되지 아니하였나이다. 우리는 주에 대한 사랑을 은밀하게 거두지도 않았고 우리의 예배나 행실에 있어서 우리의 발걸음을 돌리지도 아니하였으며, 주께서 우리에게 행하라고 명하신 주의 길을 떠나지도 아니하였나이다(18절)." 마음이 돌아서게 되면, 발걸음도 곧 떠나게 되는 법이다. 왜냐하면, 하나님으로부터 떠나게 만드는 것은 불신앙의 악한 마음이기 때문이다. 우리에게 닥친 환난이 아무리 크고 절박하다고 하더라도 그 환난 속에서 우리가 아무런 잘못도 범함이 없이 견고하게 신앙을 유지한다면, 우리는 그 환난을 훨씬 더 잘 감당할 수 있게 된다는 것을 명심하라. 환난을 당할 때에 우리가 하나님에 대한 우리의 도리를 다하고 거기에서 떠나지 않는다면, 우리는 환난으로 인해서 하나님 안에서의 우리의 위로도 잃지 않게 될 것이다. 왜냐하면, 우리가 하나님을 떠나지 않는다면, 하나님께서는 우리를 떠나시지 않으실 것이

기 때문이다. 그들은 그들에게 아무 잘못이 없다는 것을 증명하기 위해서 모든 것을 아시는 하나님을 증인으로 채택하는데, 하나님의 전지하심은 위선자들에게는 공포의 대상이 되지만 마음이 정직한 자들에게는 큰 위로가 된다(20-21절). "하나님께서 우리를 잊어버리셨다는 핑계를 대고서 우리가 우리 하나님의 이름을 잊어버렸거나, 우리의 환난 속에서 우리를 도와 줄 것 같은 이방신에게 우리 손을 폈더면, 하나님이 이를 알아내지 아니하셨으리이까? 하나님께서는 우리가 눈에 불을 켜고 세밀하게 살펴서 알아낸 것보다도 더 온전하고 분명하게 그 일을 아실 것이 아닙니까? 그리고 하나님께서는 그것에 대하여 판단하시고 우리에게 그 책임을 물으실 것이 아닙니까?" 하나님을 잊어버리는 것은 마음으로 범하는 죄였고, 이방신에게 손을 펴는 것도 흔히 은밀한 죄였다(겔 8:12). 그러나 마음으로 범한 죄들과 은밀한 죄들을 하나님께서는 알고 계시고, 그러한 죄들에 대하여 책임을 물으실 것이다. 왜냐하면, 하나님은 마음의 비밀들을 아시는 분이고, 우리의 말과 행위에 대하여 어김없이 판단하시는 재판장이시기 때문이다.

2. 그들이 하나님을 가까이하고 그들이 해야 할 도리를 다하였기 때문에 이러한 곤경을 겪게 되었다는 것(22절). "우리가 종일 주를 위하여 죽임을 당하게 되었나이다. 우리가 이렇게 된 것은 우리가 하나님과의 관계 속에서 하나님의 이름으로 불리고 하나님의 이름을 부르며 다른 신들을 섬기지 않으려 했기 때문이니이다." 여기에서 예언의 영은 그리스도를 증거하다가 죽임을 당한 자들을 염두에 둔 것인데, 신약에서는 이 본문을 그런 자들에게 적용하고 있다(롬 8:36). 수많은 사람들이 이렇게 연속적으로 죽임을 당하였기 때문에, 그들은 종일 죽임을 당하였다고 할 수 있다. 이러한 일은 도처에서 벌어졌기 때문에, 어떤 사람이 그리스도인이 되었을 때 그는 자기 자신을 도살당할 양으로 여겼다.

II. 그들이 처한 현재의 환난과 관련해서 하나님께서 때가 되면 그들에게 구원을 베풀어 달라는 간구를 통해서.

1. 그들의 간구는 매우 끈질긴 것이었다: 깨소서. 일어나소서(23절). 일어나 우리를 도우소서. 우리를 구원하소서(26절). 주의 능력을 나타내사 우리를 구원하러 오소서(시 80:2). 그들은 하나님께서 그들을 파셨다고 탄식한 바 있다(12절). 여기에서 그들은 하나님께서 그들을 속량해 주시라고 기도한다(26절). 왜냐하

면, 하나님께서 하신 일에 대해서는 하나님 외에 다른 누구에게 호소할 수 없기 때문이다. 하나님께서 우리를 파셨다면, 하나님 외에 그 누구도 우리를 속량할 수 없다. 찢으신 분이 고치셔야 하고, 치신 분이 싸매어 주셔야 한다(호 6:1). 그들은 주께서 우리를 버리셨다고 탄식한 바 있다(9절). 그러나 여기에서 그들은 "우리를 영원히 버리지 마시고, 우리가 하나님께 최종적으로 버림을 받지 않도록 하옵소서"라고 기도한다(23절).

2. 그들이 간언하는 말들은 매우 감동적이다: 주여 어찌하여 주무시나이까(23절). 이스라엘을 지키시는 자는 졸지도 아니하시고 주무시지도 아니하신다. 그러나 하나님께서 그의 백성을 구원하기 위하여 즉시 나타나시지 않으면, 그들은 하나님께서 주무신다고 생각하기가 쉽다. 이 표현은 비유적인 것이지만(시 78:65, 그 때에 주께서 잠에서 깨어난 것처럼 일어나사), 그리스도에게 문자 그대로 적용될 수 있었다(마 8:24). 제자들이 폭풍우 속에 있었을 때 그리스도께서는 주무시고 계셨고, 그러자 그들은 주여 우리를 구원하소서. 우리가 죽게 되었나이다라고 말하며 그를 깨웠다. "어찌하여 주의 얼굴을 가리셔서, 우리로 하여금 주의 얼굴 빛을 볼 수 없게 하시나이까?" 또는, "어찌하여 주의 얼굴을 가리시고, 우리의 환난을 보지 않으려 하시나이까? 주께서는 우리의 환난과 우리가 당하는 압제를 잊고 계시나이까? 우리에게 그런 일이 계속 되는데, 우리에게는 구원의 길이 열려져 있지 않나이다."

3. 그들이 호소의 근거들로 제시하고 있는 것은 아주 적절하였다. 그들은 비록 그들에게 아무런 잘못이 없다는 것을 그들의 양심이 증언해 주고 있었지만 불쌍한 죄인의 입장에서 그들 자신의 공로와 의를 결코 내세우지 않았다.

(1) 그들의 비참한 처지. 이러한 처지로 인해서 그들은 하나님이 불쌍히 여기시기에 합당한 대상들이 될 수 있었다(25절). "엄청난 슬픔과 두려움 속에서 우리 영혼은 진토 속에 파묻혔나이다. 우리는 가장 경멸받을 수 있는 짐승들인 기어 다니는 것들처럼 되었나이다: 우리 몸은 땅에 붙었나이다. 우리는 스스로 일어날 수 없고, 우리 자신의 힘으로 의기소침한 심령을 되살아나게 하거나 우리의 비천하고 서글픈 처지로부터 회복될 수 없으며, 우리를 능욕하는 온갖 대적들에 의해서 아무런 방비도 없이 짓밟힐 처지에 놓여 있나이다."

(2) 하나님의 긍휼하심. "주의 인자하심으로 말미암아 우리를 구원하소서. 우리는 하나님의 이름이 지닌 영광인 하나님의 본성의 선하심에 의지하고(출

34:6), 언약을 통해서 다윗의 모든 영적인 자손들에게 베푸시겠다고 하나님께서 약속하신 긍휼하심, 다윗에게 약속하신 확실한 긍휼하심에 의지하나이다."

제
— 45 —
편

개요

이 시편은 왕이신 메시야에 관한 유명한 예언이다. 이 시편은 온통 복음으로 가득 차있고, 교회를 자신의 신부로 맞이한 신랑이자 교회 속에서 및 교회를 위하여 다스리시는 왕이신 메시야를 보여준다. 우리 구주께서는 여러 번에 걸쳐서 천국을 혼인 예식, 곧 왕의 혼인 예식에 비유하셨을 때에 이 시편을 염두에 두셨던 것 같다(마 22:2; 25:1). 우리는 이 시편이 솔로몬이 파라오의 딸과 혼인한 것과 어떤 관련성이 있다고 생각할 이유가 없다. 이 시편이 그리스도와 그의 교회 간의 영적인 혼인 이외에 그 누구와 관련이 있다고 한다면, 나는 솔로몬이 아니라 여기에 나오는 신랑처럼 용사였던 다윗의 혼인에 이 시편이 관련이 있을 수 있다고 생각한다. 그러나 나는 이 시편이 오로지 전적으로 예수 그리스도에 관하여 말하고 있다고 본다. 시편 기자는 선지자로서 다른 사람이 아니라 오직 그리스도에 대하여 말하고 있고, 이 시편은 신약성서에서 그리스도에게 적용되고 있으며(6-7절; 히 1:8), 그 밖의 다른 사람에게 적용된다고 할 수 없다. 이 시편의 서언에서는 이 노래가 뛰어나다는 것을 말하고 있다(1절). 이 시편은 다음과 같은 것들에 관하여 말한다. I. 신랑 되신 왕 그리스도에 관하여. 1. 그의 뛰어나심(2절). 2. 그의 승리들의 영광(3-5절). 3. 그의 의로운 통치(6-7절). 4. 그의 휘황찬란한 궁정(8-9절). II. 왕의 신부인 교회에 관하여. 1. 신부의 동의를 얻음(10-11절). 2. 혼인 예식이 거행됨(12-15절). 3. 이 혼인의 결과(16-17절). 이 시편을 노래할 때, 우리 마음은 그리스도에 관한 고상한 생각들, 그의 통치에 대한 전적인 순복과 만족, 그의 교회가 이 세상에서 더욱 확장되고 영속될 것에 관한 간절한 소원으로 가득 차야 한다.

〔고라 자손의 마스길, 사랑의 노래, 인도자를 따라 소산님에 맞춘 것〕
¹내 마음이 좋은 말로 왕을 위하여 지은 것을 말하리니 내 혀는 글솜씨가 뛰어난 서기관의 붓끝과 같도다 ²왕은 사람들보다 아름다워 은혜를 입술에 머금으니 그러므로 하나님이 왕에게 영원히 복을 주시도다 ³용사여 칼을 허리에 차고 왕의 영화와 위엄을 입으소서 ⁴왕은 진리와 온유와 공의를 위하여 왕의 위엄을 세우시고 병거에

오르소서 왕의 오른손이 왕에게 놀라운 일을 가르치리이다 5왕의 화살은 날카로워 왕의 원수의 염통을 뚫으니 만민이 왕의 앞에 엎드러지는도다

어떤 이들은 표제 속에 나오는 소산님을 여섯 줄로 된 현악기를 가리킨다고 생각한다. 또 어떤 이들은 이 단어가 원래 지니고 있었던 뜻인 백합화 또는 장미로 그대로 번역하는데, 혼인 예식 때에는 아마도 백합화가 다른 꽃들과 더불어서 뿌려졌던 것 같다. 그러므로 이 단어는 자기 자신을 사론의 수선화와 골짜기의 백합화라고 불렀던 그리스도에게 쉽게 적용될 수 있다(아 2:1). 이 시편은 사랑의 노래로서 그리스도와 그의 교회 간의 거룩한 사랑에 관한 것이다. 이 시편은 신부의 친구들인 들러리 선 처녀들의 노래로서(14절) 그들이 부르도록 준비된 노래이다. 시온산에서 어린 양을 모시고 선 순결한 무리들은 새 노래를 부르는 것으로 묘사된다(계 14:3-4).

I. 서언에서는 다음과 같은 것들에 대하여 말한다(1절).

1. 주제가 고결함. 이 시의 주제는 좋은 것이다. 시라는 아주 감동적인 예술이 이제까지 나쁜 것을 다루었다는 것은 참으로 안타까운 일이다. 이 시는 왕에 관한 것으로서 왕이신 예수와 그의 나라와 통치에 관한 것이다. 그리스도에 관하여 말하는 자들은 좋은 것에 관하여 말하는 것으로서, 그 어떤 주제도 이것만큼 우리에게 유익하고 합당하며 고상하고 풍성하며 알찬 것은 없다. 이 좋은 것이 더욱더 많이 우리의 대화의 소재가 되지 않는 것은 부끄러운 일이다.

2. 다루는 솜씨가 뛰어남. 이 노래는 믿음의 입술이 그리스도와 그의 교회에 관하여 마음속에서 우러나오는 고백을 기록한 것이다.

(1) 마땅히 그래야 하듯이, 내용은 잘 짜여졌다. 내 마음이 좋은 것을 짓고 있다는 말씀은 아마도 예언의 영, 선지자들 속에 있었던 그리스도의 영이 다윗으로 하여금 이 시편을 짓게 하였다는 것을 의미하는 것 같다(벧전 1:11). 그러나 이 말씀은 다윗의 마음속에 있었던 풍성한 묵상들과 경건한 감정들로부터 그의 입술이 말하였다는 것을 가리키는 것일 수 있다. 특히 우리가 그리스도에 관한 일들을 말하고자 할 때는 우리는 그러한 일들을 참으로 진지한 마음과 명확한 사고와 거룩한 사랑의 불을 가지고 생각하여야 한다. 그리고 나서 우리가 우리에게 불 같은 감화를 주었던 것들을 마음속에서부터 진심으로 전할 때에 우리는 그리스도와 그에게 속한 신령한 일들에 대하여 가장 잘 말할 수 있게

된다. 우리는 그리스도의 일들에 대하여 말할 때에 결코 성급해서는 안 되고, 우리가 무엇을 말해야 할지를 사전에 잘 생각해 둠으로써 잘못 말하는 일이 없도록 하여야 한다(전 5:2을 보라).

(2) 내용은 잘 표현되었다: 내가 지은 것을 말하리라. 좀 더 살펴보자.

[1] 그는 그가 말하는 일들을 스스로 이해하고 있고 거기에 감동을 받은 자로서 가능한 한 아주 분명하게 표현하고자 한다. 그는 "내가 다른 사람들에게서 들은 일들을 말하고자 한다"라고 하지 않았다 — 이것은 기계적으로 외워서 말하는 것이다. 도리어, 그는 "내 자신이 연구해 온 일들"을 말하겠다고 하였다. 우리는 하나님께서 우리 영혼을 위하여 역사하신 일들만이 아니라 우리의 영혼 속에서 역사하신 것들도 다른 사람들에게 전하여야 한다는 것을 명심하라(시 66:16).

[2] 그는 가능한 한 기쁜 마음으로 허심탄회하게 물 흐르듯이 표현하고자 하였다. "붓이 사람의 손에 의해서 움직이듯이, 내 혀는 글솜씨가 뛰어난 서기관의 붓 끝과 같아서 글자 한 자 한 자가 다 나의 마음에 의해서 움직인다." 우리는 선지자들을 성경의 저자들이라고 부르지만, 사실 그들은 단지 붓에 지나지 않았다. 아주 영리한 변론자의 혀와 가장 유창하게 말하는 웅변가의 혀는 단지 하나님께서 그가 기뻐하시는 것을 쓰고자 하실 때에 사용하시는 붓에 지나지 않는다. 어떤 사람이 우리를 향하여 독설을 퍼붓는 글을 쓸 때에 우리가 그 글을 쓴 붓과 다툴 이유가 어디에 있으며, 어떤 사람이 우리의 맘에 드는 글을 썼다고 해서 그 붓을 우상화할 이유가 어디 있겠는가? 다윗은 그리스도에 관하여 묵상한 것을 말로 이야기했을 뿐만 아니라, 그것이 더 멀리 퍼져 나가고 더 오랫동안 지속될 수 있도록 하기 위하여 그것을 글로 썼다. 그의 혀는 그 어떤 것도 놓치지 않고 정확하게 표현해 내는 글솜씨가 뛰어난 서기관의 붓과 같았다. 마음이 좋은 것을 지어낼 때, 혀가 글솜씨가 뛰어난 서기관의 붓과 같아서 그것을 기록으로 남기지 않는다면, 그것은 애석한 일이다.

Ⅱ. 이 절들에서는 주 예수를 다음과 같은 것으로 묘사하고 있다.

1. 그 자체로 가장 아름답고 사랑스러운 자. 이것은 혼인식에서 부르는 노래였기 때문에, 그리스도의 뛰어난 탁월함들은 왕되신 신랑의 아름다움을 통해서 묘사된다(2절): 왕은 **사람들보다 아름다우시도다**. 이것은 왕이 그 어떤 사람보다도 더 아름다우시다는 것이다. 그는 왕에 대하여 말하겠다고 해놓고서 즉

시 왕에 관한 말로 옮겨간다(1절). 그리스도를 사모하고 경배하고자 하는 마음을 지닌 자들은 곧 그에게 가서 자신의 심정을 말하고자 하는 법이다. 이렇게 우리는 그리스도의 아름다움을 보는 우리의 믿음과 그 아름다움을 기뻐하는 우리의 사랑을 고백하여야 한다: 왕은 **사람들보다 아름다우시도다.** 예수 그리스도는 그 어떤 사람보다도 더 아름답고 사랑스러우시며, 모든 믿는 자들의 눈에 그렇게 비친다는 것을 명심하라. 하나님과 중보자로서의 주 예수의 아름다우심은 인간 본성의 아름다움과 사람들 중에서 가장 사랑스럽고 뛰어난 자들이 부여받은 아름다움을 훨씬 능가한다. 그리스도 안에는 그 어떤 피조물보다도 우리의 사랑을 불러일으킬 만한 것이 더 많이 존재한다. 우리가 사랑하는 자의 아름다움은 다른 사람이 사랑하는 자의 아름다움보다 더하다. 이 낮은 세상의 아름다운 것들과 매력적인 것들은 우리의 마음을 빼앗아서 그리스도로부터 멀어지게 할 위험성이 있기 때문에, 우리는 그리스도께서 이 세상의 아름답고 매력적인 모든 것들보다 얼마나 더 뛰어나신지, 그리스도는 우리의 사랑을 받기에 얼마나 더 합당한 분이신지를 깨닫는 데에 관심을 가져야 한다.

2. 하늘에서 가장 총애를 받는 자. 그리스도는 **사람들보다 아름답다.** 왜냐하면, 하나님께서는 그 어떤 사람을 위해서 하신 것보다 그리스도를 위하여 더 많은 것을 하셨고, 하나님께서 사람들에게 베푸신 모든 인자하심은 다 그리스도를 위한 것이고 그리스도의 손과 그의 입을 거쳐서 이루어지기 때문이다.

(1) 그는 은혜를 가지고 계시고, 우리를 위하여 은혜를 가지고 계신다: **은혜가 왕의 입술에 부어져 있도다.** 그의 말씀, 그의 약속, 그의 복음을 통해서 하나님의 선하신 뜻이 우리에게 알려졌고, 하나님의 선하신 역사가 우리에게 시작되고 계속해서 이루어진다. 그는 모든 은혜, 그가 중보자로서의 사역과 직분을 감당하는 데에 필요한 모든 것들을 하나님으로부터 받으셨기 때문에, 우리는 그의 충만한 데서 온갖 은혜를 받아 누릴 수 있게 되었다(요 1:16). 하나님의 은혜는 그의 마음속에만 부어져서 자기 자신만 힘을 얻고 격려를 받은 것이 아니라, 그의 입술에도 부어졌기 때문에, 그의 말씀들과 그가 특정한 신자들에게 행한 입맞춤을 통해서 그는 거룩함과 위로를 신자들에게 전해 주실 수 있으셨다. 모든 사람들을 놀라게 한 저 은혜로운 말씀들은 바로 그의 입술에 부어진 이 은혜로부터 나왔다(눅 4:22). 은혜의 복음이 그의 입술에 부어졌다. 왜냐하면, 은혜의 복음은 주로 말미암아 시작되었고, 그로부터 우리가 받은 것이기 때

문이다. 그는 영생의 말씀을 가지고 계신다. 예언의 영이 왕의 입술에 두어졌다(갈대아 말로는 이렇게 되어 있다).

(2) 그는 복을 가지고 계시고, 우리를 위하여 복을 가지고 계신다. "왕은 사람들에게 복을 주시고 그들을 이롭게 하기 위하여 하나님의 은혜를 맡으신 분이기 때문에, 그러므로 하나님이 왕에게 영원히 복을 주셨고, 땅의 모든 족속이 그로 말미암아 복을 받게 하기 위하여 왕을 영원한 복으로 삼으셨다." 하나님께서 은혜를 주시는 곳에는 하나님의 축복도 주어진다. 우리는 그리스도 예수 안에서 신령한 복들로 축복을 받는다(엡 1:3).

3. 모든 원수들에 대하여 이기신 분. 왕이신 신랑은 전사로서 혼인 예식을 핑계로 전장에 나가지 않는 분이 아니다(율법에서는 새롭게 혼인한 자를 군대에 내보내지 말도록 규정하고 있다, 신 24:5). 아니, 혼인 예식 때문이라도 왕은 전장에 나가야 한다. 왜냐하면, 왕은 원수들에게 사로잡힌 자신의 약혼녀를 무력으로 구해내서 그녀와 혼인 예식을 치러야 하기 때문이다. 여기에는 다음과 같은 내용들이 나온다.

(1) 왕이 전쟁을 준비함(3절): 용사여 칼을 허리에 차소서. 하나님의 말씀은 성령의 검이다. 그 말씀의 약속들과 그 약속들 속에 담겨 있는 은혜로 인해서 영혼들은 기꺼이 예수 그리스도께 복종해서 그의 충성스러운 신민들이 되고자 한다. 그 말씀의 위협들과 그것들에 따라서 집행되는 심판들에 의해서 그리스도에게 대적하는 자들은 때가 되면 패배하여 멸망당하게 될 것이다. 그리스도의 복음에 의해서 수많은 유대인들과 이방인들은 회심하였고, 유대 민족은 복음의 예언을 따라서 그들의 완강한 적대감으로 인하여 마침내 멸망당하였고, 이교 사상은 완전히 패하여졌다. 여기에서 그리스도께서 허리에 찬 칼은 그의 입에서 나오는 것으로 묘사된 칼과 동일하다(계 19:15). 복음이 모든 민족에게 전파되었을 때, 우리의 구주께서는 그 허리에 칼을 차신 것이었다.

(2) 왕이 이 거룩한 전쟁에 나섬. 큰 왕이 위용을 갖추어서 전장에 나가듯이(그의 칼, 그의 영광, 그의 위엄), 왕은 영화와 위엄을 입으시고 전장에 나가신다. 자신의 복음 안에서 그는 아버지께서 그에게 입혀 주신 존귀과 위엄 속에서 지극히 크고 뛰어나며 밝고 복된 모습으로 나타나신다. 그리스도께서는 자신의 인격과 복음 속에서 겉으로 드러나는 영화와 위엄을 지니고 계시지 않으셨고, 사람들을 매혹시킬 만한 것도 없으셨으며(그에게는 아름다운 모습이나

흠모할 만한 것이 없으셨기 때문에), 사람들로 하여금 경외심을 갖게 할 만한 것도 없으셨다. 왜냐하면, 그는 종의 형체를 입으셨기 때문이다. 그리스도께서 지니신 것은 모두 영적인 영광, 영적인 위엄이었다. 믿는 자는 구원을 얻으리라는 말씀 속에는 이루 헤아릴 수 없는 은혜와 영광이 있고, 믿는 자는 저주를 받지 아니하리라는 말씀 속에는 이루 헤아릴 수 없는 두려움과 위엄이 있기 때문에, 우리는 이러한 말씀들로 요약되는 저 복음의 병거를 타고 구주께서 영광과 위엄 속에서 전진하신다고 말할 수 있다. 왕의 위엄 속에서 병거에 오르소서(4절). 형통하소서. 병거에 오르소서. 이것은 아버지의 약속, 즉 왕이 여호와의 기뻐하심에 따라서 형통하게 되리라는 것, 왕이 그의 고난에 대한 보상으로 노략물을 강한 자와 함께 나누게 되리라는 것을 말한다. 하나님으로부터 형통하라는 말씀을 들은 자들은 형통할 수밖에 없다(사 52:10-12). 그리고 이것은 왕이 영혼들과의 교제와 그에게 반기를 드는 모든 어둠의 세력들을 멸망시키는 일에 있어서 형통하게 해 달라고 기도하는 그의 친구들의 선한 기원을 나타낸다. "주의 나라가 임하옵시고, 계속해서 형통케 하옵소서."

(3) 왕이 이루고자 하는 영광스러운 대의 ─ 진리와 온유와 공의를 위하여. 이것들은 사람들 가운데서 상실된 것인데, 그리스도께서는 그런 것들을 다시 회복시키기 위하여 오셨다.

[1] 복음 자체가 진리, 온유, 공의이다. 복음은 진리와 공의의 권세에 의해서 지배되어 있다. 왜냐하면, 기독교는 바로 그러한 것들을 옹호하고 있으면서, 온유함을 동력으로 삼고 있기 때문이다(고전 4:12-13; 딤후 2:25).

[2] 그리스도께서는 복음 안에서 그의 진리와 온유와 공의로 나타나시고, 이러한 것들은 그의 영광과 위엄이며, 이러한 것들로 인해서 그는 형통하게 될 것이다. 사람들은 그리스도께서 진실하시기 때문에 그를 믿게 되고, 그가 온유하시기 때문에 그에게서 배우고자 하며(마 11:29, 그리스도의 온유와 관용은 엄청난 힘이다, 고후 10:1), 그가 의로우시고 공평으로 다스리시기 때문에 그에게 순복하게 된다.

[3] 사람들이 복음을 받아들일 때, 복음은 사람들의 마음속에 진리와 온유와 공의를 심어서, 진리의 빛으로 그들의 잘못들을 바로잡으며, 온유의 능력으로 그들의 잘못된 열정들을 통제하고, 공의의 법들을 통해서 그들의 마음과 삶을 다스린다. 그리스도께서는 사람들 가운데서 그의 나라를 세우심으로써 타락한

세상에 이러한 영광들을 회복시키시고, 오류와 악의와 범죄로 말미암아 밀려났던 의로운 통치자들을 다시 세워서 그들로 하여금 의로운 통치를 해 나갈 수 있게 하기 위하여 오셨다.

(4) 왕이 전쟁에서 승리를 거둠. "왕의 오른손이 왕에게 놀라운 일을 가르치리이다. 왕은 왕의 복음이 하나님의 놀라운 권능을 수반하여 승리를 거두게 되는 것을 체험하게 될 것이고, 복음이 미치는 결과들은 무시무시한 일들이 될 것이다."

[1] 영혼들을 회심시켜서 그에게로 돌아오게 하기 위하여 무시무시한 일들이 일어나게 된다. 복음은 사람들의 마음을 찌르고 후벼파며 양심을 일깨워서 깜짝 놀라 기겁하게 만들며, 여호와의 두려운 것들이 그의 위로하심들을 대신하게 될 것이다. 이러한 일은 그리스도의 오른손에 의해서 행해진다. 또한 보혜사가 오셔서 그런 일을 이어받아서 계속하게 될 것이다(요 16:8).

[2] 음부의 권세와 그 지지자들을 정복하고 유대교와 이교 사상을 멸망시키기 위하여 무시무시한 일들이 일어나게 될 것인데, 이러한 일로 인하여 사람들은 무서워 함으로 기절하게 되고(눅 21:26), 땅의 임금들과 왕족들과 장군들은 굴과 산들의 바위 틈에 숨게 될 것이다(계 6:15). 본문의 다음 절에서는 이러한 무시무시한 일들을 묘사한다(5절): 왕의 화살은 날카로워 왕의 원수의 염통을 뚫는도다. 첫째, 왕의 원수들인 자들은 그들로 하여금 굴복하고 화해를 청하도록 하게 하기 위하여 이렇게 상처를 입게 된다. 죄를 깨닫게 하는 것은 화살과 같아서 사람들의 가슴을 날카롭게 꿰뚫어서 사람들로 하여금 그리스도 앞에 엎드리게 만들고 그의 법과 통치에 복종하게 만든다. 이와 같이 이 돌 위에 떨어지는 자들은 깨지게 될 것이다(마 21:44). 둘째, 자신의 적대감을 버리지 않고 끈질기게 버티는 자들은 이렇게 상처를 입어서 결국 죽게 되고 만다. 하나님의 두려움의 화살들은 사람들의 마음에 날카롭게 박혀서, 그들로 하여금 하나님 앞에 엎드리게 만들어서, 하나님의 발판이 되게 한다(시 110:1). 하나님께서 그들의 왕이 되는 것을 원하지 않는 자들은 하나님 앞에 끌려 가서 죽임을 당하게 될 것이다(눅 19:27). 하나님의 황금 홀에 복종하고자 하지 않는 자들은 하나님의 철창에 의해서 산산이 부서지게 될 것이다.

⁶하나님이여 주의 보좌는 영원하며 주의 나라의 규는 공평한 규이니이다 ⁷왕은 정

의를 사랑하고 악을 미워하시니 그러므로 하나님 곧 왕의 하나님이 즐거움의 기름을 왕에게 부어 왕의 동료보다 뛰어나게 하셨나이다 ^{8}왕의 모든 옷은 몰약과 침향과 육계의 향기가 있으며 상아궁에서 나오는 현악은 왕을 즐겁게 하도다 ^{9}왕이 가까이 하는 여인들 중에는 왕들의 딸이 있으며 왕후는 오빌의 금으로 꾸미고 왕의 오른쪽에 서도다

우리는 여기에서 왕이신 신랑이 그의 보좌를 심판으로 가득 채우시고 그의 궁정을 휘황찬란하게 꾸미시는 것을 보게 된다.

I. 왕은 여기에서 그의 보좌를 심판으로 가득 채우신다. 여기에서 하나님이여 주의 보좌는 영원하니이다라는 말씀은 아버지 하나님께서 아들에게 하시는 말씀이다. 히브리서 1:8-9에서는 아들이신 그리스도가 하나님이시고 천사들보다 더 뛰어난 이름을 지니고 계신다는 것을 증명하기 위해서 이 말씀을 인용하고 있다. 중보자이신 그리스도는 하나님이시다. 만약 그렇지 않았다면, 그는 중보자의 사역을 할 수 없으셨을 것이고, 중보자의 면류관을 쓰기에도 합당하지 않으셨을 것이다. 본문에서는 그의 통치에 관하여 다음과 같이 말한다.

1. 왕의 통치는 영원함. 그의 보좌는 영원하다. 음부의 권세의 온갖 반대에도 불구하고 왕의 통치는 이 땅에서 세세토록 계속 될 것이다. 그리고 그러한 것의 복된 열매이자 결과로서 왕의 통치는 천국에서도 지속될 것이고 영원부터 영원까지 이어지게 될 것이다. 그 때에 구속주의 영광과 구속받은 자들의 복된 삶은 무한히 지속될 것이다. 왜냐하면, 그의 통치만이 아니라 그 정사와 평강의 더함이 무궁할 것이다라고 약속되어 있기 때문이다(사 9:7). 그 나라가 아버지 하나님께 바쳐질 때에도(고전 15:24) 구속주의 보좌는 계속될 것이다.

2. 왕의 통치는 공평함. 주의 나라의 규, 즉 주께서 그 나라를 다스리시는 방식은 공평하여서, 선과 악의 영원한 잣대인 하나님의 영원한 계획과 뜻을 따라서 행해진다. 그리스도께서 행하시는 일은 무엇이든지 그의 신민들을 해롭게 하는 일은 하나도 없고, 오직 해악을 당하는 자들을 회복시키는 일만이 행해진다: 왕은 정의를 사랑하고 악을 미워하시나이다(7절). 왕은 의를 행하는 것을 사랑하시고 악을 행하는 것을 미워하신다. 그는 의를 행하는 자들을 사랑하시고, 악을 행하는 자들을 미워하신다. 그의 거룩한 삶, 그의 죽음의 공로, 그의 복음의 위대한 의도를 통해서 그는 그가 의를 사랑하고(그는 자신의 모범과 대속

과 가르침을 통해서 영원한 의를 가져 오셨기 때문에) 악을 미워한다는 것(하나님께서 죄를 미워하시는 것은 그리스도의 고난 속에서 가장 두드러지게 나타났기 때문에)을 보여주셨다.

3. 왕의 통치가 정립됨. 그러므로 하나님 곧 왕의 하나님(그리스도께서는 중보자로서 하나님과 언약을 맺은 자들의 머리로서 하나님을 내 하나님이라고 부르셨다, 요 20:17)이 즐거움의 기름을 왕에게 부으셨나이다. 그러므로, 즉

(1) "주께서 이렇게 의로운 통치를 할 수 있도록 하기 위하여 하나님께서는 주께 성령의 기름 부음을 주셨다"(사 61:1). 주 여호와의 영이 내게 내리셨으니 이는 여호와께서 내게 기름을 부으신 것이라. 하나님께서는 그에게 사명을 주시고 그로 하여금 그 사명을 감당할 수 있는 힘도 주셨다(사 11:2). 여기서 성령을 즐거움의 기름이라고 부르는 것은 그리스도께서 성령을 받으심으로써 즐거움으로 충만하여 그의 일을 하실 수 있으셨기 때문이다. 그리스도는 그의 모든 동료들보다 뛰어나게, 제사장이든 왕이든 기름 부음 받은 모든 자들보다 뛰어나게 성령으로 기름 부음을 받으셨다.

(2) "주께서 의를 이루시고 죄를 멸하시기 위하여 행하셨고 고난받으신 일에 대한 보상으로 하나님께서는 주께 즐거움의 기름을 부으셔서 주로 하여금 높아지신 상태에서 모든 존귀와 기쁨을 누리게 하셨다." 그가 자기를 낮추셨기 때문에 하나님은 그를 지극히 높이셨다(빌 2:8-9). 하나님께서 그에게 기름을 부으셨다는 것은 하나님께서 그를 높이셔서 그에게 권세와 영광을 주셨다는 것을 의미한다. 그리스도는 메시야로서의 모든 위엄과 권세를 수여받으셨다. 또한 하나님께서 그에게 즐거움의 기름을 부으셨다는 것은 아버지의 얼굴의 빛(행 2:28)과 그가 곧 보고 만족하게 여기게 될 그의 일의 성공(사 53:11) 속에서 그 앞에 있는 기쁨(이것은 그가 높아지실 것임을 표현한다, 히 12:2)을 가리킨다. 그리스도께서는 그의 모든 동료들 보다 뛰어나게, 기름 부음에 참여한 그의 형제들인 모든 믿는 자들보다 뛰어나게 기름 부음을 받으셨다 — 그들은 각자의 분량을 따라서 받았지만, 그리스도는 한량없이 받으셨다. 그러나 사도 바울은 그리스도께서 천사들보다 훨씬 뛰어나다는 것을 증명하기 위해서 이 본문을 사용한다(히 1:4, 9). 죄인들이 구원받는 것은 천사들의 기쁨이지만(눅 15:10) 아들이신 그리스도에게는 이루 말할 수 없는 기쁨이 된다.

II. 왕은 그 궁정을 휘황찬란하고 위엄있게 꾸며 놓으신다.

1. 왕이 입은 옷은 겉보기에 화려하고 장엄하여서 보는 자들로 하여금 두려움을 느끼게 만드는 것이 아니라 사람들에게 즐거움과 감사하는 마음을 불러일으키는 향기를 지닌 옷들이다(8절): 왕의 모든 옷은 몰약과 침향과 육계의 향기가 있도다(왕과 왕이 입은 옷들은 즐거움의 기름으로 기름 부음을 입었다). 이러한 것들은 평범하지 않은 것들로서 하나님의 거룩한 기름 부음의 요소들 중의 일부였고(출 30:23-24), 우리 신앙의 대제사장이신 그리스도께서 받으신 성령의 기름 부음에 전형적인 것이었다. 그러므로 이 말씀은 그리스도의 기름 부음을 가리키는 것으로 보인다. 영혼들을 그리스도에게로 이끌고(아 1:3-4) 그를 믿는 자들에게 보배가 되게 하는(벧전 2:7) 것은 바로 이러한 좋은 기름들의 향기, 즉 그의 은혜들과 위로들이다.

2. 그의 왕궁들은 당시에 가장 웅장한 것으로 여겨졌던 상아궁들로 묘사된다. 성경에는 아합이 건축한 상아궁에 관한 기록이 나온다(왕상 22:39). 하늘에 있는 빛으로 된 왕궁들은 상아궁들인데, 그리스도와 신자들의 모든 기쁨은 거기로부터 나오고, 거기에서 그들은 영원히 온전한 상태로 거하게 될 것이다. 왜냐하면, 상아궁들은 왕을 즐겁게 하고, 왕에게 속한 모든 자들을 즐겁게 할 것이기 때문이다. 왕에게 속한 자들은 그들의 주의 기쁨에 동참하게 될 것이다.

3. 그의 궁정의 아름다움은 매우 밝게 빛난다. 궁정의 화려한 모습이 공적으로 나타날 때에 거기에서 가장 두드러지는 것은 여인들의 화려한 모습인데, 여기에서는 그러한 것이 암시되어 있다(9절).

(1) 개별 신자들은 여기에서 왕을 영화롭게 하기 위하여 화려하게 차려 입은 궁중의 여인들에 비유된다. 왕이 가까이 하는 여인들 중에는 왕들의 딸들이 있도다. 이 여인들의 용모와 치장은 그들의 높은 신분으로 인해서 다른 그 누구보다도 빼어나다. 모든 참된 신자들은 위로부터 난 자들이다. 그들은 만왕의 왕의 자녀들이다. 그들은 날마다 주 예수의 보좌를 그들의 기도와 찬송으로 모시고 있고, 이것은 진정으로 그들의 영광이며, 주 예수께서는 그들을 그의 백성으로 여기시기를 기뻐하신다. 왕들의 딸들이 만왕의 왕이 가까이하는 여인들 가운데 속해 있다는 것은 왕들이 자신의 딸을 그에게 바침으로써 자기 딸이 만왕의 왕을 모시는 것을 영광으로 생각했다는 것을 보여준다.

(2) 이러한 개별 신자들로 이루어진 교회 전체는 여기에서 왕후, 그리스도께서 영원한 언약을 통해서 정혼한 왕후로 비유된다. 왕후는 왕의 오른쪽에 왕 가

까이에 서서, 오빌의 금으로 성장을 하고서 금실로 짠 옷을 입고 온갖 금 장신구를 걸치고서 왕과 더불어서 영광을 받는다. 그녀는 어린 양의 신부로서, 그녀가 신랑으로부터 받은 장신구들로 표현되고 있는 은혜들은 빛나고 깨끗한 세마포 옷에 비유되어 그 순결함을 나타내고 있고(계 19:8), 여기에서는 오빌의 금에 비유되어서 그 은혜가 얼마나 소중한 것인지를 나타내고 있다. 왜냐하면, 우리가 구속받은 것과 마찬가지로 우리가 좋은 옷으로 치장하고 있는 것도 이 세상의 썩어질 것들로 인한 것이 아니라 하나님의 아들의 보배로운 피로 된 것이기 때문이다.

¹⁰딸이여 듣고 보고 귀를 기울일지어다 네 백성과 네 아버지의 집을 잊어버릴지어다 ¹¹그리하면 왕이 네 아름다움을 사모하실지라 그는 네 주인이시니 너는 그를 경배할지어다 ¹²두로의 딸은 예물을 드리고 백성 중 부한 자도 네 얼굴 보기를 원하리로다 ¹³왕의 딸은 궁중에서 모든 영화를 누리니 그의 옷은 금으로 수 놓았도다 ¹⁴수 놓은 옷을 입은 그는 왕께로 인도함을 받으며 시종하는 친구 처녀들도 왕께로 이끌려 갈 것이라 ¹⁵그들은 기쁨과 즐거움으로 인도함을 받고 왕궁에 들어가리로다 ¹⁶왕의 아들들은 왕의 조상들을 계승할 것이라 왕이 그들로 온 세계의 군왕을 삼으리로다 ¹⁷내가 왕의 이름을 만세에 기억하게 하리니 그러므로 만민이 왕을 영원히 찬송하리로다

이 시편의 후반부는 왕이신 신랑의 오른쪽에 서 있는 왕의 신부를 향한 말씀이다. 아들에게 주의 보좌는 영원하니이다라고 말씀하였던 하나님은 여기에서는 아들과 정혼했다는 이유로 딸이라고 부르고 있는 교회를 향하여 이 말씀을 하신다.

I. 하나님은 딸에게 그녀가 마땅히 행해야 할 도리들을 말해 준다. 주 예수를 믿어서 그와의 관계 속으로 들어온 모든 자들은 이 도리들을 깊이 숙고하고 명심하여야 한다. "듣고 보고 귀를 기울일지어다. 즉, 혼인의 조건들을 마음속 깊이 받아들여라." 이것이 하나님의 말씀을 통해서 유익을 얻는 방법이다. 귀 있는 자는 듣고, 부지런히 귀를 기울여서 들어야 한다. 귀를 기울여서 들은 자는 그 들은 것을 깊이 숙고하고 헤아려 보아야 한다. 잘 헤아려 본 자는 마음을 기울여서 자기 앞에 놓여 있는 말씀의 능력에 복종하여야 한다. 여기에서 요구하

고 있는 것은 무엇인가?

1. 그녀는 다른 모든 것을 거부하여야 한다.

(1) 여기에는 그녀의 혼인에 관한 법이 제시되어 있다. "혼인법에 따라서 네 백성과 네 아버지의 집을 잊어버릴지어다. 네가 그것들에 대하여 가지고 있었던 애정을 그대로 품고 있지 말고, 다시 그것들에게로 되돌아가려고 갈망하지도 말라. 롯의 아내가 소돔을 되돌아보았듯이 너로 하여금 되돌아보고자 하는 마음을 불러일으키지 않도록 그러한 것들에 대한 모든 기억을 지워 버려라(너에게 소중했던 네 백성만이 아니라 너에게 더욱 소중했던 네 아버지의 집까지 다 잊으라)." 아브라함은 하나님의 부르심에 순종하여 그의 고향 땅을 버리고 떠나 왔을 때 다시는 그가 나온 본향을 기억하지 않았다.

[1] 이것은 유대교나 이방 종교에서 기독교의 신앙으로 개종한 자들은 옛 누룩을 완전히 제거해 버림으로써 유대교의 예식이나 이방의 우상 숭배를 기독교 신앙 속으로 가지고 들어와서는 안 된다는 것을 보여준다. 왜냐하면, 그러한 일들이 발생한 경우에는 사마리아인들의 경우에서와 마찬가지로 기독교 신앙을 혼합 종교로 만들어 버릴 것이기 때문이다.

[2] 이것은 우리가 예수 그리스도의 제자가 되었을 때에는 부모를 비롯하여 이 세상에서 우리에게 소중한 모든 것을 미워하여야 하고, 그러한 것들보다 그리스도와 그의 영광, 그리스도 안에서의 우리의 본분을 더 사랑하여야 한다는 것을 보여준다(눅 14:26).

(2) 여기에는 왕의 신부에게 그녀가 이전에 맺었던 모든 관계들을 완전히 끊어버리도록 하기 위하여 선한 격려가 주어진다. 그리하면 왕이 내 아름다움을 사모하실지라. 이 말씀은 그녀가 이전에 가졌던 유대교나 이방 종교의 예식들과 관습들을 그녀가 지금 가지고 있는 신앙과 혼합하게 되면 그녀의 아름다움에 흠집이 생기게 되고 왕이신 신랑으로부터 사랑을 받지 못하게 될 것이지만, 그녀가 왕의 뜻에 온전히 합한다면 왕은 그녀를 기뻐하게 되리라는 것을 보여준다. 교회와 개별 신자들의 거룩함이라는 아름다움은 그리스도께서 보시기에 극히 소중하고 사랑스러운 것이다. 그러한 것이 존재하는 곳에서 그는 이는 내가 영원히 쉴 곳이라 내가 여기 거주할 것은 이를 원하였음이로다라고 말씀하신다. 그는 기쁨 중에 금 촛대 사이를 거니신다(계 2:1).

2. 그녀는 왕을 공경하고 사랑하며 존귀하게 여기고 순종하여야 한다: 그는

내 주인이시니 너는 그를 경배할지어다. 교회는 아내가 남편에게 하듯이 그리스도께 복종하여야 하고(엡 5:24), 사라가 아브라함에게 했듯이 그리스도를 주라고 불러야 하며, 그리스도께 순종하여야 하는데(벧전 3:6), 그의 통치에 순복할 뿐만 아니라 그에게 하나님으로서의 영광을 돌려 드려야 한다. 우리는 그를 하나님이자 우리의 주로 경배하여야 한다. 왜냐하면, 모든 사람이 아버지께 영광을 돌리는 것처럼 아들에게도 영광을 돌리는 것이 하나님의 뜻이기 때문이다(이는 모든 사람으로 아버지를 공경하는 것 같이 아들을 공경하게 하려 하심이라). 아니, 사람들이 그리스도께 영광을 돌리면, 하나님께서는 그것을 그들이 하나님 아버지께 영광을 돌린 것으로 여기신다. 우리가 그리스도를 주라 시인하고 그리스도께 존귀를 돌리면, 그것은 하나님 아버지께 영광을 돌리는 것이 된다(빌 2:11).

II. 하나님은 그녀에게 예비된 영광들에 대하여 그녀에게 말씀해 주신다.

1. 많은 사람들이 그녀를 알현하고자 하고, 그녀에게 풍성한 예물을 드리게 될 것이다(12절). "부유하고 화려한 성읍인 두로의 딸, 즉 두로 왕의 딸이 예물을 드릴 것이다. 주변 나라의 모든 왕족들이 그대의 환심을 사고 그대와 관계를 맺기 위해서 대표자를 보낼 것이다. 재력을 가지고 있어서 궁정에 의지할 필요가 없을 것이라고 생각될 수 있는 부한 자들도 그대로 인해서 왕과 친구가 되기를 원하여 그대의 환심을 사고자 할 것이다." 부유하기로 정평이 나 있는 유대인들, 곧 자칭 유대인이라 하는 자들도 빌라델비아 시대에 교회의 발 앞에 와서 절하고, 그리스도께서 교회를 사랑하는 줄을 알게 될 것이다(계 3:9). 이방인들도 그리스도의 신앙으로 회심하여 교회로 들어올 때에 예물을 가지고 오게 될 것이다(고후 8:5; 롬 15:16). 그들이 스스로 그리스도의 영광과 그의 나라를 섬기기 위해서 그들이 가진 모든 것을 내놓을 때에 그들은 예물을 가지고 오는 것이 된다.

2. 그녀는 지극히 눈부시게 될 것이고, 모든 사람들로부터 지극한 존경을 받게 될 것이다.

(1) 그녀의 인품과 자질로 인해서. 모든 사람이 그녀가 지닌 인품과 자질을 칭송할 것이다(13절): 왕의 딸은 그 내면이 온갖 영광으로 가득 차 있도다(개역에서는 왕의 딸은 궁중에서 모든 영화를 누리도다). 교회의 영광은 영적인 영광이고, 바로 그러한 영광이야말로 진정한 영광이라는 것을 명심하라. 그것은 영혼

의 영광으로서, 그것이 바로 인간의 참모습이다. 그것은 하나님께서 보시기에 영광이고, 영원한 영광의 맛보기이다. 성도들의 영광은 육체의 눈으로는 보지 못한다. 그들의 생명과 마찬가지로 그들의 영광도 하나님 안에서 그리스도와 더불어 감춰져 있기 때문에, 자연인은 그것을 알 수 없다. 왜냐하면, 그것은 영적으로 분별되기 때문이다. 그러나 그것을 분별할 줄 아는 자들은 그것을 대단히 소중하게 여긴다. 여기에서 우리는 우리가 간절히 원하여야 하는 참된 영광이 무엇인지를 알아야 한다. 그 영광은 육체의 모양을 내어서 육신적으로 볼 때에 그 사람을 그럴듯하게 만들어 주는 그러한 영광이 아니라, 썩지 아니할 마음에 숨은 사람에게 주어지는 것으로서(벧전 3:4) 그 칭찬이 사람에게서가 아니라 하나님에게서 나는(롬 2:29) 그러한 영광이다.

(2) 그녀가 잘 차려 입은 옷으로 인하여. 그녀의 모든 영광은 내면에 있고, 그것으로 인하여 그녀는 진정으로 소중하지만, 그녀의 옷은 금으로 수놓아져 있다. 세상에서 그리스도인들의 행실은 화장이나 분장처럼 겉으로 화려하고 그럴듯한 것이 아니라 금처럼 실질적인 알맹이가 있는 선한 일들로 풍성하여야 한다. 또한 그리스도인들의 행실은 고도의 정성과 주의를 기울여서 놓아진 금자수와 마찬가지로 정확하고 틀림이 없어야 한다.

3. 그녀의 혼인 예식은 지극한 영광과 기쁨으로 송축될 것이다(14-15절). 여호와 하나님께서 여자를 남자에게 이끌어 오신 것처럼(창 2:22) 그녀는 왕께로 인도함을 받을 것이다. 여호와께서 여자를 남자에게 이끌어 오신 것은 그리스도와 그의 교회 간의 이 신비한 혼인 예식에 대한 모형이었다. 아버지께서 이끌어 오시지 않는 한 그 누구도 그리스도께로 올 수가 없는데, 하나님께서는 그 일을 직접 하신 것이다. 그러한 자들 외에는 그 누구도 왕께로 인도함을 받아서(14절) 왕궁에 들어가지 못한다(15절).

(1) 이것은 신부가 그리스도께로 오는 두 가지 단계를 보여준다.

[1] 영혼들이 회심하여 그리스도께로 옴. 그 때에 그들은 정결한 처녀들로서 개인적으로 그리스도와 약혼을 하여 정혼하게 된다(고후 11:2; 롬 7:4).

[2] 종말에 신비의 몸이 완성되고 모든 성도들이 영화롭게 됨. 그 때에 은혜로 택하심을 받은 모든 자들이 부르심을 받아서 그리스도께 모여 와서 어린 양의 신부가 온전히 준비가 될 것이다(살후 2:1). 그 때에 어린 양의 혼인 기약이 이르고(계 19:7; 21:2), 처녀들은 신랑을 맞으러 나간다(마 25:1). 그 때에 그들

은 하늘에 있는 집, 즉 왕궁에 들어가서 주와 함께 영원히 살게 될 것이다.

(2) 이 두 번의 예식 속에서 다음과 같은 것들이 왕의 신부의 영광을 더해 준다.

[1] 그녀의 혼인 예복 ― 수 놓은 옷, 그리스도의 의, 성령의 은혜들. 이 둘은 모두 하나님의 지혜에 의해서 기이하게 짜여진 것들이다.

[2] 그녀의 들러리들 ― 시종하는 친구 처녀들. 그들의 등과 그릇에 기름을 준비한 지혜로운 처녀들, 즉 교회로 들어와서 교회를 따르며 함께한 자들은 혼인 예식에 들어가게 될 것이다.

[3] 혼인 예식이 큰 기쁨으로 축하를 받게 될 것임: 그들은 기쁨과 즐거움으로 인도함을 받으리라. 탕자가 집으로 돌아와서 아버지를 만날 때, 우리가 즐거워하고 기뻐하는 것이 마땅하다(눅 15:32). 어린 양의 혼인 기약이 이르렀을 때, 우리는 즐거워하고 크게 기뻐하여야 한다(계 19:7). 왜냐하면, 혼인 날은 마음이 기쁜 날이기 때문이다(아 3:11).

4. 이 혼인으로 인해서 낳은 자손들은 저명하게 될 것이다(16절): 왕의 아들들은 왕의 조상들을 계승할 것이라. 구약의 교회는 경륜이 다하여 낡아져서 쇠하여 없어져 가고 조상들도 사라져 가는 대신에, 신약의 교회, 참감람나무에 접붙임을 받아서 뿌리의 진액을 함께 받는 이방 교회가 탄생하게 될 것이다(롬 11:17). 홀로 된 여인의 자식이 남편 있는 자의 자식보다 점점 더 많아지고 뛰어나게 될 것이다(사 54:1). 그리스도에 대한 이러한 약속은 그가 그의 씨를 보게 되리라는 약속과 그 취지가 동일하다(사 53:10). 왕은 그들을 온 세계의 군왕들로 삼을 것이다. 몇몇 나라들이 그리스도께 복속될 것이고, 그 군왕들은 우리 하나님을 위하여 왕들과 제사장들이 될 것이다(계 1:6). 또는, 이 말씀은 이전에는 하나님을 섬기는 유대인 왕들이 있었을 뿐이지만 장래에는 온 땅에 수많은 그리스도인 왕들이 있게 되어서, 교회를 보살펴 줌으로써, 교회가 뭇 왕의 젖을 빨게 되리라는 것을 암시하는 것일 수도 있다. 그들은 그리스도께서 세우신 군왕들이다. 왜냐하면, 그리스도로 말미암아 왕들은 다스리고 방백들은 판결을 하기 때문이다.

5. 이 혼인에 대한 찬송은 왕이신 신랑에 대한 찬송으로 영원히 계속될 것이다(18절): 내가 왕의 이름을 만세에 기억하게 하리로다. 아버지께서는 그에게 모든 이름 위에 뛰어난 이름을 주셨고, 여기에서 그의 이름을 지닌 사역자들과 그

리스도인들을 모든 세대에서 대대로 일어나게 하여 그 이름이 영구하여 모든 세대에 기억되게 하실 것이라고 약속하신다(시 72:17). 왜냐하면, 기독교의 계승은 끊어지지 않을 것이기 때문이다. "사람들은 모든 세대에서 왕을 기억할 것이기 때문에 영원토록 왕을 찬송하게 될 것이다." 이 땅에서 그리스도의 영광을 위하여 일한 자들은 하늘에서 그의 영광을 보며 거기에 참여하고 영원히 그리스도를 찬송하게 될 것이다. 우리는 저 세상에서 우리가 영원한 복을 누리게 될 것을 믿고 소망하는 가운데 우리를 천국으로 이끌 유일한 길이신 그리스도를 우리 세대에서 항상 기억하여야 한다. 우리는 이 세상에서 구속주의 나라가 영속하리라는 확신 속에서 그의 이름이 천국에서와 영원토록 존속하도록 그에 대한 기억을 후세들에게 전하여야 한다.

제 46 편

개요

이 시편은 우리에게 가장 좋지 않을 때에도 하나님과 그의 능력과 섭리, 그의 교회에 은혜로 임재하시는 것을 믿고 소망하며 의지하도록 격려하고, 하나님께서 우리를 위하여 행하신 일과 장차 행하실 일에 대하여 하나님께 영광을 돌리라고 명한다. 아마도 이 시편은 다윗이 이웃 나라들에 대하여 승리들을 거두고(삼하 8:1-18), 하나님께서 주변에 있는 그의 모든 원수들로부터 그에게 안식을 주셨을 때에 지어진 것 같다. 우리는 여기에서 다음과 같은 것들에 대하여 가르침을 받는다. I. 상황이 아무리 어렵고 위협적이라고 하더라도 하나님 안에서 위로를 받으라는 것(1-5절). II. 하나님께서 그의 교회를 위하여 원수들에게 행하신 큰 일들을 말하며 하나님을 찬송하라는 것(6-9절). III. 이전에 자신의 이름을 영화롭게 하신 하나님께서 다시 그 이름을 영화롭게 하시리라는 것을 확신하고서, 그것으로 스스로 위로를 받으라는 것(10-11절). 우리는 이 시편을 노래할 때에 이 시편을 우리의 영적인 원수들 또는 이 세상에 있는 그리스도의 나라의 공적인 원수들과 그들의 위협과 모욕에 적용해서, 그들이 아무리 무시무시하게 보이더라도 마음의 거룩한 평정을 유지하고자 해야 한다. 루터는 낙심되는 소식을 들을 때마다 "자, 우리가 시편 제46편을 노래하자"라고 말하곤 했다고 한다.

〔고라 자손의 시, 인도자를 따라 알라못에 맞춘 노래〕
¹하나님은 우리의 피난처시요 힘이시니 환난 중에 만날 큰 도움이시라 ²그러므로 땅이 변하든지 산이 흔들려 바다 가운데에 빠지든지 ³바닷물이 솟아나고 뛰놀든지 그것이 넘침으로 산이 흔들릴지라도 우리는 두려워하지 아니하리로다 (셀라) ⁴한 시내가 있어 나뉘어 흘러 하나님의 성 곧 지존하신 이의 성소를 기쁘게 하도다 ⁵하나님이 그 성 중에 계시매 성이 흔들리지 아니할 것이라 새벽에 하나님이 도우시리로다

시편 기자는 여기에서 우리에게 자기 자신의 모범을 통해서 다음과

같은 것들을 가르친다.

I. 특히 우리가 하나님께서 우리를 위하여 나타나신 것을 새롭게 체험했을 때에 하나님과 우리의 관계, 하나님께서 우리와 함께 하심에 대하여 하나님 안에서 승리를 기뻐하라는 것. 하나님은 우리의 피난처시요 힘이시라(1절). 우리는 하나님께서 그런 분이시라는 것을 발견하여 왔고, 하나님께서는 우리에게 그런 분이었으며, 또한 앞으로도 그러실 것이다. 우리가 쫓기고 있는가? 하나님은 우리가 피신할 수 있는 우리의 피난처이시기 때문에, 우리는 하나님 안에 숨어서 안전할 수 있고, 하나님은 견고한 망대여서, 우리는 거기로 달려가서 안전함을 얻을 수 있다(잠 18:10). 우리는 환난과 괴로움에 짓눌려 있는가? 우리에게 행해야 할 일과 맞붙어 싸워야 할 원수들이 있는가? 하나님은 우리의 힘이시기 때문에, 우리로 하여금 모든 짐들을 능히 짊어질 수 있게 하시고, 우리에게 모든 섬김과 고난들을 감당할 수 있는 힘을 주신다. 하나님은 은혜로써 우리에게 힘을 부어 주실 것이기 때문에, 우리는 하나님을 의지할 수 있다. 우리가 곤경에 처해 있는가? 하나님은 우리에게 필요한 모든 것을 해주실 수 있는 도움, 미리 준비된 도움이시다. 그리스도가 시험한 돌로 불리듯이(사 28:16), 하나님은 검증된 도움이시라고 할 수 있다. 또는, 하나님은 결코 찾을 필요도 없이 항상 옆에 준비되어 있는 도움이시다. 또는, 하나님은 각각의 경우와 위급한 사정에 꼭 들어맞는 맞춤식 도움이시다. 그것이 무엇이든지 간에, 하나님은 너무도 딱 들어맞는 도움이시다. 우리는 그 어떤 피조물에서도 그것보다 더 나은 도움이나 그것과 같은 도움을 바랄 수도 찾아 낼 수도 없다.

II. 아무리 큰 위험이 닥쳐와도 기뻐하라는 것. 하나님은 우리의 힘이요 우리의 도움이시며, 우리에게 부족함이 없는 하나님이시다. 그러므로 우리는 두려워하지 않을 것이다. 거룩한 경외심으로 하나님을 두려워하는 자들은 음부나 이 땅의 권세를 두려워하거나 겁낼 필요가 없다. 하나님께서 우리를 위하시면 누가 우리를 대적하리요. 하나님께서 우리 편이 되어 주신다면, 누가 우리에게 해악을 끼칠 수 있겠는가? 이렇게 두려워하지 않는 것은 우리의 의무이자 특권이다. 두려워하지 않는 것은 깨끗한 양심, 정직한 마음, 하나님 및 그의 섭리와 약속에 대한 살아 있는 믿음을 보여주는 증거이다. "땅이 변하여서 없어지는 등 우리가 의지했던 모든 피조물들이 우리를 실망시키고 낙심하게 한다고 하여도, 우리는 두려워하지 아니하리로다. 아니, 땅이 입을 벌려 고라를 삼켰던 것처럼, 우리를 지탱해 주어야 할 것이 도리어 우리를 삼키려고 위협한다고 할지라도, 우리는 두려워하지 아니하리로다." 이 시편은 고라의 자손들을 위하여 지어졌고, 어떤 이들은 고라의 자손들에 의해서 지어졌다고 생각한다. 그렇지만 우리가 하나님을 견고히 붙들고 있고, 하나님께서 우리를 위하신다면, 우리는 두려워하지 않을 것이다. 왜냐하면, 우리가 두려워해야 할 이유가 없기 때문이다. 제우스의 두려운 팔이 천둥으로 천체들을 산산조각 내어도 조각난 세상 아래에서 그는 아무런 두려움도 없어 보였다. 좀 더 살펴보자.

1. 그 위엄이 얼마나 위협적인지. 우리는 땅이 제거되어서 바다에 던져지고, 땅 중에서 가장 튼튼하고 견고한 부분인 산들조차 끝도 없는 대양 속에 가라앉게 되는 경우를 가정해 보자. 우리는 바다가 거세게 뛰놀며 무시무시한 소리를 내고 그 파도가 해변을 휩쓸어서 산이 흔들리는 경우를 가정해 보자(3절). 나라들이 혼란에 빠져서 전쟁과 소요가 들끓고 그 정부들이 끊임없이 전복된다고 하여도, 또한 나라들의 세력이 연합하여 교회와 하나님의 백성을 공격해서 다 멸망시키고자 하여 거의 그 뜻을 이룰 즈음에 있다고 할지라도, 우리는 이러한 모든 환난들이 결국에는 교회에 좋은 일이 되리라는 것을 알고 있기 때문에 두려워하지 않을 것이다(시 93:4을 보라). 땅이 없어진다면, 이 땅에 그들의 보화를 쌓아 두고서 이 땅에 마음을 둔 자들은 두려워해야 할 충분한 이유가 있다. 그러나 자기를 위하여 하늘에 보화를 쌓아 두고서, 이 땅과 거기에 있는 모든 것들이 불살라질 때에 가장 그들이 복되게 될 것을 기대하는 자들은 전혀 두려워할 이유가 없다. 흔들거리는 불안한 토대 위에 자신의 모든 것을 구축해 놓은 자들은 바닷물이 흉흉할 때에 괴로움을 당하게 되겠지만, 바닷물보다 더 높은 바위로 인도하심을 받아서 그 반석 위에 견고하게 서 있는 자들은 바닷물이 아무리 흉흉하여도 괴로워하거나 두려워할 필요가 없다.

2. 교회와 거기에 있어서의 우리의 몫이 얼마나 잘 보호받고 있는지를 생각할 때에 이러한 위험을 무시하는 것이 얼마나 근거 있는 것인지. 우리가 고통을 받는 것은 우리 자신의 사적인 일 때문이 결코 아니다. 그것은 하나님의 도성, 지존하신 이의 성소 때문이다. 우리의 마음이 두렵고 떨리는 것은 하나님의 법궤 때문이다. 그러나 우리가 하나님께서 그의 교회의 위로와 안전을 위하여 무엇을 예비해 두셨는지를 생각하게 되면, 우리는 우리의 마음이 안정되고 견고해져서 온갖 악한 일들에 대한 두려움을 넉넉히 이기게 된다.

(1) 아무리 암울하고 슬픈 때라고 할지라도 교회에는 기쁨이 존재한다(4절). 바닷물이 포효하고 하나님의 성을 위협한다고 할지라도, 한 시내가 있어 나뉘어 흘러 하나님의 성을 기쁘게 하도다. 이 시내는 예루살렘 옆을 천천히 흘렀던 실로암 물을 가리킨다(사 8:6-7). 이 물은 비록 많이 깊지도 않고 넓지도 않았지만 히스기야 때에 예루살렘 성을 방어하는 데에 큰 도움이 되었다(사 22:10-11). 그러나 이 말씀은 영적으로 이해되어야 한다. 은혜의 언약은 강이고, 그 언약 속에 포함되어 있는 약속들은 시내들이다. 또는, 은혜의 성령은 강이고(요 7:38-39), 거기로부터 흘러나오는 위로들은 하나님의 성을 기쁘게 하는 시내들이다. 하나님의 말씀과 규례들은 강들과 시내들로서, 하나님께서는 그것들을 통해서 암울하고 우울한 날들에 그의 성도들을 기쁘게 하신다. 하나님 자신이 그의 교회에게 큰 강들과 시내들이 있는 곳이 된다(사 33:21). 하나님의 성을 기쁘게 하는 시내들은 실로암 물과 마찬가지로 빠르게 흐르지 않고 천천히 흐른다. 부드럽고 조용한 속삭임들을 통해서 성도들에게 전달되고 눈에 보이는 굉장한 모습으로 오지 않는 영적인 위로들은 악의적이고 성난 세상의 지극히 시끄럽고 요란한 위협들을 상쇄시키기에 충분하다는 것을 명심하라.

(2) 여기에 교회의 견고함이 있다. 하늘과 땅이 요동한다고 할지라도, 하나님이 그 성 중에 계시매 성이 흔들리지 아니할 것이라(5절). 하나님께서는 그의 교회에게 그가 특별히 거기에 임재해 계실 것과 그들을 보살펴 주실 것을 약속하셨다. 하나님의 영광이 교회 속에 거하고, 하나님께서는 그의 장막을 교회 안에 세우시고, 교회를 보호하는 일을 해 오시기 때문에, 교회는 흔들리지 아니할 것이다.

[1] 땅이 멸망하고 없어진다고 하여도, 교회는 멸망하거나 없어지지 아니할 것이다(2절). 세상은 없어져도 교회는 살아 있게 될 것이고, 세상이 망해 없어질 때에 교회는 지극한 복으로 들어가게 될 것이다. 교회는 반석 위에 지어져서, 음부의 권세가 이기지 못할 것이다.

[2] 교회는 그 어떤 일에 대한 두려움으로 혼란에 빠지거나 요동하지 않을 것이다. 하나님께서 우리를 위하시고 우리와 함께 하신다면, 우리는 우리를 해치고자 하는 시도들이 아무리 격렬하다고 하더라도 요동할 필요가 없다.

(3) 교회를 위협하는 위험들이 아무리 크다고 하더라도, 교회에는 구원이 있다: 하나님이 도우시리라. 하나님께서 도우시는데, 누가 교회를 해칠 수 있겠는

가? 하나님께서 환난 중에 있는 교회를 도우셔서 교회로 하여금 무너지지 않게 하실 것이다. 아니, 환난을 더 많이 당하면 당할수록, 교회는 더욱더 흥왕하게 될 것이다. 하나님은 새벽에 동이 트자마자 교회를 환난에서 구해 내실 것이다. 즉, 하나님의 도우심은 매우 신속하게 이루어질 것이다. 왜냐하면, 하나님은 제때에 맞춘 도움이시기 때문이다(1절). 상황이 극한에 도달해서, 구원을 베풀어 주는 것이 가장 환영을 받을 그 때에 하나님의 도우심은 일어난다. 이것은 개별 신자들에 의해서 자기 자신에게 적용될 수 있다. 하나님께서 우리 마음에 계시고, 그의 말씀으로 우리 안에 풍성히 거하시면, 우리는 견고하게 될 것이고 도움을 받게 될 것이다. 그러므로 우리는 하나님을 신뢰하는 가운데 우리에게 닥친 환난이나 위험을 두려워하지 않아야 한다. 모든 것이 잘되어 가는 것이고, 결국에는 모든 일이 잘될 것이다.

⁶뭇 나라가 떠들며 왕국이 흔들렸더니 그가 소리를 내시매 땅이 녹았도다 ⁷만군의 여호와께서 우리와 함께 하시니 야곱의 하나님은 우리의 피난처시로다 (셀라) ⁸와서 여호와의 행적을 볼지어다 그가 땅을 황무지로 만드셨도다 ⁹그가 땅 끝까지 전쟁을 쉬게 하심이여 활을 꺾고 창을 끊으며 수레를 불사르시는도다 ¹⁰이르시기를 너희는 가만히 있어 내가 하나님 됨을 알지어다 내가 뭇 나라 중에서 높임을 받으리라 내가 세계 중에서 높임을 받으리라 하시도다 ¹¹만군의 여호와께서 우리와 함께 하시니 야곱의 하나님은 우리의 피난처시로다 (셀라)

이 절들은 열방의 왕이자 성도들의 왕이신 하나님께 영광을 돌리고 있다.

I. 능력과 섭리로 세상을 다스리시고 자신의 영광을 위하여 사람들의 모든 일들을 주관하시는 열방의 왕이신 하나님. 하나님은 이 땅의 거민들 가운데서 자신의 뜻대로 행하시는데, 도대체 무슨 일을 하시는 겁니까라고 할 자는 아무도 없다.

1. 하나님은 열방들의 광분을 억제하시고, 이 세상에서 하나님과 그의 세력에 반대하는 열방들의 권세를 꺾으신다(6절). 다윗이 보좌에 오르는 것과 다윗의 자손의 나라가 세워지는 것에 대하여 이방 나라들이 분노하였다(시 2:1-2을 참조하라). 뭇 나라들이 격동하며, 하나님의 나라가 세워지는 것을 반대하여 왕

국들이 흔들렸는데, 분노와 격동함으로 크게 흔들렸다. 그러나 하나님께서 소리를 내셔서 진노 중에 그들에게 말씀하시자, 그들은 또 다른 의미에서 흔들려서, 대경실색하여 혼란에 빠졌고, 그들의 모든 무기들은 꺾였다. 그들 아래에서 땅 자체도 녹아 버렸기 때문에, 그들은 견고하게 디딜 발판도 발견할 수 없었다. 땅에 속한 그들의 마음은 두려움으로 낙심하여, 해 앞에 눈처럼 녹아 버렸다. 원수들의 심령이 이렇게 녹아 내린 것이 묘사되고 있다(삿 5:4-5; 또한 눅 21:25-26을 보라).

2. 하나님께서는 그의 칼을 뽑아서 치시기를 기뻐하실 때에 열방들 가운데 큰 재앙을 가져 오셔서 모든 것을 황폐하게 만들어 버리실 수 있다(8절): 와서 여호와께서 행하신 일들을 보라(개역에서는 와서 여호와의 행적을 볼지어다). 우리는 여호와께서 행하신 일들을 눈여겨 살펴보아야 하고(시 66:5) 부지런히 찾아보아야 한다(시 111:2). 우리는 섭리의 모든 작용들을 여호와께서 행하신 일들로 여겨야 하고, 그것들 속에서 하나님께서 어떤 분이신지, 어떤 목적을 가지고 계신지를 살펴야 한다. 특히, 우리는 이스라엘 땅을 황폐하게 만들고자 하였던 교회의 원수들을 하나님께서 이 땅에서 초토화시킨 일들을 잘 살펴보아야 한다. 그들은 교회를 멸망시키고자 하였지만, 도리어 그들이 멸망당하였다. 전쟁은 흔히 그 전쟁의 무대가 된 곳을 파괴시키는 비극이다. 다윗은 원수들의 나라로 들어가서 전쟁을 수행하였다. 이러한 전쟁으로 인해서 원수들의 나라가 얼마나 초토화되었던가! 성읍들은 불탔고, 땅은 황폐해졌으며, 군사들은 죽어서 산더미를 이루었다. 너희는 와서 초토화시키는 심판의 결과들을 보고서, 하나님의 두려우심을 알라. 주의 일들이 어찌 그리 엄위하신지요(시 66:3). 하나님을 반대하는 모든 자들은 이러한 광경을 두려움으로 보고서, 이와 동일한 두렵고 떨리는 잔이 그들의 손에 쥐어지게 될 것을 예상하여야 한다. 하나님을 경외하고 의지하는 모든 자들은 이러한 광경을 기쁜 마음으로 보고서, 아무리 엄청난 세력이 교회를 해치기 위하여 무장한다고 하여도 그것을 두려워하지 않아야 한다. 그들은 힘들여서 전쟁을 준비한다고 할지라도, 그들은 분쇄되고 말 것이다.

3. 하나님께서 그의 칼을 칼집에 넣기를 기뻐하실 때, 그는 열방들의 전쟁을 끝나게 하시고, 열방들에게 화평으로 관을 씌우신다(9절). 바다의 광풍과 잔잔함이 그렇듯이(시 107:25, 29), 전쟁과 평화도 하나님의 말씀과 뜻에 달려 있

다. 하나님께서는 종종 열방들을 불쌍히 여기셔서, 서로 간의 오랜 전쟁으로 인해서 허덕이고 있을 때에 그들로 하여금 숨쉴 틈을 주기 위해서 땅 끝까지 전쟁을 쉬게 하신다. 전쟁의 양쪽 당사자들은 전쟁에 지쳐서 기꺼이 휴전하고자 하고, 협상을 위한 방법들이 강구되며, 호전적인 군왕들이 제거되고 평화를 원하는 자들이 그 자리를 차지하게 된다. 그 때에 합의에 의해서 활이 꺾이고, 창은 부러뜨려져서 가지 치는 낫이 되며, 칼은 다시 녹여져서 쟁기가 되고, 병거들은 불태워져서, 다시는 그 병거들을 쓸 기회가 없어지게 된다. 또는, 이 말씀은 하나님께서 다른 때에 그의 백성을 위하여 행하시는 일을 의미하는 것일 수도 있다. 하나님은 원수들이 그의 백성을 멸망시키기 위하여 수행해 온 전쟁들을 그치게 만드신다. 하나님은 그의 백성을 겨냥했던 원수들의 활을 꺾으신다. 시온을 치려고 제조된 모든 연장이 쓸모가 없을 것이라(사 54:17). 곡과 마곡의 철저한 멸망은 그들의 전쟁 무기들이 불태워지는 것을 통해서 예언적으로 묘사되고 있는데(겔 39:9-10), 이것은 교회가 완벽하게 안전하고 영속적인 평화를 누리게 될 것이기 때문에, 그들을 위해서 전쟁 무기들을 비축할 필요가 없다는 것을 보여준다. 오랜 전쟁을 좋은 결과로 마무리하는 것은 여호와의 일로서, 우리는 이것에 대하여 기이함과 감사하는 마음으로 바라보아야 한다.

II. 성도들의 왕이신 하나님.   우리는 이 하나님에 대하여 그가 하시는 일이 크고 놀라우시도다라고 고백하지 않으면 안 된다(계 15:3). 하나님께서는 큰 일들을 행하시고, 또한 행하실 것이다.

1. 그 자신의 영광을 위하여(10절): 너희는 가만히 있어 내가 하나님 됨을 알지어다.

(1) 원수들은 더 이상 하나님의 백성을 위협하지 말고 가만히 있는 가운데, 하나님이 하나님이시라는 것, 그들보다 무한히 높으신 분이고, 그들로서는 도저히 당해낼 수 없는 분이시라는 것을 알고서 두려워하여야 한다. 그들은 더 이상 격동해서는 안 된다. 왜냐하면, 그런 것들은 아무 소용도 없기 때문이다: 하늘에 계신 이가 웃으심이여 주께서 그들을 비웃으시리로다. 하나님의 이름과 존귀하심을 훼방하고자 하는 원수들의 온갖 쓸데없는 악의에도 불구하고, 하나님은 단지 그의 백성 가운데서만이 아니라 이방 나라들 가운데서도 높임을 받을 것이고, 단지 교회에서만이 아니라 온 땅에서 높임을 받으시게 될 것이다. 사람들은 스스로를 높이고, 그들 자신의 길을 정하여 그들 자신의 뜻을 관철시

키고자 한다. 그러나 그들은 하나님께서 높임을 받으실 것이고, 하나님께서 그의 길을 행하셔서 자신의 뜻을 관철시킴으로써 자신의 이름을 영화롭게 하시며, 그들이 교만하게 행하는 바로 그 곳에서 하나님께서 그들 위에 계실 것이며, 그들로 하여금 하나님께서 그런 분이시라는 것을 알게 만드시리라는 것을 알아야 한다.

(2) 하나님의 백성은 가만히 있어야 한다. 그들은 침착하게 차분히 있어서 더 이상 두려워 떨지 말고, 여호와께서 하나님이시라는 것, 오직 그만이 하나님이셔서 이방 나라들 위에 높아지시리라는 것을 알고서, 그것을 그들의 위로로 삼아야 한다. 그들은 오직 하나님께서 홀로 자신의 존귀하심을 유지하시고 자신의 뜻을 이루시며 이 세상에서 자신의 세력을 확장해 가시도록 해야 한다. 우리가 곤란 중에 있다고 할지라도 우리는 낙심해서는 안 된다. 왜냐하면, 우리는 하나님께서 높아지실 것이고, 그것이 우리를 만족시켜 줄 것이라는 것을 확신하기 때문이다. 하나님은 그의 크신 이름을 위하여 행하실 것이기 때문에, 우리의 보잘것없는 이름에 무엇이 합당한지는 전혀 중요하지 않게 될 것이다. 우리가 아버지여, 당신의 이름을 영화롭게 하옵소서라고 기도할 때, 우리는 그리스도께서 내가 아버지의 이름을 영화롭게 하였고 또한 영화롭게 하리라고 기도하셨을 때에 그 기도가 이미 응답되었다는 것을 믿어야 한다. 아멘, 주여, 그렇게 되어지이다.

2. 그의 백성의 안전과 보호를 위하여. 하나님은 전자에 대하여 승리의 개가를 부르신다: 내가 높임을 받으리라. 그들은 이것에 대하여 승리의 개가를 부른다(7, 11절). 이 노래의 취지는 다음과 같은 것이다. "만군의 여호와께서 우리와 함께 하시도다. 여호와는 우리 편이고, 우리 편을 들어주시며, 우리와 함께 계셔서 우리를 주재하신다. 야곱의 하나님은 우리의 피난처시로다. 우리는 이 하나님께 피할 수 있고, 하나님 안에서 마음 놓고 안전을 확신할 수 있다." 모든 믿는 자들은 이것에 대하여 승리의 개가를 불러야 한다.

(1) 그들에게는 권능의 하나님, 전능하신 하나님의 임재가 있다: 만군의 여호와께서 우리와 함께 하시도다. 하나님은 만군의 여호와이시다. 왜냐하면, 하나님은 천지 만물이라 불리는 온갖 피조물들을 자기 마음대로 명령하며 부릴 수 있으시고, 공의의 도구이든 긍휼의 도구이든 그가 원하시는 뜻대로 그것들을 사용하실 수 있기 때문이다. 모든 것을 주관하시는 이 여호와께서 우리와 함께

하시고 우리 편을 들어주시며 우리와 함께 행하시고, 그가 우리를 결코 떠나지 아니하겠다고 약속하셨다. 천하만물이 다 우리를 대적할 수 있지만, 우리는 만군의 여호와께서 우리와 함께 하신다면 그것들을 두려워할 필요가 없다.

(2) 그들은 언약 가운데서 하나님의 보호하심 아래에 있다. 하나님은 그들을 도우실 수 있으실 뿐만 아니라, 그들을 도우시는 데에 그의 명예와 신실하심을 걸고 계신다. 하나님은 한 개인으로서의 야곱만이 아니라 하나의 민족으로서의 야곱의 하나님이시다. 아니, 하나님은 모든 기도하는 백성, 하나님과 씨름하였던 야곱의 영적인 자손들의 하나님이시다. 하나님은 우리의 피난처가 되신다. 우리는 하나님을 피난처로 삼아서 하나님 안에서 만족할 수 있다. 밖으로 싸움들이 있을 때에 하나님은 그의 섭리를 통해서 우리를 지켜 주시고, 안으로 두려움들이 있을 때 그의 은혜를 통해서 우리의 마음을 평안하고 견고하게 하신다. 만군의 여호와, 야곱의 하나님께서는 과거에도 우리와 함께 하셨고 지금도 함께 하시며 앞으로도 함께 하실 것이고, 또한 과거에도 우리의 피난처가 되셨고 지금도 피난처가 되시며 앞으로도 우리의 피난처가 되어 주실 것이다. 히브리어 원문은 이러한 것을 모두 포괄하고 있다. 그리고 원문에는 셀라라는 표현이 첨가되어 있는데, 이것은 지금까지 말한 것에 유의해서 그것으로부터 위로를 받으며 "하나님께서 우리를 위하시면 누가 우리를 대적하리요"라고 말하라고 우리에게 권면하는 것이다.

제
— 47 —
편

개요

이 시편의 목적은 우리를 감동시켜서 하나님을 찬송하게 하는 것이고 모든 사람들을 감동시켜서 하나님을 찬송하도록 하는 것이다. I. 우리는 하나님을 찬송할 때에 어떤 방식으로 해야 하는지, 즉 공개적으로 즐거운 마음으로 뜻을 음미하며 찬송하라는 가르침을 받는다(1, 6-7절). II. 우리는 무엇 때문에 하나님을 찬송해야 하는지를 듣는다. 1. 하나님의 엄위하심(2절). 2. 하나님께서 왕으로서 만유를 다스리심(2, 7-9절). 3. 하나님께서 그의 백성을 위하여 행하신 큰 일들과 장차 행하실 큰 일들(3-5절). 많은 사람들은 이 시편이 법궤를 시온 산으로 올린 때에 지어진 것이라고 추정하는데, 5절에 나오는 말씀(하나님께서 즐거운 함성 중에 올라 가심이요)은 바로 이것을 가리키는 것으로 보인다. 그러나 이 시편은 한 걸음 더 나아가서 그리스도께서 이 땅에서 자신의 일을 다 마치시고, 이 세상에 그의 나라를 세우셔서 이방인들로 하여금 기꺼이 그 나라의 신민이 되게 하신 후에, 하늘의 시온 산으로 올라가신 것을 가리키고 있다. 이 시편을 노래할 때, 우리는 그리스도께서 주님이시라는 것을 고백하면서, 높아지신 구속주께 존귀함을 돌려 드리고, 그의 높아지심을 기뻐하며, 그를 찬송함으로써, 하나님 아버지께 영광을 돌려야 한다.

〔고라 자손의 시, 인도자를 따라 부르는 노래〕
¹너희 만민들아 손바닥을 치고 즐거운 소리로 하나님께 외칠지어다 ²지존하신 여호와는 두려우시고 온 땅에 큰 왕이 되심이로다 ³여호와께서 만민을 우리에게, 나라들을 우리 발 아래에 복종하게 하시며 ⁴우리를 위하여 기업을 택하시나니 곧 사랑하신 야곱의 영화로다 (셀라)

시편 기자는 그의 마음이 하나님에 관한 크고 선한 생각들로 충만하게 되어서, 하나님은 온갖 찬양과 찬송을 받으실 만한 분이라는 것을 확신하고, 자기를 비롯한 많은 사람들이 하나님을 찬송하는 일에 소극적이고 별로 마음이 내켜하지 않는 것에 대하여 슬퍼하면서, 자기 주변의 모든 사람들로 하여금 이 복된 찬송하는 일에 동참하도록 애쓴다. 이 절들 속에서 우리는 다음과 같은 것들을 살펴볼 수 있다.

I. 하나님을 찬송하라고 누구에게 촉구하고 있는가. "너희 만민들아, 너희 이스라엘의 모든 백성들아." 이스라엘 백성들은 다윗 자신의 신민들이었고 그의 책임 하에 있는 자들이었기 때문에, 그는 그들에게 하나님을 찬송하도록 촉구한다. 왜냐하면, 다윗은 그들에 대하여 영향력을 가지고 있기 때문이다. 다른 사람들은 무엇을 하든, 다윗과 그의 집, 그와 그의 백성은 여호와를 찬송하여야 한다. 또는, "너희 만민들아, 이 땅의 모든 백성들과 나라들아." 본문을 이렇게 해석하면, 이 본문은 이방인들이 회심하여 교회로 들어오게 되는 것에 관한 예언으로 볼 수 있다(롬 15:11을 보라).

II. 그들은 무엇을 행하도록 촉구되고 있는가. "하나님께서 너희를 위하여 행하신 일에 너희가 기뻐하고 만족하며, 하나님께서 일반적으로 행하신 일에 대하여 너희가 인정하며 찬양하고, 하나님의 영광을 대적하는 모든 원수들에 대하여 너희가 분노한다는 것을 나타내는 표시로 너희 손벽을 쳐라(욥 27:23). 너무도 기뻐서 그 기쁨을 주체할 수 없는 자들처럼 너희 손벽을 쳐라. 하나님께서 들으시게 하기 위해서가 아니라(하나님의 귀는 그렇게 둔하지 않으시기 때문에) 너희 주변의 모든 사람들이 듣고서, 너희가 하나님께서 행하신 일들에 얼마나 큰 감동을 받았는지를 알아차리도록 하나님께 외칠지어다. 다른 사람들이 너희의 승리의 기쁨에 동참할 수 있도록 하나님의 능력과 선하심 안에서 승리의 개가를 부르는 즐거운 소리로 외칠지어다." 경건한 감정들을 이렇게 표현하는 것들은 어떤 이들에게는 상스럽고 무례한 것으로 보일 수도 있지만 성급하게 비난하거나 정죄해서는 안 되고, 하물며 조롱해서는 더더욱 안 된다. 왜냐하면, 그러한 표현들이 정직한 마음에서 나온 것이면, 하나님께서 그 강렬한 감정을 열납하시고, 표현상의 연약함을 눈감아 주실 것이기 때문이다.

III. 우리가 하나님을 찬송해야 할 이유로 무엇이 제시되고 있는가.

1. 우리가 모시고 있는 하나님은 엄위하신 하나님이시라는 것(2절): 지존하신 여호와는 두려우시도다. 하나님은 가장 고상한 피조물보다도 훨씬 더 무한히 고상하시고, 가장 높은 피조물보다도 더 높으시다. 하나님 안에는 모든 자들이 두려워해야 할 완전함들이 있고, 특히 하나님과 다투는 모든 자들이 두려워해

야 할 능력과 거룩함과 공의가 있다.

2. 하나님은 왕으로서 만유를 다스리고 계시다는 것. 하나님은 절대적인 권능을 지니시고 홀로 다스리시는 왕, 온 땅에 큰 왕이 되신다. 하나님께서 지으신 모든 피조물들은 그에게 복속되어 있기 때문에, 그는 큰 왕, 만왕의 왕이시다.

3. 하나님은 자기 백성과 그들의 유익을 특별히 보살펴 주셨고, 앞으로도 영원히 그렇게 하시리라는 것.

(1) 하나님은 그들의 길을 가로막거나 그런 시도를 하는 사람들과 나라들을 그들 밑에 복속시키시고(시 44:2) 그들에게 승리와 성공을 주신다(3절). 하나님께서는 그들을 위하여 이런 일을 하셨는데, 하나님이 그들을 가나안 땅에 심으시고 오늘날까지 그들로 하여금 삶을 이어오게 하신 것이 그것을 증명해 준다. 그들은 하나님께서 지금도 그의 종 다윗을 통해서 그가 가는 곳마다 형통하여 승리를 거두게 하심으로써 그들을 위하여 이런 일을 해주시리라는 것을 의심하지 않았다. 그러나 이 말씀은 한 걸음 더 나아가서 유대 민족에 국한되는 것이 아니라 온 땅에 편만하게 될 메시야의 나라를 보여주는 것이다. 예수 그리스도는 이방인들을 복속시키실 것이다. 그리스도는 도살하기 위해서가 아니라 보호하기 위해서 양 떼를 우리에 들이듯이 그들을 들이실 것이다(원어는 이것을 의미한다). 그리스도는 그들의 감정을 다스리셔서, 그들을 주의 권능의 날에 즐거이 헌신하는 백성으로 삼으실 것이고, 그들의 생각을 사로잡아 그에게 복종시키시며, 어그러진 길로 갔던 자들을 영혼의 목자와 감독되신 이의 지도 하에 두실 것이다(벧전 2:25).

(2) 하나님은 그들에게 안식을 주시고 그들로 하여금 정착하게 하신다(4절): 하나님께서는 우리를 위하여 기업을 택하시리로다. 하나님은 가나안 땅을 이스라엘을 위한 기업으로 정하셨다. 가나안 땅은 그들의 하나님 여호와께서 그들을 위하여 찾아 내신 땅이었다(신 32:8을 보라). 이것은 그들이 그 땅을 차지하는 것을 정당화시켜 주었고, 그들에게 그 땅에 대한 정당한 권리를 부여해 주었다. 또한 이 말씀은 그들이 마음놓고 그 땅을 향유할 수 있게 해주었다. 무한하신 지혜가 그들을 위하여 그 땅을 선택하셨을 때에 그들은 그것이 자신의 행복한 운명이라고 생각하여 거기에 만족할 만한 충분한 이유가 있었다. 하나님의 성소가 거기에 세워졌을 때에 그 땅은 **야곱의 영화**가 되었다(암 6:8). 하나님은 야곱을 사랑하셨기 때문에 그를 위하여 너무도 좋은 기업을 선택해 주

셨다(신 7:8). 이 말씀을 영적으로 적용하면, 그것은 다음과 같은 것들을 나타낸다.

[1] 성도들의 행복. 하나님께서는 직접 그들을 위하여 기업을 선택해 주셨고, 그 기업은 참으로 좋은 기업이다. 영혼을 잘 아시고 무엇이 영혼을 복되게 하는지를 아시는 하나님께서 그들의 기업을 정해 주셨다. 하나님께서 자기 자신이 그의 백성의 기업이 되기로 하신 것은 너무도 잘한 선택이었고(시 16:5), 하나님은 저 세상에 그들을 위하여 썩지 않는 기업을 마련해 두셨다(벧전 1:4). 하나님께서 야곱을 사랑하셔서 그들에게 눈으로 볼 수 없는 복을 예비해 두신 것은 진정으로 야곱의 영광이 될 것이다.

[2] 하나님에 대한 성도들의 믿음과 순복. 은혜를 받은 모든 영혼은 이렇게 말한다: "하나님께서 나를 위하여 나의 기업을 정해 주실 것이다. 하나님께서 나의 운명을 정해 주신다면, 나는 하나님께서 정하신 것을 그대로 묵묵히 따를 것이다. 하나님은 내게 무엇이 좋을지를 나보다 더 잘 아시기 때문에, 나는 하나님의 뜻을 따르겠다는 것을 제외하고는 나 자신의 뜻을 갖지 않을 것이다."

⁵하나님께서 즐거운 함성 중에 올라가심이여 여호와께서 나팔 소리 중에 올라가시도다 ⁶찬송하라 하나님을 찬송하라 찬송하라 우리 왕을 찬송하라 ⁷하나님은 온 땅의 왕이심이라 지혜의 시로 찬송할지어다 ⁸하나님이 뭇 백성을 다스리시며 하나님이 그의 거룩한 보좌에 앉으셨도다 ⁹뭇 나라의 고관들이 모임이여 아브라함의 하나님의 백성이 되도다 세상의 모든 방패는 하나님의 것임이여 그는 높임을 받으시리로다

우리는 여기에서 하나님을 찬송하라는 너무도 간절한 권면을 듣게 된다. 우리는 하나님을 찬송하는 일에 너무도 소극적이기 때문에, 여러 번 반복해서 하나님을 찬송하라는 교훈을 들을 필요가 있는데, 바로 여기에서 그렇게 하고 있다(6절): 찬송하라. 하나님을 찬송하라. 찬송하라. 우리 왕을 찬송하라. 이것은 하나님을 찬송하는 것이 우리가 얼마나 절실하게 행해야 할 탁월한 도리인지, 우리가 아주 빈번하게 차고 넘치도록 해야 할 의무라는 것을 보여준다. 우리는 동일한 단어들을 사용해서 거듭거듭 반복하여 찬송을 부를 수 있는데, 우리가 그 찬송을 새로운 감정으로 매번 부르기만 한다면, 그것은 쓸데없이 중

언부언하는 것이 아니다. 사람들이 그들의 하나님을 찬송하는 것은 너무도 당연한 일이 아니던가(단 5:4)? 신민들이 그들의 왕을 찬양하는 것은 너무도 당연한 일이 아닌가? 하나님은 우리의 하나님이시고 우리의 왕이시기 때문에, 우리는 하나님을 찬송하여야 한다. 우리는 하나님을 찬송하는 노래를 불러야 하고, 그러한 찬송을 부끄러워할 것이 아니라 즐거워하여야 한다. 그러나 여기에는 하나님을 찬송할 때에 우리가 유의하여야 할 점들이 나온다(7절): 너희는 뜻을 이해하고서 찬송하라(개역에서는 지혜의 시로 찬송할지어다).

1. "너희는 뜻을 이해하는 가운데 찬송하라. 너희는 너희가 왜 무슨 이유로 하나님을 찬송하는지를 스스로 알아야 하고, 찬송을 드린다는 것이 무엇을 의미하는지도 알아야 한다." 영으로 찬송하고 또 마음으로 찬송하는 것은 복음의 진리이다(고전 14:15). 우리는 오직 마음으로 주께 노래하여야 한다(엡 5:19). 마음으로 드리지 않는 예배는 주께서 열납하시는 예배가 될 수 없다.

2. "너희는 교훈적으로 찬송하라. 너희는 다른 사람들이 하나님의 영광스러운 완전하심들을 이해하게 하고자 하고, 그들로 하여금 하나님을 찬송하도록 가르치고자 하여야 한다." 이 절들 속에는 우리가 하나님을 찬송해야 할 이유들이 세 가지가 언급되어 있는데, 각각의 내용은 이중적인 의미로 해석될 수 있다.

I. 우리는 하나님께서 올라가시는 것을 찬송하여야 한다(5절). 하나님께서 즐거운 함성 중에 올라가셨다라는 말씀은 다음과 같은 것들을 가리킬 수 있다.

1. 법궤가 시온 산으로 올려지게 된 것. 이 일은 엄숙한 예식을 통해서 이루어졌는데, 제사장들은 나팔을 불었을 것이고, 백성들은 큰 소리로 만세를 부르며 법궤를 뒤따랐고, 다윗 자신도 법궤 앞에서 춤을 추었다. 법궤는 하나님께서 그들에게 특별히 임재해 계시다는 것을 보여주는 제도화된 표징이었기 때문에, 법궤가 들려 올라갔을 때에 하나님께서 올라가셨다고 말할 수 있었을 것이다. 하나님의 규례들이 사람들로 하여금 그 규례들을 더 공적이고 엄숙하게 시행하도록 하기 위하여 잘 보이지 않게 감추어져 있던 곳에서 이제는 밝히 드러나게 된 것은 사람들에게 큰 은총으로서, 사람들은 마땅히 그것을 즐거워하고 감사해야 할 충분한 이유를 가지게 된 것이다.

2. 우리 주 예수께서 이 땅에서의 사역을 마치신 후에 하늘로 올라가신 것(행 1:9). 그 때에 하나님은 왕이자 정복자, 정사들과 권세들을 노략하시고, 사람

들을 사로잡았던 자들을 포로로 끌고 오신 자의 즐거운 함성 중에 올라가셨다(시 68:18). 그는 법궤와 그 위에 있는 속죄소에 의해서 상징되었던 중보자로서 올라가셨고, 법궤가 지성소에 들어간 것처럼 하늘에 들어가셨다(히 9:24을 보라). 우리는 성경 속에서 그리스도께서 승천하실 때에 함성 소리나 나팔 소리가 있었다는 말을 듣지 못하지만, 그 때에 너무 기뻐서 소리를 지른 자들은 윗 세상에 거하는 자들, 하나님의 아들들이었다(욥 38:7). 그리스도께서는 하늘로 올라가신 그대로 다시 오실 것이기 때문에(행 1:11), 우리는 그리스도께서 함성 소리 및 나팔 소리와 더불어서 다시 오시리라는 것을 확신한다.

II. 우리는 하나님께서 다스리시는 것을 찬송하여야 한다(7-8절).　하나님은 우리의 왕이시고, 따라서 우리는 하나님께 충성을 맹세해야 하지만, 또한 하나님은 온 땅의 왕, 땅의 모든 왕들을 다스리시는 왕이시기 때문에(7절), 모든 곳에서 찬송의 분향이 하나님께 드려져야 한다. 이 말씀은 다음과 같은 것들에 대한 것으로 이해될 수 있다.

1. 섭리의 나라에 대한 것. 이방 나라들은 하나님을 알지 못하고 하나님을 안중에 두지도 않지만, 창조주이신 하나님, 자연의 하나님은 이방 나라들을 다스리시고, 그들과 그들의 모든 일들을 그가 기뻐하시는 대로 처리하신다. 하나님은 그가 하늘에 마련해 두신 그의 거룩한 보좌에 앉아 계시고, 거기에서 이방 나라들을 포함한 만유를 다스리시며, 그 모든 것들이 자신의 뜻에 봉사하게 하신다. 여기에서 하나님의 통치의 범위를 보라. 모든 것이 하나님의 관할 내에서 태어난다. 다른 신들을 섬기는 이방 나라들조차도 그들이 원하든 원치 않든 참 하나님이신 우리의 하나님에 의해서 다스려지고 있다. 하나님의 통치의 공평성을 보라. 하나님은 거룩한 보좌에 앉아 계셔서, 거기로부터 명령과 지시와 판결을 내보내시는데, 우리는 하나님의 그러한 명령과 판결 속에는 그 어떠한 흠도 없다는 것을 확신한다.

2. 메시야의 나라에 대한 것. 예수 그리스도는 하나님이시고, 그의 보좌는 이방 나라들을 영원히 다스리신다. 그리스도께서는 섭리의 나라를 운행하시는 일을 맡으셨을 뿐만 아니라, 이방 세계 속에서 그의 은혜의 나라를 세우실 것이고, 이교 사상으로 양육받은 수많은 사람들의 마음속에서 다스리실 것이다(엡 2:12-13). 사도 바울은 이방인들이 함께 상속자가 되는 것을 큰 비밀이라고 말한다(엡 3:6). 그리스도는 하늘에 있는 그의 보좌, 즉 그의 거룩한 보좌에 앉으셔서

서, 사람들 가운데서 하나님의 거룩하심을 나타내 보이고 사람들의 거룩함을 더욱 증진시키기 위하여 모든 것들을 통치하신다.

III. 우리는 하나님께서 뭇 나라의 고관들에 의해서 높임을 받으시는 것을 찬송하여야 한다(9절). 이 말씀은 다음과 같은 것들에 대한 것으로 이해할 수 있다.

1. 이스라엘의 여러 지파들의 우두머리들과 각 지방의 방백들이 절기에 모인 것 또는 나라 일을 처리하기 위해서 소집된 것. 그들이 아브라함의 자손으로서 그의 언약 속에 받아들여져서 아브라함의 하나님의 백성이 된 것은 이스라엘의 영광이었다. 그리고 하나님께 감사하게도, 아브라함의 이러한 축복은 이방인들의 성들에도 이르렀다(창 3:14). 또한 그들에게 안정된 정부가 있다는 것은 그들의 복이었는데, 그들 백성의 방백들은 그들의 땅의 방패들이었다. 방백은 한 나라의 방패로서, 이러한 방패를 가지고 있다는 것은 어느 백성에게나 큰 자비가 아닐 수 없는데, 특히 그들의 방패들인 방백들이 여호와의 것이고, 여호와의 영광을 위하여 헌신되어 있으며, 그들의 권세를 여호와를 섬기는 데에 사용하여서, 하나님께서 크게 높임을 받으실 때에 더욱 그러하다. 또한, 또 다른 의미에서 땅의 방패들이 하나님께 속하여 하나님의 것이라는 사실은 하나님의 영광이다. 방백의 직위는 하나님께서 세우신 제도로서, 하나님은 세상을 통치하실 때에 왕들의 마음을 강물처럼 그가 기뻐하시는 대로 바꾸셔서 자신의 뜻을 이루어 가신다. 백성의 방백들이 함께 모여서 백성들이 잘 살 수 있도록 논의하는 것은 이스라엘에게 좋은 일이었다. 한 나라의 방백들이 그 나라의 안위가 달린 일들에 있어서 서로 마음을 같이하여 한 목소리를 내는 것은 매우 복된 징조로서 그 나라가 풍성한 축복을 받을 수 있게 해 준다.

2. 이 말씀은 이방인들을 그리스도의 교회로 부르신 것에 적용될 수 있고, 메시야 시대에 이 땅의 왕들과 그 백성들이 교회로 들어와서, 그들의 영광과 권세를 새 예루살렘으로 가져 와서, 그들이 모두 아브라함의 하나님의 백성이 되어서, 하나님께서 아브라함에게 열국의 아비가 되리라는 약속을 하신 것이 이루어질 것이라는 예언으로 해석될 수 있다. 백성의 고관들 또는 방백들은 백성들 중의 자원하는 자들로도 해석될 수 있다. 이 단어는 주의 백성이 즐거이 헌신하도다(시 110:3)에서 사용된 것과 동일한 단어이다. 왜냐하면, 그리스도께로 모여오는 자들은 강제에 의해서가 아니라 자원하는 마음으로 그의 백성이 되

기 때문이다. 정복당한 방백이 자신의 성의 열쇠들을 정복자에게 바치듯이, 왕의 위엄을 상징하는 땅의 방패들(왕상 14:27-28)이 주 예수께 바쳐지고, 방백들이 신앙의 진보를 위하여 그들의 권세를 사용할 때, 그리스도께서는 크게 높임을 받으시게 된다.

제
— 48 —
편

개요

이 시편은 앞에 나온 두 편의 시편과 마찬가지로 승리의 노래이다. 어떤 이들은 이 시편이 여호사밧이 승리를 거둔 때에 지어졌다고 생각하고(대하 20장), 어떤 이들은 히스기야 시대 때에 예루살렘을 포위하였던 산헤립의 군대가 패배를 당하였을 때에 지어진 것이라고 생각한다. 그러나 내가 아는 한, 이 시편은 다윗이 그의 생애 동안에 있었던 전쟁에서 크게 승리를 거둔 때에 이 시편을 지은 것 같다. 그렇지만 이 시편은 나중에 있을 그와 비슷한 상황에 적용될 수 있도록 의도된 것이라고 할 수 있기 때문에, 예루살렘을 모형으로 한 복음 교회의 영광들, 특히 복음 교회가 승리하는 교회, 하늘의 예루살렘(히 12:22), 위에 있는 예루살렘(갈 4:26)이 될 때에 얻게 될 영광들에 적용될 수 있을 것이다. 예루살렘은 여기에서 다음과 같은 이유들 때문에 찬송을 받는다. I. 하나님과의 관계 때문에(1-2절). II. 하나님께서 예루살렘을 돌보시기 때문에(3절). III. 예루살렘이 그 원수들에게 공포를 주기 때문에(4-7절). IV. 예루살렘이 그 친구들에게 기쁨을 주기 때문에. 그들은 다음과 같은 것들을 생각하고서 기뻐한다. 1. 하나님께서 예루살렘을 위하여 행하셨고 행하고 계시며 앞으로 행하실 일에 대하여(3절). 2. 하나님께서 그 거룩한 도성 가운데서 및 그 거룩한 도성을 위하여 자신을 은혜롭게 드러내시는 것들에 대하여(9-10절). 3. 하나님께서 예루살렘의 안전을 위하여 모든 것을 효과적으로 공급해 주시는 것에 대하여(11-13절). 4. 하나님께서 시온의 자녀들과 맺은 언약이 영원하리라는 것에 대한 우리의 확신에 대하여(14절). 이 시편을 노래할 때, 우리는 우리가 복음 교회의 지체들로서 가지고 있는 특권을 깊이 생각하고서, 복음 교회가 흥왕하고 진보하기를 바라는 우리의 진실을 표현하여야 한다.

[고라 자손의 시 곧 노래]

¹여호와는 위대하시니 우리 하나님의 성, 거룩한 산에서 극진히 찬양 받으시리로다 ²터가 높고 아름다워 온 세계가 즐거워함이여 큰 왕의 성 곧 북방에 있는 시온 산이 그러하도다 ³하나님이 그 여러 궁중에서 자기를 요새로 알리셨도다 ⁴왕들이 모여서

함께 지나갔음이여 ^{5}그들이 보고 놀라고 두려워 빨리 지나갔도다 ^{6}거기서 떨림이 그들을 사로잡으니 고통이 해산하는 여인의 고통 같도다 ^{7}주께서 동풍으로 다시스의 배를 깨뜨리시도다

시편 기자는 예루살렘을 찬양하고 그 도성의 웅장함을 묘사하고자 한다. 그러나 그는 하나님과 그의 크심을 찬송하는 것으로 시작해서(1절), 하나님과 그의 선하심을 찬송하는 것으로 이 시편을 끝낸다(14절). 왜냐하면, 우리의 찬송의 주제가 무엇이든지 간에, 하나님은 우리의 모든 찬송의 알파이자 오메가가 되어야 하기 때문이다. 특히, 교회의 영광을 위하여 말해지는 모든 것들은 교회의 하나님의 영광으로 돌려져야 한다.

예루살렘의 영광과 관련해서 여기에서 말해지고 있는 것들은 다음과 같은 것들이다.

I. 예루살렘은 하늘의 왕의 소유라는 것. 예루살렘은 하나님께서 이스라엘의 모든 성들 가운데서 자기 이름을 두실 곳으로 선택하신 우리 하나님의 성이다(1절). 하나님은 이 땅의 그 어느 곳에 대해서보다도 시온에 대하여 더 좋은 것들을 말씀하셨다. 이는 내가 영원히 쉴 곳이라 내가 여기 거주할 것은 이를 원하였음이로다(시 132:13-14). 예루살렘은 큰 왕의 성(2절), 온 땅의 왕의 성으로서, 하나님께서는 자신이 거기에 특별한 방식으로 계신다는 것을 선포하기를 기뻐하셨다. 우리 구주께서는 예루살렘을 두고 맹세하는 것은 하나님을 두고 맹세하는 것으로서 하나님을 모독하는 것임을 증명하기 위하여 이 말씀을 인용하셨다(마 5:35). 이는 큰 임금의 성임이요, 하나님께서 그의 영광을 하늘에 두신 것과 마찬가지로 특별히 그의 은혜를 두시는 곳으로 예루살렘을 선택하셨기 때문이다.

1. 예루살렘은 하나님을 아는 지식으로 깨우쳐져 있다. 유다에서, 특히 하나님을 아는 지식을 보존하고 있는 제사장들의 본부인 예루살렘에서 하나님은 알려져 있고 그의 이름은 위대하시다. 다른 곳들에서는 하나님을 하찮게 여긴다고 할지라도, 예루살렘에서 하나님은 위대하시다(1절). 하나님이 위대하시고 하나님이 모든 것보다 먼저이며 하나님이 모든 것이신 그러한 나라와 성과 가족과 마음은 복이 있다. 거기에서 하나님은 알려져 있고(3절), 그가 알려진 곳에서 하나님은 크게 높임을 받으시게 된다. 하나님에 대하여 무지한 자들을 제외하고

는 그 누구도 하나님을 멸시하거나 무시하지 못한다.

2. 예루살렘은 하나님의 영광을 위하여 헌신되어 있다. 그러므로 예루살렘은 하나님의 거룩한 산으로 불린다. 왜냐하면, 여호와께 성결이라는 말씀이 예루살렘과 거기에 있는 모든 설비에 기록되어 있기 때문이다(슥 14:20-21). 그리스도의 교회가 거룩한 나라요 특별한 백성이라는 것은 교회의 특권이다. 교회의 모형이었던 예루살렘은 교회가 세워질 때까지 거룩한 성이라고 불렸지만(마 27:53), 교회가 세워진 후에는 결코 그렇게 불리지 않았다.

3. 예루살렘은 하나님을 섬기고 예배하도록 공식적으로 정해진 장소이다. 거기에서 하나님은 크게 찬송을 받으시고, 또한 극진히 찬양받으시게 되어 있다(1절). 하나님과 그의 크심이 우리에게 더 분명하게 드러나면 날수록, 우리는 하나님을 더 풍성하게 찬송하게 되리라는 것을 명심하라. 이스라엘 땅의 모든 곳들로부터 자신의 예물을 예루살렘으로 가져 온 자들은 하나님께서 이런 식으로 그들에게 하나님을 뵈올 수 있게 허락하실 뿐만 아니라 그들의 예물을 열납하시겠다고 약속하시고, 그들에게 축복으로 보상하시며, 그들의 예배를 통해서 스스로 찬양과 영광을 받으신 것으로 여기시는 것에 대하여 감사할 충분한 이유가 있었다. 이 점에서 예루살렘은 복음 교회의 모형이었다. 왜냐하면, 이 땅에서 하나님께 찬송을 드리는 것이 조금 있다고 할 때에 바로 그 찬송은 사람들 가운데서 하나님의 장막인 이 땅의 교회로부터 드려지기 때문이다.

4. 예루살렘은 하나님의 특별한 보호하심 아래에 있다(3절). 하나님은 피난처로 알려져 계신다. 즉, 하나님은 자기가 피난처라는 것을 입증하셨고, 그를 예배하는 자들은 하나님을 피난처로 삼는다. 하나님을 아는 자들은 그를 의지하고 그를 찾을 것이다(시 9:10). 하나님은 길거리에서만이 아니라 예루살렘의 궁중에서도 피난처로 알려져 계셨다. 고관대작들도 하나님을 의지하였다. 궁중이 신앙으로 지배되었다고 한다면, 그 도성에서 신앙은 융성하였을 것이다.

5. 이 모든 이유들로 인해서 예루살렘, 특히 성전이 세워져 있었던 시온 산은 만민의 사랑과 추앙을 받았다: 터가 높고 아름다워 온 세계가 즐거워함이요(2절). 무한하신 지혜가 그 곳을 성소를 세울 곳으로 선택하였다면, 그 터는 모든 점에서 더할 나위 없이 좋았을 것임에 틀림없다. 그 곳을 아름답게 만든 것은 그 곳이 거룩한 산이었다는 것이다. 왜냐하면, 거룩함 속에는 아름다움이 있기 때문이다. 이 땅은 죄로 인하여 온갖 기형으로 뒤덮여 있기 때문에, 이렇게 거룩

함으로 인하여 아름다운 그 곳을 하나님께서 온 땅의 기쁨, 즉 온 땅이 기뻐해야 할 곳이라고 부른 것은 너무도 당연한 것이었고, 그래서 하나님께서는 바로 그 곳에서 사람들과 함께 거하시고자 하셨다. 시온 산은 예루살렘의 북방에 있었기 때문에, 북쪽에서 불어오는 차갑고 삭막한 바람으로부터 도성을 막아 주는 역할을 하였다. 또는, 북방으로부터 좋은 날씨가 기대되었다면, 그들은 이런 식으로 그것을 위해서 시온 쪽을 바라보도록 지시를 받은 것이라고 할 수 있다.

II. 땅의 왕들이 예루살렘을 두려워하였다는 것. 땅의 왕들은 하나님께서 궁중에서 피난처와 요새로 알려져 있었다는 것을 최근에 너무도 분명한 사건을 통해서 알게 되었다.

1. 그 사건이 무엇이었든지 간에 예루살렘 사람들은 그들의 원수들을 두려워하지 않을 수 없는 그러한 상황을 맞았었다. 왜냐하면, 왕들이 모였기 때문이다 (4절). 이웃 나라의 왕들이 연합하여 예루살렘을 공격하였다. 그들의 머리들과 뿔들, 그들의 술책들과 힘들이 예루살렘을 멸망시키기 위하여 연합하였다. 그들은 그들이 가진 모든 세력을 규합하였다. 그들은 온 땅의 기쁨이 되었어야 함에도 불구하고 온 땅의 시기거리가 되어버린 저 도성을 곧 차지하게 되리라는 것을 의심하지 않고서 함께 연합하여 진군하였다.

2. 하나님께서 그들의 원수들로 하여금 그들을 두려워하게 만드셨다. 이스라엘을 저주하기 위해서 온 발람이 야곱의 장막들을 보았을 때와 마찬가지로(민 24:2), 원수들은 예루살렘을 보자마자 대경실색하여 그들의 광분을 멈추었다. 그들이 보고 놀라고 두려워 빨리 지나갔도다(5절). 내가 왔노라 보았노라 정복하였노라(Veni, vidi, vici)가 아니라 내가 왔노라 보았노라 패배하였노라(Veni vidi victus sum)가 되어버렸다. 예루살렘 안에 그들이 몹시도 두려워할 수밖에 없었던 그 무엇이 있었던 것이 아니었다. 그들은 예루살렘을 보자마자 하나님께서 그 도성에 특별히 임재해 계셔서 그 도성을 보호하신다는 소문을 떠올리게 되었고, 하나님께서는 그들의 마음에 엄청난 공포가 엄습하게 하셔서, 그들로 하여금 서둘러서 후퇴하지 않을 수 없도록 만드신 것이었다. 그들은 왕들이었고, 연합을 하여서 그 수도 많았지만, 그들 자신이 전능하신 분에게 전혀 상대가 되지 않는다는 것을 알고 있었기 때문에, 두려움이 그들에게 임하였고 해산하는 여인의 고통이 그들에게 엄습하였다(6절). 하나님은 그의 교회의 원수들 중에서 아무

리 강건한 자라 할지라도 그를 혼비백산하게 하실 수 있고, 편안하게 사는 자들을 고통 중에 몰아 넣으실 수 있다는 것을 명심하라. 예루살렘을 보았을 때 그들에게 엄습한 공포는 여기에서 해산하는 여인의 고통에 비유되고 있다. 살을 찢는 듯하게 몹시 고통스러운 산고는 종종 갑자기 닥쳐오고(살전 5:3) 결코 피할 수 없는데, 여인의 산고는 죄와 저주의 결과이다. 예루살렘을 멸망시키고자 한 그들의 계획이 좌절된 것은 여기에서 한 무리의 배들이 격렬한 폭풍을 만나서 일부는 부서지고 일부는 난파되며 모든 배가 흩어져 버리게 된 끔찍한 일에 비유된다(7절): 주께서 동풍으로 다시스의 배를 깨뜨리시도다. 바다에서의 결과들은 이렇게 적나라하다. 하나님에 의한 두려움은 동풍에 비유된다(욥 27:20-21). 하나님께서 주신 두려움들은 그들을 혼비백산하게 만들고, 그들이 가진 모든 것들을 깨뜨려 버릴 것이다. 누가 하나님의 진노의 힘을 알겠는가?

[8]우리가 들은 대로 만군의 여호와의 성, 우리 하나님의 성에서 보았나니 하나님이 이를 영원히 견고하게 하시리로다 (셀라) [9]하나님이여 우리가 주의 전 가운데에서 주의 인자하심을 생각하였나이다 [10]하나님이여 주의 이름과 같이 찬송도 땅 끝까지 미쳤으며 주의 오른손에는 정의가 충만하였나이다 [11]주의 심판으로 말미암아 시온 산은 기뻐하고 유다의 딸들은 즐거워할지어다 [12]너희는 시온을 돌면서 그 곳을 둘러보고 그 망대들을 세어 보라 [13]그의 성벽을 자세히 보고 그의 궁전을 살펴서 후대에 전하라 [14]이 하나님은 영원히 우리 하나님이시니 그가 우리를 죽을 때까지 인도하시리로다

　　　여기에서는 하나님의 백성이 하나님께서 그들을 위하여 나타나셔서 은혜로 그들을 구원하시고 그들의 원수들을 치신 일들을 경험하였을 때 그러한 일들이 그들을 위하여 유익이 될 수 있도록 잘 선용하라고 가르친다.

　I. 이러한 일들을 통해서 우리는 하나님의 말씀에 대한 믿음을 더욱 견고히 하여야 한다.　하나님께서 행하신 일을 그가 말씀하신 것과 비교해 보면, 우리는 우리가 들은 대로 우리가 보았다는 것을 알게 되고(8절), 우리가 본 것은 우리로 하여금 우리가 들은 것을 믿지 않을 수 없게 한다.

　1. "옛적에 섭리들을 통해서 행하여졌다고 우리가 들은 것과 같이, 그런 일들이 우리 시대에도 행해진 것을 우리가 보았다." 하나님께서 최근에 그의 백

성을 위하여 나타나셔서 그들의 원수들을 치신 일들은 하나님께서 이전에 나타나신 일들과 동일한 것이어서 우리에게 옛적 일들을 상기시켜 준다는 것을 명심하라.

2. "우리가 약속과 예언을 통해서 들었던 것과 마찬가지로, 우리는 그러한 것들이 실제로 이루어지는 것을 보았다. 우리는 하나님이 만군의 여호와이시고, 예루살렘은 우리 하나님의 도성으로서 하나님께 소중하여 하나님의 특별한 보호하심을 받는다고 들었다. 그런데 지금 우리는 그러한 것을 직접 눈으로 보았다. 우리는 우리 하나님의 권능을 보았고, 하나님의 선하심을 보았다. 우리는 우리에 대한 하나님의 돌보심과 관심을 보았고, 하나님이 예루살렘을 불로 둘러싼 성곽과 그 가운데에서의 영광이라는 것을 보았다." 하나님께서 그의 교회를 위하여 행하셨고, 또한 행하고 계시는 큰 일들 속에서 성경의 성취를 확인하는 것은 좋은 일이다. 그러한 확인을 통해서 우리는 섭리 자체와 섭리 속에서 이루어진 성경을 둘 다 더 잘 이해할 수 있게 된다.

Ⅱ. 이 일들을 통해서 우리는 교회가 영원히 견고하게 서리라는 우리의 소망을 더욱 견고히 가져야 한다. "우리가 우리 하나님의 도성에서 본 것을 우리가 들은 것과 비교해 볼 때, 우리는 하나님께서 하나님의 도성을 영원히 견고하게 하시리라는 것을 결론지을 수 있다." 이것은 예루살렘에서 성취된 것이 아니라(예루살렘은 오래 전에 이미 멸망하였고, 그 모든 영광은 먼지로 뒤덮였기 때문에), 복음 교회에서 성취되고 있다. 우리는 복음 교회가 영원히 견고하게 서리라는 것을 확신한다. 교회는 반석 위에 세워져 있어서, 음부의 권세도 교회를 이기지 못한다(마 16:18). 하나님께서 직접 교회를 견고하게 하셨다. 시온을 세우신 것은 여호와이시다(사 14:32). 우리가 본 것을 우리가 들은 것과 비교해 볼 때, 우리는 교회의 터가 된 하나님의 약속에 대하여 소망을 가질 수 있다.

Ⅲ. 이 일들을 통해서 우리는 우리의 마음을 하나님에 대한 좋은 생각들로 가득 채워야 한다. "우리가 주의 전 가운데서 만날 때마다(9절) 우리는 우리가 듣고 보고 소망한 것으로부터 하나님의 인자하심을 많이 생각할 기회를 얻을 수 있다." 우리에게 흘러오는 온갖 긍휼하심의 물줄기들은 하나님의 인자하심의 원천으로 거슬러 올라가져야 한다. 하나님께서 우리에게 베푸시는 모든 긍휼하심은 우리에게 어떤 공로가 있거나 우리가 잘나서가 아니라 순전히 하나

님께서 그의 백성에 대하여 가지고 계시는 긍휼하심과 특별한 은총 덕분이다. 그러므로 우리는 하나님의 인자하심을 기쁜 마음으로 자주 생각하고 착념하여 야 한다. 하나님의 인자하심보다 우리가 착념할 수 있는 더 고상하고 즐겁고 유익한 주제가 어디 있겠는가? 우리는 특히 성전에서 하나님께 예배를 드릴 때 항상 하나님의 인자하심을 우리의 목전에 두어야 한다(시 26:3). 우리가 아 무런 방해도 없이 예배의 유익을 누리고, 하나님의 전에서 그 누구도 두려워 함이 없이 예배를 드릴 수 있을 때, 우리는 하나님의 인자하심을 생각하여야 한다.

IV. 우리는 하나님께서 우리를 위하여 행하신 큰 일들에 대하여 하나님께 영 광을 돌리고, 다른 사람들에게도 그 큰 일들을 말함으로써 하나님을 영화롭게 하여야 한다(10절). "하나님이여, 주의 이름과 같이 찬송도 예루살렘만이 아니 라 땅 끝까지 미쳤나이다." 최근에 하나님께서 예루살렘을 구원하심으로써 자 신의 이름을 드러내셨다. 즉, 하나님께서는 그의 지혜와 권능과 선하심을 영광 스럽게 드러내셔서, 모든 나라로 하여금 그것을 알게 하셨다. 그래서 하나님에 대한 찬송이 땅 끝까지 미쳐서, 온 세상에 있는 사람들이 도처에서 하나님께 영 광을 돌리게 되었다. 하나님의 이름이 퍼져 나가는 곳마다 하나님에 대한 찬송 도 퍼져 나가게 되어서, 마침내 땅의 모든 끝이 하나님을 찬송하게 될 것이다 (시 22:27; 계 11:15). 어떤 이들은 하나님의 이름을 통해서 특히 하나님의 영 광스러운 이름인 만군의 여호와를 알게 되고, 그 이름에 걸맞게 하나님은 찬송 을 받으시게 될 것이다. 왜냐하면, 땅 끝까지에 이르는 모든 피조물들이 하나 님의 통치 아래에 있기 때문이다. 그러나 하나님의 백성은 하나님께서 그들을 위하여 행하시는 모든 일들 속에서 하나님의 공의를 특별한 방식으로 인정하 여야 한다: 주의 오른손에는 정의가 충만하였나이다. 즉, 주의 능력의 모든 행사 들은 영원한 공평의 원칙에 합치한다.

V. 특히 교회의 모든 지체들은 하나님께서 그의 교회를 위하여 행하시는 일 들을 위로로 삼아야 한다(11절). "성소에서 섬기는 제사장들과 레위인들, 시 온 산은 기뻐하고, 유다의 여러 성읍들에 거하는 유다의 딸들은 즐거워할지어다. 여자들은 기쁜 날에 흔히 그러하듯이 노래와 춤으로 하나님께서 우리를 위하 여 행하신 큰 구원을 감사한 마음으로 송축할지어다." 우리가 하나님께 찬송을 드릴 때, 우리는 하나님께서 교회를 위하여 베푸신 기이한 구원들을 기뻐할 수

있고, 하나님께서 교회의 유익을 위하여 지혜로 행하신 모든 일들(그러므로 판단들이라고 불린다), 즉 하나님의 판단들(하나님의 섭리의 작용들)로 말미암아 기뻐할 수 있다.

VI. 우리는 교회의 아름다움과 견고함과 안전함을 보여주는 수많은 예들과 증거들을 부지런히 살펴서, 우리가 살펴서 안 것들을 후대에 충실하게 전하여야 한다(12-13절). 너희는 시온을 돌아보라. 어떤 이들은 이것이 승리를 축하하는 예식을 가리킨다고 생각한다. 그 예식에 참여한 자들은 하나님을 찬송하며 성벽 주변을 걸어서 돌아다녔다(느 12:31). 이렇게 하면서 그들은 망대들을 세어 보고 성벽을 자세히 보아야 한다.

1. 하나님께서 그들을 위하여 최근에 베푸신 기이한 구원을 그들이 찬성할 수 있도록. 그들은 망대들과 성벽이 온전히 견고하고 그 중 하나도 손상되지 않았다는 것과 아름다운 궁전이 전혀 손상을 입지 않았다는 것을 기이한 마음으로 살펴보아야 한다. 왕들은 도성을 치려고 모였지만, 도성은 그들에 의해서 조금도 손상을 입지 않았다(4절). 원수들이 도성을 파괴하거나 멸망시키지 못했을 뿐만 아니라 조금도 흠집을 내거나 손상을 시키지 못했다는 것을 하나님께서 그의 거룩한 도성을 보살피신 놀라운 사례로 후대에 전하라.

2. 그들이 나중에 이와 비슷한 위험을 맞았을 때에 그 위험을 두려워하지 않는 견고한 마음을 지닐 수 있도록.

(1) 우리는 이 말씀을 문자 그대로 예루살렘, 시온의 요새에 대한 것으로 이해할 수 있다. 유다의 딸들은 그들의 원수들인 왕들이 예루살렘을 보았을 때 큰 공포를 느꼈던 것과 동일한 정도의 기쁨을 가지고 시온의 망대들과 요새들을 보아야 한다(5절). 예루살렘은 일반적으로 난공불락의 성으로 여겨졌다(애 4:12): 대적과 원수가 예루살렘 성문으로 들어갈 줄은 세상의 모든 왕들과 천하 모든 백성이 믿지 못하였었도다. 만약 예루살렘 거민들이 범죄함으로써 그들의 방어막을 제거하지 않았더라면, 그들은 결코 거기로 들어갈 수 없었을 것이다. 그의 성벽을 자세히 보라. 이 말씀은 시온의 주요한 요새들은 그들이 눈으로 주목해야 할 감각의 대상들이 아니라 그들이 마음으로 보아야 할 믿음의 대상들이었다는 것을 보여준다. 예루살렘 성은 자연적인 요소들과 인공적인 구조물들에 의해서 아주 견고하게 요새화되어 있었다. 그러나 예루살렘 거민들이 주로 의지해야 했던 보루들은 예루살렘 안에서의 하나님의 특별한 임재, 하나님

께서 예루살렘에 두신 거룩함의 아름다움, 하나님께서 예루살렘에 대하여 말씀하신 약속들이었다. "예루살렘이 얼마나 튼튼한지를 잘 살펴보고서 그것을 후대에 전하여, 후대 사람들이 예루살렘을 약화시키는 그 어떤 일도 하지 못하게 하고, 그들이 곤경에 처했을 때에 예루살렘을 지킬 수 없을 것이라고 생각하여 그 곳을 원수에게 내어 주는 일이 없게 하라." 칼빈은 여기에서 예루살렘의 망대들과 보루들과 궁전들이 어떻게 생겼는지를 후대 사람들에게 자세히 전하라고 한 것은 세월이 가면 그것들이 다 파괴되어서 더 이상 후세 사람들이 볼 수 없게 되리라는 것을 암시하고 있다고 지적한다. 그렇지 않다면, 예루살렘 성에 관한 자세한 기록을 후세에 남길 이유가 어디 있었겠는가? 제자들이 예루살렘 성전 건물의 아름다움에 반하여 탄복하고 있었을 때, 그들의 주님께서는 그들에게 얼마 있지 않아서 돌 위에 돌 하나도 남지 않게 될 것이라고 말씀하셨다(마 24:1-2). 그러므로

(2) 이 말씀은 분명히 시온 산으로 묘사되는 복음 교회에 적용되어야 한다(히 12:22). "교회를 나타내는 시온 산의 망대들과 보루들과 궁전들을 자세히 살펴서, 너희는 거기에 합류하여 머물고 싶은 마음이 들게 하라. 교회는 하나님의 능력에 의해서 요새화되어 있고 졸지도 주무시지도 않는 분이 지키는 반석이신 그리스도 위에 세워져 있는 것을 눈여겨 보라. 거기에서 궁전들을 이루고 있는 규례들이 얼마나 보배롭고, 거기에서 보루들인 하나님의 약속들이 얼마나 보배로운 것인지를 눈여겨 보라. 이것을 후세 사람들에게 전하여서, 그들로 하여금 교회를 진심으로 환영하며 거기에 합류할 수 있게 하라."

VII. 우리는 하나님 안에서 개가를 부르고, 하나님의 영원하신 인자하심에 대한 확신 속에서 기뻐하여야 한다(14절).   이것을 후세 사람들에게 전하라. 거룩한 보고인 이 진리, 즉 지금 우리를 위하여 이렇게 큰 일들을 행하신 이 하나님이 영원히 우리 하나님이시라는 진리를 너희의 후세에게 전하여라. 하나님께서는 영원히 변함없이 우리를 사랑하시고 돌보신다.

1. 하나님이 우리의 하나님이시라면, 하나님은 영원히 우리의 하나님으로서, 단지 역사상의 모든 시대에서만이 아니라 영원부터 영원까지 우리의 하나님이시다. 왜냐하면, 하나님이 그들과 함께 계셔서 그들의 하나님이 되시리라는 것은 영화롭게 된 성도들의 영원한 복이기 때문이다(계 21:3).

2. 하나님이 우리의 하나님이시라면, 하나님은 우리의 인도자가 되시고, 우리

에게 갈 길을 보여주시고 우리를 그 길로 인도하시는 신실하신 인도자가 되실 것이다. 하나님은 우리가 죽을 때까지, 즉 우리의 인생 길을 마감하고 안식으로 들어갈 때까지 우리를 인도하실 것이다. 하나님은 마지막까지 우리를 인도하시고 지키실 것이다. 하나님은 우리의 인도자가 되셔서 우리로 하여금 죽음을 뛰어넘게 하실 것이다(어떤 이들은 이렇게 해석한다). 하나님은 우리를 인도하셔서 죽음이 우리에게 손길을 뻗쳐서 그 어떤 해악을 가할 수 없게 하실 것이다. 하나님은 죽음 너머로 우리를 인도하실 것이다(어떤 이들은 이렇게 해석한다). 하나님은 우리를 죽음 저편의 복된 곳, 더 이상 죽음이 존재하지 않는 삶으로 안전하게 인도하실 것이다. 우리가 여호와를 우리의 하나님으로 삼는다면, 하나님은 우리를 안전하게 죽음으로 인도하시고, 죽음을 통과하게 하시며, 죽음 너머로 인도하실 것이다 — 죽음을 거쳐서 다시 일으키셔서 영광으로 인도하실 것이다.

제 49 편

개요

이 시편과 다음에 나오는 시편은 한 편의 설교이다. 대부분의 시편들에서 저자는 기도하고 찬송하는 모습을 보여주지만, 이 두 시편에서는 설교를 한다. 시편들을 노래하면서 우리 자신과 서로를 가르치고 권면하는 것은 우리의 도리이다. 이 시편의 목적과 의도는 이 세상 사람들에게 그들의 마음을 이 세상의 것들에 두는 것이 얼마나 죄악되고 어리석은지를 깨닫게 하여, 그들로 하여금 더 나은 세상의 것들을 찾도록 설득함과 동시에, 하나님의 백성들이 겪는 환난들과 악인들이 형통으로 인해서 생겨나는 그들의 슬픔과 관련해서 하나님의 백성을 위로하기 위한 것이다. I. 서언에서 시편 기자는 세상 사람들을 그들의 안일함에서 깨어나게 하고(1-3절), 환난 날에 자기 자신과 그 밖의 다른 경건한 자들을 위로하고자(4-5절) 한다고 말한다. II. 이 시편의 나머지 부분에서 1. 그는 다음과 같은 것들을 보여줌으로써 죄인들에게 그들이 이 세상의 재물에 마음을 두는 것이 얼마나 어리석은 것인지를 깨우치고자 애쓴다. (1) 그들은 그들이 가진 모든 재물로도 그들의 친구들을 죽음으로부터 구할 수 없다는 것(6-9절). (2) 그들은 그들 자신을 죽음으로부터 구할 수 없다는 것(10절). (3) 그들은 이 세상에서의 행복을 스스로 확보할 수 없다는 것(11-12절). (4) 그들은 저 세상에서의 행복을 더더구나 스스로 확보할 수 없다는 것(14절). 2. 그는 다음과 같은 것들에 대하여 자기 자신을 비롯한 선한 자들을 위로하고자 한다. (1) 죽음에 대한 두려움(15절). (2) 악인들의 굉장한 권세에 대한 두려움(16-20절). 이 시편을 노래할 때, 우리는 이러한 교훈들을 받아서 지혜로워져야 한다.

〔고라 자손의 시, 인도자를 따라 부르는 노래〕

[1]뭇 백성들아 이를 들으라 세상의 거민들아 모두 귀를 기울이라 [2]귀천 빈부를 막론하고 다 들을지어다 [3]내 입은 지혜를 말하겠고 내 마음은 명철을 작은 소리로 읊조리리로다 [4]내가 비유에 내 귀를 기울이고 수금으로 나의 오묘한 말을 풀리로다 [5]죄악이 나를 따라다니며 나를 에워싸는 환난의 날을 내가 어찌 두려워하랴

이 본문은 세상은 허망해서 우리를 행복하게 해 줄 수 없다는 설교에 대한 시편 기자의 서언이다. 우리는 시편들 가운데서 이 시편보다 더 엄숙한 서론을 지닌 시편을 거의 찾아볼 수 없다. 왜냐하면, 이 시편의 서론보다 의심할 여지 없이 확실한 진리나 무게 있고 중요한 진리를 전해 주는 서론은 없기 때문이다. 따라서 이 시편의 서론에 대한 고찰은 우리에게 한층 더 큰 유익을 가져다 줄 것이다.

I. 시편 기자는 사람들에게 그가 이제 말하고자 하는 것에 귀를 기울이라고 촉구한다(1-2절).   뭇 백성들아 이를 들으라. 내가 이제부터 말하는 것을 듣고 주의를 기울이며, 그것을 듣고 깊이 생각해보아라. 나는 한 번 말하지만, 너희는 듣고 또 들어라. 내 기도를 들으시며 내 간구에 귀를 기울이소서(시 62:9, 11). 시편 기자는 "너희 모든 이스라엘 사람들아 들으라, 가나안의 모든 거민들아 귀를 기울이라"고 말하는 것이 아니라, 뭇 백성들아 이를 들으라. 세상의 거민들아 모두 귀를 기울이라고 말한다. 왜냐하면, 이 가르침은 하나님의 계시라는 축복을 받은 자들에게만 특별히 해당되는 것이 아니라, 자연의 빛조차도 이 가르침을 증언하기 때문이다. 이 세상에서 재물을 모아 보았자 그 재물은 그들이 죽는 날에 그들에게 아무런 유익도 되지 못한다는 것을 모든 사람들이 알고 있기 때문에, 사람들은 모두 그러한 진리를 깊이 생각해보아야 한다. 귀천 빈부를 막론하고, 모든 사람들이 함께 와서 하나님의 말씀을 들어야 한다. 그러므로 귀한 자나 천한 자, 가난한 자나 부자나 모두 이 가르침을 듣고서 자신에게 적용하여야 한다. 이 세상에서 높은 지위에 있고 부한 자들은 세상의 재물이 헛되다는 것을 듣고서, 세상 재물을 자랑하지 않아야 하고, 안일하게 부를 누리며 살아가지 말고, 선을 행하는 데에 재물을 아낌없이 씀으로써 그들에게 유익이 될 친구들을 많이 만들어야 한다. 이 세상에서 가난하고 지위가 낮은 자들은 이 가르침을 듣고서, 그들이 가진 적은 재물에 만족하고, 풍부한 재물을 지닌 자들을 부러워하거나 시기하지 말아야 한다. 부자들이 세상의 재물을 가지고 무절제하게 환락을 누리는 데에 빠질 위험이 있는 것과 마찬가지로, 가난한 자들은 세상의 재물을 갖고자 하는 무절제한 욕망에 빠질 위험이 있다. 시편 기자는 사람들이 자신의 설교에 왜 귀를 기울여야 하는지 그 이유를 제시한다(3절): 내 입은 지혜를 말하리로다.

1. 그가 이제부터 말하고자 하는 것은 참되고 선하다. 그것은 지혜이고 명철

이다. 그의 가르침은 그 가르침을 받아서 순종하는 자들을 지혜롭고 명철하게 만들어 줄 것이다. 그의 가르침은 두루뭉술한 것이 아니라 확실하고, 사소한 것이 아니라 무게있는 것이며, 머리로 멋지게 생각해 낸 것이 아니라 우리를 옳은 길로 인도하여 선한 열매를 맺게 하는 데에 놀라울 정도로 유익하다.

2. 그가 이제부터 말하고자 하는 것은 스스로 이미 잘 소화한 것이다. 그가 입으로 말하고자 하는 것은 그의 마음으로 묵상한 것이다(시 19:14; 45:1). 그의 가르침은 하나님께서 그의 마음속에 넣어 주신 것이고, 그가 스스로 진지하게 깊이 묵상해서, 그 의미를 깨닫고, 그것이 진리라는 것을 확신한 그런 내용이다. 사역자들이 자신의 마음속에서 깨달은 것을 전할 때에 그 가르침은 듣는 자들의 마음에 와 닿게 될 것이다.

II. 시편 기자는 자기가 얼마나 주의를 기울였는지를 말한다(4절). 내가 비유에 내 귀를 기울이리라. 그것이 비유로 불리는 것은 그것이 비유적이거나 모호하기 때문이 아니라 지혜롭고 매우 교훈적인 가르침이기 때문이다. 그것은 솔로몬의 잠언들과 관련해서 사용된 것과 동일한 단어이다. 시편 기자는 자기 스스로가 그 비유에 귀를 기울였다고 말한다. 이것은 다음과 같은 것들을 보여준다.

1. 그가 그것을 하나님의 영에 의해서 가르침을 받았고, 스스로 생각해 내서 말하는 것이 아니라는 것. 남들을 가르치고자 하는 자들은 먼저 스스로 배워야 한다.

2. 그가 스스로 거기에만 관심을 쏟고, 그가 다른 사람들에게 하지 말라고 권한 그런 일에 자기도 관심을 갖지 않기로 결심하였다는 것.

3. 그는 자기가 관심을 갖고 있지 않은 일에 다른 사람들로 하여금 가장 중요한 문제로 그것을 생각하고 관심을 갖도록 기대하지 않았다는 것. 하나님께서는 어떤 사람에게 학자들의 혀를 주실 때에 먼저 그의 귀를 깨우치사 학자들 같이 알아 듣게 하신다(사 50:4).

III. 시편 기자는 그 가르침을 가급적 평이하고 사람들이 잘 깨우칠 수 있게 말할 것을 다짐한다. 내가 수금으로 나의 오묘한 말을 풀리로다. 그는 자기가 배운 것을 숨기거나 자기 자신만 알고 있고자 한 것이 아니라, 다른 사람들의 유익을 위하여 그들에게 전하고자 하였다.

1. 어떤 이들은 그의 가르침을 이해하지 못해서, 그것은 그들에게 수수께끼

가 되었다. 그들에게 눈에 보이는 것들은 헛되고 눈에 보이지 않는 것들이 진정으로 실재하고 중요하다는 것을 말하면, 그들은 아아, 그가 비유를 말하고 있는 것이 아니냐라고 말한다. 그런 자들을 위해서 그는 달리는 자도 그 가르침을 읽을 수 있을 정도로 이 오묘한 말씀을 아주 평이하게 풀고자 한다.

2. 어떤 이들은 그 가르침을 충분히 이해는 하였지만, 그 가르침에 의해서 움직여지지 않았고, 결코 감화를 받지 못하였다. 그런 자들을 위해서 그는 그의 가르침을 수금에 맞춰 베풀어서 그들에게 감화를 주고 그들의 마음을 얻고자 한다. 설교로 아무런 감화도 받지 못하는 자를 시는 움직일 수 있다(허버트).

IV. 시편 기자는 그의 가르침을 자기 자신에게 적용하는 것으로 시작하는데, 이것은 하나님의 일들을 다루는 올바른 방법이다. 우리는 다른 사람들을 권면하거나 가르치고자 하기 전에 먼저 우리 자신에게 권면하고 가르쳐야 한다. 그는 육체에 의지하여 안전하다고 생각하는 어리석음을 말하기에 앞서(6절), 여기에서 자신의 경험을 통해서 세상의 재물을 의지하지 않고 하나님을 의지하는 자들이 누리는 거룩하고 은혜로운 안전함이 주는 유익과 위로를 말한다: 내가 어찌 두려워하랴. 이 말씀은 내가 어찌 세상 사람들이 두려워하는 것들을 두려워하랴는 뜻이다(사 8:12).

1. "내가 어찌 그들을 두려워하겠는가? 죄악이 나를 따라다니며 나를 에워싸는, 즉 나를 억압하는 자들이 나의 뒤를 쫓으며 나를 해치고자 하는 온갖 시도들로 나를 에워싸는 환난의 날에 내가 어찌 두려워하겠는가? 그들의 모든 힘이 그들의 친구조차 구해낼 수 없는 그들의 재물에 있는 자들을 내가 어찌 두려워하겠는가? 나는 그들의 힘을 두려워하지 않을 것이다. 왜냐하면, 그들은 그들이 지닌 힘으로 나를 멸할 수 없기 때문이다." 세상의 큰 자들은 우리가 그들이 가진 재물이 그들에게 거의 힘이 되지 못한다는 것을 생각하게 되면 결코 두렵게 느껴지거나 보이지 않게 될 것이다. 우리는 그들이 우리를 우리의 영광스러운 자리에서 내칠 것을 염려하거나 두려워할 필요가 없다. 그들은 자신의 영광스러운 자리조차도 스스로 지켜 낼 수 없는 자들이기 때문이다.

2. "내가 어찌 그들과 같이 두려워하겠는가?" 나이 들어서 죽을 날이 가까운 나날들은 환난의 날이자 곤고한 날이다(전 12:1). 심판의 날에 나를 따라다니는 죄악(우리가 발자취들로 남겨 놓은 우리의 과거의 죄들)은 우리를 에워쌀 것이고, 우리 앞에 정렬할 것이다. 하나님은 모든 행위와 모든 은밀한 일을 선악 간에

심판하시리니 우리 각 사람이 자기 일을 하나님께 직고하리라. 이 날에 세상의 악한 자들은 두려워할 것이다. 세상에 마음을 둔 자들에게는 세상을 떠난다고 생각하는 것보다 더 두려운 것은 없다. 그들에게 죽음은 최고의 공포이다. 왜냐하면, 죽음 후에 심판이 임할 때 그들이 저지른 죄들과 무수한 원혼들이 그들을 에워쌀 것이기 때문이다. 그러나 선한 자들에게는 하나님께서 함께 하실 것이기 때문에, 그들이 어찌 죽음을 두려워하겠는가(시 23:4)? 선한 자들은 그들의 죄악이 그들을 에워쌀 때에 그들의 모든 죄가 사함을 받았고, 그들의 양심이 깨끗하게 되어서 평안을 얻게 된 것을 보게 될 것이다. 그러므로 심판 날에 죄인들의 마음은 두려움으로 가득 찰지라도 선한 자들은 기쁨으로 그들의 머리를 들 수 있다(눅 21:26, 28). 하나님의 자녀들은 비록 아무리 가난하다고 하더라도 그들이 죽음과 다가올 심판의 공포로부터 보호하심을 받는다는 점에서 이 세상에서 가장 잘 사는 자들보다도 훨씬 더 진정으로 행복하다는 것을 명심하라.

⁶자기의 재물을 의지하고 부유함을 자랑하는 자는 ⁷아무도 자기의 형제를 구원하지 못하며 그를 위한 속전을 하나님께 바치지도 못할 것은 ⁸그들의 생명을 속량하는 값이 너무 엄청나서 영원히 마련하지 못할 것임이니라 ⁹그가 영원히 살아서 죽음을 보지 않을 것인가 ¹⁰그러나 그는 지혜 있는 자도 죽고 어리석고 무지한 자도 함께 망하며 그들의 재물은 남에게 남겨 두고 떠나는 것을 보게 되리로다 ¹¹그러나 그들의 속 생각에 그들의 집은 영원히 있고 그들의 거처는 대대에 이르리라 하여 그들의 토지를 자기 이름으로 부르도다 ¹²사람은 존귀하나 장구하지 못함이여 멸망하는 짐승 같도다 ¹³이것이 바로 어리석은 자들의 길이며 그들의 말을 기뻐하는 자들의 종말이로다 (셀라) ¹⁴그들은 양 같이 스올에 두기로 작정되었으니 사망이 그들의 목자일 것이라 정직한 자들이 아침에 그들을 다스리리니 그들의 아름다움은 소멸하고 스올이 그들의 거처가 되리라

이 절들 속에서 우리는 다음과 같은 것들을 보게 된다.

I. 이 세상에 분깃을 둔 세상 사람들의 정신과 생활 방식에 관한 묘사(시 17:14). 그들이 부유해서 무수한 재물들(6절), 대대로 물려 받은 집들과 땅들(11절)을 가지고 있는 것은 당연한 것으로 여겨진다. 하나님께서는 흔히 이 세

상의 좋은 것들을 하나님을 멸시하고 하나님께 반역하여 살아가는 악한 자들에게 많이 주시는데, 이것을 통해서 이 세상의 좋은 것들은 사실 그 자체로 가장 좋은 것들이 아니며(만약 그런 것들이 가장 좋은 것들이라면, 하나님께서는 그런 것들을 그의 가장 선한 친구들에게 주실 것이다) 우리에게도 가장 좋은 것들이 아니라는 것이 드러난다. 왜냐하면, 멸망하기로 되어 있는 자들은 그들의 형통을 통해서 멸망의 길로 무르익어 가기 때문이다(잠 1:32). 사람은 이 세상의 많은 재물을 가지고 있으면서, 그것을 통해서 더 나아질 수 있고, 사랑과 감사함과 순종함으로 그의 마음을 더욱 채워서, 그 재물을 가지고 많은 선한 일을 할 수 있다. 그러므로 어떤 사람들을 세상적이라고 할 때 그것은 그 사람들이 많은 재물을 가지고 있기 때문이 아니라 그 재물을 그들이 가장 좋은 것으로 여겨서 거기에 마음을 두고 있기 때문이다. 따라서 세상적인 사람들은 여기에서 다음과 같이 묘사된다.

  1. 그들은 그들이 가진 재물을 의지한다: 그들은 자기의 재물을 의지한다(6절). 그들은 세상 재물을 그들의 분깃이자 행복이라고 여겨서 재물을 의지하고, 재물이 모든 나쁜 일들로부터 그들을 안전하게 지켜주고, 그들에게 온갖 좋은 일들을 가져다 줄 것이라고 믿으며, 그 밖의 다른 것들, 심지어 하나님까지도 그들에게는 아무 필요가 없다고 생각한다. 그들의 소망은 금과 같은 재물이기 때문에(욥 31:24), 재물은 그들의 하나님이 된다. 그래서 우리 구주께서는 부자가 구원받는 것이 어렵다고 말씀하셨다(막 10:23): 재물이 있는 자는 하나님의 나라에 들어가기가 심히 어렵도다(딤전 6:17을 보라).

  2. 그들은 그들이 가진 재물을 자랑한다. 그들은 그들이 가진 재물이 하나님의 은총을 받았다는 확실한 징표이고 그들이 잘났고 근면하다는 것을 입증해 주는 확실한 증거가 되며(내 능력과 내 손의 힘으로 내가 이 재물을 얻었다), 그 재물로 인해서 그들이 진정으로 위대하고 행복한 자가 되었고, 그들의 이웃들보다 더 뛰어난 자들이 되었다는 듯이, 부유함을 자랑한다. 그들은 그들이 갖고자 했던 모든 것을 갖고 있어서(시 10:3) 온 세상을 호령할 수 있다고(나는 여왕으로 앉은 자요 영영히 여주인이 되리라) 자랑한다. 그러므로 그들은 사람들이 그들을 영원히 기억해 주기를 바라며 그들의 토지를 자기 이름으로 부른다. 그들이 자기 소유의 토지를 자기 이름을 붙여서 부름으로써 그들의 토지가 그들의 이름을 지니고 있다고 한다면, 그것은 단지 보잘것없는 영예에 불과하다. 그러

나 토지는 주인이 바뀜에 따라서 자주 그 이름이 바뀐다.

3. 그들은 이 세상에 그들이 지닌 재물들이 영원할 것이라고 생각하여 흐뭇해 한다(11절). 그들의 속 생각에 그들의 집은 영원히 있다. 그들은 이러한 생각에 스스로 즐거워한다. 생각이라는 것은 모두 속으로 하는 것이 아니던가? 물론, 그렇다. 그러나 이 말씀은 다음과 같은 것들을 암시한다.

(1) 이러한 생각이 그들의 마음속에 깊이 뿌리박고 있고, 거기에서 수없이 되뇌어졌으며, 그들의 마음의 가장 깊은 곳에 견고하게 자리잡고 있다는 것. 경건한 자도 세상적인 생각들을 가지고 있지만, 그것들은 그의 겉 생각들일 뿐이다. 그의 속 생각은 하나님과 하늘에 속한 것들로 채워져 있다. 그러나 세상적인 사람은 하나님에 관한 생각들은 오직 표면에 이물질처럼 떠다닐 뿐이고, 그의 확고한 생각, 그의 속 생각은 세상에 두어져 있다. 세상에 관한 생각은 그의 마음을 온통 사로잡고 있고, 거기에서 보좌에 앉아 있다.

(2) 그들은 이러한 생각을 애써서 은폐하고 감춘다는 것. 그들은 그들의 집이 영원할 것을 기대한다고 차마 부끄러워서 말하지는 못하고, 속으로만 그렇게 생각할 뿐이다. 그들은 그들의 집이 영원하리라는 것을 스스로도 확신할 수 없지만, 어리석게도 그들의 집이 영원하고 그들의 거처가 영원할 것이라고 생각한다. 그들의 집이 영원할 것이라고 가정해 보자. 그렇다고 하여도, 그들이 죽고 난 후에 그들의 집은 더 이상 그들의 것이 아니게 될 것인데, 도대체 그것이 그들에게 무슨 유익을 가져다 주겠는가? 그러나 사실 그들의 집은 영원하지 않을 것이다. 왜냐하면, 세상도 지나가고 세상의 형적도 지나가기 때문이다. 모든 것은 시간에 의해서 삼켜져 버린다.

II. 이 점에 있어서 그들이 어리석다는 것을 드러냄. 일반적으로 이것이 바로 어리석은 자들의 길이다(13절). 세상적인 길은 너무도 어리석은 길이라는 것을 명심하라. 이 땅에 자신의 보화를 쌓아 두고 아래 것들에 마음을 두는 자들은 순리를 거스르는 것이고 그들의 진정한 유익에 반하는 것이다. 하나님께서는 여러 해 동안 쓸 물건을 많이 쌓아 두고서는 그것들이 그의 영혼의 분깃이 될 것이라고 생각했던 자를 어리석은 자라고 선언하셨다(눅 12:19-20). 그렇지만 그들의 후손들은 그들의 말이 맞다고 말하며, 그들과 동일한 생각을 품고서, 그들이 말한 대로 말하며 그들이 행한 대로 행하여, 그들의 세상적인 발자취를 그대로 따르고 있다. 세상을 사랑하는 것은 인간의 피 속에 흐르는 질병이라는 것을 명심하라. 사람들은 선천적으로 그러한 질병을 가지고 있어서, 하나님의 은혜만이 그 질병을 치유할 수 있다. 시편 기자는 육체적이고 세상적인 자들의 어리석음을 증명하기 위해서 다음과 같은 것들을 보여준다.

1. 그들은 그들이 가진 모든 재물로도 이 세상에서 그들에게 가장 소중한 친구의 목숨을 구할 수 없고, 자기 자신이 죽음에 붙잡혔을 때에 그로 하여금 죽음을 일시적으로 모면하게 할 수도 없다는 것(7-9절). 아무도 자기의 형제를 구원할 수 없다. 만약 그가 자신의 형제를 위하여 속전을 내어 준다면, 그의 형제는 죽음에서 빠져 나온 후에 자신의 재산으로 그에게 보답을 할 것이다. 또한, 그는 그가 위험에 처해 있을 때에 그의 형제가 그를 구원해 줄 것이라고 소망하면서 그의 형제를 위하여 기꺼이 속전을 지불하고자 한다. 하지만 그의 보증으로 그의 형제가 죽음에서 살아나지 못하고, 그의 재물은 그의 형제를 죽음에서 구하는 속전이 되지 못한다. 하나님은 그들의 재물을 가치 있게 여기지 않으시며, 재물은 하나님께 조금도 중요치 않다. 모든 것들의 진정한 가치는 하나님의 장부에 기록되어 있는 그것들의 가치이다. 공의의 하나님은 그들의 재물을 형제의 목숨과 맞바꿀 수 있는 가치를 지닌 것으로 받아들이지 않으실 것이다. 우리 형제의 목숨을 주관하시는 하나님은 우리의 재물도 주관하시는 분으로서, 하나님 자신에게 그 어떤 어려움도 없고 우리에게 그 어떤 해도 끼치지 않은 채로 하나님의 뜻대로 이 두 가지를 모두 취하실 수 있다. 그러므로 사람들의 재물은 형제의 목숨을 대신하는 속전이 될 수 없다. 우리는 죽음을 뇌물로 매수를 해서 우리의 형제를 죽지 않고 살게 하거나 영원히 살게 할 수 없고, 또한 무덤을 뇌물로 매수해서 우리의 형제가 썩어짐을 보지 않게 할 수 없다. 왜냐하면, 우리는 반드시 죽어서 흙으로 돌아가야 하고, 그러한 운명에서 벗어날 길은 없기 때문이다. 우리가 우리에게 우리 자신의 목숨만큼이나 소중한 부모나 자녀나 친구에 대한 사형 선고를 1시간만이라도 유예할 수 있게 해 줄 수 없는 그런 것을 의지하고 자랑하는 것은 얼마나 어리석은 일인가! 생명을 속량하는 값이 너무 엄청나서 영원히 마련하지 못할 것은 분명히 사실이다. 즉, 생명은 떠나가고자 할 때에 붙잡아 둘 수 없고, 한번 떠나가고 나면 사람의 재주나 세상의 재물로 다시 불러올 수 없다. 그러나 이 말씀은 한 걸음 더 나아가서 구약의 성도들이 구속주로 바라보았던 메시야에 의해서 이루어질 영원한 구속을 가리킨다. 영원한 생명은 그 값이 너무도 엄청나서 이 세상의 재물로는

살 수 없는 보석이다. 우리는 은이나 금 같이 없어질 것으로 대속함을 받은 것이 아니다(벧전 1:18-19). 박식한 하몬드 박사는 이 시편의 8절과 9절을 명시적으로 그리스도에게 적용한다. "생명을 속량하는 값은 너무 엄청나고, 아주 값비싼 대가를 치러야 하지만, 일단 영혼을 구속하는 사역이 이루어지면, 그 일은 다시 되풀이될 필요가 없을 것이기 때문에, 영혼을 구속하는 사역은 영원히 다시 있지 않게 될 것이다(히 9:25-26; 10:12). 그리고 그(즉, 구속주)는 영원히 살아서 썩어짐을 보지 않게 될 것이다. 그는 썩어짐을 보기 전에 다시 살아나서, 영원토록 살아 있게 될 것이다(계 1:18)." 그리스도께서는 세상의 모든 재물로 할 수 없었던 바로 그 일을 우리를 위하여 하셨다. 그러므로 그리스도는 우리에게 세상의 그 어떤 것보다도 더 소중하다. 그리스도께서는 우리를 위하여 형제나 친구, 또는 이 세상의 가장 값진 재물이 할 수 없는 것을 하셨다. 그러므로 아비나 형제를 주님보다 더 사랑하는 자들은 그에게 합당하지 않다. 또한 이것은 그들에게 아무것도 해 줄 수 없는 것을 위해서 자신의 영혼을 파는 세상 사람들의 어리석음을 보여준다.

2. 그들은 그들이 가진 모든 재물로 죽음을 피할 수 없다는 것. 세상적인 사람은 지혜있는 자도 죽고 어리석고 무지한 자도 망하는 것을 보고서 괴로워한다(10절). 그러므로 그는 언젠가는 자기 차례가 돌아와서 자기도 죽게 될 것이라는 것을 예상하지 않을 수 없다. 그는 자기가 영원히 살게 되리라는 소망을 가지고서 힘을 얻을 수 없기 때문에, 어리석게도 자기는 영원할 수 없지만 그의 집은 영원할 것이라는 생각으로 스스로를 위로한다. 정치가들 같은 몇몇 부유한 자들은 지혜롭지만, 그들의 지혜로 죽음을 이길 수 없고, 그들의 온갖 기교와 수완으로 죽음을 피할 수 없다. 또한 어떤 이들은 어리석고 무지한 자들이다(어리석은 자들은 운명의 밥이다). 이러한 자들은 선을 행하지는 않지만 이 세상에서 남들에게 큰 해를 끼치지도 않는다. 그러나 그렇다고 해서 그들이 죽음을 피할 수 있는 것은 아니다. 그러한 자들도 온갖 술수를 부려서 이 세상에서 남들에게 해악을 끼친 지혜로운 자들과 마찬가지로 죽음에 붙잡혀서 망하게 된다. 또는, 우리는 본문에 나오는 지혜있는 자와 어리석은 자를 경건한 자와 악인으로 이해할 수도 있다. 경건한 자는 죽는데, 그들의 죽음은 그들의 구원이 된다. 악인들은 죽어서 망하게 되는데, 그들의 죽음은 그들의 멸망이다. 그들은 그들이 가진 재물을 남겨 놓고 죽는데, 그 재물은 다른 사람들의 몫이 된

다.

(1) 그들은 이 세상에서 그 재물을 가지고 영원히 살 수도 없고, 그 재물을 가지고 죽음을 유예받을 수도 없다. 우리가 밭에 보화를 감추었으니 우리를 죽이지 말라는 호소는 한 번쯤은 소용이 있었을지라도 쓸데없는 호소이다(렘 41:8).

(2) 그들은 죽을 때에 재물을 가져갈 수 없고, 이 세상에 그 재물을 남겨 둘 수밖에 없다.

(3) 그들은 자기가 죽고 난 후에 그 재물을 누가 차지하게 될지를 미리 내다볼 수 없다. 그들은 재물을 이 세상에 남겨 두고 떠나면서도, 누가 자신의 재물을 차지하게 될지, 어리석은 자가 차지할지 자신의 원수가 차지할지를 알지 못한다(전 2:19).

3. 그들이 가진 재물이 그들이 죽을 때에 아무런 소용도 없는 것과 마찬가지로, 그들이 지닌 존귀함도 죽을 때에는 그들에게 아무런 소용도 없게 되리라는 것(12절): 사람은 존귀할지라도 장구하지 못한다. 어떤 사람이 출세를 해서 가장 높은 자리에 올랐고, 세상에서 가장 크고 행복한 자가 되었으며, 온갖 부귀 영화를 누리며, 그가 원하는 모든 것들로 둘러싸여 있다고 가정해 보자. 그렇다고 할지라도, 그는 영원히 살 수 없다. 그의 존귀함은 지속될 수 없고, 허망한 그림자일 뿐이다. 그는 이 세상에서 영원히 머무를 수 없다. 이 세상은 여관이고, 그가 이 여관에 머무는 기간은 너무도 짧아서, 그는 하룻밤도 거기에서 묵어 갈 수 없다. 이 세상에는 안식이 없기 때문에, 그는 단지 여관에서 휴식을 취할 시간만을 가질 뿐이다. 그는 멸망하는 짐승 같도다. 즉, 그는 짐승들과 마찬가지로 분명히 죽어야 하고, 그의 죽음은 짐승들의 경우와 마찬가지로 그가 이 세상에 머무는 기간을 최종적으로 끝맺는 것이 될 것이다. 또한, 그의 죽은 시체는 짐승들과 마찬가지로 썩게 될 것이다. 어떤 사람이 이 세상에서 불의하게 얻은 아주 큰 명예와 부는 흔히 그의 후손에게 돌아가지 않고(짐승들이 죽을 때에 자기 새끼들에게 아무것도 남겨 주지 않고, 새끼들에게는 오직 그들이 먹고 살아야 할 야생의 세계만이 남겨지는 것과 같이), 그들이 전혀 예상하지 못했던 다른 사람들의 손에 즉시 넘어가게 된다(하몬드 박사의 고찰에 의하면).

4. 죽음 저편에서 그들의 처지가 너무도 비참하게 되리라는 것. 그들은 세상에 몰두하였지만, 세상은 그들을 죽음으로부터 구원해 주지 못할 뿐만 아니라,

그들을 더욱더 깊이 저 음부 속으로 가라앉게 만들 것이다(14절): 그들은 양 같이 스올에 두기로 작정되었다. 그들의 형통함은 단지 그들을 도살할 양 같이 살찌운 것일 뿐이기 때문에(호 4:16), 죽음이 다가오면, 그들은 우리에 갇혀서 진노의 날을 향하여 끌려 가는 살진 양처럼 무덤에 갇히게 된다(욥 21:30). 그들 중 많은 수는 병으로 죽은 양 떼 같이 무덤에 던져지고, 거기에서 죽음은 그들을 먹게 될 것이고, 둘째 사망 속에서 구더기가 그들을 달게 먹게 될 것이다(욥 24:20). 죄책감에 시달리는 그들의 양심은 수많은 독수리들이 되어서 얘, 이것을 기억하라는 말로 그들을 끊임없이 쪼아 먹게 될 것이다(눅 16:25). 바벨론 왕이 죽었을 때에 아래의 스올이 소동하였던 것과 마찬가지로(사 14:9 이하), 죽음이 그들을 능욕하며 기뻐할 것이다. 성도는 교만한 죽음에게 너의 쏘는 것이 어디 있느냐라고 반문할 수 있는 반면에, 죽음은 교만한 죄인에게 너의 부유함, 너의 화려한 영화가 어디 있느냐라고 힐난할 것이다. 그가 이 세상에서의 영화로 더 많이 살이 쪘을수록, 죽음은 더욱 달콤하게 그를 먹게 될 것이다. 땅의 티끌 가운데에서 자는 모든 자들이 깨어나게 될 저 부활의 아침에(단 12:2), 정직한 자들이 그들을 다스리리니, 악인들이 영원한 부끄러움과 멸시로 가득 채워질 때에 정직한 자들은 가장 높은 위엄과 존귀함으로 높여질 것이고, 악인들이 가장 낮은 음부로 가라앉을 때에 정직한 자들은 가장 높은 하늘로 올리워져서, 배심원들이 되어서 그리스도와 더불어 그들에게 심판을 선고하며, 그들을 멸망케 하신 하나님의 공의를 칭송하게 될 것이다. 어리석은 처녀들이 슬기로운 처녀들에게 너희 기름을 좀 우리에게 나눠 달라고 애걸하였을 때 그들의 운명이 슬기로운 처녀들의 손에 달렸다는 것을 시인한 것과 마찬가지로, 음부에서 부자가 나사로에게 자신의 혀를 식혀 줄 물 한 방울을 가져다 달라고 애걸했을 때에 그는 정직한 자가 그를 다스리고 있다는 것을 시인한 것이었다. 정직한 자들이 지금 흔히 악인들의 압제 밑에서 신음하고 있고, 악인들이 그들을 다스리고 있는 것과 관련해서 우리는 이 말씀을 위로로 삼아야 한다. 상황이 역전되어서 정직한 자가 악인들을 다스리게 될 날이 다가오고 있다(에 9:1). 우리는 지금 어떤 것들을 판단할 때에 그것들이 그 날에 어떤 모습으로 나타나게 될지에 따라서 판단하여야 한다. 그렇다면, 악인들의 온갖 아름다움은 그 날에 어떻게 될 것인가? 슬프게도, 악인들의 아름다움은 스올이 그들이 거처가 될 때에 그 무덤 속에서 소멸하게 될 것이다. 그들 스스로가 소중하게 여겼던 모든 것들, 그리고 다른 사람들로 하여금 그들을 우러러 보게 만들었던 모든 것들은 그들이 진정으로 소유하고 있었던 것이 아니라 잠시 외부로부터 빌린 것들에 불과한 것이었다. 그들의 온갖 아름다움은 그들의 본래의 모습이 아니라 덧칠하고 광낸 것이기 때문에, 그들은 그들이 본래 지니고 있었던 기형적인 모습으로 부활하게 될 것이다. 스올 또는 무덤은 다른 모든 아름다움을 소멸시켜 버리지만, 거룩함의 아름다움에 대해서는 건드릴 수도 없고 그 어떤 손상도 가할 수가 없다. 무덤 또는 스올이 악인들의 거처가 될 때에 그들의 아름다움은 사라지게 될 것이다. 영원한 어둠만이 존재하는 곳에서 그 어떤 아름다움이 존재할 수 있겠는가.

[15]그러나 하나님은 나를 영접하시리니 이러므로 내 영혼을 스올의 권세에서 건져내시리로다 (셀라) [16]사람이 치부하여 그의 집의 영광이 더할 때에 너는 두려워하지 말지어다 [17]그가 죽으매 가져가는 것이 없고 그의 영광이 그를 따라 내려가지 못함이로다 [18]그가 비록 생시에 자기를 축하하며 스스로 좋게 함으로 사람들에게 칭찬을 받을지라도 [19]그들은 그들의 역대 조상들에게로 돌아가리니 영원히 빛을 보지 못하리로다 [20]존귀하나 깨닫지 못하는 사람은 멸망하는 짐승 같도다

여기에는 다음과 같은 것들에 대한 타당한 이유가 선한 자들에게 제시되어 있다.

I. 왜 그들은 죽음을 두려워할 필요가 없는가. 다윗이 여기에서 말하고 있는 것처럼, 그들이 죽어서 복된 상태로 들어간다는 즐거운 전망을 가지고 있기 때문에, 그들은 죽음을 두려워할 이유가 전혀 없다(15절). 다윗은 자신의 죄악들 가운데서 죽은 자들이 얼마나 비참한지를 보여준후에(14절), 여기에서는 하나님 안에서 죽은 자들이 얼마나 복된지를 보여준다. 사람들이 이 땅에 살면서 서로의 처지가 크게 다르다고 하여도, 사람들의 그러한 외적인 처지는 죽었을 때에는 아무런 차이도 가져오지 않는다. 부자나 가난한 자나 다 무덤 속으로 들어간다. 그러나 사람들의 영적인 상태의 차이는 비록 그 차이가 아주 작아서 이 세상에 살 때에는 모두 동일하게 보인다고 할지라도 죽을 때와 죽고 나서 너무도 엄청난 차이를 만들어 낸다. 이제 그는 여기서 위로를 받고 너는 괴로움을 받느니라. 의인들은 죽을 때에 소망을 가지고 죽기 때문에, 다윗은 여기에서 자

신의 영혼과 관련하여 하나님께 소망을 두고 있다. 하나님의 자녀들이 자신의 영혼이 스올에서 건져 내심을 받아서 영광 속으로 들어가게 될 믿음과 소망을 가지고 있는 것은 그들이 죽는 순간에 그들에게 큰 힘과 기쁨이 된다는 것을 명심하라. 그들은 다음과 같은 소망을 가지고 있다.

1. 하나님께서 그들의 영혼을 스올의 권세에서 건져 내시리라는 것. 이것은 다음과 같은 것들을 포함한다.

(1) 하나님께서 그들의 영혼을 보호하셔서 그들의 몸과 더불어 영혼이 무덤으로 내려가지 않게 하시리라는 것. 하나님께서 사람에게 내리신 선고로 말미암아 스올은 사람의 몸에 대한 권세를 가지고 있고(창 3:19), 스올은 그러한 권세를 잔인하게 집행한다(아 8:6). 그러나 스올은 영혼에 대해서는 그러한 권세를 가지고 있지 않다. 스올은 사람의 몸을 잠잠하게 하고 감옥에 가두며 멸할 권세를 지니고 있다. 그러나 몸을 벗어 버린 영혼은 이전보다 더 자유롭게 움직이고 행하며 교제한다(계 6:9-10). 영혼은 물질이 아니고 불멸한다. 죽음은 어두운 등을 깨뜨릴 수는 있지만 그 안에 갇혀 있는 등불을 꺼뜨릴 수는 없다.

(2) 부활의 때에 영혼과 몸이 다시 결합됨. 영혼은 생명을 위해서 간직된다. 실제로 영혼은 한동안 스올의 권세 아래에 놓이게 되지만, 결국에는 죽을 것이 생명에 삼킨 바 될 때에 스올의 권세에서 건져 내심을 받게 될 것이다. 처음에 영혼을 창조하셨던 생명의 하나님은 마지막에 영혼의 구속주가 되실 것이다.

(3) 영혼이 영원한 멸망으로부터 구원받음. "하나님은 내 영혼을 스올의 권세에서 건져 내시고(15절), 장차 임한 진노, 악인들이 던져지게 될 멸망의 구덩이에서 내 영혼을 건져 내실 것이다(14절)." 성도들은 둘째 사망의 해를 받지 않을 것이기 때문에(계 2:11), 그들에게 첫째 사망은 아무런 해악도 되지 못하고, 스올이 그들에 대하여 승리를 거두지 못하리라는 것은 성도들이 죽을 때에 큰 위로가 된다.

2. 하나님께서 그들을 영접하시리라는 것. 하나님은 그들의 영혼을 영접하시기 위해서 그들의 영혼을 스올에서 건져 내신다. 내가 나의 영을 주의 손에 부탁하나이다. 이는 주께서 나의 영을 속량하셨기 때문이니이다(시 31:5). 하나님은 그들을 기뻐하셔서 영접하실 것이고, 그들을 그의 나라로 인도하셔서, 그들을 위하여 예비해 놓으신 집들(요 14:2-3), 저 영원한 거처(눅 16:9)로 영접하실 것

이다.

Ⅱ. 왜 그들은 악인들이 이 세상에서 형통하고 권세를 휘두르는 것을 두려워 할 필요가 없는가. 악인들의 형통과 권세는 그들의 자부심이고 기쁨이지만, 흔히 의인들의 시기와 슬픔과 두려움의 대상이다. 하지만 모든 것을 고려할 때에 의인들이 악인들의 형통과 권세를 두려워할 이유가 없다.

1. 다윗은 성도들이 죄인들의 형통을 시기하고, 그들이 지닌 부와 권세로 하나님 신앙과 경건한 자들을 짓밟으며, 그들이 진정으로 복된 자들로 드러나게 될 것을 두려워할 시험이 매우 강하다는 것을 전제한다. 그가 이렇게 전제하는 것은 다음과 같은 이유들 때문이다.

(1) 그들은 치부하여, 그들 주변의 사람들을 자기 마음대로 부릴 수 있고, 모든 것을 자기 뜻대로 할 수 있기 때문에. 돈이 지닌 힘으로 안 되는 일은 없다.

(2) 그들의 집의 영광은 처음에는 아주 미약했지만 점점 크게 되었고, 이것은 자연스럽게 그들을 무례하고 오만방자하게 만들었기 때문에(16절). 따라서 그들은 하늘의 은총을 받은 자들로 보였고, 사람들의 눈에 굉장한 인물들로 보일 수밖에 없었다.

(3) 그들은 스스로를 매우 흡족하게 여기고 자기 자신에 만족하였기 때문에 (18절): 그는 생시에 자기를 축하하였다. 즉, 그는 이 세상에서 형통하였기 때문에, 자기 자신을 지극히 복된 사람으로 생각하였고 지극히 선한 사람으로 생각하였다. 그는 어리석은 부자가 자신의 영혼에게 말했던 것처럼 자신의 영혼을 축하하였다: "영혼아, 세상의 온갖 염려들과 두려움들, 양심의 가책들과 권면들에 신경쓰지 말고, 편안히 지내거라. 모든 것이 잘 되었고, 또한 영원히 잘 될 것이다." 좀 더 살펴보자.

[1] 우리가 무엇 때문에 우리의 영혼을 축복하고, 무엇에 근거해서 우리 자신에 대하여 좋게 생각하는지를 깊이 살펴보는 것은 대단히 중요하다. 믿는 자들은 진리의 하나님으로 인하여 스스로를 축복하고(사 65:16), 하나님께서 그들의 하나님이시기 때문에 그들 자신이 복되다고 생각한다. 육신적인 사람들은 이 세상의 부로 인하여 자신을 축복하고, 그들이 이 세상의 부를 많이 가졌기 때문에 그들 자신이 복되다고 생각한다.

[2] 그들의 보배로운 영혼이 하나님의 저주 아래에 있는데도, 그들 자신은 자기 영혼이 복되다고 생각하는 자들이 많다. 그들은 하나님께서 정죄하시는 것

을 칭송하고, 하나님께서 그들에 대하여 전쟁을 선포하시는데도 그들 자신에 대하여 화평을 말한다. 그렇지만 이것이 전부가 아니다.

(4) 그들은 사람들에게서 칭찬을 받고 좋은 평판을 듣는다. "그들은 스스로 잘 처신해서 많은 재산을 모으고 가문을 일으켰다는 이유로 사람들에게 칭찬을 받고 칭송하는 소리를 듣게 된다." 그들의 육신을 위하여 재물을 쌓아 두면서도 그들의 영혼과 영원한 삶을 위해서는 아무 일도 하지 않은 자들을 세상 사람들은 그들이 그들 자신을 위하여 가장 좋은 일을 했다고 평가하는데, 이것이 세상에 속한 사람들의 정서이다. 따라서 세상 사람들은 탐욕을 부리는 자를 복되다고 하지만 그런 자를 여호와께서는 멸시하신다(시 10:3). 만약 사람들이 우리를 판단하는 재판장들이 될 것이라면, 그들에게 좋게 보이도록 처신하는 것이 우리의 지혜일 것이다. 그러나 하나님께서 우리를 정죄하시면, 우리가 사람들로부터 인정을 받아 보아야 무슨 소용이 있겠는가? 하몬드 박사는 앞에서 악인에 대하여 말할 때에는 3인칭이 사용된 반면에 여기에서는 2인칭이 사용되고 있다는 것을 근거로 이 본문이 선한 자에 대하여 말하고 있는 것으로 이해한다: "악인은 생시에 자기가 복되다고 말하지만, 너는 너 자신에게 좋게 한 것으로 인해서 칭찬을 받게 될 것이다. 세상의 속물들은 스스로를 높이며 자랑하였다. 그러나 너는 그 속물과는 달리 네 자신에 대하여 좋게 말하지 않고, 네가 영원히 잘될 것을 예비함으로써 너 자신을 위하여 좋게 행하였기 때문에, 너는 사람들에게서가 아니라 하나님에게서 칭찬을 받게 될 것이고, 이것은 너의 영원한 영광이 될 것이다."

2. 다윗은 형통한 죄인들의 종말을 우리에게 내다보게 함으로써 이러한 강력한 시험을 떨쳐 버릴 수 있게 해 준다(시 73:17). "그들이 저 세상에서 어떻게 될지를 생각해 보라. 그러면 너희는 그들이 이 세상에서 누리고 있는 것에 대하여 부러워하거나 시기할 이유가 전혀 없다는 것을 알게 될 것이다."

(1) 그들은 그들이 지금 이 세상에서 누리고 있는 온갖 부귀영화로 인해서 저 세상에서 결코 더 나은 처지가 되지 못할 것이다. 그들이 이 세상에서 가지고 있고 누리고 있는 것들은 죽고 나면 아무 짝에도 쓸모 없는 보잘것없는 것들이다(17절). 그가 죽으면, 그가 저 세상으로 가는 것은 당연한 일이지만, 그는 그가 이 세상에서 오랫동안 모아 놓은 모든 것들 중에서 그 어느 것도 가져가는 것이 없을 것이다. 그러므로 이 세상에서 가장 위대하고 부유한 자가 가장

복된 자라고 할 수 없다. 왜냐하면, 그들이 이 세상에서 누린 삶으로 인해서 저 세상에서의 그들의 삶이 더 나아지는 것은 결코 없기 때문이다. 그들은 벌거벗은 몸으로 이 세상에 왔듯이, 벌거벗은 몸으로 이 세상에서 나가게 될 것이다. 그러나 비록 그들이 부패하고 죄악되며 영적으로 벌거벗은 상태로 이 세상에 왔지만 은혜로 말미암아 새롭게 되고 거룩하게 되며 그리스도의 의를 입은 채로 이 세상을 떠나게 되었다고 말할 수 있는 자들은 이 세상에서의 그들의 삶으로 인해서 저 세상에서도 통용될 수 있는 것들을 가지고 갈 수 있다. 성령의 은혜와 위로들을 풍성하게 받은 자들은 그들이 죽을 때에 가지고 갈 것들이 있다. 그것들은 죽음이 그들로부터 벗겨낼 수 없는 것들이고, 아니 오히려 죽음으로 인해서 더욱 빛나게 될 것들이다. 그러나 세상 재물과 관련해서 우리는 세상에 아무것도 가지고 온 것이 없는 것과 마찬가지로(우리가 지금 가지고 있는 것은 다른 사람들로부터 얻은 것들이다), 세상을 떠날 때에도 아무것도 가지고 가지 못하고, 모든 것을 다른 사람들에게 남기고 가게 될 것이 분명하다(딤전 6:7). 그들은 스올로 내려갈 것이지만, 그들의 영광, 그들이 그들의 영광이라고 여기며 자랑하였던 것은 그들을 따라 스올로 내려가서 죽음과 스올의 수치를 그들로부터 줄여 주거나 그들이 심판받는 것을 경감해 주거나 음부에서의 고통을 줄여 주지 못할 것이다. 은혜를 통해서 우리가 받은 영광은 우리와 함께 하늘로 올라가겠지만, 이 땅의 영광은 우리를 따라서 음부로 내려가지 못한다.

(2) 그들은 저 세상에서 그들이 이 세상에서 누렸던 부귀영화를 오용하고 남용한 모든 죄들로 인하여 지극히 비참한 처지로 전락하게 될 것이다(19절). 그들의 영혼은 그들의 역대 조상들에게로 돌아가리로다. 악인은 그의 세상적이고 악한 조상들, 하나님의 말씀에 귀 기울이지 않았던 그의 조상들에게로 갈 것이다. 악인은 그의 조상들의 말에 동의하였고 그들의 발자취를 따라갔다(슥 1:4). 악인은 그의 조상들이 있는 곳, 빛이라고는 전혀 볼 수 없는 곳으로 가게 될 것이고, 정죄를 받아서 완전한 흑암에 갇혀 위로와 기쁨은 전혀 맛보지 못하게 될 것이다. 그러므로 악한 자들이 누리는 부귀영화와 권세를 두려워하지 말라. 왜냐하면, 부귀영화를 누리는 자가 지혜롭고 선하지 않는다면 그의 결말은 비참할 것이기 때문이다. 그가 깨닫지 못한다면, 우리는 그를 부러워하거나 시기할 것이 아니라 도리어 불쌍히 여겨야 한다. 이 세상에서 존귀함을 누리고

있는데도 어리석고 악한 자라면, 그는 진정으로 해 아래 있는 그 어떤 짐승보다도 멸시받을 만한 짐승이라고 할 수 있다. 그는 멸망하는 짐승 같다(20절). 아니, 사람이 되어서 짐승 같이 행할 바에야 차라리 짐승으로 태어나는 것이 더 낫다. 존귀하고 명철이 있는 자들이 그들이 해야 할 도리를 알고 행한다면, 그들은 지극히 높으신 이의 자녀들이다. 그러나 존귀한 자이면서도 깨닫지 못하고 교만하고 정욕적이며 남을 압제하는 자들은 짐승과 같아서, 이 세상에서 욕되게 죽을 것이고, 저 세상에서 보호를 받지 못하게 될 것이다. 그러므로 형통한 죄인들은 그들 자신을 살피고 두려워하여야 하고, 고난받는 성도들은 그들을 두려워하지 말아야 한다.

제
— 50 —
편

개요

이 시편은 앞의 시편과 마찬가지로 기도 또는 찬송의 시편이 아니라 교훈 시편이다. 이 시편은 책망과 권면을 담은 시편이기 때문에, 우리는 이 시편을 노래할 때 서로를 가르치고 권면하여야 한다. 앞의 시편에서 하나님은 먼저 전체적으로 주목하라고 하신 후에, 그의 선지자를 통해서 이 세상의 자녀들을 다루면서(시 49:3), 그들이 이 세상의 재물에 마음을 두는 것이 죄이자 어리석은 짓이라는 것을 그들에게 깨닫게 하신다. 이 시편에서는 앞의 시편에서와 비슷한 서언 후에, 하나님은 말로만 교회의 자녀들인 자들을 다루면서, 그들이 형식적인 예배만을 드리면서 실제적인 경건을 게을리하는 것이 얼마나 죄악되고 어리석은지를 깨닫게 하신다. 이것은 이 세상의 자녀들과 마찬가지로 멸망으로 가는 아주 확실한 길이다. 이 시편은 다음과 같은 것들로 의도되어 있다.

1. 육신적인 유대인들, 즉 외적인 종교 의식들만을 의지하고 그런 것들보다 훨씬 더 중요한 기도와 찬송의 의무들에 대해서는 태만한 자들과 율법을 다른 사람들에게는 잘 설명해 주면서도 스스로는 악한 삶을 살아가는 자들에 대한 증거로서.

2. 율법의 종교 예식이 폐지되고, 메시야의 나라에 의해서 영적인 방식의 예배가 도입될 것에 관한 예언으로써(요 4:23-24). 하나님께서 사람들을 부르셔서, 과연 그들이 가르침 받은 것들을 얼마나 잘 행하였는지에 대하여 결산을 하게 될 저 심판의 날에 관한 묘사로서. 사람들은 "하나님의 책들에 기록된 대로" 심판을 받게 될 것이다. 그러므로 그리스도께서 율법 수여자로 말씀하고 계실 때에도 재판장으로 말씀하고 계시는 것으로 묘사되고 있는 것은 합당하다. 여기에는 다음과 같은 내용들이 나온다.

I. 율법과 심판을 수여하시는 왕의 영광스러운 모습(1-6절). II. 그를 예배하는 자들에게 그들이 드리는 희생 제사들을 기도로 바꾸라고 교훈함(7-15절). III. 하나님을 예배하는 체하지만 하나님의 명령에 불순종하여 살아가는 자들에 대한 책망(16-20절), 그들의 운명(21-22절), 기도와 더불어서 옳은 행실을 보이라고 모든 자들에게 경고함(23절). 우리는 이 시편을 노래할 때에 이러한 교훈들과 권면들을 우리 자신에게 주어진 것으로 받아들여야 하고, 서로 서로 권하여야 한다.

〔아삽의 시〕

¹전능하신 이 여호와 하나님께서 말씀하사 해 돋는 데서부터 지는 데까지 세상을 부르셨도다 ²온전히 아름다운 시온에서 하나님이 빛을 비추셨도다 ³우리 하나님이 오사 잠잠하지 아니하시니 그 앞에는 삼키는 불이 있고 그 사방에는 광풍이 불리로다 ⁴하나님이 자기의 백성을 판결하시려고 위 하늘과 아래 땅에 선포하여 ⁵이르시되 나의 성도들을 내 앞에 모으라 그들은 제사로 나와 언약한 이들이니라 하시도다 ⁶하늘이 그의 공의를 선포하리니 하나님 그는 심판장이심이로다 (셀라)

여기에서 아삽은 이 시편에 곡조를 붙인 인도자였을 뿐만 아니라 이 시편의 저자였을 가능성이 높다. 왜냐하면, 성경에서는 히스기야 시대에 사람들이 다윗과 선견자 아삽의 시로 하나님을 찬송하였다고 말하고 있기 때문이다 (대하 29:30). 여기에는 다음과 같은 내용들이 나온다.

I. 만왕의 왕의 이름으로 법정이 소집됨(2절). 전능하신 이 여호와 하나님께서 말씀하셨다 — 엘로힘, 여호와, 무한하신 능력과 공의와 긍휼의 하나님, 성부, 성자, 성령. 하나님은 재판장이시고, 하나님의 아들은 이 세상을 심판하시기 위하여 오셨으며, 성령은 심판의 영이다. 하나님께서 온 땅을 부르신 것은 하나님께서 그의 백성 이스라엘과 그들의 위선과 배은망덕을 놓고 다투시는 것을 사리분별이 있는 모든 사람이 판단해 보도록 하기 위한 것만이 아니라 (이스라엘 집으로 하여금 스스로 하나님과 그의 포도원 사이에서 판단하도록, 사 5:3), 세상 모든 사람들이 하나님을 올바르게 예배하는 길, 즉 영과 진리로 예배하여야 한다는 것을 알아야 하기 때문이고, 메시야의 나라가 이 세상에 세워질 때에 모든 사람이 복음적인 예배 속에서 가르침을 받고 거기에 참여하도록 하기 위한 것이며(말 1:11; 행 10:34을 보라), 최후의 심판의 날에 모든 민족이 모여 와서 그들에게 내려질 판결을 받고, 각 사람이 자기 자신에 대하여 하나님께 해명해야 하기 때문이다.

II. 심판이 시작되고, 재판장이 좌정하심. 하나님께서 광야에서 이스라엘에게 율법을 주실 때에 여호와께서 시내 산에서 오시고 세일 산에서 일어나시고 바란 산에서 비추시고 일만 성도 가운데에 강림하셨고 그의 오른손에는 그들을 위해 번쩍이는 율법이 있었다고 성경에서 말하고 있듯이(신 33:2), 하나님께서 이스라엘의 위선을 책망하시고, 율법의 제도들을 폐하기 위하여 그의 복음을 주시려

오시는 때를 여기에서는 다음과 같이 묘사하고 있다.

1. 하나님께서 율법을 주실 때에 시내 산 꼭대기에서 빛을 발하셨던 것과 마찬가지로, 하나님이 시온에서 빛을 비추시리라는 것(2절). 하나님의 말씀이 시온에서 주어졌기 때문에, 그의 진노를 불러일으킨 백성에 대한 심판도 시온에서 나오고, 그 백성에 대한 심판의 집행 명령도 시온에서 나온다(욜 2:1): 시온에서 나팔을 불라. 말씀과 규례를 통한 하나님의 임재와 권능은 사람들의 양심을 일깨우고 그의 교회를 개혁하며 정화시키기 위하여 종종 평소보다 더 강력하게 나타난다. 그런 때에 항상 시온에 거하시는 하나님은 시온에서 빛을 비추시는 것으로 묘사된다. 게다가, 하나님께서 시온에서 빛을 비추신다고 말할 수 있는 것은 영적인 예배를 제정하는 복음이 시온에서부터 나오게 되어 있었고(사 2:3; 미 4:2), 복음의 전파가 예루살렘에서 시작되게 되어 있었으며(눅 24:47), 그리스도인들은 가르침을 받기 위하여 시온 산으로 오게 되어 있었기 때문이다(히 12:22, 28). 시온은 거룩한 산이었기 때문에 여기에서 온전히 아름다운 곳으로 불린다. 거룩함은 진정으로 온전한 아름다움이다.

2. 하나님께서 오사 잠잠하지 아니하시고, 이전과는 달리 사람들의 죄를 더 이상 묵과하지 않으시고(21절) 기뻐하지 아니하심을 보이실 것이며, 오랫동안 감취어져 있었던 비밀, 즉 이방인들이 동일한 후사가 되리라는 것(엡 3:5-6), 예식에 관한 율법의 담이 무너지게 되리라는 것을 그의 거룩한 사도들을 통해서 세상에 공표하리라는 것. 이러한 것은 이제 더 이상 감취어진 비밀이 되지 않을 것이다. 저 큰 날에 우리 하나님께서 오셔서 잠잠하지 아니하실 것이고, 그의 율법에 귀를 기울이고자 하지 않았던 자들로 하여금 그의 심판을 듣게 하실 것이다.

3. 하나님의 나타나심은 너무도 엄위하시고 두려우리라는 것: 그 앞에는 삼키는 불이 있도다. 그 날에는 하나님의 심판의 불이 그의 말씀의 책망을 대신할 것인데, 이것은 위선적인 유대 민족을 일깨우고, 시온의 죄인들로 하여금 저 삼키는 불을 두려워하여(사 33:14) 그들의 죄로 인하여 기겁을 하게 만들기 위한 것이다. 그리스도께서는 복음의 나라를 세우기 위하여 오셨을 때에 이 땅에 불을 던지러 오셨다(눅 12:49). 오순절 날에 급하고 강한 바람이 먼저 불고 나서 성령이 불의 갈라진 혀처럼 각 사람에게 임하였다(행 2:2-3). 마지막 심판 날에도 그리스도께서는 불로 오실 것이다(살후 1:8; 또한 단 7:9; 히 10:27을 보

라).

4. 하나님께서 시내 산에서 천만 성도들과 더불어 오셨던 것과 마찬가지로, 하나님은 이제 모세가 흔히 이스라엘을 쳐서 천지를 불러 증거를 삼았고(신 4:26; 31:28; 32:21), 하나님께서 그의 선지자들을 통해서 천지를 불러 증거를 삼게 하셨듯이(사 1:2; 미 6:2), 이 엄숙한 심판 과정을 지켜 보도록 하기 위하여 위 하늘에 선포하시리라는 것(4절). 저 큰 날의 심판이 공평하다는 것은 하늘과 땅, 성도들과 천사들, 모든 거룩한 무리들에 의해서 확증되고 시인될 것이다.

Ⅲ. 당사자들을 호출함 나의 성도들을 내 앞에 모으라(5절). 이 말씀은 다음 둘 중의 하나를 가리키는 것으로 이해할 수 있다.

1. 진정한 성도들. "그들로 하여금 그리스도로 말미암아 하나님께 모이게 하고, 얼마 안 되는 경건한 이스라엘 백성으로 하여금 스스로를 구별하게 하라." 왜냐하면, 그들에게는 이후의 진노의 심판이 해당되지 않고, 하나님께서 위선 자들을 책망하시는 것이 이 정직한 자들에게 두려운 일이 되어서는 안 되기 때문이다. 하나님께서는 외적인 종교 의식들에만 의지해서 오직 희생 제사만을 드린 자들의 예배를 거절하실 때에 제사를 통해서 그와 언약하고서, 제사 제도의 본래의 목적에 충실히 응답한 자들을 은혜로 열납하실 것이다. 하나님께서 복음이 선포되게 하시고 그리스도의 나라를 세우신 목적은 하나님의 자녀들을 모아서 하나가 되게 하기 위한 것이었다(요 11:52). 예수 그리스도께서 다시 오실 때에 그의 모든 성도들은 그에게 함께 모여 와서(살후 2:1), 그리스도께서 심판하실 때에 배심원들이 될 것이다. 왜냐하면, 성도들은 세상을 심판하게 되어 있기 때문이다(고전 6:2). 이제 여기에서는 제사를 통해서 하나님과 언약을 맺었다는 것이 성도들의 특성으로 제시되고 있다.

(1) 진심으로 하나님과 언약을 맺고서, 하나님을 그들의 하나님으로 삼고, 그들 자신을 하나님께 드려서 하나님의 백성이 되었으며, 이렇게 해서 주와 합하게 된 자들만이 하나님의 성도들로서 하나님께 모여 오게 될 것이다.

(2) 우리 가엾은 죄인들이 하나님과 언약을 맺어서 하나님께 열납될 수 있는 것은 오직 희생 제사, 즉 그리스도께서 드리신 저 위대한 희생 제사(율법의 모든 희생 제사들은 그리스도의 희생 제사의 그림자일 뿐이었다)를 통해서이다. 우리가 하나님께 받아들여져서 다시 언약을 맺으려면, 우리가 하나님과 맺은

첫 번째 언약을 깨뜨린 것에 대하여 먼저 속죄가 이루어져야 한다.

2. 또는, 이 말씀은 제사장 나라와 거룩한 백성이라고 불렸던(출 19:6) 이스라엘 백성 같이 위선적인 성도들을 가리키는 것으로 이해될 수 있다. 그들은 하나의 민족으로서 하나님과 특별한 언약을 맺었다. 이 언약은 엄숙한 예식인 제사를 통해서 맺어졌다(출 24:8). "너희는 와서, 하나님께서 이제부터 너희에게 말씀하시는 것을 들으라. 너희는 하나님께서 지금 그의 선지자들을 통해서 하시는 책망들과 때가 되면 그의 아들을 통해서 그들에게 전하게 될 복음, 율법의 예식들을 폐하게 될 복음을 받아들이라. 너희들이 그러한 것들을 무시한다면, 너희는 하나님으로부터 심판의 말씀을 듣게 될 것이고, 너희가 받아들이고자 하지 아니한 바로 그 말씀에 의해서 심판을 받게 될 것이다."

IV. 이 엄숙한 심판의 결과를 미리 말씀해 주심(6절). 하나님께서 이 재판에 대한 증인들로 부르심. 하늘, 그 하늘이 그의 공의를 선포하리라(4절). 하늘에서 허다한 무리가 할렐루야 하나님의 심판은 참되고 의로우시도다라고 말할 것이다(계 19:1-2). 하늘이 선포하게 될 것은 하나님께서 그의 말씀과 섭리를 통해서 사람들을 꾸짖으신 모든 책망들, 복음을 확고히 세우신 것(복음은 영원한 의를 가져온 것이고, 복음 안에서 하나님의 의가 드러나 있다), 특히 저 큰 날의 심판을 통해서 드러나는 하나님의 의이다.

1. 하나님의 의는 온 세상에 선포되어서 누구나 다 알게 될 것이다. 하늘이 하나님의 영광, 창조주 하나님의 지혜와 권능을 선포하듯이(시 19:1), 마찬가지로 재판장이신 하나님의 영광, 공의와 의를 선포하게 될 것이다. 하늘이 이 두 가지를 선포하는 소리가 너무도 커서, 언어도 없고 말씀도 없으며 들리는 소리도 없다(시 19:3).

2. 하나님의 의는 그 누구도 부인할 수 없을 정도로 확고하게 시인되고 입증될 것이다. 하늘이 선포하는 것을 누가 부인할 수 있는가? 죄인들의 양심조차도 거기에 동의하게 될 것이고, 하늘과 마찬가지로 음부도 하나님의 의를 인정하지 않을 수 없게 될 것이다. 그 이유가 여기에 제시되어 있다: 하나님 그는 심판장이심이로다. 그러므로

(1) 하나님은 의로우실 것이다. 왜냐하면, 하나님이 그가 만든 피조물에게 어떤 해를 끼친다는 것은 불가능하기 때문이다. 하나님은 결코 그러신 적이 없으셨고, 앞으로도 결코 그러지 아니하실 것이다. 하나님을 위하여 재판하는 데

에 사람들이 쓰임을 받는다면, 그들은 불의하게 재판할 수도 있다. 그러나 하나님께서 자기 자신이 재판장이 되시기 때문에, 거기에는 그 어떤 불의도 끼어들 수 없다. 진노를 내리시는 하나님이 불의하시냐? 사도 바울은 이런 생각을 하는 것만으로도 기겁을 한다. 결코 그렇지 아니하니라 만일 그러하면 하나님께서 어찌 세상을 심판하시리요(롬 3:5-6). 하나님께서 내리실 판결들은 온전히 의로울 것이다. 왜냐하면, 그 판결들에는 그 어떤 예외도 있지 않을 것이고, 그 판결들에 대한 그 어떤 항의도 없을 것이기 때문이다.

(2) 하나님은 의롭다하시는 말씀을 듣게 되실 것이다. 하나님은 재판장이시다. 그러므로 하나님은 공의를 수행하실 뿐만 아니라, 모든 사람이 하나님의 심판이 옳다는 것을 인정하지 않을 수 없게 될 것이다. 왜냐하면, 하나님께서 심판하실 때에 그의 심판은 투명할 것이기 때문이다(시 51:4).

⁷내 백성아 들을지어다 내가 말하리라 이스라엘아 내가 네게 증언하리라 나는 하나님 곧 네 하나님이로다 ⁸나는 네 제물 때문에 너를 책망하지는 아니하리니 네 번제가 항상 내 앞에 있음이로다 ⁹내가 네 집에서 수소나 네 우리에서 숫염소를 가져가지 아니하리니 ¹⁰이는 삼림의 짐승들과 뭇 산의 가축이 다 내 것이며 ¹¹산의 모든 새들도 내가 아는 것이며 들의 짐승도 내 것임이로다 ¹²내가 가령 주려도 네게 이르지 아니할 것은 세계와 거기에 충만한 것이 내 것임이로다 ¹³내가 수소의 고기를 먹으며 염소의 피를 마시겠느냐 ¹⁴감사로 하나님께 제사를 드리며 지존하신 이에게 네 서원을 갚으며 ¹⁵환난 날에 나를 부르라 내가 너를 건지리니 네가 나를 영화롭게 하리로다

하나님은 여기에서 율법에 규정된 종교적인 예식들을 지키는 것이 신앙 생활의 전부이고 그러한 것으로 충분하다고 생각한 자들을 다루고 계신다.

I. 하나님은 그와 이스라엘이 원래 맺었던 언약을 말씀하시는데, 이 언약을 통해서 그들은 하나님이 그들의 하나님이 되신다고 맹세하였고, 하나님은 그들이 그의 백성이 될 것이라고 맹세하심으로써, 두 당사자는 여기에 동의하였다. 내 백성아 들을지어다. 내가 말하리라(7절). 다른 사람들이 무슨 짓을 하든, 하나님께서 말씀하실 때에 그의 백성은 하나님의 말씀을 들어야 한다는 것은 너무도 당연한 일이라는 것을 명심하라. 그들이 하나님의 말씀을 듣지 않는다

면, 누가 하나님의 말씀을 듣겠는가? 그러므로 우리는 우리가 하나님의 말씀을 들을 준비가 되어 있을 때에 하나님께서 우리에게 말씀하시리라는 것을 기대할 수 있다. 하나님께서 그의 말씀과 섭리들을 통해서 여러 가지 책망들과 위협들로 우리에 대하여 기뻐하지 아니하시는 마음을 증언하실 때에도 우리는 기꺼이 하나님께서 말씀하시는 것을 들어야 하고, 하나님께서 정하신 매를 순순히 받아들여야 한다.

Ⅱ. 하나님은 율법의 제사들을 하찮게 여기신다(8절 이하). 좀 더 살펴보자.

1. 이 말씀은 율법 아래에서 제사들의 의미를 되돌아본 것으로 생각될 수 있다. 하나님께서는 유대인들과 논쟁을 벌이셨다. 그런데 이 논쟁의 근거는 무엇이었는가? 그들이 율법의 예식들을 무시한 것이 하나님께서 그들과 논쟁하게 된 근거가 아니었다. 그들은 율법의 예식들을 지키는 일에 있어서 전혀 부족함이 없었고, 하나님 앞에 끊임없이 번제를 드리면서, 그러한 제사들을 드리는 것에 자부심을 가지고 있었으며, 이러한 제사를 통해서 간음한 여인처럼 그들의 정욕을 위하여 쓸 것들을 확보하고자 하였다(잠 7:14). 그들은 그들이 드리는 끊임없는 제사들을 통해서 그들이 율법의 더 중요한 것들을 게을리한 것에 대하여 용서를 받고 면제를 받을 것이라고 생각하였다. 아니, 만약 그들이 이러한 율법의 예식들을 어느 정도 게을리하였다면, 그것은 하나님께서 그들과 다투시는 이유가 되지 않았을 것이다. 왜냐하면, 그런 것은 그들의 부도덕한 행실에 비하면 단지 작은 범죄에 불과한 것이었기 때문이다. 그들은 하나님이 그들이 그의 제단에 무수하게 드린 희생 제사들로 인해서 그들에게 엄청난 신세를 졌고, 만약 그들이 이렇게 풍성한 희생 제사를 드리지 않았다면 하나님이 그의 수많은 제사장들을 먹여 살리실 수 없으셨을 것이기 때문에 하나님이 그들에게 아주 많은 빚을 지고 있다고 생각하였다. 그러나 하나님은 여기에서 그들에게 실상은 그들이 생각하는 것과 정반대라는 것을 보여주신다.

(1) 그들이 드리는 희생 제사들은 하나님께 아무 필요도 없다는 것. 산림의 짐승들과 뭇 산의 가축이 다 하나님의 것이고(9-10절), 하나님은 그것들을 다스리시며, 항상 자신의 수중에 두시고, 자신의 뜻대로 언제든지 사용하실 수 있는데, 그들이 드리는 수소나 숫염소가 하나님께 무슨 소용이 있겠는가? 그 모든 것들은 하나님 앞에 대기하고 있으면서 하나님의 처분을 기다리고 있지 않은가(시 104:27-29)? 산의 모든 새들과 짐승들, 세상과 거기에 충만한 모든 것

이 하나님의 것인데, 우리가 하나님의 것에 무엇을 더 더할 수 있겠는가(11-12절)? 하나님은 모든 것이 스스로 충족하신 분이라는 사실은 우리가 하나님께 그 무엇 하나라도 결코 더할 수 없다는 것을 분명하게 증명해 준다.

(2) 하나님은 그들이 드리는 희생 제사들로 인해서 전혀 유익을 얻으실 수 없다는 것. 그들에게 좋은 것들이 하나님께 좋은 것일 수는 없으며, 그들이 아무리 제사를 잘 드린다고 하여도, 그들이 드린 제사로 인하여 하나님이 더 나아지는 것은 없다(13절): 내가 수소의 고기를 먹으며 염소의 피를 마시겠느냐. 그들이 드리는 희생 제사가 그 속에 어떤 좋은 것을 지니고 있어서 하나님을 기쁘시게 할 수 있다고 생각하는 것은 무한하신 성령이 우리의 몸과 마찬가지로 음식을 먹어야 힘을 쓸 수 있다고 생각하는 것만큼이나 어리석은 것이다. 이방인들이 섬겼던 귀신들은 그들의 제물의 기름을 먹고 그들의 전제의 제물인 포도주를 마셨다고 한다(신 32:38). 귀신들은 참 하나님께서 받으셔야 할 제사를 가로채서 스스로 먹고 마음껏 즐겼다. 그러나 크신 여호와께서 제사를 즐기시겠는가? 결코 아니다. 순종이 제사보다 낫고, 하나님과 이웃을 사랑하는 것이 모든 번제보다 나으며 훨씬 더 낫기 때문에, 하나님께서는 그의 선지자들을 통해서 그들이 죄 가운데 살아가는 한 그들이 드리는 제사들은 열납될 수 없을 뿐만 아니라 하나님께 가증스러운 것이라고 그들에게 자주 말씀하셨다. 하나님은 그들이 드리는 제사들을 그를 기쁘시게 하는 것이 아니라 오히려 그를 조롱하는 것이며 그에 대한 모욕으로서 그를 진노케 하는 것이라고 보셨다(잠 15:8; 사 1:11-23; 66:3; 렘 6:20; 암 5:21을 보라). 그러므로 하나님께서는 여기에서 그들에게 이러한 종교적인 예식에 의지하지 말고, 모든 일들에서 그들의 하나님의 뜻에 맞게 행하도록 경고한다.

2. 이 말씀은 그리스도의 복음에 의해서 제사가 폐지될 것을 미리 말씀하신 것으로 생각할 수도 있다(하몬드 박사는 이렇게 이해한다). 하나님은 메시야의 나라를 세우심으로써 제사를 통한 옛 예배 방식을 폐하실 것이다. 하나님은 더 이상 제물들이 항상 그 앞에 있게 하지 않으실 것이다(8절). 하나님은 이제 더 이상 예배자들에게 수소나 숫염소를 가져다가 그의 제단 위에서 태우도록 요구하지 않으실 것이다(9절). 왜냐하면, 하나님께서는 제사를 필요로 하거나 제사를 통해서 기쁨을 얻기 위하여 사람들에게 제사를 드리라고 정하신 것이 결코 아니었기 때문이다. 우리가 가지고 있는 모든 것은 하나님의 것일 뿐만

아니라, 하나님은 우리가 우리의 우리 속에 가지고 있는 것보다 훨씬 더 많은 짐승들을 산림과 산 속에 가지고 계시고, 우리는 그것들에 대하여 알지도 못할 뿐만 아니라 그것들에 대한 소유권도 가지고 있지 않다. 하나님은 율법의 모든 제사를 때가 차면 그의 아들이 십자가 위에서 사람들의 죄를 대속하기 위하여 드리시게 될 저 위대한 희생 제사와 하나님께서 그리스도로 말미암아 기쁘게 받으실 성도들의 영적인 희생 제사에 대한 예표로 정하신 것이었다.

Ⅲ. 하나님은 기도와 찬송이야말로 율법 아래에서 모든 번제와 희생 제사들보다 더 우선시되었고 가장 큰 강조점이 두어졌던 최고의 제사들, 이제 복음 아래에서 개혁의 때까지 시행되었던 저 육적인 규례들을 대신하게 된 최고의 제사들이라고 말씀하신다. 하나님은 여기에서 희생 제사들이 폐하여질 때에 무엇이 선한 것이고, 우리 하나님 여호와께서 우리에게 원하시는 것이 무엇인지를 보여주신다(14-15절).

1. 우리는 우리의 죄를 고백하고 회개하여야 한다: 하나님께 고백을 드리라. 어떤 이들은 이 본문을 이렇게 해석해서, 이 본문을 우리가 죄를 고백함으로써 다시는 죄에 빠지지 않겠다고 다짐하여, 하나님께 영광을 돌리고 우리 자신은 수치를 무릅쓰는 것으로 이해한다. 상하고 통회하는 마음은 하나님께서 멸시하지 아니하시는 제사이다(시 51:17). 사람이 죄를 버리지 않는 경우에는 그가 드린 속죄제는 열납되지 않았다.

2. 우리는 하나님께서 우리에게 베풀어 주신 긍휼에 대하여 하나님께 감사하여야 한다. 하나님께 감사를 드리되, 매일, 하루에도 몇 번씩(내가 하루 일곱 번씩 주를 찬양하나이다), 그리고 특별한 경우에 감사를 드려라. 그것이 겸손하고 감사하는 마음, 하나님을 기뻐하고 사랑하는 것으로 충만한 마음에서 나온 것이라면, 이것은 소 곧 뿔과 굽이 있는 황소를 드림보다 여호와를 더욱 기쁘시게 함이 될 것이다(시 69:30-31).

3. 우리는 하나님과 맺은 언약들을 힘써 행하여야 한다. 지존하신 이에게 네 소원을 갚으라. 너의 죄들을 버리고, 네가 해야 할 도리를 더 잘하며, 네가 하나님께 서약한 것들을 행하라. 우리는 하나님께서 우리에게 베풀어 주신 긍휼에 대하여 감사할 때에 우리가 하나님의 긍휼을 구하면서 하나님께 서원했던 것들을 반드시 지켜서 행하여야 한다. 그렇지 않으면, 우리의 감사는 열납되지 못할 것이다. 하몬드 박사는 이 말씀을 복음의 저 위대한 규례인 성찬식에 적

용하여서, 우리는 성찬식을 통해서 하나님께서 우리를 구원하시기 위하여 그의 아들을 보내신 그 큰 사랑에 대하여 감사하여야 하고, 하나님을 사랑하고 하나님에 대한 우리의 도리를 다하겠다는 우리의 서원을 갚으며, 구제하여야 한다고 말한다. 장차 오실 그리스도에 대한 구약의 모든 모형들 대신에, 여기에는 이미 오신 그리스도에 대한 복된 회상이 나온다.

4. 환난 날에 우리는 신실하고 열렬한 기도를 통해서 하나님께 우리의 처지를 아뢰어야 한다(15절). 환난 날에 다른 신이 아니라 나를 부르라. 우리에게 환난이 닥쳐올 때에 우리는 그 환난이 하나님의 손에서 나온 것임을 알고서, 하나님으로부터 멀어지는 것이 아니라 하나님께로 달려가야 한다. 이렇게 우리는 우리와 관련된 모든 일 속에서 하나님을 인정하고, 하나님의 지혜와 권능과 선하심을 의지하며, 우리 자신을 하나님께 전적으로 맡김으로써, 하나님께 영광을 돌려야 한다. 이것이야말로 화목제를 드리는 것보다 하나님의 은총을 받을 수 있는 더 값싸고 쉽고 확실한 길이고, 하나님께 한층 더 열납될 수 있는 길이다.

5. 하나님께서 우리의 기도에 응답하셔서, 하나님이 생각하시기에 가장 합당하다고 생각되는 방식과 시간에 그의 약속대로 우리를 구원하실 때, 우리는 하나님의 은혜를 감사함으로 언급함을 통해서만이 아니라 하나님께 영광이 되는 삶을 살므로써 하나님을 영화롭게 하여야 한다. 이런 식으로 우리는 하나님과의 교통을 계속해서 지켜 나가야 하고, 하나님께서 우리를 괴롭게 하실 때에는 기도로써 하나님과 만나고, 하나님께서 우리를 구원하실 때에는 찬송으로 하나님을 만나야 한다.

[16]악인에게는 하나님이 이르시되 네가 어찌하여 내 율례를 전하며 내 언약을 네 입에 두느냐 [17]네가 교훈을 미워하고 내 말을 네 뒤로 던지며 [18]도둑을 본즉 그와 연합하고 간음하는 자들과 동료가 되며 [19]네 입을 악에게 내어 주고 네 혀로 거짓을 꾸미며 [20]앉아서 네 형제를 공박하며 네 어머니의 아들을 비방하는도다 [21]네가 이 일을 행하여도 내가 잠잠하였더니 네가 나를 너와 같은 줄로 생각하였도다 그러나 내가 너를 책망하여 네 죄를 네 눈 앞에 낱낱이 드러내리라 하시는도다 [22]하나님을 잊어버린 너희여 이제 이를 생각하라 그렇지 아니하면 내가 너희를 찢으리니 건질 자 없으리라 [23]감사로 제사를 드리는 자가 나를 영화롭게 하나니 그의 행위를 옳게

하는 자에게 내가 하나님의 구원을 보이리라

하나님은 시편 기자를 통해서 그의 백성에게 하나님을 예배하고 하나님과의 교통을 유지하는 올바른 길을 가르치신 후에, 여기에서는 겉으로 신앙을 고백하기는 하였지만 실제로는 악한 자들이고 위선자들인 사람들을 향하여 말씀하신다. 위선은 하나님께 심판을 받게 될 악행이다. 여기에서 우리는 다음과 같은 것들을 살펴볼 수 있다.

I. 그들에 대하여 제기된 죄목.

1. 그들은 신앙의 존귀한 것들과 특권들을 침해하고 찬탈한 죄목으로 고소된다(16절): 악인아, 네가 어찌하여 내 율례를 전하느냐. 이 말씀은 겉으로는 경건해 보이지만 실제로는 속된 자들에게 그들은 신앙을 오직 그들의 마음과 삶의 가증스러운 불경건한 일들을 덮고 은폐하기 위해서만 활용하기 때문에 신앙을 가졌다고 할 수 없고 신앙인의 자격이 없다는 것을 보여주기 위한 도전의 말씀이다. 어디 한번 너희가 참된 신앙인이라는 것을 증명해보아라. 어떤 이들은 이 말씀이 앞에서 언급된 메시야의 나라와 복음적인 예배 방식이 세워지고 있던 때에(7-15절) 유대 교회의 선생이자 지도자로 활동하였던 서기관들과 바리새인들을 예언적으로 가리킨 것이라고 생각한다. 그들은 그들이 모세의 자리에 앉아 있음으로 해서 갖게 된 온갖 권세와 세력을 메시야의 나라와 복음을 반대하고 훼방하는 데에 사용하였다. 우리의 찬송받으실 구주(마 23장)와 사도 바울(롬 2:21-22)이 그들에 대하여 설명하고 있는 것에 의하면, 여기에 나오는 충고의 말씀은 그들에게 아주 잘 맞아떨어진다. 그들은 하나님의 율례를 전하는 책무를 맡고 있었지만, 그리스도의 가르침을 미워하였다. 그러므로 그들이 복음을 거부하였는데, 그들이 하나님의 율법을 해설할 자격을 갖고 있었겠는가? 그러나 이 말씀은 겉으로는 신앙을 고백하고, 특히 하나님의 말씀을 전하며 가르치면서도 실제로는 죄악을 행하는 모든 자들에게 적용될 수 있다. 악하고 불경건한 자들이 하나님의 율례를 전하며 그들의 입에 하나님의 언약을 거론하는 것은 그 자체로 너무도 어이없는 일이고 하늘에 계신 하나님께 큰 모욕이 된다는 것을 명심하라. 하나님의 율례를 다른 사람들에게 전하는 자들이 그들 스스로는 그 율례들에 불순종하여 살아가고, 그들의 입에 하나님의 언약을 거론하는 자들이 마음속으로는 그들이 죄와 사망과 맺은 언약을 지켜 나

가는 일은 얼마든지 가능한 일이고 너무도 비일비재한 일이다. 그러나 그들에게는 그들이 받을 자격이 없는 존귀함을 찬탈하여 누린 것에 대한 죄가 존재하기 때문에, 그들이 천국을 침범한 자들로 발각되어 내쫓겨날 날이 다가오고 있다. 친구여 어찌하여 예복을 입지 않고 여기 들어왔느냐?

2. 그들은 하나님의 율법과 교훈들을 범한 죄로 고소된다.

(1) 그들은 하나님의 말씀을 대놓고 멸시한 죄를 범하였다(17절): 네가 교훈을 미워하는도다. 그들은 다른 사람들에게 교훈을 주고, 다른 사람들이 어떻게 해야 할지를 가르치는 것을 좋아하였다. 왜냐하면, 그런 일을 통해서 그들은 자신의 자존심을 만족시킬 수 있었고, 사람들에게 자기 자신을 크게 보일 수 있었으며, 그러한 술책을 통해서 생계를 이어갈 수 있었기 때문이다. 그러나 그들은 하나님으로부터 가르침을 받는 것을 싫어하였다. 왜냐하면, 하나님의 가르침은 그들을 견제하고 통제하는 것이 될 것이었고 그들이 가르침을 받는다는 것은 그들에게 치욕스러운 일이라고 여겨졌기 때문이다. "너는 훈육받는 것을 싫어하고, 하나님의 말씀에 의한 책망과 섭리에 의한 꾸짖음을 싫어한다." 자신의 삶을 고치기를 싫어하는 자들이 자신의 삶을 고치게 만드는 방편들을 싫어한다는 것은 전혀 이상한 일이 아니다. 너는 내 말을 내 뒤로 던지도다. 그들은 모세의 자리에 앉아서 다른 사람들에게 하나님의 율법을 가르치고 있을 때에는 하나님의 말씀을 그들 앞에 두고 있는 것처럼 보였다(롬 2:19). 그러나 그들의 행실 속에서 그들은 하나님의 말씀을 그들의 뒤로 내팽겨쳐 버리고, 하나님의 말씀에 의해서 그들의 삶을 다스림받지 않기로 결심할 뿐만 아니라 꼴도 보기 싫다는 듯이 하나님의 말씀을 뒤로 던져 버렸다. 이것은 여호와의 계명을 멸시하는 짓이었다.

(2) 가장 악한 죄인들과 패거리를 이루어 어울려 다님(18절). "네가 도둑을 본즉, 하나님의 율례를 전하는 자로서 마땅히 그를 책망하여야 함에도 불구하고, 너는 그와 연합하였고, 그가 행한 일을 옳다고 하였으며, 그와 짝을 이루어서 도둑질한 것을 나눠 갖고자 하였다. 또한, 너는 간음하는 자들과 동료가 되어서, 그들과 같은 짓을 하였으며, 그들에게 그 악한 짓을 계속 하도록 격려하였고, 이런 일들을 행할 뿐만 아니라, 그런 일을 행하는 자들을 옳다 하였다(롬 1:32)."

(3) 혀로 짓는 몹쓸 죄들을 끊임없이 지음(19절). "너는 네 입을 악에게 내어주고, 온갖 악한 말을 금하지 아니할 뿐만 아니라, 완전히 거기에 몰두해 있

다."

　[1] 거짓말. 내 혀는 거짓을 꾸민다. 이것은 의도적으로 거짓말을 궁리하여 꾸며 내는 것을 뜻한다. 너의 혀는 거짓을 엮어 내고 이러저리 잇는다(어떤 이들은 이렇게 해석한다). 거짓말은 또 다른 거짓말을 낳고, 한번 사기를 치면 그것을 은폐하기 위해서 또 다른 사기를 쳐야 한다.

　[2] 비방(20절). "너는 앉아서 네 형제를 공박하며, 그를 비열하게 욕하고 나쁘게 말하며, 재판관이라도 되는 듯이 그를 판단하고 비난하며, 네가 그를 죽이기도 하고 살리기도 할 수 있는 주인이라도 되는 듯이 그에게 선고를 내리지만, 사실 그는 너와 마찬가지로 동등한 지위에 있는 네 형제이다. 왜냐하면, 그는 내 어머니의 아들이기 때문이다. 그는 너의 가까운 혈육이기 때문에, 다른 사람들이 그를 욕한다고 하여도, 너는 마땅히 그를 감싸주고 그를 변호하며 그의 편이 되어 주어야 한다. 너는 마땅히 그의 결점들을 덮어 주고 가장 좋게 보아 주어야 함에도 불구하고, 도리어 그를 욕하고 비방한다. 그가 실제로 잘못한 것이 있다고 할지라도, 네가 그의 무죄한 부분에 대하여 그를 비방하는 것은 정말 잘못되고 옳지 않은 일이다. 너는 재판정에 앉은 재판장이나 되는 듯이 앉아서 이러한 일을 권세 있게 행한다. 너는 오만한 자의 자리에 앉아서, 네가 마땅히 존중해 주고 인자하게 대해 주어야 할 사람들을 조롱하고 헐뜯고 있다." 스스로 잘못하는 자들은 흔히 다른 사람들을 헐뜯고 욕하며 즐거워한다.

　II. 이러한 고소에 대한 증거(21절). "네가 이런 일들을 행하였다. 네가 범죄한 사실은 부인할 수 없을 정도로 명백하고, 네가 행한 잘못은 변명할 수 없을 정도로 악하다. 하나님께서 이런 일들을 아시고, 너의 마음으로 네가 행한 것을 알고 있다." 죄인들이 행한 죄악들은 저 큰 날의 심판대에 이론의 여지 없이 그들에게 그대로 증명될 것이다. "내가 너를 책망하여, 너로 하여금 네 죄를 깨닫게 함으로써, 네가 네 자신에 대하여 한 마디 말도 할 수 없게 만들 것이다." 회개치 않은 죄인들이 그들의 말문이 막혀서 단 한 마디도 변명할 수 없는 날이 다가오고 있다. 하나님께서 그들이 지은 죄악들을 그들의 눈 앞에 낱낱이 내어 놓으실 때에 그들의 당혹감과 낭패스러움은 얼마나 클 것인가! 그들은 창피해서 그들이 저지른 죄악들을 보고자 하지 않았고, 그것들을 그들의 등 뒤로 던져 버리고 은폐하며 잊어버리고자 하였고, 그것들을 마음에 두어서 그들의 양심이 괴롭도록 하고자 하지 않았다. 그러나 하나님께서 그들에게 그들이 저지른 죄악들을 보여줌으로써 그들이 영원한 부끄러움과 두려움에 빠지게 하실 날이 다가오고 있다. 하나님은 그들이 저지른 죄악들, 즉 원죄, 실제로 지은 죄들, 율법을 범한 죄들, 복음을 거스른 죄들, 십계명의 첫 번째 돌판에 기록된 것들을 범한 죄들, 두 번째 돌판에 기록된 것들을 범한 죄들, 아이 때와 청년기에 범한 죄들, 좀 더 원숙한 장년기에 범한 죄들, 노년기에 범한 죄들 등등을 그들 앞에 낱낱이 벌여 놓으실 것이다. 하나님은 증인들을 차례로 불러서 피고에 대하여 그들이 보고 들은 것을 말하도록 하는 것과 마찬가지로 그들의 죄악들을 차례로 호출하실 것이다.

III. 재판장의 인내와 죄인이 그 인내를 악용함. "내가 잠잠하였고, 네가 가는 죄악된 길을 방해하지 않고, 네 마음대로 네 길을 가도록 놔 두었었다. 너의 악한 행실에 대한 선고는 유예되었고 신속하게 집행되지 않았다." 진노를 불러일으키는 죄인들을 향하신 하나님의 참으심은 지극히 크시다는 것을 명심하라. 하나님은 그들의 죄악들을 보시고 그것들을 미워하신다. 그들을 벌하시는 것은 하나님께 어려운 일도 아니고 하나님에게 손해를 끼치는 일도 아니다. 그렇지만 하나님은 은혜로 그들에게 회개할 시간을 주시고 기다려 주신다. 그러므로 그들이 회개하지 않는다면, 그들은 나중에 변명할 말이 없게 될 것이다. 죄인들은 하나님의 인내를 악용한다는 점에서, 하나님의 오래 참으심은 한층 더 놀라운 일이다. "너는 나를 너와 같은 줄로 생각하여서, 너처럼 연약하고 잘 잊어버리며, 자기가 한 말을 지키지 않고, 너처럼 죄와 친구가 되는 자인 줄로 생각하였도다." 죄인들은 하나님의 침묵을 동의한 것으로 여기고, 하나님의 오래 참으심을 묵인하는 것으로 여긴다. 그러므로 하나님께서 그들을 오래 참고 연기해 주시면 주실수록, 그들의 마음은 더욱 완악해진다. 그러나 그들이 돌이키지 않는다면, 그들은 때가 너무 늦어서 그들의 잘못을 알게 될 것이고, 그들이 화나게 한 하나님이 의롭고 거룩하시며 두려운 분으로서 그들과 같지 않으시다는 것을 알게 될 것이다.

IV. 장차 위선자들이 받게 될 무시무시한 심판에 대한 경고(22절). "하나님을 잊어 버린 너희여 이제 이를 생각하라. 하나님께서 너희의 모든 죄들을 아시고 장부에 다 기록해 놓으신다는 것, 하나님께서 너희를 불러서 그 죄악들에 대하여 해명하게 하시리라는 것, 하나님의 인내심을 악용한 것에 대하여 더 큰 진노를 받게 되리라는 것, 너희는 하나님과 하나님에 대한 너희의 도리를 잊어

버렸을지라도, 하나님은 너희와 너희가 하나님에 대하여 반역한 것을 결코 잊지 않으신다는 것을 깊이 생각하라. 너무 늦기 전에 아직 시간이 있을 때에 이 것을 생각하라. 왜냐하면, 너희가 이런 것들을 깊이 생각해서 돌이키지 않는다면, 하나님이 너희를 찢으실 것이고 건질 자가 없을 것이기 때문이다." 위선자들은 찢기는 벌을 받게 된다(마 24:51).

1. 악인들의 모든 악행의 밑바닥에는 하나님을 잊어버린 것이 놓여 있다. 하나님을 알면서도 하나님께 순종하지 않는 자들은 분명히 하나님을 잊고 있는 것이다.

2. 하나님을 잊고 있는 자들은 스스로를 잊고 있는 것이다. 그들이 하나님을 생각하게 되고, 그렇게 함으로써 스스로 회복될 때까지는 그들은 결코 올바르게 될 수 없다. 곰곰이 생각하는 것은 회심을 향한 첫 번째 걸음이다.

3. 하나님께서 말씀을 통해서 경고한 것들을 곰곰이 생각하고자 하지 않는 자들은 분명히 하나님의 진노에 의해서 찢겨지게 될 것이다.

4. 하나님께서 죄인들을 찢으러 오실 때, 그들을 하나님의 손에서 건져 줄 자가 없을 것이다. 그들은 스스로를 건질 수도 없고, 그들이 이 세상에서 사귄 그 어떤 친구도 그들을 구원해 줄 수 없다.

V. 이 두려운 심판을 우리 모두가 피하려면 어떻게 해야 하는지에 관한 자세한 교훈들.　　우리는 이 모든 문제의 결론을 들어야 한다. 그 결론이 여기에 나오는데(23절), 그것은 우리에게 우리가 최고의 목적을 이루기 위해서는 어떻게 해야 하는지를 보여준다.

1. 인간의 최고의 목적은 하나님을 영화롭게 하는 것인데, 여기에서는 찬송을 드리는 자가 하나님을 영화롭게 한다고 말하고 있다. 유대인이든 이방인이든, 그가 드리는 영적인 제사들은 열납될 것이다. 우리는 하나님을 찬송하여야 하고, 우리는 찬송의 제사를 드려야 하며, 모든 희생 제사를 하나님께 드렸듯이 우리도 찬송의 제사를 하나님께 드려야 한다. 우리는 찬송의 제사를 우리의 제사장이자 제단이기도 하신 우리 주 예수의 손을 거쳐 드려야 한다. 우리는 찬송의 제사를 거룩한 불을 통해서 드려야 하는데, 그 불은 거룩하고 경건한 사랑의 불꽃에 의해서 점화될 수 있다. 우리는 뜨거운 마음을 가지고서 여호와를 찬양하여야 한다. 그럴 때에 하나님은 스스로를 무한히 낮추셔서, 우리의 찬송의 제사를 하나님을 영화롭게 하는 것으로 기쁘게 여기신다. 이렇게 찬송의 제

사를 통해서 우리는 하나님의 이름에 걸맞는 영광을 하나님께 돌려 드릴 수 있고, 하나님 나라를 사람들 가운데서 진보하게 할 수 있다.

2. 이것과 더불어서 인간의 최고의 목적은 하나님을 누리는 것이다. 여기에서는 행위를 옳게 하는 자는 하나님의 구원을 보리라고 말씀한다.

(1) 우리가 찬송을 올려 드리는 것만으로는 충분하지 않고, 우리는 찬송과 더불어서 우리의 행실을 올바르게 하여야 한다. 감사를 드리는 것은 좋은 일이지만, 감사하며 살아가는 것은 더욱 좋은 일이다.

(2) 행실을 올바르게 하고자 하는 자들은 자신의 행실을 하나님의 뜻에 맞추고자 애써야 하고, 그들이 행하는 길을 잘 이해해서 하나님의 뜻에서 벗어나지 않게 하는 데에 힘써야 한다.

(3) 자신의 행실에 주의하는 자들은 확실한 구원을 받게 된다. 그런 자들에게 하나님은 그의 구원을 보게 해주실 것이다. 왜냐하면, 하나님의 구원은 이미 나타난 구원이기 때문이다. 하나님은 그들로 하여금 그 구원을 보고 누리며, 그 구원 안에서 그들 자신이 영원히 복되다는 것을 알게 하실 것이다. 행실을 올바르게 갖는 것이야말로 큰 구원을 얻는 유일한 길이자 확실한 길이라는 것을 명심하라.

**제
— 51 —
편**

개요

다윗은 이 시편을 아주 구체적인 경우에 지었기는 하지만, 이 시편은 다윗의 시편들이 그러하듯이 일반적으로 사용될 수 있다. 이 시편은 참회 시편들 중에서 가장 뛰어난 것으로서 회개하는 죄인이 무엇을 마음에 두고 생각하며 소원하는지를 아주 생생하게 표현해 주고 있다. 우리가 하나님께 기도할 때에 천국에서 하는 일인 하나님을 찬송하는 일 이외에 다른 것도 하나님 앞에 말해야 한다는 것은 참으로 안타까운 일이다. 그러나 우리는 우리 자신의 죄들과 어리석음 때문에 우리 자신을 위하여 하나님께 다른 것도 아뢰야 한다. 우리는 회개하는 자의 태도로 은혜의 보좌 앞에 나아가서, 우리의 죄를 고백하고 하나님의 은혜를 구하여야 한다. 그럴 때에 우리가 하나님께 어떤 말을 하고자 한다면, 우리는 그 어디에서도 이 시편만큼 더 적절한 말을 찾을 수 없다. 왜냐하면, 이 시편은 다윗이 그의 평생에 가장 큰 오점이었던 것, 즉 우리야의 일과 관련해서 그가 지은 죄에 대하여 회개한 것을 기록해놓고 있기 때문이다. 다윗이 평생에 저지른 온갖 나머지 잘못들은 이 일에 비하면 아무것도 아니었다. 성경에서는 다윗에 대하여 "헷 사람 우리야의 일 외에는 평생에 여호와 보시기에 정직하게 행하고 자기에게 명령하신 모든 일을 어기지 아니하였다"고 말한다(왕상 15:5). 이 시편에서 I. 다윗은 자신의 죄를 고백한다(3-6절). II. 다윗은 자신의 죄를 용서해 달라고 간절히 기도한다(1-2, 7, 9절). III. 다윗은 자신의 양심을 평안하게 해 달라고 간절히 기도한다(8, 12절). IV. 다윗은 하나님께서 그에게 은혜를 주셔서 앞으로는 더 이상 죄를 범하지 않게 해 달라고 기도한다(10-11, 14절). V. 다윗은 그가 하나님께 자유롭게 나아가게 해 달라고 기도한다(15절). IV. 다윗은 다른 사람들의 영혼이 잘 되는 것(13절)과 하나님의 영광을 위하여 최선을 다하겠다고 약속한다(16-17, 19절). 그리고 마지막으로 다윗은 시온과 예루살렘을 위한 기도로 이 시편을 끝맺는다(18절). 어떤 큰 죄로 인해서 양심의 가책을 느끼는 자들은 중보자이신 예수 그리스도를 믿음으로 의지하는 가운데 이 시편을 놓고 반복해서 기도하여야 한다. 아니, 우리가 간음이나 살인 또는 그런 것과 같은 엄청난 죄를 짓지 않았다고 하더라도, 우리는 이 시편을 노래하며 이 시편을 놓고 기도하면서, 여기에 나오는 모든 내용들을 우리 자신에게 그대로 적용할 수 있다. 그럴 때에 우리가 우리의 죄악됨을 진심으로 고백하기만 한다면, 우리는 그리스도로 말미암아 죄를 사함받는 긍휼하심과 때를 따라 도우시는 은혜를 발견하게 될 것이다.

〔다윗의 시, 인도자를 따라 부르는 노래, 다윗이 밧세바와 동침한 후 선지자 나단이 그에게 왔을 때〕
¹하나님이여 주의 인자를 따라 내게 은혜를 베푸시며 주의 많은 긍휼을 따라 내 죄악을 지워 주소서 ²나의 죄악을 말갛게 씻으시며 나의 죄를 깨끗이 제하소서 ³무릇 나는 내 죄과를 아오니 내 죄가 항상 내 앞에 있나이다 ⁴내가 주께만 범죄하여 주의 목전에 악을 행하였사오니 주께서 말씀하실 때에 의로우시다 하고 주께서 심판하실 때에 순전하시다 하리이다 ⁵내가 죄악 중에서 출생하였음이여 어머니가 죄 중에서 나를 잉태하였나이다 ⁶보소서 주께서는 중심이 진실함을 원하시오니 내게 지혜를 은밀히 가르치시리이다

이 시편의 표제는 다윗의 타락과 관련된 아주 슬픈 이야기를 이 시편과 연관시키고 있다. 그러나 다윗은 넘어지기는 하였지만 완전히 엎드러진 것은 아니었다. 왜냐하면, 하나님께서는 은혜로 그를 붙드시고 일으켜 주셨기 때문이다.

1. 다윗이 이 시편에서 탄식하고 있는 죄는 그가 자신의 이웃의 아내에게 범한 어리석고 악한 범죄로서 말하거나 생각하기도 싫고 끔찍한 죄였다. 다윗이 밧세바를 범한 것은 그가 이후에 자행한 그 밖의 다른 온갖 죄악들로 이어지는 입구가 되었다. 그것은 저수지에 뚫린 작은 구멍과 같아서 결국에는 둑을 무너뜨리고 말았다. 다윗이 범한 이 죄를 기록해 놓은 것은 선 줄로 생각하는 자는 넘어질 것을 조심해야 한다는 경고를 모든 사람들에게 주기 위한 것이다.

2. 다윗은 자신의 범죄에 대한 자책감이나 슬픔을 구체적으로 표현함이 없이 아홉 달이 넘게 계속하다가(잘은 모르지만 아마도), 하나님께서 나단 선지자를 보내서 그의 죄를 깨우쳤을 때에야, 이 시편에 나와 있는 대로 회개를 하였다. 하나님께서는 그의 백성이 범죄로 떨어져서 꽤 오랫동안 범죄 속에 놓여 있는 것을 허용하실지라도, 결국에는 이런저런 수단을 통해서 그들을 회복시키셔서 그들로 하여금 회개하고 하나님께 돌아와서 다시 올바른 마음을 가질

수 있게 하신다. 이 일과 관련해서 하나님은 일반적으로 말씀의 사역을 사용하시지만, 하나님은 결코 말씀에 매여 계시는 분이 아니다. 어떤 잘못에 붙잡혀 있는 자들은 신실한 책망을 그들에게 베풀어질 수 있는 가장 큰 자비로 여기고, 지혜롭게 책망하는 자를 그들의 가장 좋은 친구로 여겨야 한다. 의인이 나를 칠지라도 은혜로 여기며 책망할지라도 머리의 기름 같이 여기리로다.

3. 자신의 죄를 깨달은 다윗은 하나님 앞에 자신의 마음을 다 쏟아서 긍휼과 은혜를 베풀어 달라고 기도하였다. 잘못을 범하여 미끄러진 자녀들이 그들이 원래 서 있었던 그들의 하나님이신 여호와말고 그 어디로 돌아갈 수 있으며, 그들의 잘못된 것을 고쳐 주실 수 있는 분이 누구이겠는가?

4. 다윗은 하나님의 영감에 의해서 이 때에 하나님을 향한 그의 마음의 움직임들을 하나의 시로 지어서, 나중에 그 시편을 자주 읽어 보고, 오랜 후에 다시 되돌아볼 수 있게 하였다. 다윗은 이 시편을 성가대의 인도자에게 넘겨 주어서, 교회의 공예배 속에서 불려질 수 있게 하였다.

(1) 자신의 회개의 고백으로서. 다윗은 그의 죄가 너무도 끔찍하였기 때문에, 상처가 도처에 퍼져 있는 만큼 약도 폭넓게 발라야 한다는 것을 알고서, 모든 사람들이 자신의 회개를 알아야 한다고 생각하였다. 자신의 죄를 진정으로 회개하는 자들은 자신의 회개를 고백하고 시인하는 것을 부끄러워하지 않을 것이다. 그러나 무죄한 자로서의 명예를 잃어버린 자들은 그 대신에 회개하는 자로서의 명예를 얻고자 한다.

(2) 다른 사람들에 대한 모범으로서. 다윗은 자신의 본보기를 통해서 사람들을 회개로 이끌고자 하였고, 그들이 회개할 때에 무엇을 행하고 무엇을 말할지를 가르쳐 주고자 하였다. 다윗은 이렇게 스스로 회개한 후에, 그의 형제들을 굳게 하였고(눅 22:32), 이 까닭에 긍휼을 입었다(딤전 1:16).

이 절들 속에는 다음과 같은 내용들이 나온다.

I. 다윗의 겸손한 간구(1-2절).　그의 기도는 우리 구주께서 말씀하신 비유 속에 나오는 세리가 회개하며 한 기도와 거의 동일하다: 하나님이여 불쌍히 여기소서. 나는 죄인이로소이다(눅 18:13). 다윗은 많은 점에서 위대한 인물이었다. 그는 하나님을 위해서 많은 일을 하였을 뿐만 아니라 고난도 많이 당하였다. 그렇지만 다윗은 자신의 죄를 깨달았을 때에 자신의 악한 행실을 그의 선한 행실과 상쇄시켜 달라고 하지도 않았고, 하나님을 위한 그의 섬김들이 자신

의 범죄를 속해 줄 것이라고 생각하지도 않았다. 다윗은 하나님의 무한하신 긍휼에 전적으로 매달리고, 오직 그것에 의지해서만 죄 사함과 평안을 간구한다: 하나님이여 내게 긍휼을 베푸소서. 그는 자신이 하나님의 공의에 비추어 볼 때에 몹쓸 짓을 하였다는 것을 인정하기 때문에, 하나님의 긍휼에 자기 자신을 맡긴다. 하나님께서 긍휼을 베풀지 않으신다면, 이 세상에서 아무리 훌륭한 사람이라도 하더라도 그는 망할 수밖에 없다. 좀 더 살펴보자.

1. 다윗은 무엇에 근거해서 하나님의 이러한 긍휼하심을 구하고 있는 것인가. 다윗은 이렇게 기도하지 않았다: "유다 지파의 왕족의 후손인 나의 고결한 태생을 보시며, 이스라엘의 선봉으로서의 나의 공적인 섬김들을 생각하시고, 이스라엘의 왕으로서의 나의 공적인 명예를 고려하셔서, 하나님이여 내게 긍휼을 베푸소서." 그는 여호와여 다윗을 위하여 그의 모든 겸손과 그가 여호와의 처소를 발견하기까지 그의 장막 집에 들어가지 아니하리라고 맹세한 것을 기억하소서라고 호소하지 않았다(시 132:1-2). 참으로 회개하는 자는 그러한 말을 입에 올리지 않는 법이다. 도리어, 다윗은 이렇게 기도하였다: "오직 하나님의 긍휼하심을 따라서 내게 긍휼을 베푸소서. 다음과 같은 것들 외에는 내가 하나님 앞에 호소할 것이 하나도 없나이다."

(1) "주의 인자하심을 따라서 거저 주시는 주의 긍휼. 주께서는 관용하시고 선하시기 때문에 곤경에 처한 자를 불쌍히 여기시나이다."

(2) "주의 충만하신 긍휼. 주 안에는 인자하심과 자비로우신 긍휼이 있을 뿐만 아니라, 그 긍휼하심이 풍성하셔서, 수많은 죄인들이 많은 죄악들을 범한다고 하여도 그 죄를 사하시고, 우리가 여러 번 범죄한다고 하여도 그 범죄들을 그 때마다 사하여 주시나이다."

2. 다윗이 구체적으로 간구하는 긍휼은 무엇인가 — 죄 사함. 채무자가 빚을 다 갚았거나 채권자가 그 빚을 탕감해 주었을 때에 장부에서 채무를 지우거나 엑스(X)표를 하듯이, 내 죄악을 지워 주소서. "내 죄악을 지워 주셔서, 그 죄악들이 내 앞에 나타나서 나를 쳐서 심판을 요구하거나, 내 얼굴을 똑바로 쳐다봄으로써 나로 하여금 두려워 떨며 당혹하게 하지 않게 하소서." 양심에 뿌려져서 그 양심을 정결하게 하고 평안하게 만들어 주는 그리스도의 피는 우리의 죄를 지워 줌으로써, 우리로 하여금 하나님과 화목하게 하고, 우리가 우리 자신과 화목하게 만들어 준다(2절). "나의 죄악을 말갛게 씻으소서. 정결케 하는 물

은 나를 오직 의식상의 부정함으로부터만 깨끗하게 해 줄 수 있을 뿐이오니, 주의 긍휼과 은혜를 통해서 내 영혼을 나의 죄의 죄책과 더러움으로부터 씻어 주소서. 내가 오랫동안 죄악에 빠져 있어서 그 더러움이 깊고 쉽게 지워지지 않을 것이오니, 나를 여러 번 씻어 주소서. 나를 말갛게 씻기시며, 철저하게 씻으소서. 나의 죄를 깨끗이 제하소서." 죄는 우리를 더럽히고, 거룩한 하나님의 눈에 우리를 가증스럽게 만들며, 우리 스스로를 불안하게 만든다. 죄는 우리가 은혜 안에서 또는 영광 중에 하나님과 교통하는 것을 합당하지 못하게 만든다. 하나님께서 죄를 사하셔서 우리를 죄로부터 깨끗하게 하시면, 우리는 하나님께 열납될 수 있고, 우리 자신과 화목하게 되며, 하나님께 자유로이 나아갈 수 있게 된다. 다윗이 회개하자, 나단은 그에게 그의 죄가 사함받았다고 선언하였다: 여호와께서 당신의 죄를 사하셨나니 당신이 죽지 아니하리이다(삼하 12:13). 그렇지만 다윗은 나의 죄를 씻으시며 깨끗이 제하시고 지워 주소서라고 기도한다. 왜냐하면, 비록 하나님께서 해주시겠다고 약속하신 것이라고 할지라도 우리는 그 약속하신 것을 이루어 달라고 하나님께 구하여야 하기 때문이다. 죄 사함을 받은 자들은 그 죄 사함이 그들에게 더욱더 명확하게 드러날 수 있도록 기도하여야 한다. 하나님께서는 다윗을 용서하였지만, 다윗은 자기 자신을 용서할 수 없었다. 그러므로 다윗은 이렇게 자기 자신이 용서받을 가치가 없는 자로 생각하고, 하나님께서 용서해 주신 것이 얼마나 귀한 것인지를 알기 때문에, 죄 사함을 위하여 끈질기게 간구한다.

Ⅱ. 다윗이 행한 참회의 고백들(3-5절).

1. 다윗은 자신의 죄를 하나님 앞에서 아주 솔직하고 허심탄회하게 고백하였다: 무릇 나는 내 죄과를 아나이다. 그는 자신의 죄를 이렇게 고백하는 것이야말로 자신의 양심을 평안하게 만드는 유일한 길이라는 것을 이전의 경험을 통해서 이미 알고 있었다(시 32:4-5). 나단이 와서 당신이 바로 그 사람이니이다라고 말하자, 다윗은 그렇소. 내가 범죄하였나이다라고 말하였다.

2. 다윗은 깊은 죄책감을 지니고 있었기 때문에, 그 죄에 대하여 늘 슬픔과 부끄러움을 느끼고 있었다. 그는 나단의 지적을 받고서 갑작스럽게 통회 자복한 것이 아니라, 그의 마음속에 늘 자리잡고 있던 비통함이 나단의 지적에 의해서 터져 나온 것이었다. "내 죄가 항상 내 앞에 있어서, 나는 항상 비참하고 괴로웠으며, 늘 창피하고 두려워 떨었나이다. 죄가 항상 나를 쳐서 있나이다(어떤

이들은 이렇게 해석한다).""나는 죄가 내 앞에 있어서 나의 원수가 되어서 나를 고소하고 위협하는 것을 보나이다." 다윗은 항상 자신의 죄를 깨닫고 있었고, 자신을 낮추기 위하여 기꺼이 그렇게 하고자 하였다. 그는 궁정의 옥상을 걸을 때마다 거기에서 밧세바를 보았던 그 불행한 날을 떠올리며 회개하였다. 그는 잠자리에 누울 때마다 밧세바와 동침하였던 그 부정한 침상을 떠올리며 가슴 아파하였고, 식탁에 앉아서 음식을 먹을 때나 그의 종을 심부름 보내거나 편지를 쓸 때마다 그가 우리야로 하여금 술 취하게 만들었던 일, 그의 종을 통해서 속임수가 담긴 편지를 썼던 일, 우리야를 죽이라는 밀명을 담은 편지를 썼던 일을 떠올리지 않을 수 없었다. 동일한 죄에 대해서조차도 회개의 행위들은 자주 반복되어야 한다는 것을 명심하라. 우리는 우리가 과거에 저지른 죄들을 기억함으로써 우리 자신을 계속해서 겸손하게 유지할 수 있고, 시험과 유혹에 대항하여 무장할 수 있으며, 우리가 해야 할 도리를 정신차려서 할 수 있고, 십자가 아래에서 오래 견딜 수 있기 때문에, 우리의 죄들을 항상 우리 앞에 있게 하는 것은 우리에게 좋은 일이다.

(1) 다윗은 그가 실제로 범한 죄악들을 고백한다(4절): 내가 주께만 범죄하였나이다. 다윗은 위대한 인물이었지만, 잘못을 저지르자 참회자에게 내려지는 징계에 기꺼이 응하였고, 자기는 왕이기 때문에 그러한 징계에서 면제받을 것이라고 생각하지 않았다. 가난한 자나 부자나 징계에 있어서는 차별이 있어서는 안 된다. 가난한 자이든 부자이든 회개의 법은 동일하다. 아무리 위대한 자라고 할지라도 곧 심판을 받게 될 것이기 때문에, 지금 자기 자신을 심판하지 않으면 안 된다. 다윗은 지극한 선한 인물이었지만, 범죄했을 때에 기꺼이 참회하는 자로서의 지위와 자세를 취하였다. 아무리 훌륭한 사람이라고 할지라도 그가 범죄하였다면 그는 회개의 가장 좋은 모범을 보여주어야 한다.

[1] 다윗은 구체적으로 고백하였다. "내가 주의 목전에 이 악을 행하였나이다. 내가 지금 책망받고 있는 바로 그 악, 내 양심이 지금 나를 책망하고 있는 이 악을 내가 행하였나이다." 우리는 죄 사함을 위하여 기도할 때에 더욱 분명하게 기도함으로써 더 많은 위로를 받을 수 있도록 하기 위하여, 우리가 지은 죄를 구체적으로 고백하는 것이 좋다는 것을 명심하라. 우리는 우리가 연약해서 지은 여러 가지 구체적인 죄들과 우리가 지은 중대한 죄들을 범하였을 때에 그 구체적인 정황을 생각하며 기도하여야 한다.

[2] 다윗은 그가 고백하는 죄가 얼마나 큰 죄인지를 부각시키면서, 그 죄에 대한 책임이 자기에게 있다는 것을 인정한다: 주께 그리고 주의 목전에 내가 범죄하였나이다. 우리 구주께서는 다윗의 이러한 고백을 빌려 와서, 돌아온 탕자의 입에 두신 것으로 보인다: 내가 하늘과 아버지께 죄를 지었나이다(눅 15:18). 다윗은 자신의 죄와 관련하여 두 가지를 탄식한다. 첫째, 그 죄가 하나님을 거슬러서 범해진 것이라는 것. 다윗이 범한 죄는 하나님을 욕되게 하는 것이고, 그 죄로 인하여 피해를 보신 분은 바로 하나님이시다. 우리의 고의적인 죄를 통해서 우리는 하나님의 진리를 부정하였고, 하나님께서 행하신 일을 멸시하였으며, 하나님의 명령에 불순종하였고, 하나님의 약속을 불신하였으며, 하나님의 이름을 욕되게 하였고, 속임수와 거짓으로 하나님을 대한 것이다. 요셉도 이와 같은 논거를 근거로 자신의 죄를 부인하였는데(창 39:9), 다윗은 여기에서 그 논거를 가지고서 자신의 죄가 얼마나 중대한 것인지를 밝힌다: 오직 주께만. 어떤 이들은 다윗의 이 말이 왕으로서의 자신의 대권을 암시하는 것으로서, 자기는 왕이기 때문에 오직 하나님께만 책임이 있다고 말한 것으로 이해한다. 하지만 다윗의 이 말은 자신의 죄에 대한 그의 영혼의 깊은 통회를 표현한 것으로서 그러한 표현은 올바른 근거 위에 있었다고 보는 것이 그의 현재의 심정에 더 부합한다. 이 일로 인해서 다윗은 밧세바와 우리야에게 범죄하였고, 자신의 영혼과 몸과 가족에 대하여 범죄하였으며, 그의 나라에 대하여 범죄하였고, 하나님의 교회에 범죄하였는데, 이 모든 것은 그를 낮추는 데에 도움이 되었다. 그러나 다윗이 저지른 죄는 무엇보다도 하나님에 대하여 범죄한 것이었기 때문에, 그는 여기에서 이 점을 강조하며 몹시 가슴 아파한다: 내가 주께만 범죄하였나이다. 둘째, 그 죄는 하나님의 목전에서 범하여졌다는 것. "이것은 나의 범죄를 증명해 줄 뿐만 아니라, 나의 죄를 극히 죄악되게 만드나이다." 우리의 모든 죄들은 하나님의 목전에서 범해진 것이고, 이것은 하나님께서 전지하시다는 것에 대한 불신 또는 하나님의 공의에 대한 멸시를 의미하는 것이기 때문에, 우리는 우리 자신을 더욱 부끄러워하고 낮아지지 않을 수 없다.

[3] 다윗은 하나님께서 그에게 내리신 선고가 의롭다는 것을 인정한다 — 칼이 네 집에서 영원토록 떠나지 아니하리라(삼하 12:10-11). 그는 자신의 죄를 사함받기 위해서만이 아니라 자신의 고백을 통해서 하나님께 영광을 돌리기 위하여 자신의 죄를 고백하고 부각시키는 일에 아주 적극적이었다. 첫째, 하나님

께서 나단을 통해서 그를 위협하신 말씀들이 옳으시다는 것. "여호와여, 나는 주께서 내게 내리신 위협의 말씀들이 의로우시다는 것만을 인정할 뿐 항변할 말이 아무것도 없나이다. 주께서 내게 하신 위협의 말씀들은 내게 이루어져야 마땅하고, 나는 그것보다 수천 배 더 큰 벌도 달게 받아야 마땅하나이다." 엘리도 다윗과 마찬가지로 하나님께서 그에게 하신 위협의 말씀들을 순순히 수긍하였다(삼상 3:18): 이는 여호와이시니 선하신대로 하실 것이니라. 또한 히스기야도 마찬가지였다(왕하 20:19): 당신이 전한 바 여호와의 말씀이 선하니이다. 둘째, 하나님께서 이러한 위협의 말씀들을 집행하여 그를 심판하시더라도 하나님은 순전하시다는 것. 다윗이 자신의 죄에 대한 고백을 이렇게 공개한 것은 나중에 그가 징계를 받아서 환난을 겪게 될 때에 그 누구도 하나님께서 다윗에게 잘못하였다고 말하지 않도록 하기 위한 것이었다. 왜냐하면, 다윗은 스스로 여호와께서 의로우시다는 것을 인정하고 고백하고 있기 때문이다. 이렇게 모든 참된 회개자들은 자기 자신을 단죄함으로써 하나님께서 의로우시다는 것을 기꺼이 인정하여야 한다. 우리가 당한 모든 일에 주는 공의로우시니이다.

(2) 다윗은 자기가 원래부터 부패하였다는 것을 고백한다(5절): 내가 죄악 중에서 출생하였나이다. 다윗은 하나님에게가 아니라 자기 자신에게 그가 죄악 중에 출생하였다는 것을 보라고 말한다. "내 영혼아, 내가 어디에서 만들어졌는지를 보라. 그러면 너는 내가 죄악 중에 만들어졌다는 것을 알게 될 것이다. 내가 이전에 이 점을 좀 더 깊이 생각했더라면, 나는 자신만만하게 시험과 맞붙지 않았을 것이고, 내 마음속에 섶을 지니고서 불길로 뛰어들지 않았을 것이다. 그랬더라면, 내가 범죄하는 것은 미연에 방지되었을 것이다. 지금 내가 그것을 생각하는 것은 내가 저지른 죄를 변명하거나 약화시키기 위한 것이 위한 것이 아니다 — 여호와여, 내가 범죄하였지만, 사실 나는 범죄할 수밖에 없었고, 나의 소질이 나를 범죄로 이끌었나이다(적절히 주의하고 조심하며, 하나님의 은혜를 잘 선용하였더라면, 그는 이러한 범죄를 방지할 수 있었을 것이기 때문에, 이러한 호소는 잘못된 것으로서, 참회하는 자는 결코 그러한 호소를 하나님 앞에 하지 않을 것이다). 도리어, 내가 지금 그러한 것을 생각하는 것은 내 죄가 얼마나 큰 지를 부각시키기 위한 것이다: 여호와여, 나는 간음과 살인의 죄를 범했을 뿐만 아니라, 간음과 살인의 본성을 지니고 있나이다. 그러므로 나는 나 자신을 혐오하나이다." 다윗은 다른 곳에서 그의 몸이 얼마나 기묘하게 만

들어졌는지에 대하여 말한다(시 139:14-15): 나를 지으심이 심히 기묘하나이다. 그렇지만 여기에서 그는 그가 죄악 중에 만들어졌고, 그가 지음받았을 때에 죄가 거기에 섞였다고 말한다. 죄는 하나님의 손에서 나왔을 때가 아니라 우리 부모의 허리에서 나왔을 때에 섞이게 된 것이다. 다윗은 다른 곳에서 그의 어머니의 경건에 대하여 그녀가 하나님의 여종이었다고 말하고, 어머니에 대한 그의 관계에 호소하지만(시 116:16; 86:16), 여기에서는 어머니가 죄 중에서 나를 잉태하였나이다라고 말한다. 왜냐하면, 다윗의 어머니는 은혜로 말미암아 하나님의 자녀였지만, 본성상 하와의 딸이어서 인간의 공통적인 본성에 있어서 예외가 아니었기 때문이다. 우리가 최초의 순전함과 올바름에서 비참할 정도로 타락하여서 부패한 본성을 지니고 이 세상에 태어나게 된 것은 우리 모두가 심히 슬퍼하고 탄식해야 할 일이라는 것을 명심하라. 우리는 날 때부터 우리의 몸 속에 죄의 덫들을 가지고 있고, 우리의 영혼 속에 죄의 씨앗들을 가지고 있으며, 우리의 몸과 영혼에 죄의 오점을 지니고 있다. 우리는 이것을 원죄라고 부른다. 왜냐하면, 그것은 인간의 첫 조상만큼이나 오래된 것이고, 우리가 실제로 범하는 모든 죄들의 근본이 되기 때문이다. 이것은 어린 아이의 마음속에 있는 저 어리석음, 거듭난 자의 짐이자 거듭나지 않은 자의 패망의 원인이 되는 것, 즉 악을 저지르기 쉬운 소질과 선한 일을 행하기 싫어하는 소질이다. 그것은 하나님으로부터 도망치고자 하는 성향이다.

Ⅲ. 다윗은 하나님의 은혜를 인정함(6절).　우리를 향하신 하나님의 선하신 뜻("주께서는 중심이 진실함을 원하시고, 우리 모두가 정직하고 진실하며 우리의 신앙 고백에 충실하기를 원하신다")과 우리 안에서의 하나님의 선하신 사역 (주께서는 내게 지혜를 은밀히 가르치시리이다).

1. 진실함과 지혜는 서로 어우러져서 어떤 사람을 선한 자로 만든다. 명석한 머리와 건전한 마음(사리분별이 있는 것과 진실한 것)은 하나님의 사람이 온전하다는 것을 나타낸다.

2. 하나님께서는 그가 우리에게 요구하시는 일을 우리 안에서 직접 하셔서, 우리의 마음을 밝히심으로 그 뜻을 이루신다. 그러나 하나님께서 그런 분이시라는 것을 다윗이 여기에서 말하고 있는 이유는 무엇인가?

(1) 다윗은 이것을 말함으로써 하나님이 의로우시고 순전하시다는 것을 증명한다. "여호와여, 주는 나로 하여금 범죄하게 한 장본인이 아니나이다. 내가

범죄한 데에는 하나님께는 전혀 책임이 없고, 오직 나만이 책임이 있나이다. 왜냐하면, 주께서는 수없이 내게 진실하라고 권면하셨고, 내가 적절히 숙고하기만 했다면 얼마든지 내가 범죄로 떨어지는 것을 미연에 방지했을 것임을 나로 하여금 알게 하셨기 때문이니이다. 만약 내가 주께서 내게 주신 은혜를 잘 선용하였더라면, 나는 죄를 짓지 않고 나의 온전함을 지킬 수 있었을 것이나이다."

(2) 다윗은 이것을 말함으로써 자신의 죄가 얼마나 큰지를 더욱 부각시킨다. "여호와여, 주께서는 내게 진실함을 원하셨나이다. 하지만 내가 우리야를 기만하였을 때에 진실함이 어디에 있었나이까? 주께서는 내게 지혜를 알게 하셨나이다. 그러나 나는 지혜를 알면서도 그 지혜를 따라서 살지 못하였나이다."

(3) 다윗은 이것을 통해서 회개하는 가운데 하나님께서 그를 은혜로 열납하실 것이라는 소망을 갖도록 자신을 격려한다.

[1] 왜냐하면, 하나님께서 다윗으로 하여금 다시는 어리석은 짓으로 되돌아가지 않겠다고 진실하게 결단하도록 만드셨기 때문이다: 주께서는 중심이 진실함을 원하시나이다. 회개하고 돌아오는 죄인에게서 하나님이 보시는 것은 마음에 간사함이 없는가 하는 것이다(시 32:2). 다윗은 하나님을 향하여 회개하는 그의 마음이 정직하다는 것을 스스로 알고 있었기 때문에, 하나님께서 그를 받아 주시리라는 것을 의심하지 않았다.

[2] 다윗은 하나님께서 그의 결단을 선하게 받아 주셔서, 그의 마음의 은밀한 부분, 마음에 숨은 사람이라 불리는(벧전 3:4) 새 사람을 통해서 그로 하여금 지혜를 알게 하심으로써, 다음 번에는 시험하는 자의 의도를 간파하고 그 시험을 피할 수 있게 해주실 것이라고 소망하였다. 어떤 이들은 이 본문을 다음과 같이 하나의 기도문으로 해석한다: "여호와여, 이번 일에서 내가 어리석게 행하였사오나, 장래에는 나로 하여금 지혜를 알게 하소서." 진실함이 있는 자에게 하나님은 지혜를 주시는 법이다. 자신이 해야 할 도리를 행하고자 진실하게 애쓰는 자들에게 하나님은 그들이 해야 할 도리를 가르쳐 주실 것이다.

⁷우슬초로 나를 정결하게 하소서 내가 정하리이다 나의 죄를 씻어 주소서 내가 눈보다 희리이다 ⁸내게 즐겁고 기쁜 소리를 들려 주시사 주께서 꺾으신 뼈들도 즐거워하게 하소서 ⁹주의 얼굴을 내 죄에서 돌이키시고 내 모든 죄악을 지워 주소서 ¹⁰

하나님이여 내 속에 정한 마음을 창조하시고 내 안에 정직한 영을 새롭게 하소서 ¹¹나를 주 앞에서 쫓아내지 마시며 주의 성령을 내게서 거두지 마소서 ¹²주의 구원의 즐거움을 내게 회복시켜 주시고 자원하는 심령을 주사 나를 붙드소서 ¹³그리하면 내가 범죄자에게 주의 도를 가르치리니 죄인들이 주께 돌아오리이다

I. 여기에서 다윗이 무엇을 기도하는지를 보라. 다윗이 여기에서 드리고 있는 수많은 뛰어난 간구들은 우리가 거기에 "그리스도를 위하여"라는 말만 덧붙인다면 다른 그 어떤 간구보다도 복음적인 간구들이 된다.

1. 다윗은 하나님께서 그를 그의 죄들과 그 죄들에 의해서 그가 더럽혀진 것으로부터 정결하게 해 달라고 기도한다(7절). "우슬초로 나를 정결하게 하소서. 나의 죄들을 사하여 주시고, 나의 죄들이 사함받았다는 것을 나로 하여금 알게 하셔서, 내가 죄로 말미암아 잃어버렸던 그러한 특권들로 되돌아가게 하여 주옵소서." 여기에 나오는 표현은 우슬초 다발에 물이나 피를 묻혀서 뿌림으로써 문둥병자 또는 시체를 만져서 부정하게 된 자들을 정결케 함으로써 부정함으로 인해서 그들이 받았던 제약들로부터 그들을 풀어 주는 의식을 암시하고 있다. "여호와여, 그 부정한 자들이 이 의식을 통해서 그들이 이전에 가졌던 특권들로 다시 돌아가는 것을 확신할 수 있듯이, 나로 하여금 내가 다시 주의 은총을 회복하며 주와 교통하는 특권을 회복하였다는 것을 확신하게 하소서." 그러나 그것은 복음의 은혜 위에 토대를 두고 있다: 정결케 하는 물이 한 다발의 우슬초를 통해서 뿌려진 것과 마찬가지로, 살아 있는 믿음으로 말미암아 그리스도의 피가 내 영혼에 뿌려짐으로써 나를 정결하게 하소서. 율법 아래에서 시체를 만진 자가 하나님의 전에 나아갈 수 없는 것과 마찬가지로, 우리를 하나님과의 교통으로부터 차단시키는 저 죄책과 하나님에 대한 두려움, 죽은 행실들로부터 양심을 정결하게 하는 것은 그리스도의 피다(그러므로 그리스도의 피는 뿌린 피라고 불린다, 히 12:24). 모든 죄에서 깨끗하게 해주는 그리스도의 피가 우리를 우리의 죄로부터 깨끗하게 하면, 우리는 진정으로 정결해질 것이다(히 10:2). 우리가 이 열린 샘물에서 씻음을 받는다면, 우리는 눈보다 더 희어져서, 죄 사함을 받을 뿐만 아니라 하나님께 받아들여지게 될 것이다. 의롭다하심을 받은 자들이 바로 그러하다: 너희의 죄가 주홍 같을지라도 눈과 같이 희어질 것이다(사 1:18).

2. 다윗은 그의 죄가 사함을 받아서 그가 그 죄 사함으로 인한 위로를 얻게 해 달라고 기도한다. 그는 그의 죄가 먼저 사함을 받아서 그가 정결하게 되기 전까지는 위로받기를 구하지 않는다. 그러나 일단 슬픔의 쓴 뿌리인 죄가 제거되었다면, 그는 믿음으로 이렇게 기도할 수 있다: "내게 즐겁고 기쁜 소리를 들려 주소서(8절). 즉, 나로 하여금 주께서 만들어 주시고 말씀해 주시는 합당한 평안을 누리게 하여 주셔서, 주께서 정죄하심과 위협하심을 통해서 꺾으셨던 나의 뼈들이 다시 회복되고 고통으로부터 놓여나서 즐거워하게 하실 뿐만 아니라, 감각적으로도 위로를 받아서, 선지자가 말한 것처럼, 숲의 풀처럼 번성하게 하옵소서."

(1) 죄로 인하여 부숴진 마음의 고통은 부러진 뼈의 고통에 비유될 수 있다. 종의 영으로서 우리를 쳐서 상처내고, 양자의 영으로서 우리를 치료하며 싸매어 주는 것은 둘 다 동일한 성령이다.

(2) 회개하는 죄인에게 죄 사함을 받은 것으로 인한 위로와 기쁨은 극심한 고통에서 벗어나서 완전히 편안하게 된 것만큼이나 날아갈 듯이 상쾌한 것이다.

(3) 이러한 기쁨과 즐거움을 말씀하실 뿐만 아니라, 우리로 하여금 그 말씀을 듣게 하시고 그것으로 인한 위로를 받게 하시는 것은 모두 하나님의 역사이다. 다윗은 하나님께서 그의 얼굴 빛을 그에게 비춰 주심으로써 그의 마음속에 즐거움을 두시고, 그로 하여금 하나님과 화목되게 하실 뿐만 아니라 한 걸음 더 나아가서 은혜로 하나님께서 그렇게 하셨다는 것을 그로 하여금 알게 해 달라고 간절히 소원한다.

3. 다윗은 완전하고 확실한 죄 사함을 위하여 기도한다. 이것은 그가 그의 위로의 토대로서 가장 간절히 원하는 것이다(9절). "주의 얼굴을 내 죄에서 돌이키소서. 즉, 나의 죄를 보시고 진노하셔서, 그 죄에 합당한 벌로써 나를 다루지 마옵소서. 나의 죄가 항상 내 앞에 있사오니, 그 죄를 주의 등 뒤로 던져 버리소서. 주의 장부 책에서 내 모든 죄악을 지워 주소서. 햇빛에 의해서 구름이 걷히듯이, 나의 죄를 지워 주소서(사 44:22)."

4. 다윗은 하나님께서 은혜를 베푸셔서 그를 거룩하게 해 달라고 기도한다. 모든 참된 회개자들은 죄 사함이나 평안과 마찬가지로 이것도 간절히 구하여야 한다(10절). 사울은 내가 범죄하였으나 이 백성 앞에서 나를 존귀하게 하소서라

고 기도했지만, 다윗은 "여호와여, 나의 명성을 보존해 주소서"라고 기도하지 않는다. 결코 그렇지 않았다. 다윗의 최대의 관심은 그의 부패한 본성이 변화를 받는 것이었다.

(1) 다윗이 범했던 죄는 그의 본성이 부정하다는 것을 보여주는 증거였기 때문에, 그는 하나님이여 내 속에 정한 마음을 창조하소서라고 기도한다. 그는 그의 마음이 얼마나 부정한지를 지금 그 어느 때보다도 더 확실하게 볼 수 있었기 때문에 그것에 대하여 슬퍼하며 탄식하지만, 그 부정한 마음을 고칠 수 있는 능력이 자기에게 없다는 것을 알고 있기 때문에, 자기 안에 깨끗한 마음을 만들어 달라고 하나님께 간구한다(이런 일은 하나님의 대권이기 때문에). 사람의 마음을 만드신 분만이 사람의 마음을 새롭게 하실 수 있다. 하나님의 능력으로 하실 수 없는 일은 없다. 하나님은 자연의 하나님으로서 그의 능력의 말씀으로 세상을 창조하셨고, 우리가 깨끗하여지고(요 15:3), 우리가 거룩하게 되는(요 17:17) 것은 은혜의 하나님으로서의 그의 능력의 말씀을 통해서이다.

(2) 다윗이 범했던 죄는 그의 본성을 이상하게 만들어 버린 원인이었고, 그 안에서 이루어졌던 많은 선한 일들을 무효화시켜 버렸다. 그러므로 그는 이렇게 기도한다: "여호와여 내 안에 정직한 영을 새롭게 하소서. 이 죄로 말미암아 연약해진 영적인 힘을 회복시키셔서, 나로 하여금 본래대로 다시 되돌아가게 하옵소서." 나를 새롭게 하셔서 내 안에 변함없는 영을 주옵소서(어떤 이들은 이렇게 해석한다). 그는 이 일을 통해서 자기 자신 속에 끊임없이 서로 충돌하고 변덕을 부리는 마음이 있다는 것을 발견하였기 때문에, "여호와여, 앞으로는 나의 마음이 고정되어서, 지금처럼 주를 떠나는 일이 다시는 없게 하옵소서"라고 기도한다.

5. 다윗은 그를 향하신 하나님의 선하신 뜻이 지속되고, 자기 안에서 하나님의 선한 역사가 계속해서 발전해 가기를 기도한다(11절).

(1) 그에게 하나님의 은총이 막히는 일이 다시는 없게 해 달라는 것. "나를 주 앞에서 쫓아내지 마소서. 주께서 나를 쳐다보기도 싫어하셔서 쫓아내는 일이 없게 하소서." 그는 자기가 하나님의 보호하심 밖으로 내던져지지 않고, 그가 가는 곳마다 하나님의 임재가 그와 함께 하셔서, 그가 하나님의 지혜의 인도하심을 받으며 하나님의 권능으로 보호를 받게 하시고, 하나님과의 교통이 막히지 않게 해 달라고 기도한다. "주의 전에서 나를 쫓아내지 마시고, 언제나 기도를

통해서 주께 자유로이 나아갈 수 있게 하옵소서." 그는 하나님께서 나단을 통해서 그에게 선포하셨던 현세에서의 심판들을 면하게 해 달라고 기도하지 않는다. "하나님의 뜻이 이루어지이다. 그러나 여호와여 나를 책망하시되 주의 진노로 나를 책망하지 마옵소서. 칼이 내 집에서 떠나지 않는다고 하여도, 나로 하여금 환난 중에 하나님께 나아가서 기도할 수 있게만 해주시면, 모든 것이 좋나이다."

(2) 그에게서 하나님의 은혜를 다시는 거두어 가지 말아 달라는 것: 주의 성령을 내게서 거두지 마소서. 그는 자신의 죄로 말미암아 성령을 근심하게 하고 노하게 하여서 그로부터 떠나가게 하였다는 것을 알고 있었고, 그도 역시 육신이었기 때문에 하나님께서 그의 영이 다시는 사람과 함께 하거나 사람에게 역사하지 않을 것이라고 말씀하시는 것이 옳다는 것을 알고 있었다(창 6:3). 그는 그 무엇보다도 이것을 두려워하고 있다. 하나님께서 성령을 우리에게서 거두어 가시면, 우리는 망하게 된다. 사울은 이러한 일의 서글픈 사례였다. 여호와의 영이 사울을 떠났을 때, 그는 얼마나 죄악되고 비참한 자가 되었던가! 다윗은 그것을 알고 있었기 때문에, 이렇게 간절하게 간구한다: "여호와여, 주께서 나로부터 나의 자녀, 나의 왕관, 나의 생명을 거두어 가신다고 하여도, 주의 성령을 내게서 거두지 마소서(삼하 7:15을 보라). 제발 성령을 내게 그대로 두셔서, 나의 회개의 역사를 온전히 이루시고, 내가 다시 죄로 빠져 드는 것을 막아 주시며, 나로 하여금 왕이자 찬송자로서의 도리를 온전히 이행할 수 있게 하옵소서."

6. 다윗은 그가 하나님의 위로하심을 회복하고, 하나님께서 그에게 지속적으로 은혜를 베풀어 주시기를 기도한다(12절). 다윗은 그의 죄로 인한 두 가지 좋지 않은 결과를 깨닫게 되었다.

(1) 죄는 그를 슬프게 만들었기 때문에, 그는 주의 구원의 즐거움을 내게 회복시켜 주소서라고 기도한다. 하나님의 자녀는 하나님께서 베풀어 주신 구원의 즐거움, 그의 구주 되시는 하나님과 영생에 대한 소망 속에서의 즐거움만이 참되고 확실한 즐거움이라는 것을 안다. 의도적인 죄로 말미암아 우리는 이러한 즐거움을 잃어버리게 되고 빼앗기게 된다. 죄로 말미암아 하나님께서 우리에게 베풀어 주신 은혜의 여러 증거들은 가려지게 되고, 우리의 소망들은 흔들리게 된다. 우리가 구원에 참여하고 있다는 것을 의심하게 만드는 많은 원인들을

스스로 제공하고 있다면, 어떻게 우리가 구원의 즐거움을 기대할 수 있겠는가? 그러나 우리가 진심으로 회개한다면, 우리는 하나님께서 그러한 즐거움들을 우리에게 회복시켜 주실 것을 기도하고 소망할 수 있다. 회개의 눈물로 씨를 뿌리는 자들은 때가 되면 하나님의 구원의 즐거움으로 거두게 될 것이다.

(2) 죄는 그를 연약하게 만들었기 때문에, 그는 이렇게 기도한다: "주께서 거저 주시는 성령으로 나를 붙드소서(개역에서는 자원하는 심령을 주사 나를 붙드소서). 나는 죄악이나 절망 속으로 빠져들기 쉬울 정도로 연약해져 있나이다. 여호와여, 나를 붙들어 주소서. 내 자신의 심령(사람의 심령은 그의 연약함을 지탱하는 데에 상당한 역할을 할 수 있기는 하지만)으로는 부족하여서, 주께서 나를 내버려 두신다면, 나는 분명히 무너지고 말 것이나이다. 그러므로 주의 성령으로 나를 붙드셔서, 나를 무너뜨리고자 하는 악한 영의 공격에서 나를 지켜 주소서. 주의 영은 자유로운 영, 자유롭게 행하는 영이니이다(주의 영이 계시는 곳에는 자유함이 있기 때문에, 성령이 임한 자들은 자유롭게 된다). 주의 영은 진실하고 왕 같은 영이니이다." 다윗은 우리야의 일과 관련해서 매우 부정직하고 왕답지 않게 행하였다는 것을 스스로 잘 알고 있었다. 그의 행동은 비열하고 야비하였다. 그는 이렇게 말한다: "여호와여, 내 영혼을 주의 성령의 감화를 받아서 고상하고 너그러운 심령이 되게 하셔서, 나로 하여금 항상 내게 합당한 대로 행하게 하옵소서." 자유로운 심령은 확고하고 견고한 심령이 되어서 우리를 붙들어 줄 것이다. 우리가 우리의 도리를 좀 더 기쁜 마음으로 행한다면, 우리는 우리의 도리를 더욱 변함없는 마음으로 행하게 될 것이다.

II. 다윗이 여기에서 무엇을 약속하고 있는지를 보라(13절).   좀 더 살펴보자.

1. 그는 어떤 선한 일을 하기로 약속하고 있는가: 내가 범죄자에게 주의 도를 가르치리이다. 다윗은 스스로 범죄자였기 때문에, 자신의 경험을 범죄자들에게 말해줄 수 있었다. 그는 회개를 통해서 하나님의 긍휼하심을 받은 후에 하나님의 도를 다른 사람들에게 가르치기로 결심한다.

(1) 우리가 회개를 통해서 하나님께 나아가는 길. 다윗은 범죄한 자들에게 그가 취하였던 것과 동일한 길, 즉 스스로를 낮추고 자신의 죄를 고백하며 하나님의 얼굴을 찾는 길을 가르치고자 하였다.

(2) 하나님께서 죄 사함의 긍휼하심을 통해서 우리에게 오시는 길. 하나님은

그에게로 돌아오는 자들을 영접할 모든 준비를 다 해 놓으시고 기다리신다. 다윗은 죄인들에게 회개할 것을 권하기 위해서 자신의 본보기를 통해서 전자를 가르쳤다. 다윗은 그들을 격려하기 위하여 자신의 경험을 통해서 후자를 가르쳤다. 이 시편을 통해서 다윗은 하나님께서 그에게 어떻게 하셨는지를 세상 끝까지 가서 범죄자들에게 가르치고 있다. 회개한 자들은 말씀을 전하는 자들이 되어야 한다는 것을 명심하라. 솔로몬이 그랬고, 사도 바울이 그랬다.

2. 다윗은 그가 그렇게 함으로써 어떤 좋은 결과가 있기를 기대하는가. "죄인들이 주께 돌아올 것이고, 주를 떠나서 계속해서 방황하거나 주께 돌아오고서도 긍휼하심을 발견하지 못해서 절망하는 일이 없을 것이나이다." 범죄자들을 가르칠 때에 가장 큰 목적은 그들이 하나님께 회개하고 돌아오는 것이다. 이것은 참으로 복된 일이고, 죄인들을 돌아오게 한 자들은 복된 자들이다(약 5:20).

¹⁴하나님이여 나의 구원의 하나님이여 피 흘린 죄에서 나를 건지소서 내 혀가 주의 공의를 높이 노래하리이다 ¹⁵주여 내 입술을 열어 주소서 내 입이 주를 찬송하여 전파하리이다 ¹⁶주께서는 제사를 기뻐하지 아니하시나니 그렇지 아니하면 내가 드렸을 것이라 주는 번제를 기뻐하지 아니하시나이다 ¹⁷하나님께서 구하시는 제사는 상한 심령이라 하나님이여 상하고 통회하는 마음을 주께서 멸시하지 아니하시리이다 ¹⁸주의 은택으로 시온에 선을 행하시고 예루살렘 성을 쌓으소서 ¹⁹그 때에 주께서 의로운 제사와 번제와 온전한 번제를 기뻐하시리니 그 때에 그들이 수소를 주의 제단에 드리리이다

I. 다윗은 자기를 죄책에서 건져 주시기를 기도하고, 적극적으로 하나님의 은혜를 위하여 기도하는데, 하나님의 영광을 내세워서 이 두 가지에 대한 간구를 강화하고, 장차 그가 감사함으로 하나님의 영광을 드러내겠다고 약속한다.

1. 그는 하나님께서 그를 죄책에서 건져 주실 것을 기도하면서, 그렇게 해주시면 그가 하나님을 찬송하겠다고 약속한다(14절). 그는 자기가 저지른 구체적인 죄, 암몬 자손의 칼을 빌려서 우리야를 죽게 한 피 흘린 죄를 하나님 앞에 내놓고서 그 죄책에서 자기를 건져 달라고 기도한다. 이제까지 그는 아마도 자기가 직접 우리야를 죽인 것이 아니라는 가당치 않은 변명을 내세워서 양심의 말문을 막아 왔었을 것이다. 그러나 이제 그는 자기가 살인자라는 것을 깨달았

고, 우리야의 피가 하나님께 복수해 달라고 부르짖는 소리를 듣고서는 하나님께서 자기에게 긍휼을 베풀어 달라고 부르짖는다. "피 흘린 죄에서 나를 건지소서. 내가 범한 이러한 죄책 아래에 나를 두지 마시고, 나의 죄를 사하여 주시며, 내가 다시는 이런 죄책을 범하지 않도록 홀로 두지 마옵소서." 우리는 모두 피 흘린 죄에서 우리를 건져 달라고 간절히 기도하여야 한다는 것을 명심하라. 이 기도 속에서 다윗은 하나님을 구원의 하나님으로 바라본다. 하나님을 구원의 하나님으로 바라볼 때, 하나님께서는 그를 죄책에서 건지시리라는 것을 명심하라. 왜냐하면, 구원의 하나님은 우리를 죄에서 구원하시는 하나님이시기 때문이다. 그러므로 우리는 이것에 호소해서 "여호와여, 주는 나의 구원의 하나님이시오니, 나를 죄에서 구원하여 죄가 나를 지배하지 못하게 하옵소서"라고 기도할 수 있다. 다윗은 하나님께서 그를 건져 주시는 경우에는 그의 혀가 주의 공의를 높이 노래하리이다라고 약속한다. 우리는 하나님께 죄 사함을 베풀어 주신 긍휼과 범죄하는 것을 막아 주신 은혜, 이 두 가지 모두에 대하여 하나님께 영광을 돌려야 한다. 하나님의 의는 흔히 그의 은혜를 위한 것인데, 특히 우리를 의롭다하시고 거룩하게 하시는 큰 일 속에서 나타난다. 다윗은 하나님의 이러한 의 가운데서 자신을 위로하고 그 의를 노래하고자 한다. 또한 그는 이 의를 다른 사람들에게 알게 하여 감화를 끼치고자 한다. 그는 하나님의 의를 소리높여 노래하고자 한다. 하나님의 의로 말미암아 은택을 입은 모든 자들은 마땅히 이렇게 하나님의 의를 큰 소리로 노래하여야 한다.

2. 다윗은 하나님께서 은혜를 베풀어 주시기를 기도하면서, 하나님께서 은혜를 베풀어 주시면 그 은혜를 선용하여 하나님께 영광을 돌리겠다고 약속한다(15절). "주여 내 입술을 열어 주셔서, 나로 하여금 죄인들을 가르치고 교훈하게 하실 뿐만 아니라(아무리 훌륭한 설교자라고 하더라도 하나님께서 그의 입과 혀를 열어 주시지 않는다면 죄인들을 효과적으로 가르칠 수 없다), 내 입이 주를 찬송하여 전파하게 하시고, 내게 찬송할 거리가 풍성하게 하실 뿐만 아니라, 내 마음이 찬송으로 넓어지게 하옵소서." 죄책으로 인하여 다윗의 입술은 닫혀 있었고, 기도의 입도 거의 막혀 있었다. 그는 범죄하였기 때문에 수치와 두려움으로 인해서 하나님의 존전에 나아갈 수 없었고, 하나님께 기도로써 말씀드리는 것은 더더욱 할 수 없었다. 그의 마음이 그를 정죄하였기 때문에, 그는 하나님 앞에 설 담력을 거의 갖지 못하였다. 그의 범죄는 특히 그의 찬송에 찬물

을 끼얹었다. 그가 그의 구원의 즐거움을 잃어버리자, 그의 수금은 버드나무 가지에 걸린 채로 녹슬어가고 있었다. 그러므로 그는 "주여 내 입술을 열어 주셔서, 내 마음이 다시 찬송하기에 합당하게 하여 주소서"라고 기도한다. 죄책으로 인하여 혀가 묶인 자들에게 죄 사함에 대한 확신은 바로 에바다(열려라)라고 말하는 것이다. 입술이 열릴 때, 그들은 사가랴처럼 하나님을 찬송하는 것 말고 무엇을 말하겠는가(눅 1:64)?

II. 다윗은 하나님께서 회개하고 통회하는 마음의 제사를 기뻐하신다는 것을 알고 있었기 때문에 그러한 제사를 드린다.

1. 그는 짐승을 잡아서 드리는 희생 제사가 그 자체로는 하나님께 아무것도 아니라는 것을 잘 알고 있었다(16절): 주께서는 제사를 기뻐하지 아니하시나니 그렇지 아니하면 내가 죄 사함과 평안을 얻게 위해서 전심을 다해서 드렸을 것이라. 주는 번제를 기뻐하지 아니 하시나이다. 다윗은 희생 제사를 통해서 죄를 속할 수만 있다면 수천의 숫양도 기꺼이 드렸을 것이다. 죄로 인한 자신의 비참한 처지와 위험을 철저하게 깨달은 자들은 죄 사함을 얻기 위해서라면 그 어떤 대가도 치르고자 한다(미 6:6-7). 그러나 하나님은 짐승으로 드리는 희생 제사를 하찮게 여기셨다. 하나님은 순종을 시험하는 것이자 그리스도의 모형으로서 사람들에게 희생 제사를 드리게 하신 것이었다. 희생 제사가 그 자체로 어떤 가치를 지니고 있어서 하나님께서 희생 제사를 받으신 것이 아니었다. 주께서는 제사를 기뻐하지 아니하시나이다. 제사가 죄를 속할 수 없는 것과 마찬가지로, 하나님은 그 제사 속에 하나님에 대한 사랑과 도리가 담겨 있지 않다면 그 어떤 제사 속에서도 만족을 얻으실 수 없다.

2. 다윗은 하나님께서 참된 회개를 얼마나 기쁘게 열납하시는지를 잘 알고 있었다(17절): 하나님께서 구하시는 제사는 상한 심령이라. 좀 더 살펴보자.

(1) 모든 회개하는 자 속에서 이루어지는 선한 일은 무엇인가 — 상한 심령, 상하고 통회하는 마음. 그것은 마음에서 이루어지는 일이다. 바로 이것이야말로 하나님께서 모든 종교적인 행위들, 특히 회개 속에서 찾으시고 요구하시는 것이다. 마음을 깨뜨리는 것은 마음에서 일어나는 놀라운 역사이다. 그것은 절망하는 것이 아니라(우리는 어떤 사람이 망하게 되었을 때에 그의 마음이 찢어진다고 말한다), 죄로 인하여 스스로를 낮추고 슬퍼하는 것이다. 그것은 마음 자체가 찢어지는 것이고 마음이 죄로부터 떨어져 나가는 것이다. 그것은 하

나님의 말씀을 고분고분 잘 듣는 심령이고, 하나님의 회초리 아래에서 인내하는 심령이며, 하나님께 순복하고 순종하는 심령이다. 그것은 요시야의 마음처럼 유순한 마음이어서 하나님의 말씀을 듣고 두려워 떤다. 우리 안에 그러한 심령이 있게 하옵소서!

　(2) 하나님은 은혜로 이러한 심령을 열납하시기를 기뻐하신다. 그것은 하나님께서 구하시는 제사들로서 단 한 번의 제사가 아니라 반복해서 드려지는 수많은 제사들이다. 그것은 모든 번제와 희생 제사를 대신하는 것이다. 인간의 죄로 인하여 그리스도의 몸이 찢긴 것은 대속을 위한 유일한 제사이다. 왜냐하면, 그 제사 외에는 그 어떤 제사도 죄를 없이할 수 없기 때문이다. 그러나 우리의 죄로 인하여 우리의 마음을 찢는 것은 우리의 죄를 인정하는 제사, 하나님께서 받으시는 제사이다. 왜냐하면, 그 제사는 하나님께 올려지기 때문이다. 하나님께서 그 제사를 요구하시고, 그 제사를 준비하시며(하나님은 번제를 위한 어린 양을 우리를 위하여 제공하셨기 때문에), 그 제사를 열납하신다. 하나님을 기쁘시게 한 것은 짐승을 많이 바쳐서 하나님으로 하여금 그것들을 먹게 하시는 것이 아니라 짐승을 죽이는 것이었다. 마찬가지로, 하나님께서 열납하시는 것은 우리의 육체가 원하는 것을 마음껏 하게 하는 것이 아니라 그 욕망을 억제하는 것이다. 희생 제물로 쓰일 짐승은 결박되었고 피 흘렸으며 태워졌다. 마찬가지로, 회개하는 심령은 죄에 대한 단죄들로 인하여 결박되고, 통회함 속에서 피 흘리며, 죄를 미워하고 하나님을 사모하는 거룩한 열심으로 타오른다. 희생 제물은 그 제물을 거룩하게 하는 제단 위에 드려졌다. 마찬가지로, 상한 심령은 오직 예수 그리스도를 통해서만 하나님께 열납될 수 있다. 예수 그리스도에 대한 믿음이 없이는 참된 회개는 없다. 바로 이것이 하나님께서 멸시하지 아니하시는 제사이다. 사람들은 찢어지고 상한 것을 멸시하지만, 하나님은 그렇지 않으시다. 하나님은 찢긴 짐승들로 드려지는 희생 제사를 멸시하셨지만, 상하고 찢긴 심령의 제사는 멸시하지 않으신다. 하나님은 그러한 제사를 본체만체하지 않으실 것이다. 하나님은 그러한 제사를 거절하거나 거부하지 않으실 것이다. 하나님께서 죄로 인하여 받은 상처가 그러한 제사로 말미암아 보상될 수는 없지만, 하나님은 그러한 제사를 멸시하지 않으신다. 교만한 바리새인은 상한 심령을 지닌 세리를 멸시하였고, 세리 자신도 자기 자신을 아주 하찮게 여겼다. 그러나 하나님은 그를 멸시하지 않으셨다. 여기에는 표현되

어 있는 것보다 더 많은 뜻이 함축되어 있다. 크신 하나님께서는 하늘과 땅을 못 본 체하시더라도, 상하고 통회하는 마음을 흐뭇한 마음으로 바라보신다(사 66:1-2; 57:15).

III. 다윗은 하나님께서 존귀하게 되시기를 바라며, 시온과 예루살렘을 위하여 중보 기도한다. 그가 가진 관심이 무엇이었는지를 살펴보자.

1. 하나님의 교회가 잘 되는 것(18절): 주의 은택으로 시온에 선을 행하소서.

(1) "시온에서 예배하는 모든 자들과 주의 이름을 사랑하고 경외하는 모든 자들에게 선을 행하소서. 그러한 자들을 지켜 주셔서, 나처럼 심령을 상처내고 소모시키는 그러한 죄악들로 빠지지 않게 하소서. 주의 이름을 경외하는 모든 자들을 지키시고 구원하소서." 영적인 고통 중에 있었던 자들은 자기와 마찬가지로 고통 중에 있는 자들을 위하여 어떻게 기도하고 불쌍히 여길 줄을 잘 안다.

(2) 또는, 이스라엘에게 선을 행하셔서, 이스라엘로 잘 되게 하옵소서. 다윗은 자신의 범죄로 말미암아 그가 유다와 예루살렘에 대하여 얼마나 큰 해악을 끼쳤고, 선한 백성들의 손을 약하게 하고 그들의 마음을 얼마나 슬프게 하였으며, 대적들에게 그들을 공격할 수 있는 빌미를 주었는지를 잘 알고 있었다. 또한, 다윗은 자기가 공인이기 때문에 그의 죄로 인해서 예루살렘 도성과 이 나라가 심판을 받게 되지나 않을까 염려했기 때문에, 그가 손상시키고 위험에 빠뜨렸던 이스라엘 나라를 지켜 주시고 더 잘되게 해 달라고 하나님께 기도한다. 다윗은 그의 죄로 말미암아 이스라엘 민족이 심판을 받아야 마땅했지만 하나님께서 그러한 민족적인 심판을 막아 주시고, 이스라엘을 계속해서 축복하셔서, 그의 범죄로 인하여 하나님께서 위협하셨던 일들이 아니라 오직 선한 일만이 계속해서 일어나게 해 달라고 기도한다. 다윗은 하나님께서 그의 섭리를 통해서 다른 성읍들에 대하여 하신 것처럼 시온에도 선을 행하실 뿐만 아니라, 하나님께서 그의 이름을 두시기로 선택하신 시온에 대한 특별한 은총과 은택으로 선을 행하시며, 지금 건축 중에 있는 예루살렘 성벽이 다 지어져서 그 선한 역사가 완성될 수 있게 해 달라고 기도한다.

[1] 우리가 은혜의 보좌 앞에 나아가서 우리와 관련된 많은 중요한 일들을 기도 드릴 때, 우리는 하나님의 교회를 위하여 기도하는 것을 잊지 말아야 한다. 아니, 우리 주님께서는 우리가 매일 드려야 할 기도 속에서 주의 이름이 거룩히

여김을 받으시오며 나라가 임하옵소서라는 기도를 제일 먼저 하도록 우리에게 가르치셨다.

[2] 우리는 우리의 죄로 인해서 공적인 유익들에 얼마나 많은 손상을 끼쳤는지를 생각하고서 특히 우리의 기도를 통해서 공적인 유익을 위하여 우리가 할 수 있는 모든 섬김을 다 하여야 한다.

2. 하나님의 교회들이 존귀하게 됨(19절). 하나님께서 다윗의 기도대로 그와 그의 백성에게 자신이 화해하였음을 보여주셨다면, 그들은 하나님의 전에서 드리는 공적인 제사와 예배를 지속적으로 드려야 한다.

(1) 스스로 기쁜 마음으로. 하나님께서 그들에게 선하심을 베푼 것을 알게 되면, 그들은 마음이 넓어져서 모든 일에서 감사와 순종을 표현하게 된다. 그 때에 그들은 성막으로 찾아와서 번제, 곧 오직 하나님의 영광을 위해서 드려지는 온전한 번제를 드리게 될 것이고, 단지 어린 양이나 숫양뿐만 아니라 가장 값비싼 제물인 수소까지도 주의 제단에 드리게 될 것이다.

(2) 하나님께 열납될 수 있도록. "주께서 그것들을 기뻐하시리이다. 즉, 주께서 우리의 제사를 열납하시는 것을 방해하였던 우리의 죄를 제거하셨음을 우리가 알게 될 때, 우리는 주께서 우리의 제사를 기쁘게 받으실 것이라고 소망할 수 있는 이유를 갖게 될 것이나이다." 공적인 예배를 통해서 하나님과 그의 백성 간에 교통이 이루어져서, 성도들이 겸손히 하나님을 예배함으로써 하나님께서 큰 영광을 받으시고, 하나님께서 예배를 은혜로 열납하심으로써 성도들이 행복을 누린다는 것을 생각하는 것은 선한 자에게 큰 위로가 된다.

제
— 52 —
편

개요

아비아달 가문의 사람들이 도엑의 밀고로 말미암아 죽임을 당하였을 때, 다윗은 너무도 큰 슬픔에 빠져서 아비아달에게 "네 아버지 집의 모든 사람 죽은 것이 나의 탓이로다"라고 말하였다(삼상 22:22). 다윗은 이러한 슬픔을 얼마간이라도 분출시켜서 자신의 마음을 어느 정도 가라앉히기 위해서 이 시편을 지었는데, 여기에서 그는 마치 그가 지금 보좌에 오른 왕이라도 되는 것처럼 상당한 권세를 가지고서 선지자로서 다음과 같이 말한다. I. 다윗은 도엑이 행한 일을 규탄한다(1절). II. 다윗은 그를 고소하고 정죄하며, 그의 범죄가 얼마나 큰 것인지를 부각시킨다(2-4절). III. 다윗은 그에게 선고를 내린다(5절). IV. 다윗은 그 선고의 집행을 통해서 의인이 승리할 것을 예언한다(6-7절). V. 다윗은 하나님의 긍휼하심에 의지해서 스스로를 위로하고, 그가 하나님을 찬송하게 될 것임을 확신한다(8-9절). 이 시편을 노래할 때, 우리는 거짓말하는 죄를 미워하는 마음을 품어야 하고, 계속해서 거짓말하는 자들이 패망하게 될 것을 내다보아야 하며, 거짓말의 아비인 사탄의 자녀들의 온갖 악의적인 음모에도 불구하고 하나님께서 그의 교회와 백성을 지키시리라는 확신으로 기뻐하여야 한다.

〔다윗의 마스길, 인도자를 따라 부르는 노래, 에돔인 도엑이 사울에게 이르러 다윗이 아히멜렉의 집에 왔다고 그에게 말하던 때에〕

¹포악한 자여 네가 어찌하여 악한 계획을 스스로 자랑하는가 하나님의 인자하심은 항상 있도다 ²네 혀가 심한 악을 꾀하여 날카로운 삭도 같이 간사를 행하는도다 ³네가 선보다 악을 사랑하며 의를 말함보다 거짓을 사랑하는도다 (셀라) ⁴간사한 혀여 너는 남을 해치는 모든 말을 좋아하는도다 ⁵그런즉 하나님이 영원히 너를 멸하심이여 너를 붙잡아 네 장막에서 뽑아 내며 살아 있는 땅에서 네 뿌리를 빼시리로다 (셀라)

이 시편의 표제에는 이 시편과 관련이 있는 이야기가 간략하게 설명되어 있다. 다윗은 이제 마침내 그를 두 차례나 죽이고자 하였던 사울을 피하여서 자신의 안전을 위하여 궁정을 떠나야 할 때가 되었다는 것을 알았다. 무기와 양식이 준비되지 않았던 다윗은 아무것도 모르는 제사장 아히멜렉에게 다가가서 계략을 써서 그로부터 이 두 가지를 얻어 내었는데, 마침 그 때에 그 곳에 에돔 사람 도엑이 있다가 그 광경을 보고서, 사울에게 달려가서, 아히멜렉이 반역자와 공모하였다고 밀고하였고, 이 밀고를 근거로 사울은 모든 제사장들을 죽이라고 너무도 잔혹한 명을 내렸다. 도엑은 밀고한 자이자 사울의 명을 받아서 제사장들을 도륙한 자이기도 하였다(삼상 22:9 이하). 이 절들에는 다음과 같은 내용들이 나온다.

I. 다윗은 이 교만하고 힘센 자를 공정하게 고소한다(1절).   도엑은 아마도 육체적인 힘이라는 관점에서 힘센 사람이었던 것 같다. 그러나 그가 힘센 사람이었다고 할지라도, 그는 여호와의 무장하지 않은 제사장들을 상대하여 쉽게 승리를 거둔 것을 통해서 힘센 사람이라는 명성을 얻은 것은 아니었다. 칼을 지닌 자들이 에봇을 입은 자들을 학살한 것은 결코 명예가 될 수 없다. 하지만 그는 자신의 직분에 의해서 힘센 사람이었다. 왜냐하면, 그는 사울 가문의 종들을 다스리는 집사장이었기 때문이다. 그는 자기가 남들에게 해악을 끼칠 수 있는 권력을 쥐고 있다는 것만을 자랑한 것이 아니라 자기가 실제로 사람들에게 끼친 해악을 자랑하였다. 나쁜 짓을 하는 것은 나쁜 일이지만, 그런 일을 해놓고서 그것을 자랑하고 뽐내는 것은 더욱 악한 일이다. 악한 일을 행한 것을 부끄러워하기는커녕 도리어 그것을 합리화하고, 또한 합리화할 뿐만 아니라 그런 일을 한 것을 자랑하고 마치 자기가 대단한 일이라도 한 것처럼 여긴다면, 그것은 참으로 극히 악한 일이다. 자신의 죄를 자랑하는 자들은 자신의 수치를 자랑하는 것이기 때문에, 그것은 더욱더 수치스러운 일이다. 힘센 자들은 흔히 남에게 해를 끼치는 자들로서 그의 마음의 욕심을 자랑한다(사 10:3). 다음과 같은 말씀이 어떻게 해서 여기에 끼어든 것인지는 불확실하다: 하나님의 인자하심은 항상 있도다. 어떤 이들은 이 말씀을 앞에 나온 질문에 대한 이 악인의 대답이라고 생각한다. 죄인들은 하나님의 인내와 오래 참으심(하나님의 인자하심을 보여주는 큰 증거들)을 악용해서, 그들의 마음을 완악하게 하여, 계속해서 악한 길로 행한다. 그들의 악행에 대한 선고는 속히 집행되지 않기 때문에, 아니, 하나님은 끊임없이 그들을 선대하시기 때문에, 그들은 그들이 저지른 악

행을 자랑한다. 마치 그들이 악행을 저지르면서도 형통하는 것이 그들의 악행 속에는 그 어떠한 해악도 없다는 것을 보여주는 증거라도 된다는 듯이 말이다. 그러나 이 말씀은 이 악인을 쳐서 다음과 같은 것들을 보여주기 위한 명제로 해석하는 것이 더 나을 것이다.

1. 그가 저지르는 일이 죄악되다는 것. "하나님은 끊임없이 선을 행하고 계시기 때문에, 하나님과 마찬가지로 선을 행하는 자들은 그들이 그렇게 행하는 것을 자랑할 만한 이유가 있다. 그러나 너는 끊임없이 사람들에게 해악을 행하고 있기 때문에, 그 점에서 하나님과는 전혀 다르고 도리어 하나님과 상반되는데도, 너의 행위를 자랑하는구나."

2. 그의 죄악이 어리석다는 것. "너는 네가 자랑하는 악행(너무도 교묘하게 궁리해 내서 아주 성공적으로 수행한)을 통해서 하나님의 백성을 짓밟고 멸망시키려고 하지만, 너의 생각이 잘못되었다는 것을 곧 알게 될 것이다. 하나님의 인자하심은 항상 있어서, 그들을 보호해 주시기 때문에, 그들은 사람이 그들에게 무슨 짓을 할까 두려워할 필요가 없다." 원수들은 헛되이 그들의 악행을 자랑하지만, 우리는 하나님의 긍휼하심을 자랑한다.

II. 도엑은 사울의 궁정에서 아히멜렉을 무거운 죄로 고소하였던 것과 마찬가지로, 다윗은 하늘의 궁정에서 도엑을 무거운 죄로 고소한다(2-4절). 다윗은 도엑에 대하여 그의 혀가 악하다는 것(치명적인 독으로 가득 차 있고 길들여지지 않는 저 악한 것)과 그것을 통해서 드러난 그의 마음의 악함을 고소한다. 다윗은 여기에서 도엑을 네 가지로 고소한다.

1. 악의. 그의 혀는 악을 행하여, 바늘처럼 찌를 뿐만 아니라 삭도 같이 잘라 버린다. 그는 조롱하고 희롱하는 말로는 성이 차지 않았다. 그는 여호와의 제사장들을 죽일 말, 여호와께서 싫어하시는 그런 말을 좋아하였다.

2. 거짓. 그는 간사한 혀로 이러한 악을 행하였다(4절). 그는 거짓말하는 것을 좋아하였고(3절), 이 날카로운 삭도는 간사하게 행하였다(2절). 즉, 그는 기회를 잡아서 제사장들을 해치고자 하는 자신의 악의를 드러내기 전에는 제사장들에게 아주 호의적으로 행동하였었다. 그는 에돔 사람이었지만 늘 제단을 찾아서 예물을 드렸으며, 이스라엘 사람 못지않게 품위를 갖추어서 제사장들을 공경하였다. 이 점에서 그는 자기 자신에게 강제력을 행사해야 했지만(왜냐하면, 그는 여호와 앞에 억지로 붙잡혀 있어야 했기 때문에), 그렇게 함으로써 제

사장들에게 훨씬 더 큰 해악을 끼칠 기회를 얻게 되었다. 또는, 이 말씀은 그가 아히멜렉을 밀고한 것을 가리키는 것일 수도 있다. 왜냐하면, 그가 밀고한 내용은 어느 정도 사실이었지만, 거기에 잘못된 시각이 더해져서 왜곡된 것이므로, 그는 거짓말을 사랑하고 간사한 혀를 가졌다고 할 수 있기 때문이다. 그는 진실을 말했지만, 그가 한 모든 말이 진실이었던 것은 아니었다. 증인은 그렇게 해서는 안 된다. 만약 그가 다윗이 아히멜렉으로 하여금 그가 사울의 심부름을 온 것으로 믿게 하였다고 말하였다면, 아히멜렉이 다윗에게 베푼 친절은 사울에게 반역한 행위가 아니라 사울을 존중한 행위로 되었을 것이다. 우리가 사실을 왜곡시켜서 원래와는 다르게 보이게 만들었다면, "우리가 한 말 속에는 어느 정도의 진실이 담겨 있었다"라고 말해보아야, 우리는 거짓말 한 죄로부터 빠져 나올 수 없다.

3. 범죄가 교묘하다는 것. "네 혀가 악을 꾀하는도다. 즉, 네 혀가 네 마음이 궁리해 낸 악행을 말하는도다." 어떤 악행을 교묘하게 궁리해 내면 낼수록, 거기에는 더 많은 악이 들어가게 된다.

4. 죄악을 사랑한다는 것. "네가 선보다 악을 사랑하는도다. 즉, 너는 악을 사랑해서, 선한 것에 대해서는 전혀 사랑이 없도다. 너는 거짓말을 하는 것을 즐거워하여서, 옳은 일을 하는 데에는 아무런 마음도 없다. 너는 진실을 말함으로써 하나님을 기쁘시게 하기보다는 거짓을 말함으로써 사울을 기쁘게 하고자 하였도다." 자신의 몸과 재산과 명성을 이용해서 다른 사람에게 기회가 있는 대로 선을 베푸는 것(우리는 마땅히 이래야 한다)을 기뻐하기보다는 다른 사람에게 해악을 끼칠 좋은 기회를 잡았을 때에 즐거워하는 자들은 도엑의 정신을 지니고 있는 것이다. 그것은 선보다 악을 사랑하는 것이다. 남을 파멸시키는 말을 하는 것은 나쁜 일이지만, 다른 사람들이나 자기 자신 속에서 남을 파멸시키는 말을 사랑하는 것은 더욱 나쁜 일이다.

Ⅲ. 다윗은 도엑의 악함으로 인해서 하나님께서 그에게 내리시는 심판들을 선포한다(5절). "너는 여호와의 제사장들을 멸하여서 그들을 이 땅에서 끊어 버렸으므로, 하나님께서도 영원히 너를 멸하시리라." 유다 또는 죄의 사람처럼 적극적으로 지옥의 자식이 된 자들은 그들이 원하지 않는다고 하여도 수동적으로 지옥의 자식들이 될 것이다. 남을 멸하는 자들은 스스로 멸망받게 될 것이다. 특히 여호와의 제사장들, 우리 하나님께서 왕 같은 제사장들로 삼으신

그의 사역자들과 그의 백성을 미워하고 박해하며 멸하는 자들은 신속하게 영원한 멸망을 당하여 사라지게 될 것이다. 도엑은 여기서 다음과 같은 선고를 받는다.

1. 교회로부터 쫓겨나게 되리라는 것. 하나님께서 너를 장막에서 뽑아 내시리로다. 여기에서 장막은 도엑이 거하는 장막이 아니라 하나님의 성막을 가리킬 가능성이 크다. "너는 하나님의 은총과 그의 임재와 하나님과의 모든 교통에서 끊어지게 될 것이고, 하나님의 말씀이나 제사를 통한 그 어떤 은택도 받지 못하게 될 것이다." 그는 하나님의 종들에게 너무도 큰 해악을 끼쳤기 때문에 하나님의 전에 속한 모든 특권들을 박탈당한 것은 당연한 일이었다. 그는 가끔씩 하나님의 성막에 와서 일을 도와 주다가 거기에 눌러 살게 되었다. 그는 하나님을 섬기는 일이 지겨워서, 제사장들을 중상모략할 기회를 찾고 있었다. 그러므로 그가 거기에서 뽑혀서 제거되는 것은 너무도 합당한 일이었다. 우리는 우리를 그런 식으로 섬기는 자를 그 누구라도 우리의 집에 들어서는 안 된다. 우리가 하나님의 예배를 오용하거나 잘못 사용하게 되면, 우리는 예배의 유익과 은택을 상실하게 된다는 것을 명심하라.

2. 세상으로부터 쫓겨나게 되리라는 것. "하나님께서 살아 있는 땅에서 네 뿌리를 빼시리로다. 네 자신은 아주 깊이 뿌리를 박고 있다고 생각하겠지만, 하나님은 너를 산 자들의 땅에서 뿌리째 뽑아 내실 것이다." 선한 자들이 죽을 때, 그들은 이 땅에 있는 산 자들의 땅, 즉 의의 나무들을 키우는 곳으로부터 하늘에 있는 땅, 곧 여호와의 동산으로 옮겨 심어져서, 거기에서 영원히 뿌리를 내리게 될 것이다. 그러나 악인들이 죽을 때, 그들은 산 자들의 땅에서 뿌리 뽑혀서, 영원히 멸망하여, 하나님의 진노의 불을 피울 땔감으로 사용된다. 이것은 하나님과 다투는 자들의 운명이 될 것이다.

⁶의인이 보고 두려워하며 또 그를 비웃어 말하기를 ⁷이 사람은 하나님을 자기 힘으로 삼지 아니하고 오직 자기 재물의 풍부함을 의지하며 자기의 악으로 스스로 든든하게 하던 자라 하리로다 ⁸그러나 나는 하나님의 집에 있는 푸른 감람나무 같음이여 하나님의 인자하심을 영원히 의지하리로다 ⁹주께서 이를 행하셨으므로 내가 영원히 주께 감사하고 주의 이름이 선하시므로 주의 성도 앞에서 내가 주의 이름을 사모하리이다

다윗은 이 때에 몹시 괴로운 상태에 있었다. 도엑이 그에게 가한 해악은 단지 그가 앞으로 겪어야 했던 많은 슬픈 일들의 시작일 뿐이었다. 그렇지만 우리는 여기에서 다윗이 환난 가운데서 기뻐하는 것, 아니 승리를 믿으며 개가를 부르는 것을 보게 된다. 사도 바울의 경우에도 그의 환난이 극심하였을 때에 그의 승리의 기쁨도 최고조에 달하였다(고후 2:14). 다윗도 여기에서 승리의 개가를 부르며 다음과 같은 것들을 기뻐한다.

I. 도엑의 몰락. 그렇지만 다윗은 이것이 개인적인 복수처럼 보이지 않도록 하기 위하여 이것을 자신의 행위로 직접 말하지 않고, 어떤 의인들이 한 말로 표현한다. 그들은 도엑에 대한 하나님의 심판들을 목격하고서, 그 심판들과 관련하여 다음과 같이 말할 것이다.

1. 하나님께 영광을 돌림: 의인들이 보고 두려워할 것이다(6절). 즉, 그들은 하나님의 공의를 두려워할 것이고, 전능하신 하나님께서 행하신 일을 보고 두려워할 것이다. 아무리 오만한 자라 할지라도 죄인은 하나님 앞에 설 수 없기 때문에, 우리는 모두 스스로를 하나님 앞에서 낮추어야 한다. 악인들에 대한 하나님의 심판은 의인들에게 두려움을 가져다 주어서, 그들로 하여금 하나님께 범죄하여 그의 진노를 사는 것을 두려워하게 만들 것이다(시 119:120; 계 15:3-4).

2. 도엑의 수치. 그들은 어이없다는 듯이 그를 비웃는 것이 아니라, 하늘에 계신 이가 그를 비웃으실 것이기 때문에 의미심장하게 그를 비웃게 될 것이다(시 2:4). 그는 우스꽝스러운 자가 되어서, 비웃음을 받아 마땅한 자가 될 것이다. 우리는 여기에서 그들이 그에 대한 하나님의 의로운 심판으로 인해서 어떻게 승리의 개가를 부르게 될 것인지에 대하여 듣게 된다(7절): 보라, 이 사람은 하나님을 자기 힘으로 삼지 아니하던 자라. 부유하고 힘 있는 사람이 몰락하여 망하게 되면, 모든 사람이 그것을 알게 되고, 거기에 대하여 한 마디씩 하기 마련이다. 지금 여기에 나오는 말은 의인들이 도엑의 몰락을 보고서 한 말인데, 도엑은 잘못된 방법을 통해서 자신의 부와 권력을 축적한 자였기 때문에, 이 말만큼 그에게 적합한 것은 없을 것이다. 새로 지은 건물이 무너지면, 누구나 다 즉시 그 건물을 짓는 데에 어떤 잘못이 있었는지를 묻게 된다. 그런데 도엑의 몰락을 가져온 것은 다음과 같은 것들이었다.

(1) 그는 자신의 부와 권력을 반석 위에 짓지 않았다는 것. 그는 하나님을 자

기 힘으로 삼지 아니하였다. 즉, 그는 자신의 부와 권력이 지속되느냐 하는 것이 하나님의 은총에 달려 있다고 생각하지 않았기 때문에, 하나님의 은총을 확실하게 보장받거나 자기 자신이 하나님의 사랑 속에 있어야 한다는 것에 대하여 전혀 신경을 쓰지 않았고, 하나님에 대한 그의 도리를 지키려고 하지 않았으며, 하나님을 찾는 일도 없었다. 하나님과 신앙 없이 자신의 권력과 부가 그들을 지켜 줄 것이라고 생각하는 자들은 형편없이 스스로를 속이고 있는 것이다.

(2) 그는 자신의 부와 권력을 모래 위에 지었다는 것. 그는 자신의 부가 힘이 되어 줄 것이라고 생각하였다: 여러 해 동안 모아 놓은 자기 재물의 풍부함을 그는 의지하였다. 아니, 그는 자신의 악함이 자신의 부를 지켜줄 것이라고 생각하였다. 그는 오로지 자신의 명예와 권력을 확보하고 넓히는 데에만 몰두하였다. 옳든 그르든 그는 그가 가질 수 있는 것은 무엇이든지 닥치는 대로 취하고자 하였고, 그가 이미 가지고 있는 것을 지키고자 하였으며, 그의 길을 방해하는 자는 누구든지 멸망시키고자 하였다. 이렇게 하면 그가 힘을 얻어서 강하게 될 것이라고 그는 생각하였다. 양심에 구애받지 않고 무엇이든지 하고자 하는 자들은 뭔가를 얻을 수 있는 것처럼 보인다. 그러나 그 결말이 어떤 것인지를 보라. 그는 숙성되지 않은 회 반죽으로 자기 집을 지었는데, 그는 지금 어떻게 되었는가. 그의 집은 무너졌고, 그는 그 무너진 집의 잔해 속에 파묻혀 버렸다.

II. 다윗 자신의 든든함(8-9절). "이 힘센 자는 뿌리째 뽑혀 버렸다. 그러나 나는 푸른 감람나무 같아서, 뿌리 깊게 심겨서 울창하게 자라고 있다. 그는 하나님의 거처에서 뽑혀 나갔지만, 나는 거기에 굳건히 뿌리를 내리고 있고, 도액처럼 억지로 붙잡혀 있는 것이 아니라, 거기에서 풍성한 만족을 누리고 있다." 믿음과 사랑으로 하나님의 전에 거하는 자들은 거기에 있는 푸른 감람나무 같이 되리라는 것을 명심하라. 악인들은 유익한 열매를 하나도 맺지 못하고 그저 잎사귀만 무성한 푸른 월계수 같이 번성한다고 성경에서는 말한다(시 37:35). 그러나 의인들은 푸른 감람나무처럼 번성한다. 감람나무는 잎이 무성할 뿐만 아니라 기름도 풍부해서(시 92:14), 그 기름은 하나님과 사람을 영화롭게 하며(삿 9:9), 그 뿌리와 진액을 좋은 감람 기름으로부터 가져온다(롬 11:17). 그렇다면, 우리가 푸른 감람나무가 되기 위해서는 무엇을 하여야 하는가?

1. 우리는 하나님과 그의 은혜를 믿고 의지하는 삶을 살아야 한다. "나는 사람들이 재물의 풍부함을 의지한 결과가 무엇인지를 알기 때문에, 나는 하나님

의 인자하심을 영원히 의지하리로다. 나는 세상이 아니라 하나님을 의지하고, 나의 공로가 아니라 하나님의 긍휼하심을 의지하노라. 하나님께서는 아무런 자격도 없는 무가치한 자들에게도 선물을 거저 나누어 주시고 하나님 안에는 우리의 분깃과 복이 될 모든 것들이 풍성히 있도다." 이러한 하나님의 긍휼하심은 영원하다. 하나님의 긍휼하심은 늘 변함이 없고, 긍휼하심으로 인한 하나님의 선물들은 영원까지 지속될 것이다. 그러므로 우리는 하나님의 긍휼하심을 영원히 의지하여야 하고, 그 토대로부터 결코 떠나서는 안 된다.

2. 우리는 하나님 안에서 감사와 거룩한 기쁨의 삶을 살아야 한다(9절). "주께서 이를 행하셨으므로, 즉 주께서 주의 제사장들을 죽인 원수에게 피의 복수를 하셔서, 그에게 피를 마시게 하심으로써, 내게 하신 약속을 지키셨으므로, 내가 영원히 주를 찬송하리이다." 다윗은 하나님께서 때가 되면 그 일을 분명히 하실 것이라는 것을 믿고서, 마치 그 일이 이미 이루어진 것처럼 말한다. 그것은 우리의 신앙 고백의 아름다움, 우리가 매번 은혜를 받고서 열매를 맺는 것, 우리가 하나님을 많이 찬송하는 것에 많은 기여를 한다. 우리에게 하나님을 찬송할 거리가 결코 떨어지지 않으리라는 것은 확실하다.

3. 우리는 하나님을 겸손히 의지하고 기대하는 삶을 살아야 한다. "내가 주의 이름을 사모하리이다. 나는 주께서 나를 기뻐하신다는 것이 드러나기를 소망하며, 그러한 것이 드러나게 되어 있는 때까지 기꺼이 참고 기다리면서, 주께서 자신을 나타내실 때까지 모든 날 동안에 주를 기다리겠나이다. 왜냐하면, 성도 앞에서 또는 성도들의 견해와 판단에 의하면 주의 이름이 선하시기 때문이니이다." 다윗은 이렇게 진심으로 성도들의 판단과 견해에 동의한다. 모든 성도들은 한 마음을 지니고 있다(Communis sensus fidelium).

(1) 하나님의 이름은 그 자체로 선하시다는 것, 하나님께서 그의 백성에게 자신을 나타내시는 일들은 은혜로우시고 지극히 인자하신 일들이라는 것. 천하에 우리가 우리의 피난처와 요새로 삼을 수 있는 이름은 하나님의 이름뿐이다.

(2) 우리가 하나님의 이름을 사모하는 것은 지극히 선하다는 것, 우리의 마음이 산란하고 흐트러져 있을 때에 우리의 마음을 잔잔히 가라앉히고, 우리가 난관을 타개하기 위해서 정도가 아닌 길을 가고자 하는 유혹을 받을 때에 우리로 하여금 묵묵히 우리가 해야 할 도리를 할 수 있게 해주는 것은 여호와의 구

원을 바라고 잠잠히 기다리는 것(애 3:26)보다 더 좋은 것은 없다는 것. 모든 성도들은 하나님을 바라고 묵묵히 기다리는 것을 통해서 많은 유익과 은택을 체험하여 왔다. 하나님을 사모하고 기다린 자들 중에서 헛수고를 한 자는 없었고, 하나님의 인도하심을 따른 자들 중에 끝이 좋지 않은 자가 없었으며, 하나님을 믿고 기다린 자들 중에서 부끄러움을 당한 자는 없었다. 그러므로 우리는 모든 성도 앞에서 선한 것을 붙잡고 거기에 머물러야 한다. 너의 하나님께로 돌아와서 인애와 정의를 지키며 항상 너의 하나님을 바랄지니라(호 12:6).

제 53 편

개요

　　비록 우리가 하나님께서 말씀하시는 것을 알고 있다고 할지라도, 하나님께서 동일한 말씀을 여러 번 반복해서 말씀하시는 것은 좋은 일이다. 하나님께서는 이 시편을 통해서 다시 한 번 말씀하신다. 왜냐하면, 이 시편은 제14편과 사용된 단어까지 거의 동일하기 때문이다. 이 시편의 목적은 우리로 하여금 우리의 죄악들에 대하여 깨닫게 하고, 우리의 죄들로 인하여 부끄러워하며 두려워 떨게 하는 것이다. 우리는 우리의 죄들을 깨닫기가 대단히 어렵기 때문에, 이러한 취지의 말씀들을 거듭거듭 들을 필요가 있다. 우리의 죄를 깨닫게 하는 말씀은 여러 번 두들겨야 효과가 나는 망치에 비유할 수 있다. 하나님은 여기에서 시편 기자를 통해서 다음과 같은 것들을 행하신다. I. 하나님은 우리에게 우리가 얼마나 악한지를 보여주신다(1절). II. 하나님은 자신의 확실한 지식을 통해서 우리에게 우리가 얼마나 악한지를 증명하신다(2-3절). III. 하나님은 가장 악한 죄인들인 박해자들에게 두려움이 임할 것이라고 말씀하신다(4-5절). IV. 하나님은 그의 박해받는 백성에게 위로의 말씀을 전하신다(6절). 시편 제14편과 이 시편 간에는 약간의 사소한 차이만이 있을 뿐이고, 그 차이조차도 별로 중요한 것이 아니며, 오직 제14편의 5-6절과 이 시편의 5절만이 서로 차이를 보일 뿐이다. 제14편에서는 악인들이 하나님의 백성을 능욕하는 것에 관한 몇몇 표현들이 사용되고 있지만, 여기에서는 그러한 표현들은 생략되고, 그 대신에 하나님께서 악인들에게 수치를 안겨 주실 것이라는 예언이 나온다. 시편 기자는 이 시편을 성가대의 인도자에게 두 번째로 넘겨 줄 때에 하나님의 지시에 따라서 이것을 비롯한 몇몇 수정들을 행하였다. 이 시편을 노래할 때, 우리는 인간의 본성이 부패해 있는 것과 우리가 살고 있는 세상이 비참할 정도로 타락해 있다는 것을 탄식하면서도, 큰 구원에 대한 소망 속에서 즐거워하여야 한다.

〔다윗의 마스길, 인도자를 따라 마할랏에 맞춘 노래〕

¹어리석은 자는 그의 마음에 이르기를 하나님이 없다 하도다 그들은 부패하며 가증한 악을 행함이여 선을 행하는 자가 없도다 ²하나님이 하늘에서 인생을 굽어살피사

지각이 있는 자와 하나님을 찾는 자가 있는가 보려 하신즉 [3]각기 물러가 함께 더러운 자가 되고 선을 행하는 자 없으니 한 사람도 없도다 [4]죄악을 행하는 자들은 무지하냐 그들이 떡 먹듯이 내 백성을 먹으면서 하나님을 부르지 아니하는도다 [5]그들이 두려움이 없는 곳에서 크게 두려워하였으니 너를 대항하여 진 친 그들의 뼈를 하나님이 흩으심이라 하나님이 그들을 버리셨으므로 네가 그들에게 수치를 당하게 하였도다 [6]시온에서 이스라엘을 구원하여 줄 자 누구인가 하나님이 자기 백성의 포로된 것을 돌이키실 때에 야곱이 즐거워하며 이스라엘이 기뻐하리로다

이 시편은 우리가 이미 앞에서 살펴본 바 있기 때문에, 우리는 여기에서는 단지 죄에 대한 우리의 슬픔과 미워함을 좀 더 강화시키기 위하여 죄와 관련된 몇가지 내용을 간략하게 살펴보고자 한다.

1. 죄라는 사실. 죄는 증명되었는가? 죄에 대한 고소는 입증될 수 있는가? 그렇다. 하나님은 죄가 있다는 사실을 증언해주실 증인, 너무도 명명백백한 증인이시다. 하나님은 그의 거룩한 곳에서부터 사람들을 굽어살피셔서, 사람들 가운데 얼마나 선한 것이 없는지를 잘 알고 계신다(2절). 사람들의 마음과 삶의 모든 죄악된 모습은 하나님 앞에 벌거벗은 것 같이 드러난다.

2. 죄가 지닌 잘못. 죄 속에는 어떤 해악이 존재하는가? 그렇다. 죄는 악이다(1, 4절). 죄는 불의한 것이다. 죄 속에는 선한 것이 없다(1, 3절). 죄는 나쁘고 해로운 것이다. 죄는 해로운 것들 중에서 가장 해로운 것이다. 이 세상을 지금과 같이 이토록 악한 세상으로 만든 것은 바로 죄다. 죄는 하나님으로부터 물러가는 것이다(3절).

3. 죄의 원천. 어떻게 해서 사람들은 이토록 악해졌는가? 그것은 그들의 눈에 하나님을 두려워하는 것이 없기 때문이다. 그들은 그들의 마음에 이르기를 "우리를 그 앞에 불러서 결산하라고 요구하거나 우리가 장차 두려워 떨며 그 앞에 서야 할 하나님은 없다"라고 말한다. 사람들의 악한 행실들은 그들의 악한 사고방식에서 흘러나온다. 그들이 생각으로는 하나님을 부인하면서도 말로는 하나님을 안다고 공언한다고 할지라도, 그들은 그들의 행동으로 하나님이 계시다는 것을 부정하게 된다.

4. 죄의 어리석음. 그러한 부패한 생각들을 품고 있는 자는 어리석은 자이다(하나님께서 보시기에, 우리는 하나님의 판단이 옳다는 것을 확신한다). 생각

으로든 행위로든 무신론자들은 이 세상에서 가장 어리석은 자들이다. 하나님을 찾지 않는 자들은 총명이 없다. 그런 자들은 총명이 없는 짐승들과 같다. 왜냐하면, 사람은 이성의 힘에 의해서라기보다는 신앙을 가질 수 있는 능력에 의해서 짐승과 구별되기 때문이다. 죄악을 행하는 자들은 그들이 스스로를 어떻게 생각하든지 간에 무지하고 지식이 없다. 하나님을 알지 못하는 자들은 사실 아무것도 알지 못한다고 말할 수 있다(4절).

5. 죄의 더러움. 죄인들은 부패해 있다(1절). 그들의 본성은 오염되고 썩었고, 본성이 고상하면 할수록 그 본성이 부패하게 될 때에는 더욱더 고약한 냄새가 나게 된다(천사들의 경우를 보라). 가장 좋은 것들이 부패하였을 때에 그것들은 가장 나쁜 것들이 되어 버린다(Corruptio optimi est pessima). 그들의 죄악은 가증스럽다. 그것은 거룩한 하나님 앞에 악취를 풍기는 것이고, 죄는 사람들을 그렇게 악취가 나는 자들로 만든다. 만약 그렇지 않았다면, 하나님은 그가 지으신 것을 하나도 미워하지 않으실 것이다. 죄는 사람들을 참으로 더럽게 만들어 버린다. 의도적으로 죄를 짓는 죄인들은 하늘의 하나님과 거룩한 천사들 앞에서 고약한 냄새를 풍긴다. 교만한 죄인들이 아무리 고상한 척하더라도, 악은 이 세상에서 가장 더러운 것이라는 것은 확실하다.

6. 죄의 열매. 죄는 결국 사람들을 얼마나 잔혹하고 야만적으로 만들어 버리는지를 보라. 사람들의 마음이 죄의 속임수에 의해서 완악해질 때, 그들이 그들의 형제들, 그들의 뼈 중의 뼈인 골육들에게 얼마나 잔혹한지를 보라. 그들의 형제들이 그들과 함께 극한 방탕에 달음질하지 아니하려 한다고 해서, 그들은 떡먹듯이 그들의 형제들을 먹는다. 마치 그들이 짐승이 되었을 뿐만 아니라 다른 짐승을 잡아 먹는 짐승이 된 것처럼 말이다. 또한, 그들이 하나님을 얼마나 멸시하는지를 보라. 그들은 하나님을 부르지 아니하고, 도리어 그들이 하나님께 은혜를 입고 있다는 말을 코웃음친다.

7. 죄에 수반되는 두려움과 수치(5절). 하나님을 자신의 원수로 만들어 버린 자들에게는 큰 두려움이 있다. 겉으로 보기에는 두려워할 이유가 전혀 없는데도, 그들 자신의 양심이 느끼는 죄책감으로 인하여 그들은 소스라치게 놀라고, 그 죄책감은 그들을 두려움과 공포로 가득 채우게 된다. 악인은 쫓아오는 자가 없어도 도망하느니라. 이렇게 두려워하는 이유를 보라. 그것은 하나님께서 이전에 그의 백성을 대항하여 진친 그들의 뼈를 흐트서서, 그들의 세력을 꺾고 그들의

군대를 흩으셨을 뿐만 아니라 그들을 죽이셔서 그들의 시신을 마른 뼈가 되게 하시며 그 해골이 스올의 입구에 뿌려진 자들 같이 만들어 버리셨기 때문이다(시 141:7). 성도들의 진과 사랑하시는 성을 포위하여 공격하는 자들의 운명은 바로 그렇게 될 것이다(계 20:9). 이러한 것을 알게 되면, 하나님의 백성을 먹어치운 자들은 소스라치게 놀라며 기겁할 수밖에 없다. 이것으로 인하여 처녀 딸 시온은 하나님께서 그들을 멸시하여 버리셨기 때문에 그들로 수치를 당하게 할 수 있고, 하늘에 앉아 계신 이가 그들을 비웃으시기 때문에 그들을 비웃을 수 있게 된다. 우리는 하나님께서 하찮게 여기시는 자들, 즉 우리의 원수들을 두려워하는 마음으로 바라볼 필요가 없다. 하나님께서 그들을 하찮게 여기시고 멸시하신다면, 우리도 그들을 하찮게 여길 수 있다.

8. 성도들의 믿음, 이 큰 악을 치유하는 것과 관련된 성도들의 소망과 능력(6절). 구세주, 큰 구원, 죄로부터의 구원이 임할 것이다. 그 날이 빨리 오기를! 왜냐하면, 그 날은 영광스럽고 즐거운 시대가 시작될 날이기 때문이다. 구약 시대에는 이러한 구속을 바라보고 소망하며 기도하고 기다렸던 자들이 있었다.

(1) 때가 되면, 하나님께서는 그의 교회를 원수들의 죄악된 악의로부터 구원하실 것이고, 그 때에 오랫동안 암울하고 비참한 상태에 놓여 있었던 야곱과 이스라엘은 기뻐하게 될 것이다. 그러한 구원 사건들은 자주 일어났고, 그것들은 모두 영광스러운 교회의 영원한 승리에 대한 모형이었다.

(2) 하나님은 모든 믿는 자들을 그들의 죄악으로부터 구원하셔서, 그들로 하여금 죄악의 포로가 되지 않게 하실 것이고, 이 일로 인해서 그들은 영원히 즐거워하게 될 것이다. 구속주께서는 이 일로 말미암아 예수라는 이름을 얻으셨다. 왜냐하면, 그가 자기 백성을 그들의 죄에서 구원하게 되어 있기 때문이다(마 1:21).

제
— 54 —
편

개요

이 시편의 열쇠는 문 앞에 걸려 있다. 왜냐하면, 이 시편의 표제는 우리에게 이 시편이 어떤 때에 지어졌는지를 말해 주기 때문이다. 이 시편은 유다 지파의 사람들이었던 십의 거민들(배신자 유다의 모형들)이 다윗을 배신하여 사울에게 그가 어디 있는지를 밀고하고서 그를 잡는 데에 사울의 길잡이 역할을 해주었던 때에 지어졌다. 그들은 이런 일을 2번이나 하였는데(삼상 23:19; 26:1), 이 시편은 그들로 하여금 영원히 오명을 뒤집어 쓰게 하기 위하여 기록된 것이다. 이 시편의 전반부는 다윗이 위기를 넘기고 나서 자신이 곤경에 처해 있었을 때를 묵상하면서 쓴 것으로 보이고, 하나님께서 자기를 구원해 주신 것에 대한 감사를 표현하고 있는 마지막 두 절은 다윗이 여전히 위기 상황 가운데 있었을 때 믿음으로 썼을 것이다. I. 다윗은 그의 원수들의 악의에 대하여 하나님께 하소연하면서, 하나님께서 원수들을 쳐서 자기를 도와 달라고 기도한다(1-3절). II. 다윗은 하나님께서 자기를 기뻐하시며 보호하신다는 확신을 통해서 위로를 받으며, 때가 되면 하나님께서 그의 원수들을 낭패케 하시고, 자기를 구원하실 것을 확신하며 스스로를 위로한다(4-7절). 우리가 환난과 고통 중에 있을 때마다 우리는 이 시편을 노래하며 위로를 받을 수 있을 것이다.

〔다윗의 마스길, 인도자를 따라 현악에 맞춘 노래, 십 사람이 사울에게 이르러 말하기를 다윗이 우리가 있는 곳에 숨지 아니하였나이까 하던 때에〕

[1] 하나님이여 주의 이름으로 나를 구원하시고 주의 힘으로 나를 변호하소서 [2] 하나님이여 내 기도를 들으시며 내 입의 말에 귀를 기울이소서 [3] 낯선 자들이 일어나 나를 치고 포악한 자들이 나의 생명을 수색하며 하나님을 자기 앞에 두지 아니하였음이니이다 (셀라)

우리는 여기에서 다음과 같은 것들을 살펴볼 수 있다.

1. 표제에 나와 있는 것처럼, 다윗은 지금 큰 곤경에 처해 있었음. 십 사람들

은 자발적으로 사울을 찾아와서 다윗이 어디에 있는지를 알려 주고서 다윗을 사울의 손에 넘기겠다고 약속하였다. 우리는 다윗이 시골로 내려갔기 때문에 더 이상 추격을 당하지 않을 것이고, 후미진 곳으로 숨었기 때문에 발각되지 않을 것이며, 자신의 고향으로 내려갔기 때문에 사람들이 그를 배신하여 밀고하지 않을 것이라고 생각했을 것이다. 그렇지만 사실은 전혀 그렇지 않았다. 선한 자는 천국에 가기까지는 결코 안전하거나 편안한 것을 기대하지 말아야 한다. 여기에 나오는 십 사람들은 얼마나 기만적이며 얼마나 주제넘은 짓을 하고 있는 것인가! 사람들은 믿을 수 없지만, 하나님은 신실하시다는 것은 참으로 다행스러운 일이다(미 7:5).

2. 다윗이 하나님께서 그를 구원해 주시기를 기도함(1-2절). 다윗은 그를 도울 수 있는 하나님의 힘과 이름에 호소하면서, 하나님께서 그를 그의 원수들로부터 구원해 주시고 그를 변호해 달라고 간구한다. 다윗은 하나님의 이름 외에는 의지할 것이 없었고, 하나님의 힘 외에는 그가 의지할 그 어떤 힘도 없었기 때문에, 하나님의 힘과 이름을 자신의 피난처와 의지처로 삼는다. 이것은 다윗이 도망하는 처지였기 때문에 공적인 예배에서 하나님께 기도를 드릴 수 없었지만 가끔씩 하늘을 우러러 보며 기도한 것에 대한 적절한 응답이 될 것이었다(2절). 내 마음에서 우러나오는 내 기도를 들으시며 내 입의 말에 귀를 기울이소서.

3. 다윗은 그의 원수들이 어떤 자들인가를 말함으로써 하나님께서 그의 간구를 들어 주실 것을 청함(3절).

(1) 그들은 낯선 자들이다. 십 사람들은 그런 자들이었기 때문에, 이스라엘 백성이라는 이름을 붙이기에 합당하지 않은 자들이었다. "그들은 블레셋 사람들보다도 더 나를 비열하고 야만적으로 대우하였다." 스스로 혈육과 인척의 관계를 끊어버리고 완전히 안면을 바꾸어서 낯선 자들처럼 행세하는 자들에게서는 오직 최악의 대우만을 기대할 수 있을 뿐이다.

(2) 그들은 압제하는 자들이다. 사울은 바로 그런 자였기 때문에, 왕으로서 그가 지닌 권력을 사용해서 그의 모든 선한 신민들을 보호하기는커녕 도리어 자신의 권력을 악용하여 그들을 멸하고자 하였다. 재판하는 곳에서 볼 때에 압제하는 것보다 더 중대한 범죄는 없다(전 3:16). 바울은 동족과 거짓 형제 때문에 가장 큰 위험에 처했었는데(고후 11:26), 다윗도 마찬가지였다.

(3) 그들은 대단히 포악하였다. 그들은 다윗을 미워하고 그에게 나쁜 짓을

하고자 했을 뿐만 아니라, 한 무리로 일어나서 그를 쳤으며 그들의 힘을 모아서 그에게 해악을 가하고자 하였다.

(4) 그들은 지극히 악의적이었고 큰 앙심을 품고 있었다: 그들은 나의 생명을 쳤나이다. 그들은 소중한 생명을 사냥하고 있었기 때문에, 다윗을 죽이지 않고는 그들은 성이 차지 않을 것이었다. 우리는 하나님께서 섭리를 통해서 피를 흘리고자 하는 그러한 잔인한 자들의 음모가 성공을 거두지 못하게 하심으로써 혹시나 하나님께서 그러한 자들을 인정하는 듯이 보이는 일이 없게 해 달라고 믿음으로 기도할 수 있다.

(5) 그들은 대단히 속된 무신론자들이었기 때문에, 다윗은 하나님께서 나타나셔서 그들을 치신다면 영광을 받으시게 될 것이라고 생각하였다. 그들은 하나님을 자기 앞에 두지 아니하였다. 즉, 그들은 하나님을 전혀 생각하지 않았다. 그들은 하나님의 눈이 그들을 지켜 보고 있다는 것과 그들이 하나님의 백성을 쳐서 싸우는 것은 하나님께 대항하여 싸우는 것이라는 것을 전혀 생각하지 않았고, 상대가 되지 않는 이러한 싸움이 가져올 치명적인 결과들을 전혀 두려워하지 않았다. 하나님을 자기 앞에 두지 않은 자들에게서는 그 어떠한 선도 기대할 수 없다는 것을 명심하라. 아니, 그러한 자들은 그 어떤 악행을 저지르지 않겠는가? 하나님을 두려워하지 않는 자들이 혈육이나 친구나 은혜를 입은 자나 언약을 맺은 자의 말을 듣겠는가? 셀라— 이것을 주목하라. 우리는 모두 항상 하나님을 우리 앞에 두고 있는지를 살펴야 한다. 왜냐하면, 우리가 하나님을 우리 앞에 항상 두고 있지 않는다면, 우리는 절망적인 상태에 빠져들 위험성을 항상 안고 있는 것이 되기 때문이다.

[4]하나님은 나를 돕는 이시며 주께서는 내 생명을 붙들어 주시는 이시니이다 [5]주께서는 내 원수에게 악으로 갚으시리니 주의 성실하심으로 그들을 멸하소서 [6]내가 낙헌제로 주께 제사하리이다 여호와여 주의 이름에 감사하오리니 주의 이름이 선하심이니이다 [7]참으로 주께서는 모든 환난에서 나를 건지시고 내 원수가 보응 받는 것을 내 눈이 똑똑히 보게 하셨나이다

우리는 여기에서 다윗의 기도 속에서 그의 믿음이 활발하게 작용하고 있는 것을 보게 된다. 다윗은 자기를 향한 원수들의 공격이 지금 무시무시하게 진행

되는 상황 속에서도 모든 결과가 선하게 되리라는 것을 믿음으로 확신하였다.

I. 다윗은 하나님께서 그의 편이 되어 주셔서 그를 도우시리라는 것을 확신하였다(4절). 그는 승리의 개가를 부르며 몹시 기뻐하는 어조로 보라, 하나님은 나를 돕는 이이시다라고 말한다. 우리가 하나님 편에 서면, 하나님도 우리 편에 서신다. 하나님께서 우리 편이 되어 주시면, 우리는 하나님의 도우심을 받을 것이기 때문에, 그 어떤 세력이 우리를 공격해 온다고 할지라도 그것을 두려워할 필요가 없다. 사람들과 귀신들이 우리를 멸하기 위하여 공격해 오더라도, 하나님께서 우리를 돕는 자가 되시는 한 그들은 우리를 이길 수 없다: 주께서는 내 생명을 붙들어 주시는 이시니이다. 시편 118:7과 비교해 보라: "여호와께서 내 편이 되사 나를 돕는 자들 중에 계신다. 나를 붙들어 주는 자들이 일부 있는데, 하나님은 그들 중의 한 분이시다. 하나님은 나를 돕는 자들 중에서 가장 중요한 분이시다. 하나님께서 그들을 돕지 않으신다면, 그들 중의 그 누구도 나를 도울 수 없다." 우리에 대한 모든 피조물의 관계는 하나님께서 모든 피조물들에게 지시하시는 것을 따라서 이루어진다. 여기에 나오는 다윗의 말은 다음과 같은 것을 의미한다: "여호와는 내 영혼을 붙들어 주는 분으로서 내가 내 일을 하는 데에 지치지 않게 하시고, 나의 짐에 눌려서 가라앉지 않게 해주신다." 섭리를 통해서 만물을 붙들고 계시는 하나님께서는 은혜를 통해서 그의 백성의 영혼을 붙들어 주신다. 때가 되면 그의 백성을 구원하실 하나님은 그 때가 올 때까지 그들을 붙드셔서 모든 것을 견디게 해주시기 때문에, 하나님께서 지으신 심령은 하나님 앞에서 결코 망하지 않을 것이다.

II. 하나님께서 그의 편이 되어 주실 것이기 때문에, 다윗은 그의 원수들이 하나님 앞에서 도망치며 멸망받게 되리라는 것을 의심하지 않았다(5절). "나를 해칠 기회를 찾고 있는 내 원수들에게 주께서는 악으로 갚으시리이다. 그들이 내게 가하고자 한 악을 의로운 하나님께서는 그들의 머리에 되돌려 주실 것이다." 다윗은 자기 자신이 직접 그들에게 악으로 갚고자 한 것이 아니라, 하나님께서 그렇게 하시리라는 것을 알고 있었다: 나는 못 듣는 자 같이 듣지 아니하오니 주께서 들으실 것임이니이다. 우리가 용서한 원수들은 그들이 회개하지 않는다면 하나님께서 그들을 심판하실 것이다. 하나님께서 원수 갚는 것이 내게 있다고 말씀하셨기 때문에, 우리는 우리가 직접 나서서 복수해서는 안 된다. 다윗은 주의 성실하심으로 그들을 멸하소서라고 기도한다. 이것은 악의적인 기도가 아니라 믿음의 기도이다. 왜냐하면, 이 기도는 하나님의 말씀을 바라보고 있고, 오직 그 말씀이 이루어지기를 원하는 것일 뿐이기 때문이다. 하나님의 약속들과 마찬가지로 하나님의 위협의 말씀들도 진리이기 때문에, 회개하지 않는 죄인들은 그들이 대가를 치를 때에 하나님의 위협의 말씀들이 진리라는 것을 알게 될 것이다.

Ⅲ. 다윗은 하나님께서 그에게 베푸신 모든 선한 일들에 대하여 하나님께 감사를 드리겠다고 약속한다(6절).   내가 주께 제사하리이다. 제사를 드리는 데에는 많은 돈이 들어가지만, 하나님께서 예배자들이 그런 식으로 해서 그를 찬송하도록 하셨기 때문에, 다윗은 하나님께 제사를 드릴 뿐만 아니라 불평 한 마디 없이 지극히 기쁜 마음으로 제사를 드리고자 하였다. 이런 의미에서 우리의 모든 영적인 제사들은 자원하여 드리는 낙헌제가 되어야 한다. 왜냐하면, 하나님은 즐거이 드리는 자를 사랑하시기 때문이다. 다윗은 단지 그림자에 불과한 예식인 제사만을 드리고자 한 것이 아니었다. 그는 제사가 지니고 있는 원래의 목적을 염두에 두고 있었다: 내가 주의 이름에 감사하오리다. 감사하는 마음, 우리의 입술로 하나님의 이름에 감사를 드리는 제사야말로 하나님께서 열납하시는 제사이다. "내가 주의 이름에 감사하오리니 주의 이름이 선하심이니이다. 주의 이름은 크실 뿐만 아니라 선하시기 때문에 찬송을 받으시기에 합당하다. 주의 이름을 찬송하는 것은 우리가 마땅히 해야 할 일이기 때문일 뿐만 아니라 주의 이름이 선하시고 즐거우며 유익하기 때문이다. 주의 이름은 우리에게 선하시기 때문에(시 92:1), 내가 주의 이름에 감사하고 주의 이름을 찬송하겠나이다."

Ⅳ. 다윗은 하나님께서 그를 구원해 주시는 일이 이미 이루어진 일로 여기고 말한다(7절).   나는 주의 이름을 찬송할 것이고, "주께서 나를 건지셨으니, 그 때에 이것이 나의 노래가 될 것이다"라고 말할 것이다. 다윗은 하나님께서 그에게 온전한 구원을 베풀어 주신 것을 기뻐한다 — 주께서는 모든 환난에서 나를 건지셨나이다. 이것은 다윗의 마음을 만족하게 한 구원으로서(내 원수가 보응받는 것을 내 눈이 똑똑히 보게 하셨나이다), 다윗은 그들이 멸절된 것을 본 것이 아니라, 블레셋 사람들이 쳐들어 왔다는 보고를 받고서 사울이 자신의 군대를 철수시킬 수밖에 없게 된 것을 본 것이었다(삼상 23:27-28). 다윗이 원한 것은 자기 자신이 안전하게 되는 것이 전부였다. 사울이 자신의 군대를 철수시키는 것을 보았을 때, 다윗은 자신의 소원이 다 이루어졌다고 생각하였다. 주께서는

모든 환난에서 나를 건지셨나이다. 이 말씀은 다음 두 가지 중 하나를 의미한다.

1. 이러한 생각으로 다윗은 자신이 곤경에 처해 있었을 때에 스스로를 위로하였다. "이제까지 주께서는 모든 환난에서 나를 건지셨고, 무수하게 내 기도를 들어 주셔서, 나의 원수들에 대하여 내가 원하는 것을 이루어 주셨다. 그러므로 주께서는 이번의 환난에서도 나를 건져 주실 것이다." 이렇게 우리는 가장 큰 곤경에 처해 있을 때에도 우리가 과거에 경험한 은혜들을 생각하며 스스로를 격려하여야 한다.

2. 이러한 생각으로 다윗은 위기를 모면한 후에 이것이 단지 이후의 구원에 대한 전조라고 여기며, 그의 현재의 구원을 송축하였다. 다윗은 아직도 자기 앞에 많은 환난들을 두고 있기는 하였지만 하나님께서 그 모든 환난에 대하여 구원을 약속하셨기 때문에 마치 그것이 이미 이루어지기라도 한 것처럼 확신하고서, 그의 구원이 이미 다 이루어졌다고 말하고 있는 것이다. "나를 모든 환난 가운데서 구원하기 시작하신 하나님께서는 내가 나의 원수들에 대하여 바라는 것을 보게 하실 것이다." 이것은 아마도 다윗을 모형으로 한 그리스도에 대한 것일 수 있다. 하나님께서는 그리스도께서 낮아지신 상태에서 겪는 모든 환난 가운데서 그를 건지실 것이었고, 그리스도는 그것을 온전히 확신하셨다. 성경에서는 만물이 그리스도의 발 아래 놓이게 될 것이라고 말씀한다. 우리는 아직 만물이 그리스도의 발 아래 놓여 있지 않다는 것을 알고 있기는 하지만, 그리스도께서 그의 모든 원수들을 그의 발등상으로 삼으실 때까지 다스리실 것이고, 결국 그리스도께서는 그가 그의 원수들에 대하여 소원한 것이 이루어지는 것을 보시게 되리라는 것을 확신한다. 다윗과 마찬가지로 사도 바울이 말하고 있는 것처럼, 각각의 신자들이 구체적인 구원을 경험하는 것이 그리스도께서 그의 원수들을 복속시켜 나가는 과정이라는 것은 모든 신자들에게 큰 위로가 된다(딤후 4:17-18): 나를 사자의 입에서 건져 주신 주께서 나를 모든 악한 일에서 건져 내시고 또 그의 천국에 들어가도록 구원하시리라.

제 55 편

개요

　　많은 주석자들은 다윗이 이 시편을 압살롬이 반란을 일으켰을 때에 지었고, 이 시편에서 다윗을 기만적으로 대하였던 원수는 아히도벨이었다고 생각한다. 그러므로 어떤 이들은 여기에 묘사된 다윗의 환난과 고통은 그리스도의 고난에 대한 모형이라고 보고자 하고, 아히도벨의 배신은 유다의 배신을 보여주는 것으로서 이 두 사람은 모두 목을 매어 죽었다고 말한다. 그러나 신약 속에는 이 시편에 나오는 말씀을 그리스도에게 구체적으로 적용한 것이 없다. 다윗은 이 시편을 지었을 때에 큰 곤경에 처해 있었다. I. 다윗은 하나님께서 그에게 은총을 나타내 주시라고 기도하며, 자신의 슬픔과 두려움을 호소한다(1-8절). 그는 하나님께서 그의 원수들을 기뻐하지 아니하신다는 것을 나타내시기를 기도하고, 그들이 몹시 악하고 속이는 자들이라는 것을 호소한다(9-15, 20-21절). II. 다윗은 때가 되면 하나님께서 그를 위하여 나타나셔서 그의 원수들을 치실 것임을 확신하고서, 그러한 소망으로 스스로를 위로하며, 다른 사람들에게 하나님을 의지하도록 격려한다(16-19, 22-23절). 이 시편을 노래할 때, 우리는 결국에는 박해하는 자들에게는 하나님의 진노가 있을 것이고 박해받는 자들에게는 구원과 기쁨이 있게 되리라는 것을 내다보면서, 이 시편에 나오는 내용을 우리 자신의 환난에 적용할 수 있고, 우리가 환난 가운데 있지 않다면, 지금 환난을 당하고 있는 자들에게 연민을 가져야 한다.

〔다윗의 마스길, 인도자를 따라 현악에 맞춘 노래〕

¹하나님이여 내 기도에 귀를 기울이시고 내가 간구할 때에 숨지 마소서 ²내게 굽히사 응답하소서 내가 근심으로 편하지 못하여 탄식하오니 ³이는 원수의 소리와 악인의 압제 때문이라 그들이 죄악을 내게 더하며 노하여 나를 핍박하나이다 ⁴내 마음이 내 속에서 심히 아파하며 사망의 위험이 내게 이르렀도다 ⁵두려움과 떨림이 내게 이르고 공포가 나를 덮었도다 ⁶나는 말하기를 만일 내게 비둘기 같이 날개가 있다면 날아가서 편히 쉬리로다 ⁷내가 멀리 날아가서 광야에 머무르리로다 (셀라) ⁸내가 나의 피난처로 속히 가서 폭풍과 광풍을 피하리라 하였도다

이 절들 속에는 다음과 같은 내용들이 나온다.

I. 기도하는 다윗.   기도는 온갖 고통과 아픔을 치료해 주고 심령의 모든 짐을 가볍게 해 준다: 하나님이여 내 기도에 귀를 기울이소서(1-2절). 다윗은 그가 곤경에 처해 있었을 때에 하나님께 드렸던 간구들을 여기에 제시하고 있는 것이 아니라, 언제든지 그가 하나님께 진심으로 올려 드리는 기도들을 하나님께서 들어 주셔서 그 기도들에 대하여 평안의 응답을 허락해주실 것을 간구한다: 내게 주목하사 응답하소서. 사울은 다윗의 탄원을 듣고자 하지 않았고, 다윗의 그 밖의 다른 원수들은 그의 호소를 무시하였다. 그러나 "여호와여, 주께서는 기쁘게 내 말에 귀를 기울여 주소서. 내가 간구할 때에 나의 간구에 무관심하거나 무시하거나 못 들은 체하는 자처럼, 또는 나를 기뻐하지 아니하시고 나에 대하여 화가 나 계시며 내 기도를 듣고자 하지 않으시는 자처럼 숨지 마소서." 우리가 기도할 때 하나님 앞에 우리 자신과 우리의 처지와 우리의 마음을 솔직하고 진실하게 열어 놓는다면, 우리는 하나님께서 우리로부터 하나님 자신과 그의 은총과 위로들을 숨기지 아니하시리라는 것을 분명히 소망할 수 있다.

II. 눈물을 흘리며 우는 다윗.   이 점에 있어서 다윗은 슬픔의 사람으로서 자주 눈물을 흘리셨던 그리스도의 모형이었다(2절). "내가 근심으로 편하지 못하여 탄식하오니, 그러한 한숨과 신음 소리들이 밖으로 새어 나와서 주변 사람들에게 알려지는 것을 도저히 참을 수 없나이다." 큰 슬픔들은 종종 탄식과 통곡으로 밖으로 흘러나오고, 이렇게 해서 어느 정도 그 슬픔이 줄어드는 반면에, 밖으로 표출되지 못하고 안으로만 쌓이는 슬픔들은 점점 그 정도가 심해지는 법이다. 그렇다면, 무엇이 다윗을 이토록 몹시 슬프게 만들었던 것인가(3절)? 그것은 원수의 소리, 압살롬 일당의 위협과 모욕 때문이었다. 그들은 다윗의 죄상을 만들어 내고 부풀려서, 백성들을 충동질하여 큰 소리로 다윗을 공격하며, 다윗을 그의 궁정과 도성으로부터 몰아내고자 하였다. 이것은 나중에 대제사장들이 군중들을 부추겨서 다윗의 자손에 대하여 십자가에 못 박으소서. 그를 없이하소서라고 소리치게 만들었던 것과 같은 것이었다. 또한, 다윗으로 하여금 눈물을 흘리게 만든 것은 단지 원수의 목소리만이 아니라, 그들의 압제와 이로 인한 그의 곤경 때문이기도 하였다: 그들이 죄악을 내게 더하나이다. 그들은 다윗이 통치를 잘못하였다고 비난할 수 없었고, 다윗이 그 어떤 압제나 불의를 행하였다는 것을 증명할 수도 없었지만, 그에게 온갖 비방과 중상모략을 퍼부었다. 그들은 다윗이 왕의 소임을 담당하면서 죄악을 저질렀다는 것을 찾아낼 수 없었지만, 다윗에게 온갖 죄를 뒤집어 씌우고서, 백성들에게 다윗은 추방해야 마땅한 독재자라고 선전하였다. 아무런 죄가 없고 순수하다는 것 자체는 폭력적이고 거짓말하는 혀들 앞에서 안전한 방어책이 되지 못한다. 그들은 다윗을 미워하였고, 다윗에게 노하여 그를 미워하였다. 다윗에 대한 그들의 증오심 속에는 분노의 열기와 폭력성, 제어할 수 없는 미움과 뿌리깊은 악의가 자리잡고 있었다. 그러므로 그들은 다른 사람들도 그를 미워하도록 하기 위하여 그를 극악무도한 자로 만들고자 애썼다. 이것은 다윗을 슬퍼하며 울게 만들었고, 그가 백성들로부터 그의 이름에 걸맞게(다윗 – 사랑받는 자) 사랑을 받았던 때를 기억할 때마다 그 슬픔은 한층 더했다.

Ⅲ. 두려워 떨며 큰 공포 속에 사로잡힌 다윗. 우리는 압살롬의 반란이 일어나고 백성들, 심지어 그가 도저히 예상할 수 없었던 자들조차도 그를 배신하고 등을 돌리는 것을 보았을 때 다윗이 이런 모습을 보였을 것이라고 충분히 생각할 수 있다.

1. 어떠한 두려움이 다윗을 사로잡았는지를 보라. 다윗은 무척 담대한 사람이었고, 몇몇 특별한 사건들을 통해서 그의 담력을 보여주기도 하였지만, 예기치 않았던 위험이 갑작스럽게 터지자, 그의 마음은 낙심하였다. 그러므로 힘센 자가 자신의 힘을 자랑하지 말아야 하는 것처럼, 담력이 있는 자는 자신의 용기를 자랑하지 말아야 한다. 지금 다윗의 마음은 속에서 심히 아파하며 사망의 공포가 그에게 이르렀다(4절). 마음의 두려움과 몸의 떨림이 그에게 임하였고, 공포가 그를 뒤엎었다(5절). 밖에 싸움들이 있을 때, 안에 두려움들이 있다는 것은 전혀 이상한 일이 아니다. 이런 일이 압살롬이 반란을 일으켰을 때에 있었던 것이라면, 우리는 다윗이 우리야의 문제와 관련해서 지은 죄에 대하여 하나님께서 경고하신 말씀을 떠올리고서 다윗은 더욱더 큰 두려움에 빠졌을 것이라고 생각할 수 있다. 종종 다윗은 믿음으로 말미암아 두려움이 없어져서, 원수들에 의해서 둘러싸일 때에도 담대하게 내가 하나님을 의지하였은즉 두려워하지 아니하리니 사람이 내게 어찌하리이까라고 말할 수 있었다. 그러나 어떤 때에는 그는 두려움에 의해서 압도되고 사로잡히기도 하였다. 왜냐하면, 아무리 선한 자들이라고 할지라도 언제나 믿음이 강한 것은 아니기 때문이다.

2. 다윗은 너무도 무섭고 두려워서 원수의 목소리를 듣지 않아도 되고 그들

의 압제를 보지 않아도 되는 아주 먼 곳, 곧 광야로 물러가기를 얼마나 소원했는지를 보라. 그는 기도를 통해서 하나님께, 또한 묵상 속에서 스스로에게, 또한 그의 친구들에게 하소연하는 말 속에서 내게 비둘기 같이 날개가 있다면 얼마나 좋을까라고 말하였다(6절). 다윗은 이전에 예루살렘을 많이 사랑하였지만, 이제 예루살렘이 반역의 도성이 되어 버리자, 그는 거기에서 빠져 나와서, 예레미야 선지자처럼 광야에서 나그네가 머무를 곳을 얻어서 그의 백성을 떠나갈 수 있게 되기를 간절히 소원하였다. 왜냐하면, 그들은 다 속이는 자들이 되어 버렸기 때문이었다(렘 9:2). 이것은 다윗이 반란이 일어나자 일어나 도망하자 빨리 가자라고 말하며 도성을 떠나기로 결심한 것과 아주 잘 일치한다(삼하 15:14). 좀 더 살펴보자.

(1) 다윗은 어떻게 도망하고자 했는가. 다윗은 원수들에 의해서 호위되어 있었기 때문에, 그에게 날개가 없다면 도저히 빠져 나갈 수 없다는 것을 알았기 때문에, 내게 날개가 있다면 좋겠다고 생각하였다. 그러나 다윗은 다른 것들을 해치기 위해서 매와 같이 빠르게 날 수 있는 육식조의 날개를 원하는 것이 아니라, 육식조 같은 원수들로부터 빠져 나가게 해 줄 수 있는 날개를 원하는 것뿐이었다. 비둘기의 날개는 비둘기 같은 성정을 지녔던 다윗에게 아주 어울리는 것이었고, 독수리의 날개는 그에게 별로 어울리지 않았다. 비둘기는 낮게 날아서, 될 수 있는 대로 빨리 자신의 은신처를 구하는데, 다윗도 그렇게 날아서 속히 자신의 피난처를 구하고 싶어하였다.

(2) 다윗은 무엇으로부터 피신하고자 하였는가 — 폭풍과 광풍으로부터. 이것은 예루살렘 도성이 지금 처해 있었던 소동과 소란, 다윗을 위협하였던 위험을 나타낸다. 다윗은 소음을 견딜 수 없었다는 점에서 비둘기와 같았다.

(3) 다윗은 어떠한 목적으로 도피를 하고자 하였는가 — 승리가 아니라 편히 쉬기 위해서. "내가 날아가서 편히 쉬리로다(6절). 내가 어딘가로 날아갈 수 있다면, 그 곳이 아무리 멀고 황량한 광야라고 할지라도, 나는 거기에서 조용히 쉴 수 있을 것이다(7절)." 홀로 조용히 평안함과 고요함을 누리는 것은 가장 지혜롭고 선한 자들이 가장 간절하게 원하는 것이었고, 그들이 주변의 소란과 소동으로 지치고 괴로울수록, 그들은 그러한 것을 더욱 간절히 원하였다. 은혜를 받은 영혼은 이 세상의 분주함에서 벗어나서 자신을 돌아보며 하나님을 달콤하게 누리기를 원한다. 이 땅에 어떤 평안이 있다고 한다면, 한적한 곳으로 물

러나서 하나님을 누리는 자들의 평안이 바로 그것이다. 이런 이유 때문에 하나님의 자녀는 죽기를 소원한다. 왜냐하면, 죽음은 이 세상의 모든 폭풍과 광풍으로부터 최종적으로 피하여서 온전하고 영원한 안식을 누리게 해주는 것이기 때문이다.

9 내가 성내에서 강포와 분쟁을 보았사오니 주여 그들을 멸하소서 그들의 혀를 잘라 버리소서 10 그들이 주야로 성벽 위에 두루 다니니 성 중에는 죄악과 재난이 있으며 11 악독이 그 중에 있고 압박과 속임수가 그 거리를 떠나지 아니하도다 12 나를 책망하는 자는 원수가 아니라 원수일진대 내가 참았으리라 나를 대하여 자기를 높이는 자는 나를 미워하는 자가 아니라 미워하는 자일진대 내가 그를 피하여 숨었으리라 13 그는 곧 너로다 나의 동료, 나의 친구요 나의 가까운 친우로다 14 우리가 같이 재미 있게 의논하며 무리와 함께 하여 하나님의 집 안에서 다녔도다 15 사망이 갑자기 그들에게 임하여 산 채로 스올에 내려갈지어다 이는 악독이 그들의 거처에 있고 그들 가운데에 있음이로다

다윗은 여기에서 악한 음모를 통해서 그의 믿음을 끝장내지는 못했지만 그를 죽음의 위기로 몰아간 원수들에 대하여 하소연하면서, 예언의 영을 통해서 그들을 치는 기도를 한다. 여기에서 우리는 다음과 같은 것들을 살펴볼 수 있다.

I. 다윗은 그가 두려워한 원수들이 어떤 자들인지를 묘사함. 그들은 가장 악한 부류의 사람들이었고, 그들에 관한 다윗의 묘사는 압살롬 및 그의 일당과 아주 잘 부합한다.

1. 다윗은 예루살렘 도성에 대하여 하소연하는데, 예루살렘 사람들은 이상하게도 다윗을 버리고 압살롬 편에 붙었기 때문에, 그 성 중에서 다윗이 의지할 수 있는 자들은 자신의 호위대와 시종들뿐이었다: 신실하던 성읍이 어찌하여 창기가 되었는고! 다윗은 다른 사람들이 쓴 글에서 예루살렘 성에 관한 묘사를 가져온 것이 아니라, 성 내에서 강포와 분쟁 외에는 아무것도 볼 수 없다는 것을 자신의 눈으로 직접 목격하고서 서글픈 심정을 표현해 놓은 것이었다(9절). 왜냐하면, 그들이 다윗에게 등을 돌리고 점점 반역의 길을 걷게 되었을 때, 그들은 점점 더 서로를 해치는 자들이 되어갔기 때문이다. 다윗은 성벽 위를 걸어

다니면서, 온 성이 주야로 폭력과 싸움이 난무해 있다는 것을 보았다(10절). 반역자의 무리들이 예루살렘 도성을 견고히 하기 위하여 사용한 온갖 술책과 방도들은 폭력과 싸움으로 이루어졌고, 그들 가운데는 정직이나 사랑이 조금도 남아 있지 않았다. 다윗이 성 중을 들여다보았을 때, 서로를 해치고 해악을 가하며 서로를 못살게 하고 괴롭히는 것만이 거기에 있었다. 온갖 종류의 악독, 악독이 그 중에 있도다. 악행이 합법화되어 있었다. 속임과 교활함, 온갖 협잡이 그 거리를 떠나지 아니하였다(11절). 이 말씀은 다윗의 친구들, 다윗에게 끝까지 충성하였던 자들을 그들이 비열하고 야만적으로 학대한 것을 의미하는 것일 수 있다. 그들은 속임수와 무력으로 그들이 할 수 있는 온갖 해악을 다윗의 친구들에게 행하였다. 이것이 다윗의 시대만이 아니라 그 후에도 이스라엘의 심판과 증언의 보좌들이 자리잡고 있던 왕도, 거룩한 도성, 예루살렘의 모습이란 말인가? 사람들이 영광의 극치라고 칭송하였던 성이 이 성이냐(애 2:15). 하나님의 제사장들의 본거지인 예루살렘이 이토록 잘못 가르침을 받은 것이냐? 예루살렘이 그 성을 세운 자인 다윗에게 어떻게 이토록 배은망덕하여, 다윗이 그 성에 머무를 수 없을 정도로 그에게 혹독할 수 있단 말인가? 우리는 이 땅에 있는 교회의 부패들과 무질서들에 놀라서는 안 되고, 폭력이나 싸움이 없고, 해악이나 속임이 없으며, 부정한 것은 결코 들어갈 수 없고, 소란하게 하는 것도 들어갈 수 없는 새 예루살렘을 소망하여야 한다.

2. 다윗은 이 반란의 주모자들 중의 한 사람에 대하여 하소연한다. 이 인물은 다윗과 그의 통치를 악평하고, 도성 사람들을 충동질하여 다윗에 대하여 반기를 들게 만들었으며, 다윗에 대한 악한 감정들을 사람들 사이에서 조성하려고 무척 애를 써 왔던 자였다. 이 인물은 마치 다윗이 자신의 권력을 악용하거나 자신의 지위에 태만하였다는 듯이 다윗을 비난한 자였는데, 이것은 압살롬의 교사에 의한 것이었다: 내 송사를 들을 사람을 왕께서 세우지 아니하였다(삼하 15:3). 이와 비슷한 비난들이 백성들 가운데서 꾸준히 퍼져 나갔다. 그렇다면, 이러한 비난을 퍼트리는 데에 가장 앞장 섰던 자는 누구였던가? "그는 나의 원수라고 공언한 자도 아니었고 시므이도 아니었으며 내게 신하로서의 충성을 맹세하기를 거부한 자도 아니었다. 만약 그가 그런 자들 중의 한 사람이었다면, 나는 그의 비난을 참아낼 수 있었을 것이다. 왜냐하면, 나는 그런 자들로부터 좋은 것을 기대하지 않았을 것이기 때문이다(우리는 다윗이 시므이의 저주

를 얼마나 잘 참아냈는지를 알고 있다). 그는 나를 미워한다고 공언한 자도 아니었다. 만약 그가 그런 자였다면, 나는 나의 수비대로 하여금 그를 막게 하였을 것이고, 그에게서 나 자신과 나의 계획들을 숨겨서, 그가 나를 배신할 수 없게 하였을 것이다. 그러나 그는 나의 동료 나의 친구인 너였다(13절)." 갈대아 역본에서는 여기에 묘사되고 있는 인물이 아히도벨이라고 언급하고 있다. 압살롬이 반란을 일으켰다는 소식을 접하였을 때에 다윗을 가장 절망에 빠뜨린 것은 압살롬과 함께 모반한 자들 가운데 아히도벨이 있다는 것이었다(삼하 15:31). 왜냐하면, 아히도벨은 왕의 모사였기 때문이다(대상 27:33). "그는 곧 나의 동료, 내가 나 자신만큼이나 존중하였고, 내 생명만큼이나 소중히 여겼던 친구였고, 내 가슴속에 두고서 나 자신이나 마찬가지인 자로 여겨서 나의 모든 비밀들을 상의하였고, 나만큼이나 내 마음을 알고 있던 자였다. 또한, 그는 내가 나의 모든 일들을 의논하며 그의 조언을 구하였고, 이 나라의 총리로 삼았던 나의 인도자였으며, 나의 가까운 친우이자 절친한 친구였다. 바로 그런 자가 지금 나를 능욕하고 있다. 나는 그에게 잘 대해 주었지만, 그는 이렇게 지금 비열하고 배은망덕한 짓을 하고 있다. 나는 그를 신뢰하였는데, 그는 이렇게 지금 비열하게 나를 속이고 내 뒤통수를 치고 있다. 아니, 만약 내가 그를 크게 높여서 예로써 대하지 않았더라면, 그는 그가 지금 내게 가하고 있는 해악의 절반도 가할 수 없었을 것이다." 이 모든 것만으로도 순진한 마음에 크나 큰 상처를 주기에 충분한 것이지만, 그것이 전부가 아니었다. 이 배신자는 성도인 것처럼 가장하였었다. 그렇지 않았다면, 그는 결코 다윗의 절친한 친구가 될 수 없었을 것이다(14절). "우리는 신앙적인 대화를 하며 재미있게 같이 의논하면서, 많은 시간을 보냈다." 하몬드 박사는 이 본문을 이렇게 해석한다. "우리는 함께 모여 집회에 갔고, 손을 붙잡고 예배를 드리러 무리를 지어서 하나님의 전으로 걸어갔다." 좀 더 살펴보자.

(1) 눈에 보이는 교회 속에는 항상 선한 자들과 악한 자들, 옳은 자들과 옳지 않은 자들이 섞여 있어 왔고, 앞으로도 그럴 것이다. 아마도 우리는 오랫동안 이러한 두 부류 간의 차이를 분간해 낼 수 없을 것이다. 그러나 마음을 감찰하시고 살피시는 자는 그 차이를 알아내신다. 다윗은 진실한 마음으로 하나님의 전에 갔지만, 아히도벨은 자신의 정체를 위장한 채 위선적으로 다윗과 더불어서 하나님의 전에 갔다. 바리새인과 세리는 기도하러 성전에 함께 갔다. 그러

나 조만간에 온전한 자들과 그렇지 않은 자들은 분명하게 드러나게 될 것이다.

(2) 사람들은 육신적인 술책을 통해서 신앙을 가지는 것이 자기에게 유익한 동안에는 아무리 오랜 기간 동안이라도 겉으로 신앙을 유지할 수 있다. 경건한 다윗의 궁정에서 아히도벨보다 더 독실한 신앙을 지닌 자는 없었지만, 하나님께서 보시기에 그의 마음은 올바르지 못하였다.

(3) 우리는 두 가지 신성한 것, 즉 신앙과 우정에 있어서 깊은 척하였던 자들이 슬프게도 우리를 배신한다고 할지라도 이상하게 여겨서는 안 된다. 다윗은 매우 지혜로운 인물이었는데도 이렇게 속임을 당하였다는 것을 생각하면, 우리는 다윗이 당한 것과 같은 그런 일을 우리가 직접 당한다고 하여도 참아 내기가 더 수월할 것이다.

II. 다윗이 원수들을 쳐서 기도함. 우리는 다윗의 기도들을 예언으로 받아들여서, 두려워함과 동시에 우리 자신의 위로로 삼아야 하지만, 그 기도들을 본떠서 우리 자신의 특정한 원수들을 쳐서 기도해서는 안 된다. 다윗은 이렇게 기도한다.

1. 하나님께서 바벨탑을 쌓는 자들을 흩으셨던 것과 같이 그들을 흩으시리라는 것(9절). "주여 그들을 멸하소서. 그들의 언어를 혼잡하게 하소서(개역에서는 그들의 혀를 잘라 버리소서). 즉, 그들 가운데서 서로 의견이 맞지 않아서 서로 충돌하게 하심으로써 그들의 음모를 파탄내소서. 그들 가운데 악한 영을 보내셔서, 그들이 서로를 이해하지 못하고, 서로를 시기하고 질시하게 하소서." 이러한 기도는 하나님께서 아히도벨의 모략을 어리석은 것으로 만드시고 후새의 모략이 이기게 하심으로써 응답되었다. 하나님은 흔히 원수들의 사이가 벌어지게 만드심으로써 교회의 원수들을 멸하신다. 어떤 무리를 멸망시키는 데에는 그들로 하여금 분열하게 하는 것보다 더 확실한 방법은 없다. 나라이든 세력이든 스스로 분열되면 오래 지속될 수 없다.

2. 하나님께서 서로 힘을 합쳐서 대항하였던 자들, 그 목구멍이 열린 무덤이었던 다단과 아비람과 그 일당을 땅으로 입을 열어 삼키게 하였던 것과 마찬가지로 그들을 멸하시라는 것. 당시에 이것은 하나님께서 사람을 처형하신 새로운 방식이었다(민 16:30). 그러나 다윗은 그와 같은 일이 지금 다시 되풀이될 수 있게 해 달라고 기도한다(15절). "하나님의 지시에 따라서 사망이 그들에게 갑자기 임하여 산 채로 스올에 내려가게 하소서. 그들로 하여금 순식간에 죽어서

매장되어 완전히 멸망하게 하소서. 왜냐하면, 그들이 있는 곳마다 악행이 저질러지기 때문이니이다. 악독이 그들 가운데 있나이다.” 회개하지 않은 죄인들의 영혼은 스올로 신속하게 또는 산 채로 내려간다. 왜냐하면, 그들은 그들의 비참한 상태를 온전히 느낄 수 있으므로, 그 비참함을 계속해서 느끼도록 하기 위하여 거기에서 여전히 살아 있을 것이기 때문이다. 이 기도는 은밀하게든 공개적으로든 여호와의 메시야에 대항하여 반기를 드는 모든 자들의 철저하고도 영원한 멸망에 관한 예언이다.

16나는 하나님께 부르짖으리니 여호와께서 나를 구원하시리로다 17저녁과 아침과 정오에 내가 근심하여 탄식하리니 여호와께서 내 소리를 들으시리로다 18나를 대적하는 자 많더니 나를 치는 전쟁에서 그가 내 생명을 구원하사 평안하게 하셨도다 19옛부터 계시는 하나님이 들으시고 그들을 낮추시리이다 (셀라) 그들은 변하지 아니하며 하나님을 경외하지 아니함이니이다 20그는 손을 들어 자기와 화목한 자를 치고 그의 언약을 배반하였도다 21그의 입은 우유 기름보다 미끄러우나 그의 마음은 전쟁이요 그의 말은 기름보다 유하나 실상은 뽑힌 칼이로다 22네 짐을 여호와께 맡기라 그가 너를 붙드시고 의인의 요동함을 영원히 허락하지 아니하시리로다 23하나님이여 주께서 그들로 파멸의 웅덩이에 빠지게 하시리이다 피를 흘리게 하며 속이는 자들은 그들의 날의 반도 살지 못할 것이나 나는 주를 의지하리이다

이 절들 속에는 다음과 같은 내용들이 나온다.

I. 다윗은 그의 간구가 헛되지 않으리라는 것을 확신하고서, 결연히 계속해서 하나님께 부르짖는다(16절). “그들로 하여금 그들 자신을 지켜줄 것이라고 생각되는 길로 행하게 하시고, 폭력과 싸움을 의지하여 그들 자신을 지키게 하소서. 나에 관한 한 기도가 나의 몫이 될 것이나이다. 나는 기도 속에서 위로를 발견하였사오니, 나는 계속해서 기도 가운데 있으리이다. 나는 하나님께 부르짖고, 나 자신을 하나님께 맡기리니, 여호와께서 나를 구원하시리로다.” 왜냐하면, 올바른 방식으로 주의 이름을 부르는 자는 누구든지 구원을 받게 될 것이기 때문이다(롬 10:13). 다윗은 자기가 해야 할 도리인 기도를 열심으로 자주 할 것이라고 결심한다.

1. 그는 열심히 기도하고자 한다. “내가 기도하며 큰 소리로 부르짖으리이다. 내

가 묵상으로 기도하며(본문에서 처음에 나오는 단어는 이러한 의미이다) 소리 내어 기도하리이다. 내가 내 마음 속에 있는 것을 말하리니, 그것이 나의 기도가 될 것이니이다." 우리가 우리 속에 있는 모든 것을 가지고 기도할 때, 우리는 올바르게 기도하는 것이 된다. 먼저 생각하고, 그런 후에 우리의 생각을 놓고서 기도하라. 왜냐하면, 기도의 본질은 마음을 하나님께 드는 것이기 때문이다. 다윗은 묵상한 후에 소리를 내어 부르짖는 기도를 하고자 한다. 기도 속에서 그의 간절한 심령은 간절히 부르짖는 그의 목소리에 의해서 표현되고, 그러한 부르짖음은 그의 심령을 더욱 간절하게 만들어 줄 것이다.

2. 다윗은 자주, 날마다, 하루에 세 번씩(저녁과 아침과 정오) 기도하고자 한다. 이것은 다윗이 꾸준히 행해왔던 습관이었을 가능성이 높은데, 그는 지금 곤경에 처해 있을 때에도 그런 습관을 지속하기로 결심한다. 우리가 환난을 당했을 때에야 비로소 하나님께 나아가는 것이 아니라, 평소에 끊임없이 하나님께 나아가 기도하는 습관을 가지고 있을 때에 우리는 환난을 당하여서 더욱 담대하게 은혜의 보좌 앞에 나아갈 수 있고, 환난으로 인해서 우리의 기도가 더욱 힘을 얻게 되는 것을 발견하게 될 것이다. 하루 세끼의 식사가 몸을 위해서 충분하지 않다고 생각하는 자들은 하루 3번의 기도가 영혼을 위하여 충분하지 않다고 생각하여야 하고, 기도를 의무적인 일이 아니라 기쁜 일로 여겨야 한다. 우리가 아침에 하나님과 더불어서 한 날을 시작하고, 저녁에 하나님과 더불어서 한 날을 마무리하는 것이 합당한 것과 마찬가지로, 우리가 한 날의 중간에 잠시 조용한 곳으로 물러나서 하나님과 교제하는 것은 합당한 일이다. 하루에 3번 기도하는 것은 다니엘의 습관이었고(단 6:10), 정오는 베드로가 기도하던 시각들 중의 하나였다(행 10:9). 우리는 자주 기도하는 일에 싫증을 내지 말아야 한다. 왜냐하면, 하나님께서는 우리의 기도를 들으시는 것에 싫증을 내지 않으시기 때문이다. "하나님은 나의 목소리를 들어 주시고자 하시고, 너무 자주 온다고 해서 나를 책망하지 않으실 것이기 때문에, 더 자주 기도하면 할수록 더 좋은 일이고 하나님께 더 환영을 받게 될 것이다."

II. 다윗은 하나님께서 때가 되면 그의 기도들에 대하여 평안의 응답을 주시리라는 것을 확신한다.

1. 하나님께서 그를 구원해 주시고 그가 두려워하는 것들을 미연에 막아 주시리라는 것. 다윗은 그를 많이 혼란스럽게 만들었던 두려움들(4-5절)을 믿음

을 통해서 이제 잠재우고, 소망 가운데 즐거워하기 시작한다(18절). 하나님께서 내 생명을 구원하사 평안하게 하셨도다. 즉, 하나님께서 내 생명을 건져 주실 것이다. 다윗은 마치 그 구원이 이미 이루어진 것처럼 하나님께서 그를 구원해 주실 것을 확신한다. 원수들은 그와 싸우고 있었고, 그를 공격해 왔지만, 하나님께서는 그를 구원하사 평안하게 하셨다. 즉, 하나님께서는 마치 다윗이 결코 위험에 처한 적이 없는 것처럼 많은 위로로써 그를 평안하게 하셨다. 하나님께서 그를 싸움에서 승리하게 하여 구원하신 것이 아니라면, 하나님은 다윗에게 내적인 평안을 주셔서 그를 구원하셨다. 하나님은 다윗의 영혼을 건지셔서 평안 중에 있게 하셨다. 다윗은 하나님 안에서의 인내와 거룩한 기쁨을 통해서 그러한 평안을 유지할 수 있었다. 모든 지각에 뛰어난 하나님의 평강이 마음과 생각을 지켜 주시는 그런 자들은 안전하고 마음이 편하다(빌 4:7). 다윗은 반란이 일어나 경황이 없을 때에는 모두가 그를 대적하고 있다고 생각하였지만, 지금은 자기가 생각한 것보다 더 많은 사람이 그와 함께 하고 있다는 것을 보게 되었다. 그의 세력은 그가 예상했던 것보다 더 낫다는 것이 입증되었다. 이것에 대하여 그는 하나님께 영광을 돌린다. 왜냐하면, 우리에게 친구들이 필요할 때에 사람들을 일으키셔서 우리의 친구가 되게 하시고 우리에게 신실한 자들이 되게 하시는 분은 바로 하나님이시기 때문이다. 많은 사람들이 다윗과 함께 하였다. 왜냐하면, 그의 신민들은 그를 버리고 압살롬에게로 갔지만, 하나님은 그와 함께 하셨고 천사들도 그와 함께 하였기 때문이다. 다윗은 이제 엘리사가 경험했던 것처럼 불병거와 불말들이 자기를 둘러싸고 있는 것을 믿음의 눈으로 보게 되었기 때문에, 나를 대적하는 자보다 나와 함께 한 자가 더 많도다 라고 의기양양해한다(왕하 6:16-17).

2. 하나님께서 그의 원수들을 대적하여 무너뜨리시리라는 것. 그들은 위협들을 통해서 다윗에게 겁을 주었지만(3절), 여기에서 다윗은 그들로 하여금 겁을 집어먹고 떨게 할 말을 한다. 다윗의 말은 틀림없이 이루어질 것이고, 되돌릴 길은 전혀 없다. 왜냐하면, 다윗은 하나님에 대한 믿음을 통해서 그 두려움에서 벗어날 수 있었지만, 그들은 그 두려움에서 벗어날 수 없을 것이기 때문이다.

(1) 다윗은 여기에서 그들이 어떤 자인지를 하나님께서 그들을 무너뜨리셔야 할 이유로 제시한다.

[1] 그들은 불경건하고 속된 자들로서 하나님이나 하나님의 권세 또는 진노를 두려워하거나 경외하지 않는다(19절). "그들은 어떤 변화도 없기 때문에(그들이 승승장구하며 형통하는 것을 가로막는 환난이나 그들의 모든 밥그릇을 비게 만들 십자가가 그들에게는 없다) 그들은 하나님을 경외하지 아니한다. 그들은 끊임없이 하나님과 신앙을 무시하고 경멸하면서 살아가는데, 이것이 그들의 다른 모든 악행의 원인이 되고, 이것으로 인해서 그들은 확실하게 멸망을 받게 되어 있다."

[2] 그들은 속임수를 베풀고 거짓된 자들이기 때문에 아무리 신성하고 엄숙한 약속에 의해서도 구애를 받지 않는다(20절). "그는 손을 들어 자기와 화목한 자, 그에게 결코 도발하지도 않았고 싸움을 걸지도 않았던 자를 쳤도다. 아니, 그는 자기에게 온갖 격려를 베풀어서 당연히 친절하게 대하여야 했던 그런 사람에게 손을 대어 쳤다. 그는 자기에게 손을 내민 자들에게 해악을 가하였고, 하나님이나 사람과 맺은 언약을 파기하였으며, 하나님과 사람에게 한 자신의 약속을 헌신짝처럼 내버리고 배신하였다." 따라서 그가 멸망받을 때가 이미 무르익었다.

[3] 그들은 비열하고 위선적이어서, 속으로는 해악을 가할 궁리를 하면서도 겉으로는 우정을 가장한다(21절). "그의 말(여기서 그는 아히도벨을 의미하는 것 같다)은 버터보다 부드럽고 기름보다 유하며, 너무도 예의바르고 사람들을 잘 챙겨 주며, 사람들을 존중하고 섬기며 친절을 베푸는 말들이 그의 입에서 청산유수처럼 흘러나온다. 그렇지만 그의 마음에는 전쟁이 있고, 그의 모든 예의바름은 단지 전쟁을 위한 하나의 전략에 불과하며, 그들의 인자하고 예의바른 말들 속에는 해악을 끼치고자 하는 의도가 들어 있어서, 그들의 말은 사람들을 찔러 죽이기 위해서 뽑힌 칼이다." 요압이 입맞춤을 하면서 사람을 죽였듯이, 그들은 어떤 사람의 면전에서 웃지만, 그와 동시에 그 사람의 목을 따버린다. 사탄이 바로 그러한 원수이다. 사탄은 사람들을 좋은 말로 회유하여 결국 사람들을 멸망시키고 만다. 그 말이 좋을지라도 믿지 말라.

(2) 다윗은 여기에서 그들이 멸망할 것을 예언한다.

[1] 하나님은 그들에게 환난을 보내셔서 그들을 곤경으로 몰아넣어서 두려워 떨게 하실 것이다. 이렇게 하나님은 그의 백성을 괴롭힌 자들을 환난으로 응징하실 것인데, 이것은 그의 백성의 기도들에 대한 응답이다. 하나님이 들으시고

그들을 괴롭히실 것인데, 압제받는 자들의 부르짖음을 들으시고 그들을 압제한 자들에게 두려움을 보내실 것이다. 하나님은 옛부터 계시는 하나님으로서 창세 때로부터 재판장으로 앉아 계셔서, 항상 사람들의 일을 주관하여 오셨다. 죽을 수밖에 없는 인간은 아무리 지위가 높고 강하다고 하여도 영원하신 하나님에 의해서 쉽게 분쇄될 것이기 때문에 하나님의 적수가 되지 못한다. 교회의 원수들이 위협적인 힘을 지니고 있을 때에 성도들은 이와 같은 말씀을 통해서 위로를 받아 왔다(합 1:12): 여호와 나의 하나님, 주께서는 만세 전부터 계시지 아니하시나이까.

[2] 하나님은 그들을 내려가게 하시되, 진토 속으로 내려갈 뿐만 아니라 멸망의 웅덩이에 내려가게 하실 것이다(23절). 여기에서 멸망의 웅덩이는 멸망이라고도 불리는 무저갱을 가리킨다(욥 26:6). 하나님께서 그들에게 환난을 보내시는 것은 과연 그들이 환난을 통해서 스스로를 낮추고 자신의 삶을 새롭게 바꾸는지를 보시기 위한 것이다(19절). 그러나 그렇게 해도 아무런 소용이 없게 되면, 하나님은 그들을 마침내 멸망시키실 것이다. 환난의 회초리로 인해서 정신을 차리지 못하는 자들은 분명히 멸망의 웅덩이로 내려가게 될 것이다. 그들은 피를 흘리게 하며 속이는 자들(즉, 가장 악한 자들)이기 때문에, 그들의 날의 반도 살지 못할 것이다. 즉, 그들은 통상적인 사람들의 수명을 절반도 못 채운 채 죽게 될 것이고, 그들이 순리를 따라서 살 수 있었거나 그들이 예상했던 수명의 절반도 채우지 못하고 죽게 될 것이다. 그들은 원래 생명의 주, 의로우신 재판장께서 정하신 수명만큼 살게 되어 있었다. 왜냐하면, 우리의 수명을 정하시는 이는 하나님이시기 때문이다. 그러나 그들의 악행으로 인하여 하나님께서는 그들이 한창 잘 살고 있는 때에 갑자기 요절하게 함으로써 그들의 수명을 단축시키기로 결정하신 것이었다. 그들은 남의 피를 흘리게 하는 자들로서 다른 사람들의 수명을 단축시켰기 때문에, 하나님께서 그들의 수명을 단축시키시는 것은 정당한 일이다. 그들은 속이는 자들로서 다른 사람들이 받아야 할 정당한 몫 중에서 아마도 절반을 속여서 빼앗았기 때문에, 하나님께서는 이제 원래 그들에게 돌아가야 할 몫을 삭감하시고자 한다.

Ⅲ. 다윗은 자기 자신과 모든 선한 자들에게 하나님을 의지하고 하나님께 자기 자신을 맡기라고 격려한다. 그는 자신이 그렇게 행하기로 결심한다(23절). "나는 주를 의지하고, 주의 섭리와 능력과 긍휼하심을 의지할 것이고, 내 자신

의 지혜와 힘과 재주를 의지하지 않을 것이다. 피를 흘리게 하며 속이는 자들이 그들의 한창 때에 죽어 없어진다 하여도, 나는 주를 믿는 믿음으로 말미암아 여전히 살아 있게 될 것이다." 다윗은 다른 사람들도 자기와 마찬가지로 그렇게 하도록 권한다(22절). "짐을 진 자가 누구이고, 그 짐이 무엇이든지 간에, 네 짐을 여호와께 맡기라 너의 재능을 여호와께 맡기라(어떤 이들은 이렇게 해석한다). 하나님께서 내게 누리라고 그 어떤 복을 주셨든지 간에, 너는 그러한 것들을 모두 하나님께서 관리하시도록 하나님께 맡기고, 특히 너의 영혼을 지켜 주시도록 하나님께 의탁하라." 또는 "네가 하나님께서 너에게 주셨으면 하는 것이 무엇이든지 간에, 하나님께서 하나님의 방식과 때를 따라서 네게 그것을 주시도록 그 일을 하나님께 맡기라. 칠십인역에서는 네 염려를 여호와께 맡기라로 해석하고 있다."

사도 베드로는 칠십인역 본문을 사용해서 이 말씀을 인용한다(벧전 5:7). 염려는 하나의 짐이다. 염려나 근심은 마음을 번민하게 만든다(잠 12:25). 우리는 믿음과 기도로써 우리의 염려나 근심을 하나님께 던져 버리고, 우리의 길과 일들을 하나님께 맡겨야 한다. 하나님께서 그의 선하신 뜻대로 하시게 하라. 그러면 우리는 만족하게 될 것이다. 우리의 짐을 하나님께 맡긴다는 것은 하나님의 섭리와 약속에 지속적으로 머물면서, 모든 것이 합력하여 선을 이룰 것이라는 확신 속에서 평안한 마음을 갖는 것이다. 우리가 그렇게 한다면, 다음과 같은 것들이 약속되어 있다.

1. 하나님께서는 유모가 젖먹이를 안듯이 그의 능력의 팔에 우리를 안으셔서 우리를 떠받치고 공급해 주심으로써 우리를 붙들어 주실 것이고, 성령을 통해서 우리의 심령을 견고하게 하심으로써 우리의 연약함을 붙들어 주시리라는 것. 하나님께서는 우리에게 염려와 두려움을 가져다 준 환난으로부터 우리를 즉각적으로 자유하게 해주시겠다고 약속하신 것이 아니었다. 하나님은 우리가 감당할 수 있는 정도의 시험을 받게 하시고, 우리가 감당할 수 없을 정도로 큰 시험을 받지 않게 해주실 것이다.

2. 하나님께서는 의인들로 하여금 요동하지 않게 하실 것이고, 그 어떤 환난에 의해서 요동하여 하나님에 대한 그들의 도리나 하나님 안에서의 그들의 위로를 놓는 일이 없게 하시리라는 것. 하나님께서는 그들로 하여금 영원히 요동하게는 하지 않으실 것이다(어떤 이들은 이렇게 해석한다). 그들은 넘어질지

라도 완전히 엎드러지지는 않을 것이다.

제
— 56 —
편

개요

이 시편을 비롯해서 많은 시편들을 보건대, 다윗은 아주 큰 환난과 곤경에 처해 있었을 때에도 결코 그의 수금을 버드나무에 걸어 놓거나 한쪽 구석으로 밀어 놓고 타지 않았던 것이 아닌 것 같다. 도리어, 위험과 두려움이 가장 크게 몰려 왔을 때에 다윗은 곡조에 맞춰서 하나님을 찬송하는 노래를 여전히 불렀다. 다윗은 이 시편을 지었을 때에, 적어도 이 시편을 묵상하며 읊조렸을 때에 급박한 위험에 처해 있었다. 하지만 그럴 때에조차도 하나님을 묵상하는 일은 다윗에게 너무도 달콤한 일이었다. I. 다윗은 그의 원수들의 악의에 대하여 하소연하면서, 자기에게는 긍휼하심을 베풀어 주시고 원수들에게는 공의대로 심판해 주시기를 간구한다(1-2, 5-7절). II. 다윗은 하나님께서 그의 편이 되어 주셨다는 확신을 가지고 하나님을 의지하면서, 그러므로 그가 안전하고 승리를 거두게 될 것이라는 소망으로 스스로를 위로하며, 그가 살아 있는 동안에 하나님을 찬송하겠다고 약속한다(3-4, 8-13절). 선한 그리스도인이 이 시편을 노래하면서 하나님을 기뻐하며, 하나님께서 이전에 행하신 일만이 아니라 앞으로 행하실 일에 대해서도 하나님을 찬송하는 것은 얼마나 기분 좋은 일인가.

〔다윗의 믹담 시, 인도자를 따라 요낫 엘렘 르호김에 맞춘 노래, 다윗이 가드에서 블레셋인에게 잡힌 때에〕

¹하나님이여 내게 은혜를 베푸소서 사람이 나를 삼키려고 종일 치며 압제하나이다 ²내 원수가 종일 나를 삼키려 하며 나를 교만하게 치는 자들이 많사오니 ³내가 두려워하는 날에는 내가 주를 의지하리이다 ⁴내가 하나님을 의지하고 그 말씀을 찬송하올지라 내가 하나님을 의지하였은즉 두려워하지 아니하리니 혈육을 가진 사람이 내게 어찌하리이까 ⁵그들이 종일 내 말을 곡해하며 나를 치는 그들의 모든 생각은 사악이라 ⁶그들이 내 생명을 엿보았던 것과 같이 또 모여 숨어 내 발자취를 지켜보나이다 ⁷그들이 악을 행하고야 안전하오리이까 하나님이여 분노하사 뭇 백성을 낮추소서

　　이 시편에서 다윗은 자기가 두려움과 어리석음으로 인해서 자신을 블레셋 사람들의 손에 의탁하였을 때조차도 믿음으로 자기 자신을 하나님의 손에 내맡긴다. 다윗은 골리앗을 죽일 때에 블레셋 사람들과 싸움하였던 것을 망각한 채 사울을 두려워하여 그들에게로 도망하였다가 갓에서 그들에게 붙잡혔다. 블레셋 사람들은 다윗에게 곧 그 일을 상기시켜 주었고(삼상 21:10-11), 그러자 다윗은 조금도 동요함이 없이 미친 척하여 위기를 모면하였는데, 그 때에 그는 이 시편과 제34편을 지었다. 이 시편은 믹담(황금 시편)이라 불린다. 그 밖의 다른 몇몇 시편들도 이와 같은 표제를 지니고 있기는 하지만, 이 시편의 표제 속에는 조금 특이한 것이 들어 있다. 이 시편은 요낫 엘렘 르호김이라는 곡조에 맞추게 되어 있었는데, 이 말은 조용히 멀리 날아가는 비둘기를 의미한다. 어떤 이들은 이 표현을 비둘기의 날개를 가져서 저 멀리 날아가기를 원하였던 다윗 자신에게 적용한다. 다윗은 죄가 없었고 남에게 해를 끼치지도 않았으며, 비둘기처럼 온유하고 인내하였지만, 이 때에 그의 둥지, 그리고 성소로부터 내몰려서(시 84:3), 저 멀리 방황하며 이국 땅에서 피난처를 찾아야 했다. 거기에서 다윗은 골짜기의 비둘기들과 같이 구슬피 울고 있었다. 그러나 그는 하나님에 대하여 불평하거나 자신의 환난을 초래한 도구들에 대하여 분노하지 않고, 조용히 울었다. 이 점에서 다윗은 털 깎는 자들 앞에서 묵묵히 있었던 양과 같았던 그리스도의 모형이었고, 자신들이 어디에 있고 어떤 해악이 자신들에게 가해진다고 하여도 조용한 비둘기처럼 처신해야 하는 그리스도인들에 대한 모범이다. 이 시편의 전반부에는 다음과 같은 내용들이 나온다.

I. 다윗은 그의 원수들의 악의와 악행에 대하여 하나님께 하소연하면서, 그가 왜 그들을 두려워할 수밖에 없었는지, 하나님께서 왜 나타나셔서 그들을 치셔야 하는지를 보여준다.　　하나님이여 내게 긍휼을 베푸소서(1절). 이러한 간구는 우리가 은혜의 보좌 앞에 나아갈 때 얻을 수 있는 온갖 선한 것들을 다 포괄하는 간구이다. 우리가 거기에서 하나님의 긍휼하심을 얻는다면, 우리는 우리가 바랄 수 있는 모든 것을 얻는 것이기 때문에, 우리가 복되기 위해서 그 이상의 것은 아무것도 필요하지 않게 된다. 또한, 이러한 간구는 우리가 하나님 앞에 내놓을 수 있는 가장 좋은 호소로서 우리의 공로가 아니라 하나님의 긍휼하심, 하나님께서 풍성하게 거저 주시는 긍휼하심에 호소한다. 그는 사람들에게서는 그 어떠한 긍휼도 찾을 수 없었기 때문에, 하나님께서 그에게 긍휼을 베

풀어 주시라고 기도한다. 그는 사울의 잔인한 수중으로부터 도망치긴 했지만, 곧 블레셋 사람들의 잔인한 수중에 떨어지고 말았다. "여호와여, 지금 내게 긍휼을 베풀어 주소서. 그렇지 않으면, 나는 망할 것이니이다." 우리가 사방으로 난관들과 위험들로 둘러싸여 있을 때, 우리가 피하여 의지할 수 있는 것은 오직 하나님의 긍휼하심밖에 없기 때문에, 우리는 믿음으로 하나님께서 긍휼을 베풀어 주시기를 기도하여야 한다. 다윗은 다음과 같은 것들에 대하여 하소연한다.

1. 그의 원수들의 수가 아주 많다는 것(2절). "나를 치는 자들이 많고, 그들은 수로써 나를 압도하고자 하나이다. 지극히 높으신 주여, 이 점을 하감하사, 그들이 아무리 교만하게 행한다고 하여도 주께서 그들보다 위에 계신다는 것을 나타내 보여주소서." 수많은 원수들을 물리치고서 한 사람을 구원하는 것은 하나님께 영광이 되는 일이다. 하나님이 우리 편이 되어 주신다면, 아무리 많은 수의 대적들이 우리를 친다고 하여도, 우리는 우리에게 더 많은 수가 있다고 자랑할 수 있다. 왜냐하면, 우리의 대장 되신 그리스도께서 말씀하셨듯이, 아무리 많은 수도 하나님을 대적할 수는 없기 때문이다.

2. 그들은 매우 야만적이라는 것. 그들은 그를 삼키려고 하였다(1절과 2절). 그들은 그를 죽이려고 하였고, 그를 죽이지 않고서는 성이 차지 않았다. 그들은 극도의 분노를 품고서 포식 동물처럼 그의 살을 먹어 치우려고 그를 덮쳤다(시 27:2). 자기와 똑같은 사람, 당연히 그에게 인정을 베풀었어야 했던 사람이 그를 삼키려고 하였다. 아무리 사나운 포식 동물들이라고 하여도 그것들은 동족을 잡아먹지는 않는다. 그렇지만 악인은 선한 자를 잡아먹고자 한다. "그들은 연약하고 깨지기 쉬운 인생들일 뿐이오니, 그들로 하여금 그들이 그런 연약한 자들인 것을 알게 하소서(시 9:20)."

3. 그들은 한 마음 한 뜻이 되어 있었다는 것(6절): 그들은 함께 모였나이다. 비록 그들은 수가 많았고 서로 다른 이해관계를 지니고 있기는 하였지만, 헤롯과 빌라도가 다윗의 자손을 죽이는 일에 서로 의기투합하였듯이, 그들은 똘똘 뭉쳐서 다윗을 죽이고자 하였다.

4. 그들의 세력이 무척 강하였기 때문에, 하나님께서 도와 주시지 않는다면, 다윗은 그들을 도저히 당해낼 수 없다는 것. "그들은 나를 치며(2절), 나를 압제하나이다(1절). 나는 그들에게 거의 압도되어서 죽을 지경이 되었나이다."

5. 그들은 매우 교묘하고 영악하다는 것(6절). "그들은 숨어 있나이다. 그들은 나를 좀 더 효과적으로 추적하기 위하여 그들의 계획을 치밀하게 은폐하고 있나이다. 그들은 사자가 자신의 소굴 속에 숨어 있는 것처럼 스스로 몸을 숨기고서, 내 발자취를 지켜보나이다. 즉, 그들은 나를 고소할 빌미를 잡기 위해서 번뜩이는 눈으로 내가 말하고 행하는 모든 것을 지켜보나이다(그리스도의 원수들도 이렇게 지켜보았다, 눅 20:20)." 또는, "그들은 내게 해악을 끼칠 기회를 얻고 나를 잡을 올무를 놓기 위해서 나의 일거수 일투족을 지켜보고 있나이다."

6. 그들은 악의적이고 큰 앙심을 품고 있다는 것. 다윗이 아무리 솔직하고 지혜롭게 말을 하고 표현한다고 할지라도, 그들은 그가 말하는 모든 것을 악의적으로 해석하였다(5절). "그들은 내 말을 곡해하고 짜맞추어서, 내가 의도하지도 않은 것들을 내 말 속에서 쥐어 짜내었다." 그렇게 해서 그들은 그를 범죄자로 만들어서(사 29:21), 사울에게 거짓된 것을 보고하여 그의 죄를 가중시킴으로써, 사울로 하여금 더욱더 다윗을 미워하게 만들었다. 그들은 다윗을 죽이고자 하는 일에만 온통 매달렸다. 그들의 생각은 어떻게 하면 다윗에게서 꼬투리를 잡아내어서 죽일까 하는 것이었기 때문에, 그들은 다윗이 하는 모든 말들을 악의적으로 해석하였다.

7. 그들은 쉴 새 없이 지치지도 않는다는 것. 그들은 끊임없이 다윗의 생명을 노렸다. 그들이 사냥하고자 한 것은 다윗의 생명, 그의 소중한 목숨이었다. 그들이 바란 것은 다윗의 죽음이었다(6절). 그들은 종일 그를 쳐서 싸웠고(1절), 종일 그를 삼키려 하였으며(2절), 종일 그의 말을 곡해하였다(5절). 그들의 악의는 끈질겼기 때문에 싸움이나 적대 행위를 한시라도 멈추려 하지 않았고, 끊임없이 그를 몰아부쳤다. 그리스도의 나라와 우리의 거룩한 신앙에 대한 사탄과 그의 졸개들의 적대감은 바로 그런 것이기 때문에, 우리는 그와 같은 일을 당할 때에 마치 우리에게 뭔가 새로운 일이 일어났다는 듯이 그것을 이상하게 생각해서는 안 된다. 우리의 선배들이 이런 대우를 받아 왔고, 선지자들도 그런 식으로 박해를 받았다.

Ⅱ. 다윗은 하나님 및 그의 약속들과 능력과 섭리 속에서 자기 자신을 격려한다(3-4절). 다윗은 그가 그의 원수들에 대하여 하고자 하는 말들을 다 끝맺기 전에 한참 하소연을 하는 중간에 하나님께서 그를 보호하시는 것과 관련하여

승리의 개가를 부르며 기뻐한다.

1. 다윗은 그에게 닥친 위험들이 몹시 위협적이고 그가 의지하던 다른 모든 것들이 실패했을 때에 하나님을 자신의 의지처로 삼기로 결심한다. "내가 두려워하는 날에, 내가 밖으로 몹시 두려운 일을 만나고, 안으로 몹시 겁을 집어먹을 때에 내가 주를 의지하리니, 나의 두려움들은 사라지게 될 것이다." 하나님의 백성에게 특별히 두려움이 엄습하는 때가 종종 있다는 것을 명심하라. 그러한 때에 하나님을 의지하고, 그들이 의지한 하나님이 어떤 분이신지를 아는 것은 그들이 마땅히 해야 할 도리이고 그들에게 유익을 가져다 주는 일이다. 이렇게 하면, 그들은 마음의 평안을 얻게 되고 견고한 심령을 지니게 될 것이다.

2. 다윗은 하나님의 약속들을 그의 찬송거리로 삼기로 결심하는데, 우리도 마땅히 그렇게 하여야 한다(4절). "내가 하나님을 찬송하되, 하나님께서 이미 행하신 일만이 아니라 하나님께서 하신 그 말씀을 찬송하리이다. 하나님의 약속이 아직 이루어진 것은 아니지만, 나는 그 약속으로 인하여 하나님께 감사를 드리리이다. 나는 하나님의 말씀으로 인하여 하나님(그의 힘과 그의 도우심)을 기뻐하고, 그 말씀으로 인하여 하나님께 영광을 돌리겠나이다." 어떤 이들은 그의 말씀을 하나님의 섭리들, 하나님께서 정하신 모든 사건을 의미하는 것으로 이해한다. "내가 하나님을 찬송할 때에 나는 하나님께서 행하시는 모든 일들을 찬송하겠나이다."

3. 이렇게 힘을 얻은 다윗은 그를 대적하는 모든 세력들을 하찮은 것으로 여겨서 무시해 버린다. "내가 하나님을 의지하였은즉, 내가 안전하고 내 마음이 편하며, 두려워하지 아니하리니 혈육을 가진 사람이 내게 어찌 하리이까. 사람은 단지 육체일 뿐이기 때문에, 그리 대단한 일을 할 수가 없다. 아니, 그들은 하나님께서 허락하지 아니하시면 아무것도 할 수 없다." 우리의 일에 육체가 개입되어 있을 때에 우리가 육체에 의지하지 않아야 하는 것과 마찬가지로, 육체가 우리를 치고자 할 때에도 우리는 육체를 두려워하지 않아야 한다.

III. 다윗은 그를 친 자들과 악행을 통하여서 자신의 안전을 보장받을 수 있다고 생각하는 모든 자들이 멸망할 것을 내다 보고 예언한다. 그들이 악을 행하고야 안전하오리이까(7절). 그들은 폭력과 사기, 불의와 속임수를 통해서 사람들의 심판을 피하였던 것처럼 하나님의 심판도 피할 것이라고 생각한다. 그러나 과연 그들은 피할 수 있을 것인가? 아니다. 단연코 그들은 피하지 못할 것이다. 죄인들이 짓는 죄는 결코 그들을 안전하게 지켜 주지 못할 것이고, 그들의 뻔뻔스러운 행동이나 위선적인 행위도 하나님의 법정에서 그들을 구해 주지 못할 것이다. 하나님은 진노 가운데 그런 자들을 거꾸러뜨리시고 내쫓으실 것이다(롬 2:3). 악행을 통해서 높은 자리에 올라간 자들이나 죄악을 통해서 이 땅에서 확고한 기반을 잡은 자들을 하나님께서는 공의의 심판을 통해서 그들을 높은 지위와 그들이 의지하는 것들로부터 끌어내리셔서 낮추실 수 있다. 누가 주의 노여움의 능력을 알며 누가 주의 진노의 두려움을 알리이까? 하나님의 진노가 어디까지 높이 도달할 수 있는지, 하나님의 진노가 얼마나 강력한 타격을 가할 수 있는지를 누가 알겠는가?

⁸나의 유리함을 주께서 계수하셨사오니 나의 눈물을 주의 병에 담으소서 이것이 주의 책에 기록되지 아니하였나이까 ⁹내가 아뢰는 날에 내 원수들이 물러가리니 이것으로 하나님이 내 편이심을 내가 아나이다 ¹⁰내가 하나님을 의지하여 그의 말씀을 찬송하며 여호와를 의지하여 그의 말씀을 찬송하리이다 ¹¹내가 하나님을 의지하였은즉 두려워하지 아니하리니 사람이 내게 어찌하리이까 ¹²하나님이여 내가 주께 서원함이 있사온즉 내가 감사제를 주께 드리리니 ¹³주께서 내 생명을 사망에서 건지셨음이라 주께서 나로 하나님 앞, 생명의 빛에 다니게 하시려고 실족하지 아니하게 하지 아니하셨나이까

다윗은 여기에서 그가 곤경에 처해서 두려워하던 날에 다음과 같은 몇 가지 것들을 통해서 스스로를 위로한다.

I. 하나님께서 그의 모든 억울한 사정들과 슬픔들을 구체적으로 다 하감하셨다는 것(8절).

1. 그의 처지가 몹시 불안정하다는 것. 나의 유리함을 주께서 계수하셨나이다. 옛 역본에서는 나의 유리함을 내가 이리저리 이사다닌 것이라고 번역하였다. 다윗은 지금 채 삼십도 안 된 젊은이였지만, 그의 아버지의 집에서 궁정으로, 궁정에서 싸움터로, 그리고 이제는 쫓기는 몸이 되어서 이리저리 정처없이 방랑하며, 쉴 곳을 찾지 못하는 등 수없이 옮겨 다니며 살아야 했다. 그는 산에 사는 자고새처럼 사울의 사냥감이 되어 있었다. 끊임없는 공포와 힘든 삶이 그를 쫓아다녔다. 그러나 하나님께서 그의 모든 움직임들을 다 세고 계시고, 밤이나

낮이나 그의 지친 발걸음들을 다 계수하셨다는 것이 그에게 큰 위로가 되었다. 하나님은 그의 백성이 당하는 모든 환난들을 다 아신다는 것을 명심하라. 사람들은 이전에 알고 지내던 자들을 헌신짝처럼 내버리며 아는 척도 하지 않을지라도, 하나님께서는 그렇게 내쫓긴 사람들을 그의 돌보심과 사랑 안에서 품으신다.

2. 이러한 일을 당하였을 때의 다윗의 심정. 그는 이리저리 떠돌아다니면서 자주 눈물을 흘렸기 때문에 이렇게 기도한다: "나의 눈물을 주의 병에 담으셔서, 보관해 두시고 자주 들여다보옵소서. 아니, 나는 내 눈물이 주의 책, 주의 기념책에 기록되어 있는 것을 아나이다." 하나님께서는 그의 백성의 눈물을 담는 병과 그것을 기록해 놓는 책을 가지고 계시는데, 이것들은 그의 백성의 죄들과 그들이 겪는 환난들을 담아 놓기 위한 것이다. 이것은 다음과 같은 것들을 보여준다.

(1) 하나님께서 그의 백성의 눈물을 불쌍히 여기는 마음과 자애로운 관심을 가지고서 지켜보신다는 것. 하나님은 그의 백성이 환난을 당할 때에 괴로워 하시고, 그들의 영혼이 곤고함을 아신다. 성도들의 피와 그들의 죽음이 여호와의 눈에 보배로운 것과 마찬가지로, 그들의 눈물도 한 방울도 땅에 헛되이 떨어지지 않을 것이다. 내가 네 눈물을 보았노라(왕하 20:5). 에브라임이 스스로 탄식함을 내가 분명히 들었노라(렘 31:18).

(2) 우리가 장부에 기록해 놓은 것들을 기억하고 다시 살펴보듯이, 하나님께서는 그의 눈물을 기억하시고 다시 살펴보시리라는 것. 사도 바울은 디모데의 눈물을 마음에 두고 있었고(딤후 1:4), 하나님께서는 그의 백성의 눈물을 잊지 않으실 것이다. 하나님은 그의 박해받는 백성의 눈물을 병에 담아서 봉인하신 후에 하나님의 창고에 보관해 두신다. 이 책들이 개봉될 때, 그것들은 진노의 물약병이 되어서, 하나님의 백성을 박해했던 자들에게 부어지게 될 것인데, 하나님께서는 박해자들이 그의 백성의 눈에서 뽑아 내었던 모든 눈물을 분명히 그대로 다 되갚아 주실 것이다. 이 책들은 눈물을 흘렸던 하나님의 백성들에게 위로가 되어서, 그들의 베옷은 찬송의 옷으로 바뀌게 될 것이다. 하나님은 그의 백성이 환난을 당한 기간에 따라서 그들을 위로하실 것이고, 눈물로 씨를 뿌린 자들로 하여금 기쁨으로 거두게 하실 것이다. 그들은 눈물의 씨를 뿌리고서 진주라는 열매를 거두게 될 것이다.

Ⅱ. 자기를 붙잡아 주셔서 힘을 주시라는 그의 기도와 마찬가지로 그의 원수들을 물리치셔서 완전히 괴멸당하게 해 달라는 그의 기도도 강력한 힘을 발휘하게 되리라는 것(9절). "내가 아뢰는 날에 내 원수들이 물러나리이다. 내게는 기도와 눈물 외에 다른 무기는 필요 없나이다. 내가 이것을 아는 것은 하나님이 내 편이 되셔서 나를 보호하시고 구원하실 것이기 때문이니이다. 하나님이 내 편이시라면, 누가 나에게 대항하여 이길 수 있겠나이까?" 하나님은 성도들의 편이다. 성도들은 그것을 알 수 있다. 그들은 그들이 원수들에 의해서 에워싸여 있을 때에 하나님께 부르짖어야 한다. 그들이 믿음으로 하나님께 부르짖으면, 그들은 하나님께서 권능을 행하셔서 그들을 보호하시는 것을 발견하게 될 것이다. 그들의 원수들은 줄행랑을 치게 될 것인데, 우리는 영적인 원수들에 맞서서 무릎으로 싸우는 것이 최선이다(엡 6:18).

Ⅲ. 하나님에 대한 믿음으로 말미암아 그가 사람에 대한 두려움을 극복하게 되리라는 것(10-11절). 여기서 다윗은 그가 앞서 했던 말을 강렬한 감정을 실어서 다시 되풀이한다(4절). "내가 하나님을 의지하여 그 말씀을 찬송하올지라. 즉, 나는 약속하신 분이 참되시고 신실하시며, 그 약속을 이루시기에 충분한 지혜와 권능과 선하심을 가지고 계시기 때문에 그 약속을 굳게 의지하나이다." 우리가 어떤 사람의 약속 어음을 신뢰하여 받아 준다면, 우리는 그 약속 어음을 작성한 사람을 존중하고 높이는 것이 된다. 마찬가지로, 우리가 하나님께서 하신 약속을 주저없이 믿고 의지한다면, 우리는 하나님께 영광을 돌리는 것이고, 그의 말씀을 찬송하는 것이며, 그것을 통해서 하나님께 찬송을 올려 드리는 것이 된다. 이렇게 하나님께 신뢰를 두고 의지하였기 때문에, 다윗은 그를 위협하는 사람들의 힘을 거룩한 경멸의 마음으로 바라볼 수 있었다. "내가 하나님을 의지하였은즉 두려워하지 아니하리니, 비록 내가 사람이 내게 무엇을 하고자 하는지를 아주 잘 알고 있다고 할지라도(1-2절) 사람이 내게 어찌하리이까(11절)." 거룩한 호연지기를 너무도 생생하게 표현하고 있는 이 의기양양한 말씀을 사도 바울은 모든 참된 신자가 마땅히 할 수 있는 말로 여김으로써, 모든 신자를 영웅으로 만들고 있다(히 13:6). 우리 모두는 주는 나를 돕는이시니 내가 무서워하지 아니하겠노라. 사람이 내게 어찌하리요라고 담대하게 말할 수 있다. 왜냐하면, 사람은 위로부터 주어진 권세가 아니라면 그 어떤 권세도 가질 수 없기 때문이다.

IV. 다윗은 하나님께 꼭 붙어 있었다는 것(12절). "하나님이여 내가 주께 서원함이 있나이다. 내가 주께 서원한 것들은 내가 짊어져야 할 무거운 짐이 아니고 도리어 내가 자랑스러워하는 것이며 나로 하여금 내가 보잘것없는 종이라는 것을 알게 하는 것이나이다. 또한, 내가 주께 서원한 것들은 나를 제약하는 족쇄들이 아니라(그러한 것들은 미신적인 서원들이다) 나로 하여금 내게 해로운 것을 피하도록 막아 주며 나를 정도로 걸어가게 해주는 재갈이나이다. 내가 주께 서원한 것들에 관하여 주는 단지 증인이실 뿐만 아니라 당사자이기도 하시오니, 주는 내게 그러한 서원들을 하도록 명하셨고 격려하셨나이다." 여기에 나오는 서원들은 그가 특히 환난과 곤경에 처해 있었을 때에 하나님께 하였던 서원들을 의미하는 것 같은 데, 그는 환난이 지나간 후에 자기가 한 서원들을 기억하고서 그것들을 이행할 의무가 자기에게 있다는 것을 인정하고자 하였다. 우리가 하나님께 서원함이 있다는 것은 우리가 중요시 여기고 기뻐해야 할 일이다 ― 세례와 성찬 때에 우리가 행하였던 서원들, 우리가 죄를 깨닫거나 징계를 받는 동안에 가끔씩 행하였던 서원들, 우리는 이러한 서원들에 의거해서 하나님 앞에서 살아가야 한다.

V. 그가 앞으로도 하나님을 찬송할 기회가 점점 더 많아지게 되리라는 것, 내가 감사제를 주께 드리리이다. 이것은 그가 서원한 것들을 이행하는 것의 일부이다. 왜냐하면, 하나님의 긍휼하심을 구하는 기도들에는 보통 하나님께 감사하겠다는 서원들이 따르기 마련이어서, 하나님께서 긍휼하심을 베풀어 주셨을 때에 감사제가 드려져야 하기 때문이다. 우리가 하나님께 무엇을 돌려 드릴 것인가를 궁리할 때, 우리는 최소한 하나님께 감사와 찬송을 돌려 드리기로 결심하여야 한다 ― 우리가 풍성히 받은 것에 비하면 너무도 하잘것없는 보답이긴 하지만! 다윗은 두 가지로 인하여 하나님을 찬송하고자 한다.

1. 하나님께서 그를 위하여 이전에 행하셨던 일로 인해서(13절). "나는 거의 죽을 뻔하였는데, 주께서 내 생명을 사망에서 건지셨음이라." 하나님께서 우리가 범죄하는 것을 은혜로 막아 주셨거나 그 긍휼하심으로 우리의 죄를 사하여 주셔서 우리로 하여금 징벌을 당하지 않게 하심으로써 우리를 죄로부터 구하셨다면, 우리는 하나님께서 우리의 생명을 죄의 삯인 사망에서 건지셨다고 고백하여야 한다. 본성상으로 죄 가운데 죽어 있었던 우리가 그리스도와 더불어서 다시 소생되어 영적으로 살아 있게 되었다면, 우리는 하나님께서 우리의 생명

을 사망에서 건지셨다고 고백하여야 한다.

2. 하나님께서 그를 위하여 장차 행하실 일로 인하여. "주께서 내 생명을 사망에서 건지셔서, 내게 새 생명을 주심으로써, 장차 더 많은 긍휼을 입을 수 있게 하셨으니, 주께서 나로 하여금 실족하지 아니하게 하실 것이라. 주께서는 내게 큰 일을 행하셨기 때문에, 장차 작은 일도 행하실 것이다. 주께서는 선한 일을 시작하셨기 때문에, 장래에도 계속해서 선한 일을 진전시키셔서 완성하실 것이다." 이것은 그가 자신의 체험을 바탕으로 기도한 것이라고 할 수도 있고, 자신의 기대를 표현하며 하나님을 찬송한 것이라고 할 수도 있다. 믿음 안에서 하나님을 어떻게 찬송해야 하는지를 아는 자들은 하나님께서 과거에 베풀어 주신 긍휼만이 아니라 장차 베풀어 주실 긍휼에 대해서도 하나님께 감사를 드리는 법이다. 좀 더 살펴보자.

(1) 다윗은 무엇을 소망하는가. 그는 하나님께서 그의 발이 죄에 빠져서 그의 양심이 상처입지 않게 해주시고, 죄의 모양을 한 것 속에 빠져서 그의 원수들에게 그의 좋은 명성을 흠집낼 수 있는 빌미를 주지 않게 해 달라고 소원한다. 자기가 서 있다고 생각하는 자들은 넘어지지 않도록 조심하여야 한다. 왜냐하면, 아무리 선한 자라고 할지라도 하나님께서 그를 붙들어 주지 않으시면 그는 넘어질 수밖에 없기 때문이다. 우리는 연약하고, 우리가 가야 할 길은 미끄러우며, 그 길에는 많은 걸림돌이 있고, 우리의 영적인 원수들은 우리를 쓰러뜨리려고 애쓰고 있기 때문에, 우리는 믿음과 기도를 통해서 우리 자신을 하나님께 맡기고, 그의 거룩한 자들의 발을 지키시는 하나님의 돌보심에 의지하여야 한다.

(2) 다윗은 무슨 근거 위에서 이러한 소망을 지니고 있는 것인가. "주께서 내 생명을 사망에서 건지셔서, 주의 능력과 선하심을 크게 나타내셨고, 나로 하여금 장차 주께 더 많은 긍휼을 받을 수 있게 하셨으니, 이제 주께서 주의 일을 끝까지 지키셔서 다 이루지 아니하시겠나이까?" 하나님께서는 그가 애굽에서 이끌어 낸 그의 백성이 광야에서 다 죽도록 결코 내버려 두지 않으셨다. 회개한 영혼을 죄와 같은 큰 사망에서 건지시는 하나님은 그 영혼을 천국에 이르기까지 보호하시는 일에 결코 실수가 없으실 것이다.

(3) 이러한 소망들 속에서 하나님의 계획은 무엇인가: 주께서 나로 하나님 앞, 생명의 빛에 다니게 하시려고 하였나이다.

[1] "하나님은 생명과 빛이 있는 유일한 땅인 천국에 내가 다다를 수 있게 하신다. 왜냐하면, 이 세상에서는 어둠과 죽음이 지배하기 때문이다."

[2] "하나님께서는 내가 이 세상에서 살아가는 동안에 나의 도리를 다할 수 있게 하신다." 우리는 하나님께서 우리를 죄와 환난에서 건져 주시기를 바라고 기대할 때에 우리가 하나님을 더욱더 잘 섬길 수 있게 되는 것을 목적으로 삼아서 그 구원을 바라고 기대하여야 한다. 우리가 원수의 손에서 건지심을 받은 것은 우리로 하여금 두려움 없이 주를 섬길 수 있게 하기 위함이라.

제
— 57 —
편

개요

이 시편은 바로 앞에 나온 시편과 매우 흡사하다. 이 시편은 앞에 나온 시편과 마찬가지로 다윗이 환난 속에 있으면서 범죄할 시험 속에 있었을 때에 지어졌다. 이 시편은 직전에 나온 시편과 마찬가지로 "내게 긍휼을 베푸소서"라는 말로 시작되고, 서술 방식도 동일하다. I. 다윗은 기도와 하소연으로 시작하지만, 그의 간구가 속히 응답될 것이라는 어느 정도의 확신을 지니고 있다(1-6절). II. 다윗은 기쁨과 찬송으로 끝을 맺는다(7-11절). 따라서 우리는 이 시편을 노래할 때에 우리가 간구와 감사를 드릴 때에 지침과 격려를 삼을 수 있는 내용을 이 시편에서 발견할 수 있고, 이 시편을 통해서 하나님께 간구와 감사를 드릴 수 있다.

〔다윗의 믹담 시, 인도자를 따라 알다스헷에 맞춘 노래, 다윗이 사울을 피하여 굴에 있던 때에〕

¹하나님이여 내게 은혜를 베푸소서 내게 은혜를 베푸소서 내 영혼이 주께로 피하되 주의 날개 그늘 아래에서 이 재앙들이 지나기까지 피하리이다 ²내가 지존하신 하나님께 부르짖음이여 곧 나를 위하여 모든 것을 이루시는 하나님께로다 ³그가 하늘에서 보내사 나를 삼키려는 자의 비방에서 나를 구원하실지라 (셀라) 하나님이 그의 인자와 진리를 보내시리로다 ⁴내 영혼이 사자들 가운데에서 살며 내가 불사르는 자들 중에 누웠으니 곧 사람의 아들들 중에라 그들의 이는 창과 화살이요 그들의 혀는 날카로운 칼 같도다 ⁵하나님이여 주는 하늘 위에 높이 들리시며 주의 영광이 온 세계 위에 높아지기를 원하나이다 ⁶그들이 내 걸음을 막으려고 그물을 준비하였으니 내 영혼이 억울하도다 그들이 내 앞에 웅덩이를 팠으나 자기들이 그 중에 빠졌도다 (셀라)

이 시편의 표제 속에는 알다스헷(멸하지 마소서)이라는 새로운 단어가 하나 나온다. 어떤 이들은 이 표현은 단지 이 시편을 노래할 때에 맞춰서 불렀던 곡조를 의미하는 것이라고 생각한다. 또 어떤 이들은 이 표현이 이 시편의 배경 및 내용과 관련이 있는 것이라고 본다. 멸하지 마소서. 즉, 다윗은 동굴에서 사울을 죽일 수 있는 좋은 기회가 생겼을 때에 그의 부하들은 기꺼이 사울을 죽이자고 제안하였지만 그는 사울을 죽이고자 하지 않았다. 다윗은 그를 죽이지 말라고 말하였다(삼상 24:4, 6). 또는, 하나님께서는 다윗이 사울에 의해서 죽임을 당하는 것을 원치 않으셨다. 하나님은 사울이 다윗을 박해하는 것을 허락하셨지만, 여전히 그를 죽이지 말라는 제약을 두셨다. 이것은 마치 하나님께서 사탄에게 욥을 괴롭게 하는 것을 허락하실 때에 그의 목숨은 살려 두어라고 하신 것과 같은 것이었다. 다윗은 멸하여져서는 안 된다. 왜냐하면, 그 안에 복이 있기 때문이다(사 65:8). 만복의 근원이 되시는 그리스도도 마찬가지이다. 다윗은 그가 동굴에서 곧 죽게 될 처지에 놓여 있었을 때에 하나님을 향한 그의 심정이 어떠하였는지를 여기에서 우리에게 말해 준다. 위험에 처해 있을 때에도 마음속에 여기에 나오는 것과 같은 그러한 선한 생각들을 지니는 자들은 참으로 복된 자들이다!

I. 다윗은 하나님에 대한 믿음과 소망, 하나님을 향한 기도로 힘을 얻는다(1-2절). 자기가 원수들에 의해서 에워싸여 있다는 것을 알고서, 그는 하나님을 우러러 보며 합당한 기도를 드린다: 여호와여, 내게 긍휼을 베푸소서. 이 기도는 다시 한 번 반복되는데, 그것은 결코 중언부언하는 것이 아니다. 내게 긍휼을 베푸소서. 그것은 세리의 기도였다(눅 18:13). 사람들이 놀라움이나 당혹감을 표현하기 위해서 하나님과 그의 긍휼하심은 그들의 생각 속에 전혀 없으면서도 하나님께서 우리에게 긍휼을 베푸소서. 또는 여호와여, 우리에게 긍휼을 베푸소서라고 경망스럽고 속되게 소리치는 것은 참으로 유감스러운 일이다. 다윗은 여기에서 경건한 심정을 담아서 "여호와여, 내게 긍휼을 베푸시고, 나를 불쌍히 여기시며, 주의 사랑과 자비로 나를 구속하소서"라고 기도한다. 자기가 하나님의 긍휼하심을 받을 만하다는 것을 알리기 위해서 다윗은 여기에서 다음과 같이 고백한다.

1. 그가 믿고 의지하는 것은 오직 하나님뿐이라는 것: 내 영혼이 주를 의지하나이다(개역에서는 내 영혼이 주께로 피하되). 그는 하나님을 믿는다고 고백했을 뿐만 아니라, 그의 영혼이 진실로 오직 하나님만을 의지하였고, 진정으로 하나님께 헌신하며 하나님 한 분으로 온전히 만족한다고 고백한다. 그는 하나

님 앞에 나아가서 은혜의 보좌의 발등상 아래에서 그가 하나님을 신뢰하고 의지한다고 겸손하게 고백한다. 이 재앙들이 지나기까지, 마치 육식조(肉食鳥)가 공격해 올 때에 병아리들이 암탉의 날개 밑으로 피하듯이, 내가 주의 날개 그늘 아래에서 피하리이다.

(1) 그는 때가 되면 그의 환난들이 좋은 결과를 맺고서 끝나게 되리라는 것을 확신하였다. 이 재앙들은 지나갈 것이다. 이 폭풍은 결국 지나갈 것이다. 나는 지금 곤경에 처해 있지만 내가 항상 그러지는 않을 것이다. 우리 주 예수께서는 고난을 받으실 때에 이 말씀으로 위로를 받으셨다(눅 22:37). 내게 관한 일들이 이루어져 끝나게 될 것이다.

(2) 그는 그동안에 하나님의 보호하심 아래에서 마음이 아주 편하였다.

[1] 그는 하나님은 선하시기 때문에 마치 암탉이 본능적으로 새끼들을 보호하는 것처럼 그의 백성을 구하시고 보호하시리라는 것을 알고 있었기 때문에 마음이 편안하였다. 하나님께서 날개를 타고 그의 백성을 도우시러 오신다는 것은 신속한 구원을 의미한다(시 18:10). 하나님께서 그들을 그의 날개 아래에 두신다는 것은 재앙들이 그들에게 닥친다고 하여도 그들은 따뜻하게 보호를 받으며 생기가 넘친다는 것을 의미한다(마 23:37을 보라).

[2] 그는 하나님의 말씀의 약속과 은혜의 언약으로 인해서 마음이 편하였다. 왜냐하면, 그것은 활짝 펼쳐진 그룹 천사들의 날개를 가리킬 것이기 때문이다. 하나님은 그 날개들 사이에 좌정하셔서(시 80:1) 말씀들을 주셨다. "은혜의 하나님께 나는 피할 것이고, 하나님의 약속은 나의 피난처가 될 것이며, 그것은 이 모든 위험을 안전하게 통과할 수 있게 해 줄 확실한 통행권이 되어 줄 것이다." 하나님은 그의 약속을 통해서 우리에게 그를 의지하라고 제안하신다. 우리는 믿음으로 하나님을 받아들이고 의지하여야 한다.

2. 그가 바라는 것은 오직 하나님뿐이라는 것(2절). "나는 나를 구해 달라고 지존하신 하나님께 부르짖나이다. 나는 지존하신 하나님께 나의 영혼을 들고서, 나를 위하여 모든 것을 이루시는 하나님께 간절히 기도하고자 하나이다."

(1) 우리에게 닥치는 모든 일들 속에서 우리는 하나님의 손길을 바라보고 인정하여야 한다. 무슨 일이 일어나든, 그것은 하나님께서 행하시는 것이다. 모든 일 속에서 하나님의 계획이 수행되고 성경이 성취된다.

(2) 하나님께서 그의 백성과 관련하여 무슨 일을 행하시든지 간에 그 일은

결국 그들과 그들의 유익을 위해서 행하여졌다는 것이 드러나게 될 것이다. 하나님은 높으시고 지존하시지만, 자신을 지극히 낮추셔서 모든 일이 합력하여 그의 백성에게 선이 될 수 있도록 돌보신다.

(3) 이것은 우리가 곤경에 처하고 어려움을 만날 때마다 하나님께 부르짖고 기도하며 간절히 기도하여야 할 이유가 된다.

3. 그는 오직 하나님께만 기대를 걸고 있다는 것(3절): 그가 하늘에서 보내사 나를 구원하실지라. 하나님을 자신의 유일한 피난처로 삼아서 믿음과 기도로써 하나님께 피하는 자들은 하나님께서 정하신 방법과 시간에 분명히 구원을 받게 될 것이다. 좀 더 살펴보자.

(1) 그는 어디에서 구원을 기대하는가 ─ 하늘로부터. 그가 이 땅에서 살 길을 모색한다면, 그에게는 그 어떤 피난처나 도움도 나타나지 않을 것이다. 그러나 그는 하늘로부터의 구원을 기대한다. 위에 있는 것들에 마음을 둔 자들은 거기로부터 온갖 선한 것을 기대할 수 있다.

(2) 그가 기대하는 구원은 무엇인가. 그는 하나님께서 그를 죽이는 것을 목표로 해서 그동안에 온갖 짓을 다하여 그를 괴롭혔던 자들, 그를 삼키려는 자의 비방에서 그를 구원하실 것이라고 믿는다. 어떤 이들은 이 본문을 다음과 같이 해석하기도 한다: 그가 하늘에서 보내사 나를 구원하실지라 이는 그가 나를 삼키려는 자로 수치를 당하게 하였음이니이다. 하나님께서는 이제까지 나를 죽이고자 하는 그들의 음모와 계략을 좌절시켜 오셨기 때문에, 머지않아 나의 구원을 완성하실 것이다.

(3) 그는 하나님께서 그를 구원하시는 것이 무엇 때문이라고 보고 있는가: 하나님이 그의 인자와 진리를 보내시리로다. 하나님은 선하시고, 그가 하신 모든 말씀에 신실하신데, 그가 그의 백성에게 구원을 베푸실 때에 그것이 드러나게 될 것이다. 우리가 복되기 위해서 우리에게 필요한 것은 오직 하나님의 긍휼하심과 진리의 은택 뿐이다(시 25:10).

II. 다윗은 그의 원수들의 힘과 악의를 묘사한다(4절). 내 영혼이 사자들 가운데 있도다. 사울과 그의 일당들은 다윗을 잡아 죽이려고 광분하였기 때문에, 다윗이 그를 향하여 끊임없이 표효하며 잡아먹을 듯이 덤비는 자들 가운데 있는 것이 마치 사자 굴에 있는 것과 같았다. 그들은 불사르는 자들과 같았고, 숨을 쉴 때마다 오직 불을 내뿜을 뿐이었다. 그들은 불이 붙어 있어서, 다윗을 죽이고자 하는 적의로 서로를 불태웠고, 그들은 스스로 지옥불이 붙어 있었다(약 3:6). 그들은 사람의 아들들이었기 때문에, 우리는 충분히 사람으로서의 이성과 연민을 기대했어야 했지만, 그들은 사람의 모양을 한 포식 동물들이었다. 그들은 다윗을 향하여 이를 갈았고, 그 이로 다윗을 갈기갈기 찢어서 먹어 치우고자 했기 때문에, 그들의 이는 해악을 가하고 살인하기에 적합한 창과 화살이었다. 또한, 그들은 그들의 혀로 다윗을 욕하고 비방하여 그의 명성을 더럽혔기 때문에, 그들의 혀는 사람들을 베고 죽이는 날카로운 칼이었다(시 42:10을 보라). 앙심을 품은 혀는 위험한 무기가 되는데, 사탄의 도구가 된 자들은 이것을 가지고 하나님의 백성과 대항하여 싸운다. 다윗은 그를 죽이고자 하는 그들의 악의적인 계략들을 묘사하고(6절), 그 계략들의 결말을 보여준다. "그들은 나를 붙잡아서 다시는 그들의 수중에서 도망치지 못하도록 하기 위하여 내가 다니는 길목에 그물을 쳐 놓았다. 또한, 그들은 내가 아무것도 모르고 길을 달려 가다가 빠지도록 하기 위하여 내 앞에 함정을 파 놓았다." 교회의 원수들이 어떠한 술책들을 쓰는지를 보라. 그들이 해코지하기 위하여 얼마나 수고하는지를 보라. 그러면, 그 결말이 어떠했는지를 보자.

1. 그것은 실제로 다윗에게 어느 정도 당혹감을 주었다: 내 영혼이 침통하도다(개역에서는 내 영혼이 억울하도다). 다윗은 자기에게 그토록 깊은 악의를 품고 있는 자들이 있다는 것을 생각하고서 의기소침하여 머리를 떨구었다.

2. 그것은 그들로 하여금 자멸하게 만들었다. 그들은 다윗을 해치기 위하여 함정을 팠지만, 자기들이 그 중에 빠졌다. 그들이 다윗에게 가하고자 하였던 해악이 그들 자신에게로 되돌아왔고, 그들이 세운 계략에 그들 자신이 말려들어서 낭패를 보았다. 사울이 다윗을 쫓고 있을 때에 블레셋 사람들이 그에게 쳐들어 왔다. 아니, 동굴에서 사울이 다윗은 독 안에 든 쥐라고 생각했을 때에 그는 다윗의 수중에 떨어졌고, 그의 목숨은 다윗에게 달려 있었다.

Ⅲ. 다윗은 하나님 자신과 하나님의 높으신 이름이 영광을 받으시기를 기도한다(5절). "내가 어떻게 되든지 간에, 하나님이여 주는 하늘 위에 높이 들리시며, 거룩한 천사들과 윗 세상에 거하는 자들로부터 찬송을 받으소서. 또한, 주의 영광이 온 세계 위에 높아지기를 원하나이다. 이 땅의 모든 거민들이 주를 알고 찬송하게 하소서." 이렇게 우리는 우리 자신의 구체적인 일들이 잘되는 것보다는 하나님께서 영광을 받으시는 것을 더 마음에 두어야 하고, 거기에 더 큰 관

심을 가져야 한다. 다윗은 너무도 큰 곤경 속에서 비참한 처지에 놓여 있을 때에도 주여 나를 높이소서라고 기도한 것이 아니라, 주여 주의 이름을 높이소서라고 기도하였다. 마찬가지로, 다윗의 자손도 그의 영혼이 괴로울 때에 아버지여 나를 구원하여 이 때를 면하게 하여 주옵소서라고 기도하였지만, 즉시 그러한 간구를 거두어들이고서, 그 대신에 내가 이를 위하여 이 때에 왔나이다. 아버지여 아버지의 이름을 영광스럽게 하옵소서라고 기도하였다(요 12:27-28). 또는, 이 말씀은 자기를 구원해 달라는 간구를 강화하기 위한 호소로 해석될 수도 있다—"여호와여, 하늘에서 보내사 나를 구원하셔서, 주께서 하늘과 땅의 하나님으로서 자신을 영화롭게 하옵소서." 우리가 기도할 때 가장 힘이 되는 것은 하나님의 영광에 호소하는 것이기 때문에, 우리는 간구할 때마다 우리 자신의 위로가 아니라 하나님의 긍휼하심에 호소하여야 한다. 왜냐하면, 주기도문에서 그 밖의 다른 모든 간구를 지배하는 첫 번째 간구는 하늘에 계신 아버지여 이름이 거룩히 여김을 받으시옵소서라는 간구이기 때문이다.

[7]하나님이여 내 마음이 확정되었고 내 마음이 확정되었사오니 내가 노래하고 내가 찬송하리이다 [8]내 영광아 깰지어다 비파야, 수금아, 깰지어다 내가 새벽을 깨우리로다 [9]주여 내가 만민 중에서 주께 감사하오며 뭇 나라 중에서 주를 찬송하리이다 [10]무릇 주의 인자는 커서 하늘에 미치고 주의 진리는 궁창에 이르나이다 [11]하나님이여 주는 하늘 위에 높이 들리시며 주의 영광이 온 세계 위에 높아지기를 원하나이다

여기에서 다윗이 말하는 어조가 얼마나 기이하게 바뀌고 있는가! 여기에서 다윗의 기도들과 하소연들은 생생한 믿음의 발휘를 통해서 너무도 갑작스럽게 찬송과 감사들로 바뀐다. 다윗은 베옷을 벗어 버리고 즐거움의 띠를 띠는데, 그의 할렐루야 찬송들은 그의 호산나 찬송들만큼이나 열렬하다. 기도는 조만간에 찬송에 의해서 삼켜지게 되리라는 것은 우리로 하여금 기도를 사랑하게 만들어 줄 것이다. 좀 더 살펴보자.

Ⅰ. 다윗은 그가 마땅히 해야 할 도리, 즉 하나님께 찬송을 하기 위하여 얼마나 마음을 단단히 먹고 있는가(7절).   하나님이여 내 마음이 확정되었고 내 마음이 확정되었나이다. 원수들을 생각할 때에 가라앉고 내려 앉았던 나의 마음이

들어 올려져서(어떤 이들은 이렇게 해석한다) 우뚝 섰나이다(6절).

1. 하나님의 섭리들과 관련해서 내 마음은 확정되었다. 무슨 일이 일어나더라도, 하나님만을 바라보겠다고 그의 마음은 준비되었다(시 112:7; 사 26:3). 내 마음이 확정되었기 때문에, 그 어떤 것도 내 마음을 움직일 수 없다(행 20:24). 하나님의 은혜로 말미암아 우리가 이러한 결연한 마음을 먹게 되었다면, 우리는 하나님께 감사할 이유가 충분히 있는 것이다.

2. 하나님을 예배하는 것과 관련하여 내 마음은 확정되었다. 내가 노래하고 내가 찬송하기로 내 마음이 확정되었나이다. 이 말씀은 모든 경건의 행위들 속에서 요구되는 가장 중요한 것은 마음이라는 것을 보여준다. 신앙의 행위는 마음으로 행할 때 그 진정한 의미가 가장 잘 표현된다. 흐트러짐 없이 여호와께 착념함으로써 경건의 행위에 합당하도록 마음이 확정되어 있어야 한다.

II. 다윗은 하나님을 찬송하도록 스스로를 얼마나 독려하고 있는가(8절). 내 영광아 깰지어다. 가장 먼저 깨어야 하는 것은 나의 혀(우리의 혀는 우리의 영광인데, 우리의 혀가 하나님을 찬송하는 데에 쓰임받을 때에 우리의 혀는 우리의 영광이 된다) 또는 나의 영혼이다. 잠이 덜 깨어 무딘 마음으로 드리는 기도들은 결코 하나님께 열납될 수 없을 것이다. 우리는 우리 자신을 다 깨우고 우리 안에 있는 모든 것을 다 깨워서 하나님을 찬송하여야 한다. 우리는 희생 제물을 거룩한 불로 불을 붙여서, 거룩한 불꽃 속에서 하나님께 올려 드려야 한다. 찬송들을 부름에 있어서 다윗의 혀가 선창할 것이고, 그의 비파와 수금이 뒤를 따르게 될 것이다. 내 자신이 깰 것이다. "내가 죽은 듯이 졸리워하며 부주의하게 찬송을 하고자 하지 아니할 뿐만 아니라, 나는 단잠을 자고서 다시 기운을 차리고 막 깨어난 자처럼 가장 생생할 때에 하나님을 찬송할 것이다." 다윗은 찬송을 하기 위해서 새벽에 일찍 깨고자 하였고, 한 날을 하나님과 더불어서 시작하고, 하나님의 긍휼하심을 새벽 일찍이 경험하고자 하였다. 하나님께서 그의 은총으로 우리를 향하여 다가오실 때, 우리는 달려 나가서 찬송으로 하나님을 맞이하여야 한다.

III. 다윗은 찬송하기를 얼마나 기뻐하며 자랑스러워 하는가. 그는 하나님에 대한 그의 의무들을 시인하고 그가 하나님을 의지한다는 것을 고백하기를 전혀 부끄러워하지 않았기 때문에, 만민 중에서 주께 감사하며 뭇 나라 중에서 주를 찬송하기로 결심한다(9절). 이것은 다음과 같은 것들을 보여준다.

1. 그의 마음이 하나님을 찬송하면서 많은 감화를 받고 넓혀졌다는 것. 그는 자신의 거룩한 노래들이 온 땅에 울려 퍼져서 모든 사람들이 그가 하나님의 선하심으로 인하여 얼마나 많은 은혜를 받았는지를 알게 하고자 하였다.

2. 그는 다른 사람들도 그와 더불어서 하나님을 찬송하게 하고자 하였다는 것. 그는 만민 중에서 하나님을 찬송함으로써 하나님에 대한 지식과 경외와 사랑이 널리 퍼져서 땅 끝에 있는 자들이 하나님의 구원을 보게 되기를 원하였다. 다윗은 사울에게 쫓겨서 이방 땅들로 다닐 때에 그들의 신들을 섬기려고 하지 않았을 뿐만 아니라, 공개적으로 자기가 이스라엘의 하나님을 섬긴다는 것을 알렸고, 그가 가는 곳마다 자신의 신앙을 퍼뜨려서, 다른 사람들도 그 신앙 속으로 들어오게 하고자 애썼으며, 자신의 뒤로 신앙의 향기로운 냄새를 남겼다. 다윗은 종말 때까지 모든 교회를 가득 채우게 될 그의 시편들을 통해서 지금도 여전히 만민 중에서 하나님께 감사하며 뭇 나라 중에서 주를 찬송하고 있다고 할 수 있다. 왜냐하면, 모든 선한 자들은 하나님을 찬송하는 데에 그의 시편들을 사용하고 있기 때문이다. 마찬가지로, 여호와는 그가 쓴 글들 속에서 많은 백성과 나라 앞에서 예언하게 될 것이라고 말한다(계 10:11).

IV. 다윗에게는 찬송할 거리가 얼마나 많이 준비되어 있었는가(10절).

그의 소망과 위로가 되었던 것(하나님이 그의 인자와 진리를 보내시리로다, 3절)은 여기에서 그가 하나님께 감사할 거리가 된다. 주의 인자는 커서 하늘에 미치고, 말로 표현할 수 없을 정도로 크시다. 주의 진리는 궁창에 이르러서, 도저히 찾아 낼 수 없을 정도로 크시다. 사람의 눈으로 구름에 싸여 있는 것을 어떻게 볼 수 있겠는가? 하나님의 인자와 진리는 하늘에 미친다. 왜냐하면, 자신의 보화를 하늘에 쌓아 두고 하늘에 소망을 두는 자들은 하나님의 인자와 진리를 하늘로 가져갈 것이기 때문이다. 하나님의 인자와 진리를 찬양하는 찬송은 하늘에까지 미친다. 즉, 윗 세상에 사는 모든 복된 거민들은 끊임없이 하나님을 높이는 찬송을 가장 높은 곳까지 다다르게 하고, 다윗은 이 땅에서 하나님을 높이는 찬송을 가장 먼 곳까지 미치게 하고자 애쓰고 있다(9절).

V. 다윗은 하나님의 이름을 영화롭게 하는 일을 최종적으로 하나님께 어떻게 맡기고 있는가(11절). 하나님이여 주는 높이 들리소서. 다윗은 그가 그의 기도들을 요약하는 데에 사용하였던 것과 동일한 표현(5절)을 여기에서 그의 찬송들을 요약하는 데에 다시 사용하고 있다(이것은 결코 중언부언하는 것이 아

니다). "여호와여, 나는 주의 이름을 높이기를 원하고, 모든 피조물들이 주의 이름을 높이게 되기를 원하나이다. 그러나 우리가 최선을 다해 보았자 어느 정도나 그 일이 이루어지겠나이까? 여호와여, 그 일을 주의 손으로 직접 하시옵소서. 하나님이여 주는 높이 들리소서. 승리하는 교회의 찬송들을 통해서 주는 하늘까지 높임을 받으시고, 전투하는 교회의 찬송들을 통해서 주의 영광은 온 땅에 미치나이다. 그러나 주는 이러한 모든 찬송보다 높으시오니(느 9:5), 여호와여, 자신을 하늘 뜰 위와 온 세계 위에 높이소서. 아버지여, 주의 이름이 영광을 받게 하소서. 주께서는 주의 이름을 영화롭게 하셨사오니 이제 다시 그 이름을 영화롭게 하소서."

제
— 58 —
편

개요

몇몇 사람들(특히, 아미랄두스)의 추측에 의하면, 사울은 무력을 사용해서 다윗을 박해하기 시작하고 그를 잡으려고 군대를 일으키기 전에, 법에 따른 소송 절차를 진행하여서, 최고 법원으로 하여금 다윗을 출석시키지도 않은 채로 반역자로 단죄하게 한 후에, 다윗을 "불법을 범한 늑대"로 규정하고서, 누구든지 그를 죽일 수 있고 누구라도 그를 보호하지 못하게 하였을 것이라고 한다. 장로들은 사울에게 잘 보이기 위해서 다윗의 권리를 박탈하는 이 법령을 통과시켰는데, 다윗은 이 때에 이 시편을 지은 것 같다. I. 다윗은 그들의 죄를 묘사하면서, 그 죄가 얼마나 중한 것인지를 설명한다(1-5절). II. 다윗은 그들의 멸망을 예언하고 빌며, 의로우신 하나님께서 그들이 저지른 불의로 인하여 그들을 심판하시기를 간구한다(6-9절). 1. 이러한 심판은 성도들에게 위로가 될 것이다(10절). 2. 이러한 심판은 하나님께 영광이 될 것이다(11절). 여기에서 죄는 극히 악독하고 위험스러운 것으로 묘사되고, 하나님은 잘못을 저지른 자들을 응징하시는 의로운 분으로 등장하는데, 우리는 이 시편을 노래할 때에 이러한 점들을 깊이 명심하여야 한다.

〔다윗의 믹담 시, 인도자를 따라 알다스헷에 맞춘 노래〕

¹통치자들아 너희가 정의를 말해야 하거늘 어찌 잠잠하냐 인자들아 너희가 올바르게 판결해야 하거늘 어찌 잠잠하냐 ²아직도 너희가 중심에 악을 행하며 땅에서 너희 손으로 폭력을 달아 주는도다 ³악인은 모태에서부터 멀어졌음이여 나면서부터 곁길로 나아가 거짓을 말하는도다 ⁴그들의 독은 뱀의 독 같으며 그들은 귀를 막은 귀머거리 독사 같으니 ⁵술사의 홀리는 소리도 듣지 않고 능숙한 술객의 요술도 따르지 아니하는 독사로다

이 시편의 표제는 앞뒤 시편들의 표제와 동일하기 때문에(알다스헷과 다윗의 믹담), 이 시편은 다윗을 죽이고자 한 사울과 그의 친위대의 악의와 관련이 있는 것으로 볼 수 있다. 표제를 보면, 이 세 편의 시는 모두 사울의 박해

를 받을 때에 지어진 것으로 보이고, 이 때에 하나님께서는 다윗을 보호하셨기 때문에(알다스헷– 멸하지 마소서), 당시에 그가 쓴 이 시편들은 그에게 소중한 것들, 즉 하몬드 박사의 번역에 의하면 믹담들(다윗의 보석들)이었다.

이 절들 속에서 다윗은 아직 보위에 오르지 않았기 때문에 왕으로서가 아니라 선지자로서 그를 판결하였던 판관들을 그들이 그를 재판하였을 때에 보여 주었던 것보다 더 큰 권위와 공의로써 하나님의 이름으로 심문하고 단죄한다. 그는 그들에게 두 가지에 대하여 죄를 묻는다.

I. 그들의 통치가 부패하였다는 것. 그들은 사법을 관장하는 판사들의 회의체, 아니 각 지역에서 모인 대표자들의 의회 또는 총회였을 것이기 때문에, 사람들은 그들이 공정한 재판을 해 주기를 기대했을 것이다. 그들은 율법에 정통한 자들이었고, 나라의 율례와 판례들을 연구해 온 자들이었고, 이스라엘의 율례는 아주 의로운 것이었기 때문에, 다른 나라들의 것과는 비교할 수 없는 것이었다. 그러한 자들로 구성된 법원이 뇌물을 받아 먹고 판결을 굽게 한다는 것은 도저히 있을 수 없는 일이었지만, 기스의 아들은 이새의 아들이 그들에게 해 줄 수 없는 것을 그들을 위하여 해 줄 수 있었기 때문에, 그들은 실제로 뇌물을 받아 먹고 판결을 굽게 하였던 것으로 보인다(삼상 22:7). 사울은 포도원과 밭과 관직을 많이 가지고 있었고 그것들을 그들에게 뇌물로 줄 수 있었기 때문에, 그들은 사울의 환심을 사기 위해서 옳은 일이든 그른 일이든 무슨 짓이라도 하고자 하였다. 솔로몬이 이 땅과 거기에서 일어나는 온갖 불의한 일들에 대하여 통탄하면서, 그가 무엇보다도 가장 당혹하고 괴로워했던 것은 재판하는 곳 거기에도 악이 있다는 것이었다(전 3:16). 사울의 때에도 마찬가지였다.

1. 재판관들은 올바르게 판결하고자 하지 않았고, 억울하게 압제받는 자들을 보호하거나 신원해 주고자 하지 않았다(1절). "너희가 진정으로 정의를 말했고 올바르게 판결하였느냐. 너희는 결코 그렇게 하지 않았다. 너희의 양심은 너희가 방백으로서 너희에게 맡겨진 소임을 다하지 못하였다고 너희에게 말해 줄 수밖에 없다. 너희는 방백으로서 마땅히 악을 행하는 자들에게는 두려움이 되고 선을 행하는 자들에게는 칭찬이 되어야 하였다. 이것이 너희가 마땅히 수행해야 할 정의가 아니더냐? 이것이 정직한 자가 너희에게 기대하는 후원자의 역할이 아니더냐? 너희는 사람의 아들들인 것을 기억하라. 너희도 죽을 수밖에 없는 자들이기 때문에, 죽어서 하나님 앞에 너희가 짓밟은 가장 미천한 자들과 더불

어 서서, 너희가 행한 일들에 대하여 심문을 받고 판결을 받게 될 것이다. 너희 는 인자들이기 때문에, 우리는 너희 자신과 모든 사람의 마음속에 씌어져 있는 저 자연법에 호소할 수 있다. 너희는 진정으로 정의를 말하고 있는가? 너희는 너 희가 이전에 행한 일을 다시 한 번 숙고해서 고칠 의향은 없는 것인가?" 우리 는 우리가 말한 것을 우리가 진정으로 정의를 말하였는가라는 진지한 물음을 통 해서 다시 한 번 숙고해 보는 것이 좋다는 것을 명심하라. 그렇게 함으로써, 우 리는 우리가 이미 잘못 말한 것을 취소하고서, 더 이상 잘못된 말을 하지 않을 수 있게 된다.

2. 그들은 아주 많은 악행을 행하였다. 그들은 남을 해치고 압제하는 자들을 밑받침해 주는 데에 그들의 권력을 사용하였다(2절). 아직도 너희가 중심에 악을 행하는도다(삶 속에서의 모든 악은 마음에서 이루어진다). 이 말씀은 그들이 충동적으로가 아니라 사전에 미리 다 계획을 하고서 악을 행하겠다는 결연한 의지를 가지고 수많은 음모를 꾸몄다는 것을 보여준다. 어떤 악행을 마음속으 로 더 많이 생각하면 할수록, 그 악행은 그 정도가 더욱 심해진다(전 8:11). 그 렇다면, 그들이 저지른 악은 무엇이었는가? "너희는 이 땅의 평화를 지키도록 임명되었음에도 불구하고, 땅에서 너희 손으로 폭력을 달아 주는도다." 그들은 부 귀영화를 누리거나 복수하기 위하여 닥치는 대로 폭력과 해악을 사람들에게 행하였고, 치밀한 계획 속에서 그런 일들을 자행하였다.

(1) 그들은 대단히 치밀하고 교묘한 책략을 써서 그런 일들을 하였다. "너희 는 너희의 음모와 술책들이 제대로 이루어지도록 하기 위하여, 줄과 자를 가지 고 폭력을 구상하였다(원어는 이런 의미이다). 이렇게 너희는 사람들을 압제하 는 기술에 능통한 자들이다."

(2) 그들은 정의라는 미명 하에 폭력을 자행하였다. 그들은 마치 그들이 정 의를 행하고자 하고 사람들은 그들에게서 정의를 기대할 수 있다는 것을 보여 주려는 듯이 그들의 손에 저울(정의의 상징)을 들고 있었지만, 그 결과는 폭력 과 압제였다. 폭력과 압제는 법과 정의라는 미명 아래에서 행하여질 때에 더 효과적으로 행해질 수 있다.

II. 그들의 본성이 부패되어 있음. 이것은 쓴 뿌리로서, 이것으로부터 온갖 악행들이 생겨난다(3절). 마음에서 악을 행하는 악인은 모태에서부터 비뚤어져 나가서, 하나님과 모든 선한 것으로부터 멀어졌고, 하나님의 생명에서 떠났으며,

생명의 원리들과 능력들과 즐거움들로부터 떠나 있다(엡 4:18). 죄악된 상태라는 것은 하나님으로부터 떨어져 있는 상태, 우리가 마땅히 섬겨야 할 하나님을 섬기지 않고 멀어져 있는 상태이다. 이러한 악인들이 폭력과 압제를 대담하게 자행하는 것에 대하여 우리는 전혀 이상하게 여길 필요가 없다. 왜냐하면, 악은 모태에서 이미 그들과 더불어서 같이 자라난 것이기 때문이다. 그들은 악과 더불어서 이 세상에 같이 태어났다. 그들은 악에 이끌리는 강력한 소질을 그들의 본성 속에 가지고 있다. 그들은 그것을 악한 부모에게서 배웠고, 나쁜 교육을 통해서 악한 훈련을 받았다. 그들이 모태에서부터 배역한 자들이라고 불리는 것은 결코 잘못된 것이 아니다. 그러므로 우리는 그들이 매우 기만적으로 행할 수밖에 없다는 것을 알아야 한다(사 48:8을 보라). 그들은 나면서부터 하나님과 그들의 도리로부터 벗어나서 곁길로 나아간다(즉, 그들이 행동할 수 있는 한 가장 일찍부터). 그들의 마음속에 심어져 있는 어리석음은 그들이 처음으로 이성을 작동시킬 때에 나타난다. 알곡들이 솟아 오를 때에, 가라지들도 알곡과 더불어서 솟아 오르는 법이다. 여기에서는 그들의 본성이 부패한 것을 보여주는 세 가지 예를 제시한다.

1. 거짓. 그들은 곧 거짓을 말하는 것을 배우게 되고, 거짓을 말하기 위해서 활을 당김 같이 그들의 혀를 놀린다(렘 9:3). 꼬마 아이들이 자기가 저지른 잘못을 변명하거나 부모의 칭찬을 듣기 위해서 얼마나 일찍부터 거짓말을 하던가! 그들은 말을 할 수 있게 되자마자 하나님을 욕되게 하는 말을 한다. 혀로 짓는 죄들은 우리가 실제로 범죄하는 것들 중에서 가장 먼저 범하는 죄들에 속한다.

2. 악의. 그들의 독(즉, 그들의 악의, 그들이 선과 모든 선한 자들, 특히 다윗에게 품은 앙심)은 뱀의 독과 같아서, 사람들에게 치명적인 해악을 끼치며 결코 그 해악을 고칠 수 없는 것으로서 그들이 선천적으로 지니고 있는 독이었다. 우리는 우연히 사고로 독에 중독된 개는 불쌍히 여기지만, 선천적으로 독을 지니고 있는 뱀은 미워한다. 그들이 품고 있는 독은 이 뱀의 자손들이 여호와와 그의 기름 부음 받은 자에 대하여 지니고 있는 저 저주받은 적대감이다.

3. 완고하여 누구의 말도 듣지 않음. 그들은 악의적이고, 그들을 진정시키고 더 나은 성품으로 만들 수 있는 방법은 전혀 없고, 이성이나 친절함 등과 같이 그 어떤 것도 그들을 변화시키는 데에는 아무런 소용이 없다. 그들은 귀를 막은 귀머거리 독사 같다(4-5절). 시편 기자는 여기에서 이 악인들이 독과 같은 악의

를 지니고 있다고 해서 그들을 뱀에 비유한 후에, 또 다른 이유로 그들을 귀머거리 독사에 비유한다. 당시의 민간 전설에 의하면, 사람들은 음악이나 다른 기법을 통해서 뱀들을 홀려서 죽이거나 적어도 사람에게 해를 끼치지 못하게 할 수 있었지만, 이 귀머거리 독사는 한쪽 귀를 땅에다 대고 다른 쪽 귀를 자신의 꼬리로 틀어 막아서 술사의 홀리는 소리를 듣지 않음으로써 술사의 의도에 휘말려 들지 않고 자신을 지켰다고 한다. 이러한 비유가 여기에 사용되었다고 해서 이러한 민간 전설이 사실로 입증되는 것도 아니고, 설령 그 전설이 사실이라고 해도, 이러한 홀리는 소리를 사용하는 것이 옳은 것도 아니다. 왜냐하면, 여기에 나오는 말씀은 죄인들이 얼마나 지독하게 죄악된 길로 행하는지를 보여주기 위해서 민간에 떠도는 이야기를 빌려 와서 비유로 사용한 것뿐이기 때문이다. 하나님의 목적은 그의 말씀과 섭리를 통해서 뱀들에게서 그들의 악의를 치유하는 것이다. 이러한 목적을 위해서 하나님의 주문들은 얼마나 지혜롭고 강력하며 잘 선택된 것인가! 또한, 하나님의 올바른 말씀들은 얼마나 힘있는 것인가! 그러나 대다수의 사람들에게 이 모든 것이 소용이 없다. 그렇다면, 그 이유는 무엇인가? 그것은 그들이 귀를 기울여서 듣고자 하지 않기 때문이다. 듣고자 하지 않는 자들만큼 귀머거리인 자는 없다. 우리가 너희를 향하여 피리를 불어도 너희가 춤추지 아니하였다. 자신의 귀를 막아 버린 자들을 무슨 수로 듣게 할 수 있겠는가?

[6]하나님이여 그들의 입에서 이를 꺾으소서 여호와여 젊은 사자의 어금니를 꺾어 내시며 [7]그들이 급히 흐르는 물 같이 사라지게 하시며 겨누는 화살이 꺾임 같게 하시며 [8]소멸하여 가는 달팽이 같게 하시며 만삭 되지 못하여 출생한 아이가 햇빛을 보지 못함 같게 하소서 [9]가시나무 불이 가마를 뜨겁게 하기 전에 생나무든지 불 붙는 나무든지 강한 바람으로 휩쓸려가게 하소서 [10]의인이 악인의 보복 당함을 보고 기뻐함이여 그의 발을 악인의 피에 씻으리로다 [11]그 때에 사람의 말이 진실로 의인에게 갚음이 있고 진실로 땅에서 심판하시는 하나님이 계시다 하리로다

이 절들 속에는 다음과 같은 내용들이 나온다.

I. 자신의 원수들을 치는 다윗의 기도들. 이것은 하나님의 교회와 백성의 모든 원수들을 치는 기도들이다. 왜냐하면, 다윗은 자신의 원수들을 하나님의 교

회와 백성을 해치고자 하는 원수들로 바라보고 있고, 그가 그들을 치는 기도를 하는 것은 어떤 사적인 복수심에 의한 것이 아니라 공적인 분노에 의한 것이기 때문이다.

1. 다윗은 그들이 더 이상 사람들에게 해악을 끼칠 수 없도록 해 달라고 기도한다(6절): 하나님이여 그들의 이를 꺾으소서. 이러한 기도는 그들로 하여금 스스로 음식을 먹지 못해서 죽도록 하기 위한 것이 아니라, 다른 사람들에게 해악을 끼칠 수 없도록 하기 위한 것이다(시 3:7). 다윗은 "그들의 목을 꺾으소서"(아닙니다, 그들로 하여금 살아서 회개하게 하시고, 내 백성들이 잊지 않도록 그들을 죽이지 마소서)라고 기도하는 것이 아니라, "그들은 사자들, 젊은 사자들이오니, 그들이 약탈을 통해서 살지 않도록 하기 위하여 그들의 이를 꺾으소서"라고 기도한다.

2. 그들이 이미 세워 놓은 음모들은 좌절시키셔서, 그들의 뜻을 이루지 못하게 해 달라는 것. "그들이 마음이 정직한 자들을 겨누어 화살을 쏘고자 활을 당길 때 그들이 겨눈 화살들이 꺾이게 하소서(7절). 그 화살들이 그의 발 아래에 떨어지게 하시며, 결코 과녁에 가까이 가지 못하게 하소서."

3. 그들의 세력이 급히 흐르는 물 같이 다 떠내려가서 사라지게 해 달라는 것. 즉, 다윗은 그들이 땅을 뒤덮은 물과 같이 잠시 동안은 엄청난 것 같이 보이지만 이내 땅 속으로 스며들거나 수로를 타고 빠져 나가게 하시고, 땅 위에 엎질러져서 다시는 주워 담을 수 없는 물과 같이 점차 말라서 사라지게 해 달라고 기도한다. 종종 우리를 두렵게 하는 불의한 자들의 창수가 그렇게 될 것이다(시 18:4). 우리의 영혼을 집어삼키려고 위협하는 교만한 물이 그렇게 될 것이다(시 124:4-5). 우리가 믿음으로 그들이 장차 어떻게 될 것인지를 보게 되면, 우리는 그들의 현재의 모습에 두려움을 갖지 않게 될 것이다. 다윗은 그들이 소멸하여 가는 달팽이 같게 해 달라고 기도한다(8절). 달팽이는 움직일 때마다 기운을 소진시키는데, 자신이 머금은 습기를 움직일 때마다 배출함으로써, 자기 뒤에 반짝거리는 길을 만들어 놓음에도 불구하고, 스스로는 점점 소진되어 간다. 자기 집에 박혀 있는 달팽이처럼 자기 자신으로 가득 차 있고 자신을 믿고 스스로 즐기는 자는 스스로를 소모시켜서 신속하게 소멸하여 간다. 또한, 다윗은 그들이 만삭되지 못하여 출생한 아이와 같이 태어나자마자 죽어서 햇빛을 보지 못하게 해 달라고 기도한다. 욥은 감정에 사로잡혀서 자기가 그런 만삭되지 못하여

출생한 아이었다면 얼마나 좋았을까 하고 말했지만(욥 3:16), 사실 그는 자기가 한 말의 의미를 제대로 알고 있지 못했던 것 같다. 우리는 교회의 원수들의 음모가 이루어지지 못하도록 믿음으로 기도하여야 하는데, 호세아 선지자가 여호와여 그들에게 주소서. 무엇을 주시려 하나이까. 아이 배지 못하는 태와 젖 없는 유방을 주시옵소서라고 기도한 것(호 9:14)은 여기에서 시편 기자가 왜 이런 기도를 하였는지를 설명해 준다.

II. 그들이 패망할 것에 관한 다윗의 예언(9절). "가시나무 불이 가마를 뜨겁게 하기 전에(가시나무 불은 순식간에 아주 강렬하게 타오르기 때문에 가마를 금방 뜨겁게 한다), 하나님께서 진노 중에 회오리 바람처럼 강력하고 저항할 수 없게 급하고 강렬한 불길로 아주 신속하게 그들을 휩쓸어 가실 것이다."

1. 잠언으로 된 표현들은 약간 어렵긴 하지만, 그 의미는 분명하다.

(1) 하나님의 심판은 흔히 악인들이 한창 즐거워하며 흥청망청할 때에 갑자기 들이닥쳐서 그들을 휩쓸어 가버린다는 것. 그들이 스스로 피운 횃불과 불꽃 가운데로 걸어가기 시작하자마자, 그들은 고통이 있는 곳에 눕게 될 것이고(사 50:11), 그들의 웃음소리는 가마솥 밑에서 가시나무가 타는 소리와 같아서, 아, 따뜻하구나라고 말하기 전에 곧 사라지고 말 것이다(전 7:6).

(2) 전능자로부터 오는 멸망의 심판 앞에 아무도 설 자가 없다는 것. 누가 하나님의 노여움의 능력을 알리이까? 하나님께서 산 채로든 죽은 채로든 죄인들을 데리고 가실 때에, 그들은 하나님과 다툴 수 없다. 악인은 그 악행으로 인하여 엎드러지느니라.

2. 시편 기자가 죄인들의 멸망이 가져올 선한 결과로서 두 가지를 기대한다.

(1) 그것을 통해서 성도들이 힘과 위로를 얻게 되리라는 것(10절): 의인들이 악인이 보복당함을 보고 기뻐할 것이다. 악인들이 누리던 부귀영화와 형통함과 성공은 의인들에게 낙심되는 일이다. 그러한 것들은 의인들의 마음을 슬프게 하고, 그들의 손을 약하게 하며, 종종 그들로 하여금 그들이 서 있는 터가 잘못된 것이 아닌가 하고 의심하게 만드는 강력한 시험이 되기도 한다(시 73:2, 13). 그러나 하나님의 심판을 통해서 그들이 갑자기 사라지고, 그들이 하나님의 백성에게 가했던 모든 해악들에 대하여 그들에게 의로운 복수가 행해지는 것을 볼 때, 의인들은 그들의 의심들이 풀어지고, 하나님의 섭리와 세상을 다스리시는 하나님의 공의와 의에 대한 그들의 믿음이 확증된 것을 만족해하며

기뻐하게 될 것이다. 그들은 악인들의 종말을 봄으로써 그러한 시험을 이긴 것에 대하여 기뻐할 것이다(시 73:17). 의인은 그의 발을 악인의 피에 씻으리로다. 즉, 많은 피흘림이 있게 될 것이고(시 68:23), 하나님께서 죄인들을 멸망시키심으로써 영광을 받으시는 것을 보는 것은 성도들에게 마치 여행에 지친 객이 발을 씻는 것과 마찬가지로 새로운 힘을 솟게 해주는 청량제가 될 것이다. 또한, 그것은 그들이 스스로를 거룩하게 하는 것에 기여하게 될 것이다. 하나님께서 죄인들에게 복수하시는 것을 보고서, 의인들은 하나님 앞에서 두려워 떨며(시 119:120), 죄가 얼마나 무서운 것인지를 깨닫게 될 것이고, 또한 그들을 변호해 주시며 그 누구도 그들을 해치지 못하게 하시고 그들을 해친 자를 반드시 벌 주시는 하나님께 그들이 마땅히 행해야 할 도리가 얼마나 중요한지를 새삼스럽게 깨닫게 될 것이다. 악인들이 멸망받을 때에 성도들이 기뻐하는 것은 그것으로 인해서 성도들이 스스로를 거룩하게 하고 죄로부터 깨끗하게 하는 데에 도움을 받을 때에만 거룩한 기쁨이 되어서 정당화될 수 있다.

(2) 이것으로 인해서 죄인들이 죄를 깨닫고 회심하게 되리라는 것(11절). 하나님께서 이 세상에서 종종 악인들에게 복수하시게 되면, 사람들은 진실로 의인에게 갚음이 있도다라고 말하게 될 것이다. 사람이라면 다 하나님의 그러한 섭리들로부터 이러한 추론을 이끌어 낼 수 있을 것이고, 전에는 이 분명한 진리조차 부정하고 의심하였던 자들도 많은 수가 그렇게 할 것이다. 어떤 이들은 하나님의 그러한 섭리들로부터 이러한 고백을 하게 될 것이고, 어떤 이들은 자신의 마음을 바꾸어서, 그러한 것을 기꺼이 시인하고서, 그러한 것을 그들에게 보여주신 하나님께 감사하게 될 것이다. 그들은 다음과 같은 것들을 알고서 만족할 것이다.

[1] 하나님은 그의 성도들과 종들에게 풍성하게 갚아 주시는 분이시라는 것: 진실로(어찌 되었든, 이 단어는 이렇게 해석될 수도 있다) 의인에게 갚음이 있도다. 의인은 자신의 신앙으로 인해서 손해를 보고 고초를 겪는다고 하여도 그것으로 인해서 결코 손해보는 자가 되지 않을 뿐만 아니라 결국에는 이루 말할 수 없는 이득을 보는 자가 될 것이다. 심지어 이 세상에서조차도 의인에게는 상급이 주어진다. 그들은 이 땅에서 보상을 받게 될 것이다. 겉보기에는 무시당하고 멸시받으며 버림받은 듯이 보였던 그들은 인정을 받고 존귀함을 얻으며 보호를 받게 될 것이다.

[2] 하나님은 세상을 의롭게 다스리시는 분으로서 그의 나라에 대적하는 원수들을 반드시 가만두지 않으시리라는 것. 겉으로 보기는 어떠하든지, 진실로 악인들은 형통하고 하나님의 공의를 무시하지만, 그들은 결국 세상이 우연에 의해서 다스려지는 것이 아니라 무한한 지혜와 공의를 가지신 분에 의해서 다스려진다는 것을 알고서 당혹하게 될 것이다. 하나님은 그의 보좌를 하늘에 마련해 두셨지만, 땅에서 심판하시는 하나님이 계신다. 하나님은 사람들의 모든 일을 주관하시고, 그 일들을 자신의 뜻과 계획에 따라서 그의 영광을 위하여 다루어 가신다. 하나님은 악인들을 내세에서 벌하실 뿐만 아니라, 그들이 그들의 보화를 쌓아 두고서 행복하게 잘 살 것이라고 기대에 부풀어 오른 이 땅에서, 하나님께서 장차 임할 심판의 전조로서 여러 가지 심판들을 행하심으로써 사람들에게 자기 자신을 알리시고 계시는 이 땅에서 악인들을 벌하실 것이다. 하나님은 연약한 인간이나 천사나 단지 이름뿐인 존재나 사람들이 죽음을 두려워하여 마음속에서 만들어 낸 존재(무신론자들이 주장하듯이)나 신격화된 영웅이나 우상 숭배자들이 생각하는 해나 달이 아니라 스스로 존재하시는 완전한 분이신 하나님이시다. 바로 이 하나님이 이 세상을 심판하신다. 그러므로 우리는 모든 사람을 심판하시는 권세를 지니신 하나님께 잘 보이도록 하지 않으면 안 된다.

제
— 59 —
편

개요

이 시편은 앞에 나온 여섯 또는 일곱 편의 시편들과 동일한 성격과 목적을 지니고 있다. 이 시편들은 모두 원수들의 악의와 그를 해치고자 하는 그들의 잔인한 음모들에 관한 다윗의 하소연들, 그들을 쳐서 행한 다윗의 기도들과 예언들, 하나님에 대한 다윗의 위로와 신뢰로 가득 차 있다. 이러한 것들 중에서 첫 번째의 것은 자연의 언어로서 허용될 수 있는 것이다. 두 번째의 것은 다윗이 예언의 영을 통해서 그리스도와 그의 나라의 원수들을 바라보고서 한 기도와 예언이기 때문에, 우리가 그것을 우리의 선례로 삼아서는 안 된다. 세 번째의 것은 은혜와 가장 거룩한 믿음을 보여주는 것으로서, 우리는 모두 그것을 본받아야 한다. 이 시편에는 다음과 같은 내용들이 나온다. I. 다윗은 그의 원수들을 지극히 악하고 야만적이며 악의적인 무신론자들로 묘사하면서, 하나님께 그를 이 원수들로부터 보호해 주시고 건져 주시기를 기도한다(1-7절). II. 다윗은 그의 원수들이 멸망할 것을 내다보며 예언하고, 그 때에 그가 하나님께 영광을 돌리겠다고 말한다(8-17절). 하나님의 백성을 대적하는 특정한 원수가 이러한 부류의 사람에 속한다면, 우리는 이 시편을 노래할 때에 그들이 결국 패망하게 될 것을 내다볼 수 있다.

〔다윗의 믹담 시, 인도자를 따라 알다스헷에 맞춘 노래, 사울이 사람을 보내어 다윗을 죽이려고 그 집을 지킨 때에〕

1나의 하나님이여 나의 원수에게서 나를 건지시고 일어나 치려는 자에게서 나를 높이 드소서 2악을 행하는 자에게서 나를 건지시고 피 흘리기를 즐기는 자에게서 나를 구원하소서 3그들이 나의 생명을 해하려고 엎드려 기다리고 강한 자들이 모여 나를 치려 하오니 여호와여 이는 나의 잘못으로 말미암음이 아니요 나의 죄로 말미암음도 아니로소이다 4내가 허물이 없으나 그들이 달려와서 스스로 준비하오니 주여 나를 도우시기 위하여 깨어 살펴 주소서 5주님은 만군의 하나님 여호와, 이스라엘의 하나님이시오니 일어나 모든 나라들을 벌하소서 악을 행하는 모든 자들에게 은혜를 베풀지 마소서 (셀라) 6그들이 저물어 돌아와서 개처럼 울며 성으로 두루

다니고 7그들의 입으로는 악을 토하며 그들의 입술에는 칼이 있어 이르기를 누가 들으리요 하나이다

우리는 이 시편의 표제를 통해서 이 시편이 어느 때에 지어졌는지를 알 수 있다. 이 시편은 사울이 다윗을 잡아 죽이기 위해서 밤중에 다윗의 집으로 그의 수비대를 보내어 포위하게 하였을 때에 지어졌다. 이 사건과 관련된 이야기는 성경에 나온다(삼상 19:11). 이 때는 다윗에 대한 사울의 적대감이 막 시작되어서, 다윗이 사울이 던진 창을 가까스로 피하여 목숨을 건진 직후였다. 다윗에 대한 사울의 악의가 처음으로 이렇게 분출되었을 때에 다윗은 혼란스러웠고 두려워 떨며 긴장하였지만, 하나님과의 교통을 계속해서 유지하면서 마음의 평정을 지킬 수 있었기 때문에, 정상적으로 기도와 찬송을 하나님께 드릴 수 있었다. 환난을 당하는 상태 속에서 근심이나 걱정, 슬픔이나 두려움, 그 어떤 황급한 일(외적인 것이든 내적인 것이든)에 의해서 하나님과의 교통이 막히거나 끊기지 않는 자들은 참으로 복된 자들이다. 이 절들에는 다음과 같은 내용들이 나온다.

I. 다윗은 하나님께서 그를 그의 원수들의 손에서 건져 주시고, 그를 해치고자 하는 그들의 잔인한 음모를 실패로 돌아가게 해 달라고 기도한다(1-2절). "나의 하나님이여 나의 원수에게서 나를 건지소서. 주는 하나님이시고, 내가 나를 보호해 주시라고 나 자신을 의탁한 내 하나님이시오니, 나를 건져 주소서. 주는 내게 모든 것이 부족함이 없는 하나님이 되어 주시겠다고 약속하셨사오니, 주께서 나를 건져 주시는 것은 주의 영광과 신실하심을 나타내는 것이 될 것이나이다. 나를 높이 드셔서, 나를 쳐서 일어난 자들의 힘과 악의가 미치지 못하게 하시며, 나로 하여금 그것에 대한 두려움에서 벗어나게 하소서. 나로 하여금 안전하게 하시고, 내 자신이 안전하다는 것을 알고서 스스로 만족하게 하소서. 나를 건지시고 나를 구원하소서."

다윗은 곧 죽게 될 자처럼 부르짖었고, 자기를 구원해 달라고 오직 하나님만 바라보았다. 다윗은 "깨어서 나를 도와 주시고, 내 사정을 알아 주시며, 불쌍히 여기는 눈으로 내 처지를 바라보시고, 주의 권능을 발하셔서 나를 구해 주소서"라고 기도한다(4절). 마찬가지로, 제자들도 바다에서 광풍을 만나게 되자 주여 우리를 구원하소서. 우리가 죽게 되었나이다라고 말하며 그리스도를 깨웠다.

이와 같이 우리도 우리의 영적인 삶을 방해하는 것들, 즉 우리의 영적인 원수들, 사탄의 시험들, 우리 마음의 부패한 것들로부터 우리를 보호하시고 구원해 주시도록 날마다 간절히 기도하여야 한다.

II. 다윗은 하나님께서 자기를 구원해 주셔야 할 이유들을 제시하며 호소한다. 하나님께서는 우리에게 기도할 기회만이 아니라 하나님 앞에 여러 가지 이유들과 근거들을 제시하면서 우리의 사정을 논리적으로 설명하며 호소할 기회도 주신다. 하나님께서 이렇게 하시는 것은 우리로 하여금 하나님을 설득하게 하시는 것이 아니라 우리 자신을 설득하고 움직이게 하기 위한 것이다. 이렇게 다윗도 여기에서 여러 가지 근거들을 제시하며 하나님께 호소한다.

1. 그는 그의 원수들이 악한 성품을 지닌 자들이라는 것을 호소한다. 그들은 악을 행하는 자들이기 때문에, 단지 그의 원수들일 뿐만 아니라 하나님의 원수들이기도 하다. 그들은 피 흘리기를 즐기는 자들이기 때문에, 그의 원수들일 뿐만 아니라 온 인류의 원수들이다. "여호와여, 악을 행하는 자들이 의를 행하는 자를 이기지 않게 하시고, 피 흘리기를 즐기는 자들이 긍휼을 베푸는 자를 이기지 않게 하소서."

2. 그는 그들이 자기를 해치고자 하는 악의를 지니고 있고, 그가 그들로부터 죽임을 당할 수 있는 절박한 위험에 처해 있다고 호소한다(3절). "그들은 큰 앙심을 품고서 나의 소중한 목숨, 내 생명을 노리고 있나이다. 그들의 술책은 교묘하여서, 나를 해칠 기회를 잡고자 엎드려 기다리나이다. 그들은 모두 이 나라와 궁정에서 세력을 잡고 있는 강한 자들로서 권세와 부를 동시에 지닌 자들인데, 나를 치려고 한데 뭉쳐서, 실제로 함께 모여 나를 해치기 위해서 어떻게 해야 하는지를 머리를 맞대고 궁리하나이다. 그들은 나를 해칠 방도를 궁리해 내는 데에 지극히 영리하고, 그 방도들을 시행함에 있어서 매우 치밀하나이다(4절). 그들은 나를 해치기 위해서 광분하여 무서운 속도로 달려 와서 스스로 준비하나이다."

다윗은 사울이 그를 잡으려고 보낸 사자들의 짐승 같은 행동을 구체적으로 언급한다(6절). "그들은 낮에 그들에게 맡겨진 일들을 마치고서 밤의 일들(그들이 밤에 하는 일은 낮에 하기에는 부끄러운 일임에 틀림없다)을 하기 위하여 저물어 돌아와서 토끼를 쫓는 사냥개처럼 시끄럽게 짖고 다닌다." 이렇게 다윗을 잡으러 온 원수들은 다윗을 살려 두어서는 안 될 대역 죄인이라고 시끄럽게 소리를 지르며 성을 두루 다녔는데, 이것은 다윗에 대한 나쁜 평판을 퍼뜨려서, 가능한 한 백성들로 하여금 다윗을 대적하게 만들고, 적어도 백성들이 사울의 군사들에 대하여 반감을 품지 못하게 하기 위한 것이었다. 사실, 다윗은 백성들이 좋아하는 인물이었기 때문에, 그들은 혹시나 백성들이 다윗 편을 들지도 모른다는 우려를 충분히 가질 수 있었다. 마찬가지로, 우리 주 예수를 박해한 자들은 시끄럽게 짖으며 그에게 달려든 개들에 비유되었다(시 22:16). 왜냐하면, 그들이 그렇게 하지 않았다면, 그들은 백성 가운데서 소요가 일어날 것을 두려워하여 적어도 명절에는 우리 주님을 잡을 수 없었을 것이기 때문이다. 그들은 그들의 마음속에서 들끓고 있던 악의를 입으로 토하여 내었고 그들의 입술에는 칼들이 있었다(7절). 즉, 그들은 비방을 통해서 다윗의 마음을 참담하게 만들었고, 중상모략을 통해서 다윗의 명성을 사정없이 짓밟고 훼손하였다(시 42:10). 그들은 사울로 하여금 다윗을 향하여 칼을 뽑아들게 만든 것은 다윗의 책임이라고 끊임없이 떠들고 다녔고, 잘못은 이러한 거짓 고소자들에게 있었다. 만약 먼저 그들의 입 속에 칼이 없었더라면, 사울의 손에도 칼이 없었을 것이다.

3. 다윗은 자기가 하나님에 대해서가 아니라 그를 박해하는 자들에 대해서 아무런 잘못도 범하지 않았다는 것을 호소한다(그는 하나님 앞에서 자기가 죄인이라는 것을 주저없이 고백하였다). 그들이 다윗을 비방하고 중상하기 위해서 한 말들은 새빨간 거짓말이었다. 다윗은 그들로부터 그런 소리를 들을 만한 것을 말한 적도 없었고 행한 적도 없었다(3절). "여호와여 이는 나의 잘못으로 말미암음이 아니요 나의 죄로 말미암음도 아니로소이다. 모든 것을 아시는 주께서 이것을 아시나이다." 다윗은 4절에서도 내가 허물이 없나이다라고 말한다.

(1) 경건한 자들은 그들이 무죄하고 잘못이 없다고 하여서 악인들의 악의적인 공격으로부터 벗어날 수 있는 것은 아니다. 비둘기 같이 아무에게도 해를 끼치지 않는 자들도 단지 그리스도를 위한다는 이유로 모든 사람들에게 미움을 받게 되는데, 사람들은 그들을 뱀과 같이 위험한 자들로 치부해서 몹시 미워한다.

(2) 우리가 무죄하고 아무런 잘못도 없다고 해서 환난을 모면할 수 있는 것은 아니지만, 우리의 무죄함은 우리가 환난을 당할 때에 우리에게 큰 힘과 위로가 되어 준다. 우리의 양심이 우리가 우리에게 악하게 대하는 자들을 향해서 선하게 행하였다는 것을 증언해 줄 수 있다면, 우리는 환난 날에 기뻐할 수 있

게 될 것이다.

(3) 우리가 우리의 무죄함을 스스로 알고 있다면, 우리는 하나님 앞에 우리의 사정을 겸손한 마음으로 담대하게 아뢸 수 있고, 하나님께서는 때가 되면 우리의 상처받은 마음을 변호해주실 것이다.

4. 다윗은 그의 원수들이 불경스럽게 하나님의 존재를 믿지 않는 자들이어서 다윗에 대하여 적대감을 지니고 있을 뿐만 아니라 하나님을 멸시한다고 호소한다. 그들은 누가 들으리요라고 말한다(7절). 하나님이 계시지 않으니, 그들의 말을 들을 자가 없다는 것이다(시 10:11 ; 94:7). 하나님이 존재하지 않기 때문에 그들이 말하는 것을 누구도 들을 수 없다고 믿는 자들이 말을 함부로 막 해 대는 것은 전혀 이상한 일이 아니다.

Ⅲ. 다윗은 자기 자신과 자신의 일을 하나님의 의로운 심판에 맡긴다(5절). "재판장이신 여호와께서 나와 나를 박해하는 자들 간에 재판장이 되어 주소서." 다윗은 하나님께 이렇게 호소하면서, 심판을 행할 권세를 지니고 계시고 천군천사들을 비롯해서 모든 피조물들을 마음대로 부리실 수 있으신 만군의 하나님을 바라본다.

또한, 다윗은 하나님을 이스라엘의 하나님으로 바라보는데, 이스라엘에 대하여 하나님은 특별한 방식으로 왕이자 재판장이셨기 때문에, 다윗은 정직한 자들, 곧 참된 이스라엘 백성을 위하여 나타나시리라는 것을 의심하지 않았다. 사울의 군대가 그를 박해하였을 때, 그는 만군의 여호와이신 하나님을 의지하였다. 이스라엘에 대하여 정신적으로 외인이었던 자들이 그를 헐뜯고 중상모략하였을 때, 그는 이스라엘의 하나님을 의지하였다.

다윗은 하나님께서 깨어 일어나셔서 모든 나라들을 찾아 오셔서, 사람들 가운데서 벌어진 온갖 분쟁과 싸움들을 엄하게 심문하시고 추궁하시기를 원하고 있다(즉, 확신하고 있다). 하나님께서 찾아 오셔서 벌하실 날이 올 것인데(사 10:3), 다윗은 악을 행하는 모든 자들에게 긍휼을 베풀지 마소서라고 진지하게 호소하면서 자기 자신을 바로 그 날에 맡긴다. 셀라 ― 이것을 주의하라.

1. 만약 다윗이 자기가 악을 행한 자라는 것을 스스로 인정하였다면, 그는 하나님으로부터 긍휼하심을 기대하고자 하지 않았을 것이다. 그러나 그의 원수들과 관련해서 그는 자기가 전혀 악을 행한 적이 없다고 말할 수 있었다(3-4절). "이는 나의 잘못으로 말미암음이 아니므로, 주께서 나를 위하여 나타나소

서." 하나님과 관련해서 다윗은 자기가 의도적으로 악을 행한 자가 아니라는 것을 말할 수 있었다. 왜냐하면, 그는 범죄하였을지라도 곧 회개하였고, 자신이 저지른 죄 속에 완고하게 머물러 있지 않았기 때문이다.

2. 다윗은 그의 원수들을 악한 범죄자들, 의도적이고 악의적이며 하나님과 사람에 대하여 완악한 마음으로 악을 행하는 자들이라는 것을 알고 있었기 때문에, 하나님께 긍휼 없는 공의의 심판으로 그들을 벌해 주시기를 간구한다. 사람들에게 긍휼을 베풀지 않은 자들은 하나님으로부터 긍휼하심을 기대해서는 안 된다. 왜냐하면, 그러한 자들은 의도적으로 악한 범죄자들이기 때문이다.

[8]여호와여 주께서 그들을 비웃으시며 모든 나라들을 조롱하시리이다 [9]하나님은 나의 요새이시니 그의 힘으로 말미암아 내가 주를 바라리이다 [10]나의 하나님이 그의 인자하심으로 나를 영접하시며 하나님이 나의 원수가 보응 받는 것을 내가 보게 하시리이다 [11]그들을 죽이지 마옵소서 나의 백성이 잊을까 하나이다 우리 방패 되신 주여 주의 능력으로 그들을 흩으시고 낮추소서 [12]그들의 입술의 말은 곧 그들의 입의 죄라 그들이 말하는 저주와 거짓말로 말미암아 그들이 그 교만한 중에서 사로잡히게 하소서 [13]진노하심으로 소멸하시되 없어지기까지 소멸하사 하나님이 야곱 중에서 다스리심을 땅 끝까지 알게 하소서 (셀라) [14]그들에게 저물어 돌아와서 개처럼 울며 성으로 두루 다니게 하소서 [15]그들은 먹을 것을 찾아 유리하다가 배부름을 얻지 못하면 밤을 새우려니와 [16]나는 주의 힘을 노래하며 아침에 주의 인자하심을 높이 부르오리니 주는 나의 요새이시며 나의 환난 날에 피난처심이니이다 [17]나의 힘이시여 내가 주께 찬송하오리니 하나님은 나의 요새이시며 나를 긍휼히 여기시는 하나님이심이니이다

다윗은 여기에서 그의 원수들로부터 위협을 받는 가운데 하나님을 기다리겠다는 경건한 결단과 하나님께서 그로 하여금 찬송하게 해주실 것이라는 믿음과 기대로 스스로를 격려한다.

I. 다윗은 하나님을 바라며 기다리기로 결심한다(9절). "그의 힘으로 말미암아(다윗으로 하여금 두려움을 느껴서 하나님께로 오게 만든 원수들의 힘, 또는 다윗으로 하여금 하나님께로 오도록 이끈 하나님의 힘으로 말미암아), 주를

믿고 의지하는 마음으로 내가 주를 바라리이다." 위험과 난관에 부딪쳤을 때에 하나님을 바라는 것이 우리의 지혜이자 우리가 마땅히 해야 할 일이다. 왜냐하면, 하나님은 우리의 요새이자 산성이셔서, 우리가 하나님 안에서 안전할 수 있기 때문이다. 다윗은 다음과 같은 것들을 선호한다.

1. 하나님께서 그에게 긍휼의 하나님이 되어 주시리라는 것(10절). "나의 긍휼의 하나님께서 그의 선하심으로 인한 축복들과 그의 긍휼하심으로 인한 선물들로 나를 영접하시며, 내 두려움들을 막아 주시고, 내 기도들을 미리 다 들어 주셔서, 내가 기대했던 것보다도 내게 더 잘 해 주실 것이다." 우리가 기도할 때 하나님을 긍휼의 하나님으로만이 아니라 우리의 긍휼의 하나님, 즉 우리 속에서 모든 선한 일들을 이루어 내시고 우리에게 온갖 선한 것들을 주시는 하나님으로 생각하는 것은 우리에게 큰 위로가 된다. 하나님 안에 있는 긍휼은 무엇이든지 다 우리를 위해 예비되어 있는 것이기 때문에, 우리에게 기꺼이 주어질 준비가 되어 있다. 시편 기자가 하나님의 긍휼을 나의 긍휼이라고 부른 것은 정당하다. 왜냐하면, 새 언약의 모든 축복들은 다윗에게 허락한 확실한 긍휼들이라고 불리기 때문이다(사 55:3). 그 긍휼들은 다윗의 모든 자손에게 확실하게 보장된 긍휼들이다.

2. 하나님께서 그를 박해하는 자들에게 보응하시는 하나님이 되시리라는 것. 다윗이 이러한 기대를 표현한 것은 한편으로는 예언이라고 할 수 있고 다른 한편으로는 간구라고 할 수 있는데, 사실 이 두 가지는 동일한 것이다. 왜냐하면, 그가 하나님께 이렇게 되게 해 달라고 기도한 것은 장차 일이 그렇게 될 것이라는 예언이나 마찬가지이기 때문이다. 여기에서 그는 그를 해칠 기회를 노리고 찾고 있던 원수들에 대하여 몇 가지를 예언하는데, 이것들을 통해서 그는 복수하고자 하는 마음을 표출하고 있는 것이 아니라, 그들이 그렇게 될 것을 믿고 소원하는 것이다(10절).

(1) 다윗은 그의 원수들이 스스로를 비웃음거리로 만들어 버렸기 때문에 하나님께서 그들로 하여금 조롱거리가 되게 하시리라는 것을 예언한다(8절). "그들은 하나님께서 그들의 말을 듣고 있지 않으시며 그들을 주목하고 있지 않으시다고 생각한다. 그러나 귀를 만드신 분이 듣지 못할 것이라고 생각하는 그들의 어리석음으로 인하여 주께서 그들을 비웃으시며, 이 세상에서 하나님 없이 살아가는 모든 이방인들을 조롱하시리이다." 무신론자들과 박해자들은 비웃음과 조

롱을 당하여야 마땅하다는 것을 명심하라(시 2:4; 잠 1:26; 사 37:22을 보라).

(2) 하나님께서 그들을 하나님의 공의를 보여주는 생생한 기념비로 삼으시리라는 것(17절): 그들을 죽이지 마옵소서. 나의 백성이 잊지 않도록 하기 위하여 그들을 곧장 죽이지 마옵소서. 처형이 신속하게 이루어진다면, 그 일은 사람들에게 깊이 각인이 되지 못하여서 오래가지 못하고 쉽게 잊혀지게 될 것이다. 악인들이 신속하게 멸망을 당하면, 사람들은 그 일을 보고 당장에는 깜짝 놀라게 되겠지만, 그 일은 곧 잊혀지게 된다. 그런 이유 때문에 다윗은 이 일이 점진적으로 이루어지도록 기도한다. "주의 능력으로 그들을 흩으셔서, 그들로 하여금 여기저기를 유랑하면서 하나님께서 그들을 기뻐하지 아니하셨다는 징표들을 퍼뜨리게 하심으로써 이 땅의 모든 사람들이 그들이 하나님께 벌을 받았다는 것을 알게 하옵소서." 마찬가지로, 가인도 비록 살인자였지만 즉시 죽임을 당하지 않고, 하나님께서 그에게 보응하신 것을 사람들로 하여금 잊지 않게 하기 위하여, 도망하는 자와 유리하는 자가 되는 선고를 받았다. 죄인들에 대한 하나님의 심판이 서서히 진행된다고 생각될 때, 우리는 하나님께서 지혜롭고 거룩한 목적을 가지고 그의 진노를 서서히 집행하고 계시는 것이라는 결론을 내려야 한다는 것을 명심하라. "그들이 다시는 힘을 합쳐서 사람들에게 해악을 가하지 못하도록 그들을 흩으시고, 우리 방패되신 주여 그들을 낮추소서." 하나님께서 방패가 되셔서 그의 백성을 보호하실 때, 하나님은 그의 백성에게 대적하여 싸우는 자들을 모두 낮추시고 비천하게 만드실 것이다.

(3) 하나님께서 그들을 그들의 공과에 따라서 처리하시리라는 것(12절). 그들의 입술의 말은 곧 그들의 입의 죄다(그들이 말하는 모든 말은 그 속에 죄를 지니고 있기 때문에). 그들이 다른 사람들과 자기 자신을 저주하는 말(사울이 범하였던 죄, 삼상 14:28, 44)과 거짓말로 인하여 그들이 그 교만한 중에서 사로잡히게 하소서. 혀로 범하는 죄들 속에는 사람들이 보통 생각하는 것보다 훨씬 더 많은 악의가 들어 있다는 것을 명심하라. 또한, 저주하는 것, 거짓말하는 것, 교만한 말을 하는 것은 혀로 인한 죄들 중에서 가장 악한 것들에 속한다는 것을 명심하라. 하나님께서는 그런 자를 이러한 죄에 따라서 다스리셔서 그 자신의 혀로 말한 것이 그에게 임하게 하실 것이기 때문에, 그런 자는 참으로 비참한 자이다.

(4) 하나님께서 그들을 멸하심으로써 이스라엘의 하나님이자 왕으로서의 자

신의 영광을 드러내시리라는 것(13절). "그들을 진노하심으로 소멸하시되 없어지기까지 소멸하소서. 즉, 그들이 완전히 멸망을 받을 때까지 계속해서 연속적으로 심판하소서. 그들로 하여금 그들이 서서히 소멸되고 있다는 것을 느끼게 하면서 그들을 점진적으로 소멸시키심으로써 그 일을 곁에서 지켜 본 자들이 그 일을 통해서 하나님이 야곱 중에서 다스리심을 땅 끝까지 알게 하소서." 사울과 그의 일당은 그들이 모든 것을 다스리고 있다고 생각하였지만, 결국에는 그들보다 더 높은 분이 계시고, 그들을 다스리시며 장래에도 그들을 다스리실 분이 계시다는 것을 알게 될 것이다. 하나님께서 심판하시는 목적은 여호와께서 다스리시고, 자신의 계획을 이루어 가시며, 모든 피조물들에게 법을 주시고, 모든 일들을 자신의 영광을 위하여 행하신다는 것을 사람들에게 깨우침으로써 아무리 위대한 사람들일지라도 하나님의 주관 아래에 있고, 하나님께서 그들을 그의 뜻대로 사용하신다는 것을 깨닫게 하기 위한 것이다. 하나님은 야곱 중에서 다스리신다. 왜냐하면, 하나님께서는 그의 전을 야곱 중에 두시고서, 거기에서 사람들에게 자신을 알게 하시며, 그의 이름이 높임을 받으시기 때문이다. 그러나 하나님은 땅 끝까지 다스리신다. 왜냐하면, 모든 나라는 하나님의 나라의 관할 안에 있기 때문이다. 하나님은 땅 끝까지 다스리시고, 그를 알지 못하는 자들도 다스리시지만, 야곱을 위하여 다스리신다(본문은 이렇게 해석할 수도 있다). 하나님께서는 세상을 다스리실 때에 그의 교회의 유익을 고려하신다. 하나님께서 땅 끝까지 그러한 다스림을 베푸시는 것은 그의 종 야곱, 그가 택한 자 이스라엘을 위한 것이다(사 45:4).

(5) 하나님께서 그들이 저지른 죄를 그들에 대한 벌로 그대로 돌려 주시리라는 것(14절). 그들이 저지른 죄는 다윗을 잡아 죽이기 위하여 사냥개처럼 찾아다닌 것이었다. 하나님께서 그들에게 내릴 벌은 그들을 극도의 빈궁 속으로 내모셔서 그들로 하여금 허기를 채우기 위하여 먹을 것을 찾아 헤매지만 그들이 다윗을 찾지 못했던 것처럼 그들이 먹을 양식도 찾지 못하게 하시는 것이다. 이렇게 그들은 단번에 이 땅에서 끊어지는 것이 아니라 흩어져서(11절) 점차 소멸하게 될 것이다(13절). 굶주림으로 죽는 자들은 조금씩 조금씩 죽어 가면서 그들이 죽어 가고 있다는 것을 스스로 느끼게 된다(애 4:9). 다윗은 그들이 집집마다 돌아다니면서 먹을 것을 구걸할 수밖에 없게 될 것이라고 예언한다.

[1] 그들은 죽고 싶은 심정으로 몹시 후회하면서 그런 일을 하게 되리라는

것. 그들은 구걸하는 것이 부끄러워서(이것은 그들에게 더 큰 벌이 될 것이다), 사람들이 그들의 행색을 볼 수 없게 하기 위하여 어두워져서 삼림의 모든 짐승들이 기어 나오는 저녁 때에 구걸할 것이다(시 104:20).

[2] 그들은 도저히 받아들일 수 없는 그들의 처지에 몹시 화가 나서 큰 소리를 지르며 불평하고 탄식하게 되리라는 것: 그들은 개처럼 울며 성으로 두루 다니게 되리라. 그들은 다윗을 찾으러 다녔을 때에 성난 개처럼 으르렁거리고 짖으며 소란을 피웠었다. 이제 그들은 먹을 것을 찾아 다니면서, 굶주린 개처럼 구슬픈 소리로 울며 다니게 될 것이다. 자신의 죄를 회개하는 자들은 환난을 당할 때에 비둘기 같이 애곡한다. 하지만 마음이 완악한 자들은 환난을 당하는 개들처럼 또는 여호와에 대한 분노로 가득 차서, 그물에 걸린 황소처럼 소동을 피운다. 그들은 성심으로 내게 부르짖지 않고, 곡식과 새 포도주를 얻기 위하여 오직 침상에서 슬피 울부짖는도다(호 7:14).

[3] 그들은 쉼을 얻지 못하며, 사람들의 마음은 그들을 향하여 몹시 완악해지리라는 것. 그들은 성으로 두루 다니며 먹을 것을 찾아 유리하고(15절), 끈질기게 구걸하지만(우리의 난외주 읽기에 의하면, 그들은 배부름을 얻지 못하면 밤을 새운다), 아무것도 얻지 못하게 될 것이다. 사람들이 그들에게 먹을 것을 조금 준다고 해도, 그것은 성의로 주는 것이 아니라, 그들이 계속 찾아와서 귀찮게 할까봐 주는 것일 뿐이다.

[4] 그들은 배부름을 얻지 못하리라는 것. 배부르지 못한 것은 가난한 처지에 있는 자들에게 가장 비참한 것이다. 그들은 탐욕이 심하여 족한 줄을 알지 못하는 개들이어서(사 56:11), 배부름을 얻지 못하면 불평한다. 자족하는 자는 자기가 원하는 것을 얻지 못한다고 하여도 불평하거나 하나님의 섭리와 다투거나 속으로 안달복달하거나 하지 않는다. 그러나 자신의 배를 하나님으로 섬기는 자들은 배가 다 채워지지 않고 식욕이 충족되지 않으면 하나님 및 자기 자신과 사이가 틀어지게 된다. 사람을 불행하게 만드는 것은 가난이 아니라 불만족이다.

II. 다윗은 하나님의 섭리가 그의 찬송거리가 되고, 하나님의 은혜가 자기 안에 역사하여 그로 하여금 찬송할 마음을 갖게 해주심으로써 그가 하나님을 찬송하게 될 것을 기대한다(16-17절). 좀 더 살펴보자.

1. 다윗은 무엇으로 인하여 하나님을 찬송하고자 하는가.

(1) 다윗은 하나님의 힘과 그의 긍휼하심을 찬송하고자 한다. 이 두 가지는

그의 노래의 소재가 될 것이다. 긍휼 없는 힘은 우리가 두려워해야 할 것이다. 힘없는 긍휼은 사람이 거기로부터 많은 유익을 기대할 수 없는 그런 것이다. 그러나 우리를 도우실 수 있는 하나님의 힘과 우리를 기꺼이 도우시고자 하시는 하나님의 긍휼은 모든 성도들이 영원히 찬송해야 마땅한 것이다.

(2) 다윗은 하나님께서 이제까지 내내 무수하게 환난 날에 그의 피난처와 요새가 되어 주셨기 때문에 하나님을 찬송하고자 한다. 하나님께서 그의 백성을 환난 가운데 들어가게 하시는 것은 그들로 하여금 그들을 보호하시고 피난처가 되어 주시는 하나님의 힘과 긍휼을 체험하여 하나님을 찬송할 기회를 주시기 위한 것이다.

(3) 다윗은 하나님께서 그의 힘이 되어 주셔서 그를 붙드시고 그로 하여금 그의 도리를 다할 수 있게 하시며, 그의 요새가 되셔서 그를 해악에서 안전하게 지켜 주시고, 그를 긍휼히 여기시는 하나님으로서 그를 행복하고 편안하게 해 주시기 때문에 그가 여전히 하나님을 의지하고 신뢰함으로 하나님을 찬송하고자 한다. 우리에게 이 모든 것이 되시는 하나님은 분명히 우리로부터 최고의 사랑과 찬송과 섬김을 받으시기에 합당하시다.

2. 다윗은 하나님을 어떻게 찬송하고자 하는가.

(1) 그는 노래하고자 한다. 노래는 기쁨을 자연스럽게 표현하는 수단임과 동시에 거룩한 기쁨과 감사를 표현하기 위하여 제정된 규례이기도 하다.

(2) 그는 하나님의 영광에 깊은 감화를 받은 자, 하나님의 영광을 고백하기를 부끄러워하지 않는 자, 찬송을 통해서 다른 사람들에게 감화를 주시기를 원하는 자로서 큰 소리로 노래하고자 한다. 그는 하나님의 힘을 노래할 것이지만, 하나님의 긍휼을 큰 소리로 노래할 것이다. 하나님의 긍휼하심을 생각할 때마다 다윗의 마음속에는 다른 어떤 것을 생각할 때보다도 더 큰 사랑이 생겨났다.

(3) 그는 그의 정신이 가장 맑고 생생할 때인 아침에 큰 소리로 노래하고자 한다. 우리를 향한 하나님의 긍휼하심은 아침마다 새롭기 때문에, 하루를 하나님을 찬송하는 것으로 시작하는 것은 성도들에게 합당한 일이다.

(4) 그는 하나님께 찬송하며(17절) 하나님을 바라보면서 하나님께 존귀와 영광을 드리기 위하여 노래하고자 하였다. 우리는 하나님을 향하여 우리의 기도를 드려야 하는 것과 마찬가지로, 우리의 찬송도 하나님을 향하여야 하며, 우

리의 눈을 들어서 하나님을 바라보고서 하나님께 찬송을 올려 드려야 한다.

제 60 편

개요

　　다윗이 환난 날에 지은 여러 시편들 후에 승리의 날을 위하여 쓰여진 이 시편이 나온다. 이 시편은 다윗이 왕위에 오른 후에 하나님께서 그의 군대를 축복하셔서 수리아인들 및 에돔 사람들을 상대로 혁혁한 승리를 거둔 때에 지어졌다. 이 때는 다윗이 최전성기를 누리고 있던 때로서 그의 나라는 전무후무한 번영의 시기를 구가하고 있었다(삼하 8:3, 13; 대상 18:3, 12을 보라). 다윗은 잘 나가고 있을 때에도 곤경에 처했을 때와 마찬가지로 그 신앙이 독실하였다. 이 시편에는 다음과 같은 내용들이 나온다. I. 다윗은 하나님께서 그들과 다투셨던 오랜 세월 동안 이 나라가 좋지 않은 상태에 있었다는 것을 회고한다(1-3절). II. 다윗은 최근에 하나님께서 그들의 일에 복을 주셨다는 것을 언급한다(4절). III. 다윗은 하나님의 이스라엘을 그들의 원수들로부터 구원해 주시기를 기도한다(5절). IV. 다윗은 그들이 원수들에 대하여 승리를 거두게 될 것을 소망하면서 기뻐하고, 하나님께서 그들로 하여금 끝까지 승리하게 해 달라고 간구한다(6-12절). 이 시편을 노래할 때, 우리는 각각 나름대로의 싸움들을 가지고 있는 교회와 우리 자신의 영혼의 상태를 돌아볼 수 있을 것이다.

〔다윗이 교훈하기 위하여 지은 믹담, 인도자를 따라 수산에둣에 맞춘 노래, 다윗이 아람 나하라임과 아람소바와 싸우는 중에 요압이 돌아와 에돔을 소금 골짜기에서 쳐서 만 이천 명을 죽인 때에〕
¹하나님이여 주께서 우리를 버려 흩으셨고 분노하셨사오나 지금은 우리를 회복시키소서 ²주께서 땅을 진동시키사 갈라지게 하셨사오니 그 틈을 기우소서 땅이 흔들림이니이다 ³주께서 주의 백성에게 어려움을 보이시고 비틀거리게 하는 포도주를 우리에게 마시게 하셨나이다 ⁴주를 경외하는 자에게 깃발을 주시고 진리를 위하여 달게 하셨나이다 (셀라) ⁵주께서 사랑하시는 자를 건지시기 위하여 주의 오른손으로 구원하시고 응답하소서

이 시편의 표제는 우리에게 다음과 같은 것들을 설명해 준다.

1. 이 시편의 전체적인 목적. 이 시편은 믹담(다윗의 보석)이고, 가르치기 위한 것이다. 레위인들은 백성들에게 이 시편을 가르쳐야 하고, 이 시편을 통해서 백성들에게 하나님을 의지하고 하나님 안에서 승리의 개가를 부르며 기뻐할 것을 가르쳐야 한다. 우리도 이러한 것들을 우리 자신과 서로에게 가르쳐야 한다. 공동체가 기뻐하는 날에 우리는 우리의 기쁨을 하나님께만 드리고, 우리를 구원함에 있어서 하나님께서 도구로 사용하신 자들을 칭송해서는 안 되며, 우리의 기쁨들을 통해서 우리가 지닌 소망들을 더욱 힘있게 붙잡도록 가르침을 받을 필요가 있다.

2. 이 시편의 구체적인 배경.

(1) 이 때는 다윗이 수리아인들과 전쟁을 하고 있었고, 메소포타미아 사람들과 소바 사람들, 이 둘과 여전히 알력이 있던 때였다.

(2) 이 때는 다윗이 요압의 지휘 하에 있던 그의 군대를 통해서 에돔 사람들과 싸워서 큰 승리를 거두고, 만 이천 명의 적군을 전장에서 도륙했던 때였다. 다윗은 이 시편에서 다음과 같은 두 가지 문제에 관심을 갖는다. 그는 앗수르 인들과의 분쟁에 대하여 염려하고 있었고, 이것과 관련하여 기도한다. 그는 에돔 사람들과 맞서 승리한 것을 기뻐하면서, 이것과 관련하여 하나님에 대한 거룩한 신뢰 속에서 하나님께서 이 승리를 온전하게 해 주시리라는 것을 믿고서 기뻐한다. 우리는 기쁨과 아울러서 근심도 갖게 되는데, 이것은 우리로 하여금 어느 쪽으로 과도하게 치우치지 않도록 균형을 잡아 주는 역할을 한다. 이렇게 기쁨과 근심이 동시에 있음으로써 우리는 하나님께 찬송과 기도를 둘 다 드릴 수 있게 된다. 왜냐하면, 우리는 이 두 가지를 모두 적절한 감정을 가지고서 하나님 앞에 올려 드려야 하기 때문이다. 한 가지 일이 해결되었다고 해도, 또 다른 일이 여전히 우리의 애를 먹인다. 다윗은 에돔 사람을 복속시켰지만 수리아 인들을 아직 복속시키지 못하였다. 그러므로 갑옷을 입고 있는 자는 마치 그가 이미 갑옷을 벗은 자인 것처럼 자랑해서는 안 된다.

이 시편을 시작하고 있는 이 절들 속에는 다음과 같은 내용들이 나온다.

I. 하나님께서 지난 수년 동안 이스라엘 백성을 수없이 욕되고 참담하게 하신 일들에 관한 우울한 회상. 사울이 다스리는 동안, 특히 그의 통치 말기에 다윗이 유다를 다스리면서 사울 가문과 싸웠던 기간 동안에 이스라엘은 몹시

혼란스러웠고, 이웃 나라들은 걸핏하면 이스라엘을 괴롭히곤 하였다.

1. 다윗은 그들이 지난 세월에 힘든 일들을 겪었고, 블레셋 사람들을 비롯하여 이스라엘에 대하여 악의를 품고 있었던 이웃 나라들은 그러한 기회를 한껏 이용하였다는 것에 대하여 하소연한다(3절). 하나님께서는 종종 그의 백성에게도 이 세상에서 힘든 일들을 겪게 하심으로써, 그들이 이 세상에서 안식을 구하고 안주하는 것이 아니라, 오직 하나님 안에서만 안식하며 편히 거할 수 있게 하신다.

2. 다윗은 이스라엘 백성이 그동안 겪은 온갖 역경들은 모두 다 하나님께서 그들을 기뻐하지 않으신 때문이라는 것을 고백한다. "주께서는 우리에게 분노하셨고, 우리를 기뻐하지 않으셔서(1절), 우리를 버려 흩으시며, 주의 보호하심 밖에 두셨는데, 만약 그렇지 않았다면, 우리의 원수들이 우리를 이길 수 없었을 것이나이다. 또한, 만약 주께서 이스라엘을 하나로 묶어 주었던 연합이라 하는 막대기를 꺾지 않으시고(슥 11:14) 우리를 흩으시지 않으셨다면, 그들은 결코 우리를 이삭 줍듯이 그들의 먹잇감으로 삼지 못하였을 것이나이다." 우리가 겪은 환난이 무엇이든, 우리에게 환난을 안겨 준 도구들이 누구이든, 우리는 그 모든 것이 하나님의 의로운 손길에 의한 것임을 고백하지 않을 수 없다.

3. 다윗은 지난 세월의 잘못들이 가져온 좋지 않은 결과들에 대하여 탄식한다. 나라 전체가 격동 속에서 뒤틀리고 혼란스러웠다: 주께서 땅을 진동시키셨나이다(2절). 백성들은 모두 이러한 일들이 가져오는 끔찍한 결과를 똑똑히 인식하였다. 선한 자들도 대경실색하며 경악하였다. "주께서 비틀거리게 하는 포도주를 우리에게 마시게 하셨나이다(3절). 우리는 술 취한 자들과 같이 되어서 몹시 당황하여 정신을 차리지 못하고, 하나님께서 그의 백성에게 하신 약속들과 하나님과 그의 백성의 관계에 비추어 볼 때에 이런 일들이 어떻게 일어날 수 있는지를 도무지 이해하지 못하고 혼란스러워하였다. 우리는 너무도 놀라서 아무것도 할 수 없었고, 우리가 어떻게 해야 하는지도 알 수 없었나이다." 다윗이 여기에서 이 일을 언급하는 것은 가르치기 위한 것, 즉 백성들에게 교훈하기 위한 것이었다. 하나님께서 우리에게 은총을 보이기 시작하실 때, 우리는 우리가 이전에 겪었던 재앙들을 기억하는 것이 좋은데, 그 이유는 다음과 같다.

(1) 우리는 그 재앙들이 우리에게 준 선한 교훈들을 간직함으로써 그런 일들이 다시는 일어나지 않게 할 수 있다. 우리 영혼은 겸손해지기 위해서 이전의

환난과 비참한 상태를 계속해서 기억해 두어야 한다(애 3:19-20).

(2) 우리를 향하신 하나님의 선하심, 즉 우리를 구원하시고 일으켜 주신 하나님의 선하심이 더욱 빛나게 된다. 왜냐하면, 그것은 죽은 자 가운데서 살아난 것으로서 너무도 기이하고 너무도 기쁜 일이 될 것이기 때문이다. 우리에게 닥친 이전의 재앙들은 현재의 우리의 기쁨들을 더욱 돋보이게 하는 역할을 한다.

(3) 우리는 온전히 정련되지 않은 채로 용광로에서 최근에 꺼내진 은이기 때문에 언제라도 다시 용광로 속으로 들어갈 수 있다는 것을 깨닫고서, 현재의 모습 속에서 안주하는 것이 아니라, 항상 두렵고 떨림으로 기뻐할 수 있다.

II. 다윗은 하나님께서 그들이 오랫동안 힘든 상황에 처해 있었지만 이제 곧 회복될 것이라는 소망을 그들에게 주시고 격려하신 것에 대하여 감사함(4절). "주께서는 주를 경외하는 자에게 깃발을 주시고(때가 나쁘다고 하여도, 우리 중에는 주의 이름을 경외하는 자들이 있고, 하나님께서는 그 남은 자들에게 자애로운 관심을 가지고 계시기 때문에), 진리를 위하여 달게 하셨나이다. 즉, 주께서 하신 약속은 참되어서 반드시 주께서 이루실 것임을 나타내고, 이와 동시에 그들도 진리와 공평을 지키겠다는 결의를 보여주는 징표로, 깃발을 나부끼게 하셨나이다(사 45:4)." 이 깃발은 다윗의 통치로서, 하나님께서는 다윗의 통치가 온 이스라엘에 걸쳐서 확립되고 확대되게 하셨다. 경건한 이스라엘 사람들은 하나님을 경외하는 가운데 하나님께서 다윗을 왕으로 지명하신 것을 존중하였고, 하나님께서 다윗을 높이신 것을 이스라엘에게 선을 베푸시고자 하시는 징표로 보았다.

1. 그것은 마치 군사들이 그들 각각의 군기에 따라서 모여들어서 집합하는 것과 마찬가지로 그들을 향하여 깃발을 드는 것과 같아서 그들을 하나로 묶어 주었다. 흩어진 자들(1절), 서로서로 분열되어서 힘이 약화되어 위험에 노출된 자들이 다윗의 왕권이 확립되자 그를 중심으로 응집되었다.

2. 그것은 마치 군사들이 그들이 속한 군기를 보고서 힘을 얻는 것과 마찬가지로 그들에게 힘을 주었고, 생기와 용기를 불어넣어 주었다.

3. 그것은 지금까지 깃발을 올려서 도전할 수 없었던 자들이 깃발을 올리게 된 것이었기 때문에 그들의 원수들에게 공포를 안겨 주었다. 하나님께서는 다윗의 자손인 그리스도를 만민의 기치로 주셨고(사 11:10), 하나님을 경외하는

자들에게 깃발로 주셨다. 그들은 그리스도를 구심점으로 삼아서 모여들어서 하나가 된다. 그들은 그리스도를 기뻐하고 그 안에서 용기를 갖는다. 그리스도의 사랑은 그들 위에 우뚝 선 깃발이다. 그들은 그리스도의 이름과 권세를 가지고서 어둠의 세력들과 싸움을 벌이고, 그리스도 아래에서 교회는 기치를 올린 군대로서 무시무시한 존재가 된다.

Ⅲ. 알맞은 때에 긍휼을 베풀어 달라는 겸손한 간구.

1. 하나님께서 이전에는 그들을 기뻐하지 않으셨지만, 이제는 그들과 화해해 주시라는 것. 하나님께서 그들을 기뻐하지 않으실 때에 그들에 대한 재앙이 시작되었기 때문에, 하나님께서 그들을 기뻐하시면 그들의 형통이 시작될 것임에 틀림없다: 우리에게 다시 돌아오소서(1절). 우리에게 미소지어 주시고, 우리 편이 되어 주소서. 우리와 화평하셔서, 그 화평 속에서 우리로 평안을 누리게 하소서. 하나님께서 우리와 화평하시면, 모든 일이 화평해진다(Tranquillus Deus tranquillat omnia).

2. 전에 그들이 관계가 깨지고 서로 간에 심하게 분열되어 있었다고 할지라도, 그들로 하여금 서로에 대하여 화해할 수 있게 해 달라는 것. "그 틈을 기우소서(2절). 우리 원수들이 우리에게 만든 온갖 균열들만이 아니라 우리 내부의 불행한 분열들로 인해서 우리 가운데 생겨난 균열들도 치유하여 주소서." 인간의 어리석음과 부패함이 만들어 내는 것들은 오직 균열들이고, 그 균열들은 오직 하나님의 지혜와 은혜에 의해서만 메꾸어지고 고쳐질 수 있다. 하나님께서 사랑과 평화의 영을 쏟아 부으실 때만 갈가리 찢기고 요동하는 나라가 제자리를 잡고서 멸망으로부터 구원받을 수 있다.

3. 이렇게 해서 그들이 그들의 원수들의 손에서 벗어나 보존될 수 있게 해 달라는 것(5절). "주께서 사랑하시는 자를 건지시고 그들을 희생물로 만들기 않기 위하여 주의 오른손으로, 주의 능력과 주의 오른팔로 쓰시는 자들을 일으키셔서 구원하시고 내게 응답하소서." 하나님을 경외하는 자들은 하나님께서 사랑하시는 자들이다. 그들은 하나님께 그의 눈동자처럼 소중한 자들이다. 그들은 종종 곤경에 처하지만, 반드시 구원을 받게 될 것이다. 하나님께서 직접 그의 오른손으로 그들을 구원하실 것이다. 왜냐하면, 하나님의 마음이 있는 곳에는 하나님의 손도 있을 것이기 때문이다. 그들을 구원하시고 내게 응답하소서. 하나님의 기도하는 백성들은 교회 전체의 구원을 그들의 기도에 대한 응답으로 여긴

다는 것을 명심하라. 우리가 은혜의 보좌 앞에 나아가서 교회를 위하여 축복의 기도를 하고서, 그 축복이 교회에 임하였다면, 우리는 교회가 받은 축복으로 인하여 다른 사람들과 함께 받은 몫 이외에도 교회의 전체적인 축복에 대하여 "하나님께서 이 일과 관련하여 내 기도를 들으셨고 내게 응답하셨다"라고 말하며 크게 기뻐할 수 있다.

6하나님이 그의 거룩하심으로 말씀하시되 내가 뛰놀리라 내가 세겜을 나누며 숙곳 골짜기를 측량하리라 7길르앗이 내 것이요 므낫세도 내 것이며 에브라임은 내 머리의 투구요 유다는 나의 규이며 8모압은 나의 목욕통이라 에돔에는 나의 신발을 던지리라 블레셋아 나로 말미암아 외치라 하셨도다 9누가 나를 이끌어 견고한 성에 들이며 누가 나를 에돔에 인도할까 10하나님이여 주께서 우리를 버리지 아니하셨나이까 하나님이여 주께서 우리 군대와 함께 나아가지 아니하시나이다 11우리를 도와 대적을 치게 하소서 사람의 구원은 헛됨이니이다 12우리가 하나님을 의지하고 용감하게 행하리니 그는 우리의 대적을 밟으실 이심이로다

다윗은 여기에서 소망 가운데 기뻐하고 소망 가운데 기도하고 있다. 성도들의 승리의 기쁨은 그들이 이미 가지고 있는 것 때문이 아니라 그들이 앞으로 가지게 될 것에 토대를 두고 있다(6절). "하나님이 그의 거룩하심으로 말씀하셨기 때문에(즉, 하나님이 내게 약속의 말씀을 주셨고, 그의 거룩하심을 두고 맹세하였은즉 다윗에게 거짓말을 하지 아니할 것이기 때문에, 시 89:35), 내가 뛰놀며, 하나님께서 그 약속을 이루실 것을 소망하면서 기뻐하리라." 하나님의 약속의 말씀은 소망의 견고한 토대이기 때문에 모든 믿는 자들에게 기쁨의 온전한 원천이 된다는 것을 명심하라.

I. 다윗은 여기에서 앞으로 이루어질 두 가지를 기대하면서 기뻐한다.

1. 하나님께서 지금 이스라엘 나라에 행하시고 계시는 이 개혁을 온전하게 하시리라는 것. 하나님께서는 다윗이 왕이 될 것이라고 그의 거룩하심으로 말씀하셨기 때문에, 다윗은 마치 이스라엘이 이미 그의 수중에 들어와 있기라도 한 것처럼 온전한 확신 가운데 이스라엘 나라가 모두 그의 소유가 되리라는 것을 의심하지 않는다. 내가 세겜을 나누며(세겜은 에브라임 산 중에 있던 아름다운 성읍이었다) 숙곳 골짜기를 측량하리니, 이것들은 모두 나의 것임이라. 길르앗이

내 것이요 므낫세도 내 것이라(7절). 에브라임은 하나님께 그의 호위대와 상비군을 위한 군사들을 내어 주게 될 것이다. 유다는 하나님께 그의 법정에서 일하게 될 유능한 재판관들을 내어 놓을 것이다. 이렇게 에브라임은 그의 머리의 투구가 될 것이고, 유다는 그의 규가 될 것이다. 이렇게 진정으로 믿음이 있는 자들은 하나님의 약속들 속에서 승리의 개가를 부르며 기뻐할 수 있고, 그 약속들 속에 담겨 있는 온갖 선한 것들로 인하여 위로를 받을 수 있다. 왜냐하면, 하나님의 약속들은 그리스도 안에서 모두 예와 아멘이 되기 때문이다. "하나님께서 그의 거룩하심으로 말씀하셨으므로, 죄 사함 받는 것도 내 것이요 평안도 내 것이며 은혜도 내 것이고 그리스도도 내 것이며 천국도 내 것이고 하나님 자신도 내 것이다." 다 너희의 것이니 이는 너희가 그리스도의 것이기 때문이다(고전 3:22-23).

2. 끊임없이 이스라엘을 괴롭혀 왔던 이웃 나라들이 여전히 이스라엘에게 위협이 되고 다윗이 왕위에 오르는 것을 반대하고 있지만, 그 나라들이 결국 정복되리라는 것(8절). 모압 백성들은 이스라엘의 노예가 되어서 가장 천한 허드렛 일들을 맡아서 하게 될 것이다. 모압 사람들은 다윗의 종들이 되었다(삼하 8:2). 에돔은 사람들이 헌 신발들을 던져 넣는 쓰레기통이 될 것이다. 다윗은 에돔을 점령하여 자신의 소유로 삼게 될 것인데, 하나님께서는 나의 신발을 벗어 주리라는 표현을 통해서 이런 일이 확실하게 이루어질 것을 약속하셨다(룻 4:7). 블레셋 사람들아, 너희들이 이전에 그랬던 것처럼 지금도 하나님에 대하여 승리의 개가를 부르며 즐거워해 보라. 하나님께서는 곧 그들로 하여금 승리의 개가를 서글픈 탄식으로 바꾸게 만들어 버리실 것이다. 또는, 블레셋 사람들은 그들이 하나님으로 인하여 좋은 처지가 되었다는 것을 알고서 기뻐해야 할 것이다. 왜냐하면, 그들이 다윗에게 복속되고 이스라엘과 친교를 맺게 된 것은 하나님께서 그들에게 가장 큰 은혜를 베푸신 것이 될 것이기 때문이다. 그러나 전쟁은 아직 끝나지 않고 있는 상태였다. 견고한 성, 즉 암몬 자손들이 거주하는 랍바는 여전히 버티고 있고, 에돔은 아직 복속되지 않았다.

(1) 다윗은 여기에서 전쟁을 이끌어 주시기를 간구하고 있다. "누가 나를 이끌어 견고한 성에 들일까. 내가 어떠한 동맹군이나 지원군의 도움을 받아서, 원수들의 땅과 그들의 요새를 차지할 수 있을까?" 선한 일을 시작한 자들은 그 일을 온전히 끝마치게 되기를 간절히 바랄 수밖에 없다.

(2) 다윗은 그러한 도움을 오직 하나님께서 주시기를 기대하고 있다. "하나님이여 주께서 그렇게 아니하시겠나이까. 왜냐하면, 주께서는 주의 거룩하심으로 말씀하셨기 때문이니이다. 주께서는 주의 말씀만큼 선하게 행하지 아니하시겠나이까?" 다윗은 하나님께서 지금까지 그들을 기뻐하지 않으셔서 힘든 일들을 겪게 하셨다는 것을 지적한다: 주께서는 우리를 버리셨고 우리 군대와 함께 나아가지 아니하셨나이다. 그들은 전쟁에서 패배하고 좌절을 겪을 때마다 그것이 하나님께서 그들에게 은혜로 임재하지 않으셨기 때문이라고 고백하였다. 그렇기 때문에 그들은 하나님으로부터 멀리 도망치는 것이 아니라, 도리어 더 굳게 하나님을 붙잡았다. 하나님께서 최근에까지 그들에게 은총을 베풀지 않으면 않으실수록, 그들은 더욱더 하나님께서 은혜를 베푸시기를 소망하였다. 그들은 지나간 날에 하나님께서 행하신 일들은 모두 의로우시다는 것을 고백하고, 장차 하나님께서 그들에게 긍휼을 베푸시기를 소망하였다. "주께서는 우리를 버리셨지만, 우리와 영원히 다투시고자 하지는 않으시고, 또한 항상 꾸짖지는 않으실 것이다. 주께서는 우리를 내치셨지만, 우리에게 긍휼을 베풀기 시작하셨다. 주께서 이미 시작하신 일을 온전히 끝맺지 아니하시겠는가?" 다윗의 자손은 고난 중에 어찌하여 나를 버리셨나이까?라고 부르짖으셨을 때에 아버지에 의해서 버림받은 것처럼 보였다. 하지만 그 때에조차도 그는 어둠의 세력들과 그들의 견고한 성에 대하여 영광스러운 승리를 얻고 계셨고, 그 승리는 마침내 온전히 결실을 거두게 될 것이었다. 왜냐하면, 그는 계속해서 승리를 거두어 오셨고, 앞으로도 계속해서 승리를 거두실 것이기 때문이다. 마찬가지로, 하나님의 이스라엘, 즉 하나님의 영적인 이스라엘도 그리스도로 말미암아 계속해서 승리를 거두며 연전연승하고 있다. 그들은 종종 하나님께서 그들을 버리신 것이 아닌가 생각하기 쉽고, 작은 싸움들 속에서 실패를 경험할 수도 있지만, 하나님께서는 결국 그들을 견고한 성으로 들어가게 하시고 승리를 거두게 하실 것이다. 우리는 개별적인 전투에서 질 때도 있지만 전체 전쟁에서는 지지 않는다. 하나님의 약속에 대한 살아 있는 믿음은 우리에게 평강의 하나님께서 속히 사탄을 우리 발 아래에서 상하게 하실 뿐만 아니라 아버지께서 그 나라를 우리에게 주시기를 기뻐하신다는 것을 확신하게 해 줄 것이다.

II. 다윗은 소망 가운데 기도한다. 그의 기도는 우리를 도와 환난에서 벗어나게 하소서라는 것이다(11절). 승리의 개가를 부르는 날에도 그들은 여전히 전쟁 중에 있기 때문에 그들이 환난 가운데 처해 있는 것을 보게 되는데, 이것은 이기는 쪽에게도 괴로운 일이다. 그러므로 파도가 무섭게 치는 바다에서 낚시하기를 좋아하는 자들을 빼고는 전쟁을 좋아하는 사람은 있을 수 없다. 환난에서 벗어나게 해 달라는 것은 그들이 전쟁을 벌이고 있는 원수들로부터 그들을 보호해 달라는 것이다. 그들은 지금 승리자가 되었지만, 다음 번의 접전에서 하나님께서 그들을 도와 주지 않으신다면, 그들은 패배할 수도 있다(전쟁은 너무도 불확실한 것이기 때문에). 그러므로 그들은 여호와여, 성소에서 우리를 도와 주소서라고 기도하는 것이다. 환난으로부터 벗어나는 것은 전쟁을 쉬는 것이다. 그들이 바라는 것은 승리가 아니라 공평이다. 이와 같이 우리는 평화를 구한다. 그들은 소망 가운데서 힘을 얻으며 이 기도를 드리고 있는데, 이 소망과 관련된 두 가지 내용이 나온다.

1. 그들은 그들 자신이나 피조물과 관련된 모든 의지할 것들을 신뢰하지 않는다는 것: 사람의 도움이 헛됨이니이다. 우리가 모든 피조물들이 우리를 도울 수 없다는 것을 고백하게 될 때에야 우리는 하나님으로부터 도움을 받을 수 있는 준비를 갖추게 된다.

2. 그들이 하나님을 의지하고, 하나님의 능력과 약속을 의지한다는 것(12절). "우리가 하나님을 의지하고 용감하게 행하리니, 그렇게 할 때에 우리는 승리를 거두게 되리이다. 왜냐하면, 오직 하나님만이 우리의 대적을 밟으실 이심이고, 그렇게 하여 찬송을 받으실 수 있는 이시기 때문이니이다."

(1) 우리가 하나님을 의지하고 신뢰한다고 해서, 우리는 우리가 해야 할 일을 더욱 용기를 내어서 힘써 하지 않아도 되는 것은 아니다. 우리를 위하여 모든 것을 이루시는 이는 하나님이시지만, 그럼에도 불구하고 우리가 해야 할 일이 있다.

(2) 하나님에 대한 소망은 참된 용기의 원천이다. 하나님의 인도하심 아래에서 자신의 할 일을 하는 자들은 그 일을 용감하게 해 낼 수 있다. 왜냐하면, 하나님을 자신의 편으로 삼고 있는 자들은 아무것도 두려워할 필요가 없기 때문이다.

(3) 우리는 오직 하나님을 의지해서 그 은혜로 말미암아 일을 행할 때에만 용감하게 행할 수 있다. 우리 자신은 연약하고 겁이 많지만, 하나님께서는 우리에게 힘을 불어넣어 주시고 영감을 주셔서, 우리로 하여금 용기와 결단력을

갖게 하신다.

(4) 비록 우리가 아무리 용감하게 행하였다고 할지라도, 일을 성공시킨 모든 공로는 전적으로 하나님께 돌려져야 한다. 왜냐하면, 우리의 대적을 밟으실 이는 하나님이시고, 우리 자신이 아니기 때문이다. 우리가 거둔 모든 승리들은 물론이고 우리에게 주어진 용기도 다 하나님으로부터 나온 것이기 때문에, 우리는 우리가 거둔 면류관을 모두 하나님의 발 앞에 바쳐 드려야 한다.

제
— 61 —
편

개요

다윗은 이 시편에서 그 밖의 다른 많은 시편들에서와 마찬가지로 슬픈 심정으로 시작하지만, 즐겁고 유쾌한 기분으로 끝을 맺는다 — 기도와 눈물로 시작해서 찬송으로 끝난다. 이렇게 영혼은 하나님을 향하여 들리워져서 고양될 때에 원래 가지고 있던 기쁨으로 되돌아가게 된다. 이 시편을 지었을 당시에 다윗은 사울 또는 압살롬으로부터 쫓기고 있던 신세였던 것 같다. 어떤 이들은 다윗이 스스로를 왕이라고 부르고 있다는 것을 근거로(6절) 이 때에 다윗이 압살롬에 의해서 쫓기고 있었던 것이라고 생각하지만, 이 본문은 왕이신 메시야를 가리킨다. 다윗은 이 시편에서 자기가 해야 할 일을 인내로써 해 나갈 것을 다짐하면서, 그의 경험과 기대에 비추어서 그렇게 해 나가도록 스스로를 격려한다. I. 다윗은 하나님께서 이제까지 그를 보호해 주셨기 때문에 하나님을 부르고자 한다(1-3절). II. 다윗은 하나님께서 그에게 좋은 것들로 공급해 주셨기 때문에 하나님을 부르고자 한다(4-5절). III. 다윗은 하나님의 은총이 그에게 계속될 것이라는 확신을 가지고 있었기 때문에 하나님을 찬송하고자 한다(6-8절). 따라서 우리는 이 시편을 노래할 때에 우리의 믿음과 소망, 우리의 기도와 찬송을 아주 생생하게 표현해 주고 있는 내용들을 발견할 수 있다. 이 시편 속에 나오는 몇몇 대목들은 아주 특이하다.

〔다윗의 시, 인도자를 따라 현악에 맞춘 노래〕

[1]하나님이여 나의 부르짖음을 들으시며 내 기도에 유의하소서 [2]내 마음이 약해 질 때에 땅 끝에서부터 주께 부르짖으오리니 나보다 높은 바위에 나를 인도하소서 [3]주는 나의 피난처시요 원수를 피하는 견고한 망대이심이니이다 [4]내가 영원히 주의 장막에 머물며 내가 주의 날개 아래로 피하리이다 (셀라)

이 절들 속에서 우리는 다음과 같은 것들을 살펴볼 수 있다.

I. 다윗은 그가 환난을 당하여 곤고한 날에 기도로써 하나님을 꼭 붙잡음.

"무슨 일이 닥치든지, 나는 주께 부르짖으오리다(2절). 나는 다른 신들에게가 아니라 오직 주께만 부르짖을 것이고, 주께서 내게 환난을 주신다고 하여 주께로 부터 떨어져 나가는 것이 아니라 오히려 더욱 주를 바라보며 기다릴 것이고, 차가운 마음으로 건성으로 주께 말씀드리는 것이 아니라 주께서 나를 축복하지 않으시면 결코 보내 드릴 수 없다는 심정으로 뜨겁고 간절하게 주께 부르짖으오리다."

1. 다윗은 그가 늘 가서 간구를 드렸던 기도의 집인 성소로부터 멀리 떨어져 있음에도 불구하고 이렇게 하고자 한다. "땅 끝에서부터, 즉 이 땅에서 가장 후미진 곳에서 내가 주께 부르짖으오리다." 우리는 어디에서나 하나님께 나아갈 수 있기 때문에, 우리가 그 어디에 있든지 우리 앞에 은혜의 보좌로 나아가는 길이 열려 있다는 것을 알아야 한다. 사람은 그 어디에 있든지 동일하게 천국으로 나아갈 수 있다. "아니, 내가 여기 땅 끝에서 슬퍼하며 홀로 있기 때문에, 내가 주께 부르짖으오리다." 우리는 우리에게 위로와 기쁨을 주는 것들로부터 떨어지면 떨어질수록, 모든 위로와 기쁨의 원천이신 하나님께 더욱더 가까이 나아갈 수 있게 된다는 것을 명심하라.

2. 다윗은 그의 심령이 낙심하여 의기소침해 있음에도 불구하고 그렇게 하고자 한다. "내 마음이 여러 가지 근심으로 눌려 있지만 완전히 가라앉아 버린 것은 아니기 때문에, 나는 기도를 통해서 하나님을 향하여 내 마음을 들 수 있나이다. 만약 내가 내 마음을 이렇게 들 수 없다면, 내 마음은 분명히 완전히 짓눌려 버린 것이나이다. 아니, 내 마음이 완전히 압도되어 버릴 지경이 되어 버렸기 때문에, 힘을 얻어서 다시 회복하기 위하여, 내가 주께 부르짖나이다." 슬퍼하며 우는 것이 기도를 촉진시키는 것이 되어야지 기도를 죽이는 것이 되어서는 안 된다는 것을 명심하라. 너희 중에 고난당하는 자가 있느냐. 그는 기도할 것이니라(약 5:13; 시 102:1).

II. 다윗은 그의 마음이 눌려서 가라앉게 되었을 때에 하나님께 특별한 간구를 드림. 나보다 높은 바위에 나를 인도하소서.

1. "주께서 돕지 않으시면, 내가 올라가기에 도저히 불가능할 정도로 높은 바위로 나를 인도하소서. 여호와여, 주께서 특별한 은혜로 내 속에 믿음을 주시기 전에는 내가 결코 가질 수 없는 확신과 만족으로 나로 하여금 내가 안전하다는 것을 알게 하소서."

2. "나의 환난들이 닿을 수 없고, 나의 능력이나 지혜로는 가까이 갈 수 없을

만큼 평온하고 고요한 곳인 반석으로 나를 인도하소서." 하나님의 능력과 약속은 우리보다 더 높은 바위이다. 이 반석은 그리스도이시다. 그리스도 안에 있는 자들은 안전하다. 하나님께서 그의 능력으로 우리를 이끌지 아니하시면, 우리는 이 반석 위에 도달할 수 없다. 내가 너를 반석 틈에 두리라(출 33:22). 그러므로 우리는 믿음과 기도로써 하나님께서 우리를 직접 다스리셔서 하나님의 보호하심 아래에 두실 수 있게 해 드려야 한다.

Ⅲ. 다윗은 평안의 응답을 원하고 기대함. 그는 믿음으로 이렇게 간구한다(1절): "하나님이여 나의 부르짖음을 들으시며 내 기도에 유의하소서. 즉, 나로 하여금 주께서 내 기도를 들으셨다는 것을 지금 알게 하셔서 위로받게 하시며(시 20:6), 장래에 때가 되면 내가 기도한 것을 이루어 주소서."

Ⅳ. 이러한 기대의 근거와 자신의 간구를 강화시키기 위하여 그가 사용하는 호소(3절). "주는 나의 피난처이셨음이니이다. 나는 주 안에서 나보다 높은 바위를 발견하여 왔나이다. 그러므로 나는 주께서 장래에도 나를 그 바위로 인도하시리라는 것을 믿나이다." 우리가 과거에 하나님을 의지해서 은택을 입은 경험들은 우리로 하여금 계속해서 하나님을 붙잡도록 할 뿐만 아니라, 우리로 하여금 하나님을 의지하는 것이 결코 헛되지 않을 것이라는 소망을 갖게 만든다. "주는 내게 원수를 피하는 견고한 망대이셨기 때문에, 이전처럼 지금도 주는 여전히 견고하시고, 주의 이름은 의인들에게 망대가 되시나이다(잠 18:10)."

Ⅴ. 다윗은 그가 계속해서 하나님께 해야 할 도리를 다하며 하나님을 의지하겠다고 결심함(4절).

1. 하나님을 섬기는 일은 그가 변함없이 계속해서 할 일이 될 것이다. 하나님을 자신의 피난처와 견고한 망대로 삼고자 하는 모든 자들은 다윗과 같이 하나님을 섬기는 일을 자기가 변함없이 해야 할 일로 삼아야 한다. 하나님의 집에서 천한 일들을 하는 종들 외에는 그 누구도 하나님의 보호하심이라는 은택을 받을 수 없다. 내가 영원히 주의 장막에 머무리이다. 다윗은 지금 성막으로부터 쫓겨나 있었고, 이것은 그의 가장 큰 슬픔이었지만, 그는 하나님께서 섭리를 통해서 그를 다시 하나님의 성막으로 돌아가게 해 주시리라는 것을 확신하였다. 왜냐하면, 하나님께서는 은혜를 통해서 다윗의 마음속에 성막을 너무도 사모하여 그로 하여금 성막을 그의 영원한 거처로 삼고자 하는 결심을 하게 하셨기 때문이다(시 27:4). 다윗이 주의 장막에 영원히 머물겠다고 말하는 것은 주

의 장막, 즉 성소는 하늘에 있는 성소에 대한 모형이자 비유였기 때문이다(히 9:8-9, 24). 이 땅에 짧은 기간 동안 하나님의 장막에 머물면서 섬김의 일을 다 한 자들은 다함이 없는 영원의 기간 동안 하늘의 성소에서 머물며 영광을 누리게 될 것이다.

2. 하나님의 은혜와 은혜의 언약은 그의 끊임없는 위로가 될 것이다. 병아리들이 따뜻하고 안전한 곳을 찾아서 암탉의 날개 아래에 들어가는 것과 마찬가지로, 내가 주의 날개 아래로 피하리이다. 하나님께로 피한 경험이 있는 자들은 장래에도 그들이 곤경에 처할 때마다 하나님을 의지하여야 한다. 하나님의 장막에 거하는 자들은 환난을 당할 때에 하나님께서 그 장막 속에 그들을 숨겨 주시는 은혜를 입게 될 것이다.

⁵주 하나님이여 주께서 나의 서원을 들으시고 주의 이름을 경외하는 자가 얻을 기업을 내게 주셨나이다 ⁶주께서 왕에게 장수하게 하사 그의 나이가 여러 대에 미치게 하시리이다 ⁷그가 영원히 하나님 앞에서 거주하리니 인자와 진리를 예비하사 그를 보호하소서 ⁸그리하시면 내가 주의 이름을 영원히 찬양하며 매일 나의 서원을 이행하리이다

이 절들 속에서 우리는 다음과 같은 것들을 살펴볼 수 있다.

I. 다윗은 하나님께서 이전에 그를 위하여 행하신 일을 어떠한 기쁨으로 되돌아보고 있는가(5절). 주 하나님이여 주께서 나의 서원을 들으셨나이다.

1. "내가 행하여 나의 영혼을 스스로 구속했던 그 서원들을 주께서는 들으시고 열납하여 주셨나이다. 내가 진실로 서원하였기 때문에, 주께서는 그 서원들을 기뻐하셨나이다. 주는 그 서원들을 생각하셨고, 내게 생각나게 해 주셨나이다." 하나님께서는 야곱에게 그가 한 서원들을 일깨워 주셨다(창 31:13; 35:1). 하나님은 우리가 행한 모든 서원들, 우리의 모든 선한 의도들, 우리가 새롭게 순종하겠다고 엄숙하게 약속했던 모든 것들에 대한 증인이시라는 것을 명심하라. 하나님은 그러한 서원들을 다 기억하고 계시기 때문에, 여기에 나오는 다윗과 마찬가지로 우리에게도 우리가 행한 서원들을 이행하여야 할 이유가 된다(8절). 왜냐하면, 우리가 행한 서원들을 들으시는 하나님께서는 만약 우리가 그 서원들을 이행하지 않는 경우에는 우리에게 그 서원들을 다시 들려

주실 것이기 때문이다.

2. "내가 이러한 서원들과 더불어서 함께 드렸던 기도들을 주께서는 은혜로 들으시고 응답해 주셨나이다." 이것은 그로 하여금 지금 하나님이여 나의 부르 짖음을 들으소서라고 기도할 수 있는 힘을 주었다. 야곱의 자손에게 "너희가 나를 찾아도 헛되리라"라고 결코 말씀하지 않으셨던 하나님은 지금도 그렇게 말씀하지 않으실 것이다. "주께서는 나의 서원들을 들으셨고, 그 서원들에 대하여 응답해 주셨나이다. 왜냐하면, 주께서는 주의 이름을 경외하는 자가 얻을 기업을 내게 주셨기 때문이니이다."

(1) 이 세상에는 하나님의 이름을 경외하고, 하나님께서 사람들에게 자기 자신에 대하여 나타내기를 기뻐하신 모든 것들을 거룩한 경외심과 공경심으로 받아들이고 순종하는 특별한 사람들이 존재한다.

(2) 그러한 특별한 사람들에게 특별히 주어지는 기업, 즉 그들이 장차 받게 될 지극한 복의 맛보기들인 현재적인 위로들과 기쁨들이 존재한다. 하나님 자신이 그들의 영원한 기업, 그들의 영원한 분깃이다. 하나님을 자신의 기업으로 삼은 레위인들은 하나님을 누려야 하고, 그들의 형제들과 같은 몫을 기대해서는 안 된다. 따라서 하나님을 경외하는 자들은 하나님 안에서 풍족함을 누리기 때문에, 그들이 세상의 것들을 별로 갖고 있지 않다고 해서 불평해서는 안 된다.

(3) 하나님을 경외하는 자들이 얻는 기업보다 더 좋은 기업은 없기 때문에, 우리는 더 좋은 기업을 얻고자 할 필요가 없다. 하나님께서 우리를 그의 이름을 사랑하는 자들을 대우하는 것과 같이 대우하신다면, 우리는 더 낮게 대우받는 것을 바랄 필요가 없게 된다.

II. 다윗은 그의 생명이 지속될 것에 대하여 어떠한 확신으로 기대하고 있는 가(6절). 주께서 왕에게 장수하게 하시리이다. 이 말씀은 다음 둘 중의 하나로 이해될 수 있다.

1. 다윗 자신에 대한 말씀. 이 시편이 다윗이 왕위에 오르기 전에 사무엘에 의해서 기름 부음을 받고 난 후에 지어졌다고 한다면, 다윗은 하나님께서 그의 거룩하심으로 말씀하신 것을 알고 있었기 때문에, 비록 그가 지금 범법자로 몰려서 박해를 당하고 있긴 하지만, 믿음으로 자기 자신을 왕이라고 부를 수 있었을 것이다. 또는, 이 시편은 압살롬이 다윗을 폐위시켜서 강제로 추방하고자

했던 때에 지어졌을 수도 있다. 당시에 다윗의 목숨을 노리는 자들이 있었지만, 다윗은 하나님을 의지하여 모세가 정해 놓은 사람의 연한(즉, 70세)까지 장수하고자 하였다. 다윗이 하나님의 뜻을 따라 그의 세대를 섬긴 것은 그의 연한이 여러 대에 미친 것이라고 할 수 있는데(행 13:36), 이것은 여러 세대가 다윗으로 인하여 더 잘 살게 될 것이었기 때문이다. 다윗의 결심은 하나님의 장막에 영원히 거하며 섬기겠다는 것이었다(4절). 지금 그의 소망은 하나님 앞에서 위로를 받으며 영원히 거하게 되는 것이다. 하나님 앞에 거하며 하나님을 섬기고 하나님을 두려워함으로 행하는 자들은 이 세상에서 선한 일을 하며 거하게 된다. 그렇게 하는 자들은 하나님 앞에서 영원히 거하게 될 것이다. 다윗이 여기에서 자기 자신에 대하여 3인칭으로 말하고 있는 것은 이 시편이 교회에서 사용되도록 인도자에게 건네질 것이었기 때문이다. 다윗은 백성들이 이 시편을 노래하면서 그들의 소원대로 원수들의 악의에도 불구하고 그들의 왕이 영원히 살게 되리라는 확신을 통해서 힘을 얻게 하고자 하였다.

2. 메시야에 대한 것. 다윗은 왕이신 메시야의 모형이었다. 다윗에게는 그가 어찌 되든지 간에 여호와의 기름 부음 받은 자의 연한이 여러 대에 미쳐서, 그의 정사와 평강의 더함이 무궁하리라는 것은 큰 위로가 되었다. 중보자는 하나님 앞에 영원히 거하게 될 것이다. 왜냐하면, 그는 항상 우리를 위하여 하나님의 존전에 나와서 영원히 사시며 중보 기도를 하실 것이기 때문이다. 그가 살아 있기 때문에, 우리도 살아 있게 될 것이다.

III. 다윗은 하나님께서 그를 항상 보호해 주실 것을 얼마나 끈질지게 간구하고 있는가. 인자와 진리를 예비하사 그를 보호하소서. 하나님의 약속이 있고 그 약속들에 대한 우리의 믿음이 있다고 해서, 우리가 기도하기를 게을리해서는 안 된다. 다윗은 하나님께서 그의 생명을 연장시켜서 장수하게 하실 것을 확신하였기 때문에, 하나님께서 그에게 강력한 호위대나 잘 요새화된 성을 마련해 주시라고 간구한 것이 아니라 인자와 진리를 예비하셔서 그를 보호해 주실 것을 간구하였다. 즉, 다윗은 하나님께서 그 선하심으로 말미암아 약속에 따라서 그를 안전하게 해 주실 모든 조치를 취해 주시기를 기도한 것이다. 우리는 하나님의 인자와 진리의 보호하심 아래에 있는 것보다 더 안전하기를 바랄 수 없다. 이것은 메시야에게 적용될 수 있다: "하나님께서 때가 차매 야곱에게 진리를 베푸시며 아브라함에게 인자를 베푸셔서 메시야를 이 땅에 보내소서"(미

7:20; 눅 1:72-73).

　IV. 다윗은 얼마나 기쁜 마음으로 하나님의 은혜에 보답하여 하나님에 대하여 그가 해야 할 도리를 다하겠다고 맹세하는가(8절).　그리하시면 내가 주의 이름을 영원히 찬양하리이다. 하나님께서 우리를 보호해 주시면, 우리는 마땅히 하나님을 찬송하여야 한다는 것을 명심하라. 그러므로 우리는 하나님을 찬송할 수 있게 되는 삶을 살기를 원하여야 한다: 내 영혼을 살게 하소서 그리하시면 주를 찬송하리이다. 우리는 하나님을 찬송하는 일을 우리가 죽는 날까지 일생동안 해야 할 일로 삼아야 한다(우리의 목숨이 붙어 있는 한, 우리는 끊임없이 하나님을 찬송하여야 한다). 그렇게 하면, 하나님을 찬송하는 일은 우리가 영원히 하게 될 일이 될 것이고, 우리는 하나님을 영원히 찬송하게 될 것이다. 내가 매일 나의 서원을 이행할 수 있게 되리이다. 그가 하나님을 찬송하는 것은 그 자체가 그의 서원들을 이행하는 것이었고, 그것은 그의 마음으로 하여금 다른 경우들에 있어서의 그의 서원들을 이행할 마음이 내키게 하였다.

　1. 우리는 우리가 행한 서원들을 의식적으로 이행하여야 한다.

　2. 하나님을 찬송하는 일과 우리의 서원들을 하나님께 이행하는 일은 우리가 매일 끊임없이 하는 일이 되어야 한다. 우리는 매일매일 그것과 관련하여 뭔가를 해 나가야 한다. 왜냐하면, 그것은 우리가 마땅히 해야 할 것과 비교하면 거의 하지 않는 것과 같기 때문이고 우리는 매일매일 하나님으로부터 새로운 긍휼을 받기 때문이며, 우리가 그것을 매일 하는 것을 너무 많이 하는 것이라고 생각한다면 우리는 그것을 영원토록 행할 수 있게 되는 것을 기대할 수 없기 때문이다.

제
— 62 —
편

개요

이 시편 속에는 기도나 찬송과 직접적으로 관련이 있는 내용이 나오지 않고, 이 시편이 어느 때에 지어졌는지, 어떤 구체적인 사건과 관련이 있는지, 그 사건이 슬픈 일이었는지 기쁜 일이었는지를 알 수 있게 해 주는 내용도 나오지 않는다. 하지만 이 시편 속에는 다음과 같은 내용들이 나온다. I. 다윗은 자기가 하나님을 신뢰하고 의지한다는 것을 아주 큰 기쁨으로 고백하면서, 계속해서 하나님을 바라보도록 스스로를 격려한다(1-7절). II. 다윗은 다른 사람들에게 자기와 마찬가지로 하나님을 의지하고 피조물을 의지하지 말라고 아주 간절하게 권한다(8-12절). 이 시편을 노래할 때, 우리는 우리 자신으로 하여금 더욱 분발하여 하나님을 바라도록 하여야 한다.

〔다윗의 시, 인도자를 따라 여두둔의 법칙에 따라 부르는 노래〕

[1]나의 영혼이 잠잠히 하나님만 바람이여 나의 구원이 그에게서 나오는도다 [2]오직 그만이 나의 반석이시요 나의 구원이시요 나의 요새이시니 내가 크게 흔들리지 아니하리로다 [3]넘어지는 담과 흔들리는 울타리 같이 사람을 죽이려고 너희가 일제히 공격하기를 언제까지 하려느냐 [4]그들이 그를 그의 높은 자리에서 떨어뜨리기만 꾀하고 거짓을 즐겨 하니 입으로는 축복이요 속으로는 저주로다 (셀라) [5]나의 영혼아 잠잠히 하나님만 바라라 무릇 나의 소망이 그로부터 나오는도다 [6]오직 그만이 나의 반석이시요 나의 구원이시요 나의 요새이시니 내가 흔들리지 아니하리로다 [7]나의 구원과 영광이 하나님께 있음이여 내 힘의 반석과 피난처도 하나님께 있도다

이 절들 속에는 다음과 같은 내용들이 나온다.

I. 다윗은 모든 선한 것과 관련하여 오직 하나님만을 의지한다고 고백함(1절). 나의 영혼이 잠잠히 하나님만 바람이여. 그럼에도 불구하고(어떤 이들은 이렇게 해석한다) 또는 "어찌 되었건, 내가 어떠한 어려움이나 위험을 만나든, 하나님께서 나를 기뻐하지 않으셔서 내가 그를 바라보아도 낙심되는 일들만이

만날 뿐이지만, 내 영혼은 여전히 하나님만 바라나이다(직역하면, 하나님께 잠잠하나이다). 하나님께서 행하시는 일을 거슬러 아무것도 말하지 말고, 오직 잠잠히 하나님께서 장차 행하실 일을 바라라." 우리 영혼이 하나님을 바랄 때, 우리가 기쁜 마음으로 우리 자신과 우리의 모든 일들을 하나님의 뜻과 지혜에 맡길 때, 우리가 하나님의 섭리에 묵묵히 순종하여, 일이 의심스럽게 진행된다고 하여도, 그 일이 어찌 되든 하나님의 의와 선하심을 온전히 믿고 기뻐하는 가운데 인내로써 기다릴 때, 우리는 우리의 도리를 다하는 것이고, 또한 위로를 받게 된다. 내 영혼이 하나님께 순복하고 있지 않나이까(칠십인역에서는 이렇게 번역하고 있다). 우리는 마땅히 그렇게 하여야 한다. 우리의 뜻은 하나님의 뜻에 녹아 들어가야 한다. 내 영혼이 하나님을 바라보오니, 이는 나의 구원이 그에게서 나오기 때문이니이다. 다윗은 지금 그가 위협을 받고 있고 위험에 처해 있지만 그의 구원이 임하리라는 것을 의심하지 않고, 그 구원이 오직 하나님으로부터 오리라고 기대한다. 왜냐하면, 작은 산들과 큰 산들로부터 구원을 기대하는 것은 헛되기 때문이다(렘 3:23; 시 121:1-2). "나는 나의 구원이 하나님으로부터 오리라는 것을 알고 있기 때문에, 그 구원이 올 때까지 인내로써 하나님을 바라나이다. 왜냐하면, 하나님께서 정하신 때가 가장 좋은 때이기 때문이니이다." 우리는 이 말씀을 하나님의 구원이라 불리는 우리의 영원한 구원에 적용할 수 있다(시 50:23). 그 구원은 하나님으로부터 온다. 하나님께서는 우리를 위하여 그 구원을 준비하셨고, 그 구원을 위하여 우리를 준비시키시며, 우리를 지켜 보호하셔서 그 구원에 이르게 하시기 때문에, 하나님께서 우리 영혼을 그가 합당하다고 생각하시는 방식으로 이 세상을 거쳐서 저 영원한 구원으로 인도하시도록, 우리 영혼은 하나님을 바라야 한다.

II. 다윗이 이렇게 하나님을 의지하는 근거와 이유(2절).   오직 그만이 나의 반석이시요 나의 구원이시요 나의 요새이시다.

1. "하나님은 내게 무수히 그래 오셨다. 하나님 안에서 나는 피난처와 힘과 구원을 발견해 왔다. 하나님은 은혜로써 나를 붙잡아 주시고 환난 가운데서 나로 하여금 견디게 하여 주셨으며, 그의 섭리를 통해서 내 원수들의 능욕들로부터 나를 막아 주셨고, 내가 환난에 빠졌을 때 거기로부터 나를 건져 주셨다. 그러므로 나는 하나님께서 이후에도 나를 건져 주시리라는 것을 믿는다(고후 1:10)."

2. "오직 하나님만이 나의 반석과 나의 구원이 되실 수 있으시다. 피조물들은

그렇게 될 수 없다. 피조물들은 하나님 없이는 아무것도 아니기 때문에, 나는 피조물들 너머에 계시는 하나님을 바라볼 것이다."

3. "하나님께서는 언약에 따라서 그렇게 해 오셨다. 만세 반석이신 분조차도 나의 반석이시다. 구원의 하나님이신 분이 나의 구원이시다. 지극히 높으신 분이 나의 산성이 되신다. 그러므로 이 세상에서 내가 하나님을 믿고 의지하는 것은 너무도 당연한 일이다."

III. 다윗이 하나님을 의지함으로써 나타난 선한 결과.

1. 하나님을 믿고 의지하기 때문에, 그의 마음은 흔들리지 아니하였다. "하나님이 나의 힘과 힘있는 구원자가 되시기 때문에, 내가 크게 흔들리지 아니하리로다(즉, 내가 망하거나 멸망하지 않게 될 것이다). 나는 충격을 받을 수는 있지만, 결코 가라앉지는 않을 것이다." 또는, "내 마음이 몹시 당황하여 불안하게 되지 않을 것이다. 나는 약간 놀랄 수는 있을 것이지만, 대경실색하여 두려움에 떨거나 혼이 나간 사람처럼 되지는 않을 것이다. 나는 마음이 답답해질 수는 있겠지만, 결코 낙심하지는 않을 것이다(고후 4:8)." 이렇게 하나님에 대한 소망은 영혼의 견고한 닻이 될 것이다.

2. 그는 그의 원수들을 하찮게 여기고, 그를 죽이고자 하는 그들의 모든 시도들을 멸시한다(3-4절). 하나님께서 우리를 위하시면, 우리는 사람이 아무리 큰 힘과 악의를 가지고 우리를 해치고자 한다고 하여도 그것을 전혀 두려워할 필요가 없다.

(1) 그는 여기에서 그의 원수들이 어떤 자들인가를 설명한다. 그들은 뱀의 독과 교묘함을 가지고 해악을 끼치고자 하고 있고, 수가 많은 그들에게 도저히 상대가 되지 않는 한 사람, 그들과 동족인 한 사람을 죽이려고 한다. 하나님께서 섭리를 통해서 그들의 음모를 자주 좌절시켰음에도 불구하고, 그들은 계속해서 한 사람에 대한 악의적인 박해를 멈추지 않았다. "너희는 그런 짓을 언제까지 하려느냐. 너희는 너희의 잘못을 깨닫지 못하는 것이냐? 너희의 악의가 아직도 다하지 않은 것이냐?" 그들은 고상한 자를 그의 고상함으로부터 떨어뜨리고, 정직한 자를 그의 흠없는 상태에서 끌어 내려서 죄에 연루되게 하고자 하는 일에 의기투합하였다. 이것은 우리를 우리의 고상함으로부터 효과적으로 끄집어 내리고, 하나님께서 높이신 자를 그의 고결함으로부터 끌어 내려서 하나님을 대적하여 싸우게 만들 수 있는 유일한 방법이다. 그들의 악의의 밑바닥

에는 시기가 놓여 있다. 그들은 다윗이 출세하는 것을 시기하였기 때문에, 그의 인품을 깎아 내리고 훼손시킴으로써(이것이 그를 그의 고상한 자리로부터 끌어 내리는 것이다) 그가 잘되는 것을 훼방하고자 하였다. 이런 목적을 위해서 그들은 그를 중상모략하였고, 그에 대한 비방들을 듣기를 즐겨 하였으며, 그들 스스로도 거짓이라는 것을 너무도 잘 알고 있는 나쁜 소문들을 백성들 가운데 퍼뜨리기를 좋아하였다: 그들은 거짓을 즐겨 한다. 그들이 그에 관하여 거짓말을 해서 그에게 해악을 끼치는 일을 서슴지 않은 것과 마찬가지로, 그들은 그에게 거짓말을 해서 그들이 속에 품고 있는 악의와 음모를 감춤으로써 그것을 좀 더 효과적으로 해 내고자 하는 데에도 아무런 양심의 거리낌이 없었다: 입으로는 축복이요(그들은 면전에서는 다윗에게 듣기 좋은 말만을 하였다) 속으로는 저주로다. 마음속으로 그들은 그를 없애버리기를 원하였고, 은밀하게 그를 해칠 계획을 세우며, 자객들을 보내어서 그를 해치고자 하였다. 이렇게 거짓된 자들을 우리가 신뢰하는 것은 위험천만한 일이다. 그러나 하나님은 신실하시다.

(2) 다윗은 왕으로서가 아니라 선지자로서 그들의 운명을 읽고, 그들에게 사형 선고를 내린다: 하나님의 의로운 심판에 의해서 너희는 모두 죽게 되리라. 이 예언에 따라서, 사울과 그의 신복들은 길보아 산에서 블레셋 사람들에 의해서 죽임을 당하였다. 하나님의 택하신 자들을 죽이고자 하는 자들은 단지 스스로 멸망을 자초하고 있는 것일 뿐이다. 하나님의 교회는 견고한 반석 위에 세워져 있다. 하나님의 교회, 그 후원자들과 보호자들에 대항하여 싸우는 자들은 넘어지는 담과 흔들리는 울타리 같아서, 그것들은 썩은 토대 위에 서 있기 때문에, 스스로의 무게 때문에 허물어지고, 갑자기 무너져서, 그것들을 피난처로 삼은 자들을 그 폐허 속에 묻어 버리고 말 것이다. 다윗은 하나님을 의지하였기 때문에 이렇게 그의 원수들이 멸망할 것을 내다보고서, 그들을 무시하며, 그들이 비극적인 최후를 맞게 될 것을 예언한다.

3. 다윗은 자기 자신에게 계속해서 하나님만 바라보도록 격려한다(5-7절): 나의 영혼아 잠잠히 하나님만 바라라. 우리가 하나님의 은혜로 말미암아 선한 일로 인한 위로와 은택을 체험하였다면, 우리는 우리가 행한 선한 일을 계속해서 해 나가고 더욱더 많이 행하도록 우리 자신을 격려하여야 한다. 우리가 하나님만을 바람으로써 좋은 결과를 체험하였다면, 우리는 우리 마음이 항상 편안하

기 위하여 우리 영혼에게 변함없이 하나님을 의지하도록 당부하여야 한다. 그는 나의 구원이 그에게서 나오는도다라고 말하였었다(1절). 이제 그는 나의 소망이 그로부터 나오는도다라고 말한다(5절). 그가 가장 우선적으로 소망하고 기대하였던 것은 그의 구원이었다. 그는 그의 구원이 하나님으로부터 나오는 것을 체험하였기 때문에, 하나님 이외의 다른 것에 기대를 두지 않는다. 그의 구원이 하나님으로부터 나왔듯이, 그의 다른 모든 기대들도 하나님으로부터 나온다. "하나님께서 내 영혼을 구원하셨으니, 그 밖의 다른 모든 것들을 하나님께서 기뻐하시는 뜻대로 행하시도록 맡겨 드리고, 나는 하나님께서 행하시는 일들이 나를 구원에 이르게 할 줄 알기 때문에 하나님의 처분에 묵묵히 순종하리라(빌 1:19)." 다윗은 그가 하나님에 관하여 앞서 말하였던 내용(2절)을 여기에서 다시 반복하는데(6절), 이것은 그가 그것을 확신할 뿐만 아니라 그것을 몹시 기뻐하고, 자신의 생각 속에서 그것을 많이 생각하였기 때문이다: 오직 그만이 나의 반석이시요 나의 구원이시요 나의 요새이시다. 그러나 그는 앞에서는 내가 크게 흔들리지 아니하리로다라는 말을 덧붙였지만, 여기에서는 내가 흔들리지 아니하리로다는 말을 덧붙인다. 믿음을 더 많이 행사할수록, 그 믿음은 점점 더 적극적이 되어 간다는 것을 명심하라. 믿음은 사용할수록 자라는 법이다(Crescit eundo). 우리가 하나님의 성품들과 약속들, 우리 자신의 체험을 더 많이 묵상하면 할수록, 우리는 두려움들을 더 많이 점령하게 된다. 따라서 하만과 같이 두려움들이 무너지기 시작할 때에 그 두려움들은 우리 앞에서 무너지게 될 것이고, 하나님께서는 우리를 온전한 평강 가운데 지키실 것이다(사 26:3). 하나님에 대한 다윗의 믿음이 요동치 않는 믿음으로 되어감에 따라서, 하나님 안에서의 그의 기쁨도 거룩한 승리의 개가로 발전해 간다(7절): 나의 구원과 영광이 하나님께 있도다. 우리의 구원이 있는 곳에 우리의 영광도 있다. 왜냐하면, 우리의 구원은 다름 아닌 저 영원한 영광이 드러난 것이기 때문이다. 우리의 구원이 있는 곳에서 우리는 영광을 받게 된다. 우리는 하나님을 종일 자랑하여야 한다. "내가 쫓길 때에 피난처로 삼아야 할 내 힘의 반석(즉, 내가 나의 소망들을 두고 있는 견고한 반석)과 피난처도 하나님께 있도다. 내게는 피할 다른 곳도 없고, 의지할 다른 곳도 없다. 내가 그것을 생각하면 할수록, 나는 내가 한 선택에 대하여 더욱더 만족하게 된다." 이렇게 그는 여호와를 기뻐함으로써 땅의 높은 곳에 올라가게 된다(사 58:14).

8백성들아 시시로 그를 의지하고 그의 앞에 마음을 토하라 하나님은 우리의 피난처시로다 (셀라) 9아, 슬프도다 사람은 입김이며 인생도 속임수이니 저울에 달면 그들은 입김보다 가벼우리로다 10포악을 의지하지 말며 탈취한 것으로 허망하여지지 말며 재물이 늘어도 거기에 마음을 두지 말지어다 11하나님이 한두 번 하신 말씀을 내가 들었나니 권능은 하나님께 속하였다 하셨도다 12주여 인자함은 주께 속하오니 주께서 각 사람이 행한 대로 갚으심이니이다

여기에서 다윗은 다른 사람들에게 그가 했던 것처럼 하나님을 의지하고 하나님만을 바라보도록 권면한다. 하나님의 길들에서 스스로 위로를 경험한 자들은 다른 사람들에게도 그러한 길들로 가도록 권하는 법이다. 하나님 안에는 모든 성도들이 거기에서 퍼내어도 다함이 없을 만큼 충분한 것이 존재하기 때문에, 다른 사람들이 참여한다고 해서 우리의 몫이 줄어 드는 것은 결코 아니다.

I. 다윗은 모든 사람들에게 그가 했던 것처럼 하나님을 바라라고 권한다(8절). 좀 더 살펴보자.

1. 다윗은 누구에게 이 선한 조언을 하는 것인가: 너희 백성들아(즉, 모든 사람들). 하나님을 의지하는 모든 자들이 환영을 받게 될 것이다. 왜냐하면, 하나님은 땅의 모든 끝에 있는 자들이 의지할 자이시기 때문이다(시 65:5). 너희 이스라엘 집의 백성들아(갈대아 역본에서는 이렇게 해석한다). 이스라엘 백성들은 특별히 하나님을 의지하도록 권면받는다. 왜냐하면, 하나님은 이스라엘의 하나님이시기 때문이다. 하나님의 백성이 그들의 하나님을 찾지 않는다면, 그것은 말도 되지 않는 일이 아니겠는가?

2. 다윗이 백성들에게 주는 선한 권면은 무엇인가.

(1) 하나님을 의지하라는 것. "그를 의지하라. 그를 믿고 의지하는 가운데 적극적으로 그와 상대하라. 그를 의지함으로써, 그로 하여금 그의 지혜와 선하심, 그의 능력과 약속, 그의 섭리와 은혜로 너희를 위하여 모든 일들을 행하시게 하라. 시시로, 즉 어느 때든지 그렇게 하라." 우리는 항상 하나님을 의지하는 것이 습관처럼 몸에 배어서 늘 하나님을 의지하는 삶을 살아야 하고, 어느 한 순간이라도 자기 자신을 의지하거나 피조물을 의지하는 일이 없이 어느 때든지 하나님을 의지하여야 한다. 우리는 무슨 일이 일어나도 하나님을 의지하고

어떤 경우에도 하나님을 의지함으로써, 어느 길이 옳은 길인지를 모를 때 하나님께서 우리를 인도하게 하시고, 우리가 위험에 빠져 있을 때 우리를 보호하게 하시며, 우리에게 부족한 것이 있을 때 하나님께서 우리에게 공급하게 하시고, 우리가 모든 선한 말과 일을 할 수 있도록 힘을 주시도록 하여야 한다.

(2) 하나님과 대화하라는 것: 하나님 앞에 마음을 토하라. 이 표현은 여호와 앞에 전제를 붓는 것과 관련되어 있는 표현인 것으로 보인다. 우리가 회개하며 죄를 고백할 때, 우리의 마음은 하나님 앞에 부어진다(삼상 7:6). 그러나 여기에서 이 표현은 기도를 의미한다. 기도는 하나님 앞에 마음을 토하는 것이다. 우리는 우리의 마음을 짓누르는 것들을 허심탄회하게 하나님 앞에 내어 놓아야 하고, 우리가 원하는 것들을 겸손하게 올려 드린 후에, 우리의 뜻을 하나님의 뜻에 순복시켜서 전적으로 우리 자신을 하나님의 처분에 맡겨야 한다. 이것이 우리의 마음을 토하는 것이다.

3. 다윗은 이 선한 조언을 받아들이도록 우리에게 어떠한 격려를 하고 있는가. 하나님은 우리의 피난처시로다. 하나님은 나의 피난처이실 뿐만 아니라(7절) 우리 모두를 위한 피난처이기도 하신다(8절). 아무리 많은 사람들이 하나님께 피한다고 하여도, 하나님 안에는 그들 모두를 위한 피난처가 있다.

II. 다윗은 우리에게 다른 것을 신뢰하지 말라고 주의하도록 경고한다. 다른 것들과 마찬가지로 마음도 기만적이다(렘 17:5-9). 하나님을 진정으로 의지하는 자들(1절)은 오직 하나님만을 의지하는 법이다(5절).

1. 우리는 사람을 의지해서는 안 된다. 왜냐하면, 사람은 상한 갈대이기 때문이다(9절). 낮은 자들은 헛 것이어서 우리를 절대 도울 수 없고, 높은 자들은 속임수이어서 우리가 그들을 의지한다면 그들은 우리를 속이게 될 것이다. 낮은 자들은 그들의 수와 육체적인 힘을 의지할 것이고, 높은 자들은 그들의 지혜와 권세와 영향력을 의지할 것이다. 그러나 그 어느 것도 우리가 의지할 것이 못 된다. 이 두 부류 중에서 높은 자들은 좀 더 속이는 자들로 언급되고 있다. 왜냐하면, 그들은 단지 헛된 것을 의미할 뿐만 아니라 죄악을 의미하기도 하는 속임수이기 때문이다. 우리는 낮은 자들을 의지하기보다는 왕이나 방백들을 의지하기 쉬운데, 그들은 그들이 가지고 있는 그럴 듯한 것들을 통해서 우리로 하여금 그들을 의지하게 만들지만, 결국 우리를 실망시킴으로써 속임수임이 드러나게 된다. 그들을 저울에, 성경의 저울에 달아 보고, 과연 그들이 너희의

기대에 부응하는지를 시험해 보라. 그러면, 너희는 그들 위에 데겔(부족함이 보임)이라고 쓰게 될 것이다. 그들은 한결같이 입김보다 가벼운 자들이다. 그들의 지혜가 우리를 조언해 줄 것이라고 기대하지 말고, 그들의 권세가 우리를 위해서 뭔가를 해 줄 것이라고 기대하지 말며, 우리에 대한 그들의 선의나 약속을 기대하지 말고, 하나님께 순복하는 것 이외의 다른 것에 기대를 걸지 말라.

2. 우리는 이 세상의 재물을 의지하지 말아야 하고, 이 세상의 재물을 우리의 견고한 성으로 삼지 말아야 한다(10절): 포악을 의지하지 말라. 즉, 속임수와 폭력에 의해서 얻어진 재물을 의지하지 말라. 왜냐하면, 많은 재물은 보통 인색하게 긁어 모으는 것을 통해서 얻어지기 때문이다(우리 구주께서는 재물을 불의의 재물이라고 부르신다, 눅 16:9). "너희가 많은 재물을 얻었거나 그런 과정에 있다고 해서, 너희가 온전히 안전하다고 생각하지 말라. 왜냐하면, 탈취한 것으로 허망하여지기 때문이다. 즉, 너희가 다른 사람들을 속여서 빼앗고자 생각하는 동안에 너희 스스로 속고 있는 것이기 때문이다." 자기 재물의 풍부함을 의지한 자는 자기의 악으로 스스로 든든하게 한 자이다(시 52:7). 그러나 그는 마침내 어리석은 자가 될 것이다(렘 17:11). 아무도 자신의 범죄를 통해서 스스로 힘을 얻으며 자신을 지킬 수 있다고 생각하는 어리석음을 범하지 말아야 한다. 아니, 비록 합법적이고 정직한 수단을 통해서 재물을 모았다고 하더라도, 일단 재물을 가지게 되면 그 재물을 의지하지 않는 것이 어려운 일이기 때문에, 우리는 우리의 마음을 과도하게 재물에 집착하게 되지 않도록 조심하여야 한다. "재물에 마음을 두지 말지어다. 재물을 탐내지 말고, 마치 재물이 너희 영혼의 안식처라도 된다는 듯이 재물에서 만족을 구하지 말며, 재물이 너희의 분깃이라도 된다는 듯이 재물을 의지하지 말라. 재물에 과도하게 집착하지 말고, 재물에 비추어서 너희 자신과 다른 사람들을 평가하지 말라. 이 세상의 재물을 너희 인생의 최고의 목적이자 너희에게 가장 좋은 것으로 여기지 말라. 요컨대, 세상의 재물을 너희의 우상으로 삼지 말라." 재물이 늘 때, 우리는 앞에서 말한 것과 같은 위험에 빠지기가 대단히 쉽다. 부자의 땅에서 소출이 많이 나게 되었을 때, 그 부자는 자기 영혼에게 여러 해 쓸 물건을 많이 쌓아 두었으니 평안히 쉬고 먹고 마시고 즐거워하자고 말하였다(눅 12:19). 우리는 오직 하나님께만 착념하여야 하는데도, 세상이 우리를 보고 웃으면, 우리의 마음은 쉽게 하

나님에게서 멀어지고 세상에 끌리게 된다.

III. 다윗은 우리가 하나님을 우리의 의지처로 삼아야 할 너무도 정당한 이유를 제시한다.　그 이유는 하나님은 무한한 능력과 긍휼과 의의 하나님이시라는 것이다(11-12절). 그는 이것을 스스로 확신하였고, 우리로 하여금 그것을 확신하게 하고자 하였다: 하나님이 한두 번 하신 말씀을 내가 들었다.

　1. "하나님께서 그것을 한 번도 아니고 두 번씩 말씀하셨고, 내가 그것을 들었다. 하나님께서 그것을 말씀하셨고, 나는 이성의 빛에 의해서 그것을 들었다. 이성은 무한히 온전하신 분의 본성과 창조와 섭리를 통해서 그가 하신 일들로부터 그것을 쉽게 추론한다. 하나님께서는 특히 나와 관련된 사건들을 통해서 한 번이 아니라 두 번(즉, 수없이) 말씀하셨고, 나는 들었다. 하나님께서는 계시의 빛과 꿈과 환상(욥 13:15), 시내 산에서 자신을 영광 중에 나타내신 일(어떤 이들은 여기에 나오는 말씀이 특히 이것을 가리킨다고 생각한다), 기록된 말씀을 통해서 그것을 말씀하셨고, 나는 그것을 들었다." 하나님께서는 그가 얼마나 크시고 선하신 하나님이신지를 우리에게 자주 말씀하셨고, 우리는 그 때마다 하나님께서 우리에게 말씀하신 것을 알아차려야 한다.

　2. 또는, "하나님께서는 그것을 단지 한 번 말씀하셨지만, 나는 나의 귀만이 아니라 내 영혼과 마음을 통해서 그것을 두번 씩이나 들었고 부지런히 들었다." 어떤 사람들에게는 하나님께서 두 번이나 말씀하시지만, 그들은 한 번도 들으려 하지 않는다. 그러나 어떤 사람들에게는 하나님께서 단지 한 번밖에 말씀하지 않으시지만, 그들은 두 번 듣는다(욥 33:14을 참조하라). 그렇다면, 하나님께서 말씀하시고 다윗이 들었던 것은 과연 무엇이었는가?

　(1) 우리와 상대하시는 하나님은 그 권능이 무한하시다는 것. 권능은 하나님께 속하였다. 하나님은 전능하시고, 모든 것을 하실 수 있다. 하나님께는 불가능한 것은 없다. 피조물들이 지닌 권능들은 모두 하나님으로부터 나왔고 하나님께 의존되어 있으며, 하나님에 의해서 그의 기쁘신 뜻을 따라 사용된다. 하나님의 권능만이 유일한 권능이기 때문에, 우리는 권능을 하나님께 돌려 드려야 한다. 이것이 우리가 어느 때든지 항상 하나님을 의지하고, 끊임없이 하나님을 의지하는 삶을 살아야 하는 이유이다. 왜냐하면, 하나님은 우리를 위해서 모든 것을 하실 수 있기 때문이다.

　(2) 하나님은 무한히 선하신 하나님이시라는 것. 여기에서 시편 기자는 하나

님의 선하심과 관련해서 하나님께 영광을 돌리고 싶어서, 직접 하나님을 향하여 말을 한다: 주여, 인자함은 주께 속하였나이다. 하나님은 모든 존재 중에서 가장 크신 존재이실 뿐만 아니라 가장 선하신 존재이시다. 긍휼하심은 하나님께 있다(시 130:4, 7). 하나님은 유별나게 긍휼에 풍성하시다. 하나님은 긍휼의 아버지이시다(고후 1:3). 이것은 우리가 하나님을 의지하고, 우리 인간은 죄악되고 무가치할 뿐이라는 반론에 응수할 수 있는 또 하나의 근거가 된다. 우리는 하나님의 진노를 받아야 마땅한 자들이지만, 하나님의 긍휼하심으로 인하여 하나님으로부터 온갖 좋은 것들을 기대할 수 있다.

(3) 하나님은 그의 피조물에게 해악을 끼치신 적이 없으셨고, 앞으로도 영원히 그러시리라는 것: 주께서 각 사람이 행한 대로 갚으심이니이다. 하나님께서는 이 세상에서 항상 눈에 보이게 이렇게 하시는 것은 아니지만, 장차 보응하시는 그 날에는 반드시 그렇게 하실 것이다. 하나님을 섬긴 것에 대해서는 반드시 상이 주어질 것이고, 하나님을 모욕한 일에 대해서는 그 사람이 회개하지 않는 한 반드시 벌이 내려지게 될 것이다. 이러한 것을 통해서 권능과 긍휼하심이 하나님께 속하였다는 것이 드러난다. 만약 하나님이 권능의 하나님이 아니라면, 이 세상에는 벌을 받지 않을 죄인들이 널려 있게 될 것이다. 만약 하나님이 긍휼의 하나님이 아니라면, 사람들의 섬김은 너무도 가치없는 것이 되어서 상을 받지 못하게 될 것이다. 이 말씀은 특히 해악을 당한 무죄한 자들의 호소에 따라서 심판하시게 될 하나님의 공의를 나타내는 것으로 보인다. 하나님은 반드시 진리를 따라서 심판하실 것이기 때문에, 해악을 입은 자들을 회복시키시고 그들에게 해악을 가한 자들에게는 복수하실 것이다(왕상 8:32). 그러므로 해악을 당한 자들은 자신의 사정을 하나님께 맡기고, 하나님께서 갚아 주시도록 하여야 한다.

제
— 63 —
편

개요

이 시편은 분량이 짧긴 하지만 다윗의 어느 시편 못지않게 따뜻함과 생생한 경건이 그 속에 녹아 들어 있다. 바울의 서신들 중에서 가장 감동적인 서신들은 그가 감옥에 갇혀 있을 때에 쓴 서신들인 것과 마찬가지로, 다윗의 시편들 중에서도 몇몇 감동적인 것들은 그가 광야에서 쓴 것들이다. 다윗이 쫓기는 몸이 되어서 방랑할 때에 그를 가장 서글프게 하였던 것은 그가 공적인 예배에 참석할 수 없다는 것이었다. 그는 여기에서 그가 다시 공적인 예배를 드리게 될 수 있게 되기를 간절히 소망한다. 공적인 예배를 드릴 수 없게 되자 다윗은 예배를 드리고자 하는 마음이 더욱 간절해졌다. 그렇지만 실제로는 그의 마음이 가 있는 곳은 예배가 아니라 예배 속의 하나님이었다. 여기에는 다음과 같은 내용들이 나온다. I. 하나님을 향한 다윗의 간절한 소원(1-2절). II. 하나님에 대한 다윗의 공경(3-4절). III. 하나님 안에서의 다윗의 만족(5절). IV. 하나님과의 은밀한 교통(6절). V. 다윗이 하나님을 기뻐하며 의지함(7-8절). VI. 하나님 안에서 그가 그의 원수들에 대하여 승리하고 자기가 안전하리라는 것에 대한 확신 속에서 다윗이 기뻐함(9-11절). 이 시편은 진솔한 언어를 통해서 아주 자연스럽게 다윗의 심정을 말하고 있기 때문에, 경건한 영혼은 이 시편이 어떻게 노래하여야 하는지에 대하여 가르침을 받을 필요가 거의 없다. 반면에, 하나님께 속한 것들을 알지 못하고 그러한 것들에 의해서 감화를 받지 못하는 거룩하게 되지 못한 영혼은 이 시편을 노래하더라도 그것이 의미하는 바를 거의 깨달을 수 없다.

〔다윗의 시, 유다 광야에 있을 때에〕

¹하나님이여 주는 나의 하나님이시라 내가 간절히 주를 찾되 물이 없어 마르고 황폐한 땅에서 내 영혼이 주를 갈망하며 내 육체가 주를 앙모하나이다 ²내가 주의 권능과 영광을 보기 위하여 이와 같이 성소에서 주를 바라보았나이다

이 시편의 표제는 우리에게 이 시편이 언제 지어졌는지를 말해 주는

데, 다윗은 이 시편을 유다 광야에서 지었다. 즉, 헤렛 수풀(삼상 22:5) 또는 십 광야(삼상 23:15)에서 이 시편은 지어졌다. 1. 가나안 땅은 비옥하였고 사람들도 많이 거기에 살고 있었지만, 거기에도 다른 곳들보다 덜 비옥하고 사람들이 별로 살지 않는 곳인 광야들이 있었다. 이 세상이나 교회는 그럴 것이지만, 천국은 그렇지 않다. 거기에는 버려진 땅은 없고 온통 성읍과 낙원만이 존재한다. 거기에서는 광야에 장미꽃이 피어날 것이다. 2. 하나님의 성도들과 종들 중에서 가장 선하고 사랑스러운 자들도 종종 광야에 던져져서 홀로 쓸쓸하게 괴로움을 겪으며 정처없이 유랑하면서 모든 것이 부족하여 헐벗고 어떻게 해야 할 줄을 알지 못할 때가 있다. 3. 우리는 광야의 온갖 곤경과 어려움들을 만난다고 하여도 거룩한 찬송을 부르는 것을 그쳐서는 안 된다. 그럴 때에라도 즐거운 마음으로 하나님과의 교통을 유지하는 것이 우리의 도리이자 우리에게 유익이 된다. 우리가 광야에 있을 때에 부르기에 합당한 시편들이 있는데, 우리는 우리가 있는 곳이 죄의 광야가 아니라 유다 광야라는 것을 하나님께 감사하여야 한다.

다윗은 이 절들 속에서 다음과 같은 것들을 통해서 하나님을 꼭 붙들도록 자기 자신을 격려한다.

I. 살아 있는 적극적인 믿음을 통해서. 하나님이여 주는 나의 하나님이시라. 우리는 하나님께 기도할 때에 그 하나님을 우리의 하나님으로 바라보아야 하고, 이럴 때에 우리는 광야 상태 속에서 위로를 얻게 될 것이다. 우리는 하나님이여라고 말할 때에 하나님께서 계시다는 것, 진정으로 존재하시고 우리와 함께 하시는 분께 우리가 말하고 있다는 것을 인정하여야 한다. 이와 같이 엄청난 표현을 우리가 흔히 의례적인 말로 사용하곤 한다는 것은 참으로 애석한 일이다. 우리는 하나님께서 우리를 다스리시는 권세를 가지고 계시고 우리를 소유하고 계시며, 우리가 하나님과 어떤 관계에 있는지를 고백하여야 한다. "주는 나의 하나님이시나이다. 주는 나를 창조하신 분이기 때문에 나의 합법적인 소유자이자 통치자이시고, 하나님과 우리가 맺은 언약에 의해서 주는 나의 하나님이십니다." 우리는 그러한 관계를 영원히 지속하리라는 결단 속에서 그것을 우리 자신에게는 큰 기쁨으로, 하나님께는 감사한 마음으로 말해야 한다: 하나님이여 주는 나의 하나님이시라.

II. 그가 하나님을 선택한 것과 그가 하나님과 맺은 언약에 따라서 경건한 사

랑으로.

1. 그는 하나님, 그의 은총과 은혜를 구하기로 결심한다: 주는 나의 하나님이시라. 그러므로 내가 주를 찾나이다. 하나님의 백성이라면 당연히 자기 하나님께 구하여야 한다(사 8:19). 우리는 하나님을 찾아야 한다. 우리는 하나님의 은총을 받는 것을 우리에게 가장 좋은 일로 여겨서 구하여야 하고, 하나님의 영광을 우리의 최고의 목적으로 삼아야 한다. 우리는 하나님의 말씀을 통해서 하나님과 사귀고자 하여야 하고, 기도를 통해서 하나님께 긍휼하심을 구하여야 한다.

(1) 우리는 하나님을 잃어버릴까봐 염려하는 자들처럼 아침 일찍이 일어나서 하나님을 찾아야 한다. 우리는 매일매일을 하나님과 더불어서 시작하여야 한다: 내가 일찍부터 주를 찾나이다.

(2) 우리는 간절히 하나님을 찾아야 한다. "여기 마르고 황폐한 땅에서 내 영혼이 주를 갈망하며 내 육체가 주를 앙모하나이다(즉, 내 존재 전체가 주를 찾나이다)." 좀 더 살펴보자.

[1] 하나님의 임재가 없는 것에 대한 다윗의 탄식. 그는 메마르고 황폐한 땅에 있었다. 그가 그 곳을 그렇게 여긴 것은 그 곳이 광야였기 때문이 아니라 법궤로부터 멀리 떨어진 곳, 말씀과 성례전들로부터 멀리 떨어져 있는 곳이었기 때문이다. 이 세상은 고단한 땅(원어는 이런 뜻이다)이다. 이 세상에 분깃을 가지고 있는 자들에게 이 세상은 고단한 땅이다. 이 세상은 그들에게 그 어떤 참된 만족을 주지 못한다. 이 세상을 통과해 가는 경건한 자들에게도 이 세상은 고단한 땅이다. 이 세상은 눈물 골짜기인 것이다. 그들은 이 세상으로부터 거의 기대할 것이 없다.

[2] 다윗이 하나님의 임재를 끈질기게 기도함: 내 영혼이 주를 갈망하며 앙모하나이다. 하나님의 임재가 느껴지지 않자, 하나님의 임재를 원하는 그의 소원은 극히 강렬해졌다. 사냥꾼에게 쫓기는 사슴이 시내를 갈망하듯이, 그는 몹시 목이 말라 하나님의 임재를 갈망하였다. 하나님의 임재 외에는 그 어떤 것으로도 그의 갈증은 채워질 수 없었다. 그의 갈망은 거의 참을 수 없는 지경에 이르렀다. 그가 다시 자유롭게 하나님께 제사를 드리며 예배를 드리게 될 때까지는 그의 갈증은 계속될 것이었다. 은혜를 받은 영혼들은 이 세상을 거룩한 경멸로써 내려다보고, 하나님을 거룩한 소원으로써 올려다본다는 것을 명심하라.

2. 다윗은 하나님을 누리기를 갈망한다. 그가 이토록 열렬히 바라는 것은 도

대체 무엇인가? 그의 간구는 무엇이고, 그의 간청은 무엇인가? 그것은 내가 성소에서 주를 보았던 것처럼 주의 권능과 영광을 보는 것이었다(2절).

(1) "내가 성소에서 주의 권능과 영광을 보았듯이 이 광야에서도 그것을 보고, 내가 성회에서 그것을 보았듯이 여기에서도 은밀히 그것을 보는 것." 우리가 공적인 예배를 통한 은택을 박탈당하였을 때, 우리는 우리가 성회에서 누렸던 것과 같이 지금 있는 이 곳에서도 하나님과의 교통을 계속해서 유지하고자 바라고 애써야 한다. 골방은 작은 성소로 변할 수 있다. 에스겔은 바벨론에서 전능자의 환상들을 보았고, 요한은 밧모섬에서 전능자의 환상들을 보았다. 우리가 홀로 있을 때에 아버지께서 우리와 함께 해 주신다면, 그것으로 충분하다.

(2) "내가 이전에 성소에서 주의 권능과 영광을 보았듯이 다시 성소에서 그것을 보는 것." 다윗이 광야에서 벗어나기를 갈망했던 것은 그가 궁정으로 다시 돌아가서 그의 친구들을 다시 만나고 거기에서의 즐겁고 화려한 삶을 회복하기 위해서가 아니라, 성소를 자유롭게 드나들고 싶었기 때문이었다. 그는 성소에서 제사장들을 보거나 예배 의식을 드리고 싶었던 것이 아니라, 주의 권능과 영광을 보고서(즉, 주의 영광스러운 권능 또는 주의 권능있는 영광 — 이러한 것들은 하나님의 속성과 완전함들을 모두 표현하기 위한 것들이다) 그의 마음에 깊은 감화를 받아서 그러한 것들에 대하여 더욱 잘 알고자 했기 때문이다. 주의 영광을 보고자 하는 것은 그와 같은 형상으로 변화되고자 하기 위한 것이다(고후 3:18). 다윗은 "내가 주의 권능과 영광을 보았듯이"라고 말하는 것이 아니라, "내가 주를 보았듯이"라고 말한다. 우리는 하나님의 본체를 볼 수 없지만, 하나님의 속성들과 완전함들을 믿음으로 봄으로써 하나님을 보게 된다. 다윗은 여기에서 그가 이렇게 하나님을 뵈온 경험들을 회상하면서 기뻐한다. 그가 하나님과 교통하며 보낸 시간들은 참으로 소중한 시간들이었다. 그는 그러한 시간들을 기회 있을 때마다 반복해서 떠올려 생각하는 것을 좋아하였다. 그는 이렇게 성소에서 하나님을 뵈올 수 있는 기회를 상실해 버린 것을 탄식하면서, 다시 그렇게 할 수 있게 되기를 갈망하였다. 은혜받은 영혼들이 성회에 참석하여 체험하기를 원하는 것은 하나님을 보는 것, 그의 권능과 영광을 보는 것이다.

³주의 인자하심이 생명보다 나으므로 내 입술이 주를 찬양할 것이라 ⁴이러므로 나의 평생에 주를 송축하며 주의 이름으로 말미암아 나의 손을 들리이다 ⁵골수와 기름진 것을 먹음과 같이 나의 영혼이 만족할 것이라 나의 입이 기쁜 입술로 주를 찬송하되 ⁶내가 나의 침상에서 주를 기억하며 새벽에 주의 말씀을 작은 소리로 읊조릴 때에 하오리니

다윗의 탄식과 기도는 어느새 찬송과 감사로 변해 있다! 그가 하나님을 찾는 간절한 심정을 표현하고 있는 두 절(1-2절) 다음에 그가 하나님을 찾은 기쁨과 만족을 표현하고 있는 절들이 여기에 나온다. 우리에게 잘못이 없다면, 신실한 기도는 신속하게 기쁜 찬송으로 바뀌게 된다. 여호와를 구하는 자들은 마음이 즐거울지로다(시 105:3). 그들은 하나님께서 그들의 마음속에 하나님을 찬송하고자 하는 마음을 불러일으켜 주시고, 하나님께서 그들을 만족시키리라는 확신을 주신 것에 대하여 하나님을 찬송하여야 한다. 다윗은 지금 광야에 있었지만, 그의 마음이 넓혀져서 하나님을 송축하였다. 우리가 하나님을 찬송할 마음을 가지고 있기만 한다면, 환난 가운데서도 우리에게는 하나님을 찬송할 거리가 떨어지지 않을 것이다. 좀 더 살펴보자.

I. 다윗은 무엇 때문에 하나님을 찬송하고자 하는가(3절). 주의 인자하심이 생명보다 낫고 생명과 삶의 모든 낙들, 모든 부귀영화를 누리는 삶, 장수하고 형통하는 삶보다 낫기 때문에. 하나님의 인자하심은 그 자체로 생명보다 낫다. 하나님의 인자하심은 우리의 영적인 생명이고, 그것은 현세에서의 생명보다 더 나은 것이다(시 30:5). 하나님의 진노 아래에서 사는 것보다 하나님의 은총 속에서 죽는 것이 천배나 더 낫다. 광야에서 다윗은 체험을 통해서 하나님의 인자하심이 생명보다 더 낫다는 것을 깨닫는다. 그러므로 내 입술이 주를 찬양할 것이라. 하나님께서 은총을 보이심으로써 마음에 새롭게 힘을 얻은 자들은 마음을 넓혀서 하나님을 찬송하여야 한다. 우리가 하나님을 송축하지 않으면 안 될 이유가 있는데, 그것은 우리가 하나님으로 인하여 이 세상의 재물이 우리에게 줄 수 있는 것보다 더 나은 것들을 소유하고 있다는 것이고, 우리가 하나님을 섬기고 하나님과 교통하면서 이 세상 속에서 우리가 가질 수 있는 것보다 더 나은 것들을 향유하고 누리고 있다는 것이다.

II. 다윗은 하나님을 어떻게 그리고 얼마나 오랫동안 찬송하고자 하는가(4

절).　　그는 하나님께 감사하고 하나님을 의지하는 삶을 살기로 결심한다. 좀 더 살펴보자.

1. 그가 하나님을 송축하는 태도. "내가 지금 시작한 이대로 그렇게 나는 주를 송축할 것이다. 나의 현재의 경건한 감정들은 아침 구름처럼 사라져 버리지 않고, 아침 해처럼 점점 더 밝게 빛나게 될 것이다." 또는 "나는 내가 주께 열렬하고 간절하게 기도해 왔듯이 바로 그러한 태도로 주를 송축할 것이다."

2. 그가 계속해서 변함없이 하나님을 송축하리라는 것: 나의 평생에 내가 주를 송축하리라. 하나님을 찬송하는 것은 우리가 평생토록 하는 일이 되어야 한다는 것을 명심하라. 우리는 하나님께서 우리에게 이전에 베풀어 주셨던 은총들을 감사하는 마음을 항상 지니고서, 그 은총들에 대하여 반복해서 감사하여야 한다. 우리는 날마다 하나님께서 우리에게 베푸시는 은택들을 인하여 하나님께 날마다 감사하여야 한다. 우리는 모든 것 속에서 하나님께 감사를 드려야 하고, 우리가 현재 환난 가운데 있다고 해서 하나님을 찬송하는 일을 놓아서는 안 된다. 우리가 사는 날 동안에 어떤 날을 만나든지, 그 날이 아무리 캄캄하고 암울한 날이고, 우리에게 아무런 낙이 없다는 말이 저절로 나오는 그러한 날이 닥친다고 하여도, 우리가 죽는 그 날까지 우리의 하루하루는 하나님께 감사하는 날이 되어야 한다. 우리는 이 일에 우리의 시간을 써야 한다. 왜냐하면, 그렇게 할 때에만 우리는 저 복된 영원을 이 일을 하면서 보낼 수 있게 되는 소망을 가지게 되기 때문이다.

3. 무슨 일이 있어도 항상 하나님을 변함없이 바라보겠다는 것. 다윗은 이러한 마음을 항상 지니고서 하나님을 찬송하고자 한다: 내가 주의 이름으로 말미암아 나의 손을 들리이다. 우리는 기도와 찬송을 드릴 때마다 하나님의 이름(그 이름을 통해서 하나님께서 자기 자신에 대하여 알게 하신 모든 것)을 바라보아야 한다. 주님께서는 주기도문을 통해서 주의 이름이 거룩히 여김을 받으시옵소서라는 간구로 기도를 시작하고 영광이 하나님께 있사옵나이다라는 간구로 끝맺도록 우리에게 가르치셨다. 우리는 일을 할 때나 전쟁을 할 때에도 이것을 바라보아야 한다. 우리는 하나님의 이름으로, 즉 그의 성령과 은혜의 힘으로 우리가 해야 할 일을 하게 하시고 우리의 특별한 원수들을 물리쳐 주시기를 기도하며 우리의 손을 들어야 한다(시 71:16; 슥 10:12). 우리는 우리의 모든 소원을 하나님의 이름으로 하여야 한다. 우리는 우리 자신을 하나님께 맡겨야 하

고, 하나님의 은혜에 의지하여야 한다. 우리가 위로와 기쁨 속에서 축 처진 손을 들 때, 우리는 하나님의 이름으로 그렇게 하여야 한다. 우리는 우리의 위로들을 하나님으로부터 가져 와야 하고, 우리의 위로들을 하나님께 바쳐 드려야 한다. 우리가 종일 주를 자랑하나이다.

Ⅲ. 다윗은 어떠한 즐거움과 기쁨으로 하나님을 찬송하고자 하였는가(5절).

1. 내적인 만족감으로. 골수와 기름진 것을 먹음과 같이 나의 영혼이 만족할 것이라. 즉, 그의 영혼은 단순히 목숨을 부지하기 위한 떡만이 아니라 자양분이 가득하고 맛있는 음식으로 배부르게 될 것이다(사 25:6). 다윗은 그가 다시 궁정으로 되돌아가서 성회에 참석하게 되면 그의 영혼이 만족을 얻게 되고, 그가 이전에 제약을 받았던 때보다도 더 풍성한 만족을 얻게 되리라는 것을 소망한다. 또는, 그렇게 되지 않는다고 하여도, 하나님의 인자하심 속에서 홀로 하나님과 교제함으로써 그는 이렇게 만족함을 얻게 될 것이다. 은혜로우신 하나님, 그리고 하나님과의 교통 속에는 은혜받은 영혼에게 풍성한 만족을 주는 것이 들어 있다는 것을 명심하라(시 36:8; 65:4). 또한, 은혜를 받은 영혼 속에는 하나님, 그리고 하나님과의 교통 속에서 풍성한 만족을 누리는 것이 존재한다. 성도들은 하나님으로 만족한다. 그들을 가장 행복하게 만드는 것은 하나님의 은총이고, 그들은 그것 이외에 다른 것을 원하지 않는다. 그들은 하나님 안에서 이 세상이 줄 수 없는 만족감을 누리기 때문에, 그것에 비하면 감각의 모든 쾌락들은 맛없고 말라 비틀어진 것들에 불과하고, 하나님 안에서의 만족감이 우리의 마음을 위로해 주는 포도주라면, 감각의 쾌락들은 진흙탕 물에 불과하다.

2. 이러한 만족감의 외적인 표현들을 통해서. 다윗은 하나님을 기쁜 입술로 찬송하고자 한다.

(1) 그는 하나님을 공개적으로 찬송하고자 한다. 그의 입과 입술이 하나님을 찬송할 것이다. 우리는 마음으로 믿고 하나님께 감사할 때에 입으로도 그것을 표현하여서, 이 두 가지를 통해서 하나님께 영광을 돌려야 한다. 마음이 없이 입술에서 나오는 것들은 열납되지 못하고(마 15:8), 입은 마음에 가득 찬 것을 말해야 하는데(시 45:1), 이것은 우리 자신의 경건한 감정을 북돋고 다른 사람들의 덕을 세우기 위한 것이다.

(2) 그는 기쁜 마음으로 하나님을 찬송하고자 한다. 우리는 기쁜 입술로 하

나님을 찬송하여야 한다. 우리는 아주 즐거운 마음으로 신앙의 도리들을 다하여야 하고, 거룩한 기쁨 가운데 하나님을 찬송하여야 한다. 찬송하는 입술은 기쁘고 즐거운 입술이 되어야 한다.

Ⅳ. 다윗은 아주 고적하였을 때에 하나님을 생각함으로 어떻게 자기 자신을 위로하고자 하였던가(6절). 내가 나의 침상에서 주를 기억할 때에 내가 주를 찬송하리이다. 우리는 하나님이 생각날 때마다 하나님을 찬송하여야 한다. 다윗은 공적인 예배에 참석하지 못하게 되자 더욱더 부지런히 하나님과의 은밀한 교통을 하였고, 마치 예배에 참석하지 못하는 것을 보충이라도 하겠다는 듯이 더욱 자주 그렇게 하였다. 좀 더 살펴보자.

1. 다윗은 하나님을 생각하는 일에 자신을 어떻게 드렸는가. 다윗의 모든 생각 속에 하나님이 계셨다. 이것은 악인의 경우와는 완전히 반대되는 모습이다 (시 10:4). 하나님에 대한 생각은 늘 그를 따라다녔다. "내가 주를 기억하나이다. 즉, 내가 생각하고자 할 때마다 나는 바로 거기에서 내 생각 속에 계시는 주를 발견하나이다." 하나님에 대한 생각은 우리의 마음속에 제일 먼저 떠올라야 하고, 우리가 잊어버리거나 지나치는 일이 있어서는 안 된다. 하나님에 대한 생각은 다윗의 마음속에 확고하게 자리잡고 있었다: 내가 주를 묵상하나이다. 하나님에 대한 생각은 우리의 마음을 잠시 스쳐 지나가는 생각이 되어서는 안 되고, 우리 마음속에 지속적으로 머물고 거하는 생각이 되어야 한다.

2. 다윗은 언제 하나님을 생각하였는가 ― 침상에서 밤중에. 다윗은 지금 여기저기를 떠돌며 유랑하고 있었지만, 그가 어디를 가든, 신앙은 그를 떠나지 않았다: 나의 침상들에서(어떤 이들은 이렇게 해석한다). 다윗은 사울에게 쫓기는 몸이었기 때문에 동일한 침상에서 계속해서 두 밤을 자는 경우도 드물었다. 그러나 그가 어디에 눕든, 즉 야곱처럼 찬 땅바닥에 눕든 돌베게를 베고 자든, 하나님에 대한 선한 생각들은 그의 곁을 떠나지 않고 그와 더불어 누웠다. 다윗은 자신의 안전을 위하여 여기저기를 떠돌아다니느라 온종일 바빠서 오로지 경건 활동에 몰두할 시간을 낼 수 없었기 때문에, 경건 활동을 생략해 버린 것이 아니라, 꼭 필요했던 잠까지 줄여서 기도하고 말씀을 읽었다. 그는 끊임없이 생명을 위협받는 처지에 있었기 때문에, 염려와 두려움 때문에 자주 잠을 깨고 피곤한 밤을 보낼 때가 많았을 것이다. 그러나 그 때마다 그는 하나님을 생각함으로 위로와 기쁨을 얻었다. 종종 우리는 다윗이 그의 침상을 눈물로 적

시는 모습을 보게 되지만(시 6:6), 이렇게 해서 그는 자신의 눈물을 그칠 수 있었다. 우리의 눈에서 잠이 달아나 버렸을 때(몸이 병들거나 아파서, 또는 마음의 괴로움 때문에), 우리 영혼은 하나님을 기억함으로써 편안해질 수 있고 안식을 취할 수 있게 된다. 한 시간의 경건한 묵상이 한 시간의 잠보다 우리에게 더 많은 유익을 가져다 줄 것이다(시 16:7; 17:3; 4:4; 119:62을 보라). 밤중에 성막을 지키는 자들은 하나님을 찬송하였는데(시 134:1), 아마도 다윗은 자유의 몸이었을 때 이 레위인들과 함께 찬송을 불렀던 것 같다. 지금 그는 그들과 함께 성막에서 찬송을 부를 수 없게 되었기 때문에, 그들과 시간을 맞춰서 하나님을 찬송하고자 하였다.

[7]주는 나의 도움이 되셨음이라 내가 주의 날개 그늘에서 즐겁게 부르리이다 [8]나의 영혼이 주를 가까이 따르니 주의 오른손이 나를 붙드시거니와 [9]나의 영혼을 찾아 멸하려 하는 그들은 땅 깊은 곳에 들어가며 [10]칼의 세력에 넘겨져 승냥이의 먹이가 되리이다 [11]왕은 하나님을 즐거워하리니 주께 맹세한 자마다 자랑할 것이나 거짓말 하는 자의 입은 막히리로다

하나님의 임재를 바라고 하나님께 찬송을 드리고자 하는 소원을 표현한 후에, 다윗은 여기에서 그가 하나님을 의지하고 하나님으로부터 기쁜 마음으로 기대하고 있다는 것을 표현한다(7절): 내가 주의 날개 그늘에서 즐겁게 부르리이다. 이 말씀은 언약궤 위에 펼쳐져 있었던 그룹 천사들의 날개를 가리키는 것일 수 있다. 하나님께서는 그 날개들 사이에 좌정하고 계셨다("나는 주의 말씀과 언약, 주와의 교통을 즐거워하리이다"). 또는, 이 말씀은 새의 날개를 가리키는 것일 수 있다. 독수리나 닭의 어린 새끼들은 그 어미의 날개 속으로 들어와서 피하였는데, 독수리는 하나님의 권능을 나타내고(출 19:4; 신 32:11), 암탉은 하나님의 자애로우심을 나타낸다(마 23:37). 이러한 표현은 시편들에서는 자주 사용되지만(시 17:8; 36:7; 57:1; 61:4; 91:4), 룻기를 제외한 다른 곳에서는 이런 의미로 사용되지 않는데, 룻기에서는 룻이 개종하였을 때 이스라엘의 하나님의 날개 아래에 보호를 받으러 온 것이라고 말해진다(룻 2:12). 하나님의 날개 그늘에서 즐거워하는 것은 병아리들이 춥거나 겁이 날 때에 본능적으로 암탉의 날개 아래로 뛰어들어가듯이 우리가 믿음과 기도로써

하나님을 의지하는 것을 의미하는 것으로서 우리의 마땅한 도리이기도 하다. 또한, 그것은 우리가 우리를 도우실 수 있고 기꺼이 돕고자 하시는 하나님을 의지해서 하나님의 돌보심과 보호하심 아래에서 우리가 힘을 얻고 만족을 누리게 되는 것을 암시하기도 한다. 하나님께 우리 자신을 맡긴 후에는 우리는 해를 당할 염려를 모두 놓아 버리고 편안하고 즐거운 마음을 지녀야 한다. 그러면, 좀 더 자세하게 살펴보기로 하자.

I. 다윗으로 하여금 하나님을 의지하도록 힘을 주고 격려한 것들은 무엇이었는가. 다윗이 지닌 그러한 소망의 유일한 토대는 하나님의 말씀이었지만, 그러한 소망을 떠받쳐 준 버팀목이 두 개 있었다.

1. 하나님께서 권능으로 그를 구원해 주신 일들에 대한 다윗의 이전의 체험들. "주는 나의 도움이 되셨음이라. 다른 모든 도움들과 돕는 자들이 내게 실망을 안겨 주었을 때, 주께서 나의 도움이 되어 주셨기 때문에, 나는 지금도 주의 구원을 즐거워하며, 장래에도 주를 의지할 것이고, 즐거움과 거룩한 기쁨으로 그렇게 하고자 한다. 주는 나를 돕는 자가 되셨을 뿐만 아니라 나의 도움도 되어 주셨다." 왜냐하면, 우리는 하나님으로 말미암지 않고는 결코 우리 자신을 도울 수도 없고, 그 어떤 피조물도 우리에게 도움이 될 수 없었을 것이기 때문이다. 여기에 우리는 이제까지 주께서 우리를 도우셨다라고 말하며 우리의 에벤에셀을 세울 수 있다. 그러므로 우리는 결코 주를 버리거나 불신하거나 주와 동행하면서 낙심하지 않을 것이라고 결심하여야 한다.

2. 다윗은 그로 하여금 이렇게 하도록 계속해서 붙잡아 주시는 하나님의 은혜를 느낌(8절): 나의 영혼이 주를 가까이 따르나이다. 이 말씀은 다윗이 하나님과의 교통을 계속해서 유지하려고 얼마나 간절히 원하였고 얼마나 진지하게 애썼는지를 보여준다. 우리가 하나님을 우리 안에 항상 모셔 둘 수는 없다고 하더라도, 우리는 항상 하나님을 바라보고서, 우리의 상이 되시는 하나님을 향하여 더욱 가까이 나아가기를 힘써야 한다(빌 3:14). 하나님을 가까이 따른다는 것은 하나님을 시야에서 놓치게 될까봐 하나님을 바짝 따르는 것이고 하나님과 함께 있기를 갈망하여서 빠른 걸음으로 하나님을 쫓아가는 것이다. 다윗은 그렇게 하였고, 하나님의 영광을 위하여 주의 오른손이 나를 붙들고 계시다고 고백한다.

(1) 환난 가운데서 하나님은 그를 붙드셔서, 그로 하여금 가라앉지 않게 하

셨다. 그의 영원하신 팔이 네 아래에 있도다.

(2) 그가 기도할 때에 하나님은 그를 붙드셔서, 그로 하여금 거룩한 소원을 두고서 자신의 도리를 지치지 않고 해 나갈 수 있게 하셨다. 하나님을 바짝 따르는 자들은 하나님의 오른손이 그들을 붙잡아 주시지 않는다면 곧 지쳐서 뒤를 따라오지 못하게 될 것이다. 우리가 하나님의 뒤를 따를 때에 하나님께서는 우리에게 힘을 주시고 우리의 선한 감정들을 일깨우시며, 우리가 추구하고 있는 것을 아직 얻지 못한 동안에도 우리를 위로하신다. 우리가 넘어지지 않는 것은 하나님의 권능(그의 오른손) 때문이다. 하나님께서 은혜로 말미암아 자기 속에 그러한 소원들을 불러일으키시고 계속해서 유지될 수 있게 하신 것을 경험하였기 때문에, 시편 기자는 그가 간절히 소원한 것을 때가 되면 하나님께서 그에게 주실 것이라는 확신을 얻게 되었다.

II. 다윗은 어떠한 소망으로 승리의 개가를 부르며 기뻐하였는가.

1. 그의 원수들이 멸망받게 되리라는 것(9-10절). 그의 영혼을 찾아 멸하려 하는 자들이 있었다. 그들은 그의 목숨만이 아니라(그들은 그가 왕위에 오르는 것을 방해하고, 그의 지혜와 경건과 재능을 시기하고 미워하였기 때문에 그를 죽이고자 하였다), 그의 영혼까지 노렸는데, 그로 하여금 영혼에 자양분과 힘을 공급해 주는 공예배를 드릴 수 없게 추방하고(그렇게 함으로써 그들은 그의 영혼이 굶주릴 수 있게 할 수 있었다) 그로 하여금 다른 신들을 섬기게 함으로써(이렇게 함으로써 그들은 그의 영혼에게 독을 먹일 수 있었다) 그의 영혼을 멸하고자 하였다(삼상 26:19). 그러나 다윗은 다음과 같은 것들을 내다보고서 예언한다.

(1) 그들이 땅 깊은 곳, 즉 무덤이나 음부에 들어가게 되리라는 것. 다윗에 대한 그들의 적대감은 그들의 죽음과 저주, 그들의 파멸과 영원한 멸망을 자초하게 될 것이었다.

(2) 그들이 칼, 하나님의 진노와 공의의 칼, 사람의 칼에 의해서 넘어지게 되리라는 것(욥 19:28-29). 그들은 폭력적인 죽임을 당하게 될 것이다(계 13:10). 이것은 사울이 칼, 그 자신의 칼에 의해서 죽음으로써 성취되었다. 다윗은 이러한 것을 예언하였지만, 한 번도 아니고 두 번씩이나 자기가 그렇게 할 수 있는 기회가 찾아왔음에도 불구하고 그 예언을 자신이 직접 집행하고자 하지 않았다. 왜냐하면, 우리가 지키고 준행하여야 하는 것은 예언들이 아니라

교훈들이기 때문이다.

(3) 그들이 승냥이의 먹이가 되리라는 것. 그들의 시신이 포식자들의 먹이가 되거나(사울은 한참 동안이나 매장되지 못하였다) 그들의 집과 땅들이 들짐승의 거처가 될 것이다(사 34:14). 이와 같은 것은 그리스도의 원수들, 이 세상에서 그의 나라와 세력에 반대하는 자들의 운명이 될 것이다. 저 원수들을 이리로 끌어다가 내 앞에서 죽이라(눅 19:27).

2. 다윗 자신이 마침내 자신의 뜻을 이루고(11절), 그가 기름 부음 받은 대로 보좌에 오르게 되리라는 것: 왕은 하나님을 즐거워하리라.

(1) 다윗은 자기 자신을 왕이라고 부른다. 왜냐하면, 그는 하나님의 뜻과 지명(指名)에 의해서 자기가 그렇게 되리라는 것을 알고 있었기 때문이다. 마찬가지로, 바울은 아직도 여전히 싸움 중에 있으면서도 우리가 승리자보다 더한 자라고 쓰고 있다(롬 8:37, 우리가 넉넉히 이기느니라). 믿는 자들은 부활의 아침이 될 때까지는 통치권을 가지게 되지는 못하지만, 그들은 왕들이다.

(2) 다윗은 그가 지금 눈물로 씨를 뿌리지만 기쁨으로 거두게 되리라는 것을 의심하지 않는다. 왕은 즐거워하리라.

(3) 다윗은 하나님을 그의 모든 기쁨의 알파와 오메가로 삼기로 결심한다. 그는 하나님을 즐거워할 것이다. 이제 이 말씀은 높아지신 구속주의 영광과 기쁨에 적용될 수 있다. 왕되신 메시야는 하나님을 기뻐하실 것이다. 메시야는 이미 자기 앞에 놓인 즐거움 속으로 들어가셨고, 그의 영광은 그가 다시 오실 때에 완성될 것이다. 다윗이 왕위에 오를 때에 두 가지 선한 결과가 나타나게 될 것이다.

[1] 그것은 그의 친구들에게 위로가 될 것이다. 그(즉, 다윗)에게 맹세한 자마다, 곧 그의 세력에 합류해서 그에게 충성을 맹세한 자들은 누구나 그의 성공을 자랑할 것이다. 또는, 주(즉, 어떤 우상이 아니라 찬송받으실 하나님의 이름, 신 6:13)께 맹세한 자, 곧 하나님의 이름을 진심으로 고백한 모든 선한 자들은 하나님을 자랑하고, 다윗이 높아진 것을 자랑할 것이다. 주를 경외하는 자들이 나를 보고 기뻐하리라. 그리스도의 복음을 진심으로 지지한 자들은 마침내 그 복음이 승리할 때에 자랑하고 기뻐하게 될 것이다. 우리가 주와 함께 고난을 받고 참으면 또한 주와 함께 왕 노릇 할 것이다.

[2] 그것은 그의 원수들의 말문을 막히게 할 것이다. 거짓말하는 자들의 입, 다

윗이 잘못되었다는 듯이 그를 비방하며 중상모략하였던 사울과 도엑과 그 밖의 여러 원수들의 입이 완전히 막히게 될 것이다. 그들은 다윗을 치는 말을 더 이상 한 마디도 하지 못하고, 영원히 입을 다물며 창피를 당하게 될 것이다. 이것을 그리스도의 원수들, 그에게 거짓말하는 자들, 말로는 그를 사랑한다고 하면서도 마음은 그에게 있지 않은 모든 위선자들에게 적용해 보라. 그리스도께서 나는 너희가 어디에서 온 자인지 알지 못하노라고 말씀하실 때, 그들의 입은 다물어지게 될 것이다. 그들은 영원히 아무 말도 하지 못하게 될 것이다(마 22:12). 주께서 다시 오셔서, 불경건한 죄인들이 그를 쳐서 말했던 모든 험한 말들에 대하여 추궁하실 때, 그를 쳐서 거짓말한 자들, 주의 바른 길을 굽게 하고 주의 거룩한 신앙에 대하여 악담을 늘어놓은 자들의 입은 막히게 될 것이다. 그리스도께서 다시 오실 때에 그의 모든 신실한 친구들과 제자들은 영원한 승리의 개가를 부르게 될 것이기 때문에, 그들은 지금 그것을 믿고 소망하는 가운데 승리의 개가를 부를 수 있다.

제 64 편

개요

이 시편 전체는 다윗의 원수들, 박해자들, 비방하던 자들과 관련이 있다. 다윗의 일생 동안에 그러한 자들은 수없이 많았고, 그들은 그에게 수많은 괴로움을 안겨 주었기 때문에, 우리는 이 시편이 어떤 특정한 때에 지어졌는지를 굳이 추정할 필요는 없다. I. 다윗은 그를 죽이고자 하는 원수들의 악의적인 음모로부터 그를 보호해 달라고 하나님께 기도한다(1-2절). II. 다윗은 그들이 극악무도한 자들로서 그들의 악행으로 인하여 멸망받기로 예정된 자들이라고 설명한다(3-6절). III. 다윗은 예언의 영을 통해서 그들의 멸망을 예언하는데, 그들의 멸망은 하나님께는 영광이 되고 그의 백성에게는 힘이 될 것이라고 말한다(7-10절). 이 시편을 노래할 때, 우리는 여자의 후손이 뱀의 자손에 대하여 지니고 있는 해묵은 적대감을 염두에 두고서, 마침내 뱀의 머리가 깨뜨려져서 그것이 거룩한 자손의 영광과 기쁨이 되리라는 것을 확신하여야 한다.

〔다윗의 시, 인도자를 따라 부르는 노래〕

¹하나님이여 내가 근심하는 소리를 들으시고 원수의 두려움에서 나의 생명을 보존하소서 ²주는 악을 꾀하는 자들의 음모에서 나를 숨겨 주시고 악을 행하는 자들의 소동에서 나를 감추어 주소서 ³그들이 칼 같이 자기 혀를 연마하며 화살 같이 독한 말로 겨누고 ⁴숨은 곳에서 온전한 자를 쏘며 갑자기 쏘고 두려워하지 아니하는도다 ⁵그들은 악한 목적으로 서로 격려하며 남몰래 올무 놓기를 함께 의논하고 하는 말이 누가 우리를 보리요 하며 ⁶그들은 죄악을 꾸미며 이르기를 우리가 묘책을 찾았다 하나니 각 사람의 속 뜻과 마음이 깊도다

다윗은 이 절들 속에서 하나님께서 그를 보호해 주시고 원수들을 벌해 주시라는 자신의 간구를 강화시키기 위하여 자기가 어떠한 위험에 처하여 있는지, 그의 원수들이 어떤 자들인지를 하나님 앞에 설명한다.

I. 다윗은 하나님께 자기를 보존해 달라고 간절히 간구한다(1-2절). 하나님

이어 내가 기도하는 소리를 들으소서. 이것은 내가 기도하는 것을 내게 해 달라는 것이다. 그렇다면, 그가 기도한 것은 무엇이었는가? 그것은 여호와여 원수의 두려움에서 나의 생명을 보존하소서라는 것이었다. 즉, 내가 두려워하는 원수로부터 내 생명을 보존해 달라는 것이다. 다윗은 특별한 방식으로 그에게 소중하였던 그의 생명을 위에서 간구한다. 왜냐하면, 그는 자신의 생명이 하나님과 그의 세대를 크게 섬기도록 의도되어 있다는 것을 알고 있기 때문이다. 원수들이 그의 목숨을 노리고 있을 때에 그가 극히 평안하리라는 것은 도저히 생각할 수 없는 일이다(에 7:2, 4). 그가 원수를 두려워하는 마음을 나타낸다고 하여도, 그것은 그의 용기에 흠이 되는 것이 결코 아니다. 그의 조상 야곱, 하나님과 함께하였던 그 족장도 하나님 앞에서 그렇게 기도하였다(창 32:11) : 에서의 손에서 나를 건져내시옵소서. 내가 그를 두려워하나이다. 두려움에서 나의 생명을 보존하소서. 내가 두려워하는 바로 그것으로부터만이 아니라 그것을 두려워하고 불안해 하는 마음으로부터도 나를 지켜 주소서. 두려움으로부터 지켜 주는 것도 사실 생명을 보존해 주는 것과 마찬가지이다. 왜냐하면, 두려움, 특히 죽음에 대한 두려움은 끊임없는 고통을 수반하기 때문이다. 사람들은 죽음에 대한 두려움 때문에 일생동안 종살이를 한다. 다윗은 이렇게 기도한다 : "악을 꾀하는 자들의 음모에서 나를 숨겨 주시고, 그들이 나를 해치고자 은밀히 서로 모의하는 그 해악에서 나를 숨겨 주시며, 그들이 함께 모여 음모를 꾸미는 것과 마찬가지로 그들이 힘을 합쳐서 내게 해악을 입히고자 하는 것, 악을 행하는 자들의 소동에서 나를 감추어 주소서." 음모는 결국 소동과 봉기로 이어진다는 것을 명심하라. 반역 행위들은 반역을 위한 작당과 음모 속에서 시작된다. "나를 그들로부터 숨겨 주셔서, 그들이 나를 찾아 내지 못하게 하시고, 내게 이르지 못하게 하소서. 나를 주의 보호하심 아래에서 안전하게 하소서."

II. 다윗은 그의 원수들의 큰 악의와 악행에 대하여 하소연한다. "여호와여, 그들은 묵과해서는 안될 극악무도한 자들이기 때문에, 나를 그들로부터 숨겨 주소서. 그들은 그 무엇으로도 막을 수 없는 위험스러운 자들이나이다. 그러므로 주께서 내 편이 되어 주지 않으시면 나는 망하게 되리이다."

1. 그들은 지독한 앙심을 품고서 그를 비방하고 능욕하였다(3-4절). 그들은 칼과 활을 지닌 전사(戰士)들로 묘사되고, 위험에 처해 있는 줄을 전혀 알지 못한 채 평화롭게 노니는 새, 그 누구에게도 해를 끼치지 않는 새를 향하여 정확

하고 은밀하게 화살을 겨누어서 느닷없이 쏘아 맞추는 궁수로 묘사된다.

(1) 그들의 혀는 그들의 칼, 불붙은 칼, 두 날 선 칼, 빼어든 칼, 분노 중에 빼어든 칼이다. 그들은 그 혀로 이웃의 선한 이름을 베어 버리고 상처내며 죽인다. 혀는 작은 지체이지만, 칼처럼 큰 것을 자랑한다(약 3:5). 혀는 위험한 병기이다.

(2) 독한 말은 그들의 화살이다. 야비하게 비난하는 것들, 상스러운 별명을 붙이는 것들, 남을 거짓되게 알리는 것들, 비방하는 말들, 중상모략하는 말들은 악인의 불화살로서 지옥에 불을 붙인다. 이러한 것들을 위해서 그들은 화살을 겨누고, 아주 강력한 힘으로 화살들을 날려 보낸다.

(3) 그들의 과녁은 정직한 자이다. 그들은 정직한 자를 보면 울화통이 터져서, 그에 대해서나 그에게 좋은 말을 할 수가 없다. 어떤 사람이 선하면 선할수록, 그는 악한 자들에게 시기를 받고, 그들로부터 더욱 좋지 않은 말을 듣게 된다.

(4) 그들은 이런 짓을 대단히 능숙하고 교묘하게 행한다. 그들은 그들이 쏘고자 하는 자가 그들을 발견해서 위험을 피할 수 없도록 하기 위하여 숨은 곳에서 쏜다. 왜냐하면, 새가 보는 데서 그물을 치면 헛일이기 때문이다. 또한, 그들은 경고를 해서 스스로를 방어할 기회를 주지도 않은 채로 갑자기 쏜다. 그의 이웃을 암살하는 자는 저주를 받을 것이라(신 27:24). 거짓된 혀로 인해서 만들어진 위기를 막아낼 자는 아무도 없다.

(5) 이렇게 할 때에 그들은 두려워하지 않는다. 즉, 그들은 그들이 성공하리라는 것을 자신하고, 이러한 방법들을 통해서 그들의 악의적인 목적이 달성되리라는 것을 의심하지 않는다. 또는, 하나님께서는 그들을 거짓된 혀를 사용한 자에게 내려지는 형벌로 다스리게 되실 것이지만, 그들은 하나님의 그러한 진노를 두려워하지 않는다. 그들은 마치 그들이 자신의 행위에 대하여 그 어떤 추궁도 받지 않을 것처럼 뻔뻔스럽고 대담하게 선한 자들에게 해악을 가한다.

2. 그들은 아주 긴밀하고 결연하게 악의를 가지고 음모를 꾸민다(5절).

(1) 그들은 이 악한 일을 꾸미는 데에 서로에게 힘을 보태주고, 한데 똘똘 뭉침으로써 서로를 더욱 악하고 대담하게 만든다. 다른 사람을 비방하면 할수록, 사람들은 더욱 결속되는 법이다. 옳지 않은 짓을 행하는 것은 나쁜 일이지만, 옳지 않은 짓을 행하도록 자기 자신과 서로를 격려하는 것은 더욱 나쁜 일이다. 이

것은 마귀가 다윗에게 하고자 하는 일을 행하고 있는 것이다. 이렇게 악을 행하기로 온전히 결심하고서도 안색 하나 변하지 않는 것은 마음이 극도로 완악해져 있다는 것을 보여주는 징표이다. 사람들로 하여금 악한 일을 하지 못하도록 억제해 주는 것은 양심이 하는 일이지만, 그 양심이 질식되었을 때에 상황은 절망적이 된다.

(2) 그들은 어떻게 하면 가장 큰 해악을 가장 효과적으로 행할 수 있는지를 서로서로 모의한다: 그들은 남몰래 올무 놓기를 함께 의논한다. 그들의 모든 사귐은 죄 가운데서 이루어지고, 그들의 모든 의사 소통은 어떻게 하면 안전하게 범죄할 수 있느냐에 대한 것이다. 그들은 가장 효과적으로 해악을 끼칠 수 있는 방법들을 발견해 내기 위한 전략 회의를 개최한다. 그들은 올무를 놓기 전에 사전에 모의하였고, 온갖 악한 꾀를 궁리해서 올무를 놓았다.

(3) 그들은 하나님이 그들의 악한 일들을 알지 못할 것이라고 무신론자적인 자만심을 가지고 흐뭇해 한다: 누가 우리를 보리요. 악인들의 모든 악행의 밑바닥에는 하나님께서 모든 것을 아신다는 것에 대한 실제적인 불신앙이 자리잡고 있다.

3. 그들은 그들이 궁리해 낸 음모들을 집행하는 데에 아주 열심이다(6절). "그들은 죄악을 꾸민다. 그들은 나를 고소하기 위하여 내게서 이런저런 죄악을 찾아 내는 데에 무진 애를 쓰고 혈안이 되어 있다. 그들은 나를 비방하고 고소할 거리를 찾아 내기 위해서 나의 행적을 깊이 파헤쳐 보고 나의 어린 시절의 일까지 훑어 보며 나와 관련된 모든 것들을 샅샅이 뒤진다." 또는, "그들은 나를 해칠 새로운 방도들을 찾아 내는 데에 혈안이 되어 있다. 그들은 그런 방도를 찾아 내기 위해서 모든 것을 다 뒤지고 다니고, 비용이나 수고를 아끼지 않는다." 악한 자들은 남을 해치기 위해서 땅을 판다. 많은 사람들이 그들의 영혼을 저주하기 위하여 들이는 수고의 절반만이라도 그들의 영혼을 구원하는 데에 들인다면, 그들은 쉽게 구원을 얻게 될 것이다. 그들은 사람들에게 해악을 끼치고 사람들을 멸망시키는 온갖 기술들에 능통한 자들이다. 왜냐하면, 그들 각 사람의 속 뜻과 마음이 깊고 음부처럼 깊을 뿐만 아니라 몹시도 사악하여서, 아무도 그것을 알 수 없기 때문이다. 그들의 생각과 의도가 이루 말할 수 없이 악하다는 것을 통해서 그들은 악의와 교묘함에 있어서 옛 뱀의 진정한 자손이라는 것을 스스로 보여준다.

[7]그러나 하나님이 그들을 쏘시리니 그들이 갑자기 화살에 상하리로다 [8]이러므로 그들이 엎드러지리니 그들의 혀가 그들을 해함이라 그들을 보는 자가 다 머리를 흔들리로다 [9]모든 사람이 두려워하여 하나님의 일을 선포하며 그의 행하심을 깊이 생각하리로다 [10]의인은 여호와로 말미암아 즐거워하며 그에게 피하리니 마음이 정직한 자는 다 자랑하리로다

우리는 여기에서 다음과 같은 것들을 살펴볼 수 있다.

I. 하나님의 심판이 다윗을 악의적으로 박해하는 자들에게 분명히 임하리라는 것.   그들은 의기양양해하며 악을 자행하고 있지만, 여기에 만약 그들이 믿고서 곰곰이 잘 생각해 본다면 그들로 하여금 악행을 버릴 마음이 들게 할 정도로 심각한 내용이 나온다. 우리는 여기에서 그들에게 임할 형벌이 그들의 죄와 어떻게 상응되는지를 살펴볼 필요가 있다.

1. 그들은 다윗에게 은밀하고도 갑작스럽게 활을 쏘아서 그를 해치고자 하였다. 그러나 하나님께서는 그들을 향하여 활을 쏘실 것이다. 하나님은 박해자들과 그들의 얼굴을 향하여 쏠 그의 화살들을 예비해놓고 계신다(시 7:13; 21:12). 하나님이 준비한 화살들은 그들의 화살들보다도 더 확실하게 과녁을 맞추고 더 신속하게 날아가며 더 깊게 꿰뚫을 것이다. 그들에게는 많은 화살들이 있지만, 그것들은 단지 독한 말들일 뿐이고, 말들은 단지 바람일 뿐이다. 왜냐하면, 저주는 까닭없이 임하는 것이 아니기 때문이다. 그러나 하나님께는 단 한 개의 화살이 있어서 그들을 명중시켜서 죽음에 이르게 할 것이고, 또한 하나님의 저주는 결코 까닭없는 것이 아니기 때문에 반드시 임하게 될 것이다. 하나님의 화살에 의해서 그들은 갑작스럽게 치명상을 입게 될 것이다. 왜냐하면, 그들은 그 어떤 위험도 감지하지 못한 채 안전하다고 스스로 생각할 때에 그 일이 그들에게 닥칠 것이기 때문이다.

2. 그들은 그들의 혀를 통해서 다윗에게 해를 가하고자 하였지만, 하나님께서는 그들의 혀가 그들을 해하게 만드실 것이다. 그들은 그들의 죄를 따라서 다윗을 해치고자 하지만, 하나님께서는 그의 공의와 진노에 의해서 그렇게 하실 것이다(8절). 하나님께서 사람들을 그들이 혀로 지은 죄에 상응하는 형벌을 따라서 처리하여, 그들이 다른 사람들에게 악의적으로 및 열렬히 가하였던 그러한 해악들을 그들에게 임하게 하실 때, 하나님은 그들 자신의 혀가 말한 것들을

그들 자신에게 임하게 하심으로써 그들의 혀가 그들을 해하게 만드시는 것이다. 그것은 납 한달란트 만큼이나 한 사람을 음부의 가장 낮은 곳으로 가라앉게 만들기에 충분할 정도로 무거운 죄악이다. 많은 사람들이 그들의 혀로 스스로를 파멸시켜 왔고, 더욱 많은 사람들이 그들의 혀로 자신의 영혼을 저주하여 왔다. 그러한 것은 그들에 대한 단죄를 더욱 무겁게 할 것이다. 이스라엘아 네가 패망하였나니 네 입의 말로 네가 얽혔으며 네 입의 말로 인하여 잡히게 되었느니라 네가 만일 거만하면 너 홀로 해를 당하리라. 저주하기를 좋아하는 자들이 있다면, 그 저주는 그들에게 돌아가게 될 것이다. 종종 사람들의 은밀한 악은 그들 자신의 고백에 의해서 밝혀지게 되는데, 그 때에 그들 자신의 혀가 그들에게 해가 될 것이다.

Ⅱ. 이러한 심판이 다른 사람들에게 미치게 될 영향. 왜냐하면, 그 심판은 모든 사람이 보는 앞에서 행해지기 때문이다(욥 34:26).

1. 그들의 이웃들은 그들을 슬슬 피하며, 그들 자신의 안전을 위하여 도망칠 것이다. 이스라엘 사람들이 고라, 다단, 아비람의 장막을 떠났듯이(민 16:27), 사람들은 그들을 떠나서 도망치게 될 것이다. 어떤 이들은 이 말씀이 사울이 죽었을 때에 성취되었다고 생각한다. 사울이 죽자, 그의 군대가 흩어졌을 뿐만 아니라, 인근에 살던 이스라엘 사람들이 그들의 왕만이 아니라 왕의 세 아들까지 죽은 것에 크게 두려워하여 그들이 살던 성읍을 버리고 도망하였다(삼상 31:7).

2. 하나님의 심판을 지켜본 자들은 하나님의 섭리를 두려워하게 될 것이다(9절).

(1) 그들은 이 모든 일 속에서 하나님의 손길이 작용하고 있다는 것을 깨닫게 될 것이다(우리가 그런 것을 깨닫지 못한다면, 우리는 섭리에 의한 하나님의 행위들을 통해서 유익을 얻지 못하게 될 것이다, 호 14:9): 모든 **사람이 그의 행하심을 깊이 생각하리로다.** 사실 관계를 정확히 파악하기 위하여 깊이 숙고하고 진지하게 생각할 필요가 있으며, 그것을 올바르게 해석하기 위하여 지혜가 필요하다. 우리는 하나님께서 행하시는 일을 깊이 숙고해야 하지만(전 7:13), 지혜롭게 생각하여서, 순전한 본문에 혼잡한 주석을 달아서는 안 된다.

(2) 그들은 하나님의 심판을 깊이 생각하고서 하나님에 대한 거룩한 경외심을 갖게 될 것이다. 모든 사람(인간으로서의 이성을 조금이라도 갖고 있는 모

든 사람)은 하나님의 심판으로 인하여 두려워 떨게 될 것이다(시 119:120). 그들은 자기 자신이 하나님의 백성을 박해한 자로 밝혀져서 이와 같은 심판을 받게 될 것을 두려워할 것이다. 거만한 자를 때리라 그리하면 어리석은 자도 지혜를 얻으리라.

(3) 그들은 하나님의 일을 선포하게 될 것이다. 그들은 박해자들을 벌하신 하나님의 공의에 대하여 서로서로 말하게 될 것이고 자기 주변의 모든 사람들에게 말하게 될 것이다. 우리는 우리가 지혜롭게 숙고한 것을 다른 사람들에게 지혜롭게 선포함으로써 그들의 덕을 세우며 하나님께 영광을 돌려야 한다. 이는 하나님의 권능이다.

3. 선한 자들은 특별한 방식으로 하나님의 심판을 알아차리고서, 거룩한 즐거움을 얻게 될 것이다(10절).

(1) 하나님의 심판은 그들의 기쁨을 더해 줄 것이다: 의인들은 여호와로 말미암아 즐거워하리라. 그들은 사람들이 비참해지고 멸망당하는 것을 즐거워하는 것이 아니라, 하나님께서 영광을 받으시고, 그의 말씀이 성취되며, 죄없이 해를 당한 자들이 신원된 것을 즐거워하게 될 것이다.

(2) 하나님의 심판은 그들의 믿음을 더욱 돈독하게 해 줄 것이다. 그들은 자기 자신을 하나님께 의탁하고서 그들이 해야 할 도리를 행하는 데에 더욱 매진하게 될 것이고, 하나님을 전적으로 신뢰하는 가운데 하나님을 위하여 기꺼이 모든 것을 하고자 하게 될 것이다.

(3) 그들의 기쁨과 믿음은 둘 다 거룩한 자랑으로 표현될 것이다. 마음이 정직한 자, 선한 양심을 지니고 하나님께 인정을 받은 자는 다 자랑하리니, 그들 자신을 자랑하는 것이 아니라 하나님의 은총, 하나님의 의와 선하심, 그들이 하나님께 속해 있다는 것을 자랑하게 될 것이다. 자랑하는 자는 주 안에서 자랑하라.

제
— 65 —
편

개요

이 시편은 우리에게 하나님의 능력과 선하심에 대하여 하나님께 영광을 돌리도록 명령하는데, 하나님의 능력과 선하심은 다음과 같은 것들 속에서 나타나 있다. I. 은혜의 나라에서는(1절) 기도를 들어 주시고(2절) 죄를 사하여 주시며(3절) 사람들의 영혼을 만족시키시고(4절) 그들을 보호하시고 힘 주시는 것(5절). II. 섭리의 나라에서는 산들을 견고히 세우시고(6절) 바다를 잔잔하게 하시며(7절) 낮과 밤이 주기적으로 교대하는 것을 보존하시고(8절) 땅을 비옥하게 하시는 것(9-13절). 이러한 것들은 우리 모두가 하나님께 빚지고 있는 축복들이기 때문에, 우리는 이 시편을 노래할 때에 이 시편에 나오는 내용들을 쉽게 우리 자신에게 적용시킬 수 있다.

〔다윗의 시, 인도자를 따라 부르는 노래〕

[1]하나님이여 찬송이 시온에서 주를 기다리오며 사람이 서원을 주께 이행하리이다 [2]기도를 들으시는 주여 모든 육체가 주께 나아오리이다 [3]죄악이 나를 이겼사오니 우리의 허물을 주께서 사하시리이다 [4]주께서 택하시고 가까이 오게 하사 주의 뜰에 살게 하신 사람은 복이 있나이다 우리가 주의 집 곧 주의 성전의 아름다움으로 만족하리이다 [5]우리 구원의 하나님이시여 땅의 모든 끝과 먼 바다에 있는 자가 의지할 주께서 의를 따라 엄위하신 일로 우리에게 응답하시리이다

시편 기자는 여기에서 은혜의 보좌 앞에 나아가서 자기 자신의 문제에 대하여 말하는 것이 아니라, 성회를 주관하고 회중을 대표하는 자로서 하나님께 말씀을 드리는 것으로 이 시편을 시작한다. 우리는 여기에서 다음과 같은 것들을 살펴볼 수 있다.

I. 그가 어떻게 하나님께 영광을 돌리고 있는가(1절).

1. 겸손하게 감사함을 통해서: 하나님이여 찬송이 시온에서 주를 기다리나이다. 찬송이 하나님께서 시온에 도착하시기를 기다리고 있고, 하나님께서 시온에

도착하시자마자 찬송이 열납될 수 있도록 감사함으로 기다리고 있다. 하나님께서 우리에게 은총을 베푸시기 위하여 다가오고 계실 때, 우리는 찬송을 들고서 하나님을 맞이하러 나가서 동이 틀 때까지 기다려야 한다. "찬송이 주의 거룩한 뜻에 온전히 만족하고 주의 긍휼에 온전히 의지한 채 기다리나이다." 우리가 모든 일 속에서 하나님께 감사를 드릴 채비를 하고 있을 때, 찬송이 하나님을 기다리고 있다고 할 수 있다. "찬송이 주께서 열납하시기를 기다리나이다." 레위인들은 밤중에 정한 때에 찬송을 부를 준비를 하고서 여호와의 성전에서 있었는데(시 134:1-2), 이렇게 그들의 찬송은 하나님을 기다리고 있었다. 찬송이 주께 잠잠하나이다(원문을 직역하면 이렇게 된다). 이것은 하나님의 크신 선하심을 표현할 말이 없어서, 묵묵히 하나님의 선하심을 경배하는 모습을 나타낸다. 말로 표현할 수 없는 거룩한 탄식이 있는 것과 마찬가지로, 말로 표현할 수 없는 거룩한 경배도 있다. 마음을 살피시고 영의 생각을 아시는 하나님께서는 그러한 침묵의 경배를 열납하실 것이다. 우리의 찬송이 잠잠할 때, 복된 천사들의 찬송이 힘있게 울려 퍼질 것이다. 내가 말하고 싶은 것을 하나님께 말하지 말라. 왜냐하면, 사람이 하나님에 대한 모든 찬송을 다 말하고자 한다면, 그는 반드시 삼켜지게 될 것이기 때문이다(욥 37:20). 주 앞에서는 찬송이 침묵으로 여겨진다(갈대아 역본에서는 이렇게 되어 있다). 하나님은 우리의 모든 송축과 찬송보다 훨씬 더 높이 계신다. 온 세상이 하나님께 찬송을 드려야 마땅하지만, 찬송은 오직 시온에서만, 즉 하나님의 교회와 그의 백성 가운데서만 하나님을 기다린다. 하나님께서 행하신 모든 일들이 하나님을 찬송하지만(그것들은 찬송할 거리로서의 역할을 한다), 오직 하나님의 성도들만이 실제적인 경배를 통해서 하나님을 송축한다. 구속함을 받은 교회는 시온산 위에서 새 노래를 부른다(계 14:1, 3). 하나님의 처소는 시온에 있다(시 76:2). 거기에서 하나님과 함께 거하는 자들은 복되다. 왜냐하면, 그들은 계속해서 하나님을 찬송하게 될 것이기 때문이다.

2. 진정한 신실함을 통해서: 사람이 서원을 주께 이행하리이다. 즉, 사람이 서원한 제사를 하나님께 올려 드리게 될 것이다. 우리가 하나님의 긍휼을 구하면서 행한 서원들을 이행하지 않는다면, 하나님께서 우리에게 베풀어 주신 긍휼에 대하여 우리가 드리는 감사는 하나님께 열납되지 못할 것이다. 서원을 해놓고서 이행하지 않는 것보다 차라리 서원하지 않는 편이 더 낫다.

II. 그는 무엇 때문에 하나님께 영광을 돌리는가.

1. 기도를 들어 주신 것에 대하여(2절): 찬송이 주를 기다리나이다. 찬송이 이렇게 하나님을 기다리며 준비되어 있는 이유는 무엇인가?

(1) "그것은 주께서 우리의 간구를 기꺼이 들어 주시기 때문이다. 기도를 들으시는 주여! 주께서는 모든 기도에 응답하실 수 있나이다. 왜냐하면, 주는 우리가 구하거나 생각하는 것보다 더 넘치도록 우리를 위하여 해주실 수 있으시고(엡 3:20), 모든 믿음의 기도에 인자하심으로 응답하시고자 하기 때문이니이다." 하나님이 기도를 들으시는 하나님이시고, 그런 영광스러운 칭호를 받아들이신 것은 선하심으로 인하여 하나님께서 영광을 받으시고 우리에게 선하도록 격려하기 위한 것이다. 우리가 하나님께서 그런 칭호에 걸맞게 행하실 기회를 하나도 빼지 않고 다 하나님께 드리지 못한다면, 우리는 제대로 행하고 있는 것이 아니다.

(2) 그런 이유로 우리가 곤경에 처할 때마다 하나님께 기꺼이 달려갈 준비가 되어 있기 때문에. "주는 기도를 들으시는 하나님이시기 때문에, 모든 육체가 주께 나아오리이다. 사람이 다른 때에는 몰라도 무엇이 부족하거나 곤경에 처해 있을 때에 그의 기도가 주를 기다리고 있기 때문에, 각 사람의 찬송이 주를 기다리고 있는 것이 옳은 일이다. 구약 시대에는 오직 이스라엘 자손만이 주께 나아올 수 있었지만, 주의 전이 만민이 기도하는 집이라 불리게 될 때에는 모든 육체가 주께 나아와서 환영을 받게 될 것이다(롬 10:12-13)." 하나님은 기도를 들으시는 하나님이시기 때문에, 우리는 하나님께 나아가야 하고, 담대히 나아가야 한다.

2. 죄를 사하여 주시기 때문에. 이 점에 있어서 주와 같은 신이 어디 있으리이까(미 7:18)? 하나님은 이것을 통해서 자신의 이름을 선포하시기 때문에(출 34:7), 그런 까닭에 찬송이 하나님을 기다린다(3절). "우리의 죄악들은 하늘에 사무쳤고, 죄악이 우리를 이겼고, 그 수가 너무 많고 악독하여서, 우리 앞에 그 죄악을 다 늘어 놓으면, 우리는 당혹감으로 가득 차서 절망할 수밖에 없나이다. 죄악들이 우리를 이겼으므로, 우리는 우리 자신의 그 어떤 의로 우리의 죄악을 상쇄시킬 수 있는 체할 수 없고, 우리가 하나님 앞에 설 때에 우리 자신의 양심이 우리를 고소하면, 우리는 대답할 말이 없을 것이나이다. 그렇지만 주께서는 거저 주시는 긍휼하심과 주의 의로우심을 인하여 우리의 허물을 사하실 것

이기 때문에, 우리는 우리의 죄악으로 말미암아 정죄를 당하지 않게 될 것이나이다." 우리가 범한 죄 때문에 우리가 위태로워지면 질수록, 우리는 죄를 사하시는 하나님의 긍휼하심의 능력과 풍성함을 더욱 찬송할 이유가 있게 된다. 하나님은 그 긍휼하심으로 인하여 우리의 무수한 죄악들과 우리의 큰 죄들이 우리를 위협하는 힘을 무효화시키실 수 있다.

3. 하나님께서 그를 바라보는 자들을 따뜻하게 영접하셔서 그와의 교통을 통해 위로를 얻게 하시기 때문에. 먼저 우리의 죄악을 사함받아야만(3절), 우리는 하나님의 제단에 두루 다니는 것이 허락된다(4절). 하나님과의 교통 속으로 들어온 자들은 그 교통 속에서 참된 행복과 온전한 만족을 반드시 발견하게 될 것이다.

(1) 그들은 복되다. 이스라엘 민족만이 복이 있는 것이 아니라(시 33:12), 주께서 택하시고 가까이 오게 하사 주의 뜰에 살게 하신 사람은 그 사람이 아무리 비천하다고 하더라도 복이 있다. 그런 사람은 복된 자이다. 왜냐하면, 그에게는 하나님께서 그를 기뻐하신다는 가장 확실한 징표가 있고 그가 영원한 지복(至福)을 누리게 되리라는 것을 보장해 주는 가장 확실한 담보가 주어져 있기 때문이다. 좀 더 살펴보자.

[1] 이러한 복된 상태를 누리기 위하여 하나님과의 교통 속으로 들어오는 것은 무엇인가. 첫째, 그것은 하나님의 언약을 굳게 붙잡고서, 하나님을 깊이 사랑하는 마음을 품고서, 하나님을 가까이 하고자 하는 소원을 가지고서 하나님께 가까이 나아가는 것이다. 그것은 하나님을 우리가 사랑하고 소중히 여기는 분으로 삼아서 하나님과 교제하는 것이다. 둘째, 그것은 제사장들과 레위인들이 그랬듯이 하나님의 전에 있는 하나님의 뜰에서 거하는 것이다. 그것은 우리가 우리의 거처에서 할 일을 하는 것과 마찬가지로 끊임없이 경건의 일들을 행하고 거기에 우리의 온 마음을 쏟는 것이다.

[2] 우리는 어떻게 하나님과의 교통 속으로 들어가게 되는가. 그것은 우리 자신의 공로를 통해서 되는 것도 아니고 우리 자신의 어떤 계획에 따라서 되는 것도 아니며, 오직 하나님의 자유로운 택하심에 의해서 이루어진다. "주께서 택하셔서 다른 사람들로부터 구별해 내신 사람은 복이 있나이다." 이것은 하나님의 택하심에 따른 특별한 은혜에 의한 것이다. 하나님께서는 그가 택하신 자를 그에게 나아오게 하신다. 하나님은 그들을 초청하실 뿐만 아니라, 그들로 하여

금 그에게 가까이 오고자 하는 마음을 주시고, 또한 그렇게 할 수 있는 힘도 주신다. 하나님께서는 그들을 이끄신다(요 6:44).

(2) 그들은 만족하게 될 것이다. 여기서 시편 기자는 인칭을 바꾸어서, 그(주께서 택하시는 자)가 만족할 것이라고 말하지 않고, 우리가 만족할 것이라고 말하는데, 이것은 여기에 나오는 약속들을 우리 자신에게 적용하여서, 우리로 하여금 적극적인 믿음을 통해서 그들 중에 우리의 이름을 올리도록 가르치기 위한 것이다: 우리가 주의 집 곧 주의 성전의 아름다움으로 만족하리이다.

[1] 하나님의 성전은 하나님의 집이다. 하나님은 거기에 거하셔서, 그의 규례들을 집행하신다.

[2] 하나님께서는 자신의 집을 선하고 아름다운 곳으로 유지시키신다. 하나님의 집에는 좋은 것들이 풍성하게 있다. 의와 은혜와 영원한 언약의 모든 위로들이 거기에 있다. 거기에 있는 것은 우리 모두를 위해 충분하고 우리 각자를 위해 충분하다. 선한 것이 항상 준비되어 있다. 그것은 우리가 완전히 거저 얻을 수 있는 것, 돈 없이 대가를 치르지 않고서도 얻을 수 있는 것이다.

[3] 그러한 것들 속에는 영혼을 만족시키는 것이 들어 있어서, 은혜를 받은 모든 영혼들은 그러한 것들로 배부르게 될 것이다. 그들이 하나님과 교통하는 즐거움을 누리게 된다면, 그들은 그것으로 충분하게 된다. 그들은 만족하여서, 더 이상 다른 것을 원하지 않게 된다.

4. 하나님께서 그들을 위하여 그의 능력을 영광 가운데 베푸실 것이기 때문에(5절): 우리 구원의 하나님이시여 주께서 의를 따라 엄위하신 일로 우리에게 응답하시리이다. 이 말씀은 하나님께서 그의 섭리 가운데서 종종 그의 백성을 책망하시는 것을 가리키는 것으로 이해될 수 있다. 하나님께서는 종종 그의 백성을 일깨우시고 각성시키시기 위하여 무시무시한 일들을 통해서 그들에게 응답하시지만, 항상 의를 따라서 행하신다. 하나님은 그들에게 잘못하시거나 그들을 해치고자 하지 않으신다. 왜냐하면, 책망하실 때에도 하나님은 여전히 그들의 구원의 하나님이시기 때문이다(사 45:15을 보라). 그러나 이 말씀은 하나님께서 그의 백성의 원수들에 대하여 심판을 행하시는 것을 가리키는 것으로 이해하는 것이 더 좋다. 하나님께서는 그의 백성이 드린 기도에 응답하셔서, 그들을 위하여 이교도들을 멸망시키시고, 의로우신 하나님, 그의 백성을 보호하시고 구원하시며 원수들에게 복수하시는 하나님으로서 그의 백성을 압제한 교만

한 자들에게 보응하신다. 어떤 이들은 두려운 일들을 기이한 일들, 우리가 생각지도 못하였던 깜짝 놀랄 일들이라고 해석하기도 한다(사 64:3). 또는, "우리에게 경외감을 불러일으킬 일들을 통해서 주께서는 우리에게 응답하실 것이다." 우리가 하나님의 뜰에 자유롭게 들어갈 수 있게 되었고, 하나님 앞에 가까이 나아갈 수 있게 되었다고 해서, 하나님에 대한 우리의 공경심과 경외심이 줄어 들어서는 결코 안 된다. 왜냐하면, 하나님은 그의 성소에서 두려우신 분이기 때문이다.

5. 하나님께서는 그의 백성이 어떠한 곤경 속에 있고 어디로 흩어져 있든지 간에 그들 모두를 돌보시기 때문에. 하나님은 땅의 모든 끝에 있는 자가 의지할 자이시다. 즉, 하나님은 단지 이스라엘의 자손들만이 아니라 온 세계에 걸친 모든 성도들이 의지할 분이시다. 왜냐하면, 하나님은 유대인만이 아니라 이방인의 하나님도 되시고, 그의 성전과 뜰에서 멀리 떨어져 있어서 이방인들의 섬들에 거하거나 바다 위에서 곤경에 처한 자들이 의지할 분이시기 때문이다. 그들은 어찌할 바를 모를 때에 주를 의지하고 주께 부르짖는다(시 107:27-28). 우리는 우리가 어디에 있든지 간에 하나님의 백성이 모이는 거룩한 성회에서만이 아니라 저 멀리 바다 위에 있을 때에라도 믿음과 기도로써 하나님과의 교통을 유지하고 하나님으로부터 위로를 가져올 수 있다.

[6]주는 주의 힘으로 산을 세우시며 권능으로 띠를 띠시며 [7]바다의 설렘과 물결의 흔들림과 만민의 소요까지 진정하시나이다 [8]땅 끝에 사는 자가 주의 징조를 두려워하나이다 주께서 아침 되는 것과 저녁 되는 것을 즐거워하게 하시며 [9]땅을 돌보사 물을 대어 심히 윤택하게 하시며 하나님의 강에 물이 가득하게 하시고 이 같이 땅을 예비하신 후에 그들에게 곡식을 주시나이다 [10]주께서 밭고랑에 물을 넉넉히 대사 그 이랑을 평평하게 하시며 또 단비로 부드럽게 하시고 그 싹에 복을 주시나이다 [11]주의 은택으로 한 해를 관 씌우시니 주의 길에는 기름 방울이 떨어지며 [12]들의 초장에도 떨어지니 작은 산들이 기쁨으로 띠를 띠었나이다 [13]초장은 양 떼로 옷 입었고 골짜기는 곡식으로 덮였으매 그들이 다 즐거이 외치고 또 노래하나이다

우리가 은혜의 하나님께서 얼마나 기이하게 자신을 낮추셔서 우리를 상대하고 계시는가를 더욱 깊이 알기 위해서는 자연을 다스리시는 하나님의

능력과 주권, 하나님의 섭리의 나라가 지닌 풍성함을 살펴보는 것이 유익하다.

Ⅰ. 하나님은 땅을 견고히 세우셨고, 땅은 하나님께서 세우신 대로 항상 그대로 있다(시 119:90). 주는 주의 힘으로 산을 세우셨다(6절). 산들은 종종 지진으로 요동하긴 하지만, 하나님께서는 산들을 처음에 견고하게 세우셨고, 지금도 여전히 산들을 견고하게 붙들고 계신다. 그런 까닭에 산들은 영원한 산들이라 불린다(합 3:6). 그렇지만 하나님께서 그의 백성과 맺은 언약은 산들보다 더 견고하게 서 있다고 성경에서는 말한다(사 54:10).

Ⅱ. 하나님께서 바다를 잠잠하게 하시고, 바다는 고요하다(7절). 폭풍우가 치는 바다는 큰 소리를 내는데, 이것은 흉흉한 바다 물결에 위협적인 공포를 더해준다. 그러나 하나님께서 바다 물결과 풍랑에게 잠잠하라고 명하시면, 그것들은 이내 잔잔해지고, 폭풍우도 금세 고요하게 된다(시 107:29). 앞에서 본 것처럼 땅이 변함없이 견고한 것과 바다가 이렇게 하나님의 명령으로 금세 변할 수 있다는 것을 통해서 바다와 마른 땅의 주인이신 하나님께서 권능으로 띠를 두르고 계시다는 것이 드러난다. 우리 주 예수께서도 바람과 물결에게 명하였을 때에 그것들이 그에게 순종한 것을 통해서 그가 하나님의 권능을 지니고 있다는 것을 증명하셨다. 하나님은 바다를 잔잔하게 하실 뿐만 아니라, 만민의 소요도 잠잠하게 하신다. 군중들의 봉기, 폭도들의 소요만큼 볼썽사납고 다스리기 어려운 것은 없다. 그렇지만 하나님께서는 그들도 알지 못하는 은밀한 방식으로 그런 소요와 봉기를 진정시키실 수 있다. 또는, 이 말씀은 이스라엘에 대하여 원수들이었던 나라들이 격동하는 것을 가리키는 것일 수도 있다(시 2:1). 하나님은 그들을 진정시킬 많은 방도들을 가지고 계시고, 그들의 소요를 영원히 잠재우실 것이다.

Ⅲ. 하나님은 아침과 저녁이 교대하게 하셨고, 그러한 교대 주기는 변함이 없다(8절). 이렇게 낮과 밤이 주기적으로 교대하는 것은 다음과 같은 것들을 보여주는 것으로 생각될 수 있다.

1. 그것은 하나님의 크신 권능을 보여주는 예이다. 따라서 그러한 현상은 모든 사람에게 경외감을 불러일으킨다: 땅 끝에 사는 자가 주의 징조를 두려워하나이다. 그들은 이러한 징조를 통해서 그들이 마땅히 두려워 떨어야 하는 최고의 신, 만유를 다스리시는 왕이 계시다는 것을 깨닫게 된다. 왜냐하면, 이러한 것들 속에서 하나님의 눈에 보이지 않는 것들이 분명하게 드러나기 때문이다. 그

러므로 하나님께서는 그것들이 징조를 이루게 하도록 하셨다(창 1:14). 땅 끝에 사는 자들은 이러한 징조를 보고서 너무 두려워서, 그것들이 하나님께서 두신 징조들, 하나님의 권능과 신성을 보여주는 부정할 수 없는 증거들이기 때문에 그들이 마땅히 그것들을 통해서 하나님을 깨닫고 하나님을 예배하여야 한다는 것을 생각하지 못한 채, 그 징조들을 섬기곤 하였다(신 4:19).

2. 그것은 하나님의 지극한 선하심을 보여주는 한 예이다. 따라서 그것은 모든 사람에게 위로를 가져다 준다: 주께서 해가 뜨기 전에 저녁이 나가고 해가 지기 전에 아침이 나가는 것을 즐거워하게 하셨다. 하나님께서는 아침의 빛을 흩으셔서 저녁의 휘장을 내리시는 것과 마찬가지로, 이 두 가지를 사람의 유익을 위하여 행하시고, 아침과 저녁이 둘 다 즐거워하게 하시며, 우리로 하여금 아침과 저녁을 즐거워하게 하신다. 따라서 빛과 어둠이 아무리 서로 상반되고, 그것들 간의 경계가 아무리 침범될 수 없는 것이라고 해도(창 1:4), 빛과 어둠은 둘 다 각각의 역할을 따라서 세상에서 환영을 받는다. 이 둘 중에서 어느 쪽이 우리에게 더 환영받고 있는지를 말하는 것은 대단히 어렵다. 왜냐하면, 아침의 빛은 낮의 일을 하기에 적합하고, 저녁의 어둠은 밤의 휴식에 적합하기 때문이다. 야경꾼은 아침을 기다리지만, 품꾼은 저녁이 되기를 몹시 고대한다. 어떤 이들은 이 본문이 아침과 저녁으로 드려지는 제사를 가리키는 것으로 이해한다. 선한 자들은 아침과 저녁으로 드리는 제사를 크게 기뻐하고, 그 제사를 통해서 하나님은 변함없이 계속해서 영광을 받으신다. 주께서는 그것들로 하여금 노래하게(원어의 의미는 이것이다) 하신다. 왜냐하면, 아침과 저녁에 레위인들은 하나님을 찬송하는 노래를 불렀기 때문이다. 우리가 매일매일 하여야 할 일은 바로 이것이다. 우리는 혼자서든 가족과 함께이든 매일 예배를 드려야 하고, 그것을 우리가 하루 중에 하는 일들 중에서 가장 중요한 일이자 우리가 하루 중에서 얻는 위로들 중에서 가장 기쁜 것으로 삼아야 한다. 이렇게 우리가 예배를 통해서 하나님과의 교통을 유지한다면, 아침과 저녁은 우리에게 드나들면서 진정으로 즐거워하게 될 것이다.

IV. 하나님은 땅에 물을 대셔서 윤택하게 하신다. 시편 기자가 하나님의 권능과 선하심을 보여주는 이 예를 아주 길게 설명하고 있는 것으로 보아서, 이 시편은 평년보다 더 풍성한 수확을 했던 때나 오랜 가뭄 끝에 때맞춰서 단비가 내렸을 때에 지어졌을 가능성이 크다. 하나님께서 지으신 이 아랫 세상의 풍성함은 윗 세상의 힘에 얼마나 많이 의존하고 있는지는 쉽게 살펴볼 수 있다. 만약 하늘이 놋이 된다면, 땅은 쇠가 되어 버릴 것이다. 이것은 각양 선하고 온전한 선물이 위로부터 온다는 것을 이 미련한 세상 사람들에게 일깨워 주는 것이다. 우리는 눈을 들어서 산들 너머에 있는 하늘, 우리의 눈에 보이지 않지만 온갖 축복들이 흘러나오는 샘인 하늘을 바라보아야 하고, 땅의 만물들을 요제를 통해서 하늘을 향하여 드림으로써 그것들이 하늘에서 왔다는 것을 고백하듯이, 우리의 찬송을 하늘로 올려 드려야 한다. 하나님의 모든 축복들, 심지어 영적인 축복들은 하나님께서 우리에게 의를 비처럼 내리시는 것으로 표현된다. 이제 하나님께서 비를 내려 주시고 철을 따라 열매를 맺게 하시는 보편적인 축복이 여기에서 어떻게 묘사되고 있는지를 살펴보자.

1. 이러한 보편적인 축복 속에는 하나님의 권능과 선하심이 얼마나 많이 들어 있는가. 이것은 여기에서 아주 다양하고 생생한 표현들을 통해서 제시되고 있다.

(1) 땅을 지으신 하나님은 이런 것들을 통해서 땅을 찾아 오시고, 그가 땅을 돌보신다는 증거를 보여주신다(9절). 그것은 하나님께서 그 긍휼하심으로 인하여 찾아오시는 것이다. 이 땅의 거민들은 마땅히 그러한 하나님께 찬송으로 보답하여야 한다.

(2) 땅을 마른 땅으로 만드신 하나님께서는 이러한 것들을 통해서 땅에 물을 대어 주심으로써 땅으로 하여금 열매를 맺게 하신다. 하나님께서 비를 내리시기 전에도 땅의 소산물들이 번성하였지만, 그 때조차도 땅으로 하여금 열매를 맺게 하기 위하여 안개가 있어서 **땅의 모든 지면을 적셨다**(창 2:5-6). 하나님께서 우리에게 이슬이 되어 주셔서 우리에게 물을 대어 주시지 않는다면, 우리 마음은 메마르게 되어서 불모지가 되고 만다. 하나님께서는 그가 직접 심으신 것들에 물을 주셔서 자라나게 하실 것이다.

(3) 비는 물이 가득한 하나님의 강이다. 구름은 이 강의 원천들이고, 그 원천들은 자의적으로 흘러가는 것이 아니라, 하나님께서 마련해 놓으신 수로를 따라서 흘러간다. 하나님은 물이 가득한 강들인 빗줄기의 방향을 그의 기쁘신 뜻대로 정하신다.

(4) 하나님의 이 강은 땅을 윤택하게 하는데, 이 강이 없다면 이 땅은 곧 형편없는 것이 되어 버리고 말 것이다. 지면에서 생산되는 땅의 풍부한 소산들은

땅 속 깊은 곳에 감춰져 있는 것들보다 사람에게 훨씬 더 유익하고 유용하다. 우리는 금이나 은 없이는 그런 대로 잘 살 수 있지만, 곡식이나 채소 없이는 살아갈 수 없다.

2. 이것으로 인하여 땅과 거기에 사는 사람이 얼마나 많은 은택을 입고 있는가.

(1) 땅이 입는 은택. 때를 따라 내리는 비는 땅으로 하여금 새 옷을 갈아 입게 한다. 새로 벤 풀 위에 내리는 비보다 더 반갑고 기분 좋은 것은 없다(시 72:6). 비가 흘러내리는 것 같은 밭고랑조차도 넉넉히 물이 공급된다. 왜냐하면, 밭고랑들은 그것들 위에 자주 내리는 비를 머금기 때문이다. 씨를 뿌리기 위해서 쟁기를 사용하여 뒤엎은 이랑들도 비로 인해서 평평하게 되어, 씨를 받기에 합당한 모습이 된다(10절). 밭이랑들은 비로 인해서 부드럽게 되어 잘 골라진다. 마음 밭을 부드럽게 만드는 것은 마음을 잘 고르는 것이다. 왜냐하면, 마음은 은혜로 말미암아 든든해지기 때문이다. 이렇게 하나님께서는 단비를 내려 주심으로써 한 해의 봄을 축복하신다. 한 해의 시작인 봄이 축복을 받는 것은 한 해 전체가 축복될 것을 보여주는 전조이기 때문에, 여기에서는 하나님께서 주의 은택으로 한 해를 관 씌우셨다고 말한다(11절). 머리를 면류관으로 둘러싸듯이, 하나님께서 한 해를 은택으로 둘러싸셔서, 한 해 전체를 복되게 하셨다. 또한, 본문에서는 하나님의 길에는 기름 방울이 떨어진다고 말한다. 왜냐하면, 이 땅에서 풍성한 소산을 약속해 주는 기름진 것이 있다면, 그것은 하나님의 선하심에서 나오는 것이기 때문이다. 하나님께서는 어디를 가시든지 자신의 긍휼하심을 보여주는 징표들을 남겨 두시기 때문에(욜 2:13-14), 하나님께서 지나가신 길은 그가 가신 후에도 빛이 나게 된다. 하나님께서는 이 아랫 세상에 아주 광범위하게 그의 선하심을 전하신다(12절): 기름 방울들은 사람들이 사는 땅의 초장에만이 아니라 들의 초장에도 떨어진다. 사람들이 돌보지도 않고 거기에서 유익도 얻지 못하는 광야도 하나님의 섭리의 보호하심 아래에 있고, 광야가 얻는 유익들은 비록 사람들에게는 직접적으로 유익이 되지 않지만 피조물 전체에 은혜를 베푸시는 하나님께 영광을 돌리는 것이다. 우리는 우리에게 유익을 주는 것만이 아니라 피조 세계 전체에 유익을 주는 것에 대해서도 감사하여야 한다. 왜냐하면, 그것은 피조 세계에 유익을 줌으로써 창조주 하나님께 영광을 돌리고 있는 것이기 때문이다. 광야는 경작지만큼 보답을 하

지 못하지만 가장 비옥한 땅만큼이나 하늘의 비를 흡수한다. 왜냐하면, 하나님께서는 악한 자들과 감사하지 않는 자들에게도 선을 베푸시기 때문이다. 하나님께서는 이렇게 그의 선물을 골고루 후하게 주시기 때문에, 작은 산들, 해에서 가장 멀리 떨어져 있는 북방에 있는 산들조차도 기쁨으로 띠를 띠고 있다. 산들은 하나님의 섭리에 의한 돌보심을 필요로 하지 않는 것이 아니다. 작은 산들조차도 하나님께서 돌보신다는 것을 알고 있다. 하나님께서는 산들로 하여금 두려워 떨게 하실 수 있는 것과 마찬가지로(시 114:6), 산들이 기뻐하게 하실 수도 있다.

(2) 땅에 사는 사람이 받는 은택. 하나님은 땅에 비를 내려 주심으로써 사람을 위하여 곡식을 마련해 주신다(9절). 음식은 땅으로부터 나온다(욥 28:5). 왜냐하면, 곡식은 땅에서 나오기 때문이다. 그러나 땅에서 나오는 모든 곡식은 하나님께서 친히 준비하신 것이다. 그러므로 하나님은 사람을 위하여 곡식을 마련해 주시기 위해서 땅에 비를 내려 주신다. 하나님은 모든 피조물들을 사람의 발 아래에 두셨고, 그 피조물들을 사람이 사용하기에 합당하게 만들어 놓으셨다. 해마다 곡식이 나는 것이 죽은 자를 다시 살리시는 바로 그 능력의 역사일 뿐만 아니라, 그러한 능력을 보여주는 한 예이고(우리 구주께서 하신 말씀이 보여주듯이, 요 12:24), 우리가 그것으로부터 변함없이 유익을 얻는 것이 영원히 지속될 하나님의 선하심을 보여주는 한 예라는 것을 우리가 생각할 때, 우리는 우리를 위하여 양식을 예비해 주시는 분은 다름 아닌 하나님이시라는 것을 알게 된다. 곡식과 양 떼는 두 가지 상시적인 식단이었고, 땅의 열매를 직접적으로 거두는 농부에게 아주 풍성하게 주어진 것들이었다. 이 두 가지는 모두 땅에 물을 대어 주시는 하나님의 선하심 덕분이다(13절). 초장이 양 떼로 옷 입게 된 것도 바로 그것 덕분이다(13절). 초장에 양 떼가 가득하였기 때문에, 초장은 양 떼로 덮여 있는 듯이 보였지만, 초장에 너무 많은 양 떼가 들어차 있었던 것은 아니다. 양 떼가 좋은 풀을 배부르게 먹을 때, 양 떼는 초장의 장신구이자 영광이 된다. 골짜기들은 추수 때에 곡식들이 풍성하였기 때문에 곡식으로 덮여 있는 듯이 보였다. 땅 중에서 가장 낮은 지대들은 보통 가장 비옥하여서, 한 에이커의 낮은 골짜기는 높은 산의 다섯 에이커에 해당하는 가치를 지니고 있다. 어쨌든 곡식이 자라는 땅이나 초장은 둘 다 그들의 창조의 목적에 부응해서 다 즐거이 외치고 또 노래한다. 왜냐하면, 그것들은 하나님의 영광

과 사람의 위로에 기여하는 것들로서, 우리에게 기뻐 찬송할 거리를 제공해 주기 때문이다. 이 땅에서 수확의 기쁨보다 더한 기쁨은 없는 것과 마찬가지로, 유대인들이 지켰던 여호와의 절기들 중에서 사람들이 수고하여 이룬 것을 연말에 밭에서부터 거두어 저장하는 수장절보다 사람들이 감사함으로 지킨 절기는 없었다(출 23:16). 하나님께서 우리에게 해마다 그리고 날이면 날마다 베풀어 주시는 이 모든 보편적인 선물들로 인해서 가장 선하신 분인 하나님에 대한 우리의 사랑은 더욱 커져가고, 우리의 몸을 이렇게 잘 먹이시고 입히신 하나님께 우리의 몸으로 영광을 돌리고자 하는 마음이 우리에게서 생겨나게 만든다.

제
— 66 —
편

개요

이 시편은 감사 시편으로서 일반적으로 사용되고 적용될 수 있기 때문에, 우리는 이 시편이 구체적으로 어떤 때에 지어졌는지를 굳이 살펴볼 필요가 없다. 시편 기자는 모든 사람들에게 다음과 같은 것들로 인하여 하나님을 찬송하라고 권한다. I. 하나님께서 온 피조 세계를 왕으로서 다스리시고 권능을 지니고 계시다는 것을 보여주는 일반적인 예들을 인하여(1-7절). II. 하나님께서 교회, 즉 그의 특별한 백성에게 은총을 베풀고 계시다는 것을 보여주는 특별한 징표들로 인하여(8-12절). 그런 후에, III. 시편 기자는 하나님께서 그에게 구체적으로 선하심을 베풀어 주신 것에 대한 자신의 경험들, 특히 그의 기도들에 응답해 주신 것에 대하여 하나님을 찬송한다(13-20절). 우리가 모든 일에서, 즉 하나님께서 이전에 그리고 지금 베풀어 주시는 긍휼들과 공동체나 개인에게 베풀어 주시는 긍휼들로 인하여 하나님께 감사하는 법을 배웠다면, 우리는 이 시편의 내용을 모두 이해하고서 은혜 가운데 이 시편을 노래할 줄을 알 것이다.

〔시, 인도자를 따라 부르는 노래〕
¹온 땅이여 하나님께 즐거운 소리를 낼지어다 ²그의 이름의 영광을 찬양하고 영화롭게 찬송할지어다 ³하나님께 아뢰기를 주의 일이 어찌 그리 엄위하신지요 주의 큰 권능으로 말미암아 주의 원수가 주께 복종할 것이며 ⁴온 땅이 주께 경배하고 주를 노래하며 주의 이름을 노래하리이다 할지어다 (셀라) ⁵와서 하나님께서 행하신 것을 보라 사람의 아들들에게 행하심이 엄위하시도다 ⁶하나님이 바다를 변하여 육지가 되게 하셨으므로 무리가 걸어서 강을 건너고 우리가 거기서 주로 말미암아 기뻐하였도다 ⁷그가 그의 능력으로 영원히 다스리시며 그의 눈으로 나라들을 살피시나니 거역하는 자들은 교만하지 말지어다 (셀라)

I. 이 절들 속에서 시편 기자는 모든 사람들에게 하나님을 찬송하라고 권한다.

온 땅이여, 하나님을 찬송할 수 있는 이 세상의 모든 거민들(1절).

1. 이것은 하나님의 영광을 말하는 것으로서, 하나님은 모든 사람들에 의해서 찬송을 받으시기에 합당하시다는 것이다. 왜냐하면, 하나님은 모든 사람들에게 선하시고, 모든 민족에게 찬송할 거리를 제공해 주시기 때문이다.

2. 이것은 사람의 도리를 말하는 것으로서, 모든 사람은 하나님을 찬송하여야 한다는 것이다. 그것은 창조의 법칙의 일부이기 때문에, 모든 피조물에게 요구된다.

3. 이것은 이방인들이 회심하여 그리스도를 믿게 될 것에 관한 예언이다. 온 땅이 하나님을 찬송하고, 모든 곳에서 하나님께 분향하게 될 때가 올 것이다.

4. 이것은 시편 기자가 진심으로 하나님을 찬송하고자 한다는 것을 나타내는 것이다. 그는 스스로 하나님을 많이 찬송하고자 하고, 하나님께서 이스라엘 땅에서만이 아니라 이 땅의 모든 민족들에게 찬송의 제사를 받게 되시기를 원한다. 그는 온 땅을 향하여 다음과 같이 촉구한다.

(1) 하나님께 즐거운 소리를 내라는 것. 거룩한 기쁨은 하나님께 드리는 우리의 모든 찬송을 더욱 활발하게 만드는 경건한 감정이다. 큰 소리를 내서 찬송하고 기도해야만 하나님께서 열납하시는 것은 아니지만(위선자들은 그들의 목소리를 상달하게 하려고 하였다, 사 58:4), 우리는 하나님을 찬송할 때에 다음과 같이 하여야 한다.

[1] 우리는 마음을 다하여 열심으로 찬송하여야 하고, 우리의 모든 힘을 다해서, 우리 속에 있는 모든 것을 동원해서 찬송하여야 한다.

[2] 우리는 우리 주님을 부끄러워하지 않는 자들로서 사람들이 보는 앞에서 공개적으로 찬송하여야 한다. 즐거운 소리를 내는 것 속에는 이 두 가지가 내포되어 있다.

(2) 즐겁게 노래하고, 다른 사람들의 덕을 세우기 위하여 그의 이름의 영광을 찬양하며, 하나님께서 그의 이름을 통해서 자신을 알게 하신 모든 것들의 영광을 노래하라는 것(2절). 하나님의 이름의 영광인 것은 우리의 찬송거리가 되어야 한다.

(3) 우리가 할 수 있는 한 영화롭게 찬송하라는 것. 하나님을 찬송할 때, 우리는 하나님을 영화롭게 하는 방식으로 찬송하여야 한다. 바로 그것은 우리의 모든 찬송의 목적이어야 한다. 하나님을 찬송하는 일을 너희의 가장 큰 영광으로 여기라(어떤 이들은 이렇게 해석한다). 피조물이 할 수 있는 것 중에서 창조주를

찬송하는 일은 가장 영광스러운 일이다.

II. 그는 온 땅에게 하나님을 찬송하라고 앞서 권하였는데(1절), **여기에서는 온 땅이 장차 그렇게 할 것이라고 예언한다**(4절). 온 땅이 주께 경배하리이다. 땅의 모든 부분들, 심지어 가장 후미진 지역들에 사는 사람들조차도 하나님을 경배하게 될 것이다. 왜냐하면, 영원한 복음이 모든 민족과 종족에게 전파될 것이기 때문이다. 천지를 지으신 분을 경배하라는 것이 복음의 취지이다(계 14:6-7). 이렇게 전파된 복음은 헛되이 되돌아오지 않을 것이고, 온 땅으로 하여금 하나님을 예배하며 찬송하게 만들 것이다. 복음 시대에 사람들은 시편들을 노래함으로써 하나님을 예배하게 될 것이다. 사람들은 하나님을 노래하며 주의 이름을 노래하게 될 것이다. 왜냐하면, 우리가 찬송을 통해서 기여할 수 있는 것이 있다면, 그것은 단지 하나님께서 친히 우리에게 알게 하신 영광뿐이고, 우리는 하나님의 본질적인 영광에는 전혀 기여할 수 없기 때문이다.

III. 우리로 하여금 찬송할 거리를 공급받도록 하기 위하여, 그는 여기에서, 와서 하나님께서 행하신 것을 보라고 우리를 초청한다. 왜냐하면, 우리가 하나님을 찬송하든 안 하든, 하나님께서 친히 행하신 일들이 하나님을 찬송하고 있기 때문이다. 우리가 하나님을 더 많이 그리고 더 잘 찬송하지 못하는 이유는 우리가 하나님께서 행하신 일들을 제대로 주목해서 살펴보지 않기 때문이다. 그러므로 우리는 하나님께서 행하신 일들을 보고, 그 속에서 하나님의 지혜와 능력과 신실하심을 살펴 안 후에(5절), 그러한 것들을 하나님께 아뢰어야 한다(3절): 하나님께 아뢰기를 주의 일이 어찌 그리 엄위하신지요.!

1. 하나님께서 행하신 일들은 그 자체로 기이하기 때문에, 우리가 제대로 살펴보기만 한다면, 우리는 놀라움으로 가득 차게 되는 것이 당연하다. 하나님께서 행하신 일들은 그의 크신 능력으로 말미암아 엄위하고(즉, 경탄을 자아내고) 너무도 밝고 강렬하게 빛나기 때문에, 우리는 진정으로 주께서 행하신 일 같은 일이 세상에 없다고 말할 수 있다. 그런 까닭에 하나님은 찬송받으실 만한 위엄이 있으시다고 성경에서는 말한다(출 15:11). 하나님께서 사람들에게 행하신 일들은 위엄이 있기 때문에, 사람들은 경외심으로 그 일들을 바라볼 수밖에 없다. 신앙의 많은 부분은 하나님의 섭리를 경외하는 데에 있다.

2. 하나님께서 행하신 일들은 그의 원수들에게 너무도 두려운 것들이어서, 그들은 수없이 겁에 질려서 어쩔 수 없이 하나님께 복종하는 체하였다(3절):

아무도 그 앞에 설 수 없는 주의 큰 권능으로 말미암아 주의 원수가 주께 복종하리이다. 그들은 주께 넙죽 엎드러지게 될 것이다(원어의 의미는 이런 것이다). 즉, 그들은 전혀 그럴 뜻이 없음에도 불구하고 어쩔 수 없이 그 어떤 조건으로라도 주와 화평하고자 할 것이다. 두려움 때문에 억지로 이루어진 복종은 진실한 것이 아니기 때문에, 강제적인 무력은 신앙을 전파하는 데에 적합한 수단이 될 수 없고, 그런 식으로 해서 개종자들이 교회로 들어온다고 하여도 그들은 결국 거짓말하는 자들이 될 것이기 때문에 별로 기뻐할 일이 될 수 없다(신 33:29).

3. 하나님께서 행하신 일들은 그의 백성에게 위로가 되고 은혜가 된다(6절). 이스라엘이 애굽에서 나왔을 때, 그들이 보는 앞에서 하나님이 바다를 변하여 육지가 되게 하셨는데, 이것은 그들에게 큰 힘을 주어서 하나님의 인도하심을 따라서 광야를 통과할 수 있게 해주었다. 또한, 그들이 가나안 땅에 들어가기 직전에, 앞으로 있을 전쟁에서 그들의 힘을 북돋아 주기 위하여, 하나님께서는 그들이 보는 앞에서 요단 강을 가르셔서, 그들은 걸어서 강을 건넜다. 하나님께서 이렇게 뚜렷하게 증거들을 보여주셨기 때문에, 여호와의 전쟁들에서 그들은 비록 발로 싸웠지만 보병이라기보다는 기병과 같았다. 이 때에 원수들은 그들 앞에서 두려워 떨었지만(출 15:14-15; 수 5:1), 우리는 거기서 주로 말미암아 기뻐하였다. 즉, 그들은 하나님의 능력을 믿었고(왜냐하면, 하나님을 의지하는 것은 흔히 하나님을 기뻐하는 것으로 표현되기 때문에) 하나님을 찬송하는 노래를 불렀다(시 106:12). 거기에서 우리는 기뻐하였다. 즉, 우리의 조상들이 거기에서 기뻐하였고, 조상들의 허리에서 우리도 기뻐하였다. 우리 조상들의 기쁨은 우리의 기쁨이었고, 우리는 우리 자신이 그들의 기쁨에 참여한 것으로 보아야 한다.

4. 하나님께서 행하신 일들은 모든 사람을 압도한다. 하나님은 그가 행하시는 일들을 통해서 이 세상에서 그의 통치를 유지해 나가신다(7절): 그가 그의 능력으로 영원히 다스리시며 그의 눈으로 나라들을 살피신다.

(1) 하나님은 모든 것을 굽어 살피시는 눈을 가지고 계신다. 하나님의 눈은 높은 하늘에서 이 세상의 모든 거민들을 굽어 살피기 때문에, 하나님은 모든 사람들을 너무도 뚜렷하게 낱낱이 다 보신다. 하나님의 눈은 온 세상에 두루 다니신다. 아무리 후미지고 먼 곳에 있는 나라들이라고 할지라도 하나님의 살피시는 눈을 벗어날 수 없다.

(2) 하나님은 모든 것을 다스리시는 팔을 가지고 계신다. 하나님의 권능은 다스리시되 영원히 다스리시고, 결코 쇠하지 않으며 막힘이 없으시다. 주의 손은 강하고 주의 오른손은 높이 들리우셨나이다. 그러므로 시편 기자는 거역하는 자들은 교만하지 말지어다라고 경고한다. 거역하고 반역하고자 하는 마음을 지닌 자들은 아도니야가 스스로를 높여서 내가 왕이 되리라고 말한 것처럼 하나님을 거슬러 일어나서 감히 노골적으로 반기를 드는 행동을 하지 않아야 한다. 하나님께 반기를 든 자들은 마치 그들이 자신의 뜻을 이루게 될 가망성이 있기라도 한 듯이 스스로를 높여서는 안 된다. 그들은 잠잠해야 한다. 왜냐하면, 하나님께서 내가 높아지리라고 말씀하셨고, 사람은 그 말씀을 무효로 돌릴 수 없기 때문이다.

⁸만민들아 우리 하나님을 송축하며 그의 찬양 소리를 들리게 할지어다 ⁹그는 우리 영혼을 살려 두시고 우리의 실족함을 허락하지 아니하시는 주시로다 ¹⁰하나님이여 주께서 우리를 시험하시되 우리를 단련하시기를 은을 단련함 같이 하셨으며 ¹¹우리를 끌어 그물에 걸리게 하시며 어려운 짐을 우리 허리에 매어 두셨으며 ¹²사람들이 우리 머리를 타고 가게 하셨나이다 우리가 불과 물을 통과하였더니 주께서 우리를 끌어내사 풍부한 곳에 들이셨나이다

이 절들 속에서 시편 기자는 하나님의 백성에게 특별한 방식으로 하나님을 찬송하도록 권한다. 온 땅이 하나님을 찬송하여야 하지만, 이스라엘 땅은 특별히 하나님을 찬송하여야 한다. 우리 하나님을 송축하라. 우리와 언약을 맺으신 하나님, 그의 백성으로서 우리를 보살펴 주시는 하나님을 송축하라. 그들은 하나님을 찬양하는 소리가 들리게 하여야 한다(8절). 하나님께서 특별히 은총을 베푸시고 그와 함께 하도록 택하신 자들이 하나님을 찬송하는 소리를 온 땅에 들리게 하지 않는다면, 누가 그 일을 하겠는가? 시편 기자는 우리가 하나님을 송축해야 할 이유로 두 가지를 제시한다.

I. 일반적으로 보호해 주심(9절). 하나님께서는 우리 영혼을 붙드셔서 살려 두시고, 우리 영혼이 저절로 떨어져 나가는 것을 막아 주신다. 왜냐하면, 우리 영혼이 우리의 수중에 계속해서 있게 되면, 그 영혼은 우리의 손가락 사이로 빠져 나가기 쉽기 때문이다. 우리는 하나님의 선하신 섭리로 인해서 우리의 생

명과 목숨이 함께 붙어있고, 하나님께서 찾아오시기 때문에 우리의 영이 보존된다는 것을 고백하여야 한다. 하나님은 우리 영혼을 생명 속에 두신다(본문을 직역하면 이렇게 된다). 우리에게 존재를 부여하신 하나님은 끊임없이 새로운 행위를 통해서 우리가 우리의 존재를 유지할 수 있도록 붙들어 주시기 때문에, 하나님의 섭리는 계속적인 창조 행위이다. 우리가 기진하여 죽게 되었을 때, 하나님께서는 우리의 영혼을 회복시키셔서 새 생명과 새로운 위로들을 주신다. 생명이라는 이름으로 불릴 자격이 있는 것은 생존이 아니라 행복이다. 우리는 걸려 넘어져서 쓰러지기 쉽고, 수많은 치명적인 사고들, 목숨을 위태롭게 하는 질병들과 재앙들을 만나기 때문에, 이러한 것들과 관련해서 우리는 하나님의 능력에 의해서 보호를 받고 있다. 우리는 우리가 위험에 처해 있었다는 것조차도 알지 못하는 경우가 비일비재하지만, 하나님은 우리가 내다보지 못한 수많은 재앙들을 막아 주시고 우리의 실족함을 허락하지 아니하신다. 우리가 이미 오래 전에 영원한 멸망 속으로 빠져들지 않은 것은 하나님의 덕분이다. 하나님께서는 그의 거룩한 자들의 발을 지키시리라.

II. 큰 곤경에서 특별히 건져 주심.　좀 더 자세하게 살펴보자.

1. 우리가 처한 곤경과 위험이 얼마나 극심했는가(11-12절). 이 말씀이 교회가 처한 그 어떤 구체적인 환난을 가리키는지는 본문에 나와 있지 않다. 이 말씀은 단지 어떤 개인들이나 가족들의 환난을 가리키는 것일 수도 있다. 그러나 그 일이 무엇이었든지 간에, 그들은 올무에 걸린 새나 그물에 걸려서 옴짝달싹할 수 없게 된 물고기처럼 그 일에 몹시 놀랐다. 그들은 어려운 짐을 허리에 맨 것처럼 그 일에 짓눌리게 되었다(11절). 그러나 그들은 그 일 속에 하나님의 손길이 있다는 것을 고백하였다. 우리는 하나님께서 우리를 그물에 걸리게 하시지 않는다면 결코 그물에 걸릴 수 없고, 하나님께서 우리에게 환난을 보내신 것이 아니라면 결코 환난을 당하지 않는다. 그 무엇이 불이나 물보다 더 위험스럽겠는가? 우리는 불과 물을 통과하였다. 즉, 그들은 서로 다른 종류의 환난을 통과하였다. 한 환난이 지나가자 또 다른 환난이 시작되었다. 우리가 한 가지 위험을 벗어나자, 우리는 또 다른 위험에 휩쓸리게 되었다. 하나님의 성도들 중에서 가장 훌륭한 자들이라도 그러한 환난들을 당할 수 있지만, 하나님은 네가 물 가운데로 지날 때에나 네가 불 가운데로 지날 때에 내가 너와 함께 할 것이라고 약속하셨다(사 43:2). 그렇지만 교만하고 잔인한 사람들은 불이나 물만큼 위

험스러울 수 있고, 오히려 더 위험할 수 있다. 사람들을 삼가라(마 10:17). 사람들이 우리를 치러 일어났을 때, 그것은 우리에게 불과 물이었고, 극히 위협적인 것이었다(시 124:2-4). 바로 이것이 여기에서 있었던 일이었다. "주께서는 사람들이 우리 머리를 타고 가게 하셨나이다. 그들은 우리를 짓밟고 능욕하며 괴롭히고 학대하였고, 우리를 완전히 그들의 노예로 만들어 버렸나이다. 그들은 우리 영혼에게 엎드리라. 우리가 넘어 가리라고 말하였나이다(사 51:23)." 그들의 신민들의 마음속에서 다스리는 것이 선한 왕들의 즐거움인 반면에, 신민들의 머리를 타고 달리는 것이 독재자들의 자랑이다. 그렇지만 환난을 당하는 교회는 이러한 환난 속에 하나님의 손길이 작용하고 있다는 것을 고백한다. "주께서 그들로 하여금 이렇게 우리를 능욕하게 하셨나이다." 왜냐하면, 아무리 포악한 압제자라고 하여도 하늘로부터 권세가 주어지지 않는다면 그는 아무런 권세도 가질 수 없기 때문이다.

2. 하나님께서 그들을 이러한 괴로움과 위험을 당하게 하신 의도는 얼마나 은혜로운 것이었는가. 하나님께서 그렇게 하신 의도가 무엇이었는지를 보라(10절): 하나님이여 주께서 우리를 시험하시고 우리를 단련하셨나이다. 우리가 우리에게 닥친 환난을 이러한 시각에서 바라볼 때에, 우리는 그 환난을 통해서 유익을 얻을 수 있게 된다. 왜냐하면, 그렇게 할 때에 우리는 그 환난의 밑바닥에서 하나님의 은혜와 사랑을 볼 수 있고, 그 환난의 끝에서 우리 자신의 영광과 유익을 볼 수 있게 되기 때문이다. 환난을 통해서 우리는 불 속에 들어간 은처럼 단련된다.

(1) 연단을 받을 때에 하나님께서 우리에게 주신 은혜들이 더욱 분명하게 드러나고, 우리는 단련된 은처럼 순도가 높은 자들로 인정을 받아서, 예수 그리스도께서 나타나실 때에 칭찬을 받게 될 것이고(벧전 1:7), 아마도 이 세상에서도 존귀를 얻게 될 것이다. 욥의 고결한 인격과 변함없는 신앙은 그가 받은 환난에 의해서 입증되었다.

(2) 하나님께서 우리에게 주신 은혜들은 사용하면 할수록 더욱더 강해지기 때문에, 마치 은이 불 속에서 단련을 받아서 찌꺼기를 벗어 버리고 더욱 순도가 높아지듯이, 우리도 더 큰 신앙을 갖게 될 것이다. 이것은 우리에게 이루 말할 수 없는 유익이 된다. 왜냐하면, 이렇게 해서 우리는 하나님의 거룩하심에 참여하는 자들이 되기 때문이다(히 12:10). 공동체에 주어지는 환난들은 교회

를 정결하게 하기 위한 것이다(단 11:35; 계 2:10; 신 8:2).

3. 마침내 그 결과가 얼마나 영광스러운 것이었는가. 교회가 당한 환난들은 반드시 좋은 결과로 끝나게 될 것이다. 그 이유는 다음과 같다.

(1) 환난을 벗어나는 것은 즐거운 일이기 때문이다. 그들은 불과 물 속에 있었지만, 그것들을 통과하였다. "우리가 불과 물을 통과하였고, 화염이나 큰 물 속에서 죽지 않았다." 성도들이 당하는 환난이 무엇이든지 간에, 하나님께 감사하게도 그 환난을 통과할 길은 반드시 존재한다.

(2) 더 나은 상태로 들어가게 된 것은 훨씬 더 복된 일이다: 주께서 우리를 끌어내사 풍부한 곳, 즉 여호와의 동산 같이 비옥하고 물이 많은 곳(원어의 의미는 이것이다)에 들이셨나이다. 하나님께서 그의 백성을 환난 속에 들어가게 하시는 것은 나중에 그들이 받을 위로가 더 달콤하게 하기 위한 것이고, 그들이 환난을 통해서 의의 평강의 열매를 맺게 하기 위한 것이다. 그 때에 이 세상에서 가장 빈궁한 곳도 부유한 곳이 될 것이다.

[13]내가 번제물을 가지고 주의 집에 들어가서 나의 서원을 주께 갚으리니 [14]이는 내 입술이 낸 것이요 내 환난 때에 내 입이 말한 것이니이다 [15]내가 숫양의 향기와 함께 살진 것으로 주께 번제를 드리며 수소와 염소를 드리리이다 (셀라) [16]하나님을 두려워하는 너희들아 다 와서 들으라 하나님이 나의 영혼을 위하여 행하신 일을 내가 선포하리로다 [17]내가 나의 입으로 그에게 부르짖으며 나의 혀로 높이 찬송하였도다 [18]내가 나의 마음에 죄악을 품었더라면 주께서 듣지 아니하시리라 [19]그러나 하나님이 실로 들으셨음이여 내 기도 소리에 귀를 기울이셨도다 [20]하나님을 찬송하리로다 그가 내 기도를 물리치지 아니하시고 그의 인자하심을 내게서 거두지도 아니하셨도다

시편 기자는 앞에서 만민들과 하나님의 모든 백성에게 여호와를 송축하라고 권한 후에 여기에서는 자기 자신에게 여호와를 송축하라고 권하면서 실제로 그렇게 하고 있다.

I. 하나님을 향한 기도들을 통해서(13-15절). 그는 다른 사람들에게 하나님을 찬송하는 노래를 부르며 즐거운 소리를 내어서 찬송하라고 권하였다. 그러나 자기 자신과 관련해서 그의 결심은 한 걸음 더 나아가서, 그는 다음과 같은

것들을 통해서 하나님을 찬송하고자 한다.

1. 율법 아래에서 하나님의 영광을 위하여 드려졌던 값비싼 희생 제물들을 통해서. 모든 사람들이 하나님을 찬송할 때에 이러한 희생 제물들을 드려야 했던 것은 아니었고, 또한 그러한 값비싼 대가를 치르려는 열심도 부족하였다. 그러나 다윗은 이러한 값비싼 방식으로 하나님에 대한 그의 충성 맹세를 할 수 있는 능력이 있었고, 또한 그렇게 하고자 하였다(13절): 내가 번제물을 가지고 주의 집에 들어가리라. 다윗은 하나님께서 택하신 곳에서 공적으로 희생 제물을 드리고자 하였다: "내가 그것들을 가지고 주의 집에 들어갈 것이다." 그리스도는 우리의 성전이기 때문에, 우리는 우리의 영적인 예물들을 그리스도께 가져가야 하고, 그 예물들은 그리스도로 말미암아 거룩하게 된다. 희생 제물들은 왕이 가진 것 중에서 가장 좋은 것으로 드려져야 한다 ― 하나님의 영광을 위하여 제단 위에서 온전히 태워지고, 제물을 드리는 자의 몫이 전혀 없는 번제물. 다리를 절거나 삐쩍 마른 것이 아니라 살이 피둥피둥 오른 살진 번제물들이어야 하나님의 상에서 가장 열납될 수 있을 것이었다. 최고의 존재이신 하나님을 우리는 우리가 가지고 있는 것 중에서 가장 좋은 것으로 섬기는 것이 마땅한 일이다. 하나님께서 우리를 위하여 베푸시는 연회는 골수가 가득한 기름진 것으로 베푸시는 연회이고(사 25:6), 우리도 하나님께 그러한 희생 제물들을 드려야 한다. 다윗은 수소와 염소를 드리고자 하였고, 하나님께 찬송을 돌려 드림에 있어서 후하고 인색하지 않고자 하였다. 그는 그가 아무런 대가도 치르지 않아도 되는 것이 아니라 그에게 아주 큰 대가를 치르게 만드는 것을 하나님께 드리고자 하였다. 그는 살진 것을 숫양의 향기와 함께, 즉 숫양의 기름과 함께 드리고자 하였는데, 숫양의 기름을 제단 위에서 태우게 되면, 그 연기는 마치 향연처럼 위로 올라갔다. 또는, 이 본문은 숫양을 향과 함께라고 해석할 수도 있다. 향은 그리스도의 중보 기도를 상징하는 것으로서, 이것이 없이는 우리가 아무리 살진 희생 제물을 드린다고 하여도 그 제물은 하나님께 열납되지 못한다.

2. 자기가 서원한 것들을 세심하게 이행함으로써. 우리가 환난 가운데 있을 때에 행하였던 서원들을 세심하게 이행하지 않는다면, 하나님께서 우리를 환난 가운데서 건져 주신 것에 대하여 우리가 하나님을 찬송하는 것은 열납되지 못한다. 시편 기자의 결심은 내가 내 환난 때에 내 입술이 낸 나의 서원을 주께 갚

으리이다라는 것이었다(13-14절).

(1) 우리가 환난에 짓눌려 있거나 하나님으로부터 어떤 긍휼하심을 구하고자 할 때, 서원을 생각해 내어서 여호와 앞에 그 서원을 엄숙하게 행하고, 우리 자신이 범죄하지 않고 더욱더 우리가 해야 할 도리에 매진하도록 스스로를 단단히 단속하는 것은 지극히 당연한 일이자 아주 칭찬받을 일이다. 이 때에 우리는 우리가 그와 같이 하는 것이 하나님의 은총을 받을 만한 일이라고 생각해서는 안 되고, 하나님의 은총을 받기 위해서 우리 편에서 최소한으로 준비하는 것이라고 생각하여야 한다.

(2) 우리가 환난 가운데 있었을 때 행하였던 서원은 그 환난이 지나갔다고 해서 우리는 그 서원을 잊어버려서는 안 되고 세심하게 신경을 써서 서원을 이행하여야 한다. 서원을 하고서 이행하지 않는 것보다 차라리 서원하지 않는 것이 더 낫다.

Ⅱ. 하나님께서 행하신 일들을 자신의 친구들에게 선포함을 통해서(16절). 그는 하나님께서 그에게 베푸신 은총을 그가 감사함으로 이야기하는 것을 들으라고 선한 자들을 다 불러 모은다: 하나님을 두려워하는 너희들아 다 와서 들으라. 그들이 그의 말을 들어야 하는 이유는 다음과 같다.

1. "너희는 나와 더불어 하나님을 찬송하게 될 것이고, 내가 하나님께 감사를 드리는 것을 돕게 될 것이다." 우리는 우리에게 필요한 것들을 위해서 기도할 때나 우리가 받은 긍휼하심에 대하여 감사를 드릴 때에 하나님을 두려워하는 자들의 도움을 청하여야 한다.

2. "너희는 내가 해 줄 말을 통해서 덕 세움을 입게 되고 격려를 받게 될 것이다. 내 영혼이 여호와를 자랑하리니 곤고한 자들이 이를 듣고 기뻐하리로다(시 34:2). 주를 경외하는 자들이 나를 보고 기뻐하리이다(시 119:74). 그러므로 나는 그들을 불러 모아서 그들에게 하나님께서 내게 행하신 일들을 선포할 것이다. 만약 내가 육신적이고 헛된 자들에게 하나님께서 행하신 일들을 선포한다면, 그들은 그 말을 비웃고 조롱하리라(진주를 돼지에게 주어서는 안 된다). 그러나 내가 교만과 헛된 영광 속에서 내가 다른 사람들보다 하나님의 은총을 더 받은 자로 보이기 위해서가 아니라 오직 우리가 하나님께 빚진 자로서 하나님의 영광과, 다른 사람들의 덕 세움을 위하여 하나님께서 내 영혼을 위하여 행하신 일들을 선포하면, 하나님을 두려워하는 자들은 그것을 선용하게 될 것이

다." 하나님의 백성들은 각자의 체험들을 서로에게 전하여야 한다는 것을 명심하라. 우리는 기회가 주어질 때마다 하나님께서 우리를 위하여 행하신 크고 자비로운 일들, 특히 하나님께서 우리의 영혼을 위하여 행하신 일들, 하나님께서 하늘에 속한 것들로 우리를 축복하신 영적인 축복들을 서로에게 전하여야 한다. 우리는 스스로 하나님께서 우리에게 행하신 일들로 인해서 큰 감화를 받았다면, 그러한 것들을 전함으로써 다른 사람들도 큰 감화를 받을 수 있기를 원하여야 한다. 그렇다면, 하나님께서 그의 영혼을 위하여 행하신 일은 과연 무엇이었는가?

(1) 하나님께서는 그에게 역사하셔서서 기도하고자 하는 마음을 주셨고, 그는 하나님께서 주신 은혜로 말미암아 그의 마음을 넓혀서 부르짖어 기도할 수 있었다(17절): 내가 나의 입으로 그에게 부르짖었도다. 그러나 하나님께서 우리 영혼을 위하여 행하신 모든 일들 중에서 특히 우리에게 양자의 영을 주셔서 우리로 하여금 아바 아버지라고 부르짖게 하지 않으셨다면, 우리는 결코 그렇게 기도할 수 없었을 것이다. 하나님께서 우리에게 기도할 여유를 주시고 기도하라고 명하시며 기도할 것을 격려하시고, 특히 기도할 마음을 주신 것은 우리가 감사함으로 하나님을 찬송해야 할 충분한 이유가 된다. 또한, 우리가 우리의 입으로 하나님께 부르짖을 때에 우리의 혀로 그를 높이 찬송하게 되었다면, 즉 하나님께서 우리에게 믿음과 소망을 주셔서, 우리로 하여금 하나님께 긍휼하심과 은혜를 구할 때에 하나님께 영광을 돌릴 수 있게 하시고, 하나님의 긍휼하심이 우리에게 아직 주어지지 않았는데도 믿음으로 미리 하나님이 베푸실 긍휼하심에 대하여 하나님을 찬송할 수 있게 하셨다면, 우리는 더욱더 감사함으로 하나님을 찬송할 충분한 이유를 갖게 된 것이다. 우리가 하나님께 부르짖음으로써 실제로 하나님은 높임을 받으신다. 하나님은 정직한 자가 겸손하게 믿음으로 기도하는 것을 통해서 스스로 높임을 받으셨다고 여기시는데, 하나님께서 우리의 일을 하나님 자신의 일로 여기시기를 기뻐하셔서 우리가 우리 자신의 잘되는 것을 구하는데도 우리가 하나님의 영광을 구하는 것으로 여겨주시는 것이야말로 하나님께서 우리 영혼을 위하여 행하신 큰 일이다. 하나님의 높아지심이 나의 혀 아래에 있었다(본문은 이렇게 해석될 수도 있다). 즉, 나는 어떻게 하면 하나님의 이름을 높이고 크게 할 수 있을까를 내 마음속에서 생각하고 있었다. 기도가 우리의 입에 있을 때, 찬송은 우리 마음속에 있어야

한다.

(2) 하나님께서 내 속에 역사하셔서 기도를 방해하는 원수인 죄를 두려워하는 마음을 주셨다(18절): 내가 나의 마음에 죄악을 품었더라면, 주께서 내 기도를 듣지 아니하시리라는 것을 나는 너무도 잘 알고 있다. 바리새인의 누룩, 즉 위선을 어느 정도 지니고 있었던 유대인 저술가들은 이 말씀에 대하여 아주 잘못된 설명을 붙여 놓았다: 내가 나의 마음에 죄악을 품고 있다면, 즉 내가 오직 마음으로만 죄를 짓고, 말과 행동을 통해서 죄를 짓지 않는다면, 하나님께서는 나를 심문하지 않으실 것이다. 즉, 하나님은 내게 화를 내지 않으실 것이고, 내 마음에 있는 죄를 못 본 체하시며, 그것으로 인하여 내게 죄를 묻지 않으실 것이다(그들은 이렇게 말한다). 그들은 마음으로 짓는 죄들은 하나님께서 전혀 죄로 여기시지 않는 것처럼 말하고 있는 것이다. 그들의 이러한 주장이 잘못되었다는 것을 우리 구주께서는 율법에 대한 영적인 해석을 통해서 보여주셨다(마 5장). 어쨌든 여기서 이 본문의 의미는 분명하다. "내가 나의 마음에 죄악을 품었더라면, 즉 내가 죄에 대하여 좋게 생각하고, 죄를 사랑하며, 죄에 몰두하고, 죄를 내 속에 허용하며, 죄를 나의 친구로 대접하여 환영해서 죄와 어울리고, 죄를 달콤한 사탕으로 여겨서 내 혀 아래에서 굴리며, 이렇게 내가 환영하고 반기는 것이 마음의 죄일 뿐이라고 하여도, 내가 속사람을 따라서 죄를 즐거워한다면, 하나님은 내 기도를 듣지 않으실 것이고 열납하지 않으실 것이며 기뻐하지 않으실 것이고, 또한 나도 내 기도에 대하여 평안의 응답을 기대할 수 없을 것이다." 마음에 죄를 품게 되면, 반드시 기도는 응답받지 못하게 되고 기도로 인한 위로를 얻지 못하게 되리라는 것을 명심하라. 왜냐하면, 악인의 제사는 여호와께서 미워하시기 때문이다. 죄를 좋아하고 죄와 계속해서 연합하는 자들은 하나님의 약속이나 중보자로부터 그 어떤 분깃도 갖지 못하게 되기 때문에, 기도가 응답되는 것을 바랄 수 없다.

(3) 하나님께서 그에게 은혜를 베푸셔서 그의 기도에 대하여 평안의 응답을 주셨다(19절). "그러나 하나님이 실로 내 기도 소리를 들으셨다. 내 속에 너무 많은 잘못이 있다는 것을 알고서 나는 하나님께서 내 기도를 과연 들어 주실지 염려하였지만, 다행히도 하나님께서는 내 기도를 들어 주셨다." 하나님께서는 그의 영혼을 위하여 이렇게 하셨고, 그의 기도에 응답하심으로써 하나님께서 그를 기뻐하셔서 그 가운데에 선한 일을 행하고 계시다는 증거를 보여주셨다.

그러므로 그는 하나님을 찬송하리로다라는 말로 끝맺는다(20절). 앞에 나온 두 절(18, 19절)은 삼단논법의 대명제와 소명제를 이룬다. 내가 나의 마음에 죄악을 품었더라면 주께서 듣지 아니하시리라. 이것은 대명제이다. 그러나 하나님이 실로 내 기도 소리를 들으셨다. 이것은 소명제이다. 그는 이러한 삼단논법을 통해서 "그러므로 나는 내 마음속에 죄악을 품지 않았다"라는 결론을 도출해 낼 수 있었을 것이다. 그러나 그는 자기 자신에게 공로를 돌리는 것이 아니라, 하나님께 찬송을 돌려 드린다: 하나님을 찬송하리로다. 전제들이 무엇이 되든지 간에, 결론은 항상 하나님의 영광이 되어야 한다. 하나님께서 내 기도를 들어 주셨다. 그러므로 하나님을 찬송하리로다. 우리는 기도를 통해서 하나님으로부터 어떤 것을 얻었다면, 그 얻은 것을 찬송으로 옷 입혀야 한다는 것을 명심하라. 하나님께서 우리의 기도에 응답하여 긍휼을 베풀어 주신 것에 대해서 우리는 특별한 방식으로 하나님께 감사를 돌려 드려야 한다. 하나님께서는 내 기도를 물리치지 아니하시고 그의 인자하심을 내게서 거두지도 아니하셨도다. 하나님께서 그의 기도 속에 뭔가 가치 있는 것이 있어서 그에게 구원을 허락하신 것이라고 사람들이 생각하지 않도록 하기 위하여, 그는 자신의 구원이 다 하나님의 인자하심과 긍휼하심 덕분이라고 말한다. 그는 있을 수 있는 오해를 막기 위해서 이러한 말씀을 덧붙이고 있다. "내 기도가 구원을 가져온 것이 아니라, 하나님께서 그 긍휼하심으로 내게 구원을 보내신 것이다." 하나님께서 그의 인자하심과 긍휼하심을 우리에게서 거두지 아니하시기 때문에, 하나님은 우리의 기도를 물리치지 아니하시는 것이다. 하나님의 인자하심은 우리의 소망의 토대이고 우리의 위로들의 원천이 되기 때문에, 그것은 마땅히 우리의 찬송거리가 되어야 한다.

제
— 67 —
편

개요

이 시편은 교회와 관련된 것으로서 회중을 위한 것이다. 이 시편에는 다음과 같은 내용들이 나온다. I. 이스라엘 교회가 형통하게 해 달라는 기도(1절). II. 이방인들이 회심하여 교회 속으로 들어오게 해 달라는 기도(2-5절). III. 하나님께서 그렇게 해주실 복되고 영광스러운 날에 대한 기대(6-7절). 시편 기자는 예언의 영을 통해서 유대인들과 이방인들이 하나가 되어서 한 무리를 이루게 될 기독 교회의 영광스러운 예언을 하고 있는데, 우리는 이 시편을 노래할 때에 그 복된 역사가 시작된 것을 기뻐하고 찬송하여야 하며, 그 복된 역사가 완성될 것을 소망하며 기도하여야 한다.

〔시 곧 노래, 인도자를 따라 현악에 맞춘 것〕

¹하나님은 우리에게 은혜를 베푸사 복을 주시고 그의 얼굴 빛을 우리에게 비추사 (셀라) ²주의 도를 땅 위에, 주의 구원을 모든 나라에게 알리소서 ³하나님이여 민족들이 주를 찬송하게 하시며 모든 민족들이 주를 찬송하게 하소서 ⁴온 백성은 기쁘고 즐겁게 노래할지니 주는 민족들을 공평히 심판하시며 땅 위의 나라들을 다스리실 것임이니이다 (셀라) ⁵하나님이여 민족들이 주를 찬송하게 하시며 모든 민족으로 주를 찬송하게 하소서 ⁶땅이 그의 소산을 내어 주었으니 하나님 곧 우리 하나님이 우리에게 복을 주시리로다 ⁷하나님이 우리에게 복을 주시리니 땅의 모든 끝이 하나님을 경외하리로다

이 시편의 내용은 저자가 이스라엘 교회에 대하여 얼마나 따뜻하고 생생한 애정을 지니고 있었는지를 보여주는데, 그는 이러한 깊은 헌신 속에서 기도할 때에 기도 속으로 깊이 들어가서 장차 하나님의 나라가 크게 확장될 것에 관한 예언을 받게 되었다.

I. 그는 당시에 존재하고 있던 교회가 잘되고 형통하게 해 달라고 기도하는 것으로 시작하면서, 이스라엘 교회가 하나님께 받은 복에 그 자신이 참여하고

있는 것을 자신의 복이라고 생각한다(1절).   우리 구주께서는 우리에게 우리 아버지라고 말하며 기도할 것을 가르치심으로써 우리가 다른 사람들과 더불어서, 그리고 다른 사람들을 위하여 기도해야 한다는 것을 보여주셨다. 따라서 시편 기자는 여기에서 하나님은 내게 은혜를 베푸시고 내게 복을 주소서라고 기도하는 것이 아니라, 우리에게 은혜를 베푸시고 복을 주시라고 기도한다. 왜냐하면, 우리는 모든 성도를 위하여 간구하여야 하고, 우리가 그들과 한 운명이 되는 것을 기뻐하여야 하기 때문이다. 우리는 여기에서 다음과 같은 것들에 대하여 가르침을 받는다.

1. 우리의 모든 복이 하나님의 긍휼하심으로부터 오고, 거기에서 생겨난다는 것. 그러므로 우리가 가장 먼저 기도해야 할 것은 하나님은 우리에게 긍휼을 베푸소서라는 것이다: 하나님이여, 우리 죄인들에게 긍휼을 베푸셔서, 우리의 죄를 사하여 주시고(눅 18:13), 우리 불쌍한 죄인들에게 긍휼을 베푸셔서 우리의 비참한 처지에서 우리를 건져 주소서.

2. 우리의 모든 복은 하나님의 축복하심을 통해서 이루어지고, 하나님께서 축복하실 때에 안전하다는 것: 하나님은 우리를 축복하소서. 즉, 우리로 하여금 하나님의 약속들에 참여하게 하시고, 하나님의 약속들에 담겨 있는 온갖 선한 것들을 우리에게 베풀어 주소서. 하나님께서 우리에게 좋은 말씀을 하시는 것은 하나님께서 우리에게 좋은 것들을 베푸시는 것이나 다름없다. 하나님께서 우리를 축복하소서라는 기도는 모든 것을 포괄하는 기도이다. 이렇게 엄청난 기도를 사람들이 건성으로 별 의미도 없이 사용하고 있다는 것은 참으로 통탄할 일이다.

3. 우리의 모든 복은 하나님의 얼굴 빛 속에서 완성된다는 것: 하나님은 그의 얼굴 빛을 우리에게 비추소서. 즉, 하나님께서는 은혜로 말미암아 우리로 하여금 하나님의 은총을 받을 만한 자격을 갖추게 하시고, 그런 후에 하나님께서 우리를 기뻐하신다는 징표들을 우리에게 보여주소서. 우리가 복된 자가 되기 위해서는 우리는 하나님께서 그 얼굴을 우리에게 비추시고, 우리를 사랑하시며, 우리로 하여금 하나님께서 우리를 사랑하신다는 것을 알게 하시는 것 이외의 것을 바랄 필요가 없다. 우리에게서 빛나게 하소서(난외주에서는 이렇게 읽는다). 우리가 어떤 일을 행할 때에 그 일을 성공으로 관 씌워 주소서. 우리가 믿음으로 하나님과 동행한다면, 우리는 하나님의 얼굴이 우리에게서 빛나게 될 것을

소망할 수 있다.

Ⅱ. 그는 이방인들이 회심하게 해 달라는 기도로 옮겨 간다(2절). 주의 도를 땅 위에 알리소서. "여호와여, 나는 주께서 우리에게 긍휼을 베푸셔서 우리를 축복하시기만을 기도하는 것이 아니라, 주께서 온 인류에게 긍휼을 베푸셔서 주의 도를 땅 위에 알리시기를 기도하나이다." 이렇게 우리는 기도할 때에 모든 사람들을 위한 기도를 하여야 한다. 하늘에 계신 아버지여, 그 이름이 거룩히 여김을 받으시오며 그 나라가 임하시옵소서. 다른 사람들이 들어온다고 해서, 우리가 하나님의 긍휼하심과 축복과 은총을 덜 받게 되는 것은 결코 아니다. 또는, 이 말씀은 다음과 같이 해석될 수도 있다. "하나님은 우리 유대인들에게 긍휼을 베푸사 복을 주심으로써, 주의 도가 온 땅에 알려지게 하시고, 다른 사람들이 하나님께서 우리에게 특별히 베푸신 은총을 보고서 하나님이 너희와 함께 하심을 들었나니 우리가 너희와 함께 가려 하노라(슥 8:23)고 말하며 우리에게 몰려올 수 있게 하옵소서."

1. 이방인들의 회심에 관하여 말하고 있는 이 절들은 다음과 같은 것으로 보아질 수 있다.

(1) 기도. 이렇게 기도로 본다면, 이 절들은 구약 성도들의 소원을 표현하고 있는 것이 된다. 그들은 교회의 특권을 독점하고자 하는 생각을 전혀 하지 않았기 때문에, 유대인과 이방인 사이에 둘러쳐진 담이 허물어져서 유대인들이 가졌던 유익들이 널리 공개되기를 원하였다. 이렇게 본다면, 그리스도와 그의 사도들이 활동하던 시절에 살고 있던 유대인들의 정신이 그들의 조상들의 정신과 얼마나 달랐는지가 확연하게 드러난다. 옛적의 이스라엘 사람들은 하나님의 이름이 이방인들 가운데서 알려지기를 진심으로 원하였다. 그런데 사도 시대에는 소위 유대인이라 하는 자들이 복음이 이방인들에게 전파되는 것을 보고서 격분하였다. 기독교 속에는 그들을 격분시킬 것이 전혀 없었다.

(2) 그가 여기에서 기도하는 대로 장차 일이 이루어지리라는 예언. 성경에 나오는 많은 예언들과 약속들은 기도라는 형태로 되어 있는데, 이것은 교회의 기도에 대한 응답은 하나님께서 약속들을 이행하시는 것만큼이나 확실하다는 것을 보여주는 것이다.

2. 이방인들과 관련해서 그는 여기에서 세 가지를 기도한다.

(1) 하나님의 계시를 그들 가운데 보내어 달라는 것(2절). 그는 다음과 같은

두 가지가 오직 유대 민족에게만이 아니라 온 땅의 모든 나라들에게 알려지기를 바란다.

[1] 하나님의 도, 사람이 마땅히 행해야 할 법도. "그들 모두로 하여금 우리와 마찬가지로 선한 것이 무엇인지, 우리 하나님 여호와께서 그들에게 구하시는 것이 무엇인지를 알게 하소서. 그들로 하여금 우리 민족의 자랑이자 모든 이웃 나라들의 부러움의 대상인 하나님의 공의로운 규례와 법도로 축복을 받고 영광을 얻게 하소서(신 4:8)."

[2] 하나님의 구원. 앞에서 말한 것은 하나님의 율법 속에 들어 있고, 여기에서 말하고 있는 것은 하나님의 복음 속에 들어 있다. 하나님께서 우리에게 그의 도를 알게 하시고, 우리가 그 가운데서 행한다면, 하나님께서는 우리에게 그의 구원을 보이실 것이다(시 50:23). 하나님의 도가 얼마나 좋은 것이고 하나님의 구원이 얼마나 기쁜 것인지를 경험해서 안 자들은 모든 나라 사람들이 그러한 것들을 알게 되기를 소원하고 기도할 수밖에 없다. 땅의 모든 사람들은 하나님의 도로 행하여야 하고, 모든 사람들은 하나님의 구원을 필요로 하며, 하나님 안에는 모든 사람들이 필요로 하는 것이 다 들어 있다. 그러므로 우리는 하나님의 도와 하나님의 구원이 모든 사람들에게 알려지기를 기도하여야 한다.

(2) 모든 민족들이 하나님의 계시를 받아들임으로써 그들 가운데 하나님에 대한 예배가 세워지게 해 달라는 것(3절). "하나님이여 민족들이 주를 찬송하게 하시며, 그들로 하여금 찬송할 거리를 얻게 하시고, 그들에게 찬송할 마음을 주옵소서. 그렇나이다. 일부 민족들만이 아니라 모든 민족들이 주를 찬송하게 하소서. 모든 민족들 가운데서 몇몇 사람들이 주를 찬송하게 하소서." 이 말씀은 시편 기자가 마음에 깊이 담아 둔 소원이었기 때문에 다시 한 번 반복되어 나온다(5절). 하나님을 찬송하기를 기뻐하는 자들은 다른 사람들도 하나님을 찬송하게 되어서, 그 찬송으로 인하여 하나님께서 영광을 받으시고, 그들도 은택을 입을 수 있게 되기를 바라지 않을 수 없다. 그것은 다음과 같은 기도이다.

[1] 길고 어두운 밤이 지나고 동이 터오듯이, 복음이 그들에게 전파되어서, 그들로 하여금 하나님을 찬송할 이유가 충분히 있게 해 달라는 것. 해가 떠올랐다(행 8:8).

[2] 그들이 회심하여 교회로 들어옴으로써, 그들로 하여금 그들이 지금까지

섬겨왔던 말 못하고 쓰레기 같은 신들을 버리고서, 참되고 살아 계신 하나님을 찬송할 수 있게 해 달라는 것(단 5:4). 그럴 때에 하나님을 곱지 않게 생각하였던 그들의 생각이 잠잠해지고, 그들은 복음이라는 창을 통해서 하나님이야말로 사랑 자체이시고 찬송을 받으시기에 합당한 분이시라는 것을 알게 될 것이다.

[3] 그들이 성회에 합류해서 한 몸이 되어 하나님을 찬송함으로써, 사람들이 한 마음과 한 입으로 하나님을 찬송할 수 있게 해 달라는 것. 이렇게 모든 민족들이 하나님을 공적으로 고백하고, 성회를 통해서 합당하게 예배를 드릴 때에 온 땅은 신앙으로 뒤덮이게 될 것이다.

(3) 모든 민족들이 하나님의 통치를 인정하고서 기쁜 마음으로 순복하게 해 달라는 것(4절): 온 백성은 기쁘고 즐겁게 노래할지라. 거룩한 기쁨, 하나님과 그의 이름을 기뻐하는 기쁨은 감사 찬송의 핵심이다. 온 백성이 주를 찬송하도록 민족들이여 기뻐하라. 여호와를 즐거워하는 자들은 항상 모든 일에서 여호와께 감사를 드리는 법이다. 그가 민족들에게 바라는 기쁨은 거룩한 기쁨이다. 왜냐하면, 그것은 하나님의 통치를 기뻐하는 것이고, 하나님께서 친히 큰 권능을 잡으시고 왕 노릇 하시는 것을 회심하지 않은 민족들은 분노하지만 그들은 기뻐하기 때문이다(계 11:17-18). 그들은 다음과 같은 것들을 기뻐하여야 한다.

[1] 나라가 여호와의 것이라는 것(시 22:28). 절대적인 주권자이신 여호와께서 땅의 열방들을 다스리게 되시리라는 것, 나라들이 여호와를 모르고 고백하지 않을지라도, 여호와께서는 섭리를 통해서 그의 뜻을 따라 열방들을 다스리시리라는 것, 때가 되면 여호와께서 그의 복음을 전파하심으로써 모든 민족을 제자로 삼으셔서(마 28:19) 마귀의 나라의 폐허 위에 그의 은혜의 나라를 그들 가운데 세우시리라는 것, 여호와께서 권능의 날에 그들로 하여금 자원하여 그의 백성이 되게 하시고, 이 세상 나라들조차도 여호와와 그의 기름 부음 받은 자의 나라가 되게 하시리라는 것.

[2] 각 사람에 대한 심판이 여호와에게서 나온다는 것. "주께서 민족들을 공평히 심판하시고, 주께서 의로운 심판의 잣대가 될 율법과 복음을 주셔서, 그 잣대에 따라서 모든 사람들에게 오류가 없는 심판을 내리실 것이고, 그 어떤 사람도 예외가 될 수 없다는 것을 그들은 기뻐하여야 한다." 우리는 모두 우리가 서로에 대한 재판장이 되지 않을 것이고, 여호와께서 우리를 심판하시리라는 것을

기뻐하여야 한다. 왜냐하면, 우리는 여호와께서 진리를 따라서 심판하시리라는 것을 확신하기 때문이다.

Ⅲ. 그는 하나님께서 이 일을 행하시고, 열방들이 회심하여 하나님께 돌아와서 찬송을 하게 될 때에 모든 일이 합력하여 선을 이루게 될 것을 기쁜 마음으로 기대하는 것으로 끝을 맺는다.

1. 이 아랫 세상은 그들에게 미소를 지을 것이고, 그들은 이 땅의 소산을 갖게 될 것이다(6절): 땅이 그의 소산을 내어 주리라. 그들이 어둠 가운데 앉아 있었을 때에 하나님께서 열방들에게 하늘로부터 비를 내려 주셨고 때를 따라 열매를 맺게 하셨을 뿐만 아니라(행 14:17), 그들이 회심하였을 때에 땅은 그 소산을 하나님께 내었다. 그 때에 먹을 것과 마실 것은 우리 하나님 여호와께 드리는 소제와 전제가 되었다(욜 2:14). 그 때에 땅은 제대로 열매를 내었다. 그 때에 땅은 이전보다 더 많은 소산을 내어서 사람들을 기쁘게 하였고, 사람들은 그리스도로 말미암아 그 소산을 취할 자격을 얻어서 거룩하게 사용하였다. 복음의 형통은 종종 외적인 긍휼들을 수반한다는 것을 명심하라. 그리스도로 말미암은 의인은 한 민족을 높여주고 영화롭게 만들어 준다(사 4:2; 62:9을 보라).

2. 윗 세상도 그들에게 미소를 지을 것이고, 그들은 아랫 세상이 주는 것보다 훨씬 더 좋은 윗 세상의 은총들을 갖게 될 것이다: 하나님 곧 우리 하나님이 우리에게 복을 주시리로다(6절). 또한, 7절에서는 하나님이 우리에게 복을 주시리라고 다시 한 번 반복하고 있다. (1) 이 세상에는 하나님을 그들의 하나님이라고 정당하게 부를 수 있는 한 백성이 존재한다. (2) 믿는 자들은 하나님에 대한 그들의 관계와 그들이 하나님께 속해 있다는 것을 자랑할 충분한 이유가 있다. 시편 기자는 여기에서 하나님 곧 우리 하나님이라고 의기양양해하며 말한다. (3) 은혜로 말미암아 하나님을 그들 자신의 하나님이라고 부르는 자들은 겸손한 신뢰 속에서 하나님으로부터 오는 축복을 기대할 수 있다. 하나님께서 우리의 하나님이시라면, 하나님은 특별한 복들로 우리를 축복하실 것이다. (4) 언약에 의해서 우리에게 주어지는 하나님의 축복으로 인해서 피조물들이 우리에게 주는 위로와 즐거움들은 우리에게 진정으로 달콤한 위로와 즐거움들이 된다. 하나님, 곧 우리 하나님께서 우리에게 땅의 소산을 통해서 그의 축복을 주실 때, 땅의 소산은 우리에게 하나님의 진정한 긍휼이 된다.

3. 이 일로 인해서 온 세상도 그들과 똑같이 행하게 될 것이다: 땅의 모든 끝

이 하나님을 경외하리로다. 즉, 온 세상 사람들이 하나님을 예배하고, 경외심을 가지고서 예배를 하게 될 것이다. 하나님께서 우리에게 축복을 내리시면, 우리는 하나님을 사랑하게 될 뿐만 아니라, 하나님을 경외하고, 하나님을 높이 우러러 보아서, 하나님을 진노하게 하는 것을 두려워하게 된다. 복음은 전파되기 시작하기만 하면 점점 더 세력을 얻어서 땅 끝까지 이르게 될 것이다. 반죽에 숨겨져 있는 누룩은 반죽 전체를 부풀게 할 때까지 그 팽창을 멈추지 않을 것이다. 교회 속으로 들어온 자들이 하나님으로부터 많은 축복을 받았다고 고백하게 되면, 사람들은 저절로 그들에게 합류하게 된다. 우리가 여호와로부터 복을 받은 자들과 운명을 같이하는 것은 좋은 일이다.

제
— 68 —
편

개요

이 시편은 아주 뛰어난 시편이지만, 많은 대목에서 그 진정한 의미를 파악하기가 쉽지 않다. 왜냐하면, 성경의 다른 부분들처럼 이 시편 속에도 우리로부터 감추어져서 우리가 이해하기 어려운 내용들이 들어 있기 때문이다. 다윗이 이 시편을 언제 또는 어떤 일을 당하여서 지었는지는 본문에 나타나 있지 않다. 그러나 이 시편은 하나님께서 다윗에게 주변의 모든 원수들을 평정케 하고서 안식을 주신 후에 다윗이 법궤(하나님의 임재의 상징이자 그리스도의 중보의 모형)를 오벧에돔의 집에서 그가 법궤를 모시기 위하여 시온에 마련한 성막으로 옮길 때에 지어진 것 같다. 왜냐하면, 이 시편의 처음에 나오는 표현들은 모세가 법궤를 옮길 때에 사용하였던 기도이기 때문이다(민 10:35). 다윗은 이것으로부터 출발해서, 예언의 영에 이끌려서, 메시야, 그의 승천, 그가 이 세상에 그의 나라를 세우시게 될 것에 관한 영광스러운 일들을 말하게 된다. I. 다윗은 하나님의 원수들을 침과 동시에(1-2절) 그의 백성을 위하는(3절) 기도로 시작한다. II. 다윗은 이 시편의 나머지 부분을 차지하고 있는 찬송으로 나아가서, 모든 사람들에게 하나님을 찬송하라고 권하면서(4, 26, 32절) 하나님을 찬송하여야 할 많은 이유들을 제시한다. 1. 하나님은 크시고 선하시다는 것(4-6절). 2. 하나님께서 이전에 그의 백성을 위하여 행하신 기이한 일들. 즉 그들을 이끄셔서 광야를 통과하게 하시고(7-8절), 가나안 땅에 정착하게 하시며(9-10절), 그들로 하여금 그들의 원수들에 대하여 승리하게 하시고(11-12절), 그들을 압제하는 자들의 손에서 그들을 건지신 것(13-14절). 3. 하나님께서 그의 교회 속에 특별히 임재해 계심(15-17절). 4. 그리스도의 승천(18절)과 하나님께서 그리스도를 통해서 그의 백성을 구원하심(19-20절). 5. 그리스도께서 그의 원수들에 대하여 얻으실 승리들과 그가 그의 교회에 베푸실 은총들(21-28절). 6. 이방인들을 교회로 들어오게 하심으로써 교회를 넓히심(29-31절). 따라서 다윗은 하나님의 영광과 은혜를 경외심을 가지고 인정하는 것으로 이 시편을 끝맺는다(32-35절). 우리는 이 시편을 노래할 때에 이 모든 큰 일들로 인해서 깊은 감화를 받도록 애써야 한다.

〔다윗의 시, 인도자를 따라 부르는 노래〕

¹하나님이 일어나시니 원수들은 흩어지며 주를 미워하는 자들은 주 앞에서 도망하리이다 ²연기가 불려 가듯이 그들을 몰아내소서 불 앞에서 밀이 녹음 같이 악인이 하나님 앞에서 망하게 하소서 ³의인은 기뻐하여 하나님 앞에서 뛰놀며 기뻐하고 즐거워할지어다 ⁴하나님께 노래하며 그의 이름을 찬양하라 하늘을 타고 광야에 행하시던 이를 위하여 대로를 수축하라 그의 이름은 여호와이시니 그의 앞에서 뛰놀지어다 ⁵그의 거룩한 처소에 계신 하나님은 고아의 아버지시며 과부의 재판장이시라 ⁶하나님이 고독한 자들은 가족과 함께 살게 하시며 갇힌 자들은 이끌어 내사 형통하게 하시느니라 오직 거역하는 자들의 거처는 메마른 땅이로다

이 절들에는 다음과 같은 내용들이 나온다.

I. 다윗은 다음과 같은 것들을 위해서 하나님께서 영광 중에 나타나시기를 기도한다.

1. 그의 원수들이 혼비백산하여 흩어지도록(1-2절). "그들에게 심판을 내리실 재판장이자 전쟁을 지휘하여 그들을 물리치실 대장이신 하나님이 일어나셔서 원수들을 흩으시고, 그들로 하여금 하나님께 대들기는커녕 발 붙일 곳을 찾지 못해서 하나님 앞에서 도망하게 하소서. 하나님이여, 힘있게 떠오르는 해처럼 일어나셔서, 저녁 어둠이 떠오르는 해 앞에서 줄행랑을 치듯이, 어둠의 자식들이 흩어지게 하소서. 연기가 해를 가릴 듯한 기세로 올라가지만 곧 바람 앞에서 사라져서 그 흔적도 찾아 볼 수 없는 것 같이, 그들로 뿔뿔이 흩어져 사라지게 하소서. 불 앞에서 미리 녹아서 흔적도 없이 사라져 버리듯이, 그들로 녹아 없어지게 하소서." 이렇게 다윗은 모세의 기도를 반복해서 자기 자신과 그의 시대에 적용할 뿐만 아니라, 거기에 설명을 덧붙여서 확대시키고 내용을 더 풍부하게 만드는데, 이것은 우리에게 우리가 성경에 나오는 기도들을 어떻게 사용해야 하는지를 보여주는 것이다. 아니, 이 기도는 한 걸음 더 나아가서, 하나님의 나라의 원수들에 대한 구속주의 승리를 보여준다. 왜냐하면, 구속주는 언약의 사자로서 이스라엘을 인도하여 광야를 통과하게 하신 분이었기 때문이다.

(1) 이 세상에는 하나님의 원수들이 되어서 하나님을 미워하는 자들이 과거에도 있었고, 지금도 있으며, 앞으로도 있을 것인데, 그들은 옛 뱀의 편이 되어

서, 사람들 가운데 세워진 하나님의 나라와 여자의 후손을 공격한다.

(2) 그들은 악인들로서 하나님의 원수들이고, 악한 자 마귀의 자녀들이다.

(3) 우리는 우리의 원수들에 대해서는 그들이 회개하고 하나님께로 돌아오도록 기도해야 하지만, 하나님의 원수들, 하나님에 대한 그들의 적대감, 하나님의 나라를 훼방하고자 하는 그들의 모든 시도에 대해서는 그들을 쳐서 기도하여야 한다.

(4) 하나님께서 일어나시기만 하면, 회개치 않은 불구대천의 원수들, 회개하여 하나님께 영광을 돌리고자 하지 않는 모든 원수들은 확실하고도 신속하게 흩어져 사라지게 될 것이다. 왜냐하면, 지금까지 하나님을 거슬러서 마음을 완악하게 가진 자치고 끝까지 형통한 자는 결코 없었기 때문이다. 심판의 날은 경건하지 아니한 사람들이 최종적이고 완전하게 멸망하는 날이 될 것인데(벧후 3:7), 그 때에 여호와께서 불 가운데 나타나시면, 그들은 그 타오르는 불길 앞에서 밀랍처럼 녹아 버리게 될 것이다(살후 1:8).

2. 그의 백성의 위로와 기쁨을 위하여(3절). "지금 슬픔 중에 있는 의인들은 기뻐하며, 하나님의 임재로 인해 하나님 앞에서 즐거워하게 될 것이다. 하나님은 그의 백성의 기쁨이다. 하나님 앞에 섰을 때에 그들은 즐거워할 것이고, 뛰놀며 기뻐하고 즐거워할 것이다." 하나님을 기뻐하는 자들은 이루 말할 수 없는 기쁨으로 즐거워할 충분한 이유가 있다. 우리는 모든 성도들이 그러한 기쁨을 누리게 되기를 바라야 한다. 왜냐하면, 그 기쁨은 그들에게 속한 것이기 때문이다. 의인을 위하여 빛을 뿌리고 마음이 정직한 자를 위하여 기쁨을 뿌리시는도다.

II. 다윗은 하나님께서 영광스럽게 나타나시는 것에 대하여 하나님을 찬송하고, 우리에게 하나님을 찬송하며 그의 이름을 찬양하고 하나님을 다음과 같은 분으로 높이라고 권한다.

1. 크신 하나님, 무한히 크신 하나님(4절): 하나님은 여호와라는 이름으로 하늘을 타고 다니신다. 하나님은 천체의 모든 움직임을 주관하시는 원동력으로서 병거를 타고 다니시며 천체로 움직이게 하시고, 하늘의 모든 힘들을 마음대로 부리신다. 하나님은 그의 백성을 도우시기 위하여 아주 빠르고 힘있게 하늘을 타고 오시는데(신 33:26), 그 누구도 그 앞을 가로막을 수 없다. 하나님은 이러한 것들을 그의 이름인 여호와, 즉 스스로 존재하고 스스로 자족한 분으로서 다스리신다. 여호와는 모든 존재, 권세, 움직임, 완전함의 원천이시다. 이것은 영원

히 그의 이름이다. 우리가 이렇게 하나님을 높일 때, 우리는 하나님 앞에서 즐거워하여야 한다. 하나님을 즐거워하는 거룩한 기쁨은 우리가 하나님을 예배드릴 때에 가져야 하는 경건한 경외심과 아주 잘 어울린다.

2. 은혜로우신 하나님, 긍휼과 자비의 하나님. 하나님은 크시지만, 아무리 비천하고 보잘것없는 자도 멸시하지 않으신다. 아니, 큰 권능을 지니신 하나님은 그의 권능을 곤경에 처한 자들을 건지시기 위하여 사용하신다(5-6절). 고아들과 과부들과 홀로 된 자들은 하나님만으로 그들에게는 모든 것이 충분하다는 것을 발견하게 된다. 하나님의 선하심이 얼마나 많이 하나님의 영광이 되는지를 눈여겨 보라. 여호와라는 이름으로 하늘을 타고 달리시는 하나님을 우리는 만왕의 왕이자 만주의 주로서 즉시 경배드려야 하고, 나라와 민족들의 모든 일들을 주권적으로 행하시는 분으로 경배하여야 한다고 생각하기 쉽다. 하나님은 그런 분이다. 그러나 하나님은 자기가 고아의 아버지라는 것을 자랑스러워 하신다. 여호와께서는 높이 계셔도 낮은 자를 굽어살피신다. 이와 같이 하나님께 속한 자들은 복이 있다. 하늘을 타고 달리시는 하나님은 우리가 아버지로 삼을 만한 그런 분이다. 다시 한 번 말하지만, 여호와를 자기 하나님으로 삼는 백성은 복이 있도다.

(1) 가족들이 그들의 가장을 사별하였을 때, 하나님께서는 스스로 그들의 가장이 되셔서 그들을 보살펴 주신다. 과부들과 고아들은 그들의 가정이 파탄나서 그들이 잃어버리게 된 것보다 무한히 더 나은 것을 하나님 안에서 발견하게 될 것이다. 하나님은 고아의 아버지이시기 때문에, 그들을 불쌍히 여기며 그들을 축복하시고 그들을 가르치시며 그들에게 공급해 주시고 그들의 분깃이 되어 주신다. 하나님은 그들을 보호하여 살리실 것이고(렘 49:11), 그들은 하나님에게서 긍휼을 얻게 될 것이다(호 14:3). 그들은 자유롭게 하나님을 아버지라고 부를 수 있고, 무슨 일이 있을 때마다 보호자이신 하나님께 호소할 수 있다(시 146:9; 10:14, 18). 하나님은 과부들의 재판장 또는 후원자로서 그들에게 조언을 주시고 그들의 애로들을 해결해 주시며 그들의 호소를 들어 주신다(잠 22:23). 하나님은 그들의 온갖 하소연에 귀를 열어 두시고, 그들에게 필요한 모든 것들을 공급하시기 위하여 언제든지 그의 손길을 베푸신다. 하나님은 거룩한 처소에 계신다. 이것은 하늘에 있는 그의 영광의 처소(하나님은 거기에 그의 심판의 보좌를 베풀어 두시고서, 고아와 과부들로 하여금 자유롭게 거기에

호소하여 보호를 받게 하신다, 시 9:4, 7)를 가리키는 것일 수 있고, 이 땅에 있는 그의 은혜의 거처를 가리키는 것일 수도 있다. 따라서 이 말씀은 과부들과 고아들에게 그들이 어떻게 하나님께 자신의 사정을 호소해야 하는지를 가르치는 것이다. 그들은 하나님의 거룩한 처소, 하나님의 말씀과 예배와 성례전으로 나아가야 한다. 거기에서 그들은 하나님을 발견할 수 있고, 하나님 안에서 위로를 발견할 수 있다.

(2) 가족들이 세워져야 할 때, 하나님은 가족들을 세우시는 분이다. 하나님은 홀로 있는 자들을 가족을 이루어 살게 하시고, 고독한 자들을 이끄셔서 가족이라는 위로를 얻게 하시며, 정처없이 떠도는 자들을 가족으로 이끄셔서 편안하게 정착하게 해 주신다(시 113:9). 하나님은 궁핍한 자들로 하여금 생계를 이어갈 수 있는 길로 인도하셔서, 살기 위해서 떠돌 수밖에 없었던 자들을 편안히 거하게 하시는데(하몬드 박사는 이렇게 해석한다), 이것은 하나님의 너그러우심을 보여주는 것인 동시에 사람들에게 구제를 어떻게 해야 가장 좋은 것인지를 보여준다.

3. 의로우신 하나님.

(1) 압제받는 자들을 건지시는 하나님. 하나님은 쇠사슬에 묶여 있는 자들을 이끌어 내신다. 하나님은 부당하게 감옥에 갇혔거나 부당하게 종살이 하는 자들을 해방시켜 주신다. 하나님께서 어떤 사람을 풀어 주시고자 하시면, 그 어떤 쇠사슬로도 그 사람을 묶어 두는 것은 불가능하다.

(2) 압제자들을 벌하시는 하나님. 거역하는 자들은 메마른 땅에 거하게 되어서, 그들이 사람을 속이고 등쳐서 얻은 것 속에서 아무런 위로도 받지 못한다. 하나님의 축복은 우리가 누리는 모든 것들에 맛과 향취를 더해 주는 것이기 때문에, 하나님을 반역하여 하나님의 축복을 상실한 자들에게는 그들이 가진 땅이 아무리 좋은 땅이라고 하여도 메마른 땅이 되어 버릴 것이다. 이스라엘 백성은 하나님의 인도하심으로 애굽에서 나와서 광야에 있었지만, 그들은 거기에서 애굽 사람들보다도 더 잘 양식을 공급받았다. 애굽 사람들의 땅은 종종 나일강의 신이 제대로 역할을 하지 못하여 메마른 땅이 되어 버리곤 하였기 때문이다.

[7]하나님이여 주의 백성 앞에서 앞서 나가사 광야에서 행진하셨을 때에 (셀라) [8]땅이

진동하며 하늘이 하나님 앞에서 떨어지며 저 시내 산도 하나님 곧 이스라엘의 하나님 앞에서 진동하였나이다 ⁹하나님이여 주께서 흡족한 비를 보내사 주의 기업이 곤핍할 때에 주께서 그것을 견고하게 하셨고 ¹⁰주의 회중을 그 가운데에 살게 하셨나이다 하나님이여 주께서 가난한 자를 위하여 주의 은택을 준비하셨나이다 ¹¹주께서 말씀을 주시니 소식을 공포하는 여자들은 큰 무리라 ¹²여러 군대의 왕들이 도망하고 도망하니 집에 있던 여자들도 탈취물을 나누도다 ¹³너희가 양 우리에 누울 때에는 그 날개를 은으로 입히고 그 깃을 황금으로 입힌 비둘기 같도다 ¹⁴전능하신 이가 왕들을 그 중에서 흩으실 때에는 살몬에 눈이 날림 같도다

시편 기자는 하나님께서 최근에 그와 그의 백성을 위하여 행하신 큰 일들을 인하여 하나님께 감사를 드리는 기회를 활용해서, 여기에서 내친김에 하나님께서 옛적에 그들의 조상들을 위하여 행하신 일들을 언급하며 하나님을 찬송하는 계기로 삼는다. 하나님께서 새롭게 긍휼을 베풀어 주시면, 우리는 하나님께서 이전에 베푸신 긍휼들을 떠올리고서, 그것들에 대하여 다시 한 번 감사하는 마음을 표현하여야 한다. 우리는 하나님께서 이전에 베푸셨던 긍휼들을 결코 잊어서는 안 된다.

I. 이스라엘이 광야를 통과할 때에 하나님께서 직접 이스라엘의 인도자가 되어 주셨다는 것. 하나님께서는 그들을 종살이 하던 땅에서 건져 내신 후에 그들을 홀로 메마른 땅에 내버려 두신 것이 아니라, 친히 주의 백성 앞에서 앞서 나가사 광야에서 행진하셨다(7절). 그것은 여행이 아니라 행군이었다. 왜냐하면, 그들은 군사들로서, 즉 군기를 앞세운 군대로서 행진한 것이었기 때문이다. 애굽인들은 이스라엘 백성이 광야에 갇혀서 죽게 될 것이라고 생각하였지만, 그들의 생각은 오산이었다. 하나님께서 이스라엘의 인도자가 되어 주셨기 때문에, 이스라엘은 광야에서 길을 잃고 죽어 간 것이 아니라 앞으로 전진하여 광야를 통과하였다. 하나님께서는 그의 백성을 광야로 이끄실 때에 반드시 그 광야에서 앞장을 서시고 그들을 광야에서 빠져 나오게 하시리라는 것을 명심하라(아 8:5).

II. 하나님께서 시내 산에서 그들에게 영광스러운 임재를 나타내셨다는 것(8절). 이스라엘처럼 하나님의 영광을 보고 하나님의 음성을 들은 민족은 없었다(신 4:32-33). 역사상에서 이스라엘만큼 뛰어난 율법을 받고 설명을 들으며

그 율법이 시행된 민족은 없었다. 그 때에 땅이 진동하였고, 이웃 나라들은 충격을 받았을 것이다. 거기에는 무시무시한 천둥이 있었고, 뇌우가 수반되었으며, 그 모습이 하늘이 떨어지는 것 같이 보였다. 하지만 하나님의 가르침이 비처럼 떨어졌다(시 32:2). 길게 이어진 저 거대한 산인 시내 산도 하나님 앞에서 진동하였다(사 5:4-5; 신 33:2; 합 3:3을 보라). 엄위하신 하나님께서 이렇게 무시무시한 현상들을 동반하여 나타나시자, 이스라엘 백성은 두려움에 사로잡힘과 동시에 하나님에 대한 믿음과 하나님을 의지하고자 하는 마음도 그들 속에서 생겨났을 것이다. 그들이 복된 땅에 정착하고자 하는 길에서 그 어떤 산(山)만한 난관을 만난다고 하여도, 시내 산을 진동시킬 수 있으셨던 하나님께서는 그러한 난관의 산들을 제거하시며 뛰어넘을 수 있으실 것이다.

III. 하나님께서 광야에서와 가나안에서 그들에게 많은 것들을 공급해 주심으로써 그들을 크게 위로하셨다는 것(9-10절).　하나님이여 주께서 흡족한 비를 보내사 가난한 자를 위하여 주의 은택을 준비하셨나이다. 이 말씀은 다음 둘 중의 하나를 가리킬 수 있다.

1. 하나님께서 광야에서 이스라엘 백성을 만나와 메추라기를 비처럼 내리셔서 먹이신 것(시 78:24, 27). 이 사건은 하나님께서 후하게 주신다는 것을 보여주는 기념비적인 사건이었기 때문에, 흡족한 비라고 불리는 것이 적절할 수 있었다. 이 사건으로 인해서 이스라엘 진영(여기에서는 하나님께서 그들을 택하여 자신의 소유로 삼으셨다고 해서, 하나님의 기업이라고 불리는)은 곤핍하여 죽어 갈 지경에 있다가 새롭게 힘을 얻게 되었다. 이 사건은 하나님의 능력과 선하심을 보여주는 움직일 수 없는 증거였기 때문에, 이것을 계기로 그들의 믿음도 한층 견고해졌다. 이렇게 광야에서조차도 하나님은 그의 회중인 이스라엘을 위하여 편안한 거처를 마련해 주셨다.

2. 또는, 하나님께서 하늘에서 내리는 비를 흡수하는 땅(신 11:11), 젖과 꿀이 흐르는 땅이라 불리는 가나안에서 이스라엘 백성에게 때를 따라 먹을 것을 공급해 주신 것. 그 비옥한 땅이 종종 거기에 사는 자들의 죄악으로 인해서 황무지로 변할 위험에 처하게 될 때, 하나님은 심판을 통해서 이전에 하나님께서 그들에게 베푸셨던 긍휼을 기억하게 하셨고, 흡족한 비를 그들에게 보내 주셔서 그 땅을 다시 새롭게 소생시켜서, 이스라엘 회중이 거기에 살면서, 그들의 가난한 자들을 양식으로 배부르게 할 정도로 충분한 먹을 것을 공급받았다. 이

말씀은 한 걸음 더 나아가서 하나님께서 영적인 이스라엘에게 영적인 양식을 공급해 주시리라는 것을 말해 주고 있다. 은혜의 성령과 은혜의 복음은 흡족한 비이다. 하나님은 그 비를 통해서 그의 기업을 견고하게 하시고, 그 비로 인하여 그들로 하여금 열매를 거두게 하신다(사 45:8). 또한, 그리스도 자신이 바로 이 비이다(시 72:6): 그는 땅을 적시는 소낙비 같이 내리시리라.

IV. 하나님께서 그들로 하여금 자주 그들의 원수들을 이기게 하셨다는 것. 이스라엘 백성이 가나안 땅으로 처음 들어왔을 때에나 사사기 전체에 걸쳐서, 그리고 다윗 시대에 이르기까지 군대들, 여러 군대의 왕들이 그들을 치러 나타났지만, 그들은 처음에나 나중에나 언제든지 그들을 대항하여 승리를 거두었다(11-12, 14절). 좀 더 살펴보자.

1. 하나님께서 그들의 대장이 되어 주셨다는 것. 하나님은 이스라엘 군대의 대장으로서 말씀을 주셨다. 하나님은 그들을 위하여 사사들을 일으키시고, 그들에게 해야 할 일들을 가르쳐 주셨고, 그들이 반드시 이기게 되리라는 것을 확신시켜 주셨다. 하나님은 그의 거룩하심으로 말씀하셨고, 그런 후에 길르앗은 내 것이라고 말씀하셨다.

2. 하나님은 그의 사자들인 선지자들을 세우셔서 이스라엘 백성에게 자신의 마음을 알게 하셨다는 것. 하나님은 그들에게 그의 말씀을 주셨는데(여호와의 말씀이 그들에게 임하였다), 그 때에 전하는 자들(선지자들, 여성형으로 되어 있는 원문의 의미를 살려서 번역한다면 여선지자들)은 큰 무리였다. 하나님께서 메시지를 보내고자 하시면, 그는 반드시 사자들을 세우신다. 또는, 이 말씀은 이스라엘 백성이 승리를 거두었을 때에 여자들이 그 승리의 기쁨에 참여하는 것을 가리키는 것일 수도 있다(출 15:20; 삼상 18:7). 이 때에 여자들은 하나님께서 행하신 일들을 보고서 하나님의 말씀이 성취된 것을 기뻐하였다.

3. 그들의 원수들이 패퇴하여 뿔뿔이 흩어졌다는 것. 여러 군대의 왕들이 도망하였다. 그들은 극도로 공포에 질려서 있는 힘을 다해서 황급하게 도망쳤는데, 도망치다가 한 번쯤 되돌이켜서 다시 싸움을 한 것이 아니라, 도망하고 도망하였다. 그들은 뒤도 돌아보지 않고 줄행랑을 쳤고, 이렇게 도망하여서 다시는 결코 모이지 못하였다.

4. 하나님께서 그들을 전쟁에서 노획한 탈취물로 부유하게 하셨다는 것: 집에 있던 여자들도 탈취물을 나누도다. 남자들, 즉 원수들의 소유물 곁에 머물렀던

군사들은 탈취물을 분배하는 조례를 따라서 그것들을 나누어 가졌을 뿐만 아니라(삼상 30:24), 집에 머물러 있던 여자들조차도 자기 몫을 챙길 수 있었다. 이것은 그들이 노획한 탈취물이 얼마나 많았는지를 보여주는 것이다.

5. 하나님께서 그들을 위하여 행하신 이러한 큰 일들은 그들을 거룩하게 하고 새롭게 하는 데에 기여하였다는 것(14절): 전능하신 이가 왕들을 그 중에서 (즉, 교회를 위하여) 흩으실 때에 이스라엘 백성은 하나님의 긍휼에 의해서 단련되고 정결하게 되어서 살몬에 날리는 눈과 같이 희었도다. 이스라엘 군대가 적군을 치러 출진할 때에 모든 악한 일을 스스로 삼갔던 것과 같이, 이스라엘 군대가 승리하고 돌아왔을 때에는 그 승리로 인해서 이스라엘은 그 정결함과 경건이 더욱 견고해졌다. 이스라엘의 승리들에 대한 이러한 묘사는 높아지신 구속주께서 그의 소유된 자들을 위하여 사망과 음부에 대하여 승리를 거두신 것에 적용될 수 있다. 그리스도의 부활로 인해서 우리의 영적인 원수들은 도망을 치게 되었고, 그들의 세력은 꺾였으며, 그들은 영원히 하나님의 백성을 한 사람이라도 해칠 수 없게 되었다. 이러한 승리의 소식은 여자들에 의해서 제자들에게 가장 먼저 전해졌고(마 28:7), 그 후에 그들에 의해서 온 세상에 선포되었기 때문에, 그러한 승리에 조금도 기여하지 못하고 집에 머물러 있었던 자들은 그 소식을 믿음으로 승리의 유익을 누리고 탈취물을 나눌 수 있게 되었다.

V. 그들이 비천하고 멸시받는 처지에서 휘황찬란하고 성공한 모습으로 탈바꿈하게 되었다는 것. 그들이 애굽에서 종살이를 하였던 때나 나중에 종종 국력이 강하였던 이런저런 나라들로부터 압제를 당하였을 때, 그들은 깨어져서 아무 쓸모 없는 멸시받는 도자기들의 파편들이 쌓여 있는 쓰레기더미에 누워 있는 것과 같았다. 그들의 행색은 더럽고 남루하였으며, 그들에게서는 땟국이 줄줄 흘렀다. 그러나 하나님께서 마침내 그들을 쓰레기더미에서 건져 내시자(시 81:6), 다윗 시대에 그들은 세상에서 명실공히 가장 부강한 나라들 중의 하나가 되어서, 그 날개를 은으로 입힌 비둘기 같아서 주변의 모든 사람들로부터 흠모를 받았다(13절). 하몬드 박사는 이렇게 말한다. "피조물들 가운데서 가장 비천하고 멸시받을 만한 처지로 떨어져서 나무와 돌을 숭배하며 가장 악한 정욕에 자신을 내어 주었던 이방 우상 숭배자들은 그리스도의 나라 아래에서 저 혐오스러운 처지에서 벗어나 그리스도를 섬기고 그리스도인으로서의 모든 덕목들을 행하며 이 세상에서 내적으로 가장 아름다운 자들이 될 것이다." 또한, 이

말씀은 교회가 고난받는 상태에서 건지심을 받는 것, 개별 신자들이 의기소침한 상태에서 벗어나 위로를 받는 것에 적용될 수도 있다.

[15]바산의 산은 하나님의 산임이여 바산의 산은 높은 산이로다 [16]너희 높은 산들아 어찌하여 하나님이 계시려 하는 산을 시기하여 보느냐 진실로 여호와께서 이 산에 영원히 계시리로다 [17]하나님의 병거는 천천이요 만만이라 주께서 그 중에 계심이 시내 산 성소에 계심 같도다 [18]주께서 높은 곳으로 오르시며 사로잡은 자들을 취하시고 선물들을 사람들에게서 받으시며 반역자들로부터도 받으시니 여호와 하나님이 그들과 함께 계시기 때문이로다 [19]날마다 우리 짐을 지시는 주 곧 우리의 구원이신 하나님을 찬송할지로다 (셀라) [20]하나님은 우리에게 구원의 하나님이시라 사망에서 벗어남은 주 여호와로 말미암거니와 [21]그의 원수들의 머리 곧 죄를 짓고 다니는 자의 정수리는 하나님이 쳐서 깨뜨리시리로다

다윗은 이스라엘의 하나님께서 이스라엘을 위하여 행하신 일들에 대하여 하나님께 찬송을 드린 후에(8절) 여기에서는 좀 더 특별한 방식으로 시온의 하나님으로서 여호와께 찬송을 돌려 드린다. 시편 9:11과 비교해 보라: 너희는 시온에 계신 여호와를 찬송할지어다. 이렇게 여호와께서 시온에 계시기 때문에, 시온은 하나님의 산으로 불린다.

I. 다윗은 시온을 바산의 산을 비롯한 높고 비옥한 산들과 비교하면서, 시온이 그러한 산들보다 더 낫다고 말한다(15-16절). 시온이 그러한 산들에 비해서 작고 낮으며, 그러한 산들과는 달리 양 떼와 소 떼로 덮여 있지 않는 것은 사실이다. 그렇지만 시온은 하나님의 산, 하나님이 계시려 하는 산, 자신의 특별한 임재를 보여주는 징표들을 나타내고자 택하신 산이기 때문에, 다른 모든 산들보다 가장 뛰어난 산이다(시 132:13-14). 이 세상에서 높고 위대한 것보다 하나님 앞에서 거룩한 것이 훨씬 더 존귀한 것임을 명심하라. "너희 높은 산들아 어찌하여 날뛰느냐? 어찌하여 너희가 시온을 보잘것없다고 능욕하며, 너희의 높음을 자랑하느냐? 시온은 하나님께서 택하신 산이기 때문에, 비록 너희가 크고 높음에 있어서 천하제일이라고 하더라도, 시온산 위에 왕의 깃발이 꽂혀 있음으로 너희는 모두 거기로 내달려 오지 않으면 안 된다." 시온이 특히 존귀했던 것은 그것이 복음 교회의 모형이었기 때문이다. 복음 교회는 시온 산으로

불리는데(히 12:22), 다윗이 여호와께서 이 산에 영원히 계시리로다라고 말한 것 속에 그러한 의미가 담겨 있고, 이 말씀은 복음 교회를 뜻하는 시온을 통해서 성취되었다. 이 세상에는 구속주의 나라와 비견될 수 있는 나라가 없고, 복음의 깃발에 의해서 점령된 성읍과 비견될 수 있는 성읍도 없다. 왜냐하면, 거기에는 하나님께서 계시고 영원히 계실 것이기 때문이다.

II. 다윗은 시온을 그가 이미 언급하였던(8절) 시내 산과 비교하면서, 시온에는 시내 산에서와 마찬가지로 쉐키나, 즉 하나님의 임재가 현존한다는 것을 보여준다(17절). 천사들은 하나님의 병거들로서 그가 그의 원수들을 치실 때에 사용하는 전쟁용 병거들이고, 엘리야의 경우에서처럼(나사로도 천사들에 의해서 이끌려 갔다고 한다) 그의 친구들을 데려오기 위하여 보내지는 수송용 병거들이며, 그 가운데 타시고 자신의 영광과 권능을 나타내시는 의전용 병거들이다. 천사들의 수는 무수히 많아서 천천으로 표현된다. 하늘의 예루살렘에는 무수한 천사들, 즉 천만 천사가 있다(히 12:22). 다윗이 맞서 싸웠던 원수들은 병거들을 가지고 있었지만(삼하 8:4), 그 수와 힘에 있어서 하나님의 병거들과는 결코 상대가 되지 못하였다. 하나님의 천군천사가 그의 편이 되어 주는 한, 다윗은 병거와 말을 의지하는 자들을 전혀 두려워할 필요가 없었다(시 20:7). 하나님께서는 무수한 천사들을 거느리시고 시내 산에 나타나셔서, 천사들의 손을 통해서 이스라엘 백성에서 율법을 주셨다(행 7:53). 여호와께서 일만 성도들과 더불어서 강림하셨다(신 33:2). 하나님께서는 지금도 여전히 시온에서 그룹 천사들 사이에 거하셔서 무수한 천군천사들을 동반하셔서 실제로 임재해 계시면서 자신의 영광을 나타내신다. 어떤 이들은 이 절의 마지막 구절을 시내 산이 성소에 있다라고 해석한다. 즉, 이스라엘은 시내 산에서 하나님의 말씀을 받았듯이, 지금은 성소에서 하나님의 말씀을 받는다는 것이다. 우리 주 예수께서는 이러한 하나님의 병거들을 마음대로 부리신다. 하나님께서 맏아들을 이끌어 이 세상에 오게 하셨을 때에 하나님의 모든 천사들은 그에게 경배할지어다라고 명하셨다(히 1:6). 천사들은 모든 일에서 그의 수종을 들었고, 그는 지금 그에게 복종하는 천사들과 권세들과 능력들을 거느리고 계신다(벧전 3:22). 신약에서는 그리스도인들이 예배를 드리는 곳에 천사들이 거기에 있어서 수종든다는 것을 암시하고 있다(고전 11:10). 여자들은 천사들로 말미암아 머리에 가리개를 써야 한다(엡 3:10을 보라).

III. 시온 산의 영광은 하나님께서 거룩한 산에 세우신 왕(시 2:6), 딸 시온에게 임한 왕(마 21:5)이었다. 시편 기자는 여기에서 그리스도의 승천에 관하여 말하면서, 그것을 아주 분명한 언어로 표현한다(엡 4:8): 주께서 높은 곳으로 오르셨다(18절, 또한 시 47:5-6을 참조하라). 그리스도께서 높은 곳으로 오르신 것은 여기에서 너무도 확실한 일이었기 때문에 이미 일어난 과거의 일로 언급된다. 또한, 이 일은 너무도 위대한 일이었기 때문에, 그리스도의 영광을 위하여 여기에 언급되고 있다. 이 말씀은 그리스도께서 높아지신 상태 전체를 가리키는 것일 수도 있지만, 특히 그리스도께서 하늘에 오르셔서 아버지의 우편에 앉게 되신 것을 가리킨다. 그리스도의 승천은 그가 높아지신 것일 뿐만 아니라 우리에게도 큰 유익이 되는 사건이었는데, 그 이유는 다음과 같다.

1. 그것은 그리스도께서 음부의 권세를 이기신 것이었다. 그는 사로잡은 자들을 취하셨다. 즉, 그는 위대한 정복자들이 흔히 그렇게 하였듯이 그가 포로로 잡은 자들을 끌고 다니며 개선 행진을 하여서 그들을 구경거리로 삼으셨다(골 2:15). 그는 우리를 사로잡아서 포로로 끌고 갔던 자들을 오히려 사로잡아서 포로가 되게 하였는데, 그가 이렇게 개입하여 우리를 포로 신분에서 구해 주지 않으셨다면, 그 자들은 우리를 영원히 포로로 잡아서 억류하였을 것이다. 아니, 그는 포로됨 자체를 사로잡아 끌고 가 버리셨다. 즉, 그는 죄와 사탄의 권세를 완전히 깨뜨려 버리셨다. 그리스도는 사망을 죽이신 분이셨고, 포로됨을 사로잡아서 그러한 포로됨이 영원히 없게 하신 분이었다(호 13:14). 이것은 예수 그리스도께서 우리의 영적인 원수들에 대하여 완전하고도 완벽한 승리를 거두셨다는 것을 의미한다. 그리스도께서 완전한 승리를 거두셨기 때문에, 우리도 그리스도로 말미암아 승리하고 정복한 자들보다 더한 자들이 되어서 우리의 원수들을 넉넉히 이기게 되었다(롬 8:37).

2. 그것은 그리스도께서 모든 믿는 자들에게 하늘 문을 활짝 열어 주신 것이었다: 주께서는 사람들을 위하여 선물들을 받으셨다. 사도 바울은 이 본문을 그가 사람들에게 선물을 주셨다라고 읽는다(엡 4:8). 왜냐하면, 그리스도께서 하나님으로부터 선물들을 받으신 것은 사람들에게 주시기 위한 것이었기 때문이다. 성령의 기름 부음이 그의 머리에 부어졌기 때문에, 그 기름 부음은 그의 옷자락 끝까지 내려올 수 있었다. 그는 그가 하나님으로부터 받은 것을 사람들에게 주었다. 영생을 주는 권세를 하나님에게서 받은 그리스도께서는 그에게 주어진

많은 이들에게 영생을 수여하신다(요 17:2). 주께서는 사람들을 위하여 선물들을 받으신 것이고, 천사들을 위하여 받으신 것이 아니었다. 타락한 천사들은 성도들이 될 수 없었고, 영원히 변치 않는 천사들은 복음의 사역자들이 될 수 없었다(히 2:5). 그리스도께서 하나님으로부터 선물들을 받으신 것은 오직 유대인들을 위한 것이 아니라 모든 사람을 위한 것이기 때문에, 누구든지 이러한 선물들을 받아서 유익을 얻을 수 있다. 사도 바울은 우리에게 이러한 선물들이 무엇이었는지를 말해 주는데(엡 4:11), 그 선물들은 선지자들, 사도들, 복음 전하는 자들, 목사들, 교사들이었다. 복음 사역을 위한 직분들이 제정되고 사람들을 그 직분들에 합당하도록 준비시키시는 것은 하늘의 선물들이자 그리스도의 승천의 열매들이다. 이 본문과 관련해서 난외주에서는 주께서 사람으로서 선물들을 받으셨다고 읽는다. 즉, 그리스도께서 기꺼이 사람의 몸을 입으시고서 하나님으로부터 선물들을 받으셨는데, 이것은 그가 하나님의 일에 자비하고 신실한 대제사장이 되기 위한 것이었다. 중보자이신 그리스도 안에는 모든 충만이 거하시고, 그의 충만으로부터 우리는 모든 것을 받는다. 우리를 위하여 이러한 선물들을 받으신 그리스도의 인자하심과 사랑이 얼마나 큰 것인가를 보여주기 위하여 시편 기자는 다음과 같은 것들을 지적한다.

(1) 우리는 그러한 것들을 상실하였었다는 것. 그리스도께서는 반역자들, 하나님을 거역해 왔던 자들을 위해서도 그 선물들을 받으셨다. 모든 사람들은 타락한 상태에 있었기 때문에, 그들은 반역자들이라고 불릴 수 있지만, 이 표현은 특히 악한 행실로 마음으로 원수들이 되어 있었던 이방인들을 가리키는 것 같다(골 1:21). 그리스도께서는 그들이 무기를 내려 놓고, 그들의 적대감을 잠재우며, 그들이 다시 하나님께로 돌아와서 충성할 수 있도록 하기 위하여, 그들을 위하여 이 선물들을 받으셨고, 그 선물들을 그들에게 주신다. 그리스도로 말미암아 반역자들이 순순히 항복하기만 하면 죄를 사함받을 뿐만 아니라 좋은 자리로 나아갈 수 있게 되었다는 것은 그리스도의 은혜가 얼마나 큰 것인지를 보여준다. 그들은 그리스도 아래에서 각자의 임무들을 다시 부여받게 되었는데, 어떤 이들은 이것이 우리의 법률에서 사면 복권에 해당하는 것이라고 말한다. 그리스도께서는 반역하는 세상을 정죄하기 위해서가 아니라 그로 말미암아 구원을 받게 하기 위하여 이 세상에 오셨다.

(2) 그리스도께서 이 선물들을 통해서 우리에게 주시고자 하시는 은총. 그리

스도께서 반역자들을 위하여 선물들을 받으신 것은 여호와 하나님이 그들과 함께 계시게 하기 위한 것이었고, 반역한 세상 속에 교회를 세우셔서, 옛적에 하나님께서 성소에 거하셨던 것처럼 이제는 그의 교회 속에 말씀과 예배와 성례전을 통해서 계시게 하기 위한 것이었으며, 반역한 자들의 마음속에 그리스도께서 그의 보좌를 세우셔서 거기에 계시기 위한 것이었다. 그리스도의 사역의 은혜로운 목적은 사람들 가운데 하나님의 장막을 세우셔서, 하나님께서 그들과 함께 거하시며, 그들이 살아 있는 성전들이 되어서 하나님을 찬송하게 하기 위한 것이었다(겔 37:27).

IV. 시온의 왕의 영광은 그가 그에게 나아오는 모든 자들에게 구주와, 은혜를 베푸시는 자가 되고, 계속해서 그에게 반역하는 모든 자들에게 소멸시키는 불이 되신다는 것이다(19-21절). 우리 앞에는 선과 악, 생명과 사망, 축복과 저주가 제시되어 있고, 믿는 사람은 구원을 얻을 것이요 믿지 않는 사람은 정죄를 받으리라(막 16:16).

1. 하나님을 자신의 하나님으로 받아들여서 하나님께 온전히 순복하여 그의 백성이 되는 자들은 하나님의 은택들을 받게 되고, 그들에게 하나님은 구원의 하나님이 되실 것이다. 우리가 진심으로 하나님을 우리의 하나님으로 모시고, 우리의 하나님께 구한다면, 하나님께서는 다음과 같이 해 주실 것이다.

(1) 하나님은 끊임없이 우리를 선대하시고 우리에게 찬송할 거리를 공급해 주실 것이다. 시편 기자는 그리스도께서 우리를 위하여 선물들을 받으셨다는 것을 언급하였기 때문에(18절) 그 다음에 주를 찬송할지로다는 말을 덧붙이는 것이 합당하였다. 왜냐하면, 우리가 날마다 은택들을 받으며 기쁨 속에서 살아갈 수 있는 것은 그리스도의 중보 덕분이기 때문이다. 하나님께서 우리에게 주시는 선물들은 너무도 많고 후하며 무게가 나가는 것들이기 때문에, 하나님께서 그러한 선물들을 우리에게 쌓아 주신다고 표현하는 것은 옳다. 하나님은 쌓을 곳이 없도록 복을 부어 주신다(말 3:10). 하나님은 우리를 선대하심에 있어서 변함이 없으시고 지침도 없으시기 때문에, 우리에게 매일매일 필요한 것들을 날마다 베풀어 주신다.

(2) 하나님은 마침내 우리에게 구원의 하나님, 영원한 구원의 하나님이 되어 주실 것이다. 하나님은 행위를 옳게 하는 자들에게 하나님의 구원을 보이실 것이고(시 50:23), 영혼의 구원을 보이실 것이다. 날마다 은택으로 우리를 채우시는

하나님은 우리에게 현재 필요한 것들을 채워 주실 뿐만 아니라, 장차 우리의 구원의 하나님이 되어 주실 것이다. 하나님께서 지금 우리에게 주시는 것들은 우리의 구원이라는 큰 목적을 따라서 구원의 하나님으로서 주시는 것이다. 그는 우리의 하나님이시기 때문에, 장차 우리에게 영원한 구원의 하나님이 되실 것이다. 왜냐하면, 오직 그것만이 우리의 하나님으로서의 하나님과 우리의 언약 관계 속에 들어 있는 모든 것들을 이루는 것이 될 것이기 때문이다. 그렇다면, 하나님은 이러한 구원을 이루실 힘을 가지고 계시는가? 물론, 그렇다. 왜냐하면, 사망에서 벗어남은 주 여호와로 말미암기 때문이다. 사망과 음부의 열쇠는 주 예수의 손에 들려져 있다(계 1:18). 그리스도께서는 그의 부활을 통해서 친히 사망을 이기신 분이기 때문에 그의 소유된 자들을 사망의 지배로부터 건져 내실 권세와 능력을 둘 다 가지고 계신다. 그는 그들이 죽을 때에 그들에 대한 소유권을 변경하시고, 그들이 다시 부활하게 될 때에 사망 권세에 대한 완전한 승리를 그들에게 주실 것이다. 왜냐하면, 멸망받을 마지막 원수는 사망이기 때문이다. 이렇게 영원히 사망을 피하게 될 자들, 사망 권세로부터 벗어나서 둘째 사망의 해를 겪지 않게 될 자들은 하나님의 긍휼하심으로 인하여 현세적인 죽음으로부터도 건지심을 받게 되는데, 그들을 죽음에서 건져 주시는 분은 그들의 구원의 하나님이시다(고후 1:10).

2. 하나님을 계속해서 적대하는 자들은 반드시 멸망을 받게 될 것이다(21절): 하나님은 원수들의 머리를 쳐서 깨뜨리시리로다. 하나님은 사탄, 곧 옛 뱀의 머리를 치실 것이고(사탄에 대해서는 최초의 약속을 통해서 여자의 후손이 그의 머리를 상하게 할 것이라고 예언되었다, 창 3:15), 유대인이든 이방인이든 사람들 가운데서 하나님과 그의 나라에 반대하는 민족들의 모든 권세를 깨뜨리실 것이며(시 110:6, 그가 여러 나라의 머리를 쳐서 깨뜨리시리로다), 그들이 누구이든지 간에 하나님이 그들의 왕됨을 원하지 않는 모든 자들을 그의 원수들로 여겨서 하나님 앞에 끌어 내어 죽이실 것이다(눅 19:27). 하나님은 죄를 짓고 다니는 자의 정수리를 쳐서 깨뜨리시리로다. 계속해서 범죄하며 삶을 바꾸기를 싫어하는 자들을 하나님께서는 그의 원수들로 여겨서 원수들을 처리하는 예를 따라서 그들을 상대하고 다루시게 되리라는 것을 명심하라. 여기에서 머리를 털이 많은 머리 가죽(개역에서는 정수리)으로 부르고 있는 것은 아마도 긴 머리털에 감겨서 목이 조여 죽은 압살롬을 암시하는 것 같다. 이 표현은 하나님의 원수들

이 머리를 길게 길러서 더욱 흉측한 모습으로 보이게 만들었던 아주 포악하고 야만적인 행색을 가리키는 것일 수도 있고, 하나님의 원수들이 그들의 머리를 멋지게 장식한 것을 가리키는 것일 수도 있다. 전자이든 후자이든 그러한 것들은 계속해서 죄를 짓는 자들의 머리에 하나님의 공의가 임하여 치명적인 상처를 입는 것으로부터 하나님의 원수들을 보호해 주지 못할 것이다.

[22]주께서 말씀하시기를 내가 그들을 바산에서 돌아오게 하며 바다 깊은 곳에서 도로 나오게 하고 [23]네가 그들을 심히 치고 그들의 피에 네 발을 잠그게 하며 네 집의 개의 혀로 네 원수들에게서 제 분깃을 얻게 하리라 하시도다 [24]하나님이여 그들이 주께서 행차하심을 보았으니 곧 나의 하나님, 나의 왕이 성소로 행차하시는 것이라 [25]소고 치는 처녀들 중에서 노래 부르는 자들은 앞서고 악기를 연주하는 자들은 뒤따르나이다 [26]이스라엘의 근원에서 나온 너희여 대회 중에 하나님 곧 주를 송축할지어다 [27]거기에는 그들을 주관하는 작은 베냐민과 유다의 고관과 그들의 무리와 스불론의 고관과 납달리의 고관이 있도다 [28]네 하나님이 너의 힘을 명령하셨도다 하나님이여 우리를 위하여 행하신 것을 견고하게 하소서 [29]예루살렘에 있는 주의 전을 위하여 왕들이 주께 예물을 드리리이다 [30]갈밭의 들짐승과 수소의 무리와 만민의 송아지를 꾸짖으시고 은 조각을 발 아래에 밟으소서 그가 전쟁을 즐기는 백성을 흩으셨도다 [31]고관들은 애굽에서 나오고 구스인은 하나님을 향하여 그 손을 신속히 들리로다

이 절들 속에서 우리는 다음과 같은 세 가지 것을 살펴볼 수 있다.

I. 하나님께서 그의 백성이 구속될 것과 그들이 그와 그들의 원수들에게 승리를 거두게 될 것을 약속하심(22-23절).   자신의 은혜로운 목적과 약속 안에서 주께서 말씀하시기를 "내가 그들의 구원의 하나님으로서 내 백성을 위하여 큰 일을 행하리라"고 하셨다(20절). 하나님은 믿음으로 그를 자신의 하나님으로 받아들이는 자들의 기대를 저버리지 않으실 것이다. 다음과 같은 것들이 약속되어 있다.

1. 하나님께서는 그가 이전에 행하셨던 것처럼 장래에도 그들을 위험으로부터 안전하게 지키시리라는 것: 하나님은 애굽에서 종살이하던 이스라엘을 이끌어 내셔서 광야에서 자유롭고 편한 삶을 살게 하신 것과 마찬가지로, 그들을

바다 깊은 곳에서 도로 나오게 하실 것이다. 하나님은 광야에서 유랑하며 곤궁한 상태에서 지냈던 이스라엘을 이끄셔서 가나안 땅에서의 풍족하고 안정된 삶을 살게 하신 것과 마찬가지로, 그들을 바산에서 돌아오게 하실 것이다. 바산 땅은 요단 저편에 있었고, 이스라엘 백성은 거기에서 시온과 옥에 대항하여 싸움을 벌였는데, 바산 땅을 통과하면 그들은 가나안으로 곧장 들어갈 수 있었다. 이전에 하나님의 능력과 선하심을 경험한 자들은 하나님께서 그들을 위하여 이전에 행하신 일을 장래에도 다시 행하실 것이라는 믿음과 소망을 더욱 견고하게 지닐 수 있다. 하나님은 다시 그의 손을 펴사 그의 남은 백성을 돌아오게 하실 것이다(사 11:11). 우리는 우리 조상이 우리에게 말해 주었던 온갖 기이한 일들이 우리 눈 앞에서 다시 펼쳐지는 것을 보게 될 것이다. 그러나 이것이 전부가 아니다.

2. 하나님께서 그들로 하여금 그들의 원수들에 대하여 승리를 거두게 하시리라는 것(23절): 폭포수처럼 쏟아진 내 원수들의 피를 밟으며 너희들이 지날 때 네 발이 피에 잠길 것이고, 네 집의 개의 혀도 내 원수들의 피를 핥아 먹게 될 것이다. 개들은 아합의 피를 핥아 먹었다. 성경에서는 적그리스도의 무리가 멸망을 당할 때에 그들의 피가 말 굴레에까지 차 올랐다고 말한다(계 14:20). 여기에 예언되어 있는 것은 하나님께서 다윗의 군대를 축복하셔서 이스라엘의 원수들에 대하여 승리를 거두게 하신 것이지만, 다윗의 승리는 그리스도께서 무덤에서 부활하심으로써(그리고 그리스도로 말미암아 성도들이 부활함으로써) 자기 자신과 모든 믿는 자들을 위하여 사망과 무덤에 대하여 승리를 거두시고 그리스도와 그의 교회의 원수들을 멸하셔서 그들의 피를 그의 백성에게 주실 것에 대한 모형이다.

II. 하나님의 백성이 하나님의 은혜가 그의 말씀과 행위들을 통해서 영광스럽게 드러나는 것을 환영하게 되리라는 것. 하나님께서는 그의 거룩하심으로 말씀하신 것이 아니던가? 하나님은 그가 그들을 바산에서 다시 돌아오게 하시겠다고 말씀하지 않으셨던가? 그렇다면, 하나님의 이러한 말씀에 대한 보답으로 우리에게 요구되는 것은 무엇인가?

1. 우리는 하나님께서 움직이시는 것들을 눈여겨 보아야 한다는 것(24절). "하나님이여 그들이 주께서 행차하심을 보았나이다. 다른 사람들은 여호와께서 행하시는 일이나 그 손의 일들을 안중에도 두지 않지만, 주의 백성인 그들은 나

의 하나님, 나의 왕이 성소로 행차하시는 것을 보았나이다." 좀 더 살펴보자.

(1) 그는 얼마나 적극적인 믿음으로 하나님을 자신의 하나님으로 고백하고 있는가. 하나님은 하나님이시고 왕이시다. 그러나 그것이 전부가 아니다. 하나님은 나의 하나님이시고 나의 왕이시다. 이렇게 하나님을 자신의 하나님으로 모시는 자들은 하나님의 일거수일투족 속에서 하나님이 자신의 하나님이자 자신의 왕으로서 자신의 기도들에 응답하여 자신의 선을 위하여 행하시는 것을 볼 수 있게 된다.

(2) 하나님의 가장 주목할 만한 행차는 어떻게 이루어지는가. 하나님은 성소에서조차도 그의 말씀과 예배를 통해서 나아오시고, 특히 복음 교회에서는 그의 말씀과 예배를 통해서 그의 백성에게 하나님의 각양 지혜를 알게 하신다. 하나님께서 이렇게 성소에 행차하시는 모습은 아침과 저녁에 해가 들고 나는 것보다 훨씬 더 찬란한 빛을 발하고, 하나님의 영원한 능력과 신성을 더욱 소리높여 선포한다.

(3) 하나님의 이러한 행차와 관련해서 우리가 해야 할 일은 무엇인가. 그것은 하나님의 행차(行次)를 눈여겨 지켜 보는 것이다. 이는 하나님의 권능이니 하나님이 참으로 우리 가운데 계신다.

2. 우리가 가장 경건하고 엄숙한 방식으로 하나님께 영광을 돌려야 한다는 것. 하나님께서 성소로 행차하시는 것을 볼 때, 우리는 다음과 같이 하여야 한다.

(1) 성전을 섬기는 일에 직접적으로 쓰임받고 있는 자들은 하나님을 찬송하여야 한다(25절). 하나님께서 성소로 행차하시는 것을 가장 가까이에서 볼 수 있었던 레위인들은 일부는 노래 부르는 자들로서, 또 다른 일부는 악기를 연주하는 자들로서 하나님께 드리는 찬송을 이끌도록 되어 있었다. 그 날은 지극히 기쁜 개선의 날이기 때문에, 그들 가운데는 소고치는 처녀들이 있어서, 모든 구색이 갖춰졌다. "이렇게 그리스도께서 승천하시고 나서, 사도들은 그것을 송축하며 온 세상에 널리 알리게 될 것이고, 이것의 증인들인 여자들조차도 기쁜 마음으로 사도들과 합류하여 이 소식을 널리 전하게 될 것이다"(하몬드 박사는 이렇게 말한다).

(2) 온 이스라엘 백성은 성회를 열어서 하나님께 영광을 돌려야 한다는 것. 성전에서만이 아니라 회당들 또는 선지자 학교들, 또는 이스라엘의 근원에서 나온 자들, 곧 야곱의 자손들이 모이는 곳마다 하나님을 송축할지어다. 그들은 모

두 한마음으로 하나님을 송축하여야 한다. 우리는 모두 함께 하나님께서 공동체에 내려 주신 긍휼들에 참여하는 것이기 때문에, 공동체적인 축복에 대해서는 우리 모두가 한마음이 되어서 공동체적으로 하나님께 감사를 드려야 한다. "이렇게 모든 그리스도인들은 메시야의 이름을 엄숙하게 송축하여야 하기 때문에, 그러한 목적으로 자주 성회를 열어서 함께 모여야 한다"(하몬드 박사는 이렇게 말한다).

(3) 그들 중에서 어떤 이유로든 유명인사인 자들은 백성들보다 앞장서서 하나님을 찬송하여야 한다(27절). 거기에는 작은 베냐민(사울 시대에 이 지파는 왕족 지파였다)과 그들의 관원들, 유다(이 지파는 다윗 시대에 왕족 지파였다)의 방백들과 그들의 무리가 있었다. 다윗이 통치하던 초기에는 유다 지파와 베냐민 지파 간에 오랜 전쟁이 있었지만, 지금은 이 두 지파가 공동의 원수를 무찌르고 승리한 것에 대하여 서로 힘을 합쳐서 하나님을 찬송하고 있다. 그런데 스불론 지파와 납달리 지파가 특별히 여기에 언급된 이유는 무엇인가? 아마도 이 두 지파는 북쪽에 위치해 있어서, 수리아인들을 비롯한 인근 나라들로부터 침공을 당하는 등 가장 괴롭힘을 많이 받았기 때문에, 이스라엘이 그들에 대하여 승리를 거둔 것에 대하여 하나님께 한층 더 감사하는 마음을 지니고 있었을 것이다. 하몬드 박사는 또 다른 이유를 제시하는데, 이 두 지파는 많이 배운 박식한 지파들이었다는 것이다. 납달리는 훌륭한 말들을 뱉어 내고(창 49:21), 스불론은 서기관의 붓을 다루는 자들을 가지고 있었다(삿 5:14). 이 두 지파, 특히 그들의 방백들은 하나님을 찬송하는 데에 합류하게 될 것이다. 위험과 권세와 명성을 지닌 자들이 앞장서서 하나님을 예배하고, 하나님께 마땅히 드려져야 할 섬김이 왕성하게 이루어지도록 그들이 가진 영향력을 적극적으로 활용하는 것은 하나님께 영광을 돌리는 데에 큰 역할을 하게 된다. 따라서 하몬드 박사는 이 세상의 모든 힘있는 자들과 배운 자들이 메시야의 나라에 결국은 순복하게 될 것이라고 지적한다.

3. 하나님께서 시작하신 일을 온전히 끝내기 위해서는 우리가 하나님을 구하여야 하고 하나님께 의지하여야 한다는 것(28절). 이 절의 전반부에서 시편 기자는 이스라엘에게 이렇게 말한다. "내 하나님이 너의 힘을 명령하셨도다. 즉, 네가 무슨 일을 이루었든지, 또는 네가 일을 이루기 위해서 어떤 힘을 가지고 있든지, 그것은 모두 하나님, 그의 능력과 은혜, 하나님께서 명령하신 말씀으로

부터 나오는 것이다. 네가 하나님께서 명령하신 힘을 가지고 있는 한 너는 두려워할 이유가 없고, 하나님께서 명령하신 힘 외에 네가 가지고 있는 것은 없기 때문에 너는 자랑할 이유도 없다." 이 절의 후반부에서 시편 기자는 자신의 체험들에 의해서 고무되어서 하나님께 이렇게 말씀드린다. "하나님이여 우리를 위하여 행하신 것을 견고하게 하소서. 주여, 주께서 명령하신 것을 견고하게 하시고, 주께서 약속하신 것을 행하시오며, 주께서 그렇게 영광스럽게 시작하신 저 선한 일을 복되게 마무리하여 주옵소서." 하나님께서는 그가 행하시고 이루신 일을 견고하게 하실 것이다. 하나님은 그가 참된 은혜를 주신 곳에 더욱 많은 은혜를 주실 것이다. 어떤 이들은 여기에서 다윗이 종종 그랬듯이 메시야를 하나님이라고 부르고 있는 것으로 보아서(시 45:6, 8) 이 절 전체를 믿는 자가 메시야를 향하여 드리는 말씀으로 해석한다. "내 하나님(성부 하나님)이 너의 힘을 명령하셨고, 주의 오른쪽에 있는 자인 너를 강하게 하시며(시 80:17), 우리를 위하여 네게 힘을 비축해 주셨으니, 우리는 성자 하나님이여 우리를 위하여 행하신 것을 견고하게 하시고, 우리 안에서 시작하신 선한 일을 온전케 하심으로써 우리를 위한 주의 사업을 이루시기를 기도하나이다."

Ⅲ. 이 일은 밖에 있는 자들을 교회 속으로 끌어들일 강력한 유인책이 되리라는 것(29-31절).   이 말씀은 다윗과 솔로몬 시대에 많은 개종자들이 이스라엘 백성의 신앙을 갖게 됨으로써 부분적으로 성취되었다. 그러나 이 말씀은 이방 민족들이 회심하여 그리스도를 믿는 믿음을 가지게 되어서, 이스라엘 자손과 더불어서 함께 상속자가 되고 한 몸이 되었을 때에 온전히 성취되었다(엡 3:6).

1. 어떤 사람들은 두려움으로 인해서 복종하게 될 것이다(30절). "창쓰는 자들의 무리(개역에서는 갈밭의 들짐승), 즉 그리스도와 그의 복음에 대항하여 맞서며, 그리스도의 다스리심을 받고자 하지 않고, 그리스도의 이름을 고백하고 전하는 자들을 박해하며, 수소의 무리처럼 사납고 만민의 송아지처럼 살지고 제멋대로인 자들(이것은 그리스도의 복음에 반대하고, 이 세상에서 그리스도의 나라가 세워지는 것을 방해하기 위하여 온갖 짓을 다하였던 유대인들과 이방인들에 관한 묘사이다)을 주께서 꾸짖으시고 그들의 오만을 꺾으시며 그들의 악의를 진정시키시며 그들의 꾸미는 일들을 좌절시키셔서, 그들로 하여금 양심의 깨달음과 섭리에 의한 깨달음을 통해서 마침내 은 조각을 들고서 항복하

러 나오게(개역에서는은 조각을 발 아래에 밟으소서) 그들이 아무런 조건 없이 교회와 화평하게 된 것을 기뻐하게 하소서." 유다조차도 은 조각들을 들고 와서 항복하며 내가 무죄한 피를 팔았다고 자백하였다(계 3:9을 보라). 많은 사람들이 책망을 받고서 다행히도 멸망당하는 것으로부터 구원함을 받아 왔다. 그러나 하나님께서 이렇게 책망하시는데도 항복하거나 순복하고자 하지 않는 자들에 대하여 다윗은 하나님께서 그들을 흩어 버리실 것을 기도하는데, 그의 기도는 예언이나 다름없는 것이다. 전쟁을 즐기는 백성을 흩으소서. 그리스도께 대적하기를 즐겨하여서 결코 그리스도와 화해하고자 하지 않는 자들을 흩으소서. 이 말씀은 거룩한 씨인 그리스도와 맞서서 싸우기를 좋아하고 그리스도께 순복하고자 하지 않았던 믿지 않는 유대인들을 가리키는 것일 수 있는데, 그들은 결국 지면 위에 흩어지게 되었다. 다윗은 자신이 전사였지만, 그는 결코 전쟁이나 피 흘리는 것을 그 자체로 즐기지 않았다는 것을 하나님께 자신있게 말할 수 있었다. 하나님께서, 전쟁과 피 흘리는 것을 좋아하여 그 어떤 공정한 평화 조약도 맺고자 하지 않는 자들을 흩으시리라는 것을 다윗은 의심하지 않는다. 전쟁을 즐기고 다투기를 좋아하는 자들은 기독교는 물론이고 인간으로서의 도리조차 다 상실한 자들이기 때문에, 그들은 조만간 그것에 상응하는 보응을 받게 될 수밖에 없다(사 33:1; 계 13:10).

2. 어떤 사람들은 자원하여 순복하게 될 것이다(29, 31절). 예루살렘에 있는 주의 전(예루살렘 성전은 다윗 시대에 지어지지 않았고, 오직 물자와 설계도만이 준비되어 있었기 때문에, 다윗은 믿음으로 이 말을 하고 있는 것이다)을 위하여 왕들이 주께 예물을 드리리이다. 왕들은 그들의 신분에 맞게 귀한 예물들을 가져와서 하나님께 드리게 될 것이다. 엄청난 영광과 특권을 누리고 있는 왕들조차도 큰 대가를 치르고서 그리스도의 은총을 구애하게 될 것이다. 하나님의 성전, 하나님을 섬기고 하나님과 교통하는 것, 예루살렘으로부터 나오는 그리스도의 복음 속에는 왕들로 하여금 스스로 나아와서 하나님께 예물을 바치고, 자기 자신을 살아 있는 제물로 드리며, 하나님을 위하여 가장 좋은 일들을 행하게 하기에 충분한 것이 있다. 다윗은 애굽과 에디오피아를 언급하는데, 이 두 나라는 다른 나라에 복종하거나 구걸하는 것을 거의 기대할 수 없었던 그런 나라들이었다(31절). 하나님께 복종하겠다고 말하며 하나님의 은총을 구하기 위한 사자들로서 고관들은 애굽에서 나올 것인데, 그들은 하나님께 받아들여지게

될 것이다. 왜냐하면, 만군의 여호와께서 복 주시며 이르시되 내 백성 애굽이여 복이 있을지어다 하실 것이기 때문이다(사 19:25). 심지어 하나님의 이스라엘을 치기 위하여 손을 뻗쳤던 에디오피아조차도(대하 14:9) 이제는 예물을 들고 와서 하나님을 향하여 그 손을 신속히 들어서 기도하며 하나님을 붙잡고자 하게 될 것이다. 너를 고발하는 자와 함께 길에 있을 때에 급히 사화하라. 모든 민족과 나라 가운데서 몇몇 사람들은 그리스도께로 모여 와서 그의 백성이 될 것이다.

³²땅의 왕국들아 하나님께 노래하고 주께 찬송할지어다 (셀라) ³³옛적 하늘들의 하늘을 타신 자에게 찬송하라 주께서 그 소리를 내시니 웅장한 소리로다 ³⁴너희는 하나님께 능력을 돌릴지어다 그의 위엄이 이스라엘 위에 있고 그의 능력이 구름 속에 있도다 ³⁵하나님이여 위엄을 성소에서 나타내시나이다 이스라엘의 하나님은 그의 백성에게 힘과 능력을 주시나니 하나님을 찬송할지어다

시편 기자는 이방인들이 회심할 것에 대하여 기도하고 예언한 후에 여기에서는 그들에게 하나님 앞에 나아와서 경건한 이스라엘 사람들과 더불어서 함께 하나님을 찬송하도록 권한다. 이것은 이방인들이 교회에 들어오는 것은 이스라엘 사람들이 기뻐하고 즐거워해야 할 일이라는 것을 보여주는 것이다(32절): 땅의 왕국들아 하나님께 노래하고 주께 찬송할지어다. 땅의 모든 나라들은 당연히 그렇게 하여야 한다. 이 세상의 나라들이 여호와와 그의 기름 부음 받은 자의 나라들이 될 때, 그들은 그렇게 하게 될 것이다. 다윗은 여기에서 왜 하나님이 그들이 마땅히 칭송하여야 할 자이신지를 몇 가지 이유를 들어서 설명한다.

I. 하나님께서 최고의 주권자로서 다스리시기 때문에. 하나님은 옛적부터 있는 하늘 뜰의 하늘을 타고 다니시는 분이시다(33절, 또한 시 68:4을 참조하라). 하나님은 태초부터, 아니 시간이 생기기 전부터 그의 보좌를 하늘에 펴두신 분이시다. 하나님은 하늘이 운행되는 길목에 좌정하셔서, 천체의 모든 운행을 관장하신다. 하나님은 그의 영광이 거하는 가장 높은 하늘에 계셔서 이 아랫 세상에 그의 권능과 선하심을 베푸신다.

II. 하나님의 두렵고 무시무시한 엄위하심으로 인하여. 주께서 그 소리를 내시니 웅장한 소리로다. 이 말씀은 일반적으로 여호와의 소리라 불리고 힘있고 위

엄차다고 말해지는(시 29:3-4) 우렛소리를 가리키는 것일 수도 있고, 특별히 하나님께서 시내 산에서 이스라엘에게 우렛소리로 말씀하신 것을 가리키는 것일 수도 있다.

III. 하나님의 힘있는 권세로 인하여. 너희는 하나님께 능력을 돌릴지어다(34절).너희는 하나님이 그 누구도 저항할 수 없는 권능을 지니신 하나님이시라는 것을 인정하고서, 그와 다투는 것은 어리석은 짓이요 그에게 순복하는 것만이 지혜라는 것을 알아야 한다. 너희는 하나님께서 그의 신실한 자들을 보호하시고 그의 완악한 대적들을 멸하기에 충분한 능력을 가지고 계신다는 것을 인정하여야 한다. 너희는 하나님의 전능하심을 보여주는 모든 일들로 인하여 하나님께 영광을 돌려라. 나라와 능력이 주의 것이기 때문에, 영광도 주의 것이다.

1. 우리는 은혜의 나라에서 하나님의 능력을 인정하여야 한다: 그의 위엄이 이스라엘 위에 있도다. 하나님은 그의 교회를 보호하시고 다스리심에 있어서 그가 왕으로 그의 교회를 돌보고 계시다는 것을 보여주신다. 하나님은 그의 백성의 유익을 위하여 자신의 탁월한 능력을 사용하신다.

2. 우리는 섭리의 나라에서 하나님의 능력을 인정하여야 한다. 그의 능력이 구름 속에 있어서, 그의 능력인 우렛소리, 적은 비와 그의 힘을 보여주는 큰 비가 거기에서 나온다. 하나님은 그의 힘을 구름 속에 두고 계시지만, 스스로를 낮추셔서 이스라엘을 그의 날개 그늘 아래에 모으신다(신 33:26).

IV. 하나님께서 성소에서 나타내시는 영광과 거기에서 행하시는 기이한 일들로 인하여. 하나님이여 위엄을 성소에서 나타내시나이다(35절). 성소에서 하나님을 모시는 자들, 하나님의 말씀을 받는 자들, 하나님께서 그의 말씀을 따라서 행하시는 것을 보는 자들, 하나님께 충성을 맹세하는 자들은 모두 하나님을 공경하고 경외하는 마음으로 경배하고 찬송하여야 한다. 하나님은 그의 성소에서 위엄을 나타내시고, 그에게 가까이 나아오는 자들을 통해서 그가 거룩히 여김을 받게 되리라는 것을 큰 소리로 선포하신다. 위에 있는 그의 성소인 하늘에서 하나님은 자기 자신이 두려운 하나님이시라는 것을 보여주시고, 또한 앞으로도 그러실 것이다. 하나님의 속성 중에서 거룩하심만큼 죄인들에게 두려운 것은 없다.

V. 하나님께서 그의 백성에게 베푸시는 은혜로 인하여. 이스라엘의 하나님은 그의 백성에게 힘과 능력을 주시는 분이시다. 헛되고 거짓된 열방의 신들은 그

들을 숭배하는 자들에게 힘과 능력을 줄 수 없다. 열방의 신들은 자기 자신조차 어쩔 수 없는데, 어떻게 그들을 숭배하는 자들을 도울 수 있겠는가? 이스라엘이 그들의 원수들을 물리칠 수 있는 모든 힘은 하나님에게서 나왔다. 그들은 그들에게는 아무런 힘도 없다고 고백하였다(대하 20:12). 영적인 사역과 전쟁을 위해서 우리에게 필요한 모든 것은 하나님의 은혜로부터 온다. 우리가 모든 일들을 할 수 있는 것은 그리스도께서 우리에게 힘 주시기 때문이고, 그렇지 않다면 우리는 아무 일도 할 수 없다. 그러므로 우리가 행하는 모든 것으로 인한 영광은 그리스도께서 홀로 받으셔야 하고(시 115:1), 우리는 우리에게 그런 일을 할 수 있는 힘을 주시고 그리스도께서 우리 안에서 친히 일하시는 것을 겸손하게 감사하여야 한다. 그의 백성에게 힘과 능력을 주시는 분이 이스라엘의 하나님이시라면, 우리는 마땅히 하나님을 찬송할지어다라고 말하지 않으면 안 된다. 모든 것이 하나님에게서 나왔다면, 모든 것이 하나님께 돌아가야 한다.

제 69 편

개요

　　다윗은 환난 가운데 있을 때에 이 시편을 지었다. 여기에는 다음과 같은 내용들이 나온다. I. 다윗은 자기가 얼마나 큰 곤경과 괴로움 속에 놓여 있는지를 하소연하면서, 하나님께서 그를 건져 주시고 구해 주시기를 간절히 간구한다(1-21절). II. 다윗은 그를 박해하는 자들을 하나님께서 심판하시기를 빈다(22-29절). III. 다윗은 하나님께서 그를 도우시고 구하시며 교회를 위하여 선한 일을 하시리라는 확신 속에서 기뻐하고 찬송하는 것으로 끝을 맺는다(30-36절). 이 시편에서 다윗은 그리스도의 모형이었다. 신약에서는 이 시편에 나오는 여러 구절들을 그리스도에게 적용해서 그것들이 그리스도 안에서 성취되었다고 말한다(4, 9, 21절). 그리고 22절은 그리스도의 원수들에게 적용된다. 따라서 이 시편은 그리스도의 낮아지심으로 시작해서 그리스도의 높아지심으로 끝나는데(시편 22편과 마찬가지로), 그리스도의 높아지심과 관련해서 그를 박해하였던 유대 민족의 멸망이 여기에서 간구라는 형식을 빌려서 예언되고 있다. 이 시편을 노래할 때, 우리는 그리스도의 고난과 그것에 뒤이은 영광을 바라보아야 하고, 또한 그리스도인들의 고난과 그 뒤에 있을 영광도 잊지 말아야 한다. 그렇게 할 때에 우리는 박해자들에게 작정되어 있는 멸망과 박해받는 자들에게 작정되어 있는 안식을 생각할 수 있게 될 것이다.

〔다윗의 시, 인도자를 따라 소산님에 맞춘 노래〕

¹하나님이여 나를 구원하소서 물들이 내 영혼에까지 흘러 들어왔나이다 ²나는 설 곳이 없는 깊은 수렁에 빠지며 깊은 물에 들어가니 큰 물이 내게 넘치나이다 ³내가 부르짖음으로 피곤하여 나의 목이 마르며 나의 하나님을 바라서 나의 눈이 쇠하였나이다 ⁴까닭 없이 나를 미워하는 자가 나의 머리털보다 많고 부당하게 나의 원수가 되어 나를 끊으려 하는 자가 강하였으니 내가 빼앗지 아니한 것도 물어 주게 되었나이다 ⁵하나님이여 주는 나의 우매함을 아시오니 나의 죄가 주 앞에서 숨김이 없나이다 ⁶주 만군의 여호와여 주를 바라는 자들이 나를 인하여 수치를 당하게 하지 마옵소서 이스라엘의 하나님이여 주를 찾는 자가 나로 말미암아 욕을 당하게

하지 마옵소서 [7]내가 주를 위하여 비방을 받았사오니 수치가 나의 얼굴에 덮였나이다 [8]내가 나의 형제에게는 객이 되고 나의 어머니의 자녀에게는 낯선 사람이 되었나이다 [9]주의 집을 위하는 열성이 나를 삼키고 주를 비방하는 비방이 내게 미쳤나이다 [10]내가 곡하고 금식하였더니 그것이 도리어 나의 욕이 되었으며 [11]내가 굵은 베로 내 옷을 삼았더니 내가 그들의 말거리가 되었나이다 [12]성문에 앉은 자가 나를 비난하며 독주에 취한 무리가 나를 두고 노래하나이다

이 절들 속에는 다윗이 자신의 괴로움들을 하소연하는 내용이 나오는데, 거기에는 종종 그러한 괴로움들에서 건져 달라는 간구가 섞여서 나온다.

I. 다윗의 탄식과 하소연들은 너무도 서글픈 것들로서, 그는 자기를 짓누르고 있는 무거운 짐에서 벗어나기를 바란다는 듯이 자신의 괴로움들을 여호와 앞에 쏟아 놓는다.

1. 다윗은 그가 겪는 환난들이 그의 심령에 얼마나 깊은 영향을 미치고 있는지를 하소연한다(1-2절). "환난의 물들, 저 쓰디쓴 물들이 내 영혼에까지 흘러 들어와서, 내 목숨만을 위협할 뿐만 아니라, 내 마음을 불안하게 하나이다. 그것들은 내 머리를 혼란스러운 염려들로 가득 채우고 내 마음을 짓눌린 슬픔으로 채우고 있기 때문에, 나는 예전처럼 하나님과 내 자신을 누릴 수 없나이다." 환난이 닥쳤을 때에 우리는 우리 마음을 환난에서 지킬 수만 있다면 얼마든지 그 환난을 참아낼 수 있게 된다. 그러나 환난으로 인해서 우리의 심령이 제정신이 아니게 될 때에 우리의 형편은 악화된다. 사람의 심령은 그의 병을 능히 이기느니라. 그러나 심령이 상처를 받았을 때에 우리는 어떻게 해야 하는가? 여기에서 다윗의 처지가 그러하였다. 그의 생각은 뭔가 의지할 수 있는 것, 그로 하여금 소망을 가질 수 있도록 힘을 실어 줄 수 있는 것을 찾았지만, 그는 아무것도 발견할 수 없었다. 그는 발붙일 곳도 없고 설 곳도 없는 깊은 수렁에 빠졌다. 그를 붙잡아 주고 그에게 힘을 주곤 하였던 생각들이 지금은 그에게 아무 소용도 없었기 때문에, 그는 자포자기하는 심정이 되어 가고 있었다. 그는 뭔가 그에게 힘이 되어 줄 만한 것을 찾았지만, 그는 깊은 물에 들어가 있었고, 큰 물이 그에게 넘쳐서 그를 압도하였다. 그는 물에 빠져 죽어가는 사람처럼 크게 놀라고 겁에 질려 혼비백산해 있었다. 이것은 그리스도의 심령이 고난받는 모습, 그가 지금 내 마음이 괴롭다고 말씀하셨을 때에 그가 겪었던 내적인 고뇌를 보여주는

것이다. 내 마음이 매우 고민하여 죽게 되었다. 왜냐하면, 그리스도께서 속죄 제물로 하나님께 바쳐 드린 것은 바로 그의 영혼이었기 때문이다. 이것은 우리에게 우리가 환난 가운데 있을 때에 하나님께서 우리 영혼을 지켜 주시도록 맡긴다면 우리는 못마땅하여 불평하거나 절망의 나락 속으로 떨어지지 않을 것임을 가르쳐준다.

2. 다윗은 그의 환난이 오랫동안 계속되고 있다고 하소연한다(3절): 내가 부르짖음으로 피곤하였나이다. 그는 비록 물 위로 머리를 내밀 수는 없었지만, 하나님께 부르짖었고, 죽음이 그의 눈에 가까이 다가오면 올수록, 그의 기도는 더욱 생생해졌다. 그렇지만 그는 즉시 평안의 응답을 받지도 못하였고, 하나님의 백성들이 기도할 때에 받는 힘과 위로도 그렇게 많이 받지 못하였다. 따라서 그는 너무 부르짖어서 목은 쉬고 기운은 다 빠졌으며, 그의 목도 말랐기 때문에, 더 이상 부르짖어 기도할 수도 없었다. 또한 그는 그가 믿고 소망하며 기대하였던 구원을 얻지도 못하였다: 나의 하나님을 바라서 나의 눈이 쇠하였나이다. 그는 건지심을 받기를 몹시도 기대하였기 때문에 그의 눈은 거의 튀어나올 지경이 되었다. 그렇지만 그가 하나님께 이렇게 호소하고 있는 것은 그가 믿는 것과 기도하는 것을 포기하지 않기로 결심하였다는 것을 보여주는 것이다. 그의 목은 말랐지만, 그의 마음은 마르지 않았다. 그의 눈은 쇠하였지만, 그의 믿음은 쇠하지 않았다. 마찬가지로, 우리 주 예수께서 십자가 위에서 어찌하여 나를 버리셨나이까라고 부르짖으셨지만, 이와 동시에 하나님에 대한 그의 관계를 꼭 붙잡고 계셨다: 나의 하나님, 나의 하나님.

3. 다윗은 그의 원수들이 악의적이고 그 수가 무척 많으며, 그들이 불의하고 잔인하며, 그가 그들로부터 어떠한 고초들을 겪었는지 하소연한다(4절). 그들은 다윗을 미워하였고 죽이고자 하였다. 왜냐하면, 미움은 결국 그 대상을 죽이고자 하는 속성을 지니기 때문이다. 그렇다면, 다윗이 무슨 죄를 지었고, 그들에게 무슨 도발을 하여서, 그들이 이토록 그에게 앙심을 품고 있었던 것일까? 다윗에게는 그런 것이 전혀 없었다. "그들은 까닭없이 나를 미워한다. 나는 그들이 내게 악감정을 품게 할 만큼 그들에게 조금도 해악을 끼친 적이 없었다." 우리 구주께서는 이 말씀을 자기 자신에게 적용하신다(요 15:25): 그들이 이유없이 나를 미워하였다. 우리는 그들이 우리를 미워할 만한 짓을 우리가 결코 한 적이 없다는 말을 우리를 미워하는 자들에 대하여 우리가 지니고 있는 감정

을 정당화하기 위하여 사용하는 경향이 있다. 그러나 우리는 이 말을 우리가 왜 이유없이 당하는 환난을 인내로써 견뎌야 하는지를 말해 주는 논거로 삼아야 한다. 왜냐하면, 우리는 그리스도와 마찬가지로 이유없이 고난을 당할 때에만 하나님께서 우리를 위하여 그 일을 바로잡아 주실 것을 기대할 수 있기 때문이다. "나는 그들에게 원수 노릇을 한 적이 없기 때문에, 그들은 부당하게 나의 원수가 된 것이다." 불의가 판을 치는 세상에서 우리는 부당하게 우리의 원수가 된 자들을 만난다고 하여도 그것을 이상하게 여겨서는 안 된다. 우리가 남으로부터 해악을 당할 때에 더 잘 견뎌낼 수 있도록 하기 위하여 우리는 우리 자신이 결코 잘못을 행하지 않도록 조심하여야 한다. 이러한 원수들은 무시해도 좋을 만큼 소수인 것이 아니라 엄청나게 많았다 ― 그들은 나의 머리털보다 많다(그리스도의 원수들도 그 수가 많았고, 그를 붙잡으러 온 자들은 큰 무리를 이루고 있었고, 그를 괴롭힌 자들은 또 얼마나 많았던가!). 또한, 그들은 힘에 있어서도 막강하였다 ― 그들은 권세와 능력에 있어서 강하였다. 우리는 약하지만, 우리의 원수들은 강하다. 왜냐하면, 우리의 씨름은 통치자들과 권세들을 상대하는 것이기 때문이다. 그러므로 나는 내가 빼앗지 아니한 것도 물어 주게 되었나이다. 이 말씀을 다윗에게 적용하면, 그의 원수들은 그로 하여금 강제로 그렇게 하도록 하였다(그들은 그가 결코 저지른 적이 없었던 그러한 범죄에 대하여 그로 하여금 고초를 겪게 만들었다). 다윗이 원하였던 것은 가능한 한 그들을 달래서 그들과 화평하게 지내는 것이었다. 다윗은 사람이 빼앗지 아니한 것을 물어 주게 하는 것은 그 사람의 재산과 명성에 해를 끼치는 것이 되기 때문에 그러한 것을 요구하지 않고 오히려 금지하는 공의와 명예의 법을 거론하며 끈질기게 주장할 수도 있었을 것이다. 또한, 그렇게 하는 것이 종종 우리의 도리가 되는 경우도 있을 수 있다. 복된 바울은 비록 모든 사람들로부터 자유로운 자였지만 그리스도의 영광과 교회의 덕 세움을 위하여 스스로 모든 사람에 대하여 종이 되었다. 그러나 이 말씀을 그리스도에게 적용한다면, 이 말씀은 그리스도께서 그의 피로써 우리의 죄를 위하여 하나님께 행하신 대속에 관한 주목할 만한 설명이 된다: 내가 빼앗지 아니한 것도 물어 주게 되었나이다. 그리스도께서는 우리가 마땅히 받아야 할 벌을 대신 받으셨고, 우리가 진 빚을 대신 갚아 주셨으며, 우리의 죄로 인해서 고난을 받으셨다. 인간의 죄로 말미암아 하나님의 영광이 빼앗겨졌고, 인간의 존귀함과 평안과 행복도 빼앗겨졌다. 그러한 것들을 빼앗은 것은 결코 그리스도가 아니었지만, 그는 그의 죽음의 공로를 통해서 그러한 것들을 물어 주셨다.

4. 다윗은 그의 친구들과 혈육들이 그에게 냉정한 것에 대하여 하소연한다. 이러한 것은 순박한 사람에게 칼로 살을 에는 듯한 고통을 가져다 준다(8절). "내가 나의 형제에게 객이 되었다. 그들은 나를 모른 체하고 낯선 사람처럼 대하며, 나와 말하는 것조차 꺼리고, 나를 아는 체하는 것을 부끄러워한다." 이 말씀은 그리스도에게서 성취되었다. 그리스도의 형제들은 그를 믿지 않았고(요 7:5), 그가 자기 땅에 왔지만 자기 백성이 영접하지 아니하였으며(요 1:11), 그와 형제처럼 허물없이 지냈던 그의 제자들은 그를 버렸다.

5. 다윗은 그에게 주어진 멸시와 그에게 끊임없이 퍼부어진 비방에 대하여 하소연한다. 특히 이 점에 있어서 다윗의 하소연은 그리스도에게 적용된다. 그리스도께서는 우리를 위하여 너무도 가혹한 능욕을 당하셨고 엄청난 오명을 뒤집어 쓰셨다. 우리는 범죄함을 통해서 하나님의 영광에 손상을 끼쳤지만, 그리스도께서는 성육신을 통해서 하나님으로서의 영광을 다 벗어 버리시고 사람으로서 겪을 수 있는 가장 큰 모욕과 멸시를 다 당하심으로써 대속을 통해서 하나님의 영광을 다시 회복시켜 놓으셨다. 다윗은 여기에서 그에게 가해진 능욕이 얼마나 심한 것이었는지를 두 가지를 들어서 설명한다.

(1) 비방의 근거(10-11절). 원수들은 다윗이 스스로를 낮추고 하나님을 높인 일로 인해서 그를 비웃고 조롱하였다. 사람들이 교만과 헛된 영광을 구하여 자기 자신을 높일 때, 그들은 그들의 어리석은 짓으로 인하여 비웃음을 받는 것이 마땅하다. 그러나 다윗은 자신의 심령을 괴롭게 하고 베옷을 입고 금식할 뿐이었는데, 원수들은 그가 이렇게 자신을 낮춘 일을 트집잡아서 그를 사정없이 짓밟았다. 사람들이 하나님을 욕되게 하였다면, 그들이 그런 짓을 한 것 때문에 욕을 당하게 되는 것은 마땅한 일이다. 그러나 다윗은 순전히 하나님께 헌신하는 마음과 하나님을 향한 그의 공경심을 시험하고자 하는 마음에서, 겸손히 회개하는 자들이 흔히 그러하듯이, 울며 금식함으로 심령을 괴롭게 하고 굵은 베로 옷을 삼았을 뿐이고, 결코 자신의 헌신을 내세우거나 그것을 경건의 위대한 모범이라고 자랑하지 않았다. 그런데에도 원수들은 온갖 짓을 다하여 그의 기를 꺾어 놓고, 다른 사람들이 그의 선한 모범을 따라서 하는 것을 가로막았다. 다윗이 한 일은 도리어 그에게 욕이 되었다. 그들은 그렇게 자기 자신을 괴

롭게 하는 것은 바보 짓이라고 말하며 그를 비웃었다. 심지어 이 일로 인해서 다윗은 그들의 말 거리가 되었다. 그들은 만날 때마다 이 일을 공통의 화젯거리로 삼아서 다윗을 조롱하였다. 우리는 우리가 잘한 일에 대하여 사람들이 우리를 험담할 때에 그것을 이상한 일로 생각하지 말아야 하고, 오히려 그런 일을 통해서 우리는 우리가 하나님께 열납되고 있다는 것을 소망할 충분한 이유를 가지게 된다. 우리 주 예수께서는 선한 일들을 하였기 때문에 사람들로부터 돌 팔매를 당할 뻔하였고(요 10:32), 나의 하나님 나의 하나님이라고 부르짖으셨을 때에 사람들로부터 그가 엘리야를 부르고 있다는 조롱을 당하셨다.

(2) 그를 비난한 사람들(12절).

[1] 백성들로부터 존경받는 지도층 인사들조차도 마땅히 다윗을 옹호해 주었어야 했음에도 불구하고 그를 비난하였다: 성문에 앉은 자들이 나를 비난하였다. 그들의 비난은 백성들에게 원로원 의원들의 지시나 재판관들의 판결과 같이 큰 영향력을 발휘하는 것들이다.

[2] 가장 멸시받고 천대받는 자들(시 35:15), 이 나라에서 쓰레기 같은 인간들, 미련한 자의 자식들, 이름없는 자들의 자식들도 그를 비방하였다(욥 30:8). 또한, 술 취한 자들도 그의 험담을 하여서, 그는 술주정뱅이들의 노래가 되었다. 그들은 삼삼오오 모여서 그를 안주거리로 삼아서 찢고 까불며 희희낙락하였다. 술 취하는 죄가 가져오는 악한 결과들을 보라. 사람들은 술에 취하게 되면 선한 것들을 멸시하는 자들이 되어 버린다(딤후 3:3). 왕은 많은 술로 인하여 병이 나서 오만한 자들과 더불어 악수하는도다(호 7:5). 술 취하는 자들이 앉아 있는 자리는 오만한 자들의 자리이다. 가장 선한 자들의 운명이 보통 어떤 것인지를 보라. 지혜로운 자들로부터 칭찬을 듣는 자들은 어리석은 자들의 노래가 된다. 하지만 사물을 올바르게 판단하는 자들에게는 사람들로부터 이렇게 멸시받는 것을 무시하는 일은 쉬운 일이다.

Ⅱ. 다윗은 아주 진지하게 죄를 고백한다(5절). "하나님이여 주는 나의 우매함을 아시나이다. 내가 범하는 죄들은 주 앞에서 숨겨질 수 없기 때문에, 주는 그들이 나를 고소하는 그러한 범죄들에 대하여 내가 무죄하다는 것을 아시나이다." 우리는 사람들의 부당한 비난과 고소에 대해서는 하나님께 죄가 없다고 호소할 수 있지만, 하나님 앞에서는 우리 자신이 지금 겪고 있는 온갖 환난들을 당할 만한 자들일 뿐만 아니라 훨씬 더 심한 벌을 받아도 할 말이 없는 자들이

라는 것을 인정하고 고백하여야 한다. 회개하는 자는 그가 하나님 앞에서 자신의 죄를 은폐하는 데에 성공할 수 없고, 그의 모든 죄는 하나님 앞에서 벌거벗은 듯이 다 드러나기 때문에 자신의 죄를 솔직하게 인정하고 고백하는 것이 가장 지혜로운 일이라는 것을 알아야 한다.

1. 하나님은 우리의 본성이 부패되어 있다는 것을 아신다. 하나님은 내 마음속에 얽혀 있는 우매함을 아신다. 우리의 모든 죄들은 우리의 우매함으로부터 생겨난다.

2. 하나님은 우리가 살면서 범하는 죄악들을 아신다. 그러한 죄악들은 하나님에게 숨겨질 수 없고, 우리가 마음으로 지은 죄들, 아니 가장 은밀하게 범한 죄들도 하나님께 숨겨질 수 없다. 우리의 그러한 죄악들은 모두 하나님께서 보시는 가운데 행해지는 것이고, 우리가 우리의 죄들을 회개하여 사함을 받을 때까지 그 죄악들은 하나님 앞에서 결코 처리되지 않는다. 이것은 그리스도께 적용될 수 있다. 왜냐하면, 그는 죄를 알지 못하는 분이셨음에도 불구하고 우리를 위하여 죄가 되셨기 때문이다. 주께서 자신이 상하고 괴로움을 겪는 것을 기뻐하셨을 때에 하나님은 그것을 아셨고, 그것은 하나님에게 숨겨질 수 없었다.

Ⅲ. 다윗의 간구들은 매우 간절하였다.

1. 자기 자신을 위한 간구(1절). "하나님이여 나를 구원하소서. 나를 가라앉는 것과 절망하는 것으로부터 구원하소서." 마찬가지로, 그리스도께서는 하나님을 경외하심으로 말미암아 들으심을 얻으셨다. 왜냐하면, 그는 그의 사업이 망하게 되는 것으로부터 건지심을 받으셨기 때문이다(히 5:7).

2. 그의 친구들을 위한 간구(6절). 주 만군의 여호와여 주를 바라는 자들이 나를 인하여 수치를 당하게 하지 마옵시고, 이스라엘의 하나님이여 주를 찾는 자가 나로 말미암아 욕을 당하게 하지 마옵소서(우리는 하나님을 찾고 하나님을 바랄 때에 우리를 도우실 수 있는 모든 능력을 가지고 계시는 만군의 하나님이자, 그의 백성과 언약을 맺었기 때문에 그들을 돕는 것이 그에게 영광과 진실함이 되는 이스라엘의 하나님으로서의 하나님을 바라보아야 한다). 이 말씀은 하나님께서 그를 위하여 나타나지 않으신다면 그것은 모든 다른 선한 자들에게 낙심이 될 것이고 그들의 원수들에게 의기양양해할 기회를 주는 것이 될 것이라는 다윗의 염려와, 자기는 어떻게 되든 좋으니 하나님을 찾고 바라는 모든 자들의 마

음을 지키시고 평안함을 주셔서 스스로 낙심하거나 다른 사람들로부터 멸시를 받지 않도록 해 달라는 다윗의 간절한 소원을 보여준다. 하나님 아버지께서 고난당하시는 예수 그리스도를 시인하시고 받으시지 않으셨다면, 하나님을 찾고 바라는 모든 자들은 부끄러움을 당하며 낭패를 당하게 되었을 것이다. 그러나 그들은 하나님에 대하여 신뢰하는 마음을 지니고 있고, 하나님의 이름으로 담대하게 은혜의 보좌 앞에 나아간다.

Ⅳ. 다윗의 탄원은 매우 강력하였다(7, 9절). 사람들로부터 받는 비방은 그가 견디기 힘든 것들 중의 하나였다. "여호와여, 다음과 같은 이유들로 인해서 나에 대한 비방을 그치게 하여 주시고 나의 탄원을 받아 주옵소서."

1. "나는 주를 섬기고 의지하였다는 것 때문에 비방을 받고 있나이다: 내가 주를 위하여 비방을 받았나이다." 선한 일을 하고도 비방을 받는 자들은 하나님께서 그들의 의를 빛 같이 나타나게 해 달라고 겸손히 그 일을 하나님께 맡길 수 있어야 한다.

2. "나는 주와 더불어서 비방을 받고 있는 것이나이다. 주의 집을 위하는 열성이 나를 삼켜서, 나로 하여금 나 자신을 잊어버리고, 그들이 악하게도 나에 대한 비방거리를 만들어 버린 바로 그 일을 행하도록 만들었나이다. 주와 주의 집을 미워하는 자들은 바로 그런 이유 때문에 나를 미워하나이다. 왜냐하면, 그들은 내가 주의 집에 대하여 얼마나 큰 열심과 애정을 지니고 있는지를 알기 때문이니이다. 바로 그런 이유 때문에 그들은 나를 삼키고자 하였고, 내가 사람들로부터 받고 있던 모든 사랑과 존경을 잃게 되었나이다." 하나님을 모독하고 하나님의 말씀과 도를 욕하였던 자들은 다윗이 하나님의 말씀을 믿고 하나님의 도로 행하였기 때문에 그를 비방하였다. 또는, 이 말씀은 하나님의 집을 향한 다윗의 열심을 보여주는 한 예로 해석해서, 그가 하나님의 이름에 가해진 온갖 모욕들에 대하여 마치 자기가 모욕을 당하기라도 한 것처럼 분개하였다는 것을 의미하는 것으로 해석될 수 있다. 그는 하나님에게 가해진 온갖 모욕과 신앙에 가해진 온갖 멸시를 마음에 담아 두었다. 그는 자기가 외적으로 당하는 그 어떤 환난이나 괴로움보다도 이러한 것들로 인하여 가장 마음이 아팠다. 다윗은 하나님께 가해진 모욕에 대하여 항상 개입하여 왔기 때문에, 하나님께서 다윗에게 가해진 모욕에 대해서도 개입하실 것이라는 소망을 가질 만한 충분한 이유가 있었다. 이 절의 전반부와 후반부 둘 다 그리스도에게 적용

된다.

(1) 그리스도께서 주의 전을 사모하는 열심이 그를 삼켜서, 성전에서 매매하는 자들을 채찍으로 몰아 내시고서 그의 제자들에게 이 본문을 상기시키신 것은 아버지에 대한 그의 사랑을 보여주는 한 예였다(요 2:17).

(2) 하나님을 비방하는 자들의 비방이 그에게 미쳤다는 것은 그리스도께서 자신을 부인하고 자기 자신을 기쁘게 하지 아니하였다는 것을 보여주는 한 예였고 (롬 15:3), 이 점에 있어서 그는 우리에게 모범을 보여주셨다.

[13]여호와여 나를 반기시는 때에 내가 주께 기도하오니 하나님이여 많은 인자와 구원의 진리로 내게 응답하소서 [14]나를 수렁에서 건지사 빠지지 말게 하시고 나를 미워하는 자에게서와 깊은 물에서 건지소서 [15]큰 물이 나를 휩쓸거나 깊음이 나를 삼키지 못하게 하시며 웅덩이가 내 위에 덮쳐 그것의 입을 닫지 못하게 하소서 [16]여호와여 주의 인자하심이 선하시오니 내게 응답하시며 주의 많은 긍휼에 따라 내게로 돌이키소서 [17]주의 얼굴을 주의 종에게서 숨기지 마소서 내가 환난 중에 있사오니 속히 내게 응답하소서 [18]내 영혼에게 가까이하사 구원하시며 내 원수로 말미암아 나를 속량하소서 [19]주께서 나의 비방과 수치와 능욕을 아시나이다 나의 대적자들이 다 주님 앞에 있나이다 [20]비방이 나의 마음을 상하게 하여 근심이 충만하니 불쌍히 여길 자를 바라나 없고 긍휼히 여길 자를 바라나 찾지 못하였나이다 [21]그들이 쓸개를 나의 음식물로 주며 목마를 때에는 초를 마시게 하였사오니

다윗은 앞서 그의 원수들이 그에게 앙심을 품고서 어떻게 비방하였는지를 말하였었는데, 여기에서는 그러나 나는 주께 기도하나이다라는 말을 덧붙인다. 그들은 그가 금식하고 기도한다고 해서 그를 욕하였고, 그것 때문에 그는 술주정뱅이들의 노래가 되어 버렸다. 그렇지만 그런 일에도 불구하고 그는 계속해서 기도하기로 결심한다. 우리는 선한 일을 하고서도 조롱을 받을 수 있지만, 그 조롱 때문에 선한 일을 그만두어서는 안 된다는 것을 명심하라. 그들이 마땅히 해야 할 도리를 그만두는 것보다 사람들로부터의 비웃음과 비방을 견딜 수 없어 하는 자들은 하나님을 위해서 별로 할 일이 없고 하나님의 이름을 사람들 앞에서 고백할 수도 없다. 다윗의 원수들은 그를 몹시 능욕하였지만, 다윗에게는 그가 자신의 사정을 하소연할 하나님이 계시다는 것이 큰 위로

가 되었다. "그들은 나를 모욕하고 중상모략하는 것을 통해서 그들의 목적을 달성하고 있다고 생각한다. 그러나 나는 다른 방법을 사용할 것이다. 그들이 무슨 짓을 하든, 나는 주께 기도할 것이다." 환난을 당하는 때는 기도가 열납되는 때이다. 환난은 우리를 하나님께로 내몰지만, 하나님은 우리를 그에게서 내쫓지 않으실 것이다. 아니, 하나님의 백성이 비참한 곤경에 처해 있으면 있을수록 하나님께서는 그들을 더욱더 불쌍히 여기실 것이기 때문에, 환난의 때는 하나님께서 그들을 더욱 반기시고 열납하실 때가 된다. 다른 모든 도움들이 실패해서 그들이 망하게 되었을 때, 하나님께서 그들을 도우시지 않는다면 그들이 망하게 될 것이라고 느낄 때, 바로 그 때가 하나님께서 그들을 도우실 가장 적절한 때이다. 우리는 이 표현이 그리스도와 관련해서 사용되고 있는 것을 본다(사 49:8): 받을 만한 때에 내가 네게 응답하였다. 좀 더 살펴보자.

I. 다윗이 간구한 것은 무엇이었는가.

1. 하나님께서 그의 하소연들, 그가 환난 중에 부르짖는 소리, 그의 마음의 소원을 은혜로 들어 주시라는 것. 여호와여 내게 응답하시고(13, 16절), 속히 내게 응답하소서(17절). 내가 말하는 것을 들으실 뿐만 아니라 내가 구하는 것을 허락하소서. 그리스도께서는 아버지께서 항상 그의 말을 들으시는 줄을 아셨다(요 11:42).

2. 하나님께서 그를 환난에서 건지시고, 슬픔의 무거운 짐에 눌려서 가라앉지 않게 하시며(나로 하여금 수렁 속에서 옴짝달싹 못하게 하지 마시고 수렁에서 끌어 올리셔서 내 발을 반석 위에 두소서, 시 40:2), 그의 원수들로부터 구원하셔서 그들로 하여금 그를 삼키지 못하게 하시며 그를 해치고자 하는 마음을 갖지 못하게 해 달라는 것. "어린 양을 사자의 발톱에서 건지시듯이, 나를 미워하는 자에게서 건지소서(14절). 나는 깊은 물에 들어가서 큰 물이 내게 넘치려고 하지만(2절), 나의 두려움을 막아 주시고 잠재워 주소서. 큰 물이 나를 휩쓸거나 삼키지 못하게 하소서(15절). 나로 하여금 절망의 나락 속으로 떨어지지 않게 하시고, 깊음이 나를 삼키지 못하게 하소서. 웅덩이가 내 위에 덮쳐 그 입을 닫지 못하게 하소서. 그런 일이 벌어진다면, 나는 죽게 될 것이나이다." 이 시편의 시작 부분에서 다윗은 거의 자포자기 상태에 있었지만, 여기에서는 지금 그의 머리를 물 위에 내밀고 있고, 부르짖느라고 기진맥진해 있지도 않다.

3. 하나님께서 그에게 돌이키셔서(16절) 그에게 미소를 지어 주시고 그의 얼

굴을 그에게서 숨기지 말아 달라는 것(17절). 하나님께서 우리를 기뻐하신다는 징표들을 보여주시고 그의 얼굴 빛을 우리에게 비추시면, 그러한 것들은 우리의 심령이 외적인 환난들의 깊은 수렁 속에서 가라앉아 버리는 것을 막아 주는 데에 충분하고, 우리는 안전하고 편안하기 위하여 더 이상 다른 것을 원할 필요가 없다(18절). "내 영혼에 가까이 오셔서 주님 자신을 나타내소서. 그리하시면, 내 영혼이 속량함을 받게 되리이다."

II. 다윗은 이러한 간구들을 강화시키기 위하여 어떠한 것들에 호소하였는가.

1. 그는 하나님의 긍휼하심과 진실하심에 호소한다(13절): 많은 긍휼과 진실하심으로 내게 응답하소서(개역에서는 많은 인자와 진리로 내게 응답하소서). 하나님 안에는 긍휼하심, 많은 긍휼하심, 온갖 종류의 긍휼하심, 다함이 없는 긍휼하심, 우리 모두와 우리 각자에게 주시고도 남을 만한 긍휼하심이 있다. 그러므로 우리는 힘을 내어서 기도하여야 한다. 또한 하나님의 구원이 빈 말이 아니라는 것(하나님께서 그를 의지하는 자들에게 주신 구원의 모든 약속들이 참되다는 것)은 우리로 하여금 기도하도록 더욱 힘을 주는 것이다. 다윗은 하나님의 긍휼하심과 관련된 호소를 되풀이한다. "주의 인자하심이 선하시오니 내게 응답하소서. 주의 인자하심은 그 자체로 선하다. 그것은 말할 수 없이 풍성하고 부유하다. 주의 인자하심은 모든 성도들과 관련해서 선하시다. 그것은 그들에게 매우 소중한 것으로서 그들의 생명이고 기쁨이며 그들의 모든 것이다. 나로 하여금 주의 인자하심으로 인한 은택을 입게 하소서! 주의 많은 긍휼에 따라 내게로 돌이키소서(16절)." 그가 하나님의 선하심을 입에 침이 마르도록 칭송하고 있는 것을 보라. 하나님 안에는 긍휼들, 자애로운 긍휼들, 많은 긍휼들이 있다. 우리가 아무리 큰 곤경에 처해 있다고 하더라도 하나님을 좋게 생각하고 계속해서 그렇게 한다면, 하나님께서는 모든 일이 우리에게 선을 이루도록 하실 것이기 때문에, 우리는 두려워할 필요가 없다. 하나님은 그의 긍휼하심을 바라는 자들을 기뻐하시기 때문이다(시 147:11).

2. 그는 자신의 곤경과 환난을 호소한다. "내가 환난 중에 있어서 주의 은총이 필요하오니 주의 얼굴을 내게서 숨기지 마소서(17절). 그러므로 적절한 때에 주의 은총을 내게 베푸시고, 나로 하여금 주의 은총이 얼마나 소중한지를 알게 하소서." 특히 그는 그에게 가해진 비방과 능욕을 호소한다(19절): 주께서 나의 비방과 수치와 능욕을 아시나이다. 이것이 얼마나 강조되고 있는지를 보라. 왜냐

하면, 그리스도께서 우리를 위하여 고난을 당하셨을 때에 그가 당하신 비방과 수치와 능욕만큼 대속에 결정적인 기여를 한 것이 없었고, 하나님의 영광에 해를 끼친 것은 없었을 것이기 때문이다. 하나님께서는 이것을 아셨기 때문에, 우리 인류가 우리의 죄로 인하여 마땅히 받아야 했던 영원한 수치와 멸시를 대속하기에 충분한 것으로 열납하셨다. 그러므로 우리는 회개하는 마음으로 우리의 어릴 때의 치욕을 스스로 짊어지고 부끄러워하여야 한다. 어느 때든지 우리가 그리스도를 위하여 비방과 수치와 능욕을 받도록 부르심을 받는다면, 그리스도께서 그것을 아시고, 우리보다 앞장서서 그런 것들을 짊어지셨듯이, 앞으로도 우리가 그런 것들을 짊어지는 것을 뒷짐지고 바라보고 있지만 않으시리라는 것은 우리에게 큰 위로가 된다. 시편 기자는 여기에서 자신의 솔직한 심정을 표현한다(20절): 비방이 나의 마음을 상하게 하여 근심이 충만하나이다. 왜냐하면, 선한 평판을 소중히 여기는 자에게는 오명을 뒤집어 쓰는 것이 참기 어려운 일이기 때문이다. 그러나 하나님을 위하여 능욕을 받는 것이 얼마나 큰 영광이고, 하나님의 이름을 위하여 수치를 당하기에 합당한 자로 여김을 받는 것이 얼마나 큰 은총인지를 생각할 때(실제로 사도들은 그렇게 생각하였다, 행 5:41), 우리는 우리가 당하는 능욕과 수치를 너무도 원통한 일이라거나 가슴아픈 일이라고 생각할 이유가 전혀 없다는 것을 알게 된다.

3. 그는 그의 원수들이 무례하고 잔인하다는 것을 호소한다(18절). 내 원수로 말미암아, 즉 그들은 내가 앞서 말했던 그런 자들이기 때문에(4절) 나를 건지소서. "나의 대적자들이 다 주님 앞에 있나이다(19절). 주께서는 그들이 어떤 부류의 사람들인지, 내가 그들로부터 어떤 위험에 처해 있는지, 그들이 주께 어떠한 원수들인지, 그들이 나를 해치려고 계획하고 행할 때에 얼마나 많이 주에 대한 반감을 지니고 있는지를 아시나이다." 다윗은 그들이 그에게 한 야만적인 행위들 중에서 한 예를 제시한다(21절): 그들은 쓸개를 나의 음식물로 주며(여기에서 쓸개로 번역된 단어는 쓴 나물을 의미하는데 흔히 쓴 쑥과 함께 사용된다) 목 마를 때에는 초를 마시게 하였나이다. 이 말씀은 그리스도에게서 문자 그대로 성취되었고, 너무도 직접적으로 그리스도를 가리켜 예언된 것이기 때문에, 그리스도께서는 이 일이 이루어지기까지는 다 이루었다고 말씀하실 수가 없으셨다. 그리스도께서는 그의 원수들이 이 말씀을 이루도록 행동하게 하기 위하여 내가 목마르다고 말씀하셨다(요 19:28-29). 어떤 이들은 로마 군병들이

그의 입에 신포도주를 넣어 줄 때에 사용하였던 우슬초가 그들이 그에게 음식물로 준 쓴 풀이었다고 생각한다. 그리스도의 고난이 얼마나 구체적으로 예언되었는지를 보라. 그것은 성경이 하나님의 말씀이라는 것을 증명해 준다. 예언들이 예수 그리스도에게서 얼마나 정확하게 성취되었는지를 보라. 그것은 그리스도가 참 메시야라는 것을 증명해 준다. 그는 오실 자였고, 따라서 우리는 다른 사람을 찾아서는 안 된다.

4. 그는 그의 친구들이 그를 냉정하게 대하였고 그가 그들에게 실망하였다는 것을 호소한다(20절): 내가 나를 불쌍히 여길 자를 바라나 없었나이다. 그들은 모두 여름날의 시내들처럼 그를 실망시켰다. 이 말씀은 그리스도에게서 성취되었다. 왜냐하면, 그리스도께서 고난받으실 때에 그의 모든 제자들은 그를 버리고 도망하였기 때문이다. 사람들은 모두 남을 긍휼히 여길 수 없는 자들이기 때문에, 우리는 사람들로부터 긍휼히 여김을 받기를 거의 기대할 수 없다. 하지만 우리는 하나님으로부터는 아무리 많은 긍휼을 기대하여도 괜찮다. 왜냐하면, 하나님은 긍휼의 아버지이시고 모든 위로의 하나님이시기 때문이다.

[22]그들의 밥상이 올무가 되게 하시며 그들의 평안이 덫이 되게 하소서 [23]그들의 눈이 어두워 보지 못하게 하시며 그들의 허리가 항상 떨리게 하소서 [24]주의 분노를 그들의 위에 부으시며 주의 맹렬하신 노가 그들에게 미치게 하소서 [25]그들의 거처가 황폐하게 하시며 그들의 장막에 사는 자가 없게 하소서 [26]무릇 그들이 주께서 치신 자를 핍박하며 주께서 상하게 하신 자의 슬픔을 말하였사오니 [27]그들의 죄악에 죄악을 더하사 주의 공의에 들어오지 못하게 하소서 [28]그들을 생명책에서 지우사 의인들과 함께 기록되지 말게 하소서 [29]오직 나는 가난하고 슬프오니 하나님이여 주의 구원으로 나를 높이소서

이러한 간구들은 다윗이 그의 원수들을 쳐서 드린 기도들이 아니라 그리스도를 박해하였던 자들, 특히 유대 민족의 멸망에 관한 예언들이다. 우리 주님께서는 친히 눈물을 흘리며 이것을 예언하셨고, 이 일은 그리스도께서 죽으신지 40년쯤 후에 성취되었다. 사도 바울은 이 단락의 처음 두 절을 하나님께서 믿지 않는 유대인들을 심판하신 것에 명시적으로 적용하고 있기 때문에(22-23절; 롬 11:9-10), 우리는 이 단락을 그런 식으로 보아야 한다. 하나님께

서 그리스도를 버린 유대인들을 버리신 것은 하나님의 공의를 보여주는 한 예임과 동시에 하나님께서 끝까지 완악한 가운데 불신앙을 고집하는 모든 자들에게 마침내 보응하시리라는 것을 보여주는 맛보기 사례였고, 또한 기독교 신앙이 참되다는 것을 보여주는 설득력있는 증거였고, 앞으로도 계속해서 그런 증거로서의 역할을 하게 될 것이다. 유대인들이 기독교 신앙을 반대했던 큰 이유 중의 하나는 기독교가 율법의 예식을 폐하였다는 것이었다. 그러나 하나님께서 성전을 철저히 파괴당하게 하시고, 성전과 모세 율법에 완고하게 매달려서 그리스도의 복음에 반대하였던 자들을 멸망당하게 하심으로써 너무도 분명하게 율법의 예식을 폐하셨을 때, 기독교 신앙이 그렇게 한 것은 옳다는 것이 입증되었고, 유대인들의 반론은 제거되었다. 좀 더 살펴보자.

I. 그리스도를 십자가에 못 박은 자들에게 임할 심판은 무엇이었는가.

하나님의 심판은 그리스도를 십자가에 못 박은 자들 중에서 그리스도를 죽이는 데에 손을 빌려 준 것을 나중에 회개하고 하나님의 긍휼하심을 발견한 자들에게는 임하지 않았고(행 2:23; 3:14-15), 완악한 불신앙 가운데서 계속해서 그리스도의 복음을 거부하며 그의 제자들과 그를 따르는 자들에게 강한 적대감을 보임으로써 그들이 그리스도를 십자가에 못 박은 일을 정당화했던 자들과 그들의 후손들에게 임하였다(살전 2:15-16을 보라). 본문 속에는 다음과 같은 것들이 예언되어 있다.

1. 그들이 드리는 희생 제사들과 제물들이 그들에게 재앙을 가져다 주게 되리라는 것(22절): 그들의 밥상이 올무가 되게 하소서. 이 말씀은 주의 상과 그들이 상이라고 불렀던 여호와의 제단에 관한 것이라고 할 수 있다. 유대인들은 희생 제사를 지낸 후에 그 제물을 함께 먹음으로써 여호와의 제단에 참여하는 자가 되었기 때문에 그 제단은 그렇게 불리었다. 그들이 드린 희생 제사는 그들이 잘되고 평안한 결과를 가져다 주었어야 함에도 불구하고(왜냐하면, 그들이 드린 것은 화목제였기 때문에), 도리어 그들에게 올무와 덫이 되었다. 왜냐하면, 그들은 여호와의 제단에 매달리고 거기에 애정을 쏟음으로써 더욱더 불신앙에 굳게 사로잡히고 완악해져서 그리스도에 대한 편견이 그들 속에 고착되어서, 성막을 계속해서 섬기는 자들에게는 먹을 권리가 주어지지 않는 바로 그 제단, 즉 그리스도라는 제단에 참여할 수 없었기 때문이다(히 13:10). 또는, 이 말씀은 그들에게 일반적으로 주어진 피조물들에 의한 위로들, 특히 그들에게 꼭 필

요한 양식과 관련된 것으로 이해할 수도 있다. 그들은 그리스도께 쓸개와 초를 주었기 때문에, 그들이 먹고 마실 것이 그들에게 쓸개와 초가 되는 것은 합당한 일이었다. 삶을 지탱해 주는 것들과 감각을 즐겁게 해주는 것들이 우리 본성의 부패로 말미암아 우리에게 죄를 범할 기회를 제공해 주는 것이 되고, 우리의 육체의 소욕에 자양분을 공급해 주는 것이 될 때, 우리의 밥상은 올무가 된다. 이것이 우리가 기탄없이 먹지 않아야 할 이유이다(유 1:12).

2. 믿는 자들은 그리스도의 복음으로 인하여서 하나님을 아는 지식과 평안으로 축복을 받지만, 그들은 그러한 지식이나 평안으로 인한 위로를 결코 받지 못하게 되리라는 것(23절).

(1) 그들은 눈이 머는 심판을 받게 되리라는 것: 그들의 눈이 어두워서 그리스도의 얼굴 속에서 하나님의 영광을 보지 못하게 하소서. 그들이 범한 죄는 그들이 빛을 보고자 하지 아니하고 도리어 빛에 대하여 눈을 감고 어둠을 더 사랑한 것이었다. 그들이 받는 벌은 그들이 보지 못하게 되리라는 것이었다. 하나님께서는 그들을 마음의 정욕에 내어 주셔서 그들의 마음을 완악하게 하심으로써, 이 세상의 신으로 하여금 그들의 마음을 혼미하게 하고 눈멀게 하실 것이었다(고후 4:4). 이것이 그들에 대하여 예언되었고(사 6:10), 그리스도께서는 그 예언을 확인해 주셨다(마 13:14-15; 요 12:40).

(2) 그들이 두려움이라는 심판을 받게 되리라는 것. 바울의 경우처럼, 위로를 받도록 그 길을 열어 주는 은혜로운 두려움이 있다(행 9:6). 그 때에 바울은 몹시 놀라서 두려워 떨었다. 그러나 여기에서 말하는 두려움은 결코 평안을 가져다 주는 것이 아니어서, 벨사살 왕이 그의 허리의 관절들이 다 풀어지는 경험을 했듯이, 양심이 느끼는 공포로 인해서 그들의 허리가 항상 떨리게 만드는 그러한 두려움이 될 것이다. "그들로 하여금 절망으로 치닫게 하시고, 끊임없이 낭패감에 사로잡히게 하소서." 이 말씀은 로마군이 유대 나라를 쳐들어 왔을 때에 유대인들이 절망적인 상황에 빠져서 몸부림친 것을 통해서 성취되었다.

3. 그들이 하나님의 분노와 맹렬한 진노 아래에서 엎드러지게 되리라는 것(24절): 주의 분노를 그들의 위에 부으소서. 그들에게 제시된 하나님의 큰 구원을 거부한 자들은 하나님의 진노가 그들 위에 부어지리라는 것을 당연히 두려워하여야 한다는 것을 명심하라. 왜냐하면, 하나님께서 사랑하시는 아들에게

복종하지 않는 자들은 반드시 하나님의 진노를 받을 세대가 될 것이기 때문이다. 하나님의 진노가 그 위에 머물러 있다는 것은 그리스도를 믿지 않는 자들에게 내려지는 선고이다(요 3:36). 하나님의 진노는 그들을 꼭 붙잡고서 결코 그들을 놓아주지 않을 것이다. 구원 자체도 기꺼이 구원에 의해서 다스림을 받고자 하지 않는 자들을 구원할 수는 없다. 하나님의 선하심과 엄하심을 보라!

4. 그들의 거처와 나라가 완전히 빼앗기게 되리라는 것. 그들은 이런 일이 일어날까봐 두려워하였고, 그들의 말에 의하면 그런 일을 맡기 위해서 그리스도를 박해하였다(요 11:48). 그들의 거처가 황폐하게 하소서(25절). 이 말씀은 그들의 국토가 로마군에 의해서 초토화되었을 때에 성취되었다. 그들로 말미암아 시온은 갈아엎은 밭이 되었다(미 3:12). 성전은 그들이 특별히 자랑하였던 집이었지만, 황폐하여 버려진 바가 되었다(마 23:38). 그렇지만 이것이 전부가 아니었다. 우리가 우리의 소유들을 누리지 못하게 되었다고 해도, 우리의 소유들이 다른 사람들에게 넘어가서 그들에게 유익이 될 것이라고 생각하면, 그것은 우리에게 어느 정도 위안이 될 수 있다. 그러나 여기에서는 그들의 장막에 사는 자가 없게 하소서라는 말씀이 덧붙여져 있다. 이 말씀은 유다와 예루살렘에서 분명하게 성취되었다. 왜냐하면, 유대인들이 멸망당한 후에 유다와 예루살렘에는 오랫동안 사람들이 살지 못하였기 때문이다. 그러나 사도 베드로는 이 말씀을 특히 가룟 유다에게 적용한다(행 1:20). 추측컨대, 유다는 스스로 목숨을 끊었기 때문에 그의 가산은 몰수되어서, 그의 거처가 황폐하게 되었고, 그에게는 자손이 없었기 때문에 거기 거하는 자가 없게 되었다.

5. 그들의 멸망의 길은 내리막길이 될 것이어서, 아무것도 그들이 멸망당하는 것을 멈추거나 가로막지 못하게 되리라는 것(27절). "여호와여, 그들을 내버려 두사 죄악에 죄악을 더하게 하소서." 악한 자들은 그들의 마음의 정욕을 따라서 행하도록 내버려 두면 반드시 더 나빠지게 되어 있다. 그들은 죄에 죄를 더하게 된다. 아니, 그들은 죄에 반역을 더하게 될 것이다(욥 34:37). 성경에서는 유대인들이 그들의 죄를 항상 채웠다고 말한다(살전 2:16). 그들의 죄에 대하여 죄에 대한 형벌을 더하소서(어떤 이들은 이렇게 해석한다). 왜냐하면, 동일한 단어가 죄를 가리킬 수도 있고 형벌을 가리킬 수도 있기 때문이다. 이 둘의 관계는 이렇게 밀접하다. 사람들이 범죄한다면, 하나님은 그 범죄에 대하여 책임을 물으실 것이다. 그러나 거듭거듭 죄를 범한 자들도 긍휼하심을 얻을 수 있

다. 왜냐하면, 하나님은 중보자의 의로 말미암아 거듭거듭 죄를 사하여 주시기 때문이다. 그러므로 그들이 긍휼하심을 받을 소망으로부터 완전히 끊어지게 하기 위하여, 다윗은 주의 의에 들어 오지 못하게 하소서라는 말을 덧붙인다. 즉, 그들로 하여금 중보자를 믿음으로 말미암는 하나님의 의에 의한 은택을 받지 못하게 해 달라는 것이다(빌 3:9). 복음은 자신의 불신앙으로 인해서 하나님의 의를 스스로 배제하는 자를 제외하고는 그 누구도 배제하지 않기 때문에, 하나님께서 그 어떤 사람이라도 그 의로 나아오는 것을 막지 않으신다. 그러나 사람들을 그대로 내버려 두어서 자신의 길을 가게 하면, 그들은 결코 하나님의 의에 들어오지 못하게 된다. 왜냐하면, 그들은 하나님의 의가 요구하는 것들을 모르고서 자기 의를 세우려고 힘써서 하나님의 의에 복종하지 않게 되기 때문이다(롬 10:3). 따라서 교만하고 자기 주장이 강해서 하나님의 의로 들어오고자 하지 않는 자들은 결국 멸망을 받게 될 것이다. 그들은 멸망을 자초한 것이다: 그들은 주의 의에 들어오지 못할 것이다. 자원하여 기쁜 마음으로 하나님의 의에 신세를 지고자 하지 않는 자들은 하나님의 의로부터 그 어떤 은택도 기대해서는 안 된다.

6. 그들은 복을 받을 모든 소망에서 완전히 끊어지게 되리라는 것(28절): 그들을 생명책에서 지우소서. 그들은 더 오래 살면 살수록 더 많은 해악을 끼치는 자들이니 그들로 하여금 더 이상 살게 하지 마옵소서. 믿지 않는 유대인들이 칼과 기근에 의해서 무수하게 죽어 갔지만, 기독교 신앙을 지닌 자들은 한 사람도 그들과 함께 죽지 않았다. 유대 나라는 하나의 나라로서 소멸되었고 하나의 민족을 이루지도 못하였다. 많은 이들은 이 말씀이 하나님의 언약과 그 언약으로 인한 모든 특권들을 그들이 박탈당하게 된 것을 가리키는 것으로 이해한다. 생명책은 그런 것이다. "이스라엘 나라, 육신을 따른 이스라엘로 하여금 이제 지금까지 그들의 전유물이었던 저 약속의 언약으로부터 소외되게 하소서. 그들이 어린 양의 생명책에 결코 기록되지 않았다는 것을 나타내 보이시고, 여호와께서 그들을 버리셨기 때문에 사람들이 그들을 버림받은 은이라 부르게 하소서. 그들을 의인들과 함께 기록되지 말게 하소서. 즉, 성도들이 하늘에 그 이름이 기록된 자들의 총회로 모일 때에 그들이 그 모임에 들지 못하게 하소서(시 1:5)."

II. 그들은 무슨 죄 때문에 이러한 무시무시한 심판을 자초하게 된 것인가(26

절). 그들은 주께서 치신 자를 핍박하며 주께서 상하게 하신 자를 슬프게 하는 말을 하였나이다.

1. 그리스도는 하나님께서 치신 자였다. 왜냐하면, 여호와께서는 그를 상하게 하시기를 기뻐하셨고, 그리스도께서는 징벌을 받아 하나님께 맞으며 고난을 당하는 것으로 여겨져서, 사람들이 그에게서 얼굴을 가렸기 때문이다(사 53:3-4, 10). 그들은 하늘까지 뻗치는 분노로써 그를 박해하였다. 그들은 그를 십자가에 못 박으소서. 십자가에 못 박으소서라고 외쳐대었다. 사도 베드로가 한 말과 이 본문을 비교해 보라(행 2:23): 그가 하나님께서 정하신 뜻과 미리 아신 대로 내준 바 되었거늘 너희가 법 없는 자들의 손을 빌려 못 박아 죽였다. 그들은 주 예수께서 십자가에 매달려 계실 때에 그가 하나님을 신뢰하니 하나님이 그를 구원하실지라는 말을 함으로써 그의 마음을 아프게 하였다. 그 상황에서 이러한 말보다 그리스도의 마음을 더 아프게 할 수 있는 말은 없었을 것이다.

2. 고난받는 성도들은 하나님께서 상하게 하신 자들, 하나님과 복음을 위하여 상함을 당하는 자들이었는데, 원수들은 이러한 성도들을 박해하고, 그들의 마음을 아프게 하는 말을 하였다. 이런 일들로 인해서 노하심이 끝까지 그들에게 임하였다(살전 2:16; 또한 마 23:34 이하를 보라). 이 말씀은 좀 더 일반적으로 이해할 수도 있는데, 하나님께서 치신 자들을 능욕하고 환난당하는 자들에게 환난을 더하는 것보다 하나님을 진노하게 하는 것은 없다는 것을 우리에게 가르쳐 준다. 따라서 이 말씀 바로 직후에 죄악에 죄악을 더하게 하소서라는 말씀이 나오는 것은 합당하다(슥 1:15을 보라). 우리는 환난 가운데서 자신의 영적인 상태에 관하여 염려하며 상처를 입은 심령을 지닌 자들을 극히 따뜻한 마음으로 대하여야 하고, 그들의 마음을 아프게 하는 말을 하거나 의인들의 마음을 슬프게 하지 않도록 세심한 주의를 기울여야 한다.

III. 시편 기자는 이 모든 환난 가운데 있는 자기 자신을 어떻게 생각하였는가(29절). "오직 나는 가난하고 슬프나이다. 외적인 환난들 가운데서 내 처지는 최악이지만, 나는 의인들과 함께 생명책에 기록되어 있고, 그들과는 달리 하나님의 진노 아래 있지 않나이다." 부유하고 즐거우면서 하나님의 저주 아래에 있는 것보다 가난하고 슬프지만 하나님의 축복 아래에 있는 것이 더 낫다. 왜냐하면, 하나님의 의에 들어오는 자들은 곧 그들의 가난과 슬픔이 끝나게 되는 것을 보게 될 것이고, 다윗이 여기에서 기도하고 있는 것처럼 하나님의 구원으로 인해서 그들이 높이 우뚝 서게 될 것이기 때문이다(사 61:10). 이것은 그리스도에게 적용될 수 있다. 그는 낮아지신 상태에서 가난하고 슬펐으며, 슬픔의 사람으로서 그의 머리를 둘 곳조차 없었다. 그러나 하나님은 그를 지극히 높이셨다. 그를 위해 이루어진 구원, 그에 의해서 이루어진 구원으로 인해서 하나님은 그를 모든 정사와 권세 위에 지극히 높이셨다.

[30]내가 노래로 하나님의 이름을 찬송하며 감사함으로 하나님을 위대하시다 하리니 [31]이것이 소 곧 뿔과 굽이 있는 황소를 드림보다 여호와를 더욱 기쁘시게 함이 될 것이라 [32]곤고한 자가 이를 보고 기뻐하나니 하나님을 찾는 너희들아 너희 마음을 소생하게 할지어다 [33]여호와는 궁핍한 자의 소리를 들으시며 자기로 말미암아 갇힌 자를 멸시하지 아니하시나니 [34]천지가 그를 찬송할 것이요 바다와 그 중의 모든 생물도 그리할지로다 [35]하나님이 시온을 구원하시고 유다 성읍들을 건설하시리니 무리가 거기에 살며 소유를 삼으리로다 [36]그의 종들의 후손이 또한 이를 상속하고 그의 이름을 사랑하는 자가 그 중에 살리로다

시편 기자는 여기에서 그리스도의 모형이자 그리스도인들에 대한 모범으로서 자신의 슬픔에 대한 탄식과 하소연으로 시작했던 이 시편을 거룩한 기쁨과 찬송으로 끝을 맺는다.

I. 다윗은 하나님께서 그의 찬송을 열납하시리라는 것을 의심하지 않은 채 자기가 직접 하나님을 찬송하기로 결심한다(30-31절). "내 마음만으로가 아니라 내 노래로도 내가 하나님의 이름을 찬송하며 감사함으로 하나님을 위대하시다 하리로다." 왜냐하면, 하나님은 그의 백성의 감사 찬송으로 인해서 자신이 높임을 받은 것으로 여기시기를 기뻐하시기 때문이다. 그것은 모든 그리스도인들은 시와 찬미와 신령한 노래들로 찬송함으로써 하나님을 영화롭게 하여야 한다는 것을 말해 준다. 우리가 우리의 기도만이 아니라 우리의 찬송의 중보자이기도 하신 그리스도로 말미암아 하나님께 찬송을 드리는 것은 소 곧 황소 같은 가장 값진 것으로 제사를 드리는 것보다 여호와를 더욱 기쁘시게 한다(31절). 이 말씀은 메시야의 시대가 도래하면 속죄의 제사들만이 아니라 율법의 예식에 의해서 제정된 찬송과 감사의 제사들도 폐해지리라는 것을 분명하게 보여 주는 것이다. 그 때에는 그런 제사들이 아니라 찬송과 감사의 신령한 제사들,

외양간의 송아지로 드리는 제사가 아니라 우리의 입술로 드리는 제사가 열납될 것이다(히 13:15). 하나님께서 아주 값비싼 제물들로 드리는 제사보다도 겸손하게 드리는 감사 찬송을 더 기뻐하신다는 것은 우리에게 큰 위로가 된다.

II. 다윗은 다른 선한 사람들에게도 하나님을 기뻐하고 계속해서 하나님을 찾도록 격려한다(32-33절). 곤고한 자가 이를 보고 기뻐하리라. 그들은 다음과 같은 것들을 보고서 위로를 받게 될 것이다.

1. 성도들이 체험한 것들. 그들은 하나님께서 가난한 자들이 그에게 부르짖을 때에 얼마나 기꺼이 그들의 기도를 들어주시고자 하시는지, 그들이 그에게 구하는 것을 얼마나 기꺼이 주시고자 하시는지, 하나님은 자기로 말미암아 갇힌 자들을 결코 멸시하지 아니하신다는 것을 보게 될 것이다. 사람들은 그들을 멸시하겠지만, 하나님께서는 그들을 권고하셔서 은혜를 베푸시며, 때가 되면 그들을 높이실 것이다. 곤고한 자가 이를 보고 기뻐하게 되는 것은 단지 한 지체가 존귀하게 되었을 때 모든 지체가 그것을 함께 즐거워하기 때문만이 아니라, 그런 일은 곤경과 어려움 속에 있는 자들에게 하나님을 더욱 의지하도록 격려해 주는 것이 되기 때문이다. 그것은 야곱의 하나님이 야곱의 자손에게 결코 너희가 나를 찾아 보아야 아무 소용이 없다고 말씀하신 적이 없다는 것을 더욱 확실하게 증명해 줌으로써 하나님을 찾는 자들의 마음을 소생시켜 줄 것이다.

2. 구주의 높아지심. 왜냐하면, 시편 기자는 이 시편에서 구주에 대하여 말해 왔었고, 구주의 모형인 자기 자신에 대하여 말해 온 것이기 때문이다. 그의 슬픔이 끝이 나서 그가 자기 앞에 있는 즐거움 속으로 들어갈 때, 하나님께서 그의 기도를 들으셔서 무덤에 갇혀 있던 그를 풀어 주실 때, 겸손한 자들은 그것을 보고서 기뻐하게 될 것이고, 하나님을 찾는 자들은 그리스도로 말미암아 살아나고 위로를 받으며, 그들이 그리스도와 함께 고난을 당하면 장차 그리스도와 더불어서 다스리게 되리라는 결론을 내리게 될 것이다.

III. 다윗은 모든 피조물들, 곧 하늘과 땅과 바다와 거기에 있는 모든 생물들에게 하나님을 찬송하라고 권한다(34절). 하늘과 땅, 그리고 거기에 있는 모든 것들은 하나님에 의해서 지음을 받았기 때문에, 천지가 그를 찬송하여야 한다. 하늘에 있는 천사들과 땅에 있는 성도들은 각각 자신의 거처에서 끊임없이 찬송하기에 충분한 제목들을 하나님으로부터 공급받는다. 바다의 물고기들도 잘 알다시피 말을 할 수는 없지만 여호와를 찬송하여야 한다. 왜냐하면, 바다는 그의 것이고, 그가 바다를 만드셨기 때문이다. 온 세상은 하나님께서 그의 교회에 베푸신 은총들로 인하여 하나님께 찬송을 드려야 한다(35-36절). 왜냐하면, 하나님께서는 그에게 끊임없이 예배를 드리며 그를 섬긴 거룩한 산 시온을 구원하실 것이기 때문이다. 하나님은 거룩하게 되어서 그의 것으로 선별된 모든 자들, 그를 예배하는 데에 쓰임받는 모든 자들, 그리스도에 의해서 다스림을 받는 모든 자들을 구원하실 것이다. 왜냐하면, 하나님은 거룩한 시온 산 위에 계신 왕이시기 때문이다. 하나님은 그리스도께서 속하신 유다 성읍들을 위한 긍휼하심을 예비해 놓고 계신다. 하나님은 복음 교회를 위하여 큰 일들을 행하실 것이고, 그 일들을 통해서 교회가 잘되기를 바라는 모든 자들로 하여금 즐거워하게 하실 것이다.

1. 그 곳은 사람들이 살게 될 것이다. 하나님께서는 그 곳에 구원받을 자들을 더하실 것이다. 유다 성읍들이 건설될 것이다. 복음을 따라서 개교회들이 형성되어서, 남은 자들이 거기에 살며 그 곳을 소유로 삼아서, 하나님께서 그 곳에 수여하신 특권들을 누리며, 하나님께서 그 곳에 요구하시는 공세와 부역을 바치게 될 것이다. 하나님의 이름을 사랑하고 신앙에 대하여 호의를 지닌 자들은 기독교 신앙을 받아들여서 기독 교회에 참여하게 될 것이다. 그들은 하늘의 시민과 하나님의 권속으로서 거기에 살게 될 것이다.

2. 그 곳은 대대로 상속될 것이다. 기독교는 일시적인 것으로 예정된 것이 아니었다. 결코 그렇지 않다. 그의 종들의 후손이 이를 상속하리로다. 하나님은 그를 섬길 후손을 자기 자신을 위하여 일으키실 것이고, 그들은 그들의 조상들의 특권을 물려받게 될 것이다. 왜냐하면, 이 약속은 옛적부터 너희와 너희 자손에게 주어진 것이기 때문이다. 나는 너와 네 후손의 하나님이 되리라. 상속받을 자가 없어서 약속의 땅이 사라지는 일은 결코 생기지 않을 것이다. 왜냐하면, 하나님은 돌들로도 아브라함의 자손이 되게 하실 수 있는 분이시고, 정상적인 후손이 끊어지게 될 경우에는 그렇게라도 하실 것이기 때문이다. 다윗의 후손 중에서 하나님 앞에 설 자가 결코 끊어지지 않을 것이다. 구속주께서는 하나님의 신비가 완료되고 신비의 몸이 완성될 때까지는 그의 후손을 보게 될 것이고 그들을 통해서 그의 날들은 길게 될 것이다. 거룩한 후손들은 세상의 알맹이이기 때문에, 그들이 모두 모이게 되면, 세상은 신속하게 종말을 고하게 될 것이다. 따라서 하나님께서 거룩한 후손을 보존하시겠다고 약속하시자 천지가 하나님을 찬송하는 것은 당연한 일이다.

제 70 편

개요

이 시편은 환난의 때에 맞춰서 각색되어 있다. 이 시편은 시편 제40편을 거의 그대로 베껴 놓은 것으로서, 어떤 이들은 바로 그런 이유 때문에 이 시편에 "기억을 되살리기 위한 시편"이라는 표제가 붙어 있는 것이라고 생각한다. 왜냐하면, 우리가 이전에 비슷한 상황에서 하나님께 드렸던 기도들을 놓고서 다시 새로운 감정으로 기도를 드리는 것이 종종 유익할 수 있기 때문이다. 다윗은 여기에서 하나님께 다음과 같이 기도한다. I. 그를 도와 달라는 것(1, 5절). II. 그의 원수들로 하여금 수모를 당하게 해 달라는 것(2-3절). III. 그의 친구들로 하여금 기뻐하게 해 달라는 것(4절). 이 5개의 절은 시편 제40편의 마지막 5개의 절(13-17절)에 해당한다. 다윗은 이 짧은 기도문을 자기 자신과 우리를 위하여 모든 아픔을 치유해 주는 약으로 생각하여서 항상 마음에 기억해 두기를 바랐던 것으로 보인다. 이 시편을 노래할 때, 우리는 그것이 무엇이든지 간에 우리의 구체적인 괴로움에 이 시편을 적용할 수 있다.

〔다윗의 시로 기념식에서 인도자를 따라 부르는 노래〕

¹하나님이여 나를 건지소서 여호와여 속히 나를 도우소서 ²나의 영혼을 찾는 자들이 수치와 무안을 당하게 하시며 나의 상함을 기뻐하는 자들이 뒤로 물러가 수모를 당하게 하소서 ³아하, 아하 하는 자들이 자기 수치로 말미암아 뒤로 물러가게 하소서 ⁴주를 찾는 모든 자들이 주로 말미암아 기뻐하고 즐거워하게 하시며 주의 구원을 사랑하는 자들이 항상 말하기를 하나님은 위대하시다 하게 하소서 ⁵나는 가난하고 궁핍하오니 하나님이여 속히 내게 임하소서 주는 나의 도움이시요 나를 건지시는 이시오니 여호와여 지체하지 마소서

이 시편의 표제는 우리에게 이 시편이 기억을 일깨우기 위한 목적으로 지어졌다는 것을 말해 준다. 즉, 이 시편은 하나님께서 우리에게 베푸신 긍휼과 약속들을 하나님께 일깨우기 위한 것이다(왜냐하면, 하나님께서는 우리

가 하나님께 기도하고 호소할 때에 그렇게 하라고 말씀하고 계시기 때문이다, 사 43:26, 너는 나에게 기억이 나게 하라)— 영원한 마음을 지니신 하나님께서는 그를 일깨워 줄 자를 필요로 하지 않으시지만, 믿음의 기도를 하는 자들에게 그러한 영광을 수여하시기를 기뻐하셨다. 또는, 이 시편은 다윗 자신과 다른 사람들로 하여금 그들이 이전에 겪었던 환난들을 기억하게 함으로써, 우리가 결코 방심하지 말고, 항상 환난에 대비하게 하고, 비온 후에 다시 구름이 끼었을 때에 우리가 이전에 하나님의 위로와 구원을 가져오는 데에 효과적으로 사용하였던 바로 그 수단에 의지할 수 있도록 하기 위한 것이다. 우리는 기도할 때에 우리가 전에 자주 사용하였던 말들을 다시 사용할 수 있다. 우리 구주께서도 큰 번민 중에서 동일한 말을 사용해서 3번씩 기도하였다. 마찬가지로, 다윗은 여기에서 그가 이전에 사용하였던 말들을 사용하기는 하지만, 약간씩 수정을 가함으로써, 그가 자기 자신이나 다른 사람들을 고정된 틀에 묶을 의도가 없다는 것을 보여준다. 하나님은 말이 아니라 마음을 보신다.

I. 다윗은 여기에서 하나님께서 속히 그를 건지시고 구해 달라고 기도한다(1, 5절). 나는 가난하고 궁핍하며, 곤경에 처해 어찌할 바를 모르고 있나이다. 가난과 궁핍은 무한한 긍휼을 지니신 하나님께 기도할 때 호소하기 아주 좋은 것들이다. 심령이 가난한 자들에게 축복을 선포하셨고, 주린 자들을 좋은 것들로 채우시는 하나님은 통회하는 심령의 한숨 소리를 멸시하지 않으신다. 다윗은 이렇게 기도한다. 1. 하나님께서 그를 위하여 나타나셔서 적절한 때에 그를 환난에서 건져 주시라는 것. 2. 그 때까지 하나님께서 그를 도우러 오셔서, 그로 하여금 환난 가운데서 가라앉거나 기절하지 않게 도와 주시라는 것. 3. 하나님께서 이 일을 속히 해 주시라는 것: 여호와여, 속히 나를 도우시고(1절), 지체하지 마시고 속히 내게 임하소서(5절). 하나님께서는 종종 그의 백성을 돕는 것을 지체하시는 것처럼 보이는데, 이것은 그의 백성이 여기에서처럼 더욱 간절하게 바라고 기도하게 하기 위한 것이다. 믿는 자는 서두르지 않는 법이어서, 하나님의 계획을 미리 짐작하고 앞서가거나, 인위적인 방식으로 피할 길을 찾거나 환난에서 벗어날 부당한 방법을 취하지 않는다. 도리어, 그는 하나님을 만나러 나아가는 일에 서두르며, 겸손한 기도를 통해서 하나님께서 속히 그를 건져 주시도록 구한다. "내 영혼이 오직 주만을 고대하고 있사오니 속히 나를 도우소서. 주께서 나를 속히 돕지 않으시면, 나는 죽게 되리이다. 내게는 나를 구해 달라

고 기댈 곳이 없나이다. 오직 주만이 나의 도움이시요 나를 건지시는 이시나이다. 주께서는 주를 찾는 모든 자들에게 항상 그래오셨나이다. 나는 주께서 내게도 그렇게 하실 줄을 믿나이다. 주께서는 종종 내게 그렇게 해 주셨나이다. 주께는 그렇게 하실 능력이 충분히 있사오니, 속히 나를 도우소서."

Ⅱ. 다윗은 하나님께서 그의 원수들의 낯을 수치로 뒤덮이게 해 달라고 기도한다(2-3절). 좀 더 살펴보자.

1. 그는 그들을 어떻게 묘사하고 있는가. 그들은 그의 영혼을 찾아서 목숨을 끊어 놓고자 하였고, 그의 마음을 흐트러뜨려서 그로 하여금 하나님으로부터 물러나 범죄하고 절망하게 만들고자 하였다. 그들은 그를 해치고자 하였고 그를 죽이고자 하였다. 어떤 재앙이 그에게 떨어지거나 그를 위협하면, 그들은 이렇게 말하였다: "아하 아하 그것이 우리가 바라는 바다. 이제 우리가 우리의 목적을 달성해서 그가 죽는 꼴을 보게 되었구나." 그들은 이렇게 지독한 앙심을 품고 있었고 오만무례한 자들이었다.

2. 그들을 쳐서 드린 그의 기도는 무엇이었는가. "그들이 수치를 당하게 하소서. 그들로 하여금 그들의 얼굴에 수치가 가득하게 하사 회개하고 주의 이름을 찾게 하소서(시 83:16). 그들로 하여금 주께서 보호하시는 자들과 싸우는 것이 어리석고 잘못된 일임을 알게 하시고, 그들의 시기를 부끄러워하게 하소서(사 26:11). 하지만 나를 해치려는 그들의 음모가 좌절되게 하시고, 그들의 무기가 부러지게 하소서. 그들로 하여금 그들의 악의적인 행위들로부터 물러날 수밖에 없게 하셔서, 수치와 무안을 당하게 하시고, 유대인들의 원수들과 같이 크게 낙담하게 하소서(느 6:16)."

Ⅲ. 다윗은 하나님께서 그의 친구들의 마음을 기쁨으로 채우시고 하나님을 찾고 그의 구원을 사랑하며, 그것을 바라고 기뻐하며 의지하는 모든 자들에게 기뻐하고 찬송할 거리와 그렇게 할 마음을 끊임없이 주시기를 기도한다(4절), 그런 후에, 그는 그가 기도하는 축복에 자기도 참여하게 되리라는 것을 의심하지 않는다. 우리도 다윗이 말한 그런 자가 된다면, 분명히 그가 기도하는 축복에 참여하게 될 것이다.

1. 우리는 하나님을 섬기는 것을 우리의 가장 중요한 일로 삼아야 하고, 하나님의 은총을 우리의 가장 큰 기쁨이자 즐거움으로 삼아야 한다. 왜냐하면, 바로 그것이 하나님을 찾는 것이고 하나님의 구원을 사랑하는 것이기 때문이다.

또한, 우리는 하나님 안에서 행복을 구하는 것을 우리의 가장 큰 관심으로 삼아야 하고, 그것을 누리게 되는 것을 우리의 가장 큰 만족으로 삼아야 한다. 여호와의 구원을 사랑하고, 그 어떤 세속적인 유익보다 하나님의 구원을 우선시하여, 우리의 구원을 위태롭게 할 수 있는 모든 것들을 기꺼이 그만두고자 하는 마음이 우리에게 있다면, 그것은 우리가 하나님의 구원에 참여하고 있고 그럴 자격이 있다는 것을 보여주는 좋은 증거가 된다.

2. 그렇게 하면, 우리의 잘못이 없는 한, 여호와의 기쁨이 우리의 마음을 채우게 될 것이고, 여호와를 찬송하는 소리가 우리의 입을 채우게 될 것이다. 하나님을 찾는 자들이 새벽부터 부지런히 하나님을 찾는다면, 그들은 하나님으로 말미암아 기뻐하고 즐거워하게 될 것이다. 왜냐하면, 그들이 하나님을 찾는다는 것은 하나님께서 그들을 좋게 여기신다는 것을 보여주는 증거이고 그들이 하나님을 발견하게 될 전조이기 때문이다(시 105:3). 심지어 하나님을 찾는 일 속에 즐거움과 기쁨이 존재한다. 왜냐하면, 하나님이 그를 부지런히 찾는 모든 자들에게 상 주시는이시라는 것은 신앙의 근본적인 원리들 중의 하나이기 때문이다. 하나님의 구원을 사랑하는 자들은 늘 기쁜 마음으로(우리가 하나님을 늘 찬송하게 되면, 그것은 우리에게 늘 잔치가 될 것이기 때문이다) 하나님은 위대하시다고 말하게 될 것이고, 하나님은 그의 백성의 구원을 통해서 영원토록 높임을 받으시게 될 것이다. 성도들이 위로받기를 바라고 하나님께서 영광을 받으시기를 원하는 모든 자들은 하나님의 구원을 사랑하는 자들로 하여금 늘 하나님은 위대하시다고 말하게 해 달라는 이 기도에 대하여 진심으로 아멘이라고 말할 수밖에 없다.

제 71 편

개요

　　다윗은 노년에 이 시편을 지었는데, 많은 이들은 이 시편 속에 나오는 몇몇 구절들로 보아서 이 시편이 압살롬이 반란을 일으켰을 때에 지어진 것이라고 생각한다. 왜냐하면, 압살롬의 반란은 다윗의 생애 말기에 일어난 아주 큰 환난이었기 때문이다. 하지만 이 시편은 시바의 반란 등과 같이 다윗 생애의 말기에 그에게 일어났던 어떤 환난 속에서 지어진 것일 수도 있다. 하나님께서는 다윗의 생애 말기에 그의 집에서 칼이 떠나지 않을 것이라고 말씀하셨기 때문이다. 그러나 다윗은 환난 중에 있는 하나님의 백성들, 특히 생애 말년에 환난을 당한 자들이 일반적으로 이 시편을 사용할 수 있도록 하기 위하여 자신의 처지를 아주 구체적으로는 묘사하지 않는다. 이 시편은 다른 어느 시편보다도 예수 그리스도를 오랫동안 따랐던 나이든 제자들이 사용하기에 적합하다. I. 다윗은 믿음의 기도, 즉 하나님께서 그를 건져 주시고 구원해 주시며(2, 4절) 그를 버리거나(9절) 멀리하지 마시고(12절), 그의 원수들로 하여금 수치를 당하게 해 달라는(13절) 기도로 이 시편을 시작한다. 이렇게 기도할 때에 그는 그가 하나님을 의지하고 있다는 것(1, 3, 5, 7절), 그가 하나님으로부터 지금까지 도움을 받아 왔다는 것(6절), 그의 원수들이 그를 해치고자 하는 악의를 지니고 있다는 것(10-11절)을 호소한다. II. 다윗은 믿음의 찬송으로 이 시편을 끝맺는다(14절이하). 그의 소망은 어느 때보다도 더 견고하였고(16, 18, 20-21절), 그의 기쁨과 감사는 어느 때보다도 더 강렬하였다(15, 19, 22-24절). 그는 기쁨의 찬송 속에 사로잡혀 있다. 우리도 이 시편을 노래할 때에 하나님에 대한 우리의 믿음을 견고히 하고, 우리의 마음을 들어서 그의 거룩하신 이름을 송축하여야 한다.

¹여호와여 내가 주께 피하오니 내가 영원히 수치를 당하게 하지 마소서 ²주의 공의로 나를 건지시며 나를 풀어 주시며 주의 귀를 내게 기울이사 나를 구원하소서 ³주는 내가 항상 피하여 숨을 바위가 되소서 주께서 나를 구원하라 명령하셨으니 이는 주께서 나의 반석이시요 나의 요새이심이니이다 ⁴나의 하나님이여 나를 악인의 손 곧 불의한 자와 흉악한 자의 장중에서 피하게 하소서 ⁵주 여호와여 주는 나의 소

망이시요 내가 어릴 때부터 신뢰한 이시라 ⁶내가 모태에서부터 주를 의지하였으며 나의 어머니의 배에서부터 주께서 나를 택하셨사오니 나는 항상 주를 찬송하리이다 ⁷나는 무리에게 이상한 징조 같이 되었사오나 주는 나의 견고한 피난처시오니 ⁸주를 찬송함과 주께 영광 돌림이 종일토록 내 입에 가득하리이다 ⁹늙을 때에 나를 버리지 마시며 내 힘이 쇠약할 때에 나를 떠나지 마소서 ¹⁰내 원수들이 내게 대하여 말하며 내 영혼을 엿보는 자들이 서로 꾀하여 ¹¹이르기를 하나님이 그를 버리셨은즉 따라 잡으라 건질 자가 없다 하오니 ¹²하나님이여 나를 멀리 하지 마소서 나의 하나님이여 속히 나를 도우소서 ¹³내 영혼을 대적하는 자들이 수치와 멸망을 당하게 하시며 나를 모해하려 하는 자들에게는 욕과 수욕이 덮이게 하소서

다윗은 여기에서 전체적으로 두 가지를 기도한다 — 그가 낭패를 당하지 않게 해 달라는 것과 그의 원수들과 박해자들을 낭패당하게 해 달라는 것.

I. 다윗은 그가 하나님을 의지한 것으로 인해서 결코 수치를 당하지 않게 하시고, 그가 하나님을 믿고 기대한 것을 저버리지 말아 주시도록 기도한다. 모든 참된 신자는 이러한 간구를 가지고서 담대하게 은혜의 보좌 앞에 나아갈 수 있다. 왜냐하면, 하나님께서는 하나님이 믿는 자의 마음속에 친히 불러일으켜 주시는 소망을 저버리지 않으실 것이기 때문이다. 좀 더 살펴보자.

1. 다윗은 그가 하나님을 의지한다는 것을 어떻게 고백하고 있고, 기쁘고 감사하는 마음으로 얼마나 다양한 표현을 통해서 그러한 고백을 되풀이하고 있으며, 그러한 것을 하나님께 고백할 뿐만 아니라 여러 가지 근거들을 대면서 하나님께 호소하고 있는가. 우리는 우리가 얼마나 온전히 하나님을 의지하고 있는지를 고백함으로써(그것이 진심인 경우에) 하나님을 찬송하고 기쁘게 해 드릴 수 있다(1절). "여호와여 내가 주를 의지하고, 오직 주만을 의지하여 주께 피하나이다. 다른 사람들은 어떻게 하든지, 나는 야곱의 하나님만을 나를 도우실 자로 삼겠나이다." 하나님만으로 모든 것이 충분하다는 것과 하나님의 약속이 진실하다는 것에 온전히 만족하는 자들, 하나님을 의지하는 자들에게 하나님께서 충분히 보상해 주시리라는 것을 믿고서 기꺼이 하나님을 위하여 그 어떤 희생도 감수하고자 하는 자들은 진정으로 여호와여 내가 주를 의지하나이다라고 말할 수 있다. 하나님과 상대하고자 하는 자들은 하나님을 의지하고 신뢰

하는 가운데 하나님을 상대하여야 한다. 우리가 하나님과 상대하기를 꺼려한다면, 그것은 우리가 하나님을 신뢰하지 않는다는 것을 보여주는 징표이다. 주는 나의 반석이시요 나의 요새이심이니이다(3절). 또한, " 주는 나의 견고한 피난처이시나이다(7절). 내가 주께 피하면, 나는 주 안에서와 주의 보호하심 아래에서 분명히 안전하리이다. 주께서 나를 보호하시면, 그 누구도 나를 해칠 수 없나이다. 주는 나의 소망이시요 내가 신뢰한 이시라(5절). 즉, 주께서는 말씀을 통해서 주야말로 내가 소망하고 신뢰할 유일한 분이시라는 것을 내게 말씀해 주셨고, 내가 주께 소망을 두고서 실망한 적은 한 번도 없었나이다."

2. 하나님에 대한 다윗의 신뢰는 그의 경험들을 통해서 어떻게 확증되었고 견고해졌는가(5-6절). "주는 내가 어릴 때부터 신뢰한 이시라. 내가 나의 오른손과 왼손을 구별할 수 있을 때부터, 나는 주를 의지하였고, 그렇게 하는 것이 얼마나 옳은 일인지를 체험을 통하여 알았나이다. 왜냐하면, 주께서는 나를 모태에서부터 붙들어 주셨음이니이다." 다윗은 분별할 수 있는 능력을 지니게 된 때로부터 하나님의 선하심을 의지하여 왔는데, 이것은 그가 모태에서 조성된 때로부터 그는 하나님의 선하심을 보여주는 기념비였기 때문이었다. 하나님께서 섭리를 통해서 우리의 출생과 유년 시절에 우리에게 베푸신 은혜로운 돌보심을 생각하면, 우리는 일찍부터 경건에 눈 뜨게 되고 하나님의 영광을 위하여 변함없이 헌신하고자 하는 마음을 지니게 되리라는 것을 명심하라. 우리가 출생할 때부터 우리의 도움이셨던 분은 우리가 어릴 때부터 우리의 소망이 되실 수밖에 없다. 우리가 하나님을 섬기기 위하여 어떤 일을 할 수 있기 전부터 하나님으로부터 그토록 많은 긍휼하심을 받았다면, 우리는 우리가 하나님을 섬길 수 있게 된 때에 조금이라도 시간을 허비해서는 안 될 것이다. 시편 기자는 자신이 처한 현재의 곤경 속에서 힘을 얻기 위하여 여기에서 이러한 것들을 언급한다. 하나님께서는 그에게 생명과 존재를 부여하셔서 어머니의 배로부터 이 세상 속으로 나오게 하셨고, 그가 모태에서 죽거나 어머니의 배에서 나올 때에 목숨이 끊어지지 않게 하셨을 뿐만 아니라, 곧 그를 하나님의 가족의 일원으로 삼아 주셨다. "주는 나를 어머니의 배에서 끄집어 내어서 주의 은혜의 팔로 안으셨고, 주의 날개 그늘 아래로 들이셨으며, 주의 언약에 들어오게 하셨다. 주께서는 주의 여종의 아들로서 나를 주의 집에서 태어나게 하셨고 주의 교회 속으로 받아 주셨다(시 116:16)."

(1) "그러므로 나는 주께서 나를 보호해 주실 것이라는 소망을 가질 수 있다. 이제까지 나를 붙들어 주셨던 주께서 나로 하여금 이제 넘어지도록 내버려 두지 않으실 것이다. 나를 조성하신 주께서 주가 친히 그 손으로 만드신 것을 버리시지 않으실 것이다. 내가 스스로는 어찌할 수 없을 때 나를 도우셨던 주께서는 그 때처럼 내가 스스로는 아무것도 할 수 없는 이 때에 나를 버리시지 않으실 것이다."

(2) "그러므로 나는 주께 헌신하기로 결심할 만한 충분한 이유를 가지고 있다. 나는 항상 주를 찬송하리이다. 즉, 나는 주를 찬송하는 것을 나의 일과로 삼을 것이고, 기회가 있을 때마다 주를 찬송할 것이다."

3. 다윗은 이러한 신뢰 가운데서 하나님께 무엇을 간구하였는가.

(1) 그가 영원히 수치를 당하지 않게 해 주시고(1절), 그가 하나님으로부터 긍휼하심을 기대했다가 실망하고 그의 기대로 말미암아 부끄러움을 당하지 않게 해 달라는 것. 이렇게 우리는 우리가 하나님을 의지했다가 수치를 당하는 일이 없게 해 달라고 믿음으로 기도할 수 있다. 하나님께서 영광을 받으시기를 소망하는 것은 결코 수치를 당할 수 없는 소망이다.

(2) 하나님께서 그를 그의 원수들의 손에서 건져 주시라는 것(2절). "주의 공의로 건지소서. 주는 해악을 당한 자들을 변호하시고 해악을 끼친 자들을 벌하시는 분으로서 세상을 심판하시는 의로운 재판장이시니, 나로 하여금 이런저런 피할 길을 주옵소서(하나님은 우리가 시험을 당할 때에 피할 길도 아울러 주시는 분이시다, 고전 10:13)." "주의 귀를 내게 기울이사, 내 기도에 응답하셔서, 나를 환난에서 건지소서(4절). 나의 하나님이여, 나를 갈가리 찢고자 하는 자들의 손에서 나를 건져 주소서." 다윗은 하나님께서 그를 건져 주셔야 할 이유로 세 가지를 제시한다.

[1] 하나님께서 그에게 하나님의 구원을 기대하라고 격려하셨다는 것: 주께서는 나를 구원하라 명령하셨나이다(3절). 즉, 주께서는 그렇게 하기로 약속하셨고, 하나님의 약속들 속에는 효능이 있어서, 빛이 있으라 하시매 빛이 있었다고 성경에서 말씀하는 것처럼, 하나님께서 하신 약속은 흔히 명령의 효력을 갖는다. 하나님께서 말씀하시면, 그 일은 이루어진다.

[2] 그의 원수들은 어떤 자들인가. 그들은 악하고 불의하며 흉악한 자들이기 때문에, 하나님께서 그들을 치기 위하여 나타나시는 것은 하나님의 영광이 될 것

이다(4절). 왜냐하면, 하나님은 거룩하고 의로우시며 선하신 하나님이시기 때문이다.

[3] 많은 눈들이 다윗을 지켜 보고 있다는 것(7절). "나는 무리에게 이상한 징조 같이 되었나이다. 극심한 환난 속에 빠져 있는 내가 하나님만을 신뢰하고 의지한다고 고백한 결과가 무엇이 될지를 모든 사람이 지켜보고 있나이다." 또는, "나는 모든 사람들에게 괴물로 여겨져서 기피 인물이 되어 있기 때문에, 주께서 나의 피난처가 되지 않으시면, 나는 망할 수밖에 없나이다. 사람들은 나를 버렸지만, 하나님께서는 나를 버리지 아니하실 것이나이다."

(3) 그가 항상 하나님 안에서 안식과 안전을 발견하게 해 달라는 것(3절): 주는 나의 견고한 거처가 되어 주소서. 주는 내게 내가 항상 피하여 숨을 바위가 되어 주소서. 하나님을 안식처로 삼아서 하나님과 교통하며 하나님을 의지하는 삶을 살아가면서, 믿음과 기도를 통해서 끊임없이 하나님께 피하고, 항상 하나님만을 바라보는 자들은 결코 저절로 무너지지 않고 그 어떤 세력이 침공해 와도 무너지지 않는 견고한 거처를 하나님 안에서 마련할 수 있다. 하나님께서는 그들이 일마다 때마다 끊임없이 그에게 의지하고 피한다고 하여도 그들을 환영할 것이며, 그들이 너무 자주 온다고 꾸짖지 않으실 것이다.

(4) 하나님께서 그에게 끊임없이 감사할 제목을 주시고, 그가 끊임없이 그 감사의 즐거운 일에 쓰임받을 수 있게 해 달라는 것(8절). "지금 내 입에는 하소연으로 가득 차 있지만, 주를 찬송함이 내 입에 가득하게 하소서. 그리하시면 나는 나의 소망을 부끄럽게 여기지 않을 것이고, 나의 원수들은 그들의 오만방자함을 부끄러워하게 될 것이나이다." 하나님을 사랑하는 자들은 하나님을 찬송하기를 좋아하여 온종일 하나님을 찬송하기를 원할 것인데, 아침과 저녁의 기도 시간뿐만 아니라 하루에 일곱 번씩 찬송하는 것으로도 모자라서(시 119:164) 종일토록 찬송하고, 하나님께 영광과 찬송이 되는 말만을 하고자 한다. 그들은 살아 있는 동안에 그렇게 하고자 하고, 더 좋은 세상에 가서 영원토록 그렇게 하기를 소망한다.

(5) 하나님께서 노년에 그를 버리지 말아 달라는 것(9절): 지금 늙은 때에 나를 버리지 마시며 내 힘이 쇠약할 때에 나를 떠나지 마소서. 좀 더 살펴보자.

[1] 다윗은 늙어가면서 몸이 쇠약해진 것을 자연스럽게 느끼게 되었다는 것: 내 힘이 쇠약해져 있나이다. 다윗에게도 강건한 몸, 활기찬 마음, 또렷히 잘 보는

시력, 우렁찬 목소리, 강건한 사지(四肢)가 있었지만, 슬프게도 노년이 되면 그러한 것들은 쇠하고 만다. 노년이 되면 목숨이야 부지되지만, 힘은 온데간데 없다. 노년의 자랑은 수고와 슬픔뿐이다(시 90:10).

[2] 이렇게 쇠약할 때에 하나님께서 은혜로 계속해서 그와 함께 해 주시기를 다윗은 소원함: 여호와여, 나를 버리지 마시며 나를 떠나지 마소서. 이것은 다윗이 하나님께서 그를 버리시면 자기는 죽은 것이나 마찬가지라고 보고 있다는 것을 말해 준다. 하나님으로부터 버림받는 것은 어느 때든지 죽는 것보다 싫은 일이지만, 특히 노년에 우리의 힘이 쇠약해진 때에는 더욱 그러하다. 왜냐하면, 우리 마음의 힘이 되시는 분은 바로 하나님이시기 때문이다. 그러나 이 말씀은 다윗이 하나님께서 그를 버리시지 아니하시리라는 소망을 지닐 충분한 이유가 있었다는 것을 보여준다. 하나님의 신실한 종들은 노년에 하나님께서 그들을 버리지 아니하시고, 그들의 힘이 쇠하여졌을 때에 그들을 떠나지 않으실 것이라는 확신을 가질 수 있다. 하나님은 늙은 종들을 함부로 버리시는 그런 못된 주인이 아니시다. 이러한 신뢰 속에서 다윗은 여기에서 다시 기도한다(12절). "하나님이여, 나를 멀리 하지 마소서. 나로 하여금 주께서 나를 떠나셨다는 느낌을 갖게 하지 마소서. 주께서 나를 떠나시면, 나는 비참한 자가 될 것이나이다. 나와 언약을 맺으신 하나님, 나의 하나님이여, 도움이 오기 전에 내가 죽지 않도록, 속히 나를 도우소서."

II. 다윗은 그의 원수들이 그를 해치고자 하는 음모로 인하여 수치를 당하게 해 달라고 기도한다. 좀 더 살펴보자.

1. 그들은 그를 쳐서 어떤 부당한 말을 했는가(10-11절). 그들의 음모는 치밀하고 끈질긴 것이었다. 그들은 다윗의 생명을 노렸다: 그들은 내 영혼을 엿보았고(10절) 내 영혼을 대적하였다(13절). 그들은 힘과 모략을 겸비하고 있었다: 그들은 서로 꾀한다. 그들의 태도는 매우 오만방자하였다: 하나님이 그를 버리셨은즉 따라 잡으라고 그들은 말한다. 여기에서 그들의 전제, 즉 선한 자가 큰 환난 속에 있고, 그 환난 속에 오랫동안 있는데도, 그가 기대한 것과는 달리 신속하게 건지심을 받지 못하는 것으로 보아서, 하나님이 그를 버리셨고, 더 이상 그를 상관하지 않으실 것이라는 그들의 전제는 완전히 잘못된 것이다. 스스로 하나님께 버림을 받았다고 생각하거나 다른 사람들이 그렇게 생각하는 그런 자들이 모두 하나님께 버림을 받은 것은 아니다. 또한 그들의 전제가 잘못된

것과 마찬가지로, 그들의 추론도 야만적인 것이었다. 하나님께서 그를 버리셨음으로, 그를 핍박하며 따라 잡아서 죽여 버리자. 이것은 하나님께서 치신 자의 마음을 서글프게 하는 말을 하는 것이다(시 69:26). 이렇게 그들은 산헤립이 히스기야에게 하나님이 그의 원수가 되어서 그를 대적하여 싸우고 계시다고 주장함으로써 겁을 집어먹게 하고자 하였던 것처럼 다윗을 낙심시키고자 하였다. 내가 이제 올라와서 이 땅을 멸하는 것이 여호와의 뜻이 없음이겠느냐(사 36:10). 하나님께서 어떤 사람을 버리셨다면, 그 사람을 건질 자가 없다는 것은 사실이다. 그러나 그런 사람을 능욕하는 것은 스스로 하나님께 영원히 버림받아 마땅하다는 것을 알고 있는 자들에게는 결코 합당치 않은 일이다. 나의 대적이여 나로 말미암아 기뻐하지 말지어다 나는 엎드러질지라도 일어날 것이요 어두운 데에 앉을지라도 여호와께서 나의 빛이 되실 것임이로다. 잠시 동안 버리신 것처럼 보이는 하나님께서는 영원한 인자하심으로 모으실 것이다.

　2. 다윗은 격한 감정에서가 아니라 예언의 영으로 말미암아 무엇을 기도하였는가(13절). "내 영혼을 대적하는 자들이 수치와 멸망을 당하게 하소서. 그들이 스스로를 부끄러워하여 회개함으로써 구원을 받고자 하지 않는다면, 그들로 하여금 영원한 수치 속에서 낭패를 당하게 하시고, 멸망받게 하소서." 하나님께서는 하나님과 그의 백성의 영광을 욕되게 한 자들이 자랑하던 것을 욕과 수치가 되게 하실 것이다.

¹⁴나는 항상 소망을 품고 주를 더욱더욱 찬송하리이다 ¹⁵내가 측량할 수 없는 주의 공의와 구원을 내 입으로 종일 전하리이다 ¹⁶내가 주 여호와의 능하신 행적을 가지고 오겠사오며 주의 공의만 전하겠나이다 ¹⁷하나님이여 나를 어려서부터 교훈하셨으므로 내가 지금까지 주의 기이한 일들을 전하였나이다 ¹⁸하나님이여 내가 늙어 백발이 될 때에도 나를 버리지 마시며 내가 주의 힘을 후대에 전하고 주의 능력을 장래의 모든 사람에게 전하기까지 나를 버리지 마소서 ¹⁹하나님이여 주의 공의가 또한 지극히 높으시나이다 하나님이여 주께서 큰 일을 행하셨사오니 누가 주와 같으리이까 ²⁰우리에게 여러 가지 심한 고난을 보이신 주께서 우리를 다시 살리시며 땅 깊은 곳에서 다시 이끌어 올리시리이다 ²¹나를 더욱 창대하게 하시고 돌이키사 나를 위로하소서 ²²나의 하나님이여 내가 또 비파로 주를 찬양하며 주의 성실을 찬양하리이다 이스라엘의 거룩하신 주여 내가 수금으로 주를 찬양하리이다 ²³내가 주

를 찬양할 때에 나의 입술이 기뻐 외치며 주께서 속량하신 내 영혼이 즐거워하리이다 [24]나의 혀도 종일토록 주의 공의를 작은 소리로 읊조리오리니 나를 모해하려 하던 자들이 수치와 무안을 당함이니이다

　　　다윗은 여기에서 하나님에 대한 믿음과 소망으로 인해서 기쁨과 찬송으로 가득 찬 거룩한 황홀경 속에 빠져 있다. 다윗의 말투가 갑자기 뚜렷한 변화를 보이고 있는 14절에서 이 두 가지가 분명하게 나타난다. 그를 엄습하였던 두려움이 모두 사라지고 소망이 솟아오르고, 그의 기도는 감사로 바뀐다. "나의 원수들이 나를 절망에 빠뜨리기 위해서 제멋대로 말하게 내버려 두소서. 아무리 암울하고 어두운 날에도 그 어떤 상황 속에서도 나는 항상 소망을 품으리이다. 나는 소망 가운데 살 것이고, 끝까지 소망을 놓치 않으리이다." 우리는 우리를 결코 실망시키지 않으실 분을 소망하는 것이기 때문에, 하나님에 대한 우리의 소망은 우리를 저버리지 않을 것이다. 그 때에 우리는 하나님을 더욱더 찬송하게 될 것이다. "원수들이 나를 능욕하면 할수록, 나는 더욱더 견고하게 주께 매달리고, 이전보다 더욱더욱 찬송하리이다." 우리가 더 오래 살면 살수록, 우리는 하나님을 찬송하는 일에 더욱더 능숙하게 되고, 더욱더 풍성하게 하나님을 찬송하게 된다. 나는 내가 이제까지 드린 모든 찬송, 주께 드린 모든 찬송보다 더하리이다. 왜냐하면, 지금까지 내가 드린 모든 찬송은 너무도 작기 때문이다. 우리가 하나님께서 우리에게 주신 은혜로 인하여 하나님께 영광을 돌리기 위하여 우리가 할 수 있는 한 모든 것을 말했다고 할지라도, 우리에게는 여전히 더 할 말이 남아 있다. 그것은 우리가 아무리 많은 말을 하여도 결코 다 말할 수 없는 그런 것이기 때문에, 우리는 하나님을 찬송하는 일에 결코 지쳐서는 안 된다. 이 절들 속에서 우리는 다음과 같은 것들을 살펴보자.

I. 다윗의 마음속에 있는 믿음과 소망이 얼마나 견고하였는가.　마음을 이렇게 견고히 하는 것은 좋은 일이다. 좀 더 살펴보자.

1. 그는 무엇을 소망하였는가(16절).

(1) 하나님의 능력. "내가 주 여호와의 힘으로 가겠나이다. 나는 절망 속에 앉아 있는 것이 아니라, 내 자신의 힘이 아니라 하나님의 힘으로 떨쳐 일어나서 내가 마땅히 해야 할 일과 싸움을 위하여 앞으로 나아가리이다. 내 힘으로 충분하다는 생각을 버리고, 오직 하나님을 의지하는 것만으로 충분하다고 여기며,

하나님께서 섭리를 통하여 주시는 힘과 은혜를 통하여 주시는 힘을 가지고 내가 나아가겠나이다." 우리는 하나님의 일을 할 때에 항상 하나님께서 주시는 힘으로 하여야 하고, 하나님께서 우리에게 역사하셔서 우리로 하여금 그 일을 하고자 하고 또한 행할 수 있도록 해 달라고 하나님을 바라보아야 한다.

(2) 하나님의 약속. "내가 주의 의를 전하겠나이다. 즉, 내가 주께서 이미 하신 모든 말씀에 대하여 신실하시다는 것과 주께서 행하신 일들은 공평하다는 것과 주께서는 주를 의지하는 자들에게 인자하시다는 것을 전하겠나이다. 나는 주의 긍휼하심을 구하기 위한 기도 속에서 주의 이러한 의에 호소하겠나이다." 우리는 이것을 율법과 선지자들이 증언한 믿음으로 말미암는 하나님의 의라 불리는 그리스도의 의에 적용하는 것이 아주 합당할 것이다. 우리는 하나님의 힘에 의지해서 우리를 도와 달라고 하여야 하고, 그리스도의 의에 의지해서 우리를 받아 달라고 하여야 한다. 나의 의와 힘은 여호와께 있다(사 45:24).

2. 그는 무엇을 소망하는가.

(1) 그는 하나님께서 그의 노년에 그를 버리지 말아 주시고, 이제까지처럼 끝까지 그를 동일하게 대해 주시기를 소망한다(17-18절). 좀 더 살펴보자.

[1] 그가 어렸을 때에 하나님은 그를 위하여 무엇을 하셨는가: 주께서는 나를 어려서부터 교훈하셨나이다. 그는 자기가 어렸을 때에 부모님으로부터 좋은 교육과 선한 교훈을 받은 것을 하나님께서 그에게 베푸신 크신 은총으로 여겨서 하나님께 감사하지 않으면 안 되는 것으로 생각하였다. 어려서부터 하나님에 대하여 가르침을 받고, 어린 시절부터 성경을 배우는 것은 복된 일이고, 하나님께서 우리로 하여금 그렇게 하도록 해 주셨다면, 그것은 우리가 하나님을 송축할 충분한 이유가 된다.

[2] 그가 한창 때에 하나님을 위하여 무엇을 하였는가: 그는 하나님의 모든 기이한 일들을 전하였다. 어렸을 적에 선한 것을 갖고 있지 않았던 자들은 그들이 자랐을 때에 선을 행하여야 하고 그들이 받은 것을 계속해서 전하여야 한다. 우리는 하나님께서 우리를 선대하셔서 행하신 모든 일들이 기이한 일들이라는 것을 고백하여야 하고, 우리는 도저히 그런 대접을 받기에 합당치 않은 자들인데도 하나님께서 그토록 많은 기이한 일들을 우리에게 행하신 것을 칭송하여야 하며, 하나님의 영광과 다른 사람들의 유익을 위하여 하나님께서 우리에게 행하신 기이한 일들을 전하는 것을 우리의 일로 삼아야 한다.

[3] 나이가 든 지금에 있어서 그는 하나님께 무엇을 원하였는가. 하나님이여 내가 늙어 백발이 되어서, 이 세상에 대하여 죽고 저 세상으로 속히 가고 있는 지금 나를 버리지 마소서. 이것은 그가 간절히 소원하며 확신을 가지고 소망하는 것이었다. 어려서부터 하나님에 대하여 가르침을 받아 왔고, 하나님을 높이는 것을 그들이 일생 동안 해야 할 일로 삼아온 자들은 그들이 늙어 백발이 되었을 때에 하나님께서 그들을 떠나지 않으시며, 그들을 아무런 위로도 없이 홀로 버려 두지 않으시고, 노년이라는 열악한 날들이 그들의 전성기가 되게 하여 주셔서, 그들로 하여금 노년에 낙이 있다고 말할 수 있게 해 주실 것임을 확신할 수 있다.

[4] 그는 노년에 하나님을 위하여 무엇을 하기로 계획하였는가. "나는 나의 체험을 통해서 주의 힘을 이 세대에 전할 뿐만 아니라, 내가 본 것들을 후대의 유익을 위하여 기록으로 남김으로써 장래의 모든 사람에게 그것을 전하겠나이다." 우리는 살아 있는 동안 하나님을 영화롭게 하고 서로의 덕을 세우는 일에 힘써야 한다. 하나님께서 그들에게 베푸신 선하심을 가장 폭넓게 오랫동안 체험한 자들은 그들의 체험을 다른 사람들의 유익을 위하여 활용하여야 한다. 그리스도를 오랫동안 따른 제자들은 신앙의 능력과 즐거움과 유익, 하나님의 약속들의 진실하심에 대한 엄숙한 증언을 후대를 위하여 남겨 놓을 책무를 지니고 있다.

(2) 그는 하나님께서 그를 다시 살리시고, 지금의 낮고 서글픈 처지에서 그를 이끌어 올려 주시기를 소망한다(20절): 우리에게 여러 가지 심한 고난을 보이신 주께서 우리를 다시 살리시리이다.

[1] 하나님의 성도들과 종들 중에서 가장 선한 자들도 이 세상에서 종종 크고 심한 환난을 겪게 된다.

[2] 성도들은 그들이 당하는 모든 환난 속에서 하나님의 손길을 보아야 하고, 그렇게 할 때에 환난이 가볍게 여겨져서 그 괴로움이 줄어들게 될 것이다. 다윗은 "주께서 그러한 환난들로 내게 짐 지우셨나이다"라고 말하는 것이 아니라, 자애로운 아버지가 자녀로 하여금 항상 정신을 차리도록 하기 위하여 회초리를 보이는 것처럼, "내게 고난들을 보이셨다"라고 말한다.

[3] 하나님의 백성은 언제든지 이렇게 심한 환난의 나락으로 내려갈 수 있지만, 하나님께서는 그들을 다시 살리실 것이고 다시 건져 올리실 것이다. 그들

은 죽었는가? 하나님은 그들을 다시 깨워서 살리실 수 있다(고후 1:9을 보라). 그들은 혼이 나간 죽은 사람처럼 매장되어 있는가? 하나님께서는 그들을 땅 깊은 곳에서 다시 이끌어 올리실 수 있고, 아무리 의기소침한 심령이라도 밝게 웃게 하실 수 있으시며, 아무리 땅 속 깊이 가라앉아 버린 것이라도 다시 끌어 올리실 수 있으시다.

[4] 우리의 환난 속에서 하나님의 손길을 제대로 인식하기만 한다면, 우리는 적절한 때에 하나님께서 우리를 그 환난에서 건져 주시리라는 것을 기대할 수 있다. 우리의 현재의 환난이 아무리 크고 심하다고 하여도, 그런 것은 하나님께서 우리를 땅 깊은 곳에서 다시 살리시는 것에 아무런 방해도 되지 못할 것이다. 우리의 크신 주님이 이것을 증언해 주고 계시는데, 여기에 나오는 말씀은 주님과 어느 정도 관련이 있는 것 같다. 아버지께서는 주님께 크고 심한 환난을 보여주셨지만, 그를 다시 살리셨고, 그를 무덤에서 끌어 올리셨다.

(3) 그는 하나님께서 환난으로부터 그를 건지실 뿐만 아니라 그를 높이셔서 이전보다 더 큰 영광과 기쁨을 주실 것을 소망한다(21절). "주께서는 나를 다시 회복시키셔서 원래대로 크게 하실 뿐만 아니라, 나를 더욱 창대하게 하시고, 이 엄청난 일을 겪은 후에 나에게 이전보다 더 좋은 것을 주실 것이다. 주께서는 나를 위로하실 뿐만 아니라, 사방으로 나를 위로하셔서, 나는 그 어느 쪽에서도 암울하거나 나를 위협하는 것을 보지 않게 될 것이다." 하나님은 종종 그의 백성으로 하여금 환난을 통과하게 하심으로써 그들을 더욱 크게 하시고, 구름 속에 가려 있던 해가 구름을 빠져 나오면 더 밝게 빛나는 것과 같이 그들로 하여금 더욱 빛을 발하게 하신다는 것을 명심하라. 하나님께서 환난을 통해서 그의 백성을 더욱 선하게 하신다면, 그 환난은 결국 그의 백성을 더욱 크게 하고 더욱 영광되게 하는 것임이 드러나게 될 것이다. 하나님께서 그의 백성들로 하여금 사방으로 환난을 당하게 하신 정도만큼 이후에 그들을 사방으로 위로하신다면, 그들이 불평할 이유는 전혀 없는 것이다. 우리 주 예수께서 다시 살아나셔서 땅 깊은 곳에서 끌어 올려지셨을 때에 그는 더욱 크게 되셔서 자기 앞에 놓인 즐거움으로 들어가셨다.

(4) 그는 그의 모든 원수들이 낭패를 당하게 될 것을 소망한다(24절). 그는 이 일이 이미 이루어진 일인 것처럼 아주 큰 확신 속에서 말하며 즐거워한다: 나를 모해하려 하던 자들이 수치와 무안을 당하였나이다. 그가 존귀하게 된 것은

그들의 수치가 될 것이고, 그의 위로는 그들에게 낭패가 될 것이다.

II. 우리는 이제 여기에서 다윗의 마음이 넓혀져서 얼마나 기뻐하고 찬송하는지, 그가 어떻게 소망 중에 즐거워하며 소망 중에 노래하는지를 보게 된다. 왜냐하면, 우리는 소망으로 구원을 받았기 때문이다.

1. 그는 그가 잘 알고 있었고 그것들로 인하여 많은 감화를 받았던 큰 일들, 즉 하나님의 의와 구원에 관하여 말하고자 한다. 그는 이러한 것으로 인하여 하나님께서 영광을 받으시고, 다른 사람들은 이러한 것을 알고서 위로를 받게 되기를 소원하였다: 내 입이 주의 의와 구원을 전하며(15절), 나의 혀도 종일토록 주의 의를 읊조리오리다(24절). 다윗이 여기에서 특별히 감화를 받은 듯이 보이는 하나님의 의는 아주 많은 것을 포함한다: 하나님의 본성이 반듯하시다는 것, 하나님께서 섭리를 통하여 행하시는 일들이 공평하다는 것, 하나님께서 우리에게 지키라고 주신 의로운 법들, 하나님께서 우리에게 의지하라고 주신 의로운 약속들, 성자께서 우리의 의를 위하여 이루신 영원한 의. 하나님의 의와 그의 구원은 여기에서 서로 결합되어 나온다. 아무도 이 둘을 분리해서는 안 되고, 의 없는 구원을 생각할 수도 없다(시 50:23). 이 두 가지가 우리가 원하는 것들이라면, 우리는 이 둘을 온종일 우리의 화젯거리로 삼아야 한다. 왜냐하면, 이 둘은 우리가 아무리 말해도 다 말할 수 없는 그런 주제들이기 때문이다.

2. 그는 하나님의 사랑과 은혜가 지닌 높이와 깊이, 길이와 넓이에 놀란 자처럼 기이히 여기는 마음과 경배하는 마음으로 그것들에 대하여 말하고자 한다. "나는 그것들을 측량할 수 없나이다(15절). 나는 주께서 내게 베푸신 은총들이 너무도 많고 너무도 커서 일일이 다 열거할 수는 없지만(내가 그 수를 세고자 하나 너무 많아 그 수를 셀 수도 없나이다, 시 40:5), 즉 그 수가 헤아릴 수 없이 많다는 것을 알고 있지만, 나는 여전히 그것들에 대하여 말하고자 하나이다. 왜냐하면, 내가 말하다 보면 또 새로운 것이 드러날 것이기 때문이니이다(19절)." 하나님 안에 있는 의는 지극히 높으시다. 하나님께서 그의 백성을 위하여 행하시는 의는 지극히 크시다. 이 두 가지를 함께 생각한다면, 우리는 하나님이여 누가 주와 같으리이까라고 말하지 않을 수 없게 될 것이다. 이것은 다음과 같은 것들을 인정함으로써 하나님을 찬송하는 것이다.

(1) 하나님의 완전하심과 행하심은 우리의 인식을 뛰어넘고 있다는 것. 그것

들은 지극히 높고 큰데, 너무도 높아서 우리의 인식이 닿을 수 없고, 너무도 커서 우리의 인식 속에 담을 수 없다.

(2) 하나님의 완전하심과 행하심은 비할 바가 없다는 것. 하나님 같은 분이 없고, 하나님께서 행하신 일 같은 것이 없다: 하나님이여, 누가 주와 같으리이까. 하나님 같은 분은 하늘에도 없고 땅에도 없으며, 천사나 왕 중에도 없다. 하나님은 비할 바 없는 분이시다. 우리가 하나님을 바로 그런 분으로 고백하지 않는다면, 우리는 하나님을 제대로 찬송하는 것이 아니다.

3. 그는 기쁨과 즐거움을 표현하는 모든 수단들을 동원해서 그것들에 대하여 말하고자 한다(22-23절). 좀 더 살펴보자.

(1) 그는 하나님을 찬송할 때에 어떤 하나님을 바라보았는가.

[1] 신실하신 하나님: 내가 주를 찬양하며 주의 성실을 찬양하리이다. 하나님은 그의 말씀을 통해서 자신을 사람들에게 알게 하신다. 우리가 하나님의 말씀이 참되다는 것을 찬송한다면, 우리는 하나님을 찬송하는 것이 된다. 우리는 믿음으로써 하나님께서 참되시다는 것을 인쳤다. 따라서 우리는 하나님의 참되심을 찬송한다.

[2] 그와 언약을 맺으신 하나님. "나의 하나님이여, 내가 동의하였고, 나의 하나님으로 모시기로 내가 단언한 하나님이여." 우리는 기도할 때와 마찬가지로 찬송할 때에도 하나님을 우리의 하나님으로 바라보아야 하고, 우리가 하나님께 속하였다는 것과 하나님에 대한 우리의 관계로 인하여 하나님께 영광을 돌려야 한다.

[3] 이스라엘의 거룩하신 자, 이스라엘 가운데서 그의 거룩하심으로 영광을 나타내시며 이스라엘과 맺은 언약에 대하여 신실하신 이스라엘의 하나님. 하나님이 거룩하신 분이라는 것은 하나님의 영광이고, 하나님이 이스라엘의 거룩하신 분이라는 것은 그의 백성의 영광이다.

(2) 그는 자신의 기쁨과 즐거움을 어떻게 표현하고자 하는가.

[1] 그의 손에 든 신성한 악기로 — 비파와 수금으로. 다윗은 이러한 악기들에 뛰어났기 때문에, 자신의 가장 뛰어난 재능을 하나님을 찬송함으로써 다른 사람들에게 유익을 끼치는 데에 사용하고자 하였다.

[2] 그의 입술로 거룩한 노래를 부름으로써. "주의 영광을 위하여 주께 열납되기를 바라는 마음으로 내가 주를 찬양하리이다. 내가 주를 찬양할 때에 나의 입

술이 가장 합당하게 쓰임받는다는 것을 알고서 크게 기뻐하리라."

[3] 그의 마음으로: 주께서 속량하신 내 영혼이 즐거워하리이다. 첫째, 거룩한 기쁨은 감사 찬송의 심장이자 생명이다. 둘째, 우리는 하나님을 찬송할 때에 마음으로 노래하지 않는다면 여호와를 찬양하는 것이 되지 못한다. 나의 입술은 즐거워할 수 있지만, 그것은 아무것도 아니다. 입술의 수고는 그 수고가 아무리 크다고 하여도 단지 그것뿐이라면 하나님을 섬기는 데에 헛된 수고만 한 것이 될 뿐이다. 영혼이 함께 참여하여야 하고, 우리 안에 있는 모든 것이 하나님의 거룩한 이름을 송축하여야 한다. 그렇지 않는다면, 우리의 다른 것으로 드리는 찬양은 거의 가치가 없다. 셋째, 속량받은 영혼은 기뻐 감사하는 영혼이 되어야 마땅하다. 우리는 찬송할 때에 하나님께서 행하신 모든 일들 중에서 무엇보다도 구속 사역을 송축하여야 한다. 그러므로 우리를 속량하기 위해서 죽임을 당하신 어린 양은 온갖 찬송과 송축을 받으시기에 합당하다.

제 72 편

개요

앞의 시편은 다윗이 노년에 지은 것이었는데, 이 시편도 그런 것으로 보인다. 왜냐하면, 솔로몬이 지금 왕위를 물려 받기 위해서 당당하게 서 있는 모습으로 나오기 때문이다. 앞의 시편은 다윗이 자기 자신을 위하여 기도한 것이었고, 이 시편은 그의 아들이자 후계자를 위하여 기도한 것이다. 이 시편의 끝에 나오는 것처럼, 이 두 시편을 통해서 이새의 아들 다윗의 기도가 끝이 난다. 우리가 이 세상에 사는 동안에 하나님의 임재가 우리에게 있고, 우리 뒤에 올 자들이 우리가 하늘에서 하나님을 찬송하고 있을 때에 이 땅에서 하나님을 찬송하고 있을 것이라는 선한 소망이 우리에게 있다면, 그것으로 모든 것이 충분하다. 이 시편의 표제는 "솔로몬을 위한 시편"으로 되어 있다. 이 시편은 다윗이 죽기 조금 전에 하나님의 지시로 후계자를 정하고, 솔로몬을 왕으로 선포하도록 영을 내렸을 때에(왕상 1:30 이하) 직접 썼거나 성령의 인도하심을 따라서 다윗에 의해서 지어졌을 것이다. 그러나 여기에서 솔로몬의 이름이 사용되고 있기는 하지만, 이 시편에서는 솔로몬의 나라를 모형으로 한 그리스도의 나라가 예언되고 있다. 다윗은 이 시편에 나오는 하나님의 예언, 즉 "하나님이 그의 자손 중에서 한 사람을 그의 위에 앉게 하시리라"는 것을 알고 있었다(행 2:30). 다윗은 여기에서 그리스도에 대하여 증언하고 있고, 그가 죽어가는 순간에 그의 가문이 그가 원했던 것과는 달리 하나님 앞에서 그렇게 크거나 선하지 못할 것이라는 것을 내다보면서도, 그리스도의 나라가 영화로울 것을 바라보는 것으로 위로를 삼았다. I. 다윗은 영으로 그의 후계자를 위한 짤막한 기도를 드리는 것으로 시작한다(1절). II. 그는 그의 통치의 영광들에 관한 긴 예언으로 곧장 넘어간다(2-17절). III. 그는 이스라엘의 하나님에 대한 찬송으로 끝을 맺는다(18-20절). 이 시편을 노래할 때, 우리는 그리스도를 바라보면서, 왕이신 그리스도를 찬송하고, 그의 신민이 된 우리의 복을 기뻐하여야 한다.

〔솔로몬의 시〕

¹ 하나님이여 주의 판단력을 왕에게 주시고 주의 공의를 왕의 아들에게 주소서

이 절은 왕, 특히 왕의 아들을 위한 기도이다.

I. 우리는 이 말씀을 솔로몬에게 적용할 수 있다. 하나님이여 주의 판단력을 왕에게 주시고 주의 공의를 왕의 아들에게 주소서. 그를 사람으로 만드시고 왕으로 만드소서. 그를 선한 사람으로 만드시고 선한 왕으로 만드소서.

1. 이것은 족장들이 자녀들에게 남겨 주었던 임종시의 축복, 아버지가 그의 자녀들을 위하여 드린 기도이다. 우리가 자녀들을 위하여 하나님께 구할 수 있는 것 중에서 가장 좋은 것은 하나님께서 그들에게 그들의 도리를 알고 행할 수 있는 지혜와 은혜를 주시라는 것이다. 이러한 것은 금보다 더 나은 것이다. 솔로몬은 그의 아버지가 그를 위하여 기도하였던 대로 하나님께서 자기에게 부와 명예가 아니라 지혜롭고 명철한 마음을 달라고 자기 자신을 위하여 기도할 줄을 알았다. 자신의 아들이 자신의 후계자가 되리라는 것은 다윗에게 위로가 되었지만, 그에게 더욱 큰 위로가 되었던 것은 그의 후계자가 지혜롭고 의로운 자가 될 가망성이 있었다는 것이다. 다윗은 그를 잘 교육시켰고(잠 4:3), 그에게 선한 판단력과 의를 가르쳤지만, 하나님께서 그에게 하나님의 판단력을 주시지 않는다면, 그 모든 것이 허사가 되고 말 것이었다. 부모는 자녀들에게 직접 은혜를 줄 수는 없지만, 기도를 통해서 하나님께서 자녀들에게 은혜를 주시도록 구할 수 있고, 그들이 구한 것은 결코 헛되지 않을 것이다. 왜냐하면, 그들의 기도는 응답이 되든지, 아니면 그들에게 위로로 되돌아오게 될 것이기 때문이다.

2. 이것은 왕이 그의 후계자를 위하여 드린 기도이다. 다윗은 그가 다스리는 동안에 공의와 정의를 베풀었었는데, 지금은 그의 아들도 그렇게 하게 해 달라고 기도한다. 우리는 후손에 대하여 이러한 관심을 가지고서, 우리 뒤에 오는 자들이 우리보다 더 잘 하나님을 섬길 수 있게 되기를 원하고, 또한 그렇게 되도록 애써야 한다. 그들이 죽고 나서 이 세상과 교회가 어떻게 되든지 신경을 쓰지 않는 자들은 하나님이나 사람에 대하여 사랑을 갖지 않고, 아주 좁은 이기적인 마음을 지닌 자들이다.

3. 이것은 신민들이 그들의 왕을 위하여 드린 기도이다. 다윗은 백성들이 이 시편을 노래하면서 솔로몬을 위하여 기도할 수 있도록 이 시편을 지은 것으로 보인다. 고요하고 평안한 삶을 살고자 하는 자들은 왕을 비롯한 모든 권세자들을 위하여 하나님께서 그들에게 하나님께 속한 공의와 의를 주시도록 기도하

여야 한다.

Ⅱ. 우리는 이 말씀을 그리스도에게 적용할 수 있다.   그리스도는 우리를 위하여 중보 기도하시지만, 우리의 중보 기도를 필요로 하는 분은 아니시다.

1. 이것은 구약의 교회가 메시야, 즉 교회의 왕, 거룩한 시온산 위에 서실 왕, 만왕의 왕께서 너는 내 아들이다라고 말씀하셨던 바로 그 왕(시 2:6-7)을 보내 달라고 드린 기도이다. "모든 심판을 맡으신 그리스도께서 속히 오게 하여 주소서." 마찬가지로, 우리는 세상을 의로 심판하실 그리스도께서 속히 다시 오시기를 기도하여야 한다.

2. 이것은 모든 참된 신자들이 주 예수께서 아버지로부터 받으신 권세에 대하여 만족감을 표현한 것이다. "예수께서 하늘과 땅의 모든 권세를 가지시고 우리의 의이신 주가 되게 하소서. 예수를 그의 소유된 모든 자들을 위한 하나님의 은혜를 맞는 자로 삼아 주소서. 하나님의 은혜를 그에게 주사, 그가 그 은혜를 우리에게 줄 수 있게 하소서."

²그가 주의 백성을 공의로 재판하며 주의 가난한 자를 정의로 재판하리니 ³공의로 말미암아 산들이 백성에게 평강을 주며 작은 산들도 그리하리로다 ⁴그가 가난한 백성의 억울함을 풀어 주며 궁핍한 자의 자손을 구원하며 압박하는 자를 꺾으리로다 ⁵그들이 해가 있을 동안에도 주를 두려워하며 달이 있을 동안에도 대대로 그리하리로다 ⁶그는 벤 풀 위에 내리는 비 같이, 땅을 적시는 소낙비 같이 내리리니 ⁷그의 날에 의인이 흥왕하여 평강의 풍성함이 달이 다할 때까지 이르리로다 ⁸그가 바다에서부터 바다까지와 강에서부터 땅 끝까지 다스리리니 ⁹광야에 사는 자는 그 앞에 굽히며 그의 원수들은 티끌을 핥을 것이며 ¹⁰다시스와 섬의 왕들이 조공을 바치며 스바와 시바 왕들이 예물을 드리리로다 ¹¹모든 왕이 그의 앞에 부복하며 모든 민족이 다 그를 섬기리로다 ¹²그는 궁핍한 자가 부르짖을 때에 건지며 도움이 없는 가난한 자도 건지며 ¹³그는 가난한 자와 궁핍한 자를 불쌍히 여기며 궁핍한 자의 생명을 구원하며 ¹⁴그들의 생명을 압박과 강포에서 구원하리니 그들의 피가 그의 눈 앞에서 존귀히 여김을 받으리로다 ¹⁵그들이 생존하여 스바의 금을 그에게 드리며 사람들이 그를 위하여 항상 기도하고 종일 찬송하리로다 ¹⁶산 꼭대기의 땅에도 곡식이 풍성하고 그것의 열매가 레바논 같이 흔들리며 성에 있는 자가 땅의 풀 같이 왕성하리로다 ¹⁷그의 이름이 영구함이여 그의 이름이 해와 같이 장구하리로다 사람들이 그

로 말미암아 복을 받으리니 모든 민족이 다 그를 복되다 하리로다

이것은 솔로몬의 통치를 빌려서 그리스도의 나라가 형통하고 영원할 것을 예언한 것이다.

1. 이것은 기도를 강화하기 위한 호소이다. "여호와여, 그에게 주의 판단력과 주의 의를 주소서. 그리하면, 그가 주의 백성을 공의로 재판하리니, 주께서 그를 왕위에 오르게 하신 목적이 달성되리이다(2절). 그에게 주의 은혜를 주소서. 그리하면, 그에게 맡겨진 주의 백성이 그 은택을 입게 되리이다." 하나님이 이스라엘을 사랑하사 그를 세워 그들의 왕으로 삼아 정의와 공의를 행하게 하셨도다(대하 9:8). 우리는 하나님의 교회에 전반적으로 유익이 되리라고 생각되는 그러한 은혜를 위하여 믿음으로 하나님과 씨름하여야 한다.

2. 이것은 기도에 대한 평안의 응답이다. 우리가 하나님의 긍휼에 대한 약속들에 대하여 믿음의 기도로 응답하는 것과 마찬가지로, 하나님은 우리의 믿음의 기도에 대하여 긍휼의 약속들로 응답하신다. 이 시편 속에는 솔로몬의 통치에 적용될 수 없는 많은 대목들이 나오는 것으로 보아서, 이 예언이 메시야의 나라에 적용되어야 한다는 것은 분명하다. 솔로몬의 통치 초기에는 실제로 의와 평화가 널리 지배하였다. 그러나 그의 통치 말기에는 환난과 불의가 있었다. 여기에서 말하고 있는 나라는 해처럼 영원히 지속될 것이었지만, 솔로몬의 나라는 곧 소멸하였다. 그러므로 유대인 주석가들조차도 이 시편을 메시야의 나라에 관한 것으로 이해한다.

우리는 여기에 나오는 크고 귀중한 많은 약속들, 오직 그리스도의 나라에서만 온전히 성취될 그러한 약속들을 살펴보기로 하자. 하지만 이러한 약속들 중 일부는 솔로몬의 통치 때에 부분적으로 이루어지기도 하였다.

I. 그 통치가 의로운 통치가 되리라는 것(2절). 그가 주의 백성을 의로 재판하리라(사 11:4을 참조하라). 그리스도의 나라의 모든 법은 공평과 관련된 영원한 준칙들과 합치한다. 불안전한 법으로 인하여 혹독한 일들을 당한 자를 구제하기 위하여 그리스도께서 세우시는 법정은 진정한 의미에서 공평을 세우는 법정이 될 것이다. 또한, 장차 있을 그리스도의 최후의 심판의 선고에서 빠져나갈 자는 아무도 없을 것이다. 그리스도의 나라의 평화는 의에 의해서 밑받침될 것이다(3절). 왜냐하면, 의가 바다 물결 같을 때에만 강 같은 평화가 가능하

기 때문이다. 이 세상은 의로 심판을 받게 될 것이다(행 17:31).

Ⅱ. 그 통치는 평화로운 통치가 되리라는 것.   산들이 백성에게 평강을 주며 작은 산들도 그리하리로다(3절). 즉, 솔로몬의 나라에서 상급 법원이나 하급 법원이나 모두 백성들에게 평강을 가져다 주게 될 것이다(하몬드 박사는 이렇게 말한다). 거기에는 평강의 풍성함이 있게 될 것이다(7절). 솔로몬이라는 이름은 평화로움을 의미하는데, 그의 통치는 평화로운 통치였다. 왜냐하면, 솔로몬의 통치 아래에서 이스라엘은 앞서 다윗이 거둔 승리들로 인하여 태평성대를 누렸기 때문이다. 그러나 평화는 특별한 방식으로 그리스도의 나라의 영광이다. 왜냐하면, 그리스도의 평화가 지배할 때에 사람들은 하나님과 화해되고 자기 자신과 화해되며 서로에 대하여 화해를 이루어서, 모든 적대감이 사라지기 때문이다. 왜냐하면, 그리스도는 우리의 평화이시기 때문이다.

Ⅲ. 가난한 자들과 궁핍한 자들이 이 통치 아래에서 특별한 보호하심을 받게 되리라는 것.   그가 주의 가난한 자를 정의로 재판하리로다(2절). 선한 양심을 지키느라 가난해진 자들은 하나님의 가난한 자들이다. 하나님께서는 그런 자들을 특별히 돌보실 것이고, 그들을 위하여 공의로 심판하실 것이며, 그들의 처지를 특별히 살피시고, 그들에게 해악을 끼친 자들에게 특별히 복수하실 것이다. 하나님은 백성들 중 가난한 자들과 궁핍한 자들의 자손을 위하여 심판하시고 반드시 구원하실 것이다(4절). 이 말씀이 반복해서 나온다는 것은 그리스도께서 반드시 그로 인하여 해악을 입은 가난한 자들을 위하여 심판하시리라는 것을 말해 주는 것이다(12-13절). 하나님께서는 압제자들의 위협 아래에 놓여 있는 궁핍한 자들과 가난한 자들을 구원해 주실 것이다. 왜냐하면, 그들에게는 도울 자가 없고, 그런 자들을 돕는 것은 하나님의 영광이 되기 때문이며, 또한 그들이 그에게 부르짖으면 그가 그들의 기도에 응답하여 도우실 것이라고 약속하셨기 때문이다. 그들은 기도를 통해서 자신을 하나님께 의탁한다(시 10:14). 하나님은 그의 긍휼하심에 의지하는 궁핍한 자들을 구원하실 것이고, 그들에게 엄하게 대하지 않으실 것이다. 하나님은 그들의 영혼을 구원하실 것인데, 이것은 그들이 바라는 모든 것이다. 심령이 가난한 자는 복이 있나니 천국이 저희 것임이라. 그리스도는 가난한 자의 왕이시다.

Ⅳ. 오만한 압제자들은 보응을 받게 되리라는 것.   그가 압박하는 자들을 꺾으시고(4절), 사람들을 해치는 그들의 권세를 빼앗으시며, 그들이 지금까지 행한

모든 악행으로 인하여 그들을 벌하실 것이다. 눌린 자들을 건지고 오만한 자를 낮추는 것이 선한 왕이 할 일이다. 마귀는 큰 압제자인데, 그리스도께서는 이 마귀를 꺾으실 것이고, 그의 나라를 멸망시키실 것이다. 그는 그의 입술의 기운으로 악인을 죽일 것이며(사 11:4), 그의 백성의 영혼을 속임수와 강포에서 구원할 것이다(14절). 그리스도께서는, 속임수를 통해서 사람들을 함정에 빠뜨리는 옛 뱀이자, 폭력으로 사람들에게 겁을 주고 그들을 삼키고자 하는 포효하는 사자인 사탄의 권세로부터 그의 백성을 구원하실 것이다. 그들의 피는 그에게 너무도 소중할 것이기 때문에, 사탄이나 그의 졸개들의 속임수 또는 폭력에 의해서 흘려진 그의 백성의 피 한 방울에 대해서도 반드시 그 책임을 물으실 것이다. 그리스도는 왕으로서 그의 신민들에게 종종 그를 위하여 피 흘리기까지 싸우라고 하시지만, 그들의 피를 허비하지 않으시며, 그의 영광과 그들의 영광을 위하여 꼭 필요한 경우이거나 원수들의 죄악의 분량을 채울 목적이 아니고는 그들로 하여금 피를 흘리게 하지 않으실 것이다.

V. 그리스도의 통치 아래에서 신앙이 흥왕하게 되리라는 것(5절). 그들이 해가 있을 동안에도 주를 두려워하며 달이 있을 동안에도 대대로 그리하리로다. 실제로 솔로몬은 성전을 지었고, 그의 통치 아래에서 하나님을 두려워하고 예배하는 것이 한동안 잘 지속되었지만, 아주 오래가지는 못하였다. 그러므로 이 말씀은 모든 신민들이 다 나아와서 하나님을 경외하고 두려워하게 될 그리스도의 나라를 가리키는 것임에 틀림없다. 왜냐하면, 기독교 신앙은 자연 신앙을 밑받침하고 진보시키는 데에 직접적으로 강력한 영향력을 지니기 때문이다. 그리스도에 대한 믿음은 하나님에 대한 경외를 똑바로 세워줄 것이고 계속적으로 지속시켜 줄 것이다. 그러므로 우리가 전파하여야 할 영원한 복음은 하나님을 두려워하며 그에게 영광을 돌리라는 것이다(계 14:7). 또한, 그리스도의 통치는 하나님을 향한 헌신을 촉진시키는 것과 마찬가지로, 사람들 가운데서의 정의와 구제(charity)도 촉진시킨다(7절): 그의 날에 의인들이 흥왕하리로다. 의가 행해질 것이고, 의를 행하는 자들은 높임을 받게 될 것이다. 의가 풍성하며 명성을 얻고 세력을 잡으며 힘을 얻게 될 것이다. 마음속에 새겨진 그리스도의 법은 사람들에게 정직하고 의로운 자가 되게 하여서, 모든 사람들이 각자에게 합당한 대로 행하게 할 것이다. 또한, 그리스도의 법은 사람들로 하여금 사랑 가운데서 살게 만들 것이기 때문에, 풍성한 평화가 이루어지고, 사람들은 칼을

녹여서 쟁기를 만들게 될 것이다. 그리스도의 나라에서는 거룩함과 사랑이 영원할 것이고 결코 시들지 않을 것이다. 왜냐하면, 그 나라의 신민들은 해가 있을 동안에도 달이 있을 동안에도 하나님을 두려워하게 될 것이기 때문이다. 기독교는 신앙 고백을 통해서 세상에 발을 붙인 후에는 종말 때까지 견고히 서 있게 될 것이고, 그 능력으로 사람들의 마음속에 발을 붙인 후에는 그 사람이 죽음으로써 해와 달과 별들(즉, 몸의 감각 기관들)이 어두워질 때까지 그 마음을 계속해서 차지하게 될 것이다. 세상이 어떻게 변하고 사람들의 삶이 어떻게 변하여도, 그리스도의 나라는 견고할 것이다. 하나님을 경외하는 것이 해와 달처럼 오랫동안 계속되는 한, 풍성한 평화도 계속될 것이다. 교회의 평화, 영혼의 평화는 그 순결함 및 경건과 나란히 가는 것이기 때문에, 교회와 영혼이 그 순결함과 경건을 지키는 한 평화는 지속될 것이다.

VI. 그리스도의 통치가 그가 사랑하는 그의 모든 신실한 신민들에게 지극히 큰 위로가 되리라는 것(6절).   그의 성령의 은혜와 위로를 통해서 그는 벤 풀 위에 내리는 비 같이, 땅을 적시는 소낙비 같이 내리리라. 그는 자라고 있는 풀만이 아니라 이미 베어진 풀 위에도 비 같이 내려서, 그 풀이 비록 베어졌다 할지라도 다시 나게 하실 것이다. 그리스도의 복음은 딱딱한 땅을 부드럽게 하고 메마른 땅을 촉촉히 적셔서 푸르고 열매를 내게 하는 비 같이 내린다(사 55:10). 우리의 마음은 그 비를 흡수하여야 한다(히 6:5).

VII. 그리스도의 나라가 아주 멀리까지 뻗어 나가서 지극히 크게 되리라는 것. 좀 더 살펴보자.

1. 그리스도께서 다스릴 영토의 범위(8절): 그가 바다에서부터 바다까지와(남쪽 바다에서 북쪽 바다까지, 또는 홍해에서 지중해까지) 강에서부터(유프라테스 강 또는 나일 강) 땅 끝까지 다스리리라. 하나님께서 약속하신 대로(창 15:18) 솔로몬의 영토는 아주 넓었다(왕상 4:21). 그러나 본문에서는 바다나 강의 이름을 구체적으로 언급하고 있지 않는데, 그것은 이러한 격언적인 표현들을 통해서 주 예수의 나라가 온 세계에 미치리라는 것을 암시하기 위한 것이다. 그리스도의 복음은 모든 민족에게(마 24:14) 전파되었고(또는, 전파될 것이고), 이방인들의 충만한 수가 들어오게 될 때에 세상 나라는 그리스도의 나라가 될 것이다(계 11:15). 그리스도의 영토는 다음과 같은 나라들에 미치게 될 것이다.

(1) 그리스도를 몰랐던 나라들. 큰 길들에서 멀리 떨어져서 세상 소식을 거의 듣지 못하며 광야에 사는 자들도 구속주와 그가 이루신 구속에 관한 기쁜 소식을 듣게 될 것이고, 그 앞에 절하며, 그를 믿고 영접해서 예배할 것이고, 그의 멍에를 메게 될 것이다. 우리는 주 예수 앞에서 절하거나 그 자리를 박차고 나와야 한다. 우리가 그 자리를 박차고 나온다면, 우리는 멸망받게 되고, 우리가 주 예수 앞에 절한다면, 우리는 영원히 살게 될 것이다.

(2) 그리스도에게 원수가 되어서 대항하여 싸웠던 나라들: 그의 원수들은 티끌을 핥을 것이다. 그들은 땅에 엎드러져서 진토 속에 누워 수모를 당하게 될 것이고, 너무도 배가 고파서 뱀의 양식인 흙을 핥게 될 것이다(창 3:15). 왜냐하면, 그들은 바로 그 뱀의 후손들이기 때문이다. 그의 원수들이 이렇게 낮아지고 엎드러진 것이 그리스도께서 그들을 다스리게 되신 것이 아니라 무엇이겠는가?

2. 왕들이 그에게 조공을 바침. 그는 광야에 사는 자들, 농사꾼들과 촌부들을 다스리게 되실 뿐만 아니라, 왕궁에 사는 자들도 다스리시게 될 것이다(10절). 이스라엘로부터 아주 멀리 떨어져 있는 다시스의 왕들과 이방인들의 섬들의 왕들(창 10:5)이 그를 그들의 주군으로 인정하고서 예물을 드리며, 그의 보호하심 아래에서 그들의 왕위와 나라를 보존하게 될 것이다. 그들은 그의 지혜를 들으려고 어떻게든 그와 인연을 맺고 그의 환심을 사고자 할 것이다. 이 말씀은 솔로몬에게서 문자 그대로 성취되었고(왜냐하면, 천하의 열왕이 하나님께서 솔로몬의 마음에 주신 지혜를 들으며 그의 얼굴을 보기 원하여 각기 예물을 가지고 왔기 때문이다, 대하 9:23-24), 또한 그들 자신의 나라에서 최고위직에 속하였을 동방 박사들이 와서 경배를 드리며 예물을 드렸을 때에 그리스도를 통해서도 성취되었다(마 2:11). 그들은 장차 그리스도께 그들 자신도 드리게 될 것이다. 이것은 우리가 그리스도께 드릴 수 있는 최고의 예물로서, 그것 없이는 다른 예물은 열납될 수 없다(롬 12:1). 그들은 영적인 제사인 기도와 찬송이라는 예물을 드리게 될 것이고, 모든 예물을 거룩하게 하는 제단이 되시는 그리스도 위에서 그들의 하나님이신 그리스도께 그러한 예물들을 드리게 될 것이다. 성경에서는 그들이 하나님께로 회심하고 돌아오는 것을 이방인들을 제물로 드리는 것이라고 말한다(롬 15:16). 그렇다. 모든 왕들은 조만간에 그의 앞에 부복하며 그에게 충성을 맹세하거나 그로부터 심판을 받게 될 것이다(11절). 그들은 자원

하여 그의 신민이 된 자들 또는 그에 의해서 정복된 포로들로서, 그의 긍휼하심을 바라는 자들이나 그의 심판을 받기로 되어 있는 자들로서 그 앞에 엎드리게 될 것이다. 왕들이 복종하게 될 때, 그 백성들은 당연히 그에게 복종하게 될 것이다: 모든 민족이 다 그를 섬기리로다. 모든 민족이 그를 섬기도록 초대를 받게 될 것이고, 모든 민족들 가운데서 몇몇 사람들이 그를 섬기게 될 것이며, 모든 민족 중에서 그에게 분양하며 깨끗한 제물을 드리게 될 것이다(말 1:11; 계 7:9).

VIII. 그가 그의 모든 신민들에 의해서 존경과 사랑을 받게 되리라는 것(15절).   그가 살리라. 그의 신민들은 그가 살아 있기를 바라게 될 것인데(왕이여 만수무강 하옵소서), 그럴 만한 충분한 이유가 있다. 왜냐하면, 그가 내가 살아 있으므로 너희도 살아 있으리라고 말씀하셨고, 성경에서 그에 대하여 그가 항상 살아 계셔서 그들을 위하여 간구하심이라고 말씀하기 때문이다(히 7:8, 25). 그는 살겠고, 형통하며 살아갈 것이다.

1. 예물이 그에게 드려지게 될 것이다. 그는 예물이나 어떤 사람들의 섬김을 필요로 하지 않으시기 때문에 예물 없이도 살아가실 수 있지만, 그에게는 스바의 금, 광석들 중에서 가장 좋은 금, 금 중에서도 최고로 좋은 스바의 금이 드려지게 될 것이다. 왜냐하면, 최고인 그는 최고의 것으로 섬김을 받아야 하기 때문이다. 이 세상에서 풍부한 재물을 가지고 있어서 금을 마음대로 사용할 수 있는 자들은 그 금을 그리스도께 드려야 하고 그 금으로 그리스도를 섬겨야 하며 그 금으로 선을 행하여야 한다. 네 재물과 네 소산물의 처음 익은 열매로 여호와를 공경하라.

2. 그를 위하여 항상 기도가 끊임없이 드려지게 될 것이다. 백성들은 솔로몬을 위하여 기도하였고, 그것은 솔로몬과 그의 통치가 백성들에게 아주 큰 축복이 되게 하는 데에 도움이 되었다. 왕들을 비롯해서 모든 권세자들을 위하여 기도하고 중보 기도하며 감사 기도를 하는 것은 신민들의 마땅한 도리이다. 사람들이 너무도 자주 그러듯이 이것은 그들에게 아부하기 위한 것이 아니라, 나라와 백성이 잘되게 하기 위한 것이다. 그런데 이것은 그리스도께 어떻게 적용되는가? 그는 우리의 기도를 필요로 하지 않으시고, 또한 우리의 기도에 의해서 그 어떤 유익도 얻으실 수 없다. 그러나 구약의 성도들은 그가 오시기를 기도하였고 끊임없이 기도하였다. 왜냐하면, 그들은 그를 오실 자라고 불렀기 때

문이다. 지금은 그가 오셨기 때문에, 우리는 그의 복음이 성공을 거두고, 그의 나라가 진보하기를 위하여 기도하여야 하고(그는 그런 것들을 위하여 기도할 것을 명하신다, 다윗의 자손에게 호산나, 그의 통치가 형통하기를), 그가 다시 오실 것을 위하여 기도하여야 한다. 이 본문은 그로 말미암아 기도가 드려지게 될 것이다라고 해석될 수도 있다. 우리가 아버지께 무엇을 구하든지, 우리는 그의 이름으로 그의 중보 기도에 의지해서 구하게 될 것이다.

3. 찬송이 그에게 드려지게 될 것이고, 그의 지혜와 공의와 선하심이 칭송을 받게 될 것이다: 그가 종일 찬송을 받으시리로다. 우리는 매일 그의 이름으로 기도함으로써 그에게 존귀함을 돌려 드린다. 신민들은 그들에게 축복이 되는 그의 통치를 마땅히 칭송하여야 한다. 하물며, 모든 그리스도인들이 예수 그리스도를 날마다 찬송하여야 할 것은 너무도 당연한 일이다. 왜냐하면, 그들은 그들이 가진 모든 것을 그리스도께 빚지고 있고, 따라서 그에 대하여 가장 높은 수준의 의무들 아래에 놓여 있기 때문이다.

IX. 그의 통치 아래에서 양식과 인구가 놀라울 정도로 늘어나게 되리라는 것, 즉 그 나라에서 땅의 소산들과 성읍들에 거하는 백성들이 놀랄 만큼 늘어나게 되리라는 것(16절).

1. 땅에서 풍부한 소출이 나게 될 것이다. 산 꼭대기에 한줌의 씨를 뿌리면, 당연히 사람들은 약간의 소출을 기대할 것이지만, 그것의 열매가 레바논 같이 흔들리리로다. 그 곳에서 곡식이 삼림 같이 아주 빽빽하게 올라올 것이고, 레바논의 백향목 같이 크고 튼튼하게 자랄 것이다. 심지어 산 꼭대기에 있는 땅에서도 풍성한 소출을 내게 될 것이다. 풀 베는 자가 자기 집 꼭대기에 난 풀을 손으로 다 움켜 잡지 못하게 될 것이라는 표현과 마찬가지로, 이것은 소출이 심히 많을 것을 표현하고 있는 것이다(창 41:47). 이것은 메시야의 시대에 복음의 씨앗이 놀라운 소출을 거두게 된 것에 적용될 수 있다. 복음의 씨앗은 이방 세계라는 산 꼭대기의 메마른 땅에 조금 뿌려졌지만, 그 열매가 레바논 같이 흔들리며, 그리스도는 놀라울 정도로 풍성한 수확을 거두셨다. 밭들이 희어져 추수하게 되었다(요 4:35; 마 9:37). 겨자씨 한 알이 자라서 큰 나무가 되었다.

2. 성읍들은 사람들로 넘쳐나게 될 것이다: 성에 있는 자들이 땅의 풀 같이 왕성하여, 사람들의 수도 많고 활기도 넘쳐나게 될 것이다. 사람들 가운데 세워진 하나님의 도성인 복음 교회는 극히 왕성하게 될 것이고, 많은 자들이 거기에

더해지며, 그 안에 있는 자들은 복될 것이다.

X. 그의 통치는 장구하여 그에게는 영광이 되고 그의 신민들에게는 복이 되리라는 것. 주 예수께서는 영원히 다스리시게 될 것이다. 이 말씀은 오직 주 예수께만 적용되는 것으로 이해하여야 하고, 솔로몬에게는 전혀 적용되지 않는다. 사람들이 해와 달이 있을 동안에 두려워하게 될 분은 오직 그리스도뿐이다 (5, 7절).

1. 방백들의 영광은 영원하여서 결코 훼손되지 않을 것이다(17절). 어둠의 권세들이 그의 광채를 가리고 그의 후손을 끊어버리고자 온갖 악의적인 시도를 할지라도, 그의 이름은 영구하리라. 그의 이름은 보존될 것이고, 영속할 것이며, 널리 퍼져 나가게 될 것이다. 땅의 방백들의 이름이 그들의 후손을 통해서 지속되는 것과 마찬가지로, 그리스도의 이름도 그렇게 될 것이다. 그의 이름이 후손들에게 전해질 것이다. 세상이 존재하는 한 모든 민족은 그를 복되다 할 것이고, 그를 인하여 하나님을 송축할 것이며, 끊임없이 그를 칭송하고, 그의 안에 있는 그들 자신을 복되다고 생각할 것이다. 종말의 때까지, 아니 영원토록 그의 이름은 송축될 것이고, 사람들의 입에서 오르내리게 될 것이다. 모든 혀가 그의 이름을 고백하고, 모든 무릎이 그의 이름 앞에서 꿇게 될 것이다.

2. 백성들이 받는 복도 영원할 것이다. 그것은 완전하고 영원하다: 사람들이 그로 말미암아 복을 받으리니 영원히 참된 복을 받게 될 것이다. 이것은 분명히 하나님께서 조상들에게 하신 약속, 즉 땅의 모든 민족이 메시야로 인하여 복을 받게 되리라는 약속을 가리킨다(창 12:3).

[18]홀로 기이한 일들을 행하시는 여호와 하나님 곧 이스라엘의 하나님을 찬송하며 [19] 그 영화로운 이름을 영원히 찬송할지어다 온 땅에 그의 영광이 충만할지어다 아멘 아멘 [20]이새의 아들 다윗의 기도가 끝나니라

이와 같이 메시야와 그의 나라에 관한 너무도 놀라운 예언은 여기에서처럼 진심 어린 기도와 찬송으로 마무리되는 것이 합당하다.

I. 시편 기자는 여기에서 이러한 예언과 약속에 대하여 감사를 드린다(18-19절). 하나님께서 하신 모든 말씀은 너무도 확실하고, 우리는 지극한 만족감을 가지고 하나님의 말씀에 의지할 수 있기 때문에, 비록 하나님의 말씀이 아직

이루어지지 않았다고 하여도, 우리는 하나님께서 말씀하신 것에 대하여 감사를 드릴 만한 충분한 이유를 갖고 있다. 우리는 하나님께서 섭리와 은혜를 통해서 세상과 교회와 사람들과 그의 자녀들을 위하여 행하신 온갖 큰 일들, 구속주의 손에 맡기신 온갖 능력과 일들로 인하여 하나님께서는 찬송을 받으시기에 합당하시다는 것을 고백하지 않을 수 없다. 우리는 우리 안에 있는 모든 것을 동원해서 최고의 방식으로 하나님을 찬송하여야 하고, 다른 모든 사람들도 그렇게 할 수 있게 되기를 원하여야 한다. 여호와를 찬송하며 그 영화로운 이름을 찬송할지어다. 왜냐하면, 우리가 하나님의 영광과 복되심에 그 어떤 것을 기여할 수 있는 것은 오직 하나님의 이름을 높이는 것 뿐인데, 그럼에도 불구하고 하나님의 이름도 모든 송축이나 찬양보다 높이 계시기 때문이다. 하나님의 이름을 영원히 찬송할지어다. 하나님의 이름은 영원히 찬송받게 될 것이고, 영원히 찬송받기에 합당하시며, 우리는 하나님의 이름을 영원히 찬송할 수 있기를 소망한다. 우리는 여기에서 그리스도의 이름을 송축하고, 하나님께서 그리스도로 말미암아 우리를 위하여 행하신 모든 일로 인하여 그리스도 안에서 하나님을 송축하도록 가르침을 받는다.

1. 우리는 하나님을 여호와 하나님, 스스로 존재하시고 스스로 충족하신 분, 우리를 다스리시는 주로서 송축하여야 한다.

2. 우리는 하나님을 이스라엘의 하나님, 이스라엘 백성과 언약을 맺으시고 이스라엘의 예배를 받으시며, 야곱에게 진실하시고 아브라함에게 긍휼을 베푸시기 위하여 이 일을 하시는 하나님으로서 송축하여야 한다.

3. 우리는 하나님을 창조와 섭리를 통해서 홀로 기이한 일들을 행하시는 하나님, 특히 다른 모든 것보다 놀라운 이 구속 사업을 이루신 하나님으로서 송축하여야 한다. 사람들이 하는 일이란 작고 보잘것없으며 사소한 일들이지만, 사람은 그런 일들조차도 하나님 없이는 행할 수가 없다. 그러나 하나님께서는 모든 일을 자신의 능력으로 행하시고, 그가 행하시는 일들은 모두 기이한 일들이기 때문에, 성도들과 천사들이 영원히 찬송할 수밖에 없다.

II. 시편 기자는 이 예언과 약속이 이루어지기를 간절히 기도한다. 다시스와 섬들의 왕들이 예물을 드리게 됨으로써 온 땅에 그의 영광이 충만할지어다. 하나님의 영광이 이 땅에 얼마나 텅텅 비어 있고, 하나님께서 세상에 그토록 풍성한 은혜를 베푸셨음에도 불구하고 그가 세상으로부터 얼마나 보잘것없는 섬김과 영광을 받고 계시는가를 생각하는 것은 서글픈 일이다. 그러므로 하나님께서 영광을 받으시고 인류가 잘되기를 진심으로 바라는 모든 자들은 온 땅이 하나님의 영광으로 가득 차고, 사람들이 하나님의 영광을 감사함으로 고백하는 것으로 가득 차게 되기를 소원할 수밖에 없다. 모든 마음, 모든 입, 모든 모임이 하나님을 찬송하는 소리로 가득 차게 하소서. 우리는 다음과 같은 것들을 통해서 다윗이 얼마나 간절하게 이러한 기도를 드리고 있고, 이 기도에 그의 마음을 얼마나 많이 쏟고 있는지를 알게 된다.

1. 그는 이 기도를 이중의 봉인으로 마감한다. "아멘 아멘. 거듭거듭 내가 말하지만, 나는 그것을 말하고, 다른 모든 사람들도 그것을 말하게 되기를 원한다. 그렇게 되게 하소서. 나의 기도가 그대로 이루어지게 하시고, 모든 성도들이 이런 취지로 드리는 기도들이 그대로 이루어지게 하소서. 주의 이름이 거룩히 여김을 받게 하시고 주의 나라가 임하옵소서."

2. 그는 자신의 삶을 이 기도로 마감한다(20절). 이 시편은 성경의 시편이라는 책 속에서 마지막에 놓여 있지는 않지만 다윗이 마지막으로 쓴 시편이었다. 그는 죽음을 기다리며 침상에 누워 있을 때에 이 시편을 썼고, 이 시편을 쓰고 나서 숨을 거두었다. "이 세상에서 하나님께서 영광을 받으시고, 메시야의 나라가 세워져 영원하게 하소서. 나는 그것으로 충분하게 더 이상 아무것도 원하지 않나이다. 이것으로 이새의 아들 다윗의 기도가 끝나게 하소서. 그럴지라도 주 예수여, 오소서. 속히 오시옵소서."

💬 **독자 여러분들께 알립니다!**

'CH북스'는 기존 '크리스천다이제스트'의 영문명 앞 2글자와
도서를 의미하는 '북스'를 결합한 출판사의 새로운 이름입니다.

매튜 헨리 주석전집 09

시편1

1판 1쇄 발행 2007년 12월 15일
1판 중쇄 발행 2024년 11월 1일

지은이 매튜 헨리
옮긴이 박문재
발행인 박명곤 **CEO** 박지성 **CFO** 김영은
기획편집1팀 채대광, 김준원, 이승미, 김윤아, 백환희, 이상지
기획편집2팀 박일귀, 이은빈, 강민형, 이지은, 박고은
디자인팀 구경표, 유채민, 임지선
마케팅팀 임우열, 김은지, 전상미, 이호, 최고은

펴낸곳 (주)현대지성
출판등록 제406-2014-000124호
전화 070-7791-2136 **팩스** 0303-3444-2136
주소 서울시 강서구 마곡중앙6로 40, 장흥빌딩 10층
홈페이지 www.hdjisung.com **이메일** support@hdjisung.com
제작처 영신사

ⓒ CH북스 2007